GESTÃO DE PROJETOS

HAROLD KERZNER é Diretor Executivo Sênior de Gestão de Projetos do International Institute for Learning, Inc. (IIL), uma empresa global de soluções de aprendizagem que oferece serviços de consultoria e treinamento profissional no mundo todo. O efeito profundo do Dr. Kerzner no setor de gestão de projetos inspirou o IIL a estabelecer, em coordenação com o Project Management Institute (PMI), o prêmio Kerzner International Project Manager of the Year, concedido todos os anos a um gerente de projetos de destaque com certificação PMP® ou equivalente global.

> K41g   Kerzner, Harold.
>   Gestão de projetos : as melhores práticas / Harold
>   Kerzner ; tradução: Francisco Araújo da Costa ; revisão
>   técnica: Fábio Giordani. – 4. ed. – Porto Alegre : Bookman,
>   2020.
>   xviii, 765 p. : il. ; 25 cm.
>
>   ISBN 978-85-8260-529-5
>
>   1. Gestão de projetos. 2. Metodologias de
>   gerenciamento. 3. Excelência comportamental. I. Título.
>
>   CDU 005.8

Catalogação na publicação: Karin Lorien Menoncin – CRB 10/2147

HAROLD KERZNER, PH.D.

GESTÃO DE PROJETOS
AS MELHORES PRÁTICAS

4ª EDIÇÃO

Tradução
Francisco Araújo da Costa

Revisão técnica
Fábio Giordani
Certificado Project Management Professional – PMP® pelo PMI® e
Certified ScrumMaster® – CSM® pela Scrum Alliance
Mestre em Administração e Negócios pela PUCRS, com MBA em Gestão
Estratégica de Negócios e Pessoas pela ESPM-Sul
Gestor de Suporte Técnico Enterprise na Dell Technologies
Professor nos programas de Pós-Graduação da ESPM e PUCRS

Porto Alegre
2020

Obra originalmente publicada sob o título
Project management best practices: achieving global excellence, 4th edition
ISBN 9781119468851

All Rights Reserved. This translation published under license with the original publisher John Wiley & Sons, Inc.

Copyright ©2018, John Wiley & Sons,Inc.

Gerente editorial: *Arysinha Jacques Affonso*

Colaboraram nesta edição:

Editora: *Denise Weber Nowaczyk* e *Simone de Fraga*

Arte sobre a capa original: *Márcio Monticelli*

Tradução da 3.ed.: *Christiane de Brito Andrei*

Leitura final: *Amanda Jansson Breitsameter*

Editoração: *Clic Editoração Eletrônica Ltda.*

Reservados todos os direitos de publicação ao GRUPO A EDUCAÇÃO S.A.
(Bookman é um selo editorial do GRUPO A EDUCAÇÃO S.A.)
Av. Jerônimo de Ornelas, 670 – Santana
90040-340 – Porto Alegre – RS
Fone: (51) 3027-7000 Fax: (51) 3027-7070

Unidade São Paulo
Rua Doutor Cesário Mota Jr., 63 – Vila Buarque
01221-020 – São Paulo – SP
Fone: (11) 3221-9033

SAC 0800 703-3444 – www.grupoa.com.br

É proibida a duplicação ou reprodução deste volume, no todo ou em parte, sob quaisquer formas ou por quaisquer meios (eletrônico, mecânico, gravação, fotocópia, distribuição na Web e outros), sem permissão expressa da Editora.

IMPRESSO NO BRASIL
PRINTED IN BRAZIL

*À minha esposa, Jo Ellyn,
que me mostrou que a excelência
pode ser alcançada no
casamento, na família e na vida,
bem como no trabalho.*

Prefácio

Por cerca de 50 anos, a gestão de projetos foi vista como um processo interessante, mas desnecessário para a sobrevivência da empresa. As empresas insistiam em investir em alguns cursos de treinamento apenas para que seu pessoal tivesse acesso a conhecimentos básicos sobre planejamento e criação de cronogramas. A gestão de projetos era considerada uma ameaça a hierarquias já estabelecidas, e em muitas empresas só era utilizada de forma parcial. Esta implementação irresoluta ocorreu simplesmente para acalmar os ânimos do pessoal de níveis mais baixos ou intermediários, além de clientes selecionados.

Durante estes 50 anos, fizemos todo o possível para evitar que a excelência em gestão de projetos fosse alcançada. Só falávamos da boca para fora sobre empoderamento, trabalho em equipe e confiança. Acumulávamos informações porque o controle da informação era um poder. Colocávamos interesses pessoais e funcionais à frente dos interesses da empresa na hierarquia de prioridades e mantínhamos a falsa crença de que o tempo era um luxo em vez de uma restrição.

Em meados da década de 1990, essa mentalidade começou a naufragar, em grande parte devido a duas recessões econômicas nos Estados Unidos. As empresas enfrentavam severas pressões competitivas para criar produtos de alta qualidade em prazos cada vez menores, e a importância de desenvolver um relacionamento de confiança de longo prazo com os clientes chegara à tona. As partes interessadas estavam forçando as empresas a mudar para melhor. A sobrevivência da empresa, então, passou a ser a grande preocupação.

Hoje, as empresas mudaram para melhor, e a gestão de projetos foi uma parte importante dessa mudança. A confiança entre os clientes e os fornecedores nunca foi tão grande, assim como a confiança entre os gestores e as equipes de projeto. Novos produtos estão sendo desenvolvidos a um ritmo jamais visto. A gestão de projetos se tornou uma arma competitiva durante a licitação competitiva. Algumas empresas assinam contratos exclusivos devido à fé do cliente na sua capacidade de entregar um fluxo contínuo de projetos bem-sucedidos usando uma metodologia de gestão de projetos que hoje lembra mais uma estrutura ou uma metodologia flexível do que uma abordagem rígida. Todos esses fatores permitiram que uma enorme variedade de empresas atingisse um grau de excelência em gestão de projetos. As decisões empresariais agora têm mais prioridade do que decisões pessoais.

Palavras que eram lugar-comum há 15 anos hoje assumem novos significados. Mudanças não são mais vistas como algo totalmente ruim; hoje, elas implicam melhorias contínuas. Conflitos não são mais vistos como algo negativo; se bem gerenciados, eles podem ser benéficos. A gestão de projetos não é mais vista como um sistema totalmente interno à organização; agora é uma arma competitiva que traz ao cliente níveis mais altos de qualidade e maiores oportunidades de valor agregado. Em muitas empresas, a gestão de projetos é tratada como uma competência estratégica que representa um dos quatro ou cinco planos de carreira considerados críticos para o futuro da empresa.

As empresas tidas como excelentes no passado podem não mais ser vistas como excelentes hoje, especialmente no que diz respeito à gestão de projetos. Considere, por exemplo, o livro *In Search of Excellence*, escrito por Tom Peters e Robert Waterman em 1982 (publicado pela Harper & Row, Nova York). Quantas das empresas ali exaltadas ainda são consideradas excelentes? Quantas dessas empresas ganharam o prestigioso Malcolm Baldrige National Quality Award? Quantas ganhadoras do prêmio ainda protagonizam o rol da excelência? A excelência em gestão de projetos é uma jornada sem fim. As empresas que relutam em investir em melhorias contínuas em gestão de projetos logo se encontram com baixas taxas de satisfação entre os clientes.

O que faz a diferença entre os primeiros 50 anos da gestão de projetos e os últimos dez é a abrangência da sua implementação. Passamos mais de 30 anos exaltando as ferramentas quantitativas e comportamentais da gestão de projetos. Enfatizavam-se um conhecimento básico e habilidades primárias, e a especialização na área era limitada a poucos. Entretanto, ao longo dos últimos 15 anos, passou-se a primar pela implementação macro da gestão de projetos, em toda a empresa. A questão estratégica mais importante hoje é como colocar 30 anos de teoria sobre gestão de projetos que estavam nas mãos de poucos em prática em toda a corporação. É a implementação da gestão de projetos em toda a empresa que constitui a gestão avançada de projetos. Tópicos como análise de valor agregado, liderança situacional e controle de custos e mudanças hoje fazem parte dos cursos básicos de gestão de projetos, mas há 20 anos eram considerados avançados. Hoje, como implementá-la, quais são suas metodologias empresariais (se flexíveis ou rígidas), diferentes tipos de escritórios de gestão de projetos e como trabalhar com as partes interessadas constituem os tópicos avançados da gestão de projetos aplicada.

Este livro aborda os pontos mais avançados necessários para implementar a gestão de projetos e atingir sua excelência. O texto contém inúmeras citações de profissionais da área que compararam e confrontaram as melhores práticas em gestão de projetos e estão atualmente implementando esses processos nas suas próprias empresas. Fornecidas por vários altos executivos, as citações são inestimáveis por mostrarem como esses líderes pensam e qual o rumo que suas empresas estão tomando. Essas empresas alcançaram certo grau de excelência em gestão de projetos, e o que é realmente notável é o fato de que isso aconteceu em menos de cinco ou seis anos. As melhores práticas na implementação serão o futuro da gestão de projetos no século XXI. As empresas criaram bibliotecas de melhores práticas, muitas das quais são usadas durante licitações como um diferencial competitivo. As melhores práticas em gestão de projetos hoje são consideradas propriedade intelectual.

Não se alcança a excelência simplesmente desenvolvendo uma metodologia de gestão de projetos: é o modo como a metodologia é usada repetidas vezes que cria a excelência e um fluxo de projetos gerenciado com sucesso. Hoje, confiamos nos gerentes de projetos para aplicar metodologias flexíveis nas quais utilizam apenas os componentes da metodologia padrão necessários para um determinado projeto.

As práticas e metodologias de gestão de projetos são construídas em torno da cultura das empresas e determinando o que é preciso para que as pessoas trabalhem juntas, solucionem problemas e tomem decisões. Como cada empresa tem sua própria cultura, é compreensível que cada uma tenha um número diferente de fases de ciclo de vida, diferentes pontos de decisão e diferentes critérios de sucesso. Nenhuma abordagem única serve a todas as empresas, o motivo pelo qual este livro discute diversas empresas, em diferentes indústrias, de diferentes tamanhos e em diferentes continentes. Esperamos que, depois de ter lido este livro, você tenha ideias sobre como suas atividades de gestão de projetos podem melhorar.

As empresas que são discutidas neste livro incluem:

3 M	Intel Corporation
ABB	International Institute for Learning
Airbus Space and Defence	Johnson Controls
Alcatel-Lucent	Kodak
American Greetings	MCI
Apple Computer	Microsoft
Armstrong World Industries	Minnesota Power & Light
Babcock & Wilcox	Motorola
Bendix	Nasa
Boeing	Naviair
Chrysler	Nokia
Churchill Downs Incorporated	Nordea
Cisco	Nortel
Citigroup, Inc.	NTT DATA
Comau	Ohio Bell
Dell	Orange Switzerland
Deloitte	Our Lady of Lourdes Regional Medical Center
Departamento de Defesa dos EUA	Philips
DFCU Financial	Pursuit
Dow Chemical	Rockwell Automation
Dubai Customs	RTA
EDS	SAP
Eli Lilly	Sherwin Williams
Ericsson	Siemens
Fluor Corporation	Sony
Ford	Sprint
GEA	Star Alliance
General Electric	Técnicas Reunidas
General Motors	Thiokol
Harris	thyssenkrupp
Heineken	Tokio Marine
Hewlett-Packard	Wärtsilä
Hitachi	World Wildlife Fund
IBM	Xerox
Indra	Yanfeng

Este livro tem recursos *on-line* destinados a professores na página do livro no *site* do Grupo A (www.grupoa.com.br): procure pelo livro usando a ferramenta de busca, faça um cadastro e tenha acesso a apresentações em Power Point (em português) e ao Manual do Professor (exclusivamente para professores, em inglês).

Harold Kerzner

Sumário

Capítulo 1   Compreendendo as melhores práticas 1

         1.0   Introdução 1
         1.1   Wärtsilä. 2
         1.2   Melhores práticas em gestão de projetos: 1945–1960 3
         1.3   Melhores práticas em gestão de projetos: 1960-1985 5
         1.4   Melhores práticas em gestão de projetos: 1985-2016 8
         1.5   Melhores práticas em gestão de projetos: 2016-presente 13
         1.6   Prática de gerenciamento de benefícios na Dubai Customs 14
         1.7   A gestão de projetos vista por um executivo. 18
         1.8   Processo de melhores práticas 21
         1.9   Passo 1: definição de uma melhor prática. 23
         1.10   Passo 2: em busca das melhores práticas 25
         1.11   *Dashboards* e *scorecards* 35
         1.12   Indicadores-chave de desempenho 39
         1.13   Passo 3: validar a melhor prática. 43
         1.14   Passo 4: níveis de melhores práticas. 45
         1.15   Passo 5: gerenciamento de uma melhor prática 47
         1.16   Passo 6: revalidando as melhores práticas 48
         1.17   Passo 7: o que fazer com uma melhor prática. 48
         1.18   Passo 8: comunicar as melhores práticas por toda a empresa . . . 49
         1.19   Passo 9: garantir o uso das melhores práticas 51
         1.20   Crenças comuns 51
         1.21   Biblioteca de melhores práticas. 53
         1.22   Hewlett-Packard: melhores práticas em ação. 55

Capítulo 2   Da melhor prática a uma enorme dor de cabeça. 59

         2.0   Introdução 59
         2.1   Dor de cabeça nº 1: boas intenções 59
         2.2   Dor de cabeça nº 2: a metodologia de gestão de
                 projetos da empresa 60
         2.3   Dor de cabeça nº 3: *trade-offs*. 61
         2.4   Dor de cabeça nº 4: a satisfação do cliente. 64
         2.5   Dor de cabeça nº 5: mudanças nas exigências do cliente 65

2.6 Dor de cabeça nº 6: a quem o PMO deve se reportar...........65
2.7 Dor de cabeça nº 7: o dilema do fluxo de caixa...............66
2.8 Dor de cabeça nº 8: o dilema da mudança de escopo.........67
2.9 Dor de cabeça nº 9: equilíbrio............................68
2.10 Dor de cabeça nº 10: quando cancelar um projeto............68
2.11 Dor de cabeça nº 11: recompensas........................69
2.12 Dor de cabeça nº 12: a cultura errada em vigor..............70
2.13 Dor de cabeça nº 13: questões políticas...................71
2.14 Dor de cabeça nº 14: os Sete Pecados Capitais..............78
2.15 Fontes de dores de cabeça menores......................91
2.16 Os dez perigos dos projetos............................94

Capítulo 3 Jornada rumo à excelência............................103
3.0 Introdução...103
3.1 Planejamento estratégico para a gestão de projetos..........105
3.2 Obstáculos à excelência...............................114
3.3 Hitachi Ltd...115
3.4 O apoio da alta gerência da RTA para a excelência em gestão de projetos.................................127
3.5 Intel Corporation e os "dias de mapeamento"...............141
3.6 Telefones celulares e *smartphones*......................142
3.7 A luz no fim do túnel..................................142
3.8 Pursuit Healthcare Advisors............................145
3.9 Gerenciando premissas................................149
3.10 Gerenciando premissas em projetos de conservação – WWF International..................................149
3.11 Governança de projetos...............................154
3.12 Sete falácias que atrasam a maturidade da gestão de projetos...155
3.13 Motorola...158
3.14 Texas Instruments...................................159
3.15 Hewlett-Packard: reconhecendo a necessidade.............161
3.16 Hewlett-Packard: a jornada e os obstáculos................163
3.17 Naviair: dentro do prazo, dentro do orçamento.............170
3.18 Avalon Power and Light...............................179
3.19 Roadway Express....................................181
3.20 Kombs Engineering..................................182
3.21 Williams Machine Tool Company........................183

Capítulo 4 Metodologias de gestão de projetos.....................185
4.0 Introdução...185
4.1 Definição de excelência...............................185

4.2	Reconhecendo a necessidade do desenvolvimento de uma metodologia.	186
4.3	Metodologias empresariais de gestão de projetos	191
4.4	Benefícios de uma metodologia padrão	196
4.5	Componentes críticos	197
4.6	Airbus Space and Defence: integração da metodologia APQP	199
4.7	Pontos de decisão de qualidade: uma abordagem estruturada para garantir o projeto	201
4.8	Airbus Space and Defence: cronogramas multinível integrados.	205
4.9	Técnicas Reunidas	208
4.10	Yanfeng Global Automotive Interior Systems Co. Ltd	214
4.11	Sony Corporation e gerenciamento de valor agregado.	216
4.12	Ferramentas de gestão de projetos e gestão de projetos socializada	220
4.13	Inteligência artificial e gestão de projetos	221
4.14	Fases do ciclo de vida	223
4.15	Expandindo as fases do ciclo de vida	224
4.16	Churchill Downs Incorporated	224
4.17	Indra: a necessidade de uma metodologia	226
4.18	Implementando metodologias	227
4.19	Erros na implementação	228
4.20	Superando barreiras ao desenvolvimento e à implementação	229
4.21	Wärtsilä: reconhecendo a necessidade de ferramentas de suporte	230
4.22	General Motors Powertrain Group	232
4.23	Ericsson Telecom AB	233
4.24	Indra: encerrando o projeto	235
4.25	Rockwell Automation: em busca de um processo comum	238
4.26	Sherwin-Williams	243
4.27	Hewlett-Packard.	246
4.28	Airbus Space and Defence: regras áureas para a gestão de projetos.	249
4.29	Quando metodologias tradicionais talvez não funcionem	250

Capítulo 5 Processos integrados...................255

5.0	Introdução	255
5.1	Compreendendo os processos integrados de gerenciamento	255
5.2	Evolução de processos complementares de gestão de projetos	257
5.3	Zurich America Insurance Company	261
5.4	Gestão da qualidade total	262

5.5 Engenharia simultânea.................................... 267
5.6 Gestão de riscos 268
5.7 Wärtsilä: a necessidade de uma gestão de riscos proativa....... 271
5.8 Indra: quando um risco se torna uma realidade
(gerenciamento de problemas) 272
5.9 O fracasso da gestão de riscos............................ 276
5.10 Definindo a maturidade usando a gestão de riscos 277
5.11 Boeing Aircraft Company................................. 278
5.12 Gerenciamento de mudanças 278
5.13 Outros processos de gerenciamento 280

Capítulo 6 Cultura..281

6.0 Introdução 281
6.1 A criação de uma cultura corporativa 282
6.2 Valores corporativos 284
6.3 Tipos de culturas 285
6.4 Culturas corporativas na prática 286
6.5 Colaboração GEA e Heineken: uma experiência de
aprendizagem... 289
6.6 Indra: construindo uma cultura coesa..................... 295
6.7 DFCU Financial... 299
6.8 Hewlett-Packard.. 316
6.9 Barreiras à implementação da gestão de projetos em
mercados emergentes 317

Capítulo 7 Suporte da gerência 325

7.0 Introdução 325
7.1 Apoio visível por parte dos gerentes seniores................ 325
7.2 Patrocínio de projetos 326
7.3 Excelência em patrocínio de projetos 330
7.4 A necessidade de critérios para o cancelamento de projetos..... 331
7.5 Patrocínio em ação na Hewlett-Packard 332
7.6 Zurich America Insurance Company: melhorando o
engajamento das partes interessadas..................... 333
7.7 Governança de projetos................................. 335
7.8 Tokio Marine: excelência na governança de um projeto 337
7.9 Empoderamento dos gerentes de projetos................. 343
7.10 Apoio por parte da gerência na prática.................... 344
7.11 Obtendo o apoio da gerência de área 347
7.12 Defensores convictos da iniciação e do encerramento......... 347

Capítulo 8 Treinamento e educação..............................353

8.0 Introdução 353
8.1 Treinamento para uma gestão de projetos moderna........... 353
8.2 A necessidade de uma formação em negócios 354
8.3 SAP: importância de um plano de carreira de gestão de projetos.. 356
8.4 Treinamento em gerenciamento de programa na thyssenkrupp América do Norte 358
8.5 International Institute for Learning...................... 360
8.6 Identificando a necessidade de treinamento................. 364
8.7 Selecionando alunos 365
8.8 Fundamentos da formação em gestão de projetos............ 366
8.9 Algumas mudanças na formação em gestão de projetos....... 367
8.10 Planejando cursos e ministrando o treinamento.............. 368
8.11 Medindo o retorno sobre o investimento na formação dos funcionários.. 371
8.12 A gestão de projetos agora é uma profissão................. 372
8.13 Modelos de competências............................... 373
8.14 Harris Corporation 385
8.15 Nokia: reconhecendo o valor da excelência em gestão de projetos 390
8.16 Hewlett-Packard....................................... 393

Capítulo 9 Gestão informal de projetos 395

9.0 Introdução 395
9.1 Gestão de projetos informal *versus* formal 395
9.2 Confiança... 398
9.3 Comunicação.. 398
9.4 Cooperação 401
9.5 Trabalho em equipe 401
9.6 Relatórios de *status* com códigos de cores.................. 402
9.7 *Dashboards* de crises 403
9.8 Gestão informal de projetos na prática 406

Capítulo 10 Excelência comportamental............................409

10.0 Introdução 409
10.1 Liderança situacional................................... 409
10.2 Resolução de conflitos.................................. 412
10.3 Selecionando funcionários tendo em mente a excelência 414
10.4 Equipes de projetos virtuais.............................. 416
10.5 Recompensando as equipes de projetos 418

	10.6	A chave da excelência comportamental 421
	10.7	Gerenciamento proativo *versus* reativo 425

Capítulo 11 Medindo o retorno sobre o investimento em treinamento em gestão de projetos 429

	11.0	Introdução 429
	11.1	Benefícios da gestão de projetos 430
	11.2	O crescimento da modelagem do ROI..................... 431
	11.3	O modelo ROI... 432
	11.4	Fase do ciclo de vida dedicada ao planejamento 432
	11.5	Fase do ciclo de vida dedicada à coleta de dados 434
	11.6	Fase do ciclo de vida dedicada à análise 437
	11.7	Fase do ciclo de vida dedicada à geração de relatórios 441
	11.8	Conclusões... 441

Capítulo 12 O escritório de projetos 443

	12.0	Introdução 443
	12.1	Boeing 445
	12.2	Serviços de monitoramento e atendimento ao paciente do Philips Business Group 447
	12.3	NTT DATA 457
	12.4	Cisco Systems 466
	12.5	Churchill Downs Inc.: estabelecendo um PMO 468
	12.6	Churchill Downs Inc.: gerenciando mudanças no escopo.................................. 470
	12.7	Tipos de escritórios de projetos........................... 474
	12.8	Hewlett-Packard....................................... 475
	12.9	Star Alliance 478
	12.10	Auditorias de projetos e o PMO 479
	12.11	Verificações da "saúde" dos projetos 482
	12.12	Prêmio PMO do Ano.................................... 485

Capítulo 13 Seis Sigma e o escritório de gestão de projetos 493

	13.0	Introdução 493
	13.1	Relação entre gestão de projetos e Seis Sigma 493
	13.2	Envolvendo o PMO..................................... 494
	13.3	Seis Sigma tradicional *versus* não tradicional 495
	13.4	Compreendendo o Seis Sigma 497
	13.5	Os mitos do Seis Sigma................................. 499

	13.6	Uso de avaliações	502
	13.7	Seleção de projetos	504
	13.8	Típicos projetos Seis Sigma do PMO	506

Capítulo 14 Gerenciamento de portfólio de projetos 509

14.0	Introdução	509
14.1	A jornada de gerenciamento de portfólio na Nordea	510
14.2	Gerenciamento de recursos como parte do gerenciamento de portfólio na Nordea	512
14.3	Envolvimento da gerência sênior, das partes interessadas e do PMO	515
14.4	Obstáculos à seleção de projetos	519
14.5	Identificação de projetos	520
14.6	Avaliação preliminar	524
14.7	Seleção estratégica de projetos	525
14.8	Planejamento estratégico	528
14.9	Analisando o portfólio	529
14.10	Problemas em atender às expectativas	531
14.11	Gerenciamento de portfólio na Rockwell Automation	533
14.12	WWF-World Wide Fund for Nature (também conhecido como World Wildlife Fund)	535

Capítulo 15 Excelência em gestão de projetos global 539

15.0	Introdução	539
15.1	IBM	540
15.2	Citigroup, Inc.	557
15.3	Microsoft Corporation	561
15.4	Deloitte: gerenciamento de programas empresarial	573
15.5	Comau	594
15.6	Fluor corporation: gerenciamento de conhecimentos para a execução de projetos	611
15.7	Siemens PLM Software: desenvolvendo uma metodologia global de gerenciamento de projeto	625

Capítulo 16 Gestão de projetos orientada a valor 633

16.0	Introdução	633
16.1	Valor no decorrer dos anos	634
16.2	Valores e liderança	636

Capítulo 17 Efeito das fusões e aquisições na gestão de projetos 653

17.0 Introdução 653
17.1 Planejamento para o crescimento 653
17.2 Cadeia de valor agregado da gestão de projetos 654
17.3 Tomada de decisões pré-aquisição. 657
17.4 Proprietários e inquilinos 662
17.5 Algumas melhores práticas quando as empresas trabalham juntas. 663
17.6 Resultados da integração 664
17.7 Estratégias da cadeia de valor. 666
17.8 Fracasso e reestruturação 668

Capítulo 18 Métodos ágeis e Scrum 671

18.0 Introdução 671
18.1 Introdução à entrega ágil 673
18.2 Introdução ao Scrum 687
18.3 Deloitte e a geração de valor empresarial para métodos ágeis 703
18.4 O risco da mania por métricas 710

Capítulo 19 Realização de benefícios e gerenciamento de valores. 715

19.0 Introdução 715
19.1 Entendendo a terminologia 715
19.2 Redefinição do sucesso do projeto 718
19.3 Gestão de projetos orientada por valor 720
19.4 Colheita dos benefícios 721
19.5 O caso de negócio 722
19.6 Quando medir benefícios e valor 723
19.7 Fases do ciclo de vida do investimento 724
19.8 Categorias de benefícios e valor 729
19.9 A conversão de benefícios em valor 731
19.10 Gestão de projetos e início das operações 732
19.11 Valor e benefícios de portfólio 732
19.12 Alinhamento com objetivos estratégicos. 734
19.13 Causas do fracasso completo ou parcial do BRM 735
19.14 Conclusão 737

Índice 739

1
Compreendendo as melhores práticas

1.0 Introdução

A gestão de projetos evoluiu de um conjunto de processos recomendável para uma metodologia tida como obrigatória para a sobrevivência da empresa. As empresas agora estão percebendo que todo o seu negócio, inclusive a maioria das atividades rotineiras, pode ser compreendido como uma série de projetos. Dito de form simples, estamos gerenciando nosso negócio por meio de projetos.

A gestão de projetos hoje é vista tanto como um processo de gestão de projetos quanto como um processo de negócios. Portanto, espera-se que os gerentes de projetos tomem decisões de negócios, além de decisões de projeto. A necessidade de alcançar a excelência na gestão de projetos hoje é muito evidente em quase todos os negócios.

À medida que a relativa importância da gestão de projetos passa a permear cada faceta do negócio, acumula-se conhecimento sobre suas melhores práticas. Algumas empresas veem esse conhecimento como propriedade intelectual a ser guardada a qualquer custo nas cúpulas da empresa. Outras compartilham-no na esperança de descobrir outras melhores práticas. Hoje as empresas preferem realizar um planejamento estratégico para a gestão de projetos devido aos benefícios e à sua contribuição para um valor sustentável dos negócios.

Um dos benefícios de realizar um planejamento estratégico para a gestão de projetos é que ele normalmente traz à tona a necessidade de identificar e reter as melhores práticas. Infelizmente, isso não é fácil de ser efetivado. Um dos motivos dessa dificuldade, como veremos mais adiante neste capítulo, é que as empresas não estão de acordo quanto à definição do que seriam "melhores práticas", além de não compreenderem que melhores práticas levam a melhorias contínuas, que, por sua vez, levam à adoção de novas melhores práticas. Muitas empresas também não reconhecem o valor e os benefícios que podem decorrer das melhores práticas.

Atualmente, os gerentes de projetos estão adotando melhores práticas tanto nas atividades da gestão de projetos quanto nas atividades de negócios. O motivo é simples: as melhores práticas são propriedade intelectual que incentiva as empresas a ter um desempenho cada vez mais alto. As melhores práticas levam a um maior valor de negócio, uma maior concretização de benefícios e melhores atividades de gerenciamento de benefícios. A gestão de projetos e o pensamento empresarial não são mais atividades separadas.

Hoje, a gestão de projetos é considerada um veículo que cria os *deliverables* que geram valor e benefícios de negócios. Nos últimos anos, houve um crescimento incrível na necessidade de capturar as melhores práticas relacionadas à gestão da realização de benefícios e criação de valor.

1.1 Wärtsilä

GERENCIAMENTO DE BENEFÍCIOS EM PROJETOS DE DESENVOLVIMENTO OPERACIONAL NA WÄRTSILÄ

A Wärtsilä possui uma forte tradição em negócios baseados em projetos e práticas de gerenciamento. Assim, estabeleceu-se um escritório para gerenciar os projetos de toda a empresa em 2007, com o intuito de fortalecer ainda mais essa competência dentro do grupo e de desenvolver uma cultura de gestão de projetos e seus processos, competências e ferramentas.

Hoje, as estruturas e as formas de trabalhar com gestão de projetos tornaram-se uma parte fundamental do pensamento empresarial da Wärtsilä. O modelo de processo empresarial passou gradualmente de um processo um tanto desordenado a um modelo harmonizado que permite a implementação de diretrizes, terminologia e alvos unificados. A empresa abordou a implementação dessas práticas a partir de dois aspectos diferentes, mas igualmente importantes. Em primeiro lugar, apresentou-se e implementou-se uma ferramenta de gestão de projetos que fornece, entre outras coisas, um planejamento mais eficiente dos recursos e do cronograma da empresa. Em segundo lugar, a organização foi incentivada a participar ativamente de treinamentos profissionais e programas de certificação em gestão de projetos.

À medida que tais processos foram tomando forma e amadurecendo, a ênfase foi passando gradualmente para o gerenciamento de benefícios em projetos de desenvolvimento operacional. A iniciativa de aprimorar os processos de gerenciamento de benefícios decorre da missão do escritório de projetos (*Project Management Office* – PMO) de desenvolvimento operacional da Wärtsilä, que é garantir sinergias entre as unidades empresariais que possibilitariam que empresas transformassem sua ambição estratégica em operações cotidianas. Isso seria alcançado propiciando gerenciamento e experiência em termos de gestão de mudanças, processos empresariais e desenvolvimento de aplicativos.

Na gestão de projetos tradicional, os projetos geralmente são medidos segundo orçamento, cronograma, escopo ou qualidade. O gerenciamento de benefícios como um conceito, no entanto, prioriza mais o valor real que os projetos são capazes de gerar para o cliente final. Em outras palavras, o sucesso de um projeto não é medido exclusivamente em termos de tempo ou dinheiro. Muito pelo contrário, a medição do sucesso de um projeto vem do usuário final: A solução atendeu às necessidades do usuário? Como o conceito de valor é bastante vago, é de suma importância que os benefícios tenham métricas e medidas concretas. Isso envolve também os chamados benefícios intangíveis. Embora não possam ser quantificados financeiramente, eles têm de ser medidos. Outro aspecto importante no planejamento de benefícios é criar uma base válida com a qual se possam comparar os resultados: em vez de compará-los apenas com uma situação habitual de BAU (*business*

O material foi fornecido pelo escritório de gestão de projetos da Wärtsilä (WPMO). Direitos autorais da Wärtsilä Corporation, © 2017. Reproduzido com permissão.

as usual), os resultados obtidos com as medidas de concretização de benefícios devem ser comparados com cenários alternativos ("Este resultado poderia ter sido alcançado de outra maneira?").

Em desenvolvimento operacional, a saída do projeto pode ser, por exemplo, uma ferramenta de TI criada para aprimorar o planejamento de recursos. A parte mais crucial, no entanto, é fazer essa *saída* se tornar um resultado do *projeto*. Isso significa que o produto do projeto (no caso, uma ferramenta de TI) deve se tornar parte do modo como o usuário final trabalha. Para que isso aconteça, o planejamento de benefícios deve considerar dois aspectos importantes:

1. O que o usuário final quer e do que ele precisa?
2. O que precisa mudar para que isso aconteça?

Com uma gestão adequada das expectativas do usuário final e de mudanças, pode-se evitar o risco de a saída do projeto se tornar "apenas mais um item da caixa de ferramentas".

O sistema de gerenciamento de benefícios deve, resumidamente, consistir nos seguintes elementos:

- *Identificar o fator determinante para o projeto.* Realmente precisamos deste investimento? Quem mais irá se beneficiar dele?
- *Identificar os benefícios essenciais:* Quais são os benefícios e quando eles ocorrerão? Qual é sua proximidade (Qual é a probabilidade de que aconteça?)
- *Estimar os benefícios:* Definir uma base clara para as medidas permite-nos definir métricas claras (que se aplicam a todo o portfólio de projetos) e oferece-nos consistência em todas as fases do ciclo de vida, desde o início do projeto até a concretização dos benefícios. A questão crítica que devemos fazer é: Essas métricas toleram mudanças no ambiente de negócios?
- *Conectar os benefícios com a mudança:* Como a organização precisa mudar para que venha a possibilitar a concretização dos benefícios? Como podemos possibilitar essa mudança? Planejar a implementação e ajustá-la às mudanças ambientais empresariais (mudanças organizacionais, mudanças na situação do mercado, etc.).
- *Quem é responsável pelo benefício?* Definir uma pessoa/organização responsável pela concretização dos benefícios.
- *Monitorar os benefícios:* Monitorar seu desempenho com as métricas estabelecidas, aprimorando-as, se necessário, em direção à meta estabelecida e reconhecer os riscos de maneira proativa.
- *Realizar uma avaliação pós-projeto:* Garantir uma implementação bem-sucedida comunicando a saída do projeto e promovendo-a honestamente. Imagine-se na posição do usuário final: Você gostaria de usar essa ferramenta?
- *Aprender com os erros:* Garantir que os pontos fortes e fracos do projeto sejam igualmente trabalhados. Enfoque a aprendizagem e a comunicação honesta, não a busca por culpados. Os exemplos devem vir desde o nível executivo.

1.2 Melhores práticas em gestão de projetos: 1945-1960

Durante a década de 1940, os gerentes de área funcionavam como gerentes de projeto e usavam o conceito de gerenciamento "por cima da cerca" (*over-the-fence management*) para os projetos. Cada gerente de área, "vestindo a camiseta" de gerente de projeto, realizava o trabalho de sua área organizacional e, quando o concluía, "passava a bola por cima da cerca", na esperança de que alguém fosse pegá-la. Uma vez que a bola tivesse sido jogada por cima da cerca, os gerentes de área "lavavam suas mãos" de qualquer responsabilidade, pois a bola não estava mais "em seu quintal". Se um projeto falhasse, colocava-se a culpa em qualquer gerente de área que estivesse com a "posse da bola" naquele momento.

O problema com o gerenciamento "por cima da cerca" era que o cliente não tinha qualquer ponto de contato para fazer perguntas. A filtragem de informações desperdiçava um tempo precioso tanto para o cliente quanto para a empresa contratada. Os clientes que quisessem informações em primeira mão tinham de procurar o gerente que estivesse de posse da bola. Para projetos pequenos, era fácil. Entretanto, à medida que eles cresciam e ficavam mais complexos, a dificuldade aumentava.

Nessa época, foram identificadas poucas melhores práticas. Quando elas existiam, permaneciam dentro de determinada área funcional e nunca eram compartilhadas com o restante da empresa. Tomar decisões subótimas na gestão de projetos era a norma.

Depois da Segunda Guerra Mundial, os Estados Unidos entraram na Guerra Fria. Para vencer uma Guerra Fria, há que se competir na corrida armamentista e rapidamente construir armas de destruição em massa. O vitorioso nesses casos será aquele que puder retaliar o inimigo com força suficiente para obliterá-lo. O desenvolvimento de armas de destruição em massa compreendia projetos muito grandes, que envolviam potencialmente milhares de prestadores de serviços. A corrida armamentista deixou claro que o tradicional uso de gerenciamento "por cima da cerca" não seria aceitável para o Departamento de Defesa dos EUA para projetos como o bombardeiro B-52, o míssil balístico intercontinental Minuteman ou o submarino Polaris. O governo queria um único ponto de contato, a saber, um gerente de projeto com responsabilidade total durante todas as fases do projeto. Além disso, o governo queria que o gerente de projeto dominasse a tecnologia, não apenas a entendesse, o que exigia que ele fosse um engenheiro, de preferência com pós-graduação em alguma área da tecnologia. O uso da gestão de projetos se tornou, então, obrigatório para alguns dos sistemas menores de armas como os aviões de caça ou tanques de guerra. A Administração Nacional da Aeronáutica e do Espaço (NASA, *National Aeronautics and Space Administration*) determinou o uso da gestão de projetos para todas as atividades relacionadas ao programa espacial.

Projetos nos setores aeroespacial e de defesa estavam tendo sobrecustos acima de 200 a 300%. Culpava-se erroneamente a implementação inadequada da gestão de projetos quando, na verdade, o verdadeiro problema era a incapacidade de se fazerem previsões em tecnologia, resultando na ocorrência de inúmeras oscilações no escopo. Previsões tecnológicas são extremamente difíceis para projetos que podem durar de 10 a 20 anos.

No fim da década de 1950 e no início da década de 1960, os setores aeroespacial e de defesa nos Estados Unidos estavam usando gerenciamento em praticamente todos os projetos e estavam pressionando seus fornecedores a usá-lo também. A gestão de projetos estava crescendo, mas a um ritmo relativamente lento, exceto pelos setores aeroespacial e de defesa.

Devido ao vasto número de empresas contratadas e subcontratadas, o governo dos Estados Unidos precisava de padronização, especialmente no processo de planejamento e na divulgação de informações. O governo estabeleceu um modelo de planejamento e controle de ciclo de vida e um sistema de monitoramento de custos e criou um grupo de auditores de gestão de projetos para garantir que seu dinheiro estivesse sendo gasto de acordo com o planejado. Essas práticas tinham de ser usadas em todos os programas governamentais que ultrapassassem certo valor em dólares. O setor privado enxergava essas práticas como um custo excessivo e não via qualquer valor prático na gestão de projetos. Se alguma das melhores práticas era capturada na época, esta enfocava quase que exclusivamente melhorias aos formulários padrões utilizados pelo Departamento de Defesa.

Como muitas empresas não enxergavam nenhum valor prático na gestão de projetos nos primeiros anos, havia muitas ideias equivocadas sobre a disciplina, entre elas:

- A gestão de projetos é uma ferramenta de determinação do progresso de projetos como a técnica de programa, avaliação e revisão/método do caminho crítico (PERT/CPM, *program evaluation and review technique/critical-path method*).
- A gestão de projetos se aplica somente a projetos de grande porte.
- A gestão de projetos é criada apenas para projetos governamentais.
- Os gerentes de projeto têm de ser engenheiros e, de preferência, ter diplomas avançados.
- Os gerentes de projeto precisam de um "domínio de tecnologia" para terem êxito.
- O sucesso do projeto é medido em termos exclusivamente técnicos. (Funcionou?)

1.3 Melhores práticas em gestão de projetos: 1960-1985

Entre 1960 e 1985, surgiu um melhor entendimento sobre a gestão de projetos. O campo crescera mais por necessidade do que por desejo, mas a passos de tartaruga. O crescimento lento pode ser atribuído principalmente à falta de aceitação das novas técnicas administrativas necessárias para a implementação bem-sucedida da gestão de projetos. Um temor inerente diante do desconhecido agia como um impedimento tanto para gerentes quanto para executivos. Além da indústria aeroespacial, de defesa e de construção, a maioria das empresas na década de 1960 gerenciava seus projetos informalmente. Na gestão informal de projetos, como sugere o nome, os projetos eram trabalhados informalmente, e a autoridade do gerente era minimizada. A maioria dos projetos era administrada por gerentes funcionais e permanecia em uma ou duas áreas funcionais, e comunicações formais eram ou desnecessárias, ou tratadas informalmente devido às boas relações profissionais entre os gerentes de área. Esses indivíduos aos quais se atribuía a função de gerente de projeto logo descobriam que estavam funcionando mais como líderes ou monitores de projeto do que como gerentes. Muitas organizações da atualidade, como indústrias de baixa tecnologia, têm gerentes de área que trabalham lado a lado há 10 anos ou mais. Nessas situações, a gestão informal de projetos pode funcionar para projetos de desenvolvimento de instalações ou equipamentos de capital, e a gestão de projetos não é vista como uma profissão.

Na década de 1970 e no início da década de 1980, mais empresas se afastaram da gestão informal de projetos e se reestruturaram de modo a formalizá-la, principalmente pelo fato de o tamanho e a complexidade de suas atividades terem crescido a tal ponto que se tornaram ingerenciáveis dentro da estrutura corrente.

Nem todos os setores precisam de gestão de projetos, e os executivos têm de determinar se há uma verdadeira necessidade antes de se comprometerem com a prática. Diversos setores com tarefas simples, em um ambiente estático ou em um dinâmico, não precisam de gestão de projetos. Indústrias manufatureiras com tecnologia com baixo ritmo de mudanças não precisam dessa prática, a menos, é claro, que elas exijam diversos projetos especiais, como atividades de bens de capital, que possam interromper o fluxo normal de trabalho nas operações manufatureiras rotineiras. O lento ritmo de crescimento e a morosidade na aceitação da gestão de projetos estavam relacionados ao fato de que as suas limitações eram muito aparentes, enquanto suas vantagens não eram completamente reconhecíveis. A gestão de projetos exige reestruturação organizacional. A questão, obviamente, é "Quanta reestruturação?" Os executivos evitavam o tema da gestão de projetos, temendo que mudanças "revolucionárias" ocorressem na organização.

A reestruturação da gestão de projetos permitiu que as empresas:

- realizassem tarefas que não podiam ser tratadas de forma eficiente pela estrutura tradicional;
- realizassem atividades únicas com uma interrupção mínima dos negócios rotineiros.

O segundo item implica que a gestão de projetos é uma estrutura de gerenciamento "temporária" e, portanto, causa uma perturbação organizacional mínima. Os principais problemas identificados por esses gerentes que tentavam se adaptar ao novo sistema giravam, todos, em torno de recursos e de conflitos de autoridade. As empresas começaram a reconhecer a necessidade de capturar as melhores práticas, especialmente aquelas que poderiam reduzir problemas comportamentais humanos. Além disso, as metodologias também estavam melhorando.

Outra preocupação importante era que a gestão de projetos exigiria que a alta gerência abrisse mão de parte da sua autoridade, delegando para a gerência média. Em diversas situações, os gerentes intermediários logo ocuparam as posições de poder, mais até do que os de nível mais alto.

A gestão de projetos se tornou uma necessidade para muitas empresas à medida que elas se expandiam em múltiplas linhas de produto, das quais muitas não eram similares, e que as complexidades organizacionais cresciam. Esse crescimento pode ser atribuído a:

1. Avanços tecnológicos a ritmos impressionantes
2. Maiores investimentos em pesquisa e desenvolvimento (P&D)
3. Disponibilização de mais informações
4. Diminuição dos ciclos de vida de projetos

Para satisfazer às exigências impostas por esses quatro fatores, a gerência foi "forçada" a uma reestruturação organizacional; a forma organizacional tradicional que sobrevivia há décadas era inadequada para integrar atividades através de diferentes "impérios" funcionais.

Por volta de 1970, o ambiente começou a mudar rapidamente. As empresas nos setores aeroespacial, de defesa e de construção foram pioneiras na implementação da gestão de projetos, e outras indústrias logo as acompanharam, algumas com grande relutância. A NASA e o Departamento de Defesa "forçaram" empresas subcontratadas a aceitarem a gestão de projetos.

Pelo fato de as estruturas organizacionais usuais não serem capazes de acomodar a ampla variedade de tarefas inter-relacionadas necessárias para a conclusão bem-sucedida de projetos, a necessidade de seu gerenciamento tornou-se aparente. Em geral, isso primeiramente é identificado por gerentes de nível mais baixo ou intermediário, que acham impossível controlar seus recursos de forma eficiente para as diversas atividades dentro de sua área organizacional. Muitas vezes, os gerentes intermediários sentem mais o impacto de um ambiente em modificação do que os executivos de nível mais alto.

Uma vez que a necessidade de mudança tenha sido identificada, a gerência intermediária tem de convencer a alta gerência de que ela realmente é importante. Se a alta gerência não conseguir reconhecer os problemas com o controle de recursos, então a gestão de projetos não será adotada, pelo menos formalmente. A aceitação informal, entretanto, é outra história.

À medida que a gestão de projetos se desenvolveu, alguns fatores essenciais para o sucesso da implementação foram reconhecidos. O fator mais importante foi a função do gerente de projetos, que se tornou o ponto focal para a responsabilidade pela integração. Essa necessidade foi identificada originalmente em projetos complexos de P&D.

A tecnologia de P&D desfez os limites que existiam entre os setores. Aqueles que já foram mercados e canais de distribuição estáveis hoje se encontram em um estado de fluxo. O ambiente industrial é turbulento e cada vez mais difícil de se prever. Muitos fatos complexos sobre mercados, métodos de produção, custos e potenciais científicos estão relacionados a decisões de investimento em P&D.

Todos esses valores se combinaram, produzindo uma "dor-de-cabeça gerencial" tamanho família. Simplesmente há decisões cruciais demais a serem tomadas para ser possível que todas elas sejam processadas e resolvidas no alto da organização por meio de uma hierarquia de linha comum. Elas têm de ser integradas de alguma outra forma.

Confiar ao gerente de projeto a responsabilidade dessa integração gerou os seguintes resultados:

1. Responsabilidade total do projeto assumida por uma única pessoa
2. Funcionários dedicados a projetos em vez de a funções
3. Exigência única de coordenação entre diferentes interfaces funcionais
4. Utilização adequada de planejamento e controle integrados

Sem a gestão de projetos, esses quatro elementos teriam de ser realizados por executivos, e é questionável se essas atividades deveriam ou não fazer parte da descrição de função de um executivo. Um executivo de uma corporação da *Fortune 500* declarou que trabalhava 70 horas por semana tanto como executivo quanto como gerente de projetos e que sentia que não estava fazendo o melhor que podia em nenhum dos dois trabalhos. Durante uma apresentação para a equipe de funcionários, o executivo declarou o que esperava da organização após a implementação da gestão de projetos:

- Transferir a tomada de decisões para níveis mais baixos da organização
- Eliminar a necessidade de comitês de soluções
- Confiar nas decisões de colegas de trabalho

Os executivos que decidiram aceitar a gestão de projetos logo descobriram as vantagens da nova técnica:

- Fácil adaptação a um ambiente em constantes mudanças
- Capacidade de lidar com uma atividade multidisciplinar dentro de um período especificado
- Fluxo de trabalho horizontal, além de vertical
- Maior orientação aos problemas dos clientes
- Mais fácil identificação de responsabilidades nas atividades
- Um processo multidisciplinar de tomada de decisões
- Inovação no *design* organizacional

Com a evolução da gestão de projetos, as melhores práticas se tornaram importantes. As melhores práticas foram aprendidas tanto com os sucessos quanto com os fracassos. Nos primeiros anos da prática, o setor privado preferiu aprender melhores práticas com os sucessos. O governo, no entanto, preferiu aprender melhores práticas com os insucessos. Quando o governo finalmente optou por aprender com os sucessos, o conhecimento das melhores práticas passou a vir de seus relacionamentos com empresas contratadas e subcontratadas. Algumas dessas melhores práticas provenientes do governo incluíam:

- O uso de fases de ciclo de vida
- Padronização e consistência
- Uso de *templates* (p. ex., para a declaração de trabalho, estrutura analítica do projeto e gestão de riscos)
- Uso de pessoal militar em cargos de gestão de projetos com missões prolongadas no mesmo local
- Uso de equipes integradas de projeto
- Controle de oscilações no escopo geradas pelas empresas contratadas
- Uso de medidas de valor agregado

1.4 Melhores práticas em gestão de projetos: 1985-2016

Na década de 1990, as empresas tinham começado a perceber que a implementação da gestão de projetos era uma necessidade, e não uma opção. Em 2016, a gestão de projetos já havia se disseminado por praticamente todos os setores, e as melhores práticas estavam sendo capturadas. Na opinião deste autor, o surgimento de melhores práticas por setor pode ser resumido da seguinte forma:

- 1960–1985: Aeroespacial, de defesa e de construção
- 1986–1993: Fornecedores do setor automotivo
- 1994–1999: Telecomunicações
- 2000–2003: Tecnologia de informação
- 2004–2006: Assistência médica
- 2007–2008: Marketing e vendas
- 2009–Presente: Agências governamentais, pequenas empresas e aceitação global da gestão de projetos

A questão agora não é como implementar a gestão de projetos, mas com que rapidez ela pode ser implementada. Com que rapidez podemos amadurecer na gestão de projetos? Podemos usar as melhores práticas para acelerar sua implementação?

A Tabela 1.1 mostra as fases de ciclo de vida típicas da implementação da gestão de projetos em uma organização. Na primeira (a fase embrionária), a organização reconhece a necessidade evidente de gestão de projetos. Esse reconhecimento normalmente ocorre nos níveis mais baixos e intermediários da gerência, em que as atividades de projetos geralmente são realizadas. Os executivos são, então, informados sobre a necessidade e avaliam a situação.

TABELA 1.1 Cinco fases do ciclo de vida da gestão de projetos

Embrionária	Aceitação pela gerência executiva	Aceitação pela gerência de área	Crescimento	Maturidade
Reconhecer a necessidade	Obter apoio visível dos executivos	Obter apoio da gerência de área	Reconhecer o uso de fases de ciclo de vida	Desenvolver um sistema de controle gerencial de custos e prazos
Reconhecer os benefícios	Fazer os executivos compreenderem a gestão de projetos	Fazer a gerência de área se comprometer com a gestão de projetos	Desenvolver uma metodologia de gestão de projetos	Integrar controle de custos e prazos
Reconhecer a aplicabilidade	Estabelecer patrocinadores dos projetos no nível executivo	Proporcionar conhecimento aos gerentes de área	Obter comprometimento com o que for planejado	Desenvolver um programa de ensino para melhorar as competências em gestão de projetos
Reconhecer o que precisa ser feito	Estar disposto a mudar a maneira de conduzir o empreendimento	Estar disposto a liberar funcionários para treinamentos em gestão de projetos	Minimizar oscilações de escopos Selecionar um sistema de acompanhamento de projetos	

Há seis forças motrizes que levam os executivos a reconhecer a necessidade da gestão de projetos:

1. Projetos de capital
2. Expectativas do cliente
3. Competitividade
4. Compreensão por parte dos executivos
5. Desenvolvimento de novos projetos
6. Eficácia e eficiência

As indústrias são levadas à gestão de projetos por causa de projetos de capital de grande parte ou por um alto número de projetos simultâneos. Os executivos logo percebem o impacto sobre o fluxo de caixa e que atrasos no cronograma poderiam deixar os trabalhadores ociosos.

As empresas que vendem produtos ou serviços, incluindo a instalação, precisam ter melhores práticas de gestão de projetos. Essas empresas normalmente não são guiadas por projetos, mas funcionam como se fossem. Agora elas vendem soluções para os clientes, não produtos. É quase impossível vender soluções completas aos clientes sem ter práticas superiores de gestão de projetos, porque o que você está vendendo é, na verdade, sua experiência em gestão de projetos.

Há duas situações em que a competitividade se torna a força motriz: projetos internos e projetos externos (clientes externos). Internamente, as empresas esbarram em problemas quando percebem quanto do trabalho pode ser terceirizado por menos do que custaria se elas mesmas o realizassem. Externamente, as empresas enfrentam problemas quando perdem sua competitividade em termos de preço ou qualidade ou quando simplesmente não conseguem aumentar sua participação de mercado.

A compreensão por parte dos executivos é a força motriz naquelas organizações que possuem uma estrutura rígida e tradicional e que realizam atividades rotineiras e repetitivas.

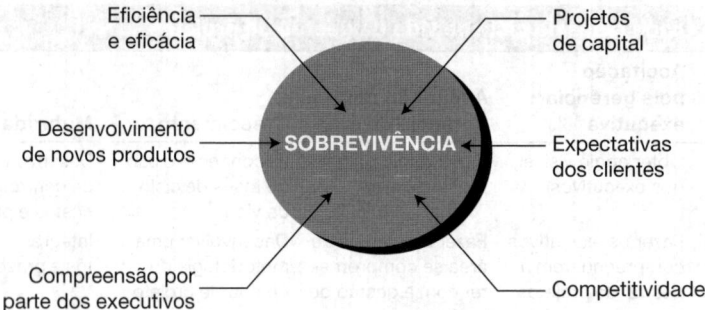

Figura 1.1 Os componentes da sobrevivência.
Fonte: Reimpresso de H. Kerzner, *In Search of Excellence in Project Management* (Hoboken, NJ: Wiley, 1998), p. 51.

Essas organizações são bastante resistentes a mudanças, a menos que estas sejam determinadas pelos executivos. Essa força motriz pode existir em conjunção com qualquer outra das forças motrizes.

O desenvolvimento de novos produtos é a força motriz daquelas organizações que investem fortemente em atividades de P&D. Dado que apenas um pequeno percentual dos projetos de P&D chega a ser comercializado de modo que seus custos possam ser recuperados, a gestão de projetos se torna uma necessidade. Ela pode ser usada como um sistema de aviso precoce de que um projeto deve ser cancelado.

A eficiência e a eficácia, como forças motrizes, podem existir em conjunção com qualquer outra força motriz. Elas assumem suma importância para pequenas empresas que estão passando por dificuldades iniciais devido ao crescimento. A gestão de projetos pode ser usada para ajudá-las a permanecer competitivas durante períodos de crescimento e para auxiliá-las a determinar restrições de capacidade.

Devido à inter-relação dessas forças, algumas pessoas argumentam que a única verdadeira força motriz é a sobrevivência. Isso é ilustrado na Figura 1.1. Quando a empresa reconhece que a sobrevivência da empresa está em jogo, a implementação da gestão de projetos torna-se mais fácil.

Enrique Sevilla Molina, profissional da área, antigo diretor corporativo do PMO, discute as forças motrizes em ação na Indra, a qual necessitava atingir a excelência:

> As forças internas se baseavam em nossa própria história e experiência empresarial. Logo descobrimos que, quanto melhores fossem os gerentes de um projeto, melhores seriam seus resultados. Essa percepção veio com a necessidade de demonstrar, em contratos nacionais e internacionais, com clientes norte-americanos e europeus, nossa verdadeira capacidade de lidar com projetos de grande porte. Tais projetos exigiam um gerenciamento de excelência e, para aqueles de nós que gerenciávamos o projeto, tratava-se de um desafio maior do que simplesmente ser capaz de executá-lo tecnicamente. Em resumo, esses projetos determinaram o ritmo de definição de procedimentos precisos sobre como lidar com as partes interessadas, com grandes empresas subcontratadas e sobre como se tornar um ponto de contato principal confiável em todas as questões relacionadas ao projeto.

A velocidade com que as empresas alcançam certo grau de maturidade em gestão de projetos geralmente se baseia no grau de importância que elas atribuem às forças motrizes. Isso é ilustrado de maneira genérica na Figura 1.2. Organizações que não são orientadas a projetos e organizações híbridas amadurecem rapidamente se um aumento

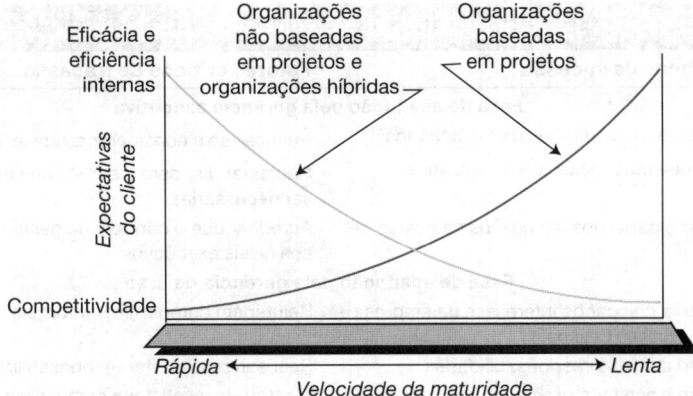

Figura 1.2 Velocidade da maturidade.

da eficiência e da eficácia for necessário internamente. A competitividade é o caminho mais lento, pois esse tipo de organização não reconhece que a gestão de projetos afete sua posição competitiva diretamente. Para organizações orientadas a projetos, o caminho é inverso. Competitividade é o nome do jogo, e o meio usado para vencê-lo é a gestão de projetos.

Uma vez que a organização perceba a necessidade de implementá-la, ela entra na segunda fase do ciclo de vida da Tabela 1.1, a aceitação pela gerência executiva. A gestão de projetos não pode ser implementada no curto prazo sem apoio executivo. Além do mais, esse apoio tem que ser visível a todos.

A fase do terceiro ciclo de vida é a aceitação pela gerência de área. É improvável que qualquer gerente de área apoie ativamente a sua implementação sem primeiro reconhecer o mesmo suporte vindo de camadas hierárquicas superiores. Mesmo um mínimo apoio pela gerência de área traria problemas para a gestão de projetos sem apoio executivo.

A quarta fase do ciclo de vida é a fase de crescimento, na qual a organização se compromete com o desenvolvimento das ferramentas corporativas para a gestão de projetos. Isso inclui os processos e a metodologia de gestão para o planejamento, a programação e o controle, além da seleção de um *software* de suporte apropriado. Partes dessa fase podem começar durante fases anteriores.

A quinta fase do ciclo de vida é a maturidade. Nessa fase, a organização começa a usar as ferramentas desenvolvidas na fase anterior. Nela, a organização deve se dedicar totalmente à gestão de projetos. Ela tem que desenvolver um currículo razoável de gestão de projetos para oferecer o treinamento e a educação apropriados como suporte às ferramentas e ao comportamento organizacional esperado.

Na década de 1990, as empresas finalmente já tinham começado a reconhecer os benefícios da gestão de projetos. A Tabela 1.2 mostra os fatores críticos que contribuem com o sucesso e que levam ao fracasso em nossa visão de gestão de projetos. Muitos desses fatores foram identificados por meio da descoberta e da implementação de melhores práticas.

Na década de 1990, as empresas finalmente já tinham começado a reconhecer os benefícios da gestão de projetos. A Tabela 1.2 mostra os fatores críticos que contribuem com o sucesso e que levam ao fracasso em nossa visão de gestão de projetos. Muitos desses fatores foram identificados por meio da descoberta e da implementação de melhores práticas.

TABELA 1.2 Fatores críticos no ciclo de vida da gestão de projetos

Fatores críticos de sucesso	Fatores críticos de fracasso
Fase de aceitação pela gerência executiva	
Considerar as recomendações de funcionários	Recusar-se a considerar as ideias de colegas
Reconhecer que mudanças são necessárias	Não estar disposto a admitir que mudanças podem ser necessárias
Compreender o papel dos executivos na gestão de projetos	Acreditar que o controle da gestão de projetos cabe aos níveis executivos
Fase de aceitação pela gerência de área	
Estar disposto a colocar os interesses da empresa acima dos interesses pessoais	Relutar em compartilhar informações
Estar disposto a aceitar responsabilidades	Recusar-se a aceitar responsabilidades
Estar disposto a aceitar o progresso de colegas	Mostrar-se insatisfeito com o progresso de colegas
Fase de crescimento	
Reconhecer a necessidade de uma metodologia que abranja toda a empresa	Perceber a metodologia padrão como uma ameaça, não como um benefício
Apoiar a padronização do monitoramento dos relatórios	Não conseguir compreender os benefícios da gestão de projetos
Reconhecer a importância de um planejamento eficiente	Dar apenas "apoio moral" ao planejamento, sem se importar em concretizar o que foi planejado
Fase de maturidade	
Reconhecer que custos e cronograma são inseparáveis	Acreditar que o estado do projeto possa ser determinado apenas pelo cronograma
Acompanhar os custos reais	Não perceber a necessidade de acompanhar os custos reais
Desenvolver treinamento em gestão de projetos	Acreditar que, na gestão de projetos, crescimento e sucesso são sinônimos

Reconhecer que a organização pode se beneficiar com a implementação da gestão de projetos é apenas o ponto de partida. A questão, então, passa a ser: "Quanto tempo levaremos para alcançar esses benefícios?". Essa pergunta pode ser parcialmente respondida com base na Figura 1.3. No início do processo de implementação, haverá despesas extras para

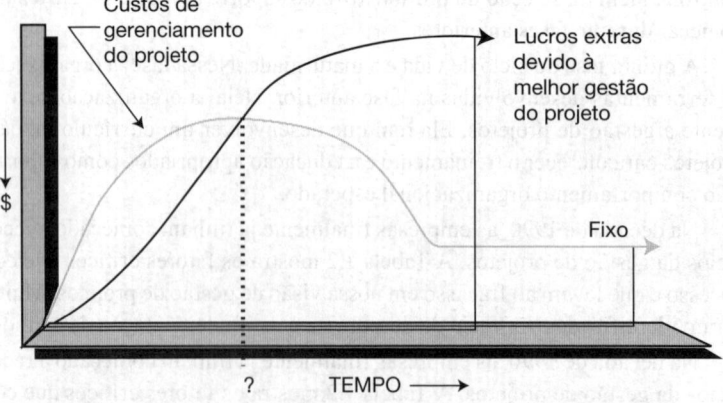

Figura 1.3 Custos *versus* benefícios da gestão de projetos.

desenvolver a metodologia da gestão de projetos e estabelecer os sistemas de suporte para planejamento, cronograma e controle. Finalmente, os custos irão se estabilizar e se tornar fixos. O ponto de interrogação na Figura 1.3 é o ponto em que os benefícios se igualam ao custo de implementação. Esse ponto pode ser empurrado para a esquerda por meio de treinamento e educação.

Durante a primeira década do século XXI, a compreensão e a aceitação dos benefícios permeavam todos os níveis da gerência sênior, em vez de apenas os executivos que tinham contato diário com projetos. Os três comentários a seguir da gerência sênior da American Greetings Corporation ilustram essa questão:

Por meio da gestão de projetos, aprendemos a tomar decisões baseadas em fatos. No passado, costumávamos basear nossas decisões naquilo que achávamos que poderia acontecer ou que esperávamos que fosse acontecer. Agora podemos observar os fatos, interpretá-los de maneira honesta e tomar decisões sólidas e estabelecer metas realistas com base nessas informações.

Zev Weiss, CEO, American Greetings

O PMO oferece a estrutura e a disciplina para concluir o trabalho que precisa ser realizado. Desde o lançamento até sua finalização, cada projeto conta com um "roteiro" para que se alcancem os objetivos estabelecidos.

Jeff Weiss, presidente e COO, American Greetings

Por meio da gestão de projetos, aprendemos o valor de definir projetos específicos e de delegá-los a equipes. Abraçamos a filosofia da gestão de projetos e agora podemos usá-la repetidas vezes para atingir nossas metas.

Jim Spira, presidente e COO aposentado, American Greetings

Quando todos os executivos estão de acordo quanto ao valor e aos benefícios, ocorrem melhorias contínuas em um ritmo acelerado.

1.5 Melhores práticas em gestão de projetos: 2016-presente

À medida que mais empresas reconhecem os benefícios do uso de gestão de projetos, capturar as melhores práticas passou a ser normal. Provavelmente a maior mudança em como a gestão de projetos era vista foi o entendimento de que os projetos completados poderiam gerar valor de negócio, não apenas *deliverables*. Completar projetos dentro da tripla restrição tradicional de tempo, custo e escopo não é necessariamente um sucesso se os *deliverables* não trazem valor de negócio para a empresa.

As empresas mudaram a percepção tradicional da gestão de projetos. Os casos de negócios hoje incluem um plano de realização dos benefícios e muitas vezes são acompanhados por uma descrição detalhada do valor de negócio esperado quando da conclusão do projeto.

As práticas de seleção de projetos e a construção do portfólio de projetos hoje dependem do desejo de maximizar os benefícios e o valor de negócio. Projetos antes considerados o "xodó" de um indivíduo e que beneficiariam apenas a ele agora são tirados da fila e substituídos por projetos que possam beneficiar a organização como um todo. O planejamento da realização de benefícios, o gerenciamento de benefícios e o gerenciamento de valor de negócio hoje são os focos principais nos níveis executivos.

1.6 Prática de gerenciamento de benefícios na Dubai Customs

Na Dubai Customs (DC), onde os projetos abrangem domínios centrais e não centrais, a realização efetiva de benefícios é crítica para se atingir os resultados de negócios desejados com os investimentos.

Mohammad Rashed Bin Hashim e Ajith Kumar Nair, especialistas que dirigem a seção de Gerenciamento de Benefícios e Demandas de TI na DC, parte do Departamento de Entrega de Projetos, lideraram a missão de desenvolver uma Estrutura de Gerenciamento de Benefícios para a Divisão de Desenvolvimento Alfandegário. Por meio de pesquisas detalhadas sobre melhores práticas de realização de benefícios em nível global, eles montaram um processo de governança funcional com uma metodologia estabelecida para capturar e medir todos os benefícios financeiros e não financeiros que englobam os resultados gerais. Esse processo é aplicado ao desenvolvimento de casos de negócios, planos de realização de benefícios e gerenciamento de benefícios em nível de portfólio. Ele também apoia a tomada de decisões do Comitê de Desenvolvimento Executivo da DC na supervisão de todos os investimentos relativos a projetos.

Os objetivos do gerenciamento da realização de benefícios na DC são:

- Garantir que os benefícios são identificados e definidos claramente desde o início e ligados a resultados estratégicos. (Documento de Necessidades de Negócios – Resumo da Demanda e Caso de Negócios)
- Garantir que as áreas de negócios estão comprometidas com realizar seus benefícios definidos, com propriedade e responsabilidade definidas pela agregação de valor por meio do processo de realização. (Plano de Realização de Benefícios & Monitor de Atividades para monitoramento e medição)
- Promover o processo de realização de benefícios, incluindo medição de benefícios, monitoramento e registro de benefícios quando realizados e gerenciamento dos benefícios no nível de portfólio para melhor orçar e priorizar iniciativas futuras. (Plano de Realização de Benefícios e Quadrante de Benefícios)
- Usar os benefícios definidos e esperados como mapa para o projeto/programa, criando um foco para produção de mudanças. (Quadrante de Benefícios alimentando o Gerenciamento de Portfólio)
- Gerar alinhamento e ligações claras entre o projeto/programa (seus objetivos e benefícios desejados), de acordo com a Figura 1.4, com os objetivos estratégicos. (Alinhamento Estratégico da DC com Benefícios – Mapa de Alinhamento de Benefícios)

ESTRUTURA DE GERENCIAMENTO DA REALIZAÇÃO DE BENEFÍCIOS

O propósito da Estrutura de Gerenciamento da Realização de Benefícios desenvolvida na DC é:

- Criar uma estrutura para os princípios e conceitos de melhores práticas extraídos das experiências mais recentes e das melhores práticas comprovadas (Cranfield Process Model for Benefits Management e APMG International Managing Benefits: Optimizing the Return from Investments) para montar e gerenciar benefícios para projetos e programas de todo o departamento de entrega de projetos.

Seção 1.6 © 2018 por Dubai Customs. Material fornecido por Mohammad Rashed Bin Hashim, diretor de Gestão de Demandas, e Ajith Nair, analista de Demandas sênior.

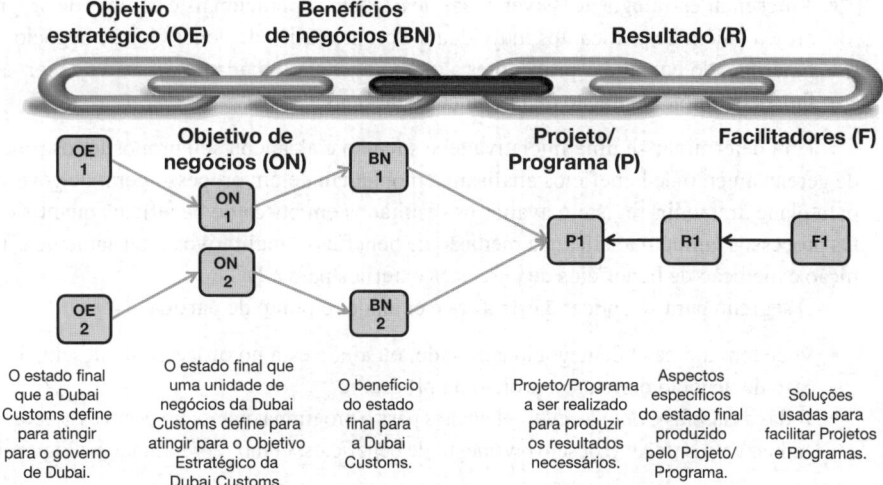

Figura 1.4 Mapa de alinhamento de benefícios.

- Estabelecer uma abordagem padrão para o gerenciamento da realização de benefícios com os especialistas da área de negócios, diretores, empresários, gerentes de área, gerentes de mudança, gerentes de projeto/programa, analistas de negócios e equipe do escritório de gestão de projetos (PMO) na Dubai Customs.
- Criar uma terminologia e uma categorização de benefícios consistente (Aumento de receita, Economia de custos, Aumento de eficiência, Proteção de receitas e Satisfação do cliente).
- Estabelecer uma introdução e orientação para patrocinadores de negócios e proprietários de benefícios de negócios.
- Estar direcionado aos envolvidos na realização de benefícios, para permitir que adaptem as orientações às suas necessidades específicas, como destacado na Figura 1.5.

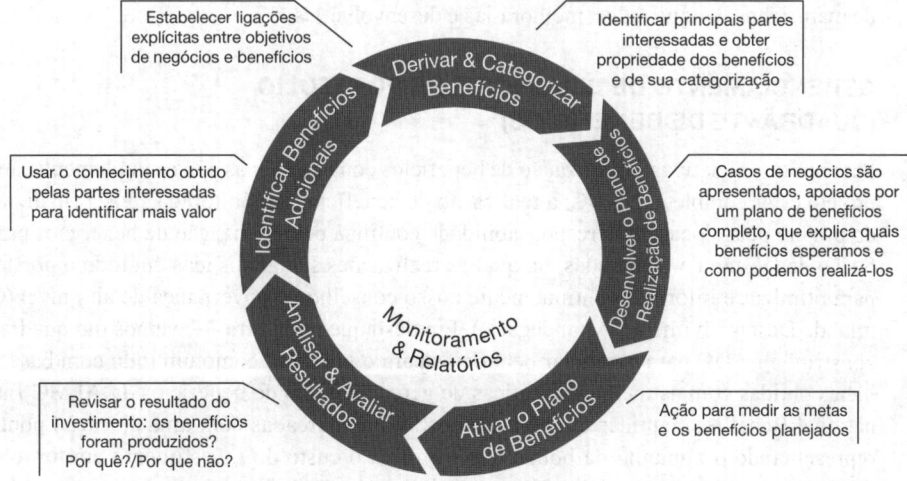

Figura 1.5 Estrutura de gerenciamento da realização de benefícios.

- Apresentar estratégia acessível, áreas de negócios operacionais e equipes de programa/projeto, além de praticantes individuais e proprietários de benefícios de negócios.
- Estar focado em ajudar praticantes a melhorar a sua tomada de decisão e se tornar melhores na implementação de mudanças benéficas.

Para determinar se uma iniciativa teve sucesso e alcançou seu propósito, os processos de gerenciamento de benefícios analisam a montagem de um processo geral de governança para planejar, medir, revisar e avaliar os resultados em busca de benefícios quantificáveis. Os processos também analisam a medição de benefícios qualitativos internamente e a definição e medição de benefícios de parceiros externos para a DC.

O segredo para se aplicar a estrutura é entender o ponto de partida.

- Você tem um caso de negócio aprovado, ou ainda está no processo de desenvolver um caso de negócio para o seu projeto ou programa?
- Todas as tarefas e *deliverables* relevantes para o programa ou projeto usam essa abordagem padrão para enfocar o desenvolvimento de benefícios, como representado na Figura 1.5.

NÍVEL DE MATURIDADE DO GERENCIAMENTO DE BENEFÍCIOS

Determinar o nível de maturidade de uma organização ajudará a adaptar a estrutura para garantir a adoção e o uso contínuo de processos de benefícios e de *templates*. A baixa maturidade do gerenciamento de benefícios resistirá à introdução de uma estrutura de benefícios complexa e abrangente. A DC percebeu a necessidade de destilar a estrutura, os processos e os *templates* para obter os mecanismos essenciais necessários para melhorar o gerenciamento de benefícios da organização como um todo e gerar os relatórios de governança necessários para planejar a melhoria contínua do gerenciamento de benefícios.

Uma avaliação da adequação e eficácia das práticas de gerenciamento de benefícios da DC foi conduzida por Stephen Jenner, especialista em consultoria de gerenciamento de benefícios renomado mundialmente, em colaboração com o grupo de consultoria International Institute for Learning, Inc., aqui em Dubai, para avaliar o nosso nível de maturidade. Com os *workshops* realizados aqui na DC, desenvolvemos um modelo de maturidade interna para Gerenciamento de Benefícios, representado na Figura 1.6, para identificar as áreas de maturidade conquistadas, melhorá-las e desenvolvê-las.

GERENCIAMENTO DE BENEFÍCIOS DE PORTFÓLIO (QUADRANTE DE BENEFÍCIOS)

Para muitas iniciativas, a realização de benefícios começa apenas após a implementação do projeto estar completa. Na DC, a realização de benefícios é monitorada após a finalização do projeto pela alocação da responsabilidade contínua pela realização de benefícios para a Seção de Gestão de Demandas, na qual as realizações são analisadas em todo o portfólio para otimizar e informar continuamente nosso conselho de governança de alto nível (Comitê de Desenvolvimento Alfandegário). Em destaque na Figura 1.7, vemos um quadrante construído na DC para gerenciar benefícios para o portfólio como um todo com base nas ideias obtidas com as melhores práticas de gerenciamento de benefícios da APMG International Benefits, mantidas em nível de portfólio e marcadas com uma alocação pontual representando o tamanho da bolha, que significa o custo do investimento em torno das dimensões gêmeas de atratividade e possibilidade dos benefícios; isso serve de ferramenta para os gerentes no processo de gerar relatórios e planejar investimentos futuros.

Capítulo 1 • Compreendendo as melhores práticas

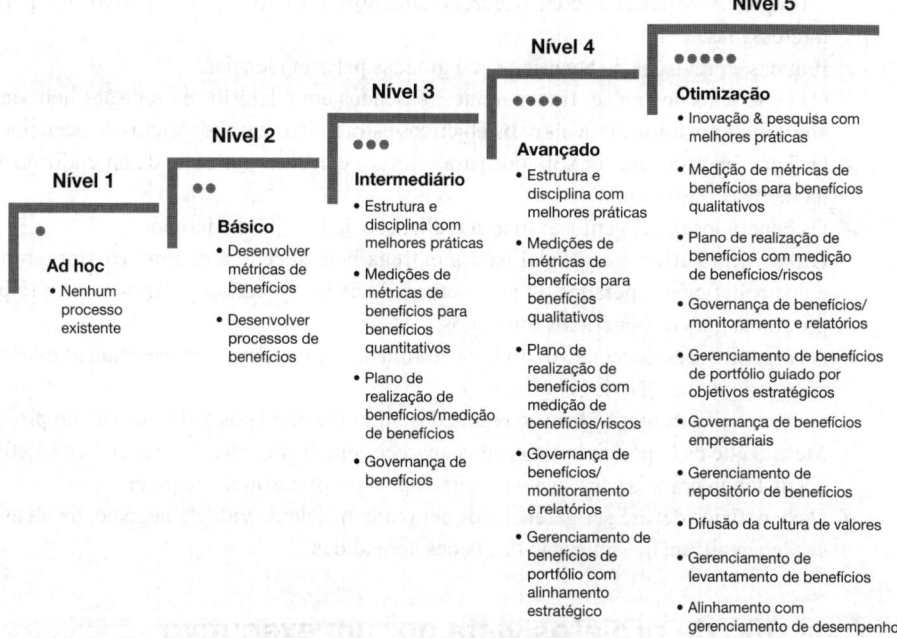

Figura 1.6 Modelo de maturidade da realização de benefícios.

PRINCIPAIS LIÇÕES APRENDIDAS

✓ Pense sobre os benefícios que você deseja atingir e invente um programa de projetos que lhe permitirá gerar esses benefícios. É errado pensar nos projetos primeiro e então tentar alinhá-los com a estratégia corporativa.

✓ Cuidado com os projetos "rebeldes", que não são de natureza estratégica, mas consomem recursos valiosos e tiram a sua atenção de tentar realizar a estratégia da organização.

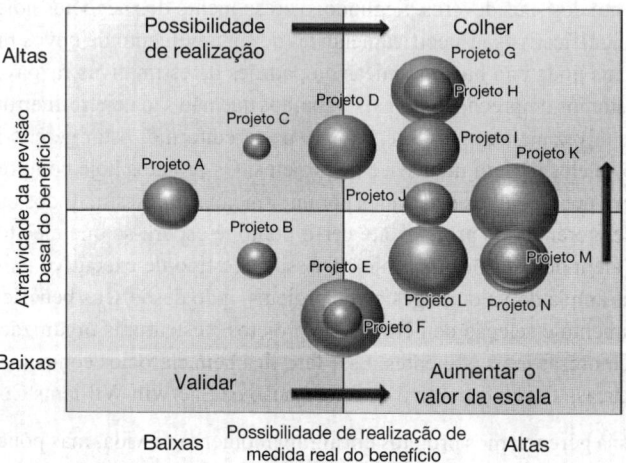

Figura 1.7 Quadrante de benefícios de portfólio.

✓ Enfoque os benefícios com o gerenciamento contínuo e participativo das partes interessadas.
✓ Práticas e previsões de benefícios são guiadas pelas evidências.
✓ Os benefícios devem ser transparentes, baseados em relatórios e previsões honestas e abertas e uma linha clara entre os objetivos estratégicos e os benefícios de negócios.
✓ Os benefícios devem ser voltados para o futuro e evoluir por meio da aprendizagem e da melhoria contínua.
✓ Os benefícios devem enfocar mais a realização de fato dos benefícios.
✓ O patrocínio ativo é essencial para a entrega bem-sucedida dos projetos/programas e dos benefícios esperados. O proprietário do negócio precisa garantir que o projeto/programa gera os benefícios esperados.
✓ As organizações devem difundir uma cultura de valores para conseguir amadurecer no campo da realização de benefícios.
✓ Os benefícios muitas vezes são realizados algum tempo após a finalização do projeto. Mesmo que os benefícios comecem a aparecer imediatamente, é essencial que a eficácia de longo prazo destes seja monitorada pelo proprietário do negócio.
✓ Os benefícios devem ser gerenciados para todo o ciclo de vida do negócio, da identificação à realização e aplicação das lições aprendidas.

1.7 A gestão de projetos vista por um executivo

Os executivos de hoje têm um entendimento e uma apreciação muito melhor da gestão de projetos do que os seus predecessores. No início, a gestão de projetos era vista como simplesmente o agendamento de um projeto e então o seu gerenciamento usando *software* em rede. Hoje, essa visão simplista mudou significativamente. A gestão de projetos se tornou essencial para a sobrevivência.

Embora haja diversos determinantes para isso, três motivos significativos parecem se destacar. Primeiro, à medida que as empresas reduzem sua equipe devido a más condições econômicas e maior concorrência, espera-se que os funcionários restantes façam mais com menos. Os executivos esperam que os funcionários se tornem mais eficientes e eficazes no cumprimento dos seus deveres. Segundo, o crescimento dos negócios hoje exige a aceitação de riscos significativos, especificamente no desenvolvimento de novos produtos e serviços para os quais pode não haver técnicas ou padrões de estimativas razoáveis. Dito de forma simples, estamos empreendendo mais trabalhos que não são nem rotineiros, nem previsíveis. Terceiro, e talvez mais importante, é o fato de acreditarmos estar gerenciando nossos negócios como se eles fossem uma série de projetos. Os projetos hoje compreendem uma parte significativa dos trabalhos realizados por um funcionário. Assim, todos os funcionários são, na verdade, gerentes de projetos até certo ponto, e espera-se que eles tomem decisões de negócios, além de decisões de projetos. Esse novo tipo de executivo parece ter uma visão muito mais ampla do valor da gestão de projetos, indo desde seus benefícios até os critérios de recrutamento e seleção de gerentes de projetos e estruturas organizacionais que podem tornar as empresas mais eficientes. Esse fato fica bem claro nos comentários a seguir, feitos por Tom Lucas, diretor executivo de informação da Sherwin-Williams Company:

- Todos já gerenciamos projetos em algum momento na vida, mas poucos somos capazes de ser gerentes de projetos.

- A diferença entre gerenciar projetos e a gestão de projetos profissional é como a diferença entre atravessar um lago em um caiaque ou em uma lancha. Ambos o levarão até o outro lado do lago, mas ir de caiaque é um processo longo e doloroso. Como as pessoas poderão saber a diferença se você nunca lhes oferecer uma carona em sua lancha?
- Não seja levado a pensar erroneamente que a gestão de projetos profissional se trata de processos. Trata-se de produzir resultados de negócios.
- Se você não perceber que implementar um PMO é uma transição cultural, estará destinado ao fracasso.

Os próximos comentários, feitos por outros executivos, indicam claramente o quanto compreendem e estimam a gestão de projetos:

A NTT DATA Services está comprometida com a prestação de serviços de TI excepcionais para os seus clientes. Cumprir esse imperativo de negócios exige gerentes de projetos certificados e altamente habilidosos, usando uma estrutura disciplinada de gestão de projetos, com processos padronizados e repetíveis. A importância da gestão de projetos e o *status* dos gerentes de projetos são reconhecidos e recompensados pela NTT DATA Services há muitos anos, o que nos coloca em excelente posição no mercado, dada a complexidade e velocidade sem precedentes da tecnologia na atualidade, aliada às demandas e expectativas cada vez maiores dos clientes.

Bob Pryor, COO, NTT DATA Services

Nossos clientes, que são grupos industriais multinacionais, esperam da Comau Project Managers uma abordagem internacional, multicultural e global. Nesse meio tempo, nossos acionistas estão nos exigindo uma alta governança de projetos obtida por meio de uma estrutura eficiente de gestão de projetos global. Em 2006, adotamos uma abordagem de gestão de projetos (i.e., PMI, *Project Management Institute*) de altíssima qualidade que, com a implementação das melhores práticas para a abordagem global da Comau, permitiram-nos demonstrar que tanto as metas dos clientes quanto as dos acionistas podem ser cumpridas. Tenho certeza de que estamos no caminho certo e que essa estratégia de melhoria contínua deve ser seguida nos próximos anos com motivação e perseverança.

Riccardo Tarantini, CEO da Comau, Fiat Group

Durante os últimos 15 anos, a transformação contínua se tornou uma característica marcante da IBM, além de um fator crucial para o nosso sucesso. A mudança eficaz na transformação de TI e de processos não acontece por acaso, ela precisa ser capacitada por gerentes de projetos altamente habilidosos. Nossos gerentes de projetos analisam processos, habilitados pela TI, de uma forma que nos permite inovar e eliminar passos desnecessários, simplificar e automatizar. Eles nos ajudam a nos tornarmos mais eficazes e eficientes reunindo os recursos certos para colocar as coisas em prática – dentro do prazo e do orçamento previstos. Eles são inestimáveis para que continuemos a progredir em nossa jornada de transformação.

**Linda S. Sanford, vice-presidente sênior,
Enterprise Transformation, IBM Corporation**

Os gerentes de projetos são um elemento crucial de nosso modelo *end-to-end* de desenvolvimento e execução de negócios. Nosso objetivo é ter sólidas práticas de gestão de projetos implementadas de modo a garantir maior previsibilidade em suporte aos nossos produtos e ofertas. Como equipe, eles nos ajudam a enxergar desafios antes que eles se tornem problemas críticos e a garantir que cumpramos nossos compromissos com a STG e os clientes. Continuamos a enfocar a gestão de projetos como plano de carreira para funcionários com alto potencial e sempre incentivamos nossos gerentes de projetos a obterem certificações, não apenas da PMI, mas, em última análise, da IBM. A gestão de projetos *end-to-end* deve se integrar à essência do nosso negócio.

Rod Adkins, vice-presidente sênior do Grupo de Sistemas e Tecnologia (STG) da IBM

O sucesso da gestão de projetos é crucial para nós por dois motivos:

Primeiro, ao definirmos e implementarmos soluções de PLM (*product lifecycle management*, gerenciamento do ciclo de vida do produto), ajudamos os clientes a simplificarem todo o seu ciclo de vida de produtos em todas as suas unidades funcionais. Isso pode tornar qualquer grande projeto de PLM um empreendimento intricado e até mesmo complexo. Para fazer jus ao mantra de nossa empresa de que "nunca deixamos um cliente fracassar", uma gestão de projetos robusta e confiável geralmente é o componente mais importante que fornecemos, além da plataforma de PLM propriamente dita; a combinação dos dois permite que nossos clientes alcancem os benefícios comerciais pelos quais estão se empenhando ao investir na PLM.

Segundo, a própria Siemens é um de nossos maiores clientes. Essa é uma grande oportunidade e, ao mesmo tempo, um grande desafio. Manter os objetivos e o escopo de um projeto sob controle com nosso cliente "interno" é tão desafiador quanto com nossos clientes externos; ainda assim, é essencial que mantenhamos linhas de desenvolvimento e nossos programas de implementação no caminho certo. Nossa tarefa é continuar a desenvolver e implementar com sucesso a primeira e única plataforma *end-to-end* de *software* industrial. Essa plataforma abrangente cobre todo o ciclo de vida do produto, desde o seu desenvolvimento até manufatura, planejamento, controle do chão da fábrica e inclusive gerenciamento da manutenção, consertos e revisão do produto em questão. Consequentemente, a gestão de projetos eficiente é vital para o nosso sucesso.

Dr. Helmuth Ludwig, presidente, Siemens PLM Software

Nesta era da comunicação instantânea e de redes em rápida evolução, a Nortel continua a maximizar o uso de sua disciplina de gestão de projetos para garantir o sucesso da implementação de projetos cada vez mais complexos. Cultivamos um ambiente em que o foco seja compartilhar as melhores práticas e tirar proveito das lições aprendidas em toda a organização, em grande parte lideradas por nossos gerentes de projetos. Estamos também nos esforçando para integrar ainda mais as capacidades de gestão de projetos à gestão da cadeia de suprimentos por meio da introdução do *software* de gerenciamento empresarial SAP. A gestão de projetos continua sendo uma parte integral dos negócios e da estratégia da Nortel à medida que a empresa avança em um ambiente mais orientado a serviços e soluções.

Sue Spradley, antiga presidente de operações globais, Nortel Networks

O processo do PMO foi essencial para o sucesso de grandes e importantes projetos de sistemas de informações (SI) no centro médico Our Lady of Lourdes Regional Medical Center. Isso ocorreu especialmente em nossa recente conversão do suporte ao SI MedCath para o suporte ao SI Franciscan Missionaries of our Lady Health System (FMOLHS) em nosso mais novo *joint venture* de médicos: o Heart Hospital of Lafayette. O PMO construiu uma relação de confiança por meio de transparência, responsabilidade e uma estrutura para avaliação de projetos em tempo real. Sem essa estrutura, duvido seriamente que teria tido êxito na realização da conversão dentro do prazo e do orçamento estipulados.

W. F. "Bud" Barrow, presidente e CEO, Our Lady of Lourdes Regional Medical Center

No setor de serviços, o modo como executamos um projeto (a metodologia da gestão de projetos) é tão importante quanto o que executamos (o resultado a ser entregue ao cliente, ou *deliverable*). Os clientes esperam maximizar seu retorno sobre investimentos em TI a partir de nosso conhecimento e experiência coletiva quando lhes oferecemos as melhores soluções. Todo o conhecimento e a experiência da HP Services (Hewlett-Packard) são mais facilmente acessíveis por meio do Método Global HP. Esse conjunto integrado de metodologias é um primeiro passo para possibilitar que a HP Services otimize a eficiência em oferecer valor aos clientes. O passo seguinte é saber o que está disponível e aprender como e quando aplicá-lo ao que oferecemos aos clientes. O Método Global HP é o primeiro passo em direção a um conjunto de metodologias de ponta para aumentar a credibilidade como parceiro confiável, refletindo todo o conhecimento e a experiência da HP Services. Ele também melhora nossas estruturas de custo, personalizando abordagens comprovadas predefinidas, usando as listas de verificação existentes para garantir que todas as bases sejam cobertas, compartilhando experiências e aprendendo a melhorar o Método Global.

**Mike Rigodanzo, antigo vice-presidente sênior,
HP Services Operations and Information Technology**

Em 1996, começamos a analisar nossos negócios do ponto de vista de seus processos essenciais. Como seria de se esperar, a gestão de projetos ganhou fama como um dos processos vitais e centrais aos quais precisavam se aplicar os princípios de qualidade.

Martin O'Sullivan, vice-presidente aposentado, Motorola

Tais comentários indicam claramente que os executivos de hoje reconhecem que a gestão de projetos é uma competência estratégica ou central para a sobrevivência, pois está interligada a talvez todos os outros processos de negócios, inclusive a iniciativas de qualidade.

1.8 Processo de melhores práticas

"Por que identificar as melhores práticas?" Os motivos e objetivos para identificar as melhores práticas podem incluir:

- Melhorias contínuas (eficácia, precisão de estimativas, redução de desperdícios, etc.)
- Melhor reputação
- Conquista de novos negócios
- Sobrevivência da empresa

A sobrevivência da empresa hoje se tornou o motivo mais importante para identificar as melhores práticas. Nos últimos anos, os clientes pressionaram empresas contratadas em pedidos de apresentação de propostas (RFPs, *requests for proposals*), solicitando:

- uma listagem do número de PMPs® (*Project Management Professionals*)* na empresa e quantos serão designados ao projeto;

---

* PMP é uma marca registrada do Project Management Institute, Inc.

- uma demonstração de que a empresa possui uma metodologia empresarial de gestão de projetos que seja aceitável para o cliente, caso contrário, a contratada terá de usar outra metodologia aprovada pelo cliente;
- documentação de suporte, identificando o nível de maturidade da contratada em gestão de projetos, possivelmente usando um modelo de maturidade para avaliações;
- disposição para compartilhar lições aprendidas e melhores práticas descobertas nesse projeto e talvez em projetos anteriores, realizados para outros clientes.

Reconhecer a necessidade de identificar as melhores práticas é muito mais fácil do que realmente identificá-las. As empresas estão desenvolvendo processos para identificar, avaliar, armazenar e disseminar informações sobre as melhores práticas. Há nove atividades de melhores práticas, como mostra a Figura 1.8, e a maioria das empresas que reconhece o valor da identificação das melhores práticas segue todos estes passos.

Os processos respondem às nove perguntas a seguir:

1. Qual é a definição de uma melhor prática?
2. Quem é responsável por identificar a melhor prática, e onde a procuramos?
3. Como validamos que algo seja uma melhor prática?
4. Há níveis ou categorias de melhores práticas?
5. Quem é responsável pelo gerenciamento da melhor prática, uma vez que ela tenha sido aprovada?
6. Com que frequência reavaliamos se algo continua sendo uma melhor prática?
7. Como as empresas usam as melhores práticas, uma vez que elas tenham sido validadas?
8. Como as grandes empresas se certificam de que todos saibam da existência das melhores práticas?
9. Como nos certificamos de que os funcionários estejam usando as melhores práticas, e de forma adequada?

Cada uma dessas perguntas será abordada nas próximas sessões.

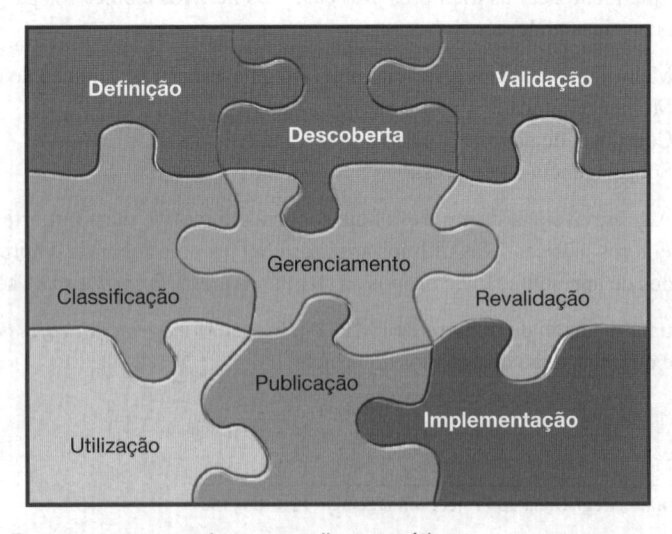

Figura 1.8 Processos que envolvem as melhores práticas.

1.9 Passo 1: definição de uma melhor prática

Há mais de uma década, as empresas são fascinadas pela expressão "melhores práticas". Agora, no entanto, depois de duas décadas ou mais de uso, estamos começando a esmiuçar o termo, e talvez haja expressões mais adequadas.

Uma melhor prática começa com uma ideia de que existe uma técnica, um processo, um método ou uma atividade que pode ser mais eficiente em produzir um resultado do que qualquer outra abordagem e que nos fornece o resultado desejado com menos problemas e imprevistos. Por consequência, acabamos, supostamente, com a maneira mais eficaz e eficiente de realizar uma tarefa baseada em um processo reprodutível que foi comprovado ao longo do tempo por um alto número de pessoas e/ou projetos.

No entanto, uma vez que se comprova que essa ideia seja eficiente, normalmente integramos a melhor prática aos nossos processos, de modo que ela passe a ser uma maneira padrão de agir. Portanto, após a aceitação e o uso comprovado da ideia, a melhor expressão possivelmente seria uma "prática comprovada" em vez de uma "melhor prática". Esse é apenas um argumento que defende que o termo "melhores práticas" talvez seja apenas um modismo e deveria ser substituído por "práticas comprovadas". Outro argumento é que a identificação de uma melhor prática pode levar alguns a acreditarem que estávamos realizando algumas atividades incorretamente no passado, e talvez isso não tenha ocorrido. Ela pode ser simplesmente uma maneira mais eficaz e eficiente de alcançar um resultado a ser entregue ao cliente. Outra questão é que algumas pessoas acreditam que as melhores práticas implicam que há uma maneira única e exclusiva de realizar uma tarefa. Isso também pode ser uma interpretação falha.

Talvez no futuro a expressão "melhores práticas" seja substituída por "práticas comprovadas". Entretanto, no restante deste livro, usaremos a expressão "melhores práticas", mas o leitor deverá compreender que outros termos podem ser mais apropriados. Essa interpretação é necessária neste livro porque a maioria das empresas que para ele contribuíram ainda usa a expressão "melhores práticas".

À medida que a gestão de projetos se desenvolveu, desenvolveram-se também as definições do que seria uma melhor prática. Algumas definições são extremamente complexas, enquanto outras são relativamente simplistas. Contudo, a aplicação de ambos os tipos alcança o mesmo propósito de promover a excelência na gestão de projetos em toda a empresa. As empresas precisam decidir sobre quanto irão se aprofundar na melhor prática: ela deve ser genérica e de alto nível ou detalhada e de baixo nível? Melhores práticas de nível mais alto podem não alcançar a eficiência desejada, enquanto melhores práticas extremamente detalhadas podem ter uma aplicabilidade limitada.

Cada empresa pode ter sua própria definição sobre o que é uma melhor prática, e pode até mesmo haver padrões sobre a definição de uma melhor prática em diferentes setores. Algumas definições típicas de uma melhor prática incluem:

- Algo que funcione
- Algo que funcione bem
- Algo que funcione bem e seja repetível
- Algo que leve a uma vantagem competitiva
- Algo que possa ser identificado em uma proposta para gerar negócios
- Algo que nos diferencie de nossos concorrentes

- Algo que mantenha a empresa longe de problemas e, caso haja problemas, a melhor prática auxiliará a empresa a sair da situação problemática

Cada empresa possui sua própria definição. Parece haver quatro principais motivos para identificar melhores práticas:

1. Aumento da eficácia
2. Aumento da eficiência
3. Padronização
4. Consistência

Em cada uma das definições a seguir, você deve ser capaz de identificar qual das quatro, ou que combinações delas, é o alvo da empresa:

Na Orange Switzerland, uma melhor prática é definida como uma forma de agir baseada em experiências, comprovada e comum para atingir um objetivo.

Temos melhores práticas que são detalhadas em nossas políticas/procedimentos e fluxos de trabalho. Essas são diretrizes e *templates*, bem como processos que todos nós concordamos em seguir, além de serem métodos eficazes e eficientes para todas as partes envolvidas. Além disso, quando fechamos (concluímos) um projeto, conduzimos uma sessão formal sobre as lições aprendidas (envolvendo o gerente do projeto, os patrocinadores, a equipe central e outras partes afetadas pelo projeto), que são armazenadas em um banco de dados coletivo e analisadas por toda a equipe. São essas lições aprendidas que, com efeito, criam nossas melhores práticas. Compartilhamos essas lições com outras organizações de assistência médica e com os fornecedores para os quais somos referência. Todos os nossos *templates*, políticas/procedimentos e fluxos de trabalho são acessíveis mediante solicitação e, quando necessário, organizamos reuniões para analisá-los e explicá-los detalhadamente.

**Nani Sadowski, ex-gerente do Enterprise Project Management Office,
Halifax Community Health Systems**

Qualquer ferramenta, *template* ou atividade usada por um gerente de projeto que tenha tido um impacto positivo nas áreas de conhecimento e/ou processo e/ou a restrição tripla do *Guia PMBOK®*.* Um exemplo de uma melhor prática seria: realizar avaliações de satisfação do cliente durante cada fase de um projeto permite que se façam ajustes durante o ciclo de vida do projeto, o que melhora o resultado a ser entregue ao cliente e a gestão de projetos de modo geral. (Isso seria acompanhado de um *template* para uma pesquisa de satisfação do cliente.)

Porta-voz da AT&T

Geralmente, vemos como melhor prática qualquer atividade ou processo que melhore determinada situação, elimine a necessidade de outros métodos mais trabalhosos ou melhore significativamente um processo existente. Cada melhor prática é uma entidade viva que está sujeita a revisões, emendas ou remoção.

Para a Churchill Downs Inc., uma melhor prática é qualquer método ou processo que comprovadamente melhore os resultados desejados por meio de aplicações práticas. Não aceitamos padrões "industriais" ou "profissionais" como melhores práticas até que tenhamos validado que o método ou processo funcione em nosso ambiente corporativo.

---

* PMBOK é uma marca registrada do Project Management Institute, Inc.

Exemplos de algumas de nossas melhores práticas incluem:

- *Assinatura do termo de abertura de projeto:* Uma de nossas melhores práticas é exigir a assinatura das partes interessadas no termo de abertura do projeto e no programa. Isso parece óbvio, mas, por experiência própria, uma análise e uma aprovação formal dos objetivos e metas de negócio raramente são documentadas. Ao documentar os objetivos de negócios e suas medidas associadas, conseguimos gerenciar expectativas de maneira proativa e garantir o alinhamento entre várias partes interessadas.
- *Definição de processo:* Além de definir o projeto, o programa e os processos de gerenciamento de portfólio, o PMO também adotou o papel ativo de mapear todos os processos financeiros da Churchill Downs Inc., de solicitações de cheques e solicitações de reembolso de funcionários a procedimentos para solicitar despesas de capital e pedidos de compra. Essa prática aumentou a consciência em toda a corporação de como processos padronizados podem aumentar a eficácia.
- *Acesso à informação:* O PMO desenvolveu roteiros de processos, procedimentos e políticas para os processos orçamentários *end-to-end*, fluxos de trabalho associados e *templates*. Esses foram disponibilizados a toda a empresa por meio do CCN, o *site* intranet da empresa.

Comentários de Chuck Millhollan, ex-diretor de gerenciamento de programas, Churchill Downs Incorporated

Na Indra, consideramos uma "melhor prática" em gestão de projetos uma ação ou atividade de gerenciamento que normalmente gera um resultado positivo. Como tal, ela é aceita na comunidade de gerenciamento e finalmente acaba por se tornar uma maneira recomendada ou exigida de realizar a tarefa. Consideramos também uma "melhor prática" o uso de métricas predefinidas, limites ou medidas para tomar ou facilitar a tomada de decisões em relação aos processos de gestão de projetos.

Comentários de Enrique Sevilla Molina, PMP, antigo diretor corporativo do PMO, Indra

1.10 Passo 2: em busca das melhores práticas

As melhores práticas podem ser identificadas dentro ou fora de sua organização. O *benchmarking* é uma forma de identificar melhores práticas externas, possivelmente usando o escritório de projetos como o ponto de comando das atividades externas de *benchmarking*. Entretanto, há outras fontes externas além do *benchmarking* para a identificação de melhores práticas:

- Publicações do Project Management Institute (PMI)
- Formulários, diretrizes, *templates* e listas de conferência que possam afetar a execução do projeto
- Formulários, diretrizes, *templates* e listas de conferência que possam afetar nossa definição de sucesso em um projeto
- Cada uma das áreas de conhecimento do *Guia PMBOK®*
- Dentro de toda a empresa ou de unidades de negócios isoladas
- Seminários e simpósios sobre conceitos gerais de gestão de projeto
- Seminários e simpósios especializados nas melhores práticas de gestão de projetos

- Relações com outras sociedades profissionais
- Teses de nível de pós-graduação

Com mais universidades oferecendo cursos de mestrado e doutorado em gestão de projetos, há cada vez mais dissertações e teses que podem oferecer pesquisas atualizadas sobre melhores práticas.

O problema com *benchmarking* externo é que as melhores práticas descobertas em uma empresa podem não ser transferíveis para outra empresa. Na opinião do autor, a maioria das melhores práticas é descoberta internamente e é especificamente relacionada com o uso de metodologias e processos de gestão de projetos pela empresa. Boas metodologias de gestão de projetos permitem a identificação e a adoção de melhores práticas. Entretanto, boas ideias podem vir do *benchmarking* também.

Às vezes, os direcionadores ou as métricas que afetam cada melhor prática são mais fáceis de encontrar do que a melhor prática propriamente dita. Métricas e direcionadores podem ser tratados como indicadores precoces de que uma melhor prática pode ter sido encontrada. É possível ter vários direcionadores para cada melhor prática. É possível também estabelecer um conjunto universal de direcionadores para cada melhor prática, como:

- Redução de riscos em certo percentual, custo ou prazo
- Aumento da precisão da estimativa em certo percentual ou valor em dólar
- Economias de custo em certo percentual ou valor em dólar
- Aumento da eficácia em certo percentual
- Redução do desperdício, da burocracia ou de prazos em certo percentual

Há diversas vantagens nessa abordagem de busca de direcionadores.

1. Primeiro, os direcionadores podem mudar com o tempo, e novos podem surgir rapidamente.
2. Segundo, o processo de melhores práticas é mais uma ciência do que uma arte.
3. Podemos estabelecer níveis de melhores práticas como mostra a Figura 1.9. Nessa figura, uma melhor prática de nível 4, que é a melhor, satisfaria a pelo menos 60% da lista de direcionadores ou características da melhor prática ideal.

As melhores práticas podem não ser transferíveis de uma empresa para outra, e nem sempre serão transferíveis de uma divisão para outra dentro de uma mesma empresa.

Características da melhor prática ideal

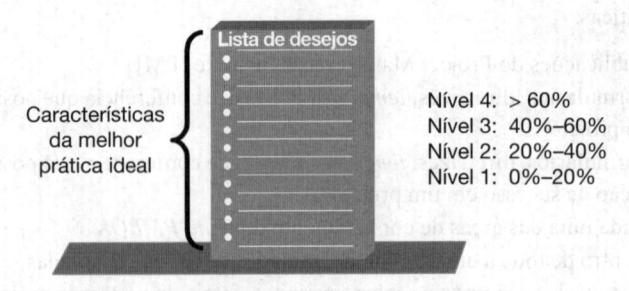

Lista de desejos

Nível 4: > 60%
Nível 3: 40%–60%
Nível 2: 20%–40%
Nível 1: 0%–20%

Figura 1.9 Níveis das melhores práticas. Cada nível contém um percentual das características ideais.

Como exemplo, considere a seguinte melhor prática descoberta por uma empresa de telecomunicações:

- Uma empresa institucionalizou um conjunto de valores que professavam que a qualidade era tudo. O resultado foi que os funcionários estavam focando tanto a qualidade que houve uma degradação da satisfação do cliente. A empresa, então, redefiniu suas prioridades, tornando a satisfação do cliente seu valor de maior importância, e a qualidade melhorou, de fato.

Nessa empresa, a ênfase na satisfação do cliente levou à melhoria na qualidade. Entretanto, em outra empresa, a ênfase na qualidade poderia igualmente ter levado a uma melhoria na satisfação do cliente. Deve-se tomar cuidado durante as atividades de *benchmarking* para garantir que qualquer melhor prática que for descoberta seja, de fato, diretamente aplicável à sua empresa.

As melhores práticas não precisam ser visivelmente complexas. Como um exemplo, a lista de melhores práticas a seguir foi retirada de empresas discutidas neste livro, e, como se pode observar, algumas das melhores práticas foram aprendidas com fracassos, e não com sucessos:

- Trocar os gerentes de projeto durante o projeto é ruim mesmo que ele esteja apresentando problemas. Trocar os gerentes de projeto durante o projeto inevitavelmente alonga o projeto e pode torná-lo ainda pior.
- Padronização gera resultados excelentes. Normalmente, quanto mais padronização houver em uma metodologia de gestão de projetos, melhores serão os resultados.
- A maximização dos benefícios ocorre com uma metodologia baseada em *templates*, formulários, diretrizes e listas de conferência em vez de em políticas e procedimentos.
- As metodologias têm de ser atualizadas para que incluam os resultados da descoberta de melhores práticas. Quanto mais frequentemente a metodologia for atualizada, mais rapidamente os benefícios serão percebidos.

As melhores práticas não precisam ser visivelmente complexas. Embora algumas melhores práticas pareçam simplistas e baseadas no senso comum na maioria das empresas, sua recordação e seu uso frequentes levam à excelência e à satisfação do cliente.

Outra maneira de identificar fontes de melhores práticas é a partir da definição de sucesso do projeto, fatores críticos de sucesso (CFSs, *critical success factors*) e indicadores-chave de desempenho (KPIs, *key performance indicators*). Extrair melhores práticas a partir da definição de sucesso em um projeto pode ser difícil e enganoso, especialmente se tivermos uma má definição de sucesso.

Ao longo dos anos, muitas das mudanças que ocorreram na gestão de projetos foram resultado do modo como definimos o sucesso de um projeto. Como um exemplo, considere os seguintes eventos cronológicos que ocorreram ao longo das últimas décadas:

- *O sucesso é medido pelas triplas restrições ou restrições de concorrência.* As triplas restrições são prazo, custo e desempenho (que inclui qualidade, escopo e desempenho técnico). Essa era a base da definição de sucesso durante o nascimento da gestão de projetos. As restrições de concorrência incluem segurança, valor estético, benefícios, nível de risco aceitável, etc.

- *A satisfação do cliente também precisa ser considerada.* Gerenciar um projeto dentro das triplas restrições é sempre uma boa ideia, mas o cliente tem de ficar satisfeito com o resultado. Uma contratada pode concluir um projeto dentro das triplas restrições e, ainda assim, descobrir que o cliente ficou insatisfeito com o resultado.
- *Outros fatores (ou fatores secundários) também têm de ser considerados.* Eles incluem usar o nome do cliente como referência, a reputação e a imagem corporativa, o cumprimento de regulamentações governamentais, o alinhamento estratégico, a superioridade técnica, a conduta ética e outros fatores similares. Os fatores secundários podem acabar sendo mais importantes do que os fatores primários das restrições triplas.
- *O sucesso deve incluir um componente de negócios.* Os gerentes de projeto estão gerenciando parte de um negócio em vez de meramente um projeto, e espera-se que eles tomem sólidas decisões de negócios além de decisões de projetos. É necessário haver um objetivo comercial para cada projeto. Cada projeto, quando concluído, é considerado uma contribuição de valor comercial para a empresa.
- *Deve haver uma priorização das restrições.* Nem todas as restrições de projetos são iguais. A priorização das restrições é feita separadamente para cada projeto. É essencial que os patrocinadores do projeto se envolvam nessa decisão.
- *A definição de sucesso tem de ser acordada entre o cliente e a contratada.* Cada projeto pode ter uma definição diferente de sucesso. Cliente e contratada precisam definir de maneira honesta, no início do projeto ou mesmo na primeira reunião entre eles, o que constitui sucesso.
- *A definição de sucesso tem de incluir um componente de "valor".* Por que trabalharem um projeto que não oferece o valor esperado correto na sua conclusão?

O problema com uma definição de sucesso como um projeto realizado dentro do prazo, do custo e com a qualidade ou o nível de desempenho desejado é que essa é uma definição apenas interna. Coisas ruins podem acontecer em projetos quando contratada, cliente e várias partes interessadas têm diferentes definições de sucesso. Deve ser feito um acordo prévio sobre o que constitui o sucesso do projeto. O cliente final ou a parte interessada deve ter influência na definição de sucesso, e, em última análise, podem-se descobrir inúmeras melhores práticas que estão relacionadas com a interação entre cliente e parte interessada.

Hoje, reconhecemos que o cliente, e não a contratada, é quem define a qualidade. O mesmo vale para o sucesso do projeto. Qualquer definição de seu sucesso tem de incluir a aceitação por parte do cliente e da parte interessada. Você pode concluir um projeto internamente em sua empresa dentro do prazo, do custo e da qualidade ou limites de especificação determinados e, ainda assim, descobrir que o projeto não foi totalmente aceito pelo cliente ou pelas partes interessadas.

Embora algumas definições de sucesso de projeto pareçam bastante simples, muitas empresas desenvolveram a definição primária de sucesso de projeto. Na Churchill Downs Incorporated (CDI), o sucesso é definido mais rigorosamente do que na maioria das empresas. Segundo Chuck Millhollan, ex-diretor de gerenciamento de programas:

> O sucesso de um projeto é definido em nossa cartilha de PMO da seguinte maneira:
> Baseado nas informações da gerência executiva da CDI, o PMO considera que um projeto foi bem-sucedido quando os seguintes fatores são verdadeiros:
> a. Os objetivos de negócios predefinidos e os objetivos do projeto foram atingidos ou excedidos.
> b. Um produto de alta qualidade é integralmente implementado e utilizado.

c. O projeto foi entregue no prazo ou antes e dentro dos alvos orçamentários.
d. Várias partes saíram ganhando:
   i. Os participantes do projeto se orgulham de sua participação proprietária e se sentem bem com seu trabalho.
   ii. As expectativas do cliente (interno e/ou externo) foram alcançadas.
   iii. A gerência alcançou seus objetivos.
e. Os resultados do projeto ajudaram a construir uma boa reputação.
f. Há métodos implementados para o monitoramento e a avaliação contínuas (realização de benefícios).

Não usamos indicadores de "processo" de gestão de projetos para definir o seu sucesso. Embora o cronograma e os alvos orçamentários façam parte dos critérios, a aceitação pelos patrocinadores, a conclusão do projeto e, em última análise, o sucesso do projeto se baseiam em alcançar objetivos de negócios definidos.

Enrique Sevilla Molina, PMP®, antigo diretor corporativo do PMO da Indra, oferece-nos a definição de sucesso de um projeto e sucesso de um programa adotada por sua empresa:

O sucesso de um projeto se baseia em alcançar os objetivos propostos pelo projeto em termos de orçamento, escopo, desempenho e prazo. Muitas vezes, os critérios econômicos aparecem como o fator determinante para medir o sucesso, mas há outros fatores igualmente importantes, como a construção de um relacionamento duradouro e de fortes alianças com parceiros selecionados. Outro critério significativo para a medição do sucesso de um projeto é a confiabilidade da previsão de dados do projeto. Quando os resultados econômicos não são tão bons quanto deveriam ser, se o fato for identificado e relatado suficientemente cedo, pode ser que o projeto ainda alcance o sucesso.

O sucesso de um programa se baseia em alcançar os seus objetivos estratégicos gerais, determinados durante a definição do programa. Assim, o sucesso é medido não somente por em que medida a empresa alcançou os resultados econômicos esperados, mas, acima de tudo, por em que medida ela alcançou a posição esperada no mercado em relação a um produto ou linha de produtos e estabeleceu uma posição mais vantajosa em relação aos concorrentes. A liderança em uma linha de produtos constitui a medida máxima de sucesso em um programa. Vale mencionar que, muitas vezes, o sucesso de um programa depende do conceito de parceria desenvolvido com nossas principais subcontratadas no nível do projeto.

O sucesso de um projeto é definido no nível da unidade de negócios pelo diretor responsável, de acordo com os objetivos estratégicos atribuídos ao projeto.

O sucesso de um programa é definido no nível da empresa pelo gerente chefe de operações, de acordo com a missão definida do programa.

A AT&T define o sucesso de um projeto e de um programa de maneira similar. De acordo com um porta-voz da empresa:

O sucesso de um projeto é definido como um nível de satisfação do cliente "Muito Satisfeito" e um desempenho de entrega do projeto dentro do prazo de pelo menos 98%. A Equipe de Liderança Organizacional da Gestão de Projetos estabelece os objetivos, que são acompanhados para determinar o sucesso do projeto. O sucesso de um programa é definido e acompanhado da mesma maneira. A excelência (em gestão de projetos) é definida como uma metodologia consistente aplicada a todos os projetos da organização, o reconhecimento continuado por nossos clientes e uma alta satisfação do cliente. Além disso, nossa excelência em gestão de projetos é um fator de venda para nossas equipes de vendas. Isso resulta em negócios de repetição com nossos clientes. Há também um reconhecimento interno de que a gestão de projetos é uma atividade que agrega valor e de que é uma necessidade absoluta.

O sucesso do projeto pode ser medido de forma intermitente durante todas as reuniões de avaliação de fase ou etapa que fazem parte da metodologia de gestão de projetos. Isso permite que a empresa estabeleça métricas provisórias para medir o sucesso. Um exemplo disso aparecerá no Capítulo 4.

Outro elemento que está se tornando importante na definição do sucesso é a palavra *valor*.

COMPREENDENDO O SUCESSO DE UM PROJETO

As informações a seguir foram fornecidas por Doug Bolzman, arquiteto consultor, PMP, gerente de serviços ITIL na Hewlett-Packard: Doug Bolzman está com a HP/EDS há mais de 25 anos e atualmente é membro da equipe de Capacitação em Transformação Empresarial da HP, que objetiva melhorar os resultados entregues aos clientes do Gerenciamento de Serviços de TI. Antes da fusão da HP, a EDS enviou uma patente em nome dos processos de Doug intitulada "Sistema e Método para Identificar e Monitorar as Melhores Práticas de uma Empresa" (System and Method for Identifying and Monitoring Best Practices of an Enterprise). Desde 1995, Doug vinha arquitetando e entregando aos clientes uma abordagem para instituir a IT Information Library (ITIL®) em seu ambiente de operações de TI. Ao trabalhar com os clientes, Doug utiliza sua estrutura IT Enterprise Management *(ITEM), juntamente com o guia* Project Management Body of Knowledge *(PMBOK®) e o ciclo de vida do* IT Service Management *(ITSM) para auxiliar o cliente ao longo de mudanças culturais, organizacionais, empresariais e operacionais. Doug possui um certificado de Especialista em ITIL, tendo desenvolvido on-line o treinamento ITIL Foundation Training para o ITIL Version 2 juntamente com as edições de 2007 e 2011. Os comentários de Doug se baseiam no relacionamento da HP com seus clientes, especialmente quando eles estão tratando do gerenciamento empresarial de um negócio como um todo, e não simplesmente do gerenciamento de suas partes constitutivas.*

* * *

Em determinado ponto, os clientes estavam medindo o sucesso de um projeto verificando se ele estava dentro do prazo e do orçamento. Contudo, se o projeto não agrega valor real de negócios, de que adianta ele ter cumprido o prazo e o orçamento? O valor dos projetos está se transformando, passando a representar o valor para seu usuário ou cliente.

Na maioria dos casos, em uma organização que presta serviços de TI, o projeto não é tudo. Ele é um meio para se chegar a um fim e, como tal, é visto como um ganho incremental. Os projetos em TI são vistos desde a implementação de um novo serviço, que pode constituir um conjunto de projetos (ou lançamentos), até os projetos de manutenção, como os *upgrades* de sistemas operacionais. O sucesso do projeto é alcançar os objetivos, produzir o que será entregue como resultado do projeto e obter o resultado desejado com o trabalho. O valor em TI é medido em relação a com que grau o serviço de TI permite que a empresa funcione. Ele diminui a mão de obra manual e fornece ao receptor um resultado satisfatório?

DEFININDO O SUCESSO DO PROJETO

Um bom gerente de projeto definiria o sucesso a partir da perspectiva dos usuários ou dos clientes. Isso pode ser difícil de identificar no início, se a carta do projeto se basear em premissas com uma perspectiva diferente. Nossa equipe de gerenciamento está sempre desafiando os gerentes de projeto a explicarem o valor do lançamento – o que justifica o custo e o investimento de tempo? Não podemos arcar com implementos nos projetos porque alguém identificou uma necessidade ou fez uma sugestão de aperfeiçoamento. Precisamos estar na versão mais recente de um produto ou aplicativo? A versão atual atende às nossas necessidades de negócios? Que ganhos teremos em fazer um *upgrade*? O custo do projeto se pagará em eficiência, melhores resultados, maior receita? Se essas perguntas não puderem ser respondidas pelo gerente de projeto (ou pelo patrocinador do projeto), o projeto não será aprovado. Os executivos podem determinar o valor geral de como os projetos levam ao sucesso de um programa ou iniciativa, mas os usuários ou clientes serão a entidade que receberá o valor do projeto.

FATORES CRÍTICOS DE SUCESSO

Comumente, os projetos ou melhoram algo, ou reduzem algo. Essas melhorias surgem na forma de capacidade ou funcionalidade da empresa (por meio dos funcionários/usuários). Estes geram ainda mais produtividade na forma de novos produtos e serviços ou mais eficácia para os produtos já existentes. Os fatores críticos de sucesso (CSFs, *critical success factors*) são associados aos objetivos de negócios gerais.

Indicadores-chave de desempenho para o sucesso

Os indicadores-chave de desempenho (KPIs, *key performance indicators*) permitem que o cliente faça uma série de mensurações para garantir que o desempenho se encontra dentro dos limites declarados (fatores de sucesso). Os executivos chamam isso de "manter o pulso da empresa". Os KPIs são determinados, medidos e comunicados por meio de mecanismos como *dashboards* ou métricas.

* * *

Os comentários de Doug Bolzman indicam que talvez o critério mais importante para definir uma possível melhor prática seja verificar se ela agrega valor à empresa e/ou ao cliente. De acordo com um gerente de programas da Hewlett-Packard, as três melhores práticas a seguir são as que agregam valor:

1. Portais de colaboração de projeto com *templates* de GP e *kits* de ferramentas integradas com a possibilidade de solicitar recursos adicionais por uma equipe de suporte.
2. Retrospectivas de projeto – muito úteis para o aprendizado em grupo e para identificar/reconhecer/documentar "melhores práticas", mas, de fato, o desafio é a comunicação para além da equipe imediata.
3. Projetos virtuais – dado que haja infraestrutura suficiente, acho que projetos virtuais são mais produtivos e eficientes do que gastar tempo de trabalho e dinheiro em viagens. Acho que a HP utiliza muito bem essas capacidades internamente.

A máxima definição de sucesso pode muito bem ser quando o cliente está tão satisfeito com o projeto que permite que você use seu nome como referência. Isso ocorreu em uma empresa que fez uma proposta a 40% abaixo do custo de realizar o trabalho. Quando questionados sobre o porquê de a proposta ter sido tão baixa, os representantes da empresa responderam que sabiam que estavam perdendo dinheiro, mas que o que era realmente importante era conseguir o nome do cliente no "currículo" da empresa. Portanto, os fatores secundários podem muito bem ser mais importantes do que os fatores primários.

A definição de sucesso também pode mudar dependendo de a empresa ser ou não orientada a projetos. Em uma empresa orientada a projetos, todo o negócio da empresa são projetos, mas em uma empresa não orientada a projetos, os projetos existem como suporte ao negócio corrente de produção ou prestação de serviços. Em uma empresa não orientada a projetos, a definição de sucesso também inclui completar um projeto *sem* atrapalhar o negócio da empresa. É possível completar um projeto dentro do prazo, do custo e da qualidade e ao mesmo tempo causar danos irreparáveis à organização. Isso ocorre quando o gerente de projeto não percebe que seu projeto possui uma importância *secundária* para o negócio principal da empresa.

Algumas empresas definem sucesso em termos de CSFs e KPIs. Os fatores críticos de sucesso identificam os fatores necessários para atender às necessidades do cliente. Os CSFs e KPIs não precisam ser métricas elaboradas ou sofisticadas. Métricas simples, possivelmente baseadas na restrição tripla, podem ser bastante eficientes. Segundo um porta-voz da AT&T:

> Os fatores críticos de sucesso incluem prazo, escopo, orçamento e satisfação do cliente. Os indicadores-chave de desempenho incluem desempenho dentro do prazo para os principais resultados a serem entregues. Estes incluem a instalação no cliente, a satisfação do cliente e o tempo de ciclo para marcos comuns.

Típicos CSFs para a maioria das empresas incluem:

- Cumprimento do cronograma
- Cumprimento do orçamento
- Concretização da qualidade
- Conveniência e oportunidade da assinatura do contrato
- Cumprimento do processo de controle de mudanças
- Aditivos do contrato

Os fatores críticos de sucesso medem o resultado, normalmente a partir da perspectiva do cliente. Os KPIs medem a qualidade do processo utilizado para alcançar os resultados. Os KPIs são indicadores internos e podem ser revisados periodicamente por meio do ciclo de vida de um projeto. Típicos KPIs incluem:

- Uso da metodologia de gestão de projetos
- Estabelecimento de processos de controle
- Uso de métricas provisórias
- Qualidade dos recursos aplicados *versus* planejados
- Envolvimento do cliente

Os indicadores-chave de desempenho respondem a perguntas como: A metodologia foi aplicada corretamente? Mantivemos a gerência informada? Com que frequência? Os recursos adequados foram alocados e utilizados de maneira eficiente? Aprendemos alguma lição que possa nos levar a atualizar nossa metodologia ou seu uso? As empresas de excelência em gestão de projetos medem o sucesso tanto interna quanto externamente usando KPIs e CSFs. Como um exemplo, considere os seguintes comentários feitos por um porta-voz da Nortel Networks:

> A Nortel define o sucesso de um projeto de acordo com medidas relativas a cronograma, custo e qualidade, como acordado mutuamente pelo cliente, pela equipe do projeto e pelas

principais partes interessadas. Exemplos de indicadores-chave de desempenho podem incluir a conclusão de marcos essenciais do projeto, resultados da instalação/integração do produto, resultados da gestão de mudanças, conclusão dentro do orçamento e assim por diante. A situação e os resultados do projeto são monitorados de perto e analisados conjuntamente pelo cliente e pela equipe de projeto regularmente ao longo de todo o projeto para garantir expectativas consistentes e o sucesso geral. O sucesso do projeto é medido pela satisfação do cliente.

Vejamos mais algumas definições de CSFs e KPIs:

CSFs:

Fatores de sucesso são definidos nos estágios iniciais do projeto ou programa, mesmo antes de eles se tornarem contratos de fato, e são uma consequência direta dos objetivos estratégicos alocados ao projeto ou programa. Muitas vezes, esses fatores são associados à expansão da participação de mercado em uma linha de produtos ou ao desenvolvimento de novos mercados, tanto técnica quanto geograficamente.

Enrique Sevilla Molina, PMP®, antigo diretor do PMO corporativo da Indra

Obviamente, os CSFs variam de acordo com o projeto e sua intenção. Estes são alguns que se aplicam a uma grande variedade de projetos:

- Envolvimento do cliente desde o início
- Padrões de alta qualidade
- Processos definidos e avaliações de fase formalizadas
- Estrutura organizacional interfuncional das equipes
- Controle de requerimentos, prevenção do aumento gradual de escopo (*scope creep*)
- Comprometimento com cronogramas – planejamento disciplinado para o nível adequado de detalhes e acompanhamento objetivo e frequente
- Comprometimento de recursos – nível certo de habilidade no momento necessário
- Comunicação entre equipes internas e com o cliente
- Identificação precoce de riscos, gerenciamento e mitigação – sem surpresas
- Execução técnica desigual baseada em uma engenharia rigorosa

Comentários feitos por um porta-voz da Motorola

KPIs:

Nossos KPIs mais comuns estão associados aos resultados financeiros dos projetos, por exemplo, a concordância entre a margem do projeto e o objetivo estratégico alocado, os valores de novos contratos para os objetivos da área de desenvolvimento empresarial, etc. Os fatores de sucesso se traduzem em indicadores de desempenho para que eles sejam checados periodicamente.

Por padrão, uma primeira indicação da saúde do projeto é fornecida pelos índices de desempenho de prazos e de custos embutidos nas ferramentas de GP. Eles são gerados mensalmente pelo sistema de informação de gestão de projetos e estão disponíveis para análise e revisão de histórico. Esses indicadores também são calculados para cada departamento e constituem, assim, um indicador do desempenho geral de custo e prazo do departamento ou unidade de negócios.

**Enrique Sevilla Molina, PMP®,
antigo diretor do PMO corporativo da Indra**

Indicadores de aceitação pós-entrega:

- Lucros e perdas
- Devoluções dentro da garantia
- Defeitos únicos relatados pelo cliente
- Métricas de satisfação

Indicadores durante o processo:

- Tendências de defeitos em comparação ao plano
- Estabilidade de cada configuração (mudanças na contagem de peças) em comparação ao plano

Funcionalidades presentes em comparação ao plano

- Prazos planejados *versus* desempenho real
- Esforço planejado *versus* desempenho real
- Custos de produção e métricas de qualidade
- Conformidade com processos de qualidade e resultados de auditorias de qualidade
- Taxa de conclusão de teste de sistema e de aprovação/reprovação em comparação ao plano
- Taxa de resolução de defeitos/problemas
- Índice de falhas em testes de stress reais em comparação ao plano
- Defeitos por centenas de unidades do protótipo durante o desenvolvimento em comparação ao plano

Fornecido por um porta-voz da Motorola

O SOW (*statement of work*, declaração de trabalho [DT]) fornece uma lista de conferência de indicadores básicos para o sucesso do projeto, mas a satisfação do cliente também é importante. O SOW indicará quais são os resultados a serem entregues e fornecerá informações sobre custos e cronogramas, que são facilmente acompanhados.

A maioria das pessoas parece compreender que os CSFs e KPIs podem ser diferentes de um projeto para o outro. Entretanto, é comum a crença errônea de que, uma vez estabelecidos, eles não podem mudar durante o projeto. À medida que os projetos passam por várias fases de seu ciclo de vida, esses indicadores podem mudar.

Na experiência do autor, mais de 90% das melhores práticas que as empresas identificam são provenientes da análise dos KPIs durante as sessões de balanço (*debriefing*), ao concluir um projeto ou em algumas reuniões de análise de fases. Devido à importância de se identificar essas melhores práticas, algumas empresas passaram a treinar facilitadores profissionais capazes de realizar o *debriefing* de equipes de projeto e identificar as melhores práticas.

Antes de deixar esta seção, é necessário compreender quem descobre as melhores práticas. As melhores práticas são descobertas pelas pessoas que realizam o trabalho, a saber, o gerente do projeto, a equipe do projeto e possivelmente o gerente de área. Segundo um porta-voz da Motorola:

A decisão quanto ao que é chamado de melhores práticas é tomada dentro da comunidade que realiza a prática. As capacidades do processo geralmente são conhecidas e possuem bases de referência. Para exigir o *status* de melhor prática, a prática ou processo precisa mostrar quantitativamente melhorias significativas em qualidade, eficácia, custo e/ou duração de ciclo. A gerência da organização afetada e a gerência de processos têm de aprovar a nova prática antes de sua institucionalização.

Geralmente, o processo de identificação começa com o membro de equipe apropriado. Se o membro de equipe acredita ter descoberto uma nova melhor prática, ele informa seu respectivo gerente de área e possivelmente gerente de projeto para confirmação. Uma vez que se decida a favor da confirmação, o material é enviado ao escritório de gestão de projetos (PMO) para validação. Após a validação, a pessoa que identificou a melhor prática recebe o título de "Proprietário de Melhor Prática" e passa a ter a responsabilidade de fomentá-la e cultivá-la.

Algumas empresas usam facilitadores profissionais para realizar o *debriefing* das equipes de projeto a fim de identificar as melhores práticas. Esses facilitadores podem ser encarregados do PMO e são profissionalmente treinados para identificar lições aprendidas e melhores práticas tanto de sucessos quanto de fracassos. Listas de conferência e *templates* podem ser usados como parte do processo de facilitação.

1.11 *Dashboards e scorecards*

Em nossa tentativa de digitalizar a gestão de projetos, enfatizaram-se representações visuais como *dashboards* e *scorecards* utilizando e exibindo CSFs e KPIs. Executivos e clientes desejam uma exibição visual das informações mais críticas sobre o desempenho do projeto, ocupando o menor espaço possível. Técnicas simples de *dashboard*, como o relatório do semáforo, podem expressar informações críticas sobre o desempenho. Como um exemplo:

- *Semáforo vermelho:* Existe um problema que pode afetar prazo, custo, qualidade ou escopo. É necessário o envolvimento dos patrocinadores do projeto.
- *Semáforo amarelo:* Trata-se de uma advertência. Pode existir um possível problema, talvez no futuro, se não for monitorado. O patrocinador é informado, mas não é necessário que se tomem providências no momento.
- *Semáforo verde:* O trabalho está progredindo conforme planejado. Não é necessário envolvimento algum do patrocinador.

Embora um semáforo com apenas três cores seja o mais comum, algumas empresas usam mais cores. O grupo de tecnologia de informação (TI) de um revendedor usava um *dashboard* de oito cores para seus projetos. A cor laranja significava que a data-alvo final tinha passado e o projeto ainda não estava concluído. A cor roxa significava que esse pacote de trabalho estava passando por uma oscilação no escopo a qual poderia causar um impacto sobre a restrição tripla.

Algumas pessoas confundem os *dashboards* com os *scorecards*. Há uma diferença entre eles. Segundo Eckerson:

- Os *dashboards* são mecanismos de exibição visual usadas em um sistema de mensuração de desempenho de cunho operacional que mede o desempenho em comparação a alvos e limites usando dados de "tempo certo".[1]
- Os *scorecards* são representações visuais usadas em um sistema de mensuração de desempenho de cunho estratégico que registra graficamente o progresso em direção ao atingimento de metas e objetivos estratégicos por meio da comparação do desempenho com alvos e limites.[2]

Tanto os *dashboards* quanto os *scorecards* são mecanismos de exibição visual de um sistema de mensuração do desempenho que expressam informações críticas. A diferença

---

[1] W. Eckerson, *Performance Dashboards: Measuring, Monitoring and Managing Your Business*, Hoboken, NJ: Wiley, 2006, p. 293. O Capítulo 12 apresenta uma excelente abordagem para criar telas de *dashboards*.
[2] Ibid., p. 295.

TABELA 1.3	Comparação de funcionalidades	
Funcionalidade	*Dashboard*	*Scorecard*
Propósito	Mede o desempenho	Acompanha o progresso
Usuários	Supervisores, especialistas	Executivos, gerentes e equipe
Atualizações	Informações no tempo certo	Retratos periódicos
Dados	Eventos	Resumos
Visualização	Gráficos visuais, dados brutos	Gráficos visuais, comentários

Fonte: W. Eckerson, *Performance Dashboards: Measuring, Monitoring and Managing Your Business*, Hoboken, NJ: Wiley, 2006, p. 13.

primordial entre eles é que os *dashboards* monitoram processos operacionais como aqueles que são usados na gestão de projetos, enquanto os *scorecards* registram graficamente o progresso de metas táticas. A Tabela 1.3 e a descrição que a acompanha mostram como Eckerson compara as características dos *dashboards* e dos *scorecards*.

Dashboards: *Dashboards* são mais como os painéis de controle de um automóvel. Eles permitem que os especialistas operacionais e seus supervisores monitorem eventos gerados pelos principais processos de negócios. Mas ao contrário dos automóveis, os *dashboards* da maioria das empresas não exibem os eventos em "tempo real", no momento em que ocorrem; eles os exibem no "tempo certo", como os usuários precisam vê-los. Isso pode ser a cada segundo, minuto, hora, dia, semana ou mês, dependendo do processo de negócios, de sua volatilidade e de quão crítico ele é para a empresa. Entretanto, a maioria dos elementos de um *dashboard* é atualizada intradiariamente, com a latência medida em minutos ou horas.

Em geral, *dashboards* exibem informações visualmente, usando diagramas ou gráficos simples, como contadores e medidores. Entretanto, os gráficos do *dashboard* geralmente são atualizados no local, fazendo o gráfico "piscar" ou mudar de forma dinâmica. Ironicamente, as pessoas que monitoram processos operacionais costumam achar o glamour visual distrativo e preferem visualizar os dados em seu formato original, como números ou texto, talvez acompanhados de gráficos visuais.

Scorecards, por outro lado, parecem mais diagramas de desempenho usados para acompanhar o progresso em direção a metas e objetivos. Os *scorecards* normalmente exibem representação mensais de dados resumidos para executivos da empresa que acompanham objetivos estratégicos e de longo prazo, ou representações diárias e semanais de dados para gerentes que precisam registrar o progresso de seu grupo ou projeto a caminho do cumprimento de objetivos e metas. Em ambos os casos, os dados são bastante resumidos, de modo que os usuários possam ver sua situação de desempenho rapidamente.

Assim como os *dashboards*, os *scorecards* fazem uso de diagramas e gráficos visuais para indicar estado de desempenho, tendências e variância em relação às metas. Quanto mais alto os usuários estiverem na hierarquia organizacional, mais eles irão preferir ver o desempenho visualmente codificado. Entretanto, a maioria dos *scorecards* também contém (ou deveria conter) uma grande quantidade de comentários textuais que interpretam os resultados de desempenho, descrevem as medidas tomadas e preveem resultados futuros. Resumo: No final das contas, não importa realmente se você usa o termo *dashboard* ou *scorecard*, contanto que a ferramenta ajude a fazer os usuários e as organizações se concentrarem no que realmente importa. Tanto os *dashboards* quanto os *scorecards* precisam exibir informações críticas sobre o desempenho em uma única tela, de modo que os usuários possam monitorar os resultados em um relance.[3]

---

[3] Ibid., p. 13.

TABELA 1.4 Três tipos de *dashboards* de desempenho

	Operacional	Tático	Estratégico
Propósito	Monitora operações	Mede o progresso	Executa a estratégia
Usuários	Supervisores, especialistas	Gerentes, analistas	Executivos, gerentes e funcionários
Escopo	Operacional	Departamental	Toda a empresa
Informações	Detalhadas	Detalhadas/resumidas	Detalhadas/resumidas
Atualizações	Intradiariamente	Diariamente/semanalmente	Mensalmente/Trimestralmente
Ênfase	Monitoramento	Análise	Gerenciamento

Fonte: W. Eckerson, *Performance Dashboards: Measuring, Monitoring and Managing Your Business*, Hoboken, NJ: Wiley, 2006, p. 18.

Embora os termos sejam usados indistintamente, a maioria dos gerentes de projeto prefere usar *dashboards* e/ou relatório de *dashboard*. Eckerson define três tipos de *dashboards*, como exibe a Tabela 1.4 e a descrição a seguir.

- *Dashboards operacionais* monitoram os processos operacionais centrais e são usados primordialmente por trabalhadores da linha de frente e seus supervisores que lidam diretamente com clientes ou gerenciam a criação e a entrega de produtos e serviços organizacionais. Os *dashboards* operacionais exibem informações levemente resumidas. Por exemplo, um comerciante *on-line* pode acompanhar as transações no nível do produto em vez de no nível do cliente. Além disso, a maioria das métricas em um *dashboard* operacional é atualizada intradiariamente, variando de minutos a horas, dependendo da aplicação. Consequentemente, os *dashboards* operacionais enfatizam o monitoramento mais do que a análise e o gerenciamento.
- *Dashboards táticos* acompanham processos e projetos departamentais que sejam de interesse de um segmento da organização ou de um grupo limitado de pessoas. Os gerentes e analistas usam *dashboards* táticos para comparar o desempenho de suas áreas ou projetos, planos orçamentais, previsões ou os resultados do último período. Por exemplo, um projeto para reduzir o número de erros no banco de dados de um cliente pode usar um *dashboard* tático para exibir, monitorar e analisar o progresso durante os 12 meses anteriores até, em 2007, ter atingido 99,9% de itens não defeituosos nos dados do cliente.
- *Dashboards estratégicos* monitoram a execução de objetivos estratégicos e muitas vezes são implementados usando a abordagem de indicadores balanceados de desempenho (*balanced scorecards*), embora a gestão da qualidade total, o Seis Sigma e outras metodologias também sejam utilizadas. O objetivo de um *dashboard* estratégico é alinhar a organização em torno de objetivos estratégicos e fazer cada grupo caminhar na mesma direção. Para tal, as organizações implementam *scorecards* personalizados para cada grupo da organização e, às vezes, para cada indivíduo também. Esses *scorecards* "em cascata", que normalmente são atualizados semanal ou mensalmente, dão aos executivos uma ferramenta poderosa para comunicar estratégias, obter maior visibilidade nas operações e identificar os principais direcionadores de desempenho e valor de negócio. Os *dashboards* estratégicos enfatizam o gerenciamento mais do que o monitoramento e a análise.[4]

---

[4] Ibid., pp. 17-19.

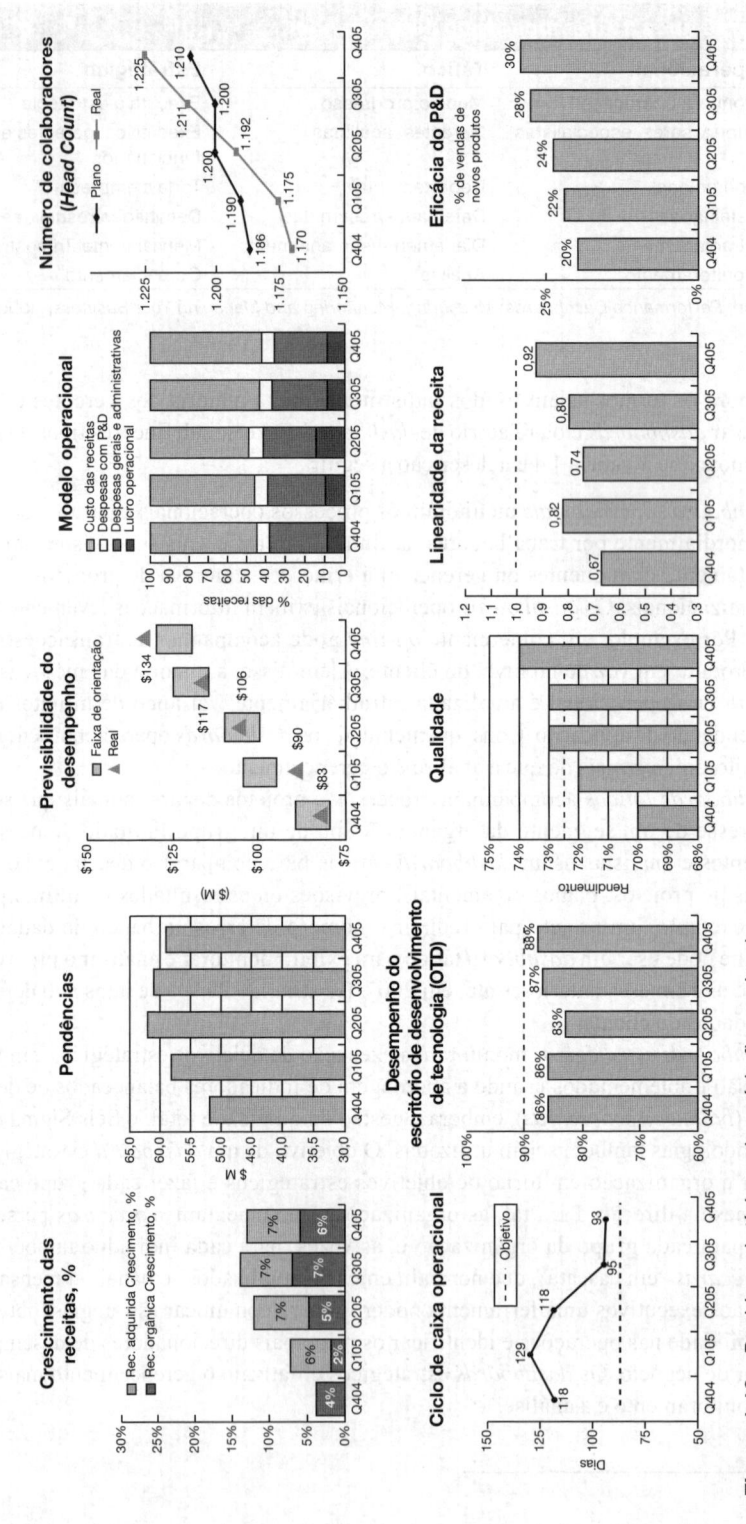

Figura 1.10 *Dashboards* típicos de saúde financeira da empresa.
J. Alexander, *Performance Dashboards and Analysis for Value Creation*, Hoboken, NJ: Wiley, 2007, p. 87–88. Reproduzido com permissão da John Wiley & Sons.

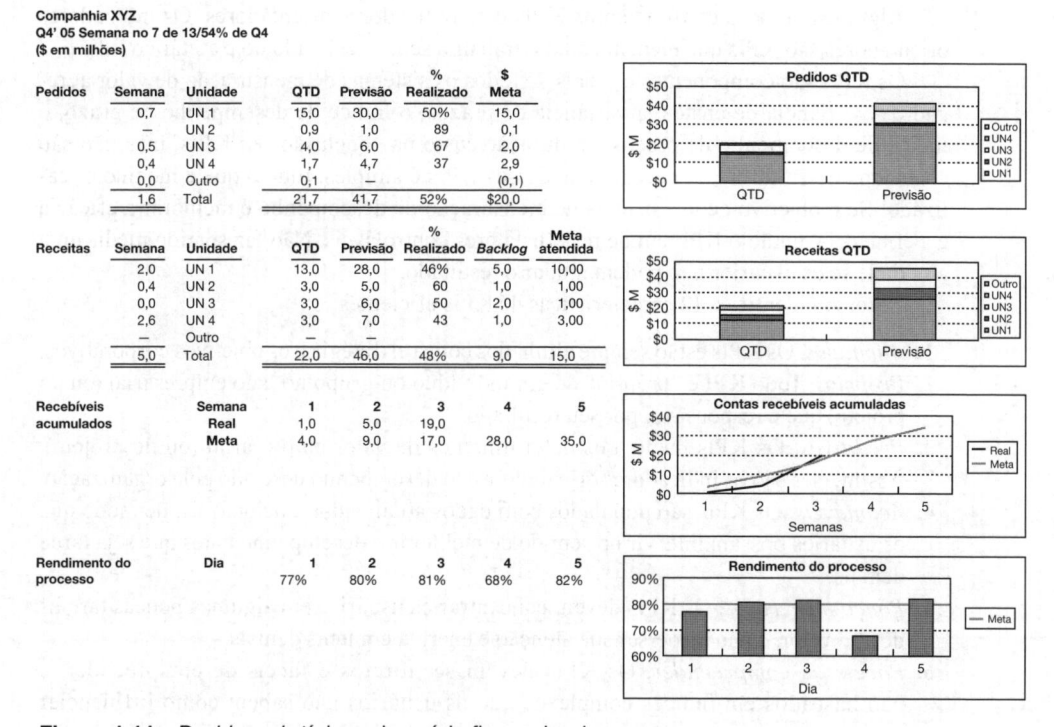

Companhia XYZ
Q4' 05 Semana no 7 de 13/54% de Q4
($ em milhões)

Pedidos	Semana	Unidade	QTD	Previsão	% Realizado	$ Meta
	0,7	UN 1	15,0	30,0	50%	15,0
	–	UN 2	0,9	1,0	89	0,1
	0,5	UN 3	4,0	6,0	67	2,0
	0,4	UN 4	1,7	4,7	37	2,9
	0,0	Outro	0,1	–		(0,1)
	1,6	Total	21,7	41,7	52%	$20,0

Receitas	Semana	Unidade	QTD	Previsão	% Realizado	Backlog	Meta atendida
	2,0	UN 1	13,0	28,0	46%	5,0	10,00
	0,4	UN 2	3,0	5,0	60	1,0	1,00
	0,0	UN 3	3,0	6,0	50	2,0	1,00
	2,6	UN 4	3,0	7,0	43	1,0	3,00
	–	Outro	–	–			
	5,0	Total	22,0	46,0	48%	9,0	15,0

Recebíveis acumulados		1	2	3	4	5
	Semana Real	1,0	5,0	19,0		
	Meta	4,0	9,0	17,0	28,0	35,0

Rendimento do processo	Dia	1	2	3	4	5
		77%	80%	81%	68%	82%

Figura 1.11 Dashboards típicos da saúde financeira da empresa.
J. Alexander, *Performance Dashboards and Analysis for Value Creation*, Hoboken, NJ: Wiley, 2007, p. 87–88. Reproduzido com permissão da John Wiley & Sons.

Há três passos críticos que precisam ser considerados ao usar os *dashboards*: (1) o público-alvo do *dashboard*, (2) o tipo de *dashboard* a ser usado e (3) a frequência com que os dados serão atualizados. Alguns *dashboards* de projetos se concentram nos indicadores--chave de desempenho que fazem parte da mensuração do valor agregado. Esses *dashboards* podem precisar ser atualizados diária ou semanalmente. Os *dashboards* relacionados à saúde financeira da empresa podem ser atualizados semanal ou trimestralmente. As Figuras 1.10 e 1.11 mostram o tipo de informação que seria acompanhada semanal ou trimestralmente para verificar a saúde financeira corporativa.

1.12 Indicadores-chave de desempenho

Na maioria das vezes, os itens que aparecem nos *dashboards* são elementos que tanto os clientes quanto os gerentes de projeto acompanham. Esses itens são chamados de indicadores-chave de desempenho (KPIs), como discutidos anteriormente. Segundo Eckerson: "Um KPI é uma métrica que mede quão bem uma organização ou um indivíduo realiza uma atividade operacional, tática ou estratégica crucial para o sucesso atual e futuro da organização".[5]

---

[5] Ibid., p. 294.

Algumas pessoas confundem os KPIs e os indicadores orientadores. Os indicadores orientadores são KPIs que medem como o trabalho sendo realizado hoje afetará o futuro.

Os KPIs são componentes cruciais de todos os sistemas de mensuração de valor agregado. A variância de custos, a variância de prazos, o índice de desempenho de prazo, o índice de desempenho de preços e a duração/custo na conclusão são KPIs, mas não são chamados dessa forma. A necessidade desses KPIs é simples: tudo o que é medido é realizado! Se o objetivo de um sistema de mensuração de desempenho é melhorar a eficácia e a eficiência, então o KPI tem de refletir fatores controláveis. Não faz sentido medir uma atividade se os usuários não podem mudar o resultado.

Eckerson identifica 12 características de KPIs eficientes:

1. *Alinhados*. Os KPIs estão sempre alinhados com a estratégia e os objetivos corporativos.
2. *Próprios*. Todo KPI é "próprio" de um indivíduo ou grupo no lado empresarial (ou do projeto) que é responsável por seu resultado.
3. *Preditivos*. Os KPIs medem os determinantes de valor empresarial (ou do projeto). Assim, eles são os indicadores orientadores do desempenho desejado pela organização.
4. *Acionáveis*. Os KPIs são populados com dados atualizados e acionáveis, de modo que os usuários possam intervir no sentido de melhorar o desempenho antes que seja tarde demais.
5. *Pouco numerosos*. Os KPIs devem concentrar os usuários em algumas poucas tarefas de alto valor, e não dispersar sua atenção e energia em itens demais.
6. *Fáceis de compreender*. Os KPIs devem ser diretos e fáceis de compreender, e não baseados em índices complexos que os usuários não sabem como influenciar diretamente.
7. *Equilibrados e conectados*. Os KPIs devem equilibrar e reforçar uns aos outros, e não solapar uns aos outros e subotimizar processos.
8. *Estimuladores de mudanças*. O ato de medir um KPI deve estimular uma reação em cadeia de mudanças positivas na organização (ou no projeto), principalmente quando ele é monitorado pelo CEO (ou clientes ou patrocinadores).
9. *Padronizados*. Os KPIs se baseiam em definições, regras e cálculos padrão, de modo que eles possam ser integrados em *dashboards* por toda a organização.
10. *Direcionados a contextos*. Os KPIs colocam o desempenho em contexto aplicando alvos e limites a ele, de modo que os usuários possam avaliar seu progresso com o passar do tempo.
11. *Reforçados com incentivos*. As organizações podem ampliar o impacto dos KPIs atrelando compensações ou incentivos a eles. Entretanto, elas devem fazê-lo com cuidado, aplicando incentivos apenas a KPIs bem compreendidos e estáveis.
12. *Relevantes*. Os KPIs perdem seu impacto com o passar do tempo, então têm de ser periodicamente revisados e revigorados.[6]

Há vários motivos pelos quais o uso de KPIs geralmente não tem êxito em projetos, dentre eles:

- As pessoas acreditam que o acompanhamento de um KPI termina no gerente de primeiro nível hierárquico.

---

[6] Ibid., p. 201.

- As ações necessárias para regular indicações desfavoráveis estão além do controle dos funcionários que fazem o monitoramento ou acompanhamento.
- Os KPIs não estão relacionados às ações ou ao trabalho dos funcionários que fazem o monitoramento.
- O ritmo de mudança dos KPIs é lento demais, tornando-os, dessa forma, inadequados para gerenciar o trabalho cotidiano dos funcionários.
- As ações necessárias para corrigir KPIs desfavoráveis levam tempo demais.
- A mensuração dos KPIs não fornece dados ou informações suficientes para torná-los úteis.
- A empresa identifica KPIs demais, a ponto de a confusão reinar entre as pessoas que realizam as mensurações.

Há alguns anos, as únicas métricas que algumas empresas utilizavam eram aquelas identificadas como parte de um sistema de mensuração de valor agregado. As métricas geralmente se concentravam apenas em prazo e custo, e negligenciavam-se aquelas relacionadas ao sucesso da empresa *versus* sucesso do projeto. Portanto, as métricas eram as mesmas em cada projeto e as mesmas para cada fase do ciclo de vida. Hoje, podem mudar de uma fase para outra e de projeto para projeto. A dificuldade, obviamente, é decidir quais utilizar. Deve-se tomar cuidado para que as métricas estabelecidas não acabem por comparar "maçãs com laranjas". Felizmente, há vários bons livros no mercado que podem auxiliar na identificação apropriada de métricas significativas.[7]

Selecionar os KPIs corretos é fundamental. Pelo fato de um KPI ser uma forma de mensuração, algumas pessoas acreditam que os KPIs devem ser atribuídos somente a elementos tangíveis. Portanto, muitos elementos intangíveis que seriam acompanhados pelos KPIs nunca são observados porque alguém acredita que tal mensuração é impossível. Qualquer coisa pode ser medida, independentemente do que algumas pessoas pensam. Segundo Hubbard:

- Mensuração é um conjunto de observações que reduz a incerteza em que os resultados são expressos como uma quantidade.
- Uma mera redução da incerteza, e não necessariamente sua eliminação, é suficiente para uma mensuração.[8]

Portanto, podem-se estabelecer KPIs mesmo para intangíveis, como os que serão discutidos posteriormente, neste livro, no Capítulo 16.

Hubbard acredita que cinco perguntas precisam ser feitas antes de estabelecermos KPIs para mensuração:

1. Qual é a decisão a que este (KPI) deve dar suporte?
2. O que realmente está sendo medido (pelo KPI)?
3. Qual é a importância do que está sendo medido (e do KPI) para a decisão a ser tomada?
4. O que você sabe sobre ele agora?
5. Qual é o valor de continuar a medi-lo?[9]

---

[7] Três livros que fornecem exemplos de identificação de métricas são: P. F. Rad e G. Levin, *Metrics for Project Management: Formalized Approaches* (Vienna, VA: Management Concepts, 2006); M. Schnapper e S. Rollins, *Value-Based Metrics for Improving Results: An Enterprise Project Mangement Toolkit* (Fort Lauderdale, FL: J. Ross Publishing, 2006); e D. W. Hubbard, *How To Measure Anything* (3rd ed.); (Hoboken, NJ: Wiley, 2014).

[8] Hubbard, *How to Measure Anything*, p. 21.

[9] Ibid., p. 43.

Hubbard também identifica quatro pressupostos úteis para mensuração que devem ser considerados ao selecionar KPIs:

1. Seu problema (ao selecionar um KPI) não é tão único quanto você pensa.
2. Você possui mais dados do que pensa.
3. Você precisa de menos dados do que pensa.
4. Há uma mensuração útil que é muito mais simples do que você pensa.[10]

Selecionar os KPIs corretos é essencial. Na maioria dos projetos, são necessários apenas alguns KPIs. Às vezes, parecemos selecionar KPIs demais e acabamos com alguns KPIs que nos fornecem pouco ou nenhum valor de informação, e o KPI acaba sendo desnecessário ou inútil em nos auxiliar na tomada de decisões de um projeto.

Às vezes, as empresas acreditam que as medidas que selecionaram são KPIs quando, na verdade, são formas de medidas de desempenho, mas não necessariamente KPIs. David Parmenter discute quatro tipos de medidas de desempenho:

> Essas quatro medidas estão em dois grupos: indicadores de resultados e indicadores de desempenho.
>
> Uso o termo indicadores de resultado para refletir o fato de tantas medidas resumirem a contribuição de mais de uma equipe. Essas medidas são úteis para analisar o trabalho em equipe combinado, mas, infelizmente, não ajudam os gestores a consertar um problema difícil de isolar, a saber, quais equipes são responsáveis pelo bom ou mau desempenho.
>
> Os indicadores de desempenho, por outro lado, são medidas que podem ser ligadas a uma equipe ou grupo de equipes trabalhando em proximidade em busca de um propósito comum. Agora, o bom ou mau desempenho é de responsabilidade de uma equipe. Assim, essas medidas nos dão clareza e propriedade. Com ambas essas medidas, algumas são mais importantes do que as outras, então usamos uma palavra adicional, "chave" (*key*). Assim, agora temos duas medidas para cada tipo de medida:
>
> 1. Indicadores-chave de resultados (KRIs) dão ao conselho um resumo geral do desempenho da organização.
> 2. Indicadores de resultado (RIs) informam a gerência sobre como as equipes estão se combinando para produzir resultados.
> 3. Indicadores de desempenho (PIs) informam a gerência sobre o que as equipes estão produzindo.
> 4. Indicadores-chave de desempenho (KPIs) informam a gerência sobre o desempenho da organização nos seus fatores críticos de sucesso; ao monitorá-los, a gerência consegue melhorar o desempenho drasticamente.[11]

Parmenter acredita que:

> Há sete peças fundamentais que precisam ser construídas antes que possamos desenvolver e utilizar os indicadores-chave de desempenho (KPIs) com sucesso no ambiente de trabalho. O sucesso ou fracasso do projeto de KPI é determinado pela presença ou ausência destas sete peças fundamentais.
>
> 1. Parceria com equipe, sindicatos, principais fornecedores e principais clientes
> 2. Transferência de poder para a linha de frente da empresa
> 3. Integração de atividades de mensuração, relatórios e melhorias do desempenho

---

[10] Ibid., p. 31.
[11] David Parmenter, *Key Performance Indicators* (3rd ed.) (Hoboken, NJ: Wiley, 2014), p. 3-4.

4. Conexão entre as medidas de desempenho e a estratégia
5. Abandono de processos que não produzem
6. Escolha de um diretor de medição promovido internamente
7. Entendimento em nível organizacional da definição vencedora dos KPIs[12]

Em um ambiente de projetos, as medidas de desempenho podem variar de um projeto para o outro e de uma fase para outra. A identificação dessas medidas é realizada pela equipe do projeto, incluindo seu patrocinador. As partes envolvidas no projeto também podem exercer influência. As medidas de desempenho corporativo têm uma orientação fortemente financeira e podem passar por muito poucas mudanças ao longo do tempo. As medidas indicam a saúde financeira da corporação. Estabelecer medidas de desempenho corporativo relacionadas a iniciativas estratégicas ou outras atividades similares tem de ser tratado como um projeto em si e ter o suporte da equipe de gerência sênior (SMT, *senior management team*).

A atitude da SMT é crucial – qualquer falta de compreensão, compromisso e priorização desse importante processo dificultará seu sucesso. É comum que a equipe do projeto e a SMT encaixem um projeto de KPI em torno de outras atividades concorrentes e menos importantes. A SMT precisa estar comprometida com o projeto de KPI, para fazê-lo chegar até os níveis mais baixos da hierarquia da organização. Se implementado de forma apropriada, o projeto de KPI irá criar um ambiente dinâmico. Antes de poder fazer isso, a SMT tem de estar convencida do conceito. Isso fará o projeto de KPI ser tratado com prioridade máxima, o que pode significar que a SMT permita que essas atividades concorrentes distratoras e menos importantes resolvam-se por si mesmas.[13]

1.13 Passo 3: validar a melhor prática

Anteriormente, afirmamos que a busca de uma melhor prática é realizada pelo gerente do projeto, por sua equipe, pelo gerente funcional e/ou possivelmente por um facilitador profissional treinado em como realizar o *debriefing* de uma equipe de projeto e identificar as melhores práticas. Qualquer dessas pessoas ou todas elas têm de acreditar que aquilo que descobriram é, de fato, uma melhor prática. Quando os gerentes de projeto são bastante ativos em um projeto, é esperado que eles tomem a decisão final sobre o que constitui uma melhor prática. Segundo um porta-voz da AT&T, a responsabilidade por determinar o que é uma melhor prática está nas mãos do "gerente de projeto, que mostra como aquela prática teve um impacto positivo em seu projeto".

Embora isso seja bastante comum, há outros métodos de validação que podem envolver um número significativo de pessoas. Às vezes, os gerentes de projeto podem ser retirados de onde o trabalho está se desenvolvendo e podem não estar familiarizados com as atividades que poderiam levar à identificação de uma melhor prática. As empresas que possuem um PMO dependem fortemente do suporte desse escritório, pois as melhores práticas aprovadas são, posteriormente, incorporadas à metodologia, e o PMO normalmente é o "guardião" da metodologia. Uma vez que a gerência da organização afetada inicialmente tenha aprovado a nova melhor prática, ela é encaminhada ao PMO ou à gerência de processos para

---

[12] Ibid., p. 26.
[13] Ibid., p. 260. O Capítulo 5 tem excelentes modelos de relatórios para KPIs.

validação e, então, institucionalização. O PMO pode ter um conjunto separado de listas de conferência para validar a melhor prática proposta. O PMO também precisa definir se a melhor prática é ou não de propriedade exclusiva da empresa, pois isso irá determinar onde a melhor prática será armazenada e se será ou não compartilhada com clientes.

A melhor prática pode ser colocada na biblioteca de melhores práticas da empresa ou, se apropriado, incorporada diretamente à lista de conferência de passagens de fases da empresa. De acordo com a complexidade do processo dessa lista de conferência e da metodologia de gestão de projetos da empresa, o processo de incorporação pode ocorrer imediata ou trimestralmente. Segundo Chuck Millhollan, ex-diretor de gerenciamento de programas da Churchill Downs, Inc.: "Não rotulamos nossos processos ou métodos de 'melhores práticas'. Simplesmente aprendemos com nossos erros e garantimos que esse aprendizado seja incorporado à nossa metodologia, processos, *template*s, etc."

Algumas organizações possuem comitês não afiliados ao PMO, que têm como principal função a avaliação de possíveis melhores práticas. Qualquer pessoa da empresa pode fornecer dados de possíveis melhores práticas ao comitê, e este realiza a análise. Os gerentes de projeto podem ser membros do comitê. Outras organizações usam o PMO para realizar esse trabalho. Esses comitês e o PMO na maioria das vezes se reportam aos níveis sênior da gerência.

A 4ª, 5ª e 6ª edições do *Guia PMBOK®* enfatizam a importância de envolver as partes interessadas em projetos. Esse envolvimento pode incluir também a decisão final sobre se uma descoberta se trata ou não de uma melhor prática. Segundo Chuck Millhollan:

> Em última análise, a decisão final está nas mãos das partes interessadas, tanto internas quanto externas. Outra maneira de colocar isso é que o PMO não toma a decisão sobre se um método ou processo funciona. Procuramos ativamente obter *feedback* das partes interessadas em nossos projetos e usamos suas contribuições para determinar se nossos processos são "melhores práticas" para a Churchill Downs Incorporated. As melhores práticas específicas identificadas anteriormente, entre outras, foram aceitas fora do PMO como práticas geralmente aceitas.

Outro exemplo de envolvimento das partes interessadas é dado por Enrique Sevilla Molina, PMP®, antigo diretor corporativo do PMO, Indra:

> Uma decisão é tomada pelo PMO corporativo responsável, o gerente da unidade de negócios, a autoridade do PMO local ou mesmo a autoridade competente, se for o caso. Depende do assunto e do escopo da tarefa. Algumas das melhores práticas de gerenciamento foram estabelecidas no nível corporativo e incorporadas à metodologia de GP. Muitas delas também foram incorporadas aos sistemas de informação de gestão de projetos e às ferramentas de GP.

Avaliar se algo é ou não uma melhor prática não leva tempo, mas é uma tarefa complexa. O simples fato de alguém acreditar que aquilo que está fazendo é uma melhor prática não significa que o seja de fato. Alguns PMOs estão atualmente desenvolvendo *template*s e critérios para determinar se uma atividade pode ou não se qualificar como melhor prática. Alguns itens que estão incluídos no *template* podem:

- ser transferíveis a muitos projetos;
- permitir um desempenho eficaz e eficiente que pode ser medido (i.e., pode servir como uma métrica);

- permitir a mensuração de uma possível lucratividade usando a melhor prática;
- possibilitar que uma atividade seja concluída em menos tempo e a um custo mais baixo;
- agregar valor tanto para a empresa quanto para o cliente;
- ser capazes de nos diferenciar dos outros.

Uma empresa apresentou duas características exclusivas em seu *template* de melhores práticas:

1. Ajudar a evitar fracassos
2. No caso de crise, ajudar a sair da situação crítica

Os executivos precisam perceber que essas práticas são, na verdade, propriedade intelectual que beneficia toda a organização. Se a melhor prática puder ser quantificada, então normalmente é mais fácil convencer a gerência sênior quanto ao seu valor.

1.14 Passo 4: níveis de melhores práticas

Como afirmamos anteriormente, as melhores práticas vêm da transferência de conhecimento e podem ser descobertas em qualquer lugar dentro ou fora de sua organização. Isso é exibido na Figura 1.12.

As empresas que mantêm bibliotecas com altos números de melhores práticas podem criar níveis para elas. A Figura 1.10 mostra vários desses níveis. Cada nível pode ter categorias internas. O mais baixo é o nível dos padrões profissionais, que incluiriam aqueles definidos pelo PMI. O nível de padrões profissionais contém o maior número de melhores práticas, mas elas são de uma natureza mais geral do que específica e têm um baixo nível de complexidade.

O nível de padrões do setor identificaria melhores práticas relacionadas ao desempenho dentro do setor. O setor automotivo estabeleceu padrões e melhores práticas específicas ao seu próprio setor.

À medida que progredimos para as melhores práticas individuais na Figura 1.13, a complexidade das melhores práticas passa de aplicações gerais a muito específicas e, como

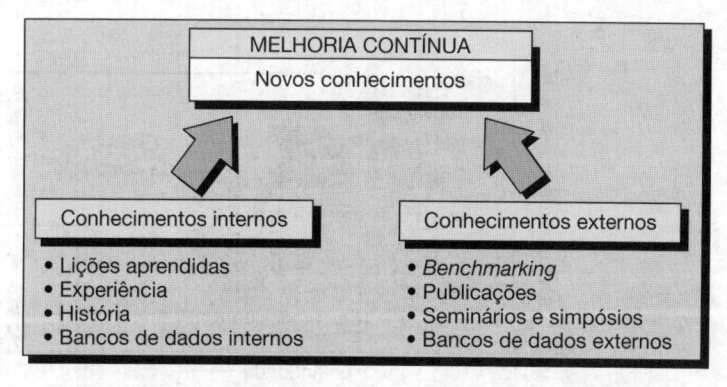

Figura 1.12 Transferência de conhecimento.

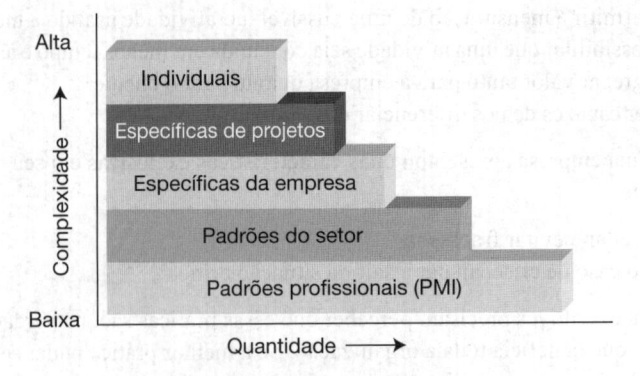

Figura 1.13 Níveis de melhores práticas.

esperado, a quantidade de melhores práticas vai diminuindo. Um exemplo de uma melhor prática em cada nível pode ser (do geral ao específico):

- *Padrões profissionais:* Preparação e uso de um plano de gestão de riscos, incluindo *template*s, diretrizes, formulários e listas de conferência.
- *Específicas do setor:* O plano de gestão de riscos inclui as melhores práticas do setor como a melhor maneira de fazer a transição da engenharia à produção.
- *Específicas da empresa:* O plano de gestão de riscos identifica os papéis e interações entre grupos de engenharia, produção e garantia da qualidade durante a transição.
- *Específicas de projetos:* O plano de gestão de riscos identifica os papéis e as interações dos grupos afetados à medida que eles se relacionam a um produto ou serviço específico para um cliente.
- *Individuais:* O plano de gestão de riscos identifica os papéis e interações de grupos afetados de acordo com sua tolerância para riscos, possivelmente por meio do uso de uma matriz de atribuição de responsabilidades preparada pelo gerente do projeto.

As melhores práticas podem ser extremamente úteis durante as atividades de planejamento estratégico. Como mostra a Figura 1.14, os dois níveis mais baixos podem ser mais

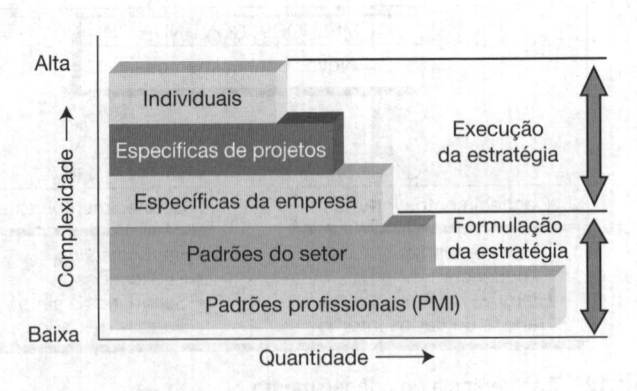

Figura 1.14 Utilidade das melhores práticas.

úteis para a formulação da estratégia de gestão de projeto, enquanto os três níveis mais altos são mais apropriados para a execução ou implementação de uma estratégia.

Nem todas as empresas mantêm uma biblioteca formal de melhores práticas. Em algumas, quando uma melhor prática é identificada e validada, ela é imediatamente colocada no processo de análise de passagens de fases ou na metodologia de gestão de projeto. Nesse caso, a metodologia propriamente dita torna-se uma melhor prática. Enrique Sevilla Molina, PMP, afirma:

> Na verdade, nossa metodologia de gestão de projetos constitui nossa biblioteca estabelecida de melhores práticas aplicáveis a todos os projetos da empresa. Existem outras bibliotecas de melhores práticas em diferentes unidades de negócios. Há, por exemplo, instruções detalhadas para a preparação de propostas ou para fins de estimação de custos e prazos, que são apropriadas para a área de negócios ou área operacional específicas.

Quando questionado sobre quantas melhores práticas são mantidas na Indra, Enrique comentou:

> É difícil dizer, devido ao assunto propriamente dito e à multiplicidade de áreas de negócios na empresa. Se considerarmos nossa metodologia de GP um conjunto de "melhores práticas", seria difícil contar cada melhor prática incluída
> Além de nosso *Project Management Methodology Manual*, de publicação interna, temos, por exemplo, guias específicos no nível corporativo para a elaboração da estrutura analítica do projeto (EAP, ou WBS, do inglês, *work breakdown structure*), gestão de risco do projeto e mensuração do desempenho do projeto baseada em técnicas de valor agregado. Temos também instruções específicas para a preparação de propostas, estimação de custos e até mesmo regras e formatos detalhados de elaboração da estrutura analítica do projeto para diferentes níveis de unidades de negócios.

1.15 Passo 5: gerenciamento de uma melhor prática

Há três participantes envolvidos no gerenciamento das melhores práticas:

1. O proprietário da melhor prática
2. O PMO
3. O administrador da biblioteca de melhores práticas, que pode residir no PMO

O proprietário da melhor prática, que normalmente reside na área funcional, tem a responsabilidade de manter a integridade da melhor prática. Normalmente é um título não remunerado e não oficial, mas um símbolo de prestígio; portanto, o proprietário da melhor prática tenta melhorá-la e mantê-la viva pelo máximo tempo possível.

O PMO normalmente tem a autoridade final sobre as melhores práticas e toma a decisão final quanto a onde colocar a melhor prática, quem deve ter permissão para vê-la, com que frequência ela deve ser revisada ou revalidada e quando ela deve ser removida de serviço.

O administrador da biblioteca é meramente o guardião da melhor prática e pode acompanhar com que frequência as pessoas revisam a melhor prática, supondo que ela esteja prontamente acessível na biblioteca de melhores práticas. O administrador da biblioteca pode não ter uma boa compreensão de cada uma das melhores práticas e pode não ter qualquer direito de voto sobre quando eliminar uma melhor prática.

1.16 Passo 6: revalidando as melhores práticas

As melhores práticas não duram para sempre. Por estarem diretamente relacionadas à definição de sucesso de projetos de uma empresa, a definição de uma melhor prática pode mudar e se desatualizar à medida que a definição de sucesso mudar. Portanto, as melhores práticas têm de ser revisadas periodicamente. A pergunta crucial é: "Com que frequência elas devem ser revisadas?". A resposta depende de quantas melhores práticas há na biblioteca. Algumas empresas mantêm apenas algumas, enquanto empresas multinacionais de grande porte podem ter milhares de clientes e manter centenas de melhores práticas em suas bibliotecas. Se a empresa vende produtos, além de serviços, a biblioteca pode conter melhores práticas tanto relacionadas a produtos quanto relacionadas a processos.

Os dois exemplos a seguir ilustram a necessidade de revisar as melhores práticas.

De acordo com o porta-voz da EDS, "Quando uma prática é indicada e aprovada como melhor prática, é sancionada apenas até o ciclo de revisão anual seguinte. Com o passar do tempo, as melhores práticas tendem a perder seu valor e a se tornar ineficientes se as deixarem desatualizadas".

Um porta-voz da Computer Associates declarou:

As melhores práticas são revisadas a cada quatro meses. As informações que entram no processo de revisão incluem:

- documentos relacionados às lições aprendidas de projetos concluídos nos quatro últimos meses;
- *feedback* dos gerentes de projeto, arquitetos e consultores;
- conhecimentos que especialistas (i.e., proprietários de melhores práticas) trazem para análise; isso inclui informações levantadas tanto externa quanto internamente;
- os dados de relatórios e atividades da biblioteca de melhores práticas.

Normalmente há três tipos de decisões que podem ser tomadas durante o processo de revisão:

1. Manter a melhor prática como está até o próximo processo de revisão
2. Atualizar a melhor prática e continuar utilizando-a até o próximo processo de revisão
3. Retirar a melhor prática de serviço

1.17 Passo 7: o que fazer com uma melhor prática

Dada a definição de que uma melhor prática é uma atividade que leva a uma vantagem competitiva sustentada, não é de se admirar que algumas empresas relutem em tornar suas melhores práticas conhecidas do público em geral. Portanto, o que uma empresa deve fazer com suas melhores práticas se não torná-las públicas? As opções disponíveis mais comuns incluem:

- *Compartilhar o conhecimento apenas internamente.* Isso é realizado usando a intranet da empresa para compartilhar informações com os funcionários. Pode haver um grupo separado dentro da empresa que seja responsável pelo controle das informações, talvez até mesmo o PMO. Nem todas as melhores práticas estão disponíveis para todos os funcionários. Algumas podem ser protegidas por senha, como discutido a seguir.

- *Escondê-las de todos, exceto alguns poucos:* Algumas empresas gastam enormes somas na preparação de formulários, diretrizes, *template*s e listas de conferência para a gestão de projetos. Esses documentos são vistos tanto como informações proprietárias da empresa quanto como melhores práticas e são fornecidos apenas a alguns poucos funcionários que precisam tomar conhecimento deles. Exemplos de melhores práticas "restritas" podem ser formulários e *template*s especializados para aprovação de projetos cujas informações podem ser dados financeiros sensíveis para a empresa ou a posição da empresa em termos de lucratividade de participação de mercado.
- *Fazer propaganda da empresa para os clientes:* Nessa abordagem, as empresas podem desenvolver um panfleto de melhores práticas para promover suas realizações e podem também manter uma extensa biblioteca de melhores práticas que seja compartilhada com seus clientes após a assinatura do contrato. Nesse caso, as melhores práticas são vistas como armas competitivas.

A maioria das empresas hoje utiliza alguma forma da biblioteca de melhores práticas. Segundo um porta-voz da AT&T:

> A biblioteca de melhores práticas utiliza o aplicativo SharePoint e é muito fácil de usar, tanto da perspectiva de envio quanto de busca. Qualquer gerente de projeto pode enviar uma melhor prática a qualquer momento e pode buscar melhores práticas enviadas por outros.

Embora as empresas colecionem melhores práticas, nem todas as melhores práticas são compartilhadas fora da empresa, mesmo durante estudos de *benchmarking*, em que se espera que todas as partes compartilhem informações. Estudantes geralmente perguntam por que os livros didáticos não incluem mais informações sobre melhores práticas detalhadas como formulários e *template*s. Uma empresa comentou com o autor:

> Devemos ter gastado pelo menos US$ 1 milhão nos últimos anos desenvolvendo um extenso *template* sobre como avaliar os riscos associados à transição de um projeto da engenharia para a produção. Nossa empresa não ficaria feliz em entregar esse *template* a todos que quiserem comprar um livro por US$ 85. Algumas melhores práticas são de conhecimento comum, e certamente compartilharíamos essas informações. Mas vemos o *template* de riscos de transição como um conhecimento confidencial, que não deve ser compartilhado.

1.18 Passo 8: comunicar as melhores práticas por toda a empresa

A transferência de conhecimento é um dos maiores desafios enfrentados pelas corporações. Quanto maior a corporação, maior o desafio. A situação se torna ainda mais complicada quando os locais físicos da corporação são dispersos em diversos continentes. Sem uma abordagem estruturada para a transferência de conhecimento, as corporações podem repetir erros e perder valiosas oportunidades. É necessário que se desenvolvam métodos de colaboração corporativa.

Não faz sentido assimilar as melhores práticas se os funcionários não as conhecem. O problema, como identificamos anteriormente, é como comunicar essas informações aos funcionários, especialmente em empresas multinacionais de grande porte. Algumas das técnicas incluem:

- *Sites*
- Bibliotecas de melhores práticas
- Comunidade de práticas
- Boletins informativos
- E-mails
- Seminários via internet
- Transferência de funcionários
- Estudos de casos
- Outras técnicas

A Nortel Networks se esforça para garantir comunicações oportunas e consistentes a todos os gerentes de projetos em todo o mundo para ajudar a promover um sucesso continuado na aplicação de processos globais de gestão de projetos. Exemplos dos vários métodos de comunicação usados pela Nortel incluem:

- O *PM Newsflash* (Boletim informativo de GP) é publicado mensalmente para facilitar as comunicações entre a organização de gestão de projetos e suas áreas funcionais relacionadas.
- São feitas sessões de comunicação de gestão de projetos periodicamente, com um forte foco em promover treinamentos, revisões de métricas, atualizações de processos e *template*s, entre outros.
- Boletins de divulgação são utilizados para comunicar informações urgentes.
- Estabeleceu-se um repositório centralizado para os gerentes de projetos promoverem o fácil acesso e o compartilhamento de informações relacionadas à gestão de projetos.

Os comentários da Nortel deixam claro que as melhores práticas hoje podem permear todas as unidades de negócios de uma empresa, especialmente as multinacionais.

Um dos motivos disso é que agora vemos todas as atividades de uma empresa como uma série de projetos. Portanto, estamos gerenciando nosso negócio a partir de projetos. Dado esse fato, hoje estão surgindo melhores práticas em gestão de projetos por toda a empresa.

Publicar as melhores práticas em algum formato parece ser o método preferido de comunicação. Na Indra, Enrique Sevilla Molina, PMP, afirma:

> As melhores práticas são publicadas no nível corporativo e no nível correspondente dentro da unidade de negócios afetada. Cursos e treinamentos regulares também estão sendo oferecidos para gerentes de projetos recém-nomeados, e o uso das melhores práticas é revisado periodicamente e verificado pelas equipes de auditoria interna. Além disso, as ferramentas corporativas de GP automatizam as aplicações de melhores práticas a projetos, já que elas se tornam exigências para os sistemas de informação do GP.

Segundo um porta-voz da AT&T:

> Definimos uma melhor prática como qualquer ferramenta, *template* ou atividade que tenha tido um impacto positivo sobre a tripla restrição e/ou qualquer processo ou área de conhecimento do *Guia PMBOK®*. Permitimos que o gerente de projetos individual determine se está ou não diante de uma melhor prática baseado nesses critérios. Comunicamos isso por meio de um boletim mensal de gestão de projetos e realçamos uma melhor prática do mês para nossa comunidade de gestão de projetos.

Outra importância estratégica das melhores práticas em gestão de projetos pode ser observada nos comentários abaixo, feitos por Suzanne Zale, diretora de operações da Hewlett-Packard e antiga gerente global de programas da EDS:

> Direcionados pela economia mundial, o número de projetos internacionais ou globais de grande escala tende a aumentar. Os gerentes de projeto que não têm experiência global costumam tratar esses projetos globais como projetos nacionais de grande porte. Entretanto, eles são completamente diferentes. É muito mais importante nesses casos que haja uma estrutura mais robusta de gestão de projetos. Planejar com antecedência torna-se extremamente importante com uma perspectiva global. Como exemplo, estabelecer uma equipe que tenha conhecimento das regiões geográficas relevantes para o projeto é crucial para seu sucesso. Os gerentes de projeto também têm de saber como operar nessas áreas geográficas. É essencial também que todos os membros da equipe do projeto sejam treinados e compreendam a mesma metodologia geral de gestão de projetos.
>
> A globalização e a tecnologia tornam ainda mais importante uma prática sólida da gestão de projetos.

Os comentários de Suzanne Zale ilustram a importância de identificar melhores práticas em projetos globais. Até o final desta década, esse pode muito bem ter se tornado o futuro das melhores práticas.

1.19 Passo 9: garantir o uso das melhores práticas

Por que passar pelo complexo processo de identificar as melhores práticas se as pessoas não irão usá-las? Quando as empresas anunciam para seus clientes que possuem melhores práticas, entende-se que é necessário que se faça o seu acompanhamento e se saiba como elas serão usadas. Isso normalmente faz parte da responsabilidade do PMO. O PMO pode ter a autoridade para auditar projetos periodicamente de modo a garantir o uso de uma melhor prática, mas pode não ter a autoridade para garantir seu uso. O PMO pode precisar buscar o auxílio do líder do PMO, do patrocinador do projeto ou de várias partes interessadas para garantir seu uso.

Quando as melhores práticas são usadas como armas competitivas e anunciadas a possíveis clientes como parte de uma licitação, a equipe de marketing e vendas precisa compreender as melhores práticas e explicar seu uso aos clientes. Ao contrário de há 10 anos, hoje a equipe de marketing e vendas possui uma boa compreensão da gestão de projetos e das melhores práticas que o acompanham.

1.20 Crenças comuns

Há várias crenças comuns relativas às melhores práticas que as empresas descobriram ser válidas. Uma lista parcial inclui:

- Uma vez que as melhores práticas podem estar inter-relacionadas, a identificação de uma melhor prática pode levar à descoberta de outra, especialmente na mesma categoria ou nível. As melhores práticas podem se autoperpetuar.
- Devido às interdependências que podem existir, geralmente é mais fácil identificar categorias de melhores práticas, em vez de melhores práticas individuais.

- As melhores práticas podem não ser transferíveis. O que funciona bem para uma empresa pode não funcionar para outra.
- Embora algumas melhores práticas pareçam simplistas e baseadas no senso comum na maioria das empresas, sua recordação e seu uso frequentes levam à excelência e à satisfação do cliente.
- As melhores práticas não estão limitadas exclusivamente a empresas com boa saúde financeira. Empresas com muito dinheiro em caixa podem cometer um erro de US$10 milhões e dar baixa nessa perda, mas empresas que não possuem muito dinheiro em caixa são muito cuidadosas em como aprovam projetos, monitoram o desempenho e avaliam se devem ou não cancelar um projeto.

Deve-se tomar cuidado para que a implementação de uma melhor prática não leve a resultados prejudiciais. Uma empresa decidiu que a organização precisava reconhecer a gestão de projetos como uma profissão a fim de maximizar o desempenho e reter pessoal qualificado. A carreira de gerente de projetos foi criada e integrada ao sistema de recompensas corporativas.

Infelizmente, a empresa cometeu um grave erro. Os gerentes de projeto passaram a receber salários significativamente mais altos do que os gerentes de área e os funcionários. As pessoas ficaram com inveja dos gerentes de projeto e solicitaram transferência para a gestão de projetos, achando que "a grama do vizinho era mais verde". A destreza técnica da empresa diminuiu, e algumas pessoas pediram demissão quando não tiveram a oportunidade de se tornar gerente de projetos.

Às vezes, a implementação de uma melhor prática é feita com a melhor das intenções, mas o resultado ou não atende às expectativas da gerência ou pode até produzir um efeito indesejável, que pode não ser aparente por algum tempo. Como exemplo, considere a primeira melhor prática da Tabela 1.5. Várias empresas hoje usam relatórios de semáforos em seus projetos. Uma empresa simplificou sua metodologia de gestão de projetos via intranet, passando a incluir relatórios de *status* "de semáforos". Ao lado de cada pacote de trabalho na estrutura analítica dos projetos havia um semáforo que podia virar vermelho, amarelo ou verde. O relatório de *status* tornou-se mais simples e fácil de ser acompanhado pela gerência. O tempo gasto pelos executivos em reuniões de revisão de *status* foi significativamente reduzido, e realizaram-se economias de custo igualmente significativas.

Inicialmente, essa melhor prática parecia ser benéfica para a empresa. Entretanto, depois de alguns meses, ficou claro que o *status* de um pacote de trabalho indicado por um semáforo não era tão preciso quanto os relatórios por escrito, mais caros. Surgiu também a preocupação de quem tomaria a decisão quanto à cor do semáforo.

TABELA 1.5 Aplicação inadequada de melhores práticas

Tipo de melhor prática	Vantagem esperada	Possível desvantagem
Uso de relatório de semáforo	Velocidade e simplicidade	Informações pouco precisas
Uso de um *template*/formulário de gestão de riscos	Voltado ao futuro e preciso	Incapacidade de enxergar todos os riscos possíveis
Estrutura analítica do projeto extremamente detalhada	Controle, precisão e completude	Mais controle e custos dos relatórios
Uso de gestão de projetos em todos os projetos da empresa	Padronização e consistência	Cara demais em certos projetos
Uso de *software* especializado	Melhor tomada de decisões	Dependência excessiva de ferramentas

Finalmente, o sistema de semáforo foi ampliado, passando a incluir oito cores, e estabeleceram-se diretrizes quanto à decisão sobre a cor do semáforo. Nesse caso, a empresa teve a sorte de identificar a desvantagem da melhor prática e corrigi-la. Nem todas as desvantagens são facilmente identificadas, e aquelas que o são nem sempre são corrigíveis.

Há outros motivos pelos quais as melhores práticas podem falhar ou fornecer resultados insatisfatórios. Eles incluem:

- Faltar estabilidade, clareza ou compreensão da melhor prática
- Não conseguir usar as melhores práticas corretamente
- Identificar uma melhor prática que não tenha rigor
- Identificar uma melhor prática devido a um julgamento errôneo
- Não conseguir gerar valor

1.21 Biblioteca de melhores práticas

Partindo da premissa de que o conhecimento e as melhores práticas de projetos são propriedade intelectual, como uma empresa retém essas informações? A solução normalmente é criar uma biblioteca de melhores práticas. A Figura 1.15 mostra os três níveis de melhores práticas que parecem mais adequados para armazenamento em uma biblioteca de melhores práticas.

A Figura 1.16 mostra o processo de criação de uma biblioteca de melhores práticas. O nível mais baixo é a descoberta e a compreensão do que é ou não uma possível melhor prática. As possíveis melhores práticas podem se originar de fontes localizadas em qualquer lugar da organização.

O nível seguinte é o nível de avaliação para confirmar que aquela é uma melhor prática. O processo de avaliação pode ser feito pelo PMO ou por um comitê, mas deve ter o envolvimento dos níveis mais altos da gerência. O processo de avaliação é muito difícil, porque uma ocorrência positiva única pode não refletir uma melhor prática que será replicável. É necessário que haja critérios para a avaliação de uma melhor prática.

Uma vez que uma melhor prática tenha sido estabelecida, a maioria das empresas fornece uma explicação mais detalhada dela, além de um meio para responder a perguntas

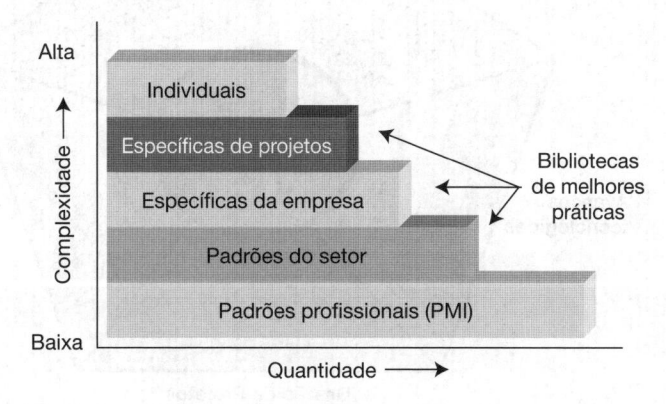

Figura 1.15   Níveis de melhores práticas.

Figura 1.16 Criação de uma biblioteca de melhores práticas.

relativas ao seu uso. No entanto, cada empresa pode ter uma abordagem diferente quanto a como disseminar essas propriedades intelectuais cruciais. A maioria delas prefere fazer utilização máxima dos *sites* de intranet da empresa. Porém, algumas simplesmente consideram seus formulários e *template*s em uso como a biblioteca de melhores práticas existente.

A Figura 1.15 mostra os níveis de melhores práticas, mas o sistema de classificação para fins de armazenamento pode ser significativamente diferente. A Figura 1.17 mostra um sistema de classificação típico para uma biblioteca de melhores práticas.

A finalidade de criar uma biblioteca de melhores práticas é transferir conhecimento para os funcionários. Isso pode ser feito por meio da intranet da empresa, de seminários

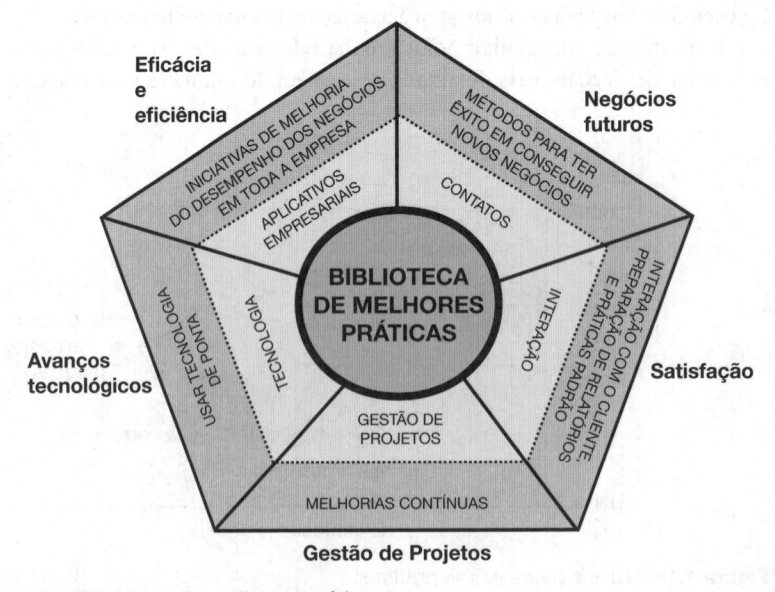

Figura 1.17 Biblioteca de melhores práticas.

sobre melhores práticas e de estudos de casos. Algumas empresas exigem que a equipe de projeto prepare estudos de casos sobre as lições aprendidas e as melhores práticas antes da dissolução da equipe. Elas, então, usam os estudos de casos em seminários patrocinados pela empresa. As melhores práticas e lições aprendidas têm de ser comunicadas a toda a organização. O problema é determinar como fazê-lo de forma eficiente.

Outro problema crucial é o excesso de melhores práticas. Uma empresa iniciou uma biblioteca de melhores práticas e, depois de alguns anos, tinha acumulado centenas delas. Ninguém se preocupou em reavaliar se todas elas ainda eram ou não melhores práticas. Após a reavaliação, determinou-se que menos de um terço delas ainda eram consideradas como melhores práticas. Algumas já tinham deixado de sê-lo, outras precisavam ser atualizadas e outras, ainda, tinham de ser substituídas por melhores práticas mais recentes.

1.22 Hewlett-Packard: melhores práticas em ação

IDENTIFICAÇÃO DE ATIVIDADES ESPECÍFICAS COMO MELHORES PRÁTICAS

O foco de nossa organização dentro da HP é o gerenciamento de TI, ou tecnologia da informação. A TI consiste em todo o *hardware*, *software*, redes e instrumentos que fornecem informações na hora certa, para as pessoas certas, para possibilitar que as pessoas realizem os trabalhos ou cumpram as obrigações/responsabilidades de suas empresas. Os departamentos de TI amadureceram ao longo das décadas, passando a lembrar as outras unidades de negócio de uma organização, especialmente no gerenciamento de TI na forma de serviços. Uma melhor prática para o setor chamada de ITIL®, que é o acrônimo de IT Infrastructure Library® (Biblioteca de Infraestrutura de TI), foi introduzida em meados da década de 1980 e revolucionou o setor de TI ao promover um único conjunto de melhores práticas, que foi incorporado à comunidade global de TI. Na década de 1990, apoiamos o lançamento inicial da ITIL, que era uma coleção de publicações individuais. Na virada do século, apoiamos a versão 2, que evoluíra para um grupo de práticas centradas em Suporte a Serviços e Entrega de Serviços. Então (juntamente a todo o resto da comunidade de TI), fizemos o *upgrade* das edições de 2007 e 2011, que forneciam uma abordagem de gerenciamento de ciclo de vida para a gestão de Serviços de TI. O motivo desta aula de história é que foi o amadurecer dessa melhor prática o motivo de nosso apoio e do amadurecimento das nossas próprias.

Os serviços de TI são desenvolvidos para oferecer suporte à funcionalidade de uma unidade de negócios. Então, um "sistema de faturamento" é o serviço de TI para a função da equipe financeira de cobrança de receitas. O sistema de faturamento é decomposto em componentes de TI como aplicativos empresariais, servidores de arquivos, conectividade de rede, conveniências, etc. A ITIL permite que as empresas gerenciem esses componentes com melhores práticas como o Gerenciamento de Disponibilidade, Gerenciamento de Capacidade, Gerenciamento de Problemas e Gerenciamento de Mudanças. Hoje, já identificamos 28 melhores práticas a partir da ITIL e desenvolvemos outras seis que possibilitam a implementação e o gerenciamento de uma abordagem de Ciclo de Vida de Serviços de TI.

O material da Seção 1.22 foi fornecido por Doug Bolzman, arquiteto consultor, PMP®, especialista em ITIL® na HP.

DEFINIÇÃO DE UMA MELHOR PRÁTICA

Nossa breve definição de uma melhor prática é potencialidade alavancável. A ITIL® define uma potencialidade como a capacidade de uma organização ou serviço de TI de realizar uma atividade. Uma potencialidade é composta por três *"designs"*: um *design* de processos (as atividades a serem seguidas para produzir o resultado), um *design* de pessoas (a estrutura e treinamento da função para capacitar a pessoa a cumprir suas responsabilidades) e um *design* de ferramentas (os equipamentos ou as aplicações usadas para automatizar o trabalho).

Para ilustrar isso, analisemos algo que todos compreendemos: a sala de emergência de um hospital. A equipe não sabe o que passará pelas portas da emergência; eles têm que estar preparados para tudo! Quando um paciente cruza a porta, seja sozinho, seja em uma maca, a situação é identificada, e a sala, as ferramentas e o pessoal adequados são envolvidos para reagir apropriadamente Se alguém estiver tendo um ataque cardíaco, haverá um carrinho de reanimação preparado com todos os equipamentos e medicamentos necessários, sabem-se os procedimentos adequados a serem seguidos, e há médicos com as habilidades apropriadas. Se alguém chegar com uma torção no tornozelo, a pessoa terá de se sentar na sala de espera por um tempo enquanto pacientes de maior prioridade são atendidos. Mas o tornozelo torcido não pode esperar para sempre, ele é encaixado entre pacientes mais graves.

Da mesma forma que um hospital, o posto de serviço de TI não sabe quem chamará com que tipo de problema, mas eles precisam estar preparados para tudo. Quando uma chamada chega ao posto de serviço, seja ela uma chamada telefônica ou uma chamada acionada por algum evento, a situação é identificada, e o pessoal e as ferramentas apropriadas reagem apropriadamente. Se alguém tiver uma pergunta ou uma simples solicitação que pode ser atendida na chamada inicial, ou se uma função vital estiver fora de funcionamento devido a um erro de TI, o pessoal apropriado é reunido em uma chamada de conferência e todas as ações emergenciais e seus desdobramentos são tomados até que o erro seja corrigido e a funcionalidade seja restaurada.

Um posto de serviço funcional com uma resposta a incidentes urgentes baseia-se nas melhores práticas da sala de emergência de um hospital. As potencialidades específicas para que as equipes de TI ou de operações realizem uma atividade depende do *design* de pessoas, processos e ferramentas.

A fim de gerenciar cada uma das melhores práticas consistentemente, cada capacidade é documentada seguindo o *template* do perfil da melhor prática. Algumas das informações contidas no perfil incluem a descrição da prática, o tipo, o valor que ela produz para a empresa e a lista de praticantes a usá-la. Cada uma das práticas possui documentação dos ativos, a situação do ativo e os direcionadores de negócios que foram usados para desenvolvê-las.

Decisão final sobre uma melhor prática

A fim de compreender quem tem a decisão final do que é uma melhor prática, precisamos explorar como gerenciamos as melhores práticas. Isso é exibido na Figura 1.18. O gerenciamento de práticas começa com o estabelecimento da diretoria de pessoas que serão proprietárias e gerenciarão a prática. Para esse exemplo, a melhor prática é o gerenciamento de incidentes. Todos os aspectos da prática serão gerenciados; dos orçamentos e da orientação quanto a como ela se encaixa no modelo geral de serviços à propriedade e aquisição pelas partes interessadas e, finalmente, ao gerenciamento de melhorias ou revisões (e desativações) de *design*.

Em segundo lugar vem a compreensão de como a melhor prática será usada, o valor a ser obtido e os direcionadores que determinarão o *design* necessário. É aí que muitas

Capítulo 1 • Compreendendo as melhores práticas

① Diretoria do componente

Componente
Gerenciamento de incidentes

Patrocinadores/Equipe de liderança
Arquitetos
Conselho de *design*
Proprietário do componente
Gerente de componente
Equipe de *design*

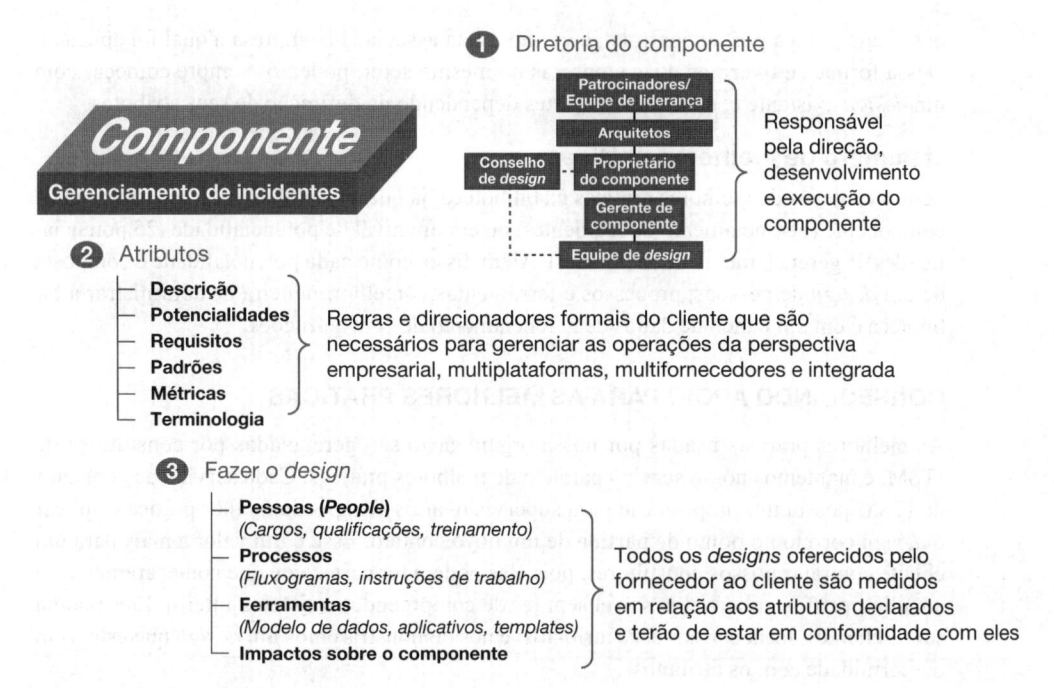

Responsável pela direção, desenvolvimento e execução do componente

② Atributos
- Descrição
- Potencialidades
- Requisitos
- Padrões
- Métricas
- Terminologia

Regras e direcionadores formais do cliente que são necessários para gerenciar as operações da perspectiva empresarial, multiplataformas, multifornecedores e integrada

③ Fazer o *design*
- Pessoas (*People*)
  (Cargos, qualificações, treinamento)
- Processos
  (Fluxogramas, instruções de trabalho)
- Ferramentas
  (Modelo de dados, aplicativos, templates)
- Impactos sobre o componente

Todos os *designs* oferecidos pelo fornecedor ao cliente são medidos em relação aos atributos declarados e terão de estar em conformidade com eles

Figura 1.18 Gerenciamento de uma melhor prática.

"melhores práticas" fracassam, quando se tenta encontrar "soluções universais". Temos três ou quatro *designs* de gerenciamento de incidentes que são a melhor prática para os três ou quatro clientes aos quais servem de suporte. Cada melhor prática é criada em torno de um conjunto específico de atributos (direcionadores de negócios) que denota as características da prática que a tornam a melhor opção para aquele cliente. A menos que cada cliente compartilhe os mesmos direcionadores de negócios e padrões, nunca haverá uma única melhor prática que possa ser aplicada para atender a suas necessidades. Alguns clientes exigem um *design* alavancado e são flexíveis quanto à adoção de um conjunto exclusivo de atributos aos quais se restringirão, o que lhes permite um *design* alavancado e de custo mais baixo que é implementado a muitos clientes.

Em terceiro lugar, os *designs* de pessoas, processos e ferramentas são criados e integrados para que ofereçam suporte aos atributos acordados. Esse modelo oferece suporte a uma melhor prática exclusiva para incidentes, ou pode ser desdobrado nas 25 potencialidades, como fazer o registro de um incidente ou determinar uma classificação de prioridade a incidentes. Compreender e gerenciar no nível da potencialidade nos fornece flexibilidade para combinar *designs* de potencialidades de modo a atender às necessidades do cliente. Se o cliente possui padrões governamentais, como a Sarbanes-Oxley, ou padrões setoriais, como os do setor farmacêutico, podemos identificar os *designs* que foram criados para seguir esses padrões.

UMA BIBLIOTECA DE MELHORES PRÁTICAS

A biblioteca de nossas práticas de gerenciamento de serviços de TI é armazenada em uma ferramenta de trabalho em grupo compartilhada com um tipo de classificação em metadados. Cada prática possui controle de versão e está associada à empresa à qual foi aplicada. Dessa forma, se tivermos duas empresas no mesmo setor, podemos sempre começar com um *design* existente e, então, fazer ajustes dependendo da definição de seus atributos.

O número de melhores práticas

Temos centenas de melhores práticas na biblioteca, já que elas podem estar em um nível de componente (gerenciamento de incidentes) ou em um nível de potencialidade (25 potencialidades de gerenciamento de incidentes). Além disso, como cada potencialidade é composta de um *design* de pessoas, processos e ferramentas, a melhor maneira de administrar a biblioteca é em um banco de dados de gerenciamento de configurações.

CONSEGUINDO APOIO PARA AS MELHORES PRÁTICAS

As melhores práticas usadas por nossa organização são gerenciadas por consultores de ITSM, e mantemos nosso serviço paralelo de melhores práticas. Cada serviço de consultor de ITSM possui um proprietário para supervisionar os *designs* da melhor prática e aplicar o *design* correto no ponto de partida de um novo contato. Esse é um valor a mais para um cliente contratar nossos consultores, pois eles podem ter certeza de que começaremos com a melhor prática aplicável possível sem ter de compreender o sistema inteiro. Eles podem ser os clientes, fornecer-nos seus atributos, e nós demonstraremos um *design* que esteja em conformidade com os atributos.

2

Da melhor prática a uma enorme dor de cabeça

2.0 Introdução

Por quase 40 anos, a gestão de projetos esteve presente em relativamente poucos setores, como aeroespacial, de defesa e de construção. Esses setores eram orientados a projetos e implementavam-na principalmente para atender às solicitações dos clientes. A gestão de projetos era considerada interessante, mas acessória. Por consequência, as melhores práticas em gestão de projetos nunca realmente foram consideradas importantes.

Nas duas últimas décadas, a gestão de projetos evoluiu, tornando-se um processo obrigatório para a sobrevivência da empresa no longo prazo. Atualmente, é uma necessidade, e não um luxo. Ela permeia todos os aspectos de uma empresa. As empresas hoje gerenciam seus negócios por meio de projetos. A gestão de projetos se tornou uma forte arma de vantagem competitiva. O conhecimento adquirido por meio dela é tratado como propriedade intelectual, e os escritórios de projeto foram criados para serem seus guardiões, reportando-se à alta gerência e recebendo a tarefa de identificar as melhores práticas em gestão de projetos.

Assim como com qualquer nova atividade de gestão de projetos, os benefícios são acompanhados por desvantagens e possíveis problemas. Alguns são pequenos e fáceis de corrigir, mas outros são dores de cabeça enormes, que fazem os executivos passarem noites em claro. A maioria das dores de cabeça emana ou de uma má compreensão dos benefícios da gestão de projetos, ou de expectativas altas demais. Outros problemas ocorrem quando uma atividade na verdade não é uma melhor prática e acaba por acarretar resultados negativos.

2.1 Dor de cabeça nº 1: boas intenções

Às vezes, as melhores intenções podem se transformar em enormes dores de cabeça. Como exemplo, uma empresa percebeu rapidamente a importância da gestão de projetos e a transformou em um cargo de carreira. Isso certamente foi a decisão certa. Internamente, as pessoas acreditavam que a empresa considerava a gestão de projetos uma competência estratégica, e os funcionários começaram a se especializar em gestão de projetos. Externamente, seus clientes ficaram bastante satisfeitos em vê-la como uma disciplina de carreira, e os negócios aumentaram.

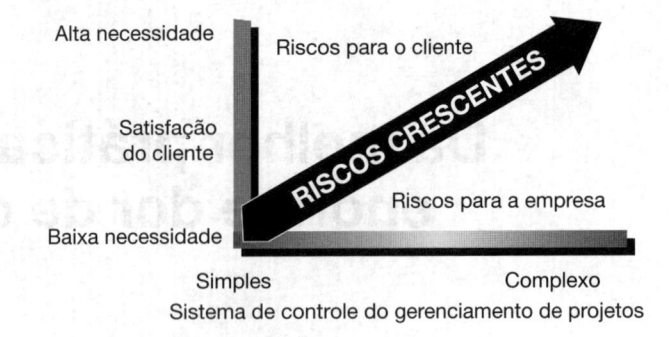

```
                Alta necessidade    Riscos para o cliente
                                    ↗
                 Satisfação
                 do cliente         RISCOS CRESCENTES

                                    Riscos para a empresa
                 Baixa necessidade

                    Simples                    Complexo
                 Sistema de controle do gerenciamento de projetos
```

Figura 2.1 Crescimento dos riscos.

Essas boas intenções logo se transformaram em problemas. Para mostrar seu apoio à excelência em gestão de projetos, os gerentes de projeto recebiam aumentos salariais de 14%, enquanto os membros das equipes dos projetos e os gerentes de área recebiam de 3 a 4%. Depois de dois anos da implementação do gerente de projetos como cargo de carreira, todos estavam tentando se tornar um e trilhar o mesmo caminho, inclusive gerentes de área importantes com conhecimento especializado. Todos achavam que "a grama era mais verde" no quintal do gerente de projetos do que em seu próprio quintal. Os gerentes de área com habilidades essenciais estavam ameaçando pedir demissão da empresa se não tivessem a chance de se tornar gerentes de projeto. A empresa finalmente corrigiu o problema dizendo a todos da empresa que cada plano de carreira da empresa oferecia as mesmas oportunidades de crescimento. O grande diferencial em aumentos salariais desapareceu e foi substituído por um plano mais equitativo. Entretanto, já era tarde demais. Os membros de equipes e os gerentes de área sentiam que os gerentes de projeto os exploravam, e o relacionamento profissional entrou em crise. Os executivos agora estavam enfrentando a dor de cabeça de ter de consertar os danos causados.

A Figura 2.1 ilustra por que muitas outras dores de cabeça ocorrem. À medida que a gestão de projetos cresce e evolui para uma arma competitiva, a organização é pressionada a implementar melhores práticas, muitas das quais necessitam de caros sistemas de controle interno para o gerenciamento de recursos, custos, cronogramas e qualidade. Os sistemas de gestão de projetos têm de ser capazes de lidar com diversos projetos simultaneamente. Da mesma forma, obter a satisfação do cliente é algo considerado como uma melhor prática e pode ter um preço alto. À medida que a importância de ambos aumenta, aumentam também os riscos e as dores de cabeça. Manter a paridade entre a satisfação do cliente e os controles internos não é fácil. Gastar tempo e dinheiro demais com satisfação do cliente pode levar a desastres financeiros em determinados projetos. Gastar tempo demais em controles internos pode levar a uma não competitividade.

2.2 Dor de cabeça nº 2: a metodologia de gestão de projetos da empresa

À medida que a importância da gestão de projetos tornou-se aparente, as empresas reconheceram a necessidade de desenvolver metodologias para isso. Boas metodologias são melhores práticas e podem levar a contratações de fornecedores únicos, baseadas na capacidade dessa metodologia de continuamente produzir resultados de qualidade e da fé que o cliente possui nela. Infelizmente, os departamentos de marketing, de produção, de sistemas de informação, de P&D e de engenharia podem ter sua própria metodologia para a gestão de projetos. Em uma empresa, essa subotimização era aceitável para a gerência contanto que essas áreas individuais não precisassem trabalhar juntas continuamente. Cada metodologia tem sua própria terminologia, fases de ciclo de vida e processos de revisão de fases.

Quando os clientes começam a exigir soluções completas para seus negócios em vez de produtos provenientes de várias unidades funcionais, a necessidade de minimizar o número de metodologias torna-se aparente. Soluções completas exigiam que várias unidades funcionais trabalhassem juntas. Isso era considerado uma necessidade pela gerência sênior, que acreditava que a criação de soluções completas acabaria se tornando uma melhor prática, além de levar à descoberta de outras melhores práticas.

Uma empresa possuía três unidades de negócios estratégicas (SBUs, *strategic business units*), que, devido a mudanças nas exigências dos clientes, agora tinham de trabalhar juntas para cumprir requisitos específicos da solução ao cliente. A gerência sênior instruiu uma das SBUs a assumir a liderança em condensar todos os seus processos funcionais em uma única metodologia de gestão de projetos empresarial (EPM, *enterprise project management*). Depois de certo grau de sucesso, a gerência sênior tentou, sem sucesso, fazer as outras duas SBUs implementarem essa metodologia de EPM, que se acreditava ser uma melhor prática. Os argumentos oferecidos foram "Não precisamos dela", "Ela não se aplica a nós" e "Não foi inventada aqui". Relutantemente, o presidente da empresa esclareceu para seus funcionários que não havia escolha. Todos usariam a mesma metodologia. O presidente está enfrentando o mesmo desafio com a globalização da aceitação da metodologia. Agora, questões culturais são importantes.

2.3 Dor de cabeça nº 3: *trade-offs*

Com a evolução da gestão de projetos, o foco passou para as restrições concorrentes entre si, não apenas à visão tradicional de analisar somente tempo, custo e escopo. À medida que surgem mais restrições nos projetos, novos desafios e dores de cabeça aparecem como trade-offs*. Com apenas três restrições, pode não ser difícil determinar a ordem dos trade-offs. Mas quando 8, 10 ou 12 restrições aparecem no projeto, a ordem dos trade-offs pode ser desafiadora, especialmente devido às dependências que podem existir entre as restrições.

Alex Sadowski preparou um artigo intitulado "Project Constraints and Challenges". O restante desta seção foi extraído desse artigo.

* * *

Seção 2.3 © 2017 por Alex Sadowski, M.S., PMP; reproduzido com permissão.
* N. de T.: A expressão refere-se a uma necessidade de perda ou troca de algo para se conseguir outra coisa. Normalmente uma relação "perde-e-ganha" em que se perde ou abre-se mão de uma qualidade para poder obter outra.

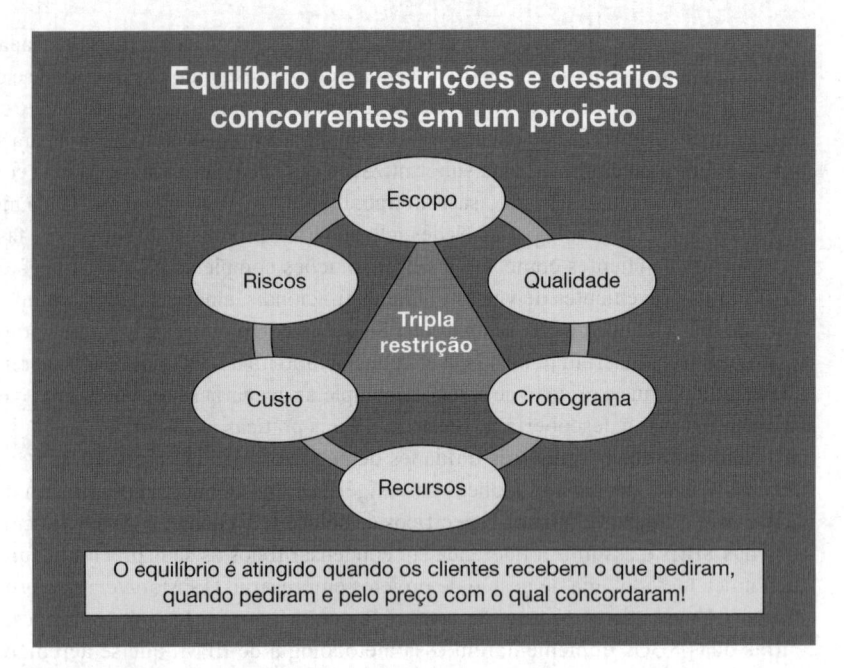

Equilíbrio de restrições e desafios concorrentes em um projeto

- Escopo
- Qualidade
- Cronograma
- Recursos
- Custo
- Riscos
- Tripla restrição

O equilíbrio é atingido quando os clientes recebem o que pediram, quando pediram e pelo preço com o qual concordaram!

Figura 2.2 Restrições e desafios.
© 2013, A.M. Sadowski

Todos os projetos, grandes ou pequenos, têm restrições e desafios que devem ser resolvidos corretamente para possibilitar o sucesso. Originalmente, acreditava-se que o gerente de projetos precisava se preocupar apenas com definir o escopo, conter o custo e cumprir o cronograma para que o projeto fosse completado dentro do prazo, dentro do orçamento e de acordo com os requisitos e as especificações. Contudo, os detalhes são pedras no caminho. Surgem problemas que colocariam em risco a conclusão, e os recursos necessários podem ser difíceis de obter no momento certo. Tudo isso com certeza afeta a qualidade do resultado. Hoje percebemos que a tripla restrição original (escopo, cronograma e custo) deve ser expandida para incluir os desafios de se equilibrar riscos, recursos e qualidade.

RESTRIÇÕES

No planejamento de qualquer projeto, é importante primeiro analisar a tripla restrição, a saber, escopo, cronograma e custo.

Escopo

O escopo do projeto define o resultado desejado e, logo, estabelece a base para o que precisa ser feito para se atingir o sucesso do projeto. Isso inclui todos os requisitos pelos quais a conclusão bem-sucedida do projeto é mensurada. Depois que conhecemos os requisitos, todas as tarefas necessárias podem ser definidas e planejadas.

Cronograma

Após todas as tarefas individuais terem sido identificadas, o cronograma pode ser gerado. Este ajudará a garantir que todas as tarefas necessárias são completadas em ordem e nos momentos certos para se atingir a data final com sucesso. O cronograma deve incluir marcos que precisam ser completados sem atrasos para manter a sua integridade e a finalização dentro do prazo. Depois que o cronograma foi gerado, o custo pode ser estabelecido.

Custo

O custo leva em conta a duração de todo o projeto e o financiamento necessário para cada uma das tarefas individuais. O orçamento que apoia o custo do projeto abrange todos os aspectos de iniciação, *design*, desenvolvimento e entrega.

DESAFIOS

Mesmo quando o escopo, o cronograma e o custo são definidos e bem integrados, só é possível ter sucesso quando levamos em conta os desafios. Enfrentar os desafios de forma correta provavelmente exigirá atualizações e revisões do planejamento de custos, cronograma e escopo originais.

Riscos

Todos os projetos, independentemente de tamanho ou complexidade, estão sujeitos a riscos. Durante a fase de planejamento, o escopo, o cronograma e o custo definidos devem ser analisados para determinar se algum problema em potencial pode ocorrer. Os riscos são problemas que podem ocorrer e devem ser identificados no início do projeto. Muitas vezes, a identificação do risco exige uma definição mais clara do escopo para que o risco possa ser definido e trabalhado com mais precisão. Os riscos exigem o planejamento da mitigação para que, caso surjam, possam ser trabalhados com sucesso e não impactem o sucesso do projeto. O processo de planejamento da mitigação de riscos exige quatro passos:

1. Definir claramente o risco.
2. Determinar a probabilidade de o risco ocorrer.
3. Determinar o custo adicional de mitigar o risco.
4. Definir o impacto potencial no cronograma do projeto.

Os planos de mitigação de riscos exigem alocações orçamentárias adicionais, e as atividades de mitigação também precisam ser incluídas no cronograma.

Recursos

Depois que o escopo, o cronograma, o custo e os riscos estão solidificados, os recursos necessários podem ser identificados corretamente. Esses recursos incluem pessoal, materiais, instalações, ferramentas e/ou equipamentos especializados, entre outros. Os recursos muitas vezes estão disponíveis apenas em determinados momentos, de modo que o cronograma original pode ter de ser alterado para levar em conta quando os recursos exigidos realmente podem ser usados. Essa questão da disponibilidade dos recursos também pode exigir ajustes ao orçamento original. Na análise da disponibilidade dos recursos necessários, podem ser identificados riscos que precisarão ser adicionados aos planos de mitigação.

Qualidade

A qualidade muitas vezes é trabalhada após escopo, cronograma, custo, risco e recursos terem sido definidos adequadamente. As atividades de garantia da qualidade (QA, *Quality*

Assurance) devem ser planejadas e implementadas de modo que a satisfação do cliente possa ser produzida e o projeto tenha sucesso. As atividades de QA se baseiam principalmente no escopo definido e nas metas do projeto que devem ser atingidas. Tais atividades impactam custo e cronograma. Recursos e orçamentos apropriados devem ser alocados para garantir que as atividades de QA deem resultado.

Após escopo, custo, cronograma, recursos, risco e qualidade serem trabalhados e integrados de forma eficaz, o projeto pode ter sucesso. A qualidade geral do projeto é atingida quando os clientes recebem o que pediram, quando pediram e pelo preço com o qual concordaram. A qualidade e o sucesso do projeto somente podem ser atingidos com o equilíbrio correto entre restrições e desafios.

2.4 Dor de cabeça nº 4: a satisfação do cliente

As empresas tradicionalmente viam cada cliente como uma oportunidade de ocorrência única, e depois que as necessidades desse cliente tivessem sido atendidas, enfatizava-se encontrar novos clientes. Isso é aceitável, contanto que exista uma grande base de clientes potenciais. Hoje, as organizações voltadas a projetos, a saber, aquelas que sobrevivem com a renda gerada a partir de um fluxo contínuo de projetos financiados pelos clientes, estão implementando a abordagem da "gestão de projetos por compromisso". Com isso, cada novo cliente potencial é abordado de uma forma similar a um "noivado", no qual a contratada está solicitando um relacionamento de longo prazo com o cliente, em vez de uma oportunidade única. Com essa abordagem, as contratadas estão vendendo não somente os resultados a serem entregues e soluções completas, mas também uma disposição a tornar a metodologia de EPM compatível com a metodologia do cliente. Para manter a sua satisfação e um relacionamento de longo prazo, os clientes são solicitados a fornecer informações sobre como a metodologia EPM da contratada pode ser estendida à sua organização. A última fase do ciclo de vida da metodologia EPM usada pela ABB (Asea, Brown and Boveri) chama-se "gerenciamento da satisfação do cliente" e é criada especificamente para solicitar *feedback* do cliente para uma satisfação do cliente de longo prazo.

Essa melhor prática de implementar a gestão de projetos por compromisso é poderosa, pois permite que a empresa tire proveito de sua visão de gestão de projetos, a saber, que a gestão de projetos se transformou em uma competência estratégica para a empresa, levando a uma vantagem competitiva sustentada. Embora essa abordagem tivesse seu mérito, ela abriu uma caixa de Pandora. Os clientes passaram a esperar ter influência no *design* da metodologia EPM da contratada. Um fornecedor automotivo decidiu solicitar *feedback* de uma das Big Three de Detroit ao desenvolver sua abordagem de EPM. Embora isso tenha gerado boa vontade e satisfação do cliente, gerou um problema sério com outros, que tinham exigências diferentes e visões diferentes de gestão de projetos. Que grau de liberdade deve-se dar a um cliente em fazer recomendações para mudanças do sistema de EPM de uma contratada? É uma boa ideia correr o risco de abrir a caixa de Pandora para o benefício da satisfação do cliente? Que grau de influência um cliente deve ter sobre o modo como uma contratada gerencia seus projetos? O que acontece se isso permitir que os clientes comecem a dizer às contratadas como elas devem realizar seu trabalho?

2.5 Dor de cabeça nº 5: mudanças nas exigências do cliente

Quando a gestão de projetos se torna uma arma competitiva e acaba levando a uma vantagem competitiva estratégica, mudanças resultantes das exigências do cliente têm de ser feitas rapidamente. O sistema de EPM precisa ter um processo para gerenciamento de configurações para o controle das mudanças. A parte do processo de controle de mudanças do sistema de EPM tem de manter a flexibilidade. Mas o que acontece quando as exigências do cliente mudam de tal maneira que precisam ser feitas mudanças correspondentes no EPM, e essas mudanças poderiam levar a resultados negativos em vez de a melhores práticas?

Um fornecedor automotivo de nível 1 passou anos desenvolvendo um sistema de EPM que fosse altamente apreciado pelos clientes para o desenvolvimento de novos produtos ou componentes. O sistema de EPM era visto como uma melhor prática tanto pelos clientes quanto pela empresa. Mas isso estava prestes a mudar. Os clientes agora estavam tentando economizar dinheiro passando a trabalhar com menos fornecedores. Certos fornecedores seriam selecionados, tornando-se "provedores de soluções" responsáveis por grandes seções ou partes do carro, em vez de por componentes individuais. Vários fornecedores de nível 1 adquiriram outras empresas por meio de fusões e aquisições a fim de se tornarem fornecedores de componentes. Todo o sistema de EPM tinha de ser mudado e, em muitos casos, ocorreram choques culturais. Algumas das empresas adquiridas tinham fortes culturas de gestão de projetos e suas próprias melhores práticas, ainda mais fortes do que as da empresa aquisitora, enquanto outras não tinham a menor ideia sobre a gestão de projetos. Para piorar a situação, todas essas empresas eram multinacionais, e questões de globalização assumiriam um papel central. Agora tínhamos melhores práticas concorrentes.

Após anos de dificuldades, o sucesso agora estava ao alcance de muitos fornecedores de componentes. As fusões e aquisições tinham sido bem-sucedidas, e novos conjuntos comuns de melhores práticas tinham sido implementados. No entanto, mais uma vez, as exigências do cliente estavam prestes a mudar. Os clientes agora estavam pensando em voltar à abordagem de componentes em vez de a abordagem de "provedor de soluções", acreditando que os custos baixariam. Se isso ocorresse em todo o setor, dores de cabeça colossais surgiriam devido a maciças reestruturações, desinvestimentos, mudanças culturais e outras mudanças importantes nos sistemas de EPM. Como as contratadas convencem os clientes de que suas ações podem ser negativas para todo o setor? Além disso, algumas empresas que anteriormente eram bem-sucedidas financeiramente talvez não fossem mais ter o mesmo grau de sucesso como fabricantes de componentes.

2.6 Dor de cabeça nº 6: a quem o PMO deve se reportar

As empresas estabeleceram um PMO como o guardião da propriedade intelectual da gestão de projetos. Incluídos nas responsabilidades de um PMO estão o planejamento estratégico para a gestão de projetos, o desenvolvimento e o aprimoramento do EPM, a manutenção de *templates*, formulários e diretrizes de gestão de projetos, o gerenciamento de portfólios de projetos, a orientação de gerentes de projeto inexperientes por mentores, uma linha direta para a solução de problemas relacionados a projetos e a manutenção de uma biblioteca de melhores práticas em gestão de projetos. O PMO passa a ser o guardião de todas as melhores práticas em gestão de projetos.

Embora a criação de um PMO seja considerada como uma melhor prática pela maioria das empresas, ela coloca uma grande parte da propriedade intelectual nas mãos de alguns poucos funcionários, e informação é poder. Com toda essa propriedade intelectual nas mãos de três ou quatro pessoas no PMO, a pessoa a quem o PMO se reporta poderia possivelmente ter mais poder do que seus colegas. O problema é que o PMO precisa se reportar aos níveis executivos da gerência, e parece haver uma forte luta interna nos níveis executivos pelo controle do PMO.

A fim de apaziguar os temores de um executivo se tornar mais poderoso do que outro, as empresas criaram múltiplos PMOs, que supostamente são interligados e compartilham informações livremente. A Hewlett-Packard possui múltiplos PMOs interligados. A Comau possui PMOs na América do Norte, América do Sul, Europa e Ásia, todos interligados. A Star Alliance tem como membros 27 empresas aéreas, cada uma com um PMO e todos interligados, sendo na Alemanha o PMO de liderança. Esses PMOs são bem-sucedidos porque as informações e a propriedade intelectual da gestão de projetos são compartilhadas livremente.

Permitir a existência de múltiplos PMOs pode parecer ser a coisa certa para agradar cada executivo, mas, em alguns casos, gerou dores de cabeça pelo fato de a propriedade intelectual da gestão de projetos não ser mais centralizada. E, para piorar a situação, o que acontece se cada executivo, inclusive os de multinacionais, exigir seu próprio PMO? Isso poderia acabar sendo visto como uma despesa de gerenciamento excessivo e, a menos que a empresa possa ver um retorno sobre o investimento em cada PMO, o conceito do PMO pode desaparecer, destruindo, assim, uma melhor prática importante por motivos de política interna.

2.7 Dor de cabeça nº 7: o dilema do fluxo de caixa

Para muitas empresas que sobrevivem à base de licitações, o custo de preparar uma proposta pode variar de alguns milhares de dólares a centenas de milhares. Na maioria dos casos, a gestão de projetos pode não aparecer até depois de o contrato ser adjudicado. Os resultados podem ser catastróficos se a realização do benefício no final do projeto não corresponder à visão ou à margem de lucro esperada durante a preparação da proposta ou no início do projeto. Quando as empresas desenvolvem um sistema de EPM e ele funciona bem, a maioria delas acredita que agora pode assumir mais trabalhos. Começa a fazer propostas para todos os contratos possíveis, acreditando que o sistema de EPM que possui pode realizar mais trabalho em menos tempo e com menos recursos, sem nenhum comprometimento da qualidade.

No verão de 2002, uma grande empresa multinacional estabeleceu um programa de treinamento em gestão de projetos na Europa para 50 gerentes de projetos multinacionais. O vice-presidente executivo falou durante os 10 primeiros minutos da aula e disse: "A empresa agora começará a recusar trabalho". Os gerentes de projeto ficaram aborrecidos ao ouvir isso e precisaram de uma explicação. O vice-presidente executivo colocou a Figura 2.3 na tela e esclareceu que a empresa não mais aceitaria projetos nos quais as margens

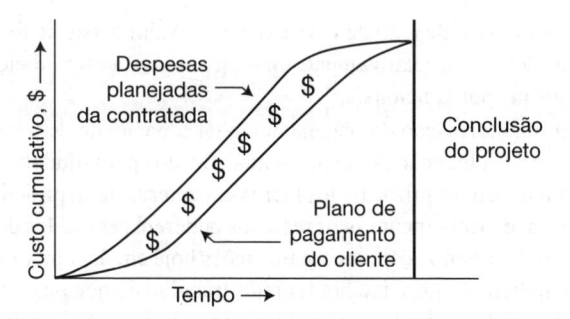

Figura 2.3 Curva de despesas.

de lucro fossem menores do que 4–6%, porque assim estariam financiando os projetos para seus clientes. A empresa estava funcionando como um banqueiro para seus clientes. A realização de benefícios não estava sendo alcançada. Para reduzir os custos das licitações, a empresa estava respondendo a solicitações de propostas usando bancos de dados de estimativas em vez de mão de obra faseada. A questão do fluxo de caixa não estava sendo identificada até depois de ser dado sinal verde ao projeto.

Embora o financiamento do projeto tenha se tornado uma prática aceitável, ele comprime o lucro em mercados já altamente competitivos. Para manter as margens de lucro, as empresas geralmente são forçadas a desconsiderar o que foi dito ao cliente na proposta e designar recursos do projeto de acordo com o plano de pagamento do cliente em vez de com o cronograma original do projeto apresentado na proposta. Embora isso possa levar a uma lucratividade no curto prazo, geralmente resulta em cronogramas alongados, possíveis processos judiciais e insatisfação do cliente. O equilíbrio entre satisfação do cliente, relacionamentos de longo prazo com o cliente e lucratividade está gerando uma enorme dor de cabeça. A melhor prática de criar um sistema de EPM de alto nível pode levar a resultados negativos se a lucratividade não puder ser mantida.

2.8 Dor de cabeça nº 8: o dilema da mudança de escopo

Para empresas que dependem de licitações bem-sucedidas para sobreviver, o pote de ouro geralmente é a quantidade de mudanças de escopo que ocorrem após a aprovação do projeto. O contrato original pode ser sublicitado na esperança de que mudanças de escopo lucrativas geradas pelo cliente ou pela contratada venham a ocorrer. Para a maximização do lucro, é uma melhor prática que um processo de controle de mudanças de escopo faça parte do sistema de EPM.

Ao longo dos anos, os gerentes de projeto foram incentivados por seus superiores a buscar toda e qualquer mudança de escopo que fosse financiada pelos clientes. No entanto, essas mudanças de escopo hoje estão causando enormes estragos nas atividades de planejamento de capacidade e na designação dos recursos críticos necessários às mudanças de escopo e a outros projetos. À medida que as empresas amadurecem na gestão de projetos, os sistemas EPM se tornam mais baseados na internet. Todos os cronogramas de projetos individuais são incluídos em um cronograma master, de modo que a gerência sênior possa ter um quadro realista dos recursos comprometidos pelos 90 ou 180 dias seguintes. Isso permite que a empresa determine que quantidade adicional de trabalho ela pode assumir sem sobrecarregar a base de mão de obra existente. Além disso, se for identificado um gargalo de recursos, deve ficar relativamente claro quantos recursos adicionais devem ser contratados e em que grupos funcionais.

Com a transformação do planejamento da capacidade de uma arte em uma ciência, os problemas com a obtenção de recursos qualificados para mudanças de escopo não planejadas aumentam. A maximização dos lucros em determinado projeto pode não ser do interesse da empresa, especialmente se os recursos puderem ser usados de forma mais eficiente em outras partes da organização. As organizações hoje em dia têm menos pessoal do que precisam, por acreditarem que é melhor ter mais trabalho do que pessoas em vez de mais pessoas do que trabalho. Os executivos têm de encontrar uma maneira de equilibrar a necessidade de mais recursos adicionais com as mudanças de escopo, a seleção de portfólios de projetos e a pressão sobre o relacionamento profissional entre gerentes de projeto e gerentes de área. Como os executivos hoje convencem os gerentes de projeto de que mudanças de escopo são desnecessárias e de que a maximização de lucros deve ser esquecida?

2.9 Dor de cabeça nº 9: equilíbrio

Uma das responsabilidades de um PMO é fazer o *debriefing* da equipe de projeto após a conclusão deste. Isso inclui captar as lições aprendidas, identificar oportunidades de aprimoramento do sistema de EPM e atualizar o banco de dados de estimativas. Com a melhoria do banco de dados de estimativas, as empresas percebem que podem terceirizar parte do trabalho dos projetos por um preço significativamente mais baixo do que custaria realizar o mesmo trabalho internamente.

Embora essa função possa se tornar uma importante melhor prática e possa economizar algum dinheiro para a empresa, pode haver resultados negativos. Um banco recebeu publicidade bastante negativa nos jornais locais quando se descobriu que a divisão de sistemas de informação sofreria cortes de pessoal em conjunção com uma terceirização eficiente em termos de custos. Outra organização também terceirizou seu trabalho relativo a sistemas de informação a tal ponto que tinha começado a dar aos seus fornecedores e suas contratadas informações confidenciais da empresa. Gera-se muita dor de cabeça quando os executivos têm de equilibrar a lucratividade no curto prazo com a saúde de longo prazo da corporação e as necessidades e expectativas da comunidade de partes interessadas.

As melhores práticas são criadas para beneficiar tanto a empresa quanto os trabalhadores. Quando a implementação de melhores práticas leva à perda de emprego, a importância relativa das melhores práticas pode diminuir aos olhos dos funcionários.

2.10 Dor de cabeça nº 10: quando cancelar um projeto

Praticamente todo sistema de EPM se baseia em fases de ciclo de vida. Cada fase de ciclo de vida termina com uma reunião de revisão de fase criada para funcionar como um ponto de decisão de aprovação/não aprovação para prosseguir à fase seguinte. Muito poucos projetos parecem ser cancelados nas primeiras reuniões de revisão de fase. Um motivo é que os gerentes de projeto não necessariamente fornecem todas as informações essenciais necessárias para tomar uma decisão viável. Os gerentes de projetos fornecem informações em relatórios de previsão sobre o custo estimado no momento da conclusão e o prazo de conclusão. O que fica faltando são os benefícios esperados na conclusão, e essa estimativa pode ser mais importante do que o prazo e o custo. Embora seja compreensível que esse valor possa ser difícil de obter durante as fases iniciais do ciclo de vida do projeto, deve-se tentar de tudo para apresentar estimativas razoáveis dos benefícios na conclusão deste.

Se um projeto passa do prazo ou excede o orçamento, os benefícios esperados ainda assim podem ser alcançáveis. Da mesma forma, se um projeto fica abaixo do orçamento ou é concluído antes do prazo final, talvez não haja motivo para acreditar que a visão no início do projeto terá sido alcançada na conclusão. Uma empresa deu início a um conceito chamado de "dias de mapeamento" (*map days*), no qual a equipe periodicamente mapeia seu desempenho até aquele momento. Os mapas são revisados junto à gerência sênior para decidir com certeza se o projeto deve continuar. Esse conceito pode ser expandido de modo a incluir possíveis benefícios na conclusão do projeto.

Embora boas metodologias de gestão de projetos sejam melhores práticas e forneçam informações valiosas para a gestão de projetos, o sistema também precisa ser capaz de fornecer as informações necessárias para a gerência sênior poder tomar todas as decisões essenciais. Muito frequentemente, os sistemas de EPM são desenvolvidos exclusivamente para o benefício dos gerentes de projeto em vez de serem do interesse de toda a empresa.

2.11 Dor de cabeça nº 11: recompensas

Talvez a maior dor de cabeça enfrentada pela gerência sênior seja o estabelecimento de um sistema equitativo de recompensas/reconhecimento de projetos que faça parte do programa de cargos e salários. As empresas já reconheceram que a gestão de projetos é um esforço de equipe e que oferecer recompensas a equipes de projetos pode ser mais benéfico do que recompensar indivíduos. A dor de cabeça é como fazê-lo de forma eficiente.

Muitas perguntas precisam ser feitas:

- Quem determina a magnitude da contribuição de cada pessoa para o sucesso do projeto?
- O tempo gasto no projeto deve influenciar o tamanho da recompensa? Quem determina o tamanho da recompensa?
- O sistema de recompensas afetará estimativas futuras, especialmente se as recompensas forem baseadas em custos orçados subutilizados?
- O tamanho das recompensas afetará a seleção de pessoal para projetos futuramente?
- Os funcionários migrarão para gerentes de projeto que tenham um histórico prévio de sucessos em que grandes recompensas foram obtidas?
- As pessoas se afastarão de projetos de alto risco, nos quais talvez possa não haver recompensas?
- Os funcionários evitarão ser designados a projetos de longo prazo?
- Os funcionários sindicalizados podem participar do sistema de recompensas dos projetos?

Fornecer reconhecimento monetário e não monetário é uma melhor prática contanto que seja realizada de maneira equitativa. Deixar de fazê-lo pode destruir até mesmo os melhores sistemas EPM além de uma cultura corporativa que levou anos para ser desenvolvida.

2.12 Dor de cabeça nº 12: a cultura errada em vigor

Criar a cultura corporativa correta para a gestão de projetos não é fácil. No entanto, quando há uma forte cultura corporativa em vigor e ela apoia ativamente a gestão de projetos de modo que outras melhores práticas sejam acessíveis, é muito difícil duplicá-la em outras empresas. Algumas culturas corporativas não possuem cooperação entre os participantes e sustentam silos bem protegidos. Outras culturas baseiam-se na falta de confiança, e outras ainda fomentam uma atmosfera em que é aceitável persistentemente omitir informações da gerência.

Uma empresa de telecomunicações financiou mais de 20 novos projetos de desenvolvimento de produto que precisavam ser concluídos dentro de um trimestre específico para agradar a Wall Street e gerar fluxos de caixa que sustentassem o dividendo. A gerência persistentemente reagia mal a notícias ruins, e o fluxo de informações para a gerência sênior passou a ser filtrado. A metodologia de gestão de projetos foi usada com moderação por medo de que a gerência fosse reconhecer logo de início a seriedade dos problemas de alguns dos projetos.

Sem ouvir nenhuma má notícia, a gerência sênior se convenceu de que os projetos estavam progredindo conforme o planejado. Quando se descobriu que mais de um projeto estava tendo problemas sérios, a gerência realizou intensas revisões de projeto em todos eles. Em um dia, oito gerentes de projetos foram ou dispensados de suas responsabilidades ou demitidos. Mas já era tarde demais, e o problema era, na verdade, a cultura que tinha sido criada. Hostilizar o portador de más notícias pode destruir sistemas de gestão de projetos potencialmente bons e afetar o estado de espírito das equipes.

Em outra empresa de telecomunicações, a gerência sênior estimulava a criatividade e dava à força de trabalho a liberdade de ser criativa. Havia ali muitos funcionários técnicos portadores de diplomas avançados. Esperava-se que os funcionários passassem até 20% de seu tempo tendo ideias para novos produtos. Infelizmente, esse tempo estava sendo cobrado de volta em qualquer projeto em que os funcionários estivessem trabalhando no momento, tornando ineficientes, assim, as partes relativas ao custo e ao cronograma do sistema de EPM.

Embora a gerência aparentemente tenha tido boas intenções, os resultados não foram os que ela esperava. Novos produtos estavam sendo desenvolvidos, mas o período de recuperação do investimento estava ficando cada vez mais longo, enquanto os custos operacionais estavam aumentando. Os orçamentos estabelecidos durante a seleção do portfólio de projetos eram inúteis. Para piorar a situação, a comunidade técnica definia sucesso de um projeto como exceder as especificações, em vez de cumpri-las. A gerência, por outro lado, definia sucesso como a comercialização de um produto. Dado o fato de que entre 50 e 60 novas ideias e projetos devem ser empreendidos para que um seja um sucesso comercialmente aceitável, o custo do desenvolvimento de novos produtos estava sugando o dinheiro da empresa, e a gestão de projetos foi inicialmente acusada de ser a culpada. Mesmo os melhores sistemas de EPM não conseguem detectar quando o trabalho foi concluído senão observando o dinheiro consumido e o tempo empregado.

Pode levar anos para se criar uma boa cultura de gestão de projetos, mas é possível que ela seja destruída rapidamente por meio dos caprichos pessoais da gerência. Uma empresa empreendeu dois projetos de P&D de alto risco concomitantemente. Estabeleceu-se um prazo de doze meses para cada um deles, na esperança de que algum avanço tecnológico fosse surgir e, mesmo se surgisse, ambos os produtos teriam uma vida útil de aproximadamente um ano antes de se tornarem obsoletos.

Cada projeto teve um patrocinador designado dos níveis executivos. Na primeira reunião de revisão de fase, ambos os gerentes de projeto recomendaram que seus projetos fossem cancelados. Os patrocinadores executivos, para manter as aparências, ordenaram que os projetos continuassem até a revisão de fase seguinte em vez de cancelar os projetos enquanto as perdas ainda eram pequenas. Os executivos forçaram os projetos a continuarem a se concretizar. Os avanços tecnológicos foram feitos seis meses depois, e não houve praticamente nenhuma venda com nenhum dos dois produtos. Só havia uma maneira de os patrocinadores executivos manterem as aparências – promover ambos os gerentes de projeto por terem desenvolvido com sucesso dois novos produtos e então, culpar o marketing e as vendas por sua incapacidade de encontrar clientes.

Cancelar projetos nunca é fácil. As pessoas geralmente veem notícias ruins como um fracasso pessoal, um sinal de fraqueza e uma mancha em sua carreira. Há que se compreender que expor um fracasso não é sinal de fraqueza. A lição é clara: qualquer executivo que sempre toma a decisão correta certamente não está tomando decisões suficientes, e qualquer empresa em que todos os projetos são concluídos com sucesso não está trabalhando em projetos suficientes e não está aceitando um risco razoável.

2.13 Dor de cabeça nº 13: questões políticas

A conclusão de um projeto exige pessoas, mas o simples fato de pessoas serem designadas ao projeto não significa necessariamente que elas sempre tomarão decisões a favor do que é mais interessante para o projeto. Quando as pessoas são designadas a um novo projeto, elas se perguntam: "O que eu ganho com isso? Como minha carreira se beneficiará com essa designação?".

Esse tipo de pensamento gera severas dores de cabeça e pode permear todos os níveis da gerência de um projeto, inclusive os responsáveis por sua governança. As pessoas tendem a fazer politicagem para conseguir o que querem, e essas jogadas criam barreiras que o gerente de projeto tem de superar. As pessoas são motivadas pelas recompensas que podem receber da estrutura formal da empresa e da estrutura informal de poder político que existe. Barreiras são criadas quando as recompensas de um indivíduo de qualquer dessas estruturas são ameaçadas. As barreiras levam a conflitos e podem envolver como o projeto será planejado, quem será designado a atividades específicas, especialmente as atividades que podem receber alta visibilidade, que abordagem adotar para solucionar um problema e outros itens desse tipo que geralmente são questões de segundas intenções. Algumas pessoas podem até querer ver o projeto fracassar se isso as beneficiar.

O jogo de cintura político é essencial para o gerente de projetos de hoje. Não se pode mais confiar somente em competências técnicas ou gerenciais. É preciso compreender a natureza política das pessoas e organizações com quem se está lidando, e que política e conflitos são inevitáveis e são um estilo de vida no gerenciamento de projetos. Os gerentes de projeto do futuro têm de se tornar politicamente astutos. Infelizmente, embora haja alguns livros publicados sobre política na gestão de projetos, pouco se pesquisou sobre o assunto em comparação a outras áreas do *Guia PMBOK®*.*

---

* PMBOK é marca registrada do Project Management Institute, Inc.

RISCOS POLÍTICOS

Em projetos grandes e complexos, a política costuma ser tratada como um risco político, especialmente quando o projeto está sendo conduzido no país hospedeiro e está sujeito a interferência governamental ou violência política. Os fatores que geralmente são considerados como parte dos riscos políticos incluem:

- Mudanças políticas, como a eleição de um novo partido que chega ao poder
- Mudanças na política fiscal, na política trabalhista ou na política de contratação pública do país hospedeiro
- Nacionalização ou confisco indevido de ativos e/ou propriedade intelectual de um projeto
- Conflitos civis resultantes de um golpe, atos de terrorismo, sequestros, pedidos de resgate, assassinatos, guerras civis e insurreições
- Mudanças significativas das taxas de inflação resultando em políticas de conversão monetária desfavoráveis
- Problemas contratuais como cancelamento de licenças e falta de pagamentos

Tendemos a incluir muitos desses riscos no escopo dos fatores ambientais da empresa que são de responsabilidade do patrocinador do projeto ou do comitê de governança. No entanto, quando o projeto está sendo conduzido no país hospedeiro, normalmente é o gerente de projeto que tem que lidar com os riscos políticos.

Quanto maior e mais complexo o projeto, maior o custo excedente e, quanto maior o custo excedente, maior a probabilidade de intervenção política. Em alguns países, como os Estados Unidos, passar o problema adiante para camadas hierárquicas superiores significa que o problema acabará nas mãos do patrocinador do projeto. Mas em outros países, especialmente em países de mercados emergentes, os problemas podem ultrapassar o comitê de governança e envolver altos oficiais do governo. Isso ocorre particularmente em megaprojetos que são suscetíveis a grandes custos excedentes.

MOTIVOS PARA SE ENVOLVER EM JOGOS POLÍTICOS

Há inúmeras razões pelas quais as pessoas se envolvem em jogos políticos. Alguns motivos comuns incluem:

- Querer manter o controle sobre recursos escassos
- Buscar recompensas, poder ou reconhecimento
- Manter a imagem própria e os valores pessoais
- Ter segundas intenções
- Ter medo do desconhecido
- Ter controle sobre quem fará viagens de negócios para lugares exóticos
- Ter controle sobre informações importantes, uma vez que informação é uma fonte de poder
- Enxergar apenas o que se quer enxergar
- Recusar-se a aceitar ou a admitir derrota ou fracasso
- Ver más notícias como um fracasso pessoal
- Ter medo de expor erros aos outros
- Ver um fracasso como um sinal de fraqueza
- Ver um fracasso como algo prejudicial à sua reputação
- Ver um fracasso como algo prejudicial à sua carreira

Todos esses são motivos que podem beneficiá-lo pessoalmente como gerente de projetos. Há também a política negativa, quando alguém se envolve em jogos políticos com a intenção de prejudicar outros, o que pode, por sua vez, acabar por beneficiá-lo pessoalmente. Alguns exemplos são:

- Querer ver o projeto fracassar
- Ter medo de mudanças caso o projeto seja bem-sucedido
- Querer prejudicar a imagem ou reputação de outra pessoa, especialmente se ela representar um entrave ao avanço de sua carreira
- Repreender as ideias dos outros para fortalecer sua posição

SITUAÇÕES EM QUE HAVERÁ ENVOLVIMENTO EM JOGOS POLÍTICOS

Embora a política possa estar presente em qualquer projeto e durante qualquer fase de ciclo de vida do projeto, a história demonstra que a politicagem tende a ocorrer devido a determinadas ações e/ou sob determinadas circunstâncias:

- Quando se busca alcançar a maturidade em gestão de projetos em um ambiente de cultura conservadora
- Durante fusões e aquisições em que "senhorio" e "inquilino" se encontram em diferentes níveis de maturidade em gestão de projetos
- Ao se tentar fazer toda uma organização aceitar uma metodologia de gestão de projetos que foi criada por uma área funcional, e não por um comitê composto de membros de todas as áreas funcionais (i.e., a síndrome do "isso não foi inventado aqui")
- Ao ter de mudar seus hábitos profissionais e ter de fazer as coisas de modo diferente se o projeto for bem-sucedido
- Quando ocorrem problemas, e não se sabe aonde eles acabarão chegando para serem resolvidos
- Caso se acredite que equipes virtuais estão livres de jogos políticos no projeto
- Quando não se consegue compreender as práticas de gerenciamento eficiente de relacionamento com as partes interessadas
- Quanto maior e mais complexo o projeto, pois são maiores as chances de interferência política
- Quanto maior o tamanho do comitê governamental, pois há maior chance de surgirem desacordos e problemas políticos
- Quanto mais poder as pessoas detiverem no projeto, por ser maior a chance de que elas se envolvam em jogos políticos
- Quando há funcionários reconhecidos como "celebridades", mais propensos a se envolverem em jogos políticos do que os funcionários comuns

O COMITÊ DE GOVERNANÇA

A política nos projetos normalmente acaba pressionando o comitê em uma direção diferente da declaração de trabalho original. Essa pressão pode se originar em sua própria gerência sênior, em alguns dos membros de sua equipe de projeto, no cliente e até mesmo em algumas das partes interessadas. Cada parte deseja um resultado levemente diferente, e o trabalho do comitê é tentar encontrar uma maneira de agradar a todos.

A solução mais simples parece ser a criação de um comitê composto de gerentes seniores de sua empresa, representantes da empresa do cliente e representantes de vários grupos de partes interessadas. Aparentemente, pode-se deixar o comitê resolver todos os conflitos entre si e dar uma orientação unificada para o projeto. Obter suporte de uma camada hierárquica superior parece a coisa certa a se fazer. Infelizmente, ainda existe a possibilidade de que o comitê não consiga chegar a um acordo, e mesmo que eles pareçam estar de acordo, certos membros do comitê podem ainda tentar fazer politicagem "por baixo dos panos". A existência do comitê de governança não elimina a politicagem nos projetos. As pessoas que formam o comitê geralmente fazem politicagem a fim de ampliar sua base de poder.

A maioria das empresas possui fundos limitados disponíveis para projetos. O resultado é uma concorrência no nível executivo por financiamento para o projeto, que pode ser do interesse de uma área, mas não necessariamente de toda a empresa. Os executivos podem fazer politicagem para conseguir que seus projetos sejam aprovados antes de todos os outros, vendo isso como um aumento de sua base de poder. Porém, o comitê de governança pode incluir executivos das áreas funcionais que perderam a batalha por financiamento de projetos, e eles podem tentar exercer uma influência política negativa sobre o projeto, chegando ao ponto de torcer para o seu fracasso. O resultado é o gerente de projeto ser designado e colocado em cena depois da aprovação do projeto, nunca compreendendo totalmente, até o projeto já estar em uma fase bastante avançada, a politicagem que foi feita durante sua aprovação e início.

AMIGOS E INIMIGOS

Em geral é difícil identificar rapidamente quem são seus amigos e quem são seus inimigos. Nem todas as pessoas com intenções políticas são inimigos. Algumas podem estar fazendo politicagem por seu interesse. Portanto, é vantajoso identificar, se possível, quais das pessoas que possuem interesses pessoais são suas amigas e quais são inimigas. Isso significa que você tem de se comunicar com elas, talvez mais informal do que formalmente, para compreender suas intenções. Analisar a linguagem corporal geralmente é uma maneira de tentar adivinhar de modo preliminar se alguém é seu amigo ou inimigo.

Uma forma possível de classificar as pessoas pode ser:

- *Verdadeiros apoios:* Pessoas que demonstram abertamente sua disposição a apoiar você e sua posição no projeto.
- *"Em cima do muro":* Pessoas que você acredita que irão apoiá-lo ao longo do caminho, contanto que você prove a elas que merece sua confiança e apoio. Talvez você tenha de dedicar um tempo extra a mostrar-lhes sua posição e ganhar seu apoio.
- *Verdadeiras incógnitas:* Ao contrário dos que estão "em cima do muro", que podem ser convencidos do seu modo de pensar e virar seus aliados, essas pessoas podem ter segundas intenções que não são do seu interesse, mas são relativamente caladas e podem ainda não ter expressado suas preocupações. Essas pessoas podem representar uma séria ameaça caso se oponham à direção que o projeto está tomando.
- *Verdadeiros inimigos:* Pessoas que deixaram bem claro que provavelmente não apoiarão suas ideias. Você compreende sua posição e provavelmente está certo de como elas responderiam a você e à direção que seu projeto está tomando.

ATACAR OU RECUAR

Quando as pessoas fazem politicagem em projetos, há dois fatos que parecem ser dados como garantidos. Primeiro, essas pessoas provavelmente têm experiência em politicagem e, segundo, elas esperam sair ganhando. Dependendo de quem o conflito envolve, você terá

Figura 2.4 Mapeamento das partes interessadas.

	Baixo	Alto
Alto (Poder)	Manter satisfeitas	Gerenciar de perto
Baixo (Poder)	Monitorar	Manter informadas

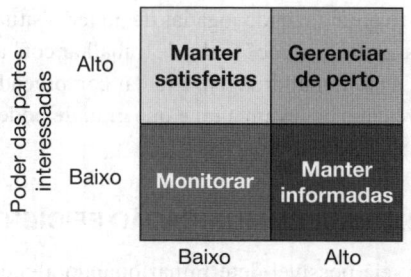

Nível de interesse das partes interessadas

de decidir se deve atacar agressivamente ou se deve recuar. Não tomar providência alguma é uma forma de distanciamento que certamente o fará perder a batalha.

A regra número um das batalhas é reunir o máximo de informação possível sobre seu inimigo. Por exemplo, como parte do gerenciamento dos relacionamentos com as partes interessadas, podemos mapeá-las de acordo com a Figura 2.4. O mapeamento das partes interessadas é mais frequentemente exibido em uma grade que compara seu poder e seu nível de interesse no projeto.

- *Gerenciar de perto:* Pessoas com um alto nível de poder e interesse, que podem determinar o sucesso ou fracasso de seu projeto. Você precisa fazer o máximo esforço para satisfazê-las. Esteja ciente de que há fatores que as fazem mudar de quadrante rapidamente.
- *Manter satisfeitas:* Pessoas com alto nível de poder, mas menos interessadas, que também podem determinar o sucesso ou fracasso de seu projeto. Você tem de fazer certo esforço para satisfazê-las, mas não com um nível excessivo de detalhes que possa levar ao tédio ou a um total desinteresse. Elas podem não se envolver até a conclusão do projeto estar próxima.
- *Manter informadas:* Pessoas com um poder limitado, mas com um grande interesse no projeto. Elas podem funcionar como um sistema de alerta precoce na abordagem de problemas e podem ser perspicazes para auxiliá-lo com algumas questões técnicas. Essas são as partes interessadas que geralmente oferecem oportunidades ocultas.
- *Apenas monitorar:* Essas são pessoas com poder limitado e que talvez não estejam interessadas no projeto, a menos que ocorra um desastre. Forneça-lhes algumas informações, mas não tão detalhadas ao ponto de fazê-las perder o interesse ou ficar entediadas.

Quando você entra na ofensiva e ataca as pessoas que estão fazendo politicagem, precisa ter não somente munição, mas também um apoio, se necessário. Tem de estar preparado para mostrar como as decisões políticas podem afetar as restrições ao projeto além das bases de referência que o acompanham. Dependendo do nível de poder e influência de seu oponente, de acordo com a Figura 2.3, você pode precisar que outras partes interessadas o ajudem a pleitear seu caso. É extremamente benéfico ter apoio no mesmo nível de posição de poder ou mais alto do que as pessoas que estão fazendo politicagem.

Nem todas as batalhas políticas precisam ser vencidas. As pessoas que fazem politicagem e possuem grande quantidade de poder também podem ter a autoridade para cancelar o projeto. Nesses casos, recuar pode ser a única opção viável. Se você realmente deixar de fora as pessoas que estiverem fazendo jogadas de poder, a situação pode se deteriorar ainda mais. Sempre há a chance de que você tenha de trabalhar com as mesmas pessoas no futuro. De qualquer maneira, a melhor abordagem é tentar compreender aqueles que estão fazendo politicagem, os motivos que os levam a tal e que grau de poder e influência eles têm sobre a decisão final.

A NECESSIDADE DE UMA COMUNICAÇÃO EFICIENTE

Embora nem sempre seja possível determinar quando alguém está fazendo ou pretende fazer politicagem em seu projeto, há alguns sinais indicativos de que talvez isso esteja acontecendo. Alguns exemplos são quando as pessoas:

- Não se importam com os seus sentimentos
- Evitam discutir problemas sérios
- Nunca pedem sua opinião sobre o assunto
- Procrastinam a tomada de decisões
- Têm pretextos para não concluir certas providências
- Só discutem os itens que podem beneficiá-las pessoalmente

Embora os gerentes de projeto possam não ter controle sobre esses sinais indicativos, eles podem piorar a situação devido a uma comunicação ineficiente. Para minimizar o impacto político sobre um projeto, o gerente de projeto deve considerar adotar as seguintes práticas:

- Escutar cuidadosamente antes de falar e não tirar conclusões precipitadas.
- Certificar-se de ter compreendido o que os outros estão dizendo e tentar enxergar a questão a partir do ponto de vista deles.
- Acompanhar toda comunicação informal por meio de um memorando que resuma o que foi discutido, para garantir que não tenha ocorrido nenhum mal-entendido.
- Antes de declarar seu ponto de vista, certificar-se de ter reunido todas as informações de apoio que forem necessárias.
- Certificar-se de ter uma clara compreensão de como a cultura afeta o modo como as pessoas se comunicam com você.
- Se precisar fazer críticas, certificar-se de que elas sejam construtivas, e não pessoais.
- Ao resolver questões políticas, ter consciência de que sempre haverá aqueles que saem ganhando e aqueles que saem perdendo. Não se trata apenas de escolher um vencedor. É importante explicar para todos por que se selecionou uma determinada abordagem e, da mesma forma, por que as outras abordagens não foram consideradas. Isso tem de ser feito com tato.
- Se a situação não puder ser gerenciada de forma eficiente, não ter vergonha de pedir conselhos e assistência à gerência sênior.
- A ineficiência na comunicação encoraja mentiras, o que, por sua vez, gera ainda mais politicagem, acompanhada por um alto grau de falta de confiança.

Os gerentes de projeto têm de ser cuidadosos ao discutir política com os membros de equipe, o cliente e as partes interessadas. As informações podem ser mal-entendidas ou filtradas, especialmente se as pessoas ouvirem o que querem ouvir. O resultado pode ser ainda mais politicagem quando não se esperava, e amigos podem facilmente se tornar inimigos.

PODER E INFLUÊNCIA

Habilidades de eficiência na comunicação não podem, por si só, resolver todas as situações políticas. Para compreender por que, precisamos saber como a gestão de projetos geralmente funciona. Se todos os projetos ficassem dentro da hierarquia tradicional, alguém teria a autoridade máxima para solucionar problemas políticos. Entretanto, como a maioria dos projetos é gerenciada de fora da hierarquia tradicional, o ônus da resolução de conflitos normalmente fica nas mãos do gerente de projeto, mesmo que haja um comitê de governança. O comitê pode muito bem ser a causa do conflito.

De modo superficial, pode parecer que a solução mais simples seja dar ao gerente de projetos autoridade suficiente para solucionar problemas políticos, mas os projetos normalmente são executados fora da hierarquia tradicional, limitando, então, a autoridade do gerente de projeto. Essa falta de autoridade formal dificulta o seu trabalho. Embora o termo de abertura dê aos gerentes de projeto certo grau de autoridade para determinado projeto, muitos deles ainda têm limitações, pois:

- Precisam negociar com gerentes funcionais por recursos qualificados.
- Podem não conseguir remover funcionários de um projeto sem a cooperação do gerente funcional.
- Geralmente não têm responsabilidade direta pela administração salarial.
- Podem não ter praticamente poder algum de recompensa ou punição.
- Talvez não consigam forçar os funcionários a trabalharem em seus projetos se estes forem designados a diversos projetos ao mesmo tempo.

Com a falta de poder de cargo que a hierarquia tradicional tem, e sem a capacidade de recompensar ou punir, o gerente de projeto tem que depender de outras formas de poder e da capacidade de influenciar as pessoas. Habilidades comportamentais como eficiência na comunicação, técnicas de motivação, gerenciamento de conflitos e poder de barganha e de negociação são essenciais para resolver problemas políticos. Infelizmente, a maioria dos gerentes de projeto não possui tenacidade política e possui pouca habilidade de resolução de conflitos.

GERENCIANDO A POLÍTICA NOS PROJETOS

Embora a política seja inevitável nos projetos, há providências que o gerente de projetos pode tomar para minimizar ou controlar os problemas políticos. Algumas delas incluem:

- Levante o máximo de informação possível sobre a situação política.
- Certifique-se de que todos compreendam integralmente o impacto da situação política sobre as bases de referência do projeto.
- Tente enxergar a situação através dos olhos da pessoa que está fazendo politicagem.
- Tente formar uma coalizão com as pessoas que estão fazendo politicagem.
- Veja se seu patrocinador ou o comitê de governança pode isolá-lo da politicagem.
- Tenha um processo de tomada de decisões estruturado como parte de sua metodologia de gestão de projetos, o que pode reduzir parte da politicagem.
- Tente determinar a posição política das pessoas por meio da leitura de sua linguagem corporal.
- Se o problema político não puder ser solucionado rapidamente, demonstre estar disposto a chegar a um consenso, contanto que a integridade do projeto não seja sacrificada.

O poder gera a política, e a política, por sua vez, gera poder. Esperar gerenciar um projeto sem nenhuma interferência política é pura ilusão. Não podemos prever o comportamento do cliente e das partes interessadas. Às vezes, a situação política ocorre sem dar nenhum sinal de aviso.

Ninguém consegue chegar a um acordo quanto à definição de política organizacional ou de projeto. A política pode assumir muitas formas e tamanhos. Portanto, o gerente de projeto precisa desenvolver habilidades comportamentais superiores para lidar com situações políticas. O perigo de não conseguir lidar com elas corretamente é o redirecionamento ou o mau direcionamento do projeto.

2.14 Dor de cabeça nº 14: os Sete Pecados Capitais

Por mais de 40 anos, a área da gestão de projetos rendeu livros didáticos, artigos de jornal e artigos acadêmicos que discutem as causas de fracassos de projetos. Infelizmente, muitas das análises parecem enxergar o fracasso de modo superficial. Ao tentar descobrir a raiz de um problema, normalmente procuramos alguém em quem pôr a culpa, primeiro na empresa da contratada em vez de em nossa empresa. Se isso não der certo, só então começamos a subir a hierarquia de nossa própria empresa, enfocando a equipe de projeto, seguida pelo gerente de projeto. Quando encontramos alguém em quem pôr a culpa, a busca parece ter terminado, e nos sentimos confortáveis por termos descoberto a causa do fracasso.

É da natureza humana começar a apontar culpados primeiro na base da hierarquia organizacional, não no topo. Contudo, frequentemente a verdadeira causa do fracasso é o resultado das ações (ou da falta delas) e decisões tomadas no topo da organização, e não em sua base. Faz parte também da natureza humana tomar decisões baseadas em como somos afetados pelos Sete Pecados Capitais: inveja, raiva/ira, orgulho, avareza, preguiça, luxúria e gula. Decisões baseadas nos Sete Pecados Capitais, sejam elas tomadas no topo ou na base da organização, podem ter consequências terríveis para os projetos. Às vezes os pecados estão ocultos e não são facilmente reconhecidos por nós ou pelos outros. Simplesmente não vemos ou sentimos que estamos pecando.

Os Sete Pecados Capitais afetam todos nós mais cedo ou mais tarde, apesar de nos recusarmos a admiti-lo. Alguns de nós podem ser afetados por apenas um ou dois dos pecados, enquanto outros podem sucumbir a todos os sete. Infelizmente, o nível máximo de danos pode ocorrer aos projetos quando os pecados influenciam o modo como aqueles que ocupam cargos mais altos da gerência estão relacionados a projetos, seja como patrocinador ou como membro de um grupo de governança. Más decisões no topo da hierarquia, especialmente quando baseadas em emoções em vez de em questões práticas, podem colocar o projeto em um caminho destrutivo até mesmo antes de seu início.

OS SETE PECADOS CAPITAIS

O termo "Sete Pecados Capitais", também chamados de "Sete Pecados Mortais", "Vícios Capitais" ou "Pecados Cardeais", é uma classificação de vícios objetáveis. Originalmente, faziam parte da ética cristã e são usados desde os primórdios da Era Cristã para educar e

---

Partes da seção "Os Sete Pecados Capitais" foram adaptadas de: Colaboradores da Wikipedia, "Seven Deadly Sins", *Wikipedia, The Free Encyclopedia*, https://en.wikipedia.org/w/index.php?title=Seven_deadly_sins&oldid=802218381 (acesso: agosto de 2017).

TABELA 2.1 Os Sete Pecados Capitais

Pecado	Características	Animal	Cor	Punição no inferno
Inveja	O desejo de possuir o que os outros possuem	Serpente	Verde	Ser colocado em água congelante
Raiva/Ira	Um forte sentimento de descontentamento	Leão	Vermelho	Ser desmembrado vivo
Orgulho	A necessidade de satisfação emocional interna	Pavão	Violeta	Ser despedaçado na roda
Ganância	O desejo de riqueza ou ganhos materiais	Rã	Amarelo	Ser colocado em caldeirões de óleo fervente
Preguiça	A recusa ao trabalho	Caracol	Azul claro	Ser jogado em um poço de cobras
Luxúria	Um desejo, mas não necessariamente sexual	Cabra	Azul	Ser sufocado na fumaça de fogo e enxofre
Gula	O desejo de consumir mais do que o necessário	Porco	Laranja	Ser forçado a comer ratos, rãs e cobras

instruir fiéis quanto à tendência da humanidade decadente a cometer pecados. Parte ou todos os pecados foram discutidos ao longo das quatro últimas décadas a partir de diferentes perspectivas nos escritos religiosos do Cristianismo, Hinduísmo, Islamismo, Budismo e Judaísmo. Ao longo dos anos, os pecados foram modificados e discutidos por clero, filósofos, psicólogos, autores, poetas e educadores.

Uma breve descrição dos Sete Pecados Capitais aparece na Tabela 2.1. Cada um dos pecados pode estar relacionado a um animal, uma cor específica e mesmo a uma punição no inferno por cometê-lo.

Em um ambiente de projetos, qualquer um desses pecados, ou todos eles, pode fazer pessoas racionais tomarem decisões irracionais, e isso pode ocorrer em qualquer nível dentro da hierarquia organizacional. Em alguns níveis, a existência dos pecados pode ter um maior impacto sobre o desempenho de projetos do que em outros. Se um pecado é aparente no início de um projeto, más decisões tomadas na fase inicial podem ter consequências negativas em todas as fases posteriores.

Inveja

"A inveja é a arte de contar as bênçãos dos outros em vez de suas próprias."

— Harold Coffin

"Inveja é ignorância. Imitação é suicídio."

— Ralph Waldo Emerson

"Quando os homens estão tomados pela inveja, menosprezam tudo, tanto o que é ruim quanto o que é bom."

— Publius Cornelius Tacitus

Inveja é o desejo de possuir o que os outros possuem. Ressentimentos ocorrem quando alguém não possui as qualidades superiores de outra pessoa, como *status*, riqueza, sorte, dotes físicos, características, habilidades ou posição social. A inveja pode levar alguém a infligir sofrimento e a tentar desfazer a vantagem de outra pessoa ou impedir que ela obtenha a vantagem. A inveja também pode afetar o relacionamento entre pessoas, como quando alguém ignora uma pessoa de quem sente inveja. A inveja geralmente é sinônimo de ciúme, amargura, ganância, desdém e ressentimento.

A inveja pode ser maligna ou benigna. A maligna apresenta todas as características que acabamos de mencionar. A benigna pode ser uma força motivacional positiva se encorajar as pessoas a agirem de maneira favorável para que os desejos sejam alcançados. A inveja benigna normalmente existe na base da hierarquia organizacional, enquanto a inveja maligna aparece no topo.

As quatro situações a seguir ilustram como a inveja pode levar a desastres no contexto de projetos:

Situação 1: Fracasso devido a problemas reorganizacionais. Uma empresa possui quatro divisões, cada uma liderada por um vice-presidente sênior. No passado, a maioria dos projetos permanecia integralmente dentro de uma única divisão. Cada divisão possuía sua própria metodologia de gestão de projetos, e o número de projetos bem-sucedidos superava significativamente o número de fracassos. À medida que o mercado começou a mudar, a empresa começou a trabalhar em projetos que exigiam que mais de uma divisão trabalhasse em conjunto no mesmo projeto. Usar diferentes metodologias em um mesmo projeto se mostrou uma tarefa impossível.

O presidente determinou que deveria haver uma única metodologia, e que todas as divisões teriam de usá-la para gerenciar projetos. A empresa criou um PMO, e o presidente designou a um dos vice-presidentes o controle do PMO. Funcionários de cada uma das três divisões foram designados ao PMO na base de um acordo para o desenvolvimento da metodologia singular.

As pessoas do PMO pareciam trabalhar bem juntas, mas os quatro vice-presidentes exigiram ter a autoridade final sobre a adoção da metodologia singular. Cada um deles acreditava que a abordagem de gestão de projetos usada em sua divisão deveria ser a força motriz para a criação de uma metodologia singular. Independentemente do *design* criado pelo PMO, cada vice-presidente demonstrava inveja e ressentimento, encontrando problemas nas ideias dos outros, sofrendo da síndrome do "isso não foi inventado aqui". Enquanto isso estava acontecendo, o número de projetos que fracassaram começou a aumentar, devido à falta de estrutura para sua execução.

Ficou óbvio também para os quatro vice-presidentes que quem quer que, entre eles, tivesse o controle do PMO, passaria a ser mais poderoso do que os outros três, devido ao controle sobre toda a propriedade intelectual da gestão de projetos. Informação é poder, e a inveja pelo controle das informações tinha afetado a capacidade de gerenciar e controlar projetos de maneira eficiente. Finalmente, o presidente entrou em cena e permitiu que cada vice-presidente tivesse um PMO. Entretanto, os PMOs tinham de ser interligados. Isso ajudou um pouco, mas mesmo depois de terem concordado com uma metodologia comum, cada PMO tentou seduzir os outros PMOs a seguirem seu modo de pensar. Como esperado, mudanças contínuas ficavam sendo introduzidas na metodologia, e os projetos ainda sofriam uma falta de direção. A inveja impedia que se tomassem decisões que eram do interesse de toda a empresa.

Situação 2: Fracasso devido a recompensas. Acreditando que um sistema eficiente de recompensas/bônus motivaria as equipes de projeto, a gerência sênior anunciou que seriam dados bônus a cada equipe baseados na lucratividade de seus projetos. A empresa sobrevivia à base de licitações para ganhar contratos, e a maioria dos projetos estava na casa dos milhões de dólares. Os gerentes de projeto rapidamente aprenderam que grandes bônus podiam ser oferecidos se as estimativas de custo do projeto fossem bastante infladas durante o processo de licitação e os contratos pudessem ser fechados. Dessa maneira, os lucros reais de alguns contratos poderiam exceder as metas de lucros.

Embora a empresa tenha perdido alguns contratos que esperava ter fechado devido aos custos inflados, alguns dos bônus dados aos gerentes de projeto no final dos contratos tinham tamanhos similares aos bônus dados a alguns dos executivos. Muitos dos executivos, então, passaram a sentir inveja das pessoas abaixo deles que estavam recebendo bônus tão altos. Devido à inveja, os executivos, então, mudaram a política de bônus, e parte do fundo dos bônus seria distribuída entre os executivos, mesmo que estes não estivessem agindo como patrocinadores de projeto. Os bônus dados aos trabalhadores e aos gerentes de projeto foram, então, significativamente reduzidos. Alguns dos trabalhadores, consequentemente, passaram a sabotar alguns dos projetos só para não verem os executivos receberem os bônus que eram concedidos à custa dos trabalhadores.

Situação 3: Fracasso devido a sabotagens. Paul era diretor de operações de uma empresa de médio porte. A sua empresa estava no processo de estabelecer um PMO que se reportaria diretamente ao diretor executivo (CEO). Paul queria desesperadamente a nova posição de diretor do PMO, acreditando que ela seria um passo adiante na direção de um dia se tornar vice-presidente. O maior concorrente de Paul para o cargo de diretor do PMO era Brenda, uma veterana com 22 anos de empresa e considerada a melhor gerente de projetos. Devido às habilidades de tomada de decisões de Brenda, ela quase sempre recebia autoridade total para tomar decisões em seus projetos.

Quando Brenda foi designada ao seu último projeto, Paul solicitou e obteve a posição de patrocinador do projeto. Com inveja das habilidades e da sorte de Brenda, Paul acreditava que, se pudesse sabotar o projeto dela sem se prejudicar durante o processo, poderia facilmente ser nomeado diretor do PMO. Paul impôs limites à autonomia de Brenda e exigiu que, como patrocinador, toda e qualquer decisão importante tivesse de ter sua aprovação. Ele continuamente forçava Brenda a selecionar alternativas não ótimas quando algumas decisões tinham de ser tomadas. O projeto de Brenda foi quase um desastre, e Paul, posteriormente, foi nomeado diretor do PMO.

A inveja pode nos forçar a causar sofrimento aos outros para conseguirmos o que queremos. Paul conseguiu sua promoção, mas os trabalhadores e Brenda sabiam o que ele tinha feito. O relacionamento profissional de Paul com os especialistas funcionais no assunto se deteriorou.

Situação 4: Fracasso no relacionamento. Jerry e dois de seus amigos moravam perto uns dos outros e entraram para a empresa exatamente ao mesmo tempo. Jerry trabalhava em gestão de projetos, e os outros dois, em engenharia. Eles formaram um grupo de carona solidária e iam e voltavam juntos do trabalho todos os dias. O três também socializavam fora do trabalho.

Dois anos depois de entrar para a empresa, Jerry tinha recebido sua segunda promoção, enquanto os outros dois não tinham recebido nenhuma. Os outros dois trabalhadores ficaram com inveja do sucesso de Jerry a ponto de pararem de socializar e de dar caronas para ele. A inveja se tornou tão forte que os dois chegavam até a se recusar a trabalhar nos projetos de Jerry. Os trabalhadores nunca demonstraram visivelmente sua inveja de Jerry, mas suas ações falavam mais alto e deixavam bem claro como eles realmente se sentiam.

Raiva (ou Ira)

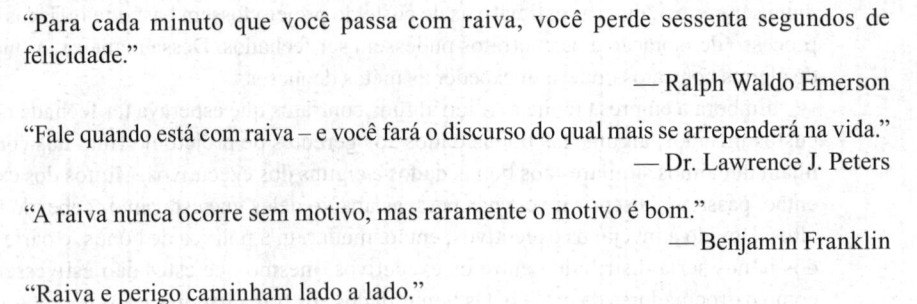

"Para cada minuto que você passa com raiva, você perde sessenta segundos de felicidade."

— Ralph Waldo Emerson

"Fale quando está com raiva – e você fará o discurso do qual mais se arrependerá na vida."

— Dr. Lawrence J. Peters

"A raiva nunca ocorre sem motivo, mas raramente o motivo é bom."

— Benjamin Franklin

"Raiva e perigo caminham lado a lado."

— Anônimo

"A raiva, se não for contida, muitas vezes nos causa mais mal do que os danos que provoca."

— Sêneca

A raiva, ou ira, é um forte sentimento de descontentamento. Às vezes, ficamos com raiva porque as ações de outros no projeto nos ofenderam. Outras vezes, demonstramos uma raiva desnecessária para deixar alguém extremamente irritado com o intuito de dar fim a um comportamento ameaçador, como contínuos desvios de cronograma ou custos excedentes. Raiva muitas vezes é sinônimo de ira, irritação, ódio, fúria e ressentimento.

Quando estamos com raiva, perdemos a objetividade. A raiva que sentimos e demonstramos pode aparecer repentinamente, ou pode ser deliberada. Há vários graus de raiva. Do lado mais leve do espectro, a raiva pode ser uma irritação leve, enquanto do lado mais pesado pode resultar em fúria e ódio. Nem toda raiva é facilmente perceptível. Por exemplo, a raiva passiva pode se manifestar como um sorriso falso, frieza no tratamento, uma reação exagerada a algo, ou como verificar as coisas constantemente. A raiva agressiva pode se manifestar como *bullying*, expressão de desconfiança, rapidez da fala ou destrutividade.

Vejamos alguns exemplos de como a raiva pode afetar projetos:

Situação 5: Fracasso devido a uma raiva injusta. Ao selecionar o portfólio de 20 projetos para o ano seguinte, a gerência sênior estabeleceu os orçamentos e cronogramas sem nenhum dado de suporte sobre o que poderia ou não ser realista. Para piorar a situação, os patrocinadores executivos de cada projeto afirmaram enfaticamente que não tolerariam desvios de cronograma ou custos excedentes. As equipes de projeto desenvolveram o plano de projeto detalhado e, em oito de 20 projetos, as equipes determinaram que os orçamentos e cronogramas produzidos pela gerência sênior não eram realistas. Em vez de informar a gerência sênior imediatamente de que a percepção que se tinha sobre orçamento e cronograma talvez estivesse errada, as equipes começaram a executar os projetos e torcer por um milagre. As equipes sentiam que essa era uma abordagem melhor do que causar a ira da gerência sênior quando fosse informada da situação.

As oito equipes foram malsucedidas em sua busca por um milagre. Após alguns meses, a gerência sênior fez uma análise sobre a saúde de um dos oito projetos e descobriu a verdade: o projeto estava se saindo mal. Realizou-se, então, uma análise sobre a saúde dos 20 projetos, e ficou claro que oito dos projetos estavam enfrentando problemas, tanto financeiros quanto técnicos. A gerência sênior ficou enfurecida com o fato de não ter sido informada sobre isso anteriormente, cancelou os oito projetos problemáticos e demitiu os oitos gerentes de projeto em um mesmo dia.

Parte da culpa certamente cai nas mãos das equipes de projeto, por não terem informado a gerência sênior mais cedo. Entretanto, grande parte da culpa teria de ficar nas mãos da gerência sênior, especialmente quando elas tem um histórico de comportamentos dominados pela ira que talvez não tenham justificativa. Quando as equipes de projeto acreditam que, por causa de problemas, serão tratadas pelo topo da hierarquia com raiva, e não apoio, a gestão de projetos pode não ter êxito, e os projetos fracassarão. Más notícias geralmente são filtradas para evitar a raiva.

Situação 6: Fracasso devido a segundas intenções. O diretor executivo de TI (CIO) tornou-se o patrocinador de projeto de um projeto de TI de US$ 25 milhões programado para durar em torno de um ano. O CIO estabeleceu 1º de outubro como a data em que o projeto iria "entrar em operação". Durante uma revisão do *status* do projeto em julho, o CIO foi informado pelo gerente de projeto de que a data de início de operação não era realista. O CIO ficou furioso e perguntou: "Que proporção do *software* estaria operacional em 1º de outubro?". O gerente de projeto respondeu, "Talvez 10%".

O CIO abandonou a reunião após demonstrar raiva, chamando a equipe de projeto de "idiotas incompetentes". O CIO, então, autorizou uma quantidade significativa de horas extras e concedeu à principal contratada quase US$ 5 milhões em custos adicionais se eles pudessem conseguir que pelo menos 50% do *software* estivesse operacional no dia 1º de outubro e 70% ou mais até 1º de novembro. O CIO sabia que seu bônus corporativo de fim de ano estava parcialmente atrelado à implementação desse projeto, e com 70% do *software* operacional, seu bônus seria significativo. Quando o projeto foi finalmente concluído, em fevereiro, o comitê executivo o considerou um fracasso parcial devido aos US$ 5 milhões em custos excedentes, e o gerente de projeto foi repreendido. Entretanto, o CIO recebeu seu bônus.

Situação 7: Fracasso devido à filtragem de informações. A gerência sênior de uma agência governamental estabeleceu uma cultura em que más notícias seriam filtradas à medida que fossem subindo pela hierarquia organizacional. Permitir que más notícias chegassem ao topo seria um convite à fúria e à revolta do topo em relação aos projetos. Portanto, no momento em que as informações chegavam ao topo, grande parte das más notícias já tinha desaparecido, e os riscos associados ao projeto eram ocultados. O resultado de um projeto foi exatamente como os especialistas em riscos técnicos previram: sete astronautas foram mortos quando a espaçonave Challenger explodiu durante a decolagem[1]. Houve outros fatores, também, que levaram a esse desastre. Durante uma reunião do comitê do Congresso para analisar a causa da fatalidade, o comitê perguntou a um especialista no assunto: "Por que você não explicou para a gerência sênior quais eram os riscos?". O especialista afirmou, "Eu não me reporto administrativamente à gerência sênior. Minha responsabilidade era informar isso ao meu chefe e ele, por sua vez, deveria ter informado a seus superiores".

Situação 8: Fracasso devido a uma crença coletiva. Uma crença coletiva é um desejo ardente e, muitas vezes, cego de realizações – independentemente do custo e das consequências. Quando existe uma crença coletiva, especialmente nos níveis mais altos da gerência, organizações racionais começam a tomar decisões irracionais, e qualquer desvio da crença coletiva é recebido com raiva. As pessoas que questionam a crença coletiva ou desafiam o progresso são afastadas do projeto ou severamente repreendidas. Para trabalhar nesses projetos, deve-se suprimir a raiva e nadar a favor da maré, independentemente do resultado.

---

[1] Para informações adicionais sobre esse caso, ver "Case Study: The Space Shuttle *Challenger* Disaster", em Harold Kerzner, *Project Management Case Studies* (5th ed.) (Hoboken, NJ: Wiley, 2017), p. 357–404.

Esses projetos podem ser sucessos técnicos, mas fracassos financeiros, nunca cumprindo integralmente a estratégia corporativa.

Um bom exemplo disso é o Projeto Iridium, que foi um projeto de 11 anos de duração que atrasou a data de lançamento do serviço em um mês.[2] O serviço era uma rede de 66 satélites circulando a Terra, que permitia que se falasse com qualquer pessoa em qualquer lugar. As atividades de gestão de projetos realizadas pela Motorola e pela Iridium LLP eram extraordinárias, especialmente se considerarmos que o projeto resultou em mais de mil patentes e 25 milhões de linhas de código de *software*. Tecnicamente, o projeto foi um sucesso, mas financeiramente, foi um desastre, invocando a raiva quando se tornou aparente que eles não conseguiriam o número de assinantes do serviço de que necessitavam para chegar ao ponto de equilíbrio. Durante todo o projeto, a ameaça de uma severa raiva dos superiores, além da existência da crença coletiva, tornou quase impossível para as pessoas questionar as projeções sobre o número de assinantes.

A raiva não precisa ser demonstrada para prejudicar um projeto. A mera ameaça implícita ou o medo da raiva podem limitar o desempenho de uma equipe significativamente.

Orgulho

"Um homem orgulhoso sempre acha que coisas e pessoas estão abaixo dele; e, é claro, por olhar para baixo, não consegue ver nada que está acima de si mesmo."

— C. S. Lewis

"Os cegos não podem ver – os orgulhosos não querem."

— Provérbio russo

"A vaidade e o orgulho são duas coisas diferentes, embora as palavras muitas vezes sejam usadas como sinônimos. Uma pessoa pode sentir orgulho sem ser vaidosa. O orgulho está mais relacionado à nossa opinião sobre nós mesmos; a vaidade, ao que gostaríamos que os outros pensassem de nós."

— Jane Austen

"Raramente somos orgulhosos quando estamos sozinhos."

— Voltaire

Orgulho é uma emoção interna que leva à satisfação pessoal ou ao alcance de objetivos pessoais. O orgulho pode ser uma virtude ou simplesmente amor próprio ou um senso inflado de suas realizações, o que leva a emoções estimulantes. O orgulho pode ter tanto conotações negativas quanto positivas. Em um sentido negativo, o orgulho pode nos fazer inflar nossas realizações. Em um sentido positivo, pode ser um apego às ações dos outros ou um sentimento de satisfação e pertencimento, como o orgulho nacional ou étnico, ou de ser membro de uma equipe ou um projeto importante.

O orgulho geralmente é visto como uma virtude. O orgulho inflado pode resultar em um distanciamento da verdade, o que às vezes vem acompanhado de autogratificação. Os antônimos de orgulho são humildade e culpa.

Aqui temos alguns exemplos de como o orgulho pode afetar um projeto:

---

[2] Para informações adicionais, ver "Case Study: The Rise, Fall and Resurrection of Iridium; A Project Management Perspective", em Kerzner, *Project Management Case Studies*, p. 255–286.

Situação 9: Fracasso devido à especialização excessiva. Peter era um dos engenheiros mais experientes da empresa. Sua especialização técnica estava à frente da de todos. Pediram que ele solucionasse um problema em um projeto. Embora houvesse diversas opções possíveis, Peter escolheu a opção mais cara, resultando na adição de recursos desnecessários. Peter afirmou que sua solução era a única viável, e o gerente de projeto concordou relutantemente. Peter via esse projeto como uma forma de melhorar sua reputação na empresa, independentemente do impacto causado sobre o projeto. Os recursos desnecessários aumentaram, e o custo final do produto a ser entregue subiu significativamente. Isso também inflou a autoestima de Peter.

Situação 10: Fracasso devido ao patrocinador errado. Nancy era diretora de marketing. Seu superior, o vice-presidente de marketing, tinha solicitado o desenvolvimento de um projeto de TI bastante sofisticado para a Divisão de Marketing. Era de costume para o departamento de TI agir como o patrocinador do projeto em todos os projetos de TI, uma vez que eles tivessem sido aprovados. Nancy sabia que seu projeto chamaria a atenção dos níveis mais altos da gerência. Ela nunca tinha trabalhado como patrocinadora de um projeto antes, mas acreditava que, se pudesse ser a patrocinadora desse projeto, sua identificação com ele poderia acarretar uma promoção.

A campanha de Nancy para se tornar a patrocinada foi um sucesso. Infelizmente, havia inúmeros problemas de TI que tinham de ser resolvidos no nível do patrocinador e, devido à falta de especialização de Nancy em TI, ela tinha tomado diversas decisões erradas. O projeto acabou atrasando e ultrapassando o orçamento, porque muitas das decisões de Nancy tiveram de ser mudadas em fases posteriores do projeto. A luta de Nancy por orgulho acabou tendo resultados negativos.

Ganância (Avareza)

"A ambição não passa de avareza em pernas-de-pau e mascarada."
— Walter Savage Landor

"A avareza já arruinou mais almas do que a extravagância."
— Charles Caleb Colton

"A avareza é o vício dos anos decadentes."
— George Bancroft

"A avareza normalmente é a última paixão da vida daqueles que, em sua primeira metade, desperdiçaram em nome do prazer e, na segunda, dedicaram-se à ambição."
— Samuel Johnson

"A pobreza quer muito, mas a avareza quer tudo."
— Publilius Syrus

"A pobreza quer algumas coisas, o luxo, muitas coisas, e a avareza, todas as coisas."
— Benjamin Franklin

"O amor é sempre um estranho na casa da avareza."
— Andreas Capellanus

"Prejudicar muito para conseguir muito está mais para avareza do que para sabedoria."
— William Penn

A ganância é um forte desejo por riqueza, bens materiais e objetos de valor para si. Ela vai além das necessidades básicas de conforto e sobrevivência. A ganância pede mais do que aquilo de que realmente precisamos ou que realmente merecemos. Também pode se manifestar como o desejo por poder, informação ou controle de recursos. Sinônimos da ganância são "avareza" e "cobiça".

A seguir, temos vários exemplos de como a cobiça pode afetar projetos:

Situação 11: Fracasso devido ao excesso de recursos. Karl foi encarregado de um projeto de dois anos de duração que exigia o envolvimento de 118 pessoas, muitas das quais eram necessárias apenas em meio expediente. Karl convenceu a gerência sênior de que esse projeto exigia uma equipe colocalizada, com todos os designados trabalhando em período integral, e que a equipe pudesse estar em um local distante dos gerentes de área dos funcionários. A gerência sênior sabia que isso era uma má ideia, mas, relutantemente, concordou com ela, sabendo muito bem que o projeto agora tinha mais funcionários e gerentes do que precisava.

No final do primeiro ano, ficou óbvio que nenhum dos funcionários do projeto de Karl tinha recebido promoções ou aumentos salariais por mérito. Os gerentes de área estavam recompensando somente os funcionários que se encontravam perto deles, valorizando-os diariamente. Os funcionários do projeto de Karl agora sentiam que terem sido designados a esse projeto fadava-os a não receber promoções. Vários funcionários tentaram sabotar o projeto apenas para poderem se livrar dele. Mais tarde, Karl descobriu que vários dos outros gerentes de projeto agora tinham por ele forte antipatia pelo fato de sua ganância por recursos ter prejudicado seus projetos.

Situação 12: Fracasso devido ao poder. Carol era gerente de departamento. Ela estava orgulhosa do fato de finalmente ter ocupado esse cargo. Havia rumores por toda a empresa de que a gerência sênior estava pensando em fazer cortes de pessoal na empresa. Carol temia que seu departamento pudesse ser eliminado e que ela perdesse seu cargo de gerente de departamento.

Para proteger sua posição de poder, Carol começou a dar instruções conflitantes às pessoas de seu departamento. Os trabalhadores procuravam-na insistentemente em busca de esclarecimentos quanto às instruções conflitantes. Carol, então, disse aos seus superiores que as pessoas de seu departamento precisavam de supervisão diária para evitar que o desempenho do departamento diminuísse. Apesar de essa técnica parecer ter evitado o corte do departamento de Carol, ela teve um efeito negativo sobre o trabalho dos funcionários nos projetos. A ganância de Carol por poder e recursos se mostrou prejudicial à empresa, mas benéfica para as necessidades pessoais de Carol.

Situação 13: Fracasso devido à cobiça por bônus. O vice-presidente de engenharia foi designado como patrocinador de projeto para um contrato multimilionário do Departamento de Defesa dos EUA, e Ben era o gerente de projeto. Uma grande fração do bônus do vice-presidente baseava-se na lucratividade dos projetos que estavam sob seu controle direto e dos quais era patrocinador. Esse grande projeto, liderado por Ben, estava programado para ser concluído em novembro; o contrato de acompanhamento, que também era bastante significativo, estava programado para começar em fevereiro.

O vice-presidente e Ben concordaram que se deveria estabelecer uma grande reserva gerencial para servir de suporte à equipe de projeto entre os contratos. A equipe tinha de ser desmembrada em novembro, mas não havia garantia de que as mesmas pessoas estariam disponíveis para o contrato de acompanhamento, que começaria em fevereiro. Quando o projeto foi concretizado em outubro, a reserva gerencial restante era grande o suficiente para servir de suporte aos recursos com habilidades cruciais entre outubro e fevereiro. Essas pessoas trabalhariam em algumas atividades que seriam necessárias para o contrato de acompanhamento como atividades de planejamento preliminar e de planejamento de aquisições.

Quando o contrato finalmente terminou, em outubro, o vice-presidente disse ao pessoal do departamento financeiro para registrar a reserva gerencial nos livros contábeis da empresa como um lucro adicional do projeto. Isso aumentou o bônus do vice-presidente de modo significativo. Entretanto, sem a reserva gerencial, os recursos com habilidades cruciais foram remanejados de volta aos seus departamentos funcionais, e muitos não estavam disponíveis para trabalhar no contrato de acompanhamento. O contrato de acompanhamento sofreu com custos excessivos e desvios de cronograma, pois possuía diferentes recursos e uma nova curva de aprendizagem. Os danos causados pela ganância do vice-presidente agora se tornavam aparentes.

Preguiça

"Nada me irrita mais do que a preguiça crônica dos outros. Veja bem, refiro-me apenas à preguiça mental. A preguiça física pode ser divina."

— Elizabeth Huxley

"Explicamos nossa preguiça sob o pretexto de dificuldade."

— Marcus Fabius Quintilian

"O empenho supera dificuldades, a preguiça as cria."

— Benjamin Franklin

"A preguiça e o silêncio são as virtudes do idiota."

— Benjamin Franklin

"Tudo é fácil para o determinado; tudo é difícil para o preguiçoso."

— Benjamin Franklin

A preguiça é o ato de estar física, mental e/ou emocionalmente inativo e geralmente é caracterizada pela ociosidade. Ela pode resultar em um extremo desperdício no uso eficiente de pessoas, objetos, habilidades, informações e até mesmo tempo. A preguiça geralmente nos força a superestimar a dificuldade da tarefa.

A seguir, temos exemplos de como a preguiça pode afetar projetos:

Situação 14: Fracasso devido à preguiça. Becky foi encarregada de um projeto de um ano de duração que era relativamente fácil de ser realizado e de baixo risco. Ao negociar com os gerentes de área para decidir quanto ao pessoal que se envolveria no projeto, Becky superestimou a complexidade e o risco do projeto, de modo que pudesse solicitar as pessoas mais experientes. Isso certamente facilitaria o trabalho dela. Os gerentes de área não tinham certeza de que as estimativas de Becky sobre risco e complexidade eram válidas, mas decidiram que seria melhor atender às suas solicitações do que oferecer recursos medíocres e descobrir, posteriormente, que ela estava certa.

Não sobrou muito para Becky fazer no projeto. Os especialistas no assunto fizeram tudo sozinhos. Finalmente, o pessoal experiente do projeto de Becky relatou aos seus gerentes de área que recursos de remuneração mais baixos deveriam ter sido designados. Embora o projeto de Becky tenha sido considerado um sucesso e Becky não tenha tido muito o que fazer, os outros projetos que realmente poderiam ter se beneficiado com recursos mais expressivos sofreram com isso. A preguiça normalmente beneficia um único indivíduo à custa do bem comum.

Situação 15: Fracasso devido ao padrão sindical. Uma empresa possuía um poderoso sindicato que desencorajava novos trabalhadores que, ansiosos para mostrar aquilo de que eram capazes, produziam mais unidades do que o padrão acordado pelo sindicato. Pediu-se aos novos trabalhadores que diminuíssem seu ritmo e desfrutassem a vida.

A empresa logo se tornou não competitiva no mercado, e sua base de negócios começou a se deteriorar. A gerência sênior, então, disse ao sindicato que ou os padrões tinham de ser atualizados, ou as pessoas perderiam seus empregos. O sindicato manteve sua complacência e se recusou a mexer nos padrões. Quando a gerência ameaçou terceirizar grande parte do trabalho e demitiu pessoal, os trabalhadores sindicalizados entraram em greve.

O pessoal da gerência e os trabalhadores não sindicalizados começaram a fazer o trabalho que anteriormente era feito pelos trabalhadores sindicalizados. Eles produziram 70% do trabalho utilizando 10% da quantidade de trabalhadores de antes. O pessoal do departamento de recursos humanos estava operando furadeiras e fechos, e os vendedores estavam trabalhando na linha de montagem. A gerência agora tinha um quadro claro do que o pecado da preguiça tinha feito com a empresa todos aqueles anos. O sindicato acabou cedendo e voltando ao trabalho. Entretanto, mais de 160 dos trabalhadores sindicalizados foram demitidos depois de os novos padrões terem sido adotados. A empresa voltara a ser competitiva.

Luxúria

"A luxúria está para as outras paixões assim como o fluido nervoso está para a vida; é a base de todas elas: ambição, crueldade, avareza, vingança, todas se fundamentam na luxúria."

— Marquês de Sade

"De todas as paixões mundanas, a luxúria é a mais intensa. Todas as outras parecem seguir seus trilhos."

— Buda

"A sociedade enlouquece as pessoas com luxúria e chama isso de propaganda."

— John Lahr

"Seu insaciável desejo por poder só se iguala à sua incurável impotência em exercê-lo."

— Winston Churchill

"O inferno possui três portões: a luxúria, a raiva e a ganância."

— Bhagavad Gita

"Não é o poder propriamente dito, mas a legitimação do desejo por poder que corrompe de maneira absoluta."

— Richard Howard Stafford Crossman

"A luxúria tem tamanho domínio sobre a humanidade que mais parece que é a riqueza do homem que o possui, e não o homem que possui sua riqueza."

— Plínio, o Velho

A luxúria é a emoção ou o sentimento de intenso desejo físico. Embora normalmente seja descrita em um contexto sexual, ela também pode se manifestar como um forte desejo por poder, conhecimento ou controle. Ela pode levar a grande ânsia ou entusiasmo, especialmente se atender à necessidade de agradar os sentidos.

A seguir, veremos dois exemplos de como a luxúria pode afetar os projetos:

Situação 16: Fracasso devido ao desejo de poder. Ralph estava eufórico para ser designado como gerente de projeto em um novo projeto que tinha sido ganho através de licitação. A chance de seu cliente querer fazer novos trabalhos com eles era extremamente alta. Aquela era a chance para Ralph se tornar mais poderoso do que os outros gerentes de projeto e possivelmente ser promovido e passar a ter seu próprio escritório. Ter seu próprio escritório com janelas amplas era sinal de poder e prestígio. Para que isso acontecesse, Ralph precisava lentamente transformar seu projeto em um império de recursos, independentemente das consequências.

No final do contrato inicial, Ralph tinha mais recursos designados ao projeto em período integral do que o planejado durante o início do projeto. Havia um excesso de funcionários significativo, e isso causava um efeito adverso sobre os lucros. No entanto, Ralph explicou aos seus superiores que isso levaria a lucros mais altos no futuro.

Quando o segundo contrato surgiu, Ralph argumentou que precisava de ainda mais recursos, e que era necessária uma estrutura organizacional baseada em projetos, com ele na liderança. A empresa concordou. A estrutura baseada em projetos permitiu que todos os trabalhadores de meio expediente fossem designados ao projeto de Ralph em tempo integral. Já no meio do projeto, a empresa foi notificada de que haveria novos contratos, mas que todos eles seriam fechados na base da licitação. O poder de Ralph agora atingira seu ápice.

Infelizmente, devido à necessidade de sustentar seu império, a lucratividade do contrato de repetição que Ralph estava terminando ia toda para pagar os salários dos trabalhadores. Mais uma vez, Ralph argumentou que lucros significativos estavam por vir. Durante a licitação pelo novo trabalho com a antiga cliente, os superiores de Ralph aumentaram significativamente o preço da proposta. Infelizmente, agora a empresa se tornara não competitiva. Ralph e parte do império que ele tinha construído foram demitidos. O desejo de poder fez o seu poder, que tinha levado dois anos para se desenvolver, desaparecer em um dia.

Situação 17: Fracasso devido ao desejo de poder – revisitado. Este projeto seria a primeira chance que Kathy teria de trabalhar como patrocinadora de projeto. Kathy acreditava que seu desejo de poder floresceria se ela microgerenciasse a equipe de projeto e exigisse tomar toda e qualquer decisão. A gerência sênior certamente perceberia isso. Pelo menos é o que ela pensava... Kathy tinha razão quanto à gerência sênior ter visto que ela estava tomando todas as decisões. Infelizmente, os especialistas designados ao projeto, além do gerente de projeto, sabiam que Kathy tinha um conhecimento muito limitado em relação a algumas das decisões técnicas que precisavam ser tomadas no projeto. Eles também estavam insatisfeitos com o fato de estarem sendo microgerenciados. Muitas das decisões de Kathy estavam erradas, e a equipe sabia disso, mas deu prosseguimento às ideias ruins mesmo assim, sem questioná-las. A gerência também viu as más decisões que Kathy tinha tomado e acabou afastando-a da posição de patrocinadora de projeto.

Gula

"Glutão: alguém que cava seu túmulo com os próprios dentes."
— Provérbio francês

"A gula é a fonte de todas as nossas enfermidades e a fonte de todas as nossas doenças. Assim como uma lamparina se apaga por excesso de óleo e o fogo é extinto por excesso de combustível, a saúde natural do corpo é destruída por uma dieta sem moderação."
— Robert Burton

"O avarento e o glutão representam duas facetas de um abutre; um esconde suas posses e o outro as consome escondido."

— Josh Billings

"A gula é uma fuga emocional, sinal de que algo está nos comendo."

— Peter De Vries

"A gula mata mais do que a espada."

— George Herbert

A gula geralmente é definida no contexto de comida, com termos como "deglutir" ou "devorar". Vemos a glutonaria como um consumo excessivo de comida. Em um ambiente empresarial, a glutonaria é o desejo de consumir mais do que o necessário. É extravagância ou desperdício.

O exemplo a seguir mostra como a glutonaria pode levar tanto ao sucesso quanto ao fracasso.

Situação 18: Sucesso devido à gula por recursos. Jerry era um dos diretores de produção que se reportava ao vice-presidente de produção. Quando a tecnologia começou a mudar, o pessoal da produção reconheceu a necessidade de criar vários departamentos para tirar proveito de novas tecnologias. Jerry era sedento por recursos. Ele convenceu o vice-presidente de produção de que esses novos departamentos deveriam ficar sob seu controle. Pelos dois anos seguintes, todos os novos departamentos estavam sob a supervisão de Jerry, que agora controlava mais de 75% dos recursos da Divisão de Produção.

Quando o vice-presidente de produção se aposentou, Jerry foi promovido a vice-presidente. A primeira providência de Jerry foi desfazer o império que ele tinha criado para que ninguém jamais pudesse se tornar tão poderoso quanto ele se tornara. Aos olhos de Jerry, ele agora tinha controle sobre todos os recursos, independentemente de se eles se encontravam na Divisão de Produção.

Aqui, pintamos um quadro desolador de como os Sete Pecados Capitais podem ter um impacto negativo sobre os projetos. Do ponto de vista dos projetos, alguns dos pecados estão intimamente relacionados e não podem ser facilmente separados e discutidos como os psicólogos e filósofos nos fazem crer. Isso pode ser percebido nas situações que apresentamos anteriormente, por exemplo, quando o desejo de controle de amplos recursos pode ser considerado uma forma de luxúria, gula ou avareza.

É verdade que, em algumas situações, os pecados podem produzir resultados positivos. Eles podem nos tornar mais determinados, nos fazer correr riscos, aceitar novos desafios e agregar valor para a empresa. Nossa fascinação com o orgulho e a luxúria pode nos ajudar a virar a mesa de um projeto problemático e transformá-lo em um sucesso, de modo que tenhamos o reconhecimento de toda a corporação. A ganância de querer um grande bônus pode, da mesma forma, nos encorajar a tornar nosso projeto bem-sucedido. O risco dos vícios é que eles muito provavelmente podem ter um efeito negativo em nossa capacidade de nos estabelecermos com base em nossas habilidades interpessoais e nossos relacionamentos com as equipes de projeto e os departamentos funcionais.

Então, devemos treinar os gerentes de projeto e os membros de equipe em como identificar e controlar os pecados? Talvez não, contanto que estejam surgindo resultados benéficos. Mais uma vez, todos sucumbimos a alguns ou todos esses pecados, mas em diferentes graus.

A Igreja Católica Romana reconhece sete virtudes, que correspondem inversamente a cada um dos Sete Pecados Capitais.

Vício	Virtude
Inveja	Bondade
Ira	Paciência
Orgulho	Humildade
Ganância	Caridade
Preguiça	Diligência
Luxúria	Castidade
Gula	Moderação

Do ponto de vista da gestão de projetos, talvez a melhor solução seria ensinar as virtudes nos cursos de treinamento em gestão de projetos. É possível que, em futuras edições do *Guia PMBOK®*, o capítulo sobre gestão de recursos humanos possa até discutir vícios e virtudes. Só o tempo dirá.

2.15 Fontes de dores de cabeça menores

Nem todas as dores de cabeça da gestão de projetos levam a enxaquecas. A lista a seguir identifica algumas das dores de cabeça menores que já ocorreram em várias empresas, mas que não necessariamente levaram a enormes enxaquecas:

- *Manter as restrições originais:* Quando a equipe de projeto começou a trabalhar no projeto, o trabalho começou a se expandir. Algumas pessoas acreditavam que dentro de todo projeto havia um projeto maior à espera de ser reconhecido. Ter mais de um patrocinador de projeto, cada um com suas próprias intenções, criava esse problema.
- *Revisões da declaração de missão original:* Nas reuniões de revisão de fase, o projeto era redirecionado quando a gerência redefinia sua declaração de missão original. Embora esses tipos de mudanças fossem inevitáveis, a magnitude dos redirecionamentos tinha um efeito devastador sobre o sistema de EPM, os esforços de gerenciamento de portfólio e o planejamento de capacidade.
- *Falta de métricas:* Uma organização de TI mantinha um quadro de mais de 500 funcionários. Em dado momento, a gerência sênior não conseguia determinar se o número de funcionários do grupo de TI era alto demais, baixo demais ou na medida certa. A priorização de recursos estava sendo malfeita, e o gerenciamento de recursos se tornou reativo em vez de proativo.
- *Mais métricas:* Em outro exemplo, a equipe de gerenciamento de TI, para ajudar a identificar se os projetos estavam ou não sendo entregues dentro do prazo, tinha implementado recentemente indicadores balanceados de desempenho para os projetos. Depois dos seis primeiros meses de levantamento de dados, a conclusão foi de que 85% de todos os projetos eram entregues no prazo. Do ponto de vista da gerência executiva, esse valor parecia ser enganoso, mas não havia nenhuma forma precisa de determinar se ele era preciso ou não. Por exemplo, um executivo sabia pessoalmente que nenhum de seus cinco maiores projetos e todos os 10 projetos de um gerente de TI estavam atrasados. A gerência executiva acreditava que o verdadeiro desafio seria determinar métricas apropriadas para medir dados relativos a prazo, qualidade e orçamento.

- *Gerenciamento de portfólio de projetos:* Ao revisar portfólios de projetos ou projetos individuais, todos os planos estavam em diferentes níveis de detalhe e precisão. Por exemplo, alguns planos incluíam apenas marcos com datas importantes, enquanto outros possuíam um excesso de detalhes. O problema principal era "qual é o equilíbrio correto de informação que deve ser incluído em um plano e como todos os planos podem fornecer um nível de "precisão" consistente em todos os projetos?". Nem mesmo o termo "precisão" era consistente em toda a organização.
- *Priorização de projetos e recursos:* Em uma empresa, não havia qualquer mecanismo em funcionamento para priorizar projetos, e isso complicava a alocação de recursos na organização. Por exemplo, o CIO tinha seus cinco maiores projetos, um executivo tinha seus 10 maiores projetos e um gerente de TI tinha seus 10 maiores projetos. Além de ter de compartilhar gerentes de projeto e recursos com todos esses projetos, não havia qualquer maneira objetiva de determinar se o projeto nº 3 do CIO era mais/menos importante do que o projeto nº 6 do executivo ou do que o projeto nº 1 do gerente de TI. Portanto, quando surgiam interesses concorrentes, tomavam-se decisões subjetivas, e era um desafio determinar se a decisão tomada tinha ou não sido a correta.
- *Responsabilidade compartilhada pelo sucesso ou fracasso:* Os projetos da organização tradicionalmente eram caracterizados como projetos de um único recurso, processo e plataforma. Hoje, quase todo projeto possui mais de uma equipe, mais de uma plataforma e mais de um processo. Esse novo modelo não somente aumentou a complexidade e o risco de muitos projetos, mas também passou a exigir maior responsabilidade da equipe do projeto por seu sucesso ou fracasso. Infelizmente, a cultura e o pessoal da organização ainda defendiam o modelo antigo. Por exemplo, se uma equipe fosse bem-sucedida em sua parte de um projeto e outra equipe não era, a atitude seria: "Estou feliz por não ter sido eu quem fez o projeto fracassar" e "Apesar de o projeto ter fracassado, eu fui bem-sucedido porque fiz a minha parte". Embora isso tivesse algum mérito, em geral, a cultura precisava mudar para sustentar um ambiente em que "Se o projeto é bem-sucedido, todos somos", e vice-versa.
- *Medir os resultados de um projeto:* Muitos dos projetos que eram concluídos eram aprovados com base em melhorias de processo e aumento da eficiência. Entretanto, depois de um projeto de melhoria de processo ser concluído, não havia programas disponíveis para determinar se as melhorias tinham ou não sido alcançadas. Na verdade, como a empresa estava passando por um crescimento anual na casa dos dois dígitos, a equipe executiva questionava se as melhorias de processo aprovadas eram realmente extensíveis no longo prazo.
- *Integrar diversas metodologias:* As equipes de desenvolvimento de aplicativos tinham adotado a Metodologia de Desenvolvimento de *Software* (SDM, *Software Development Methodology*) e a Metodologia Agile para Desenvolvimento de *Software*. Ambas possuíam excelentes abordagens para entregar componentes de *software* que atendiam aos objetivos de qualidade, orçamento e prazo. O desafio que a organização enfrentava era saber se os componentes de ambas as metodologias poderiam ou não ser adaptados a projetos que não estivessem relacionados ao desenvolvimento de *software* e, caso pudessem, como isso poderia ser realizado. Esse debate tinha chegado à alta gerência para ser resolvido, e ela estava relutante em tomar qualquer decisão. Essa diferença de visão sobre como os projetos devem ser gerenciados, independentemente de ser relacionada ao desenvolvimento de *software* ou não, tinha levado diversos grupos a fazer *lobby* para juntar seus esforços e oferecer suporte ao SDM e Agile para todos os proje-

tos. De modo geral, os esforços de *lobby* não estavam agregando valor à organização e foram um desperdício de esforço feito utilizando recursos cruciais.

- *Comunicações organizacionais:* Embora haja muita comunicação sobre projetos por toda a organização, há muitas limitações no processo existente. Por exemplo, um executivo afirmou que quando fazia sua reunião mensal de *status* do projeto com seus superiores diretos, ficava chocado quando um gerente não tinha ciência do projeto de outro gerente, especialmente se o projeto estivesse ficando pronto para migrar para a produção. O processo existente levava muitos gerentes a reagirem a projetos em vez de planejá-los proativamente. Além disso, o processo de comunicação existente não facilitava o compartilhamento de conhecimentos e a coordenação entre diversos projetos ou em toda a organização. Em vez disso, facilitava silos individuais de comunicação.
- *O significado das palavras:* Um projeto foi iniciado no nível dos funcionários. A declaração de trabalho (SOW) continha inúmeras frases com uma linguagem vaga, como: "Desenvolver uma plataforma de controle de primeira classe com uma ergonomia excepcional e apelo visual". O gerente do projeto e sua equipe interpretaram essa SOW usando sua própria criatividade. A maioria dos membros da equipe era de engenheiros, sem nenhum membro do marketing, e a solução acabou sendo tecnicamente forte, mas um desastre de vendas/marketing. Perderam-se meses com a colocação do produto no mercado.
- *Problema com o sucesso:* Um projeto foi aprovado com um termo de abertura que definia os seus limites em termos gerais. No início do projeto, houve alguns sucessos, e a notícia se espalhou rapidamente pela organização. À medida que o projeto prosseguia, certos gerentes de departamento começavam a "adicionar" questões ao escopo do projeto, usando sua própria interpretação da SOW, na esperança de fazer progresso em suas próprias intenções com esse talentoso grupo. O projeto acabou sendo suspenso, e a equipe ficou desmoralizada. A gerência sênior desmembrou o grupo. Depois disso, a gerência teve muita dificuldade em fazer as pessoas participarem de equipes de projeto.
- *Desafio à autoridade:* Uma nova equipe de projeto multifuncional foi montada envolvendo especialistas técnicos de inúmeros departamentos. O gerente do projeto era um consultor de uma empresa contratada externa. Durante o decorrer desse grande projeto, começaram a surgir conflitos de recursos com os cronogramas da produção. Inevitavelmente, os gerentes de área começaram a desviar recursos do projeto. O consultor imediatamente informou atrasos pendentes devido a essa ação, e os funcionários reiteraram as preocupações do consultor e a necessidade de a organização apoiar o projeto. As lutas continuaram, criando situações estressantes para os membros de equipe que tentavam equilibrar suas cargas de trabalho. O projeto terminou atrasado com custos excedentes significativos e causou indiretamente uma grande animosidade entre muitos dos participantes.
- *Deliverables inacabados:* Um projeto foi lançado para redesenhar e implementar um sistema de gestão de mudanças em engenharia. A equipe recebeu um forte apoio em toda a sua duração. Em uma reunião de finalização do projeto com a equipe executiva, o gerente de projeto apresentou a interpretação dos *deliverables* feita por sua equipe. Para sua surpresa, os executivos determinaram que os *deliverables* não estavam completos. No final, essa equipe específica trabalhou em um "abacaxi" que se estendeu por três anos a mais que sua SOW original (a apresentação de fechamento original ocorreu depois de nove meses). A equipe estava frustrada, trabalhando em um projeto que parecia nunca ter fim, e os executivos estavam ficando cada vez mais impacientes com uma

equipe que eles sentiam estar "enrolando" o trabalho. O processo de gestão de projetos da empresa sofreu duras críticas, ameaçando esforços futuros e o apoio executivo.

- *Aumento nos custos:* Logo depois de um grande projeto de renovação de produto ter sido encomendado, o gerente de projeto divulgou que o custo de conclusão tinha sido subavaliado. Infelizmente, o departamento de marketing, esperando que o prazo fosse cumprido, já tinha entrado no mercado com uma promoção "relâmpago", e as expectativas do cliente eram altas em relação ao lançamento do produto. A equipe administrativa estava diante da decisão de gerar custos excedentes para concluir o projeto dentro do prazo ou perder o moral e as vendas no mercado ao postergar a conclusão do projeto.

Apesar de todas essas dores de cabeça, a gestão de projetos funciona, e funciona bem. Mas ela está deixando a desejar? Algumas pessoas discutem que "sim", porque ele não é um amuleto mágico que pode produzir *deliverables* sob toda e qualquer circunstância. Outros discutem que ele funciona bem e não há nada errado, exceto o fato de as expectativas dos executivos estarem superinfladas. A gestão de projetos pode ser um sucesso ou um fracasso, mas a intenção, o compromisso e a compreensão nos níveis executivos têm de estar presentes.

2.16 Os dez perigos dos projetos

INTRODUÇÃO

As metodologias, as aulas e os livros de gestão de projetos são adequados para explicar os mecanismos de administração de projetos e as ferramentas usadas para tal. É essencial compreender esses mecanismos, mas é a experiência que distingue os gerentes bem-sucedidos dos outros. Mais especificamente, é a soma de todas as experiências negativas que os gerentes de projeto enfrentam em suas carreiras que lhes ensina o que não deve ser feito. Como Vernon Law explica, "A experiência é um professor rígido, pois dá o teste primeiro e a aula depois".

Em meus muitos anos de experiência em gestão de projetos, já encontrei diversas áreas que consistentemente fazem os projetos passarem por dificuldades. Chamo-as de "perigos" dos projetos, já que são essas coisas que fazem os projetos se tornarem problemáticos. Normalmente se trata de coisas que, uma vez reconhecidas, são difíceis de consertar de maneira simples.

Esta seção discutirá os 10 perigos dos projetos e proporá algumas formas de remediá-los. Certamente há outros perigos por aí, mas estes são os mais comuns e que têm o maior impacto, de acordo com minha experiência.

OS 10 PERIGOS

A seguir, veremos os 10 perigos com uma descrição de cada um e alguns sintomas que indicam que eles podem estar à espreita.

1. *Falta de manutenção de documentação*: Geralmente, quando os projetos estão pressionados pelo tempo, a primeira coisa eliminada é a documentação. Às vezes, a documentação não é feita mesmo quando os projetos estão dentro do prazo. Quando a documen-

---

A Seção 2.16 foi fornecida por Kerry R. Wills, PMP, antigo diretor de gerenciamento de portfólios, Divisão de Soluções de Infraestrutura, The Hartford. © 2017 por Kerry R. Wills. Reproduzido com a permissão de Kerry R. Wills.

tação é criada apropriadamente, à medida que os projetos continuam a progredir, é uma raridade vê-la ser mantida.

Sintomas

- Documentos exigidos que não correspondem ao que foi produzido
- Documentos técnicos que não podem ser usados para manter a tecnologia, por estarem desatualizados
- Ausência de documentação sobre as decisões tomadas e por que elas foram tomadas
- Ausência de trilhas de auditoria das mudanças realizadas

Isso é um problema pelo fato de a documentação fornecer a possibilidade de um gerenciamento ético e responsável do projeto. Com isso, quero dizer que os projetos futuros e as pessoas que forem responsáveis pela manutenção do projeto após sua conclusão precisam da documentação para compreender *o que* foi criado, *por que* foi criado e *como* foi criado. Caso contrário, eles acabam caindo nas mesmas armadilhas que aconteceram antes – nesse caso, "aquele que ignora a história documentada está fadado a repeti-la".

2. *O fenômeno do acúmulo*: "O que é isto debaixo do tapete?" é uma pergunta que se faz frequentemente perto do fim de um projeto. O trabalho principal sempre recebe o foco primário de um projeto, mas são aquelas coisas que ficam pela tangente que são esquecidas ou "deixadas para depois", até chegarem ao ponto de se tornarem várias pilhas de coisas (que são varridas para debaixo do tapete) que precisam ser resolvidas. Chamo isso do "fenômeno do acúmulo" porque os membros de equipe o veem como um fenômeno de todo aquele trabalho "extra" que de repente aparece no final.

Sintomas

- Qualquer trabalho que seja identificado como "faremos isso depois", mas que não apareça em nenhum plano
- Registros crescentes (problemas, defeitos, etc.)
- Suposição de que a documentação será feita no final

Não há espaço para nenhum "depois" na maioria dos planos de projeto, e, portanto, esses itens ou são deixados de lado ou há uma corrida enlouquecida no final para terminar o trabalho.

3. *Falta de qualidade na fonte*: Os membros da equipe de projeto nem sempre adotam o mantra "qualidade na fonte". Às vezes há uma mentalidade de que "outra pessoa encontrará os erros" em vez de uma mentalidade de garantia da qualidade. Os gerentes de projeto nem sempre têm a possibilidade de revisar todo o trabalho, então, dependem dos membros de sua equipe. Portanto, os membros da equipe precisam ter o ônus de garantir que qualquer coisa que leve o nome deles represente seu melhor trabalho.

Sintomas

- Entregar trabalhos com erros antes de revisá-los
- Desenvolver código sem testá-lo
- Não se importar com a apresentação do trabalho

Há vários estudos que mostram que problemas relacionados à falta de qualidade na fonte têm um custo exponencial quando descobertos em fases posteriores do projeto.

4. *Pessoas erradas envolvidas:* As funções dos membros de uma equipe de projeto exigem uma boa correspondência entre habilidades e responsabilidades. Às vezes, o conjunto de habilidades de uma pessoa não se encaixa bem na função que lhe foi designada. A ética profissional é tão importante quanto as habilidades.

Sintomas

- Mostrar as mesmas coisas repetidas vezes aos membros da equipe
- Deixar consistentemente de cumprir prazos
- Produzir consistentemente um trabalho de má qualidade

Como gerentes de projeto, todos temos nossos recursos. Não encontrar um bom ajuste para os membros da equipe resultará em ter de trabalhar mais arduamente do que o necessário e afetará todos os outros membros da equipe que tiverem de recuperar o tempo perdido. Há também uma questão motivacional em jogo: Quando os membros de equipe estão desempenhando as funções erradas, eles podem não se sentir desafiados ou podem sentir que não estão trabalhando de acordo com seu potencial. As pessoas acabam por não se esforçar ao máximo, não manifestando a mesma ética profissional sólida que normalmente manifestariam, sentindo-se subaproveitados e assim por diante.

5. *Não envolver as pessoas certas:* As pessoas que sabem como fazer o projeto ser bem-sucedido são os membros de equipe que estão trabalhando nele. Não envolver os membros de equipe certos no momento certo pode colocar o projeto em risco de fracassar antes mesmo de começar.

Sintomas

- Necessidade de fazer mudanças em trabalhos já concluídos
- Constantes mudanças de escopo por parte do cliente
- Falta de comprometimento da equipe com as estimativas
- Falta de assumir responsabilidade por decisões

Não envolver as pessoas certas desde o início de um projeto sempre resulta em mudanças no trabalho. Não envolver os membros da equipe em decisões e estimativas faz eles sentirem que não possuem controle sobre o seu trabalho ou os resultados do projeto.

6. *Não ter o patrocínio adequado:* Os projetos precisam de patrocínio dos executivos internos e do cliente para serem bem-sucedidos. Os patrocinadores atuam como agentes de "desempate" e eliminam a politicagem organizacional e os obstáculos que estejam entravando o projeto.

Sintomas

- Suporte inapropriado de diferentes áreas da organização e das partes interessadas do lado do cliente
- Problemas levam muito tempo para serem resolvidos
- Decisões não são tomadas de forma eficiente

Não ter o patrocínio apropriado pode "empacar" os projetos. Além disso, quando um esforço de mudanças é envolvido, não ter o patrocínio apropriado pode fazer com que os funcionários afetados não consigam apoiar um projeto (i.e., não repassar as mensagens do alto da organização para as "massas").

7. *Falta de rigor nos processos:* Quase toda empresa usa uma metodologia para implementar projetos. O sucesso dela depende da quantidade de rigor usado. Muitas vezes, por não se aderir aos processos, os projetos fracassam.

Sintomas

- *Deliverables* incompletos/inexistentes
- Inconsistências dentro do projeto
- Falta de compreensão do quadro geral do projeto
- Falta de processos repetíveis ("reinventar a roda" desnecessariamente)

Os processos são tão valiosos quanto a rigidez a eles aplicada. Em algumas empresas, usa-se um número excessivo de metodologias de gestão de projetos. Algumas são necessárias devido à variedade da natureza do trabalho, mas as práticas e os princípios fundamentais da gestão de projetos (e até mesmo ferramentas, i.e., usar Project *versus* Excel) poderiam facilmente ser padronizados, mas não o são. Quando um gerente tem de transferir um projeto para outro gerente, cria-se uma camada extra de complexidade, pois as duas pessoas não estão usando uma linguagem comum entre si (é como tentar interpretar o código de outra pessoa quando elas não seguiram os padrões que você tem usado).

8. *Falta de um plano comunitário:* Os gerentes de projeto passam uma quantidade significativa de tempo planejando, estimando e determinando um cronograma para as atividades. Se esses resultados não forem compartilhados com os membros da equipe, eles não saberão o objetivo de seu trabalho e não conseguirão gerenciar seus próprios cronogramas. Isso inclui a comunicação de metas e itens que são importantes para a equipe.

Sintomas

- Falta de conhecimento sobre o que precisa ser feito e para quando
- Desrespeito às datas
- Falta de responsabilidade pelos *deliverables*
- *Deliverables* são esquecidos

Não ter um plano comunitário resulta em não ter uma comunidade informada. Ter um plano e metas compartilhadas ajuda a construir uma coesão e maior compreensão sobre como o trabalho de cada indivíduo se encaixa no todo.

9. *Não planejar retrabalho:* As técnicas de estimação geralmente estão focadas no tempo que leva para criar unidades de trabalho. O que normalmente é deixado de fora é o tempo gasto em retrabalho. Isso significa trabalho que foi feito incorretamente e precisa ser corrigido, em oposição ao gerenciamento de escopo. Quando o retrabalho é necessário, ou ele ocorre no tempo destinado a outro trabalho, que agora fica atrasado, ou é deixado para depois (ver "perigo" nº 2).

Sintomas

- Desrespeito às datas
- Má qualidade

Nunca suponha que algo será feito corretamente logo da primeira vez.

10. *Datas não passam de números:* O cronograma é o maior determinante do sucesso de um projeto. Fico surpreso com o número de pessoas que pensam em datas como "sugestões" e não como prazos. Devido a interdependências entre projetos, uma data desrespeitada no início pode ter um efeito em cadeia pelo restante do projeto.

Sintomas

- Desrespeito constante às datas
- Itens deixados em aberto por longos períodos
- *Deliverables* incompletos/inexistentes
- Falta de um senso de urgência por parte da equipe de projeto

Sem estrutura no que tange ao gerenciamento de datas, o sucesso exige muito mais esforço. Outra questão em jogo aqui é a da comunicação – essas datas precisam ser comunicadas claramente, e as pessoas precisam concordar que esse é seu objetivo. Além disso, elas têm de compreender o que está no caminho crítico e o que possui uma folga em termos de tempo; então, se elas perdem tempo em um item que está no caminho crítico, sabem que haverá um impacto sobre o projeto ou sobre algum outro projeto dentro do mesmo programa.

POSSÍVEIS REMÉDIOS

Ao analisar os "perigos", observei que eles estão todos inter-relacionados. Por exemplo, não ter rigor nos processos (nº 7) pode resultar em não ter um plano compartilhado (nº 8), o que pode provocar o desinteresse das pessoas por datas (nº 10) e assim por diante. (Ver Figura 2.5.) Percebi também que havia algumas formas de remediar esses perigos. A dica aqui é resolvê-los proativamente em vez de reagir a eles, pois, na hora em que você percebe que há um perigo, *seu projeto já apresenta problemas.*

Gerenciamento proativo

Gerenciamento proativo significa gastar a quantidade de tempo apropriada logo no início para minimizar o número de "incêndios" que deverão ser apagados depois. O gerenciamento proativo inclui as seguintes ações:

- Criar um plano detalhado.
- Sempre observar o plano para ver o que está por vir e se preparar para tal.
  - Pensar sobre o trabalho que está por vir e analisar todos os problemas que poderão surgir. Imagino a equipe como um corredor de maratona e é minha tarefa "esvaziar a rua" diante deles para que eles possam continuar correndo.
  - Estabelecer uma logística. Algo tão trivial quanto não reservar uma sala de reunião com antecedência pode acarretar um atraso no cronograma.
  - Recrutar as pessoas apropriadas para que elas estejam prontas quando o trabalho chegar.
  - Conhecer a programação de férias do pessoal.
- Fazer um constante replanejamento, à medida que informações são disponibilizadas.
- Compreender o que está acontecendo com o projeto. Vejo tantos gerentes de projeto trabalhando no modo "torre de marfim", descobrindo detalhes sobre *seus* projetos pela primeira vez em um relatório de *status*. A essa altura, já se passou uma semana sem que o gerente do projeto estivesse ciente dos problemas.

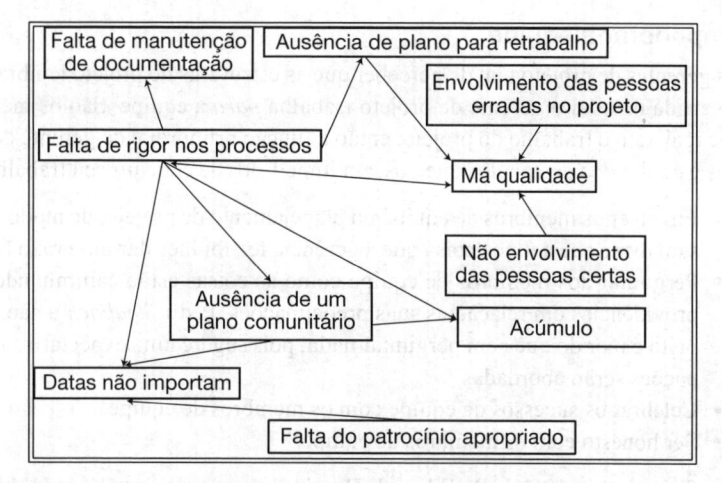

Figura 2.5 Inter-relações observadas.

Sempre surgirão problemas inesperados, mas o gerenciamento proativo pode ajudar a mitigar aqueles que são controláveis. Isso pode ser tratado como um investimento de tempo, no sentido de que você gastará mais tempo (e dinheiro) reagindo a problemas do que se atendo a garantir que o processo seja seguido apropriadamente. Isso é difícil para alguns gerentes de projeto, porque exige a capacidade de sempre olhar adiante em relação ao estado corrente do projeto em vez de estar focado apenas no problema do dia. Um elemento-chave do gerenciamento proativo é ter a capacidade de tomar decisões de forma eficiente.

Fazer as coisas no decorrer do trabalho

"Faça as coisas no decorrer do trabalho". Agora que você não está tentando apagar "incêndios", pode fazer os membros de equipe se concentrarem em manter seu trabalho continuamente. Isso significa manter-se focado em todos os aspectos do trabalho corrente e pensar em suas implicações. As características desse modo de trabalho incluem:

- Documentar o trabalho enquanto está sendo realizado, e não no final. Tenho certeza de que isso suscitará a reação instintiva de "não temos tempo para isso", mas realmente acredito (e já provei) que documentar ao longo do processo consome muito menos tempo do que fazê-lo no final.
- Pensar nas implicações quando houver mudanças no projeto. Por exemplo, se um documento mudar, o proprietário desse documento deve pensar em todos os *deliverables* que podem ser afetados pela mudança e comunicá-la à pessoa apropriada.
- Verificar todo o seu trabalho antes de repassá-lo aos outros.
- Usar o processo/plano como diretriz para o trabalho que tem de ser feito. Já vi isso ser chamado de "colocar o plano em prática".

O resultado dessa técnica será uma distribuição mais uniforme de trabalho ao longo da duração do projeto e a minimização de picos no final. Em vez de a notória "marcha da morte", o pior caso seria considerado uma "desconfortável maratona".

Empoderar a equipe

Os gerentes de projeto têm de perceber que as estruturas do projeto lembram uma pirâmide invertida na qual o gerente de projeto trabalha *para* a equipe. São os membros da equipe que realizam o trabalho do projeto, então a função primordial do gerente de projeto é apoiá--los e cuidar dos obstáculos que possam impedi-los de concluir seu trabalho. Isso inclui:

- Envolver os membros de equipe no planejamento de projeto, de modo que eles não possam dizer que a única coisa que a gerência fez foi lhes dar um prazo final.
- Perguntar aos membros de equipe como as coisas estão caminhando e, então, tomar providências em relação às suas preocupações. Pedir *feedback* e não fazer nada a respeito é pior do que nem perguntar nada, pois sugere uma expectativa de que as preocupações serão abordadas.
- Celebrar os sucessos da equipe com os membros de equipe.
- Ser honesto com os membros de equipe.

Sou um grande fã de W. Edwards Deming, que revolucionou a indústria manufatureira. Seus 14 princípios de gerenciamento giram em torno do empoderamento da equipe e se aplicam muito bem a projetos.[3] Alguns princípios selecionados estão registrados na Tabela 2.2, com minha opinião sobre como eles se relacionam à gestão de projetos.

O empoderamento da equipe permite que o gerente de projeto compartilhe informações com os membros de equipe e permite também que estes sintam que têm controle sobre seu próprio trabalho. O resultado é que cada um se torna responsável pelo projeto.

Resultados dos remédios

Os resultados da aplicação desses remédios aos perigos são exibidos na Tabela 2.3. Chamo minha visão sobre a nova maneira de fazer as coisas de "estado atraente", uma vez que ela leva a um estado que leva as pessoas ao sucesso.

TABELA 2.2 Princípios de gerenciamento de Deming

Princípio de Deming	Observação
8. Elimine o medo, de modo que todos possam trabalhar de maneira eficiente para a empresa	Isso significa que a técnica de gestão de projetos com "punho de ferro" não é uma ideia muito boa. As pessoas serão avessas a dar sua opinião e a fazer um trabalho de boa qualidade
10. Elimine lemas, recomendações e metas para a força de trabalho que exijam defeito zero e novos níveis de produtividade. Tais recomendações só servem para criar relações adversas, já que a maior parte das causas de baixa qualidade e baixa produtividade pertencem ao sistema e, sendo assim, estão fora do domínio da força de trabalho	Segundo a minha interpretação, isso significa que os gerentes de projeto não devem somente lançar metas, mas, em vez disso, envolver os membros de equipe nas decisões. Significa também que os gerentes de projeto, e não os membros de equipe, é que devem analisar o processo no sentido de evitar fracassos
12. Remova barreiras que separem o trabalhador horista de seu direito ao orgulho por seu trabalho	Essa é a metáfora da maratona – na qual os gerentes de projeto precisam remover obstáculos e deixar que os membros de equipe façam seu trabalho
13. Institua um vigoroso programa de aprendizagem e autoaperfeiçoamento	Permitir que os membros de equipe constantemente desenvolvam seus conjuntos de habilidades

---

[3] Ver W. E. Deming, *Out of the Crisis: Quality, Productivity and Competitive Position* (Cambridge:MIT Press, 1982, 1986), p. 23–24.

TABELA 2.3 Características do "estado atraente"

Perigo nº	Nome do perigo	Características do "estado atraente"	Gerenciamento proativo	Fazer as coisas no decorrer do trabalho	Empoderamento
1	Falta de manutenção de documentação	• Não possuir registros sobre decisões que foram tomadas • Desconhecer o motivo das decisões tomadas • Não poder contar com a precisão dos documentos • Não poder usar em projetos futuros	• Documentação atualizada • Documentação planejada • Qualquer um pode compreender as decisões	• Feito durante o projeto • Sem trabalho extra no final do projeto	• Membros de equipe assumem responsabilidade pela documentação
2	Fenômeno do acúmulo	• Deixar para depois • Talvez nunca seja feito	• Trabalho gerenciável. • Se houver acúmulos, eles entrarão no plano	• Trabalhado ao longo do projeto, então os acúmulos nunca devem sair de controle	• Minimizado, porque as pessoas assumem responsabilidade pelo trabalho
3	Qualidade na fonte	• Falta de responsabilidade pelo trabalho • Má qualidade • Alto custo para consertar erros	• Melhor qualidade, pois você dedicou uma quantidade de tempo apropriada no início	• Focar a qualidade enquanto as pessoas desenvolvem seu trabalho, em vez de supor que isso será feito posteriormente	• A qualidade será mantida, pois as pessoas assumem responsabilidade pelo trabalho
4	Adequação do pessoal	• Má adequação do pessoal às funções designadas	• Capacidade de reconhecer problemas de recursos e resolvê-los antes que eles afetem seriamente o projeto. Adequação de recursos desde o início	• Gerenciar o trabalho de modo que problemas de recursos sejam identificados o mais cedo possível	• Outros membros de equipe podem assumir o trabalho de colegas com problemas
5	Envolvimento do pessoal	• Mudanças depois de o trabalho estar concluído • Falta de responsabilidade pelo trabalho • Falta de responsabilidade por resultados	• Envolver as pessoas certas desde o início para evitar retrabalho posteriormente	• Envolver as pessoas durante o trabalho em vez de esperar que elas reajam posteriormente	• Membros de equipe empoderados assumem responsabilidade pelo trabalho
6	Patrocínio	• Não conseguir resolver problemas • Ser envolvido na politicagem organizacional	• Envolver as partes interessadas desde o início lhe permitirá contar com seu apoio quando for realmente necessário	• Decisões rápidas e eficientes no momento necessário	• Pode melhorar devido a uma maior compreensão dos problemas
7	Rigor dos processos	• Falta de rigor • Má qualidade • Trabalho inconsistente	• Rigor apropriado é a essência do gerenciamento proativo • Processos repetíveis • Olhar adiante garante que a atenção apropriada seja dada ao processo	• Rigor ocorre quando os membros de equipe seguem o processo • Garante que nenhum passo do processo seja "pulado"	• Assumir responsabilidade pelo trabalho permite maior rigor em torno de processos
8	Plano comunitário	• Não ter ideia do que precisa ser entregue ou quando • Os membros da equipe não se responsabilizam pelo trabalho – o plano é de responsabilidade do gerente de projeto	• Ter a capacidade de compartilhar plano e metas com a equipe	• Todos estão trabalhando segundo o mesmo plano e sabem para onde estão caminhando	• Todos estão informados – metas compartilhadas • As pessoas podem gerenciar seu próprio trabalho
9	Retrabalho	• Falta de planejamento para alternar entre fazer outros trabalhos ou consertar problemas	• Prever áreas em que pode haver retrabalho ou mudanças de escopo e trabalhar com as partes interessadas essenciais desde o início para abordar o que foi planejado	• O retrabalho será considerado à medida que os membros de equipe trabalham • Mantendo o projeto sob controle, você estará ciente da magnitude de retrabalho necessário e pode replanejar como for preciso	• Deve ser minimizado devido à motivação e à responsabilidade assumida pelo trabalho
10	Datas	• Datas não importam • Nenhuma responsabilidade • *Deliverables* faltantes	• Datas (e as consequências de não respeitá-las) são claramente comunicadas	• Datas são importantes, e itens são fechados dentro do prazo	• Membros de equipe assumem responsabilidade quanto a datas

CONCLUSÃO

Priorizar o gerenciamento proativo, manter o trabalho em andamento e empoderar suas equipes são o segredo de gerenciar um projeto bem-sucedido. Não há nada nesta seção que já não tenha sido escrito ou dito mil vezes. Nada deve soar novo para um gerente de projetos. Ainda assim, continuamos vendo os perigos abundando aqui e ali. Isso leva à conclusão de que é na aplicação desses conceitos que está o desafio. Percebo que, depois de ler um bom artigo ou assistir a um curso de gestão, fico muito entusiasmado para experimentar as novas técnicas, mas, ao primeiro sinal de problemas, volto para minha zona de conforto. Portanto, proponho que haja um quarto remédio para os perigos – ser consciente. Isso não é nada além de estar ciente do que está acontecendo e de como você está gerenciando seu projeto.

Venho para o trabalho todas as manhãs um pouco mais cedo do que o resto da equipe para poder ter meu momento em silêncio e pensar no trabalho que precisa ser feito (não somente naquele dia, mas nos próximos dias também). Também lembro a mim mesmo de entrar no modo "pare e pense". Uma série excelente que aborda essa técnica são os livros sobre "inteligência emocional" de Daniel Goleman.[4]

Sempre haverá perigos rondando o seu projeto, mas se você estiver consciente deles, pode identificá-los quando estiverem entrando em cena e pode ser capaz de evitar que eles levem seus projetos ao caos. Boa sorte!

---

[4] Veja D. Goleman, *Working with Emotional Intelligence* (New York: Bantam Books, 1998).

3
Jornada rumo à excelência

3.0 Introdução

Toda empresa possui suas próprias forças, ou forças motrizes, como discutimos no Capítulo 1, que a impelem a embarcar em uma jornada rumo à excelência em gestão de projetos. Algumas empresas completam essa jornada em dois ou três anos, enquanto outras levam uma década ou mais. Neste capítulo, discutiremos as abordagens adotadas por diversas empresas. Cada uma delas escolheu um caminho diferente, mas todas alcançaram certo grau de excelência em gestão de projetos.

Algumas empresas embarcam nessa jornada a pedido de seus próprios funcionários, enquanto outras são forçadas pelas ações de concorrentes e clientes. De qualquer maneira, há forças motrizes que propagam a busca da excelência em gestão de projetos.

As forças motrizes que levam à excelência, como discutido anteriormente, incluem:

- Projetos de capital
- Expectativas do cliente
- Competitividade
- Compreensão por parte dos executivos
- Desenvolvimento de novos produtos
- Eficácia e eficiência

Até mesmo a menor organização manufatureira pode gastar milhões de dólares a cada ano em projetos de capital. Sem boas estimativas, um bom controle de custos e um bom controle de cronogramas, tais projetos podem comprometer o fluxo de caixa da organização, forçando-a a demitir trabalhadores pelo fato de equipamentos de capital não estarem disponíveis ou não estarem devidamente instalados, e irritando o cliente com atrasos na entrega de produtos ou serviços. Em organizações e empresas manufatureiras não orientadas a projetos, os projetos de capital constituem as forças motrizes que as levam à maturidade.

As expectativas dos clientes podem ser outra força motriz. Atualmente, os clientes esperam não apenas que o fornecedor entregue um produto ou serviço de qualidade, mas também que exerça essa atividade com práticas sólidas de gestão de projetos. Tais práticas incluem a emissão eficiente e periódica de relatórios de *status* e comunicações com o cliente que sejam eficientes de modo geral. Não deveria surpreender o fato de que empresas com propostas de baixo custo talvez não ganhem licitações de contratos devido a práticas precárias de gestão de projetos em projetos empreendidos anteriormente para o cliente.

A terceira força motriz comum por trás da gestão de projetos é a competitividade. Empresas como a IBM e a Hewlett-Packard veem a gestão de projetos como uma arma competitiva. Empresas orientadas a projetos que sobrevivem na base de contratos (i.e., fonte de rendimentos) com empresas externas fazem propaganda de suas habilidades por intermédio de cada proposta feita. A diferença entre ganhar ou perder um contrato pode muito bem depender do histórico de sucessos e fracassos nesse item.

A forma mais comum de competitividade é a concorrência entre duas ou mais empresas pelo mesmo trabalho. Muitos contratos já foram ganhos com base no desempenho prévio de uma empresa em gestão de projetos, supondo que todos os outros fatores sejam iguais. Não é incomum hoje que as empresas façam contratação de fornecedor único devido ao valor atribuído à capacidade da empresa contratada de ter um bom desempenho. Um subconjunto desse tipo de competitividade é quando uma empresa descobre que terceirizar é mais barato do que usar seus próprios recursos internos devido à maturidade dos sistemas de gestão de projetos da empresa contratada. Isso pode facilmente resultar em demissões, funcionários insatisfeitos e baixo moral. Isso cria um ambiente de rivalidade interna e pode impedir que uma organização implemente a gestão de projetos com sucesso e amadureça sua abordagem.

Uma quarta força motriz que leva à excelência é a adesão dos executivos. Um suporte visível e participativo por parte dos executivos pode reduzir o impacto de muitos obstáculos. Entre os típicos obstáculos que podem ser superados por meio do suporte executivo estão:

- Gerentes de área que não apoiam o projeto
- Funcionários que não apoiam o projeto
- Funcionários que acreditam que a gestão de projetos não passa de uma moda
- Funcionários que não compreendem como a empresa irá se beneficiar
- Funcionários que não compreendem as expectativas do cliente
- Funcionários que não compreendem as decisões dos executivos

Outra força motriz por trás da gestão de projetos é o desenvolvimento de novos produtos. Ele pode levar meses ou anos e pode muito bem ser a principal fonte de renda da empresa por muitos anos adiante. O processo de desenvolvimento de novos produtos engloba o tempo necessário para desenvolver, comercializar e introduzir novos produtos no mercado. Ao aplicar os princípios da gestão de projetos ao desenvolvimento de novos produtos, uma empresa pode produzir mais em um período mais curto e com custos inferiores e um nível de qualidade potencialmente alto e, ainda assim, satisfazer às necessidades do cliente.

Em certos setores, o desenvolvimento de novos produtos torna-se necessário à sobrevivência, pois pode gerar um grande fluxo de receita para os anos seguintes. Praticamente todas as empresas estão envolvidas, de uma maneira ou de outra, no desenvolvimento de novos produtos, mas o maior impacto pode estar nos fornecedores dos setores aeroespacial e de defesa. Para eles, o desenvolvimento de novos produtos e a satisfação do cliente podem levar a contratos de vários anos, talvez por 20 anos ou mais. Com o aperfeiçoamento de produtos, a duração pode se estender ainda mais.

Os clientes só aceitarão pagar preços razoáveis. Portanto, qualquer metodologia para o desenvolvimento de novos produtos deve ser integrada a um sistema eficiente de gerenciamento e controle de custos. As empresas contratadas dos setores aeroespacial e de defesa

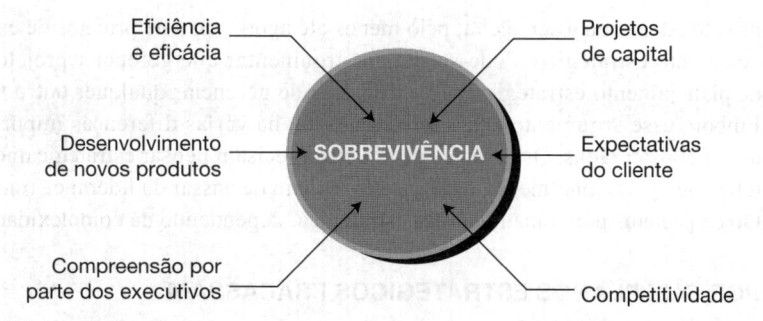

Figura 3.1 Os componentes da sobrevivência.

se tornaram especialistas em sistemas de mensuração de valor agregado. Os sobrecustos de que geralmente ouvimos falar nos projetos de desenvolvimento de produtos para o governo são atribuídos não necessariamente à ineficiência da gestão de projetos ou à inadequação do controle de custos, mas mais às mudanças de escopo e aos aperfeiçoamentos.

A melhoria na eficiência e eficácia gerais da empresa às vezes é difícil, se não impossível. Geralmente exige mudanças na cultura corporativa, que sempre são dolorosas. A velocidade com que essas mudanças aceleram a implementação da gestão de projetos geralmente depende do tamanho da organização: quanto maior, mais lenta a mudança.

A sobrevivência é, obviamente, a força mais poderosa por trás da excelência da gestão de projetos. Pode-se argumentar que todas as outras forças são tangenciais à sobrevivência (ver Figura 3.1). Em alguns setores, como o aeroespacial e o de defesa, uma gestão de projetos malfeita pode rapidamente levar à falência. Empresas menores, no entanto, certamente não estão imunes a esse risco.

Às vezes, há outros tipos de forças motrizes:

- Aumento no tamanho do projeto determinado pela necessidade de crescer
- Clientes que exigem uma implementação mais rápida
- Clientes que exigem experiência em projetos para terem certo grau de garantia de que o deles será concluído com sucesso
- Globalização da organização determinada pela necessidade de crescer
- Consistência na execução a fim de ser tratado como sócio, e não fornecedor

3.1 Planejamento estratégico para a gestão de projetos

Por mais de cinco décadas, a gestão de projetos amadureceu do que já foi considerado uma moda que logo desapareceria para uma competência estratégica e um plano de carreira necessário para o crescimento e a sobrevivência da empresa. Ela agora está sendo usada em praticamente todos os setores e em todas as partes da empresa. Amadurecemos ao ponto de acreditarmos que estamos gerenciando a empresa como se ela fosse uma série de projetos, nos quais se espera que os gerentes de projetos tomem tanto decisões de projeto quanto decisões empresariais. Eles passaram a ser considerados empresários em vez de apenas gerentes de projetos.

Atualmente, a gestão de projetos é reconhecida como uma série de processos que pode ser usada em cada projeto, independentemente de sua duração ou complexidade, do valor do projeto ou de sua exposição a riscos. Contudo, a parte da empresa na qual a gestão de projetos demorou a ser aceita, pelo menos até agora, foi a de projetos de execução de planejamento estratégico. Pode-se sempre argumentar que gerenciar projetos de execução de planejamento estratégico não é diferente de gerenciar qualquer outro tipo de projeto. Embora esse argumento possa ter seu mérito, há várias diferenças importantes que têm de ser consideradas. Os gerentes de projetos precisam pensar estrategicamente, em vez de tática ou operacionalmente, e talvez eles tenham de passar da liderança tradicional de gestão de projetos para uma liderança estratégica, dependendo da complexidade do projeto.

POR QUE PLANOS ESTRATÉGICOS FRACASSAM

Para saber como a gestão de projetos pode beneficiar o planejamento estratégico, é importante compreender por que alguns planos estratégicos fracassam. Alguns dos motivos comuns, vistos através do olhar dos gerentes de projetos, incluem:

- Negligência quanto à compreensão de como os fatores ambientais da empresa podem influenciar a visão que a gerência sênior tem do futuro
- Compreensão inadequada do comportamento do consumidor ou das ações do cliente
- Pesquisa inadequada antes da aprovação do projeto
- Escopo pouco definido ou mal definido
- Caso empresarial mal documentado, resultando na aprovação do projeto errado
- Falha em obter adesão dos executivos e das partes interessadas desde o início
- Má governança executiva uma vez que a estratégia tenha começado a ser implementada
- Mudanças constantes dos membros da equipe de governança
- Superestimação das competências do pessoal necessárias para a execução do projeto
- Esforços de planejamento de capacidade fracos, resultando em projetos com falta de pessoal
- Recusa dos gerentes funcionais a comprometerem os recursos adequados ao longo do projeto estratégico
- Não comprometimento com o projeto por parte dos funcionários
- Falta de explicações sobre a importância do projeto para a equipe que irá executá-lo
- Falha ao explicar para a equipe de execução de projeto os incentivos ou benefícios financeiros de trabalhar em um projeto de longo prazo
- Falha em entender a magnitude das mudanças organizacionais necessárias para que o projeto seja bem-sucedido
- Incapacidade de gerenciar mudanças de forma eficiente
- Desconsideração dos impactos das mudanças tecnológicas durante a execução do projeto
- Estimativas malfeitas de prazo e custos
- Equipe de execução que não consegue trabalhar com requisitos mal definidos ou que são constantemente alterados
- Má integração do projeto em toda a organização
- Comunicação inadequada

Há inúmeros outros motivos para que os projetos de execução de planejamento estratégico fracassem. Essas causas podem ocorrer em qualquer projeto, mas, nos projetos de execução de planejamento estratégico, os danos potenciais para a empresa podem ser bastante severos.

GESTÃO DE PROJETOS: UMA PERSPECTIVA EXECUTIVA

Com a capacidade de produzir repetidos sucessos em projetos, não é de se admirar que os executivos agora estejam percebendo o valor de se usar a gestão de projetos para a execução de um plano estratégico. Há vários motivos pelos quais os executivos enxergam o valor de usá-la para essas atividades:

- A execução leva significativamente mais tempo do que o planejamento e consome mais recursos. Os executivos não têm tempo para passar anos coordenando e integrando trabalhos em um enorme número de áreas funcionais.
- Sem um plano de implementação bem-sucedido, o planejamento estratégico não tem como ter êxito.
- Os gerentes de projetos podem realizar de forma exitosa a separação disfuncional entre planejamento e execução.
- Os objetivos estratégicos de longo prazo têm de ser decompostos em objetivos de curto prazo para simplificar a execução. Isso pode ser feito com facilidade usando as ferramentas da gestão de projetos e uma estrutura analítica do projeto (EAP).
- As técnicas de seleção de gerentes de projetos, possivelmente com o uso de um escritório de gestão de projetos (PMO), pode "casar" os recursos apropriados aos projetos existentes. Isso é crítico para o estabelecimento de um portfólio de projetos.
- Os ativos de processos organizacionais usados na gestão de projetos podem manter a gerência sênior atualizada sobre o *status* do projeto.
- Os objetivos de planejamento estratégico, devido à duração de longo prazo, são extremamente orgânicos e estão sujeitos a mudanças. Os gerentes de projetos sabem como gerenciar e controlar as mudanças.

PLANEJAMENTO ESTRATÉGICO: UMA PERSPECTIVA DE GESTÃO DE PROJETO

O planejamento estratégico é o processo de definição de onde e como uma organização gostaria de estar posicionada no futuro. O futuro pode ser medido em uma janela de três, cinco ou 10 anos (ou mais). O plano estratégico se baseia em visão, missão, consciência social e valores da empresa. O planejamento estratégico exige uma compreensão da empresa e de seu ambiente. Os executivos, mais do que os gerentes de projetos, têm uma melhor compreensão dos fatores ambientais da empresa, a saber, produtos oferecidos, mercados atendidos, tecnologias presentes e futuras, base de fornecedores, mercados de mão de obra, condições econômicas, ambiente político e exigências regulatórias.

Os executivos estabelecem objetivos de alto nível para *o que eles querem que seja feito*. Geralmente, isso não passa de uma "lista de desejos" que pode ou não ser próxima da realidade. A função do gerente de projetos é determinar *se eles podem ser realizados*. Isso exige um caso empresarial claro para cada projeto, uma declaração de escopo e o uso da estrutura analítica do projeto (EAP) para decompor os objetivos de alto nível em subobjetivos, ou objetivos de nível mais baixo que são fáceis de compreender e cumprir. Se o gerente de projetos e a equipe de projeto acreditarem que eles podem ser realizados, então se cria um plano de ação formal para o projeto.

Superficialmente, pode parecer que os projetos de execução de planejamento estratégico podem ser tratados como qualquer outro projeto. Entretanto, se olharmos para as áreas

TABELA 3.1   O *Guia PMBOK®* e a execução de projetos estratégicos

Área de conhecimento	Impactos nos projetos de planejamento estratégico
Gerenciamento da integração	A integração do esforço pode muito bem englobar toda a organização tanto doméstica quanto globalmente
Definição de escopo	O escopo pode mudar à medida que a tecnologia muda. A duração do projeto torna imperativo que exista um processo de controle de mudanças de escopo significativas. A linha de base do escopo pode parecer uma janela móvel que exige constantes atualizações
Gerenciamento do tempo	Encontrar o "casamento" perfeito entre a disponibilidade das pessoas certas e as mudanças constantes no escopo pode ter um efeito devastador na geração do cronograma. Perder pessoas porque elas precisam "apagar incêndios" em suas áreas funcionais pode causar um sério impacto
Gerenciamento de custos	Prever o verdadeiro custo do projeto é quase impossível. É necessário que se faça uma reestimativa rotineira para garantir que os benefícios e o valor de negócio ainda excedam os custos
Gerenciamento da qualidade	As expectativas dos clientes sobre a qualidade e as forças competitivas podem causar grandes mudanças na direção do projeto
Gerenciamento de recursos humanos	Quanto mais longo for o projeto, maior a probabilidade de que ocorram mudanças nos recursos, possivelmente mudanças para pior nos recursos humanos. Pode ser difícil manter a motivação no longo prazo
Gerenciamento das comunicações	Os requisitos de comunicação podem envolver a empresa inteira. Mudanças nas partes interessadas também têm um sério impacto no plano de comunicação
Gestão de riscos	O projeto pode exigir que se tenha uma equipe dedicada de gerenciamento de riscos
Gerenciamento de aquisições	A duração do projeto pode dificultar que se determinem os custos de aquisição antecipadamente
Gerenciamento de partes interessadas	Devido à duração do projeto, o gerente de projetos pode acabar interagindo com um conjunto de partes interessadas no final do projeto que é diferente daquele com que interagiu no início

de conhecimento do *Guia PMBOK®**, podemos ver algumas diferenças significativas que são, em grande parte, atribuídas ao comprimento do projeto. Algumas dessas diferenças são apresentadas na Tabela 3.1.

OS BENEFÍCIOS DA GESTÃO DE PROJETOS

Talvez o principal benefício de usar a gestão de projetos, o que a torna extremamente interessante para os projetos de planejamento estratégico, seja oferecer aos executivos e clientes um único ponto de contato para relatórios de *status*. A maior parte dos projetos de planejamento estratégico de hoje é tão complexa que não pode ser gerenciada de forma eficiente por um gerente de área funcional, que pode ter um conflito entre as tarefas específicas de sua área e as tarefas do projeto. Esses projetos exigem o esforço coordenado de várias áreas funcionais, como vendas, marketing, engenharia e produção. Sem um ponto de contato único para os relatórios de *status*, os executivos precisariam eles próprios fazer coordenação e integração, e é muito improvável que eles tivessem tempo para isso. Da mesma forma, os gerentes funcionais não têm tempo suficiente para gerenciar suas áreas funcionais e realizar o trabalho de integração em vários projetos. A necessidade da gestão de projetos é bastante nítida.

---

* PMBOK é uma marca registrada do Project Management Institute, Inc.

TABELA 3.2	Benefícios de usar a gestão de projetos
Atributo	**Benefício**
Eficiência	Permite que uma organização assuma mais trabalho em menos tempo sem aumentos no custo ou degradação da qualidade
Lucratividade	Mantendo todos os outros fatores fixos, a rentabilidade deve aumentar
Mudanças de escopo	Permite maior planejamento antecipado, o que deve reduzir o número de mudanças de escopo adiante e evitar que mudanças indesejadas ocorram
Estabilidade organizacional	Foca a eficiência do trabalho de equipe, comunicação, cooperação e confiança em vez de a reestruturação organizacional
Qualidade	Qualidade e gestão de projetos andam de mãos dadas; ambas enfatizam o planejamento antecipado
Riscos	Permite melhor identificação e mitigação de riscos
Resolução de problemas	Os processos de gestão de projetos permitem que sejam tomadas decisões informadas na hora certa

TABELA 3.3	Benefícios adicionais dos projetos de execução de planejamento estratégico
Atributo	**Benefício**
Alinhamento	Melhor alinhamento de projetos aos objetivos estratégicos corporativos
Subdesempenho	Identificação mais rápida de investimentos com subdesempenho
Planejamento de capacidade	Melhor análise do planejamento de recursos corporativos e da disponibilidade de recursos qualificados
Priorização	Combinação de esforços de planejamento de capacidade e gestão de projetos permite melhor priorização do portfólio de projetos
Mitigação de riscos	Permite melhor mitigação dos riscos de negócio por meio do uso de mais cenários hipotéticos
Tempo de colocação no mercado	Permite menor tempo de colocação no mercado
Tomada de decisões	Decisões mais informadas e na hora certa devido à disponibilidade de informações essenciais
Eficácia e eficiência	Permite trabalhar em mais projetos sem aumentar o número de pessoas necessárias
Melhor fluxo de informações	Eliminação da duplicação de esforços por gerentes que não estão cientes do que os outros estão fazendo
Seleção de projetos	Melhor análise do que é ou não uma boa ideia

Há também muitos outros benefícios propiciados pelo uso da gestão de projetos, alguns dos quais são exibidos na Tabela 3.2.

Os benefícios exibidos na Tabela 3.2 aplicam-se a quase todos os projetos, inclusive projetos de execução de gerenciamento estratégico, projetos complexos e projetos tradicionais. Há, porém, alguns benefícios adicionais que afetam os projetos de execução de planejamento estratégico mais do que outros. Estes são ilustrados na Tabela 3.3.

DERRUBANDO MITOS

Quando olhamos para as Tabelas 3.2 e 3.3 e vemos todas as vantagens, devemos nos perguntar: "Por que ainda há resistência à aceitação da gestão de projetos, especialmente para os projetos de execução de planejamento estratégico?". A resposta é bem clara; ainda há mitos sobre o uso da gestão de projetos para atividades relacionadas ao planejamento estratégico.

Mito 1: Os gerentes de projetos têm um forte conhecimento técnico, mas um conhecimento limitado sobre a empresa. Embora seja verdade que, historicamente, os gerentes de projetos vêm de disciplinas técnicas e muitos até possuem mestrados e doutorados em disciplinas técnicas, o gerente de projetos de hoje tem mais uma compreensão geral de tecnologia do que um domínio tecnológico profundo, mas também um excelente conhecimento da empresa. O conhecimento empresarial é essencial para fazer a ponte entre estratégia e execução de maneira eficiente. Os gerentes de projetos que são considerados "globais" precisam ter uma boa compreensão dos negócios da empresa do cliente, além dos de sua própria empresa. Essa é uma necessidade para competir em um mercado global. Esses gerentes de projetos globais também estão sendo treinados em gerenciamento de relações com as partes interessadas, política, cultura e religião, já que todos esses assuntos têm um impacto sobre o projeto do cliente.

Acreditamos hoje que estamos gerenciando os negócios de nossa empresa como se eles fossem uma série de projetos, nos quais se espera que os gerentes tomem tanto decisões de projeto quanto de negócios. Algumas empresas estão exigindo que seus gerentes de projetos busquem certificação nos processos de negócios da empresa ou façam cursos que lhes deem uma certificação como analista de negócios.

Mito 2: Os gerentes de projetos devem ser designados depois de o projeto ser aprovado e o caso de negócio, desenvolvido. Há anos, os gerentes de projetos eram envolvidos em um projeto no final de sua fase inicial, em vez de logo no início. Acreditávamos que, como os gerentes de projetos tinham um conhecimento limitado dos negócios da empresa, eles não podiam contribuir com nada válido durante o processo de iniciação. Depois de os projetos terem sido selecionados, os gerentes de projetos eram envolvidos e recebiam ordem para começar a execução. Hoje, eles são envolvidos desde o início do projeto e do processo de seleção, e se espera que eles façam uma contribuição valiosa devido aos seus conhecimentos sobre negócios.

Mito 3: Se implementarmos a gestão de projetos, os gerentes de projetos começarão a tomar decisões que deveriam ser tomadas nos níveis executivos da gerência. O planejamento estratégico e as decisões necessárias que o acompanham são realizados por executivos, não por outra pessoa para eles. Entretanto, em alguns casos, as decisões de execução de planejamento estratégico podem ser tomadas para os executivos em vez de por eles. Os executivos sempre temeram delegar autoridade e responsabilidade aos gerentes de projetos no que diz respeito à tomada de decisões de projetos. Esse mito por si só tem sido um grande impedimento para a implementação bem-sucedida da gestão de projetos.

O problema foi parcialmente resolvido com a criação da posição do patrocinador executivo ou patrocinador do projeto. Os gerentes de projetos passaram a poder tomar decisões técnicas, mas os patrocinadores de projeto se reservavam o direito de tomar toda e qualquer decisão relacionada aos negócios. Essa abordagem funcionou bem para projetos de curta duração. No entanto, para os projetos de execução de planejamento estratégico, que podem ter de cinco a 10 anos de duração, o número de decisões que precisam ser tomadas pode ser esmagador. Portanto, para derrubar esse mito, é benéfico definir claramente a função do gerente de projetos no que diz respeito às responsabilidades e à autoridade de tomada de decisões.

Mito 4: Os gerentes de projetos não sabem como usar os ativos de processos organizacionais de forma eficiente para os sistemas controlados de mensuração para que possam ser tomadas decisões informadas. Nas últimas cinco décadas, as duas métricas principais usadas pelos gerentes de projetos eram prazo e custo. Isso ocorria devido à regra de inversão, que afirma que geralmente selecionamos as métricas mais fáceis de medir e divulgar, embora elas possam não oferecer um quadro muito claro sobre a saúde do projeto. Apenas prazo e custos não podem prever o sucesso de um projeto ou se o valor desejado terá sido almejado na conclusão do projeto. Isso é particularmente válido para projetos de execução de planejamento estratégico. Atualmente, há seminários no mercado de trabalho sobre técnicas de mensuração. Há também livros didáticos sobre técnicas de mensuração que discutem que qualquer coisa pode ser medida se você simplesmente compreender as informações que estão à sua disposição. O resultado foi a criação de métricas adicionais para a gestão de projetos. Acredita-se que devamos considerar as seguintes métricas centrais nos projetos de hoje:

- Tempo
- Custo
- Recursos
- Escopo
- Qualidade
- Itens de ação (pendências)

Essas métricas centrais se aplicam a todos os projetos, mas há que se adicionar outras, baseadas em tamanho, natureza, escopo e importância do projeto. Como os projetos de implementação do planejamento estratégico podem ter longa duração, podem ocorrer mudanças significativas. Portanto, precisamos permitir que as métricas mudem no decorrer do projeto. Estabelecer um conjunto de métricas centrais que possam ser usadas em cada projeto pode ser difícil.

COMO A GESTÃO DE PROJETOS PODE AJUDAR O PLANEJAMENTO ESTRATÉGICO

Há sempre situações especiais em que a gestão de projetos pode beneficiar significativamente uma organização. Em uma empresa que produz eletrodomésticos, cada área funcional tinha permissão para realizar seu próprio planejamento estratégico. O problema ocorria quando as unidades funcionais precisavam trabalhar juntas em um mesmo projeto. Nessa empresa, novos produtos eram lançados em feiras de negócios, e havia duas feiras de negócios por ano. Perder o lançamento de um produto em uma delas poderia facilmente resultar na perda de receitas por seis meses, até a feira seguinte.

O lançamento de novos produtos era de máxima prioridade no plano estratégico do departamento de marketing. O departamento de P&D, por outro lado, tinha mais de 300 projetos na fila. Na lista de prioridades da P&D, os novos produtos de que o marketing precisava para as feiras de negócios estavam no final de sua lista de prioridades. As batalhas entre o marketing e P&D ocorriam continuamente.

Em outra empresa, o marketing podia priorizar projetos como parte de suas atividades de planejamento estratégico. Para cada projeto, eles também priorizavam os atributos do projeto/produto que tinha influência direta sobre o modo como o produto seria anunciado e comercializado. Entretanto, quando o projeto/produto passava para a fase de produção, o pessoal dessa área geralmente tinha um conjunto de prioridades diferentes para os atributos. Nesse caso, as batalhas por prioridades ocorriam entre o departamento de marketing e o de produção.

Em ambos os exemplos anteriores, os problemas foram resolvidos quando o pessoal da gestão de projetos solicitou que a organização criasse uma única lista de prioridades para todos os projetos da empresa. O resultado foi que os departamentos de P&D, engenharia e produção se reuniriam a cada três meses e chegariam a um acordo sobre as prioridades dos projetos. No entanto, havia projetos demais na fila de priorização. Decidiu-se, então, que apenas 20 projetos de cada vez seriam priorizados. Isso beneficiou muito o processo de seleção de equipes para os projetos, porque todos agora estavam trabalhando a partir da mesma lista de prioridades.

Outro uso eficiente da gestão de projetos é fazer a análise e o preenchimento de lacunas. A análise de lacunas é usada para fortalecer a posição competitiva de sua empresa ou para reduzir a posição competitiva de seus concorrentes reduzindo lacunas. Projetos são estabelecidos para tirar proveito das melhores práticas e lições aprendidas em outros projetos, por meio das quais se pode diminuir lacunas. Essas lacunas podem ser:

- Velocidade com que novos produtos são introduzidos (tempo de colocação no mercado)
- Competitividade em termos de custos
- Competitividade em termos de qualidade
- Introdução de novas tecnologias ou desempenho de produto

LIDERANÇA ESTRATÉGICA DA GESTÃO DE PROJETOS

Mostramos algumas das maneiras como a gestão de projetos pode beneficiar a execução de um plano estratégico. Para que isso aconteça, o gerente de projetos pode precisar mudar seu estilo de liderança de tradicional, focado fortemente na liderança situacional orientada à equipe de projeto, para estratégico, no qual o resultado pode afetar as mudanças organizacionais em toda a empresa.

"Liderança estratégica" é um termo normalmente reservado para os níveis mais sênior da gerência. Ele implica a capacidade dos executivos de expressar uma visão estratégica para o futuro da empresa e, então, motivar e convencer a organização a adquirir ou seguir essa visão. A liderança estratégica exige o desenvolvimento de planos de ação, e é aí que a gestão de projetos assume máxima importância. Visões não ajudam muito, a menos que planos possam ser desenvolvidos e implementados para torná-las uma realidade. Gerenciar projetos que envolvem a implementação de uma estratégia é significativamente diferente de gerenciar projetos tradicionais. Ao contrário dos planos de ação de projetos tradicionais, que se baseiam em uma declaração de trabalho bem definida, o gerente de projetos precisa desenvolver planos de ação que possam ser baseados em complexidade, ambiguidade, incerteza e conhecimento volátil. Devido ao grande número de variáveis desconhecidas e de sua capacidade de mudar constantemente, os gerentes de projetos têm de compreender que seu trabalho exige decisões consequentes, que têm de envolver os gerentes que detêm o controle último dos recursos necessários para executar essas decisões.

Se os projetos exigem certos graus de inovação, as habilidades de liderança devem ser desenvolvidas em torno de se conseguir fazer a equipe ser inovadora e criativa. Sessões de *brainstorming* e de solução de problemas poderiam ocorrer toda semana. Habilidades de facilitação também são uma necessidade. As habilidades de liderança necessárias para projetos de inovação de longo prazo podem ser significativamente diferentes das habilidades necessárias para entregar ao cliente um *deliverable* simples.

Para ser eficiente na liderança estratégica, o gerente de projetos tem de perceber que ele agora é um gerente de mudanças organizacionais e, como tal, pode precisar criar "mentes preparadas" em grande escala. O gerente de projetos e possivelmente toda a equipe agora têm de funcionar como líderes de torcida e executores ao mesmo tempo, a fim de fazer as pessoas de toda a organização concordarem com um propósito comum. Para esses tipos de projetos, a equipe geralmente é chamada de equipe de apoio estratégico (SST, *strategy support team*). Para a SST funcionar de forma eficiente, seus membros precisam estar dispostos a orientar e guiar o processo estratégico à medida que ele se desenvolve. O desafio mais difícil para a SST é em projetos que exigem mudanças organizacionais. Existem obstáculos significativos que têm de ser superados. Os membros da SST também têm de ser inovadores e trabalhar como agentes de mudanças, capazes de ver o quadro geral e pensar estrategicamente em vez de operacional ou taticamente. Eles devem abrir mão do pensamento de curto prazo e focar o futuro distante.

O principal objetivo da liderança estratégica é tornar a organização mais estrategicamente produtiva e inventiva, além de eficiente e eficaz. Os trabalhadores devem ser encorajados a seguir suas próprias ideias quando viável e oferecer *feedback* sobre inovações técnicas ou comportamentais que podem ser captadas por meio de lições aprendidas ou melhores práticas. As lições aprendidas ou melhores práticas permitem que as empresas foquem somente as energias certas que ajudarão uma empresa a lucrar no longo prazo.

Tradicionalmente, esperava-se que os gerentes de projetos captassem os conhecimentos relacionados a projetos e os enviassem ao PMO para análise e armazenamento. No entanto, com a liderança estratégica, mais conhecimento relacionado aos negócios precisa ser captado e alimentado em um repositório corporativo de conhecimento.

CARACTERÍSTICAS ESTRATÉGICAS DE LIDERANÇA EM GESTÃO DE PROJETOS

Há mais de quatro décadas, examinamos as habilidades necessárias para ser um gerente de projetos e oferecer uma liderança de projeto eficiente. As análises foram feitas com foco no projeto tradicional, que pode durar de 12 a 18 meses ou menos. Além disso, a declaração de trabalho é razoavelmente bem definida, muitas das pessoas podem ter sido designadas em tempo integral, mas apenas por algumas semanas, e o resultado do projeto pode afetar somente um pequeno número de pessoas. Os prazos potencialmente longos dos projetos estratégicos agora estão nos forçando a revisar algumas dessas habilidades de liderança.

É quase impossível criar uma lista que inclua todas as competências necessárias para que alguém ofereça uma liderança estratégica em gestão de projetos. Entretanto, algumas das possíveis mudanças em liderança que serão necessárias estão listadas na Tabela 3.4.

Há um argumento válido de que todos os gerentes de projetos precisam dessas habilidades, mas elas podem ser mais cruciais em projetos estratégicos.

O GERENTE DE PROJETOS COMO UM GERENTE DE MUDANÇAS

A função dos projetos está em constante evolução. Como afirmado na Tabela 3.4, alguns projetos de planejamento estratégico são criados para que ocorram mudanças organizacionais, que podem afetar a empresa toda no mundo todo. Um exemplo pode ser a implementação de um novo sistema de segurança, informação ou e-mail seguro em toda a corporação.

A nova questão passa a ser: "Quem irá gerenciar a implementação das mudanças uma vez que o projeto esteja pronto para implementação?". Historicamente, os gerentes de projetos criavam os *deliverables*, e alguém das categorias hierárquicas da gerência assumia a liderança para implementar as mudanças. Hoje, pede-se que o gerente de projetos assuma o papel de liderança no gerenciamento de mudanças organizacionais. Pode também haver um

TABELA 3.4 Diferenças entre os estilos tradicional e estratégico da liderança em gestão de projetos

Características	Diferenças
Autoridade	Da liderança sem autoridade à autoridade significativa
Poder	Do poder legítimo para o uso ponderado do poder
Tomada de decisões	De certo nível de tomada de decisões a ter autoridade para uma tomada de decisões significativa
Tipos de decisões	De decisões somente relacionadas a projetos a decisões de projeto e de negócios
Disposição a delegar	A extensão e o tamanho do projeto forçarão os gerentes de projetos a delegar mais autoridade e tomada de decisões do que normalmente fariam
Fidelidade	De fidelidade ao projeto à fidelidade à visão corporativa e à empresa
Habilidades sociais	São necessárias fortes habilidades sociais, já que poderemos trabalhar com as mesmas pessoas por vários anos
Motivação	Aprender como motivar os trabalhadores sem usar recompensas financeiras ou poder
Habilidades comunicativas	Comunicação em toda a organização em vez de com apenas alguns poucos selecionados
Relatório de *status*	Reconhecer que o *status* de projetos estratégicos não podem ser feitos apenas de prazo e custos
Perspectiva/ponto de vista	Ter um ponto de vista muito mais amplo, especialmente de uma perspectiva empresarial
Visão	Ter a mesma visão de longo prazo que os executivos e promovê-la em toda a empresa
Compaixão	Ter mais compaixão pelos trabalhadores, já que eles podem ser designados por vários anos
Autocontrole	Não poder reagir exageradamente a más notícias ou a incômodos
Brainstorming e solução de problemas	Ter habilidades muito fortes de *brainstorming* e solução de problemas
Gerenciamento de mudanças	Ir da gestão de projetos ao gerenciamento de mudanças em toda a corporação
Impacto do gerenciamento de mudanças	Ir dos efeitos da gestão de projetos aos efeitos do gerenciamento de mudanças organizacionais

patrocinador de projeto dos níveis mais sênior da gerência com conhecimentos especializados em gestão de mudanças organizacionais.

Por anos, alguns de nós gerenciamos projetos estratégicos sem perceber que estávamos fazendo isso e talvez não tenhamos reconhecido a possível necessidade de um estilo de liderança diferente. Porém, à medida que o uso da gestão de projetos começa a crescer em termos de sua aplicação a projetos de execução de planejamento estratégico, podemos precisar realizar mais pesquisas sobre as habilidades de liderança específicas que são necessárias. Estamos apenas dando os primeiros passos em termos de aplicações de gestão de projetos estratégica, mas esperamos que essa tendência assuma o controle ao longo da próxima década ou mais.

3.2 Obstáculos à excelência

A excelência em gestão de projetos geralmente é considerada um fluxo contínuo de projetos gerenciados com êxito. Algumas pessoas acreditam que a excelência na gestão de projetos é, na verdade, uma meta estratégica impossível de atingir, pois nem todos os projetos nos quais trabalhamos serão bem-sucedidos. Logo, talvez uma definição melhor seja a de crescimento contínuo em projetos gerenciados com sucesso, com a razão entre projetos bem-sucedidos e projetos fracassados aumentando a cada ano.

Por melhor que nos tornemos na gestão de projetos, sempre há obstáculos que podem surgir no caminho, forçando-nos a revisitar como gerenciamos projetos. O obstáculo mais comum é quando acontece algo que tira as pessoas da sua zona de conforto e exige que trabalhem de forma diferente. Com base no tamanho do obstáculo, a definição de excelência pode mudar, e as empresas podem ter que revisar vários dos processos que implementaram.

Os exemplos de obstáculos podem incluir:

- A empresa decide controlar métricas adicionais além de tempo, custo e escopo. Os trabalhadores se preocupam com como serão obrigados a identificar, medir, controlar e informar as métricas adicionais.
- Sua empresa tem projetos de gestão de projetos razoavelmente maduros. Seus clientes agora exigem que use abordagens ágeis e Scrum aos seus projetos, o que exige que os trabalhadores aprendam novos processos.
- Sua empresa decide usar métodos ágeis e Scrum em alguns projetos, mas a metodologia em cascata tradicional em outros. Os trabalhadores se confundem sobre quais abordagens usar e quando.
- Surge uma nova tecnologia que muda a forma de estimação para projetos. Alguns trabalhadores ficam preocupados em serem responsabilizados pelas novas estimativas.
- Sua empresa adquiriu ou participou de uma *joint venture* com outra organização. Ambas têm abordagens diferentes à gestão de projetos, e é preciso estabelecer uma base comum.
- A empresa reestrutura e muda alguns papéis e responsabilidades dos trabalhadores.

Obviamente, outros obstáculos podem ser discutidos.

3.3 Hitachi Ltd.

Quando o planejamento estratégico em gestão de projetos é feito corretamente, o uso benéfico da gestão de projetos pode permear toda a empresa, e tal gestão pode ser integrada a praticamente todas as áreas. Um excelente exemplo disso pode ser visto na Hitachi.

INICIATIVAS DE FORTALECER A CAPACIDADE DE GESTÃO DE PROJETOS NA HITACHI

A formação empresarial do Grupo Hitachi varia amplamente do desenvolvimento, produção, vendas e provisão de soluções para Sistemas de Informação e Telecomunicações, Sistemas de Energia, Sistemas de Infraestrutura Social e Instalações Industriais, Materiais de Alta Funcionalidade, Sistemas Ferroviários, Elevadores e Escadas Rolantes, Produtos e Componentes Automotivos, Máquinas de Construção, Produtos de Mídia Digital e Bens de Consumo, além de consultorias relacionadas e serviços. Para cada linha de negócios,

---

A Seção 3.3 foi fornecida por PM Technical Committee, Hitachi Ltd. © 2017 por Hitachi Ltd. Reproduzido com permissão.

116 Gestão de projetos

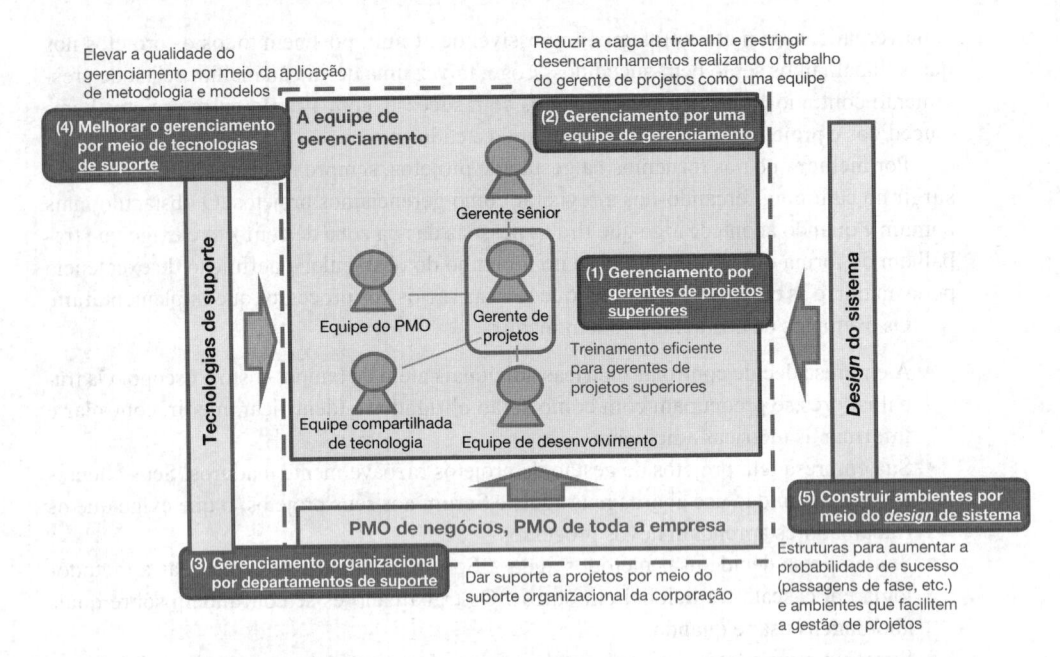

Figura 3.2 Componentes do suporte à gestão de projetos.

é essencial que haja melhorias nas tecnologias de engenharia e na gestão de projetos para servir de suporte à qualidade da empresa. Esse é o contexto para as iniciativas fortalecerem a capacidade da gestão de projetos para cada linha de negócios.

Do ponto de vista da gestão de projetos, as cinco perspectivas indicadas na Figura 3.2 são os componentes do suporte necessário para levar um projeto até sua conclusão bem-sucedida.

A perspectiva (1) se refere a iniciativas para oferecer um treinamento contínuo e eficiente a gerentes de projetos superiores. Como o sucesso ou fracasso de um projeto depende, em alto grau, das capacidades do gerente de projetos, é importante treinar um pessoal superior. Para tal, é necessário não somente construir os sistemas educacionais para treinamento do pessoal, mas treiná-los de acordo com suas características individuais. Em termos das habilidades do gerente de projetos, o Modelo de Desenvolvimento de Competências em Gestão de Projetos (PMCDF, *Project Manager Competency Development Framework*) analisa a relação entre as características individuais e o desempenho do gerente de projetos[1] e toma iniciativas para estimular o treinamento pessoal potencializando as características individuais dos gerentes de projetos.[2]

A perspectiva (2) se refere ao suporte à criação de equipes e visa a reduzir a carga de trabalho do gerente de projetos e a restringir seu desencaminhamento, criando uma equipe que

---

[1] Takafumi Kawasaki et al., "Practice Action of Project Managers: The Difference between Highly Competent PM and Moderately PM," *proceeding of 13th National Conference of the Society of Project Management*, 2007, p. 373-377. http://ci.nii.ac.jp/naid/110007602747; Hitoshi Yamadera et al., "Relations between Achievement and Characteristics of Project Managers,' *Proceedings of 16th National Conference of the Society of Project Management*, 2009, p. 209-212. http://ci.nii.ac.jp/naid/110007602894.

[2] Takeshi Yokota et al., "Strengthening of Personnel Training Process of Project Managers", *Journal of the Society of Project Management* 15, no. 2 (2013).

realize o trabalho do gerente de projetos. Como mencionado anteriormente, o sucesso ou o fracasso de um projeto depende em alto grau das capacidades do gerente de projetos, mas quanto maior sua escala, mais difícil é para um único gerente de projetos cobrir todas as áreas. Portanto, os projetos precisam ser cobertos com as habilidades gerenciais de uma equipe de gestão de projetos que inclua não somente o gerente de projetos, mas também um gerente sênior, um PMO, uma equipe compartilhada de tecnologia e uma equipe de desenvolvimento. Há estudos sendo realizados sobre modelos de avaliação para estruturas de gerenciamento para avaliar as habilidades de gerenciamento como toda uma equipe de gerenciamento, e não somente do ponto de vista das características individuais de um gerente de projetos.[3]

A perspectiva (3) visa a oferecer suporte aos projetos por meio do suporte organizacional da corporação com o PMO ou outras organizações avaliando a situação do projeto, oferecendo conselhos e realizando avaliações do ponto de vista de terceiros. Ao desenvolver uma compreensão externa da situação à medida que o projeto vai progredindo, é possível identificar riscos que passaram despercebidos por aqueles que estão mais diretamente envolvidos. Ao oferecer suporte organizacional e avaliação de riscos não somente pela equipe de gerenciamento, incluindo do gerente do projeto em questão, mas do ponto de vista de terceiros, a probabilidade de sucesso do projeto pode aumentar.[4]

A perspectiva (4) usa tecnologias, metodologias e modelos de suporte para apoiar as atividades de implementação do projeto; o domínio do suporte inclui gerenciamento de riscos, identificação de requisitos, suporte à comunicação, gerenciamento de conhecimentos, suporte ao PMO, entre outros. Em termos de gerenciamento de riscos, há iniciativas para oferecer suporte à identificação de riscos e criar contramedidas em uma variedade de áreas de negócios.[5] Em termos de suporte à identificação de requisitos, a identificação de requisitos para clientes tem suporte de pesquisas etnográficas baseadas em processos de *design* centrado no ser humano e iniciativas como sistemas de gerenciamento de construção de edifícios baseado nos resultados.[6] Quanto ao suporte à comunicação, há iniciativas para identificar problemas de gerenciamento visualizando a comunicação sobre o progresso do projeto usando sistemas de sensores.[7] Em termos de gerenciamento de conhecimento, há métodos de extração de conhecimentos[8] empíricos e técnicas de utilização desses conhe-

---

[3] Akiyuki Onaka, "Model of Project Team Assessment to Make Projects Succeed", *ProMAC2010*, 2010.

[4] Kenji Hatsuda et al., "PMO Information System as a Support of Project Management Office Activities", *Journal of the Society of Project Management* 5, no. 4 (2003): 28-31. http://ci.nii.ac.jp/naid/110003726282.

[5] Toyama Minamino, "An Application of Modern Project Management 'IT' System Development Projects", ProMAC2002, 2002. Takeshi Yokota et al., "Development of a Contract Risk Assessment Support System (CRARIS)", *Journal of the Society of Project Management* 7, no. 3 (2005): 20–25. http://ci.nii.ac.jp/naid/110003726628; Takeshi Yokota et al., "Development of a Risk Management System for Construction Projects", *Journal of the Society of Project Management* 8, no. 5 (2006): 36–41. http://ci.nii. ac.jp/naid/110006278350; Takeshi Yokota et al., "Upgrade of Risk Management Technique for IT System Development Project", *Journal of the Society of Project Management* 14, no. 3 (2012): 25–30. http://ci.nii.ac.jp/naid/110009495477. Yoshinobu Uchida, "Development of the Risk Management System for Construction Projects", *ProMAC2011*, 2011.

[6] Hisako Okada et al., "An Approach to Advance Construction Management System for Large-Scale Power Plant Projects", *Journal of the Society of Project Management* 15, no. 1 (2013): 8-13.

[7] Hideyuki Maeda et al., "Visualization of Communication using the Team Activity Measuring System and Its Application to the Project Management", *Journal of the Society of Project Management* 12, no. 1 (2010): 5–10. http://ci.nii.ac.jp/naid/110007573280; Yoshinobu Uchida et al., "Development of a Project Review Technique Employing Risk Propagation Models", *Proceedings of 24th National Conference of the Society of Project Management*, 2014, pp. 105–110.

[8] Yoshinobu Uchida et al., "An Approach of Knowledge Extraction via Empirical Failure Knowledge in Project Management", *Journal of the Society of Project Management* 12, no. 4 (2010): 27–32. http://ci.nii.ac.jp/naid/110007880184.

Passo 1: Extrair conhecimento
- Esclarecer sucesso/fracasso em termos gerais
- Análise objetiva, e não subjetiva

Partes interessadas do projeto

Técnicas de análise causal

Post mortem (Pós-análise)

Escrutinar conteúdo analítico

Análise de fracassos

Passo 3: Desenvolver a organização
- Aumentar a capacidade de usar integralmente o conhecimento de sucessos/fracassos

PMO

Métodos de suporte ao uso dos conhecimentos

Relatórios de situação do projeto

Suporte contínuo ao projeto → GP (contínuo)

Uso para treinamento de GP

Programa de treinamento

Comparecer ao treinamento → Trainee de GP

Passo 2: Captar conhecimentos PMO

PMO

Captar conhecimentos do GP

Acumular exemplos (BD de exemplos)

- Comunicar conhecimentos captados e lições aprendidas a terceiros
- Informações para a busca de conhecimentos

Iniciativas do PMO

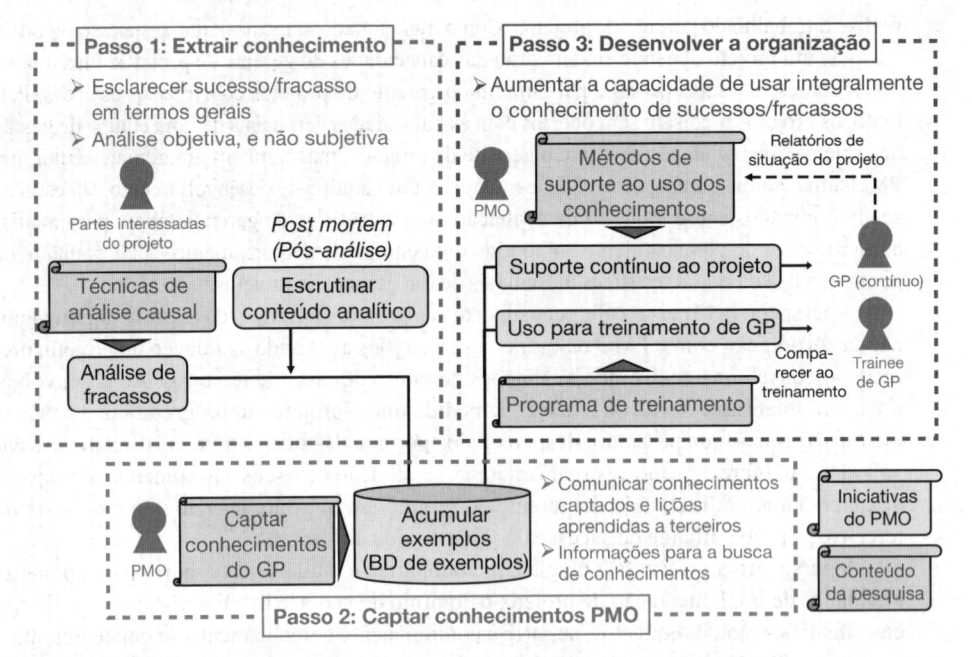

Conteúdo da pesquisa

Nota: Pode-se dar exemplos de sucesso com a mesma estrutura.
PMO: Escritório de gestão de projetos; GP: Gerente de projetos

Figura 3.3 O processo de circulação de conhecimentos empíricos da gestão de projetos em toda a organização.

cimentos[9] como um sistema de circulação dos conhecimentos empíricos obtidos durante projetos em toda a organização. A circulação dos conhecimentos é implementada como ilustrado na Figura 3.3, em colaboração com *design* de sistema da perspectiva (5). Há também iniciativas de sistemas de informação para oferecer suporte não somente ao gerente de projetos, mas também ao PMO.[10]

Além disso, iniciativas associadas com as perspectivas (3) e (4) estão sendo realizadas com relação à gestão de perdas-custos. Aqui, "perdas-custos" significa despesas desnecessárias ou que representam desperdícios. Reduzir perdas-custos é uma tarefa empresarial crítica, dada a relação direta entre estes e o desempenho corporativo. No Grupo Hitachi, há muito tempo trabalhamos para reduzir tais perdas-custos, com foco na produção de *hardware*. Esses empreendimentos também são incorporados aos projetos de TI, e o processo como um todo, desde o controle (visualização) de perdas-custos à análise e elaboração de medidas de resposta, está sendo sistematizado e implementado como meio de gestão de perdas-custos[11]. Nossos departamentos de apoio monitoram perdas e custos, elaborando e implementando medidas para reduzir perdas-custos incorridos enquanto organização e realizando treinamentos

---

[9] Yoshinobu Uchida et al., "Proposal for Risk Management Support Method Using Failure Knowledge", *Journal of the Society of Project Management* 7, no. 6 (2005): 3–8. http://ci.nii.ac.jp/naid/110006278374; Yoshinobu Uchida et al., "Proposal of Utilization of the Failure Experience in Project Management", *Proceedings of 15h National Conference of the Society of Project Management*, 2008, p. 140–143. http://ci.nii.ac.jp/naid/110007602790.

[10] Hatsuda et al., "PMO Information System as a Support of Project Management Office Activities".

[11] Kenji Hatsuda et al., "Loss-Cost Management for IT Projects", *Proceedings of 28th National Conference of the Society of Project Management*, 2016, p. 43–44.

Figura 3.4 — O processo de Gerenciamento de Passagens de Fase da Hitachi.

Governança
- Atividades diretamente ligadas ao gerenciamento
- Avaliação e decisão pelos responsáveis pela tomada de decisões
  (1) Implementação direta de cima para baixo
  (2) Nomear um avaliador para cada "ponto de decisão" de passagem de fase

Processo
- Sistematizar
- Aprimorar processos importantes
  (3) Revisar, redefinir, padronizar processos
  (4) Reforçar processos antes do início do projeto
  (5) Estabelecer *gateway* final

Pontos de decisão (gates)

Organização/Estrutura
- Gerenciar sistemas
- Ligação com projetos
- Verificações organizacionais
  (6) Organização do gerenciamento e estrutura de suporte a projetos

Infraestrutura
- Fornecer informações necessárias
- Operações do projeto como plataforma
  (7) Critérios de avaliação/materiais de avaliação
  (8) Habilidades e conhecimentos especializados para operar projetos

e atividades para conscientização sobre o tema. Além disso, estamos desenvolvendo tecnologias que nos ajudam a controlar as perdas-custos, analisar suas causas e elaborar respostas.[12]

A perspectiva (5) constrói estruturas para aumentar a probabilidade de sucesso de um sistema, sistemas de certificação para gerentes de projetos e estruturas para governança de projetos. Uma dessas estruturas é o uso do Gerenciamento de Passagens de Fases (uma estrutura que divide o processo do produto em várias fases e erige "pontos de decisão" para revisar se as condições foram ou não atendidas antes de passar para a fase seguinte), ilustrado na Figura 3.4, para tomar decisões quanto a continuar ou suspender projetos.[13] Ao usar o Gerenciamento de Passagens de Fases, é possível otimizar a tomada de decisões de modo a diminuir o risco, aumentar a qualidade do *design* e maximizar os ganhos da gerência.

Além disso, como uma medida para ligar as perspectivas (1) a (5) organicamente, e não independentemente, um projeto de melhoria dos negócios chamado D-WBS (*Denryoku Work Breakdown Structure* – Estrutura Analítica do Projeto Denryoku) está sendo implementado na Power Systems Company.[14] O Projeto D-WBS possui uma plataforma (a plataforma D-WBS) para extrair sinergias de negócios relacionadas à gestão de projetos, como mostra a Figura 3.5, e construir processos de negócios que unam as perspectivas (1) a (5) na plataforma.[15]

Os componentes de suporte que mencionamos são exigidos para implementar projetos sem depender das unidades de negócios. Embora cada área de aplicação tenha suas próprias

---

[12] Ibid. Yoshinobu Uchida et al., "Proposal of Failure Prediction Method Employing Loss Cost Generation Mechanisms—Loss-Cost Management for IT Projects", *Proceedings of 28th National Conference of the Society of Project Management*, 2016, p. 45–50.

[13] Koji Okada et al., "Applying Phase-Gate Management for Diverse Business Types", *Journal of the Society of Project Management* 13, no. 6 (2011): 29-34 http://ci.nii.ac.jp/naid/110009425403

[14] Tomoyuki Aoki et al., "The Case Study of Business Process Reengineering for EPC Project Management", *Journal of the Society of Project Management* 14, no. 6 (2012): 5-10:

[15] Kazuhito Shibata and Natsuko Sato, "Development of Integrated Project Management Framework and Practical Platform for EPC Project in Power Plant Business", *ProMAC2015*, 2015.

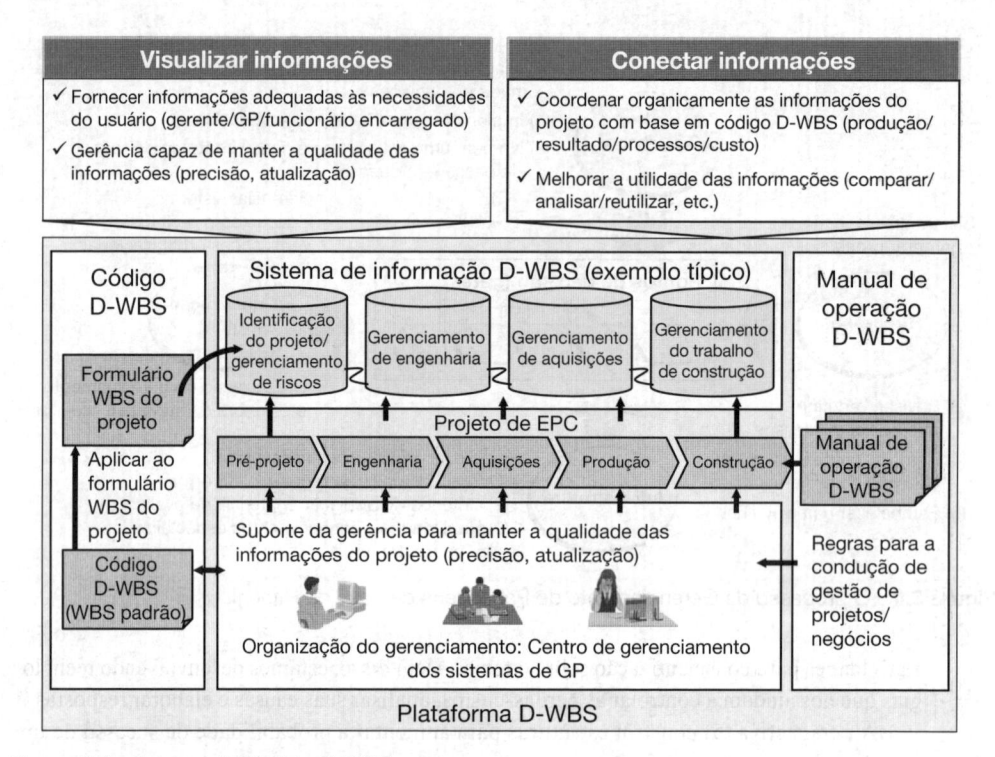

Figura 3.5 Esboço do Projeto D-WBS.

características, comparar e contrastar técnicas de gestão de projetos na Power Systems Company e na Information and Telecommunication Systems Division e na ICT Systems Division nos faz perceber que há muitos pontos de referência para ambos os lados. Considerando que compartilhar e utilizar o conhecimento de iniciativas para fortalecer a gestão de projetos nas amplamente variadas áreas de negócios do Grupo Hitachi se torna uma fonte de excelência competitiva para a Hitachi, o comitê técnico interno está criando oportunidades para estimular a troca de informações.

Esse comitê técnico é chamado de Comitê Técnico de Gestão de Projetos e teve início com discussões no nível dos trabalhadores na Power Systems Company e na empresa Information & Telecommunication Systems em torno do ano 2000. Então, um comitê técnico aberto para a empresa inteira foi estabelecido em uma reunião de voluntários em 2005, e hoje muitas unidades de negócios estão participando com o foco no PMO. O Comitê Técnico está promovendo uma gestão de projetos mais forte em toda a empresa. Além da troca de informações, ele oferece suporte a institutos de pesquisas, investigando estratégicas de solução para problemas comuns.[16] Exemplos incluem a estrutura para compartilhar tarefas

---

[16] Kichie Matsuzaki, "Hitachi, Ltd. 100th Anniversary Series: Genealogy of the Pioneers (20) Inheriting and Reforming the Heart of Monozukuri at Hitachi — Companywide Activities toward Monozukuri", *Hitachi Review* 92, no. 2 (2010): 136–143. http://digital.hitachihyoron.com/pdf/2010/02/2010_02_ pioneers.pdf.

de gestão de projetos entre todas as unidades de negócios,[17] ou atividades em toda a empresa baseadas em iniciativas para usar conhecimentos no campo dos sistemas de TI.[18]

Além de organizar fóruns internos com o objetivo de treinar os funcionários em gestão de projetos, ou comunicar as atividades do Comitê Técnico a profissionais de todo o Grupo Hitachi, o Comitê Técnico também conduz pesquisas periódicas sobre a conscientização em relação às questões de fortalecimento da gestão de projetos em cada unidade de negócios.

Dessa maneira, há iniciativas em andamento que pretendem gerar sinergias no Grupo Hitachi divulgando experiências especializadas lateralmente em todas as unidades de negócios, identificando problemas comuns e estudando estratégias de solução por meio das atividades do Comitê Técnico.

Referências

Referências (com resumos, quando disponíveis)

Akiyuki Onaka, "Model of Project Team Assessment to Make Projects Succeed." *ProMAC2010*, 2010.

    Quanto aos gerentes de projetos dos projetos de sistema de TI em nossa empresa, sua capacidade de gerenciamento é avaliada e sua classificação de GP, dividida entre "pequena", "média" e "grande", de acordo com o tamanho do projeto, é certificada com base em nossos próprios critérios do "sistema de acreditação de gerente de projetos". Os gerentes de projetos certificados são indicados a um projeto cujo tamanho corresponde à sua classificação de GP segundo o "sistema de nomeação de gerentes de projetos".

    Alguns projetos, especialmente os de grande porte, deram errado apesar de os gerentes de projetos terem qualificação adequada segundo os sistemas recém-mencionados. Esse fato nos fez inferir a importância dos comportamentos de membros de projeto, especialmente aqueles que se esperavam ajudar os gerentes de projetos. Os membros a serem considerados são, por exemplo, aqueles que reduzem a carga que recai sobre o gerente e aqueles que supervisionam e aconselham os gerentes de projetos. Entretanto, nossa discussão insuficiente sobre que pontos de vista dificultava a avaliação de equipes de projetos, incluindo membros de apoio, da mesma forma que avaliávamos os gerentes de projetos. A fim de melhorar essas situações, analisamos dados de projetos anteriores para concluir como organizar uma equipe. Baseados na conclusão, criamos um modelo de avaliação para equipes de gestão de projetos que levam em consideração o tamanho do projeto e o tipo de desenvolvimento. Este artigo descreve os resultados de nossa pesquisa sobre o modelo de avaliação de equipes de gestão de projetos.

Hideyuki Maeda et al., "Visualization of Communication using the Team Activity Measuring System and Its Application to the Project Management." *Journal of the Society of Project Management* 12(1), 5–10, 2010-02-15. (http://ci.nii.ac.jp/naid/110007573280).

    Com o avanço de tecnologias de sensor e de análise, desenvolveu-se um sistema que pode automaticamente medir e visualizar a atividade de uma equipe. Aplicamos esse sistema a um projeto de grande escala e medimos e analisamos experimentalmente as condições de uma comunicação dentro dele. Como resultado, tivemos êxito em quantificar e visualizar as condições das comunicações de um projeto. A análise quantitativa mostra que há

---

[17] Koji Okada et al., "Challenge for Extracting Project Management Knowledge across Business Units", *Journal of the Society of Project Management* 10, no. 3 (2008): 23–28. http://ci.nii.ac.jp/naid/110006950594.

[18] Koji Okada et al., "An Analysis Method for Extracting Project Lessons Learned which Are Sharable across Business Units", *Journal of the Society of Project Management* 12, no. 6 (2010): 21–26. http://ci.nii.ac.jp/naid/110008592927.

uma forte relação entre a produtividade e o tempo gasto com comunicação face a face. Ao monitorar continuamente o tempo desse tipo de comunicação, conseguimos ajudar a expor os problemas de um projeto em uma fase inicial. Isso nos ajudou a oferecer informações úteis ao gerente de projetos para solucionar esse problema exposto.

Hisako Okada et al., "An Approach to Advance Construction Management System for Large-scale Power Plant Projects". *Journal of the Society of Project Management* 15 (1), 8–13, 2013–02-15.

Projetos de construção de usinas de geração de energia são projetos complexos e de grande escala, que envolvem muitas partes interessadas. Para garantir a "qualidade, os prazos e os custos" desse enorme projeto, a Hitachi aplicou um sistema de TI à área de construção. Seu ponto focal é (1) a realização de um enorme controle consistente e coordenado de projetos e (2) a realização de eficiência e qualidade crescentes da área de construção, para reduzir riscos e custos. A partir da década de 1990, ele foi aplicado a projetos reais e alcançou certo efeito, mas novas melhorias estavam chegando ao limite na abordagem centrada no gerenciamento e em sistemas. Logo, ao reconsiderar a ideia fundamental de que "A construção é uma produção humana", a Hitachi passou a conduzir pesquisas em sistemas de gerenciamento de construções baseados na Abordagem Centrada no Ser Humano, que fora o usuário/lado humano, e conduziu pesquisas que refletem os resultados da gestão de projetos propriamente dita.

Hitoshi Yamadera et al. "Relations between Achievement and Characteristics of Project Managers". In *Proceedings of 16th National Conference of The Society of Project Management*, 2009, 209–212, 2009-03-10 (http://ci.nii.ac.jp/naid/110007602894).

Kazuhito Shibata and Natsuko Sato, "Development of Integrated Project Management Framework and Practical Platform for EPC Project in Power Plant Business". *ProMAC2015*, 2015.

Na Hitachi Power Systems Company, uma plataforma prática e integrada de gestão de projetos tem um papel crucial no sucesso dos projetos de construção de usinas de energia. O escritório de gestão de projetos (PMO) estabeleceu uma estrutura de gestão de projetos da empresa abrangendo o ciclo de vida do projeto, com o objetivo de melhorar a qualidade da gestão de projetos no nível prático. Os elementos básicos da estrutura são padrões de gestão de projetos, definição de processos de gestão de projetos, sistema de mensuração e auditoria e sistema de facilitação do aprendizado pela experiência. Neste artigo, informamos a estrutura do sistema construído pelo PMO na Hitachi Power Systems Company e a aplicação efetiva do processo de gestão de projetos com a plataforma de gestão de projetos.

Kenji Hatsuda et al. "Loss-Cost Management for IT Projects". In *Proceedings of 28th National Conference of The Society of Project Management*, 2016, 43−44, 2016-09-02.

Um motivo-chave para os fornecedores trabalharem na gestão de projetos de TI é a redução de perdas-custos. Eliminá-los completamente enquanto se enfrenta desafios pode ser inviável, mas perdas-custos ainda assim devem ser mantidos dentro dos limites apropriados para garantir a estabilidade gerencial. Assim, foram realizados esforços para estabelecer técnicas de gestão de perdas-custos. Como parte desse esforço, desenvolvemos modelos de propagação de riscos, modos de identificar padrões de falha e cenários de fracasso de projetos, além de outras técnicas. Este artigo apresenta um resumo dessas técnicas e destaca a importância de aplicar a gestão de perdas-custos.

Kenji Hatsuda et al., "PMO Information System as a Support of Project Management Office Activities", *Journal of the Society of Project Management* 5(4), 28–31, 2003–08-15 (http:// ci.nii. ac.jp/naid/110003726282).

De acordo com o aumento do reconhecimento da importância da gestão de projetos, o PMO também passou a desempenhar papéis importantes, como a promoção da organização da gestão de projetos. A gestão de projetos precisa ser a tarefa a ser estrategicamente promovida e sistematicamente implementada pelo PMO. Os papéis do PMO são desenvolvimentos de uma base comum, como os procedimentos de gestão de projetos, treinamento de pessoal e desenvolvimentos técnicos, além dos suportes aos projetos entre as organizações.

É eficiente construir o sistema de informação do PMO, que oferece suporte às atividades do PMO. Este artigo aborda as atividades baseadas em PMOs práticos e considera o desenvolvimento, a utilização e os efeitos esperados do sistema de informação do PMO como um suporte ao PMO.

Kichie Matsuzaki, "Hitachi, Ltd. 100th Anniversary Series: Genealogy of the Pioneers (20) Inheriting and Reforming the Heart of Monozukuri at Hitachi: Companywide Activities toward Monozukuri". *Hitachi Review* 92(2), 136−143, 2010-02 (http://digital.hitachihyoron.com/ pdf/2010/02/2010_02_pioneers.pdf).

Koji Okada et al., "An Analysis Method for Extracting Project Lessons Learned which are Sharable across Business Units". *Journal of the Society of Project Management* 12(6), 21−26, 2010-12-15. (http://ci.nii.ac.jp/naid/110008592927).

Desejam-se melhorias nas atividades de gestão de projetos em todos os domínios de negócios. Compartilhar as lições aprendidas com os projetos entre todas as unidades de negócios pode ser uma maneira eficiente de melhorar as atividades de gestão de projetos em uma empresa composta por várias unidades. A fim de compartilhar as lições aprendidas com projetos entre as unidades de negócios, levantamos e reanalisamos 31 casos de fracasso em projetos de oito delas e compilamos 50 lições aprendidas compartilháveis. Além disso, criamos um método de análise para extrair de projetos lições aprendidas compartilháveis que reflitam a análise do *know-how* obtido a partir de atividades de reanálise que foram de fato realizadas.

Koji Okada et al., "Applying Phase-Gate Management for Diverse Business Types". *Journal of the Society of Project Management* 13(6), 29−34, 2011-12-15 (http://ci.nii.ac.jp/naid/110009425403).

A concorrência global foi se tornando cada vez mais difícil em todos os domínios de negócios. A fim de eliminar projetos não lucrativos e aumentar os lucros sob tal situação, estabelecemos uma iniciativa corporativa para implementar o gerenciamento de passagens de fases, que produziu resultados bem-sucedidos na unidade de negócios principal e em todas as unidades de negócios, de maneira mais ampla. À primeira vista, o conceito do "Gerenciamento de passagens de fases da Hitachi", que é aplicável a diversos tipos de empresas, foi esclarecido. Os possibilitadores fundamentais em comum, como (1) guias de operação, (2) materiais de treinamento, (3) modelo de maturidade de passagem de fase, (4) um guia de determinação de KPIs e (5) o compartilhamento de conteúdos de conhecimento, são desenvolvidos/estabelecidos e providos de maneira ampla. Além disso, dez unidades de negócio modelo foram selecionadas e receberam suporte tanto no desenvolvimento de seus planos de ação de aperfeiçoamento do gerenciamento de passagens de fases quanto na sua realização. De acordo com os resultados, foram demonstradas melhorias tanto nos níveis de maturidade das passagens de fases quanto em alguns KPIs de todas as unidades de negócios modelo selecionadas.

Koji Okada et al., "Challenge for Extracting Project Management Knowledge across Business Units". In *Journal of the Society of Project Management* 10(3), 23−28, 2008-06-15 (http://ci.nii.ac.jp/naid/110006950594).

A fim de evitar problemas com o projeto ou de repetir seus sucessos, as empresas têm desenvolvidos seus próprios Sistemas de Gerenciamento da Qualidade (QMS, *Quality Management System*) para a gestão de projetos. Embora essas atividades de aprimoramento sejam realizadas em unidades de negócios individuais, os conhecimentos obtidos não são compartilhados entre as diversas unidades de negócios. Neste artigo, descrevemos a metodologia para extrair e organizar os conhecimentos da gestão de projetos, o que é desenvolvido por meio da sua prática real de extração e organização. Especialmente, criamos conceitos fundamentais baseados em fato em comum, diferenças e especialidades. Além disso, desenvolvemos uma "planilha de extração de conhecimentos", uma "planilha de descrição de conhecimentos" e um "mapa de conhecimentos" como ferramentas de suporte, além de um procedimento para extrair e organizar conhecimentos, por meio de três ciclos de prática real.

Minamino, Toyama, "An Application of Modern Project Management "IT" System Development Projects". *ProMAC2002*, 2002.

Nos últimos anos, cada projeto de desenvolvimento de sistema de TI se diversificou e se complicou, e é necessária sua exploração no curto prazo. Além disso, mudanças nas solicitações durante o desenvolvimento também aumentaram. Os projetos de sistemas de TI possuem características que fazem com que nenhuma imagem do sistema possa ser observada como uma forma concreta diretamente, nem durante nem depois do desenvolvimento. Os autores tentaram a aplicação da gestão de projetos moderna, especialmente para gestão de riscos e gerenciamento de escopo em tais projetos de desenvolvimento de sistemas. Eles fornecem alguns exemplos da aplicação da gestão de projetos moderna aos projetos de desenvolvimento de sistemas de TI e descrevem aspectos futuros sobre a aplicação do modelo de gestão de projetos.

Takafumi Kawasaki et al., "Practice Action of Project Managers: The Difference between Highly Competent PM and Moderately Competent PM". *Proceedings of 13th National Conference of The Society of Project Management*, 2007, 373–377, 2007-03-15 (http://ci.nii.ac.jp/naid/110007602747).

Os conhecimentos e as habilidades que os gerentes de projetos convencionalmente possuem foram abordados a fim de explicar desempenhos bem-sucedidos. No entanto, situações extremamente complexas exigem que gerente de projetos profissionais criem práticas adaptativas e úteis. Essa prática é conhecida como *"knowing"* (saber, conhecimento), isto é, criar conhecimentos e ações adaptativas. Este estudo analisou ações de gerentes de projetos superiores e de gerente de projetos menos superiores e explicou as diferenças em termos da promoção do "coconhecimento" dos membros da equipe.

Takeshi Yokota et al., "Development of a Contract Risk Assessment Support System (CRARIS)", *Journal of the Society of Project Management* 7(3), 20–25, 2005-06-15 (http://ci.nii.ac.jp/naid/110003726628).

Examinou-se um processo de negócios necessário para oferecer suporte à avaliação de riscos de contratos em projetos no exterior e desenvolveu-se o sistema de suporte a avaliações de riscos de contrato (CRARIS), que era um sistema de gerenciamento de conhecimento relativo ao gerenciamento de riscos de contrato. O CRARIS se baseia em uma lista de verificação feita em uma seção de casos jurídicos e caracteriza-se como uma apresentação de informações de *know-how* que relacionam cada item listado a uma avaliação automática de riscos de acordo com o conteúdo da lista de verificação. Além disso, em torno de 2000 [itens de] informações de *know-how* foram extraídos de conversas sobre os resultados de especialistas em uma divisão de operações e da seção de casos jurídicos, das minutas de avaliação dos projetos propriamente ditos, entre outros. Foram também executados um exame de processos de negócios e uma estrutura organizacional eficiente para avaliar o contrato.

Takeshi Yokota et al., "Development of a Risk Management System for Construction Projects", *Journal of the Society of Project Management* 8(5), 36–41, 2006-10-15 (http://ci.nii.ac.jp/naid/110006278350).

A fim de oferecer suporte ao gerenciamento de riscos de um projeto de construção, desenvolvemos o sistema que usa a tecnologia de simulação de progresso e que suporta a avaliação do problema de um projeto e a decisão de contramedidas para o problema. Esse sistema caracteriza-se por ter uma lógica de simulação da avaliação de progressos que avalia o progresso detalhado de cada trabalho de um projeto serialmente, por semana. Além disso, tem também a capacidade de levar em consideração situações como a mudança da eficiência de trabalho, e aumenta o número de trabalhadores, na lógica de simulação. Esse sistema foi avaliado usando os dados de um projeto real, e a validade do resultado da avaliação do projeto foi verificada usando as várias funções de um sistema. Este estudo investigou as relações entre as conquistas de gerente de projetos e sua personalidade, atitude profissional e tipo de atividade do projeto. Os resultados mostraram que ser extrovertido, estar consciente de problemas e disposto a aprender com os outros estavam relacionados ao sucesso. Em relação às atividades do projeto, foram identificados cinco tipos de competência necessários para que um gerente apresente um nível normal de contribuição.

Embora eles contribuíssem integralmente com seus projetos, foi revelado que os maiores contribuidores ajustavam de forma consciente seu comportamento para um nível mais alto, de modo a promover a evolução organizacional.

Takeshi Yokota et al., "Strengthening of Personnel Training Process of Project Managers". *Journal of the Society of Project Management* 15(2), 2013–04-15.

Para aumentar a taxa de sucessos dos projetos de construção, estamos desenvolvendo um processo de treinamento de pessoal para gerentes de projetos. Desenvolvemos o método que avalia quantitativamente as características de gerente de projetos. Esse método possui uma base de dados que consiste em respostas de em torno de 200 itens de um questionário. Ele avalia as características do gerente de projetos a partir de alguns pontos de vista (experiência em projetos, traços comportamentais, conhecimento, etc.). Esse método define a pontuação-alvo do trabalho com gestão de projetos e, por meio da comparação das características do gerente de projetos com a pontuação-alvo, esclarece seus pontos fortes e fracos para fins de treinamento. Além disso, oferecemos suporte à organização da formação de projetos por meio da avaliação de um resultado de comparações.

Takeshi Yokota et al., "Upgrade of Risk Management Technique for IT System Development Project", *Journal of the Society of Project Management* 14 (3), 25–30, 2012-06-15 (http://ci.nii.ac.jp/naid/110009495477).

Para oferecer suporte à introdução eficiente de sistemas de TI, construímos um sistema de suporte à análise de justificativas de negócios para o desenvolvimento de sistemas de TI. Ele avalia os benefícios dos sistemas, efeitos de investimento, fatores de risco e a justificativa dos sistemas de desenvolvimento. Usando essas informações, ele esclarece a adequação e o nível de prioridade do investimento de desenvolvimento e oferece suporte ao processo de gerenciamento de riscos da fase de desenvolvimento. Para esclarecer características de projetos com mais precisão, classificamos a pontuação de risco considerando se os gerentes de projetos podiam gerenciá-lo ou não. Ao aplicá-la a projetos reais, verificamos que essa técnica de classificação de risco é eficiente para a gestão de projetos.

Tomoyuki Aoki et al., "The Case Study of Business Process Reengineering for EPC Project Management". *Journal of the Society of Project Management* 14(6), 5–10, 2012-12-15.

Na Hitachi Power Systems Company, o projeto de reengenharia de processos de negócios BPR (Business Process Reengineering) chamado de "projeto D-WBS" foi iniciado em 2009, e estamos conduzindo a primeira fase desse projeto para ser concluída em 2013. No projeto D-WBS, gostaríamos de alcançar a melhoria da capacidade de gestão de projetos por meio do desenvolvimento de uma plataforma padrão de gestão que [pode ser] usada entre nossos segmentos de negócios. O objetivo dessa plataforma é um projeto de engenharia, aquisição e construção (EPC, *Engineering, Procurement and Construction*) que construa uma usina de energia elétrica e sistemas médicos avançados.

Neste artigo, primeiramente apresentamos um histórico e um panorama do projeto D-WBS. Então, explicamos nossa plataforma de gestão de projetos que consiste em quatro domínios: um sistema de código WBS, um sistema de TI, um padrão operacional e um departamento operacional. Explicamos também a metodologia do código D-WBS para o planejamento do projeto EPC. Finalmente, gostaríamos de compartilhar nossa abordagem de BPR.

Yoshinobu Uchida, "Development of the Risk Management System for Construction Projects". *ProMAC2011*, 2011.

Para oferecer suporte a projetos de construção, desenvolvemos um sistema de gerenciamento de riscos que identifica os riscos de um projeto e suporta decisões sobre contramedidas a eles. O sistema de gerenciamento de riscos possui um sistema de avaliação de projetos, um registro de riscos e um portal da web de gerenciamento de riscos. O sistema de avaliação de projetos fornece uma lista de verificação adequada para um projeto e suporta a avaliação de projeto. O registro de riscos fornece a planilha e suporta a identificação de riscos de projeto e o desenvolvimento de um planejamento de respostas. O portal da web de gerenciamento de riscos visualiza os resultados de avaliações por meio do sistema de avaliação de projetos. Neste artigo, relatamos cada subsistema do sistema de gerenciamento de riscos.

Yoshinobu Uchida et al., "An Approach of Knowledge Extraction via Empirical Failure Knowledge in Project Management". *Journal of the Society of Project Management* 12(4), 27–32, 2010-08-15 (http://ci.nii.ac.jp/naid/110007880184).

Uma forma de tornar um projeto bem-sucedido é [ter] uma compreensão da essência de experiências passadas. Para desenvolver um esquema para aprender com experiências passadas, é importante acumular [os] valiosos conhecimentos da organização. Os conhecimentos são extraídos por meio de análise e interpretação depois de as informações obtidas com a experiência serem mais uma vez ordenadas. No entanto, é difícil deduzir conhecimentos objetivos e lucrativos de acordo com os seguintes fatores de obstrução. (1) É feita uma análise baseada em uma consciência superficial dos fatos ou em uma consciência situacional local.

(2) A consideração de "jogo de empurra". Para solucionar [esses] problemas, desenvolvemos um método analítico causal que inclui a visualização da sequência de decisões para servir de suporte à extração de conhecimentos e um formulário definido para compreender os conhecimentos. Avaliamos o método analítico e o formulário de conhecimentos e mostramos a eficiência da extração de conhecimentos.

Yoshinobu Uchida et al. "Development of a Project Review Technique Employing Risk Propagation Models". In *Proceedings of 24th National Conference of The Society of Project Management*, 2014, 105–110, 2014-03-13.

Para usar o conhecimento de forma mais eficaz em uma organização, é importante acumulá-lo continuamente e prevenir a obsolescência. Neste estudo, desenvolvemos uma técnica de revisão de projetos baseada em um modelo de propagação de riscos (*Risk Propagation Model* – RPM). Isso envolveu criar um modelo dos processos que levaram a falhas a partir de mais de 300 eventos ocorridos anteriormente, com base em dados que ligavam causas a efeitos. Na nossa técnica de revisão, um processo de propagação para riscos que pode levar a eventos de fracasso de projeto é preparado com base em um questionário com listas de verificação, coordenando com um sistema de avaliação de riscos baseado em listas de verificação. Usando os resultados dos modelos de propagação de riscos e avaliação durante a revisão, nossa técnica propõe cenários de fracasso que podem ser derivados dos itens do questionário. Essa técnica foi aplicada a um projeto real e se mostrou eficaz.

Yoshinobu Uchida et al. "Proposal for Risk Management Support Method Using Failure Knowledge". *Journal of the Society of Project Management* 7(6), 3–8, 2005-12-15 (http://ci.nii.ac.jp/naid/110006278374).

O fracasso de projetos influencia muito o desempenho corporativo. Muitas empresas de SI precisam reconstruir a gestão de projetos. Trabalhamos na eliminação do projeto deficiente e estamos pesquisando o método para usar os conhecimentos derivados do fracasso em gestão de projetos com o objetivo de evitar que o mesmo fracasso se repita. Neste artigo, definimos "informações sobre riscos nos processos" (PIR, *process information for risk*) como informações sobre riscos no processo correspondente, e propomos o método de usar informações no processo de gestão de projetos. As vantagens de nossa proposta são as seguintes: (1) as PIR são extraídas do relatório periódico automaticamente; (2) um caso passado similar é apresentado como um caso de fracasso; (3) o membro do projeto delibera [sobre] medidas baseadas no caso de fracasso. Acreditamos que nossa proposta possa suportar [evitar] que o projeto fracasse [devido à] mesma causa.

Yoshinobu Uchida et al. "Proposal of Failure Prediction Method Employing Loss Cost Generation Mechanisms: Loss-Cost Management for IT Projects". In *Proceedings of 28th National Conference of The Society of Project Management*, 2016, 45–50, 2016-09-02.

Perdas-custos são custos adicionais incorridos devido à divergência em relação ao plano original. Estamos trabalhando na gestão de perdas-custos com a ideia de reduzir as perdas-custos derivadas de retrabalhos de *design* e trabalhos de melhoria de qualidade. A gestão de perdas-custos exige a melhoria de processos e outros trabalhos em nível organizacional, além de trabalho em nível de projeto para captar os sinais de fracassos que possam levar a perdas-custos durante a implementação do projeto e adotar as medidas apropriadas. Este artigo propõe um método de previsão de falhas que envolve a modelagem dos mecanismos de geração de perdas-custos com base na análise de fracassos e a apresentação de possíveis cenários de fracasso em dados preditivos de perdas-custos como meio de apoiar atividades em nível de projeto.

Yoshinobu Uchida et al. "Proposal of Utilization of the Failure Experience in Project Management". In *Proceedings of 15th National Conference of the Society of Project Management* 2008, 140–143, 2008-03–14 (http://ci.nii.ac.jp/naid/110007602790).

Compreender a essência da experiência de fracasso e aprender lições com a experiência de fracasso é importante para se criar conhecimento. Acreditamos que nossa organização possa fortalecer a gestão de projetos aprendendo com experiências de fracasso de projetos passados e compartilhando preceitos na organização. Para aprender com experiências de fracasso, devemos utilizar a experiência de fracasso em gestão de projetos.

Nossa abordagem supõe a atividade de avaliação pelo escritório de gestão de projetos em um projeto contínuo. Pesquisamos sobre as atividades de avaliação atuais e descobrimos os seguintes problemas:

1. Como [os assessores] devem compreender a situação do projeto? Nem todo assessor tem capacidade de esclarecer todos os aspectos do projeto. Geralmente um assessor não possui informações suficientes para verificar a eficiência de uma contramedida.
2. Como [os assessores] devem encontrar as informações de que o gerente de projetos precisa no projeto?

Para solucionar [esses] problemas, definimos um formato para descrever a situação do projeto e a estratégica de busca das informações de que o gerente de projetos precisa.

3.4 O apoio da alta gerência da RTA para a excelência em gestão de projetos

Dubai é uma das cidades que mais cresce na atualidade, então preparar-se para infraestrutura de alta qualidade é absolutamente fundamental. Assim, criar uma rede de transporte avançada para a população de Dubai tem prioridade na pauta do governo. Foram lançadas diversas inciativas para melhorar as instalações de transporte público e as estradas em todo o emirado, tornando o deslocamento mais seguro e fluido, o que levou à formação da Autoridade de Estradas & Transporte (*Roads & Transport Authority* – RTA), pelo decreto nº 17 do ano de 2005.

A RTA é responsável por planejar, projetar, construir, operar e manter o sistema de transporte terrestre e o sistema de transporte marítimo de passageiros dentro do emirado de Dubai e também entre Dubai e o restante dos Emirados Árabes Unidos (EAU) e os países vizinhos. A missão da RTA é prover um sistema de transporte eficiente e integrado, capaz de realizar a visão de Dubai e atender aos interesses vitais do emirado. A RTA também é

Seção 3.4 © 2017 por RTA, Roads and Transport Authority, Dubai, EAU. Materiais na Seção 3.4 foram fornecidos por Laila Faridoon, Diretora Executiva, Escritório do Diretor Geral, Chefe da EPMO.

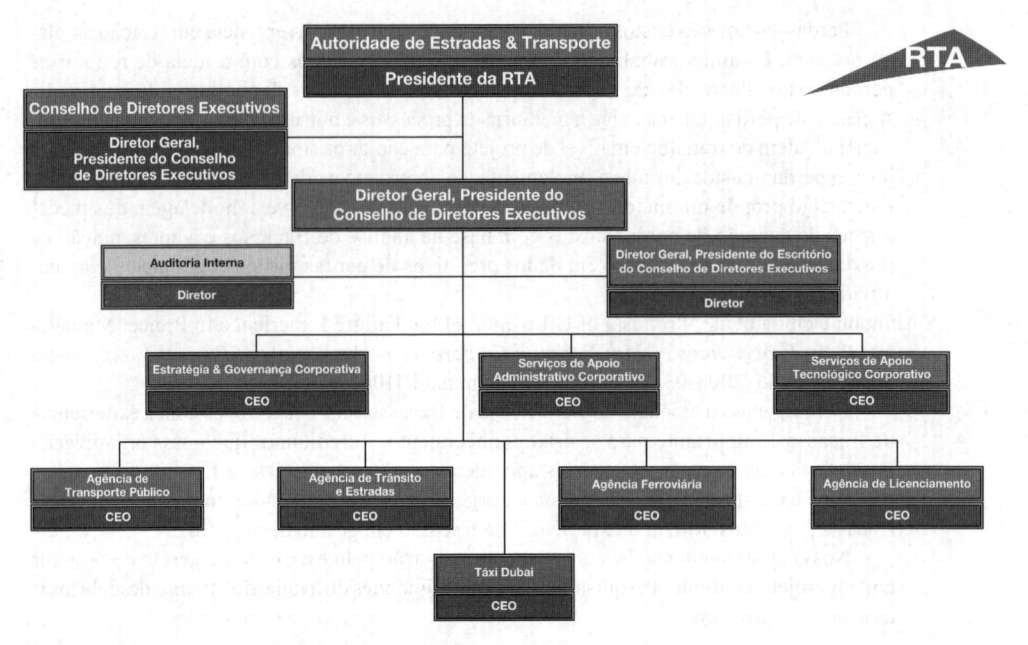

Figura 3.6 Organograma da RTA.

responsável por preparar leis e planos estratégicos relativos a todos os tipos de transporte de superfície, incluindo transporte escolar, e desenvolver outras soluções de transporte integradas que sejam seguras e estejam alinhadas com os planos de desenvolvimento econômico do emirado e os mais altos padrões internacionais.

A Figura 3.6 mostra a estrutura organizacional da RTA, baseada no modelo de agência; ela tem três setores, quatro agências e uma agência comercial, incluindo 42 departamentos, 140 seções e 300-400 projetos em execução durante cada ano.

VISÃO

Transporte seguro e fluido para todos.

MISSÃO

Desenvolver sistemas de transporte integrados e sustentáveis e prestar serviços excelentes para todas as partes interessadas de modo a apoiar os planos de crescimento abrangentes de Dubai com a preparação de leis e políticas públicas, adaptação de tecnologias e abordagens inovadoras e implementação de práticas e padrões de classe mundial.

VALORES CORPORATIVOS

No processo de realizar nossa visão e nossa missão em todos os níveis, baseamo-nos em valores mútuos, nossa primeira e principal referência em todos os momentos:

- Reputação corporativa
- Excelência e sucesso
- Liderança e trabalho em equipe

- Felicidade e energia positiva
- Inovação e criatividade

METAS ESTRATÉGICAS

Como mostrado na Figura 3.7, a RTA tem oito metas estratégicas. A saber:

1. Dubai inteligente
2. Dubai integrada
3. Felicidade das pessoas (partes interessadas)
4. Transporte fluido para todos
5. Segurança e sustentabilidade ambiental
6. Sustentabilidade financeira
7. Avançar a RTA
8. Sustentabilidade dos ativos

NÍVEIS DE HIERARQUIA DO PMO

Com a RTA abrangendo oito agências e setores de suporte diversos e diferentes, era necessária uma estrutura de governança do escritório de gestão de projetos (PMO) incluindo quatro níveis. No alto fica o EPMO (escritório de gestão de projetos empresarial), respon-

Metas e Objetivos da RTA (2016–2020)

Comunidade

1 Dubai inteligente
- 1.1 Promover conectividade, integração, colaboração e gestão da informação
- 1.2 Fortalecer e sustentar serviços e soluções governamentais inteligentes
- 1.3 Desenvolver soluções inteligentes para transporte, estradas e trânsito

2 Dubai integrada
- 2.1 Fortalecer a integração entre planejamento do transporte e planejamento urbano
- 2.2 Tornar as estradas e os sistemas de transporte amigáveis para todos
- 2.3 Preservar a identidade nacional

3 Felicidade das pessoas
- 3.1 Ser pioneiro na felicidade das pessoas
- 3.2 Garantir a harmonia com os clientes
- 3.3 Promover felicidade e energia positiva no trabalho

Sistemas de transporte

4 Transporte fluido para todos
- 4.1 Incentivar o transporte público
- 4.2 Desenvolver e fortalecer sistemas e redes sustentáveis para estradas e transporte
- 4.3 Administrar congestão e demanda por deslocamento
- 4.4 Melhorar leis e políticas voltadas para transporte, estradas e trânsito

5 Segurança e sustentabilidade ambiental
- 5.1 Melhorar a segurança no transporte e no trânsito para reduzir acidentes e mortes
- 5.2 Promover a sustentabilidade ambiental para o transporte
- 5.3 Garantir sustentabilidade da segurança e saúde
- 5.4 Promover a sustentabilidade da segurança

Eficiência interna

6 Sustentabilidade financeira
- 6.1 Maximizar e diversificar as receitas
- 6.2 Promover parcerias com o setor privado
- 6.3 Fortalecer a eficiência financeira

7 Avançar a RTA
- 7.1 Atrair, desenvolver e reter talentos
- 7.2 Promover excelência e gerenciamento de conhecimentos
- 7.3 Fortalecer qualidade, processo e governança corporativa
- 7.4 Garantir o pioneirismo em criatividade e inovação
- 7.5 Melhorar as relações com parceiros e fornecedores

8 Sustentabilidade dos ativos
- 8.1 Melhorar a eficiência e eficácia do gerenciamento de ativos
- 8.2 Garantir o desempenho ótimo dos ativos
- 8.3 Maximizar o valor dos ativos

Figura 3.7 Metas e objetivos da RTA.

sável pela maturidade e governança geral da gestão de projetos, atuando como o centro de excelência para a gestão de projetos, programas e portfólio na RTA. O departamento de auditoria interna está diretamente subordinado ao diretor geral, e o presidente do Conselho de Diretores Executivos apoia o EPMO nos requisitos de governança, auditoria e verificação. Além disso, as equipes de planejamento estratégico e gestão de portfólio no Departamento de Planejamento Estratégico fornecem a parte técnica da função de portfólio e estratégia. O EPMO tem múltiplos papéis de governança, apoio e excelência.

No segundo nível temos o Escritório de Gestão de Projetos de Agência (APMO), subordinado ao CEO de cada agência/setor. O APMO é o PMO de monitoramento e governança. Os APMOs ajudam os CEOs a monitorar todos os projetos de agência e supervisionam os PMOs departamentais (DPMOs) na conscientização, nos relatórios e na conformidade na gestão de projetos. O APMO também é o elo entre o EPMO e os DPMOs.

No terceiro nível, o DPMO supervisiona os projetos departamentais e apoia o diretor do departamento no gerenciamento e controle dos seus projetos. O DPMO também é subordinado ao APMO, com interação direta mínima com o EPMO.

O papel da alta gerência na gestão de projetos na RTA

O patrocínio poderoso da alta gerência, uma estrutura de governança bastante forte, e facilitadores maduros e customizados apoiaram o sucesso dos projetos da RTA. (Ver Figura 3.8) Esta seção destaca alguns desses componentes.

Desenvolvimento de manuais e políticas de gestão de projetos Devido à diversidade de escopo entre o setor e as agências da RTA, políticas de alto nível de gestão de projetos, programas e benefícios são aplicadas no nível da RTA, junto a determinados processos, *templates* e procedimentos. As metodologias detalhadas são deixadas para cada agência aplicar o que é mais adequado ao seu escopo e nível de maturidade.

Por exemplo, o registro de riscos padrão foi considerado adequado para a maioria das agências, mas a agência ferroviária possuía projetos complexos e de alta tecnologia, então expandiu os requisitos padrões para adicionar práticas mais rigorosas de gestão de riscos de projetos. Isso era permitido pela política geral da RTA, desde que os requisitos mínimos das políticas fossem atendidos.

Após vários anos de implementação bem-sucedida das suas práticas de gestão de projetos, programas e portfólios, a RTA recentemente publicou uma nova política para a realização de benefícios de projetos e atualmente trabalha em um manual mais detalhado nesse sentido para garantir o retorno ótimo e sustentável sobre o investimento do seu portfólio. A Figura 3.9 apresenta o ciclo de vida do gerenciamento de benefícios na RTA e sua relação com o ciclo de vida dos projetos.

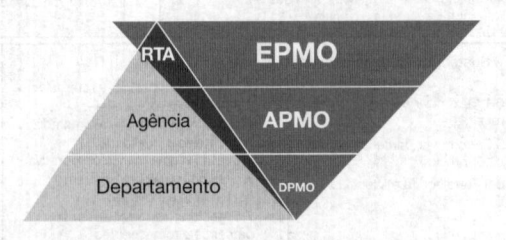

Figura 3.8 Níveis do PMO e escopo do trabalho na RTA.

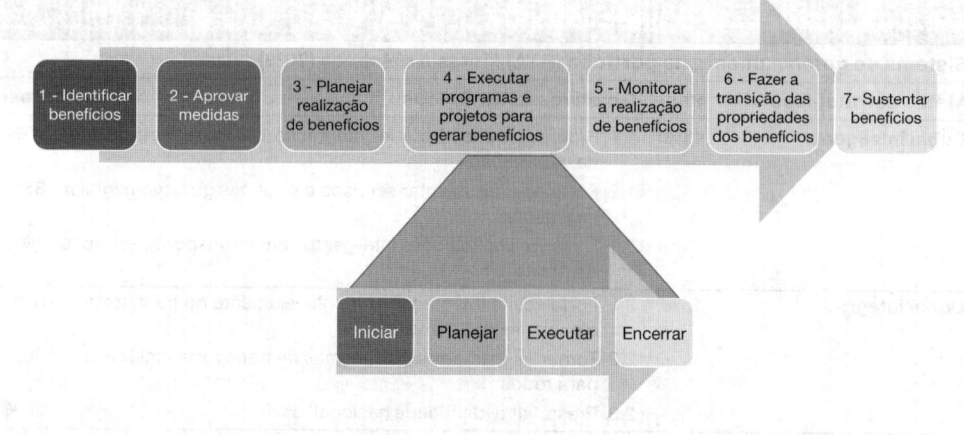

Figura 3.9 Relação entre o ciclo de vida do gerenciamento de benefícios e o ciclo de vida dos projetos.

Classificação e seleção de projetos Devido ao grande número de projetos em andamento simultaneamente, foi desenvolvido um mecanismo de classificação e seleção para identificar projetos importantes para seguimento e monitoramento nos níveis tático e estratégico:

- *Nível estratégico.* Foram desenvolvidos critérios para a identificação de projetos que necessitariam de patrocínio da alta gerência. Com base nesses critérios, um conjunto de relatórios, visitas de revisão presencial, reuniões de revisão do projeto e fóruns de projeto é atualizado periodicamente. Os critérios para definir um projeto estratégico podem incluir, entre outros, orçamento, tamanho, complexidade, exclusividade e impacto do projeto.
- *Nível tático.* Durante o monitoramento e controle, podem ser considerados fatores adicionais, como:
  - Presença de questões que exigem intervenção da alta gerência, falta de coordenação adequada entre diferentes agências/setores, atrasos significativos no projeto, novo projeto ou ideia relevante, conquistas significativas, existência de recomendações importantes no relatório
  - Altos riscos sem respostas adequadas
  - Tendência de atraso relativamente consistente considerando a duração restante do projeto

O sistema de priorização de projetos da RTA é uma abordagem sistemática, abrangente e estruturada que pretende priorizar projetos que competem pelos mesmos recursos limitados. Todos os projetos são comparados entre si de forma objetiva, com base no seu alinhamento com as metas e objetivos da RTA, além dos benefícios, riscos, clareza, orçamento, duração e outros fatores, como mostrado na Tabela 3.5, na qual o alinhamento com as metas estratégicas tem peso de 70% e os riscos e benefícios do projeto têm peso de 30%.

Esse sistema oferece uma boa ferramenta para ajudar os tomadores de decisão a escolher a quais projetos alocar recursos, quais adiar e quais remover do leque.

TABELA 3.5 Sistema de priorização da RTA

Sistema de gerenciamento de portfólio (RTA) Metas e objetivos (70%)

Metas estratégicas	Peso	Objetivos estratégicos	Peso
Dubai inteligente	15%	1.1 Promover conectividade, integração, colaboração e gestão da informação	25%
		1.2 Fortalecer e sustentar serviços e soluções governamentais inteligentes	35%
		1.3 Desenvolver soluções inteligentes para transporte, estradas e trânsito	40%
Dubai integrada	15%	2.1 Fortalecer a integração entre planejamento do transporte e planejamento urbano	30%
		2.2 Tornar as estradas e os sistemas de transporte amigáveis para todos	50%
		2.3 Preservar a identidade nacional	20%
Felicidade das pessoas	10%	3.1 Ser pioneiro na felicidade das pessoas (partes interessadas)	35%
		3.2 Garantir a harmonia com os clientes	35%
		3.3 Promover felicidade e energia positiva no trabalho	30%
Transporte fluido para todos	15%	4.1 Incentivar o transporte público	40%
		4.2 Desenvolver e fortalecer sistemas e redes sustentáveis para estradas e transporte	20%
		4.3 Administrar congestão e demanda por deslocamento	20%
		4.4 Melhorar leis e políticas voltadas para transporte, estradas e trânsito	20%
Segurança e sustentabilidade ambiental	10%	5.1 Melhorar a segurança no transporte e no trânsito para reduzir acidentes e mortes	55%
		5.2 Promover a sustentabilidade ambiental para o transporte	25%
		5.3 Garantir sustentabilidade da segurança e saúde	5%
		5.4 Promover a sustentabilidade da segurança	15%
Sustentabilidade financeira	15%	6.1 Maximizar e diversificar as receitas	25%
		6.2 Promover parcerias com o setor privado	25%
		6.3 Fortalecer a eficiência financeira	50%
Avançar a RTA	8%	7.1 Atrair, desenvolver e reter talentos	30%
		7.2 Promover excelência e gerenciamento de conhecimentos	20%
		7.3 Fortalecer qualidade, processo e governança corporativa	20%
		7.4 Garantir o pioneirismo em criatividade e inovação	20%
		7.5 Melhorar as relações com parceiros e fornecedores	10%
Sustentabilidade dos ativos	12%	8.1 Melhorar a eficiência e eficácia do gerenciamento de ativos	30%
		8.2 Garantir o desempenho ótimo dos ativos	45%
		8.3 Maximizar o valor dos ativos	25%

Riscos e benefícios do projeto (30%)

Clareza do escopo	20%
Custo do projeto	20%
Duração do projeto	10%
Restrições do projeto	15%
Riscos	15%
Dependência	5%
Otimização de benefícios	5%
Extensão e nível do impacto do projeto	10%

Monitoramento de relatórios e reuniões Para garantir que os projetos correm como planejado, o diretor geral monitora os projetos importantes usando diferentes mecanismos, incluindo:

- *Dashboard* de projetos *on-line*
- Relatórios para projetos importantes
- Reuniões mensais para projetos importantes
- Reunião bimestral do PMO por setor/agência
- Relatório de conquistas de projeto gerais por agência/departamento
- Desempenho orçamentário trimestral por agência/departamento
- Desempenho orçamentário geral anual por agência

Ações de Seguimento   A RTA emprega um sistema de seguimento estrito. Sempre que uma recomendação/instrução é realizada, o escritório do diretor-geral dá seguimento junto às partes interessadas até a questão ser encerrada. No caso de atrasos ou problemas, a questão sobe até o nível apropriado.

O mesmo se aplica para auditorias internas e verificações de qualidade, em que temos uma cultura forte de que não devem haver recomendações pendentes ou atrasadas a menos que haja um motivo válido. Isso garante que todos são responsáveis por fortalecer e enriquecer os esforços de melhoria contínua. Todos sabem quando uma recomendação é aprovada, e então consideramos que ela está completa.

Na prática   O diretor geral da RTA define prazos ambiciosos para consultores, empreiteiras e terceirizadas. Além disso, ele realiza visitas regulares para garantir que estão cumprindo os prazos.

Nas visitas, a situação é verificada presencialmente, e o progresso e os problemas são validados com as diversas partes interessadas do projeto. As visitas são obrigatórias em todos os níveis administrativos para garantir envolvimento e participação reais.

Normalmente, as decisões mais importantes são tomadas durante as visitas, incluindo ações drásticas, como substituir o gerente do projeto ou a empreiteira ou terceirizada.

Sistemas de informações de gestão de projetos corporativa

A RTA usa um sistema de gestão de projetos organizacional (*organizational project management system* – OPMS) eletrônico de ponta. O OPMS abrange todo o ciclo, desde a priorização do portfólio e seleção de projetos ao encerramento do projeto. O OPMS também é um repositório de informações, documentos e lições aprendidas com o projeto. É um aplicativo centralizado para os gerentes de projetos, no qual informações, planos, progresso e lições aprendidas do projeto podem ser inseridos e recuperados.

O OPMS permite que gerentes de projetos comuniquem informações com outras ferramentas empresariais, incluindo risco empresarial, pré-qualificação de fornecedores, sistemas de aquisição, *dashboards* empresariais, sistema de gerenciamento de desempenho, central de e-mail e sistemas de pagamento e planejamento financeiro.

Ele também fornece *dashboards* e relatórios para apoio à decisão aos diferentes níveis administrativos da RTA. O OPMS usado atualmente teve diversos predecessores. A versão atual está em operação há mais de dois anos, sob desenvolvimento contínuo para melhorar o desempenho e agregar novas funções.

ALTA GERÊNCIA E MEGAPROJETOS

A RTA sempre tem uma visão clara sobre esses megaprojetos; a visão se espalha em cascata para todos os níveis da hierarquia de gestão de projetos e todas as partes envolvidas com o projeto, incluindo consultores, empreiteiras, terceirizadas e operador, além dos fiscais de segurança. A seguir, descrevemos exemplos da visão da alta gerência para tais megaprojetos. (Fotos dos projetos descritos se encontram em www.rta.ae.)

Dubai Metro

A precisão da entrega do Dubai Metro pela RTA foi de 09/09/09 9:9:9. O Dubai Metro é o primeiro metrô da região do Golfo e o mais longo metrô automatizado sem motorista do mundo, de acordo com o 2010 *Guinness Book of World Records.*

O Dubai Metro incluía uma rota de 75 km e 47 estações, com orçamento total de 8,1 bilhões de dólares, e empregou 160 terceirizadas, mais de 30.000 trabalhadores e três máquinas tuneladoras. A primeira fase foi inaugurada, como planejado, no dia 09/09/09.

As condições econômicas em 2008 e 2009 não favoreciam a construção e entrega de um megaprojeto, mas os líderes de Dubai apoiaram a entrega do projeto e confiaram absolutamente na RTA para completar esse projeto especial em um momento difícil. E o projeto foi entregue com sucesso.

Devido à sua natureza, o projeto Dubai Metro abrangia muitas disciplinas diferentes. O impacto do Dubai Metro se estende por vários campos, incluindo aspectos econômicos, sociais e políticos. Além disso, o impacto do projeto não se limita às suas imediações (no caso, o emirado de Dubai), estendendo-se também para os EAU como um todo. Durante a inauguração do Dubai Metro, Sua Alteza o Sheikh Mohammad bin Rashid Al Maktoum, vice-presidente e primeiro-ministro dos EAU e governante de Dubai, enfatizou a importância do projeto: "O projeto [do metrô] é o futuro socioeconômico do emirado." Poderia-se dizer que o Dubai Metro teve impacto regional, pois inspirou outros países da região, incluindo Arábia Saudita e Qatar, a construirem seus próprios sistemas de metrô.

Dubai Tram

O primeiro da sua espécie no mundo, o Dubai Tram!

A RTA é conhecida em toda a região por completar seus projetos dentro do prazo. Um exemplo é o Projeto Dubai Tram, conhecido internamente como Programa 11. O Programa 11 foi inaugurado em 11 de novembro de 2014, com 11 km de trilhos, 11 estações, 11 bondes e 11 edifícios na central. O projeto foi realizado com 20 subesquipes especializadas, 100 terceirizadas, 400 engenheiros, 660 técnicos especializados e cerca de 6.000 trabalhadores, com zero fatalidades.

O Dubai Tram é o primeiro bonde do mundo com portas de tela nas plataformas e estações com ar condicionado, paradas automáticas nas plataformas e alimentação elétrica no solo em todo o percurso.

A escolha do bonde como sistema de transporte coletivo na região altamente populosa da Marina de Dubai foi alvo de diversos estudos e exigiu uma decisão corajosa do conselho diretor, que preferiu o bonde a outras soluções mais baratas e menos arriscadas. Hoje, estamos muito orgulhosos de ter o famoso Dubai Tram em operação, representando uma das imagens mais brilhantes de Dubai.

Dubai Canal – O novo rosto de Dubai

Nove de novembro, 2016... Foi nesse dia que Dubai completou um novo projeto e redefiniu seu mapa, ganhando um novo rosto e adicionando uma nova dimensão, enriquecendo seu estilo de vida e reafirmando-se como a "Pérola do Mundo".

O Dubai Canal é mais um dos programas exclusivos de Dubai, criando frentes marítimas, oportunidades e áreas de turismo e entretenimento. A RTA gerenciou o Dubai Canal, apesar de não ser totalmente um projeto de negócios central. O governo de Dubai escolheu a RTA devido à complexidade do projeto e ao prazo reduzido.

Devido à sua natureza massiva, às complexidades e aos desafios do projeto, a RTA usou uma estratégia de pacotes clara, dividindo a obra em cinco contratos. Quatro empreiteiras principais foram escolhidas, além de 60 terceirizadas, e o projeto empregou cerca de 4.600 trabalhadores. O canal teve custo total de 3,7 bilhões de dirrãs, incluindo seus 12 km de extensão, partindo do Rio Dubai até o Golfo Pérsico.

Esses pacotes foram supervisionados por uma equipe de gestão de projetos que conseguiu entregar o projeto, localizado no centro de Dubai, sem afetar o trânsito ou a vida dos cidadãos do emirado.

O projeto terá diversos impactos positivos, incluindo melhorar a qualidade da água do Rio Dubai, Business Bai e Dubai Water Canal em 33%. Isso irá fortalecer ainda mais a posição de Dubai como destino turístico especial, elevar a competitividade internacional do emirado, aumentar o valor dos imóveis e fortalecer o papel do transporte marítimo.

Completar o canal não foi fácil. As equipes trabalharam 24 horas por dia, dezenas de partes interessadas importantes foram coordenadas e uma quantidade enorme de terrenos habitados foi adquiria; e fornecedores foram substituídos devido ao mau desempenho. Todas essas questões foram sintomas dos esforços gigantescos de gerenciamento de partes interessadas exigidos pelo programa.

O dia da abertura do Dubai Canal foi inesquecível, uma celebração com participação da liderança de Dubai e foco da mídia local e internacional.

Museu Etihad

A RTA foi honrada com a confiança dada por Sua Alteza o Sheikh Mohammed bin Rashid Al Maktoum para supervisionar a construção do Museu Etihad, localizado ao lado da Casa da União, onde foi assinada a união dos EAU em 1971.

O museu é um marco que documenta o sucesso da experiência de união dos EAU e atuará como farol da civilização, sendo visitado por cidadãos, residentes e turistas para aprender sobre as fases e os desafios do estabelecimento da união. O museu destaca as conquistas da união, promovendo o valor da união nos corações dos cidadãos e das próximas gerações.

Com relação à sua importância histórica, o projeto do Museu Etihad obteve o apoio e o patrocínio de Sua Alteza o Sheikh Mohammed bin Rashid Al Maktoum. A RTA estava ansiosa por executar as diretivas do Conselho Assessor do Museu Etihad, comando por Sua Excelência Mohammed Al Mur, contratando multinacionais americanas e canadenses para projetar e estabelecer o museu.

O projeto do museu passou por várias fases até alcançar sua forma final, aprovada por Sua Alteza o Sheikh Mohammed bin Rashid Al Maktoum. O museu foi construído no subsolo e ligado ao palácio da hospitalidade e à Casa da União por escadas e elevadores subterrâneos. Elementos críticos em torno do sítio histórico foram preservados como estavam em 1971.

O Museu Etihad, como afirmou Sua Alteza o Sheikh Mohammed bin Rashid Al Maktoum, "representa uma das nossas quatro conquistas nacionais, é um marco, uma experiência rica para aprender sobre a fonte da nossa força de vontade nacional".

A entrada do novo museu foi projetada na forma de um manuscrito com sete colunas que simula a caneta usada para assinar a declaração. O museu inclui salões permanentes e temporários, um teatro, uma área educativa, uma área recreacional, escritórios administrativos e estacionamentos. Ele contém oito galerias permanentes, além de uma galeria temporária para expor itens de museus internacionais.

Características principais da liderança da RTA

Os traços que levaram os projetos da RTA a terem sucesso podem ser classificados em sete categorias de excelência em liderança:

1. Visão

    A visão clara de Sua Alteza o Sheikh Mohammad Bin Rashid Al Maktoum para o futuro de Dubai nos inspirou a desenvolver nossa própria visão para a RTA em geral e para o megaprojeto em particular. Demonstramos uma visão clara e forte de 09/09/09 para o metrô, 11/11/14 para o bonde e 09/11/2016 para o Dubai Canal.

    Nunca aceitamos qualquer mudança às datas de conclusão do projeto. Com perseverança e insistência, a visão se disseminou em cascata para todos os níveis da hierarquia de gestão de projetos. A visão foi acolhida por todas as partes envolvidas no projeto, incluindo consultores, empreiteiras, terceirizadas, operador e fiscais de segurança. Com todos focados na mesma visão, todas as partes, sem exceção, encontraram jeitos de manter os projetos nos trilhos.

2. Confiança e trabalho em equipe

    Temos confiança absoluta nas equipes que trabalham conosco. Além disso, selecionamos líderes de equipe que acreditavam na visão e que eram honestos e não tinham medo de admitir seus erros. Promovemos uma cultura de equipe baseada em confiança e cooperação e formamos equipes fortes e equilibradas, com líderes motivados.

3. Influência

    Conseguimos influenciar todos os atores dos diferentes projetos em todos os níveis. Essa abordagem teve sucesso com os presidentes de grandes empresas e também com os engenheiros de projeto das menores terceirizadas trabalhando nos projetos. Com influência forte, conseguimos fazer as terceirizadas cumprirem prazos quase impossíveis, as consultorias desenvolverem soluções extremamente criativas para problemas insuperáveis e todo o resto da equipe trabalhar sem parar. Sem essa influência, o projeto nunca teria sido completado dentro do prazo.

4. Gerenciamento técnico

    Adotamos uma abordagem de autoaprendizado, na qual conhecíamos nossas limitações, admitíamos o que não sabíamos, fazíamos perguntas aos especialistas e nunca hesitávamos em perguntar. Também usamos mapas mentais para garantir que todas as questões importantes seriam consideradas para todas as facetas do projeto. Além disso, insistimos em ter planos de curta e longa duração para resolver todos os problemas. Também desenvolvemos planos alternativos, além de membros de equipe alternativos.

5. Decisões certas no tempo certo

    Sempre tentamos fazer as escolhas certas na hora certa. As decisões principais incluíram a de assumir pessoalmente a liderança do projeto sempre que necessário ou trazer especialistas externos para avaliar o *status* do projeto e sugerir o melhor jeito de avançar em direção à sua conclusão. Outros exemplos incluem as decisões de substituir alguns gerentes de estação terceirizados no Dubai Metro e os engenheiros de algumas terceirizadas. Algumas decisões acertadas ainda foram formação de equipes, rotação dos membros de equipe e recompensas espontâneas.

6. Ímpeto, controle e seguimento

    Mantivemos o ímpeto do projeto com pura energia e força de vontade. Estabelecemos continuamente prazos progressivos e agressivos para consultores, empreiteiras e terceirizadas. Também nos reunimos regularmente com todas as principais figuras dos projetos. Não esperamos até o último dia de cada tarefa para dar seguimento, sempre garantindo que o trabalho estava nos eixos em múltiplos pontos pelo caminho.

7. Atitude

    Em situações de negócios, sempre adotamos uma atitude, positiva, sem rodeios e otimista. No projeto do metrô, essa atitude foi uma das bases do sucesso do projeto. Todas as outras partes do projeto adotaram essa atitude otimista, resultando na nossa capacidade de superar alguns problemas e obstáculos que, na época, pareciam insuperáveis.

    Não aceitávamos "não" como resposta e sempre incentivávamos consultores, empreiteiras e terceirizadas para resolver os problemas assim que possível. Sempre questionamos a opinião da maioria, pois acreditamos que ela pode ser influenciada por um único indivíduo.

8. Inovação e pensamento diferente

    Como parte da visão da RTA é criar "transporte seguro e fluido para todos", a inovação é um dos seus grandes pilares. A estratégia de inovação da RTA é:

    - Ser líder no campo de mobilidade/transporte em nível regional e internacional.
    - Atender a nossas partes interessadas com excelência em tudo que fazemos.
    - Criar impacto social, financeiro, ambiental e para o cliente com a superação dos desafios que surgem durante a criação de "transporte seguro e fluido para todos".

    A RTA reconhece que há três tipos fundamentais de inovação: incremental, substancial e revolucionária (ou radical). Cada um exige um modelo diferente para a gestão e entrega de inovações e considera um nível diferente de esforço.

    A RTA identifica inovação nos quatro campos a seguir:

1. A inovação no modelo de negócio se concentra em como a organização cria, vende e entrega valor para seus clientes e outras partes interessadas em geral.
2. A inovação em liderança e gestão enfoca a adoção de práticas de liderança e cultura de inovação de ponta, além do desenvolvimento de programas e sistemas de gestão relativos à governança administrativa e corporativa.
3. A inovação em operações e processos destaca o desenvolvimento e fortalecimento das operações, mecanismos e metodologias que atendem aos clientes, facilitam serviços acessados pelos clientes e melhoram as eficiências internas.
4. A inovação em produtos e serviços está relacionada ao desenvolvimento de novos produtos e serviços e/ou melhorias nos produtos e serviços existentes.

BUSCA POR COMPARTILHAMENTO DE CONHECIMENTO

Um dos principais pilares do sucesso da RTA foi a crença no valor e na importância do compartilhamento de conhecimento. Além de práticas tradicionais como treinamento, mentoreamento, práticas de especialistas, *newsletters* e interações e compartilhamento de conhecimento via intranet, diversas iniciativas inovadoras foram introduzidas pela RTA. Nesta seção, destacamos cinco iniciativas: o Fórum Internacional de Gestão de Projetos de Dubai (DIPMF), a Comunidade de Prática de Gestão de Projetos (PMCP), Masharei, estudos de caso publicados e o Prêmio Hamdan Bin Mohamed de inovação em gestão de projetos.

Fórum Internacional de Gestão de Projetos de Dubai

O Fórum Internacional de Gestão de Projetos de Dubai (*Dubai International Project Management Forum* – DIPMF) é realizado anualmente sob o patrocínio de Sua Alteza o Sheikh Hamdan bin Mohammed bin Rashid Al Maktoum, Príncipe Herdeiro de Dubai e Presidente do Conselho Executivo de Dubai. O evento é organizado pela RTA, em cooperação com a Dubai Electricity & Water Authority (DEWA), a Emaar Properties e o Instituto de Gestão de Projetos (PMI).

Com as economias globais crescendo em escala massiva, diversos projetos estão sendo lançados, gerenciados e operados todos os anos. Essa expansão tornou a disciplina da gestão de projetos crucial para simplificar processos de negócios em entidades públicas e privadas. Com a maior complexidade e interconexão dos projetos, as organizações reconheceram a importância da gestão de programas e portfólio para garantir a plena coordenação entre diversos projetos em busca da realização de objetivos comuns e maximização dos seus retornos. Essas práticas de gestão estabelecem uma base forte para alavancar tecnologias e soluções revolucionárias na forma como empresas, economias e governos operam. A visão de longo prazo dos líderes da RTA os levou a desenvolver e dar continuidade à DIPMF como plataforma para compartilhamento de conhecimento e colaboração. Sua visão é promover a disciplina de gestão de projetos e utilizar suas capacidades na entrega eficiente de valor para as comunidades, desde as locais à internacional.

Além do foco em capacidades de engenharia e tecnológicas, o fórum também dá destaque para outros setores menos tradicionais, como esporte, saúde, educação, investigação criminal, hospitalidade, mídia e cinema, entre outros. Ao tentar destacar a diversidade na gestão de projetos, ele toca diversos temas-chave no cerne da disciplina, incluindo liderança, gestão da mudança, inovação, gestão de projetos empresarial e parcerias público-privadas.

A iniciativa nasceu do desejo de Dubai de ter um papel central em liderar a busca por desenvolvimento em toda a região e estabelecer os ingredientes essenciais para alavancar a indústria, alicerçado em bases científicas sólidas, alinhadas com os mais altos padrões e práticas. Ele destaca Dubai como cidade líder no setor de gestão de projetos, cujo sucesso no campo tem seu auge na adoção de padrões internacionais de altíssimo nível em uma série de megaprojetos respeitados em nível global. Os líderes da RTA, orientados por resultados, construíram o DIPMF sobre fundamentos fortes de conquistas factuais em projetos de renome internacional, que reuniram um conjunto significativo de conhecimentos, repletos de melhores práticas e lições aprendidas.

O fórum de 2016 teve cinco palestras de líderes intelectuais de classe mundial, quatro painéis e 21 sessões paralelas que debateram diversos temas importantes na gestão de projetos internacional, como governança, realização de benefícios, sustentabilidade, colaboração intercultural e implementação de iniciativas público-privadas, cidades do futuro e infraestrutura, entre outros tópicos. Os participantes incluíram mais de 1.400 gerentes de projetos, diretores e executivos de 36 países diferentes.

Comunidade de Prática da Gestão de Projetos

O gerenciamento de talentos é um dos facilitadores mais críticos do sucesso organizacional, então a RTA desenvolveu um alto número de programas de treinamento e atividades de desenvolvimento, abrangendo habilidades, estratégia e certificações em diversos níveis. Além disso, o diretor geral e presidente do conselho da RTA e o presidente e CEO do PMI lançaram a Comunidade de Prática da Gestão de Projetos (*Project Management Community of Practice* – PMCP) conjuntamente em setembro de 2013. A PMCP é uma comunidade de prática informal gerenciada pelo EPMO para facilitar a troca de conhecimentos entre os praticantes de gestão de projetos da RTA, introduzindo diferentes tipos de atividades.

Três ciclos de atividades da PMCP (de 2013 a 2016) tiveram bastante sucesso, como demonstrado pelo número de atividades, o nível de satisfação das partes interessadas e a participação crescente dos funcionários em estabelecer e atualizar as políticas de gestão de projetos corporativa.

O ciclo envolveu mais de 40 eventos, e a equipe e os membros criaram um ambiente cheio de energia, percebido e confirmado por pesquisas de satisfação. Hoje, os membros mal podem esperar o plano do próximo ano.

Estudos de casos e artigos

A RTA desenvolve e compartilha constantemente estudos de caso reais dos seus projetos para trocar conhecimentos e cultivar a cultura de compartilhamento de conhecimento no setor de gestão de projetos. Nossos estudos de caso são publicados e compartilhados no DIPMF e nos principais eventos da RTA, compartilhados com universidades em Dubai para uso como material pedagógico para alunos de gestão de projetos e usados internamente para transmitir conhecimento de projetos.

Masharei

Mais do que um programa de treinamento, o Masharei é também um programa customizado e especial para trabalhar o conhecimento e o talento dos diferentes planos de carreira em gestão de projetos na RTA. O programa conclui com uma avaliação, projetada e monitorada por terceiros, que leva a uma acreditação inédita nos EAU e talvez em toda a região: o programa de treinamento e acreditação Masharei.

O programa Masharei foi projetado e implementado em coordenação com o International Institute for Learning (IIL), uma organização de treinamento pioneira. Guiado pelo novo triângulo de talento do PMI®, o programa abrange habilidades centrais de treinamento, negócios e liderança da certificação do PMI®.

A primeira turma do programa Masharei estava programada para se formar no primeiro trimestre de 2017. Primeiro do seu tipo na região, o programa é considerado uma grande mudança no treinamento/certificação em gestão de projetos na região.

Prêmio Hamdan Bin Mohamed

A RTA lançou recentemente o Prêmio Hamdan Bin Mohamed de inovação em gestão de projetos (para mais informações, ver http://www.hbmaipm.com/) (Tabela 3.6).

TABELA 3.6   Categorias de prêmios

Categorias de prêmios	Critérios
Individuais: Prêmio para inovação em gestão de projetos Prêmio para inovação em gestão de PMO	Inovação em gestão (metodologia e ferramentas) Inovação em governança e realização de benefícios (regras e processos) Inovação na formação de equipes de projetos
Equipes: Equipe de projeto inovadora	Inovação em transferência de conhecimento (abordagem e ferramentas) Inovação em comunicação (abordagem e ferramentas) Inovação em utilização de tecnologia
Ideias Inovadoras (das Organizações): Ideia inovadora de gestão de projetos Ideia inovadora de gestão de programas Ideia inovadora de gerenciamento de portfólios	Inovação durante qualquer fase da gestão de projetos, programas e portfólios Inovação em práticas e metodologias de gestão Inovação em utilização de tecnologia

Visão

- Conquistar uma reputação de classe mundial para Dubai por meio de inovações em gestão de projetos
- Estabelecer Dubai como central de gestão de projetos
- Alinhar-se com a Visão para 2021 dos EAU

Metas

- Descobrir inovações em gestão de projetos
- Recompensar a inovação em gestão de projetos
- Incentivar a inovação em gestão de projetos
- Promover a inovação em gestão de projetos
- Capacitar a inovação em gestão de projetos

Público-alvo

A comunidade internacional de profissionais de gestão de projetos e especialistas, indivíduos, equipes e organizações envolvidos com a gestão de projetos, programas ou portfólios.

RESUMO

A história de sucesso da RTA nos leva às cinco conclusões a seguir:

1. A liderança forte provavelmente é o fator mais importante na conclusão bem-sucedida de projetos.
2. Todos os projetos precisam de líderes motivados que defendam a excelência e empoderem suas equipes.
3. Os líderes de megaprojetos devem ter a capacidade de reconhecer a necessidade de mudança e gerenciar as mudanças da forma mais eficaz e eficiente possível.
4. Os líderes de projeto devem enfrentar diversos dilemas, entre eles:
    a. Enxergar a situação geral e os detalhes importantes ao mesmo tempo.
    b. Inovar e manter a estabilidade.
    c. Manter a firmeza, mas ser flexível.

5. Para que os projetos tenham sucesso, os líderes devem possuir, demonstrar e aplicar as seguintes características de excelência em liderança:
   a. Uma visão clara, robusta e incansável provavelmente é o ponto mais importante para o sucesso da liderança no projeto. Contudo, ter visão não basta. Ela precisa ser comunicada e disseminada em cascata para todas as partes do projeto. Quando todas as partes adotam a visão, elas sempre encontram modos de torná-la realidade.
   b. A confiança e o trabalho em equipe devem dominar, com os líderes dos projetos confiando na equipe e esta tendo confiança absoluta nos líderes e na visão. Os líderes devem ser honestos e não ter medo de admitir seus erros.
   c. Diversas publicações definem liderança como influência. Isso é especialmente verdade sobre a liderança de megaprojetos. O líder de megaprojeto precisa de força de vontade e capacidade de influenciar todos os principais envolvidos no projeto, desde os presidentes das grandes empresas até os engenheiros de projeto das menores terceirizadas.
   d. Os líderes de megaprojetos devem ter conhecimento técnico suficiente para gerenciar os projetos. Se não possuem o conhecimento técnico, os líderes devem desenvolver uma abordagem de autoaprendizado na qual não têm vergonha de pedir informações aos especialistas. Do conhecimento técnico vem a capacidade dos líderes de desenvolver planos de curto e longo prazo, além de planos alternativos para cada situação.
   e. Os líderes de megaprojetos devem tomar as decisões certas na hora certa. Isso exige que estejam sempre cientes das dinâmicas do projeto e do progresso dos diversos componentes. As decisões dos líderes vão das maiores, como alterar o escopo do projeto, às menores, como mudar os materiais de acabamento em um detalhe do projeto.
   f. Os líderes devem manter o ímpeto, controle e seguimento em todos os momentos durante o projeto. É preciso definir prazos progressivos para todas as principais contratadas e subcontratadas, para manter o ímpeto do projeto. Devem ser realizadas reuniões de seguimento regulares para garantir que todas as partes estão cumprindo suas obrigações e que o projeto continua nos trilhos. Múltiplas fontes de informações devem ser usadas para garantir a precisão das informações. Além disso, as opiniões de múltiplos especialistas devem ser solicitadas para que o líder possa tomar as decisões certas.
   g. Os líderes de megaprojetos devem adotar uma atitude positiva, sem rodeios e otimista. Esse tipo de atitude, quando disseminada em cascata e adotada por todas as partes do projeto, faz milagre e garante o sucesso do projeto. Os líderes de megaprojetos também devem ter uma atitude de assumir riscos.

Finalmente, todos os itens acima seriam impossíveis sem o patrocínio executivo sólido do governo de Dubai e da sua liderança. Tudo isso foi realizado por meio da comunicação consistente dos planos, progresso e conquistas junto aos executivos do governo, o que levou a um nível incrível de apoio para os projetos da RTA.

3.5 Intel Corporation e os "dias de mapeamento"

A introdução das metodologias de gestão de projetos várias décadas atrás foi estruturada em torno das revisões de final de fase. Uma metodologia típica teria cerca de quatro ou cinco revisões, cada uma, principalmente, uma análise das tendências de orçamento e cronograma, que serviria de base para uma decisão de continuar ou não continuar. As empresas tinham dificuldade de cancelar ou até redirecionar projetos com problemas, preferindo deixar que seguissem até a sua conclusão, caso um milagre ocorresse.

A gestão de projetos está repleta de histórias de terror em que os executivos identificavam as premissas e restrições de um determinado projeto. Às vezes, nem todas as premissas e restrições eram identificadas e, para piorar ainda mais a situação, os gerentes pressupunham que estas não mudariam durante todo o período do projeto. Na conclusão do projeto, muita gente se aborrecia ao descobrir que os *deliverables* não satisfaziam mais aos objetivos de negócios estratégicos da empresa.

Muitos anos atrás, a Intel introduziu o conceito de "Dias de Mapeamento", os quais, entre outras características, incluíam uma revisão periódica do projeto em relação aos objetivos de negócios desejados.[19] Para muitas empresas, os "Dias de Mapeamento" da Intel eram uma visão do futuro das práticas de revisão de desempenho da gestão de projetos. Eles mostravam às partes interessadas que controlar outros itens, como mudanças nas premissas e restrições, é tão importante quanto controlar o tempo e o custo.

Hoje, muitas das características dos "Dias de Mapeamento" são usadas em técnicas como Scrum e métodos ágeis, além das práticas tradicionais de gestão de projetos. Os métodos ágeis e o Scrum usam blocos de tempo curtos, chamados de *sprints* (corridas rápidas). Ao final de cada bloco de tempo, a direção do projeto pode ser revisada para identificar possíveis mudanças de direção. Muitos dos conceitos dos "Dias de Mapeamento" da Intel ainda estão em uso em muitas empresas, ainda que com nomes diferentes.

3.6 Telefones celulares e *smartphones*

Por muitas décadas, os relatórios por escrito foram o método mais usado para informar sobre o desempenho de um projeto. Os relatórios eram demorados e caros de preparar. A tomada de decisões muitas vezes dependia da tempestividade do relatório. Sem relatórios frequentes, as decisões eram tomadas com base no instinto, não em fatos ou evidências.

A introdução do telefone celular abriu as portas para os relatórios de *status* em tempo real. Agora, os gerentes de projetos podiam atualizar o *status* dos seus projetos no telefone (ou outro dispositivo móvel) e transmitir os dados para praticamente qualquer lugar do mundo.

Hoje, a tomada de decisões se baseia em fatos e evidências e pode ocorrer em tempo real. Os telefones celulares modernos mostram imagens e métricas fáceis de ler. Para muitas empresas, os telefones celulares foram acompanhados de *software* de mídias sociais que podem reduzir significativamente o custo dos relatórios por escrito, além do número de reuniões e o alto custo das despesas de viagem.

3.7 A luz no fim do túnel

A maioria das pessoas parece acreditar que a luz no fim do túnel seja a criação de uma metodologia de gestão de projetos para a empresa que seja imediatamente aceita em toda a organização e sirva de suporte à necessidade de sobrevivência da empresa. Na verdade, o ob-

---

[19] Para mais informações, ver Harold Kerzner, *Advanced Project Management: Best Practices on Implementation*, 2nd ed. (Hoboken: Wiley, 2004), p. 115-116.

Figura 3.10 Gestão de projetos empresarial.

jetivo deve ser alcançar a excelência em gestão de projetos, e a metodologia é o direcionador dessa excelência. Segundo um porta-voz da AT&T, a excelência pode ser definida como:

> Uma metodologia de gestão de projeto consistente aplicada a todos os projetos de toda a organização, o reconhecimento continuado por nossos clientes e a alta satisfação do cliente. Além disso, nossa excelência em gestão de projetos é um fator de venda para nossas equipes de vendas. Isso resulta em negócios de repetição com nossos clientes. Há também um reconhecimento interno de que a gestão de projetos é uma atividade que agrega valor e de que é uma necessidade absoluta.

Embora possa haver certo mérito nessa crença de que a excelência começa com a criação de uma metodologia, há outros elementos que devem ser considerados, como mostra a Figura 3.10. Começando no alto do triângulo, a alta gerência precisa ter uma clara visão de como a gestão de projetos irá beneficiar a organização. As duas visões mais comuns são que a implementação da gestão de projetos trará uma vantagem competitiva sustentada para a empresa ou que ela será vista internamente como uma competência estratégica.

Uma vez que a visão tenha sido percebida, o passo seguinte é criar uma declaração de missão, acompanhada por objetivos de longo e curto prazo que claramente articulam a necessidade da gestão de projetos. Como exemplo, veja a Figura 3.11. Nesse exemplo, uma empresa pode desejar ser reconhecida por seus clientes como um provedor de soluções, e não como um fornecedor de produtos e serviços. Portanto, a missão pode ser desenvolver uma metodologia de gestão de projetos empresarial apoiada pelo cliente que forneça um fluxo contínuo de soluções bem-sucedidas para os clientes, na qual os clientes tratem a contratada como um parceiro estratégico, e não como apenas mais um fornecedor. A necessidade da metodologia de gestão de projetos empresarial pode aparecer no enunciado tanto da declaração da visão quanto da declaração da missão.

As declarações de missão podem ser desdobradas em objetivos de curto e longo prazo. Por exemplo, como vimos na Figura 3.12, os objetivos podem começar com o estabelecimento de métricas, a partir das quais podemos identificar os FCSs (fatores críticos de sucesso) e os KPIs (indicadores-chave de sucesso). O foco dos FCSs é sobre as métricas de satisfação do cliente quanto ao produto, serviço ou solução. Os KPIs são medidas in-

```
┌─────────────────────────┐
│   PRODUTOS/SERVIÇOS     │
└─────────────────────────┘
            ↓
      ┌──────────────┐
      │   SOLUÇÕES   │
      └──────────────┘
                ↓
        ┌─────────────────────────┐
        │ COMPETÊNCIA ESTRATÉGICA │
        │   VANTAGEM COMPETITIVA  │
        └─────────────────────────┘
```

Figura 3.11   Identificando a missão.

ternas de sucesso no uso da metodologia. Os FCSs e KPIs são os direcionadores para que a gestão de projetos se torne uma competência estratégica e uma vantagem competitiva. Observe também, na Figura 3.12, que os FCSs e os KPIs podem se basear nas melhores práticas.

Os três níveis mais altos do triângulo da Figura 3.10 representam o *design* da estratégia de gestão de projetos. Os quatro níveis mais baixos envolvem a execução da estratégia, começando com os elementos fundamentais. Os elementos fundamentais são os fatores de longo e curto prazo que devem ser considerados, talvez até mesmo antes de começar o desenvolvimento de uma metodologia de gestão de projetos empresarial (Tabela 3.7). Embora seja discutível que fatores são os mais importantes, as empresas parecem ter acelerado até a excelência em gestão de projetos quando questões culturais são abordadas primeiro.

Para alcançar a excelência em gestão de projetos, primeiro há que se compreender as forças direcionadoras que determinam a necessidade de excelência. Uma vez que as forças sejam identificadas, é essencial ser capaz de identificar os problemas e obstáculos potenciais que podem impedir o sucesso da implementação da gestão de projetos. No decorrer desse processo, o envolvimento executivo é essencial. Nas seções a seguir, essas questões serão discutidas.

```
                                    ┌─────────────────────┐
                                    │  PRODUTOS/SERVIÇOS  │
                                    └─────────────────────┘
  Trabalho fundamental                        ↓
  e melhores práticas    ⟹   (FCSs)
  com foco externo
                                      ┌──────────────┐
                                      │   SOLUÇÕES   │
                                      └──────────────┘
  Melhores práticas e                         ↓
  biblioteca de melhores ⟹   (KPIs)
  práticas com foco interno
                                    ┌──────────────────────────┐
                                    │ COMPETÊNCIA ESTRATÉGICA  │
                                    └──────────────────────────┘
```

Figura 3.12   Identificando as métricas.

TABELA 3.7 Elementos fundamentais	
Longo prazo	**Curto prazo**
Missão	Processos primários e secundários
Resultados	Metodologia
Logística	Implementação da globalização
Estrutura	Desenvolvimento de caso de negócios
Responsabilidade	Ferramentas
Direção	Infraestrutura
Confiança	
Trabalho em equipe	
Cultura	

3.8 Pursuit Healthcare Advisors

Existe uma crença errônea de que a excelência em gestão de projetos exige uma metodologia complexa, com vários volumes de subplanos e formulários. Apesar dos requisitos do setor em que é usada determinarem o nível de complexidade, a excelência é produzida no modo como a metodologia é usada e apoiada pela alta gerência. Mesmo as metodologias mais simples e fáceis de usar podem levar à excelência em gestão de projetos.

A Pursuit Healthcare Advisors está trabalhando com os executivos de saúde mais progressistas para melhorar sua eficiência e produtividade, fazer mais com menos e melhorar a qualidade da prestação de serviços de saúde. A Pursuit utiliza uma abordagem de gestão de projetos intitulada ProVantedge, atualizada continuamente pelo seu escritório de gestão de projetos (PMO). A metodologia do PMO oferece bastante flexibilidade em termos de customização para clientes e inclui melhores práticas ágeis e de gestão de projetos.

METODOLOGIAS DE GESTÃO DE PROJETOS

A experiência nos ensinou que ter comprometido recursos de gestão de projetos para o PMO e melhorado continuamente metodologias flexíveis são os segredos para a conclusão de um projeto dentro do prazo e do orçamento. Para garantir o sucesso, a Pursuit oferece os serviços profissionais do diretor interino do PMO para gerentes de projetos e de programas certificados. Abaixo, apresentamos uma breve descrição dos recursos de gestão de projetos da Pursuit, incluindo principais *deliverables*.

Gerenciamento de programa: Essa função de liderança executiva oferece direção, supervisão e controle. O gerente de programa constrói relacionamentos com a liderança executiva na organização do cliente, quando apropriado, e está diretamente abaixo do diretor executivo de TI (CIO) na hierarquia. O gerente de programa é responsável por garantir que haja um conselho de governança estabelecido e que este defina objetivos viáveis para o programa. Ele facilita identificação e mitigação de riscos, gestão orçamentária, gerenciamento de problemas e comunicação nos níveis sênior. O gerente de programa enfoca a maior inte-

---

A Seção 3.8 foi fornecida por Marc Hirshfield, sócio, e Michael J. Gwardyak, PMP, vice-presidente da Linha de Serviços, Pursuit Healthcare Advisors. ©2017 por Pursuit Healthcare Advisors. Todos os direitos reservados.

gração entre os constituintes e garante que a organização do cliente cumpra ou supere suas próprias metas de negócios com relação ao projeto.

Gestão de Projetos: O gerente de projetos realiza a gestão centralizada de todos os planos, controles, marcos, *deliverables* e recursos, de acordo com a organização do cliente. O gerente de projetos utiliza o ProVantedge, a metodologia e o conjunto de ferramentas da Pursuit, para documentar, acompanhar e gerenciar todos os aspectos do empreendimento.

Deliverables: A Pursuit planeja, gerencia, desenvolve e implementa os seguintes *deliverables*, de acordo com os cronogramas e as responsabilidades acordados mutuamente. O consultor da Pursuit:

- Fornece relatórios de *status* semanais que documentam o progresso em relação a marcos, conquistas durante o período do relatório, desafios e problemas e próximos passos.
- Oferece revisão de fundamentos e educação da metodologia de gestão de projetos e do Programa ProVantedge da Pursuit.
- Apresenta revisões mensais do programa para as partes interessadas designadas e pessoal do projeto, como solicitado. As revisões resumem progresso, problemas, riscos e recomendações.
- Fornece revisões de avaliação de desempenho trimestrais com a alta gerência da Pursuit.

Além dos nossos serviços profissionais, a Pursuit oferece uma metodologia de gestão de projetos customizada e adaptável. Com base nos princípios e conceitos das melhores práticas do PMI, a Pursuit desenvolveu e implementou nossa metodologia proprietária ProVantedge e suas ferramentas baseadas na web. Nossa solução ProVantedge é a base dos nossos serviços de consultoria. Oferecemos serviços e ferramentas para criar um PMO sustentável por meio de uma abordagem tática que ajuda as organizações a construírem as ferramentas, as metodologias e os processos de que precisam para apoiar uma abordagem consistente e repetível à gestão de projetos. Desenvolvemos uma metodologia comprovada e os *templates* de PMO que a acompanham para colocar um PMO em funcionamento no menor tempo possível e com boa relação custo-benefício.

A Pursuit implementou os conceitos do ProVantedge em todas as suas iniciativas de gestão de projetos desde a nossa fundação. O ProVantedge orienta nossas práticas e metodologias internas e externas. Nossa confiança no ProVantedge nos levou a apresentar a metodologia para revisão do PMI e solicitar permissão para se tornar um centro registrado de treinamento (REP, *Registered Education Provider*) credenciado. Foi com muito prazer que, no outono de 2016, o PMI certificou o ProVantedge como alinhado com as últimas normas do PMI; hoje, a Pursuit está alinhada com o PMI como REP certificado.

Com base nos padrões e melhores práticas do PMI, a Pursuit criou uma ferramenta de metodologia *on-line* flexível e customizável para os gerentes de projetos. O ProVantedge oferece um conjunto padronizado de fases, atividades e *templates* alinhados às áreas do conhecimento do PMI, que representam as principais fases da gestão de um projeto:

- Iniciação do projeto
- Planejamento do projeto
- Geração de *status* e controle do projeto
- Finalização do projeto

Cada estágio ou fase do projeto é apoiado por tarefas específicas acompanhadas de um artigo que descreve as melhores práticas e oferece conselhos dos nossos gerentes de projetos certificados responsáveis pela atualização consistente do conteúdo. Além do artigo detalhado, cada tarefa possui um *template* customizável integrado para apoiar o PMO.

Um FCS para a execução de projetos é a capacidade de misturar uma metodologia escalável de gestão de projetos com a abordagem de implementação do fornecedor. O ProVantedge permite que as organizações de saúde tenham uma metodologia comprovada para aproveitar melhores práticas, processos e ferramentas, customizável o suficiente para ampliar a sua escala para qualquer sistema de informações de saúde. A Pursuit pode trabalhar com qualquer organização para mesclar a oferta ProVantedge com uma metodologia de implementação proprietária de modo a estabelecer uma base sólida para a gestão de projetos.

O poder da nossa solução ProVantedge é a escalabilidade e integração unificada com os processos de gestão de projetos de qualquer fornecedor. Em vez de usar os *templates* padrões oferecidos pelo fornecedor, que podem não atender aos padrões atuais ou não terem sido customizados para atender à organização, esses *templates* podem ser aprimorados e mesclados com o ProVantedge para se tornar uma ferramenta poderosa de gestão de projetos.

Após o ProVantedge ser mesclado com *templates* e ferramentas específicas para atender às necessidades da organização, a metodologia pode ser publicada em um *site* privado para acesso e consulta fácil. Nossa solução ficará à disposição de todos os membros de equipes de projeto da organização. Isso permite que toda a documentação do projeto siga um *template* padrão, incluindo o controle de marcos do projeto, riscos, problemas, orçamentos, planos de comunicação ou outras ferramentas necessárias para a sua implementação bem-sucedida. A meta da Pursuit é eliminar os modelos específicos dos fornecedores e clientes desde o início do projeto, de modo a facilitar um plano de *templates* de documentos padrões do início ao fim.

Após a padronização dos *templates* do projeto, os gerentes de projetos da Pursuit podem trabalhar com a equipe de liderança do projeto para criar um plano forte de gerenciamento de documentos, incluindo postagem, atualização e recuperação da documentação do projeto. O plano de gerenciamento de documentos se baseia em uma abordagem colaborativa que permite que indivíduos capacitados acessem, atualizem e recuperem documentos em tempo real, quando necessário. A abordagem elimina a necessidade e confusão que normalmente decorrem de enviar documentos por e-mail e armazená-los em *sites* aos quais nem todos os indivíduos têm acesso. Isso permite que a liderança do projeto visualize rápida e precisamente os *dashboards* de projetos, riscos e problemas, sem se preocupar se estão acessando as informações mais recentes ou não.

A fase final da análise é a criação de um *dashboard* de análise da gestão de projetos que indique processos atuais, áreas para melhorias, riscos e recomendações para a aprimorar a metodologia de gestão de projetos.

SUPERVISÃO DE QUALIDADE

A maior prioridade da Pursuit é a prestação de serviços de alta qualidade, e este representa um dos nossos valores centrais mais importantes. Ter processos para administrar problemas e obter uma resolução satisfatória é fundamental para a nossa capacidade de prestar serviços de alta qualidade para os nossos clientes. Além da manutenção de um registro formal de problemas, acompanhamento e comunicação de problemas, riscos e preocupações por meio de reuniões semanais e relatórios de *status*, também utilizamos nossos processos contínuos de gerenciamento da qualidade para identificar, comunicar, trabalhar e (quando apropriado) escalar problemas.

Nossas metas são formar parcerias com organizações para efetivamente apoiar os usuários finais, trabalhar problemas identificados e mitigar áreas de risco de antemão.

A lista a seguir apresenta exemplos de medidas de qualidade de rotina que adotamos:

Status regular

- Revisões de pedidos
- *Status*/listagem de incidentes em aberto
- Revisão de atividades futuras/em aberto

Relatórios para a gerência

- Visão geral do projeto
- Atualizações operacionais
- Métricas de utilização de recursos
- Revisões de nível de serviço (tempo de trabalho, níveis de resposta)
- Estatísticas de gestão e controle de mudanças
- Revisão de incidentes e RCA
- Documentação contínua:
  - Relatórios de incidentes
  - Relatórios de análise da causa-raiz
  - Calendário de manutenção
  - Documento de práticas de mudança do cliente

O gerente de projetos escolhido pela Pursuit é responsável por supervisionar a qualidade durante todo o ciclo de vida do projeto. Os deveres de supervisão incluem reuniões regulares com as equipes dos clientes e dos fornecedores, revisões de cada relatório de *status*, revisões dos *deliverables* do cliente e conduções de revisões trimestrais formais do projeto. Além disso, o gerente de projetos e os membros da equipe de liderança da Pursuit se reúnem com a equipe de liderança do cliente no mínimo uma vez por trimestre para revisar os resultados do nosso esforço de supervisão, debater áreas que geram preocupações e delinear planos para resolver quaisquer questões que precisem ser trabalhadas.

Uma revisão de projeto executiva formal é executada pela Pursuit seis semanas após o começo da iniciativa e então a cada 30 dias. A revisão é completada pelo patrocinador executivo do cliente e o gerente de projetos escolhido, em conjunto com um sócio ou vice-presidente da linha de serviços da Pursuit. A revisão segue o formato de apresentação e permite que o cliente e a Pursuit garantam que a qualidade e execução da iniciativa de apoio estejam atendendo às expectativas. Esse passo importante estabelece a base para um entendimento mútuo dos riscos da iniciativa de apoio, incluindo:

- Criar uma oportunidade essencial para comparar as expectativas dos patrocinadores executivos do cliente e da Pursuit e nos permitir trabalhar as diferenças antes que surjam problemas.
- Dar aos patrocinadores executivos e equipes de gestão da iniciativa de apoio um entendimento completo do plano de serviços de apoio e seus riscos em potencial, garantindo que a iniciativa de apoio esteja fazendo suas entregas dentro do prazo, que os *deliverables* foram aprovados e produzidos e que as mudanças foram gerenciadas de maneira adequada.
- Aumentar a confiança no plano de gestão de projetos com uma abordagem proativa ao controle e à mitigação dos riscos, confirmando que a iniciativa de apoio está seguindo o plano.

3.9 Gerenciando premissas

Sempre que discutimos a jornada rumo à excelência, as pessoas esperam ver uma cronologia de eventos relacionada ao modo como a empresa amadureceu em gestão de projetos. Embora isso certamente seja importante, há outros fatores que podem acelerar o processo de maturidade. Um deles é a compreensão das premissas adotadas e uma disposição para acompanhá-las ao longo do projeto. Se as premissas estavam erradas ou mudaram, então talvez a direção do projeto deva mudar ou ele deva ser cancelado.

O planejamento começa com a compreensão das premissas. Muito frequentemente, elas são adotadas pelo pessoal de marketing e vendas e, então, são aprovadas pela gerência sênior como parte da seleção do projeto e processo de aprovação. As expectativas quanto aos resultados baseiam-se nas premissas adotadas.

Por que, muito frequentemente, os resultados de um projeto, então, não satisfazem às expectativas da gerência sênior? No início de um projeto, é impossível garantir que os benefícios esperados pela gerência sênior sejam realizados na conclusão do projeto. Embora a duração do projeto seja um fator crítico, o verdadeiro culpado são as mudanças nas premissas.

As premissas têm de ser documentadas no início de um projeto usando seu termo de abertura como um meio possível. Durante todo o percurso, o gerente de projetos deve revalidar e questionar as premissas, que podem determinar que o projeto seja cancelado ou redirecionado a um diferente conjunto de objetivos. A jornada rumo à excelência pode exigir uma forma de revalidar as premissas. Quanto maior a duração do projeto, maior a chance de as premissas mudarem.

Um plano de gestão de projetos baseia-se nas premissas descritas no termo de abertura do projeto. Ainda assim, há premissas adicionais adotadas pela equipe que servem de insumo para o plano de gestão de projetos. Um dos principais motivos pelos quais as empresas usam um termo de abertura é o fato de os gerentes de projetos muitas vezes entrarem em cena muito depois de os processos de seleção e de aprovação dos projetos terem sido concluídos. Consequentemente, os gerentes de projetos precisam saber que premissas devem ser consideradas.

3.10 Gerenciando premissas em projetos de conservação – WWF International

Em 2005, em colaboração com outras organizações de conservação,[20] o World Wide Fund for Nature (WWF) concordou em dar início e iniciou à implementação de um conjunto de

---

A Seção 3.10 foi fornecida pelo WWF. Qualquer reprodução integral ou parcial deste artigo precisa mencionar o título e dar o crédito ao WWF como detentor dos direitos autorais. © text 2017 WWF–World Wide Fund For Nature (também conhecido como World Wildlife Fund, ou Fundo Mundial para a Natureza). Todos os direitos reservados. O material foi fornecido por William Reidhead, MSc, gerente, consultor de *design* e impacto (monitoramento), Unidade de Estratégia de Conservação e Desempenho, WWF International.

[20] Os Padrões do Programa WWF são estritamente baseados nos Padrões Abertos para a Prática e Conservação (*Open Standards for the Practice of Conservation*), desenvolvidos pela Parceria de Medidas de Conservação (Conservation Measures Partnership), uma parceria de 11 organizações de conservação que trabalham juntas em busca de melhores maneiras de projetar, gerenciar e medir os impactos de suas ações de conservação (www.conservationmeasures.org).

Padrões de Gestão de Programas e Projetos de Conservação ("Padrões de Programas").[21] Esses padrões têm suas raízes em uma longa história de planejamento de projetos e programas e gerenciamento no WWF, entre outras organizações de conservação e em outras disciplinas. Os padrões de programas são criados para ajudar os gerentes de projetos e os funcionários a descrever o que eles pretendem conservar, identificar suas principais premissas, desenvolver estratégias eficientes, medir seu sucesso e então adaptá-las, compartilhá-las, e aprender com o passar do tempo.

GERENCIAMENTO ADAPTATIVO E DESAFIOS EM PROJETOS DE CONSERVAÇÃO

Embora haja uma quantidade significativa de pesquisas e documentação sobre gestão de projetos no setor privado, cujos princípios se aplicam igualmente ao setor sem fins lucrativos, os projetos de conservação também enfrentam outros desafios. Além dos processos usuais de execução e controle de projetos, os projetos de conservação precisam operar em meio a uma grande incerteza e a sistemas complexos influenciados por fatores biológicos, políticos, sociais, econômicos e culturais.

Ao definir o contexto do projeto, os conservacionistas devem considerar incertezas quanto à situação da biodiversidade, ao funcionamento de sistemas ecológicos e a como os humanos causam mudanças nos sistemas ecológicos e são, por sua vez, por eles afetados. Da mesma forma, ao criar intervenções cujo objetivo é melhorar a situação da biodiversidade, os projetos de conservação enfrentam o desafio de precisarem selecionar entre inúmeras estratégias que ainda não foram testadas, saber qual será a mais eficiente e medir e comunicar o impacto dessas estratégias. Tudo isso acontece no contexto de recursos humanos e financeiros, informações e capital político limitados, além da exigência cada vez maior de transparência e da influência de doadores e governos que apoiam os projetos.

Consequentemente, os Padrões de Programas do WWF seguem uma abordagem experimental para gerenciar projetos de conservação, integrando definição, *design*, gerenciamento e monitoramento para testar sistematicamente as premissas a fim de adaptar e aprender. O processo de gerenciamento adaptativo exige que as equipes de projeto identifiquem explicitamente as premissas sob as quais estão operando e as testem sistematicamente para ver se são válidas no contexto de seu projeto. Isso fornece um método para tomar decisões mais conscientes, testando a eficiência das estratégias usadas e aprendendo e adaptando-as para melhorá-las.

A seguir, há duas ferramentas que são melhores práticas recomendadas dentro dos Padrões de Programas do WWF e são essenciais para determinar e gerenciar premissas de projetos.

MODELOS CONCEITUAIS

Um *modelo conceitual* (também chamado de "árvore de problemas" ou "mapa da problemática") é um diagrama que representa um conjunto de supostas relações causais

---

[21] Para informações mais detalhadas sobre os Padrões de Programas do WWF, visite www.panda.org/standards.

entre fatores que se acreditam afetar um ou mais dos alvos de biodiversidade (espécies ou habitats) que o projeto pretende conservar. Um bom modelo conceitual deve associar explicitamente os alvos de biodiversidade às ameaças diretas que os afetam e às ameaças e oportunidades indiretas que influenciam as ameaças diretas. Deve também ressaltar as premissas que foram adotadas sobre relações causais e indicar caminhos por meio dos quais atividades estratégicas podem ser usadas para influenciar positivamente essas relações. Em resumo, um modelo conceitual representa a situação presente no local em que o projeto está sendo desenvolvido e fornece a base para determinar onde as equipes de projeto podem intervir com atividades estratégicas. Observe que cada seta que conecta duas caixas na Figura 3.13 indica causalidade e representa uma premissa que pode ser testada.

CADEIAS DE RESULTADOS

As equipes de projetos de conservação implementam estratégias que elas acreditam que irão contribuir para conservar a biodiversidade em seu local, mas podem não declarar formalmente suas premissas sobre exatamente como a estratégia levará à redução da ameaça e à conservação da biodiversidade. Na verdade, é provável que elas tenham muitas premissas implícitas – que podem até mesmo diferir entre os membros de equipe e parceiros de projetos – sobre como suas estratégias irão contribuir para alcançar a conservação. No entanto, se essas premissas não forem explicitadas, não poderão ser testadas, nem sua validade poderá ser determinada ao longo do tempo.

Uma *cadeia de resultados* é uma ferramenta que esclarece essas premissas, um diagrama que mapeia uma série de declarações causais que conectam fatores na forma de causa e consequência (se... então...). As cadeias de resultados podem ajudar as equipes a especificar e modelar suas teorias de mudança. Em algumas organizações, as cadeias de resultados também são chamadas de "modelos lógicos" ou "árvores de soluções". Elas são construídas a partir do modelo conceitual e, como mostra a Figura 3.14, são compostas por uma estratégia (um grupo de atividades), resultados desejados e o impacto último que esses resultados terão sobre o alvo de biodiversidade. Uma meta é uma declaração formal de um impacto desejado sobre um alvo de biodiversidade, e um objetivo é uma declaração formal de um resultado desejado, frequentemente a redução de uma ameaça.

Dessa maneira, uma cadeia de resultados bem construída oferece ao projeto um conjunto de atividades estratégicas a serem executadas no local, além de metas e objetivos, ou seja, um plano de ação de conservação. As cadeias de resultados também fornecem a base para planos financeiros/operacionais, além de formular indicadores e monitorar e controlar planos. Além de elucidar premissas e desenvolver planos para a execução de projetos, os modelos conceituais e as cadeias de resultados são ferramentas úteis para monitorar e controlar a implementação de um projeto e para avaliar impactos e diagnosticar qualquer gargalo que possa surgir. De nada adianta que as duas ferramentas acima caiam dentro dos planos de planejamento dos Padrões de Programas do WWF conhecidos como Definir e Projetar. Esses passos também incluem outras ferramentas para avaliar a viabilidade de alvos de biodiversidade, classificar ameaças à biodiversidade, fazer a análise de partes interessadas, avaliar riscos, etc. Outros passos incluem melhores práticas de implementação, de análise de resultados, de adaptação de planos e de compartilhamento.

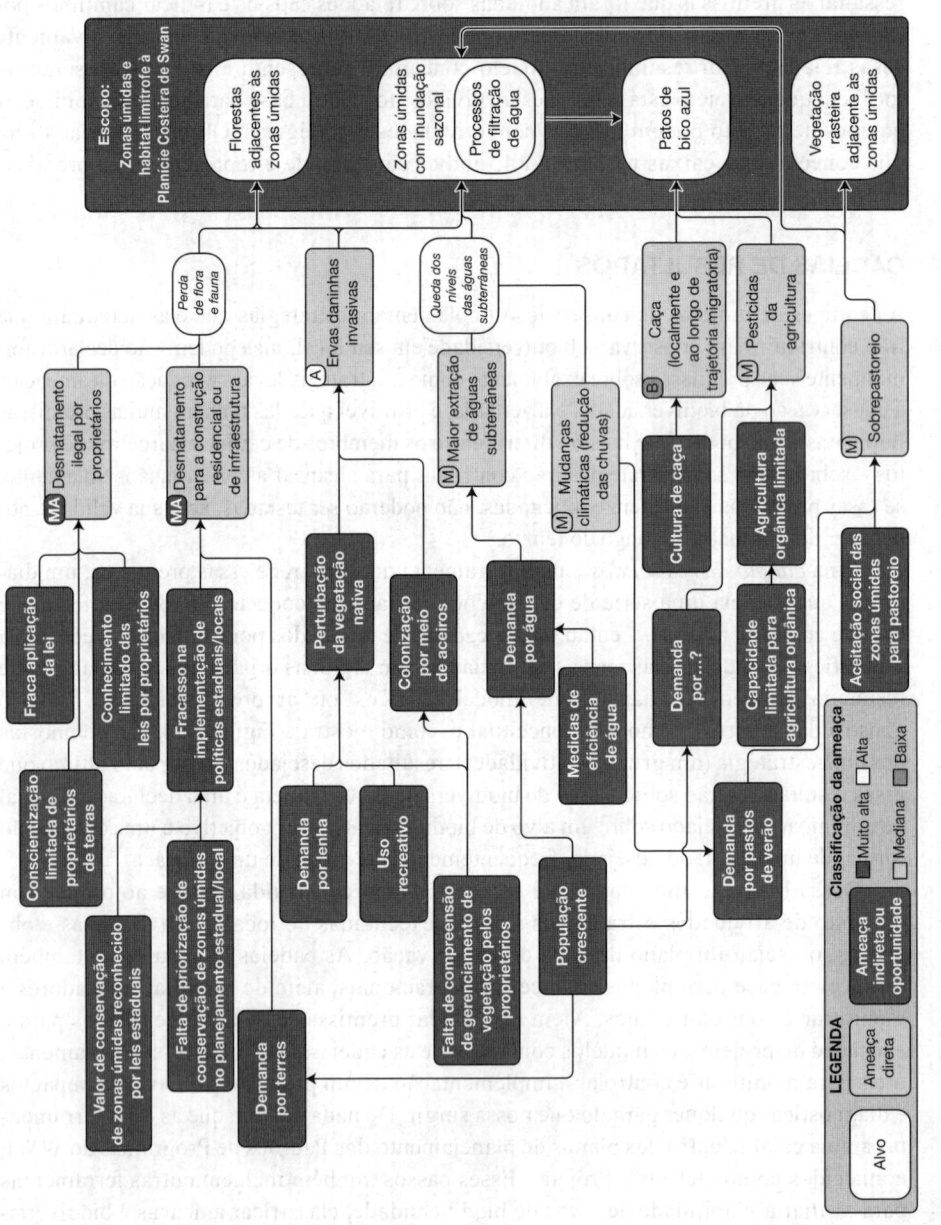

Figura 3.13 Exemplo (simplificado) de um modelo conceitual da Planície Costeira do Swan, no sudeste da Austrália.

Capítulo 3 • Jornada rumo à excelência **153**

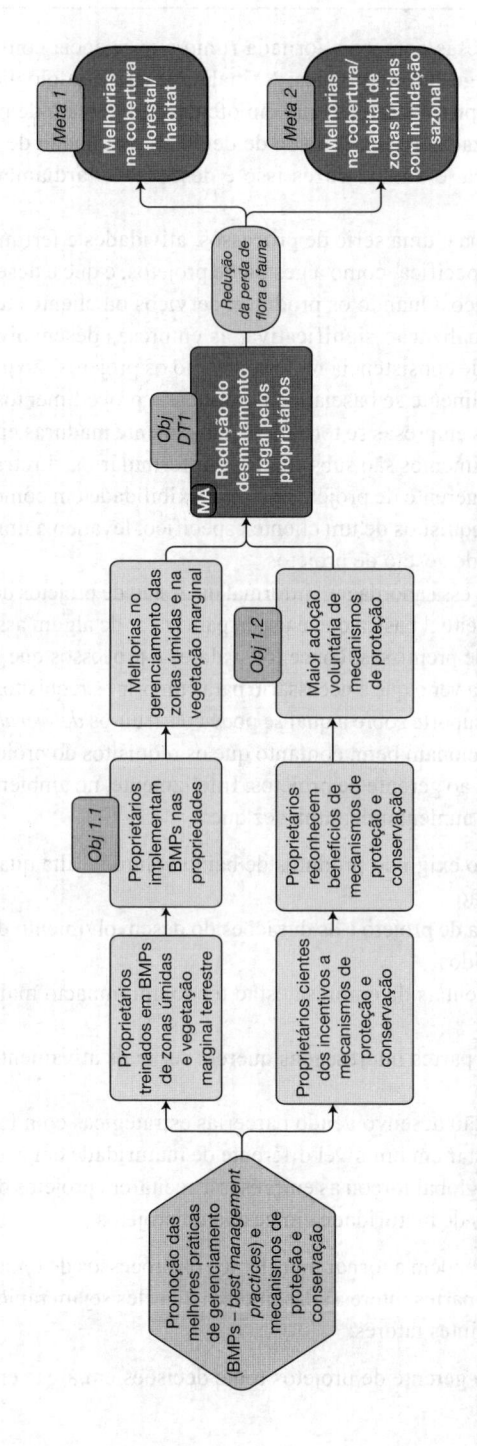

Figura 3.14 Exemplo (simplificado) de uma cadeia de resultados da Planície Costeira do Swan, no sudeste da Austrália.

- **Meta 1**: Melhorias na cobertura florestal/habitat
- **Meta 2**: Melhorias na cobertura/habitat de zonas úmidas com inundação sazonal
- **MA**: Redução da perda de flora e fauna
- **Obj DT1**: Redução do desmatamento ilegal pelos proprietários
- **Obj 1.1**: Proprietários implementam BMPs nas propriedades
- **Obj 1.2**: Maior adoção voluntária de mecanismos de proteção
- Melhorias no gerenciamento das zonas úmidas e na vegetação marginal
- Proprietários reconhecem benefícios de mecanismos de proteção e conservação
- Proprietários treinados em BMPs de zonas úmidas e vegetação marginal terrestre
- Proprietários cientes dos incentivos a mecanismos de proteção e conservação
- Promoção das melhores práticas de gerenciamento (BMPs – *best management practices*) e mecanismos de proteção e conservação

3.11 Governança de projetos

A maioria das empresas começa a jornada rumo à excelência com o desenvolvimento de uma metodologia de gestão de projetos. A finalidade da metodologia é fornecer não somente um guia de como proceder, mas também oferecer ao gerente de projetos as informações necessárias e atualizadas para a tomada de decisões. A tomada de decisões exige alguma forma de governança, e muitas vezes isso é descoberto tardiamente na jornada rumo à excelência.

Uma metodologia é uma série de processos, atividades e ferramentas que fazem parte de uma disciplina específica, como a gestão de projetos, e que é desenvolvida para alcançar um objetivo específico. Quando os produtos, serviços ou clientes têm requisitos similares e não exigem personalização significativa, as empresas desenvolvem metodologias para fornecer certo grau de consistência na forma como os projetos são gerenciados. Esses tipos de metodologia geralmente se baseiam em políticas e procedimentos rígidos.

À medida que as empresas se tornam razoavelmente maduras em gestão de projetos, as políticas e os procedimentos são substituídos por formulários, diretrizes e listas de verificação. Isso fornece ao gerente de projetos maior flexibilidade em como aplicar a metodologia para satisfazer aos requisitos de um cliente específico, levando a uma aplicação mais informal da metodologia de gestão de projetos.

Hoje, chamamos essa abordagem informal da gestão de projetos de "modelo". Um modelo é uma estrutura conceitual básica que é usada para tratar de algum assunto, como um projeto. Inclui um conjunto de premissas, conceitos, valores e processos que fornecem ao gerente de projetos um meio para ver o que é necessário para cumprir os requisitos de um cliente. Trata-se de uma estrutura de suporte sobre a qual se pode construir os *deliverables* do projeto.

Os modelos funcionam bem, contanto que os requisitos do projeto não imponham uma pressão forte demais ao gerente de projetos. Infelizmente, no ambiente caótico de hoje, essa pressão parece estar aumentando, uma vez que:

- Os clientes estão exigindo produtos de baixo volume e alta qualidade, com certo grau de personalização
- Os ciclos de vida de projeto e as durações do desenvolvimento de novos produtos estão sendo comprimidos
- Os fatores ambientais da empresa estão tendo um impacto maior sobre a execução de projetos
- Os clientes e as partes interessadas querem ser mais ativamente envolvidos na execução de projetos
- As empresas estão desenvolvendo parcerias estratégicas com fornecedores, e cada fornecedor pode estar em um nível diferente de maturidade em gestão de projetos
- A concorrência global forçou as empresas a aceitarem projetos de clientes que estão em diferentes níveis de maturidade em gestão de projetos

Essas pressões tendem a tornar mais lentos os processos de tomadas de decisão, em um momento em que as partes interessadas querem que eles sejam rápidos. Essa desaceleração é resultado dos seguintes fatores:

- Espera-se que o gerente de projetos tome decisões em áreas em que ele tem conhecimento limitado

- O gerente do projeto hesitar em aceitar total responsabilidade e ser o encarregado pelos projetos
- Camadas excessivas de gerência vão sendo superpostas à organização da gerência do projeto
- O gerenciamento dos riscos está sendo empurrado para níveis mais altos da hierarquia da organização
- O gerente de projetos demonstra uma capacidade de liderança questionável

Esses problemas podem ser resolvidos usando uma governança de projeto eficiente. A governança de projeto é, na verdade, uma estrutura a partir da qual as decisões são tomadas. A governança está relacionada a decisões que definem expectativas, responsabilidades, concessão de poder ou verificação de desempenho; ela está relacionada ainda a um gerenciamento consistente e a políticas e processos coesivos e diretos de tomada de decisões para determinada área de responsabilidade. A governança permite que ocorra uma tomada de decisões eficiente.

Cada projeto pode ter uma governança diferente, mesmo que cada um deles use a mesma metodologia de gestão de projetos empresarial. Uma função de governança pode operar como um processo separado ou como parte de uma liderança de gestão de projetos. A governança é criada não somente para substituir a tomada de decisões do projeto, mas para evitar que decisões indesejáveis sejam tomadas.

Historicamente, a governança era feita pelo patrocinador do projeto. Nos dias atuais, frequentemente está a cargo de um comitê. A formação do comitê pode mudar de um projeto para outro e de uma indústria para outra. A participação também pode ser baseada no número de partes interessadas e se o projeto é de um cliente externo ou interno.

3.12 Sete falácias que atrasam a maturidade da gestão de projetos

Muito frequentemente, as empresas embarcam em uma jornada rumo à implementação da gestão de projetos e só então descobrem que o caminho que elas pensaram ser claro e direto é, na verdade, cheio de obstáculos e falácias. Sem compreensão suficiente das barreiras iminentes e de como superá-las, uma organização pode nunca alcançar um alto nível de maturidade em gestão de projetos. Seus concorrentes, por outro lado, podem exigir apenas alguns anos para implementar uma estratégia para a organização que produza projetos bem-sucedidos de forma previsível e consistente.

Um importante obstáculo à maturidade em gestão de projetos é o fato de que as atividades de implementação geralmente são lideradas por pessoas em cargos de autoridade dentro de uma organização. Embora muitas vezes tenham uma compreensão insuficiente da gestão de projetos, não estão dispostas a frequentar programas de treinamento, por mais curtos que sejam, para adquirir uma compreensão básica do processo. Um segundo obstáculo importante é que essas mesmas pessoas geralmente tomam decisões de implementação baseadas em interesses pessoais ou segundas intenções. Ambos os obstáculos causam problemas à implementação da gestão de projetos.

As falácias que afetam a maturidade de uma implementação de gestão de projetos não necessariamente impedem que ela ocorra. Em vez disso, essas crenças errôneas alongam a duração da implementação e criam uma frustração significativa entre os membros da equipe de gestão de projetos. As sete falácias mais comuns serão explicadas a seguir.

Falácia 1: Nosso objetivo final é implementar a gestão de projetos. Meta errada! O objetivo final deve ser o desenvolvimento progressivo de sistemas e processos de gestão de projetos que, consistente e previsivelmente, resultam em um fluxo contínuo de projetos bem-sucedidos. Uma implementação bem-sucedida ocorre no menor período e não causa perturbação alguma ao fluxo de trabalho existente. Qualquer um pode comprar um pacote de *software* e implementar a gestão de projetos de forma pontual, mas o resultado não necessariamente serão sistemas e processos eficientes de gestão de projetos. Além disso, concluir com sucesso um ou dois projetos não significa que você irá continuar a ter apenas projetos bem-sucedidos.

Ainda, comprar o melhor *software* de gestão de projetos não pode e não irá substituir a necessidade de as pessoas terem de trabalhar juntas em um ambiente de gestão de projetos. O *software* não é:

- Uma panaceia ou solução paliativa para os problemas de gestão de projetos
- Uma alternativa ao papel humano na gestão de projetos
- Um substituto do conhecimento, das habilidades e das experiências necessárias para se gerenciar projetos
- Um substituto da tomada de decisões humana
- Um substituto da atenção da gerência quando necessário

É essencial ter o objetivo correto para alcançar a maturidade em gestão de projetos no menor intervalo possível.

Falácia 2: Precisamos estabelecer tal número de formulários, gabaritos, diretrizes e listas de verificações em determinado prazo. Critérios errados! A maturidade em gestão de projetos pode ser avaliada somente por meio do estabelecimento de níveis de maturidade baseados no tempo e do uso de instrumentos de avaliação. Embora formulários, gabaritos, diretrizes e listas de verificações realmente sejam necessários, maximizar seu número ou colocá-los em vigor não significa que a gestão de projetos esteja amadurecendo. Muitos – inclusive eu – acreditam que a maturidade possa ser acelerada se o foco for o desenvolvimento de uma metodologia de gestão de projetos para toda a organização a qual todos adotem e apoiem.

As metodologias devem ser criadas de modo a agilizar a forma como a organização lida com projetos. Por exemplo, quando um projeto é concluído, deve-se fazer o *debriefing* da equipe para identificar as lições aprendidas e as melhores práticas. A sessão de *debriefing* geralmente revela maneiras de minimizar ou combinar processos e melhorar a eficiência e a eficácia sem aumentar os custos.

Falácia 3: Precisamos comprar um *software* de gestão de projetos para acelerar o processo de maturidade. Abordagem errada! Comprar um *software* somente para ter um *software* de gestão de projetos é uma má ideia. Muito frequentemente, os tomadores de decisões compram esses *softwares* baseados nos recursos e acessórios que o acompanham, acreditando que um pacote de *software* maior conseguirá acelerar a maturidade. Talvez um pacote de *software* de US$200 mil seja benéfico para uma empresa que esteja construindo usinas nucleares, mas que percentual de projetos exige recursos elaborados? Os gerentes de projetos em meus seminários imediatamente admitem que usam menos de 20% da capacidade de seu *software* de gestão de projetos. Eles parecem vê-lo como uma ferramenta de geração de cronogramas, em vez de como uma ferramenta para gerenciar projetos proativamente.

Considere o exemplo a seguir, que poderia representar um ano típico em uma organização de médio porte:

- Número de reuniões por projeto: 60
- Número de pessoas presentes em cada reunião: 10
- Duração de cada reunião: 1,5 hora
- Custo de uma hora-homem em sua carga máxima: $125
- Número de projetos por ano: 20

Usando essas informações, a organização gasta uma média de US$2,25 milhões para que as pessoas participem de reuniões de equipe em um ano! Bem, e se pudéssemos comprar um pacote de *software* que reduzisse o número de reuniões de projeto em 10%? Poderíamos economizar para a organização US$225 mil por ano!

A meta da seleção do *software* devem ser os benefícios para o projeto e a organização, como reduções de custo por meio de eficiência, eficácia, padronização e consistência. Na maioria das vezes, um pacote de *software* de US$500 pode reduzir os custos do projeto de forma tão eficiente quanto um pacote de US$200 mil. Infelizmente, as pessoas que encomendam o pacote priorizam mais o número de recursos que o pacote possui do que quanto a empresa economizará com o uso do *software*.

Falácia 4: Precisamos implementar a gestão de projetos em pequenos passos, com um pequeno projeto inaugural que todos possam acompanhar. Método errado! Isso funciona se o tempo não for uma restrição. A melhor aposta é usar um grande projeto como o projeto inaugural. Um grande projeto ser bem-sucedido significa que os mesmos processos podem funcionar em pequenos projetos, enquanto o inverso não é necessariamente verdadeiro.

Em pequenos projetos inaugurais, algumas pessoas sempre discutem contra a implementação da gestão de projetos e encontram inúmeros exemplos de por que eles não funcionarão. Usar um projeto grande geralmente encontra menos resistência, especialmente se a sua execução proceder sem grandes problemas.

Há riscos em usar um projeto grande como inaugural. Se o projeto enfrentar problemas devido a uma gestão de projetos mal implementada, podem ocorrer danos significativos à empresa. Existe um argumento válido a favor de começar com projetos pequenos, mas a preferência do autor é por projetos maiores.

Falácia 5: Precisamos acompanhar e divulgar os resultados do projeto inaugural. Ação errada! Expor o sucesso de um projeto beneficia somente aquele projeto, e não a empresa inteira. Esclarecer como a gestão de projetos fez um projeto ser bem-sucedido beneficia toda a organização. As pessoas, então, irão compreender que a gestão de projetos pode ser usada em diversos projetos.

Falácia 6: Precisamos do apoio executivo. Quase verdadeiro! Precisamos de um apoio executivo *visível*. As pessoas podem facilmente diferenciar entre apoio genuíno e apoio "da boca para fora". Os executivos devem servir de exemplo. Têm de presidir reuniões para demonstrar seu apoio à gestão de projetos e estar presentes em várias reuniões de equipes de projetos. Eles precisam manter uma política de portas abertas para problemas que ocorram durante a implementação da gestão de projetos.

Falácia 7: Precisamos de um curso de gerenciamento de projetos para que nossos funcionários possam se credenciar no PMP®.* Mais uma vez, quase verdade! Aquilo de que realmente precisamos é uma educação contínua em gestão de projetos. Tornar-se PMP® é apenas o ponto de partida. Existe vida além do *Guia PMBOK®*. A educação contínua em gestão de projetos em toda a organização é a maneira mais rápida de acelerar a maturidade em gestão de projetos.

Nem é preciso mencionar que há um número significativamente maior do que o que foi discutido aqui de falácias prontas para impedirem sua implementação da gestão de projetos e postergar sua maturidade. O que é crucial é que sua organização a implemente por meio de um plano bem pensado, que receba adesão e apoio de toda a organização. Falácias criam atrasos desnecessários. Identificar e superar pensamentos errôneos pode ajudar a acelerar a maturidade na gestão de projetos de sua organização.

3.13 Motorola

"Em 2005 fará bem mais de 30 anos que a Motorola vem usando a gestão de projetos", segundo um porta-voz da Motorola. As forças que levaram a empresa a reconhecer a necessidade de se tornar bem-sucedida em gestão de projetos foram "a crescente complexidade dos projetos, juntamente a problemas de qualidade, descumprimento de prazos e sobrecustos, o que levou a gerência sênior a buscar uma solução gerencial alternativa ao que acontecia anteriormente. A seguir, temos uma cronologia do que a Motorola fez para chegar onde se encontra hoje, além de alguns dos problemas encontrados:

- 1995: Contratação de um diretor de gestão de projetos
- 1996: Primeiro, contratação de gerentes de projetos – definição de papéis formais e transferência de responsabilidades para geração do cronograma e aceitação do projeto
- 1998: Controle de mudanças formais instituído – liderado por gerente de projetos
- 1998: Passagens de fases implementadas em todos os projetos
- 2000: Implementação de ferramenta de controle do tempo
- 2001: Implementação de um acompanhamento de recursos mais formal
- 2002: Melhorias no planejamento e acompanhamento de recursos
- 2004: Contabilidade de custos de projetos

Inicialmente, o gerenciamento de programas era visto como uma atividade extra. Gerentes de engenharia relutavam em abrir mão do controle do programa e comunicação de *status*. Foi somente por meio do comprometimento da gerência sênior com práticas formais de gestão de projetos que foi criado um PMO e cargos e responsabilidades foram transferidos. A aceitação total do gerenciamento da engenharia só ocorreu vários anos depois de a gestão de projetos ter demonstrado o valor de práticas estruturadas de gerenciamento de programa, o que resultou em entregas de produtos consistentemente dentro do prazo. Tais práticas incluem a geração formal, integrada e completa do cronograma do projeto, oferecendo uma supervisão do projeto de forma independente e multifuncional, comunicando o *status* do programa de forma não tendenciosa, coordenando a resolução de problemas de modo multifuncional, além da identificação e do gerenciamento dos riscos do programa. Posteriormente, as responsabilidades da gestão de projetos aumentaram, passando a incluir outras áreas importantes, como comunicações com o cliente, controle de escopo e gestão de mudanças, contenção de custos e planejamento de recursos.

---

* PMP é uma marca registrada do Project Management Institute, Inc.

O suporte executivo foi fornecido por meio do patrocínio do desenvolvimento da função de gerenciamento de programa. A estrutura de geração de relatórios da função foi cuidadosamente mantida dentro de uma área apropriada da organização, garantindo independência de influências indevidas de outras áreas funcionais, de modo que fossem oferecidos suporte e relatórios objetivos e independentes.

3.14 Texas Instruments

Um problema crucial enfrentado pelas empresas é se a metodologia deve ou não ser desenvolvida antes do estabelecimento de uma cultura de gestão de projetos. As empresas geralmente cometem o erro fatal de acreditar que o desenvolvimento de uma metodologia de gestão de projetos é a solução para seus problemas. Embora isso possa ser verdade em algumas circunstâncias, as empresas excelentes percebem que são as pessoas que executam as metodologias e que as melhores práticas em gestão de projetos podem ser alcançadas mais rapidamente se o foco forem as pessoas, e não as ferramentas. Uma forma de se tornar bom em gestão de projetos é desenvolver uma pirâmide de sucesso como mostra a Figura 3.15. Cada empresa possui sua própria abordagem quanto ao que deve ser incluído em uma pirâmide de sucesso.

A Texas Instruments reconheceu a importância de focar as pessoas como uma forma de acelerar o sucesso nos projetos. A Texas Instruments desenvolveu sua pirâmide do sucesso para gerenciar projetos globais. O modelo de governança é exibido na Figura 3.16. Um porta-voz da Texas Instruments descreve o desenvolvimento e a utilização da pirâmide do sucesso na gestão de projetos globais na Texas Instruments:

No final da década de 1990, a organização empresarial de sensores e controles tinha migrado de equipes locais para equipes globais. Eu era responsável por gerenciar de cinco a seis gerentes de projetos que, por sua vez, gerenciavam equipes globais de desenvolvimento de novos produtos (NPD, *New Product Development*). Essas equipes geralmente consistiam em 6 a 12 membros da América do Norte, Europa e Ásia. Embora estivéssemos operando em um ambiente empresarial global, as equipes enfrentavam muitas dificuldades novas e ímpares. Desenvolvemos a pirâmide do sucesso para auxiliar os gerentes de projetos nessa tarefa.

Embora a mensagem da pirâmide seja bastante simples, o uso dessa ferramenta pode ser muito poderoso. Ela se baseia no princípio de construir uma pirâmide da base até o topo. A camada inferior dos blocos de construção é o *alicerce*, chamado de "compreensão e confiança". A mensagem aqui é que, para que uma equipe global funcione bem, deve haver um vínculo comum. Os membros da equipe precisam confiar uns nos outros, e cabe ao gerente de projetos garantir que esse vínculo seja estabelecido. Nos blocos de construção desse nível, são fornecidos detalhes e exemplos adicionais para auxílio dos gerentes de projetos. É comum que alguns membros de uma equipe jamais tenham se encontrado antes do início de um projeto, de modo que a tarefa de construir a confiança é, definitivamente, um desafio.

O segundo nível se chama "direção sancionada". Esse nível inclui o termo de abertura do projeto e a missão da equipe, bem como as metas e os objetivos formais. Como essas equipes são virtuais e raramente se encontram pessoalmente, a mensagem nesse nível é a

---

O material da Seção 3.14 foi reproduzido de H. Kerzner, *Advanced Project Management: Best Practices on Implementation*, Hoboken, NJ: Wiley, 2004, p. 46-48.

Figura 3.15 Pirâmide do sucesso.

(Pirâmide, de baixo para cima: Foco em comunicações, trabalho em equipe e confiança → Apoio da gerência sênior → Gerência funcional → Adesão da equipe → Valor)

Figura 3.16 Pirâmide do sucesso da Texas Instruments.

PIRÂMIDE DO SUCESSO — SUCESSO DA EQUIPE — FACILITADORES DA EQUIPE GLOBAL

META: FOCO NO CLIENTE (INTERNO), FOCO NO CLIENTE (EXTERNO)
RESULTADOS
COMUNICAÇÃO, TRANSFERÊNCIA DE DADOS, PROCESSOS
LOGÍSTICA
PLANEJAMENTO DE PROJETOS, VALORES E CRENÇAS, ACORDOS OPERACIONAIS
RESPONSABILIDADE
VISÃO, TERMO DE ABERTURA, MISSÃO, METAS E OBJETIVOS
DIREÇÃO SANCIONADA
EU, OUTROS, EQUIPE, ORGANIZAÇÃO, SOCIEDADE E CULTURA
COMPREENSÃO E CONFIANÇA

de que o gerente de projetos deve assegurar-se da aprovação e do apoio de todos os gerentes regionais envolvidos no projeto. Tal passo é crucial para que se evitem conflitos de prioridades entre membros de equipe que estão em locais distantes.

O terceiro nível da pirâmide é denominado "responsabilidade". Esse nível enfatiza a importância de se incluírem os valores e as crenças de todos os membros de equipe. Em equipes globais, pode haver bastante variação nessa área. Ao permitir que a voz de todos os membros de equipe seja ouvida, não só o planejamento de projeto pode ser mais abrangente, mas também todos podem aderir diretamente ao plano. Os gerentes de projetos que usam um método de liderança distribuída nessa fase normalmente se saem muito bem. O segredo é levar as pessoas a fazerem a transição de uma atitude de obrigação para uma disposição a aceitar responsabilidades.

O nível seguinte, chamado de "logística", é aquele em que a equipe trabalha na maior parte do tempo durante o projeto e realiza suas tarefas do dia a dia. Esse nível inclui todas as comunicações diárias, semanais e mensais e baseia-se em um acordo quanto ao tipo de desenvolvimento que se seguirá. Na Texas Instruments, há um processo para projetos de DNP que geralmente é utilizado para esse tipo de projeto. O poder da pirâmide é que esse nível de trabalho detalhado pode ter um andamento bem uniforme, desde que esteja fundamentado em um sólido alicerce. Seguindo a execução dos níveis mais baixos da pirâmide, podemos esperar a obtenção de bons "resultados", como mostra o quinto nível, desenvolvido nas duas áreas, de clientes internos e externos. Os clientes internos podem incluir a gerência ou locais de centros de negócios que detenham a propriedade financeira do projeto como um todo.

Finalmente, o nível mais alto da pirâmide mostra a meta geral e é chamado de "sucesso da equipe". Nossa experiência nos mostra que uma equipe global bem-sucedida em um projeto de duração de um a dois anos geralmente é elevada a um nível superior de confiança e capacidade. Esse sucesso gera um entusiasmo ainda maior e prepara os membros de equipe para enfrentarem tarefas maiores e ainda mais desafiadoras. A habilidade do gerente de aproveitar esse nível superior de capacidade proporciona uma vantagem competitiva e impulsiona a conquista do sucesso.

Na Texas Instruments, a ênfase na cultura é uma melhor prática. Infelizmente, outras empresas não percebem a importância disso.

3.15 Hewlett-Packard: reconhecendo a necessidade

Desde 1992, a gerência da Hewlett-Packard tomou a decisão de priorizar o desenvolvimento da maturidade e da excelência em gestão de projetos. Formou-se um novo grupo de recursos de projetos dedicados dentro do departamento de serviços da organização, que recebeu o termo de abertura de projeto para se tornarem "especialistas" profissionais em gestão de projetos. A Hewlett-Packard estabeleceu um dinâmico programa de treinamento, além de um programa informal de "mentores", no qual gerentes de projetos sênior ofereceriam orientação e direção para o pessoal recém-designado. Além dos cursos de treinamento interno existentes, foram desenvolvidos novos cursos de gestão de projetos. Quando necessário, eles eram complementados com programas externos que forneciam uma instrução abrangente em todos os aspectos da gestão de projetos. Esforços para alcançar a certificação reconhecida pelo setor tornaram-se uma iniciativa crucial para o grupo.

A Hewlett-Packard reconheceu que poderia expandir seus negócios se demonstrasse habilidades superiores em gestão de projetos. Na implementação de grandes e complexas soluções, a gestão de projetos passou a ser vista como um diferencial para o processo de vendas. Clientes satisfeitos estavam se tornando clientes leais. O resultado foi um apoio maior ainda e novos negócios para a Hewlett-Packard. A Hewlett-Packard reconheceu também que seus clientes ou não possuíam seus próprios recursos, ou não queriam comprometê-los, e a empresa foi capaz de convencer os clientes do valor da gestão de projetos profissional. Em poucas palavras, se a Hewlett-Packard possui habilidade para tal, por que não deixamos o gerenciamento de nossos projetos em suas mãos?

Segundo Jim Hansler (PMP®), gerente de projetos da Hewlett-Packard, foram obtidos os seguintes benefícios:

Primeiro, estamos suprindo as necessidades de implementação de nossos clientes por um custo mais baixo do que eles conseguiriam alcançar sozinhos. Segundo, somos capazes de fornecer aos nossos clientes um meio consistente de implementar e entregar um projeto por meio do uso de uma base comum de ferramentas, processos e metodologias de projeto. Terceiro, estamos nos beneficiando de vendas adicionais pelo emprego da gestão de projetos. Nossos clientes agora dizem: "Deixe que a HP faz!".

A Hewlett-Packard logo reconheceu que não estava mais apenas vendendo produtos, mas oferecendo "soluções" aos seus clientes. Hoje a HP vende soluções, assumindo a responsabilidade por todas essas tarefas e tantas outras. Ao final, o cliente recebe uma solução completa e já em funcionamento, sem ter que comprometer recursos significativos de sua própria empresa. Para fazer isso com êxito repetidas vezes, a HP também precisa vender suas proeminentes capacidades em gestão de projetos. Em outras palavras, os clientes esperam que a HP tenha uma capacidade superior de gestão de projetos para oferecer soluções. Essa é uma das exigências quando as expectativas dos clientes são a força motriz.

Mike Rigodanzo, antigo vice-presidente sênior da HP Services Operations and Information Technology, acredita que:

> No setor de serviços, a forma como produzimos é tão importante quanto o que produzimos. Os clientes esperam maximizar seu retorno sobre investimentos em TI a partir de nosso conhecimento e nossa experiência coletiva quando lhes oferecemos as melhores soluções.
>
> Todo o conhecimento e a experiência da HP Services são facilmente acessíveis por meio do Método Global HP. Esse conjunto integrado de metodologias é um primeiro passo para possibilitar que a HP Services otimize a eficiência em oferecer valor aos clientes. O passo seguinte é saber o que está disponível e aprender como e quando aplicá-lo ao que oferecemos aos clientes.
>
> O Método Global HP é o primeiro passo em direção a um conjunto de metodologias de ponta para aumentar a credibilidade como parceiro confiável, refletindo todo o conhecimento e experiência da HP Services. Ele também melhora nossas estruturas de custo, personalizando abordagens comprovadas predefinidas, usando as listas de verificação existentes para garantir que todas as bases sejam cobertas, compartilhando experiências e aprendendo a melhorar o Método Global.

A Hewlett-Packard identifica claramente sua capacidade de gestão de projetos em suas propostas, nas quais o material a seguir costuma ser incluído.

COMPROMISSO DA HP SERVICES COM A GESTÃO DE PROJETOS

Por que a gestão de projetos da HP Services

> A HP Services considera uma forte gestão de projetos como um ingrediente básico para oferecer soluções bem-sucedidas a nossos clientes. Nossos gerentes de projetos são profissionais experientes, com ampla e profunda experiência em soluções. Nossos rigorosos processos empresariais garantem sua satisfação. Um "roteiro de programa" apresenta a arquitetura geral do ciclo de vida do projeto, enquanto a gerência sênior da HP Services conduz revisões de progresso periódicas para garantir a qualidade. Nossa metodologia de ponta em gestão de projetos combina as melhores práticas do setor com a experiência da HP para ajudar a manter tudo sob controle. Nosso programa de gerenciamento do conhecimento permite que os gerentes de projetos e consultores em tecnologia disseminem nossa experiência por todo o mundo para trabalhar para você.

Processos e metodologia de GP

A HP Services usa processos rigorosos para gerenciar programas. O Roteiro de Programa fornece uma arquitetura geral do ciclo de vida do projeto. Ele inclui o processo de Aprovação e Revisão de Soluções e Oportunidades (SOAR, *Solution and Opportunity Approval and Review*), que aprova novos negócios, além de conduzir revisões de progresso da implementação de forma a garantir a qualidade e resolver problemas com rapidez.

A metodologia de gestão de projetos da HP Services usa as melhores práticas do setor com o valor agregado de nossa experiência implementada por meio de tecnologia baseada na web para permitir atualizações rápidas e acesso em todo o mundo. Ela possui mais de 20 mil *webpages* de informações disponíveis como suporte às nossas equipes de projeto. A metodologia inclui um extenso conhecimento de bancos de dados de gerenciamento, como lições aprendidas e experiência obtida em projetos anteriores, que nossos gerentes de projetos podem usar como auxílio à gestão de seus próprios projetos.

3.16 Hewlett-Packard: a jornada e os obstáculos

Quando uma empresa consegue reconhecer as forças motrizes que levam à excelência em gestão de projetos e compreender que a gestão de projetos potencialmente poderia ser necessária para a sobrevivência da empresa, boas coisas podem acontecer rapidamente para a melhoria tanto da empresa quanto de seus clientes. Doug Bolzman, arquiteto consultor, PMP®, especialista em ITIL® na Hewlett-Packard, descreve as forças que afetam o sucesso da gestão de projetos e alguns dos problemas que eles enfrentaram e superaram. Os comentários de Doug são feitos a partir das experiências e lições aprendidas ao implementar estruturas e melhores práticas nos ambientes de clientes, não sendo uma reflexão da HP diretamente.

Para os clientes, nossa organização está envolvida em consultoria, estabelecimento de estratégias, mentoria/facilitação e atividades de treinamento para implementar uma estrutura, um processo ou um ambiente em seu local. Todas as nossas implementações incluem os princípios básicos de gestão de projetos, como proferidos no *Guia PMBOK®*.

Doug Bolzman discute os significativos eventos emocionais que já encontrou em ambientes de clientes:

- Perder participação de mercado
- Não ter conhecimento da linha de base de prazo ou orçamento de projetos, sem saber, assim, se estão se saindo bem ou mal
- Não ter a capacidade de velocidade de colocação no mercado
- Compreender que há muita burocracia na organização devido à ausência de uma única capacidade de gestão de projetos

Bolzman discute três problemas específicos que foram encontrados:

Problema 1: A gerência não sabe ou não compreende a importância de uma equipe de gestão de projetos com pessoal em regime de tempo integral com treinamento e certificação profissional. Esse problema gerava vários sintomas na empresa que eram removidos uma vez que a causa-raiz fosse eliminada. Para remover esse problema, a gerência precisa compreender analiticamente todos os papéis e as responsabilidades realizados pela gestão de projetos, os *deliverables* produzidos e o tempo necessário. Uma vez que se tenha compreendido que esse é um esforço significativo, podem começar a orçar e planejar esses papéis separadamente do trabalho que está sendo desenvolvido.

Um gerente estava convencido de que a equipe de engenharia não estava trabalhando na capacidade que deveria até ser demonstrado que a quantidade de trabalho de gestão de projetos que eles precisavam realizar estava acima e além de suas responsabilidades relacionadas à engenharia. Como o trabalho foi distribuído a todos os engenheiros, sua produção geral foi reduzida. O líder da equipe de engenharia demonstrou as funções e o comprometimento de tempo que estavam relacionados à gestão de projetos para que o executivo passasse a designar a função a um gerente de projetos com regime de tempo integral. A produção da equipe voltou aos níveis esperados.

Problema 2: Todos estão trabalhando em excesso, e não há tempo para implementar uma disciplina de gestão de projetos. Como esse é um problema comum, o modo de contornar essa situação é gerar um Conselho de Governança de Gestão de Projetos tático para determinar padrões, abordagens e gabaritos que serão considerados "melhores práticas" em projetos passados e potencializados para projetos futuros. Para não ampliar o escopo ou os riscos para os projetos existentes, elas se baseiam nos novos padrões. Quando o termo de abertura e a equipe de um projeto são gerados, essa equipe é treinada e "mentorada" na nova disciplina. O Conselho de Governança se reúne quando necessário para aprovar novas estruturas de gestão de projetos e medir a conformidade dos gerentes de projetos.

Problema 3: Os gerentes de projetos estavam trabalhando em um nível de maturidade mais alto do que o nível do qual a organização poderia se beneficiar. Os gerentes de projetos geralmente usam todas as ferramentas e os gabaritos que estão à sua disposição para gerenciar um projeto, mas são incoerentes no nível de maturidade de negócios do cliente. Para casos como esse, costuma-se dizer: "Aquele gerente está usando 30 quilos de gestão de projetos para gerenciar um projeto de 10 quilos". Se o cliente se encontra em um ambiente instável e em constante modificação, o gerente de projetos gasta a maior parte do tempo administrando formalmente o gerenciamento de mudanças, ajustando todas as ferramentas apropriadas de determinação de custos, e não leva o projeto adiante. Para remediar essa situação, devem-se oferecer diretrizes aos gerentes de projetos para que eles equilibrem o nível de maturidade da gestão de projetos ao ambiente de negócios do cliente. Isso é feito ao trabalhar com o cliente para demonstrar como a maturidade do ambiente de negócios custa mais tempo, dinheiro e recursos.

Em relação ao papel dos executivos durante a implementação da gestão de projetos, Doug Bolzman comentou:

> Muitos executivos assumem um papel de "Compromisso de Gerenciamento" ameno durante a implementação, já que as implementações da gestão e da estrutura de projetos são capacidades fundamentais e não são reconhecidas como voltadas para o mercado, geradoras de receitas ou interessantes! Normalmente, o executivo aprova um plano orçamental baixo no qual a maioria dos recursos é absorvida da organização. Estive presente em uma reunião inaugural na semana passada na qual o patrocinador disse à equipe que ele não esperava que o esforço fosse bem-sucedido ou que mudasse a cultura presente. A equipe ficou na dúvida quanto a se o patrocinador estava oferecendo motivação ao instituir um desafio.
>
> Os executivos compreendem a linguagem dos negócios e não toleram ou escutam a falação tecnológica da gestão de projetos. Os executivos são orientados a resultados, e se as equipes de projeto puderem simplesmente traduzir o ambiente em termos do jargão de negócios, criar um molde de negócios para melhorias incrementais e fornecer valor de negócios, eles se tornarão mais abertos a auxiliar. Se a expectativa é que os executivos gerem a estratégia ou plano de melhoria, ou definam o papel da gestão de projetos dentro da organização, a implementação irá fracassar. A maioria dos sucessos de implementação vem dos líderes imediatos da empresa e dos próprios gerentes de projetos que estão cansados do *status quo* e querem implementar melhorias.

Um grande indicador para compreender o nível de comprometimento da gerência antes do início do projeto obtém-se pedindo ao líder para indicar em que formato eles querem que a equipe documente o caso de negócio para o investimento necessário para o projeto. Quando eles pedirem esclarecimentos, pergunte a eles que critérios usarão para basear sua decisão, como por exemplo:

- Valor de negócio (melhorar o modo como o negócio geral opera, alcançando os objetivos das unidades de negócios)
- Valor financeiro (decisão puramente baseada em custo e em se manter dentro de um limite de custo)
- Valor de qualidade (conformidade às exigências e aos padrões refletidos em uma auditoria)
- Valor de integração (capacidade de oferecer suporte a um modelo de entrega *end-to-end* e manter os níveis operacionais)
- Valor de cliente (indicadores de satisfação do cliente, voz das pesquisas do cliente)
- Retorno sobre investimento (financeiramente baseado em um ponto em que os retornos são maiores do que o custo)
- Maior participação de mercado

Os critérios usados para justificar a liberação do projeto lhe darão um indicador do que é importante para os líderes e de como eles oferecerão suporte ao projeto. Muitas vezes, os critérios escolhidos não são baseados em uma decisão pessoal, mas refletem os critérios segundo os quais eles próprios são medidos. Os critérios do projeto podem refletir os objetivos dos líderes para adquirir seu próximo bônus, como eficiência de equipe, (aumento ou diminuição do) tamanho do quadro de funcionários, crescimento e reduções nos custos.

Quanto à cronologia dos eventos, Bolzman continua:

Ao planejar a implementação de uma estrutura, como a implementação da gestão de um projeto, mudança ou liberação (todos usando disciplinas da gestão de projetos), aprendemos que a organização precisa progredir com sucesso por meio de uma série de marcos organizacionais. A Tabela 3.8 mostra alguns exemplos. A cronologia é similar ao que acontece quando uma pessoa decide que precisa perder peso. Primeiro a pessoa toma essa decisão devido a algum evento, como roupas que estão ficando apertadas, comentários de outras pessoas ou problemas de saúde. Depois, a pessoa percebe que é necessária uma mudança cultural, e se ela não estiver disposta a mudar de comportamento, não perderá peso. A pessoa precisa encontrar o "evento emocional significativo" para ela, que justifique o desconforto de mudar de comportamento, como começar a fazer exercícios, não comer à noite ou mudar os hábitos alimentares. Para os clientes, define-se e analisa-se uma abordagem fundamental. Muitas vezes, o cliente tenta tomar atalhos, mas então percebe que cada passo fornece um valor fundamental para a jornada mais longa. Para um cliente, essa abordagem foi implementada há sete anos, ainda está em vigor, gerou nove grandes liberações de seu ambiente de gestão de mudanças e enfrentou cinco grandes reorganizações corporativas.

A Figura 3.17 reflete como o cliente precisa se transformar de uma diretoria funcional em uma matricial para estabelecer uma estrutura comum e como os programas são, então, medidos em relação ao seu grau de conformidade com a estrutura.

Quanto à gestão de projetos ser considerada uma profissão, Doug Bolzman continua:

Com o surgimento do PMI, a maioria das empresas começou a reconhecer a gestão de projetos como uma profissão e desenvolveu um plano de carreira para os gerentes de projetos. Melhorias nesse plano de carreira ocorrem com o ponto de entrada ("agendadores" do projeto) vindo de outras partes do negócio e o ponto de saída (gerentes de programa) liderando

TABELA 3.8 Marcos organizacionais

Marco	Atividade	Valor
1. Estabelecimento da estrutura do conselho de governança	Desenvolvimento da função e das responsabilidades de todos os participantes para implementar as melhorias	Implementação de estrutura de governança que seja uma "melhor prática" profissional. Todos os papéis são integrados e aprovados
2. Tarefas de governança	O nome do patrocinador (executivo) que desempenhará cada função, delegando responsabilidade e autorização	Executivos estabelecem prioridade por meio de delegações. Todos são treinados em seus papéis; determinam-se expectativas
3. Geração de atributos	Os atributos descrevem requisitos, padrões, capacidades e métricas que serão usadas para definir as melhorias e medir os resultados	A melhoria é mensurável, não emocional. A equipe pode demonstrar valor em termos de negócios
4. Geração de plano de melhorias	Planos incrementais para melhorias são gerados com base em um modelo de maturidade ou objetivos de melhoria dos negócios	O ambiente melhora com base na velocidade com a qual a organização pode arcar. Os planos podem ser ajustados com base em mudanças empresariais
5. Implementação	Cada implementação é uma liberação do ambiente. É medida e demonstra valor de negócio	Incrementais são as melhorias realizadas. A empresa investe incrementalmente, dependendo de suas necessidades

as unidades de negócio significativas. As pessoas que deixam a "família profissional" da gestão de projetos ainda utilizam seu conhecimento e disciplinas para estabelecer e dirigir outras partes da empresa.

A fim de aumentar as oportunidades para as pessoas que se encontram designadas para a função de gerente de projetos, identificamos outras funções que o gerente de projetos pode desempenhar ao cumprir seus compromissos. Identificamos várias funções para o desenvolvimento de serviços de TI, como o gerente de componente, como ilustrado na Figura 3.17. A função de gerente de componente inclui a gestão de projetos, mas também inclui uma função de *designer*, como *design* de processos. Um funcionário que possa desempenhar ambas as funções simultaneamente irá gerar mais valor para a organização do que aquele que puder desempenhar apenas uma função. Essa dualidade na designação de funções também oferece ao gerente maior oportunidade de aplicar outras habilidades além do gerenciamento de escopo, de recursos e de comunicação, etc., que ele já desempenha rotineiramente. Essa abordagem também suporta um ambiente de equilíbrio de recursos. Se o PMO tem funcionários com outras habilidades aproveitáveis como *design* de processos, *design* de materiais de cursos, criação de cargos, a eles podem ser delegados outros tipos de trabalhos, o que libera a organização de ter que trazer a bordo novos talentos. Isso também ajuda quando há reduções no trabalho de gestão de projetos e os funcionários podem ser realocados em vez de serem demitidos. Quando eu estava pensando em minha carreira e surgiram oportunidades de crescimento, como ser líder de equipe ou de programa, escutei meu gerente e mentor, que me deu este conselho. Se você possui uma ou duas habilidades nas mãos, pode começar a ser promovido, mas sem uma ampla base de habilidades, seu avanço na carreira ficará severamente limitado. Se você está pensando em se tornar líder executivo ou de uma unidade de negócios, pense em todos os desafios que eles enfrentarão e busque agressivamente esses tipos de tarefas para desenvolver habilidades na área financeira, de recuperação de desastres ou de segurança, de modo que você possa contar com

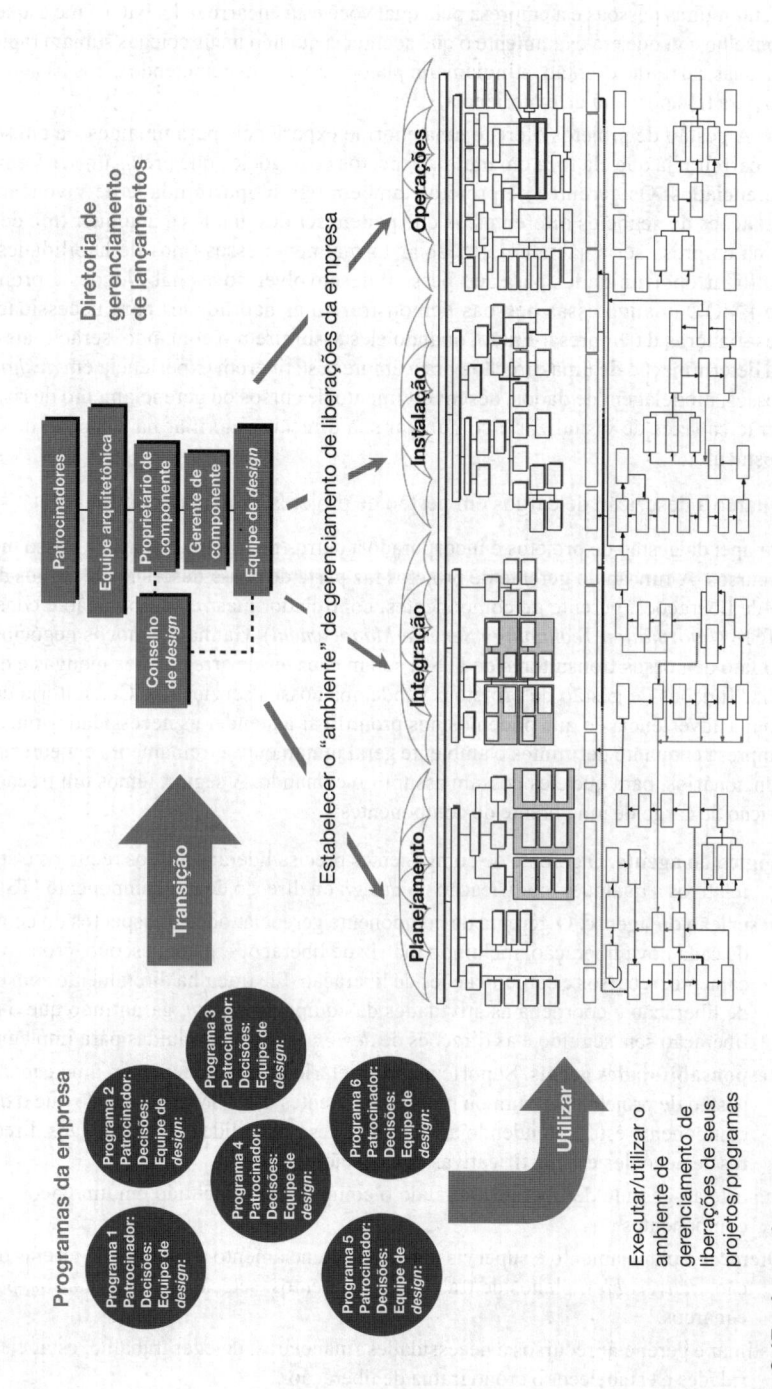

Figura 3.17 A transformação.

suas experiências quando enfrentar desafios nessas situações. Definitivamente, ninguém deseja ter de aprender na prática depois de ser promovido e o resultado de sua inexperiência afetar muitas pessoas e a empresa pela qual você está encarregado. Nunca me esqueci desse conselho e vi que era exatamente o que acontecia quando meus colegas subiam rapidamente em suas carreiras e, então, atingiam um platô por estarem cometendo erros básicos e ficando para trás por falta de experiência.

A gestão de projetos oferece uma enorme experiência para uma pessoa em seu plano de carreira, já que ela toca em muitos aspectos de negócios que precisam ser formalmente gerenciados. Os gerentes de projetos também têm a oportunidade de vivenciar muitas situações de negócios diferentes, já que podem ser designados a qualquer tipo de projeto. Uma empresa seria sábia em gerenciar formalmente esses tipos de habilidades, disponibilizar oportunidades para seu pessoal desenvolver novas habilidades e promovê-los do PMO® quando essas pessoas demonstrarem as habilidades para necessidades mais desafiadoras da empresa. Então, quando eles assumirem o comando, serão mais valiosos na determinação de uma direção para a empresa se tiverem experiência em *design* de processos, modelagem de dados, desenvolvimento de cursos ou gerenciamento de riscos, pois serão capazes de visualizar e comunicar sua direção e auxiliar na remoção de qualquer obstáculo.

Quanto à descrição de cargos em gestão de projetos, Bolzman continua:

O papel da gestão de projetos é incorporado a outros papéis funcionais de nosso modelo de recursos. A função do gerente de projetos faz parte de nossa descrição de cargos de gerente de liberações, gerente de componentes, controlador mestre de liberação e consultor de ITSM (*Information Technology Service Management*). Ganhamos novos negócios devido ao fato de nossos Consultores de ITSM serem capazes de arregaçar as mangas e desempenhar funções de gestão de projetos. Vendemos nossos serviços de Consultoria em ITSM com a advertência de que podemos nos prontificar a atender às necessidades imediatas da empresa enquanto definimos o ambiente geral juntamente a treinamento e mentoria de seus funcionários, para que eles possam assumir o comando. A seguir, temos um trecho da descrição de cargo de um gerente de componentes:

Lógica do agente. O gerente de componentes precisa liderar todos os recursos e atividades relativos a qualquer modificação no *design* ou direção de um componente ITSM.

Descrição do agente. O gerente de componente gerencia todos os aspectos do componente de cada nova liberação, incluindo matriz de liberações, plano, escopo, cronograma, orçamento, recursos e comunicações de liberação. Ele trabalha diretamente com o gerente de liberação e coordena as atividades da equipe de *design*, garantindo que o plano de liberação seja seguido e as direções de *design* estejam concluídas para implementação.

Responsabilidades gerais. Suporte ao proprietário de componente em uma capacidade de gestão de projetos para um ou mais componentes de ITSM, garantindo que o *design* do componente esteja atendendo às necessidades pretendidas do cliente, aos direcionadores de negócios e às justificativas de negócios.

Suporte ao gerente de liberação quando o componente é incluído em um pacote maior de componentes

Oferecer o planejamento e supervisão para o gerenciamento e controle de tarefas de liberação, *deliverables*, planos de trabalho, orçamentos, seleção de funcionários, problemas e marcos.

Estimar e gerenciar recursos e necessidades financeiras, delegar trabalho, estabelecer prioridades e estabelecer o cronograma de liberação.

Manter o repositório do caderno de trabalhos do projeto.

RESPONSABILIDADES ESPECÍFICAS DE COMPONENTES

Esta seção irá detalhar as responsabilidades que o agente encontra para cada componente afetado.

Estratégia de serviço	Determinar os impactos específicos que uma nova liberação de TI terá sobre seu componente em termos de processos, ferramentas e papéis e *design* de treinamentos. Determinar as habilidades necessárias e a experiência da equipe de *design* de componente para uma liberação específica. Liderar a equipe de *design* de componente ao definir os casos de teste de componente, planos e condições de aprovação/reprovação.
Design de serviço	Liderar a equipe de *design* de componente ao desenvolver e testar todas as instalações, operações ou materiais de treinamento que sejam necessários para as equipes de implementação ou para as equipes de operações. Supervisionar a equipe de testes de liberação durante a validação dos *designs* do componente.
Transição de serviço	Oferecer suporte à equipe de transição se a instalação do componente não estiver procedendo como o desejado no local do cliente.

PRODUTOS DE TRABALHO

Esta seção irá detalhar os *deliverables* ou produtos do trabalho produzidos por essa função.

Deliverable	Descrição
Planos de liberação	A finalidade desse documento é registrar e comunicar com precisão escopo, intenção, plano e cronograma para cada versão do componente.
Inventário de componentes (ferramentas e processos)	A finalidade de se conduzir esse inventário é fornecer as informações necessárias para compreender o ambiente atual do componente. Esse inventário fornece um único local para identificar todos os processos, ferramentas, métricas, recursos e tomadores de decisões que atualmente formam o componente.

TREINAMENTO NECESSÁRIO

Esta seção irá detalhar os cursos específicos que são necessários para essa função.

ID do curso	Nome	Descrição	Localização
SMLC-Aware	SMLC Overview Awareness		
ITSM-Library	ITSM Library Structure		

ACESSO A FERRAMENTAS

Esta seção irá detalhar as ferramentas às quais essa função exigirá acesso para cumprir suas obrigações.

Nome da ferramenta	Nível de acesso

QUALIFICAÇÕES

Todas as pessoas que assumirem a função de gerente de componente serão entrevistadas e serão capazes de demonstrar suas qualificações para atender às necessidades da liberação de cada versão.

- Praticante treinado em ciclo de vida do serviço ITIL (preferência pela certificação da fundação ITIL – ou obtida nos três primeiros meses)
- 2–3 anos de experiência em gestão de projetos/programas ou experiência equivalente em liderança de equipes ou certificação do PMI

HABILIDADES

- Pessoa com automotivação e iniciativa, capaz de trabalhar sem supervisão direta.
- Forte comunicador, tanto oralmente quanto por escrito. Comunica informações apropriadas para todos os níveis da organização. Ministra apresentações para o nível executivo.

Essa lista é usada por diversas organizações para gerenciar as necessidades gerais de recursos, equilíbrio de recursos e recrutamento de recursos. Pelo fato de todas as organizações usarem a mesma lista, o gerenciamento de recursos se torna mais eficiente e preciso.

3.17 Naviair: dentro do prazo, dentro do orçamento

COMO FAZER DE PROGRAMAS COMPLEXOS E DE GRANDE PORTE UM SUCESSO

Reconhecer o cenário

A provisão de serviços de navegação aérea na Europa é um dos últimos segmentos do mercado que não foi liberalizado em grande medida. A navegação aérea é – à exceção da área da torre – ainda um monopólio para os seus 37 provedores de serviços, e como Siim Kallas, vice-presidente da Comissão Europeia expressou em seu discurso inaugural na conferência Single European Sky – The Time for Action (Um Único Céu Europeu – é hora de agir), em Limassol em 10 de outubro de 2012: "Estamos indo em direção a um ambiente regulatório mais simples, coerente e baseado em uma economia de mercado".

Em paralelo, esse setor é fortemente regulado da mesma maneira que os setores ferroviário e médico. Novas demandas surgem à medida que as regulamentações da União Europeia (UE), legislações nacionais e novos ou atualizados padrões da ICAO (*International Civil Aviation Organization*) são continuamente implementados com prazos rígidos a serem cumpridos. Investimentos significativos são feitos a fim de atender às exigências regulatórias. Ao mesmo tempo, o tráfego está estagnando e até mesmo diminuindo no espaço aéreo dinamarquês devido ao 5º ano consecutivo de recessão divulgado no primeiro trimestre de 2013.

Isto é, há recursos limitados disponíveis, a partir do ponto de vista de um provedor de serviços, para atender à natureza complexa e exigente do setor de aviação.

©2017 por Naviair. Reproduzido com permissão. Todos os direitos reservados. O material da Seção 3.17 sobre a Naviair foi fornecido por Mikael Ericsson, diretor de projetos de ATM e Engenharia, Steen Myhre Taschner Erichsen, diretor/escritório de gestão de projetos, projetos de ATM e Engenharia (bacharel em engenharia elétrica) e Michael Wibelius, gerência tática (mestre em planejamento e gerenciamento).

Figura 3.18 Como fazer de programas complexos e de grande porte um sucesso.

Com base no crescente número de regulamentações da UE fornecidas pela Comissão Europeia, há uma expectativa de que a provisão de serviços de navegação aérea na Europa desenvolva maneiras mais eficientes de realizar o controle do tráfego aéreo. Nesse contexto, a Naviair formou uma cooperação chamada COOPANS, com os provedores de serviços de navegação aérea sueco, irlandês, austríaco e croata e o fornecedor francês Thales. Essa cooperação compartilha os custos e recursos necessários para o desenvolvimento, a implementação e a manutenção de um Sistema de Gerenciamento de Tráfego Aéreo (ATM, *Air Traffic Management*), que está em conformidade com as regulamentações existentes e futuras da UE. Até agora, o programa COOPANS foi muito bem-sucedido e hoje está em operação em quatro países e em seis centrais de controle de tráfego aéreo. A sétima central de controle, localizada em Zagreb, entrou em operação em 2014. Nesse cenário, há uma forte necessidade de sucesso. Recursos escassos e pressões externas tornam esse empreendimento desafiador. Entretanto, quando o comparamos a outros segmentos de mercado similares, ficamos orgulhosos de quão bem-sucedidos fomos ao realizar nossos programas e projetos. Não há espaço para fracassos, e na Naviair atingimos uma taxa de quase 100% no que diz respeito a entregas dentro do prazo – e dentro do orçamento.

A capacidade da Naviair de lidar com o cenário e, ao mesmo tempo, entregar seus serviços dentro do prazo e do orçamento baseia-se em seis princípios essenciais (ver Figura 3.19):

1. Estabelecer confiança
2. Planejar o sucesso
3. Gerenciar o desempenho e a cultura
4. Adaptar processos
5. Organizar e produzir relatórios
6. Comunicar-se com todos

Figura 3.19 Estrutura: dentro do prazo – dentro do orçamento (Naviair).

Como os princípios essenciais não são estritamente inter-relacionados e como o sucesso não necessariamente depende de uma implementação integral de cada um dos princípios, o nível do usuário dos princípios pode ser adaptado à organização em questão, já que alguns parâmetros podem ser mais úteis em algumas organizações do que em outras. Portanto, a gerência sênior e os gerentes de projetos/programas especificamente (já que eles são os leitores-alvo desta seção) estão livres para escolher as ideias contidas na descrição de cada um dos princípios. No entanto, deve-se ter em mente que se recomenda maximizar o uso de cada um dos princípios, como descrito nesta seção.

Estabelecer confiança

O gerenciamento de mudanças muitas vezes não é priorizado ou não é levado em consideração ao se realizar um programa de grande porte. Muitas empresas já tiveram experiências negativas com projetos anteriores e, portanto, a gerência simplesmente não espera que suas organizações internas sejam capazes de dirigir um programa de grande porte sem grandes problemas. Na Dinamarca, análises de projetos de TI realizadas pelo governo revelaram que 75% dos projetos não eram entregues no prazo. Além disso, uma quantidade significativa dos projetos ultrapassava o orçamento, e 40% deles tiveram gastos muito acima do orçado.

Quando um programa é iniciado na Naviair, começamos garantindo que a organização se ocupe das mudanças que estão por vir. Perguntas sobre por que as mudanças são necessárias são bem-vindas, além de discussões relativas a alternativas. Isso auxilia na desmistificação das mudanças na organização e é um importante passo inicial no sentido de evitar que seja necessário investir tempo nisso em uma fase posterior, quando as coisas não podem mais ser mudadas ou quando as mudanças são acompanhadas de grandes dificuldades e/ou despesas.

O tom deve ser encontrado, ao mesmo tempo em que se reconhece o fato de que as dificuldades podem ser apontadas por pessoas com diferentes experiências e interesses. Nesse contexto, é importante evitar reagir proativamente e permitir que grupos com diferentes profissões expressem suas opiniões. Nossa experiência mostra que isso torna o processo de mudança mais suave e permite um refinamento da direção a ser tomada, a fim de mitigar diferentes riscos que, caso contrário, poderiam se transformar em problemas. Você deve se certificar de ouvir todas as partes da organização e chegar a um consenso, mesmo que ele mude um pouco o escopo. É muito fácil mudar o escopo nessa fase em comparação a fazê-lo em fases posteriores do programa/projeto. A fim de garantir que todas as partes interessadas internas envolvidas tenham a mesma compreensão das mudanças, a primeira coisa a ser feita, antes que qualquer pré-investigação do projeto seja realizada, é chegar a um acordo quanto a uma estrutura de alto nível do projeto que forme os principais benefícios e objetivos mensuráveis.

A estrutura de governança também precisa permitir que as diferentes partes interessadas discutam e obtenham o nível apropriado de informação durante todas as fases do programa/projeto. A Naviair realizou um programa muito grande, contendo mais de 50 projetos inter-relacionados que entraram em operação no final de 2007, e levou a um sistema de gerenciamento de tráfego aéreo completamente novo na Dinamarca. A responsabilidade por integrar todas as soluções técnicas de muitos fornecedores diferentes foi colocada em nossas mãos. Embora os desafios tecnológicos tenham sido enormes, a gestão de mudanças foi ainda maior. Na verdade, é um desafio mental levar adiante um programa desses se você espera bater as metas "na mosca". A Naviair conseguiu, mas tivemos de investir muito tempo e preocupações a fim de implementar essa estrutura de governança e de garantir que todas as partes interessadas, tanto internas quanto externas, fossem envolvidas. Tivemos também de realizar pesquisas periódicas para garantir que todos estivessem apoiando as mudanças e, às vezes, certos grupos tinham preocupações que tinham de ser abordadas imediatamente. O mantra nesse contexto é que essas preocupações são muito úteis no processo de tornar o programa bem-sucedido. Nunca tentamos nos defender ou fazer os comentários difíceis desaparecerem, e hoje isso se tornou uma prática permanente na Naviair.

Planejar o sucesso

Uma regra básica na Naviair é definir uma data para colocar o novo sistema em operação o mais rapidamente possível. Se possível, determinamos até mesmo uma hora exata; no programa mencionado acima, tínhamos também um relógio de contagem regressiva na página inicial da intranet da Naviair. É muito mais fácil se você tem coragem de definir uma meta visível para a organização. O perigo, porém, é que a data não pode ser mudada. Um tenista profissional, como Roger Federer, não pensa em um possível fracasso quando entra na quadra, e você deve fazer o mesmo: Seja um profissional em todo e cada dia, com um único foco – dentro do prazo e do orçamento.

Se você conseguir fazer sua organização concordar com essa data, que é uma meta alcançável, pode começar a planejar retroativamente. Se possui uma abordagem determinada por pontos de decisão de final de fase, o que é fortemente recomendável, você e suas equipes ficarão imediatamente muito ocupados, mesmo que seja um programa de vários anos de duração. Você deve sempre se lembrar de que, no início, o prazo é uma estimativa qualificada. O cronograma irá melhorar gradualmente e se tornar mais detalhado à medida que o programa for progredindo. Um gerente de programa que é capaz de seguir o cronograma tem muito a ganhar, e todo o trabalho relacionado à revisão do cronograma é evitado. Quando o programa estiver pronto, o cronograma será um plano perfeito. Entretanto, você nunca deve usar esse argumento para se enganar, adiando o planejamento. Contanto que a data operacional não mude, os marcos podem ser ajustados, se necessário, o que geralmente ocorre com a maioria dos programas.

O resultado esperado de atividades posteriores como verificação e validação, treinamento ou testes em tempo real deve ser abordado logo de início. Se sua organização não estiver madura, muito provavelmente ela irá, por exemplo, argumentar que o treinamento não pode ser planejado antes de o sistema estar fisicamente em operação. Esses argumentos devem ser levados a sério devido ao fato de que eles expressam que as partes interessadas não sabem como proceder nessa fase inicial do programa. Uma vez que as diferentes partes da organização tenham aprendido a abordar os tópicos no nível certo, o trabalho pode ser iniciado cedo, e as metas podem ser atingidas. Membros inexperientes do programa precisam receber o suporte de um PMO ou similar, a fim de aprenderem como planejar as atividades antes de entrar no modo de solução.

Você deve comunicar o plano em sua estrutura de governança repetidas vezes. A chave para o sucesso é obter adesão de todas as partes interessadas, e alguns fatos têm de ser muito bem explicados. Ao mesmo tempo, todos os fóruns devem ser levados em consideração, como no princípio "Estabelecer confiança" descrito anteriormente. Diferentes partes da governança devem ser abordadas no nível certo, e algumas partes interessadas externas podem ficar satisfeitas com a data de entrada em operação se não forem afetadas por seus testes, etc.

Uma das mais importantes mensagens da Naviair é nunca operar com um plano B que inclua uma data alternativa para o sistema entrar em operação. Você é autorizado e aconselhado a implementar ações de mitigação em relação ao risco de perder a "Data X"; por exemplo, ter um plano bem testado de recuperação de dados e outros planos de ação similares. Entretanto, apenas um plano deve estar disponível, e a gerência e as partes interessadas internas teriam de concordar com esse plano e comunicar o seguinte: nós conseguiremos!

Gerenciar o desempenho e a cultura

Uma equipe não é automaticamente mais forte do que os indivíduos, mas com uma cultura de equipe de alto desempenho, o resultado pode ser fantástico. Um método comum usado por equipes esportivas, forças especiais ou outras equipes similares raramente é usado em gerenciamento de programas. Quando uma equipe da SWAT (*Special Weapons And Tactics*) é reunida pela primeira vez ou quando a equipe muda, eles normalmente passam onze semanas conhecendo uns aos outros. Nesse momento, a tarefa a ser solucionada ainda nem está nos planos. Qual é, então, a finalidade de tal evento social?

Quando uma tarefa é realizada pela equipe da SWAT, os participantes são totalmente dependentes uns dos outros. A fim de poderem confiar uns nos outros 100%, é preciso muito mais do que apenas alguns profissionais individuais: é preciso conhecer também as pessoas por trás dos profissionais, os fatores sociais e partes de suas histórias. Em uma equipe da SWAT, você está prestes a colocar sua vida nas mãos de outra pessoa, e isso não funcionaria com um completo estranho. O mesmo vale para um programa desafiador que pode afetar o seu sono, sua vida familiar e suas atividades de lazer. Quando um programa chega ao fim com sucesso, a maioria dos participantes diria o mesmo: "foi um trabalho difícil, mas uma experiência para a vida toda!".

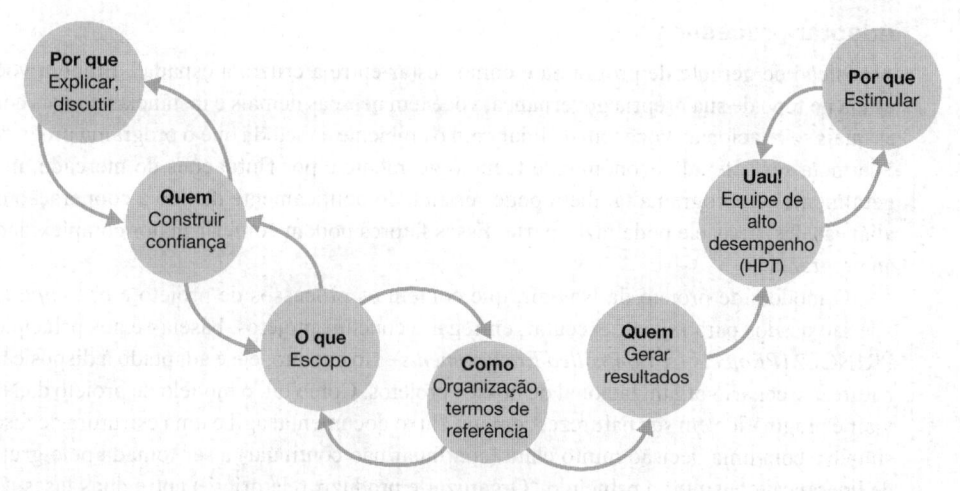

Figura 3.20 Equipes de alto desempenho.

O processo de construir uma equipe de alto desempenho, como mostra a Figura 3.20, deve começar com a interação social em um ambiente protegido da interferência diária do escritório ou da fábrica. Nesse ambiente, o primeiro passo seria perguntar: *Por que* esta mudança? Ao mesmo tempo, os membros da equipe devem se familiarizar uns com os outros. Muitos diferentes métodos poderiam ser usados ao socializar; um dos métodos usados na Naviair é pedir a cada participante para trazer um item pessoal muito importante e fazer um discurso sobre ele. Você descobrirá novos lados de seus colegas que você nem imaginava que existiam. Agora você se encontra no segundo passo, chamado de *Quem*. Nessa fase, você construirá a confiança entre os membros de equipe.

Permaneça no passo 1 e/ou 2 o máximo que puder, pelo menos durante um seminário e uma reunião de seguimento. Agora você pode passar para o passo 3, que é *O que*. Nesse passo, você determina o escopo das mudanças e da tarefa. Esse passo e o passo 4: *Como*, são fáceis para uma organização de programa em que você tenha estabelecido governança, termos de referência, etc. Na maioria das organizações, *O que* e *Como* são os pontos de partida. Usar *O que* e *Como* funciona, mas gera apenas um desempenho medíocre. Se você começar no passo 3 ou 4, o processo não pode ser revertido devido ao fato de ser muito difícil para a maioria das pessoas (pelo menos duas em sua equipe) sair do "modo solução" após iniciá-lo.

O passo seguinte é começar a trabalhar com seu escopo e sua equipe. Se você começou da maneira certa, é muito provável que experimentará o passo *Uau*, no qual a equipe está tendo um alto desempenho. Esse desempenho deve ser mantido de modo que o último passo repita o primeiro passo, *Por que*, pelo qual você precisa passar pelo menos uma vez por ano ou imediatamente depois de ter substituído um de seus membros de equipe. Se você substituir um de seus membros de equipe, terá, por definição, uma nova equipe, então não seja levado a acreditar erroneamente que uma cultura de alto desempenho continuará para sempre.

Em equipes multiculturais, como a maioria das equipes de hoje em dia é, você, como gerente de programa, precisa ter habilidades relativas a diferenças culturais. Certo conhecimento em relação aos países de origem, sua história, religião, cenário político e cultural (p. ex., uma cultura dominada por homens ou mulheres) possibilitará uma construção de uma equipe bem-sucedida e o ajudará a alcançar uma equipe de alto desempenho (HPT, *high performance team*).

Adaptar processos

A posição de gerente de programa é como "estar entre a cruz e a espada". Embora você esteja no topo de sua própria governança, você tem pessoas demais e instâncias demais com as quais se relacionar. Você tem de lidar com o ambiente à medida que o programa progride. Sua meta será afetada econômica e tecnologicamente e por flutuações do mercado, mas geralmente seu programa também pode ser afetado politicamente devido à cooperação ou alianças das quais ele pode fazer parte. Esses fatores podem conferir maior complexidade ao programa.

O modelo de projeto da Naviair, que contém os processos de projeto e os *templates* que são usados para iniciar, executar, entregar e concluir projetos, baseia-se nos princípios PRINCE2 (*PRojects IN Controlled Environments*). No entanto, ele é adaptado à disposição, natureza e cenário organizacional de nossos projetos. Como tal, o modelo de projeto da Naviair é pragmático em sua natureza, com um fluxo documental ágil e uma estrutura de fases simples, com uma decisão muito clara (continuar/não continuar) a ser tomada pelo grupo de liderança (consultar o princípio "Organizar e produzir relatórios") entre duas fases. Os processos do projeto são claramente ligados aos processos circundantes da empresa, como o processo orçamentário anual, os procedimentos de manutenção, etc.

O modelo de projeto da Naviair foca-se nas fases iniciais, a fim de garantir que o projeto seja justificável e que a decisão certa seja tomada em relação às especificações de produto e ao escopo do programa/projeto antes de prosseguir para a fase de execução. A fase de iniciação do projeto baseia-se em uma estrutura de alto nível, compilada pelo proprietário do projeto, formando a principal referência do programa/projeto com objetivos declarados claramente mensuráveis. O gerente de projetos é designado para a análise de possíveis soluções – se houver – dentro do escopo da estrutura do projeto. Nesse contexto, e como um passo final das fases iniciais, o gerente de projetos faz uma avaliação relativamente detalhada, contendo estimativas relativas a orçamento, recursos, prazos, principais riscos, etc., para formar a base de uma solução recomendável. Com base nessa análise, o grupo de liderança decide se o projeto deve ou não continuar na fase de execução, em que o progresso é continuamente monitorado (consultar o princípio "Organizar e produzir relatórios"). Se o projeto não for mais justificável, ele pode ser cancelado a qualquer momento durante o seu ciclo de vida. Uma vez que os *deliverables* do projeto estejam concluídos, a fase de entrega do projeto é realizada antes da fase de conclusão propriamente dita e de lições aprendidas ser iniciada. Esta última fase abre espaço para o compartilhamento de conhecimento e realização de benefícios que, por sua vez, podem levar ao início de um novo projeto. Essa abordagem tem sido muito bem-sucedida, com um histórico muito bom de entregas dentro do prazo e do orçamento com cada investimento feito em todo o processo.

A fase de realização do projeto é uma fase ágil, com foco no monitoramento do progresso e na mitigação de riscos e problemas.

A priorização de portfólio é realizada de acordo com os padrões de priorização da Naviair, que foram implementados para garantir que só realizemos programas e projetos que apoiem e fortaleçam nossos valores de negócio.

ORGANIZAR E PRODUZIR RELATÓRIOS

Sua governança é muito importante, e uma regra básica é localizar o patrocínio em camadas bem altas da organização. Essa pessoa deve ser um membro da gerência executiva e do lado do valor de negócio, como o COO (*Chief Operating Officer*) ou o CEO (*Chief Executive*

Officer). Se o patrocínio ficar nas mãos do CFO (*Chief Financial Officer*) ou do CTO (*Chief Technology Officer*), normalmente ele trará outro tipo de foco ao programa, um foco muito forte ou no lado financeiro, ou no lado tecnológico.

O patrocinador deve ser o presidente do grupo de liderança do programa, e este grupo deve ser composto por representantes da gerência de cada uma das principais áreas organizacionais, a fim de verificar se as decisões concernentes à priorização e às mudanças de fase do programa/projeto sejam holísticas e estejam alinhadas dentro de toda a organização. O grupo de liderança do programa deve se encontrar periodicamente. A frequência das suas reuniões depende muito do programa, mas pode ser uma vantagem se reunir mais frequentemente quando a data do início da operação estiver se aproximando. Se sua configuração organizacional permitir a formação de um grupo de liderança para todos os programas e projetos, isso seria vantajoso, pois você poderia priorizar todo o portfólio de uma vez só e, assim, se beneficiar de uma visão holística.

Um programa complexo deve ser composto com o suporte de seu próprio pessoal administrativo e de planejamento. Richard Branson, empresário e fundador da marca Virgin, declarou: "Prefiro um assistente brilhante". Temos a mesma opinião quanto ao programa mais complexo da Naviair, o COOPANS; temos essa organização e suporte.

Os subgrupos da organização do programa devem ser equilibrados de tal maneira que reflitam as diferentes partes interessadas internas de forma positiva e que sejam equipados com competências suficientes para tomar as decisões relacionadas à sua área de especialização a fim de garantir o progresso. As partes interessadas externas podem fazer parte da organização, mas é mais provável que elas sejam parte de um grupo de interesse ou de um grupo de usuários. Não é importante que tipo de subgrupos você define, mas como os subgrupos interagem uns com os outros e com você como gerente de programas.

Na Naviair, preferimos uma visão pragmática da produção de relatórios. Nosso *template* usado para relatório de *status* é feito como uma simples ferramenta do Excel e se baseia nos tradicionais relatórios de semáforos. O relatório propriamente dito consiste em seis parâmetros, e alguns deles representam KPIs de negócios ligados aos indicadores balanceados de desempenho geral da Naviair. Dependendo da complexidade do portfólio, a frequência dos relatórios varia de uma vez por semana a uma vez por mês. O mais importante, porém, não é o *status* atual de seus semáforos. Isso é coisa do passado, com informações antigas. Os riscos e problemas do programa e a proatividade para mitigá-los são muito mais importantes. Se você possui um portfólio extenso, com muitos programas e projetos, você precisará de ferramentas e de um gerenciamento de riscos mais complexos. Na Naviair, usamos ferramentas pragmáticas de gerenciamento de risco, gerentes experientes e certificados e muitas reuniões físicas para interagir em relação aos riscos e problemas. Se você guarda suas experiências e já realizou muitos projetos antes, pode usar seu instinto para decidir quando usar seus esforços. Portanto, priorizamos reuniões, discussões e interações físicas individuais em vez de um amplo uso de relatórios.

Na Naviair, aprendemos que é muito difícil para uma organização decidir se os resultados de um programa são ou não satisfatórios. Muitas vezes, uma organização fica um pouco instável e excessivamente orientada a detalhes antes de finalmente colocar um novo sistema em operação – o que geralmente gera atrasos. Na Naviair, desenvolvemos uma matriz de critérios de aceitação para decidir se um programa é satisfatório para ser colocado em operação. Temos dois níveis: um com marcos detalhados e descrições por critério e um de grupo de liderança que pode fazer um relatório rápido em uma apresentação de PowerPoint de dois slides. Quando todos os critérios são atendidos, estamos prontos para entrar em operação. Não há chateações ou discussões quanto a se estamos prontos ou não.

COMUNICAR-SE COM TODOS

Não se consegue realizar uma comunicação bem-sucedida concernente a um programa sem um plano de comunicação. O plano de comunicação deve se basear em uma análise das partes interessadas, uma análise SWOT e/ou alguma análise similar para obter um quadro claro do público-alvo e de como ele pode reagir a certas declarações. O plano de comunicação baseado nas análises mencionadas fornecerá uma comunicação mais direcionada, o que, no final das contas, garantirá que você alcance o resultado que estava procurando.

Você deve considerar qualquer meio possível, além da frequência e da hora certa para abordar as diferentes partes interessadas internas e externas, e em que nível de informação. A mensagem principal deve ser clara, consistente e fácil de compreender e de se identificar ao abordar as diferentes partes interessadas. Use como exemplo proeminente os grandes produtores de bebidas, carros ou empresas de prestação de serviços e como elas comunicam os valores de seus produtos. Você deve abordar seus valores de negócio, e não as vantagens tecnológicas que, para a maioria das pessoas, são inúteis e só parecem encarecer o produto. Você deve repetir os valores de negócio e mensagens centrais até o programa ter sido executado.

Você pode direcionar sua comunicação aos diferentes fóruns de muitas maneiras e não deve se limitar ao uso exclusivo de ferramentas de comunicação tradicionais. Um gerente de programa bem-sucedido terá de usar quase a metade de seu horário de trabalho para fazer comunicações e lobby, a fim de garantir o sucesso de seu programa. Um gerente de programa que prioriza a comunicação corretamente nunca recusa uma possibilidade de apresentar seu programa e os valores de negócio a ele relacionados.

É uma boa prática de comunicação enviar artigos para publicação em revistas, definir um portal do projeto ao qual a organização interna tenha acesso, publicar notícias tanto na internet quanto na intranet, organizar reuniões inaugurais e eventos de "portas abertas" e, é claro, propiciar apresentações físicas sempre que houver possibilidade. Um dos segredos da comunicação eficiente é variar os meios de comunicação e encontrar novas maneiras criativas de abordar as partes interessadas, como, por exemplo, disposições para mercadores em que a mensagem central seja exibida, envolvimento da cantina, transmissão de entrevistas com pessoas importantes para o programa/projeto pelo portal de notícias ou instalação de banners com as mensagens centrais em locais frequentemente visitados, como, por exemplo, ao lado da máquina de café. Essa última ideia possibilita um formato mais informal de comunicação, já que a máquina de café e/ou locais similares representam "zonas seguras", onde a comunicação flui livremente entre os funcionários. Um banner com uma mensagem positiva pode levar a conversa em uma direção mais positiva ou simplesmente dar mais visibilidade à mensagem entre os funcionários. Formatos de comunicação mais informais têm sido utilizados com sucesso na Naviair. Um exemplo, entre muitos outros, é o café da manhã semanal promovido pelo gerente de projetos às sextas-feiras, no qual os funcionários se reúnem e discutem o progresso do programa/projeto, enquanto desfrutam de deliciosos doces folhados e uma xícara de café/chá. Como nenhum gerente de alto nível está presente nessas reuniões, preocupações e informações que, caso contrário, não seriam discutidas podem ser compartilhadas. O mesmo ocorre em relação a rumores, que o gerente de projetos terá a oportunidade de identificar e reagir a fim de evitar que o progresso e os valores de negócio importantes do programa/projeto sejam solapados. O gerente de projetos pode dar seguimento às reuniões de café da manhã com um e-mail informal de *status* para manter as pessoas que não estavam presentes atualizadas sobre o programa/projeto e convidá-las a fazer comentários, se tiverem qualquer informação extra ou contraditória.

A falta de comunicação e de informação faz as pessoas desenvolverem suas próprias informações quando se encontram na máquina de café. Isso gera preocupações e rumores que precisam ser tratados seriamente, já que podem assumir a qualidade de fatos. A solução simples para esse problema é atacar todos os rumores assim que são ouvidos, e eles devem ser questionados para verificar se há algum fato por trás deles. Geralmente não há fatos que confirmem rumores correntes. Entretanto, se eles forem baseados em fatos, uma solução precisa ser encontrada.

Você não deve se esquecer de celebrar qualquer marco importante que tenha sido alcançado. Celebre de maneira aceitável e compatível com a cultura da empresa. A cultura de algumas empresas não vê nenhum problema em oferecer jantares gratuitos ou ingressos para a ópera enquanto a de outras não aceita isso por motivos fiscais ou simplesmente porque "*não é assim que deveria ser*". Dar de presente um carrinho de corrida de brinquedo não muito caro por um teste de aceitação aprovado pode ser forma de demonstrar gratidão por parte da organização. Na Naviair, temos gerentes de programas que têm lindas coleções de Ferraris e Lamborghinis orgulhosamente exibidas em locais muito visíveis de seus escritórios.

A coisa mais importante e eficiente que você poderia fazer em relação a projetos é elogiar, dar crédito e reconhecimento à equipe envolvida. O reconhecimento mais forte que você poderia dar é comunicar a uma pessoa de outro departamento.

RESUMO

Os seis princípios essenciais apresentados aqui são continuamente refinados de acordo com lições aprendidas, informações externas e à medida que o setor de provisão de serviços de navegação aérea na Europa se desenvolve, de modo a maximizar o desempenho dos projetos da Naviair e a capacidade de entregar dentro do prazo e do orçamento. A mensagem central é que temos de reconhecer o cenário e nos adaptar a ele, percebendo que estamos vivendo em um mundo dinâmico – não importa quão boas suas melhores práticas possam ser, elas podem se tornar coisa do passado se não se colocar o foco no desenvolvimento contínuo com uma disposição a mudar e se adaptar. Finalmente, como o finado dramaturgo irlandês, o socialista e cofundador da London School of Economics, George Bernard Shaw, disse: "Quem não consegue mudar de ideia, não consegue mudar coisa alguma".

3.18 Avalon Power and Light

A Avalon Power and Light (nome fictício) é uma empresa de utilidade pública da região dos Mountain States, EUA, que, por décadas, foi detentora de um monopólio regional. Tudo isso mudou em 1995, com o início da desregulamentação das empresas de utilidade pública nos Estados Unidos. A prioridade interna, então, passou ao corte de custos e à competitividade.

A Divisão de Sistemas de Informação da Avalon sempre foi considerada um "espinho no pé" da empresa. Os funcionários agiam como supercelebridades e se recusavam a aceitar qualquer um dos princípios da gestão de projetos. O programa de cortes de custos na Avalon deixou claro para todos que a maior parte do trabalho da Divisão de Sistemas de Informação podia ser terceirizada por um preço significativamente mais baixo do que realizado internamente. A gerência tinha a convicção de que a gestão de projetos poderia tornar a divisão mais competitiva, mas será que os funcionários agora estariam dispostos a finalmente aceitar a abordagem da gestão de projetos?

Um porta-voz da Avalon Power and Light explica:

> Duas tentativas anteriores de implementar uma metodologia padrão de desenvolvimento de aplicações tinham fracassado. Mesmo com o novo diretor de sistemas de informação dando apoio total a essa terceira tentativa, impondo o uso de uma metodologia e ferramentas padronizadas, obstáculos significativos ainda se faziam presentes.
>
> A curva de aprendizagem da metodologia de gestão de projetos era alta, produzindo entre os líderes uma tendência a impor suas próprias interpretações às tarefas de metodologia, em vez de aprender as explicações documentadas. Isso resultou em uma interpretação inconsistente da metodologia, o que, por sua vez, produzia inconsistências quando tentávamos usar estimativas anteriores ao estimar novos projetos.
>
> A necessidade de atualizar os planos de projeto em tempo oportuno ainda não tinha sido aceita por todos. Inconsistências na documentação de horas realmente trabalhadas e datas de finalização resultavam em disponibilidades inexatas. Os recursos que, segundo o plano departamental, deveriam estar disponíveis, na verdade não estavam.
>
> Muitos líderes de equipe não tinham aderido à filosofia que embasava a gestão de projetos, tampouco acreditavam realmente em seus benefícios. Eles faziam as coisas acontecerem, alcançando os resultados previstos, mas gerenciavam seus projetos de maneira intuitiva, em paralelo ao plano de projeto em vez de usá-lo.
>
> A gerência de sistemas de informação não fazia perguntas que exigissem o uso da gestão de projetos nos relatórios de *status* de projeto. As métricas padrão da gestão de projetos eram ignoradas nos relatórios de *status* de projeto e substituídas por avaliações subjetivas.

A Divisão de Sistemas de Informação se deu conta de que sua existência poderia depender da qualidade e da rapidez com que ela poderia desenvolver um sistema maduro de gestão de projetos. Em 1997, o senso de urgência para atingir a maturidade já permeava toda a Divisão de Sistemas de Informação. Quando indagado sobre os benefícios que foram alcançados, o porta-voz comentou:

> A percepção da estrutura e a capacidade de documentar propostas utilizando técnicas reconhecidas exteriormente à nossa organização permitiu que a divisão competisse com sucesso com outras organizações nos projetos de desenvolvimento de aplicações.
>
> Um melhor gerenciamento de recursos, por meio da eliminação da prática de "acúmulo" de recursos preferidos até que outro projeto precisasse selecionar funcionários, permitiu que a Divisão de Sistemas de Informação realmente trabalhasse mais com menos pessoas.
>
> Atualmente estamos definindo requerimentos para um projeto de seguimento do projeto original de implementação da gestão de projetos. Esse novo projeto abordará as lições aprendidas em nossos dois primeiros anos. O treinamento em conceitos de gestão de projetos (em oposição ao treinamento em ferramentas) será adicionado ao currículo existente. Precisamos dar maior ênfase ao porquê da necessidade de registrar o prazo e *status* de tarefas com precisão. Será feita uma tentativa de estender o uso da gestão de projetos a áreas não relacionadas ao desenvolvimento de aplicações, como a de comunicações em rede e suporte técnico. A aplicabilidade de nossa metodologia existente para o desenvolvimento de aplicações cliente-servidor e via internet será testada. Exploraremos também eficiências adicionais como a entrada direta da informação de *status* de tarefas por membros individuais da equipe.

Hoje oferecemos serviços de gestão de projetos como uma opção em nossos acordos de nível de serviço com nossos "clientes" corporativos. Uma das histórias de sucesso envolveu um projeto que tinha por objetivo implementar uma nova identidade corporativa na qual vários componentes de toda a corporação foram reunidos. O projeto conseguiu superar as barreiras departamentais e manter um cronograma dinâmico. O processo de definição de tarefas e estimação de suas durações resultou em uma melhor compreensão dos requerimentos do projeto. Isso, por sua vez, gerou estimativas precisas que direcionaram decisões significativas relativas ao escopo do projeto, levando em consideração as severas pressões orçamentais. As decisões de projeto tendiam a se ancorar em sólidas alternativas empresariais, em vez de em mera intuição.

3.19 Roadway Express

Na primavera de 1992, a Roadway Express percebeu que era necessário fazer uma atualização em seus sistemas de suporte (especificamente, seus sistemas de informação) para que a empresa estivesse bem posicionada na chegada do século XXI. Mike Wickham, então presidente da Roadway Express, era um forte defensor das mudanças contínuas. Tratava-se de uma necessidade para sua empresa, tendo em vista que os rápidos avanços tecnológicos faziam dos esforços de reengenharia um processo contínuo. Vários dos projetos a serem empreendidos exigiam um número significativamente maior de recursos do que os projetos passados. Era necessária também uma interação mais forte entre os departamentos funcionais.

Em 1992, o conhecimento de princípios e ferramentas de gestão de projetos nos níveis operacionais da Roadway Express era, na melhor das hipóteses, mínimo. Nos níveis executivos, em contrapartida, esse conhecimento era excelente. Isso iria se provar de grande utilidade. A Roadway Express reconheceu a necessidade de utilizar a gestão de projetos em um projeto de dois anos de duração que tinha visibilidade e suporte executivo e era considerado estrategicamente crucial para a empresa. Entretanto, embora o projeto exigisse um gerente de projetos em regime de tempo integral, a empresa optou por designar um gerente de área que se encarregaria simultaneamente das duas tarefas por dois anos. A empresa não usava a gestão de projetos de forma contínua, e a compreensão do processo era extremamente limitada.

Três meses depois de iniciada a tarefa, o gerente de área renunciou ao seu cargo de gerente de projetos, alegando estar estressado demais e ser impossível gerenciar sua área de maneira eficiente ao mesmo tempo em que cumpria as obrigações do projeto. Um segundo gerente de área foi nomeado para a mesma tarefa, ainda em regime de tempo parcial e, assim como seu predecessor, achou necessário abdicar da função de gerente de projetos.

A empresa, então, designou um terceiro gerente de área. Dessa vez, porém, liberou-o de todas as responsabilidades da gerência de área por toda a duração do projeto. A equipe de projeto e os funcionários selecionados da empresa receberam treinamento em gestão de projetos. O presidente da empresa percebeu os riscos da implementação acelerada, especialmente em um projeto de tal magnitude, mas estava disposto a aceitar os riscos decorrentes de sua decisão.

Depois de outros três meses, o gerente de projetos reclamou que alguns dos membros de sua equipe estavam muito insatisfeitos com as pressões exercidas pela gestão de projetos e estavam ameaçando pedir demissão da empresa, se necessário, simplesmente para se livrar dessa função. Porém, quando questionado sobre o *status* do projeto, o gerente declarou que estava conseguindo alcançar todas as metas determinadas até o momento. Ficou, então, bem claro para o presidente, Mike Wickham, e para os demais executivos da empresa, que a gestão de projetos corria conforme o esperado. A ênfase agora era como "afagar" os funcionários descontentes e convencê-los da importância de seu trabalho e de quanto a empresa apreciava seus esforços.

Para atenuar a ansiedade dos funcionários, o presidente assumiu o papel de patrocinador do projeto e deixou bem claro que a gestão de projetos tinha chegado para ficar na Roadway Express. O presidente promoveu programas de treinamento em gestão de projetos e tratou de marcar presença em cada um deles.

O reforço e visível apoio dado pelo presidente permeou todos os níveis da empresa. Em junho de 1993, menos de oito meses depois do primeiro uso oficial da gestão de projetos, a Roadway Express tinha ido mais longe no caminho rumo à maturidade do que a maioria das outras empresas consegue em dois a três anos, simplesmente devido ao apoio visível da gerência sênior.

A gerência sênior rapidamente percebeu que a gestão de projetos e o gerenciamento de sistemas de informação poderiam ser integrados de forma eficiente em uma única metodologia. Mike Wickham corretamente reconheceu que quanto mais rapidamente ele pudesse convencer seus gerentes de área a apoiar a metodologia da gestão de projetos, mais rapidamente eles alcançariam a maturidade. Segundo Wickham:

> A gestão de projetos, independentemente do nível de sofisticação e treinamento, não pode funcionar de forma eficiente a menos que toda a gerência esteja comprometida com um resultado de sucesso. Antes de colocarmos nossos processos atuais em funcionamento, envolvemos ativamente todos os nossos gerentes de área que achavam que era função deles descobrir todos os motivos pelos quais um sistema nunca funcionava! Agora, o comitê de liderança diz: "Este é o projeto. Tome as rédeas e faça-o funcionar". Há um uso muito mais eficiente dos recursos quando todos estão focados nas mesmas metas.

3.20 Kombs Engineering

Algumas empresas ficam muito felizes ao identificar as crises no início e dedicar tempo a uma reação apropriada, mas outras empresas não têm a mesma sorte. Embora as duas empresas a seguir pareçam ultrapassadas, há lições valiosas que podem ser aprendidas sobre o que não fazer ao embarcar no caminho rumo à maturidade. É o caso, por exemplo, da Kombs Engineering, de Michigan (nome fictício, por exigência da empresa analisada).

Em junho de 1993, a Kombs Engineering já era uma empresa com faturamento de US$ 25 milhões. Sua base de negócios consistia em dois contratos com o Departamento (ministério) de Energia (DoE), um deles de US$ 15 milhões e o outro de US$ 8 milhões. Os outros US$ 2 milhões provinham de uma variedade de pequenos empreendimentos, variando de US$ 15 mil a US$ 50 mil cada.

O maior contrato com o DoE era, logicamente, o de US$ 15 milhões ao ano, com cinco anos de duração. Tendo sido assinado em 1988, tinha sua renovação prevista para 1993. O DoE havia deixado claro que, mesmo estando plenamente satisfeito com o desempenho técnico da Kombs, a lei determinava a abertura de nova licitação por ocasião da renovação. Investigações mercadológicas revelaram que o DoE pretendia gastar US$ 10 milhões por ano no contrato posterior, por mais cinco anos, com data de atribuição prevista para outubro de 1993. Em 21 de junho de 1993, a Kombs foi notificada para enviar sua proposta.

Os requisitos técnicos do contrato não eram considerados problema algum para a Kombs. Ninguém tinha a menor dúvida de que, se dependesse exclusivamente dos méritos técnicos, o contrato continuaria com a Kombs. O problema principal, porém, é que o DoE exigia uma seção separada na proposta detalhando de que forma a Kombs administraria o projeto de US$ 10 milhões anuais, bem como uma descrição pormenorizada do funcionamento do sistema de gestão de projetos da companhia.

Quando a Kombs ganhou a licitação original em 1988, nenhuma imposição relacionada à gestão de projetos fora feita. Todos os projetos da Kombs eram conduzidos por meio da estrutura tradicional de organização. Apenas gerentes de área funcionavam como líderes de projetos.

Em julho de 1993, a Kombs contratou um consultor para treinar toda a empresa em gestão de projetos. O consultor também passou a trabalhar em conjunto com a equipe da proposta na elaboração de respostas às exigências do DoE em matéria de gestão de projetos. A proposta final foi apresentada ao DoE na segunda semana de agosto. Em setembro de 1993, o DoE submeteu à Kombs nova lista de questões relativas à proposta. Mais de 95% das questões envolviam gestão de projetos. A Kombs respondeu a todas elas.

Em outubro de 1993, a Kombs foi notificada de que não ganharia o contrato. Em entrevista posterior à divulgação da decisão final, o DoE afirmou que não tinha "confiança" no sistema de gestão de projetos da Kombs. A Kombs Engineering fechou suas portas.

A Kombs Engineering é um excelente estudo de caso para análise nos cursos de gestão de projetos. Mostra o que acontece quando uma empresa terceirizada não reconhece quão avançado se tornou o cliente em gestão de projetos. Se a Kombs tivesse estado em contato permanente e próximo com seus clientes, teria tido cinco anos, e não apenas um mês, para o desenvolvimento de um sistema maduro de gestão de projetos.

3.21 Williams Machine Tool Company

A força de uma cultura pode não apenas impedir que uma empresa perceba a necessidade de algumas mudanças como, também, bloquear a implementação das mudanças mesmo depois de terem sido finalmente percebidas como indispensáveis. Foi a situação vivida pela Williams Machine Tool Company (outro nome fictício).

Durante 75 anos, a Williams Machine Tool Company forneceu produtos de qualidade para os seus clientes, a ponto de se tornar, em 1990, a terceira maior fábrica de máquinas operatrizes estabelecida nos Estados Unidos. Era uma empresa de alta rentabilidade e com uma taxa de rotatividade extremamente baixa entre os funcionários. Os salários e os benefícios adicionais eram excelentes.

Entre 1970 e 1980, os lucros da empresa chegaram a patamares recordistas. Todo esse sucesso decorria de uma linha padronizada de máquinas operatrizes. A Williams investiu a maior parte de seu tempo e seus recursos no aperfeiçoamento desta linha tradicional de produtos, não se preocupando com o desenvolvimento de novos produtos. Suas máquinas operatrizes faziam tanto sucesso que outras empresas chegavam a modificar suas linhas de produção para se adaptarem a elas, ao invés de pedirem à Williams que fizesse modificações nas máquinas operatrizes. Em 1980, a Williams se mostrava por demais acomodada, na certeza de que o fenomenal sucesso da sua linha de produtos estaria garantido no mínimo por mais 20 ou 25 anos. Porém, a recessão de 1979 a 1983 obrigou a gerência a repensar suas prioridades. A queda da produtividade diminuiu a demanda por máquinas operatrizes padrão. Aumentava sem cessar o número de clientes que pediam alterações no produto ou até mesmo uma máquina com um *design* totalmente novo. O mercado estava mudando, e a gerência reconheceu a necessidade de um novo foco estratégico. Entretanto, os esforços empreendidos para convencer a gerência intermediária e os operários, especialmente os do setor de engenharia, dessa necessidade, enfrentavam sérias resistências. Os funcionários, especialmente aqueles com 20 anos ou mais na empresa, recusavam-se a reconhecer essa necessidade, na crença de que os dias de glória de outrora voltariam logo que a recessão acabasse.

Em 1986, a empresa foi vendida para a Crock Engineering, que tinha também uma conceituada divisão de máquinas operatrizes e conhecia muito bem o setor. Apesar da transação, a Williams continuou a operar como entidade independente de 1985 a 1986, quando o balancete demonstrou que ela estava operando no vermelho. A Crock substituiu toda a gerência executiva da Williams por pessoal próprio. Então, anunciou que todos os funcionários da Williams deveriam se tornar fabricantes de acessórios especiais de máquinas operatrizes e que os "dias de glória", definitivamente, jamais voltariam. A demanda por acessórios especiais havia triplicado nos 12 meses anteriores. A Crock procurou deixar claro para os funcionários que aqueles que não apoiassem estas novas diretrizes seriam substituídos.

O novo gerente sênior da Williams reconheceu que os 85 anos de gerenciamento tradicional tinham chegado ao fim em uma empresa voltada, a partir desse momento, para acessórios especiais. A nova cultura era a da mudança, envolvendo gestão de projetos, engenharia simultânea e gestão da qualidade total.

O comprometimento da gerência sênior com a gestão de projetos ficou bem claro em função do tempo e do dinheiro gastos na reeducação dos funcionários. Infelizmente, os experientes funcionários com 20 anos ou mais de casa ainda não apoiavam a nova cultura. Reconhecendo o problema, a gerência reforçou seu apoio à gestão de projetos, contratando ainda um consultor especializado nessa área para trabalhar com as pessoas. O consultor trabalhou na Williams de 1986 a 1991.

Nesse mesmo período, a Divisão Williams da Crock Engineering apresentou déficits em 24 trimestres consecutivos. O trimestre encerrado em 31 de março de 1992 foi o primeiro a apresentar lucro em mais de seis anos. Grande parte deste feito foi creditado ao desempenho e à maturidade do sistema de gestão de projetos. Em maio de 1992, a Divisão Williams foi vendida. Mais de 80% dos funcionários perderam seus empregos quando a empresa foi reinstalada a mais de 2 mil quilômetros de distância.

A Williams Machine Tool Company levou tempo demais para reconhecer que a base do negócio havia mudado de um sistema orientado à produção para um sistema orientado a projetos. Viver do passado só é aceitável para quem deseja ser historiador. Se as empresas pretendem sobreviver, especialmente em um ambiente altamente competitivo, terão de olhar adiante e reconhecer que mudanças são inevitáveis.

4

Metodologias de gestão de projetos

4.0 Introdução

No Capítulo 1, descrevemos as fases do ciclo de vida necessárias para alcançar a maturidade em gestão de projetos. A quarta fase era a do crescimento, que inclui as seguintes etapas:

- Estabelecimento das fases do ciclo de vida
- Desenvolvimento de uma metodologia de gestão de projetos
- Fundamentação da metodologia em um planejamento eficiente
- Minimização de mudanças de escopo
- Seleção do *software* apropriado para servir de suporte à metodologia

A importância de uma boa metodologia não deve ser subestimada. Além de melhorar o desempenho durante a execução do projeto, ela aumenta a confiança dos clientes e melhora sua relação com a empresa. Boas metodologias também podem levar a contratos exclusivos.

Criar uma metodologia funcional para a gestão de projetos não é tarefa simples. Um dos maiores equívocos que se pode cometer é desenvolver uma metodologia diferente para cada tipo de projeto. Outro é deixar de integrar a metodologia e as ferramentas de gestão de projetos em um único processo, se possível. Quando as empresas desenvolvem metodologias e ferramentas de gestão de projetos que se completam, surgem dois benefícios. Em primeiro lugar, o trabalho é realizado com menos mudanças de escopo. Em segundo lugar, os processos são planejados visando a criar o menor número possível de distúrbios nas atividades operacionais que estão em andamento na empresa.

Este capítulo discute os componentes da metodologia e de algumas das ferramentas mais utilizadas em gestão de projetos. Também são apresentados exemplos detalhados de metodologias existentes.

4.1 Definição de excelência

A excelência em gestão de projetos geralmente é considerada um fluxo contínuo de projetos gerenciados com êxito. Sem uma metodologia de gestão de projetos, pode ser difícil concluir projetos bem-sucedidos com frequência.

Atualmente, todos parecem concordar, pelo menos em parte, com a necessidade de uma metodologia de gestão de projetos. Porém, ainda há um desacordo quanto à definição da excelência na área, da mesma maneira que as empresas possuem diferentes definições de sucesso de um projeto. Nesta seção, discutiremos algumas das diferentes definições de excelência em gestão de projetos.

Algumas podem ser bem simples e alcançar o mesmo objetivo de definições complexas. Segundo um porta-voz da Motorola:

A excelência em gestão de projetos pode ser definida como:

- Estrita observância das práticas de geração de cronogramas
- Supervisão periódica pela gerência sênior
- Controle formal de mudanças nos requerimentos
- Acompanhamento formal de problemas e riscos
- Acompanhamento formal de recursos
- Acompanhamento formal de custos

Um porta-voz da AT&T definiu a excelência na AT&T como:

A excelência [em gestão de projetos] é definida como uma metodologia consistente aplicada a todos os projetos da organização, o reconhecimento continuado por nossos clientes e uma alta satisfação do cliente. Além disso, nossa excelência em gestão de projetos é um fator de venda para nossas equipes de vendas. Isso resulta em negócios de repetição com nossos clientes. Há também um reconhecimento interno de que a gestão de projetos é uma atividade que agrega valor e de que é uma necessidade absoluta.

Doug Bolzman, consultor em arquitetura, profissional de gestão de projetos (PMP®), especialista em ITIL® (*Information Technology Infrastructure Library*) na Hewlett-Packard, discute sua visão de excelência em gestão de projetos:

A excelência não é classificada por meio do gerenciamento das peças, mas da compreensão de como as peças se encaixam umas nas outras, sustentam as dependências umas das outras e agregam valor para a empresa. Se a gestão de projetos fizer apenas o que tem de ser feito, como gerenciar 300 projetos individuais no próximo trimestre, estará propiciando uma função de baixo valor agregado que fundamentalmente funciona como o "burro de carga", que é necessário, mas que só faz aquilo que tem de fazer – e mais nada. As Figuras 4.1 e 4.2 demonstram que se associarmos a gestão de projetos à estrutura geral de gerenciamento de lançamentos de uma empresa, cada projeto é gerenciado independentemente, com as características exibidas. Usando a mesma estrutura de lançamento e as mesmas solicitações dos clientes, as disciplinas da gestão de projetos podem compreender a natureza das exigências e prestar um serviço valioso ao agrupar em "pacotes" os mesmos tipos de solicitações (projetos) com o intuito de gerar uma previsão do trabalho, o que auxiliará a empresa a equilibrar finanças, expectativas e recursos. Essa função pode ser realizada no PMO.

4.2 Reconhecendo a necessidade do desenvolvimento de uma metodologia

A existência e a observância de uma metodologia de gestão de projetos não bastam para levar a empresa ao sucesso e à excelência em gestão de projetos. A necessidade de melhorias no sistema pode ser crucial. Fatores externos podem ter uma forte influência sobre o suces-

Planejamento | ***Design*/Testes** | **Instalação** | **Operações**

Projeto 1
Projeto 2
Projeto 3
Projeto 4
Projeto 5
Projeto 6
Projeto 7
Projeto 8
Projeto 400

SOLICITAÇÕES DOS CLIENTES

Características
- Todos os projetos gerenciados independentemente
- Abordagem individualizada produz pequenos ganhos
- Alto custo para gerenciar todas essas liberações para operações
- Alto custo para testar e certificar cada liberação independentemente
- Ausência de controle geral
- Pouco planejamento, maior parte reagindo e aceitando pedidos

Figura 4.1 Etapas do gerenciamento de liberação.

Planejamento | ***Design*/Testes** | **Instalação** | **Operações**

Pacote 1

Pacote 2

SOLICITAÇÕES DOS CLIENTES

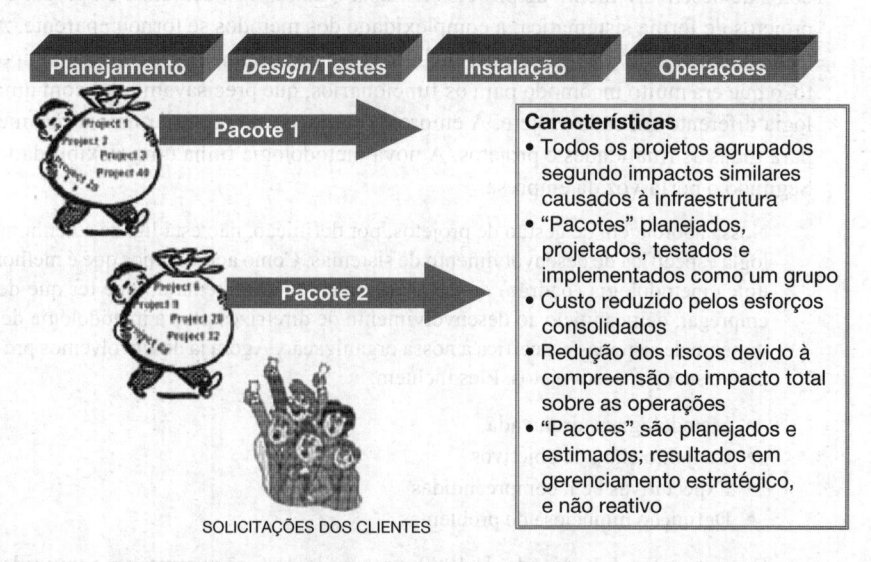

Características
- Todos os projetos agrupados segundo impactos similares causados à infraestrutura
- "Pacotes" planejados, projetados, testados e implementados como um grupo
- Custo reduzido pelos esforços consolidados
- Redução dos riscos devido à compreensão do impacto total sobre as operações
- "Pacotes" são planejados e estimados; resultados em gerenciamento estratégico, e não reativo

Figura 4.2 Etapas do gerenciamento de liberação: agrupando as solicitações.

so ou fracasso da metodologia de gestão de projetos de uma empresa. As mudanças são uma certeza no atual clima empresarial, e não há sinais de que o futuro será diferente. É muito improvável que os rápidos avanços tecnológicos que impulsionaram mudanças na gestão de projetos nas duas últimas décadas esmoreçam. Outra tendência, a crescente sofisticação dos consumidores e clientes, provavelmente continuará. O controle de custos e de qualidade tornou-se praticamente a mesma coisa em muitos setores. Outros fatores externos incluem fusões e aquisições repentinas e comunicações em tempo real.

As metodologias de gestão de projetos são processos "orgânicos" e precisam acompanhar as mudanças que ocorrem nas organizações em resposta a um clima empresarial que se encontra em constante evolução. Isso exige que os gerentes de todos os níveis tenham um compromisso com as mudanças e desenvolvam uma visão que convida ao desenvolvimento de sistemas de gestão de projetos juntamente aos outros sistemas empresariais do restante da organização.

As empresas hoje gerenciam seus negócios por meio de projetos. Isso vale para todas as organizações, sejam ela orientadas a projetos ou não. Praticamente todas as atividades de uma organização podem ser tratadas como algum tipo de projeto. Portanto, faz sentido que as empresas bem gerenciadas tomem a metodologia de gestão de projetos como uma forma de gerenciar todo o negócio, em vez de apenas projetos. Os processos de negócios e os processos de gestão de projetos irão se fundir quando o gerente de projetos passar a ser visto como parte de um negócio.

Desenvolver uma metodologia padrão de gestão de projetos não é tarefa para qualquer empresa. Para empresas com projetos de pequeno porte ou de curto prazo, sistemas tão formais podem não ser apropriados ou não ter uma boa relação custo-benefício. Entretanto, para empresas com projetos de grande porte ou de longo prazo, desenvolver um sistema viável de gestão de projetos é indispensável.

Por exemplo, uma empresa que produz utensílios domésticos tinha uma série de protocolos de desenvolvimento de projetos em uso. Quando começaram a empregar a gestão de projetos de forma sistemática, a complexidade dos métodos se tornou aparente. A empresa tinha diversas metodologias de desenvolvimento de sistemas, dependendo do tipo de projeto, o que era muito incômodo para os funcionários, que precisavam lidar com uma metodologia diferente em cada projeto. A empresa, então, optou por criar uma única metodologia para todas as finalidades e projetos. A nova metodologia tinha uma flexibilidade inerente. Segundo o porta-voz da empresa:

> Nossa abordagem de gestão de projetos, por definição, não está ligada a nenhuma metodologia específica de desenvolvimento de sistemas. Como acreditamos que é melhor usar uma única metodologia (padrão) de desenvolvimentos de sistema do que ter que decidir qual empregar, demos início ao desenvolvimento de diretrizes para a metodologia de desenvolvimento de sistemas específica à nossa organização. Agora já desenvolvemos pré-requisitos para o sucesso dos projetos. Eles incluem:
>
> - Metodologia padronizada
> - Conjunto claro de objetivos
> - Expectativas bem compreendidas
> - Definição minuciosa de problemas

Durante o final da década de 1980, uma onda de fusões atingiu a comunidade bancária. Com a redução dos custos devido a economias de escala e a maior competitividade daí resultante, a comunidade bancária reconheceu a importância da utilização da gestão de projetos para fusões e aquisições. Quanto mais rapidamente as duas culturas se tornassem uma só, menor o impacto sobre o resultado financeiro da corporação.

A necessidade de uma boa metodologia tornou-se óbvia, segundo o porta-voz de um banco:

> A intenção dessa metodologia é tornar mais eficiente o processo de gestão de projetos: da proposta e priorização à aprovação e implementação. Essa metodologia não é adaptada a tipos ou classificações específicas de projetos, como os esforços de desenvolvimento de sistemas ou as instalações de *hardware*. Ao contrário, é uma abordagem sensata para auxiliar na priorização e implementação bem-sucedida dos esforços de qualquer jurisdição.

Em 1996, a divisão de serviços de informação (SI) de um banco formou uma equipe de reengenharia de SI com o intuito de focar o desenvolvimento e a implementação de processos e ferramentas associados à gestão de projetos e ao desenvolvimento de sistemas. A missão da equipe de reengenharia de SI era melhorar o desempenho dos projetos de SI, resultando em maior produtividade e melhor tempo de ciclo, qualidade e satisfação dos clientes dos projetos.

Segundo um porta-voz do banco, o processo começou da seguinte maneira:

Informações tanto das metodologias correntes quanto das anteriores usadas pelo banco foram revisadas, e as melhores práticas de todos esses esforços anteriores foram incorporadas a esse documento. Independentemente da fonte, as fases da metodologia de projetos são relativamente padronizadas. Todos os projetos seguem os mesmos passos, sendo que complexidade, tamanho e tipo de projeto determinam até que ponto a metodologia tem de ser seguida. O que essa metodologia enfatiza são controles de projeto e vínculo entre os *deliverables* e os controles para alcançar as metas.

Para determinar os pontos fracos associados às metodologias de gestão de projetos passadas, a equipe de reengenharia de SI conduziu vários grupos de foco. Esses grupos concluíram que, nas metodologias anteriores, havia:

- Falta de compromisso da gerência
- Ausência de um mecanismo de *feedback* para os gerentes de projeto determinarem as atualizações e revisões necessárias para a metodologia
- Ausência de metodologias adaptáveis para a organização
- Ausência de um programa de treinamento para os gerentes de projeto sobre a metodologia
- Ausência de foco em uma comunicação consistente e periódica sobre o progresso da implementação da metodologia
- Ausência de foco sobre as ferramentas e técnicas da gestão de projetos

Com base nesse *feedback*, a equipe de reengenharia de SI desenvolveu e implementou com sucesso uma metodologia de gestão de projetos e desenvolvimento de sistemas. De junho a dezembro de 1996, o público-alvo de 300 gerentes de projetos se conscientizou e aplicou uma metodologia e uma ferramenta padronizada de gestão de projeto (MS Project).

O banco fez um excelente trabalho com a criação de uma metodologia que reflete diretrizes, e não políticas, e oferece procedimentos que podem facilmente ser adaptados a qualquer projeto do banco. Até 2017, o banco havia agregado flexibilidade continuamente à sua abordagem de gestão de projetos, facilitando a gestão de todos os tipos de projeto. A seguir, discutiremos componentes selecionados da metodologia de gestão de projetos.

ORGANIZAÇÃO

Com qualquer projeto, você deve definir o que precisa ser alcançado e decidir como o projeto chegará a esses objetivos. Cada projeto começa com uma ideia, visão ou oportunidade de negócio, um ponto de partida que tem de ser vinculado aos objetivos de negócio da organização. O termo de abertura do projeto é o alicerce do projeto e forma o contrato com as partes envolvidas. Ele inclui uma declaração das necessidades do negócio, um acordo sobre o que o projeto se compromete a produzir, uma identificação das dependências do projeto, os papéis e responsabilidades dos membros de equipe envolvidos e os padrões de como o orçamento do projeto e a gestão de projetos devem ser abordados. O termo de abertura do projeto define os seus limites, e a equipe de projetos tem bastante flexibilidade, desde que os membros permaneçam dentro de tais limites.

PLANEJAMENTO

Uma vez que os limites do projeto estejam definidos, devem-se levantar informações suficientes para sustentar os alvos e objetivos e para limitar o risco e minimizar os problemas. Esse componente da gestão de projetos deve gerar informações suficientes para estabelecer claramente os *deliverables* que precisam ser concluídos, definir as tarefas específicas que garantirão a conclusão desses *deliverables* e esboçar o nível apropriado de recursos. Cada *deliverable* influencia cada fase do projeto, se irá ou não atingir seus alvos, orçamento, qualidade e prazo. Por uma questão de simplicidade, alguns projetos adotam uma abordagem de quatro fases:

1. *Proposta:* iniciação e definição do projeto
2. *Planejamento:* planejamento do projeto e definição dos requisitos
3. *Desenvolvimento:* desenvolvimento dos requisitos, testes e treinamentos
4. *Implementação:* implantação dos requisitos desenvolvidos para a operação diária

Cada fase contém pontos de revisão que ajudam a garantir que as expectativas de cada projeto e *deliverables* de qualidade sejam alcançados. É importante identificar os revisores do projeto o mais cedo possível para garantir o equilíbrio adequado do envolvimento de especialistas no assunto e a gerência.

GERENCIAMENTO

Durante todo o projeto, o gerenciamento e o controle do processo precisam ser mantidos. Essa é a oportunidade para o gerente de projeto e a equipe avaliarem o projeto, o seu desempenho e controlarem o desenvolvimento dos *deliverables*. Durante o projeto, as seguintes áreas devem ser gerenciadas e controladas:

- Avaliar o progresso diário de tarefas e *deliverables* do projeto por meio da mensuração de orçamento, qualidade e tempo de ciclo.
- Ajustar tarefas e *deliverables* do projeto a cada dia, em resposta a variâncias e problemas imediatos.
- Resolver proativamente problemas e mudanças do projeto para controlar eventuais mudanças graduais no escopo.
- Ter como objetivo a satisfação do cliente.
- Estabelecer revisões periódicas e estruturadas dos *deliverables*.
- Estabelecer um arquivo centralizado de controle do projeto.

Dois mecanismos essenciais para gerenciar projetos com sucesso são procedimentos sólidos de geração de relatórios de *status* e procedimentos de gerenciamento de problemas, preocupações e mudanças. Os relatórios de *status* são necessários para manter o curso e a saúde do projeto. O relatório de *status* deve incluir o seguinte:

- Realizações importantes até o momento
- Realizações planejadas para o período seguinte

- Resumo do progresso do projeto:
  - Percentual de horas de trabalho consumidas
  - Percentual de custos orçamentários consumidos
  - Percentual do prazo do projeto consumido
- Resumo dos custos do projeto (custos orçados *versus* reais)
- Problemas e preocupações do projeto
- Impacto sobre a qualidade do projeto
- Providências tomadas pela gerência

O gerenciamento de problemas e mudanças protege o andamento do projeto, proporcionando flexibilidade. Os problemas do projeto são questões que exigem que o gerente de projeto, a equipe do projeto ou a gerência tome decisões. O gerenciamento de problemas do projeto precisa ser definido e devidamente comunicado à equipe de projeto, de modo a garantir o nível adequado de acompanhamento e monitoramento dos problemas. Esse mesmo princípio está relacionado ao gerenciamento de mudanças porque, inevitavelmente, o escopo de um projeto estará sujeito a algum tipo de mudança. Qualquer gerenciamento de mudanças no projeto que afete os custos, o prazo, os *deliverables* e os projetos dependentes deve ser informado à gerência. Os relatórios sobre o gerenciamento de problemas e mudanças devem ser resumidos no relatório de *status*, indicando o número de itens em aberto ou já solucionados de cada um deles. Isso auxilia a gerência na avaliação da saúde do projeto.

Simplesmente ter uma metodologia de gestão de projetos e empregá-la não leva à maturidade e à excelência na área. É preciso haver uma "necessidade" de melhorar o sistema, de modo que ele ascenda à maturidade. Os sistemas de gestão de projetos podem mudar à medida que ocorrem mudanças na organização. Entretanto, a gerência deve ter um compromisso com as mudanças e uma visão que permita que os sistemas de gestão de projetos evoluam na organização.

4.3 Metodologias empresariais de gestão de projetos

A maioria das empresas hoje parece reconhecer a necessidade de uma ou mais metodologias de gestão de projetos, mas ou criam as metodologias erradas, ou fazem mau uso das metodologias que foram criadas. Muitas vezes, as empresas se precipitam em desenvolver ou adquirir uma metodologia sem antes compreender qual a necessidade de possuir uma, além do fato de seus concorrentes já possuírem. Segundo Jason Charvat:

> Usar metodologias de gestão de projetos em uma estratégia de negócios permite que as empresas maximizem o valor do projeto para a organização. Uma metodologia tem de evoluir e ser ajustada para acomodar as mudanças no foco ou na direção de uma empresa. Trata-se quase de uma mentalidade, uma maneira que remodela todos os processos organizacionais: vendas e marketing, projeto de produtos, planejamento, implementação, recrutamento, finanças e suporte a operações. Apresenta uma mudança cultural radical para muitas organizações. À medida que os setores e as empresas mudam, mudam também suas metodologias. Caso contrário, estarão perdendo uma oportunidade.[1]

---
[1] Charvat, *Project Management Methodologies* (Hoboken, NJ: Wiley, 2003), p. 2.

Metodologias são conjuntos de formulários, diretrizes, *templates* e listas de verificação que podem ser aplicados a um projeto ou situação específica. Talvez não seja possível criar uma única metodologia que abranja toda a empresa e possa ser aplicada a todo e qualquer projeto. Algumas empresas têm tido êxito com isso, mas ainda há muitas que mantêm com sucesso mais de uma metodologia. A menos que o gerente de projeto seja capaz de adaptar a metodologia empresarial de gestão de projeto às suas próprias necessidades, pode ser necessário que haja mais de uma metodologia.

Há vários motivos pelos quais boas intenções muitas vezes se desencaminham. Nos níveis executivos, as metodologias podem falhar se os executivos tiverem uma compreensão precária de o que uma metodologia é e acreditarem que ela seja:

- uma solução paliativa
- um método infalível
- uma solução temporária
- uma "receita" para o sucesso dos projetos[2]

Nos níveis dos trabalhadores, as metodologias também podem falhar se:

- forem abstratas e de alto nível
- contiverem narrativas insuficientes para sustentá-las
- não forem funcionais ou não abordarem áreas cruciais
- ignorarem os padrões e as melhores práticas do setor
- parecerem impressionantes, mas não apresentarem uma verdadeira integração ao negócio
- usarem convenções e terminologia que não sejam padrão para projetos
- competirem por recursos similares sem abordar esse problema
- não possuírem métricas de desempenho
- levarem tempo demais para serem concluídas devido à burocracia e administração[3]

Decidir sobre o tipo de metodologia a ser empregada não é uma tarefa simples. Há muitos fatores a serem considerados, como:

- A estratégia geral da empresa – quão competitivos somos como empresa?
- O tamanho da equipe de projeto e/ou do escopo a ser gerenciado
- A prioridade do projeto
- A importância do projeto para a empresa
- O grau de flexibilidade da metodologia e seus componentes[4]

As metodologias da gestão de projetos são criadas em torno do nível de maturidade da empresa e de sua cultura corporativa. Se a empresa for razoavelmente madura em gestão de projetos e possuir uma cultura que estimule a cooperação, a comunicação eficiente, o trabalho em equipe e a confiança, então se pode criar uma metodologia extremamente flexível baseada em diretrizes, formulários, listas de verificação e *templates*. Os gerentes de projeto podem escolher as partes da metodologia que forem adequadas a um cliente específico. As organizações que não têm nenhuma dessas duas características dependem fortemente

---

[2] Ibid., p. 4.
[3] Ibid., p. 5
[4] Ibid., p. 66.

de metodologias construídas com políticas e procedimentos rígidos, criando, dessa forma, uma burocracia significativa acompanhada por aumentos de custos e perda da flexibilidade de que o gerente de projetos precisa para adaptar a metodologia às necessidades de cada cliente específico.

Jason Charvat descreve esses dois tipos como metodologias leves e metodologias pesadas.[5]

METODOLOGIAS LEVES

Complexidades tecnológicas cada vez maiores, atrasos nos projetos e mudanças nas solicitações dos clientes geraram uma pequena revolução no mundo das metodologias de desenvolvimento. Um tipo de metodologia totalmente novo – que é ágil e adaptável e envolve o cliente em todas as partes do processo – está começando a surgir. Muitos dos defensores de metodologias pesadas se opuseram à introdução dessas metodologias "leves" ou "ágeis".[6] Ao contrário dos projetos que usam metodologias pesadas, os projetos leves possuem apenas algumas poucas regras, práticas e documentos. Os projetos são elaborados e construídos em discussões presenciais, reuniões e baseados no fluxo de informações para os clientes. A diferença imediata do uso de metodologias leves é que elas são muito menos orientadas a documentações, normalmente enfatizando uma quantidade menor de documentação para o projeto.

METODOLOGIAS PESADAS

As metodologias tradicionais de gestão de projetos (i.e., abordagem CVDS, ou de ciclo de vida de desenvolvimento de sistemas) são consideradas burocráticas ou de natureza "preditiva" e resultaram em muitos projetos malsucedidos. Essas metodologias pesadas estão se tornando menos populares. Elas são tão trabalhosas que todo o ritmo do *design*, desenvolvimento e implementação desacelera – e não se realiza nada. Os gerentes de projeto tendem a prever cada marco porque querem prever cada detalhe técnico (i.e., detalhe de código de software ou de engenharia). Isso leva os gerentes a começarem a exigir muitos tipos de especificações, planos, relatórios, pontos de verificação e cronogramas. As metodologias pesadas tentam planejar uma grande parte de um projeto em alto nível de detalhamento por um longo período. Isso funcionava bem até as coisas começarem a mudar, e os gerentes de projeto inerentemente tentam resistir a mudanças.

As metodologias empresariais de gestão de projetos podem melhorar o processo de planejamento, além de oferecer certo grau de padronização e consistência. As empresas chegaram à conclusão de que as metodologias empresariais de gestão de projetos funcionam melhor se forem baseadas em *templates* em vez de em políticas e procedimentos rígidos. O International Institute for Learning criou uma Metodologia Unificada para a Gestão de Projetos (UPMM™, *Unified Project Management Methodology*),[7] com *templates* classificados de acordo com o Guia *PMBOK®*, 6ª edição, Áreas de Conhecimento:

---

[5] Ibid., p. 102–104.
[6] M. Fowler, *The New Methodology, Thought Works*, 2005. Disponível em: https://martinfowler.com/articles/new-Methodology.html.
[7] A Unified Project Management Methodology (UPMM™) é registrada, protegida pela lei de direitos autorais e de propriedade do International Institute for Learning, Inc., © 2017; reproduzido com permissão.

Comunicação
Termo de abertura do projeto
Documento de procedimentos do projeto
Histórico de solicitações de mudanças no projeto
Relatório de *status* do projeto
Relatório de garantia da qualidade em GP
Resumo do gerenciamento de aquisições
Histórico de problemas do projeto
Plano de gerenciamento do projeto
Relatório de desempenho do projeto

Custo
Cronograma do projeto
Plano e registro de respostas a riscos
Estrutura Analítica do Projeto (EAP)
Pacote de trabalho
Documento de estimativas de custos
Orçamento do projeto
Lista de verificação do orçamento do projeto

Recursos humanos
Termo de abertura do projeto
Estrutura Analítica do Projeto (EAP)
Plano de gerenciamento de comunicações
Diagrama de organização do projeto
Diretório da equipe de projetos
Matriz de responsabilidades (MR)
Plano de gerenciamento do projeto
Documento de procedimentos do projeto
Lista de verificação da reunião inaugural
Avaliação de desempenho da equipe de projetos
Avaliação de desempenho do gerente de projetos

Integrações
Panorama dos procedimentos do projeto
Proposta do projeto
Plano de gerenciamento de comunicações
Plano de aquisições
Orçamento do projeto
Documento de procedimentos do projeto
Cronograma do projeto
Matriz de responsabilidades (MR)
Plano e registro de respostas a riscos
Declaração de escopo
Estrutura Analítica do Projeto (EAP)
Plano de gerenciamento do projeto

Histórico de solicitações de mudanças no projeto
Histórico de problemas do projeto
Histórico de mudanças no plano de gestão de projetos
Relatório de desempenho do projeto
Documento de lições aprendidas
Feedback sobre o desempenho do projeto
Documento de aceitação de produto
Termo de abertura do projeto
Lista de verificação de avaliação de encerramento de processo
Relatório dos arquivos do projeto

Aquisições

Termo de abertura do projeto
Declaração de escopo
Estrutura Analítica do Projeto (EAP)
Plano de aquisições
Lista de verificação do planejamento das aquisições
Declaração de trabalho (DT) de aquisições
Solicitação de esboço do documento de proposta
Histórico de solicitações de mudanças no projeto
Lista de verificação de formação de contrato
Resumo do gerenciamento de aquisições

Qualidade

Termo de abertura do projeto
Panorama dos procedimentos do projeto
Plano de qualidade no trabalho
Plano de gerenciamento do projeto
Estrutura Analítica do Projeto (EAP)
Relatório de garantia da qualidade em GP
Documento de lições aprendidas
Feedback sobre o desempenho do projeto
Avaliação de desempenho da equipe de projetos
Documento de melhorias nos processos de GP

Risco

Plano de aquisições
Termo de abertura do projeto
Documento de procedimentos do projeto
Estrutura Analítica do Projeto (EAP)
Plano e registro de respostas a riscos

Escopo

Declaração do escopo do projeto
Estrutura Analítica do Projeto (EAP)
Pacote de trabalho
Termo de abertura do projeto

Tempo
Planilha de estimação da duração das atividades
Documento de estimativas de custos
Plano e registro de respostas a riscos
Estrutura Analítica do Projeto (EAP)
Pacote de trabalho
Cronograma do projeto
Lista de verificação para revisões do cronograma do projeto

Gerenciamento de partes interessadas
Termo de abertura do projeto
Plano de gerenciamento de mudanças
Formulário de solicitação de alteração de cronograma
Histórico de problemas do projeto
Matriz de responsabilidades (MR)

4.4 Benefícios de uma metodologia padrão

Para empresas que compreendem a importância de uma metodologia padrão, os benefícios são inúmeros. Esses benefícios podem ser classificados como benefícios de curto e de longo prazo. Os benefícios de curto prazo foram descritos por uma empresa como:

- Tempo de ciclo menor e custos mais baixos
- Planos realistas com maiores possibilidades de cumprimento de prazos
- Melhores comunicações quanto a "o que" se espera dos grupos e "quando"
- *Feedback*: lições aprendidas

Esses benefícios de curto prazo focam os indicadores-chave de desempenho (KPIs, *key performance indicators*) ou simplesmente a execução da gestão de projetos. Os benefícios de longo prazo parecem priorizar mais os fatores críticos de sucesso (CSFs, *critical success factors*) e a satisfação do cliente. Os benefícios de longo prazo do desenvolvimento e da execução de uma metodologia de classe mundial incluem:

- Menor "tempo para colocação no mercado" por meio de um melhor controle de escopo
- Menor risco geral para o programa
- Melhor gestão dos riscos, o que leva a uma melhor tomada de decisões
- Maior satisfação e confiança do cliente, o que leva a mais negócios e maiores responsabilidades para os fornecedores de *tier* 1
- Ênfase na satisfação do cliente e em valor agregado em vez de em concorrência interna entre grupos funcionais
- Cliente trata o fornecedor como "parceiro" em vez de como "mercadoria"
- Fornecedor auxilia o cliente durante as atividades de planejamento estratégico

Talvez o maior benefício de uma metodologia de classe mundial seja a aceitação e o reconhecimento por seus clientes. Se um de seus clientes mais importantes desenvolver sua própria metodologia, esse cliente poderia "forçá-lo" a aceitá-la e empregá-la como condição para continuar sendo seu fornecedor. No entanto, se você puder mostrar que sua metodologia é igual ou superior à do cliente, ela será aceita, fazendo prevalecer uma atmosfera de confiança. Um fornecedor descobriu recentemente que seu cliente tinha tanta fé e respeito por sua metodologia que o convidou a participar das atividades de planejamento estratégico dele. O fornecedor estava sendo tratado como parceiro em vez de como *commodity* ou apenas mais um fornecedor. Isso resultou em contratos de aquisição de fornecedor único para o fornecedor. Desenvolver uma metodologia padrão, que englobe a maioria dos projetos de uma empresa e seja aceita por toda a organização, é uma tarefa árdua. A parte mais difícil provavelmente é garantir que a metodologia suporte tanto a cultura corporativa quanto os alvos e objetivos estabelecidos pela gerência. As metodologias que exigem mudanças em uma cultura corporativa talvez não sejam muito bem-aceitas pela organização. Culturas que não apoiam uma metodologia podem destruir até mesmo metodologias de gestão de projetos que pareçam boas.

Durante as décadas de 1980 e 1990, várias empresas de consultoria desenvolviam suas próprias metodologias de gestão de projetos, na maioria das vezes para projetos de sistemas de informação, e então pressionavam seus clientes a comprar a metodologia em vez de ajudá-los a desenvolver uma que fosse mais adequada às necessidades deles. Embora talvez tenham ocorrido alguns sucessos, parecia haver um número significativamente maior de fracassos. Um hospital comprou uma metodologia de gestão de projetos no valor de US$ 130 mil, acreditando que essa seria a solução para suas necessidades relativas a sistemas de informação. Infelizmente, a gerência sênior decidiu comprá-la sem consultar os trabalhadores que usariam o sistema. No fim das contas, o pacote nunca foi utilizado.

Outra empresa comprou um pacote similar, descobrindo tarde demais que ele era inflexível e que a organização, especificamente a cultura corporativa, teria de mudar para poder empregar a metodologia de gestão de projetos de forma eficiente. O fornecedor admitiu posteriormente que os melhores resultados seriam alcançados se não fosse feita mudança alguma na metodologia.

Esses tipos de metodologia são extremamente rígidos e baseados em políticas e procedimentos. A possibilidade de personalizá-los a projetos e culturas específicas era inexistente, e, finalmente, eles caíram em desuso – mas somente depois de os fornecedores terem obtido lucros significativos com sua venda. Boas metodologias precisam ser flexíveis.

4.5 Componentes críticos

É praticamente impossível tornar-se uma empresa de classe mundial em gestão de projetos sem possuir uma metodologia de classe mundial. Há vários anos, talvez apenas algumas poucas empresas realmente tivessem metodologias de classe mundial. Hoje, devido à necessidade de sobrevivência e do acirramento da concorrência, há inúmeras empresas com boas metodologias.

As características de uma metodologia de classe mundial incluem:

- Máximo de seis fases de ciclo de vida
- Superposições nas fases do ciclo de vida
- Revisões de final de fase
- Integração com outros processos

- Melhoria contínua (i.e., ouvir a voz do cliente)
- Orientação ao cliente (interface com a metodologia do cliente)
- Aceitação em toda a empresa
- Utilização de *templates* (estrutura analítica do projeto [EAP] nível 3)
- Cronograma do caminho crítico (EAP nível 3)
- Relatórios de gráficos de barras simplistas e padronizados (*software*-padrão)
- Minimização da papelada (burocracia)

De maneira geral, cada fase do ciclo de vida da metodologia de gestão de projetos exige documentação, pontos de controle e, talvez, requisitos administrativos especiais. Ter poucas fases de ciclo é um convite ao desastre, ao passo que ter muitas pode elevar os custos de administração e controle. A maioria das empresas prefere que o ciclo de vida tenha, no máximo, seis fases.

Historicamente, as fases do ciclo de vida eram sequenciais por natureza. No entanto, devido à necessidade da compressão do cronograma, as fases do ciclo de vida atualmente se superpõem. A quantidade de superposição depende da magnitude dos riscos que o gerente de projetos decide assumir. Quanto maior a superposição, maior o risco. Erros cometidos durante atividades superpostas são, normalmente, mais caros de corrigir do que erros que ocorrem durante atividades sequenciais. A superposição de fases do ciclo de vida exige um excelente planejamento prévio.

As revisões de final de fase são cruciais para fins de controle e verificação dos marcos de cada fase. Com a superposição de fases, ainda há revisões no final de cada fase, mas elas são reforçadas por fases intermediárias durante as fases do ciclo de vida. As metodologias de gestão de projetos de alto nível são integradas a outros processos de gestão, como a gestão de mudanças, de riscos, da qualidade total e a engenharia simultânea. Tal integração produz um efeito sinérgico que minimiza a papelada (burocracia), minimiza o número total de recursos comprometidos com o projeto e permite que a organização faça o planejamento de capacidade para determinar a carga de trabalho máxima que pode suportar.

Metodologias de classe mundial são continuamente aprimoradas por meio de revisões de KPI, atualizações das lições aprendidas, *benchmarking* e recomendações dos clientes. A metodologia propriamente dita pode se tornar o canal de comunicação entre o cliente e o fornecedor. Metodologias eficientes promovem a confiança do cliente, minimizando sua interferência no projeto.

As metodologias de gestão de projetos têm de ser de fácil utilização para os trabalhadores e cobrir a maioria das situações que podem surgir em um projeto. Talvez a melhor maneira de fazer isso seja colocar a metodologia em um manual simples de utilizar.

Metodologias de classe mundial tentam facilitar o planejamento e a geração do cronograma de projetos. Isso é realizado por meio do uso de *templates* para os três níveis superiores da EAP. Ou seja, ao usar os *templates* da EAP nível 3, haverá uma terminologia e relatórios padronizados. As diferenças entre projetos aparecerão nos níveis inferiores (i.e., níveis 4 a 6) da EAP. Isso também leva a uma minimização da papelada (burocracia).

Atualmente, as empresas parecem estar promovendo o uso do conceito do termo de abertura do projeto como um componente de uma metodologia, mas nem todas as empresas criam o termo de abertura no mesmo ponto do ciclo de vida do projeto, como mostra a Figura 4.3. Os três triângulos da Figura 4.5 mostram possíveis pontos em que o termo de abertura pode ser preparado:

Figura 4.3 Quando preparar o termo de abertura do projeto.

- No primeiro triângulo, o termo de abertura é preparado imediatamente após a conclusão do estudo de viabilidade. Neste ponto, o termo de abertura contém os resultados do estudo de viabilidade, além da documentação de qualquer suposição e restrição que tenha sido considerada. O termo de abertura é, então, revisado e atualizado uma vez que o projeto tenha sido selecionado.
- No segundo triângulo, que parece ser o método preferido, o termo de abertura é preparado após o projeto ser selecionado e o gerente de projeto ter sido designado. O termo de abertura inclui a autoridade concedida ao gerente de projeto, mas apenas para o projeto em questão.
- No terceiro triângulo, o termo de abertura é preparado depois do planejamento detalhado ser concluído. O termo de abertura contém o plano detalhado. A gerência não assina o termo de abertura até depois do plano detalhado ter sido aprovado pela gerência sênior. Então, e só então, é que a empresa sanciona oficialmente o projeto. Uma vez que a gerência tenha assinado o termo, ele passa a ser um acordo jurídico entre o gerente de projetos e todos os gerentes de área envolvidos e determina que *deliverables* serão cumpridos e quando.

4.6 Airbus Space and Defence: integração da metodologia APQP

O Planejamento Avançado da Qualidade do Produto (APQP – *Advanced Product Quality Planning*) é uma ferramenta de gestão de projetos que oferece um alerta precoce eficaz com o monitoramento da entrega dentro dos requisitos de qualidade e dentro do prazo dos principais *deliverables* da fase de planejamento até a entrega/produção em série, com o objetivo de evitar problemas e retrabalhos caros devido a *deliverables* imaturos e aumentar a satisfação dos clientes internos e externos. Esses principais *deliverables* são chamados de "críticos para qualidade" (CTQ – *critical to quality*).

Esta seção apresenta uma integração dessa metodologia dentro do ciclo de vida do projeto por meio da definição de marcos padronizados, ou revisões de fase, nos quais o projeto é avaliado para garantir a maturidade necessária para avançar para a próxima fase. O ciclo de vida do projeto define cada fase de um projeto, dando visibilidade aos passos predecessores, a quais serão os próximos passos, a quais outras funções estarão envolvidas,

---

A Seção 4.6 foi fornecida pela Airbus Space and Defence © 2017 por Airbus Space and Defence. Reproduzido com permissão. Todos os direitos reservados.

200 Gestão de projetos

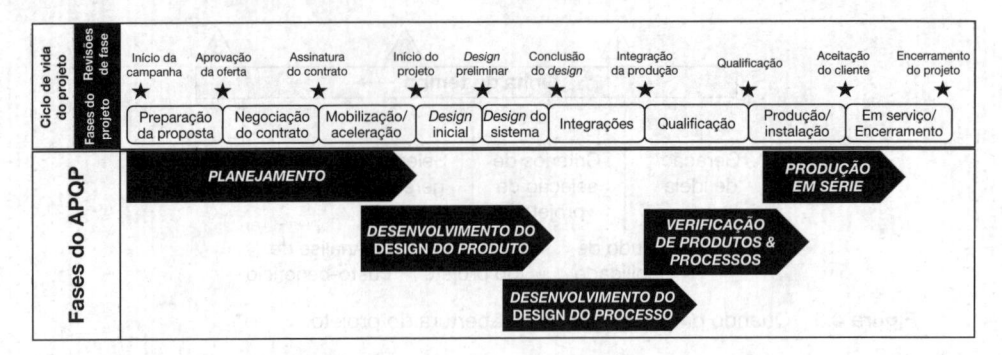

Figura 4.4 Revisões de fase do APQP.

a quais interfaces devem ser entregues, a quais resultados já foram atingidos e por quem e a quais resultados serão criados ou desenvolvidos na próxima fase. As revisões de fase são realizadas nos marcos principais de todas as campanhas, programas e projetos. Tais revisões fornecem uma avaliação objetiva do progresso em relação aos principais critérios de sucesso definidos para a fase e a aceitabilidade do plano futuro e preparação para continuar para a próxima fase, com o objetivo de prevenir problemas adicionais devidos à falta de maturidade. Uma revisão do cliente não basta para substituir uma revisão de fase. Os maiores princípios das revisões de fase são:

- Garantir a maturidade do projeto em relação a objetivos especificados e à disponibilidade dos recursos. Confirmar a disponibilidade de recursos, ferramentas e instalações, assim como possíveis problemas de processo e obsolescência. Facilitar a identificação e utilizações das lições aprendidas aplicáveis.

- As revisões de fase são organizadas apenas quando as outras revisões relacionadas já foram realizadas (p. ex., vendas, comercial e engenharia/técnica, etc.); para evitar a duplicação dos esforços, as revisões de fase levam em conta os achados e as ações das outras revisões relacionadas. Para facilitar a integração interfuncional das principais partes interessadas do projeto (p. ex., operações, funções corporativas como segurança, comercial, financeiro e direito, qualidade, engenharia, suporte e serviço, etc.).

- Oferece à alta gerência uma avaliação estruturada e independente do *status* do programa/projeto; avaliar o programa/projeto com base no "Princípio dos Quatro Olhos", na qual a pessoa que avalia o programa/projeto não é a mesma que atualmente lidera ou conduz o programa/projeto em si. Dar transparência e uma opinião objetiva com relação a programas/projetos complexos e permitir que revisões especializadas do projeto agreguem valor.

A integração do APQP no ciclo de vida do projeto é realizada pela combinação das fases do APQP com as revisões de fase, como descrito na Figura 4.4. Respectivamente, cada critério de avaliação de cada revisão de fase contém o produto esperado e o *deliverable* crítico para qualidade a ser avaliado.

A Tabela 4.1 mostra um exemplo de uma avaliação de critérios para a revisão de fase.

TABELA 4.1 Avaliação de critérios

Critérios	Avaliação do projeto	Avaliação do APQP	*Deliverable* ou evidência do projeto a avaliar
Contrato com Fornecedor/ Parceiro	Os contratos relativos a fornecedores/terceirizados foram finalizados formalmente, assinados e mantidos atualizados, incluindo ETs validadas e cláusulas decorrentes (*flowdown*) relevantes do contrato do cliente? Todas as mudanças nos requisitos (especificação, termos, condições) são cobertas por contratos vinculantes com os fornecedores/terceirizados?	***Transferência de requisitos para fornecedores:*** A declaração de conformidade com os requisitos do fornecedor é considerada através da confirmação dos requisitos do fornecedor. ***Seleção de fornecedores de subnível:*** A lista é exigida nos nossos requisitos, mas: • Em geral, recebemos essa lista? • Quando? • Obtemos um plano de vigilância formal dos fornecedores? Configuração dependendo da criticalidade do fornecedor e do produto	Lista de Fornecedores/Terceirizadas / Contratos com Parceiros/Fornecedores/ Terceirizadas **Crítico para o elemento de qualidade:** Especificação técnica, especificação de interface/lista de fornecedores de subnível, plano de vigilância/controle de qualidade do subnível

4.7 Pontos de decisão de qualidade: uma abordagem estruturada para garantir o projeto

A qualidade de um projeto é fundamental na entrega de projetos da SAP; esse fato se reflete na abordagem estruturada do gerenciamento da qualidade para a entrega de soluções da SAP – Qualidade Embutida (*Quality Built In*). A base da abordagem de qualidade em projetos da SAP é a execução de pontos de decisão formais de qualidade do projeto. Os pontos de decisão de qualidade são definidos na ASAP, metodologia de entrega de projetos que a SAP e seus clientes e parceiros utilizam para o planejamento, gerenciamento e entrega de projetos. Cada tipo de projeto possui um número predeterminado de pontos de decisão de qualidade executados em marcos essenciais do projeto, como mostra a Figura 4.5.

A SAP acredita que os pontos de decisão de qualidade são essenciais para o sucesso de qualquer projeto, independentemente da estratégia de implementação – como tradicional ou ágil. Os pontos de decisão de qualidade (P-Q) são integrados não somente à nossa metodologia de entrega, mas também são codificados em nossas políticas de entrega e em nossos sistemas internos. Os resultados de cada ponto de decisão de qualidade são registrados no sistema de informação da gestão de projetos da empresa e são frequentemente revisados e divulgados em relatórios. Uma equipe de qualidade dedicada na SAP é encarregada do gerenciamento dos pontos de decisão de qualidade, da revisão da saúde do projeto e do acompanhamento junto ao gerente de projeto, às partes interessadas e à liderança.

Seção 4.7 ©2017 por SAP. Todos os direitos reservados. Reproduzido com permissão. O material desta seção foi fornecido por Jan Musil, líder global da prática de gestão de projetos da SAP Field Services, SAP America, Inc.

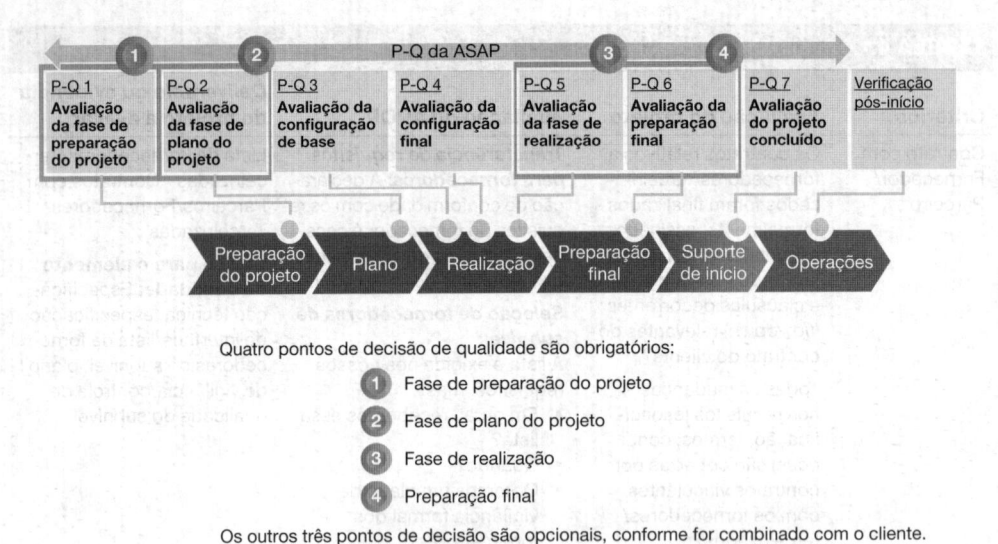

202 Gestão de projetos

P-Q da ASAP

- **P-Q 1** Avaliação da fase de preparação do projeto
- **P-Q 2** Avaliação da fase de plano do projeto
- **P-Q 3** Avaliação da configuração de base
- **P-Q 4** Avaliação da configuração final
- **P-Q 5** Avaliação da fase de realização
- **P-Q 6** Avaliação da preparação final
- **P-Q 7** Avaliação do projeto concluído
- **Verificação pós-início**

Fases: Preparação do projeto → Plano → Realização → Preparação final → Suporte de início → Operações

Quatro pontos de decisão de qualidade são obrigatórios:

1. Fase de preparação do projeto
2. Fase de plano do projeto
3. Fase de realização
4. Preparação final

Os outros três pontos de decisão são opcionais, conforme for combinado com o cliente.

Figura 4.5 Os pontos de decisão de qualidade do projeto são definidos no Plano de Gestão de Projetos e são estabelecidos em etapas cruciais do ciclo de vida do projeto.

Os pontos de decisão de qualidade do projeto na metodologia ASAP fornecem orientações claras aos gerentes de projetos, às partes interessadas e às equipes de projeto sobre como estruturar e realizar a revisão do ponto de decisão de qualidade. Durante cada ponto de decisão de qualidade, o gerente de garantia da qualidade avalia a completude e a qualidade de cada *deliverable* produzido no projeto de acordo com a lista de verificação predefinida dos pontos de decisão de qualidade, a qual inclui não somente o nome do *deliverable*, mas também critérios de aceitação detalhados. Cada *deliverable* que consta da lista de verificação do P-Q é marcado como obrigatório ou opcional para a conclusão do ponto de decisão de qualidade. Mediante a conclusão do P-Q, o gerente de garantia da qualidade avalia o P-Q como aprovado/reprovado e propõe um plano de seguimento para tomar providências corretivas que tratem das deficiências identificadas nesse processo.

O processo formal de qualidade embutida mostrou ter um impacto positivo sobre a satisfação do cliente, melhorar a saúde geral do portfólio de projetos e a receita.

METODOLOGIA ASAP

A metodologia ASAP é uma maneira estruturada, repetível e prescritiva de entregar projetos na SAP e inovar na entrega de projetos. A entrega de projetos na SAP segue uma metodologia estruturada, repetível e prescritiva para a implementação. A ASAP é a metodologia da SAP rica em conteúdo para auxiliar a implementação e/ou atualização de soluções da SAP em todos os setores e ambientes de clientes. Criada com a experiência de milhares de projetos da SAP, a ASAP fornece conteúdo, ferramentas e melhores práticas que ajudam os consultores a produzir resultados consistentes e bem-sucedidos em diversos setores e ambientes de clientes.

As seis fases da ASAP oferecem suporte durante todo o ciclo de vida das soluções SAP. Subjacente a essas fases há uma série de verificações de entrega de valor para garantir que a solução, quando implementada, entregue o valor esperado. A Figura 4.6 ilustra as fases da ASAP.

Capítulo 4 • Metodologias de gestão de projetos **203**

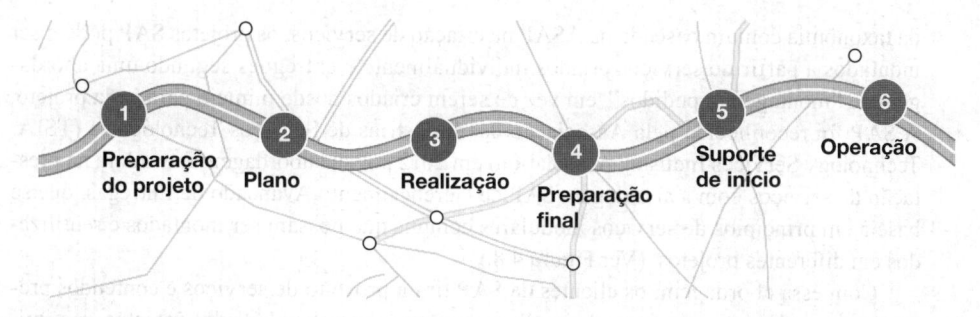

1. Preparação do projeto
2. Plano
3. Realização
4. Preparação final
5. Suporte de início
6. Operação

Figura 4.6 As fases da ASAP.

1. Preparação do projeto	2. Plano	3. Realização	4. Preparação final	5. Suporte de início	6. Início das operações
Conduzir planejamento e preparação inicial; definir alvos, escopo e objetivos do projeto; identificar e treinar membros de equipe	Mapear determinadores de valor para o escopo da implementação; refinar requisitos de negócios; documentar os processos que entrarão em vigor; definir o *design* da solução funcional; identificar requisitos funcionais e técnicos adicionais; obter a assinatura da equipe executiva nos requisitos/*design*	Construir e testar um ambiente completo de testes e negócios; desenvolver material de treinamento e manuais do usuário; obter aprovação da equipe executiva	Preparar sistema para liberação da produção; migrar/transferir dados; executar treinamento; preparar a organização (interna/externa) para o início das operações	Executar novos sistemas e processos; monitorar resultados dos processos de negócios e monitorar o ambiente de produção; construir um Centro de Excelência para suporte e melhorias	Rodar o novo sistema; aplicar padrões de operações SAP adicionais para otimizar a operação do sistema

Garantir a entrega de valor durante todo o ciclo de vida da solução ("Entrega de valor")

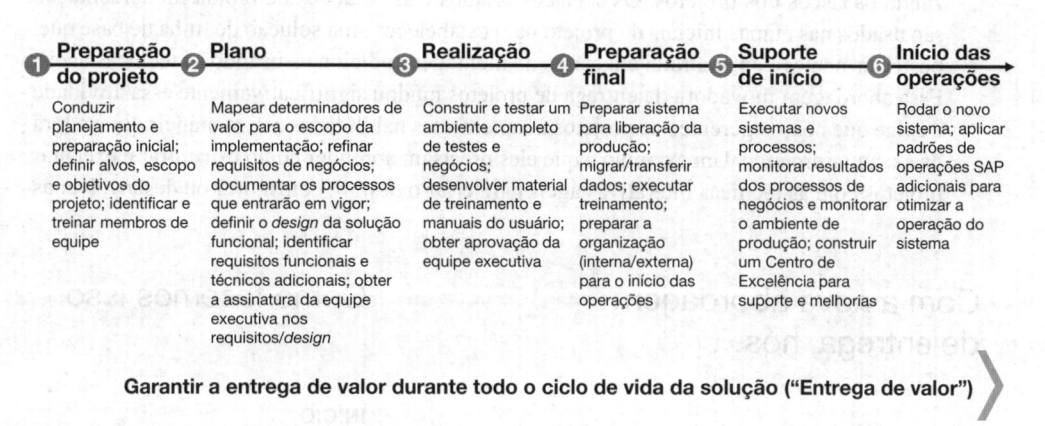

Figura 4.7 Os elementos da metodologia ASAP.

A metodologia abrange aspectos essenciais da implementação SAP desde a orientação sobre a gestão de projetos em torno do *Guia PMBOK®** do PMI ao *design* do processo de negócios, gerenciamento de valor de negócio, gerenciamento do ciclo de vida da aplicação, gestão de mudanças organizacionais, gerenciamento de dados e outros tópicos importantes para a entrega das soluções SAP.

A metodologia ASAP não é uma pura metodologia de gestão de projetos, e sim uma metodologia que combina todos os elementos-chave que a equipe de projeto precisa cobrir a fim de entregar projetos bem-sucedidos. Isso é exibido na Figura 4.7.

A metodologia ASAP é projetada de uma forma que permite flexibilidade e expansibilidade de projetos menores, como serviços individuais de consultoria à entrega de implementações globais mais complexas em corporações multinacionais. Esse *design* flexível nos permite utilizar a metodologia como base para a criação de todos os serviços de consultoria. Cada serviço criado tira proveito da EAP comum da metodologia ASAP a fim de definir claramente o trabalho a ser realizado, os papéis e as habilidades necessárias para prestar o serviço, além de detalhes sobre o recrutamento dos papéis na própria organização.

Essa abordagem nos ajuda a alcançar pontos comuns entre os serviços nas áreas que não são a especialidade central dos proprietários do serviço (como a gerência do projeto), diminuir o custo de criação do serviço e simplificar o processo de adoção. Graças ao uso

---

* PMBOK é marca registrada do Project Management Institute, Inc.

da taxonomia comum baseada na ASAP na criação de serviços, os projetos SAP podem ser montados a partir de serviços criados individualmente e entregues segundo uma abordagem de "montagem a pedidos", em vez de serem criados desde o início para cada projeto. A SAP foi reconhecida pela Associação das Indústrias de Serviços Tecnológicos (TSIA, Technology Services Industry Association) em 2012 por sua abordagem inovadora na prestação de serviços com a abordagem SAP de Gerenciamento Avançado de Entregas, que se baseia em princípios de serviços modulares comuns que possam ser montados e reutilizados em diferentes projetos. (Ver Figura 4.8.)

Com essa abordagem, os clientes da SAP tiram proveito de serviços e conteúdos pré-montados e diminuem o custo de implementação e a complexidade dos projetos, minimizando os riscos dos projetos. Os serviços criados e as soluções de rápida implementação são usados nas etapas iniciais do projeto para estabelecer uma solução de linha de base que, posteriormente, é aprimorada em séries de montagens adicionais usando as técnicas ágeis. Essa abordagem inovadora da entrega de projetos mudou significativamente essa atividade e exige que nossos gerentes de projetos adaptem suas habilidades a essa maneira inovadora de executar projetos. Um exemplo é que eles precisam aprender como estruturar e executar projetos com as técnicas interativas ágeis para criar o *design*, configurar ou desenvolver as

Com a nova abordagem de entrega, nós...

...garantimos o prazo mais **previsível e rápido** até a obtenção do valor de negócio

...entregamos a **integração** que o negócio exige para começar e crescer sem problemas

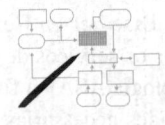

...**escolhemos** dentre um portfólio de soluções prontas para o uso e opções de implementação e preço

...**inovamos** mais rapidamente do que os concorrentes e tiramos proveito de todo o potencial de sermos aqueles que "viram o jogo"

Como fazemos isso

INÍCIO
quatro variantes com alto esforço de criação

MODULARIZAÇÃO
duas partes (módulos) configuráveis

RESULTADO
uma infinidade de variantes possíveis com esforço mínimo

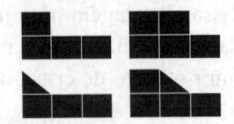

Figura 4.8 A nova abordagem de entrega.

extensões específicas do cliente, o que é substancialmente diferente da gestão de projetos tradicional, na qual a solução é criada desde o início.

A metodologia comum e sua taxonomia são não somente grandes facilitadores para a entrega de projetos, mas também ajudaram a SAP a inovar o modo como as soluções são entregues e implementadas.

4.8 Airbus Space and Defence: cronogramas multinível integrados

Talvez o benefício mais importante de uma boa metodologia seja a capacidade de criar cronogramas multinível integrados para todas as partes interessadas.

POR QUE CRONOGRAMAS MULTINÍVEL INTEGRADOS?

A prática de criar cronogramas multinível integrados visa a fornecer a cada nível de gerência do projeto, desde o cliente e/ou a gerência da empresa até a gerência do projeto e à gerência do pacote de trabalho, cronogramas de referência consistentes, uma mensuração do progresso consistente e estimativas consistentes até a conclusão do projeto.

Essa prática é amplamente utilizada para projetos de grande porte e complexos.

Definição dos cronogramas multinível integrados

Os cronogramas multinível integrados de projetos dividem-se em três níveis de gerência:

- Cronograma-mestre (Nível 1): cliente e/ou gerência da empresa
- Cronograma do resumo do projeto (Nível 2): gerência do projeto
- Cronograma detalhado (Nível 3): gerência do pacote de trabalho

Por definição, os diferentes níveis de cronogramas são autossuficientes, refletindo a delegação de responsabilidades da gerência no projeto:

- O gerente de projetos é o "proprietário" do cronograma-mestre
- O gerente de projetos é o "proprietário" do cronograma de resumo do projeto (para projetos grandes, o gerente de projetos pode ter o apoio do PMO)
- Os gerentes do pacote de trabalho são os "proprietários" do cronograma detalhado

Além disso, para produzir e manter um cronograma multinível, devem-se estabelecer ligações entre os diferentes níveis para fornecer um cronograma multinível integrado.

Pré-requisitos para preparar e entregar cronogramas multinível integrados

Antes de desenvolver cronogramas multinível integrados, os seguintes *deliverables* devem estar concluídos:

Definir o escopo do projeto, por meio de:

- levantamento dos requisitos;

A Seção 4.8 foi fornecida pela Airbus Space and Defence: ©2017 por Airbus Space and Defence. Reproduzido com permissão. Todos os direitos reservados.

- definição da Estrutura Analítica do Produto com todos os *deliverables* internos e externos;
- desenvolvimento da Estrutura Analítica do Projeto – pense em *deliverables*;
- especificação de pacotes de trabalho com um foco especial nas entradas necessárias e nas saídas esperadas, incluindo os critérios de aceitação dos *deliverables*;
- planejamento de uma revisão de todas as descrições dos pacotes de trabalho com todas as principais partes interessadas do projeto – o objetivo é compartilhar e controlar a consistência entre entradas e saídas dos diferentes pacotes de trabalho;
- estimativas da duração, do trabalho, dos custos e habilidades de cada pacote de trabalho;
- gestão de riscos e oportunidades para definir e planejar ações de mitigação e de identificação de em quais pontos dos planos devem-se adicionar zonas de regulagem.

Princípios dos cronogramas multinível integrados

Os princípios abaixo devem ser seguidos para garantir o sucesso dos cronogramas multinível integrados:

- O *Cronograma-mestre* (também chamado de Plano Nível 1) deve produzir uma visão sintética (uma página) sobre o cronograma do projeto, refletindo os *principais marcos* (marcos contratuais, principais itens ou equipamentos fornecidos pelo cliente (CFI/CFE, *Customer-Furnished Information/Customer-Furnished Equipment*) com impacto crítico nos *deliverables* contratuais), as *dependências* entre os principais marcos e resumos das principais fases, as datas contratuais (compromissos do contrato) e o *status do contrato* (principais marcos alcançados e progresso atual com datas previstas).
- O *Cronograma do Resumo do Projeto* (também chamado de Plano Nível 2) deve cobrir a Estrutura Analítica do Projeto completa do projeto e ser organizado de acordo com esta. Deve fornecer as dependências entre todos os pacotes de trabalho do projeto e as dependências entre os *deliverables* dos pacotes de trabalho e os principais marcos do projeto.
- O *Cronograma Detalhado* (também chamado de Plano Nível 3) deve produzir o cronograma detalhado de cada pacote de trabalho, que precisa ser decomposto em atividades, e cada atividade deve conduzir a um *deliverable* e deve ser decomposta em tarefas elementares com recursos designados.

Além disso, entre os diferentes níveis, devem-se implementar ligações entre os cronogramas multinível (ver Figura 4.9):

- Entre o Plano Nível 1 e o Plano Nível 2, devem-se definir ligações para acompanhar a adesão às datas dos marcos contratuais (compromissos com o cliente) e outras datas de marcos importantes. Destes, todos os principais marcos relatados no Plano Nível 1 devem ser ligados aos correspondentes principais marcos do Plano Nível 2.
- Entre o Plano Nível 2 e o Plano Nível 3, devem-se definir ligações para acompanhar a adesão às datas do projeto (datas-alvo do projeto), e cada pacote de trabalho, a(s) entrada(s) e a(s) saída(s) definidas no Plano Nível 2 devem ser ligados à(s) entrada(s) e saída(s) correspondentes do Plano Nível 3.

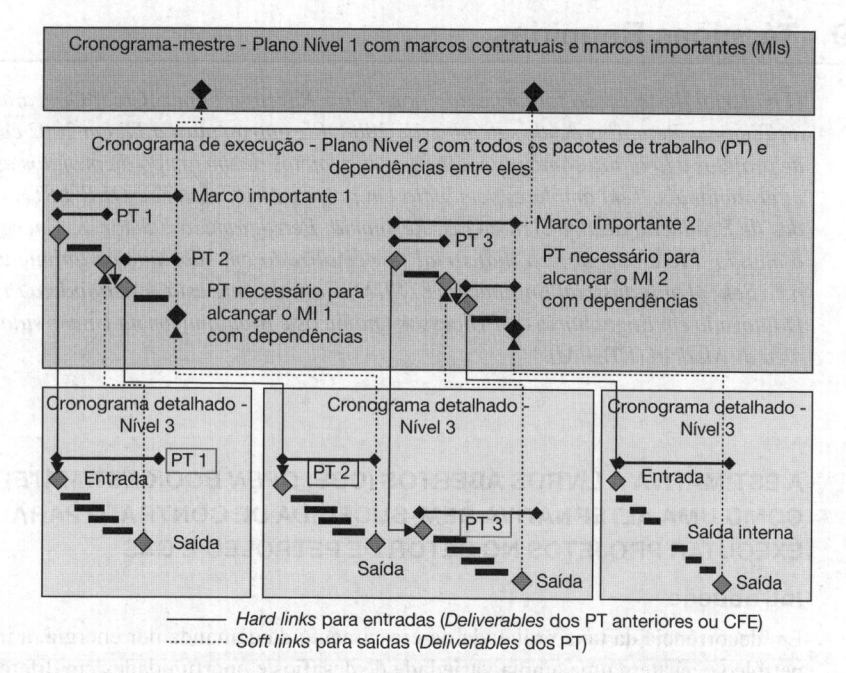

Figura 4.9 Exemplo de cronograma multinível integrado.

- Dois tipos de *links* devem ser usados:
  - *Hard links* (também chamados de ligações direcionadoras) para entradas, a fim de alinhar automaticamente a data de disponibilidade da entrada correspondente no nível inferior.
  - *Soft links* para saídas, para informar sobre a data prevista para a saída no nível inferior sem afetar automaticamente a data definida no nível superior.

Monitoramento e controle dos cronogramas multinível integrados

No monitoramento e controle dos diferentes níveis do cronograma, incluindo a consistência, as verificações devem ser realizadas em um mês, de acordo com o esquema a seguir:

1. Atualização dos cronogramas Nível 3 por cada gerente de pacote de trabalho baseado em informações correntes reais e novas previsões de acordo com o progresso contínuo do pacote de trabalho.
2. Verificação da consistência nos diversos níveis pelo escritório de gestão de projetos, incluindo os desvios, e identificação de como estes afetam os marcos importantes.
3. Revisão do cronograma, dividido entre o escritório de gestão de projetos, a autoridade de engenharia e os gerentes de pacote de trabalho para identificar planos de ação para recuperar datas-alvo.

Validação pelo gerente de projeto com a atualização dos cronogramas do Nível 3 e Nível 2 baseada nas decisões tomadas e na linha de base do desempenho da atualização, se necessário.

4.9 Técnicas Reunidas

O material desta seção foi fornecido por Felipe Revenga López, Chief Operations Officer da Técnicas Reunidas desde setembro de 2008. Ele entrou para a TR em 2002 como diretor de projetos e lá atuou como patrocinador de projetos de um grupo de projetos estratégicos internacionais. Tem ampla experiência em projetos EPC-LSTK e OBE-LSTK nas Unidades de Produção de Petróleo e Gás, Refinaria, Petroquímica e Setor de Energia em todo o mundo. Ele é engenheiro industrial (especializado em substâncias químicas) formado pela School of Industrial Engineers (ETSIIM) e atualmente está concluindo o Programa de Doutorado em Engenharia de Processos Químicos e Bioquímicos na Universidade Politécnica de Madrid (ETSIIM).

* * *

A ESTIMATIVA A LIVROS ABERTOS (OBE, *OPEN BOOK ESTIMATE*) COMO UMA ALTERNATIVA BEM-SUCEDIDA DE CONTRATO PARA EXECUTAR PROJETOS NO SETOR DE PETRÓLEO E GÁS

Introdução

Em decorrência da taxa projetada do crescimento da demanda por energia, a indústria de petróleo e gás tem uma ampla variedade de desafios e oportunidades em diferentes áreas. Devido a isso, o setor está prosseguindo, há vários anos, ao desenvolvimento de novas instalações que, em muitos casos, envolvem megaprojetos.

Tipicamente, o ciclo de vida completo de um projeto de capital no setor de petróleo e gás foca-se nas etapas gerais que são apresentadas na Figura 4.10. Compreender e gerenciar essas etapas é crucial para o sucesso de longo prazo do projeto.

O contrato LSTK (*Lump-sum turnkey*) e o contrato por custos reembolsáveis (*cost-plus contract*) são os tipos prevalecentes na indústria de petróleo e gás. Dependendo do nível de risco que o cliente está disposto a aceitar, restrições orçamentárias e competências centrais da organização do cliente irão determinar que método é o melhor para o projeto.

Uma grande quantidade de projetos neste setor é realizada com contratos EPC-LSTK; a enorme experiência da Técnicas Reunidas baseia-se principalmente nesse tipo de projeto que, em geral, implica gerenciar todo o projeto e realizar a engenharia de detalhamento (em alguns casos, inclui-se a engenharia básica ou de pré-detalhamento [FEED, *front-end engineering design*] no escopo do trabalho), adquirir todos os equipamentos e materiais necessários e, então, construir, fazer o pré-comissionamento e o *start-up* para entregar as instalações da obra em condições de pleno funcionamento. Os contratos LSTK tendem a ser os mais arriscados, e todos os riscos são assumidos pelo fornecedor EPC.

A estimativa a livros abertos (OBE, *open book estimate*), ou estimativa de custos a livros abertos (OBCE, *open book cost estimate*), é uma alternativa para executar projetos EPC. Com esse tipo de contrato, o propósito final do trabalho é definir o preço total do projeto em colaboração com o cliente; os custos globais do projeto são estabelecidos de maneira transparente ("a livros abertos").

Seção 4.9 © 2017 Técnicas Reunidas. Reproduzido com permissão. Todos os direitos reservados.

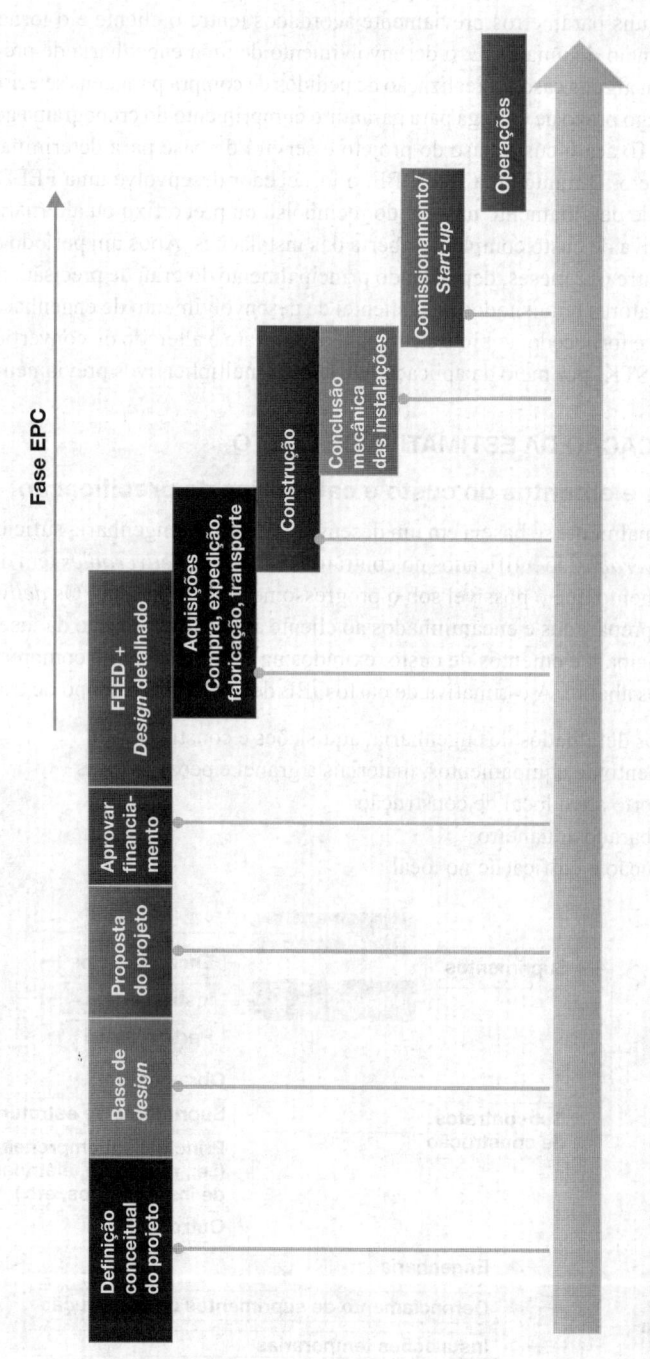

Capítulo 4 • Metodologias de gestão de projetos   **209**

Fase EPC

- Definição conceitual do projeto
- Base de design
- Proposta do projeto
- Aprovar financiamento
- FEED + Design detalhado
- Aquisições Compra, expedição, fabricação, transporte
- Construção
- Conclusão mecânica das instalações
- Comissionamento/ Start-up
- Operações

Figura 4.10 Fases típicas do ciclo de vida.

A estimativa a livros abertos (OBE)

A principal finalidade dessa metodologia é construir um preço EPC preciso por meio da aplicação de alguns parâmetros previamente acordados (entre o cliente e o fornecedor), o custo base por meio de uma OBE, o desenvolvimento de uma engenharia de pré-detalhamento (FEED) e, em alguns casos, a realização de pedidos de compra para itens selecionados cruciais e itens de longo prazo de entrega para garantir o cumprimento do cronograma geral do projeto.

A OBE fixará o custo base do projeto e servirá de base para determinar o preço fixo EPC do projeto. Durante uma fase OBE, o fornecedor desenvolve uma FEED e/ou parte da engenharia de detalhamento na base do reembolso ou preço fixo ou alternativas, incluindo uma estimativa de custo completa e aberta das instalações. Após um período acordado (normalmente entre 612 meses, dependendo principalmente do grau de precisão, do cronograma e de outros fatores requisitados pelo cliente) de desenvolvimento de engenharia e um acordo entre cliente e fornecedor sobre o custo base, o contrato é alterado ou convertido em um contrato EPC-LSTK, por meio da aplicação de fatores multiplicativos previamente acordados.

CLASSIFICAÇÃO DA ESTIMATIVA DE CUSTO

Principais elementos do custo e categorias de precificação

A OBE normalmente se baseia em um desenvolvimento de engenharia suficiente, de acordo com os *deliverables* identificados no contrato OBE. Esses *deliverables* têm o maior grau de desenvolvimento que é possível sob o progresso normal do projeto. Os *deliverables* requisitados são preparados e encaminhados ao cliente antes da conclusão da fase de conversão.

Os principais elementos de custo, exibidos na Figura 4.11, que compreenderão a OBE são descritos abaixo. A estimativa de custo OBE deve incluir o escopo de trabalho total:

1. Serviços detalhados de engenharia, aquisições e construção
2. Suprimento de equipamentos, materiais a granel e peças avulsas
3. Transporte até o local de construção
4. Desembaraço aduaneiro
5. Construção e edificação no local

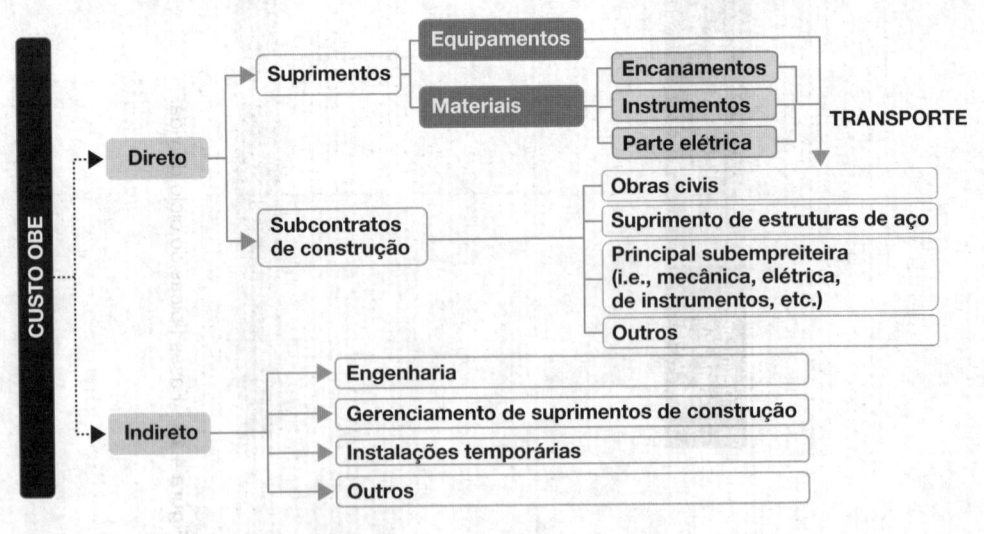

Figura 4.11 Elementos típicos de custo.

6. Provisão de instalações e serviços temporários de construção para as subempreiteiras
7. Serviços de construção e pré-comissionamento
8. Serviços de comissionamento e *start-up*
9. Serviços de treinamento e assistência ao vendedor
10. Encargos de obrigações, seguros e fundos de cobertura
11. Outros custos, incluindo inspeção por terceiros e seguro das empreiteiras
12. Outros

Base de custo

- Um procedimento OBE é desenvolvido durante a etapa do contrato e implementado durante a fase de OBE do projeto. Todos os detalhes de como se preparar uma OBE devem ser acordados e incluídos no contrato como um anexo.
- Pré-acordo de subsídios, aumento, condicionamento, subsídios para o projeto técnico, excedentes e cortes e desperdícios.
- MTOs feitos com o *software* PDS, medidos em P&ID e gráficos de planos e estimativas. Todos os detalhes sobre procedimentos devem ser acordados antes da assinatura do contrato OBE.

Ao executar projetos que serão convertidos, a TR desenvolve a OBE em paralelo com a execução normal do projeto, garantindo que ambas as atividades possam fluir sem interferências. Durante a fase de OBE, em casos específicos e se acordado com o cliente, a TR pode adiantar a aquisição dos principais equipamentos e iniciar as negociações com subempreiteiras para a construção. A execução dessas atividades com antecedência facilita o cumprimento dos requisitos do cronograma do projeto.

Essa fase de OBE do projeto é desenvolvida conjuntamente entre o cliente e a TR. A OBE é totalmente transparente para o cliente e a conversão em LSTK é facilmente acordada uma vez que o elemento risco/recompensa seja fixado.

Na Figura 4.12, vemos os principais passos e atividades desenvolvidos para alcançar as metas da OBE e para converter para a fase seguinte do projeto.

- **Obter cotações para todos os equipamentos (para aquisição)**
- Formulários de dados preliminares quando necessário
- Desenvolver desenhos específicos válidos somente na fase de OBE, quando necessário
- Desenvolver ideias de economia de custo (engenharia de valor)

- Todas as obras civis e estruturas de aço devem ser pré-projetadas (orientadas para a construção)
- MTOs completas de tubulações, parte elétrica e instrumentos
- Equipamentos principais e cruciais projetados
- Averiguações emitidas para 90% dos suprimentos
- Negociações finais com subempreiteiras de construção
- Conversão para o EPC em um mês estabelecido

OBE CONCLUÍDA FASE DE CONVERSÃO

Estimativa de custo OBE

Passos para alcançar o alvo da OBE

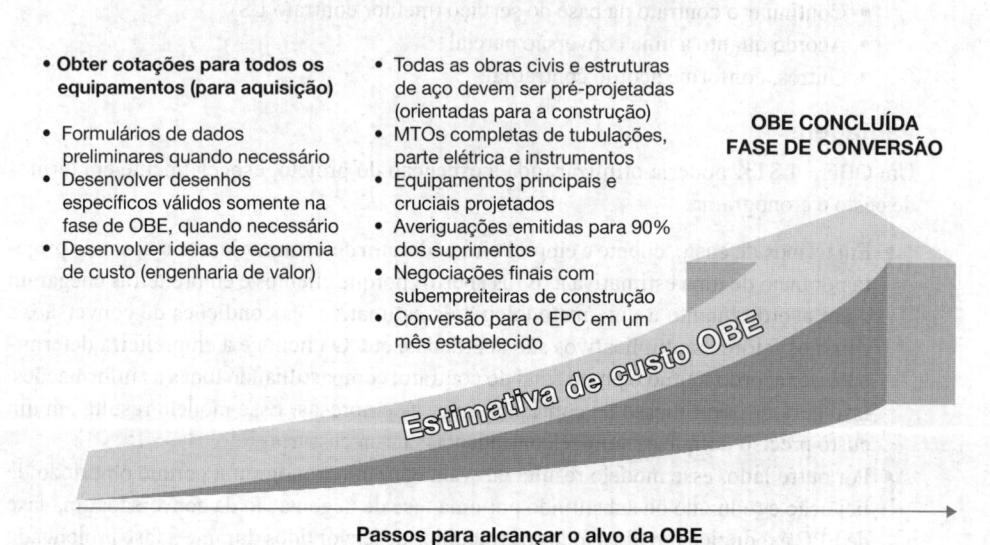

Figura 4.12 Passos para alcançar o alvo da OBE.

Durante a fase de OBE, desenvolvem-se ideias relativas a economias de custo a fim de ajustar a estimativa do custo final. Para tal, uma equipe especial de engenharia é nomeada para trabalhar tanto com o gerente de engenharia quanto com o gerente de estimativa, com a finalidade de detectar as áreas em que possíveis economias possam ser alcançadas por meio da otimização do projeto, sem prejudicar a segurança, a qualidade ou o cronograma. Qualquer uma dessas mudanças que possa levar a economias de custos é cuidadosamente avaliada de um ponto de vista técnico, e, se ficar provada a viabilidade da mudança potencial, a solução alternativa, juntamente com a avaliação do impacto de economia de custo, será encaminhada aos clientes para consideração e aprovação.

O preço do contrato EPC é o resultado do custo base multiplicado por percentuais fixos acordados entre cliente e empreiteira para determinar os honorários e *mark-ups* relacionados a equipamentos, materiais a granel, construção e custos complementares. Esse preço, durante a fase de conversão, é convertido a um preço fixo e, a partir de então, permanece fixo durante a fase EPC-LSTK.

Contratos

Os típicos modelos de contrato sob a alternativa OBE são:

1. Um contrato, duas partes: OBE e EPC. Preço da parte EPC a ser incluído na conversão.
2. Dois contratos, um OBE e outro EPC. Ambos podem ser assinados no início ou um no início e outro na ocasião da conversão.

A metodologia de estimativa a livros abertos é incluída no contrato.
Em caso de não haver conversão:

I. A relação contratual desaparece, e tanto cliente quanto empreiteira quebram seu compromisso. O cliente pode quebrar o contrato se não estiver interessado. Consequências:
   * Seis meses, nova LSTK. De 2 a 3 meses mais avaliação das ofertas
   * Repetir FEED com empreiteira diferente
II. O contrato fornece mecanismos no caso de desacordo:
   * Continuar o contrato na base do serviço (melhor contrato LS)
   * Acordo quanto a uma conversão parcial
   * Outros, conforme acordo contratual.

Vantagens

Um OBE + LSTK poderia otimizar toda a execução do projeto, especialmente em termos de custo e cronograma.

* Em termos de custo, cliente e empreiteira poderiam determinar juntos o custo do projeto por meio de uma estimativa a livros abertos porque clientes e empreiteiras chegaram a um acordo quanto a uma metodologia de estimativa, às condições de conversão, a como os fatores multiplicativos são acordadas, etc. O cliente e a empreiteira determinam por acordo mútuo o preço final do contrato, compartilhando todas as informações. Isso gera um sentimento de confiança entre as empresas. Esse modelo resulta em um custo preciso porque evitam-se contingências desnecessárias.
* Por outro lado, esse modelo resulta em vantagem no cronograma porque o período de licitação é reduzido ou substituído por uma fase de negociação da conversão; uma fase de EPC é reduzida devido a todos os trabalhos desenvolvidos durante a fase prolongada

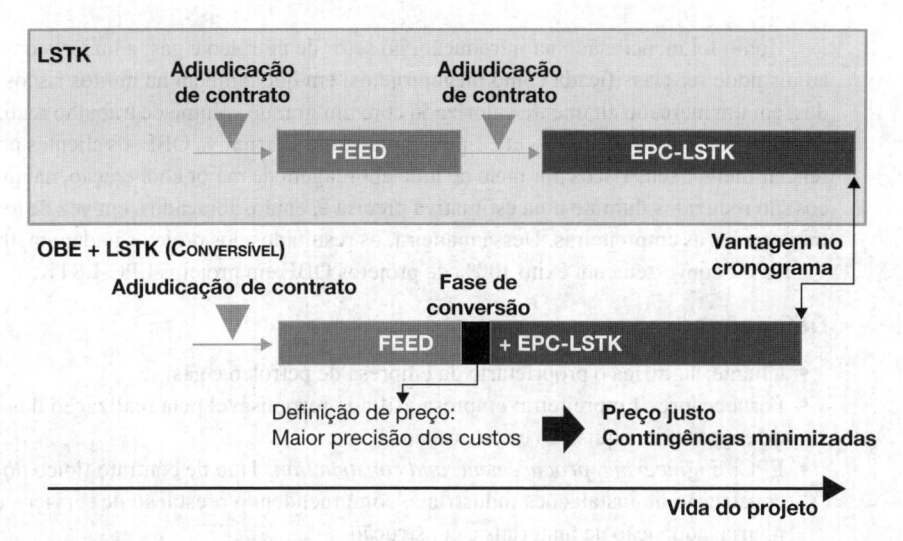

Figura 4.13 Típica vantagem no cronograma.

de FEED e conversão. Uma representação da vantagem no cronograma é apresentada na Figura 4.13.

Em resumo, as vantagens no custo e no cronograma estão na Tabela 4.2.

Resumo

A estimativa a livros abertos (OBE) provou ser uma alternativa de contrato bem-sucedida para executar projetos no setor de petróleo e gás porque alinha cliente e empreiteira com os alvos do projeto. Ambos se sentem motivados a buscar a melhor estimativa de custo possível ou o melhor custo-alvo possível para o projeto, e, ao mesmo tempo, o cronograma é otimizado.

TABELA 4.2 Vantagens de custo e no cronograma da metodologia OBE

Custo	Redução do cronograma
Desenvolve e gera estimativas EPC durante 6 a 12 meses. Isso fornece uma precisão muito melhor dos custos.	Curto período de licitação, já que as estimativas de custo não precisam ser tão detalhadas.
Preços exatos baseados em ofertas reais + um fator de conversão acordado garante justiça ao cliente e à contratada.	Diminui o cronograma geral do projeto, já que o tempo do FEED ampliado e a licitação EPC são drasticamente encurtados.
Tempo suficiente para desenvolver o projeto e para evitar contingências desnecessárias.	Procedimento de adjudicação de contrato muito mais fácil e mais curto.
Aplicação de economias de custo para que elas correspondam ao orçamento de custos do projeto para o cliente.	Alguns itens de longo prazo de entrega e equipamentos cruciais podem ser adjudicados ou negociados.
Facilita a possibilidade de financiamento, devido a uma estimativa mais precisa.	
Riscos são reduzidos e mais bem controlados para o benefício comum de cliente e contratada.	

Como foi mencionado na introdução, no setor de petróleo e gás, a maioria dos projetos atuais pode ser classificada como megaprojetos, em que também há muitos riscos associados, em um mercado altamente valorizado com um grande volume de trabalho realizado por empreiteiras, subempreiteiras, etc. Empregando uma alternativa OBE, os clientes podem gerenciar melhor seus riscos por meio de uma abordagem de maior cooperação, na qual os riscos são reduzidos durante uma estimativa precisa e, então, abraçados, em vez de totalmente transferidos às empreiteiras. Dessa maneira, os resultados dos projetos podem melhorar.

A TR converteu com êxito 100% de projetos OBE em projetos EPC-LSTK.

Definições

- Cliente: significa o proprietário da empresa de petróleo e gás
- Fornecedores/Empreiteira: empresa afiliada responsável pela realização dos serviços de engenharia, aquisição e construção
- EPC: *Engineering, procurement, and construction.* Tipo de contrato típico do setor de construção de instalações industriais, compreendendo prestação de serviços de engenharia, aquisição de materiais e construção
- FEED: *Front-end engineering design.* Significa engenharia básica ou de pré-detalhamento que é conduzida após a conclusão do Projeto Conceitual ou Estudo de Viabilidade. Nessa etapa, antes do início do EPC, vários estudos são realizados para solucionar questões técnicas e fazer uma estimativa geral do custo de investimento
- Contrato LS: *Lump-sum contract.* Implica que a empreiteira concorda em realizar um projeto específico por um preço fixo
- Contrato LSTK: *Lump-sum contract.* Contrato LS + todos os sistemas entregues ao cliente prontos para entrar em operação
- MTOS: *Material take-offs.* Listas de materiais da parte elétrica, tubulações e instrumentação.
- OBE: a estimativa a livros abertos (OBE, *Open Book Estimate*) ou estimativa de custo a livros abertos (OBCE, *Open Book Cost Estimate*)
- PDS: *Plant design system. Software* usado para projetar instalações industriais por meio de uma atividade de engenharia multidisciplinar
- P&ID: *Process & Instrument Diagrams.* Diagramas de processos e instrumentos
- TR: Técnicas Reunidas

4.10 Yanfeng Global Automotive Interior Systems Co. Ltd

O projeto de Processo de Realização de Produtos (PRP – *Product Realization Process*) foi uma iniciativa global para desenvolver um processo de lançamento comum que permitiria a execução consistente em todas as regiões da organização. A equipe de projeto de especialistas regionais em todas as funções trabalhou de forma colaborativa para desenvolver um conjunto padrão de *deliverables* e objetivos de cronograma para cada lançamento de programa. Também foi desenvolvido treinamento para apoiar a implementação do processo. O termo de abertura do projeto PRP, aprovado pela liderança da organização, permitiu que a equipe do projeto desenvolvesse um processo de lançamento comum que seria aplicado globalmente.

Seção 4.10 © 2017, Yanfeng Global Automotive Interior Systems Co. Ltd. Reproduzido com permissão de Yanfeng Global Automotive Interior Systems Co. Ltd. Todos os direitos reservados.

Uma meta ambiciosa exigia que o projeto estivesse pronto para apoiar a implementação em programas, em fase piloto, dentro de seis meses. O PRP permite que nossa empresa jovem "fale uma só língua" com relação ao desenvolvimento e lançamento de programas.

A equipe do projeto PRP conseguiu desenvolver o novo processo dentro do prazo de seis meses e o disponibilizou para lançamento nos sistemas internos em outubro de 2016. A equipe central do projeto PRP era formada de especialistas experientes de cada região e cada grupo funcional, totalizando mais de 30 membros. A atividade inicial de desenvolvimento de projetos começou com o *Workshop* #1 em agosto de 2016, em Holland, Michigan, e foi completada cinco meses depois em Xangai, com o *Workshop* #4 em dezembro de 2016. Os especialistas funcionais nas regiões da América do Norte, Europa e Ásia-Pacífico participaram em múltiplas atividades de *workshop*, além dos seus deveres de trabalho regulares. Também se estendeu um esforço significativo entre os *workshops* para continuar a colaboração e ajudar a garantir o alinhamento global nos requisitos funcionais realizáveis.

Os membros de equipe do PRP também ajudaram a desenvolver material de treinamento funcional para apoiar as atividades da fase piloto do PRP. O treinamento também foi disponibilizado em estilo *e-learning*, vídeo e presencial. O treinamento da equipe da fase piloto teve início em fevereiro de 2016. Mais de 200 membros das três regiões globais participaram do treinamento do PRP para os seus programas piloto. Mais de 30 equipes piloto do PRP usaram o processo de lançamento do PRP.

Durante as atividades do *workshop* e colaboração interfuncional, foram desenvolvidos e disponibilizados mais de 100 documentos de processo.

O resultado desse esforço incrível por parte da equipe global é a disponibilidade de um processo comum que permitirá a execução consistente do lançamento em todas as regiões e permitirá a execução unificada dos programas globais. A equipe do projeto PRP atendeu aos requisitos estabelecidos no termo de abertura do projeto.

A equipe do projeto PRP demonstrou todos os valores da organização durante os seis meses do projeto. O processo, criado pela equipe, impactará positivamente programas futuros por muitos anos.

O projeto exigia que uma equipe interfuncional experiente trabalhasse em conjunto em diferentes regiões, culturas e fusos horários. A equipe era unida por uma visão: criar um processo comum, baseado nos processos de lançamento anteriores JCI-PLUS e YF-IDS. Cada grupo funcional demonstrou uma capacidade excepcional de trabalho em equipe, trabalhando colaborativamente com os grupos de colegas regionais. A colaboração das equipes, focadas em entender os requisitos regionais específicos, teve alta visibilidade nos grupos de trabalho.

Os membros de equipe assumiram essa atividade e também responsabilidades individuais, além das suas atividades de trabalho normal, o que exigiu muitas viagens e suporte adicional além do horário de trabalho normal. Cada membro de equipe se manteve focado e totalmente comprometido com a produção dos *deliverables* do projeto. A equipe multicultural permaneceu paciente e aberta a aprender uns com os outros e a desenvolver um processo de lançamento de classe mundial.

Os líderes e indivíduos do grupo funcional demonstraram consistentemente sua iniciativa pessoal, responsabilidade e paixão pela excelência. Foram desenvolvidos e executados planos de ação para atingir os objetivos gerais do projeto e cumprir o cronograma. Todos os membros de equipe reconheciam a importância do projeto e o benefício de longo prazo para a Yanfeng Global Automotive Interior Systems (YFAI).

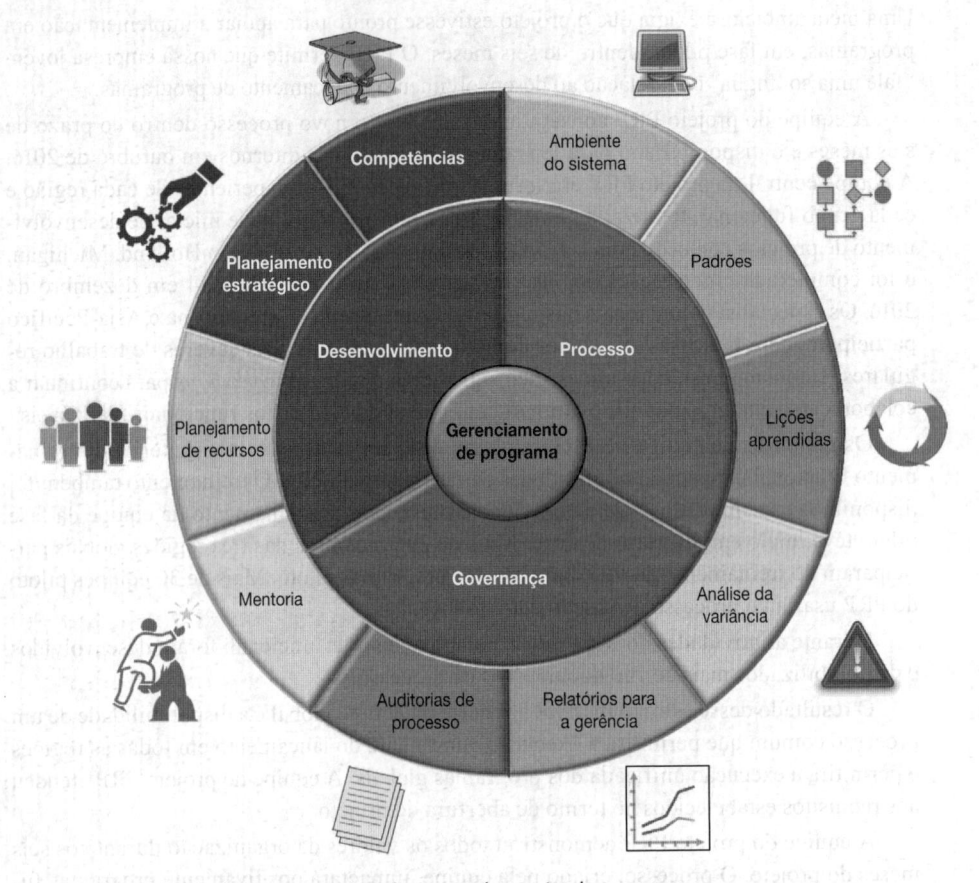

Figura 4.14 Principais componentes do gerenciamento de programas.

Facilitar um processo padrão para o lançamento de programas é apenas um elemento entre as responsabilidades do escritório de gestão de programas. O processo de governança e conformidade junto com o desenvolvimento dos membros de equipe do programa são duas áreas adicionais que servem de foco para o escritório de gestão de projetos (ver Figura 4.14).

A verdadeira melhor prática para desenvolver e institucionalizar o novo PRP é que ele foi gerenciado como um projeto real, usando os métodos típicos da gestão de projetos. O cronograma do projeto foi gerenciado com o uso de cronogramas padronizados e gráficos de Gantt. Todas as áreas do conhecimento do PMBOK foram integradas, e o sucesso do projeto foi capacitado pelo dos processos de iniciação, planejamento, execução, monitoramento e encerramento.

4.11 Sony Corporation e gerenciamento de valor agregado

O gerenciamento de valor agregado (GVA) é uma das ferramentas mais usadas na gestão de projetos. Quando usado corretamente, o GVA se torna uma melhor prática e permite

---

Seção 4.11 © 2017 por Jun Makino e Koichi Nagachi, Sony Corporation.

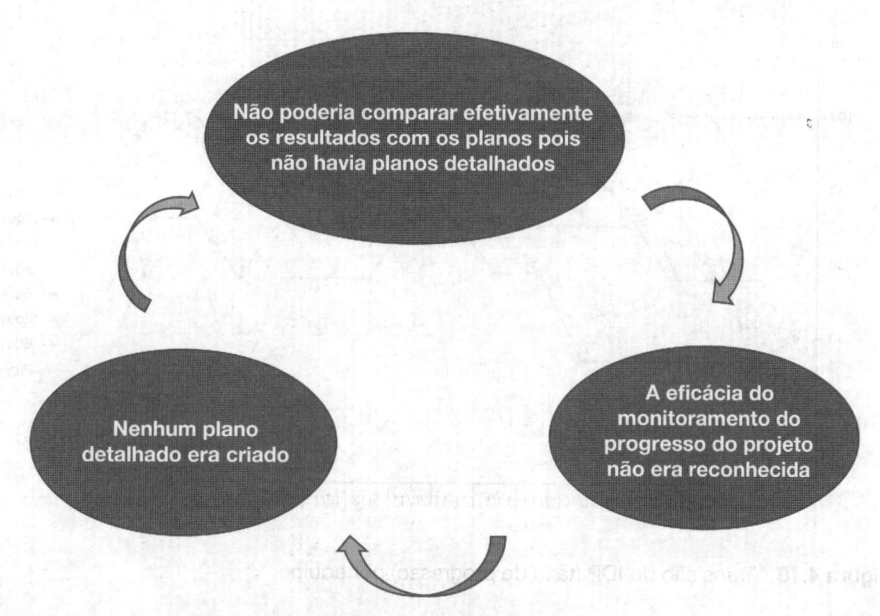

Capítulo 4 • Metodologias de gestão de projetos **217**

Figura 4.15 O ciclo negativo da Sony.

que os gerentes e executivos tenham uma imagem muito mais clara da verdadeira saúde do projeto. O GVA também pode levar a esforços significativos de melhoria contínua. Foi o que aconteceu na Sony.

A Sony sofria com alguns dos mesmos problemas que afetam as outras empresas. Como o planejamento do projeto na Sony muitas vezes não possuía o nível desejado de detalhamento, a Sony se enxergava como operando em um "ciclo negativo", como mostrado na Figura 4.15. O desafio da Sony seria inventar modos eficazes e sustentáveis de romper esse ciclo negativo.

A premissa ou ideia básica da Sony era que, a menos que as pessoas reconhecessem a necessidade de mudar e quisessem se envolver, nada aconteceria, quanto mais melhorias adicionais. A Sony percebeu que, no início do processo de implementação do GVA, poderia ser necessário sacrificar o nível de precisão das informações.

A Sony buscou o modo mais elementar ou o mais fácil possível para que os gerentes de projetos e membros de equipe implementassem continuamente o monitoramento do progresso.

A empresa começou por:

1. Usar as informações em uma lista de *deliverables* finais, junto à data de conclusão para cada *deliverable* final. Os membros de equipe não precisariam realizar um esforço adicional para produzir esse nível de informações, pois elas seriam fornecidas diretamente a eles.
2. Selecionar o método da razão fixa, entre diversos métodos de GVA, como o método dos marcos ponderados, o método da percentagem completada e o método do cumprimento de critérios para informar o progresso. O método da razão fixa exigiria o mínimo de esforços dos gerentes de projetos e membros de equipe.
3. Visualizar o progresso do projeto e monitorar processos usando diversos gráficos, como as Figuras 4.16 e 4.17 para relatórios de Índice de Desempenho de Prazo (IDP) (ou SPI, *schedule performance index*).

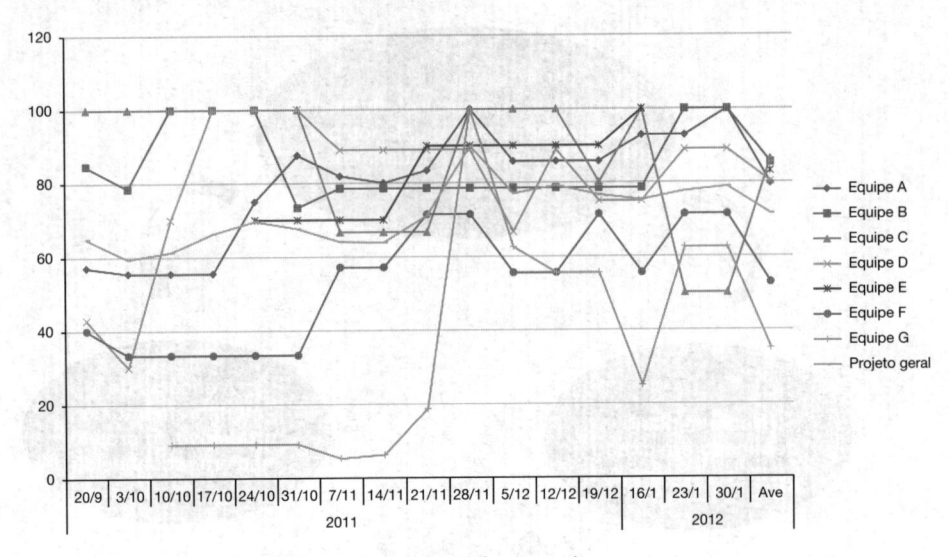

Figura 4.16 Transição do IDP (taxa de progresso) por equipe.

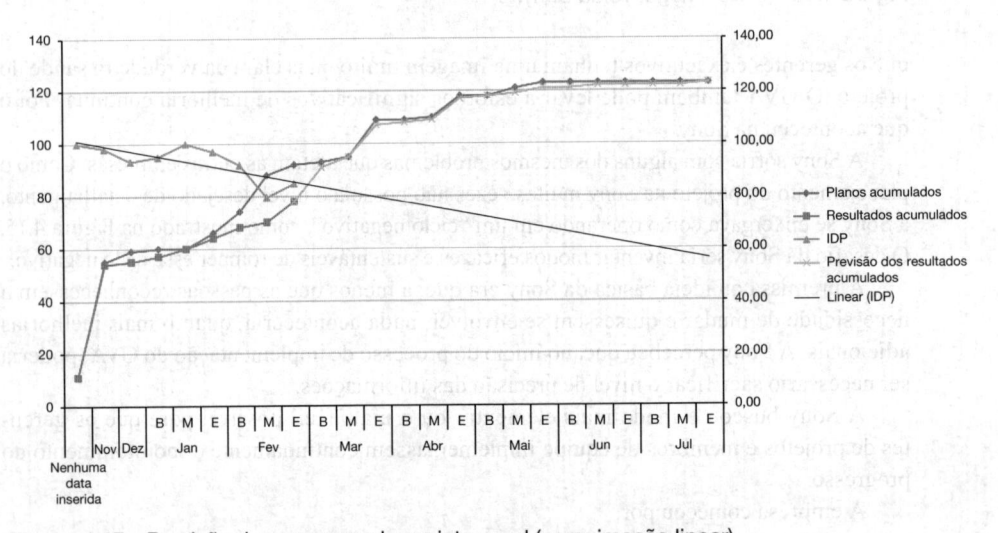

Figura 4.17 Previsão do progresso do projeto geral (aproximação linear).

Logo após esse método elementar de relatórios e monitoramento de processo entrar em prática, começamos a observar as seguintes melhorias:

1. Maior consciência dos gerentes de projetos e membros de equipe de que previsões, alertas precoces e adoção de contramedidas mais cedo melhoram a produtividade (ou seja, o IDP)
2. Maior consciência dos gerentes de projetos e membros de equipe de que revisar e criar planos mais detalhados foi crítico para melhorar ainda mais a produtividade (ou seja, o IDP)

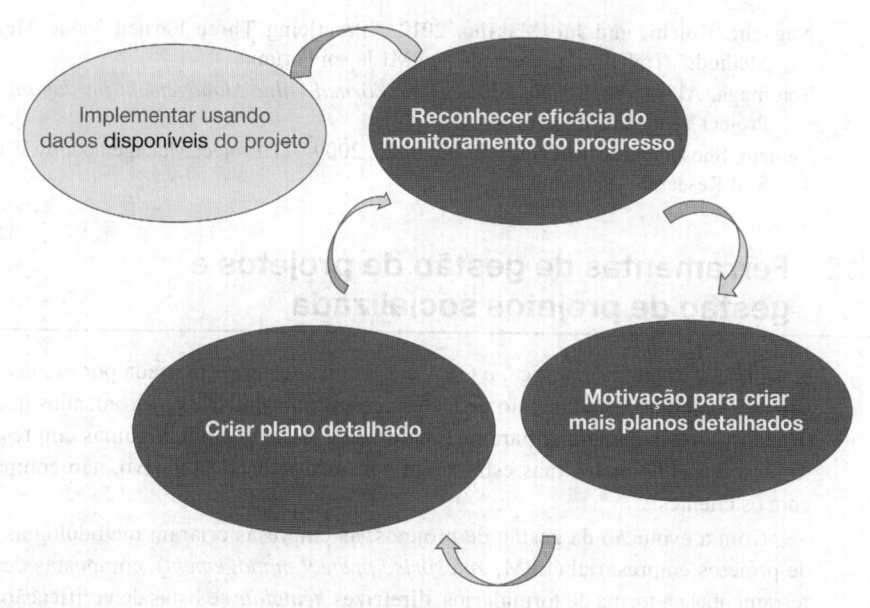

Figura 4.18   O ciclo de melhoria do progresso.

A visualização do desempenho absolutamente ajudou as equipes de projeto a entender facilmente a importância e os benefícios de se praticar o monitoramento do progresso dos projetos.

Os gerentes de projetos e membros de equipe começaram a adotar iniciativas para melhorar os relatórios e o monitoramento do progresso dos projetos, como mostrado na Figura 4.18. Por exemplo, os membros de equipe observaram que atrasos no progresso eram difíceis de detectar quando os dados eram imprecisos ou não tinham detalhes suficientes. Os membros de equipe começaram a melhorar a precisão dos dados com:

1. Divisão do mês em três partes. Anteriormente, os dados eram fornecidos mensalmente.
2. Mudanças ao método da razão fixa. Quando antes se aplicava uma regra de 1-100, agora passou-se a utilizar a regra 20-80.
3. Adição de *deliverables* intermediários. Os *deliverables* intermediários eram informados em conjunto com os finais.

Em suma, como primeiro passo eficaz para implementar o monitoramento do progresso, é importante começar usando como dados todos os *deliverables* que já estiverem disponíveis na sua organização.

Visualizando o monitoramento do progresso e usando previsões, você pode garantir que as contramedidas corretas serão tomadas para resolver os problemas.

A precisão melhora quando as pessoas se tornam cientes da eficácia do monitoramento do progresso do projeto.

DOCUMENTOS DE REFERÊNCIA

Nagachi, Koichi. 2006. "PM Techniques Applied in Nile Firmware Development: An Attempt to Visualize Progress by EVM". Paper presented at the PMI Tokyo Forum.

Nagachi, Koichi, and Jun Makino. 2012. "Practicing Three Earned Value Measurement Methods". Trabalho apresentado no PMI Japan Forum.

Tominaga, Akira. August 20, 2003. *EVM: Earned Value Management for Japan*. Society of Project Management.

Yamato, Shoso, and Koichi Nagachi. April 20, 2009. "IT Project Management by WBS/EVM", Soft Research Center Inc.

4.12 Ferramentas de gestão de projetos e gestão de projetos socializada

Nos primeiros anos da prática, o GVA era a única ferramenta usada por muitas empresas. Clientes como o Departamento de Defesa criaram formulários padronizados que todo fornecedor deveria completar para os relatórios de desempenho. Algumas empresas tinham ferramentas adicionais, mas estas eram para uso interno exclusivo, não compartilhadas com os clientes.

Com a evolução da gestão de projetos, as empresas criaram metodologias de gestão de projetos empresarial (EPM, *enterprise project management*), compostas de múltiplas ferramentas na forma de formulários, diretrizes, *templates* e listas de verificação. As ferramentas foram projetadas para aumentar a probabilidade de sucesso repetível nos projetos e de tal forma que pudessem ser utilizadas em múltiplos projetos. As ideias para ferramentas adicionais muitas vezes vinham de uma análise das melhores práticas e lições aprendidas, capturadas ao final de cada projeto. Muitas das novas ferramentas vinham das melhores práticas aprendidas com os erros no projeto, de forma que os erros não fossem repetidos nos projetos futuros. Agora, as equipes de projeto poderiam utilizar até 50 ferramentas diferentes. Algumas das ferramentas eram usadas para:

- Definir o sucesso do projeto, pois a definição poderia mudar de um projeto para o outro
- Capturar melhores práticas e lições aprendidas durante todo o ciclo de vida do projeto, não apenas na conclusão
- Fazer avanços nas técnicas de relatórios do desempenho do projeto
- Capturar benefícios e valor durante todo o ciclo de vida do projeto
- Medir a satisfação do cliente durante todo o ciclo de vida do projeto
- Repassar o trabalho do projeto para outros grupos funcionais

Com a evolução contínua da gestão de projetos, as empresas se afastaram das equipes colocalizadas e foram em direção às equipes distribuídas ou virtuais. Agora, seria preciso ter ferramentas adicionais para apoiar as novas formas de comunicações de projeto que seriam necessárias. A nova expectativa seria que os gerentes de projetos se comunicassem com todos, incluindo as partes interessadas, não apenas os membros de equipe do projeto. Algumas pessoas chamaram isso de GP 2.0, com ênfase nas práticas sociais de gestão de projetos.

Os avanços tecnológicos levaram ao crescimento do *software* de colaboração, como Facebook e Twitter, além de comunicações colaborativas, em plataformas como as intranets empresariais. Novas ferramentas de gestão de projetos, como os sistemas de relatórios via *dashboards*, seriam necessárias. A gestão de projetos passava por uma transformação filosófica, abandonando o comando e controle centralizado em busca da gestão de projetos socializada, e seria preciso ter ferramentas adicionais para que as comunicações fossem eficazes. Essas novas ferramentas permitem que uma forma mais rigorosa de gestão de projetos ocorra, acompanhada por relatórios de desempenho mais precisos. As novas ferramentas permitem a tomada de decisões baseada em fatos e evidências, não em instinto.

4.13 Inteligência artificial e gestão de projetos

O mundo da inteligência artificial (IA) parece estar entrando na comunidade de prática da gestão de projetos, e o interesse pelo tema é significativo. Se a IA causará um aumento ou uma redução das ferramentas de gestão de projetos não é certo, mas espera-se que ocorra algum impacto.

Uma definição comum de IA é inteligência demonstrada por máquinas.[8] Da perspectiva da gestão de projetos, uma máquina poderia um dia imitar as funções cognitivas associadas com a mente de um gerente de projetos, como a tomada de decisões e solução de problemas? Os princípios da IA já estão sendo utilizados nos sistemas de reconhecimento de fala e mecanismos de busca, como Google Busca e Siri. Os veículos autônomos usam conceitos de IA, assim como exercícios de simulação militares e redes de distribuição de conteúdo. Hoje, os computadores conseguem derrotar a maior parte das pessoas em jogos de estratégia, como o xadrez. É apenas uma questão de tempo até vermos técnicas de IA envolvidas em gestão de projetos.

O propósito geral da IA é criar computadores e máquinas que possam funcionar de maneira inteligente, o que exige o uso de métodos estatísticos, inteligência computacional e técnicas de otimização. A programação de tais técnicas de IA exige, além de um entendimento sobre a tecnologia, também que entendamos a psicologia, linguística e neurociência, entre diversas áreas do conhecimento.

A questão quanto ao uso da IA é se a mente de um gerente de projetos pode ser descrita de forma tão precisa que possa ser simulada usando as técnicas descritas acima. Talvez não haja uma lógica simples capaz de fazer isso no curto prazo, mas a aceleração dos computadores, o uso da computação em nuvem e o crescimento da tecnologia de aprendizado de máquina nos dão esperanças. Contudo, já existem algumas aplicações da IA que poderiam auxiliar os gerentes de projetos no futuro próximo:

- O crescimento do uso de restrições concorrentes em vez da tripla restrição tradicional dificultará a realização de análises de *trade-offs*. O uso de conceitos de IA pode facilitar a vida dos gerentes de projetos.
- Tendemos a pressupor que as premissas e restrições que recebemos no início do projeto permanecem intactas durante todo o ciclo de vida do projeto. Hoje, sabemos que isso não é verdade, e que todas as premissas e restrições devem ser acompanhadas durante todo o ciclo de vida. A IA pode ser útil nessa área.
- Os executivos muitas vezes não sabem quando intervir em um projeto. Hoje, muitas empresas estão utilizando *dashboards* de crises. Quando um executivo acessa o *dashboard* de crises no computador, a tela identifica apenas os projetos que podem ter problemas, quais métricas estão fora da faixa aceitável e talvez até qual o seu grau de criticalidade. As práticas de IA poderiam identificar ações imediatas a serem tomadas e, logo, reduzir o tempo de resposta para situações além do limite de tolerância.

---

[8] Esta definição e trechos desta seção foram adaptados de Wikipedia, "Artificial Intelligence", *Wikipedia, The Free Encyclopedia,* https://en.wikipedia.org/w/index.php?title=Artificial_intelligence&oldid=802537752.

- Os gerentes não sabem quanto trabalho adicional pode ser incorporado à fila sem sobrecarregar a força de trabalho. Por esse motivo, os projetos muitas vezes são adicionados à fila sem considerar (1) a disponibilidade de recursos, (2) o nível de habilidade dos recursos necessários e (3) o nível de tecnologia necessário. As práticas de IA poderiam permitir a criação de um portfólio de projetos com a melhor chance de maximizar o valor de negócio que a empresa receberá, ainda considerando as práticas eficazes de gerenciamento de recursos.
- Já existem algoritmos de *software* para a otimização dos cronogramas de projeto, mas as práticas ainda parecem ser uma atividade manual, utilizando técnicas de tentativa e erro. Práticas eficazes de IA poderiam tornar a otimização do cronograma significativamente mais eficaz, considerando todos os projetos presentes e futuros da empresa, não apenas os projetos individuais.

Os gerentes de projetos muitas vezes sofrem pressão para tomar decisões rápidas, baseadas na intuição, não na dedução passo a passo utilizada pelos computadores. Nada é simplesmente falso ou verdadeiro por partirmos dessas premissas. Em geral, quanto mais informações temos disponíveis, menos premissas precisamos utilizar. Com um banco de dados de informações grande o suficiente, as ferramentas de IA poderiam realizar raciocínios e solução de problemas com base em informações possivelmente incompletas ou parciais. A IA pode visualizar o futuro e nos oferecer escolhas que maximizem o valor da decisão.

Para que as práticas de IA sejam benéficas para a comunidade de prática de gestão de projetos, então os bolsões de conhecimento sobre gestão de projetos que existiam no passado devem ser consolidados em um sistema de gerenciamento do conhecimento que abranja toda a empresa, incluindo toda a propriedade intelectual da organização, como mostrado na Figura 4.19.

Quanto mais informações temos disponíveis para as ferramentas de IA, maior o valor do resultado. Assim, o ponto de partida deve ser uma consolidação da propriedade intelectual de gestão de projetos, e as ferramentas de IA devem ter acesso a essas informações. Muito provavelmente, essa responsabilidade será dos PMOs.

Tudo isso parece viável, mas ainda há alguns riscos negativos com base na área do conhecimento do *Guia PMBOK®* à qual aplicaremos as ferramentas de IA. Por exemplo, usando a Área do Conhecimento de Recursos Humanos, a IA pode medir ou até demonstrar empatia ao lidar com pessoas? Na Área do Conhecimento de Gerenciamento de Integração,

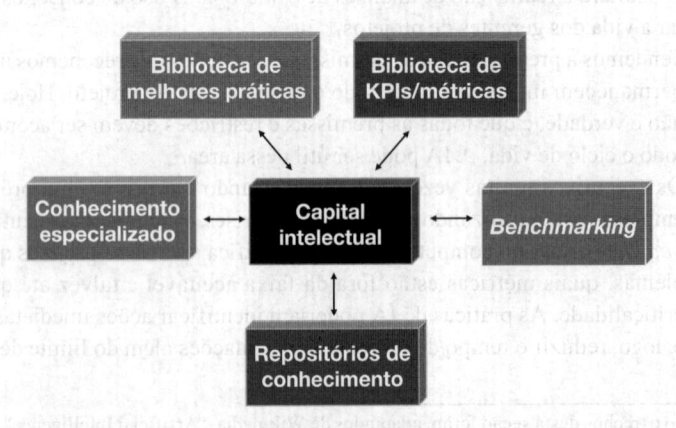

Figura 4.19 Componentes da propriedade intelectual.

a IA pode agregar premissas e restrições adicionais que não estavam presentes no caso de negócio quando o projeto foi aprovado? Na Área do Conhecimento de Gerenciamento de Partes Interessadas, as ferramentas de IA podem identificar as relações de poder e autoridade de cada uma das partes interessadas? E sem considerar a ética das máquinas, uma ferramenta de IA poderia ser forçada a seguir ou aderir ao *Código de Ética e Responsabilidade Profissional do PMI* na tomada de uma decisão?

Isso pode parecer difícil e futurístico demais, mas a IA está mais perto do que você imagina. Amazon, Google, Facebook, IBM e Microsoft estabeleceram uma parceria sem fins lucrativos para formular melhores práticas relativas a tecnologias de IA, fazer o entendimento do público avançar e servir de plataforma sobre IA.[9] Em uma declaração conjunta, as empresas afirmaram o seguinte: "Esta parceria sobre IA conduzirá pesquisas, organizará discussões, oferecerá liderança intelectual, consultará terceiros relevantes, responderá a perguntas do público e da mídia e criará materiais pedagógicos que façam avançar o entendimento sobre as tecnologias de IA, incluindo percepção de máquina, aprendizagem e raciocínio automatizado".[10] Apesar de não ser um dos membros originais de 2016, a Apple se juntou às outras empresas de tecnologias da Parceria sobre IA em janeiro de 2017.[11] Os membros corporativos farão contribuições financeiras e de pesquisa para o grupo ao mesmo tempo que trabalham com a comunidade científica para trazer acadêmicos para o projeto.[12]

Dado que Amazon, Google, Facebook, IBM, Microsoft e Apple são todas usuárias pesadas de gestão de projetos, e consideradas por alguns como tendo práticas de projeto de classe mundial, quanto você acha que demorará para que desenvolvam práticas de IA para a sua própria comunidade de prática de gestão de projetos? A implementação das práticas de IA à gestão de projetos pode muito bem estar chegando.

4.14 Fases do ciclo de vida

Determinar o melhor número de fases de ciclo de vida pode ser difícil ao desenvolver uma metodologia de gestão de projetos. Como exemplo, consideremos a TI. Durante a década de 1980, com a explosão no setor de *software*, muitas empresas de consultoria em TI entraram em cena com o desenvolvimento de metodologias de TI que usavam fases de ciclo de vida de desenvolvimento de sistemas (CVDS ou, em inglês, SDLC, *systems development life-cycle*). Os consultores prometem resultados fenomenais aos seus clientes se eles comprarem o pacote juntamente a treinamento e serviços de consultoria que o acompanham. Então, depois de gastar centenas de milhares de dólares, o cliente lê as cláusulas em letras miúdas que afirmam que a metodologia deve ser usada da forma que é apresentada, e não é possível nenhuma personalização. Em outras palavras, o cliente precisa mudar sua empresa para que ela se adapte à metodologia em vez de o contrário. A maioria das empresas de consultoria em TI que adotou essa abordagem não existe mais.

Para uma empresa individual, chegar a um acordo quanto ao número de fases pode ser difícil, a princípio, mas quando finalmente se chega a um acordo, todos os funcionários

---

[9] Seth Fiegerman, "Facebook, Google, Amazon Create Group to Ease AI Concerns". CNNMoney.com, September 28, 2016. http://money.cnn.com/2016/09/28/technology/partnership-on-ai/index.html. Acessado em outubro de 2017.

[10] "Artificial intelligence", *Wikipedia, The Free Encyclopedia*, https://en.wikipedia.org/w/index.php?title=Artificial_intelligence&oldid=802537752.

[11] Partnership on AI, "Partnership in AI Update", January 27, 2017. www.partnershiponai.org/2017/01/partnership-ai-update/.

[12] Fiegerman, CNNMoney.com.

devem seguir as mesmas fases. Entretanto, para as empresas de consultoria em TI de hoje em dia, o conceito de "pacote único" não funciona. Qualquer que seja a metodologia criada, ela precisa ter flexibilidade, de modo que seja possível que o cliente a personalize. Ao fazê-lo, pode ser melhor focar processos do que fases, ou possivelmente uma abordagem de modelos que combine os melhores recursos de cada.

4.15 Expandindo as fases do ciclo de vida

Historicamente, definimos a primeira fase de um projeto como a fase de iniciação. Essa fase incluía trazer o gerente de projetos a bordo, entregando a ele um orçamento e um cronograma e dizendo-lhe para começar a execução do projeto. Hoje, há uma fase pré-iniciação que Russ Archibald e seus colegas chamam de incubação do projeto/fase de viabilidade.[13] Nessa fase, analisamos os benefícios do projeto, o valor esperado na conclusão, se há recursos suficientes e qualificados disponíveis e a relativa importância de um projeto em comparação a outros projetos que podem estar na fila. É possível que o projeto jamais chegue à fase de iniciação.

No passado, esperava-se que a gestão de projetos começasse na fase de iniciação, pois era nessa fase que o gerente de projetos era designado. Hoje, espera-se que os gerentes de projetos tenham uma compreensão muito maior do negócio como um todo, e as empresas descobriram que é benéfico trazer o gerente de projetos a bordo mais cedo, na fase de iniciação, para auxiliar na tomada de decisões de negócios em vez de deixá-lo se encarregar somente de decisões de projeto. No mesmo contexto, tradicionalmente, via-se a fase final do ciclo de vida como o encerramento do projeto. Isso inclui a implementação do encerramento do contrato, do encerramento administrativo e do encerramento financeiro. Após, o gerente seria realocado para outro projeto.

Hoje, estamos incluindo uma fase de avaliação pós-projeto. Algumas empresas chamam-na de fase de gerenciamento da satisfação do cliente. Nela, membros selecionados da equipe de projeto e do pessoal de vendas/marketing, além de membros do comitê de governança, reúnem-se com o cliente para ver que mudanças podem ser feitas na metodologia ou nos processos usados para executar o projeto e o que pode ser feito de outra maneira em projetos futuros, buscando melhorar ainda mais a relação profissional entre cliente, fornecedor e partes interessadas.

4.16 Churchill Downs Incorporated

A Churchill Downs Incorporated criou uma metodologia de gestão de projetos que claramente reflete sua organização. Segundo Chuck Millhollan, diretor de gerenciamento de programas:

> Apesar de termos baseado nossa metodologia em padrões profissionais, desenvolvemos um gráfico (e usamos terminologia) compreendido por nosso setor para ajudar a compreendê-la e aceitá-la. Por exemplo, temos um processo estruturado de solicitação de investimento, aprovação e priorização. (Ver Figura 4.20.) O projeto, ou corrida, não começa até o puro-sangue ter chegado ao portão de partida (aprovação de caso de negócio e priorização de projeto).

---

[13] Russell D. Archibald, Ivano Di Filippo e Daniele Di Filippo escreveram um excelente artigo sobre esse assunto, "The Six-Phase Comprehensive Project Life Cycle Model Including the Project Incubation/Feasibility Phase and the Post-Project Evaluation Phase," *PM World Journal*, dezembro de 2012.

Capítulo 4 • Metodologias de gestão de projetos 225

CHURCHILL DOWNS
INCORPORATED

"Pista de corrida" do projeto

5. Histórico de riscos e problemas
6. Controle de mudanças no escopo (solicitações/históricos)
7. Testes/Acompanhamento de defeitos

3. Termo de abertura
4. Estrutura analítica do projeto

Portão de partida

2. Aprovação e priorização

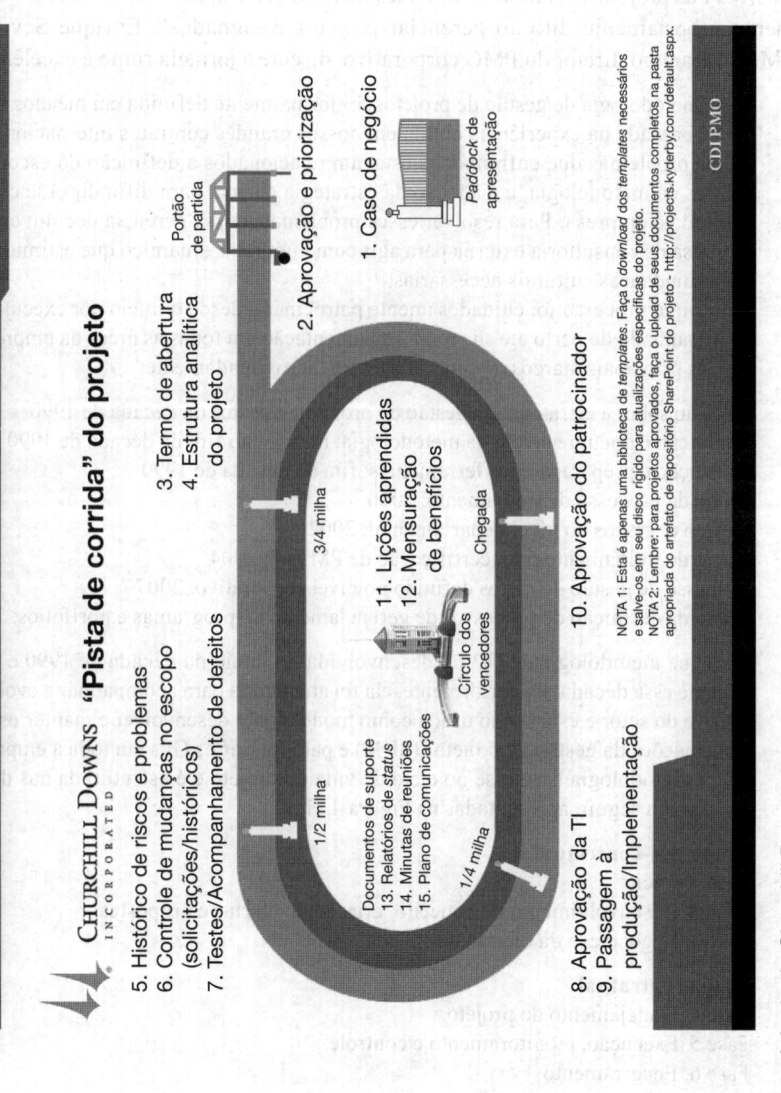

1. Caso de negócio

Paddock de apresentação

CDI PMO

3/4 milha

11. Lições aprendidas
12. Mensuração de benefícios

Chegada

1/2 milha

Documentos de suporte
13. Relatórios de status
14. Minutas de reuniões
15. Plano de comunicações

Círculo dos vencedores

10. Aprovação do patrocinador

NOTA 1: Esta é apenas uma biblioteca de templates. Faça o download dos templates necessários e salve-os em seu disco rígido para atualizações específicas do projeto.
NOTA 2: Lembre: para projetos aprovados, faça o upload de seus documentos completos na pasta apropriada do artefato do repositório SharePoint do projeto - http://projects.kyderby.com/default.aspx.

1/4 milha

8. Aprovação da TI
9. Passagem à produção/Implementação

Figura 4.20 A metodologia da Churchill Downs, Inc.

4.17 Indra: a necessidade de uma metodologia

Como mencionado no Capítulo 3, a busca pela excelência em gestão de projetos é quase sempre acompanhada do desenvolvimento de uma metodologia de gestão de projetos. Foi o que aconteceu na Indra. A empresa define excelência na área da seguinte maneira: "A excelência em gestão de projetos é atingida por meio da capacidade de alcançar constantemente os alvos dos projetos, criar oportunidades de negócios e aprimorar o processo de gerenciamento propriamente dito ao gerenciar projetos designados". Enrique Sevilla Molina, PMP®* e antigo diretor do PMO corporativo, discute a jornada rumo à excelência:

> Uma metodologia de gestão de projetos foi formalmente definida em meados da década de 1990, baseada na experiência obtida em nossos grandes contratos internacionais. Os principais problemas que enfrentamos estavam relacionados à definição do escopo, isto é, os limites da metodologia, e à adoção da estratégia correta para difundir esse conhecimento por toda a empresa. Para resolver esses problemas, nossa gerência decidiu contratar uma empresa de consultoria externa para agir como um fator dinâmico que estimularia e dirigiria as mudanças culturais necessárias.
>
> Sim, o processo foi cuidadosamente patrocinado desde o início por executivos sênior e acompanhado de perto até sua total implementação em todas as áreas da empresa.
>
> Os principais marcos do processo foram, aproximadamente:

Decisão sobre a estratégia da gestão de projetos: meados da década de 1990
Definição e documentação da metodologia: meados ao fim da década de 1990
Definição e preparação das ferramentas: fim da década de 1990
Início do processo de treinamento: 2000
Gestão de riscos no nível departamental: 2002
Início do treinamento para certificação de PMPs®: 2004
Processo de gestão de riscos definido no nível corporativo: 2007
Início da definição de processos de gerenciamento de programas e portfólios: 2008

> Uma metodologia de GP foi desenvolvida no início da década de 1990 e formalizada durante essa década. Posteriormente, ela foi atualizada para acompanhar a evolução da empresa e do setor e está sendo usada como modelo para desenvolver e manter os sistemas de informações da gestão de projetos (SIGP) e para treinar os GPs em toda a empresa.
>
> A metodologia baseia-se no ciclo de vida do projeto e é estruturada nas duas etapas e seis fases a seguir, apresentadas na Figura 4.21:

Etapa pré-contratual
Fase 1. Início
Fase 2. Desenvolvimento do conceito, criação de ofertas e propostas
Fase 3. Negociação da oferta

Etapa contratual
Fase 4. Planejamento do projeto
Fase 5. Execução, monitoramento e controle
Fase 6. Encerramento

> As etapas pré-contratual e contratual são parte do projeto e de seu ciclo de vida. A maioria dos problemas que aparece durante a vida de um projeto se origina durante sua definição e na negociação de seus objetivos, conteúdos e escopo realizada com o cliente. Um gerenciamento apropriado da etapa pré-contratual é a melhor maneira de evitar problemas posteriores.

---

* PMP é marca registrada do Project Management Institute, Inc.

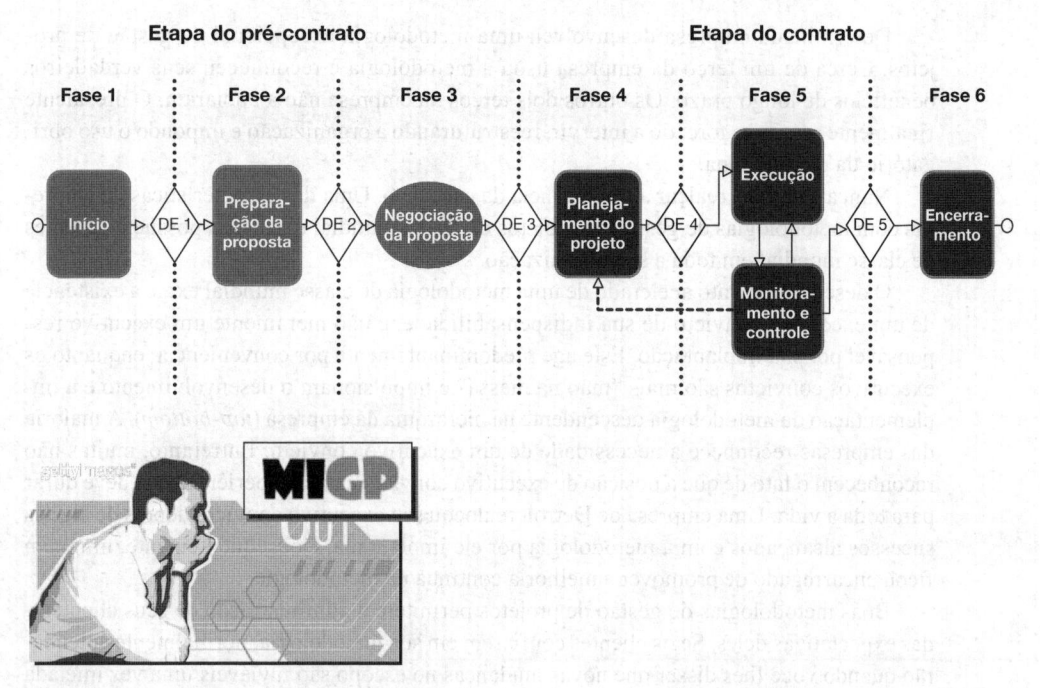

Figura 4.21 Ciclo de vida da gestão de projetos.

No final de cada fase há um resultado específico que permite que se tome uma decisão-chave, focalizando e direcionando as ações da fase seguinte e reduzindo, assim, os riscos e as incertezas iniciais do projeto.

A decisão nas etapas e fases era uma decisão baseada principalmente nas necessidades de nosso ciclo padrão de concepção e desenvolvimento de um projeto, e também nos tipos mais significativos de projetos com os quais nos envolvemos.

Os processos de gestão de riscos são integrados à metodologia e às ferramentas corporativas de GP. Um processo inicial de identificação de riscos é realizado durante a fase de proposta, seguido por um plano completo de gestão de riscos durante a fase de planejamento da etapa contratual e os subsequentes processos de monitoramento durante a fase de execução do projeto. A avaliação da qualidade e os processos de controle de mudanças são considerados os principais processos de suporte da metodologia.

4.18 Implementando metodologias

Somente porque a metodologia existe não significa que é de classe mundial. As metodologias, afinal, não passam de folhas de papel. O que transforma uma metodologia padrão em uma metodologia de classe mundial é a cultura da organização e o modo como ela é implementada.

A existência de uma metodologia de classe mundial não basta para se alcançar a excelência em gestão de projetos. Sua aceitação e sua utilização por toda a empresa é que conduzem à excelência. É por meio da excelência na execução que uma metodologia de nível médio se torna uma metodologia de classe mundial.

Determinada empresa desenvolveu uma metodologia excepcional de gestão de projetos. Cerca de um terço da empresa usou a metodologia e reconheceu seus verdadeiros benefícios de longo prazo. Os outros dois terços da empresa não a apoiaram. O presidente finalmente sentiu-se forçado a intervir, reestruturando a organização e impondo o uso obrigatório da metodologia.

Nunca é demais realçar a importância da execução. Uma das características de empresas com metodologias de gestão de projetos de classe mundial é que elas possuem gerentes de classe mundial em toda a sua organização.

O desenvolvimento acelerado de uma metodologia de classe mundial exige a existência de um executivo convicto de sua indispensabilidade, e não meramente um executivo responsável por sua implantação. Este age predominantemente por conveniência, enquanto os executivos convictos são mais "mão na massa" e impulsionam o desenvolvimento e a implementação da metodologia descendente na hierarquia da empresa (*top-bottom*). A maioria das empresas reconhece a necessidade de um executivo convicto. Entretanto, muitas não reconhecem o fato de que a posição de executivo convicto é uma experiência que deve durar para toda a vida. Uma empresa de Detroit realocou seu executivo convicto depois de alguns sucessos alcançados com a metodologia por ele implantada. Consequentemente, ninguém ficou encarregado de promover a melhoria contínua na metodologia.

Boas metodologias de gestão de projetos permitem a administração de seus clientes e das expectativas deles. Se os clientes confiarem em sua metodologia, normalmente entenderão quando você lhes disser que novas mudanças no escopo são inviáveis uma vez iniciada determinada fase do ciclo de vida do projeto. Uma empresa subcontratada do setor automotivo levou esse conceito de confiança ao extremo, convidando os clientes a assistirem às suas reuniões de revisão de final de fase, uma atitude que maximizou a confiança entre cliente e subcontratada. Entretanto, o cliente era solicitado a não participar dos últimos 15 minutos das reuniões de revisão de final de fase, quando as finanças do projeto seriam discutidas.

As metodologias da gestão de projetos são um processo "orgânico", o que implica que elas estão sujeitas a mudanças e melhorias. Áreas típicas de melhoria de metodologias podem incluir:

- Melhor interação com os clientes
- Melhor interação com os fornecedores
- Melhor explicação de subprocessos
- Definição mais nítida dos marcos do projeto
- Delineamento mais nítido do papel da gerência sênior
- Reconhecimento da necessidade de *templates* adicionais
- Reconhecimento da necessidade de métricas adicionais
- Desenvolvimento de *templates* para guiar o envolvimento do grupo
- Melhoria do guia de gestão de projetos
- Maneiras de ensinar ao cliente o funcionamento da metodologia
- Maneiras de reduzir o tempo das reuniões de revisão

4.19 Erros na implementação

Embora as empresas reconheçam as forças motrizes que indicam a necessidade da melhoria da gestão de projetos, a decisão propriamente dita de fazer um investimento nesse sentido pode não acontecer até que alguma crise ocorra ou se encontre uma quantidade significativa de perdas financeiras no balanço patrimonial da empresa. Reconhecer uma necessidade é muito mais fácil do que fazer algo a respeito, porque para isso é necessário investir tempo e dinheiro. Muito frequentemente, os executivos adiam dar sinal verde para o projeto, na esperança de que um milagre ocorra e as melhorias na gestão de projetos não sejam mais necessárias. Enquanto procrastinam, a situação geralmente deteriora ainda mais. Considere os seguintes comentários de Carl Manello, PMP®, vice-presidente de TI da Ameritas Insurance:

> Acho que a maior motivação para os meus clientes investirem em melhorias é como eles veem o impacto da gestão de projetos em suas iniciativas. Quando seu histórico de direção de iniciativas de negócios de grande porte é menos do que proeminente (indicando falta de processos, métodos, ferramentas ou habilidades suficientes), eles começam a compreender a necessidade do investimento. Quando há implementações de projeto não realizadas, orçamentos estourados e má qualidade, todos falam muito alto e chamam a atenção da gerência executiva sênior. O desafio é, em vez disso, chamar a atenção dos executivos antes de milhões de dólares serem desperdiçados.
>
> No início, muitas corporações provavelmente não irão querer investir em melhorar infraestruturas de GP como a *f*GP. "Há projetos *verdadeiros* com benefícios de peso a serem realizados, em vez disso." Porém, depois que essas mesmas organizações começam a enfrentar problemas, compreender suas fraquezas e a necessidade de melhoria na gestão de projetos básica, elas começam a se focar nessas melhorias.

O investimento tardio nas capacidades de gestão de projetos é apenas um de muitos erros. Outro erro comum, que pode ocorrer até mesmo com as melhores empresas, é não tratar a gestão de projetos como uma profissão. Em algumas empresas, essa é uma atividade de tempo parcial a ser realizada além da função principal de um funcionário. As oportunidades de subir na carreira estão atreladas à função principal, e não à gestão de projetos. Em outras empresas, a gestão de projetos pode ser considerada meramente como uma habilidade especializada no uso de ferramentas de geração de cronogramas. Carl Manello continua:

> Embora o PMI tenha feito um trabalho incrível, especialmente nos últimos 10 anos, defendendo a gestão de projetos como uma habilidade especializada que deve ser entregue a profissionais, acho que muitas empresas ainda acreditam que a gestão de projetos é uma habilidade, e não uma profissão. Seja em organizações de marketing ou de engenharia, geralmente se aloca algum funcionário aleatório para a função de gerente de projetos, independentemente de sua formação, nível de habilidade demonstrado ou capacidade como gerente de projetos. Essa falta de atenção à gestão de projetos como profissão talvez seja um dos fatores que contribuem para que projetos em todo o mundo continuem a ter um mau desempenho. Muitos projetos não possuem à sua frente gerentes de projetos qualificados.

4.20 Superando barreiras ao desenvolvimento e à implementação

Tomar a decisão de que a empresa precisa de uma metodologia de gestão de projetos é muito mais fácil do que realmente implementá-la. Há várias barreiras e problemas que surgem muito depois de a equipe de *design* e implementação começar seu trabalho. Típicas problemáticas incluem:

- Devemos desenvolver nossa própria metodologia ou fazer um *benchmark* das melhores práticas de outras empresas e tentar usar a metodologia delas?

- Podemos fazer toda a organização concordar com uma única metodologia para todos os tipos de projetos ou devemos ter várias metodologias?
- Se desenvolvermos várias metodologias, que dificuldade encontraremos na implementação de esforços de melhoria?
- Como devemos lidar com a situação em que apenas parte da empresa vê benefício em usar uma metodologia e o resto da empresa quer fazer do seu próprio jeito?
- Como convencemos os funcionários de que a gestão de projetos é uma competência estratégica e que a metodologia de gestão de projetos é um processo que serve de suporte para essa competência estratégica?
- Para empresas multinacionais, como fazemos todas as organizações em todo o mundo usarem a mesma metodologia? Ela precisa ser baseada na intranet?

Essas são perguntas típicas que afligem as empresas durante o processo de desenvolvimento da metodologia. Esses desafios podem ser superados, e com grande sucesso, como ilustram as empresas identificadas nas próximas seções.

4.21 Wärtsilä: reconhecendo a necessidade de ferramentas de suporte

Apesar de sempre termos tido uma grande paixão por motores na Wärtsilä, agora somos muito mais do que uma empresa produtora de motores. Atualmente, o gerenciamento de projetos profissional se tornou parte essencial de nosso sucesso continuado, devido aos projetos marinhos e de usinas de energia elétrica maiores e mais complexos que entregamos.

GESTÃO DE PROJETOS EXCELENTE – UM PRÉ-REQUISITO PARA A SATISFAÇÃO DO CLIENTE

O escritório de gestão de projetos da Wärtsilä (WPMO) foi estabelecido em 2007 para desenvolver uma cultura de gerenciamento, processos, competências e ferramentas a fim de garantir que nossos clientes recebessem a satisfação que merecem.

Uma das primeiras coisas que fizemos foi conduzir uma análise detalhada de gestão de projetos para identificar áreas que necessitavam de melhorias. Naquela época, não tínhamos *software* para gestão de projetos e portfólios. Portanto, uma das primeiras providências tomadas pelo WPMO foi iniciar um programa de melhoria global chamado de "*gateway*" para desenvolver e implementar um conjunto de processos de gestão de projetos e portfólios com um aplicativo de suporte.

Segundo o proprietário de projetos, Antti Kämi, o ponto de partida do *gateway* e o motivo pelo qual a Wärtsilä precisava aprimorar a gestão de projetos ainda mais foram os seguintes: "A gestão de projetos profissional era vista como verdadeiramente essencial para nossa lucratividade, competitividade e para gerar valor para nossos clientes".

A Seção 4.21 foi fornecida pelo escritório de gestão de projetos da Wärtsilä (WPMO). Direitos autorais da Wärtsilä Corporation 2017. Reproduzido com permissão.

Projetos divididos em três categorias

Para alcançar o maior número possível dos benefícios esperados, ficou decidido que as partes relevantes dos processos unificados da nova ferramenta deveriam ser usadas em todas as divisões e em todas as três categorias de projeto da empresa:

1. Projetos de entrega ao cliente
2. Projetos de desenvolvimento operacional
3. Projetos de desenvolvimento de produtos e soluções

Usar essa nova abordagem significava que milhares de projetos poderiam ser gerenciados com a nova ferramenta, envolvendo aproximadamente 2 mil pessoas na gestão de projetos.

Boas práticas de gestão de projetos

Hoje temos processos de negócios unificados (modelos de pontos de decisão) em uso em toda a Wärtsilä com diretrizes e terminologia harmonizadas. Além disso, mantemos esse recurso por meio de um treinamento profissional e certificação em gestão de projetos.

Assim como todos os projetos dessa magnitude, enfrentamos muitos desafios pelo caminho, especialmente ao desenvolver paralelamente tanto o modo de trabalhar quanto o *software*. Os níveis variados de maturidade em gestão de projetos na empresa também representaram um grande desafio. O resultado positivo foi que hoje temos em vigor um diálogo contínuo e ativo em torno da gestão de projetos, há uma enorme troca de experiências entre as divisões e categorias de projetos, e o trabalho nos dá uma verdadeira sensação de haver "Uma Única Wärtsilä".

Em diversas áreas da gestão de projetos, já podemos ver melhorias e benefícios, especialmente no gerenciamento de portfólios e no de recursos.

Atualmente, usamos a nova aplicação como um banco de dados de projeto para o planejamento de portfólio de nossa Pesquisa e Desenvolvimento. Isso permite que os projetos sejam organizados em portfólios, o que significa que há um processo de seguimento mais estruturado. Isso, por sua vez, leva a uma maior transparência e visibilidade em projetos, respostas mais fáceis e rápidas às indagações dos clientes e relatórios de projeto mais eficientes de maneira geral.

Um gerenciamento de alta qualidade é importante hoje pelo fato de os recursos do gerenciamento de informações serem usados em projetos de desenvolvimento operacional em toda a empresa. Ter uma ferramenta de *software* compartilhada por todos garante boa disponibilidade de recursos, transparência para gerenciar e monitorar a carga de trabalho, além de fatos confiáveis para um bom planejamento.

Outros benefícios incluem a possibilidade de registrar e utilizar lições aprendidas, a possibilidade de colaboração e de ter informações facilmente disponíveis para todos os membros de equipe de projetos.

Ferramentas realmente fazem a diferença na gestão de projetos

Resumidamente, é disto que se trata o *gateway* da Wärtsilä: elaborar e aplicar uma maneira mais eficiente de planejar e dirigir projetos e uma ferramenta comum a todos para nos ajudar a levantar, manipular e compartilhar informações relacionadas a projetos. E, com isso, garantir que tanto os clientes internos quanto os externos estejam satisfeitos.

4.22 General Motors Powertrain Group

Para empresas com projetos pequenos ou de curto prazo, as metodologias de gestão de projetos podem não ser apropriadas ou não ter uma boa relação custo-benefício. Para empresas com projetos de grandes proporções, no entanto, uma metodologia que funcione é quesito obrigatório. O General Motors Powertrain Group é outro exemplo de uma grande empresa que alcança a excelência em gestão de projetos. Os negócios da empresa baseiam-se primordialmente em projetos de internet, embora sejam aceitos alguns projetos de contrato de clientes externos. O tamanho dos projetos do grupo varia de US$100 milhões a US$1,5 bilhão. Sediado em Pontiac, Michigan, EUA, o GM Powertrain Group desenvolveu e implementou uma metodologia de gestão de projetos de quatro fases que se tornou o processo central de seu negócio. A empresa decidiu adotar a gestão de projetos para colocar seus produtos no mercado mais rapidamente. Segundo Michael Mutchler, antigo vice-presidente e executivo do grupo:

> A principal expectativa que tenho com uma organização focada em produtos é uma execução eficiente. Isso compreende desenvolvimento, implementação e operações cotidianas de programas de produtos disciplinados e eficientes. Foram formadas equipes de produto para criar um ambiente em que os líderes pudessem compreender melhor o mercado e as necessidades do cliente a fim de estimular o pensamento em termos de sistemas e um comportamento multifuncional e interdependente e de possibilitar que todos os funcionários compreendam seu papel na execução das estratégias do GM Powertrain e na entrega de produtos de alta qualidade. Essa estratégia organizacional pretende possibilitar que uma grande organização seja responsiva e entregue produtos de qualidade desejável e acessível para os clientes.

O processo de gerenciamento de programa no GM Powertrain baseia-se em *templates*, listas de verificação e sistemas comuns. A seguir, listamos vários elementos que eram comuns a todos os programas do GM Powertrain durante a década de 1990:

- Termo de abertura e contrato
- Estrutura organizacional da equipe de programa com papéis e responsabilidades definidas
- Planos de programas, cronogramas e redes lógicas
- Sistemas de acompanhamento no nível do programa e no nível da parte interessada
- Processo de desenvolvimento de produtos com quatro fases
- Processo de gerenciamento de mudanças

Dois elementos críticos da metodologia do GM Powertrain são o termo de abertura e o contrato do programa. O termo de abertura define o escopo do programa com objetivos mensuráveis, como:

- Finalidade de negócio
- Objetivo estratégico
- Resultados que o programa procura alcançar
- Engenharia e orçamento de capital
- Cronologia do programa

O contrato do programa especifica como ele realizará os objetivos determinados no termo de abertura. O contrato se torna uma ideia compartilhada do que a equipe de programa irá entregar e o que a equipe do GM Powertrain oferecerá à equipe em termos de recursos, suporte, entre outros.

Embora as informações aqui no GM Powertrain possam parecer um pouco ultrapassadas, elas mostram que a GM estava vários anos à frente da maioria das empresas no desenvolvimento de uma metodologia de gestão de projetos. A GM fez mudanças significativas em sua metodologia desde então. O que a empresa conseguiu há mais de uma década, muitas estão apenas começando a desenvolver hoje. Atualmente, a GM usa a supramencionada metodologia para o desenvolvimento de novos produtos para projetos de *software*.

4.23 Ericsson Telecom AB

A General Motors Corporation e o banco foram exemplos de metodologias de gestão de projetos internas à organização (i.e., clientes internos). Para a Ericsson Telecom AB, o problema é mais complicado. A maioria dos projetos da Ericsson é voltada para clientes externos, e a empresa possui divisões em todo o mundo. Será possível desenvolver uma metodologia que satisfaça a essas restrições de alcance mundial?

Em 1989, a Ericsson Telecom AB desenvolveu uma metodologia de gestão de projetos que foi batizada de PROPS.[14] Ainda que, inicialmente, a intenção fosse utilizá-la em projetos de desenvolvimento técnico na Área de Negócios de Telecomunicações Públicas, a PROPS vem sendo aplicada e apreciada em toda a rede mundial da Ericsson, em todos os tipos de projetos. Na opinião do autor, a PROPS é uma das metodologias mais bem-sucedidas do mundo.

Novos usuários e novos campos de aplicações aumentaram a demanda pela PROPS. Os usuários fornecem *feedback* sobre as lições aprendidas de modo que suas experiências compartilhadas possam ser usadas para atualizar a metodologia. Em 1994, foi desenvolvida uma segunda geração da PROPS, incluindo aplicações para pequenos projetos, projetos de engenharia simultânea e projetos multifuncionais que incluíam melhorias cujo objetivo era aumentar a qualidade dos projetos.

A PROPS é genérica por natureza e pode ser usada em todos os tipos de organização, o que fortalece a possibilidade da Ericsson de conduzir projetos com sucesso em todo o mundo. A metodologia pode ser utilizada em todos os tipos de projetos, inclusive em desenvolvimento de produtos, desenvolvimento organizacional, construção, marketing, projetos exclusivos, projetos de grandes e pequenas proporções e projetos multifuncionais.

A PROPS tem seu foco voltado para negócios, o que significa dedicar todas as atividades operacionais à satisfação do cliente e a garantir a lucratividade por meio de uma utilização eficiente dos recursos da empresa. A PROPS usa um conceito de pontos de controle e de patrocínio de projeto para garantir que os projetos sejam iniciados e realizados de uma maneira orientada aos negócios e que os benefícios para o cliente e para a Ericsson sejam sempre considerados.

O modelo da PROPS é extremamente genérico, o que acrescenta flexibilidade à sua aplicação. Os quatro fundamentos do modelo de projeto genérico são:

1. Pontos de controle
2. O modelo do projeto
3. Os modelos de trabalho
4. Marcos

---

[14] A definição da sigla PROPS é em sueco. Para fins de simplificação, será referida assim em todo este livro.

Os pontos de controle são pontos de decisão superordenada em um projeto nos quais se tomam decisões formais quanto aos objetivos e à execução do projeto, segundo um conceito comum a toda a empresa. Na PROPS, cinco pontos de controle constituem a estrutura central do modelo. A função e posição dos pontos de controle são padronizadas para todos os tipos de projeto. Assim, a utilização da PROPS irá garantir que o modelo corporativo de pontos de controle da Ericsson seja implementado e aplicado.

O patrocinador do projeto toma a decisão do ponto de controle e assume a responsabilidade total por todo o projeto e por seus resultados. Uma decisão de ponto de controle precisa ser bem preparada. O procedimento de decisão de ponto de controle inclui a avaliação e a preparação de um resumo executivo capaz de fornecer ao patrocinador do projeto argumentos suficientes para suas decisões. O projeto e seus resultados devem ser avaliados a partir de diferentes aspectos: o *status* do projeto, os recursos que sua implantação exigirá e os benefícios esperados para o cliente e para a Ericsson. Nos cinco pontos de controle, são tomadas decisões sobre:

- o início do estudo de viabilidade do projeto
- a conclusão do projeto
- a execução continuada, confirmação do projeto ou revisão de limites e implementação do *design*
- a utilização dos resultados do projeto, entrega ao cliente, introdução restrita no mercado
- a conclusão do projeto

O modelo do projeto descreve que atividades de gestão de projetos realizar e que documentos preparar, desde o início de um pré-estudo até a conclusão do projeto. O patrocinador do projeto determina a iniciação do projeto e toma as decisões de ponto de controle, ficando as demais atividades descritas no modelo sob a responsabilidade do gerente de projetos. O modelo de projeto é dividido em quatro fases: pré-estudo, estudo de viabilidade, execução e conclusão.

O propósito da fase de pré-estudo é avaliar a viabilidade do ponto de vista técnico e comercial, baseado nos requerimentos expressos e não expressos e nas necessidades de clientes externos e internos. Durante a fase de pré-estudo, formula-se um conjunto de soluções alternativas. Faz-se uma estimativa aproximada do cronograma e da carga de trabalho necessária para as diversas alternativas de implementação do projeto.

A finalidade da fase do estudo de viabilidade é formar uma boa base para o futuro projeto e preparar a sua execução bem-sucedida. Durante o estudo de viabilidade, analisam-se diferentes alternativas de realização e suas eventuais consequências, além de seu potencial para cumprir requisitos. Definem-se os alvos e estratégias, preparam-se planos de projeto e se avaliam os riscos envolvidos. Iniciam-se as negociações de contrato e se define a organização do projeto em um nível abrangente.

O propósito principal da fase de execução é executar o projeto de acordo com as metas estabelecidas em termos de prazos, custos e demais características, de maneira a atingir essas metas do projeto e atender aos requisitos do cliente. O trabalho técnico é realizado pela área técnica correspondente dentro da organização, de acordo com os processos e métodos de trabalho que foram determinados. O trabalho do projeto é ativamente controlado; isto é, o progresso é continuamente verificado e as providências necessárias são tomadas para manter o projeto no curso determinado.

A finalidade da fase de conclusão é encerrar a organização do projeto, registrar as experiências obtidas e garantir que todos os problemas mais importantes estejam sob controle. Durante essa fase de conclusão, os recursos que haviam sido colocados à disposição são desativados, sugerindo-se, então, medidas para aperfeiçoar do modelo o projeto, os modelos e os processos de trabalho.

Além de descrever as atividades que serão realizadas para se alcançar determinado resultado, o modelo de trabalho também inclui definições dos marcos. Entretanto, para se chegar a uma descrição completa do trabalho em um projeto específico, um ou mais modelos de trabalho devem ser definidos e associados ao modelo geral do projeto. Um modelo de trabalho combinado com o modelo geral do projeto configura uma aplicação da PROPS. Quando não existem modelos de trabalho adequados descritos para um projeto, é de responsabilidade do gerente de projetos definir as atividades e os marcos de modo que o plano do projeto possa ser cumprido, e o projeto, ativamente controlado.

Um marco é um objetivo intermediário que define um evento importante e mensurável e representa um resultado que precisa ser alcançado nesse ponto. Os marcos unem os modelos de trabalho ao modelo do projeto. Marcos claramente definidos são essenciais para monitorar o progresso, especialmente em projetos grandes e/ou de longo prazo. Além de oferecer uma forma de estruturar o cronograma, os marcos fornecem sinais de alerta precoce quanto a possíveis atrasos. Além disso, eles ajudam a tornar o progresso visível para os membros e o patrocinador do projeto. Antes de se atingir cada um dos marcos, realiza-se uma revisão deles no conjunto do projeto a fim de comparar os resultados alcançados aos critérios determinados pelos marcos. O gerente de projeto é responsável por essa revisão.

O sucesso alcançado pela Ericsson em suas operações mundiais pode ser parcialmente atribuído à aceitação e à utilização do modelo PROPS. A Ericsson demonstrou que é possível atingir o sucesso mesmo com o mais simples dos modelos e sem o desenvolvimento de políticas e procedimentos rígidos.

4.24 Indra: encerrando o projeto

Em uma empresa tecnológica como a Indra, com projetos gerenciados para desenvolver, manufaturar e fazer a manutenção de complexos sistemas de *hardware* e *software*, o encerramento precoce de um projeto pode ser, se não bem tratado, uma causa de grandes perdas de eficiência.

Os projetos normalmente exigem uma curva de esforço com pico no início e no meio de seu ciclo de vida de projeto. (Ver Figura 4.22.) Ou, em outras palavras, do ponto de vista do gerente de projetos, o planejamento e o monitoramento e controle são as fases que exigem mais atenção. Durante a etapa de planejamento, o gerente de projetos trabalha com o intuito de atingir alvos claros. Ao mesmo tempo, o planejamento depende de compromissos estabelecidos ou com o patrocinador ou com o cliente. Enquanto estiver nas fases de monitoramento e controle, a atenção do gerente de projetos está concentrada na coordenação dos esforços da equipe para alcançar os marcos do projeto, identificando variâncias e linhas de base e protegendo o projeto de mudanças, o que realmente toma a maior parte do tempo.

Esse não é o caso no fim do projeto: quando os compromissos são cumpridos, a maior parte da pressão sobre o GP é liberada. Isso ocasionalmente faz com que o último dos mar-

---

Seção 4.24 © 2017 Indra. Reproduzido com permissão. Todos os direitos reservados. O material sobre a Indra foi fornecido por Alfredo Vázquez Díaz, profissional de gestão de projetos (PMP®) e diretor do escritório de gestão de projetos corporativos.

cos (encerramento do projeto) não seja alcançado da maneira devida, já que a atenção e o esforço do GP diminuem e é até mesmo possível que uma nova tarefa o esteja esperando e ele tenha sido liberado para começar a nova responsabilidade sem encerrar devidamente a anterior.

No contexto de uma organização como a Indra, cujo principal negócio é entregar resultados de projetos aos seus clientes, pretendemos organizar nossos recursos da maneira mais eficiente possível, respondendo a todos os compromissos com nossos clientes em uma estrutura de melhoria de negócios.

Realizar um bom encerramento pode ser um pequeno motivador e pode ser classificado pelos GPs como uma tarefa simples e administrativa. Portanto, pode-se esquecer que, se não prestarmos atenção ao encerramento, que é a oportunidade de consolidar o rendimento obtido no projeto, toda a organização pode perder benefícios, particularmente no gerenciamento de escopo e recursos (os quais, a propósito, são os principais valores usados no cálculo da produtividade).

Se focarmos o gerenciamento do escopo, se o encerramento do projeto não for bem feito, há um risco de que os acordos de aceitação dos *deliverables* tendam a ser diluídos, reabertos ou reinterpretados pelo cliente. Isso acontece se o final do projeto não for bem determinado e se for confundido e misturado com o período de garantia.

Pense no seguinte: as necessidades do cliente, após um novo sistema ser implantado, podem mudar, e isso pode fazer a interpretação dos requisitos evoluir, perder rastreabilidade com o escopo inicial do projeto e suas condições de validação anteriores. A pessoa que realiza a validação de requisitos dos *deliverables* no cliente pode mudar sua percepção à medida que o tempo passa sem um encerramento formal. Dessa forma, o cliente pode tentar realocar novas necessidades ao projeto em vez de colocá-las em uma extensão do projeto, como deveria ser.

Na gestão de um projeto baseado em modelos ágeis, tão populares atualmente, recomenda-se especialmente que se preste atenção aos esforços dedicados à aceitação dos requisitos do cliente.

Se focarmos o gerenciamento de recursos, podem ocorrer vários obstáculos organizacionais, sendo o mais frequente deles evitar que recursos sejam liberados de nossos projetos para outros. Isso diminui a produtividade obtida durante o projeto. Outro efeito negativo é a falta de foco metodológico durante um encerramento de projeto que não é devidamente executado, se deixando levar pela reação a eventos e incidentes de mudanças. O risco, então, é que mudanças, escopo, melhorias e responsabilidades que foram adequadamente negociados pelo gerente de projetos durante outras etapas do projeto sejam novamente colocados em jogo.

Essa preocupação levou a Indra a aperfeiçoar as práticas de encerramento de projeto por meio da implementação do sistema de informações da gestão de projetos (SIGP) de um grupo de facilitadores:

- Possibilidade de início precoce das atividades de encerramento do projeto, por meio da superposição dessa fase à anterior (p. ex., em casos em que o escopo é cortado ou em que há uma data de encerramento planejada)
- Uso das informações que o SIGP acumulou com o projeto ao longo de sua vida para ajudar a identificar situações que poderiam impedir o encerramento formal
- Uso de indicadores e relatórios associados ao encerramento do projeto, controlando seu *status*

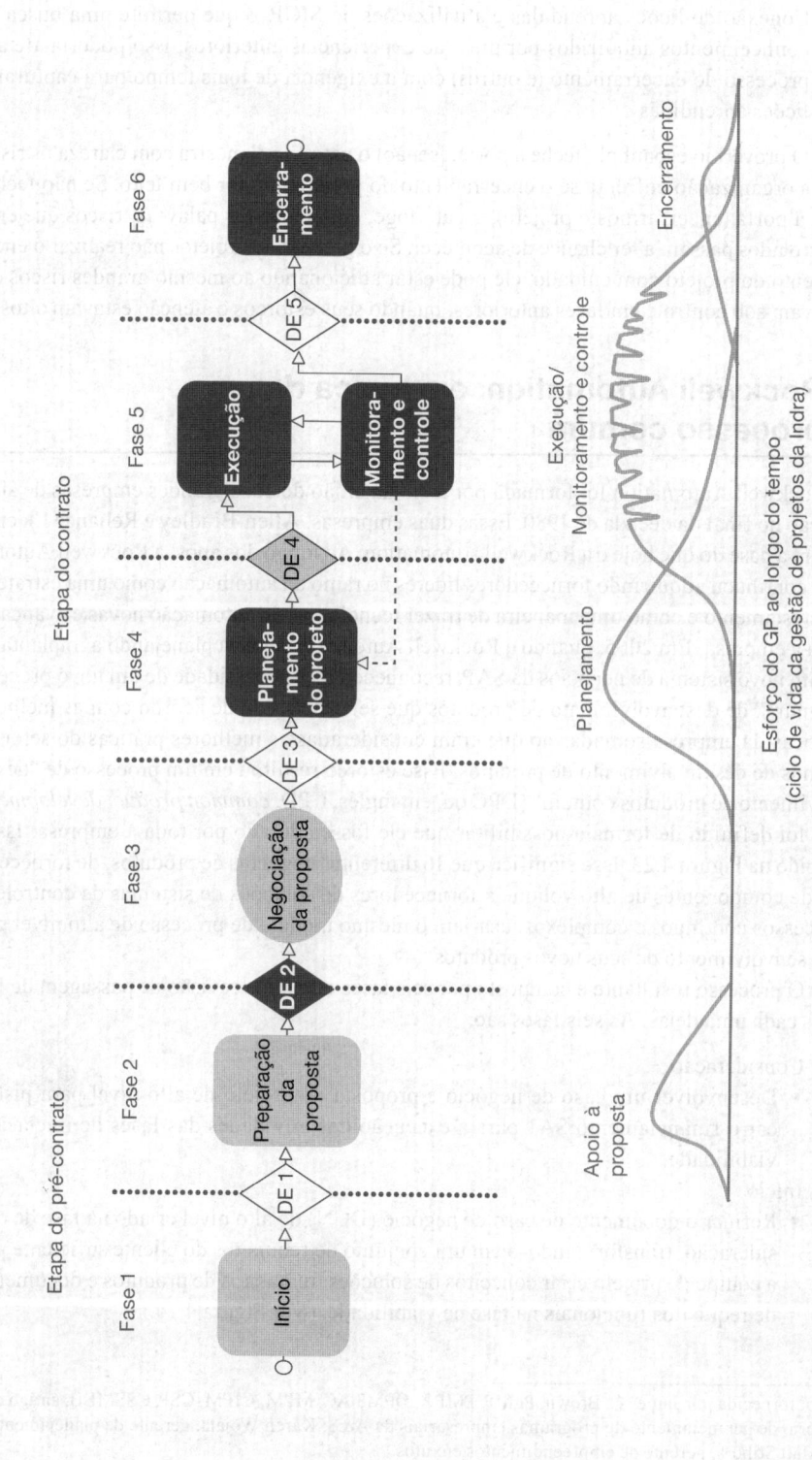

Capítulo 4 • Metodologias de gestão de projetos **237**

Figura 4.22 Ciclo de vida da gestão de projetos da Indra.

- Conexão de lições aprendidas e atualizações do SIGP, o que permite uma busca em conhecimentos adquiridos por meio de experiências anteriores; isso poderia afetar o processo de encerramento (e outros) com a exigência de mais tempo para capturar as lições aprendidas

O provérbio espanhol "feche a porta, [senão] o gato foge" mostra com clareza os riscos que a organização enfrenta se o encerramento do projeto não for bem feito. Se não fecharmos a porta (encerrarmos o projeto), o gato foge, ou, em outras palavras, riscos que eram controlados passam a ter chance de acontecer. Se o gerente de projetos não realizar o encerramento do projeto com cuidado, ele pode estar adicionando ao mesmo grandes riscos que estavam sob controle em fases anteriores, quando seus esforços e atenção estavam altos.

4.25 Rockwell Automation: em busca de um processo comum

A Rockwell Automation foi formada por meio da união de duas grandes empresas de automação no final da década de 1980. Essas duas empresas, Allen-Bradley e Reliance Electric, foram a base do que hoje é a Rockwell Automation. Ao longo dos anos, a Rockwell Automation continuou adquirindo fornecedores líderes no ramo da automação como uma estratégia de crescimento e como uma maneira de trazer tecnologias de automação novas e avançadas para a empresa. Em 2005, quando a Rockwell Automation estava planejando a implantação de um novo sistema de negócios da SAP, reconhecemos a necessidade de um novo processo "comum" de desenvolvimento de produtos que seria definido de acordo com as melhores práticas da empresa somadas ao que eram consideradas as melhores práticas do setor em termos de desenvolvimento de produtos. Esse esforço resultou em um processo de "desenvolvimento de produtos comum" (DPC ou, em inglês, CPD, *common product development*), que foi definido de forma a possibilitar que ele fosse adotado por toda a empresa. Isso é exibido na Figura 4.23. Isso significa que 16 diferentes negócios de produtos, de fornecedores de componentes de alto volume a fornecedores de soluções de sistemas de controle de processos contínuos e complexos, usariam o mesmo modelo de processo de alto nível para o desenvolvimento de seus novos produtos.

O processo resultante é composto por seis fases com uma revisão de passagem de fase após cada uma delas. As seis fases são:

1. Consideração
   - Desenvolver um caso de negócio e proposta de projeto de alto nível para justificar o financiamento SA1 para a execução das atividades das fases de iniciação e viabilidade.
2. Início
   - Refinar o documento de caso de negócio (DCN) de alto nível criado na fase de consideração, transformando-o em um conjunto de requisitos do cliente suficiente para a equipe de projeto criar conceitos de soluções, requisitos de produtos e documentos de requisitos funcionais na fase de viabilidade. (Ver Figura 4.24.)

Seção 4.25 foi fornecida por James C. Brown, PgMP, PMP®, OPM3 AC, MPM, CIPM, CSP, CSSMBB, antigo diretor do escritório de gerenciamento de programas empresariais da A&S; Karen Wojala, gerente de planejamento de negócios; e Matt Stibora, gerente de empreendimentos enxutos.

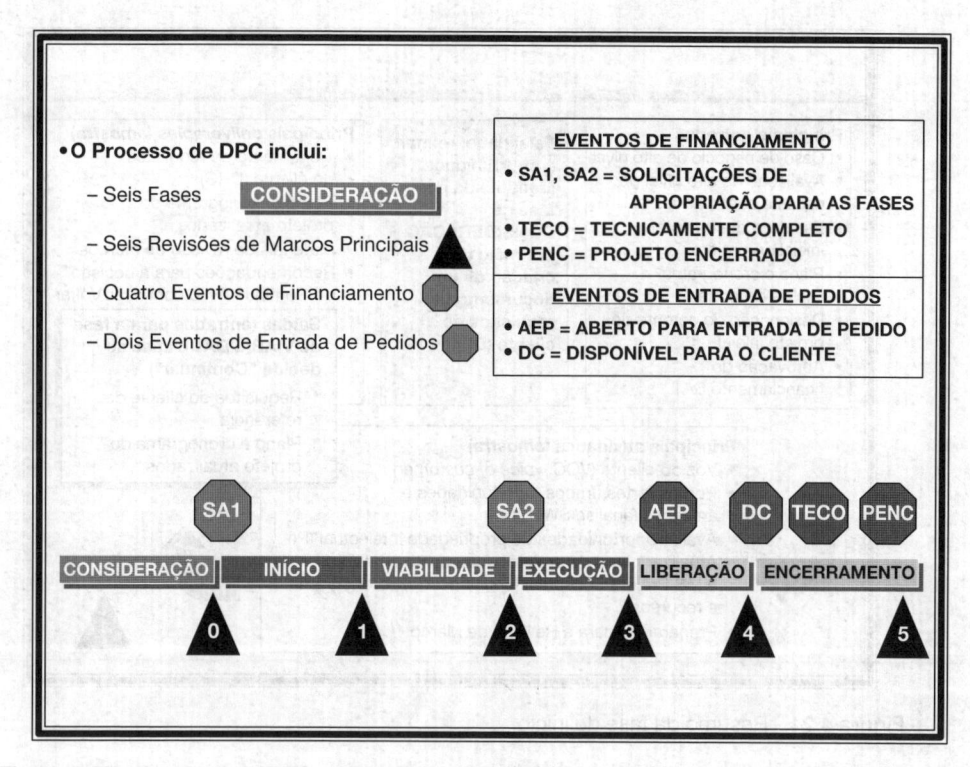

• O Processo de DPC inclui:
- Seis Fases   CONSIDERAÇÃO
- Seis Revisões de Marcos Principais
- Quatro Eventos de Financiamento
- Dois Eventos de Entrada de Pedidos

EVENTOS DE FINANCIAMENTO
- SA1, SA2 = SOLICITAÇÕES DE APROPRIAÇÃO PARA AS FASES
- TECO = TECNICAMENTE COMPLETO
- PENC = PROJETO ENCERRADO

EVENTOS DE ENTRADA DE PEDIDOS
- AEP = ABERTO PARA ENTRADA DE PEDIDO
- DC = DISPONÍVEL PARA O CLIENTE

SA1 — SA2 — AEP — DC — TECO — PENC

CONSIDERAÇÃO (0) | INÍCIO (1) | VIABILIDADE (2) | EXECUÇÃO (3) | LIBERAÇÃO (4) | ENCERRAMENTO (5)

Figura 4.23 Processo de DPC: conceitos fundamentais.

3. Viabilidade
   - Avaliar conceitos de soluções para abordar os requisitos do cliente da fase de início.
   - Definir os requisitos de produto e os requisitos funcionais.
   - Completar todo o planejamento do projeto e a geração do cronograma para atualizar o plano de projeto, incluindo todas as atividades e recursos necessários para concluir as fases de execução, liberação e encerramento do projeto.
   - Desenvolver um DCN que justifique o investimento necessário para executar o plano de projeto do conceito de solução escolhido. (Ver Figura 4.25.)
4. Execução
   - Desenvolver o produto ou serviço de acordo com as especificações dos requisitos funcionais (ERF) de referência que foram feitas na fase de viabilidade; realizar as revisões necessárias; fazer mudanças aprovadas nos requisitos e/ou *design* à medida que o projeto progride.
5. Liberação
   - Finalizar todos os testes, certificações e outras documentações de verificação de produtos. Montar e validar a produção piloto.
   - Abrir para entrada de pedidos e executar o lançamento comercial.
6. Encerramento
   - Posicionar o produto para transição para engenharia de continuação/manutenção; "faxina" da documentação, *post mortems*, lições aprendidas e retenção de registros; completar toda as transações financeiras.

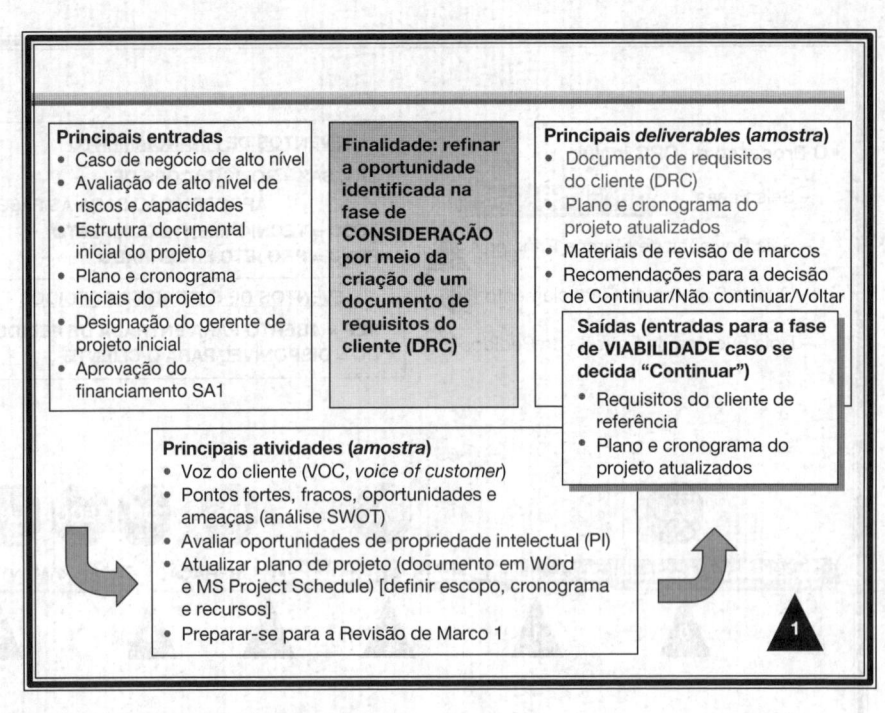

Figura 4.24 — Resumo da fase de início

Principais entradas
- Caso de negócio de alto nível
- Avaliação de alto nível de riscos e capacidades
- Estrutura documental inicial do projeto
- Plano e cronograma iniciais do projeto
- Designação do gerente de projeto inicial
- Aprovação do financiamento SA1

Finalidade: refinar a oportunidade identificada na fase de CONSIDERAÇÃO por meio da criação de um documento de requisitos do cliente (DRC)

Principais *deliverables* (*amostra*)
- Documento de requisitos do cliente (DRC)
- Plano e cronograma do projeto atualizados
- Materiais de revisão de marcos
- Recomendações para a decisão de Continuar/Não continuar/Voltar

Saídas (entradas para a fase de VIABILIDADE caso se decida "Continuar")
- Requisitos do cliente de referência
- Plano e cronograma do projeto atualizados

Principais atividades (*amostra*)
- Voz do cliente (VOC, *voice of customer*)
- Pontos fortes, fracos, oportunidades e ameaças (análise SWOT)
- Avaliar oportunidades de propriedade intelectual (PI)
- Atualizar plano de projeto (documento em Word e MS Project Schedule) [definir escopo, cronograma e recursos]
- Preparar-se para a Revisão de Marco 1

Figura 4.24 Resumo da fase de início.

Figura 4.25 — Resumo da fase de viabilidade

Principais entradas
- Plano e cronograma iniciais do projeto
- Requisitos do cliente de referência (DRC)
- Marco 1 – Decisão de "Continuar"

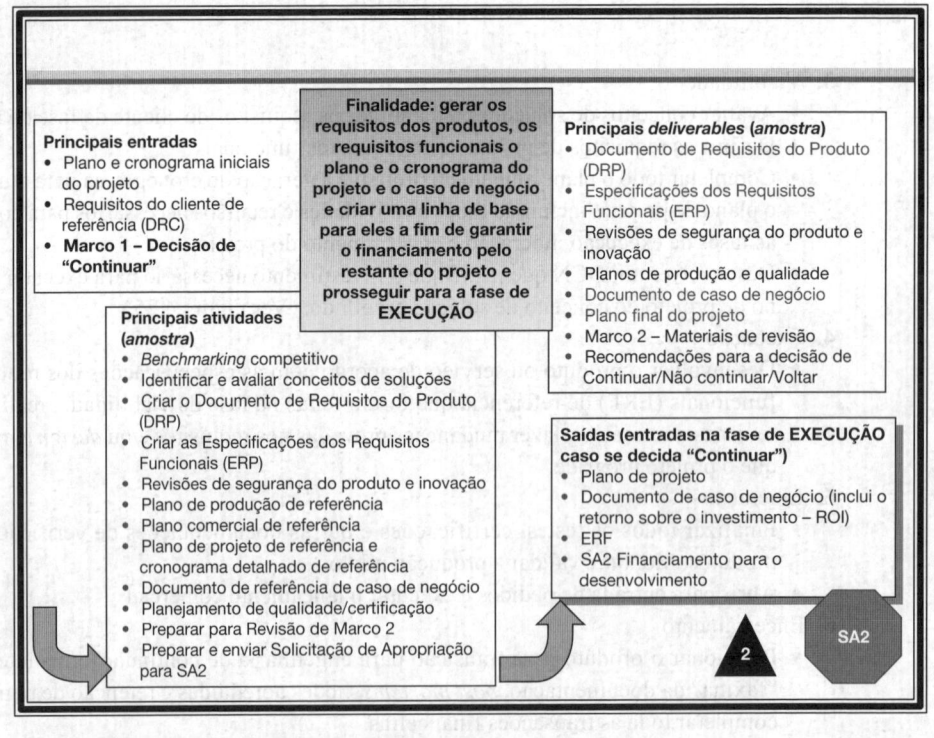

Finalidade: gerar os requisitos dos produtos, os requisitos funcionais o plano e o cronograma do projeto e o caso de negócio e criar uma linha de base para eles a fim de garantir o financiamento pelo restante do projeto e prosseguir para a fase de EXECUÇÃO

Principais *deliverables* (*amostra*)
- Documento de Requisitos do Produto (DRP)
- Especificações dos Requisitos Funcionais (ERP)
- Revisões de segurança do produto e inovação
- Planos de produção e qualidade
- Documento de caso de negócio
- Plano final do projeto
- Marco 2 – Materiais de revisão
- Recomendações para a decisão de Continuar/Não continuar/Voltar

Principais atividades (*amostra*)
- *Benchmarking* competitivo
- Identificar e avaliar conceitos de soluções
- Criar o Documento de Requisitos do Produto (DRP)
- Criar as Especificações dos Requisitos Funcionais (ERP)
- Revisões de segurança do produto e inovação
- Plano de produção de referência
- Plano comercial de referência
- Plano de projeto de referência e cronograma detalhado de referência
- Documento de referência de caso de negócio
- Planejamento de qualidade/certificação
- Preparar para Revisão de Marco 2
- Preparar e enviar Solicitação de Apropriação para SA2

Saídas (entradas na fase de EXECUÇÃO caso se decida "Continuar")
- Plano de projeto
- Documento de caso de negócio (inclui o retorno sobre o investimento – ROI)
- ERF
- SA2 Financiamento para o desenvolvimento

Figura 4.25 Resumo da fase de viabilidade.

Capítulo 4 • Metodologias de gestão de projetos

Nosso objetivo era atingir um modelo rápido e repetível, que consistentemente resultasse em saídas de alta qualidade. Um grande objetivo da equipe que produziu esse novo processo era levar os negócios de produtos a serem mais disciplinados no modo de abraçar a inovação ao decidir quais propostas de projetos seriam financiadas e quais não seriam. Havia, também, muitos exemplos de projetos que recebiam apoio e financiamento da gerência sem atender a um conjunto de critérios mínimos que resultariam em uma probabilidade mais alta de sucesso comercial. As propostas de investimento nem sempre eram baseadas em um processo de ideação conduzido por nossos clientes.

Encontramos exemplos de projetos financiados que desfrutavam apoio e financiamento sem nenhuma base comercial conduzida pelo cliente. A justificativa para esses projetos baseava-se em novas tecnologias interessantes, investindo em cobertura de uma família de produtos pela mera cobertura, sem uma verdadeira demanda de mercado, provendo soluções de nicho com um potencial limitado conduzidas por um único cliente, etc.

Para solucionar esse problema, o foco original da equipe foi colocado em dois aspectos do que era definido como uma melhor prática. Há inúmeras teorias que tentam descrever a melhor maneira de captar as necessidades do cliente e usá-las como a base para criar conceitos eficientes de novos produtos. Nosso objetivo era compreender os problemas do cliente antes de produzirmos conceitos de soluções e soluções de produtos. Atingimos esse objetivo decompondo uma ferramenta existente, chamada de processo e Documento de Requisitos de Marketing (DRM) e usada pelo Gerenciamento de Produtos, em duas ferramentas.

Queríamos que os proprietários de produtos compreendessem o mercado e os problemas do cliente antes de considerarem soluções. Ao decompormos o DRM em dois *deliverables*, o primeiro (Documento de Requisitos do Cliente) passou a priorizar a necessidade do mercado e os problemas do cliente, e o segundo (Documento de Requisitos do Produto) passou a focar os conceitos de solução e os requisitos dos produtos. Ao localizar essas ferramentas e atividades em fases separadas divididas por uma revisão de passagem de fase, forçamos nossos gerentes de produtos a se distanciarem da "marcha mortal de fazer o produto evoluir continuamente" em que nos encontrávamos.

É claro, as práticas aceitas e a cultura da empresa são difíceis de mudar, então a governança é crucial ao conduzir mudanças. Esse passo simples é o começo do que será uma melhoria significativa nas práticas de desenvolvimento de novos produtos dessa empresa.

A força motriz por trás do compromisso da empresa em implementar esse novo processo e em conduzir a mudança cultural era a visão de uma metodologia consistente e comum a toda a empresa para o desenvolvimento de novos produtos. Essa consistência foi priorizada do alto da organização (envolvimento direto da gerência nas revisões de passagem de fase) para baixo, a fim de realizar benefícios o mais rapidamente possível.

Muito frequentemente, os negócios eram forçados a negar financiamento para projetos estratégicos devido a intermináveis melhorias de produtos que não paravam de chegar. Ao forçar a gerência da empresa a aprovar a passagem de cada projeto de uma fase à seguinte, levamos a visibilidade de cada projeto, cada recurso e cada dólar até os tomadores de decisão que lutavam tentando encontrar dólares para financiar projetos que eram verdadeiras oportunidades de "virar o jogo". Essa visibilidade facilitava para os proprietários da empresa cancelarem projetos com retornos questionáveis, ou adiarem um projeto a fim de liberar recursos cruciais. Uma vez que a gerência começou a ver os retornos obtidos a partir dessas decisões na forma de introduções de produtos que realmente fazem a diferença, começamos a priorizar o refinamento do processo e das metodologias empregadas. (Ver Figura 4.26.)

242 Gestão de projetos

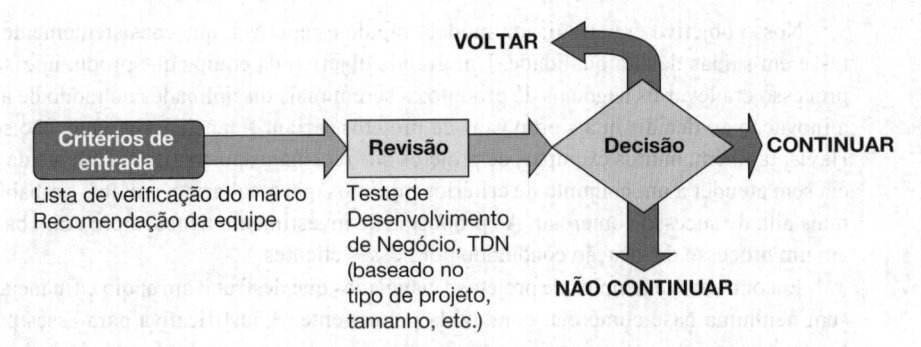

```
                                          VOLTAR
                                            ↑
  ┌──────────┐      ┌────────┐      ┌──────────┐
  │Critérios │ ───▶ │Revisão │ ───▶ │ Decisão  │ ───▶ CONTINUAR
  │de entrada│      └────────┘      └──────────┘
  └──────────┘                            │
  Lista de verificação do marco           ▼
  Recomendação da equipe            NÃO CONTINUAR

  Teste de
  Desenvolvimento
  de Negócio, TDN
  (baseado no
  tipo de projeto,
  tamanho, etc.)
```

Figura 4.26   O processo de tomada de decisões.

A revisão de passagem de fase é o evento mais importante de um projeto. Anteriormente, sob a antiga forma de se executar um projeto, essas revisões eram informais e fortuitas. As equipes podiam continuar gastando e até mesmo desperdiçando sem nenhum temor real de cancelamento. Esse novo processo garante que cada organização dependente seja representada na revisão apropriada e tenha a chance de concordar ou não com o gerente do projeto a respeito da disponibilidade de todos os *deliverables*. A intenção é ter decisões de continuar/não continuar tomadas tanto pela principal organização responsável pelos *deliverables* durante a fase anterior quanto pela principal organização responsável pelos *deliverables* na fase subsequente. Ambas as organizações são necessárias em cada revisão de passagem de fase. Se isso for feito corrretamente, ao garantir a transparência durante as fases iniciais, seremos capazes de evitar surpresas durante as fases posteriores.

Uma vez que um gerente de projeto tenha sido designado e uma equipe de projeto tenha sido formada, a importância de *deliverables* bem definidos que sejam fáceis de localizar e utilizar se tornou evidente. Os 12 meses seguintes ao lançamento original do novo processo foram passados melhorando continuamente as definições de fase, os documentos de procedimentos, os *templates* dos *deliverables* e as políticas de governança.

Os limites entre rigor e fardo são muito tênues; o truque é reforçar esses limites para garantir uma implementação rigorosa sem tornar lento o progresso da equipe de projeto.

No final da fase de viabilidade, quando se entra na fase de execução com a garantia do financiamento requisitado, o plano de projeto passa a ser a "Bíblia" da equipe. O plano de projeto orienta todas as atividades da fase de execução, da fase de liberação e, finalmente, da fase de encerramento do projeto. Qualquer problema que a equipe de projeto enfrente que exija uma mudança de percurso deve ser reconhecido em um plano de projeto atualizado. Na conclusão do projeto, o plano precisa representar o que realmente aconteceu. Antes de qualquer novo produto ser liberado para ser enviado ao cliente, todas as partes interessadas afetadas têm de estar de acordo quanto ao produto estar pronto antes de dar a aprovação final.

A empresa é formada por negócios de produtos relacionados, mas muito diferentes. Cada segmento de negócio estava em um nível de maturidade diferente em relação a todos os aspectos do desenvolvimento de produtos, até mesmo quanto à existência de uma organização formal de gestão de projetos.

Os gerentes de projeto são essenciais na execução de um processo de desenvolvimento de produto. Se consistência, transparência e mitigação de riscos são importantes para um negócio, e o são para a Rockwell Automation, então uma entidade formal e bem reconhecida e administrada de gestão de projetos é de suma importância.

A Rockwell Automation está buscando a disciplina da gestão de projetos em todos os níveis de sua organização.

4.26 Sherwin-Williams

Há várias formas de uma empresa desenvolver uma metodologia de gestão de projetos. A terceirização do processo de desenvolvimento pode ser proveitosa. Algumas empresas possuem metodologias padronizadas (templates) *que podem ser usadas como base para o desenvolvimento de sua própria metodologia. Isso pode ser vantajoso se a metodologia de modelos tiver flexibilidade suficiente para ser adaptada à sua organização. Por outro lado, essa abordagem pode apresentar a desvantagem de o resultado não se adequar às necessidades de sua organização ou à cultura de sua empresa. A contratação de consultores externos pode melhorar um pouco a situação, mas os resultados ainda podem ser igualmente desfavoráveis, bem como mais dispendiosos. Essa abordagem pode exigir a permanência de terceiros em sua folha de pagamento por um longo período, de forma que possam compreender completamente a sua cultura e seu jeito de fazer negócios.*

A comparação do desempenho com o de outras empresas, ou benchmarking, *pode ser eficiente, mas, até esse processo estar concluído, a empresa teria tempo de começar a desenvolver sua própria metodologia. Outro problema com esse tipo de comparação é que podemos não ser capazes de obter todas as informações de que necessitamos ou as informações de apoio para fazer a metodologia funcionar.*

As empresas que desenvolvem sua própria metodologia internamente parecem ter mais sucesso, especialmente se incorporam suas próprias melhores práticas e lições aprendidas a partir de outras atividades. Isso ocorreu na maioria das empresas descritas neste livro.

* * *

HISTÓRICO DA EMPRESA

A Sherwin-Williams Company trabalha com desenvolvimento, produção, distribuição e venda de tintas, revestimentos e produtos afins para clientes de nível profissional, industrial, comercial e de varejo nas Américas do Norte e do Sul, no Reino Unido, na Europa, China e Índia. A empresa opera em quatro segmentos: lojas de tintas, consumidor, América Latina e acabamentos globais. O segmento de lojas de tintas vende tintas, revestimentos e produtos relacionados a clientes que são usuários finais. Esse segmento comercializa e vende tintas e revestimentos arquitetônicos, produtos para uso no setor industrial e marinho além de acabamentos e itens relacionados a fabricantes de equipamentos originais. Em 31 de dezembro de 2008, operava 3.346 lojas de tintas. O segmento do consumidor desenvolve, produz e distribui uma variedade de tintas, revestimentos e produtos afins para terceiros e para o segmento de lojas de tintas. Os segmentos da América Latina e de acabamentos globais desenvolvem, licenciam, produzem, distribuem e vendem tintas e revestimentos arquitetônicos, produtos industriais e marinhos, acabamentos automotivos e produtos para repintura, além de revestimentos e produtos afins para fabricantes de equipamentos originais. Esses segmentos também licenciam certas tecnologias e patentes, além de distribuí-

---

As informações da Seção 4.26 foram fornecidas pela Sherwin-Williams Company.

rem os produtos da marca Sherwin-Williams por meio de uma rede de 541 filiais operadas pela empresa, dirigirem as equipes de venda e enviarem representantes de vendas externos a varejistas, negociantes, empreiteiros, licenciadas e outras distribuidoras terceirizadas. A empresa foi fundada em 1866 e está sediada em Cleveland, Ohio.

O departamento de Tecnologia da Informação (TI) corporativa da Sherwin-Williams Company presta serviços compartilhados de suporte às três divisões operacionais que formam a organização, como descrito anteriormente.

HISTÓRICO DO ESTUDO DE CASO

Durante o verão de 2002, o departamento corporativo de TI dedicou-se a atividades que envolviam a conversão de serviços de telecomunicações internacionais, interestaduais, estaduais e locais, que passariam de um provedor de telecomunicações para outro. Melhores práticas e disciplinas de gestão de projetos, usando uma metodologia estruturada, foram utilizadas nesse projeto, levando a um resultado bem-sucedido.

O projeto foi implementado com o uso de uma abordagem de fases, sendo as principais descritas a seguir. As fases foram estabelecidas de modo a incluir muitos dos princípios existentes no *Guia PMBOK®* e incluíam várias das melhores práticas que haviam sido desenvolvidas anteriormente na Sherwin-Williams Company. As fases poderiam se sobrepor, se necessário, permitindo uma evolução gradual de uma para outra. A superposição também permitia acelerar os cronogramas, se fosse preciso, mas possivelmente trazendo algum risco adicional. Realizavam-se revisões de projetos ao final de cada fase para determinar a possibilidade de passagem para a próxima, para decidir se os projetos deveriam continuar ou não, para avaliar os riscos do momento e os riscos futuros e para determinar se ajustes de rota seriam necessários.

- *Iniciação.* A primeira fase é a de Iniciação, em que a equipe de projeto é formada, uma reunião inaugural é realizada, as necessidades e exigências são identificadas e as funções e responsabilidades são definidas.
- *Planejamento.* A fase de Planejamento é vista, pela maioria dos gerentes de projetos, como a mais importante. A maior parte do empenho para a realização do projeto concentra-se no Planejamento, e se acredita que o tempo e o esforço adequados investidos nessa fase garantam o desenvolvimento de uma sólida fundamentação para o projeto.

    A gerência apoia integralmente os esforços realizados nessa fase, pois é quando muitas de nossas melhores práticas foram desenvolvidas. Além disso, um forte alicerce nesse momento permite que as fases restantes do projeto sejam realizadas com maior eficiência, proporcionando à gerência sênior um maior grau de confiança na habilidade de nossos gerentes de projetos para produzir os resultados desejados e atingir as expectativas dos clientes.

    Normalmente, diversas reuniões são realizadas no Planejamento para identificar, no nível mais básico, necessidades, requisitos, expectativas, processos e atividades/passos para os processos do projeto. Os resultados dessas reuniões são vários, incluindo um documento de necessidades e exigências, um plano do projeto, um plano de gestão de riscos, um registro de problemas e uma lista de providências a serem tomadas. Entre os documentos adicionais, estão os planos de gestão de mudança e de gerenciamento de qualidade. Tais documentos, em conjunto, dão à administração um panorama de todo o projeto e do empenho necessário para se atingir a meta da transferência de serviços na data-alvo estabelecida.

- *Execução*. A terceira fase na implementação é a Execução. Ela evolui gradualmente, assim que a maior parte do Planejamento está concluída. Todas as atividades delineadas nos processos durante a fase anterior tornam-se úteis nesse momento, à medida que começam a ocorrer solicitações reais de linhas de comunicação e a instalação de equipamentos, quando necessário. Os serviços passam por um processo de transição empreendido por Divisão/Segmento, e a implementação avança rapidamente para o projeto devido às restrições impostas pelo cronograma. É de vital importância que as atividades nessa fase sejam monitoradas de perto a fim de facilitar a identificação proativa de problemas que possam ter impacto negativo na linha de tempo, nos custos, na qualidade ou nos recursos do projeto.

  Para facilitar o monitoramento e o controle do projeto, reuniões semanais são realizadas com o vendedor e a equipe de projetos, bem como pequenas reuniões diárias para revisão das atividades planejadas para cada dia. Reuniões *ad hoc* também ocorrem, se necessário.

- *Encerramento*. A fase final do projeto é o Encerramento. Nela, geralmente, há uma reunião de encerramento para identificar alguma questão remanescente e para determinar o nível da satisfação do cliente. Essa fase inclui a "faxina" do projeto, o encerramento administrativo, a comunicação de procedimentos de apoio pós-implementação e uma revisão das lições aprendidas.

As melhores práticas que funcionaram notavelmente bem para a Sherwin-Williams Company incluem o estabelecimento de critérios para o sucesso, consistindo na análise de objetivos e de necessidades/exigências do projeto, comunicações frequentes entre os membros da equipe de projeto e entre a equipe e outras partes interessadas no projeto, recursos dedicados, definição de funções e responsabilidades, transferência de conhecimento entre equipes multifuncionais, trabalho de equipe, desenvolvimento de um ambiente de trabalho animado e em sinergia e revisão das lições aprendidas.

Uma das melhores práticas na gestão de projetos é a que propicia que a maturidade e a excelência ocorram rapidamente quando a gerência sênior não apenas apoia ativamente a prática, mas também articula com a organização sua visão de onde espera que a gestão esteja no futuro. Essa visão pode motivar a organização a buscar a excelência, e os aperfeiçoamentos das melhores práticas em uma metodologia de gestão de projetos parecem ocorrer em ritmo veloz. Esse foi o caso da Sherwin-Williams Company. Tom Lucas, vice-presidente de TI da empresa, comenta sua visão para a Sherwin-Williams:

> O futuro da gestão de projetos na Sherwin-Williams Company inclui a integração de disciplinas de gestão de projetos e das melhores práticas por meio do estabelecimento de um PMO virtual, combinado com técnicas de gerenciamento de portfólio para obter resultados de alto valor de forma sistemática. A Sherwin-Williams Company prevê que o uso de um PMO virtual não apenas irá incutir as melhores práticas como competências importantes, mas também irá ajudar a desenvolver a maturidade em gestão de projetos na organização.
>
> Um intuito é unificar as metas e os objetivos de departamentos individuais aplicando uma estrutura de gestão de projetos uniforme, mas flexível, na busca de melhores resulta-

dos em toda a empresa. Demos grandes passos nesse sentido. A Sherwin-Williams Company deseja aprender com os sucessos e erros passados, tornar os processos eficazes e desenvolver as habilidades e os talentos das pessoas para trabalharem de forma mais eficiente por meio do estabelecimento de procedimentos padronizados dentro da empresa. Acima de tudo, precisamos demonstrar um verdadeiro valor de negócio ao usar a gestão de projetos profissional.

Embora os profissionais de gestão de projetos possam se encontrar em diferentes unidades operacionais, para estar o mais perto possível de nossos clientes internos, pretendemos ter um grupo central, que estabeleceria padrões e realizaria a identificação e o compartilhamento das melhores práticas.

Todos já gerenciamos projetos em algum momento na vida, mas poucos somos capazes de ser gerentes de projetos. É nisso que se encontra um dos maiores impedimentos à implementação da gestão de projetos profissional. Podemos ter os gerentes de projetos mais bem treinados, podemos ter todos os processos certos em funcionamento, podemos usar os termos corretos, mas, ainda assim, o PMO ou falhará, ou será apenas uma fração do que poderia ser. A equipe de funcionários e a gerência têm dificuldades em apreciar a força e os melhores resultados de um projeto gerenciado profissionalmente. Até que tenham se envolvido, até que tenham sentido, até que vejam os resultados, a distinção entre gerenciar um projeto e fazer gestão de projetos será apenas semântica.

A diferença entre o gerenciamento de projetos e a gestão de projetos profissional é como a diferença entre atravessar um lago em um caiaque ou em uma lancha. Ambos o levarão até o outro lado do lago, mas ir de caiaque é um processo longo e doloroso. Como as pessoas poderão saber a diferença se você nunca lhes oferecer uma carona em sua lancha?

O estudo de caso da Telecom de 2002 foi uma "carona" desse tipo. Apesar de o foco da discussão ter sido articular o mecanismo do processo do PMO, a verdadeira história é a melhoria direta na rentabilidade por ação que resultou dessa iniciativa bem-sucedida. Além disso, houve uma preocupação legítima da empresa com o possível impacto que essa mudança poderia causar para nossos clientes internos e externos, caso algo desse errado durante a transição. A gestão de projetos profissional que foi empregada deu a todos um otimismo cauteloso necessário para seguir adiante, e os resultados fizeram a equipe de funcionários e a gerência passarem a "ter fé" no processo.

Projeto por projeto, sucesso por sucesso, uma transição cultural está em processo. Demonstramos, com os melhores resultados devido à gestão de projetos profissional, que somos capazes de prestar serviços a um público mais amplo e de assumir projetos fora do ramo da TI, na qual o PMO teve início.

Ao nos mantermos focados nos resultados dos negócios, ao nos mantermos próximos de nossos clientes para que possamos compreender bem suas necessidades e ao constantemente nos desafiarmos a aprimorar nossos processos subjacentes, os serviços de nosso PMO estão amadurecendo mais e mais a cada dia, o que torna a jornada divertida para todos.

4.27 Hewlett-Packard

Muitos clientes têm uma metodologia de gestão de projetos. Junto a isso, muitas empresas utilizam metodologias que incluem disciplinas de gestão de projetos. A HP teve êxito em integrar o método de GP definitivo em outras metodologias para permitir a promoção dos padrões e ferramentas de GP sem duplicação.

A Seção 4.27, que aborda os fundamentos da metodologia de gestão de projetos, foi fornecida por Doug Bolzman, arquiteto consultor, PMP, especialista em ITIL na Hewlett-Packard.

Para o gerenciamento do ambiente de TI de uma empresa, desenvolvemos uma estrutura de interface com o cliente chamada de Gerenciamento da Tecnologia da Informação Empresarial (ITEM, *Information Technology Enterprise Management*). Essa estrutura auxilia o cliente a mapear sua direção estratégica em liberações exequíveis. A ITEM é uma estrutura pré-integrada de três modelos e uma metodologia, como ilustra a Figura 4.27.

Antes da liberação do ITIL® edição 2007, identificamos uma lacuna para gerenciar o ciclo de vida de um serviço e desenvolvemos o que chamamos, na época, de Metodologia de Gerenciamento de Liberação, que engloba quatro Etapas (Planejamento, Integração, Implementação e Operações). Cada etapa consiste em fases – atividades – tarefas. Isso é exibido na Tabela 4.3.

Desde então, o ITIL® introduziu a abordagem do ciclo de vida nas edições de 2007 e 2011. Suas etapas, Estratégia de Serviço, *Design* de Serviço, Transição de Serviço, Operação de Serviço e Operação Contínua de Serviço são equivalentes quase exatos de nossas etapas MGL. Desde a implantação em 2007, mantivemos grande parte de nossos colaterais, uma vez que as novas edições do ITIL® não forneciam uma estrutura analítica abrangente. Simplesmente associamos nossa EAP aos objetivos e conteúdos gerais da estrutura do ciclo de vida ITIL®. Isso é uma ilustração de como desenvolvemos continuamente nossas práticas e de como continuamente aplicamos os avanços da indústria ao nosso trabalho.

Basicamente, usamos a regra 9x9, como mostra a Figura 4.28. Se houver mais de nove fases em uma etapa e mais de nove atividades em cada fase (um total de 81 unidades de trabalho), então o escopo se tornará grande demais, e nosso esquema de numeração se tornará instável.

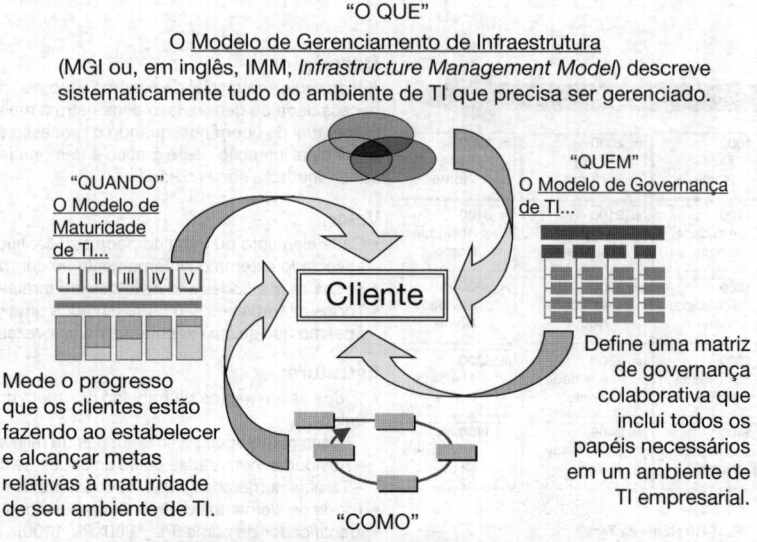

"O QUE"
O Modelo de Gerenciamento de Infraestrutura
(MGI ou, em inglês, IMM, *Infrastructure Management Model*) descreve sistematicamente tudo do ambiente de TI que precisa ser gerenciado.

"QUANDO"
O Modelo de Maturidade de TI...

"QUEM"
O Modelo de Governança de TI...

Cliente

Mede o progresso que os clientes estão fazendo ao estabelecer e alcançar metas relativas à maturidade de seu ambiente de TI.

Define uma matriz de governança colaborativa que inclui todos os papéis necessários em um ambiente de TI empresarial.

"COMO"
A Metodologia de Gerenciamento de Liberação
(MGL ou, em inglês, RMM, *Release Management Methodology*) descreve como liberar qualquer tipo de modificação em um ambiente de TI de produção de forma estruturada e previsível.

Figura 4.27 Uma abordagem integrada para o mapeamento da fase de atividade de uma solução integrada.

TABELA 4.3 Etapas da metodologia de liberação

Etapa	Descrição
Planejamento	O ambiente que é utilizado para estabelecer e gerenciar a visão e a direção estratégica do ambiente de TI da empresa e definir proativamente o conteúdo e o cronograma de todas as liberações de TI. A finalidade é oferecer um meio comum para o cliente e os prestadores de serviços planejarem o ambiente de TI da empresa de maneira clara e precisa e gerenciar todos os aspectos do planejamento, estimando uma liberação e estabelecendo expectativas apropriadas para o cliente sobre o que cada liberação irá entregar.
Integrações	O ambiente que é utilizado para finalizar o *design* da liberação de uma infraestrutura planejada e realizar todos os testes e validações junto ao cliente, preparando a liberação para ser implementada na comunidade do usuário. A finalidade é fornecer um meio comum para cliente e prestadores de serviços para validarem de forma clara e precisa segurança, precisão e conteúdo de cada liberação e finalizar todo o desenvolvimento, além de fornecer ao cliente um quadro claro e preciso do resultado da liberação e de estabelecer expectativas apropriadas quanto à implementação e às atividades operacionais, aos custos e aos cronogramas.
Instalação	O processo que é utilizado para implementar novas liberações do *design* de TI da empresa (componentes de negócios, de suporte e técnico) para determinado ambiente-alvo. A finalidade é fornecer um meio comum para o cliente e prestadores de serviços agendarem, implementarem e fazerem a conversão para a produção do ambiente atualizado.
Operações	O ambiente de produção que é utilizado para sustentar e manter os componentes de TI e os itens configuráveis que fazem parte do ambiente de TI da empresa. A finalidade é oferecer um ambiente de TI estável que é exigido pelos usuários de TI para servir de suporte a seus papéis e responsabilidades dentro da empresa.

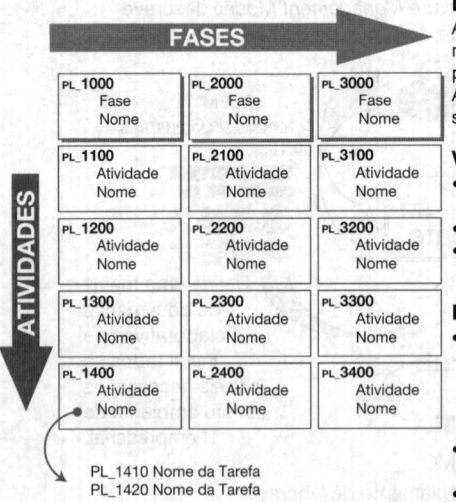

FASES

PL_1000 Fase Nome	PL_2000 Fase Nome	PL_3000 Fase Nome
PL_1100 Atividade Nome	PL_2100 Atividade Nome	PL_3100 Atividade Nome
PL_1200 Atividade Nome	PL_2200 Atividade Nome	PL_3200 Atividade Nome
PL_1300 Atividade Nome	PL_2300 Atividade Nome	PL_3300 Atividade Nome
PL_1400 Atividade Nome	PL_2400 Atividade Nome	PL_3400 Atividade Nome

PL_1410 Nome da Tarefa
PL_1420 Nome da Tarefa

ATIVIDADES

Descrição:
A hierarquia sequencial de eventos caso não haja necessidade de desvio. Isso demonstra o mais alto percentual de ocorrência quando o processo é executado. A principal intenção deste gráfico é demonstrar as tarefas subordinadas a cada atividade

Valor:
- Cada elemento de trabalho pode ser identificado e associado externa ou internamente ao componente
- Todas as atividades são divididas em tarefas (justificado)
- Todos os trabalhos são representados uma vez apenas (mesmo que sejam executados muitas vezes)

Estrutura:
- Todos os elementos de trabalho possuem um identificador único
    – Fases numeradas pelas unidades de milhar
    – Atividades numeradas pelas unidades de centena
    – Tarefas numeradas pelas unidades de dezena
- Todos os elementos de trabalho precedidos pelo Componente Identificador de nome (PL_1000; PL_1100)
- Nomes de atividades e tarefas devem ser relativamente curtos e descritivos de um trabalho completo, e não frases
- Todas as tarefas formam o escopo da atividade
- Este NÃO é um modelo relacional

Figura 4.28 Mapeamento da fase de atividade.

4.28 Airbus Space and Defence: regras áureas para a gestão de projetos

Todas as empresas discutidas neste capítulo possuem excelentes metodologias de gestão de projetos. Quando uma empresa capta as melhores práticas nessa área e as relacionam à metodologia, a empresa pode desenvolver suas "regras áureas para a gestão de projetos". O restante da Seção 4.28 foi fornecido pela Airbus Space and Defence, e oferece excelentes exemplos de como a gestão de projetos deve funcionar para os benefícios e o valor a serem alcançados. Este material também é representativo de qual pode ser o resultado da jornada rumo à excelência em gestão de projetos, como discutido no Capítulo 3.

* * *

POR QUE ADOTAR REGRAS ÁUREAS PARA A GESTÃO DE PROJETOS?

As regras áureas para a gestão de projetos são o elemento de alto nível do gerenciamento de programas ao longo do ciclo de vida do projeto. Elas são desenvolvidas com a exigência de serem facilmente compreensíveis e aplicáveis a todos os projetos/programas. Ter regras áureas para a gestão de projetos fornece um conjunto de regras que são comuns a todos os projetos e programas.

Elas formam um corpo regulamentar que deve ser seguido sem exceções e são escritas de tal forma que possam ser adequadas tanto para os projetos extremamente complexos, de alto volume e alto risco, quanto para os projetos de baixo orçamento e recursos limitados.

Elas descrevem as principais áreas em que todos os projetos precisam alcançar o mesmo nível de desempenho a fim de aumentar a qualidade dos projetos/programas. Seguir essas regras provavelmente levará a um padrão de qualidade básico comum que, ao fim, ajudará a evitar qualquer deficiência mais séria.

Finalmente, essas regras áureas devem ajudar a aumentar a excelência geral do projeto/programa no que diz respeito aos requisitos de "prazos – custos – qualidade" e são a "espinha dorsal" do processo de "gestão de programas e projetos".

REGRAS ÁUREAS PARA A GESTÃO DE PROJETOS

Regra áurea: O gerente de projetos é *integralmente responsável* pelo projeto em termos de custos, fluxo de caixa, prazos e qualidade (como indicado pelo termo de abertura do projeto) e é ativamente apoiado por seu patrocinador na gerência de área.

Objetivo: Empoderamento do gerente de projetos e definição clara das responsabilidades dentro da proposta e da equipe de execução em relação a outras áreas funcionais, mas também a obrigação do gerente de projetos de cumprir com suas responsabilidades.

Regra áurea: um *gerente de projetos* adequadamente qualificado deve ser designado pela organização e ser ativamente envolvido durante a preparação da proposta e a negociação do contrato.

Objetivo: Estimular a cooperação ativa dos responsáveis pela proposta e pela execução do projeto, a fim de aumentar a transparência e a transferência sem perdas da fase de iniciação à fase de planejamento.

Seção 4.28 © 2017 por Airbus Space and Defence. Reproduzido com permissão. Todos os direitos reservados.

Regra áurea: A responsabilidade pela gestão de projetos, baseada nas *linhas de base relacionadas no contrato e no termo de abertura do projeto* (p. ex., custo, escopo e cronograma, acordos de pré-financiamento, classificação final do projeto), deve ser passada adiante oficialmente da equipe de negociações à equipe do projeto dentro de, no máximo, 10 dias úteis após a assinatura do contrato.

Objetivo: Transferência rápida, conjunto completo de documentos disponíveis, objetivo de longo prazo é um período fixo. Estando dentro desses 10 dias, fica provado que a equipe de proposta forneceu uma qualidade adequada.

Regra áurea: O gerente de projetos estabelecerá um plano de projeto integrado formal, realista e mensurável durante a *fase de planejamento de projeto*, até no máximo três meses após a assinatura do contrato. Uma linha de base de mensuração do desempenho (custos, escopo e cronograma) será estabelecida, em relação à qual o progresso do projeto será medido e registrado em relatórios mensais.

Objetivo: Garantir o planejamento integrado incluindo cronograma do projeto, marcos importantes e marcos menores, marcos/dependências, planejamento de custos, planejamento de recursos e linhas de base. Estabelecer o gerenciamento de valor agregado como a base para monitorar e acompanhar o planejamento do projeto baseado em uma linha de base inicial.

Regra áurea: O gerente de proposta (antes da assinatura do contrato) e, posteriormente, o gerente de projetos (na execução do projeto) é proprietário dos *riscos e oportunidades* do projeto e garante que eles sejam gerenciados proativamente. O engenheiro-chefe oferece suporte a essa tarefa assumindo responsabilidade pelos riscos e oportunidades técnicas.

Objetivo: Garantir o gerenciamento adequado de riscos e oportunidades dentro dos projetos seguindo as regras e regulamentações definidas na iniciação do projeto.

Regra áurea: O escopo e os objetivos do projeto devem ser gerenciados com foco nos requisitos dos clientes, e um gerenciamento de requisitos dedicado deve ser estabelecido a fim de evitar mudanças no escopo. Além disso, a gestão de mudanças e configurações deve estar totalmente em funcionamento antes da execução do projeto.

Objetivo: Aumentar o gerenciamento de requisitos para evitar produtos de qualidade enganosa e não conformidades. É necessário um forte foco sobre os requisitos do cliente além da definição do escopo e dos objetivos do projeto ao longo de todo o seu ciclo de vida. Aumentar a aceitação dos requisitos do projeto pelo cliente desde o início para evitar futuros mal-entendidos.

Regra áurea: O gerente de projetos estabelecerá *comunicações* (formalizadas do Plano de Comunicação do Projeto) para facilitar o trabalho como uma equipe de projeto integrada e garantir um fluxo de informações ótimo dentro da equipe.

Objetivo: Todos os membros da equipe do projeto conhecem seus meios de comunicação e suas interfaces internas ou externas. Os relatórios são claramente estabelecidos e de fácil acesso a qualquer parte interessada no projeto.

4.29 Quando metodologias tradicionais talvez não funcionem

Embora as metodologias sirvam a uma finalidade viável, as metodologias tradicionais podem não funcionar bem quando os projetos enfrentam problemas e são necessárias ações rápidas para salvar um projeto que está em vias de fracassar. Nesse caso, outros fatores podem ser mais importantes do que seguir as fases tradicionais do ciclo de vida.

IDEIAS SOBRE A RECUPERAÇÃO DE PROJETOS E PROGRAMAS PROBLEMÁTICOS

Os projetos e programas de hoje se tornaram tão complexos que, no dia a dia, técnicas eficientes de recuperação de projetos podem ser necessárias independentemente do país em que você se encontra ou da base de negócios de sua empresa. Precisamos estar dispostos a enfrentar situações diferentes ou imprevistas que não estão relacionadas à cidadania, à língua que falamos ou às experiências que todos temos. Somos afetados por uma enorme quantidade de riscos internos e externos que podem se tornar verdadeiros problemas durante a execução de um projeto.

Abaixo, veremos algumas ideias do Dr. Alexandre Sörensen Ghisolfi, que, por muitos anos, colaborou com o International Institute for Learning e enfrentou esses desafios na comunidade global de gestão de projetos. A seguir, temos algumas de suas melhores práticas e algumas reflexões.

A recuperação de projetos pode ser uma fonte de muitas ideias e lições aprendidas. Quando os projetos precisam ser recuperados, eles normalmente são acompanhados de conflitos, desacordos e até mesmo brigas.

Quando os projetos estão enfrentando problemas, você provavelmente verá melhor quem as pessoas realmente são e se elas têm um verdadeiro compromisso com a organização. Quer dizer, quando as coisas vão bem, é fácil ver sorrisos e geralmente conhecemos o melhor lado das pessoas. Quando as coisas vão mal, normalmente aflora um perfil diferente.

Nesse tipo de ambiente, aprendemos que, para ser bem-sucedida, a recuperação geralmente exige uma equipe de especialistas e uma liderança eficiente em gestão de projetos. Nem todos os gerentes de projetos possuem habilidades em técnicas de recuperação para gestão de projetos. A confiança tanto no gerente de projetos quanto na solução é provavelmente o critério mais importante para que a recuperação funcione. Além disso, normalmente é essencial que se tenham equipes de gestão de projeto dedicadas.

Quando as condições indicam que o fracasso pode estar iminente, devemos ser capazes de claramente mudar os aspectos culturais nos quais sentimentos ruins podem e irão surgir. Dessa forma, talvez sejamos capazes de conseguir criar uma cultura que leve à recuperação.

As equipes de recuperação em gestão de projetos são compostas de pessoal mais experiente, especialistas profissionais, jovens com novas ideias, novos talentos que reconhecem que o sucesso da recuperação pode beneficiar seus objetivos de carreira e gerentes de recuperação de projetos que tenham habilidades de liderança. Todos eles têm de trabalhar juntos para que possamos transformar um ambiente com sentimentos ruins em um ambiente no qual pessoas acreditam que ainda podemos colocar o projeto de volta no caminho certo e entregar o que é preciso. Se a equipe tiver êxito, isso irá, ainda mais, deixá-la orgulhosa de suas realizações, o que pode desenvolver um grande sentimento de adesão que permanecerá por toda a vida.

Durante a recuperação, devemos considerar dois ambientes diferentes:

1. O comportamento humano
2. A aplicação de experiência técnica

O comportamento humano

Cada projeto que está enfrentando dificuldades possui cenários e alternativas muito diferentes. O processo de recuperação depende de sua experiência e capacidade de encontrar soluções. Depende também de seu grau de influência sobre as diferentes partes interessadas para fazê-las chegar a um acordo quanto a uma visão na qual todas reconhecem que o "jogo" pode ser vencido. Para soluções bem-sucedidas baseadas nas diferentes contribuições dos membros de equipe, o gerente de projetos precisa saber como extrair o melhor deles ou influenciá-los a alcançar o que é esperado pelo líder.

No entanto, antes de você começar a identificar e avaliar diferentes alternativas, seria bom considerar alguns diferentes aspectos relacionados ao comportamento humano que influenciam fortemente o resultado. Para simplificar, não falaremos sobre politicagem, hierarquia, conhecimento ou outros aspectos que influenciam o comportamento humano, mas sugerimos que você pelo menos compreenda claramente com que tipo de empresa e equipe você está trabalhando. Podemos tentar compreendê-las por meio do estudo da maturidade organizacional.

Você possui uma equipe madura? A empresa é igualmente madura em gestão de projetos?

Algumas melhores práticas que você deve sempre tentar colocar em operação:

- A maturidade organizacional de uma empresa e/ou equipe afeta diretamente os resultados, então, quanto mais madura e profissional for sua equipe, melhor será sua capacidade de recuperar programas em vias de fracassar. A melhor prática é primeiro analisar profundamente a maturidade da empresa e dos membros da equipe de projetos; com os resultados em mãos, você será capaz de identificar lacunas, problemas e condições que talvez exijam mudanças. Após a análise, e com o relatório de maturidade nas mãos, será necessário preparar um plano de recuperação e mostrar aos patrocinadores do projeto uma justificativa que prove por que algumas providências importantes devem ser tomadas urgentemente. Ao trabalhar em organizações matriciais, podemos enfrentar dificuldades importantes em termos de recursos que não fazem parte diretamente de nossa estrutura organizacional de projetos e que podem ter diferentes interesses no resultado do projeto.

Melhores práticas adicionais:

- Lembrar as pessoas sobre a necessidade de mudanças. Se necessário, lembremos as pessoas todos os dias sobre nossa missão e nossas tarefas diárias.
- Oferecer treinamento para as pessoas de acordo com a necessidade e agir como um modelo para as atitudes que são necessárias. Essa é provavelmente a melhor maneira de melhorar a maturidade da equipe e da organização.
- Empoderar os membros de equipe; tornar deles o nosso desafio.
- Certificar-se de que toda a equipe tenha um comprometimento profundo com o desafio de trazer os bons resultados de volta.

Garantir que os processos de comunicação sejam eficientes. Você pode comunicar menos ou ainda mais, mas, no final das contas, a comunicação precisa ser eficiente. Depende, mais uma vez, da maturidade de sua empresa e da equipe e de seu grau de compromisso com o projeto. Membros de equipe realmente comprometidos se focam na comunicação. A comunicação tem de fluir naturalmente.

Ao falar sobre processos e trabalho, a flexibilidade é importante. Por outro lado, é preciso haver disciplina para realizar as principais atividades. Novamente, a estrutura da equipe organizacional, seus departamentos e os interesses dos fornecedores podem ter um enorme impacto para que ocorram coisas boas ou ruins.

O comportamento humano é provavelmente mais desafiador do que a aplicação na experiência técnica necessária.

O estudo da maturidade da organização e da equipe pode apontar para uma forma mais segura de proceder. Como um desempenho mais rápido e melhor deve ser implementado com rapidez, você não pode falhar novamente; as ações precisam ser eficientes.

Aplicação da experiência técnica

Do lado técnico, ao recuperar projetos, pode ser ainda mais importante conhecer ou definir claramente quais são suas prioridades.

Você provavelmente enfatizará os critérios de qualidade (i.e., critérios de qualidade para aceitação) dos produtos que você precisa entregar; sem dúvida, você não pode sacrificar a qualidade. O equilíbrio das restrições dependerá de sua capacidade de negociação, além das condições contratuais que você possa ter com seus clientes.

Talvez você não seja capaz de entregar tudo o que é determinado pelo projeto, porque há que se fazer sacrifícios. Talvez você entregue resultados diferentes em relação às linhas de base do projeto. Um plano de recuperação precisa entrar em vigor imediatamente.

O que sacrificar? Custos? Os custos do projeto? Os custos de produtos? Prazos? As especificações? Estratégias de mudança na entrega de produtos/projetos? A comunicação? A documentação, as apresentações?

Muitos fatores podem afetar significativamente o sucesso e aumentar os problemas quando se enfrentam projetos problemáticos. Aqui há algumas outras melhores práticas que você pode tentar implementar:

- A ênfase na gestão de riscos é uma condição necessária. Em projetos problemáticos, ela se torna ainda mais importante. Quando você estimula a equipe a seguir um plano direcionado pela gestão de riscos, a equipe já está definindo prioridades, que são os resultados da análise de risco. A gestão de riscos, como uma visão holística, pode impulsionar tudo mais que está à sua volta, como escopo, prazos, organização da equipe, habilidades, comunicações, etc.
- Coloque as melhores pessoas que você tem nas atividades mais difíceis primeiro. Enfatize as atividades cruciais para encurtar suas respectivas durações.
- Evite trazer novas pessoas que não tenham experiência suficiente para o projeto; por outro lado, você pode trazer novas pessoas para o projeto quando precisar mudar aspectos culturais e/ou interesses em vigor.
- Evite o conflito de interesses; não podemos perder tempo ou desperdiçar recursos resolvendo problemas desnecessários. Trabalhe ainda mais intensamente com seu patrocinador para conseguir seu apoio.
- A adaptação das melhores práticas disponíveis no cenário do projeto também é um assunto-chave. Você tem de encontrar uma maneira, geralmente "pensando diferente", de fazer sua equipe realizar coisas que possivelmente ela jamais teria colocado em prática antes. Desafie os membros de sua equipe; peça-lhes sua opinião e pergunte como vocês poderiam começar a trabalhar de formas diferentes. Dessa forma, você estará desenvolvendo o sentimento de adesão.
- Você provavelmente está procurando vitórias imediatas, mas logo perceberá que algumas melhores práticas que a equipe tentou aplicar foram úteis, enquanto outras não foram muito bem recebidas. Substitua ou adote melhores práticas que nunca foram adotadas e que não necessariamente sejam aplicáveis ao seu projeto por outras com

as quais você possa ter resultados satisfatórios rapidamente. A rápida identificação do que está funcionando e do que não está dando muito certo é essencial para recuperar o tempo perdido.

A recuperação bem-sucedida de projetos ruins pode ser uma experiência incrível, e, quando você possui uma equipe que tem a mentalidade adequada, ela pode contribuir significativamente com o aumento da maturidade da empresa e da equipe de projetos. É possível alcançar excelentes resultados em futuros projetos evitando que eles entrem em situações críticas que possam levar ao fracasso.

5
Processos integrados

5.0 Introdução

As empresas que se tornaram extremamente bem-sucedidas em gestão de projetos o fizeram utilizando um planejamento estratégico. Essas empresas não creem que o importante é competir; optam por superar o desempenho de suas concorrentes. Fazer isso continuamente exige processos e metodologias que promovam o sucesso contínuo, e não apenas esporádico.

A Figura 5.1 mostra o hexágono da excelência. Os seis componentes identificados no hexágono são as áreas em que as empresas excelentes em gestão de projetos superam suas concorrentes. Cada uma dessas áreas será discutida nos Capítulos 5 a 10. Começaremos com os processos integrados.

5.1 Compreendendo os processos integrados de gerenciamento

Como discutimos no Capítulo 1, desde 1985 vários novos processos de gerenciamento (p. ex., engenharia simultânea) ofereceram suporte à aceitação da gestão de projetos. Os mais importantes processos de gerenciamento complementares e os anos em que foram

Figura 5.1 Seis componentes da excelência.
Fonte: Reimpresso de H. Kerzner, *In Search of Excellence in Project Management*, Hoboken, NJ: Wiley, 1998, p. 14.

introduzidos estão listados a seguir. É preciso observar que muitos desses processos foram introduzidos anos antes de serem integrados aos processos de gestão de projetos.

- 1985: Gestão da qualidade total (TQM, *total quality management*)
- 1990: Engenharia simultânea
- 1992: Empoderamento dos funcionários e equipes autodirigidas
- 1993: Reengenharia
- 1994: Custeio do ciclo de vida
- 1995: Gerenciamento de mudanças
- 1996: Gestão de riscos
- 1997–1998: Escritórios de gestão de projetos e centros de excelência
- 1999: Equipes colocalizadas
- 2000: Equipes multinacionais
- 2001: Modelos de maturidade
- 2002: Planejamento estratégico para a gestão de projetos
- 2003: Relatórios de *status* via intranet
- 2004: Modelos de planejamento de capacidade
- 2005: Integração do Seis Sigma à gestão de projetos
- 2006: Gestão de projetos com equipes virtuais
- 2007: Gestão de projetos enxuta/ágil
- 2008: Bibliotecas de melhores práticas
- 2009: Certificação do processo de negócio de gestão de projetos
- 2010: Gestão de projetos complexos
- 2011: Governança por comitês
- 2012: Restrições à concorrência usando um componente de valor
- 2013: Avanços no gerenciamento de métricas e sistemas de relatórios via *dashboards*
- 2014: Gestão de projetos orientada a valor
- 2015: Gestão de projetos global, incluindo o gerenciamento de diferenças culturais
- 2016–2017: Crescimento da gestão de projetos de fusões e aquisições

A integração da gestão de projetos com esses outros processos de gerenciamento é essencial para se alcançar uma excelência sustentável. Nem toda empresa usa todos os processos o tempo inteiro. As empresas escolhem os processos que funcionam melhor para elas. Entretanto, quaisquer que sejam os processos selecionados, eles são combinados e integrados à metodologia de gestão de projetos. Anteriormente, afirmamos que as empresas com metodologias de classe mundial tentam empregar uma única metodologia padrão baseada em processos integrados. Isso inclui processos de negócios, além de processos relacionados à gestão de projetos.

Como cada um desses processos integrados passa por esforços de melhoria contínua, o mesmo acontece com a metodologia de gestão de projetos que os utiliza. As bibliotecas de melhores práticas e os repositórios de conhecimentos contêm melhores práticas sobre processos integrados e também sobre a metodologia geral de gestão de projetos.

A capacidade de integrar processos baseia-se em que processos a empresa decide implementar. Por exemplo, se uma empresa implementou um modelo de pontos de decisão de final de fase para a gestão de projetos, talvez ache fácil integrar novos processos como a engenharia simultânea. A única precondição seria que eles não fossem tratados como funções independentes, mas projetados desde o início como parte de um sistema de gestão de projetos que já estivesse em vigor. O modelo de quatro fases utilizado pelo General Motors Powertrain Group (Capítulo 4, Seção 4.22) e o modelo PROPS utilizado na Ericsson Telecom AB (Capítulo 4, Seção 4.23) permitem a assimilação imediata de novos processos de negócio e de gerenciamento.

Anteriormente, afirmamos que, hoje, os gerentes de projetos são vistos como gerentes de parte de um negócio em vez de apenas de um projeto. Portanto, eles precisam compreender o negócio e os processos que oferecem suporte ao negócio, além dos processos que oferecem suporte ao projeto. Este capítulo discute cada um dos processos de gerenciamento listados e como eles contribuem para o aprimoramento da gestão de projetos. Depois, utilizando estudos de casos reais, veremos como alguns dos processos de gerenciamento integrado alcançaram o sucesso.

5.2 Evolução de processos complementares de gestão de projetos

Desde 1985, diversos novos processos de gerenciamento se desenvolveram em paralelo à gestão de projetos. Destes, a TQM e a engenharia simultânea são os mais relevantes. Os métodos ágeis e Scrum também têm um impacto significativo e serão discutidos posteriormente neste livro (Capítulo 15). As empresas que alcançam a excelência são aquelas que mais rapidamente reconhecem a sinergia entre as muitas opções de gerenciamento hoje disponíveis. As empresas que alcançam a maturidade e a excelência mais rapidamente são aquelas que reconhecem que certos processos alimentam uns aos outros. Como um exemplo, considere os sete pontos listados a seguir. Estes sete pontos fazem parte de uma metodologia de gestão de projetos?

1. Trabalho em equipe
2. Integração estratégica
3. Melhorias contínuas
4. Respeito pelas pessoas
5. Foco no cliente
6. Gerenciamento baseado em evidências
7. Solução de problemas estruturada

Esses conceitos formam, na verdade, a base do processo de TQM da Sprint. Eles poderiam facilmente ser diferentes facetas de uma metodologia de gestão de projetos.

Durante a década de 1990, a Kodak ministrou um curso intitulado Liderança em Qualidade (*Quality Leadership*). Os cinco princípios do programa de liderança em qualidade da Kodak incluíam:

Foco no cliente

"Priorizaremos nossos clientes, tanto internos quanto externos, cujas informações impulsionam o projeto de produtos e serviços. A qualidade de nossos produtos e serviços é determinada exclusivamente por esses clientes."

Liderança no gerenciamento

"Demonstraremos, em todos os níveis, uma liderança visível no gerenciamento segundo esses princípios."

Trabalho em equipe

"Trabalharemos juntos, combinando nossas ideias e habilidades para melhorar a qualidade de nosso trabalho. Reforçaremos e recompensaremos qualquer contribuição para a melhoria da qualidade."

Abordagem analítica

"Utilizaremos métodos estatísticos para controlar e aprimorar nossos processos. Análises baseadas em dados orientarão nossas decisões."

Melhorias contínuas

"Buscaremos ativamente a melhoria da qualidade por meio de um ciclo contínuo que foca planejamento, implementação e verificação das melhorias nos processos centrais."

Se tivéssemos olhado apenas para a coluna da esquerda, poderíamos argumentar que esses são os princípios da gestão de projetos também.

A Figura 5.2 mostra o que acontece quando uma organização não integra seus processos. O resultado são processos totalmente desacoplados. As empresas com metodologias separadas para cada processo podem acabar com a duplicação de esforços, possivelmente com a duplicação de recursos e até mesmo com a duplicação de instalações. Embora haja vários processos na Figura 5.2, analisaremos apenas a gestão de projetos, a TQM e a engenharia simultânea.

Quando as empresas começam a reconhecer os efeitos sinérgicos de colocar vários desses processos sob uma única metodologia, os dois primeiros processos a se tornarem parcialmente acoplados são a gestão de projetos e a TQM, como mostra a Figura 5.3. À medida que os benefícios da sinergia e da integração vão se tornando aparentes, as organizações optam por integrar todos esses processos, como mostra a Figura 5.4.

Empresas excelentes são capazes de reconhecer a necessidade de novos processos e integrá-los rapidamente às estruturas existentes. Durante o início dos anos 90, foi enfatizada a integração do gerenciamento de projetos com a TQM e a engenharia simultânea. Desde meados da década de 1990, dois outros processos também passaram a ser importantes: a gestão de riscos e o gerenciamento de mudanças. Nenhum deles é novo; é a ênfase que é nova.

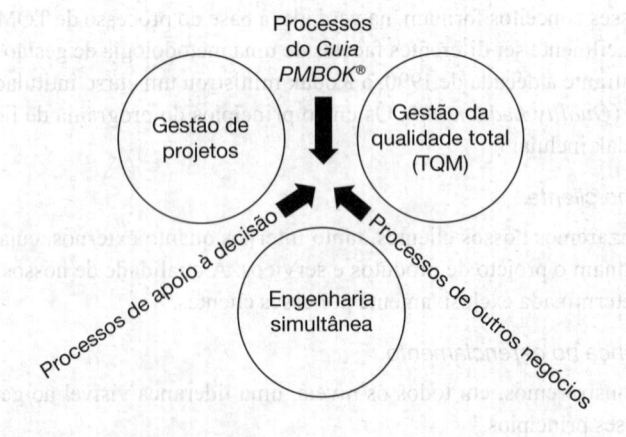

Figura 5.2 Processos totalmente desacoplados.

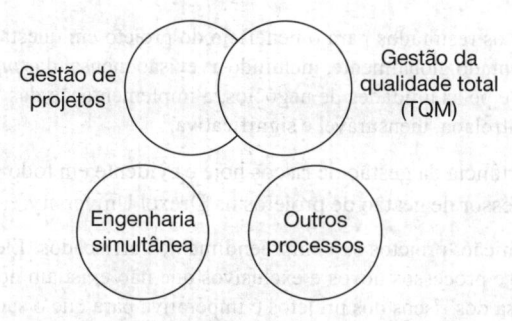

Figura 5.3 Processos parcialmente integrados.

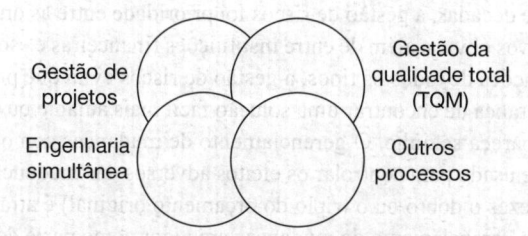

Figura 5.4 Processos totalmente integrados.

Durante o fim da década de 1990, Steve Gregerson, antigo vice-presidente de desenvolvimento de produtos na Metzeler Automotive Profile System, descreveu os processos integrados em sua metodologia:

> Nossa organização desenvolveu uma metodologia padrão baseada em melhores práticas globais e em requisitos e expectativas dos clientes. Essa metodologia também segue as exigências da ISO 9000. Nosso processo incorpora sete *gateways* que exigem *deliverables* específicos listados em uma única folha de papel. Alguns desses *deliverables* possuem um procedimento e, em muitos casos, um formato definido. Essas diretrizes, listas de verificação, formulários e procedimentos são o elemento central de nossa estrutura de gestão de projetos e servem também para captar as lições aprendidas para o programa seguinte. Essa metodologia é incorporada a todos os aspectos de nossos sistemas de negócios, incluindo gestão de riscos, engenharia simultânea, planejamento avançado da qualidade, análise de viabilidade, processo de revisão de *design*, entre outros.[1]

Outro exemplo de processo integrado foi a metodologia empregada pela Nortel. No final dos anos 90, Bob Mansbridge, então vice-presidente de gerenciamento de cadeia de suprimentos da Nortel Networks, declarou:

> A gestão de projetos da Nortel Networks é integrada à cadeia de suprimentos. O papel da gestão de projetos hoje é compreendido como uma série de processos integrados dentro da cadeia de suprimentos total. A TQM na Nortel Networks é definida por métricas chamadas de *pipeline metrics*. Essas métricas resultaram do cliente e de visões externas do que seriam as melhores realizações "de sua classe". Tais métricas são estratificadas e fornecem indicadores conectados tanto para o nível executivo quanto para o nível dos trabalhadores. O papel do gerente de projetos é trabalhar com todas as áreas da cadeia de suprimentos e

---

[1] H. Kerzner, *Advanced Project Management: Best Practices on Implementation*, Hoboken, NJ: Wiley, 2000, p. 188.

otimizar os resultados para o benefício do projeto em questão. Com um processo padrão implementado globalmente, incluindo a revisão mensal das *pipeline metrics* pela gestão de projetos e pelas unidades de negócios, a implementação das "melhores práticas" torna-se mais controlada, mensurável e significativa.[2]

A importância da gestão de riscos hoje é evidente em todo o mundo. Segundo Frank T. Anbari, professor de gestão de projetos na Drexel University:

> Por definição, projetos são empreendimentos arriscados. Eles pretendem criar produtos, serviços e processos novos e exclusivos que não existiam no passado. Portanto, a gestão cuidadosa dos riscos dos projetos é imperativa para que o sucesso seja repetível. Métodos quantitativos desempenham um importante papel na gestão de riscos. Não existe substituto para o conhecimento profundo dessas ferramentas.[3]

Durante décadas, a gestão de riscos foi prioridade entre as organizações do ramo da saúde, por motivos óbvios, além de entre instituições financeiras e escritórios de advocacia. Hoje, em organizações de todos os tipos, a gestão de riscos evita que posterguemos nossos problemas na esperança de encontrar uma solução fácil mais adiante ou de que o problema simplesmente desapareça sozinho. O gerenciamento de mudanças como um complemento à gestão de projetos é usado para controlar os efeitos adversos das mudanças no escopo: aumentos nos custos (às vezes o dobro ou o triplo do orçamento original) e atrasos nos cronogramas. Com processos de gerenciamento de mudanças em vigor como parte do sistema geral de gestão de projetos, as mudanças no escopo do projeto original podem ser tratadas como projetos ou subprojetos separados, de modo que os objetivos do projeto original não se percam.

Hoje, empresas excelentes integram cinco principais processos de gerenciamento (ver Figura 5.5):

1. Gestão de projetos
2. Gestão da qualidade total
3. Gestão de riscos
4. Engenharia simultânea
5. Gerenciamento de mudanças

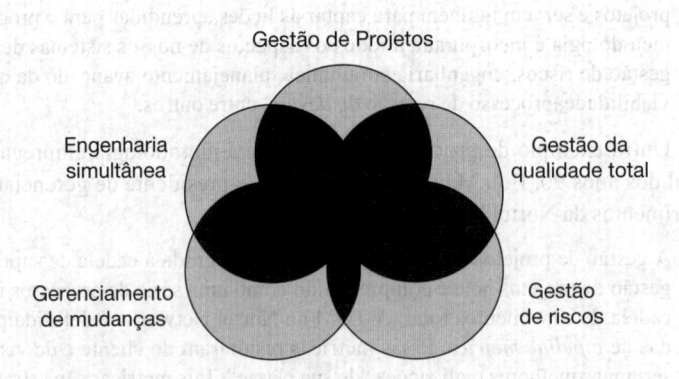

Figura 5.5 Processos integrados para o século XXI.

---

[2] Ibid.
[3] Comunicação pessoal com o autor.

Equipes de trabalho autogerenciadas, empoderamento dos funcionários, reengenharia e custeio do ciclo de vida também são combinados com a gestão de projetos em algumas empresas. Discutiremos brevemente esses processos menos utilizados depois de termos discutido os de utilização mais comum.

5.3 Zurich America Insurance Company

Um dos benefícios de ter processos integrados é que isso permite um planejamento de contingências mais abrangente e realista. Kathleen Cavanaugh da Zurich North America, PMO Lead, afirma:

> Como sabemos, dito de forma simples, o objetivo de todos os PMOs é entregar projetos dentro do prazo e do orçamento. Há um maior escrutínio sobre os projetos atualmente, e muitas empresas adotaram medidas protetivas de governança "em funil" para ajudar a garantir que os projetos certos sejam aproveitados. Com a compressão do tempo de colocação no mercado, é fácil que os orçamentos e as datas finais dos projetos sejam estimados, ou até mesmo "prometidos", cedo demais, para o desespero do gerente de projetos. Para ajudar a aliviar uma possível decepção, o PMO de TI da Zurich American Insurance Company implementou um processo de contingências tanto para a duração quanto para o orçamento de projetos.
>
> O processo de contingências ajuda a mitigar o risco de inesperados conhecidos no escopo de um projeto. Como fazemos parte do Zurich Financial Services Group global, temos um processo de governança bastante rígido que exige tempo e dinheiro. Depois de ter passado pelo "funil", você realmente não quer voltar para conseguir reaprovações, autorizações de extensão de prazos, etc., então é imperativo fazer um planejamento adequado dos riscos e das mudanças de um projeto.
>
> O processo de contingências usa uma matriz de determinação que considera fatores específicos de risco, como recursos e complexidade tecnológica, entre outros. Ele é criado de forma a auxiliar o GP (gerente de projetos) a designar a quantidade de contingência necessária tanto em termos de prazo quanto de orçamento. O conceito não é novo, mais ainda não foi totalmente aceito como uma questão de necessidade.
>
> O objetivo é não somente nos proteger das demoradas apresentações de governança de projetos, mas também nos afastar de estimativas individuais exageradas. Antes dessa abordagem de contingência ter sido introduzida, alguns gerentes de projetos embutiam a contingência em suas estimativas. A principal desvantagem disso é que, pelo fato de a contingência estar "oculta", não há processo sistemático para liberar fundos de volta ao *pool* de financiamento do plano do projeto à medida que os riscos diminuem ao longo do projeto. Hoje, a contingência é mantida separadamente do plano de projeto, de modo que possamos ter uma ideia melhor de quando e por que as estimativas originais foram ruins. Somente então poderemos descobrir a causa-raiz e melhorar a abordagem de estimação.
>
> Algo importante a ser observado é que o cliente participa da determinação da necessidade de contingência, de modo que eles possam compreender por que ela é tão importante para o sucesso do projeto. O processo torna a contingência transparente, e uma vez que o cliente compreende que os dólares da contingência não podem ser usados sem seu conhecimento, fica mais disposto a compreender as mudanças inerentes que ocorrem durante a vida de um projeto.
>
> A contingência deve ser gerenciada ativamente à medida que o projeto progride. Todo mês, quando os riscos de projeto são reavaliados e a probabilidade de riscos diminui, a quantidade de contingência deve ser ajustada tanto no orçamento quanto no cronograma. Espera-se que a contingência possa ser liberada do projeto se ficar determinado que ela não

é mais necessária, por meio de uma avaliação de risco atualizada. Isso permite a disponibilização de dinheiro para outros esforços da empresa.

Em resumo, os itens abaixo são um esboço dos passos dados para se utilizar o processo de contingência de forma eficiente.

- *Planejar:* O gerente de projetos de TI trabalha com o gerente de projetos de negócios e com a equipe do projeto usando a matriz de determinação para calcular o percentual de contingência apropriado quando o projeto estiver pronto para buscar financiamento integral.
- *Documentar/Comunicar:* O GP atualiza o plano de projeto e o Histórico de Uso para documentar e comunicar os valores da contingência.
- *Aprovar:* O patrocinador é responsável pela assinatura dos documentos antes da contingência ser utilizada.
- *Gerenciar:* O gerente de projetos mantém o Histórico de Uso à medida que a contingência é consumida e outros dados de contingência são atualizados a cada mês, juntamente à avaliação de riscos.
- *Liberar:* Os fundos de contingência são liberados de volta ao *pool* de financiamento de projetos à medida que os riscos diminuem.

De maneira geral, esse processo aborda o antigo problema do trabalho do projeto começar antes de todo o resto que precisa ser conhecido e dá aos GPs a chance de lutar para entregar o projeto dentro do prazo e do orçamento nesse ambiente em constante modificação. Porque, afinal, mudanças acontecem.

5.4 Gestão da qualidade total

Durante a última década, o conceito de gestão da qualidade total (TQM, *total quality management*) revolucionou as operações e as funções de produção de muitas empresas. As empresas aprenderam rapidamente que os princípios e sistemas da gestão de projetos podem ser usados para oferecer suporte e administrar programas de TQM e vice-versa. As empresas excelentes já integraram completamente os dois sistemas complementares.

A ênfase da TQM é abordar questões de qualidade em sistemas totais. A qualidade, no entanto, nunca é um objetivo final. Os sistemas de gestão da qualidade total rodam de forma contínua e concorrente em cada área em que uma empresa faz negócios. Seu objetivo é levar ao mercado produtos de qualidade cada vez melhor e não apenas a mesma qualidade do ano passado ou de dois anos atrás. A gestão da qualidade total foi fundamentada nos princípios defendidos por W. Edwards Deming, Joseph M. Juran e Phillip B. Crosby. Deming é famoso por seu papel na transformação do Japão pós-guerra em uma força dominante na economia mundial. Os processos de gestão da qualidade total se baseiam no simples Ciclo de Deming (ou Ciclo PDCA, *Plan-Do-Check-Act*), que consiste em planejar-executar-verificar-agir.

O ciclo se encaixa perfeitamente nos princípios de gestão de projetos. Para alcançar os objetivos de qualquer projeto, primeiro você planeja o que será executado e então executa. Depois, você verifica o que foi feito, conserta o que não funcionou e então executa o que planejou inicialmente. O ciclo, no entanto, não termina com a saída. O Ciclo de Deming funciona também como um sistema de melhoria contínua. Quando o projeto está completo, você examina as lições aprendidas no planejamento e na execução e, depois, incorpora essas lições ao processo e reinicia o ciclo planejar-executar-verificar-agir em um novo projeto.

A gestão da qualidade total também se baseia em três outros importantes elementos: foco no cliente, pensamento em termos de processos e redução da variação. Isso o faz lembrar-se dos princípios da gestão de projetos? Deveria. O Ciclo PDCA pode ser usado para identificar, validar e implementar melhores práticas em gestão de projetos.

Em meados da década de 1990, durante uma videoconferência ao vivo sobre o assunto, intitulada "Como alcançar a maturidade em gestão de projetos", Dave Kandt, vice-presidente de qualidade e gerenciamento de programas da Johnson Controls durante a época da videoconferência, comentou os motivos por trás do incrível sucesso de sua empresa:

> Entramos na gestão de projetos de um modo um pouco diferente de algumas empresas. Combinamos a gestão de projetos e o controle de qualidade total (TQC, ou *Total Quality Control*) ou a gestão da qualidade total. Nossos primeiros projetos de *design* e desenvolvimento em meados da década de 1980 nos levaram a acreditar que nossos departamentos funcionais estavam funcionando muito bem separadamente, mas precisávamos ter alguns sistemas para juntá-los. E, é claro, grande parte da gestão de projetos envolve fazer o trabalho fluir horizontalmente pela empresa. O que fizemos primeiro foi contatar o Dr. Norman Feigenbaum, o avô do TQC na América do Norte, que nos ajudou a estabelecer alguns sistemas que conectavam toda a empresa. O Dr. Feigenbaum enxergava a qualidade em seu sentido mais amplo: a qualidade de produtos, a qualidade de sistemas, a qualidade dos *deliverables* e, é claro, a qualidade dos projetos e do lançamento de novos produtos. Uma parte essencial desses sistemas incluía sistemas de gestão de projetos que tratavam da introdução de produtos e do processo da introdução de produtos. O treinamento em gestão de projetos também fazia parte deste, uma vez que era necessário para colocar esses sistemas em vigor.
>
> Começamos com nosso escritório executivo e, uma vez que tivéssemos explicado os princípios e as filosofias da gestão de projetos a essas pessoas, passamos ao gerenciamento de instalações, de gerentes de engenharia, de analistas, do pessoal do departamento de aquisições e, é claro, dos gerentes de projetos. Somente quando o fundamento foi estabelecido é que demos prosseguimento à gestão de projetos propriamente dita e à definição de papéis e responsabilidades, de modo que o pessoal de toda a empresa compreendesse seu papel quando começasse a trabalhar. Somente essa compreensão nos permitiu passar a uma organização matricial e, finalmente conseguimos estabelecer um departamento independente de gestão de projetos. Que grau de sucesso tivemos? Subsequentemente, desde meados da década de 1980, crescemos de dois a três projetos para em torno de 50 na América do Norte e Europa. Crescemos de dois a três gerentes de projetos para 35. Não acredito que teria sido possível gerenciar esse crescimento ou conseguir esse número de projetos sem sistemas e procedimentos de gestão de projetos e pessoas que os compreendessem nos níveis mais altos da empresa.
>
> No início da década de 1990, descobrimos que estávamos fazendo certo sucesso na Europa e conseguimos nosso primeiro projeto de *design* e desenvolvimento lá. Com esse projeto, levamos para a Europa não somente gerentes de projetos e gerentes de engenharia que compreendiam esses princípios, mas também os sistemas e o treinamento que incorporamos na América do Norte. Então, tínhamos uma abordagem integrada de gestão de projetos, envolvendo toda a empresa. O que aprendemos nesses últimos 10 anos que é o mais importante para nós, ao meu ver, é que você começa com os sistemas e a compreensão do que você quer que as várias pessoas envolvidas façam na empresa cruzando todas as barreiras funcionais, e aí entra o treinamento em gestão de projetos e, finalmente, a sua implementação.
>
> Obviamente, as pessoas que selecionamos para a gestão de projetos eram absolutamente essenciais, e selecionamos as pessoas certas. Você mencionou a importância de os gerentes de projetos compreenderem o negócio, e as pessoas que colocamos nessas posições são escolhidas com muito cuidado. Normalmente, elas têm experiência técnica, com marketing e com negócios e finanças. É muito difícil encontrá-las, mas achamos que elas têm a compreensão multifuncional necessária para serem bem-sucedidas nesse ramo.

Na Johnson Controls, a gestão de projetos e a TQM foram desenvolvidas ao mesmo tempo. Dave Kandt foi questionado, durante a mesma videoconferência, se as empresas precisam ter uma sólida cultura de TQM em vigor antes de tentarem o desenvolvimento de um programa de gestão de projetos. Ele afirma:

Acho que não é necessário. O motivo pelo qual digo isso é que empresas como a Johnson Controls são mais a exceção do que a regra por implementar a TQM e a gestão de projetos ao mesmo tempo. Conheço empresas que não tiveram tanta dificuldade de implementar a ISO 9000 e a TQM porque eram razoavelmente maduras em gestão de projetos. Não há dúvidas de que ter a TQM em vigor facilitaria as coisas um pouquinho, mas o que aprendemos durante a recessão é que, se você quiser ser competitivo na Europa e quiser seguir as diretrizes da ISO 9000, a TQM tem de ser implementada. E usar a gestão de projetos como veículo para essa implementação costuma funcionar muito bem.

Há também a questão de se uma gestão de projetos bem-sucedida pode ou não existir dentro do ambiente ISO 9000. Segundo Dave Kandt:

A gestão de projetos não somente é consistente com a ISO 9000, mas muitos dos sistemas que a ISO 9000 exige são cruciais para o sucesso da gestão de projetos. Se você não possui um bom sistema de qualidade, um sistema de engenharia de mudanças e outras coisas que a ISO exige, o gerente de projetos enfrentará dificuldades ao tentar realizar e executar esse projeto. Além disso, acho interessante o fato de que empresas que estão trabalhando para instalar e implantar a ISO 9000, se estão sendo bem-sucedidas, provavelmente estão utilizando técnicas de gestão de projetos. Cada um dos diferentes elementos da ISO exige treinamento e, às vezes, a criação de sistemas dentro da empresa que possam ser agendados, equipes que possam ser designadas, *deliverables* que possam ser estabelecidos, rastreados e monitorados e relatórios que sejam enviados à gerência sênior. Foi exatamente assim que instalamos a TQC na Johnson Controls, e, ao meu ver, a ISO 9000 possui uma força e intenção muito similares.

GESTÃO DA QUALIDADE TOTAL

Embora os princípios do TQM ainda existam, a importância dos conceitos do Seis Sigma cresceu. As considerações da Seção 5.4 são de Eric Alan Johnson, diretor de programas e encarregado de contratos na Satellite Control Network, AFSCN, e vencedor do prêmio Kerzner 2006 de melhor gerente de projetos do ano; e Jeffrey Neal, faixa preta/especialista e palestrante em gestão enxuta, métodos quantitativos na University of Colorado, em Colorado Springs, EUA.

* * *

Além do ciclo PDCA da TQM, o modelo de melhoria contínua DMAIC (definir, medir, analisar, aperfeiçoar e controlar – *define, measure, analyse, improve* e *control*) pode ser usado para melhorar a eficiência da gestão de projetos. Esse modelo foi empregado com sucesso para a melhoria de processos do Seis Sigma e da filosofia Lean, mas os pilares básicos de sua metodologia estruturada de solução de problemas baseados em dados também podem ser empregados para melhorar o sucesso da gestão de projetos.

Uma vez que avalia os dados coletados sobre o sucesso de projetos e sobre a causa-raiz do fracasso de projetos, o modelo pode ser usado para melhorar e refinar tanto a gestão de projetos quanto a qualidade final dos produtos produzidos.

Na fase "definir", a definição e os requisitos específicos do projeto são baseados nos dados levantados junto ao cliente e no histórico de desempenho de projetos. Levantar o máximo de informações possível nessas áreas permite que o gerente de projetos se concentre no que é realmente importante para o cliente ao revisar o desempenho com o intuito de evitar os problemas de projetos passados e de estimular que se propaguem seus sucessos. Nessa fase, dados disponíveis sobre pessoas, processos e fornecedores são avaliados e revisados para determinar sua capacidade de cumprir os requisitos de custo, qualidade e cronograma do projeto. A fase "definir", em resumo, deve avaliar não somente os requisitos do cliente, mas também a capacidade de seu sistema de cumprir esses requisitos. Ambas essas avaliações devem se basear em dados levantados por um sistema de mensuração dedicado. Além disso, a etapa "definir" deve estabelecer as métricas a serem usadas durante a execução de projetos para monitorar e controlar seu progresso. Essas métricas serão avaliadas continuamente durante a fase de medir e analisar. (Essas fases do DMAIC são simultâneas às fases do gerenciamento de projetos do PMI.)

Na fase seguinte do modelo DMAIC, "medir", dados (as métricas identificadas na fase "definir") do sistema de mensuração são continuamente revisados durante a execução do projeto para garantir que ele esteja sendo gerenciado de forma eficiente. Os mesmos dados das métricas usadas na fase "definir" devem ser atualizados com dados específicos do projeto para determinar o seu progresso. A avaliação contínua do desempenho do projeto, baseada nos dados levantados durante a fase de execução, é essencial para a gestão de projetos baseada em dados. Durante a mensuração contínua do progresso do projeto, é provável que algumas dessas métricas essenciais indiquem problemas que estejam ocorrendo (problemas atuais) ou que provavelmente venham a ocorrer (principais indicadores). Esses problemas têm de ser abordados para que o projeto seja executado dentro do prazo e do orçamento, cumprindo os requisitos. É aqui que o aspecto de análise do modelo DMAIC se torna crucial da gestão de projetos. A análise de dados é todo um campo em si mesmo. Inúmeros livros e artigos já abordaram o problema de como avaliar dados, mas o principal objetivo permanece. O objetivo da análise de dados é transformar dados em informações utilizáveis nas quais as decisões de um projeto possam ser baseadas.

Os métodos de análise de dados são específicos ao tipo de dado e às perguntas para as quais se buscam respostas. O primeiro passo (depois de os dados terem sido levantados) é usar técnicas descritivas para obter um quadro geral dos dados. Esse quadro geral deve incluir uma medida de tendência central (i.e., média) e uma medida de variação como o desvio-padrão. Além disso, ferramentas gráficas como histogramas e diagramas de Pareto são uma forma útil de resumir e exibir informações. Testes de significância e o desenvolvimento de intervalos de confiança são úteis para determinar se os resultados da análise são estatisticamente significativos e para estimar a probabilidade de se obter um resultado similar.

No monitoramento contínuo dos processos, normalmente se utilizam gráficos de controle para avaliar o estado de estabilidade dos processos e para determinar se a variação é significativa o suficiente para garantir maiores investigações. Além disso, os gráficos de controle fornecem uma base para determinar se o tipo de variação tem uma causa especial ou comum. Essa distinção é essencial na determinação das ações corretivas apropriadas que podem precisar ser realizadas.

A fim de fornecer uma base para a identificação de possíveis causas-raiz para problemas de desempenho de projetos, ferramentas como a Análise de Modos e Efeitos de Falhas e o diagrama da espinha de peixe (também conhecido como diagrama de Ishkawa) podem ser usadas para iniciar e documentar o processo de pensamento organizado para separar as principais causas de não conformidades de causas que apenas contribuem para elas.

Se os dados atenderem à condição estatística necessária, testes como a Análise de Variância (ANOVA) e análise de regressão podem ser extremamente úteis na quantificação e previsão do desempenho de processos e projetos. Como a ANOVA (o Modelo Linear Geral) pode ser usada para testar diferenças médias de dois ou mais fatores ou níveis, ela pode ser utilizada para identificar importantes variáveis independentes para muitas variáveis dependentes do projeto. Diversos modelos de regressão (linear simples, linear múltiplo e binário) podem ser usados para quantificar os diferentes efeitos de variáveis independentes em variáveis dependentes que são cruciais para o sucesso do projeto.

Em resumo, essa fase usa dados para conduzir uma investigação profunda e abrangente das causas-raiz que foram responsáveis pelo problema na execução do projeto e os efeitos sobre o projeto se tais causas forem deixadas sem correção.

A fase seguinte envolve a correção e melhoria do processo, abordando a causa-raiz identificada na fase anterior. Trata-se de ações corretivas (consertar o problema que você está enfrentando) e ações preventivas (certificar-se de que o problema ou algum problema similar não volte a ocorrer). Então, uma vez que a causa-raiz tenha sido identificada, as ações corretivas e preventivas de melhoria dos processos podem ser levadas a abordar a execução do projeto atual e a prevenir a recorrência desse problema específico em projetos futuros. A fim de garantir que os projetos atuais não sofram com o problema que foi identificado recentemente e que projetos futuros evitem cometer os erros do passado, implementa-se um plano de controle para monitorar e controlar os projetos. O ciclo se repete para todos os problemas da gestão de projetos.

O monitoramento do *status* e das métricas do projeto juntamente à sua análise e correção é um processo contínuo e constitui a fase Controlar do projeto. Durante essa fase, as principais medidas instituídas durante a fase de Iniciação são usadas para rastrear o desempenho do projeto em relação aos requisitos. Quando a causa-raiz de cada problema do projeto é analisada, essa causa-raiz e as ações corretivas e preventivas subsequentes entram em um banco de dados de "lições aprendidas". Isso permite que sejam tomadas ações consistentes de resolução de problemas. O banco de dados também é usado para identificar possíveis riscos de projetos e instituir ações de mitigação *a priori*.

GESTÃO DE RISCOS/OPORTUNIDADES USANDO FERRAMENTAS DO SEIS SIGMA E MODELOS PROBABILÍSTICOS

A gestão de riscos/oportunidades é uma das ferramentas mais importantes, senão a mais importante, da caixa de ferramentas dos gerentes de projetos ou programas – independentemente do tipo de contrato. Em geral, projetos/programas focam o possível impacto e/ou a probabilidade de ocorrência de um risco. Embora esses sejam fatores muito importantes para desenvolver um bom plano de mitigação de riscos, a engenhosa capacidade da equipe de projeto de *detectar* o risco terá o maior impacto na execução de projetos bem-sucedidos. Se você não conseguir detectar o risco, sua capacidade de gerenciá-lo será sempre reativa. O risco indetectável é uma ameaça maior à execução do que fatores de alta probabilidade ou alto impacto. É aí que o uso da ferramenta do Seis Sigma chamada de Análise de Modos e Efeitos de Falhas (FMEA, *Failure Modes and Effects Analysis*) pode ser muito eficiente. A ferramenta FMEA pode ajudar a equipe de projeto a avaliar e detectar riscos. Priorizar a detecção de riscos ajudará a equipe a pensar de forma inovadora ao propor, planejar ou executar um projeto bem-sucedido.

Exemplo: se seu projeto/programa possui um risco que tem uma probabilidade de ocorrência significativa, então ele provavelmente não é um risco – é um problema. Se o impacto for grande e a probabilidade for baixa, você terá de ficar atento a esse risco, mas normalmente não gastará para mitigá-lo. Entretanto, se o risco tiver alto impacto ou probabilidade, mas um baixo nível de detectabilidade, os resultados podem ser devastadores.

O outro lado de gerenciar um projeto/programa é a falta de foco na identificação e no gerenciamento de oportunidades. Se a equipe de um projeto focar somente a gestão de riscos, ela pode deixar de identificar as possíveis oportunidades do projeto. As oportunidades precisam ser avaliadas com o mesmo rigor que os riscos. Uma equipe de projetos deve ter o mesmo nível de foco em áreas de impacto e probabilidade *e* na capacidade de *reconhecer* a oportunidade. A FMEA é também muito útil para o reconhecimento e gerenciamento de oportunidades. Às vezes, riscos indetectáveis ocorrerão, mas a capacidade de reconhecer e realizar oportunidades pode contrabalançar esses impactos de riscos. O uso do reconhecimento de oportunidades possui os maiores impactos nos projetos de preço fixo nos quais economizar custos pode aumentar a margem de lucro dos projetos.

Se um projeto possui riscos de cronograma, como podemos quantificar esse risco? Um método é por meio do uso de modelagem probabilística. A modelagem probabilística de seu cronograma pode ajudá-lo a prever a probabilidade de alcançar todos os seus marcos dentro de seu período de desempenho. Se o risco de não cumprir seu cronograma for alto demais, você pode usar esses modelos para realizar análises do tipo "e se...?" até que os fatores de riscos possam ser levados a níveis aceitáveis. Essa análise deve ser feita *antes* de se determinarem as linhas de base do projeto ou (preferencialmente) durante a fase de proposta.

A chave para uma implementação bem-sucedida dessa estratégia é um banco de dados relacional que lhe permita construir o modelo probabilístico mais realista possível. Essas informações devem ser levantadas em uma ampla variedade de projetos, de modo que as informações sobre os projetos de tamanho e escopo/complexidade similares possam ser avaliadas. Ele precisa ser integrado às "lições aprendidas" desses outros projetos a fim de construir o melhor modelo probabilístico para mitigar os riscos de seu cronograma. Sempre tenha em mente que um modelo é tão bom quanto a qualidade das informações usadas para construí-lo.

5.5 Engenharia simultânea

A necessidade de diminuir o tempo de desenvolvimento de produto sempre foi um desafio para as empresas dos Estados Unidos. Durante condições econômicas favoráveis, as corporações implantaram enormes quantidades de recursos para resolver o problema de longos períodos de desenvolvimento. No entanto, durante as recessões econômicas, os recursos não são apenas escassos, mas o tempo se torna uma restrição crítica. Hoje, os princípios da engenharia simultânea são quase que universalmente adotados como a solução ideal para o problema.

A engenharia simultânea exige que vários passos e processos de gestão de um projeto sejam realizados em paralelo, em vez de em sequência. Isso significa que engenharia, pesquisa e desenvolvimento, produção e marketing são todos envolvidos no início de um projeto, antes de qualquer trabalho ser realizado. Isso nem sempre é fácil, e pode criar riscos à medida que o projeto progride. Um planejamento de projeto superior é necessário para evitar aumentar o nível de risco posteriormente. Os riscos mais sérios são atrasos em decorrência de mau planejamento. Um planejamento melhor é essencial para a gestão de projetos, então não surpreende que empresas excelentes integrem a engenharia simultânea e sistemas de gestão de projetos.

A Chrysler (hoje chamada de Fiat Chrysler) Motors usou a engenharia simultânea com a gestão de projetos para levar o carro esporte Viper do conceito ao mercado em menos de três anos. A engenharia simultânea pode muito bem ser a grande força motriz por trás da maior aceitação da gestão de projetos.

5.6 Gestão de riscos

A gestão de riscos é um meio organizado de identificar e medir riscos e desenvolver, selecionar e gerenciar opções para lidar com esses riscos. Em todo este livro, enfatizei o fato de que os gerentes de projetos do futuro precisarão de habilidades de negócios superiores ao avaliar e gerenciar riscos. Isso inclui tanto riscos de projetos quanto riscos de negócios. Os gerentes de projetos no passado não eram equipados para quantificar riscos, responder a riscos, desenvolver planos de contingência ou manter registros de lições aprendidas. Eles eram forçados a pedir conselhos aos gerentes seniores sobre o que fazer quando se desenvolviam situações arriscadas. Hoje, os gerentes seniores estão empoderando os gerentes de projetos a tomar decisões relacionadas a riscos, algo que exige um gerente de projetos com sólidas habilidades de negócios além de conhecimentos técnicos.

Preparar um plano de projeto é algo baseado no histórico. Dito de forma simples: o que aprendemos com o passado? A gestão de riscos nos incentiva a olhar para o futuro, a prever o que pode dar errado e, então, a desenvolver estratégias de contingência para mitigar esses riscos.

Realizávamos a gestão de riscos no passado, mas somente a gestão de riscos financeiros e de cronograma. Para mitigar um risco financeiro, aumentamos o orçamento do projeto. Para mitigar um risco de cronograma, adicionamos mais tempo a ele. No entanto, na década de 1990, os riscos técnicos se tornaram cruciais. Simplesmente adicionar mais tempo ou dinheiro ao plano não é a solução para mitigar riscos técnicos. A gestão de riscos técnicos aborda primordialmente duas questões:

1. Podemos desenvolver a tecnologia considerando as restrições impostas?
2. Se desenvolvermos a tecnologia, qual é o risco de obsolescência, e quando podemos esperar que isso ocorra?

Para abordar esses riscos técnicos, são necessárias estratégias eficientes de gestão de riscos baseadas na previsão técnica. A princípio, pode parecer que tornar a gestão de riscos parte integral do planejamento de projetos deve ser relativamente fácil. Basta identificar e tratar os fatores de risco antes de eles saírem do controle. Infelizmente, o provável é que o contrário seja a norma, pelo menos em um futuro previsível.

Durante anos, as empresas só falavam da gestão de riscos da boca para fora e achavam que simplesmente tinham de conviver com eles. Muito pouco se publicou sobre como desenvolver um processo estruturado de gestão de riscos. O desastre com a espaçonave *Challenger*, em janeiro de 1986, despertou a todos em relação à importância de uma gestão de riscos eficiente.[4]

---

[4] O estudo de caso "The Space Shuttle *Challenger* Disaster" aparece em H. Kerzner, *Project Management Case Studies*, 5th ed. Hoboken, NJ: Wiley, 2017, p. 357.

Hoje, a gestão de riscos tornou-se tão importante que as empresas estão estabelecendo organizações internas separadas dedicadas a ela. Entretanto, muitas empresas têm usado unidades funcionais de gestão de riscos há anos, e ainda assim esse conceito tem passado despercebido. A seguir temos um panorama da metodologia de gerenciamento de programa do departamento de gestão de riscos de uma empresa manufatureira internacional sediada em Ohio, EUA. Esse departamento está em operação há aproximadamente 25 anos.

O departamento de gestão de riscos é parte da disciplina financeira da empresa e, em última análise, reporta-se ao tesoureiro, que se reporta ao diretor financeiro (CFO). O objetivo geral do departamento é coordenar a proteção dos ativos da empresa. O meio principal para se alcançar esse objetivo é eliminar ou reduzir as perdas potenciais por meio de programas de prevenção. O departamento funciona de forma muito alinhada com o departamento interno de saúde e segurança. Além disso, ele utiliza especialistas externos em controle de perdas para auxiliar as divisões da empresa na prevenção de perdas.

Um método empregado pela empresa para assegurar o envolvimento de toda a corporação no processo de gestão de riscos é responsabilizar suas divisões por qualquer perda até determinado nível de retenção segurado pelas próprias divisões. Se houver uma perda significativa, a divisão tem de absorver a perda e seu impacto em sua margem de lucro final. Isso envolve diretamente as divisões tanto na prevenção de perdas quanto no gerenciamento de pedidos de indenização. Quando ocorre um pedido de indenização, a gestão de riscos mantém contato regular com o pessoal da divisão para estabelecer protocolo sobre o pedido e uma resolução final.

A empresa não compra seguros acima dos níveis de retenção designados. Assim como com os pedidos de indenização do cliente, os prêmios de seguro são alocados às suas divisões. Esses prêmios são calculados com base no volume de vendas e histórico de perdas dos pedidos de indenização, sendo o percentual mais significativo alocado para este último.

Cada uma das localizações da empresa precisa manter um plano de continuidade de negócios. Esse plano é revisado pela gerência de riscos e é auditado pelos departamentos internos de auditoria e de saúde ambiental e segurança.

A gestão de riscos é uma parte integrante das operações da corporação, como evidenciado por seu envolvimento no processo de diligência prévia para aquisições ou desinvestimentos. É envolvida no início do processo, e não no fim, e fornece um relatório por escrito detalhado das descobertas, além de uma apresentação oral para a gerência do grupo.

O serviço de atendimento ao cliente faz parte do estatuto social da empresa. Os clientes atendidos pela gestão de riscos são as divisões da empresa. O estilo de gerenciamento do departamento com seus clientes é o de construção de um consenso e não de imposição. Isso é exemplificado pelo fato de a empresa usar vários administradores externos terceirizados (TPAs, *third-party administrators*) em estados em que a empresa possui seguro próprio. Administrativamente, seria muito mais fácil utilizar um único TPA nacional. Entretanto, usar TPAs regionais fortes com escritórios em estados nos quais as divisões operam oferece às divisões uma assistência especializada em leis estaduais específicas. Essa abordagem funcionou muito bem para essa empresa, que reconhece a necessidade de conhecimentos sobre as leis de cada estado em particular.

A importância da gestão de riscos hoje é evidente em todo o mundo. Os princípios da gestão de risco podem ser aplicados a todos os aspectos de um negócio, não apenas a projetos. Quando uma empresa começa a usar práticas de gestão de risco, ela sempre pode identificar outras aplicações para esses processos.

Para empresas multinacionais que são voltadas a projetos, a gestão de riscos tem suma importância. Nem todas as empresas, especialmente em países não desenvolvidos, compreendem a gestão de riscos ou a sua importância. Esses países às vezes a veem como uma despesa de excesso de gerenciamento em um projeto.

Considere o seguinte cenário: à medida que sua organização vai melhorando em gestão de projetos, seus clientes começam a lhe dar mais e mais trabalho. Você está conseguindo contratos para projetos *turnkey*, ou projetos de solução completa. Antes, tudo o que você tinha de fazer era entregar o produto dentro do prazo e pronto. Agora você também é responsável pela instalação e o início das operações, às vezes até mesmo pelos serviços contínuos de atendimento ao cliente. Como os clientes não usam mais seus próprios recursos no projeto, eles se preocupam menos com como você está lidando com seu sistema de gestão de projetos.

Como alternativa, você poderia estar trabalhando para clientes do terceiro mundo que ainda não desenvolveram seus próprios sistemas. Cem por cento do risco desses projetos é seu, especialmente à medida que os projetos vão se tornando mais complexos. (Ver Figura 5.6.) Bem-vindo ao século XXI!

Uma subcontratada recebeu um contrato para instalar componentes nas novas instalações de um cliente. A construção das instalações seria concluída até determinada data específica. Depois da conclusão da construção, a contratada instalaria os equipamentos, realizaria testes e, então, daria início às operações. A subcontratada não poderia faturar produtos ou serviços até depois de um início bem-sucedido das operações. Havia também uma cláusula que previa uma multa para entrega com atraso.

A contratada entregou os componentes ao cliente dentro do prazo, mas os componentes foram colocados em um armazém porque a construção das instalações estava atrasada. A contratada agora tinha um problema de fluxo de caixa e um possível pagamento de multa devido a dependências externas que se encontravam no caminho crítico. Em outras palavras, o cronograma da contratada estava sendo controlado pelas ações de terceiros. Se o gerente de projetos tivesse feito a gestão de riscos de negócios em vez de apenas a gestão de riscos técnica, esses riscos poderiam ter sido reduzidos.

Para o gerente de projetos global, a gestão de riscos assume uma nova dimensão. O que acontece se a cultura do país com o qual você está trabalhando não compreende a gestão de riscos nem possui qualquer processo de gestão de riscos? O que acontece se os funcionários estiverem temerosos de que más notícias venham à tona ou de que novos problemas potenciais sejam identificados? O que acontece se as restrições do projeto sobre tempo, custo e qualidade/desempenho não fizerem sentido para os trabalhadores locais?

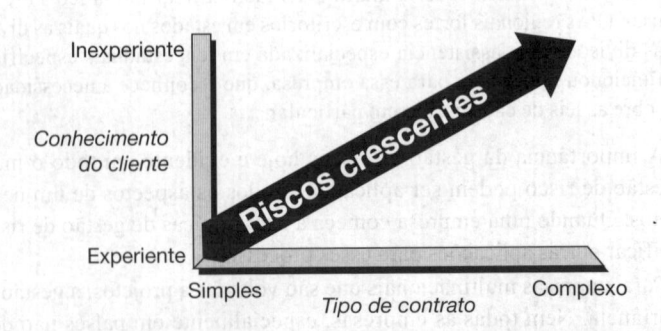

Figura 5.6 Riscos futuros.

5.7 Wärtsilä: a necessidade de uma gestão de riscos proativa

GESTÃO DE RISCOS PROATIVA NOS PROJETOS DAS INSTALAÇÕES DA USINA DE ENERGIA DA WÄRTSILÄ

Na Wärtsilä, a gestão de riscos de projetos tradicionalmente tem lidado com a identificação e o planejamento. Vimos que isso agora precisa ser expandido, passando a cobrir também a reflexão e a tomada de ações proativas nos projetos complexos de hoje. Os riscos precisam ser enfrentados com antecedência, antes de ocorrerem e potencialmente prejudicarem os objetivos dos projetos. Agora apresentaremos brevemente o que fizemos a esse respeito. O modo como a incerteza e o risco são enfrentados em projetos depende muito da experiência.

Pode-se dizer que muitos gerentes de projetos só lidam com riscos e incertezas em decorrência do que eles já estão vivenciando em seus projetos. Gerentes de projetos experientes, no entanto, podem reconhecer riscos muito antes de eles virarem problemas. Da mesma forma, as oportunidades e incertezas positivas podem ser reconhecidas com maior facilidade por gerentes de projetos experientes. Entretanto, o reconhecimento de oportunidades depende não somente da experiência, uma vez que é necessário também uma disposição a correr riscos. Em muitos casos, é necessário que os gerentes de projetos passem por uma mudança de mentalidade para serem capazes de fazê-lo.

À medida que o gerenciamento de projetos de grande porte foi se tornando mais complexo, tornou-se essencial que o gerente de projetos tenha experiência suficiente para ter uma percepção precisa do que está envolvido. Além do projeto em si, é de extrema importância conhecer o local, o cliente e o ambiente. Não ter conhecimento sobre ou experiência nessas questões pode causar grandes problemas, tornando o projeto mais complexo e desafiador do que o necessário.

Para evitar essas armadilhas, é importante usar o conhecimento, a experiência e a criatividade combinados de toda a equipe do projeto. Embora o gerenciamento de riscos seja responsabilidade do gerente do projeto, não é uma tarefa apenas dele. Toda a equipe de projeto precisa compartilhar essa responsabilidade.

Isso nos mostra a relevância de ter um banco de dados de lições aprendidas com informações que sejam compartilhadas entre as equipes de projetos. Tal banco de dados é um importante recurso para um novo gerente de projetos ou outro membro da equipe de projeto que esteja se reunindo aos outros. Da mesma forma, quando uma equipe de projeto aceita um novo tipo de projeto, ou um projeto em um local totalmente novo, é vantajoso ser capaz de avaliar o conhecimento sobre casos similares. Tendo isso em vista, está sendo implementado um banco de dados de lições aprendidas para que todo esse conhecimento e essa experiência possam ser compartilhados.

Vimos que o conhecimento e a experiência desempenham um importante papel na gestão de riscos, incertezas e outros fatores em projetos. Entretanto, gestão de riscos proativa é algo nem sempre fácil de implementar, já que depende das percepções de tantas pessoas diferentes a seu respeito. É necessária muita comunicação para que se possa ter uma compreensão comum do que a organização precisa em relação a riscos e incertezas, além de uma clara compreensão dos possíveis benefícios que isso traz para a organização. A gestão de riscos proativa não en-

---

O material da Seção 5.7 foi fornecido pelo escritório de gestão de projetos da Wärtsilä (WPMO). Direitos autorais da Wärtsilä Corporation 2017. Reproduzido com permissão.

volve apenas identificar, classificar e quantificar os riscos; trata-se de muito mais. A utilização desse processo envolve ter a maturidade para usar a experiência e o conhecimento adquiridos para evitar que riscos cheguem a ocorrer, além da confiança para tomar as ações necessárias para ser capaz de incentivar o desenvolvimento de oportunidades positivas.

Uma equipe de projetos precisa de uma ferramenta de gestão de riscos de projetos na qual os eventos futuros, tanto os previstos quanto os imprevistos, possam ser acompanhados continuamente. Uma ferramenta de processos de gestão de riscos não precisa necessariamente ser complexa. O aspecto mais importante é a forma como ela é utilizada na organização. Vemos que, nesse caso, a afirmação "quanto mais simples, melhor" descreve muito bem o que é necessário.

O processo proativo de gestão de riscos colocado em uso na Wärtsilä consiste em três fases diferentes. (Ver Figura 5.7.) Primeiro, deve-se fazer a classificação de um projeto para definir a sua complexidade. Daí em diante, os processos de risco propriamente ditos serão gerenciados como um processo contínuo durante todo o ciclo de vida do projeto. Além disso, devem-se registrar as lições aprendidas sobre riscos em que as ações tomadas diferiram significativamente da resposta planejada. Na Wärtsilä, implementamos todo esse processo em uma ferramenta de gestão de projetos comum usada por todas as equipes e a gerência.

O processo de classificação fornecerá informações importantes para os passos da identificação de riscos. A intenção do processo é incentivar os gerentes de projetos a pensarem no projeto e tanto definirem onde se encontra a complexidade do projeto quanto fornecerem informações para a identificação do processo de gestão de riscos. Eles têm de descrever o projeto de um ponto de vista objetivo. Um dos principais valores agregados que a classificação de projeto traz para a gestão de projetos é definir os recursos necessários para a alocação de recursos.

O processo de gestão de riscos fundamentalmente depende do fato de ser um processo contínuo. Todos os mesmos elementos que foram usados no processo de classificação são implementados nesse processo. O processo tradicional de gestão de riscos descrito no *Guia PMBOK®* (2008) foi usado como a base para o novo processo de gestão de riscos.

Para que um processo proativo de gestão de riscos seja bem-sucedido, é vital que a equipe de projeto tire total proveito dele. O desconhecimento de riscos e incertezas causa grandes problemas à gestão de projetos quando eles se materializam inesperadamente e se tornam problemas nocivos.

Um bom sistema de comunicação precisa ser criado para que as equipes de projeto implementem um processo uniforme de gestão de riscos. Além disso, deve-se oferecer treinamento sobre como usar o processo de gestão de riscos para melhorar a compreensão de como o processo de riscos proativo pode ser utilizado e para que se compreenda por que ele é tão importante.

5.8 Indra: quando um risco se torna uma realidade (gerenciamento de problemas)

Em uma empresa como a Indra, com milhares de projetos ativos geograficamente distribuídos, uma prática sólida e contínua de gestão de riscos é vital. Isso é exibido na Figura 5.8.

Seção 5.8 © 2017 Indra. Reproduzido com permissão. Todos os direitos reservados. O material sobre a Indra foi fornecido por Alfredo Vázquez Díaz, profissional de gestão de projetos (PMP®) e diretor do escritório de gestão de projetos corporativos.

Capítulo 5 • Processos integrados 273

3. Lições aprendidas
As equipes de projeto reúnem as lições aprendidas sobre riscos que tiveram mudanças significativas em relação ao que foi planejado.

2. Gestão de riscos

Análise de riscos
• Identificação do tamanho do risco baseada na escolha de possibilidade e impacto dos riscos.

Identificação de riscos
• A equipe de projeto identifica os riscos usando o template de riscos.

Plano de resposta a riscos
• Para riscos altos e médios, deve-se pensar em um plano de respostas.

Plano de gestão de riscos
• Usa a classificação do projeto como uma base temporal para o plano de riscos.

1. Classificação de projeto
O gerente de projetos preenche a classificação de projeto (ABC).

Processo contínuo

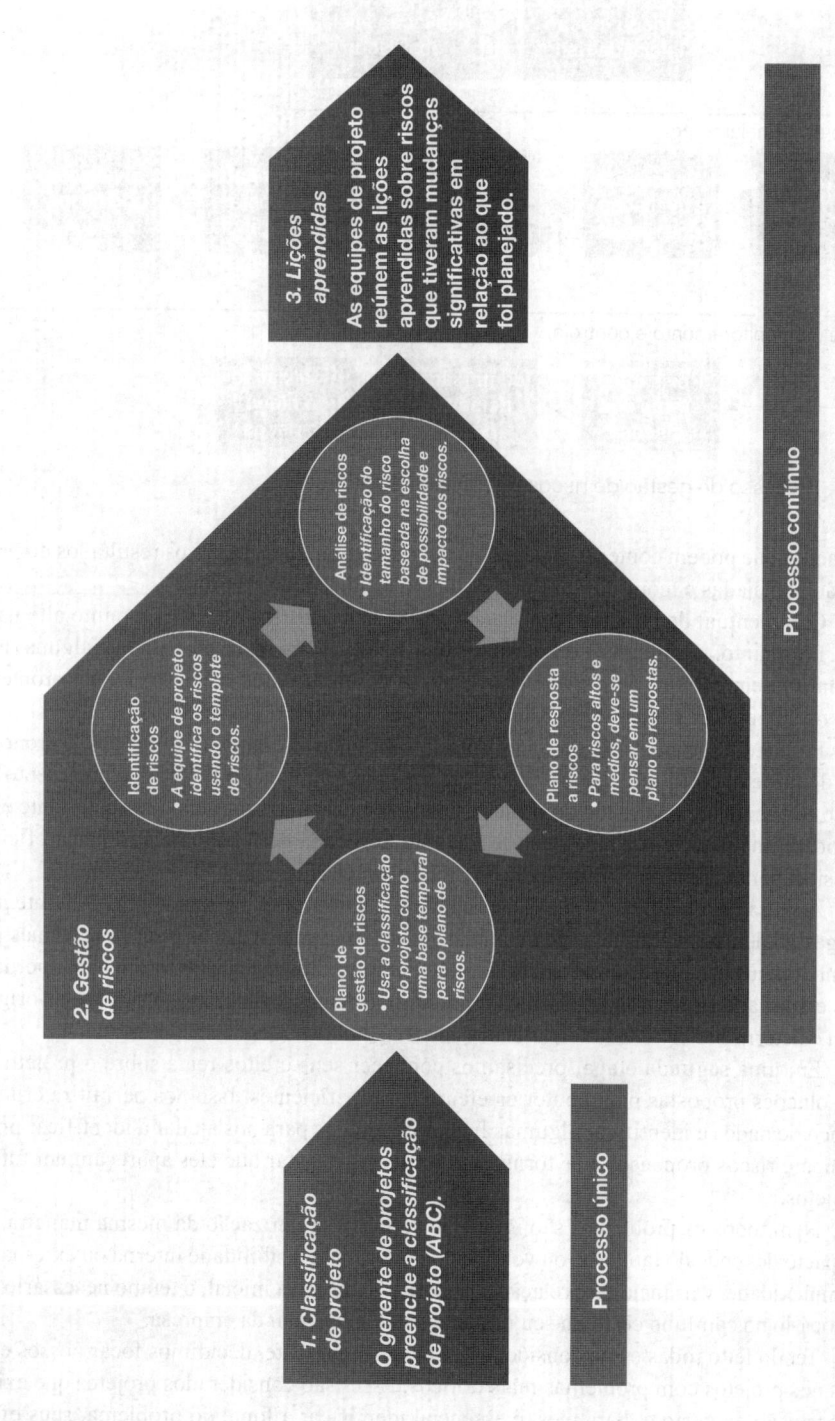

Processo único

Figura 5.7 Processo proativo de gestão de riscos de projetos nas usinas de energia elétrica da Wärtsilä.

Na fase de preparação da proposta:

Identificação inicial de riscos ▶ Avaliação inicial dos riscos

Na fase de planejamento:

Identificação de riscos ▶ Descrição e avaliação dos riscos ▶ Priorização dos riscos ▶ Planejamento de respostas e contingência ▶ Avaliação de riscos residuais

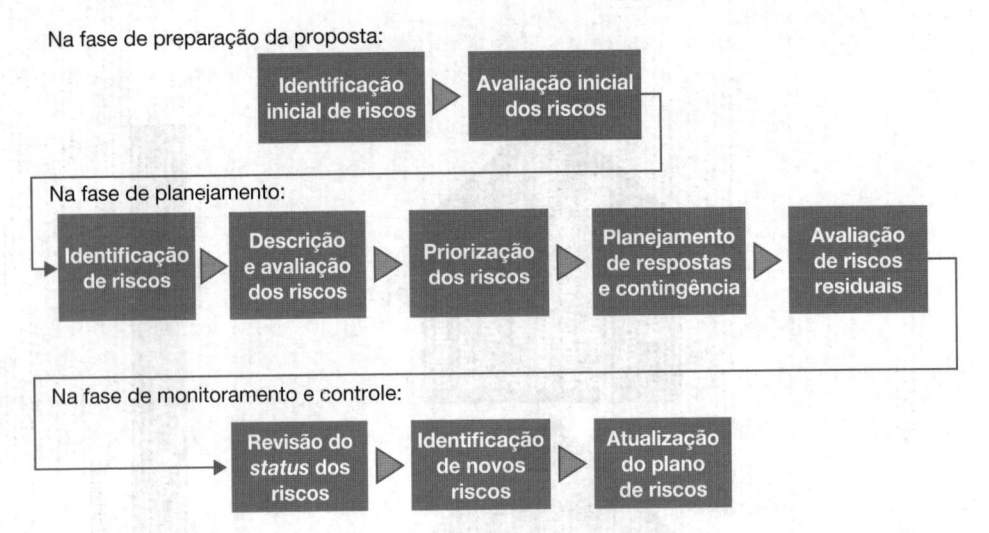

Na fase de monitoramento e controle:

Revisão do *status* dos riscos ▶ Identificação de novos riscos ▶ Atualização do plano de riscos

Figura 5.8 Processo de gestão de riscos de projetos da Indra.

As ações que podem conter o impacto que os riscos podem ter sobre os resultados do projeto são planejadas e monitoradas durante todo o ciclo de vida do projeto.

O percentual de projetos com planos de riscos e registros de riscos é muito alto na Indra. Entretanto, nós do PMO observamos que esses valores não evitavam que alguns riscos acontecessem e, o que é pior, que outros riscos desconhecidos surgissem como problemas que os gerentes de projetos não foram capazes de identificar em seus planos.

Porém, um problema não está no futuro, e sim já está afetando os marcos, o cronograma do projeto, certos elementos da EAP (Estrutura Analítica do Projeto), o orçamento alocado ou o nível de qualidade do projeto. Por esse motivo, um problema normalmente exige resposta imediata, e sua resolução precisa ser abordada de forma mais rápida e eficiente possível para evitar que outras áreas do projeto sejam afetadas.

Analisar a relação entre riscos e problemas é essencial para uma abordagem integrada da gestão de riscos. Por meio de uma análise *pre-mortem* dos riscos e seus problemas relacionados, sua ordenação e classificação e de por que esses riscos não foram bem abordados nas etapas anteriores do planejamento, procuramos compreender as causas que os originaram e determinar critérios mais precoces de triagem de riscos.

Em uma segunda etapa, precisamos conhecer seus efeitos reais sobre o projeto e se as soluções propostas para conter os efeitos foram eficientes. Isso nos permitirá criar um banco de dados e identificar algumas lições aprendidas para nos ajudar a identificar precocemente riscos propensos a se tornarem problemas e evitar que eles apareçam em futuros projetos.

Nem todos os problemas são iguais ou afetam a organização da mesma maneira. Seu impacto depende do tamanho ou volume do projeto, sua visibilidade interna ou externa, sua complexidade, variâncias em relação à previsão econômica inicial, o tempo necessário para colocá-lo no caminho certo ou seu impacto sobre a imagem da empresa.

Tendo feito todas essas considerações antecipadamente, decidimos focar nossos esforços nos projetos com problemas mais críticos. Esses são considerados projetos que exigem supervisão de perto e, para eles, é essencial identificar a fonte do problema, seus efeitos imediatos e o prosseguimento do plano de ação. Para possibilitar isso, criamos uma funcionalidade em nosso Sistema de Informações da Gestão de Projetos (SIGP) chamada de Registro de Problemas. Tal registro está embutido em nosso módulo de Gerenciamento de Problemas do SIGP.

O Registro de Problemas funciona da seguinte maneira: quando um PMO ou um usuário responsável pelo controle do projeto analisa um projeto e detecta que ele está com sérios problemas, o gerente de projetos precisa preencher informações detalhadas no módulo de Registro de Problemas. Isso pode ser disparado automaticamente por meio de um alerta vermelho no SIGP. (Ver Figura 5.9.)

O gerente de projetos deve descrever os problemas existentes em seu projeto, os planos de ação para lidar com eles e o alvo de recuperação que precisa ser atingido para trazer o projeto de volta ao caminho certo. Tendo realizado isso, e para evitar que essa seja uma representação estática do projeto, espera-se que o gerente de projetos atualize as informações a cada período de relatório a partir desse momento, indicando atualizações do plano de ação e o *status* do projeto em relação aos alvos iniciais.

O que pretendemos conseguir com o Registro de Problemas? Queremos focar nossa atenção e nossos esforços em:

- Detectar quais problemas surgiram de riscos anteriormente identificados e quais não surgiram
- Obter uma classificação e tipificação homogêneas dos projetos que tinham sido seriamente afetados por problemas
- Acompanhar a eficiência dos planos de ação relacionados ao problema
- Produzir relatórios automatizados e sistemáticos para a gerência da empresa sobre esses problemas e seus projetos a partir de diferentes perspectivas (unidade de negócios, solução, tipo de projeto, localização geográfica, etc.)

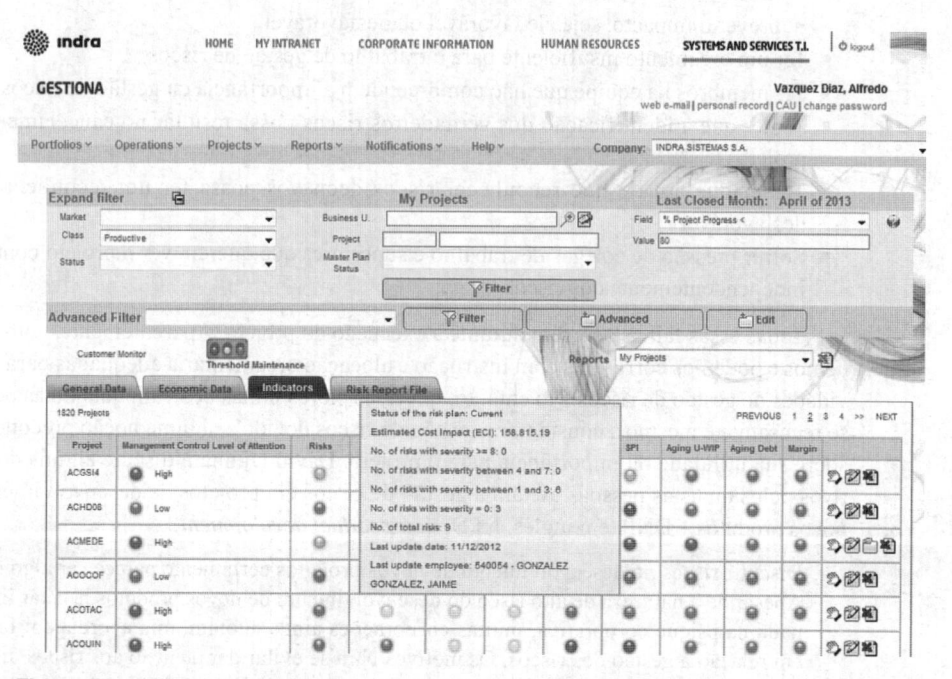

Figura 5.9 Monitoramento de riscos de projetos no SIGP da Indra.

Historicamente, os esforços de nossa organização eram voltados à gestão de riscos, relegando o gerenciamento de problemas a um processo secundário, não conectado à gestão de riscos. O gerenciamento de problemas era mais dependente do envolvimento e da proatividade do gerente de projetos e, por esse motivo, era abordado de forma heterogênea, normalmente no contexto de um projeto interno e sem um monitoramento de perto e um acompanhamento do problema pela organização, que é o que ocorria com a gestão de riscos.

O registro e acompanhamento de projetos e a rastreabilidade entre riscos e problemas podem ser feitos a partir do SIGP. Para reverter a dinâmica real, daremos um primeiro passo, aprendendo com problemas já ocorridos e, baseados neles, em uma segunda etapa, priorizando a prevenção de problemas recorrentes, aqueles que foram registrados, diagnosticados e solucionados por outros gerentes de projetos, obtendo informações inestimáveis para que gerentes de projetos aprendam com a experiência de outros em seus próprios futuros projetos similares.

A solução se encontra no cerne do problema, e só conhecendo o problema é que podemos solucioná-lo e evitá-lo.

5.9 O fracasso da gestão de riscos

Há diversos motivos pelos quais a gestão de riscos pode falhar. Motivos típicos incluem:

- A incapacidade de:
  - realizar a gestão de riscos com eficácia
  - identificar os riscos
  - medir a incerteza da ocorrência
  - prever o impacto, seja ele favorável ou desfavorável
- Ter um orçamento insuficiente para o trabalho de gestão de riscos
- Ter membros na equipe que não compreendem a importância da gestão de riscos
- Temer que a identificação dos verdadeiros riscos possa resultar no cancelamento do projeto
- Temer que aquele que reconhecer riscos decisivos possa ter um reconhecimento desfavorável
- Sofrer pressão de colegas de trabalho e superiores que querem ver o projeto concluído independentemente dos riscos

Todas essas falhas ocorrem durante a execução do projeto. Aparentemente, compreendemos e podemos corrigi-las com instrução e alocação orçamentária adequadas para as atividades de gestão de riscos. No entanto, talvez as piores falhas ocorram quando as pessoas se recusam até mesmo a considerar a gestão de riscos devido a alguma noção preconcebida sobre sua utilidade ou importância para o projeto. David Dunham discute alguns dos motivos pelos quais as pessoas evitam a gestão de riscos em projetos de desenvolvimento de novos produtos – DNP (em inglês, NPD, *new product development*).

Discutir riscos no desenvolvimento de novos produtos certamente parece ser algo difícil. Apesar de a natureza de alto risco do desenvolvimento de novos produtos já estar impregnada na psique corporativa, muitas corporações ainda adotam uma abordagem fatalista em relação à gestão dos riscos. Os motivos para se evitar dar atenção aos riscos diferem, dependendo da função que você ocupa na empresa.

Gerente de programas

- Dedicar tempo à avaliação e à gestão de riscos vai contra a cultura de ação de muitas corporações. Citando um executivo, "A gestão de riscos não cria ativos".
- A gerência sente que a aprendizagem pode/deve ser feita no mercado.

Gerente do projeto

- Há uma aversão natural entre os desenvolvedores a focar o lado negativo.
- Realçar riscos é contraintuitivo para as equipes de desenvolvimento que querem promover a oportunidade ao competir por financiamento para o DNP.[5]

5.10 Definindo a maturidade usando a gestão de riscos

Durante anos, a maturidade da gestão de projetos era medida pela frequência com que conseguíamos atender à tripla restrição dos projetos de prazos, custos e desempenho ou escopo. Hoje, estamos começando a medir a maturidade em componentes, como as áreas de conhecimento do *Guia PMBOK®*. A maturidade hoje é medida em etapas e componentes, como o nível de desempenho de nosso gerenciamento de escopo, gerenciamento de tempo, gestão de riscos e outras áreas de conhecimento. Gregory Githens acredita que o modo como lidamos com a gestão de riscos pode ser um indicador de maturidade organizacional:

Algumas empresas têm maior capacidade de gerenciar riscos, sendo as mais consistentes em seu crescimento e lucratividade.

Talvez o teste mais simples para examinar a maturidade da gestão de riscos seja examinar o grau de autoridade dado ao gerente do programa (projeto) DNP: se a autoridade for alta, então a organização provavelmente está se posicionando bem para gerenciar riscos, mas se a autoridade for baixa, então a organização pode estar com a visão ofuscada. Outro teste é o uso de listas de verificação: se marcar o que foi feito em uma lista de verificação for a única resposta da empresa aos riscos, a maturidade organizacional é baixa. A gestão de riscos fornece [uma] excelente lente por meio da qual avaliar a capacidade de uma empresa de integrar e equilibrar a intenção estratégica com as operações.

Muitas empresas ignoram a gestão de riscos porque ainda não viram necessidade de empreendê-la. Elas percebem sua indústria como estável e focam primordialmente suas rivais competitivas e seus desafios operacionais.... Ao abordar riscos no nível do projeto, encoraja-se a organização a deixar vir à tona novas preocupações estratégicas.

As principais empresas de DNP possuem uma sofisticada capacidade de gestão de riscos e "agendam" um plano de projeto, prestam atenção aos detalhes do escopo do produto e ao escopo do projeto, usam ferramentas de gestão de riscos, como simulações computacionais e negociações baseadas em princípios, e documentam seus planos e premissas. Essas empresas mais maduras são aquelas que consideram os riscos ao estabelecer as linhas de base e os contratos de projetos. Por exemplo, a Nortel usa um conceito chamado "fora dos limites" (*out of bounds*) que dá aos gerentes de programa de DNP a liberdade para fazer *trade-offs* entre tempo, desempenho, custo e outros fatores. A análise e gestão de riscos é uma importante ferramenta.

Empresas menos maduras normalmente estabelecem uma data limite e dão atenção a pouco mais do que isso (e, na minha experiência, esse é o caso da maioria das empresas).

---

[5] D. J. Dunham, "Risk Management: The Program Manager's Perspective", em P. Belliveau, A. Griffin, and S. Somermeyer, The *PDMA Toolbook for New Product Development* (Hoboken, NJ: Wiley, 2002), p. 382.

As empresas que usam a regra de decisão de "Respeitar a data de lançamento" caem em uma espécie de aceitação passiva – ocultando os riscos em vez de gerenciá-los. Remediar situações emergenciais, o que é vulgarmente conhecido como "apagar incêndios", e gerenciamento de crises caracterizam sua cultura organizacional, e seu desempenho estratégico é inconsistente. Essas empresas são como o personagem mitológico Ícaro: voam alto, mas logo caem, pois ignoraram eventos arriscados facilmente reconhecíveis.[6]

5.11 Boeing Aircraft Company

À medida que as empresas vão se tornando mais bem-sucedidas em gestão de projetos, a gestão de riscos vai se tornando um processo estruturado e realizado continuamente ao longo de todo o ciclo de vida do projeto. Os dois fatores mais comuns que servem de suporte à necessidade da gestão de riscos são quanto tempo o projeto dura e que volume de dinheiro está em jogo. Por exemplo, considere os projetos das aeronaves da Boeing. Projetar e produzir um novo avião pode exigir 10 anos e um investimento financeiro de mais de US$15 bilhões.

De um ponto de vista acadêmico, a Tabela 5.1 mostra as características de riscos na Boeing Aircraft Company. (A tabela não pretende deixar implícito que os riscos são mutuamente exclusivos, nem que esses são os únicos riscos existentes.) Novas tecnologias podem agradar aos clientes, mas os riscos de produção aumentam porque a curva de aprendizagem é alongada com a nova tecnologia em relação à tecnologia aceita. A curva de aprendizagem pode ser ainda mais alongada quando alguns recursos são projetados de forma personalizada para clientes individuais. Além disso, a perda de fornecedores ao longo da vida de uma aeronave pode afetar o nível de riscos técnicos e de produção. As relações entre esses riscos exigem o uso de uma matriz de gestão de riscos e uma avaliação de riscos continuada.

5.12 Gerenciamento de mudanças

As empresas usam o gerenciamento de mudanças para controlar tanto as mudanças geradas internamente quanto aquelas impulsionadas pelo cliente no escopo dos projetos. A maioria das empresas estabelece um comitê de controle de configurações ou um comitê de controle de mudanças para regular as mudanças. Para mudanças impulsionadas pelo cliente, este participa como membro do comitê de controle de configurações. Este comitê trata, pelo menos, das seguintes questões:

1. Qual é o custo da mudança?
2. Qual é o impacto da mudança sobre os cronogramas do projeto?
3. Que valor agregado a mudança representa para o cliente ou usuário final?
4. Quais são os riscos?

O benefício de desenvolver um processo de gerenciamento de mudanças é que ele lhe permite gerenciar seu cliente. Quando seu cliente inicia uma solicitação de mudança, você deve ser capaz de prever imediatamente o impacto da mudança sobre cronograma, seguran-

---

[6] G. D. Githens, "How to Assess and Manage Risk in NPD Programs: A Team-Based Risk Approach", em P. Belliveau, A. Griffin, and S. Somermeyer, *The PDMA Toolbook for New Product Development* (Hoboken, NJ: Wiley, 2002), p. 208.

TABELA 5.1	Categorias de risco na Boeing	
Tipo de risco	Descrição do risco	Estratégia de mitigação de riscos
Financeiro	Financiamento à vista e período de pagamento baseado no número de aeronaves vendidas	Financiamento por fases do ciclo de vida Gerenciamento contínuo de riscos financeiros Compartilhamento de riscos com empresas subcontratadas Reavaliação de riscos baseada nos compromissos de venda
Mercadológico	Previsão das expectativas do cliente sobre custos, configuração e comodidades baseada em uma vida útil de 30 a 40 anos de uma aeronave	Contato de perto com o cliente, coletando informações Disposição a fazer um projeto personalizado por cliente Desenvolvimento de um projeto de linha de base que possibilite personalizações
Técnico	Devido à longa vida útil de uma aeronave, é necessário que se façam previsões quanto à tecnologia e ao seu impacto sobre custo, segurança, confiabilidade e capacidade de manutenção	Processo estruturado de gerenciamento de mudanças Uso de uma tecnologia comprovada em vez de tecnologias de alto risco Processos em paralelo de melhoria de produtos e de desenvolvimento de novos produtos
De produção	Coordenação da produção e montagem de um grande número de subcontratadas sem afetar custos, cronogramas, qualidade ou segurança	Relações profissionais próximas com as empresas subcontratadas Processo estruturado de gerenciamento de mudanças Lições aprendidas dos programas de outras novas aeronaves Uso de curvas de aprendizagem

Nota: As informações desta seção sobre como a Boeing pode caracterizar riscos no projeto de uma nova aeronave representam a opinião do autor e não necessariamente a opinião oficial da Boeing.

ça, custos e desempenho técnico. Essas informações precisam ser transmitidas ao cliente imediatamente, especialmente se sua metodologia for tal que nenhuma mudança seja possível devido à fase do ciclo de vida em que você se encontra. Informar seu cliente sobre o funcionamento de sua tecnologia é essencial para conseguir a adesão dele às suas recomendações durante o processo de mudança no escopo.

A gestão de riscos e o gerenciamento de mudanças funcionam juntos. Os riscos geram mudanças que, por sua vez, criam novos riscos. Por exemplo, considere uma empresa em que o gerente de projetos seja responsável pelo desenvolvimento de um novo produto. A gerência normalmente determina uma data de lançamento antes mesmo de o projeto ser iniciado. Ela quer que o fluxo de receita do projeto comece em determinada data a fim de contrabalançar os custos de desenvolvimento. Os gerentes de projetos veem os executivos como seus clientes durante o desenvolvimento de novos projetos, mas os executivos veem os clientes como os acionistas que esperam receber um fluxo de receitas proveniente do novo produto. Quando a data de lançamento não é cumprida, surpresas significam que "cabeças irão rolar" – normalmente as cabeças dos executivos primeiro.

Na edição anterior deste livro, afirmamos que a Asea, Brown e Boveri tinha desenvolvido excelentes processos de gestão de riscos, então é compreensível que a empresa também tenha estruturado processos de gerenciamento de mudanças. Em empresas excelentes em gestão de projetos, a gestão de riscos e o gerenciamento de mudanças ocorrem continuamente ao longo de todo o ciclo de vida do projeto. O impacto sobre a qualidade do produto, bem como seus custos e tempo de produção, é continuamente atualizado e informado à gerência o mais rapidamente possível. O objetivo é sempre minimizar o número e a ordem de grandeza das surpresas.

5.13 Outros processos de gerenciamento

O empoderamento dos funcionários e as equipes de trabalho autogerenciadas conquistaram o mundo dos negócios durante o início da década de 1990. Com uma ênfase crescente na satisfação do cliente, fazia sentido empoderar aqueles que se encontram mais próximos dele – o pessoal que recebia pedidos, enfermeiras, caixas, entre outros – para agir na resolução das reclamações dos clientes. Uma extensão lógica do empoderamento dos funcionários é a equipe de trabalho autogerenciada. Trata-se de um grupo de funcionários responsáveis por gerenciar a si mesmos nas atividades cotidianas e no trabalho que realizam. Isso inclui a responsabilidade de lidar com recursos e de resolver problemas.

Alguns veem o empoderamento como a base da próxima revolução industrial, e é verdade que muitas corporações de renome internacional estabeleceram equipes de trabalho autogerenciadas. Entre elas estão Esso, Lockheed-Martin, Honeywell e Weyerhauser. Só o tempo dirá se esses conceitos virarão uma tendência ou se não passarão de um modismo.

Fazer a reengenharia de uma corporação é outro termo para implementar o *downsizing* da organização com a (muitas vezes infeliz) crença de que a mesma quantidade de trabalho pode ser realizada por menos pessoas, com custos mais baixos e em um período mais curto. Como a gestão de projetos propõe fazer mais em menos tempo, com menos pessoal, parece prático implementá-la como parte da reengenharia. Ainda não se tem certeza de que o *downsizing* executado ao mesmo tempo em que a implementação da gestão de projetos funcione, mas as organizações orientadas a projetos parecem considerar essa opção bem-sucedida.

O custeio do ciclo de vida foi usado pela primeira vez em organizações militares. Dito de forma simples, ele exige que as decisões tomadas durante o processo de P&D sejam avaliadas em relação ao custo do ciclo de vida total do sistema. Os custos do ciclo de vida são o custo total da organização para a propriedade e aquisição do produto ao longo de toda a sua vida.

6

Cultura

6.0 Introdução

Talvez a característica mais significativa das empresas excelentes em gestão de projetos seja a sua cultura. A implementação bem-sucedida da gestão de projetos cria uma organização e uma cultura que podem mudar segundo as demandas de cada projeto e ainda assim se adaptar rapidamente a um ambiente dinâmico e em constante mudança, talvez ao mesmo tempo. As empresas bem-sucedidas precisam lidar com mudanças em tempo real e conviver com a possível desordem que as acompanham. A situação pode se tornar mais difícil se duas empresas com culturas possivelmente diversas tiverem de trabalhar juntas em um projeto comum.

Mudanças são inevitáveis em todas as organizações, mas talvez mais ainda nas organizações orientadas a projetos. Como tais, as empresas excelentes perceberam que o sucesso competitivo pode ser alcançado somente se a organização tiver uma cultura que promova o comportamento necessário. As culturas corporativas não podem ser mudadas da noite para o dia. Normalmente são necessários anos, mas o período pode ser reduzido se existir apoio executivo. Além disso, se mesmo um único executivo se recusar a apoiar uma cultura de gestão de projetos potencialmente boa, o resultado pode ser desastroso.

No alvorecer da gestão de projetos, uma pequena empresa aeroespacial teve de desenvolver uma cultura de gestão de projetos para conseguir sobreviver. A mudança foi rápida. Infelizmente, o vice-presidente de engenharia se recusou a aderir à nova cultura. Antes da aceitá-la, a base de poder da organização era a engenharia. Todas as decisões eram ou instigadas, ou aprovadas pela engenharia. Como a organização poderia fazer seu vice-presidente aderir à nova cultura?

O presidente percebeu o problema, mas passou por cima dele na busca de uma solução prática. Livrar-se do vice-presidente poderia ser uma alternativa, mas impraticável devido aos seus sucessos anteriores e ao seu *know-how* técnico. A corporação recebeu um projeto de dois anos que era estrategicamente importante para a empresa. O vice-presidente foi, então, temporariamente designado como gerente do projeto e removido de seu cargo de vice-presidência de engenharia. Na conclusão do projeto, o vice-presidente foi designado a preencher o cargo recém-criado de vice-presidente de gestão de projetos.

6.1 A criação de uma cultura corporativa

Culturas corporativas podem levar muito tempo para serem criadas e entrarem em vigor, mas podem ser destruídas da noite para o dia. As culturas corporativas da gestão de projetos baseiam-se no comportamento organizacional, e não em processos. As culturas corporativas refletem metas, crenças e aspirações da gerência sênior. Pode levar anos para que se estabeleça a base para que uma boa cultura exista, mas uma boa cultura pode ser destruída rapidamente por meio dos caprichos pessoais de um executivo que se recuse a apoiar a gestão de projetos.

As culturas de gestão de projetos podem existir em uma estrutura organizacional. A velocidade com que a cultura amadurece, no entanto, pode depender do tamanho da empresa, do tamanho e da natureza dos projetos e do seu tipo de clientes, sejam eles internos ou externos. A gestão de projetos é uma cultura, e não políticas e procedimentos. Consequentemente, pode não ser possível reproduzir ou fazer o *benchmark* de uma cultura de gestão de projetos. O que funciona bem em uma empresa pode não funcionar igualmente bem em outra.

Boas culturas corporativas também podem estimular melhores relações com o cliente, especialmente com clientes externos. Como exemplo, uma empresa desenvolveu uma cultura de sempre ser honesta ao relatar os resultados de testes realizados para clientes externos. Os clientes, por sua vez, começaram a tratar a empresa contratada como uma parceira e compartilhavam rotineiramente informações proprietárias, de modo que cliente e contratada pudessem se ajudar mutuamente.

Em empresas excelentes, o processo de gestão de projetos evolui em uma cultura comportamental baseada em relatórios de múltiplos chefes. Não se pode ignorar a importância desses relatórios. Existe uma crença errônea de que a gestão de projetos pode ser reproduzida de uma empresa para outra. *Benchmarking* é o processo de continuamente se medir e se comparar a uma organização que se encontra em qualquer lugar do mundo a fim de obter informações que ajudarão a sua organização a melhorar seu desempenho e sua posição competitiva. O *benchmarking* competitivo é aquele no qual se faz o *benchmark* do desempenho organizacional em relação ao desempenho de organizações concorrentes. O *benchmarking* processual é o *benchmarking* de processos discretos em relação a organizações líderes nesses processos.

Como uma cultura de gestão de projetos é uma cultura comportamental, o *benchmarking* funciona melhor se compararmos as melhores práticas, que são métodos operacionais, de liderança ou de gerenciamento que levam a um desempenho superior. Devido à forte influência comportamental, é quase impossível transferir uma cultura de gestão de projetos de uma empresa para outra. Como mencionado anteriormente, o que funciona bem em uma empresa pode não ser apropriado ou benéfico em termos de custos em outra empresa.

Culturas fortes podem se formar quando a gestão de projetos é vista como uma profissão e apoiada pela gerência sênior. Uma cultura forte também pode ser vista como um primordial diferencial de negócios. Culturas fortes podem priorizar uma abordagem de gestão de projetos formal ou informal. Entretanto, com a formação de qualquer cultura, há sempre algumas barreiras que têm de ser superadas.

Segundo um porta-voz da AT&T:

> A gestão de projetos é apoiada no sentido de o gerente de projetos ser visto como um profissional com habilidades específicas e responsabilidades a serem realizadas como

parte da equipe de projetos. Ele pode escolher sua equipe e tem controle completo sobre a alocação orçamentária? Não. Isso é impraticável em uma grande empresa com muitos projetos que competem por financiamento e especialistas em várias organizações funcionais.

Nem sempre se faz um termo de abertura do projeto que nomeia um indivíduo como gerente de projetos (GP), mas ser designado como gerente de projetos lhe confere o poder que acompanha esse cargo. Em nossa passagem da informalidade a uma maior formalidade, isso normalmente se inicia com o planejamento de projeto e o gerenciamento do tempo, e o gerenciamento de escopo entra em cena um pouco mais tarde.

Os GPs tinham apoio, mas havia barreiras. A maior foi convencer a gerência de que eles não precisam continuar gerenciando todos os projetos. Eles podem gerenciar os gerentes de projeto e deixá-los gerenciar os projetos. Uma coisa que ajuda nesse sentido é mudar os GPs de lugar, de modo que eles estejam no mesmo grupo de trabalho, em vez de espalhados pelas equipes em toda a empresa, e fazê-los ser supervisionados por um forte defensor da gestão de projetos. Outra coisa que ajudou foi a execução da missão pelo PMCOE para melhorar as capacidades de gestão de projetos por toda a empresa, inclusive influenciando a cultura corporativa que serve de suporte a ela.

Nosso sucesso é atribuível a uma visão de liderança que levou a criar uma organização dedicada à gestão de projetos e uma cultura que reconhece o valor da gestão de projetos para a empresa. Nossa visão: estabelecer uma disciplina global de gestão de projetos de máxima qualidade, criada para maximizar a experiência do cliente e aumentar a lucratividade para a AT&T.

Em boas culturas, o papel e as responsabilidades do gerente de projetos são claramente identificados. São também reconhecidos pela gerência executiva e compreendidos por todos os membros da empresa. Segundo Enrique Sevilla Molina, antigo diretor do PMO corporativo da Indra:

Com base no histórico de nossa empresa e nas práticas que colocamos em vigor para gerenciar nossos projetos, descobrimos que o cargo de gerente de projetos constitui um fator-chave para o sucesso do projeto. Nossa teoria e prática de gestão de projetos foram criadas para oferecer apoio total ao gerente de projetos ao tomar decisões e, consequentemente, para lhe dar responsabilidade total pela definição e execução do projeto.

Acreditamos que ele não seja o único que está à frente do projeto ou que lida com o orçamento ou o cronograma, mas é aquele que "compreende e enxerga seus projetos como se estivesse à frente de seu próprio negócio", como nosso CEO costumava dizer, com uma abordagem integrada ao seu trabalho.

Nossa cultura prioriza o apoio aos gerentes de projetos em seu trabalho, ajudando-os nos processos de tomada de decisões e fornecendo-lhes as ferramentas e o treinamento necessários para que eles realizem seu trabalho. Essa abordagem permite, até certo ponto, processos formais que não sejam tão rígidos. Isso expõe a responsabilidade e a iniciativa do gerente de projetos, mas sempre cumprindo com a estrutura e o conjunto de regras que permitem sólidos relatórios contábeis e de resultados.

Podemos dizer que a gestão de projetos sempre teve apoio durante as diferentes etapas de evolução da empresa e em todas as suas diferentes unidades de negócios, embora algumas áreas tenham sido mais relutantes em implementar mudanças em sua forma estabelecida de realizar o trabalho. Uma das principais barreiras ou obstáculos é a capacidade de usar os mesmos conceitos de gestão de projetos com diferentes tipos de projetos e produtos. Ainda é uma grande preocupação em nossos programas de treinamento tentar explicar como a estrutura e a metodologia se aplicam a projetos com um alto grau de definição no escopo e a projetos com um grau de definição menor (projetos difusos).

6.2 Valores corporativos

Uma importante parte da cultura de empresas excelentes é um conjunto de valores estabelecido e cumprido por todos os funcionários. Os valores vão além dos manuais normais de "prática padrão" e da moralidade e ética ao lidar com clientes. Garantir que os valores da empresa e a gestão de projetos sejam congruentes é vital para o sucesso de qualquer projeto. A fim de garantir essa coerência de valores, é importante que metas, objetivos e valores da empresa sejam bem compreendidos por todos os membros da equipe de projetos.

Muitas formas de valor compõem culturas bem-sucedidas. A Figura 6.1 mostra alguns tipos de valores. Toda empresa pode ter o próprio conjunto de valores que funciona bem para ela. Grupos de valores podem não ser intercambiáveis de empresa para empresa.

Uma das características mais interessantes das culturas de sucesso é que a produtividade e a cooperação tendem a aumentar quando os funcionários socializam fora do trabalho e no trabalho.

A gestão de projetos bem-sucedida pode florescer em qualquer estrutura, independentemente de quão terrível essa estrutura pareça ser no papel, mas a cultura da organização precisa sustentar os quatro pilares fundamentais da gestão de projetos:

1. Cooperação
2. Trabalho em equipe

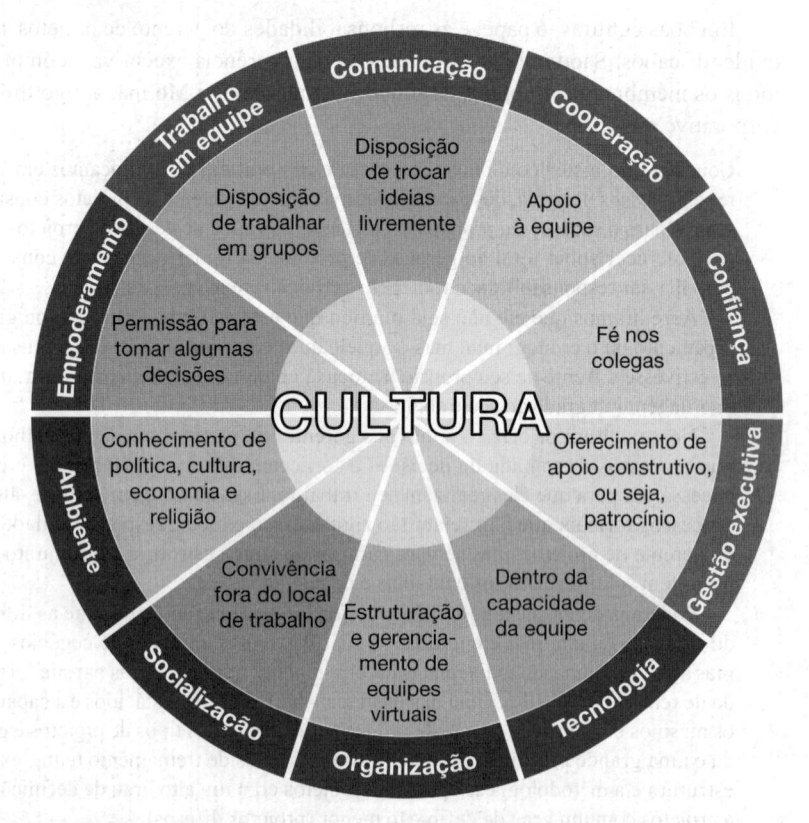

Figura 6.1 Tipos de valores.

3. Confiança
4. Comunicação eficiente

Algumas empresas incluem um quinto item, conduta ética. Isso se deve principalmente ao *Código de Conduta e Responsabilidade Profissional do* PMI.

6.3 Tipos de culturas

Existem diferentes tipos de culturas de gestão de projetos, que variam de acordo com a natureza, a quantidade de confiança e cooperação e o ambiente competitivo do negócio. Tipos de culturas tipos incluem:

- *Culturas cooperativas:* baseiam-se na confiança e na comunicação eficiente, não somente interna, mas também externamente.
- *Culturas não cooperativas:* nessas culturas, a falta de confiança prevalece. Os funcionários se preocupam mais consigo mesmos e com seus interesses pessoais do que com aquilo que é melhor para a equipe, a empresa ou o cliente.
- *Culturas competitivas:* essas culturas forçam as equipes de projetos a competirem umas com as outras por recursos corporativos valiosos. Nessas culturas, os gerentes de projeto geralmente exigem que os funcionários demonstrem mais lealdade ao projeto do que ao seu gerente de área. Isso pode ser desastroso se os funcionários estão trabalhando em mais de um projeto simultaneamente e recebem instruções diferentes do gerente do projeto e do gerente da área.
- *Culturas isoladas:* ocorrem quando uma grande organização permite que as unidades funcionais desenvolvam suas próprias culturas de gestão de projetos. Isso ocorre dentro das unidades de negócio estratégicas, o que pode ser desastroso quando múltiplas culturas isoladas interagem umas com as outras.
- *Culturas fragmentadas:* projetos nos quais parte da equipe está geograficamente separada do resto podem resultar em uma cultura fragmentada. Equipes virtuais são consideradas culturas fragmentadas. As culturas fragmentadas também ocorrem em projetos multinacionais, cuja sede ou equipe corporativa pode ter uma forte cultura de gestão de projetos, mas a equipe estrangeira não tem uma cultura sustentável de gestão de projetos.

As culturas cooperativas florescem com comunicações eficientes, confiança e cooperação. As decisões são tomadas com base nos interesses de todas as partes interessadas. O patrocínio executivo é mais passivo do que ativo, e muitos poucos problemas chegam até os níveis executivos para resolução. Os projetos são gerenciados mais informal do que formalmente, com mínima documentação, e muitas vezes com reuniões marcadas somente quando necessário. Esse tipo de cultura de gestão de projetos leva anos para ser alcançado e funciona bem sob condições econômicas tanto favoráveis quanto desfavoráveis.

As culturas não cooperativas são um reflexo da incapacidade dos membros da gerência sênior de cooperar entre si e possivelmente sua incapacidade de cooperar com a força de trabalho. O respeito inexiste. As culturas não cooperativas podem produzir um bom *deliverable* para o cliente quando se acredita que o fim justifica os meios. Entretanto, essa cultura não gera o mesmo número de projetos bem-sucedidos que pode ser alcançado com a cultura cooperativa.

As culturas competitivas podem ser saudáveis no curto prazo, especialmente se houver abundância de trabalho. Os efeitos de longo prazo, porém, não costumam ser favoráveis. Uma empresa de produtos eletrônicos participava continuamente de licitações em projetos que exigiam a cooperação de três departamentos. A gerência, então, implementou a decisão nada saudável de permitir que cada um dos três departamentos fizesse ofertas de licitação independentes para cada trabalho, criando uma concorrência interna quando os três fizeram seus próprios lances. O departamento que conseguisse o contrato trataria os outros dois departamentos como subcontratadas.

A gerência acreditava que essa competitividade era saudável. Infelizmente, os resultados de longo prazo foram desastrosos. Os três departamentos se recusavam a falar uns com os outros, e o compartilhamento de informações cessou. Para realizar o trabalho pelo preço cotado, os departamentos começaram a terceirizar pequenas frações de trabalho em vez de usar os outros departamentos, que eram mais caros. À medida que mais e mais trabalho ia sendo terceirizado, ocorriam demissões. A gerência agora percebera as desvantagens de uma cultura competitiva.

O tipo de cultura pode ser influenciado pela indústria e pelo tamanho e natureza do negócio. Segundo Eric Alan Johnson e Jeffrey Alan Neal:

Cultura orientada a dados: a cultura orientada a dados (também conhecida como gerenciamento baseado em conhecimento) é caracterizada pelo fato de a liderança e os gerentes de projeto basearem suas ações cruciais nos resultados de métodos quantitativos. Esses métodos incluem várias ferramentas e técnicas, como estatística descritiva e inferencial, testes de hipóteses e modelagem. Esse tipo de cultura de gerenciamento é essencialmente dependente de um sistema de coleta de dados consistente e preciso, criado especificamente para fornecer mensurações-chave do desempenho (métricas). Um programa de análise robusto do sistema de mensuração é necessário para garantir a precisão e a usabilidade dos dados.

Esse tipo de cultura também emprega técnicas de gerenciamento visual para exibir objetos-chave de negócios e programas para toda a população de trabalhadores. A intenção do programa de gerenciamento visual é não somente exibir o progresso e o desempenho do projeto, mas desenvolver um senso de orgulho e propriedade em relação aos resultados naqueles que, em última análise, são responsáveis pelo sucesso do projeto e programa: os próprios funcionários.

Outra coisa que também é crucial para o sucesso desse tipo de cultura de gerenciamento é o treinamento necessário para implementar os aspectos técnicos de tal sistema. Para com precisão coletar, avaliar e possibilitar a tomada de decisões baseada em diversos tipos de dados (dados nominais e intervalos), a organização precisa de especialistas habilidosos em várias técnicas de análise e interpretação de dados.[1]

6.4 Culturas corporativas na prática

As culturas corporativas se baseiam em confiança, comunicação, cooperação e trabalho de equipe. Consequentemente, a estrutura da organização se torna menos importante. Reestruturar uma empresa simplesmente para incluir a gestão de projetos levará a desastres. As empresas devem ser reestruturadas por outros motivos, como se aproximar do cliente.

---

[1] Eric Alan Johnson, diretor de programas e encarregado de contratos na Satellite Control Network, AFSCN, e vencedor do prêmio Kerzner 2006 de melhor gerente de projetos do ano; e Jeffrey Alan Neal, faixa preta/especialista e palestrante em gestão enxuta, métodos quantitativos na University of Colorado, em Colorado Springs, EUA.

A gestão de projetos bem-sucedida pode ocorrer em qualquer estrutura, independentemente de quão insuficiente a estrutura pareça ser no papel, se a cultura da organização promover o trabalho em equipe, a cooperação, a confiança e comunicações eficientes.

BOEING

Nos primeiros anos da gestão de projetos, as empresas contratadas do setor aeroespacial e de defesa estabeleceram escritórios de projetos focados no cliente para clientes específicos como a Força Aérea, o Exército e a Marinha dos EUA. Um dos benefícios desses escritórios de projetos era a capacidade de criar uma relação de trabalho e uma cultura específicas para aquele cliente.

Desenvolver uma relação ou cultura específica era justificável porque os projetos geralmente tinham décadas de duração. Era como ter uma cultura dentro de outra. Quando os projetos desapareciam e o escritório de projetos não era mais necessário, a cultura daquele escritório de projetos podia desaparecer também.

Às vezes, um grande projeto pode exigir uma mudança cultural permanente em uma empresa. Esse foi o caso da Boeing com a decisão de projetar e construir o modelo de aeronave Boeing 777.[2] Esse projeto exigia novas tecnologias e uma mudança radical no modo como as pessoas teriam de trabalhar juntas. A mudança cultural permearia todos os níveis da gerência, dos níveis mais altos aos trabalhadores da fábrica. A Tabela 6.1 mostra algumas das mudanças que ocorreram. A intenção da tabela é mostrar que, em projetos de grande porte e longo prazo, mudanças culturais podem ser necessárias.

À medida que a gestão de projetos amadurece e o gerente de projetos recebe cada vez mais responsabilidades, gerentes de projetos podem ser responsabilizados pela administração salarial. Entretanto, mesmo as empresas excelentes estão tendo problemas com essa nova abordagem. O primeiro problema é que o gerente de projetos pode não estar na escala de pagamento da gerência, mas recebe o direito de assinar avaliações de resultados.

O segundo problema é determinar que método de avaliação deve ser empregado para funcionários sindicalizados. Esse é provavelmente o problema mais sério, e o júri não chegou ainda a nenhuma conclusão quanto ao que funcionará e ao que não funcionará. Um motivo pelo qual os executivos relutam um pouco em implementar a administração salarial que afeta a gestão de projetos é o envolvimento do sindicato. Isso muda o quadro drasticamente, especialmente se uma pessoa de um projeto decidir que um trabalhador sindicalizado é considerado digno de uma promoção, enquanto, na verdade, seu gerente de área diz: "Não, essa decisão tem que se basear em um critério do sindicato". Nada é preto no branco nessa questão, e a maioria das empresas ainda nem chegou a abordá-la.

MIDWEST CORPORATION (EMPRESA FICTÍCIA)

Quanto maior a empresa, mais difícil é estabelecer uma cultura uniforme de gestão de projetos. As empresas grandes possuem "ilhas" de gestão de projetos, e cada um deles pode amadurecer em um ritmo diferente. A grande Midwest Corporation tinha uma divisão que se destacava em gestão de projetos. A cultura era forte, e todos apoiavam a gestão de projetos. Essa divisão ganhou prêmios e reconhecimento sobre sua capacidade de gerenciar

---

[2] O estudo de caso do Boeing 777, "Phil Condit and the Boeing 777: From Design and Development to Production and Sales", aparece em H. Kerzner, *Project Management Case Studies*, 5th Edition, Hoboken, NJ: Wiley, 2017, p. 711-734.

TABELA 6.1 Mudanças devido ao projeto do novo modelo de aeronave Boeing 777

Situação	Projetos anteriores de novas aeronaves	Boeing 777
Comunicações executivas	Sigilosas	Abertas
Fluxo de comunicações	Vertical	Horizontal
Processo de pensamento	Bidimensional	Tridimensional
Tomada de decisões	Centralizada	Descentralizada
Empoderamento	Gerentes	Até os trabalhadores da fábrica
Gerentes de projetos	Gerentes	Até os não gerentes
Resolução de problemas	Indivíduo	Desenvolvimento de equipe
Revisões de desempenho (dos gerentes)	De via única	Via de mão tripla
Foco de problemas de recursos humanos	Fraco	Forte
Estilo de reuniões	Sigiloso	Aberto
Envolvimento do cliente	Muito baixo	Muito alto
Valores centrais	Resultado/qualidade final	Liderança/participação/satisfação do cliente
Velocidade das decisões	Lenta	Rápida
Custeio do ciclo de vida	Mínimo	Extenso
Flexibilidade de *design*	Mínima	Extensa

Nota: As informações apresentadas na Tabela 6.1 representam a interpretação de Harold Kerzner de algumas das mudanças que ocorreram e não são, necessariamente, a opinião oficial da Boeing.

projetos com sucesso. Contudo, ao mesmo tempo, uma divisão "irmã" estava aproximadamente cinco anos atrás da divisão cuja maturidade era excelente. Durante uma auditoria dessa divisão "irmã", identificaram-se as seguintes áreas problemáticas:

- Inúmeras mudanças nos processos devido a novas tecnologias
- Tempo insuficiente alocado para o esforço
- Interferência externa excessiva (reuniões, atrasos, etc.)
- Cronogramas estabelecidos com base em premissas que acabam mudando durante a execução do projeto
- Desequilíbrio da força de trabalho
- Objetivos diferentes entre os grupos
- Uso de um processo que não permite nenhuma flexibilidade de colaborações independentes
- Incapacidade de discutir abertamente as questões sem algumas pessoas levarem as críticas técnicas para o lado pessoal
- Falta de planejamento da qualidade, do cronograma e de acompanhamento do progresso
- Falta de acompanhamento de recursos
- "Herdar" o projeto de outra pessoa e encontrar pouca ou nenhuma documentação de suporte
- Lidar com o gerenciamento de contrato ou de agência
- Mudar ou expandir as expectativas do projeto
- Mudar os prazos frequentemente
- Mudanças de última hora nos requisitos
- Pessoas envolvidas nos projetos terem segundas intenções
- O escopo do projeto não está claro desde o início
- Dependência de recursos sem ter controle sobre eles

- Acusações de terceiros: "Não tenho nada com isso"
- Nenhum processo formal de estimação de custos
- Falta de compreensão da estrutura analítica do projeto
- Pouco ou nenhum foco sobre o cliente
- Duplicação de esforços
- Pouca ou nenhuma informação obtida por meio da "voz do cliente" sobre suas necessidades/vontades
- Capacidade limitada de pessoal de apoio
- Falta de direcionamento da gerência
- Ausência de um executivo convicto para o programa/projeto
- Reuniões mal dirigidas
- As pessoas não cooperam com facilidade
- As pessoas se ofendem quando são solicitadas a realizar o trabalho que se espera que realizem, quando tudo o que seus gerentes procuram fazer é desenvolver um produto de alta qualidade
- Algumas tarefas têm duração desconhecida
- Pessoas que querem se envolver mas não possuem as habilidades necessárias para solucionar o problema
- Dependências: certificar-se de que quando as especificações mudarem, outras coisas que dependem delas também mudem
- Lidar com a resolução de problemas de emergência sem prejudicar o trabalho programado
- Superposição de tarefas (três liberações ao mesmo tempo)
- Não ter o pessoal correto designado às equipes
- Desaparecimento do apoio da gerência
- O trabalho começar a "poucos dias do prazo final", em vez de "o mais rapidamente possível"
- Proteção do seu "domínio" entre funcionários de níveis não gerenciais
- Inexistência da gestão de riscos
- Mudança gradual do escopo do projeto (mudanças incrementais que são vistas como "pequenas" no momento em que ocorrem, mas que, somadas, representam grandes incrementos)
- Comunicações ineficientes com atividades de outros países
- Responsabilidades vagas/mudando toda hora (de quem é a responsabilidade?)

As empresas grandes tendem a favorecer as "ilhas" de gestão de projetos em vez de uma cultura que abranja toda a empresa. Entretanto, há situações em que uma empresa precisa desenvolver uma cultura em toda a empresa se quiser permanecer competitiva. Às vezes, é simplesmente para permanecer sendo a maior concorrente; outras vezes, é para se tornar uma empresa global.

6.5 Colaboração GEA e Heineken: uma experiência de aprendizagem

Um dos aspectos mais importantes da disciplina de gestão de projetos é adaptar-se às características específicas do projeto, à cultura de trabalho do país no qual o projeto é desenvolvido e também ao cliente dono do projeto.

A GEA, uma fornecedora de tecnologia de classe mundial de instalações *turnkey* em uma ampla gama de indústrias de processo, e especialmente uma das maiores fornecedoras do mundo para a indústria de alimentos e bebidas, e a Heineken, a terceira maior cervejaria do mundo, estão trabalhando em parceria ao redor do mundo para executar diversos tipos de projetos nas fábricas da Heineken, de acordo com as necessidades da Heineken. Os últimos projetos executados para as fábricas da Heineken na Espanha, e especialmente a forte colaboração entre as equipes locais da Heineken e da GEA na Espanha, são exemplos excelentes para identificar, da perspectiva cultural, as melhores práticas aprendidas e aplicadas na gestão de projetos para cumprir os objetivos estratégicos de ambas as empresas.

Os aspectos culturais foram críticos nos projetos desenvolvidos pela GEA para a Heineken em diversas fábricas espanholas. Para terem sucesso, ambas as equipes precisaram trabalhar em uma abordagem de mentalidade aberta para combinar as diferentes metodologias de gestão de projetos das duas empresas.

A gestão de projetos é uma competência central da GEA. Para que todos os gerentes de projetos conseguissem entregar seus projetos consistentemente no prazo, dentro do orçamento e de acordo com as expectativas dos clientes, a GEA desenvolveu métodos, ferramentas e treinamento em gestão de projetos, como detalhado no Manual de Gestão de Projetos da GEA.

Esse manual, baseado no *Guia PMBOK®**, explica para os gerentes de projetos como gerenciar e executar os projetos, dividindo-o em passos isolados, que podem ser considerados pequenos projetos por si só. Além de garantir a execução correta do projeto, a metodologia também garante uma transição suave entre os estágios de projeto e de vendas e pós-venda. (Ver Figura 6.2.)

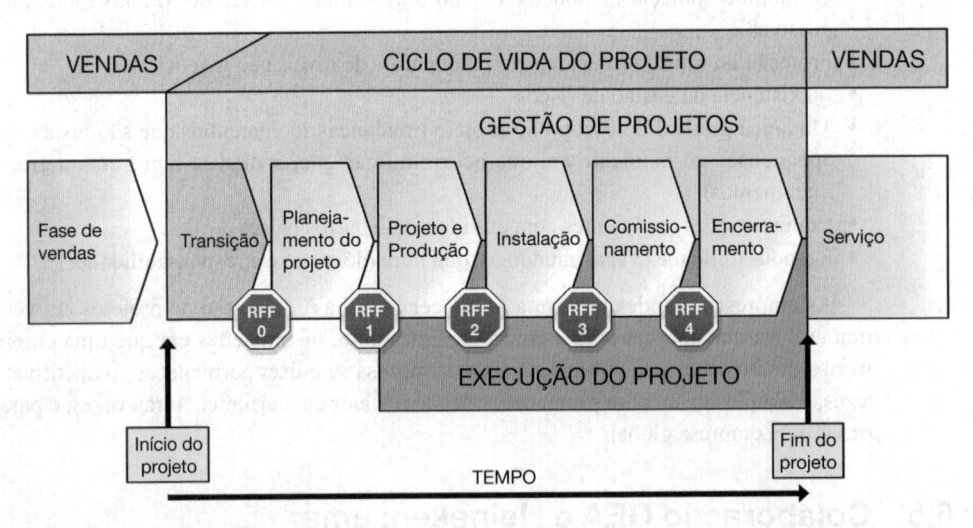

Figura 6.2 Modelo de gestão de projetos da GEA.

RFF = Revisão de Final de Fase

---

* PMBOK é marca registrada do Project Management Institute, Inc.

O modelo é crucial para os projetos executados pela GEA e fornece excelente valor agregado para a colaboração entre a GEA e a Heineken na Espanha.

A seguir, explicamos a sequência de passos mostrada no modelo.

Etapa de transição

- A interação entre as equipes de projeto da Heineken e os gerentes de projetos é intensa durante a fase de vendas para garantir que as necessidades do cliente estão inclusas na cotação apresentada.
- Esclarecer o escopo do projeto e todos os termos e condições foi fundamental para criar bases sólidas para o desenvolvimento do projeto. Mesmo questões relevantes para etapas futuras do projeto, como segurança e saúde ocupacional e a infraestruturada da fábrica, foram discutidas com a Heinken neste ponto.
- Eram realizadas reuniões de alinhamento frequentes, que criaram uma relação excelente entre os gerentes de projetos e os membros da equipe de projeto de ambos os lados. Obviamente, sempre que possível, essas reuniões eram realizadas com uma pauta predeterminada e em intervalos específicos. Da perspectiva da GEA, o exercício permitia um melhor entendimento dos requisitos do projeto e, mais do que isso, das partes interessadas mais importantes do cliente.

Etapa de planejamento

- Durante a etapa de planejamento, o contato entre ambos os gerentes de projetos foi bastante profundo. A partir das datas contratuais, todos os processos para a criação de diferentes planos de gestão foram realizados em conjunto, com um foco profundo em comunicação, avaliação de riscos, alocação de recursos, cronogramas (de atividades, aquisição, logística, etc.), qualidade esperada e assim por diante.
- Houve debates acalorados até se definir um consenso que, no final das contas, foi extremamente benéfico para a execução do projeto e para a relação entre os membros da equipe do projeto. Para ambas as empresas e sua alta gerência, daquele ponto em diante, havia apenas uma equipe de projeto conjunta.
- Apesar de pertencerem às outras etapas do projeto, as atualizações do cronograma baseadas na evolução do projeto foram bastante úteis para ambas as partes e um modo bem-sucedido de enfrentar os problemas e riscos do projeto.

Projeto e engenharia

- O projeto e engenharia também foram realizados em conjunto. A GEA, trabalhando com o conjunto de requisitos do projeto estabelecido pela Heineken, desenvolveu a engenharia detalhada em todos os seus aspectos (diagramas de processo e instrumentação, sólidos tridimensionais, *layouts*, *skids*, projeto hidráulico, seleção de equipamentos e componentes, etc.).
- Rodadas de consultas preliminares, desenvolvimento de trabalho e validação adicional foram realizadas sucessivamente e em todas as disciplinas (mecânica e processos, elétrica).
- Por consequência, uma quantidade relativamente grande de tempo consumida por essas consultas preliminares foi recuperada posteriormente pela redução nas variações do escopo com pequenas mudanças na fabricação do equipamento, construção da instalação ou seu comissionamento. As mentes abertas em ambos os lados foram um fator que permitiu o bom desenvolvimento da engenharia.

- A Heineken demonstrou seu comprometimento com a GEA ao manter-se aberta ao compartilhamento de fatores críticos do processo para o trabalho de projeto e engenharia por parte da GEA. Transparência, confiança mútua e um conjunto claro de objetivos (todos, é claro, protegidos pelo acordo de confidencialidade assinado por ambas as partes) são extremamente importantes para garantir o sucesso desta parte do projeto.
- Ao contrário das etapas anteriores, nas quais o número de *deliverables* não era muito alto, há um número significativo de *deliverables* na etapa de projeto e engenharia. Além da atualização dos documentos existentes (principalmente o cronograma e a avaliação de riscos), estes incluíram diagramas de processo e instrumentação, esquemas elétricos e de entidades, projetos tridimensionais, layouts e cálculos hidráulicos, elétricos e estruturais.
- Também é importante observar que esta etapa foi relevante para a aquisição de componentes e a fabricação dos equipamentos. A GEA consultou a Heineken sobre as especificações técnicas dos equipamentos e sobre o uso de fornecedores e empreiteiras certificados. As datas de aquisição também foram determinadas em conjunto para garantir que a Heineken estaria preparada para armazenar de forma segura e protegida todos os materiais necessários para a edificação das instalações nessa unidade.
- Uma parte importante das aquisições foi que a GEA forneceu à Heineken a lista de peças sobressalentes recomendadas, usada posteriormente para apoiar o comissionamento do projeto. Essa prática garante que o comissionamento do projeto não seria afetado pela falta de peças sobressalentes.

Etapa de instalação
- Durante a etapa de instalação, o projeto se concretiza.
- Nesta etapa, o número de partes interessadas no lado do cliente normalmente sofre uma expansão significativa. Nos estágios anteriores, a GEA tinha contato apenas com o gerente de projetos ou os engenheiros principais; nesta, muitas outras funções aparecem subitamente. Há uma longa lista de pessoas com as quais é preciso lidar, incluindo indivíduos relevantes de terceirizadas (obras civis, serviços públicos, segurança e saúde ocupacional, etc.), outros indivíduos do cliente (gestão da fábrica, manutenção, almoxarifado, etc.) e até agentes políticos (para alvarás, regulamentação, autorizações formais, etc.).
- O caso dos projetos com a Heineken foi um bom exemplo do que são práticas efetivas de gestão de projetos. A relação sólida desenvolvida durante as etapas anteriores foi muito importante para a conclusão fluida das instalações, quando costumam ocorrer conflitos entre os integradores e o cliente. A Heineken e a GEA trabalharam juntas sem problemas. Os equipamentos e componentes estavam de acordo com o processo, os diagramas de instrumentação estavam aprovados e sua qualidade e normas estavam corretas. As infraestruturas de mobilização, espaço de armazenamento, serviços e assemelhados já estavam disponíveis para o início das operações da fábrica.
- Além disso, nesta etapa, a interação com outras organizações é bastante intensa. Reuniões diárias para o alinhamento do trabalho a ser realizado são cruciais para a melhor coordenação e também para evitar incidentes e acidentes. Com relação às interações, o trabalho realizado pela Heineken merece elogios.
- Outro tema relevante para o desenvolvimento do projeto é o controle das empresas terceirizadas envolvidas com a instalação mecânica e elétrica. A interação entre a GEA,

suas terceirizadas e a Heineken foi intensa, sempre gerenciada de uma perspectiva proativa, e obteve bons resultados para o desenvolvimento do projeto.
- Com a conclusão da instalação se aproximando, uma rodada de confirmação comum deve ser realizada para garantir que todos os problemas foram registrados corretamente e que ações de resolução para eles foram especificadas.

Etapa de comissionamento

- É importante iniciar a etapa de comissionamento com a instalação completamente finalizada e verificada. Se isso não for possível, é essencial ter uma boa lista de pendências, incluindo indivíduos responsáveis e datas de resolução.
- Nesta etapa, mais do que nunca durante o projeto, as interações entre os diferentes integradores e o cliente são frequentes e, ocasionalmente, repletas de conflitos. A abordagem da GEA é envolver ao máximo o cliente (em todos os níveis operacionais, não apenas seus gerentes). Os gerentes da Heineken foram bastante receptivos e cooperativos em todos os projetos desenvolvidos nas suas fábricas espanholas. Os conflitos normais devidos à interferência do projeto com os ciclos de produção regulares da fábrica foram minimizados, graças ao alinhamento anterior com a gerência dos departamentos de produção. Além disso, os serviços das áreas sujeitas às obras do projeto foram completados no prazo, facilitando o início do comissionamento.
- Os testes de aceitação do sistema foram realizados pela Heineken e bem-sucedidos, garantindo que a produção seria confiável, robusta e repetível. Além disso, durante a fase de instalação, foi criada uma lista de pendências para registrar, analisar e resolver todos os problemas que precisavam de atenção para deixar a fábrica em boas condições, ainda que não representassem obstáculos à produção regular.
- A documentação do projeto foi fornecida no final da etapa de comissionamento, abrangendo todos os requisitos de manutenção e a lista de materiais a serem utilizados pelos engenheiros e técnicos das instalações. Os operadores da fábrica foram treinados durante esta etapa. Aqui, a intervenção da Heineken em fornecer o pessoal adequado, além das instalações apropriadas, foi crítica para garantir o ambiente correto para o treinamento. O objetivo principal foi preparar toda a equipe para a manutenção e operação da fábrica após o projeto ser colocado nas mãos do cliente.
- O início dos testes de produção, e especialmente a liberação da produção comercial e aceitação provisória da instalação, permitiu a entrega do ativo para a Heineken e o início do período de garantia. Como mencionado na etapa de projeto e engenharia, a existência das listas de peças sobressalentes mitigou o impacto dos problemas técnicos com componentes e equipamentos.
- Desse ponto em diante, todos os problemas de garantia seriam gerenciados pelos departamentos de Serviço da GEA e de Produção e manutenção da Heineken. Nesse sentido, é de suma importância garantir a transição fluida da etapa de projeto para a fase de pós-venda, e os gerentes de projetos de ambas as equipes trabalharam em conjunto para enfrentar todos os problemas que precisassem ser resolvidos.

Etapa de encerramento

- A etapa de encerramento oferece uma sintonia fina da instalação e garante uma boa fase de aceleração até a fábrica atingir sua capacidade máxima. Se há problemas pendentes do comissionamento, estes também são resolvidos; a lista de pendências do projeto é completamente finalizada. O cumprimento final dos indicadores-chave de desempenho do projeto é essencial e deve ser verificada mais uma vez, mas com a produção a todo vapor. Agora que a transação das operações, na GEA da execução do projeto ao serviço e na Heineken da engenharia à produção, está completa e finalizada, a abertura da etapa de pós-venda, ainda que fora do ciclo de vida do projeto, também deve passar por uma transição cuidadosa.

- Esta etapa também envolve o encerramento administrativo do projeto. A GEA atualizou o repositório do projeto com todos os dados sobre a fábrica, enquanto a Heineken forneceu a aceitação final do projeto e a liberação dos pagamentos finais, de acordo com os marcos financeiros.
- Também é o momento de preparar a sessão interna de lições aprendidas e a avaliação do projeto, internamente e para o cliente. Ambas as lições aprendidas e a avaliação do projeto permitem a listagem de boas práticas que devem ser elogiadas e más que devem ser resolvidas em projetos futuros. Elas são uma parte importante da filosofia de melhoria contínua elogiada pela GEA e a base do primeiro e mais importante dos seus valores, a excelência.

Em suma, a *estrutura para a colaboração* entre a Heineken e a GEA para projetos desenvolvidos em conjunto de acordo com essa metodologia e o *apoio da gerência*, durante a execução do projeto e também nas etapas de vendas, pós-venda e serviço, foram cruciais para o sucesso do projeto e para a criação de uma forte parceria entre a GEA e a Heineken.

Além disso, as equipes de ambas as empresas aprenderam com cada um dos seus projetos a melhorar sua colaboração e a como trabalhar juntas em projetos futuros. O sucesso dessa parceria serviu de alicerce desde o início e também criou a meta comum de melhorar e aprender com os obstáculos identificados no caminho e que superamos juntos.

Por fim, além de seguir uma metodologia de gestão de projetos e permanecer próximo ao cliente, as outras melhores práticas importantes compartilhadas pela Heineken e a GEA foram:

- *Gerenciamento de partes interessadas.* O gerente de projetos da Heineken envolveu, em todas as reuniões, todos os departamentos que poderiam ser impactados. Esse foi o segredo do engajamento das partes interessadas. Mesmo que suas necessidades fossem consideradas em todas as reuniões, quando participavam, seu envolvimento e aceitação eram muito maiores.
- *Definição de escopo.*
- *Coleta de requisitos.* Gerenciar premissas e validar os critérios de aceitação são bastante relevantes. As reuniões técnicas para revisar o escopo do projeto criaram debates abertos e *insights* valiosos que permitiram que as equipes de projeto realizassem melhorias significativas à engenharia. Nos projetos iniciais, alguns itens eram pressupostos, o que criava discrepâncias na próxima fase do projeto. As reuniões se tornaram mais importantes com cada projeto e reduziram o risco do surgimento de problemas durante a montagem e o comissionamento.
- *Validação do escopo.* Durante os projetos, a GEA entendia quais tarefas de engenharia eram realmente importantes para a Heineken e agregava valor para ela. Essas revisões de engenharia, e especialmente as revisões tridimensionais, eram críticas para a Heineken e foram definidas como um marco importante no cronograma do projeto.
- *Lições aprendidas sobre o escopo.* Diferentes critérios de projeto de engenharia foram utilizados nos projetos iniciais. Por consequência, durante o comissionamento, eles foram controlados de maneira diferente da esperada pela Heineken. Para os próximos

projetos, antes de definir os critérios de projeto, todas as partes confirmaram que cumpriam as expectativas da Heineken, mesmo que os critérios de projeto originais fossem válidos inicialmente.

- *Gerenciamento de recursos.* As expectativas do gerenciamento de recursos no local durante a fase de execução muitas vezes eram diferentes entre a Heineken e a GEA em termos do número de recursos, responsabilidade e outros fatores. Devido à falta de gerenciamento das tarefas entre as equipes, algumas fases superavam as expectativas iniciais, enquanto outras ficavam aquém delas. As expectativas eram alinhadas e melhoradas no próximo projeto, criando uma comunicação mais aberta para revisar essas questões.
- *Gerenciamento das comunicações.* Mesmo que comunicações regulares e frequentes fossem definidas entre as equipes para abranger as necessidades, o fator de sucesso para a gestão das prioridades do projeto era a boa comunicação entre os gerentes de projetos da GEA e da Heineken.

Sem dúvida alguma, cuidar de todas essas melhores práticas é a melhor maneira de garantir a boa execução do projeto e a sustentabilidade da GEA e dos seus clientes.

6.6 Indra: construindo uma cultura coesa

Na Indra, o papel de gerente de projetos constitui um fator-chave para o sucesso do projeto. Isso porque administrar projetos é uma parte central de nosso negócio. Sendo assim, as políticas e práticas da empresa são orientadas de modo a oferecer total apoio aos gerentes de projetos e lhes atribuir responsabilidade integral pela definição e execução do projeto. Nas palavras de nosso antigo CEO: "Os gerentes de projetos precisam enxergar seus projetos como se estivessem administrando os próprios negócios".

Essa frase define a base da cultura de gestão de projetos na Indra, deixando implícito que o gerente de um projeto deve ter uma abordagem integrada ao seu trabalho, não somente focando os principais objetivos atrelados à tripla restrição, cuidando do cronograma e das linhas de base de custos, mas também tendo uma perspectiva de negócios e estimulando que se produzam resultados que atenderão aos objetivos das unidades de negócios (lucratividade, eficiência de custos, desenvolvimento de recursos, produtividade, etc.). Os fundamentos da gestão de projetos são exibidos na Figura 6.3.

O PMO corporativo oferece suporte a em torno de 3.300 gerentes de projetos que precisam de direções, missões, estratégias e metodologias claras, além de um conjunto comum de ferramentas e procedimentos para desenvolver seu trabalho. Somos responsáveis por desenvolver e atualizar a IPMM, a Metodologia de Gestão de Projetos Corporativa. Com base nesse desenvolvimento, os requisitos para atualizar o SIGP da empresa são definidos e implementados. Oferece-se suporte contínuo tanto às unidades de negócio quanto aos gerentes de projetos individuais, em termos de treinamento e instrução, *networking* informal e participação em diferentes iniciativas relacionadas à gestão de projetos que são exigidas pelas unidades de negócios. Nosso objetivo final é construir e consolidar uma cultura de gestão de projetos forte e reconhecível na Indra, independentemente da unidade, da área geográfica ou do setor de negócio em que a gestão de projetos é realizada. Em 2005, come-

---

O material da Seção 6.6 foi fornecido por Alfredo Vázquez Díaz, profissional de gestão de projetos (PMP) e diretor do escritório de gestão de projetos corporativos da Indra.

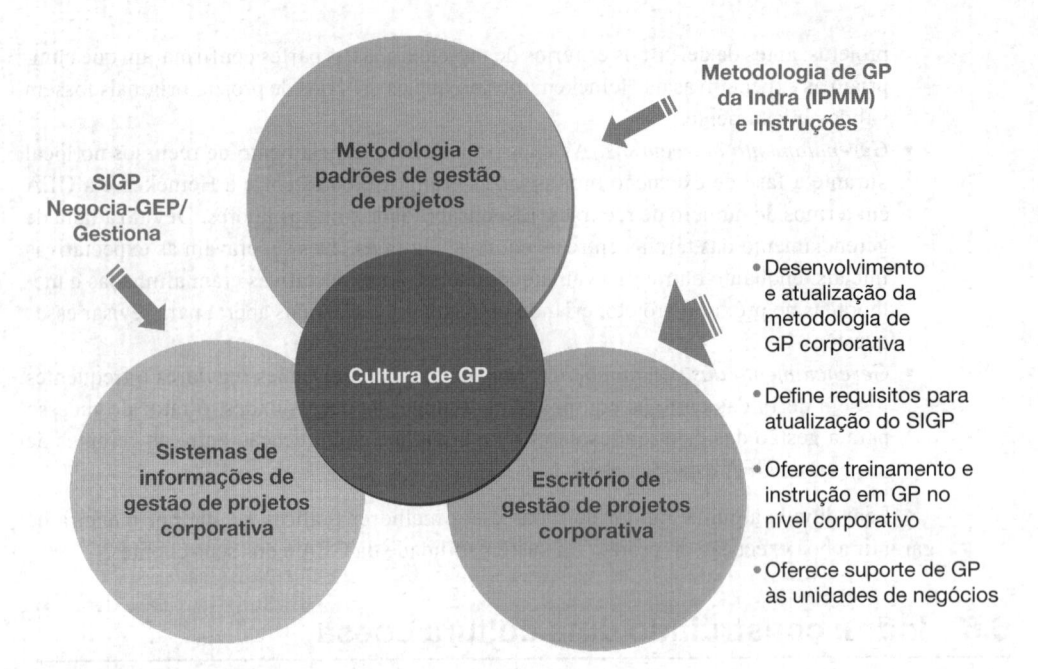

Figura 6.3 Bases da gestão de projetos.

Diagrama com quatro círculos sobrepostos:
- Metodologia e padrões de gestão de projetos
- Sistemas de informações de gestão de projetos corporativa
- Escritório de gestão de projetos corporativa
- Cultura de GP (centro)

Setas indicam:
- SIGP Negocia-GEP/Gestiona
- Metodologia de GP da Indra (IPMM) e instruções
- Desenvolvimento e atualização da metodologia de GP corporativa
- Define requisitos para atualização do SIGP
- Oferece treinamento e instrução em GP no nível corporativo
- Oferece suporte de GP às unidades de negócios

çamos um programa interno de certificação de profissionais de gestão de projetos (PMP®)* para um pequeno grupo de gerentes seniores de programas e projetos e gerentes de unidades de negócios. Esse programa de certificação passou a ser realizado anualmente desde então e se tornou uma das iniciativas mais procuradas pelos gerentes de projetos. Os gerentes de negócios cuidadosamente selecionam os candidatos que participam do programa.

Ao todo, mais de 950 profissionais já passaram pelo processo de treinamento de PMP®. Alcançamos o objetivo de contar de ter concedido 500 certificações de PMP® até o fim de 2012. Até maio de 2013, já contávamos com mais de 500 PMPs® credenciados.

Esses números não teriam significado sem um contexto. Para nós, tê-los alcançado significa que uma grande proporção dos profissionais mais experientes e talentosos da Indra é bem treinada nas melhores práticas de gestão de projetos. Levando em consideração que nossa metodologia de gestão de projetos, a IPMM, é alinhada ao *Guia PMBOK®*, poderíamos intuir que um PMP® certificado poderia rapidamente espalhar o conhecimento e a experiência nas melhores práticas de gestão de projetos em sua área de influência, seja ela seu programa, projeto ou sua unidade de negócios. Essa é uma maneira que funciona quando se trata de estabelecer uma forte cultura de gestão de projetos em todas as filiais de uma empresa. (Ver Figura 6.4.) Começamos, em 2008, com a colaboração de PMPs® como instrutores internos que repassavam o conteúdo do curso "Gestão de projetos na Indra", criado pelo PMO Corporativo. Esse curso explica a Metodologia IPMM e os sistemas de informação do GP. Graças a essa iniciativa, estamos treinando nosso pessoal no padrão *PMBOK®* e, ao mesmo tempo, a experiência do instrutor de PMP® é usada para adaptar a gestão de projetos ao nosso contexto, usando projetos e serviços que a Indra oferece aos

---
* PMP é marca registrada do Project Management Institute, Inc.

Capítulo 6 • Cultura

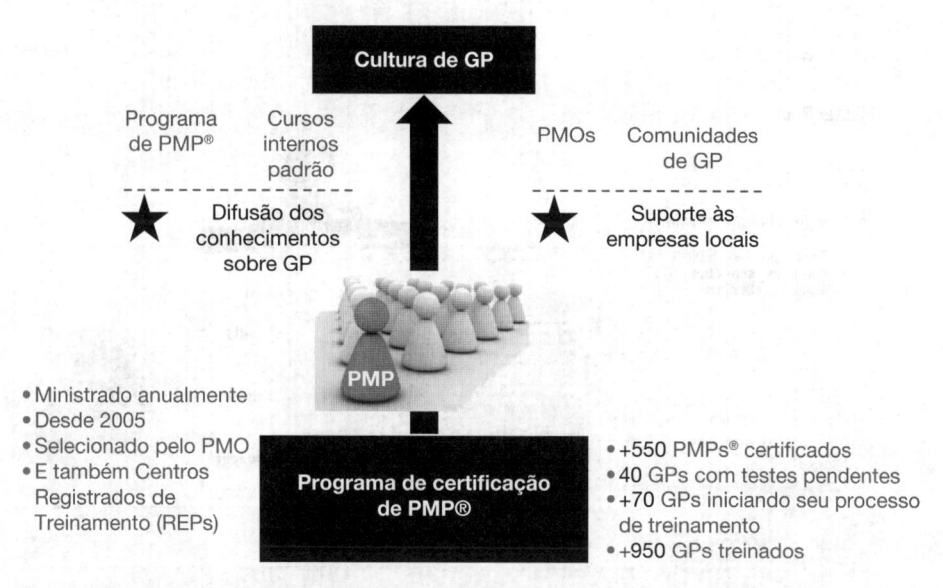

Figura 6.4 Pessoal: instrutores internos.

Diagrama:
- Cultura de GP
  - Programa de PMP® / Cursos internos padrão → Difusão dos conhecimentos sobre GP
  - PMOs / Comunidades de GP → Suporte às empresas locais
- Programa de certificação de PMP®
  - Ministrado anualmente
  - Desde 2005
  - Selecionado pelo PMO
  - E também Centros Registrados de Treinamento (REPs)
  - +550 PMPs® certificados
  - 40 GPs com testes pendentes
  - +70 GPs iniciando seu processo de treinamento
  - +950 GPs treinados

seus clientes como exemplos de treinamento. Na verdade, essa colaboração tem sido um sucesso, com resultados positivos para todos os participantes envolvidos:

- PMPs® contribuem para criar uma cultura de gestão de projetos melhor, difundindo as melhores práticas na empresa e também obtendo Unidades de Desenvolvimento Profissional (PDUs, *Professional Development Units*) para manter sua certificação.
- Os trainees se conectam diretamente com o conteúdo, sem nenhuma interpretação que um instrutor externo poderia oferecer, já que o professor é um PMP® que sabe muito bem que problemas precisam ser abordados em relação ao gerenciamento de um projeto em nossa empresa.
- Os departamentos de treinamento de RH também saem ganhando, pois podem investir dinheiro em outras áreas que poderiam precisar de instrutores externos.
- O PMO corporativo supervisiona e apoia a consistência da mensagem que está sendo passada no processo de treinamento.

No fim das contas, é a Indra como um todo que se beneficia, pois o conteúdo desse curso de gestão de projetos foi colocado no formato de *e-learning*, traduzido para inglês e português e incluído como conteúdo obrigatório nos treinamentos de gestão de projetos de todas as empresas da Indra, onde quer que ela esteja localizada no mundo. (Ver Figura 6.5.)

Além disso, em 2010, o departamento de RH disponibilizou para todos os funcionários uma plataforma acessada da intranet cujo objetivo é permitir que as pessoas se conectem, compartilhem e aprendam umas com as outras. Essa plataforma (chamada de *Sharing Knowledge*, ou compartilhando conhecimento) tem o aspecto de uma rede social e o objetivo de apoiar a troca de conhecimentos e experiências entre profissionais. Seu escopo é corporativo e local e ajuda, de forma rápida e fácil, a disponibilizar conteúdo sobre melhores práticas e metodologias, gerenciamento e problemas técnicos e informações de negócios. Ela ainda tem a possibilidade de criar grupos e comunidades e até mesmo de transmitir conteúdo e cursos em formato digital.

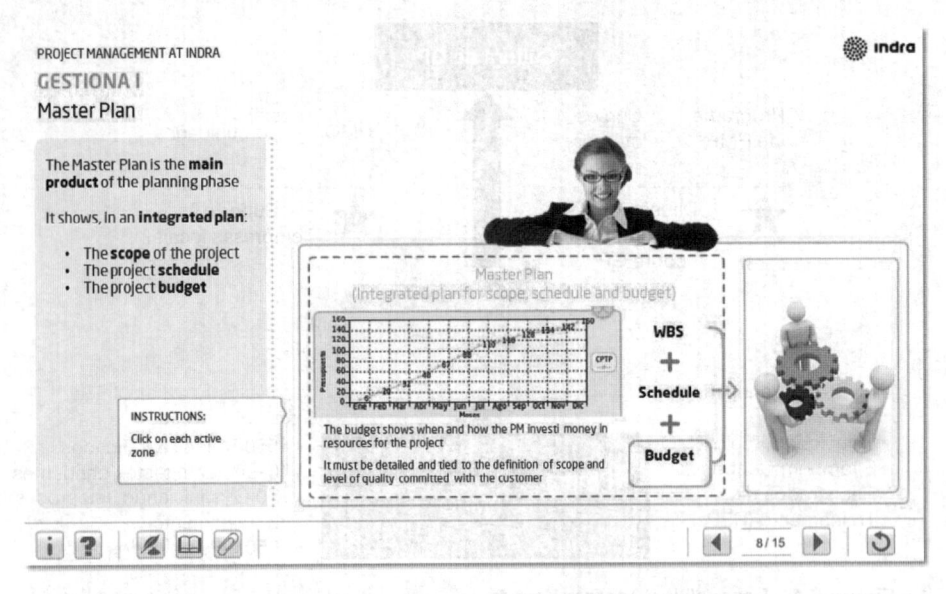

Figura 6.5 Curso "Gestão de projetos na Indra" na plataforma de *e-learning*.

Para nós, a Sharing Knowledge tem sido uma ferramenta poderosa para manter nossos GPs informados e em contato com o PMO Corporativo e para continuar a construir a cultura da gestão de projetos. Criamos o PMPnet (ver Figura 6.6), para profissionais certificados

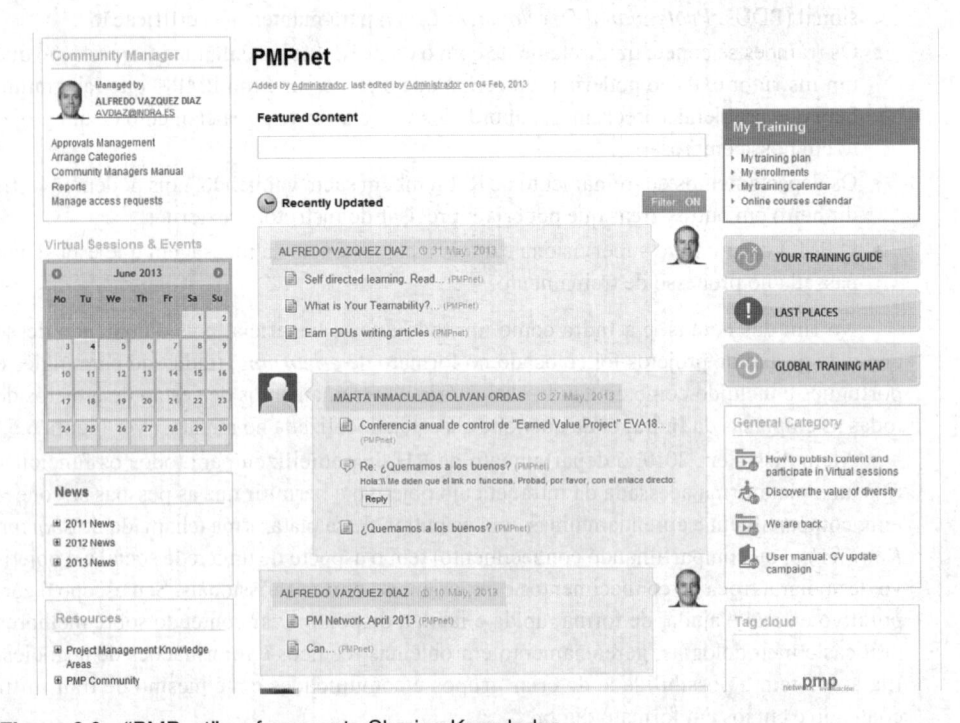

Figura 6.6 "PMPnet" na ferramenta Sharing Knowledge.

na Indra que desejarem manter contato, ser atualizados com informações sobre qualquer iniciativa ou atividade interessante ou simplesmente contribuir com experiências e ideias.

6.7 DFCU Financial

Com US$ 3,4 bilhões em ativos, a DFCU Financial é a maior cooperativa de crédito de Michigan, EUA, e está entre as 40 maiores do país. Com um aumento de 318,7% na receita líquida desde 2000, a DFCU Financial nunca foi tão bem-sucedida, e a implementação eficiente de projetos desempenhou um importante papel nisso. Na raiz de sua história de sucesso, há uma lição de como promover o que há de melhor em sua cultura corporativa. A história também serve de prova de que se manter fiel a valores centrais é uma forma garantida de sustentar o sucesso no longo prazo.

1997–2005: SUPERANDO O PASSADO

Girando o relógio de volta ao fim de 1997, tinha acabado de me voluntariar como gerente de projetos associados ao bug do milênio (projetos Y2K) – o possível escopo, escala e risco associados a esse projeto assustaram a maioria do pessoal. E isso era um tanto justificável – aquela não era uma empresa conhecida pelo sucesso de seus projetos. Tivemos bons resultados, porém, e isso me ensinou muito sobre a cultura da DFCU Financial. Não tínhamos uma metodologia sofisticada. Não tínhamos gerentes de unidades de negócios acostumados a estar formal e ativamente envolvidos em projetos. Não tínhamos nem mesmo muitos recursos de TI que fossem acostumados a ser pessoalmente responsáveis por *deliverables* específicos.

O que tínhamos, no entanto, era um valor central compartilhado de prestar um serviço de qualidade proeminente – de fazer o que fosse necessário para fazer um trabalho bem feito. Foi incrível para mim ver como esse valor era eficiente quando combinado com uma amostra bem selecionada de técnicas formais de gestão de projetos.

Tendo sentido o sabor do sucesso em gestão de projetos, tentamos estabelecer uma metodologia formal – a teoria era a de que se um pouco de gerenciamento formal de projetos funcionava bem, muito mais seria melhor. Apesar de sua beleza burocrática, essa metodologia não garantia uma conversão de sistema central bem-sucedida em meados dos anos 2000. Voltamos à fase de *design* em relação à gestão de projetos e estávamos enfrentando uma assustadora lista de projetos solicitados.

Com a nomeação de um novo presidente no final do ano 2000, a equipe executiva da DFCU Financial começou a mudar. Não levou muito tempo para que a nova equipe avaliasse o "balanço patrimonial cultural". Do lado dos débitos, enfrentávamos diversos desafios culturais que afetavam diretamente o sucesso dos projetos:

- Falta de responsabilização pela execução dos projetos
- Planejamento estratégico e priorização tática ruins
- Projetos controlados quase que exclusivamente pelo departamento de TI
- Gestão de projetos extremamente burocrática
- Empoderamento limitado

Seção 6.7 ©2017 produzida por DFCU Financial. Reproduzida com permissão. Todos os direitos reservados. O material da DFCU foi preparado por Elizabeth Hershey, antiga vice-presidente Delivery Channel Support.

Do lado positivo, nossa maior vantagem ainda era nossa forte cultura de serviços. Com a tarefa de analisar a proposição de valor da empresa no mercado, a antiga vice-presidente sênior de marketing Lee Ann Mares fez as seguintes observações:

> Por meio das histórias que surgiram em grupos de foco com membros e funcionários, ficou muito claro que o legado dessa organização eram seus serviços extraordinários. Confirmar que a marca DFCU cuidava de serviços foi a parte fácil. Tornar essa generalidade acessível e acionável era difícil. Como se quebra um conceito como *serviços proeminentes* em coisas com as quais as pessoas possam se identificar em seu trabalho cotidiano? Criamos três princípios orientadores extremamente claros: Faça-os "ganhar o dia" – Simplifique as coisas – Seja um especialista O interessante foi que essas regras simples não só nos deram uma linguagem comum, mas também nos ajudaram a exigir mais de nós mesmos em muitos aspectos. Então, trabalhamos com os funcionários de área de toda a organização para elaborar ainda mais os princípios. O resultado foi uma lista de 13 Ações de Marca (*Brand Actions*) – coisas que cada um de nós pode fazer para prestar um serviço extraordinário. (Ver Tabela 6.2.)

TABELA 6.2 Ações de marca da DFCU Financial

Faça-os "ganhar o dia" – Simplifique as coisas – Seja um especialista

Voz	Reconhecemos os membros de equipe como a chave para o sucesso da empresa, e o papel de cada membro de equipe, bem como suas contribuições e suas opiniões, são valorizados
Promessa	A promessa de nossa marca e seus princípios orientadores são a base do nível de serviço inequívoco da DFCU Financial. A promessa e os princípios são os objetivos comuns que compartilhamos e que devem ser conhecidos e assumidos como obrigação por todos nós
Metas	Comunicamos os objetivos e as principais iniciativas da empresa a todos os membros da equipe, e é responsabilidade de todos conhecê-los
Clareza	Para criarmos um ambiente de trabalho participativo, todos temos o direito a ter expectativas bem definidas para nossos cargos, treinamento e recursos de suporte e uma voz no planejamento e implementação de nosso trabalho
Trabalho em equipe	Temos a responsabilidade de criar um ambiente de trabalho em equipe, apoiando uns aos outros para atendermos às necessidades de nossos clientes
Proteção	Temos a responsabilidade de proteger os ativos e as informações da empresa e de nossos membros
Respeito	Somos membros de uma equipe que servem a outros membros e, como profissionais, tratamos nossos membros e uns aos outros com respeito
Responsabilidade	Assumimos a responsabilidade de nossos problemas e reclamações até eles serem resolvidos ou encontrarmos um recurso apropriado que os assuma
Empoderamento	Somos empoderados com expectativas definidas para tratar e resolver problemas dos membros
Atitude	Adotamos uma atitude positiva todos os dias, uma atitude de "faremos isto – este é meu trabalho!"
Qualidade	Usamos os padrões de qualidade dos serviços em cada interação com nossos membros ou outros departamentos a fim de garantir a satisfação, a fidelidade e a retenção
Imagem	Orgulhamo-nos de nossa imagem profissional e a apoiamos por meio do cumprimento das diretrizes do código de vestimenta
Orgulho	Somos "embaixadores" da DFCU Financial falando positivamente da empresa e comunicando comentários e preocupações para a fonte apropriada

Embora estivéssemos ocupados definindo nossa marca, estávamos, obviamente, executando projetos. Desde 2000, tínhamos melhorado nossa eficiência operacional por meio de inúmeros projetos de melhorias de processos. Substituímos diversos de nossos principais subsistemas. Lançamos novos produtos e serviços e abrimos novas filiais. Tornamo-nos cada vez melhores na execução de projetos, devido, em grande parte, a várias mudanças específicas que fizemos no modo como lidávamos com projetos. Quando observamos mais de perto o que essas mudanças significavam, ficou claro sua forte congruência com nossos Princípios Orientadores e Ações de Marca. Por mais simples que possa parecer, tornamo-nos melhores em gestão de projetos mantendo-nos fiéis à nossa marca.

Ação de marca – responsabilidade

O controle de projetos foi uma das primeiras coisas a mudar. Historicamente, o departamento de TI controlava com exclusividade a maioria dos projetos. Os gerentes de projetos da empresa até se reportavam ao CIO. Como ex-principal executivo financeiro, Eric Schornhorst comentou: "A maioria dos projetos tinha um patrocínio fraco ou ausente do lado dos negócios. Para melhor estabelecer a responsabilidade pelo projeto, tiramos os gerentes de projetos do departamento de TI e os designamos para trabalhar com o gerente de uma unidade de negócios somente para projetos de grande escala. Os gerentes de projetos desempenham um papel mais administrativo e de facilitação, enquanto o gerente da unidade de negócios assume realmente a liderança do projeto". Atualizamos a ementa de nosso curso de liderança, que todos os gerentes precisam concluir, passando a incluir um curso muito básico de gestão de projetos, estabelecendo a base para futuros desenvolvimentos profissionais nessa área.

Princípio orientador – Simplifique as coisas

Com a propriedade do projeto mais claramente estabelecida, também simplificamos nossos processos de planejamento e acompanhamento de projetos. Começamos acompanhando todos os grandes projetos corporativos e divisionais em uma única planilha, que era revisada mensalmente pela equipe executiva (ver Tabela 6.3 para os cabeçalhos dos relatórios). A prioridade dos projetos estava atrelada às nossas iniciativas estratégicas. Nossos recursos limitados eram, então, aplicados aos projetos de maior impacto e importância. Eric Schornhorst comentou, "Simplificar os formulários e processos de gestão de projetos nos permitiu focar a identificação de possíveis obstáculos e problemas. Melhoramos muito na gestão de riscos do projeto".

Ação de marca – objetivos

O principal executivo de informações, Vince Pittiglio, lembrou-se do problema do legado do excesso de comprometimento do departamento de TI.

> Sem um planejamento estratégico e tático eficiente, o que gerenciávamos era mais como uma "lista de desejos" de projetos do que um verdadeiro portfólio de projetos importantes. Nós, do departamento de TI, faríamos nossa lista de principais projetos de infraestrutura todo ano. Ao longo do ano, gerentes individuais adicionariam novos projetos à nossa lista. Geralmente, muitos desses projetos tinham pouco a ver com o que estávamos realmente tentando alcançar em termos estratégicos. Tínhamos mais projetos do que poderíamos realizar de forma eficiente e, honestamente, muitas vezes priorizávamos projetos com base na conveniência para o departamento de TI, em vez de no que seria melhor para a organização e nossos membros.

TABELA 6.3 Lista de cabeçalhos dos relatórios de projetos corporativos da DFCU Financial

Nome da coluna	Conteúdo da coluna
Prioridade	1 = Informado ao comitê/ou alta prioridade
	2 = Alta prioridade
	3 = Prioridade corporativa, mas pode ser prorrogado
	4 = Focalizado na unidade de negócios ou concluído quando o tempo permitir
Projeto	Nome do projeto
Descrição	Breve explicação, especialmente para novas iniciativas
Status do documento de requerimento	R = Requisitado
	Y = Recebido
	N/A = Não necessário
Status	Fase (descoberta, desenvolvimento, implementação) e percentual concluído da fase atual
Encarregado da área de negócios	Gerente da unidade de negócios que é encarregado do projeto
Gerente do projeto	Pessoa atribuída a esse papel
Prazo de entrega previsto	Ano/trimestre planejado para entrega
Recursos	Áreas funcionais ou equipe específica envolvida
Notas do projeto	Breve narrativa sobre os principais marcos ou problemas que estão por vir

Priorizar as principais iniciativas possibilitava dizer "não" para projetos de baixa prioridade, que não agregavam valor ou que simplesmente não eram do interesse de nossos membros. E o novo parâmetro para medir o sucesso de um projeto era não meramente se a parte de TI do projeto estava concluída, mas sim se o projeto tinha cumprido seus objetivos mais amplos e contribuído para o sucesso da empresa como um todo.

Ação de marca – trabalho em equipe

Historicamente, a DFCU Financial era uma organização funcional e forte. A colaboração interdepartamental era rara e ocorria somente sob condições muito específicas. Essa dinâmica cultural não oferecia um ambiente ótimo para projetos. A reunião mensal de revisão de projeto reunia toda a equipe executiva para discutir os projetos atuais e futuros. A equipe decidia que projetos eram de maior interesse para a organização como um todo. Essa colaboração crítica contribuía para a construção de equipes de projeto multifuncionais mais eficientes. Começamos a desenvolver uma boa intuição de quando uma equipe ou departamento específico precisava se envolver em um projeto. Passamos, também, a compreender melhor o conceito de que nosso sucesso ou fracasso seria algo que alcançaríamos juntos e começamos a trabalhar juntos melhor do que nunca.

Ação de marca – empoderamento

Como comenta Jerry Brandman, que era diretor de operações e hoje está aposentado:

> Nossos funcionários sempre foram positivos e agradáveis, mas nunca foram encorajados a dar sua opinião, especialmente para a gerência. Isso geralmente tinha um impacto negativo direto sobre os projetos – as pessoas previam problemas, mas sentiam que não era de sua responsabilidade soar o alarme. Grande parte do medo estava relacionada a não querer causar problemas aos outros. Estamos tentando tornar confortável para as pessoas levantar

questões. Se o rei está nu, queremos que alguém se manifeste! Para fazer as pessoas visualizarem a obrigação que têm de se manifestarem, peço que elas imaginem estar andando de trem e achar que sabem de algo que poderia colocar a viagem em perigo. Elas têm a obrigação de puxar a corda e parar o trem. Isso não tem sido fácil para as pessoas, mas estamos fazendo progressos diários.

Ação de marca – qualidade

No passado, a implementação de projetos na DFCU Financial seguia uma abordagem de *big bang*, ou "grande explosão" – implementar tudo ao mesmo tempo para todos. Quando "os planetas se alinhavam", o sucesso era possível. Na maioria das vezes, porém, as coisas não eram tão simples. Jerry Brandman afirma: "Você deve ter um processo para lançar as coisas para seu público. Você também precisa sondar a situação com um piloto de pequena escala sempre que possível. Isso permite que você modifique e ajuste seu projeto à luz de um verdadeiro *feedback*". A maioria dos funcionários tem conta na DFCU Financial, então achamos que tínhamos um público conveniente para pilotos em projetos maiores como o uso de caixas eletrônicos para conversões de moeda com cartões de débito e a introdução do sistema de extratos eletrônicos eStatements para garantir que tudo funcionasse corretamente antes de lançá-lo para todos os nossos membros.

Em conclusão, a melhor prática mais significativa da DFCU Financial foi nos mantermos fiéis aos nossos valores culturais centrais de prestar serviços extraordinários. Ao trabalhar na definição desse valor e encontrar maneiras de torná-lo acionável, também estávamos fazendo mudanças no modo como abordamos a gestão de projetos que estavam bem alinhados aos nossos valores. Nosso compromisso com a fidelidade à nossa marca nos ajudou a:

- Transferir a responsabilidade pelo projeto do departamento de TI para as unidades de negócios
- Simplificar os formulários e processos de gestão de projetos
- Usar reuniões de revisão de projeto para estabelecer prioridades e alocar recursos de forma mais eficiente
- Superar as barreiras organizacionais e encorajar contribuições sobre os projetos de indivíduos de toda a organização
- Melhorar o sucesso do projeto por meio de pilotos e *feedback*

Como presidente e CEO, Mark Shobe resumiu, em 2005:

Boas coisas acontecem quando você tem integridade, quando você faz o que disse que faria. As melhorias que fizemos ao lidar com projetos vieram naturalmente de nosso compromisso coletivo com realmente cumprir a promessa de nossa marca. Progredimos muito no modo como gerenciamos projetos? Sim. Tudo está onde gostaríamos que estivesse? Ainda não. Estamos indo na direção certa? Pode apostar que sim. E temos um mapa excelente para indicar o caminho.

2005–2009: PREPARADO PARA O CRESCIMENTO

Então, aquele mapa era bom mesmo? O material precedente foi escrito no início de 2005. Por medidas objetivas, os anos fiscais de 2005 a 2008 foram bons para a DFCU Financial (ver Tabela 6.4). Com mais de US$2 bilhões em ativos no final de 2008, a cooperativa de crédito estava em 10º lugar entre suas concorrentes nas medidas mais importantes.

Então, de uma perspectiva puramente financeira, a DFCU estava se saindo muito bem, especialmente dado o clima econômico global no início de 2009 e o fato de a DFCU estar, de modo geral, atendendo a membros associados ao setor da indústria automobilística, que faz parte da notoriamente problemática economia de Michigan, EUA.

As finanças sólidas foram o resultado dos esforços da administração atual ao longo de um período de oito anos para simplificar e melhorar as operações, esclarecer a marca e a proposição de valor da DFCU e iniciar processos eficientes de seleção e execução de projetos.

Embora esses esforços estivessem em andamento, a equipe executiva e o conselho diretor estavam avaliando uma métrica problemática – uma métrica que podia solapar a capacidade da empresa de sustentar seus sucessos recentes: a DFCU não ganhava novos membros há muitos anos – uma tendência que estava afetando quase todas as cooperativas de créditos dos EUA. Portanto, eles estavam focados na questão crucial e estratégica do crescimento. E, mais uma vez, a marca e os princípios orientadores da DFCU estavam ajudando a moldar os resultados.

Ações de marca – voz e qualidade; princípio orientador – Faça-os "ganhar o dia"

Embora a equipe executiva e o conselho diretor da DFCU explorassem várias opções de crescimento, o trabalho de seleção de um novo sistema central de processamento começou em meados de 2005. O projeto de conversão do sistema central era visto como um imperativo estratégico para o crescimento, independentemente da estrutura operacional da DFCU. A conversão de sistema anterior, em 2000, havia sofrido uma péssima execução, que deixou como legado problemas pendentes de dados e processos que precisavam ser solucionados. No início do projeto de conversão, que começou formalmente em janeiro de 2006, a conversão estava programada para outubro daquele ano. Desde o início, porém, enfrentamos dificuldades com o fornecedor do sistema. Ele estava passando por uma das maiores expansões de seu *pipeline* de clientes e estava tendo dificuldade para satisfazer a todas as demandas dos projetos de conversão de seu *pipeline*. O impacto sobre nós foi perceptível – alta taxa de rotatividade em membros-chave do projeto do

TABELA 6.4 Resultados da DFCU Financial para o trimestre que terminou em 30 de setembro de 2008

		Resultado		Classificação	
Métrica	DFCU	Média nacional das concorrentes[1]	Média regional das concorrentes[2]	Concorrentes nacionais	Concorrentes regionais
Retorno sobre ativos (ROA)	1,94%	0,42%	0,77%	1	1
Retorno sobre capital próprio (ROE)	13,98%	4,23%	7,19%	2	2
Índice de eficiência	49,57%	65,41%	69,31%	5	3
Capital/Ativos	13,91%	9,82%	10,69%	2	9
Total de ativos	$2,0B	$3,4B	$1,0B	39	5

[1]Cinquenta maiores cooperativas de crédito medidas pelo total de ativos.
[2]Cooperativas de crédito com pelo menos US$ 500 milhões em total de ativos nos estados do Michigan, Pensilvânia, Ohio, Indiana, Illinois, Wisconsin e Minnesota, EUA.

fornecedor, *deliverables* de má qualidade e falta de responsividade quanto aos problemas de conversão. Em razão da má qualidade dos cortes de dados, a data de conversão do projeto estava em sério risco em junho.

Devido ao seu escopo, o projeto de conversão de sistema foi o único projeto corporativo comissionado em 2006, e toda a atenção estava sendo voltada para ele. Não era uma tarefa fácil, portanto, entregar a mensagem de que o projeto estava passando por problemas. "Mark estava ciente de estávamos tendo dificuldades quando nos sentamos para discutir se teríamos uma conversão suave em outubro", comenta o principal executivo de informação, Vince Pittiglio. "Já tinha precisado dar más notícias antes para outros chefes, mas a conversa que tive com Mark foi muito diferente de todas as anteriores." Nosso objetivo declarado com essa conversão era praticamente não causar danos. Todos concordamos que não podíamos fazer nossos membros ou nossos funcionários passarem pelo mesmo tipo de conversão pelo qual tínhamos passado em julho de 2000. Precisávamos fazer o melhor possível. Segundo Pittiglio, "Explicitei os principais problemas que estávamos enfrentando e o fato de que nenhum de nós no projeto acreditava que eles poderiam ser resolvidos até a data de outubro. Se mantivéssemos a data original, acreditávamos que afetaríamos negativamente a experiência dos membros". Mas nosso CEO, Mark Shobe, foi muito claro – ele insistiu que esse projeto fosse uma experiência de qualidade tanto para os membros quanto para os funcionários, conforme todos tínhamos concordado desde o início, e ele estava disposto a adiar a data e colocar outras iniciativas em suspenso para garantir o sucesso da conversão. A equipe do projeto concordou com uma data revisada para a conversão no início de junho de 2007. Segundo a gerente de projetos e vice-presidente sênior de conversão, Martha Peters:

> Embora a equipe continuasse a enfrentar dificuldades com o fornecedor, trabalhamos pesado e fizemos nosso trabalho sem maiores problemas. Fez uma verdadeira diferença saber que os principais executivos e o conselho diretor tinham levado nosso *feedback* a sério. No final das contas, nenhum problema significativo aconteceu para nossos membros e funcionários, exatamente como queríamos que fosse. Foi uma decisão difícil adiar a conversão, uma decisão que muitas empresas não estão dispostas a tomar. Mas foi uma decisão acertada – nós realmente tentamos nos manter fiéis à nossa marca.

Ação de marca – clareza e trabalho em equipe

Quando a conversão de sistema foi concluída, em junho de 2007, só tínhamos nos envolvido em um projeto nos dois anos anteriores, ainda que um projeto de grande escala e importância estratégica – que foi conscientemente adiado em oito meses. Esse projeto sugou nossos recursos, e muito pouco foi realizado naqueles dois anos. "Terminar a conversão de sistema era uma demanda acumulada enorme. E todos achavam que os problemas que sua divisão estava enfrentando eram, é claro, os mais urgentes", comenta o antigo principal executivo financeiro, Eric Schornhorst. "Descobrimos rapidamente que nossa útil lista de acompanhamento de projeto e nossa reunião corporativa mensal eram ferramentas insuficientes para priorizar como alocar nossos escassos recursos." Uma pequena equipe foi rapidamente formada para criar um processo para iniciar e aprovar projetos mais eficiente e consistentemente. Um objetivo principal para essa equipe era minimizar a burocracia, tentando estabelecer, ao mesmo tempo, alguma estrutura útil, incluindo uma revisão preliminar de todas as novas solicitações da divisão de TI. O resultado foi um simples fluxograma que deixava todos os passos do processo de solicitação e aprovação muito claros (ver Figura 6.7) e um formulário que integrava as instruções de cada seção. Como o vice-presidente sênior de recursos humanos relatou na época:

Meu grupo foi um dos primeiros a utilizar o novo processo. Foi surpreendentemente bem pensado e fácil de usar. Convencemos a empresa a substituir nosso sistema de gerenciamento de aprendizagem por uma solução terceirizada mais robusta. Foi um dos projetos que entrou na lista de 2008. Honestamente, estávamos realmente no momento da história de nossa empresa em que precisávamos de um pouco mais de disciplina nesse processo. Em outros anos, defendíamos independentemente nossos projetos na hora da aprovação do orçamento com os líderes de nossas divisões. Se tivéssemos aprovação orçamental, víamos nosso projeto como fazendo 'parte da lista'. Quando chegava a hora de realmente executá-lo, no entanto, geralmente tínhamos problemas com o recrutamento de todos os recursos das diferentes áreas que precisavam ser envolvidas, especialmente os do TI".

O novo processo contribuiu não somente com a clareza relativa aos projetos corporativos, mas com o trabalho em equipe também. Como Schornhorst tinha refletido no final de 2008:

> Revisamos os projetos solicitados para 2009 usando o novo processo. Embora não tenhamos dado conta completamente do acúmulo de projetos criado pela conversão de sistema, também temos outro projeto que provavelmente tomará a maioria dos recursos em 2009. Isso não é boa notícia para áreas cujos projetos ainda não foram abordados. O que é interessante, porém, é como houve pouca contenção quando revisamos a súmula de 2009 – e tivemos de colocar muitas coisas importante 'em banho-maria'. Acho que quando você faz

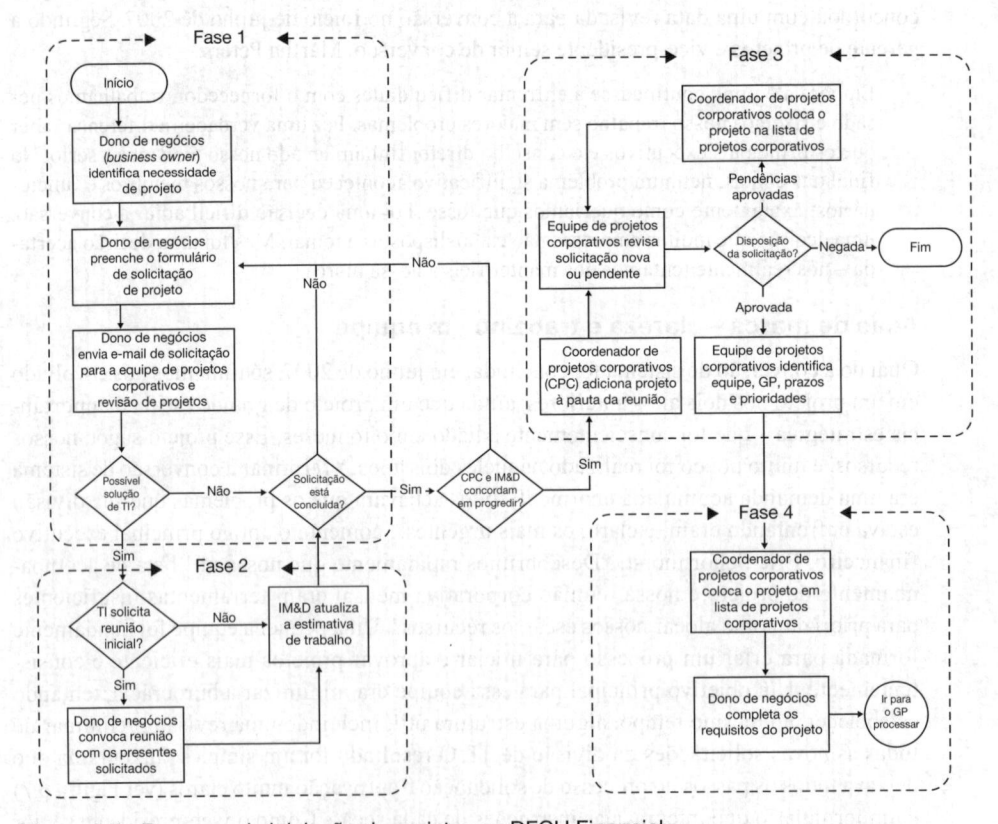

Figura 6.7 Processo de iniciação de projetos na DFCU Financial.

todos revisarem os fatos simultaneamente, é mais fácil obter um conjunto de prioridades que fazem sentido para a organização e que se apoiam mutuamente, independentemente de seus interesses pessoais. Isso ajuda a despertar o melhor de cada um de nós.

Então, aonde o mapa nos levou?

No início de 2009, a DFCU Financial estava preparada para aumentar o número de seus membros. Após uma revisão de opções de charter, o conselho diretor e a equipe executiva decidiram permanecer como uma cooperativa de crédito, mas buscar outros caminhos para o crescimento. Com essa finalidade, no início de 2009, o conselho diretor apresentou uma proposta aos membros da DFCU para voto sobre uma fusão com a cooperativa de crédito CapCom, que possuída nove filiais nas áreas centro-sul e oeste de Michigan, EUA. Segundo o antigo principal executivo operacional, Jerry Brandman:

> Consideramos muitas opções diferentes para abordar nossa visão estratégica de crescimento e expansão de nossos membros – de fusões a várias estratégias internas de crescimento. Apesar de nós, na indústria de cooperativas de crédito, estarmos atualmente enfrentado os mesmos desafios que outras instituições financeiras, também somos uma indústria famosa pela qualidade de nossos serviços. E aqui na DFCU Financial nós não somente falamos sobre serviços – nós os prestamos. Nossos funcionários são felizes e entusiasmados. Tratam nossos membros muito bem. Fomos classificadas entre as 101 melhores empresas para se trabalhar no sudeste de Michigan por cinco anos consecutivos, baseado em *feedback* de nossos funcionários. E temos um programa de *member shops* que nos mostra como nosso serviço se compara aos *benchmarks* da indústria. Nosso desempenho foi, consistentemente, do mais alto nível de serviço em relação às nossas concorrentes. A fusão com a CapCom e a passagem a um charter comunitário nos propiciará o crescimento de que precisamos para garantir um futuro promissor para nossos membros e funcionários. Isso nos permitirá difundir a marca DFCU para outras áreas geográficas. Acreditamos que essa proposta será atraente para nossos membros e será bem-sucedida. Acreditamos que as pessoas queiram fazer parte de nossa organização.

E têm bons motivos para isso. Também no início de 2009, a DFCU Financial pagou um dividendo de patrocínio de US$ 17 milhões aos seus membros pelo terceiro ano consecutivo, somando um total de mais de US$ 50 milhões desde o começo, durante um dos piores cenários econômicos a afetar a Motor City em décadas. Segundo Keri Boyd, vice-presidente sênior de marketing na época, "Como estamos comprometidos em permanecer sendo uma cooperativa de crédito, procuramos maneiras de melhorar nossa proposição de valor aos membros existentes e atrair novos membros. O dividendo de patrocínio é a pedra fundamental de nossa abordagem para expandir o negócio como uma cooperativa de crédito". Como resumiu Mark Shobe:

> O conselho diretor e eu não queríamos começar a fazer os pagamentos até termos a certeza de que poderíamos sustentá-lo ao longo dos anos. Exigiu um trabalho pesado, algumas decisões difíceis, uma excelente execução de projetos e diligência em nossas operações cotidianas para estar na posição de compartilhar nosso sucesso com nossos membros. A verdade é que a força motriz por trás de nosso sucesso é nosso comprometimento coletivo com nossa marca.

Então, com um cronograma de projetos acordados para 2009, uma possível fusão se aproximando no horizonte e alguns membros muito, muito satisfeitos, como o mapa da DFCU está funcionando? "Muito bem, obrigado!", responde Mark.

2009-2013: PAGANDO DIVIDENDOS DE MAIS DO QUE UMA SÓ MANEIRA

Durantes esse período mais recente da história da DFCU Financial, fizemos grandes progressos em nosso objetivo estratégico de crescimento. Concluímos a fusão com a CapCom no final de 2009, o mesmo ano em que começamos a diligência prévia para outra fusão com a corporativa de crédito MidWest Financial, sediada em Ann Arbor, Michigan, EUA. A fusão com a MidWest foi concluída no início de 2011. Em janeiro de 2012, abrimos uma nova filial que construímos em Novi, Michigan, EUA, e, quando este livro estava sendo escrito, estávamos construindo novas filiais em outros lugares. A Tabela 6.5 resume as principais métricas do crescimento dos quatro últimos anos.

Exatamente como pretendíamos, de fato crescemos no negócio por meio de fusões e projetos de novas filiais. Mas o crescimento não é a única medida de sucesso. Se mal gerenciado, o crescimento pode ter um efeito deletério nas finanças, nos serviços e no moral dos funcionários. Então, como foi que fizemos?

Durante esse mesmo período, mantivemos uma forte posição financeira em comparação às nossas concorrentes. Nossa força financeira nos permitiu continuar a pagar um Dividendo de Patrocínio anualmente aos nossos membros. Em janeiro de 2013, pagamos nosso 7º dividendo, totalizando US$21,8 milhões, o que representava um total acumulado de US$133,4 milhões desde 2006. A satisfação dos membros nunca fora mais alta segundo as medidas de nosso programa de *member shops* e, em 2012, estávamos novamente nos rankings mais altos nesse elemento ao fazermos o *benchmarking* em relação às nossas concorrentes.

Igualmente importante foi o fato de termos continuado a receber prêmios que reconheciam a DFCU Financial como excelente empregadora – prêmios que se baseiam somente no *feedback* de funcionários – como as 101 Melhores e Mais Promissoras Empresas para se Trabalhar e o prêmio "Melhor local de trabalho" concedido pela *Detroit Free Press*.

Estamos também vendo o reconhecimento de nosso crescimento e expansão geográfica ao longo dos últimos anos, sendo chamados de um "Ponto Positivo" econômico em Michigan pela *Corp*! Esses sucessos são resumidos na Tabela 6.6.

A marca ainda é como a fazemos

Quando crescemos por meio da construção de novas filiais, a marca DFCU Financial se estende de modo bastante natural. Em projetos de novas filiais, todos os elementos da marca são bem controlados – desde o visual e o clima das instalações, ao treinamento e à contratação de novos funcionários ou mesmo à metodologia de projetos que usamos. O crescimento por fusões não é tão orgânico. Garantir que a marca seja protegida por meio desses projetos não é tarefa fácil. Segundo o presidente e CEO Mark Shobe, "Ao buscar possíveis parceiros de fusão, procuramos organizações que não somente se encaixem bem estrategicamente, mas também que compartilhem de forma ostensiva nossos valores centrais. No entanto, independentemente de quão adequada a outra organização pareça ser, o maior desafio em qualquer projeto de fusão é a cultura."

Ação de marca – objetivos e clareza

A CapCom foi a primeira fusão da DFCU Financial concluída durante esse período. Ela nos propiciou acesso a dois novos mercados geográficos, mas, o que é mais importante, nos deu a oportunidade de mudança de charter. Originalmente uma cooperativa de crédito com controle federal, a DFCU Financial hoje é uma cooperativa de crédito comunitária de

TABELA 6.5 Métricas do crescimento da DFCU Financial

	2000	2008	2009	2010	2011	2012
Número de membros	170.812	167.910	201.329	218.374	213.869	214.454
Número de filiais	6	12	12	21	22	23
Número de funcionários	409	336	434	426	408	413
Ativos em bilhões	$1,2	$1,9	$2,4	$2,7	$3,0	$3,2

TABELA 6.6 Métricas de sucesso financeiro da DFCU Financial

	2000	2008	2009	2010	2011	2012
Principais métricas financeiras[1]						
Retorno sobre ativos (ROA)	1,01%	1,69%	1,25%	1,23%	1,38%	1,55%
Retorno sobre capital próprio (ROE)	13,08%	12,06%	9,52%	9,53%	11,11%	12,36%
Índice de eficiência	77,50%	50,84%	52,90%	54,73%	57,56%	52,26%
Capital/Ativos	7,66%	14,00%	13,12%	12,94%	12,70%	12,49%
Dividendo de patrocínio especial						
Pagamento total em milhões	–	$17,5	$19,3	$18,9	$21,1	$21,8
Satisfação dos membros						
Member shops, escala 0 – 5	–	4,80	4,86	4,89	4,96	4,97[2]
Satisfação dos funcionários						
Melhores e mais promissoras – Detroit Metropolitana[3]	–	✓	✓	✓	✓	✓
Melhores e mais promissoras – Oeste de MI	–	–	–	–	–	✓
Melhores e mais promissoras – Nacional	–	–	–	–	–	✓

[1] Em comparação às nossas 50 maiores concorrentes nacionais, a DFCU obteve 8º lugar em ROA, 15º em ROE, 5º em eficiência e 5º em C/A em 31/12/2012.
[2] *Versus* uma concorrente com pontuação de 4,82 em 2012. Nota: Os *Shops* começaram em 2002 com uma linha base de 4,05.
[3] DFCU recebeu o prêmio de 101 Melhores e Mais Promissoras Empresas para se Trabalhar – Detroit Metropolitana por 8 anos consecutivos.

controle estatal, que passou a ter acesso a todos os distritos da península inferior de Michigan. A mudança de charter exigiu uma votação pelos membros. A votação do controle pelos membros foi uma das tarefas mais importantes do escopo do projeto de fusão com a CapCom. Segundo ao vice-presidente sênior de marketing e operações estratégicas, Martha Peters, que foi a gerente de projetos da fusão com a CapCom:

> Para conseguirmos alcançar nossos objetivos com essa fusão, não somente precisávamos integrar sistemas e áreas funcionais com sucesso, mas também precisávamos ter um argumento convincente para nossa base existente de membros mudar nossa estrutura de negócios. Ao fazer as duas coisas acontecerem, alavancamos nossa marca. Precisávamos assegurar a nossos membros existentes de que seríamos a mesma DFCU em que eles confiavam – só que melhor, enquanto, ao mesmo tempo, precisávamos demonstrar aos nossos novos colegas da CapCom como eles e os membros a que eles historicamente atendiam se beneficiariam com a adoção da cultura da DFCU Financial. Para facilitar nosso sucesso nesse projeto, fomos muito cuidadosos em relação a como estruturamos o projeto e comunicamos

nossos objetivos. Estabelecemos um comitê de direção, formado por executivos da DFCU e da CapCom, que era responsável por tomar todas as principais decisões relativas ao projeto e avaliar e comunicar o impacto sobre membros e funcionários de cada uma dessas decisões. Essa estrutura nos ajudou a manter o *feedback* de funcionários e membros sob controle e avaliar o risco do projeto de forma muito eficiente.

Todos os principais objetivos desse projeto foram atendidos – a mudança de charter, a integração funcional, a fusão legal e a integração dos sistemas – e, o mais importante, a marca da DFCU Financial saiu desse projeto como uma vencedora.

Ações de marca – respeito e responsabilidade; princípio orientador – Simplifique as coisas

Como a fusão com a CapCom estava sendo finalizada com sucesso, fui designado como gerente de projetos para a fusão com a MidWest Financial. Embora a mudança de charter tenha figurado fortemente na fusão com a CapCom, aquele também foi um projeto em que aprendemos muito sobre como realizar fusões. Como conduzimos um exercício formal de lições aprendidas ao sair da fusão com a CapCom, pude reutilizar os elementos que funcionaram e focar as áreas que precisavam ser fortalecidas.

Por sermos uma empresa pequena, não possuímos recursos dedicados de gestão de projetos. Espera-se que os gerentes da linha de frente e das unidades de negócios de retaguarda e suas equipes participem como membros de equipe de projeto, e geralmente sirvam como gerentes de projetos. Em nossos projetos de fusão, todos os gerentes são responsáveis por tadas as tarefas de integração que estão relacionadas à sua unidade de negócios. Eles são essencialmente o gerente de projetos de sua área funcional. Os gerentes cujas operações estão fortemente acopladas ao sistema computacional central têm ainda maior responsabilidade de garantir que os dados do sistema que está sendo abandonado sejam convertidos de forma segura e correta ao sistema sobrevivente. É um conjunto de responsabilidades hercúleo.

Uma das lições aprendidas com a fusão com a CapCom é que essas responsabilidades não estavam claras para todos, então tínhamos diferentes graus de cumprimento da metodologia do projeto. Pelo mesmo motivo, todos aprendemos juntos, nessa primeira fusão, quais eram as principais peças daquele processo e como elas se encaixavam umas às outras. Para desenvolver o que aprendemos com a CapCom, trabalhei com a equipe executiva para desenvolver um termo de abertura do projeto que explicasse escopo, objetivos, estrutura e responsabilidades dos participantes e para realizar uma revisão desse documento na reunião inaugural. Então, para tornar esse projeto de grande escala mais gerenciável para os gerentes das unidades de negócios, reuni o pequeno conjunto de ferramentas que todos teriam de utilizar – nosso banco de dados usual de projetos no Lotus Notes, um *template* com uma lista de tarefas simples em Excel e um *template* com um relatório de *status* simples – e articulei claramente as regras de envolvimento: 1) as ferramentas deveriam ser usadas proativamente, 2) as listas de tarefas e os relatórios de *status* precisavam ser postados por prazo final no banco de dados e 3) o gerente de projetos de cada área tinha de revisar seu relatório por escrito, postando-o em cada reunião de projeto com toda a equipe. Disponibilizei-me totalmente a qualquer pessoa que precisasse de ajuda com a utilização das ferramentas e fiquei feliz em ver até que ponto aumentamos a competência de nossa gestão de projetos por meio desse projeto.

Os requisitos metodológicos e o conjunto de ferramentas que insistimos que os líderes e os participantes do projeto usassem para o projeto da MidWest valeram muito a pena para nós, e não só para aquele projeto de fusão.

Ações de marca – empoderamento, responsabilidade e qualidade

Com duas fusões ocorrendo consecutivamente, e a primeira delas não muito tempo depois de nossa grande conversão de sistema central em 2007, o atraso acumulado do projeto estava crescendo diariamente. Houve um verdadeiro momento de cômputo em outubro de 2010, quando a fusão com a MidWest ainda estava a pleno vapor. Um dos problemas que havia surgido durante a fusão com a CapCom estava relacionado a caixas automáticos (CDMs, *cash dispenser machines*). Todas as filiais originais da DFCU possuíam CDMs em cada caixa. As filiais da CapCom não possuíam os mesmos caixas automáticos. Em vez de adquirir CDMs para a CapCom, reescrevemos dezenas de procedimentos operacionais de caixa para acomodar filiais com e sem CDMs. Embora isso solucionasse o problema imediato, a gerência sênior de filiais não gostou da complexidade que isso trazia às operações. Tendo também outras preocupações mais técnicas com os CDMs, a equipe da gerência decidiu avaliar a desimplementação dessas máquinas. Eles trabalharam em um piloto em uma de suas filiais mais movimentadas. Gostaram do resultado e decidiram passar imediatamente à desimplementação em todo o sistema. Tínhamos, no curto prazo, outro projeto acontecendo quase que despercebido em meio a uma fusão. Estava na hora de pisar no freio. Segundo Steven Schulman, vice-presidente sênior de desenvolvimento de filiais:

> Lá estava eu, recém-promovido a VP sênior e minha primeira grande tarefa era me livrar de nossos CDMs. Nada demais, certo? De uma hora para outra, vários outros gerentes começam a me encher de perguntas – já pensou no impacto sobre os procedimentos? As unidades estão totalmente amortizadas? O departamento de instalações irá reformar o gabinete dos caixas – eles têm orçamento para isso? Precisamos remover os CDMs do sistema? E assim por diante. Senti que estava fazendo a coisa certa, mas ficou claro para mim que, para fazer aquilo imediatamente, eu precisava seguir nossos protocolos normais de gestão de projetos. Lições aprendidas!

O projeto de desimplementação dos CDM foi um divisor de águas para nós em diversos aspectos. Era absolutamente a coisa certa a se fazer e provavelmente não era muito aconselhável adiar por muito mais tempo. Ao mesmo tempo, todos nós, gerentes de unidades de negócios, tínhamos inúmeros projetos tanto de grande quanto de pequena escala em nossas listas de afazeres e, alguns deles, exatamente como esse, tinham realmente de prosseguir – apesar da fusão. Então, para o benefício de todas as partes envolvidas, realmente precisávamos forçar nossa metodologia de projeto e nosso conjunto de ferramentas a serem utilizados por um público muito mais amplo. Sendo assim, demos ao Steven as ferramentas de que ele precisava para realizar esse projeto, e então passamos 2011 não somente terminando a fusão da MidWest, mas também implementando algumas melhorias no modo como gerenciamos projetos e nos comunicamos a respeito deles. Embora ainda utilizássemos bancos de dados dedicados para projetos de grande escala como fusões, disponibilizamos o banco de dados de projetos corporativos em Lotus Notes, que contém *templates* de projetos e oferece um lugar para postar documentos para todos os projetos ativos. (Ver Figura 6.8.)

No final de 2011, também introduzimos um Processo de Mudanças Empresariais formal criado para garantir que evitássemos outro projeto surpresa como a desimplementação dos CDMs. O processo é leve em termos burocráticos e exige que os gerentes das unidades de negócios iniciem a conversa determinando como prioridade um banco de dados de suporte que descreva o problema que precisam resolver ou o projeto que acreditam que precise se envolver. Temos um pequeno comitê empresarial de mudanças, formado por representantes de cada divisão, que revisa as prioridades toda semana para melhor compreender o

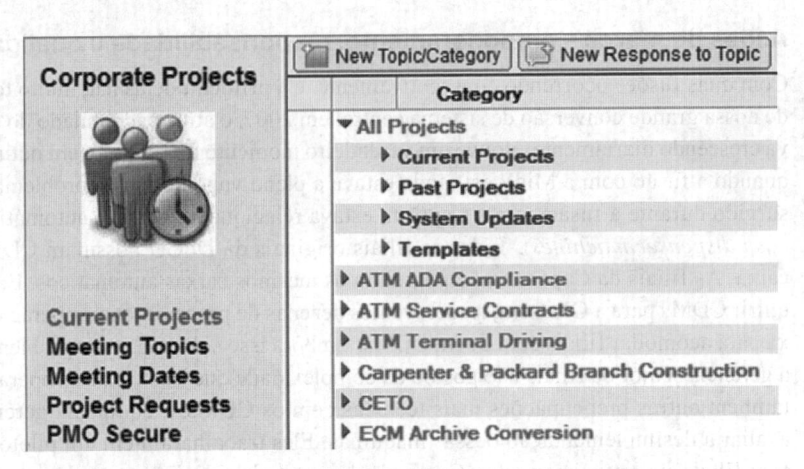

Figura 6.8 Banco de dados de projetos corporativos da DFCU Financial.

escopo de cada iniciativa e determinar que áreas precisam ser envolvidas. Em alguns casos, as prioridades de mudança empresarial passam à estatura de projeto corporativo, sujeitos aos nossos protocolos formais de gestão de projetos. Na maioria dos casos, porém, as iniciativas empresariais de mudanças prosseguem como projetos de pequena escala que são trabalhados à medida que o tempo permitir, ao contrário dos projetos corporativos aprovados e dos projetos recorrentes necessários como atualizações do sistema central e relatórios fiscais.

Juntamente a essa mudança nos processos, criamos uma lista de projetos que resume todos os projetos em andamento em qualquer dado momento e permitimos que a gerência compreenda não somente as prioridades dos projetos, mas onde os recursos de toda a empresa estão comprometidos atualmente. (Ver Figura 6.9.) A lista é liberada mensalmente a toda a gerência, que é encorajada a dedicar um tempo a revisar o que está na lista e compartilhar com suas equipes aquilo que achar apropriado. A intenção da nova lista de projetos é garantir transparência sobre como os recursos estão sendo implantados nos projetos e conscientizar sobre iniciativas que acabarão afetando os funcionários e/ou membros.

E a marca continua

Tivemos um sucesso financeiro significativo ao longo dos últimos anos, e a equipe executiva está muito focada em sustentar esse sucesso no longo prazo. A marca DFCU Financial nos orienta no que precisamos fazer e, em muitos casos, em como e quando precisamos fazê-lo. Nossa marca tem muito a ver com moldar o modo como abordamos projetos, pois reflete como pensamos a nosso próprio respeito e o que queremos alcançar. Continuaremos a progredir como pudermos com nossa estratégia de crescimento gerenciado. Nosso recém-concluído estudo sobre a expansão informará nossas decisões quanto a construir novas filiais e, embora o ambiente esteja mudando, continuaremos procurando oportunidades de fusões. Ao mesmo tempo estamos procurando cuidadosamente maneiras de melhorar, de levar nossos produtos, serviços e processos ao próximo nível. Então, quando começarmos em 2013, teremos vários projetos e iniciativas em andamento que tiveram seu ponto de partida na marca.

2013 Resource Planning

#	Corporate Projects	Strategic Value	Impact	Size	Lead	J	F	M	A	M	J	J	A	S	O	N	D	Comments
1	IVR Replacement	Req'd	Member	Med	Peters													Launched 2/13; monitoring member feedback.
2	Mobile Banking & Security Alerts	High	Member	Med	Peters													Complete!
3	ATM Terminal Driving	High	Member	Large	Peters													Conversions finish in March.
4	MFA	Req'd	Member	Large	Dinn													Still testing error message.
5	ECM Phase 1 – BDS-OnBase Conversion	High	Staff	Large	Hershey													Training Mar 11-29; launch on April 1st.
6	Plymouth Rd Branch Construction	High	Member	Large	Winnik													All tasks on track.
7	Plymouth Rd Branch Opening	High	Member	Large	Kidwell													In full swing; early May opening.
8	IB RFP	High	Staff	Small	Kidwell													Vendor responses due 4/12.
9	Hardware Security Module	High	Staff	Small	Peters													Awaiting equipment delivery.
10	Public Website Infrastructure Upgrade	Req'd	Member	Large	Sweet													Add to April meeting.
	Required Recurring Projects																	
1	Patronage Dividend	High	Member	Med	Kalinski													Jan 2013 payout complete!
2	2012 Year End & Tax Reporting	Req'd	Member	Large	Kidwell													On track.
3	2013 SDB Billing/Drilling	Req'd	Member	Med	Chiles													Collections mode.
4	2013 Escheats	Req'd	Member	Med	Mahony													Project starting.
5	2013 Fee Analysis	Med	Member	Med	Soulier													CETO replaces this for 2013.
6	2013 Privacy Mailing	Req'd	Member	Small	Mallery													Awaiting US Senate vote.
7	Velocity	Req'd	Staff	Med	Cochran	x	x											Release buggy; awaiting 3.0; timing tbd.
8	C Cure	Req'd	Staff	Small	Winnik													GF & SF done; OB up next.
9	i-Vu	Req'd	Staff	Small	Winnik													Upgrade HVAC controls for FL
10	CETO	High	Member	Med	Kalinski													Testing, fee schedule & disclosure updates in process.
	Business Process Change Requests																	
#	Project			Lead	Team								To – From				Status	
17	Business Account Process Changes			Golles	Kidwell, Mallery, Belanger, Conway, Cameron S								2013				Suspend	
25	Address/Multiple Statement Clean Up			Chiles	Soulier, Northup, Peters, Earhart, DCS								Mar 12 – Mar 13				Open	
42	Branch BCP Procedures & Forms			Golles	Branch, DCS, Fitzpatrick								Mar 12 – Mar 13				Open	
55	Branch Appointments Database (follow up from Account Switch project)			Golles	Hershey, Belanger, Mtg. MSC, Branch, ConsLend								2013				Suspend	
62	eReceipt & Voucher Study (for later phase ECM project)			Kidwell	DCS, Marketing, IM&D								Aug 12 – Mar 13				Open	
70	FHLBI Mortgage Loan Pledge Extract			Solarz	Core Resource Group, IM&D								Dec 12 – Mar 13				Open	
71	Replace Email Vendor with Exact Target			J Nelson	O'Gorman, Soulier, Buchanan, Moss, Moorhead								2nd Q 2013				Open	
72	Member Retention Model			Soulier	Will work alone this first phase.												Open	
75	Modify POD Fix to Remove Deceased Accounts			Kidwell	Northup, Blazo, Davis								March 1st Install				Open	
76	Custom Notice for POS Declines			Buchanan	O'Gorman, DCS, Ops, Programming, DataMail								Jan – tbd 2013				Open	
77	Modifications to the Suggestions Database			Morgan	Belanger								Feb – tbd 2013				Open	
78	Gift Card PIN Rollout			Jackson	Moorhead, Kulik, Kidwell, T&D								Tbd				Open	
	IM&D Infrastructure Projects																	
	Project			Lead	Team								To – From		Status		% Done	
	MS SQL servers need DR plan*			Tim	ENG								Apr 12 – Jul 13		Active		25%	
	Upgrade lotus notes to current ver 8.53*			Doug	CSS								Jan 12 – Apr 13		Active		99%	
	Upgrade vmware to current ver 5.0*			Doug	CSS								Jan 12 – June 13		Active		50%	
	Network Upgrade (Fairlane datacenter)			Cyndi	Voice & Data								Jan – June 13		Active		40%	

*Become priority in the event of another merger

Figura 6.9 Documento de planejamento de recursos da DFCU Financial.

Ação de marca – proteção

Assim como outras organizações de serviços financeiros, a DFCU Financial tem enfrentado uma diminuição nas receitas líquidas de juros devido à repreficicação de nossos portfólios de empréstimos e investimentos causada pelo ambiente prolongado de baixas taxas e pela crescente pressão sobre a renda proveniente de encargos devido ao que é descrito como "proteção ao consumidor". Isso significa uma perda de em torno de US$6 milhões anuais para a DFCU ao longo dos últimos anos. O principal executivo financeiro, Marv Elenbaas, tem mantido a equipe de gerência focada em algumas métricas essenciais que são extremamente importantes de serem acompanhadas durante épocas de forte compressão de margens: aumento das principais receitas operacionais líquidas e aumento das principais despesas sem juros. Ele também demonstra o impacto que o ambiente está tendo sobre nós ao incluir, nas finanças mensais, o rendimento médio dos ativos remunerados dos cinco últimos trimestres, que passaram de 3,34% no final do 4º trimestre de 2011 para 2,66% no final do 4º trimestre de 2012. Ao promover a conscientização quanto ao impacto que o ambiente estava tendo sobre nossas principais finanças, Marv conseguiu ser convincente e ganhar apoio para um projeto para realizar uma revisão e uma análise minuciosa de nossas estruturas de encargos. Entretanto, cobrar encargos dos membros é um assunto sobre o qual diferentes áreas da cooperativa de crédito têm opiniões fervorosas e, muitas vezes, diametralmente opostas. E essas opiniões são solidamente racionalizadas em relação à nossa marca. Para garantir uma análise e um processo de tomada de decisões produtivos e colaborativos, Marv procurou um terceiro que tivesse uma perspectiva neutra para facilitar a revisão. O principal *deliverable* do projeto era um conjunto de recomendações para mudanças. Segundo Marv:

> As mudanças nos encargos acordadas por meio desse projeto são apoiadas e bem compreendidas por todas as partes e, o que é mais importante, refletem um equilíbrio dos princípios de nossa marca. O plano aborda a necessidade crucial de aumentar nosso fluxo de receitas ao longo dos próximos anos. Ao mesmo tempo, garante que a DFCU continuará oferecendo uma sólida proposição de valores aos seus membros. Não somente eles se beneficiaram com a reprecificação para baixo das taxas de empréstimos, mas também continuamos posicionados como menos agressivos em termos de encargos em relação às nossas concorrentes, permitindo-nos manter no mercado nosso princípio de "faça-os ganhar o dia". Não é sempre que as partes interessadas dos departamentos de finanças, atendimento ao cliente e marketing concordam em um assunto como encargos, mas chegamos bem perto disso.

Princípios orientadores – "Faça-os ganhar o dia" e Simplifique as coisas

Um dos maiores projetos de infraestrutura que foram iniciados quando estávamos finalizando as fusões recentes foi a implementação de um novo e robusto sistema de gerenciamento de conteúdo empresarial. Ainda que as primeiras fases dessa iniciativa de vários anos de duração não chamem muita atenção, apesar de fundamentais – substituir o arquivo de documentos existente e converter o conteúdo –, espera-se que as fases posteriores agradem aos funcionários e membros captando assinaturas eletronicamente na documentação da conta, eliminando, assim, o manuseio e a movimentação de papéis físicos e fornecendo maior acesso de autosserviço a documentos eletrônicos (eDocuments) a membros e passando de comprovantes e recibos impressos no caixa a recibos eletrônicos (eReceipts) – coisas que nossos funcionários e membros vêm solicitando já há algum tempo, à medida que mais e mais empresas aderem a práticas mais "verdes".

Ação de marca – voz

Para garantir que sustentemos nossa posição como empregadora favorita e fortalecer nossa retenção de funcionários, o que certamente será um desafio até que a economia de Michigan melhore, os recursos humanos lançaram um novo e aprimorado processo em nossa reunião de funcionários anual em janeiro de 2013. Esse sólido compromisso de escutar o *feedback* de funcionários sem dúvida será o ponto de partida para projetos e iniciativas criados para atrair e reter o talento de que a DFCU precisará para levar nosso negócio a um patamar superior.

Ação de marca – promessa

Estamos focados em avaliar e aperfeiçoar nossos serviços de atendimento ao cliente. Segundo Keri Boyd, vice-presidente executiva de desenvolvimento corporativo:

> Nosso pessoal de linha de frente que presta serviços diretos aos membros participa dos *shops* há anos – e suas pontuações são impressionantes. Ainda assim, temos nos perguntado: podemos ser ainda melhores? Esse questionamento nos levou a analisar o processo de prestação de serviços de maneira mais ampla. Quando os membros da equipe da linha de frente precisam de ajuda, eles procuram nossas áreas de retaguarda – sejam elas TI, operações, subscrições, cobrança. Queremos garantir que essas interações ofereçam o máximo

de apoio e sejam o mais positivas e eficientes possível. Somos todos parte da cadeia de valor de serviços. Analisando os serviços internos de perto, seremos capazes de identificar áreas para melhorias.

Princípio orientador – Seja um especialista

Um componente crítico de serviços superiores é a competência, logo, o apelo para ser "um especialista". Quando estávamos passando pela conversão de nosso sistema central, tudo era novo para todas as áreas, então documentar procedimentos detalhados foi um componente imperativo desse projeto. Políticas e procedimentos eram uma grande preocupação também nos projetos de fusão, já que precisávamos garantir que novos membros das equipes compreendessem claramente os modos de agir da DFCU. Segundo o supervisor de suporte ao canal de entrega, Kelly Kidwell:

> Agora temos uma equipe muito experiente e, ainda assim, estamos encontrando algumas evidências de uma dependência literal em nossa base de conhecimento por escrito, que às vezes atrapalha a solução eficiente de problemas e a tomada de decisões ao prestarmos serviços aos nossos membros. Essa é uma grande preocupação para mim, já que minha área escreve e mantém todas as políticas e os procedimentos operacionais e oferece suporte via telefone a membros da equipe de linha de frente em questões operacionais.

Para começar a abordar essa tendência, Kelly iniciou uma campanha chamada "solucione o problema certo" com sua equipe e os está orientando a melhorar suas habilidades de facilitação e de ouvir com atenção ao oferecer suporte à linha de frente, além de encorajar discussões internas sobre o que está dando certo e o que não está. Essa iniciativa já ajudou a identificar a necessidade de reformulação de nossos processos de prestação de serviços para contas de pessoas falecidas e contas fiduciárias.

Princípio orientador – Simplifique as coisas

Apesar de estarmos focados na conversão de sistema e nas fusões, não tínhamos a capacidade para tratar de nossos canais de entrega. Como observou Martha Peters, vice-presidente sênior de marketing estratégico e operações:

> Precisávamos manter algumas coisas inalteradas. Fusões e conversões, por si sós, já apresentam enormes mudanças. Não podíamos arriscar também fazer mudanças de canais, algo que é sempre disruptivo para nossos membros. Então, nem preciso dizer que os últimos anos foram dedicados, acima de tudo, aos canais. Em 2012, liderei projetos para desligar nossa plataforma de controle de terminais de caixas eletrônicos e lançar o aplicativo de transações bancárias móveis. Atualmente, estamos passando pelo processo de solicitação de propostas para substituir nosso canal de transações bancárias via internet. Essa mudança foi planejada e completada em 2014. Um requisito estratégico importante para todas essas iniciativas é simplificar nossas soluções e facilitar nossas mudanças e melhorias. Para tal, precisamos passar de nossas plataformas, que hoje são extremamente personalizadas, a soluções que nos permitam nos adaptar mais rapidamente a mudanças tecnológicas e mercadológicas.

À medida que a DFCU Financial embarca no próximo trecho dessa jornada, o mapa de orientação serve mais para polir nossa experiência, melhorando a qualidade da prestação de serviços e sendo bem-sucedido em um mundo ágil e cada vez mais conectado. E, como sempre, o "como" de nossa jornada será guiado por nosso interesse em sustentar e ampliar nosso sucesso e em incentivar nossa marca a fazê-lo.

6.8 Hewlett-Packard

Em muitos casos, instituir a gestão de projetos é uma parte capacitadora da mudança cultural exigida por uma organização. Quando são necessárias grandes melhorias, a cultura é aprimorada por meio da instituição da gestão de projetos, e esta não pode depender de haver uma cultura em vigor.

Implementar liberações/projetos que abarquem toda a empresa exige que a cultura leve a organização de um gerenciamento funcional a um gerenciamento matricial, faça a entrega deixar de ser centrada no projeto, passando a ser centrada em componentes, e passe o planejamento do nível tático (emocional) para o nível estratégico (analítico). Esse nível de mudança cultural precisa ser identificado, projetado e implementado.

Recentemente, trabalhamos com o PMO de uma organização que estava primordialmente gerenciando projetos individuais, tinha o *dashboard* típico em vigor para comunicar o *status* e representava basicamente uma função administrativa para a organização. Oferecemos-lhe a oportunidade de ser um "PMO de primeira classe" e poderíamos ajudá-lo a implementar diversas melhores práticas para permitir:

1. Direcionar o Mapa de Serviços de TI em termos de liberações para o cliente
   a. Em relação ao cronograma das necessidades empresariais
   b. Em relação à compatibilidade/integração dos serviços/arquiteturas
2. Gerenciar/Integrar liberações de serviços de TI
   a. Para cada equipe de serviços/entrega
   b. Utilizar o ciclo de vida de gerenciamento de serviços
   c. Gerenciar a integração e as dependências de cada liberação
3. Responsabilizar-se pelo *design* e pela implementação de solicitações de serviços que fujam ao padrão
   a. Projetos, entrada de membros, requisições, transferências de funcionários
   b. Estabelecer uma previsão trimestral e abrir os pedidos de compra para faturar as solicitações
4. Comunicar o *status* do serviço ao encarregado pelo serviço de TI e/ou ao cliente
5. Estabelecer e medir ciclos de vida/políticas de serviços de TI
   a. Estabelecer o ciclo de vida geral de gerenciamento de serviços e aprimorá-lo continuamente
   b. Instituir consistência em como os serviços são prestados (i.e., política de mudanças)
   c. Trazer para o projeto provedores de serviços superiores para garantir os padrões apropriados para o cliente e padrões farmacêuticos

Como o PMO não "reconheceu" formalmente o ITIL®, como uma melhor prática, eles negaram a oportunidade de avançar ou amadurecer seus serviços de gestão de projetos e continuaram com suas próprias práticas administrativas. Eles tiveram a oportunidade de ser uma força motriz significativa para sua empresa e prover valor no gerenciamento de direções gerais de TI, mas não queriam mudar, desejavam o *status quo*.

O cliente seguinte com que trabalhamos tinha um PMO estabelecido com os mesmos parâmetros básicos de oferecer apoio aos projetos. Quando lhes apresentamos essa oportunidade, eles se alegraram com o fato de que alguém estava disposto a ajudá-los a serem

---

A Seção 6.8 foi fornecida por Doug Bolzman, arquiteto consultor, PMP®, especialista em ITIL® na HP.

mais valiosos para o negócio e sair do "modo administrativo". Então, a moral da história é a seguinte: as oportunidades estão disponíveis (por meio da promoção de melhores práticas), e as pessoas que tiram proveito das melhores práticas são aquelas que desejam promover a excelência nos serviços.

6.9 Barreiras à implementação da gestão de projetos em mercados emergentes

O crescimento da tecnologia computacional e das equipes virtuais tornou o mundo menor. As nações do primeiro mundo estão se juntando a nações de mercados emergentes para obter acesso à abundância de capital humano altamente qualificado e relativamente barato e que quer participar de equipes virtuais de gestão de projetos. Não há dúvida de que existe uma ampla oferta de talentos nas nações dos mercados emergentes. Essas pessoas talentosas têm um bom entendimento sobre gestão de projetos, e algumas consideram uma honra trabalhar em equipes virtuais.

No entanto, trabalhar nessas equipes virtuais pode gerar enormes dores de cabeça. Embora apareça uma aceitação relativa da gestão de projetos nos níveis profissionais em que os membros da equipe operam, mais acima na hierarquia pode haver resistência à sua implementação e à sua aceitação. Devido ao crescimento da gestão de projetos em todo o mundo, muitos executivos ainda a aceitam só da boca para fora quando, nos bastidores, erguem barreiras significativas para evitar que ela funcione adequadamente. Isso cria dificuldades reais para as partes das equipes virtuais que se encontram em países de primeiro mundo e têm de depender do apoio de outros membros de equipe. O resultado pode incluir frustrações decorrentes do mau fluxo de informações, processos de tomada de decisões extremamente longos, mau controle de custos e abundância de dependências externas que estendem os cronogramas além das datas contratuais estabelecidas pelo comprador. Dito de forma simples, há fortes questões culturais que precisam ser consideradas. Nesta seção, tipicamente usaremos os Estados Unidos como um exemplo das nações do primeiro mundo.

Existem barreiras à implementação de uma gestão de projetos eficiente em todo o mundo, não somente nas nações de países emergentes. Porém, nesses países, as barreiras são mais aparentes. Por motivos de simplificação, as barreiras podem ser classificadas em quatro categorias:

1. Culturais
2. Políticas e relacionadas a *status*
3. Relativas à gestão de projetos
4. Outras

CULTURA

Uma cultura é um conjunto de crenças que as pessoas seguem. Cada empresa pode ter sua própria cultura. Algumas empresas podem até mesmo ter múltiplas culturas. Algumas culturas são fortes, enquanto outras são fracas. Em algumas nações dos mercados emergentes, há culturas nacionais que podem ser tão fortes que prescrevem as culturas corporativas. Há inúmeros fatores que podem influenciar a cultura de uma organização. Apenas os fatores que podem ter um impacto sobre a implementação e a aceitação da gestão de projetos serão discutidos aqui. Eles incluem:

- Centralização burocrática da autoridade nas mãos de poucos
- Falta de patrocínio do projeto significativo ou real
- Importância da hierarquia organizacional
- Leis juridicamente impróprias
- O potencial de corrupção

Centralização da autoridade:

Muitos países mantêm uma cultura em que poucos têm a autoridade para tomar decisões. A tomada de decisões repousa nas mãos de alguns e serve como uma fonte de amplo poder. Esse fator existe tanto em empresas de capital privado quanto em organizações governamentais. A gestão de projetos defende a descentralização da autoridade da tomada de decisões. Em muitos países, o nível mais sênior de gerenciamento nunca irá abrir mão de sua autoridade, poder ou direito de tomar decisões e entregá-la aos gerentes de projetos. Nesses países, ser nomeado para cargos de nível sênior da gerência não é necessariamente algo que se consegue pelo mérito de seu desempenho. Em vez disso, depende da idade, de pertencer ao partido político correto e de contatos pessoais com pessoas que detenham cargos governamentais. O resultado pode ser executivos com pouco conhecimento sobre seu próprio negócio ou sem capacidade de liderança.

Patrocínio executivo:

O patrocínio do projeto pode existir em algum lugar da empresa, mas quase com certeza não nos níveis executivos. Há dois motivos para tal. Primeiro, os gerentes seniores conhecem suas limitações e podem não ter conhecimento algum sobre o projeto. Portanto, eles podem estar inclinados a cometer sérias gafes que podem se tornar visíveis para as pessoas que os colocaram nessas posições de poder. Segundo, e possivelmente mais importante, agir como um patrocinador executivo em um projeto que poderia falhar poderia sinalizar o fim da carreira política do executivo. Portanto, o patrocínio, se é que ele existe, pode se encontrar em um baixo nível da hierarquia organizacional e em um nível no qual as pessoas são dispensáveis se o projeto falhar. O resultado é que os gerentes de projetos acabam com patrocinadores que ou não conseguem ou não querem ajudá-los em momentos complicados.

Hierarquia organizacional:

Nos Estados Unidos, os gerentes de projetos geralmente têm o direito de falar com qualquer pessoa da empresa para obter informações relativas ao projeto. A intenção é fazer o trabalho fluir horizontal além de verticalmente. Em alguns países de mercados emergentes, o gerente de projetos precisa seguir a cadeia de comando. A hierarquia organizacional é sagrada. Seguir a cadeia de comando certamente alonga o processo de tomada de decisões ao ponto de o gerente de projetos não ter nenhuma ideia de quanto tempo levará para obter acesso às informações necessárias ou para uma decisão ser tomada, ainda que exista um patrocinador. Não existe nenhuma infraestrutura madura em vigor que apoie a gestão de projetos. A infraestrutura existe para filtrar más notícias dos níveis executivos e para justificar a existência de cada gerente funcional.

Nos Estados Unidos, não se "passa o bastão" além do patrocinador. Os patrocinadores têm a autoridade máxima de tomada de decisões, e espera-se que eles auxiliem os gerentes de projetos durante uma crise. O papel do patrocinador é claramente definido e pode ser descrito detalhadamente na metodologia empresarial de gestão de projetos. No entanto, em alguns países de mercados emergentes, mesmo o patrocinador pode não ser autorizado a tomar uma decisão. Algumas decisões precisam chegar até um ministro do governo. Dito de forma simples, não se sabe onde e quando a decisão precisa ser tomada e onde ela será tomada. Além disso, nos Estados Unidos, dar notícias ruins acaba ficando nas mãos do patrocinador de projetos. Em alguns países, as notícias podem chegar até os ministros. Ou seja, não se pode ter certeza de onde as informações sobre o projeto acabarão.

Leis juridicamente impróprias:

Algumas leis das nações de mercados emergentes podem ser vistas por outras nações como permitindo explícita ou implicitamente atos que seriam ilegais em outros lugares. Contudo, os gerentes de projetos norte-americanos que esteja trabalhando em parceria com essas nações precisam cumpri-las. Como exemplo, contratos de aquisição podem ser adjudicados não para o fornecedor mais qualificado ou para aquele com oferta de menor custo, mas para qualquer licitante que resida em uma cidade que apresente alto nível de desemprego. Como outro exemplo, algumas nações possuem leis que implicam que subornos sejam uma prática aceitável ao adjudicar contratos. Alguns contratos também podem ser adjudicados a parentes ou amigos em vez de ao fornecedor mais qualificado.

Potencial de corrupção:

A corrupção pode existir e existe em alguns países e tem efeitos devastadores sobre os gerentes de projetos que priorizam a tripla restrição. Os gerentes de projetos tradicionalmente desenvolvem um plano para cumprir os objetivos e a tripla restrição. Eles também supõem que tudo será feito sistematicamente de maneira ordenada, o que pressupõe a ausência de corrupção. Em algumas nações, no entanto, há indivíduos ou organizações potencialmente corruptos que farão todo o possível para suspender o projeto ou desacelerá-lo, até que possam obter benefícios pessoais.

STATUS E POLITICAGEM

Status e politicagem prevalecem em todos os lugares e podem ter um impacto negativo sobre a gestão de projetos. Em algumas nações dos mercados emergentes, *status* e política chegam mesmo a sabotar a gestão de projetos e impedir seu perfeito funcionamento. Fatores que podem afetar a gestão de projetos incluem:

- Formalidades jurídicas e restrições governamentais
- Insegurança nos níveis executivos
- Consciência em relação a questões de *status*
- Obrigações sociais
- Política interna
- Desemprego e pobreza
- Atitude em relação aos funcionários
- Ineficiências
- Falta de dedicação em todos os níveis
- Desinformação ou falta de informação

Formalidades jurídicas e restrições governamentais:

Aqui nos Estados Unidos, acreditamos que os funcionários com mau desempenho podem ser afastados do projeto ou até mesmo demitidos. No entanto, em algumas nações de mercados emergentes, os funcionários têm o direito de reter um emprego mesmo se seu desempenho for abaixo do padrão esperado. Há leis que determinam claramente sob que condições um trabalhador pode ser demitido, se uma demissão for possível, em primeiro lugar.

Há leis também que regulam o uso de horas extras. O uso de horas extras pode não ser permitido porque pagar alguém para trabalhar fora de seu horário normal pode acabar criando uma nova classe social. Portanto, as horas extras talvez não possam ser usadas como um meio de manter ou acelerar um cronograma que esteja enfrentando problemas.

Insegurança:
Os executivos geralmente sentem mais insegurança do que os gerentes abaixo deles, pois seus cargos podem ser o resultado de nomeações políticas. Dessa forma, os gerentes de projetos podem ser vistos como as estrelas do futuro e uma ameaça aos executivos. Permitir que gerentes de projetos que estão trabalhando em projetos extremamente bem-sucedidos façam apresentações aos níveis mais altos de gerência no governo pode ser um campo minado. Se o projeto estiver enfrentando problemas, o gerente de projetos pode ser forçado a fazer a apresentação.

Consciência em relação a questões de *status*:
Os executivos corporativos nas nações de mercados emergentes são extremamente conscientes em relação a questões de *status*. Eles têm um medo real de que a implementação da gestão de projetos possa forçá-los a perder seu *status*, mas se recusam a funcionar como patrocinadores ativos de projetos, pois isso também pode levar à perda de *status* caso o projeto fracasse. O *status* geralmente é acompanhado por benefícios extras, como automóvel da empresa e outros privilégios especiais.

Obrigações sociais:
Em nações de mercados emergentes, as obrigações sociais ditadas por crenças e costumes religiosos ou por políticas podem ser mais importantes do que seriam em países de primeiro mundo. As obrigações sociais são maneiras de manter alianças com aquelas pessoas que colocaram um executivo ou gerente de projetos no poder. Assim sendo, os gerentes de projetos podem não ter permissão para interagir socialmente com certos grupos. Isso poderia ser visto como uma ameaça à implementação da gestão de projetos.

Política interna:
A política interna existe em todas as empresas do mundo. Antes de os executivos considerarem oferecer seu suporte a uma nova abordagem como a gestão de projetos, eles se preocupam com se eles se tornarão mais fortes ou mais fracos, se terão mais autoridade ou menos e se terão maiores ou menores chances de progresso na carreira. Esse é um dos motivos pelos quais apenas um pequeno percentual de empresas em mercados emergentes possui PMOs. Qualquer executivo que consiga o controle do PMO poderia se tornar mais poderoso do que outros executivos. Nos Estados Unidos, solucionamos esse problema permitindo que vários executivos tenham seu próprio PMO, mas, nos mercados emergentes, isso é visto como um excesso.

Desemprego e restrições governamentais:
Praticamente todos os executivos compreendem a gestão de projetos e os benefícios que a acompanham, contudo, permanecem em silêncio em vez de mostrar seu apoio visivelmente.

Um dos seus benefícios é que ela pode tornar as organizações mais eficientes ao ponto em que menos recursos são necessários para realizar o trabalho em questão. Isso pode ser uma ameaça para um executivo, pois, a menos que se consigam mais trabalhos, a eficiência pode resultar em cortes de pessoal, na redução do poder e autoridade do executivo, no aumento do nível de desemprego e, possivelmente, no aumento da pobreza na comunidade. Portanto, o aumento da eficiência da gestão de projetos pode ser visto como algo desfavorável.

Atitude em relação aos funcionários:

Em algumas nações, os funcionários podem ser vistos como pedras fundamentais para a "construção de impérios". Contratar três trabalhadores abaixo da média para fazer o mesmo trabalho de dois trabalhadores médios é melhor para essa finalidade, porém, possivelmente à custa do orçamento e cronograma do projeto. É verdade, no entanto, que encontrar recursos humanos adequados pode ser difícil, mas às vezes as empresas simplesmente não se esforçam o suficiente em sua busca. Amigos e membros da família podem ser contratados prioritariamente, independentemente de suas qualificações. O problema é ainda mais complicado quando são procuradas pessoas com experiência em gestão de projetos.

Ineficiências:

Anteriormente, afirmamos que as empresas podem achar difícil contratar pessoas extremamente eficientes em gestão de projetos. Nem todas as pessoas são eficientes, e algumas simplesmente não assumem um compromisso com seu trabalho, embora compreendam a gestão de projetos. Outras podem se sentir frustradas quando percebem que não têm o mesmo poder, autoridade ou responsabilidade do que seus colegas em países do primeiro mundo. Às vezes, pessoas recém-contratadas que querem ser eficientes são pressionadas por uma cultura a permanecerem ineficientes, caso contrário, seus colegas serão identificados como trabalhadores ruins. A pressão de colegas existe e pode impedir que as pessoas demonstrem seu verdadeiro potencial.

Falta de dedicação:

É difícil motivar as pessoas quando elas acreditam não correr o risco de perder seu emprego. As pessoas simplesmente não se dedicam à tripla restrição. Algumas preferem ver o cronograma se atrasar pelo fato de isso lhes dar alguma segurança por um período maior. Há também uma falta de comprometimento com o projeto até a sua conclusão. Quando um projeto começa a chegar a suas etapas finais, os funcionários começam a procurar espaço em outro projeto. Eles podem até mesmo deixar seu projeto atual prematuramente, antes de o trabalho ser concluído, para garantir emprego em outro lugar.

Desinformação:

As pessoas que trabalham em países de mercados emergentes têm uma tendência a esconder coisas de seus colegas de trabalho e gerentes de projetos, especialmente más notícias, seja para manter seu prestígio ou para reter seu poder e sua autoridade. Isso cria uma enorme barreira para os gerentes de projetos, que dependem de informações na hora certa, sejam elas boas ou ruins, a fim de gerenciar o projeto com sucesso. Atrasos em relatórios podem gerar um enorme desperdício de um tempo valioso quando ações corretivas poderiam ter sido tomadas.

IMPLEMENTAÇÃO DA GESTÃO DE PROJETOS

Ainda que a cultura, o *status* e a politicagem possam criar barreiras para qualquer nova filosofia de gerenciamento, há outras barreiras que são direcionadas à gestão de projetos, como:

- Custo da implementação da gestão de projetos
- Riscos de fracasso na implementação
- Custo de treinamento e limitações do treinamento
- Necessidade de sofisticação
- Falta de encerramento nos projetos
- Ética profissional
- Mau planejamento

Custo da implementação:

Há um custo associado à implementação da gestão de projetos. A empresa precisa comprar equipamentos e *software*, criar uma metodologia de gestão de projetos e desenvolver o desempenho das técnicas de geração de relatórios sobre projetos. Isso exige um desembolso financeiro significativo, com o qual a empresa talvez não seja capaz de arcar, além de exigir que recursos significativos sejam retidos na implementação por um longo período. Com recursos limitados, e o fato de que melhores recursos seriam necessários para a implementação e removidos de seus trabalhos em andamento, as empresas se acovardam diante da gestão de projetos, embora conheçam seus benefícios.

Risco de fracasso:

Mesmo que uma empresa esteja disposta a investir o tempo e o dinheiro necessários para a implementação da gestão de projetos, há um risco significativo de que a implementação venha a fracassar. E mesmo que a implementação seja bem-sucedida, mas os projetos comecem a fracassar por inúmeros motivos, a culpa será colocada em uma implementação falha. Os executivos podem achar que sua posição na hierarquia agora está insegura, uma vez que eles precisam explicar o tempo e o dinheiro que foram empregados sem resultado real. Esse é o motivo pelo qual os executivos ou se recusam a aceitar ou não apoiam visivelmente a gestão de projetos.

Limitações do treinamento:

A implementação da gestão de projetos é difícil sem programas de treinamentos para os trabalhadores. Isso cria três problemas adicionais.

1. Que quantia precisa ser alocada para o treinamento?
2. Quem providenciará o treinamento e quais são as credenciais dos instrutores?
3. As pessoas devem ser liberadas do trabalho no projeto para assistirem às aulas de treinamento?

Treinar pessoas em gestão de projetos leva tempo e custa caro. A soma dos custos da implementação e do treinamento pode fazer os executivos evitarem aceitar a gestão de projetos.

Necessidade de sofisticação:

A gestão de projetos exige sofisticação, não somente em tecnologia ou ferramentas limitadas que podem estar disponíveis, mas também na capacidade das pessoas para trabalharem juntas. Essa sofisticação do trabalho em equipe geralmente está ausente em países de mercados emergentes. As pessoas podem não ver nenhum benefício no trabalho em equipe, porque os outros podem ser capazes de reconhecer sua falta de competência e seus erros. Elas não foram treinadas a trabalhar adequadamente em equipes e não são recompensadas por sua contribuição à equipe.

Falta de encerramento nos projetos:

Os funcionários geralmente têm medo de ficarem presos ao projeto no momento de seu encerramento, quando as lições aprendidas e as melhores práticas são captadas. As lições aprendidas e as melhores práticas podem se basear no que fizemos bem e no que fizemos mal. Os funcionários podem não querer ver nada por escrito que indique que as melhores práticas foram descobertas a partir de seus erros.

Ética profissional:

Em algumas nações, a impossibilidade de demitir pessoas cria uma ética profissional relativamente fraca, contrária às práticas da gestão de projetos. Há uma falta de pontualidade quanto à hora de chegar ao trabalho e a estar presente em reuniões. Quando as pessoas aparecem nas reuniões, apenas boas notícias são discutidas em um grupo, enquanto as más notícias são discutidas individualmente. As habilidades de comunicação são fracas, assim como a produção de relatórios escritos. Há uma falta de responsabilização, porque isso significa ter de explicar suas ações, se as coisas não estiverem indo bem.

Mau planejamento:

O mau planejamento é extremo em nações de mercados emergentes. Há uma falta de comprometimento com o processo de planejamento. Devido à falta de padrões, talvez atribuída à ética profissional fraca, estimar duração, esforços necessários e custos torna-se muito difícil. O resultado do mau planejamento é o prolongamento do cronograma. Para trabalhadores que se sentem inseguros quanto à sua próxima tarefa, isso pode ser visto como segurança no emprego, pelo menos no curto prazo.

OUTRAS BARREIRAS

Outras barreiras são numerosas demais para mencionar, mas algumas das mais importantes estão listadas a seguir. Elas não são necessariamente universais nas nações de mercados emergentes, e muitas delas podem ser superadas.

- Ineficiências na conversão de moedas
- Impossibilidade de receber pagamentos em dia
- Crenças supersticiosas
- Leis contra a importação e exportação de propriedade intelectual
- Falta de tolerância em relação às crenças religiosas de parceiros de equipes virtuais
- Risco de sanções impostas pelos governos dos parceiros
- Uso de tecnologias fracas ou desatualizadas

RECOMENDAÇÕES

Embora tenhamos pintado um quadro um tanto sombrio, há grandes oportunidades nesses países emergentes, com abundância de talentos que ainda precisam ser colhidos. As verdadeiras capacidades desses trabalhadores ainda são desconhecidas. As equipes virtuais de gestão de projetos podem ser o ponto de partida para sua total implementação.

À medida que a gestão de projetos começa a crescer, os executivos sênior começam a reconhecer e aceitar os benefícios e ver sua base de negócios aumentar. As parcerias e *joint ventures* que usam equipes virtuais se tornarão mais prevalecentes. As barreiras que impedem o sucesso da implementação da gestão de projetos ainda existirão, mas começaremos a nos tornar especialistas em como viver e trabalhar dentro das barreiras e restrições impostas às equipes virtuais, que estão se tornando cada vez mais comuns.

Há enormes oportunidades nas economias de mercados emergentes. Eles estão começando a ver mais valor na gestão de projetos e têm se esforçado para expandir seu uso. Algumas das economias em rápido desenvolvimento são até muito mais agressivas em oferecer o suporte necessário para quebrar muitas das barreiras indicadas acima. À medida que vão surgindo mais histórias de sucesso, as várias economias irão se fortalecer, se tornar mais conectadas e começar a utilizar integralmente a gestão de projetos da forma como realmente deveriam.

7

Suporte da gerência

7.0 Introdução

Como vimos no Capítulo 6, os gerentes seniores são os arquitetos da cultura corporativa. Eles são encarregados de garantir que as culturas de suas empresas, uma vez adotadas, não se desarticulem. Um apoio visível por parte da gerência é essencial para manter a cultura de gestão de projetos. Acima de tudo, esse apoio precisa ser contínuo, e não esporádico.

Este capítulo examina a importância do apoio por parte da gerência na criação e na manutenção da cultura de gestão de projetos. Estudos de caso ilustram a importância vital do empoderamento dos funcionários e do papel de patrocinador de projeto no sistema de gestão de projetos.

7.1 Apoio visível por parte dos gerentes seniores

Assim como os patrocinadores de projeto, os gerentes seniores oferecem apoio e encorajamento aos gerentes de projetos e ao resto da equipe. As empresas excelentes em gestão de projetos apresentam as seguintes características:

- Os gerentes seniores não se envolvem, mas estão disponíveis quando surgem problemas.
- Os gerentes seniores esperam ser abastecidos de informações concisas referentes ao *status* do projeto na forma de relatórios ou *dashboards*.
- Os gerentes seniores praticam o empoderamento.
- Os gerentes seniores descentralizam a autoridade e a tomada de decisões do projeto.
- Os gerentes seniores esperam que os gerentes e suas equipes não somente identifiquem problemas, mas também sugiram alternativas e façam recomendações para a sua solução.

Entretanto, os limites entre um patrocínio eficiente e um patrocínio autoritário são tênues. Robert Hershock, antigo vice-presidente da 3M, expressou bem essa ideia durante uma videoconferência sobre excelência em gestão de projetos:

> Provavelmente a coisa mais importante é ter adesão desde as camadas hierárquicas. É preciso haver liderança desde o topo, e o topo deve apoiar 100% todo esse processo. Se você é uma pessoa controladora, se você é alguém com altas habilidades organizacionais e gosta de colocar todos os pingos nos is e cuidar de cada detalhe, esse será um processo desconfortável, porque, basicamente, trata-se de um processo desordenado; você precisa ter muita tolerância a erros. O que a gerência deve fazer é projetar a confiança que possui nas equipes.

Tem de estabelecer a estratégia e as diretrizes e, então, dar às equipes o empoderamento de que elas precisam para concluir o trabalho. A melhor coisa que a gerência pode fazer depois de treinar a equipe é deixar seu caminho livre.

Para garantir sua visibilidade, os gerentes seniores precisam acreditar em andar pelos corredores da empresa. Dessa maneira, cada funcionário passará a reconhecer o patrocinador e perceber que é apropriado se aproximar dele com perguntas. Gerenciamento de andar pelos corredores também significa que os patrocinadores executivos deixam suas portas abertas. É importante que todos, inclusive os gerentes de área e seus funcionários, sintam-se apoiados pelo patrocinador. Deixar a porta aberta pode ocasionalmente levar a problemas se os funcionários tentarem contornar os gerentes de níveis mais baixos buscando uma autoridade de nível superior. Esses casos, porém, não são frequentes, e o patrocinador pode facilmente repassar os problemas para o gerente apropriado.

7.2   Patrocínio de projetos

Os patrocinadores de projeto executivos oferecem orientação aos gerentes de projetos e às equipes de projetos. Eles também são responsáveis por garantir que os gerentes de linha, que lideram departamentos funcionais, cumpram seus compromissos de recursos para os projetos que estão em andamento. Além disso, os patrocinadores de projeto executivos são responsáveis por manter a comunicação com os clientes.

O patrocinador de projeto normalmente é um gerente de nível mais alto que, além de exercer suas próprias responsabilidades, oferece orientação contínua aos projetos que lhe foram designados. Um executivo pode assumir o patrocínio de diversos projetos concorrentes. Às vezes, em projetos de mais baixa prioridade ou de manutenção, um gerente de nível intermediário pode assumir o papel de patrocinador de projeto. Uma organização que conheço prefere até designar gerentes intermediários em vez de executivos. A empresa acredita que isso evita o problema comum de falta de adesão dos gerentes de área aos projetos. (Ver Figura 7.1.)

Em algumas corporações grandes e diversificadas, os gerentes seniores não têm tempo adequado para investir em patrocínio de projeto. Nesses casos, o patrocínio cai para o nível abaixo da gerência sênior corporativa ou para um comitê.

Alguns projetos não precisam de patrocinadores. De maneira geral, o patrocínio é necessário em projetos grandes e complexos, que envolvem um forte comprometimento de recursos. Projetos grandes e complexos também exigem um patrocinador para integrar as atividades das linhas funcionais, para solucionar conflitos e para manter fortes relações com o cliente.

Considere um exemplo de apoio do patrocinador de um projeto. Um gerente de projetos que estava lidando com um projeto em uma organização no governo federal decidiu que seria necessário outro cargo em sua equipe se o projeto quisesse cumprir o prazo final de conclusão. Ele já tinha identificado uma jovem mulher na empresa que possuía as qualificações que ele tinha descrito. Porém, incluir outro cargo de dedicação exclusiva parecia impossível e estava além de sua autoridade. O tamanho do escritório de projetos do governo era restringido por um documento que determinava o número máximo de cargos.

O gerente de projetos procurou a ajuda do executivo patrocinador do projeto. O patrocinador trabalhou junto com o departamento de recursos humanos e gerenciamento de pessoal da organização para adicionar o cargo selecionado. Dentro de um prazo de 30 dias, a adição

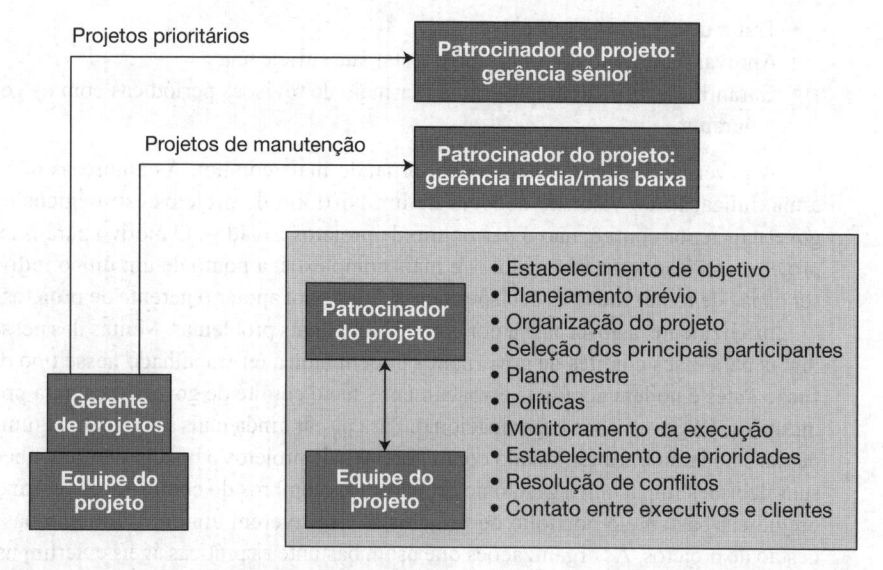

Figura 7.1 Papéis do patrocinador de projeto.
Fonte: Reimpresso de H. Kerzner, *In Search of Excellence in Projeto Management*, Hoboken, NJ: Wiley, 1998, p. 159.

Diagrama com os seguintes elementos:
- Projetos prioritários → Patrocinador do projeto: gerência sênior
- Projetos de manutenção → Patrocinador do projeto: gerência média/mais baixa
- Gerente de projetos / Equipe do projeto ↔ Patrocinador do projeto / Equipe do projeto
- Atribuições do Patrocinador do projeto:
  - Estabelecimento de objetivo
  - Planejamento prévio
  - Organização do projeto
  - Seleção dos principais participantes
  - Plano mestre
  - Políticas
  - Monitoramento da execução
  - Estabelecimento de prioridades
  - Resolução de conflitos
  - Contato entre executivos e clientes

do cargo foi aprovada. Sem a intervenção do patrocinador, a burocracia da organização teria levado meses para aprovar o cargo, o que teria sido tarde demais para afetar o prazo final.

Em outro exemplo, o presidente de uma empresa manufatureira de médio porte queria preencher o cargo de patrocinador em um projeto especial. O gerente do projeto decidiu tirar proveito do presidente para a vantagem do projeto. Ele pediu ao presidente/patrocinador que lidasse com uma situação difícil. O presidente/patrocinador viajou até a sede da empresa e voltou dois dias depois com uma autorização para uma nova ferramenta de que o gerente do projeto precisava. A empresa acabou economizando tempo com o projeto, que foi concluído quatro meses antes do prazo original agendado.

PATROCÍNIO POR COMITÊ

À medida que as empresas crescem, às vezes se torna impossível designar um gerente sênior a cada projeto, e, assim, os comitês agem no lugar de patrocinadores de projeto individuais. Na verdade, a tendência recente foi o patrocínio por comitês em muitos tipos de organização. Um comitê de patrocínio de projeto normalmente é formado por um representante de cada função da empresa: engenharia, marketing e produção. Os comitês podem ser temporários, quando são reunidos para patrocinar um único projeto ou um projeto que vá durar por um tempo limitado, ou permanentes, quando um comitê fixo assume o patrocínio contínuo de novos projetos.

Por exemplo, a General Motors Powertrain tinha alcançado a excelência utilizando patrocínio por comitê. Dois importantes executivos, o vice-presidente de engenharia e o vice-presidente de operações, lideraram o Escritório de Produtos e Operações, um grupo formado para supervisionar o gerenciamento de todos os programas de produtos. Esse grupo demonstrou um apoio visível por parte do nível executivo e um compromisso com toda a organização. Os papéis e as responsabilidades do grupo eram:

- Nomear o gerente e a equipe do projeto como parte do processo do termo de abertura

- Tratar de questões estratégicas
- Aprovar o contrato do programa e testar sua suficiência
- Garantir a execução do programa por meio de revisões periódicas com os gerentes de programa

A governança por comitê está se tornando mais comum. As empresas que enfocam a maximização do valor de negócio de um portfólio de projetos estratégicos utilizam a governança por comitê, não o patrocínio de projetos isolados. O motivo para isso é que os projetos estão se tornando maiores e mais complexos, a ponto de um único indivíduo não ser capaz de tomar todas as decisões necessárias para apoiar o gerente de projetos.

Infelizmente, a governança por comitê tem alguns problemas. Muitas das pessoas escolhidas para esses comitês de governança podem nunca ter trabalhado nesse tipo de organização antes e podem acreditar erroneamente que o comitê de governança para projetos é o mesmo que a governança organizacional. Para piorar ainda mais a situação, algumas dessas pessoas podem nunca ter atuado como gerentes de projetos e podem não reconhecer como suas decisões impactam a gestão de projetos. Os membros do comitê de governança podem prejudicar bastante o portfólio de projetos se não tiverem um entendimento básico sobre gestão de projetos. As organizações que usam bastante as práticas ágeis e Scrum usam a governança por comitê e, na maioria delas, os membros do comitê entendem bem suas novas funções e responsabilidades.

FASES DO PATROCÍNIO DE UM PROJETO

O papel do patrocinador muda ao longo do ciclo de vida de um projeto. Durante as fases de planejamento e iniciação, o patrocinador desempenha um papel ativo nas seguintes atividades:

- Ajudar o gerente de projetos a estabelecer os objetivos do projeto
- Oferecer orientação ao gerente de projetos durante as fases de organização e seleção de funcionários
- Explicar ao gerente de projetos que fatores ambientais ou políticos podem influenciar a execução do projeto
- Estabelecer a prioridade do projeto (trabalhando sozinho ou com outros executivos da empresa) e, então, informar o gerente de projetos sobre a prioridade do projeto na empresa e o motivo dessa prioridade ter-lhe sido atribuída
- Oferecer orientação ao gerente de projetos ao estabelecer as políticas e os procedimentos do projeto
- Funcionar como o ponto de contato para os clientes

Durante a fase de execução de um projeto, o patrocinador precisa ser muito cuidadoso ao decidir que problemas exigem sua orientação. Tentar se envolver com cada problema que surge em um projeto resultará em microgerenciamento. Poderá, também, solapar a autoridade do gerente e tornar mais difícil aos executivos cumprirem suas responsabilidades comuns.

Para projetos de curto prazo, com dois anos ou menos, normalmente é melhor que o patrocinador de projeto não mude ao longo da duração do projeto. Para projetos de longo prazo, de cinco anos, mais ou menos, diferentes patrocinadores podem ser designados para cada fase do projeto, se necessário. Escolher patrocinadores entre os executivos no mesmo nível corporativo funciona melhor, já que o patrocínio no mesmo nível cria condições de igualdade, enquanto em diferentes níveis, pode ocorrer favoritismo.

Os patrocinadores de projeto não precisam vir da área funcional em que a maior parte do trabalho do projeto será realizada. Algumas empresas chegam até a designar patrocinadores de funções que não têm interesse algum no projeto. Teoricamente, esse sistema promove uma tomada de decisões imparcial.

RELAÇÕES COM O CLIENTE

O papel de patrocinadores executivos de projeto nas relações com o cliente depende do tipo de organização (totalmente direcionada ou parcialmente direcionada a projetos) e o tipo de cliente (externo ou interno).

Contratadas que trabalham em projetos maiores para clientes externos normalmente dependem de patrocinadores executivos de projetos para manter os clientes totalmente informados sobre o progresso em seus projetos. Os clientes com projetos multimilionários geralmente ficam de olho em como seu dinheiro está sendo gasto. Eles ficam aliviados em ter um patrocinador executivo a quem possam recorrer para fazer perguntas.

É uma prática comum para as contratadas fortemente envolvidas em licitações que os contratos incluam tanto o currículo do gerente de projeto quanto do patrocinador executivo de projeto nas propostas. Mantendo todos os outros fatores constantes, os currículos podem dar a uma contratada uma vantagem competitiva sobre outra.

Os clientes preferem ter um canal direto de comunicação com os gerentes executivos de suas contratadas. Uma contratada identificou as funções do patrocinador do projeto executivo como:

- Participar do esforço preliminar de vendas e das negociações de contratos
- Estabelecer e manter relações de alto nível com os clientes
- Auxiliar gerentes de projetos a colocar o projeto em andamento (planejamento, seleção de funcionários e assim por diante)
- Manter o conhecimento atual das principais atividades do projeto
- Lidar com os principais problemas contratuais
- Interpretar políticas da empresa para gerentes de projetos
- Ajudar os gerentes de projetos a identificar e solucionar problemas significativos
- Manter os gerentes gerais e gerentes de clientes informados de problemas significativos com os projetos

TOMADA DE DECISÕES

Imagine que a gestão de projetos seja como uma corrida de carros. Uma bandeira amarela é um aviso para ficar atento a um problema. Bandeiras amarelas exigem ação do gerente do projeto ou do gerente de área. Não há nada errado em informar um executivo sobre um problema com bandeira amarela, contanto que o gerente de projetos não procure o patrocinador para solucionar o problema. Bandeiras vermelhas, entretanto, geralmente exigem o envolvimento direto do patrocinador. Bandeiras vermelhas indicam problemas que podem afetar o tempo, custo e os indicadores de desempenho do projeto. Então, bandeiras vermelhas precisam ser levadas a sério, e as decisões precisam ser tomadas colaborativamente pelo gerente de projeto e pelo patrocinador de projeto.

Problemas sérios às vezes resultam em conflitos sérios. Desacordos entre gerentes de projetos e gerentes de área não são incomuns e exigem uma intervenção atenta por parte do patrocinador executivo de projeto. Primeiro, o patrocinador deve certificar-se de que o desacordo não poderia ser solucionado sem sua ajuda. Segundo, precisa levantar informações de todos os lados e considerar as alternativas possíveis. Então, o patrocinador deve decidir se está qualificado a resolver a disputa. Geralmente, as disputas são de natureza técnica e exigem alguém com a base de conhecimento adequada para solucioná-las. Se o patrocinador não for capaz de solucionar o problema, ele terá de identificar outra fonte de autoridade que possua o conhecimento técnico. Em última análise, uma solução justa e apropriada pode ser compartilhada por todos os envolvidos. Se não houvesse um patrocinador executivo no projeto, as partes em disputa seriam forçadas a subir a hierarquia de autoridade até encontrar um superior comum para ajudá-los. Ter patrocinadores executivos de projeto minimiza o número de pessoas e a quantidade de tempo necessária para resolver as disputas de trabalho.

PLANEJAMENTO ESTRATÉGICO

Os executivos são responsáveis por realizar o planejamento estratégico da empresa, e os gerentes de projetos são responsáveis pelo planejamento operacional dos projetos que lhes foram designados. Embora o processo de pensamento e limites de tempo sejam diferentes para os dois tipos de planejamento, as habilidades de planejamento estratégico dos patrocinadores executivos podem ser úteis para os gerentes de projetos. Para projetos que envolvem desenvolvimento de processos ou produtos, os patrocinadores podem oferecer um tipo especial de vigilância de mercado para identificar novas oportunidades que possam influenciar a lucratividade da organização no longo prazo. Além disso, os patrocinadores podem obter muitos conhecimentos estrategicamente importantes de gerentes e funcionários de níveis mais baixos. Que outras pessoas sabem melhor quando a organização está carente da habilidade e base de conhecimento de que precisa para começar a produzir um novo tipo de produto? Quando a empresa precisa contratar mão de obra com maior qualificação técnica? Que mudanças técnicas provavelmente afetarão sua indústria?

7.3 Excelência em patrocínio de projetos

Em empresas excelentes, o papel do patrocinador não é supervisionar o gerente de projetos, mas garantir que os interesses tanto do cliente quanto da empresa sejam reconhecidos. Entretanto, como os dois próximos exemplos revelam, raramente é possível tomar decisões executivas que agradem a todos.

A Franklin Engineering (nome fictício) tinha uma reputação de desenvolver produtos inovadores e de alta qualidade. Infelizmente, a empresa pagou um preço alto por sua reputação: um grande orçamento de P&D. Menos de 15% dos projetos iniciados pela P&D levaram à comercialização total de um produto e à recuperação dos custos de pesquisas.

Os gerentes seniores da empresa decidiram implementar uma política que determinava que todos os patrocinadores de projeto de P&D realizassem periodicamente análises de custo-benefício em seus projetos. Quando o índice de custo-benefício de um projeto não conseguisse alcançar os níveis previstos na política, o projeto seria cancelado para o benefício de toda a empresa.

Inicialmente, o pessoal de P&D ficava insatisfeito em ver seus projetos serem cancelados, mas logo percebeu que o cancelamento precoce era melhor do que investir grandes quantias em projetos que provavelmente fracassariam. Finalmente, os gerentes de projetos e membros de equipe chegaram à conclusão de que não fazia sentido desperdiçar recursos que poderiam ser mais bem empregados em projetos mais bem-sucedidos. Em dois anos, a organização se viu trabalhando em mais projetos com uma taxa de sucesso mais alta, mas sem nenhum aumento no orçamento de P&D.

Outro caso fictício envolve uma empresa sediada na Califórnia que projeta e manufatura equipamentos de computador. Vamos chamá-la de *Design Solutions*. O grupo de P&D e o grupo de projeto estavam cheios de indivíduos talentosos que acreditavam que podiam fazer o impossível, e geralmente o faziam. Esses dois poderosos grupos tinham pouco respeito pelos gerentes de projeto e não gostavam de cronogramas, pois achavam que eles limitavam sua criatividade.

Em junho de 1997, a empresa introduziu dois novos produtos que chegaram ao mercado pouco antes da concorrência. A empresa tinha inicialmente planejado introduzi-los no final de 1996. O motivo das liberações tardias: os projetos tinham atrasado devido ao desejo da equipe de projetos de exceder as especificações necessárias, e não apenas cumpri-las.

Para ajudar a empresa a evitar atrasos similares no futuro, decidiu-se designar patrocinadores executivos para cada projeto de P&D para se certificar de que as equipes de projetos aderissem às práticas de gerenciamento-padrão no futuro. Alguns membros da equipe tentaram esconder seus sucessos com a justificativa de que poderiam fazer melhor, mas o patrocinador ameaçou demitir esses funcionários e eles finalmente cederam.

Em ambos os casos, as lições são claras. O patrocínio executivo na verdade pode aprimorar os sistemas existentes de gestão de projetos para melhor atender aos interesses da empresa e de seus clientes.

7.4 A necessidade de critérios para o cancelamento de projetos

Nem todos os projetos serão bem-sucedidos. Os executivos devem estar dispostos a estabelecer um "critério de saída" que indique quando um projeto deve ser encerrado. Se o projeto está fadado ao fracasso, então quanto antes for encerrado, mais cedo recursos valiosos poderão ser realocados para projetos que demonstrem uma maior probabilidade de sucesso. Sem os critérios de cancelamento, identificados talvez até mesmo no caso de negócio do projeto, corre-se o risco de que o projeto se arraste por muito tempo, desperdiçando recursos.

Por exemplo, dois vice-presidentes têm ideias para projetos "xodós" e os financiam internamente, usando dinheiro das suas áreas funcionais. Ambos têm orçamentos de aproximadamente 2 milhões de dólares e cronogramas de cerca de um ano. Ambos são projetos relativamente arriscados, pois exigem a ocorrência de um avanço técnico semelhante. Não são estabelecidos critérios de cancelamento para nenhum dos dois projetos, e não havia garantia alguma de que esse avanço técnico sequer seria possível. E, mesmo que o avanço fosse possível, ambos os executivos estimavam que a vida útil de ambos os produtos seria de cerca de um ano antes de se tornarem obsoletos, mas acreditavam que seria fácil recuperar os custos de P&D.

Os dois projetos eram considerados "xodós" porque foram estabelecidos pelo pedido pessoal de dois gerentes seniores, sem nenhum caso de negócio. Se os dois projetos tivessem de passar pela seleção de portfólio formal do processo de projetos, nenhum dos dois teria sido aprovado. Os orçamentos desses projetos estavam extremamente desalinhados com o valor que a empresa receberia, com um retorno sobre o investimento abaixo dos níveis mínimos mesmo que o avanço técnico acontecesse. O escritório de gestão de projetos (PMO), que está ativamente envolvido na seleção do portfólio do processo de projetos, também afirmou que jamais recomendaria a aprovação de um projeto para o qual o resultado teria vida útil de um ano ou menos. Em outras palavras, esses projetos existiam como capricho dos dois executivos e para que obtivessem prestígio junto aos colegas.

Ainda assim, ambos os executivos encontraram o dinheiro para os projetos e estavam dispostos a deixá-los avançar sem o processo de aprovação padrão. Cada executivo alocou um gerente de projetos experiente do seu grupo para gerenciar o "xodó".

Na primeira reunião de revisão de fase, ambos os gerentes de projeto recomendaram que seus projetos fossem cancelados e que os recursos fossem alocados para outros projetos, mais promissores. Ambos afirmaram que o avanço técnico necessário não seria possível dentro do prazo. Sob condições normais, ambos os gerentes de projetos teriam recebido medalhas por bravura ao serem honestos e recomendar o cancelamento do seu projeto. Sem dúvida nenhuma, a recomendação parecia ser do interesse da empresa.

No entanto, nenhum dos executivos estava disposto a desistir tão fácil. Cancelar os dois projetos seria humilhante para os executivos que os patrocinavam. Em vez disso, eles afirmaram que o projeto deveria continuar até a próxima reunião de revisão de fase, quando se tomaria uma decisão sobre um possível cancelamento.

Na segunda reunião de revisão de fase, ambos os gerentes de projeto mais uma vez recomendaram que seus projetos fossem cancelados. Assim como antes, ambos os executivos afirmaram que os projetos deveriam continuar até a próxima reunião de fase, antes que uma decisão pudesse ser tomada.

Por sorte, o avanço técnico necessário finalmente aconteceu, mas com seis meses de atraso. Isso significa que a janela de oportunidade para vender os produtos e recuperar os custos de P&D seria de seis meses, não um ano. Infelizmente, o mercado sabia que os produtos poderiam estar obsoletos em seis meses, e nenhum dos produtos vendeu bem.

Ambos os executivos precisavam encontrar uma maneira de salvar suas reputações e evitar a humilhação de precisar admitir que haviam desperdiçado alguns milhões de dólares em dois projetos de P&D inúteis, o que poderia muito bem impactar seus bônus no final do ano. A solução encontrada pelos executivos foi promover os gerentes de projetos por criarem os produtos e culpar os departamentos de marketing e vendas por não encontrar clientes.

Os critérios de saída devem ser estabelecidos durante o processo de aprovação do projeto e devem estar claramente visíveis no caso de negócio do projeto. Os critérios podem se basear em tempo de colocação no mercado, custo, preço de venda, qualidade, valor, segurança ou outras restrições. Se isso não ocorre, o exemplo acima pode acabar se repetindo várias e várias vezes.

7.5 Patrocínio em ação na Hewlett-Packard

Segundo Doug Bolzman, arquiteto consultor, PMP®, especialista em ITIL® na HP:

A gerência apoia os resultados da gestão de projetos, e se o PMO estiver em posição de compreender o ambiente atual e como melhorar os resultados, a gerência escutará. Se a gerência recebe uma declaração de problemas em relação a como os projetos agora não estão sendo gerenciados de forma eficiente, então eles serão de pouco valor.

Gostaríamos de compartilhar uma história de quando um parceiro de negócios veio até nós e perguntou por que nossa Metodologia de Gerenciamento de Liberações não tinha sido formalmente implementada em toda a organização como um método corporativo. Esse nosso patrocinador tinha conexões e marcou uma reunião com o CIO de nossa empresa (isso foi alguns anos depois da virada do século). Apresentamos a metodologia geral, seu valor para a organização, as histórias de sucesso que tínhamos alcançado. Sua resposta foi: "Isso tudo é muito interessante, mas o que vocês querem que eu faça?". O patrocinador dessa reunião sentou-se em sua cadeira e respondeu: "Estamos procurando 'compromisso gerencial' para essa metodologia". Ao final da reunião, percebi que se não tivesse sido pelo excelente jantar que tivemos na noite anterior, depois de viajarmos até a sede, a reunião teria sido uma total perda de tempo. O que pretendo ressaltar aqui é que não definimos o que especificamente estávamos procurando na equipe de gerência. Agora, quando estamos na mesma situação, explicamos os investimentos, o financiamento, os recursos necessários, a mudança cultural e as políticas que eles precisam sancionar e colocar em prática. Descrevemos seu papel e suas responsabilidades para apoiar o projeto, a prática, o PMO, ou seja lá o que for que estivermos esperando que eles apoiem.

7.6 Zurich America Insurance Company: melhorando o engajamento das partes interessadas

Kathleen Cavanaugh, PMP®, líder do PMO de Zurich – ZNA, conta como os patrocinadores podem ajudar a melhorar o engajamento das partes interessadas. As lições aprendidas do projeto oferecem uma perspectiva inestimável sobre o que está e o que não está funcionando bem nos projetos/programas. Quando as lições aprendidas são levadas até o nível do portfólio, os problemas comuns enfrentados por esses projetos/programas são revelados, e surgem tendências que, caso contrário, teriam sido negligenciadas.

* * *

Uma das oportunidades de melhorias identificadas com as revisões de lições aprendidas do projeto nos últimos anos na Zurich na América do Norte (ZNA) foi a necessidade de um novo papel de liderança de projeto chamado de Líder de Negócios. O *feedback* agregado do projeto mostrou que, em projetos/programas grandes e transformadores, um engajamento empresarial mais forte era uma "necessidade absoluta" desde o início do esforço e até a pós-implementação. Observamos também que as camadas intermediárias da gerência muitas vezes podem apresentar os maiores desafios de alinhamento para esses tipos de grandes projetos/programas de mudanças relacionadas a processos e/ou pessoas. A necessidade era óbvia. As partes interessadas de todos os níveis precisam ser mantidas informadas, alinhadas aos objetivos do projeto e envolvidas no projeto/programa ao longo de todo o seu ciclo de vida. Sem o compromisso das partes interessadas, o projeto/programa sofrerá de baixas taxas de aceitação/adoção ou, o que é pior, pode ser cancelado.

Dessa forma, para ajudar a solucionar esse problema, os líderes de toda a empresa trabalharam no sentido de definir as responsabilidades, a fim de colocar o papel de Líder de Negócios em vigor. Foi feito um teste piloto, para ajudar a provar o conceito e para ganhar adeptos antes da implementação definitiva. Foram fornecidas diretrizes para ajudar a esclarecer as responsabilidades do Líder de Negócios que, originalmente, incluíam alinhar as partes interessadas, garantir que os objetivos do projeto apoiassem continuamente a estratégia empresarial, utilizar o gerenciamento de mudanças para preparar as partes interessadas para os impactos do projeto, garantir o apoio na pós-implementação e a realização de benefícios. Entretanto, as verdadeiras tarefas do Líder de Negócios são, em última análise, determinadas pelo Patrocinador do Projeto e podem variar de um projeto para outro.

A função propriamente dita foi criada para complementar e colaborar com os papéis de Patrocinador do Projeto e Líder do Projeto, criando uma Equipe Triangular de Liderança de Projeto. Juntos, eles formam uma forte parceria e unem forças para tomar decisões essenciais para o projeto/programa. O Líder do Projeto e o Líder de Negócios geralmente trabalham bem de perto durante todo o projeto/programa, conectando os mundos dos Negócios e de TI. Para ajudar a garantir que as partes interessadas continuem engajadas, uma variedade de métodos pode ser utilizada, incluindo reuniões de grupos de foco, conselhos de usuários e múltiplos mecanismos de *feedback*. A gerência intermediária deve ser um ponto focal para as comunicações do projeto/programa, já que essas são as pessoas que podem garantir que os usuários finais escutem e compreendam as mensagens principais. O patrocinador fornece uma supervisão e orientação contínuas ao projeto/programa. Se o projeto/programa encontrar um obstáculo, o caminho de escalada do conflito geralmente vai direto ao patrocinador e/ou ao comitê de direção em busca de uma solução.

Para ser eficiente, a pessoa que desempenhar o papel de Líder de Negócios precisa ser alguém em um nível razoavelmente alto da organização e deve ter um conjunto de habilidades inigualável, as quais incluam um conhecimento multifuncional e a capacidade de desafiar o *status quo* e quebrar barreiras e unir as partes interessadas. O papel propriamente dito exige que o escolhido seja forte na arte do gerenciamento de mudanças e da comunicação. No entanto, para que essa pessoa seja realmente bem-sucedida, ela precisa ter permissão para se dedicar ao projeto/programa, especialmente em esforços grandes e multifuncionais. Geralmente achamos que o papel exige um forte envolvimento nas atividades cotidianas do projeto/programa. Então, em muitos casos, o Líder de Negócios selecionado abdica de suas tarefas por pelo menos 12 a 18 meses a fim de se tornar oficialmente 100% dedicado a esse papel essencial para o projeto/programa. Convencer a liderança de tirar alguém de seu papel e fazê-lo se dedicar a um grande esforço transformador por esse longo período nem sempre é uma tarefa fácil. No entanto, se o projeto/programa for realmente importante para a organização, esse será um pequeno preço a ser pago para garantir uma implementação bem-sucedida. É uma grande decisão a ser tomada e uma decisão que, normalmente, é impulsionada pelo patrocinador, que possui consciência organizacional e conhecimento para identificar a pessoa certa para desempenhar o papel.

O valor do papel do Líder de Negócios cresceu significativamente nos últimos anos, e uma comunidade de prática está sendo formada para que os Líderes de Negócios possam compartilhar suas experiências e lições aprendidas, para continuar aprimorando suas capacidades. O papel está se tornando um sólido alicerce da Equipe de Liderança do Projeto para projetos/programas grandes e transformadores na ZNA. A colaboração e a sinergia entre os papéis de Patrocinador do Projeto, Líder do Projeto e Líder de Negócios são a chave para seu sucesso. Essa estrutura de Liderança do Projeto está se mostrando um modelo viável para ajudar a garantir o engajamento e alinhamento das partes interessadas ao longo de todo ciclo de vida do projeto/programa, o que significa mais resultados de sucesso e maior satisfação do usuário final.

7.7 Governança de projetos

Todos os projetos têm o potencial de passar por problemas, mas, em geral, a gestão de projetos pode funcionar bem, contanto que as exigências não imponham uma pressão severa sobre o gerente de projetos e exista um patrocinador de projeto como aliado para auxiliar o gerente de projetos quando surgir algum problema. Infelizmente, no ambiente caótico de hoje, essa pressão parece estar aumentando, devido ao fato de:

- Empresas estarem aceitando projetos de alto risco e alto grau de complexidade como uma necessidade para a sobrevivência
- Os clientes estarem exigindo produtos de baixo volume e alta qualidade, com certo grau de personalização
- Os ciclos de vida de projeto e as durações do desenvolvimento de novos produtos estarem sendo comprimidos
- Os fatores ambientais da empresa estarem tendo um impacto maior sobre a execução de projetos
- Os clientes e as partes interessadas quererem ser mais ativamente envolvidos na execução de projetos
- As empresas estarem desenvolvendo parcerias estratégicas com fornecedores, e cada fornecedor poder estar em um nível diferente de maturidade em gestão de projetos
- A competição global ter forçado as empresas a aceitarem projetos de clientes que se encontram, todos, em níveis diferentes de maturidade em gestão de projetos e com diferentes requisitos de relatórios

Essas pressões tendem a tornar os processos de tomada de decisões mais lentos, em uma época em que as partes interessadas querem que os projetos e processos sejam acelerados. Uma pessoa, ainda que esteja agindo como patrocinadora de projeto, pode não ter nem o tempo nem a capacidade de abordar todas essas questões adicionais. O resultado será uma desaceleração do projeto, que pode ocorrer pelos seguintes motivos:

- Esperar que o gerente de projetos tome decisões em áreas em que possui conhecimentos limitados
- O gerente do projeto hesitar em aceitar total responsabilidade e ser o encarregado pelos projetos
- Camadas excessivas de gerência sendo superpostas à organização da gerência do projeto
- A gestão de riscos ser empurrada para os níveis mais altos da hierarquia organizacional, resultando em decisões atrasadas
- O gerente de projetos demonstrar uma capacidade de liderança questionável em alguns dos projetos não tradicionais

Os problemas resultantes dessas pressões podem não ser capazes de ser resolvidos, pelo menos com facilidade e a tempo, por um único patrocinador de projeto. Esses problemas podem ser resolvidos usando uma governança de projeto eficiente. A governança de projeto é, na verdade, uma estrutura a partir da qual as decisões são tomadas. A governança está relacionada a decisões que definem expectativas, responsabilidades, concessão de poder ou verificação de desempenho. A governança está relacionada a gerenciamento consistente, políticas coesas, processos e direitos de tomada de decisões para determinada área de responsabilidade. A governança permite que ocorra uma tomada de decisões eficiente.

Cada projeto pode ter uma governança diferente, mesmo que cada um deles use a mesma metodologia de gestão de projetos empresarial. Uma função de governança pode operar como um processo separado ou como parte de uma liderança de gestão de projetos. A governança não é criada para substituir a tomada de decisões do projeto, mas para evitar que decisões indesejáveis sejam tomadas.

Historicamente, a governança era propiciada por um único patrocinador de projeto. Hoje, é realizada por um comitê e pode incluir representantes de cada organização das partes interessadas. A Tabela 7.1 mostra várias abordagens de governança baseadas no tipo de equipe de projeto. A formação do comitê pode mudar de um projeto para outro e de uma indústria para outra. A participação também pode ser baseada no número de partes interessadas e se o projeto é de um cliente externo ou interno. Em projetos de longo prazo, a participação pode mudar ao longo do projeto.

A governança em projetos e programas às vezes falha porque as pessoas confundem governança de projeto com governança corporativa. O resultado é que os membros do comitê não têm certeza de qual deveria ser seu papel. Algumas das principais diferenças incluem:

- *Alinhamento:* A governança corporativa se foca em quanto o portfólio de projetos está alinhado e satisfaz aos objetivos de negócios de maneira geral. A governança de projetos se foca em maneiras de manter um projeto no caminho certo.
- *Direção:* A governança corporativa fornece uma direção estratégica com um foco em como o sucesso do projeto satisfará aos objetivos corporativos. A governança de projeto é mais voltada a uma direção operacional com decisões baseadas nos parâmetros predefinidos em escopo de projeto, prazo, custo e funcionalidade.
- *Dashboards:* Os *dashboards* da governança corporativa baseiam-se em métricas financeiras, de marketing e de vendas. Os *dashboards* da governança de projeto têm

TABELA 7.1 Tipos de governança de projeto

Estrutura	Descrição	Governança de projetos
Localmente dispersa	Os membros de equipe podem trabalhar em tempo integral ou parcial. Eles ainda estão administrativamente ligados à sua área funcional	Normalmente, uma única pessoa age como patrocinador, mas pode ser um comitê interno, dependendo da complexidade do projeto
Geograficamente dispersa	Esta é uma equipe virtual. O gerente de projetos pode nunca ver alguns dos membros de equipe. Os membros de equipe podem trabalhar em tempo integral ou parcial.	Normalmente, a governança é por comitê e pode incluir a participação das partes interessadas
Colocalizada	Todos os membros de equipe estão fisicamente localizados próximo do gerente de projetos O gerente de projetos não tem nenhuma responsabilidade pela administração salarial	Normalmente, uma única pessoa age como patrocinador
Projetizada	Esta é similar a uma equipe colocalizada, mas o gerente de projetos funciona, em linhas gerais, como um gerente de área e pode ter responsabilidades salariais	Pode ter governança por comitê, dependendo do tamanho do projeto e do número de parceiros estratégicos

métricas de operações sobre prazo, custo, escopo, qualidade, itens de ação, riscos e *deliverables*.
- *Participação:* Os comitês de governança corporativa são compostos pelos níveis mais sênior da gerência. A participação na governança de projeto pode incluir alguma participação da gerência intermediária.

Outro motivo pelo qual pode ocorrer algum fracasso é os membros do grupo de governança de projetos ou programas não compreenderem a gestão de projetos ou programas. Isso pode levar a um microgerenciamento pelo comitê de governança. Há sempre uma questão sobre que decisões devem ser tomadas pelo comitê de governança e que decisões o gerente de projetos pode tomar. Em geral, o gerente de projetos deve ter a autoridade para tomar decisões relacionadas a ações necessárias para manter as linhas de base. Os comitês de governança precisam ter autoridade para aprovar mudanças de escopo acima de certo valor em dólar e para tomar decisões necessárias para alinhar o projeto aos objetivos e à estratégia corporativa.

7.8 Tokio Marine: excelência na governança de um projeto

A GERÊNCIA EXECUTIVA DEVE ESTABELECER A GOVERNANÇA DE TI: TOKIO MARINE GROUP

Yuichi Inaba é um consultor sênior especialista na área de governança de TI, gestão de riscos de TI e segurança de informações de TI na Tokio Marine and Nichido Systems Co. Ltd. (TMNS), uma empresa do Tokio Marine Group. Antes de ser transferido para a TMNS, ele tinha trabalhado no Departamento de Planejamento de TI da Tokio Marine Holdings Inc. e tinha se envolvido no estabelecimento da estrutura de governança de TI do Tokio Marine Group baseado em COBIT 4.1. Sua responsabilidade atual é implementar e praticar a governança de TI do Tokio Marine Group na TMNS. Inaba é membro do Comitê de Normas da Divisão de Tóquio da ISACA e está atualmente envolvido na tradução das publicações do COBIT 5 para o japonês.

Hiroyuki Shibuya é o executivo encarregado da TI na Tokio Marine Holdings Inc. De 2000 a 2005, ele liderou o projeto de inovação do lado da TI, que reconstruiu totalmente as linhas de produtos de seguros, seus processos de negócios e os sistemas de informação da Tokio Marine and Nichido Fire Insurance Co. Ltd. A fim de promover sua experiência com esse projeto, além de remediar outros projetos problemáticos das empresas do grupo, ele foi nomeado gerente-geral do recém-estabelecido departamento de TI na Tokio Marine Holdings em julho de 2010. Desde então, tem liderado os esforços para estabelecer os padrões e as políticas básicas de governança de TI para fortalecer a governança de TI em todo o Tokio Marine Group.

* * *

O Tokio Marine Group é um grupo corporativo global envolvido em uma grande variedade de negócios na área de seguros. Ele consiste em aproximadamente 70 empresas em

---

A Seção 7.8, de Yuichi (Rich) Inaba, CISA, e Hiroyuki Shibuya, foi originalmente publicada em *COBIT® Focus* 1 (January 2013). © 2013 ISACA. Todos os direitos reservados.

cinco continentes, incluindo a Tokio Marine and Nichido Fire Insurance (Japão), a Philadelphia Insurance (EUA), a Kiln (Reino Unido) e a Tokio Marine Asia (Singapura).

Além da Tokio Marine and Nichido Fire Insurance, que é a maior seguradora de imóveis e acidentes do Japão, o Tokio Marine Group possui várias outras empresas no Japão, como a Tokio Marine and Nichido Life Insurance Co. Ltd., além de prestadoras de serviços, como a Tokio Marine and Nichido Medical Service Co Ltd. e a Tokio Marine e Nachido Facilities Inc.

Implementando a governança de TI no Tokio Marine Group

A Tokio Marine Holdings, que é responsável por estabelecer a abordagem de governança de TI do grupo, observou que a gerência executiva das empresas do Tokio Marine Group acredita que a TI seja uma infraestrutura essencial para o gerenciamento de negócios e esperava fortalecer a gerência da empresa por meio de sua utilização. Entretanto, alguns diretores e executivos tinham uma impressão negativa da TI – que a TI é difícil de compreender, custa demais e resulta em frequentes problemas no sistema e falhas no desenvolvimento de sistemas.

É comum para a gerência executiva de uma organização reconhecer a importância do desenvolvimento de sistemas, mas colocar esse desenvolvimento somente nas mãos no departamento de TI. Outros executivos vão ainda mais longe, dizendo que o gerenciamento ou governança de TI não é responsabilidade de ninguém além do departamento de TI ou dos principais executivos de informações (CIOs). Essa linha de pensamento a respeito da TI é similar ao processo de pensamento que diz que a contabilidade é de responsabilidade do departamento de contabilidade e que lidar com questões relacionadas aos funcionários é papel do departamento de recursos humanos.

Esses são comportamentos típicos de organizações que não implementam sistemas de governança de TI. A gerência executiva da Tokio Marine Holdings reconheceu que a TI não deve ser responsabilidade apenas do departamento de TI, mas que é uma ferramenta para fortalecer os negócios.

A gerência da Tokio Marine Holdings reconheceu que havia vários tipos de falhas no desenvolvimento de sistemas (p. ex., atrasos no desenvolvimento devido à data de entrada do serviço, projetos que ultrapassam o orçamento). Ainda mais frequentemente, a organização estava encontrando lacunas nos requisitos – por exemplo, quando depois de montar um sistema, as pessoas dizem, "Este não é o sistema que pedimos que você montasse" ou "O sistema que você montou não é de fácil utilização. É inútil para minha empresa".

Por que ocorrem lacunas nos requisitos

O processo de desenvolvimento de sistemas é similar ao da construção de edifícios. Entretanto, há uma diferença essencial entre os dois: o desenvolvimento de sistemas não é visível, enquanto a construção de um edifício é. Portanto, no desenvolvimento de sistemas, é inevitável que haja lacunas de reconhecimento e de comunicação entre a empresa e o departamento de TI.

A solução do Tokio Marine Group para o sucesso do desenvolvimento de sistemas

Para preencher essas lacunas, a empresa e o departamento de TI precisam se comunicar o suficiente para minimizar as lacunas entre A e C na Figura 7.2 e maximizar uma compreensão comum de B. O caminho para o sucesso do desenvolvimento de sistemas é melhorar a qualidade da comunicação entre a empresa e o departamento de TI. Essa comunicação não pode ser alcançada ou mantida em um relacionamento unilateral. A comunicação ideal se estabelece somente quando há uma parceria igualitária entre a empresa e o departamento de TI, com papéis e responsabilidades mutuamente alocadas.

Esse é o conceito central do Sistema de Encarregados pelos Aplicativos.

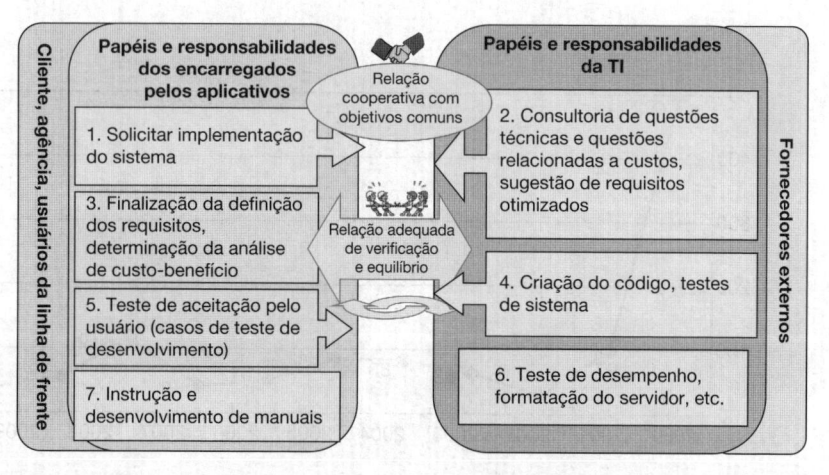

Implementando o Sistema de Encarregados pelos Aplicativos

A Tokio Marine Holdings decidiu implementar o Sistema de Encarregados pelos Aplicativos como um conceito central do Sistema de Governança de TI do grupo. A Tokio Marine Holdings acredita que é essencial para as empresas do grupo serem bem-sucedidas no desenvolvimento de sistemas e alcançarem o crescimento do grupo no atual ambiente de negócios.

A ideia fundamental do Sistema de Encarregados pelos Aplicativos (Figura 7.3) é:

- Cooperação mútua entre empresa e TI com funções adequadas de verificação e equilíbrio, responsabilidades apropriadamente alocadas e objetivos compartilhados.
- Comunicação próxima entre empresa e TI, cada parte levando em consideração seus respectivos papéis e responsabilidades.

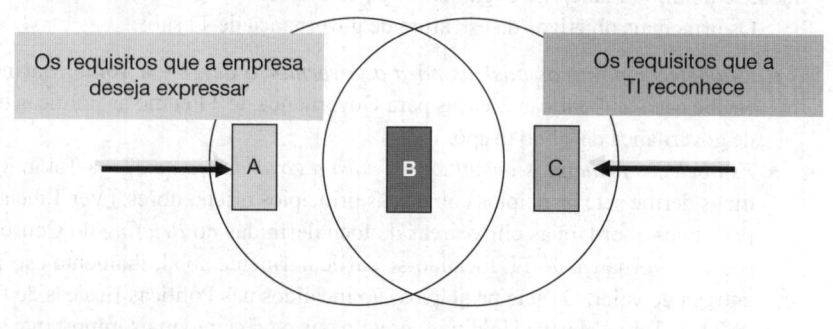

Figura 7.2 A lacuna dos requisitos.

Figura 7.3 O Sistema de Encarregados pelos Aplicativos do Tokio Marine Group.

Sucesso rápido na Tokio Marine and Nichido Fire Insurance

A Tokio Marine and Nichido Fire Insurance Co. Ltd., a maior empresa do grupo, implementou o Sistema de Encarregados pelos Aplicativos em 2000. A implementação imediatamente reduziu os problemas do sistema em 80%. (Ver Figura 7.4.)

Mentalidade da IT

A mentalidade da Tokio Marine é a de que apenas a gerência executiva pode estabelecer o sistema de governança de TI da empresa. Assim, a governança de TI é de responsabilidade da gerência executiva.

Além disso, a organização tem a mentalidade de que todos os funcionários, não somente a gerência executiva, devem compreender o princípio de que fortes sistemas de TI não podem ser realizados somente pelo departamento de TI, mas exigem a cooperação entre a empresa e a TI. É importante que todos os funcionários reconheçam os problemas da TI como seus próprios, e não como responsabilidade do departamento de TI.

Estabelecer tal mentalidade na empresa é papel da gerência executiva.

Sistema de governança de TI no Tokio Marine Group

Caracterizado pelo Sistema de Encarregados pelos Aplicativos, a Tokio Marine Holdings introduziu uma estrutura de governança de TI, focada na estrutura COBIT 4.1, especificamente o domínio Planejar e Organizar (PO, ou *Plan and Organize*).

Os principais objetivos da estrutura de governança de TI são:

- *Estabelecer políticas básicas para a governança de TI* – a Tokio Marine Holdings estabeleceu as Políticas Básicas para Governança de TI como as políticas da estrutura de governança de TI do grupo.
- *Estabelecer princípios orientadores para a governança de TI* – a Tokio Marine Holdings define sete princípios como seus princípios orientadores. (Ver Tabela 7.2.) Esses princípios abordam as cinco áreas de foco definidas no *Briefing* do Conselho Diretor sobre Governança de TI, focando-se particularmente no alinhamento estratégico e na entrega de valor. Os sete princípios são incluídos nas Políticas Básicas de Governança de TI. A Tokio Marine Holdings acredita que o princípio mais importante seja o Sistema de Encarregados pelos Aplicativos, que é declarado da seguinte maneira:

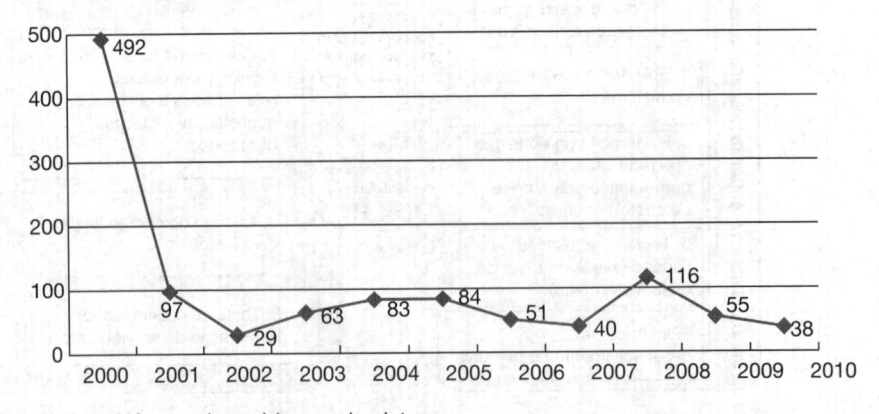

Figura 7.4 Número de problemas do sistema.

TABELA 7.2 Sete princípios orientadores

Nº	Princípios orientadores	Área de foco
1	Estabelecer um plano estratégico de TI que permita que a gerência alcance seu plano estratégico de negócios, construa os processos de negócios para tal e desenvolva um plano de execução.	Alinhamento estratégico
2	Ao executar o plano, garantir que a unidade de TI e as unidades encarregadas pelo aplicativo cooperem umas com as outras, com funções adequadas de verificação e equilíbrio.	Alinhamento estratégico
3	No desenvolvimento ou na implementação de sistemas de informação, garantir que a gerência inspecione minuciosamente a validade do plano de projeto do ponto de vista da garantia da qualidade, usabilidade, compromisso com a data de entrada do serviço, estimação de custo adequada e correspondência à disponibilidade de recursos humanos.	Entrega de valor
4	Garantir que os sistemas de informação sejam integralmente utilizados por todos os funcionários da empresa, a fim de alcançar os objetivos para o desenvolvimento ou a implementação dos sistemas de informação.	Entrega de valor
5	Conduzir um gerenciamento de recursos de TI adequado, incluindo o gerenciamento de capacidade computacional e o gerenciamento de recursos humanos.	Gerenciamento de recursos
6	Conduzir um gerenciamento adequado de riscos e da segurança das informações e estabelecer planos de contingência para falhas no sistema em consideração do acúmulo de vários fatores de risco em TI, como a alta dependência que os processos de negócios têm da TI, a centralização de informações importantes e ameaças devido a um uso mais amplo da internet.	Gestão de riscos
7	Encorajar a transparência das operações de TI a serem melhoradas e monitorar seu progresso, o que inclui, por exemplo, o progresso de projetos, o uso de recursos de TI e a utilização de sistemas de informação.	Gerenciamento de desempenho

Ao implementar o plano, é importante para a unidade de TI e para as unidades encarregadas pelo aplicativo cooperarem umas com as outras, com funções adequadas de verificações e equilíbrio. A gerência deverá determinar claramente o compartilhamento adequado de papéis entre a unidade de TI e as unidades encarregadas pelos aplicativos, garantir recursos humanos de qualidade adequada em ambas as unidades e estabelecer um sistema de gerenciamento para garantir que cada unidade execute o plano de acordo com suas responsabilidades.

- *Estabelecer um sistema de governança e gerenciamento para o Tokio Marine Group* – A Tokio Marine Holdings define o sistema de governança e gerenciamento como ele foi implementado nas empresas do grupo. Abrange cinco domínios e consiste em três principais componentes: o estabelecimento da estrutura organizacional, o estabelecimento de políticas e padrões e a execução do Ciclo de Deming (ciclo PDCA) para melhorias. O sistema de governança e gerenciamento necessário para as empresas do Tokio Marine Group é detalhado nas Normas de Governança de TI do Grupo.
- *Estabelecer um padrão de governança de TI* (a definição do processo de prioridade da Tokio Marine). A Tokio Marine Holdings decidiu utilizar COBIT 4.1 para definir o sistema de gerenciamento. Entretanto, a organização reconhece que é difícil para empresas relativamente pequenas do grupo implementar processos amadurecidos para todos os processos do COBIT 4.1. Para lidar com essa preocupação, a organização se concentrou no conjunto e processos mínimos ou em controles mais detalhados sobre os objetivos, que são essenciais para seu negócio em termos de governança de TI e os controles mais importantes para o Tokio Marine Group.

Nas Normas de Governança de TI, a Tokio Marine Holdings definiu os controles de TI descritos na Figura 7.5 como prioridades para o Tokio Marine Group. Os controles de TI prioritários são definidos como cinco domínios, 14 processos e 39 objetivos de controle, que são processos selecionados dos 210 objetivos de controle do COBIT 4.1. (Ver Tabela 7.3.)

As empresas do grupo têm de aprimorar os controles de prioridade para alcançar um nível de maturidade 3, segundo o Modelo de Maturidade do COBIT, e relatar o progresso das melhorias da Tokio Marine Holdings.

Rumo ao futuro

Desde o estabelecimento do sistema de governança de TI do Tokio Marine Group, a Tokio Marine Holdings tem se comunicado extensamente não somente com os CIOs, mas também com os CEOs e a gerência executiva das empresas do grupo para garantir que eles compreendam, apoiem e assumam a liderança da implementação da governança de TI.

Por meio dessas atividades, a organização tem certeza de que o conceito central da governança de TI tenha passado a ser mais bem compreendido pela gerência e que se esteja fazendo um bom progresso em decorrência da implementação do Sistema de Encarregados pelos Aplicativos nas empresas do grupo. A Tokio Marine Holdings continuará sua missão

Controles do COBIT 4.1

Controles Prioritários do Grupo (14 processos, 39 OCs)

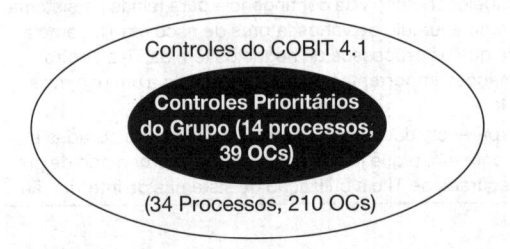

(34 Processos, 210 OCs)

Figura 7.5 Controles prioritários do Tokio Marine Group.

TABELA 7.3 Controles prioritários do Tokio Marine Group

	Nome do domínio	Id	Nome do processo
a.	Planejamento e organização	a1	Planejamento anual de TI
		a2	Definições de papéis e responsabilidades da unidade de TI e das unidades de encarregados pelos aplicativos
		a3	Estabelecimento de um comitê de direção de TI
b.	Gestão de projetos	b1	Gerenciamento de desenvolvimento e projetos de implementação
c.	Gerenciamento de mudanças	c1	Controle de mudanças
d.	Gerenciamento de operações	d1	Gerenciamento de incidentes/problemas
		d2	Gerenciamento de fornecedores
		d3	Gerenciamento de segurança
		d4	Gerenciamento de ativos de TI
		d5	Gerenciamento de capacidade computacional
		d6	Recuperação de desastres e *backup*/restauração
e.	Monitoramento do desempenho e retorno sobre o investimento	e1	Revisão anual de TI
		e2	Monitoramento do comitê de direção de TI
		e3	Monitoramento da gestão de projetos, do gerenciamento de mudanças e do gerenciamento da operação de sistemas

de "catequizar" as empresas do grupo, realizando o benefício do negócio do grupo e agregando valor para as partes interessadas.

7.9 Empoderamento dos gerentes de projetos

Um dos maiores problemas com a designação de patrocinadores executivos para trabalhar lado a lado com gerentes de área e gerentes de projeto é a possibilidade de que os gerentes de níveis mais baixos se sintam ameaçados com a perda de autoridade. Esse problema é real e precisa ser abordado no nível executivo. Frank Jackson, antigo gerente sênior da MCI, acredita na ideia de que informação é poder:

> Fizemos uma auditoria das equipes para ver se realmente estávamos tendo o progresso que imaginamos ou se estávamos nos enganando, e tivemos um resultado surpreendente. Quando olhamos a auditoria, descobrimos que 50% do tempo da gerência intermediária eram gastos filtrando informações para cima e para baixo na hierarquia da organização. Quando tínhamos um patrocinador, as informações iam da equipe para o patrocinador e deste, para o comitê operacional, e isso criava uma verdadeira crise na área de nossa gerência intermediária.
>
> A MCI encontrou sua solução para esse problema. Se há alguém que acredita que simplesmente entrar no ambiente de abordagem de uma equipe é algo fácil, está completamente enganado. Mesmo nas empresas com as quais estou envolvido, é muito difícil para os gerentes desistir das responsabilidades de autoridade que eles tinham. Você simplesmente precisa chegar lá, e temos um sistema com o qual nos comunicamos com a MCI, que é o MCI mail. É um sistema de correio eletrônico. O que ele nos permitiu fazer como empresa é contornar níveis de gerência. Às vezes, você fica atolado em comunicações, mas ela permite que você se comunique com todos os níveis hierárquicos sem que ninguém fique retendo as informações.

Os executivos têm a capacidade não somente de levar a gestão de projetos ao sucesso, mas também de criar um ambiente que leve um projeto ao fracasso. Segundo Robert Hershock, antigo vice-presidente da 3M:

> Na maioria das experiências que tive em que projetos fracassaram, isso aconteceu por intromissão da gerência. Ou a gerência não estava 100% comprometida com o processo, ou simplesmente atolava o processo com relatórios e diversas outras insinuações maldosas. Os maiores fracassos que já presenciei foram realmente devido à gerência. Basicamente, há duas experiências em que os projetos não conseguiram ser bem-sucedidos. Uma é o intrometimento da gerência quando esta não pode abrir mão de suas capacidades de tomada de decisões, constantemente voltando à equipe e dizendo que eles estão fazendo isso ou aquilo da forma errada. O outro lado da moeda é quando a equipe não consegue comunicar seu próprio objetivo. Quando não consegue se focar, o escopo se expande continuamente, e você chega ao aumento gradual de escopo. A equipe simplesmente perde o autocontrole por ter perdido o foco.

O fracasso de um projeto pode muitas vezes ser uma questão de percepções falhas. A maioria dos executivos acredita ter chegado ao topo de suas organizações sozinha. É muito difícil para eles mudar sem sentir que estão abrindo mão de uma tremenda quantidade de poder, que tradicionalmente é confiado ao nível mais alto da empresa. Para mudar essa situação, o melhor pode ser começar pequeno. Como um executivo observou:

Há muitas ocasiões em que os executivos sênior não vão ao treinamento e não escutam ninguém, mas acho que é fazendo que se aprende. Se você deseja incutir equipes de gestão de projetos em suas organizações, comece pequeno. Se a empresa não permite fazê-lo usando a teoria da Nike de "simplesmente fazer" algo, comece pequeno e prove a eles, passo a passo, que eles podem alcançar o sucesso. Dê mérito à equipe por seus resultados – eles falam por si mesmos.

É importante também para nós lembrar que os executivos podem ter motivos válidos para fazer microgerenciamento. Um executivo comentou sobre por que a gestão de projetos pode não estar funcionando como o planejado em sua empresa:

> Nós, os executivos, queremos empoderar os gerentes de projeto e eles, por sua vez, empoderariam seus membros de equipe para tomar decisões relacionadas ao seu projeto ou área. Infelizmente, não sinto que nós (os executivos) apoiamos totalmente a descentralização da tomada de decisões devido a preocupações políticas que derivam da falta de confiança que temos em nossos gerentes de projetos, que não são proativos e que não demonstram capacidade de liderança.

Na maioria das organizações, os gerentes seniores começam em um ponto em que confiam apenas em seus colegas também gerentes. À medida que o sistema de gestão de projetos melhora e uma cultura de gestão de projetos se desenvolve, os gerentes seniores passam a confiar nos gerentes de projeto, embora eles não ocupem posições altas na organização. O empoderamento não acontece da noite para o dia. Ele leva tempo e, infelizmente, muitas empresas nunca chegam ao total empoderamento dos gerentes de projetos.

7.10 Apoio por parte da gerência na prática

Um apoio executivo visível é necessário para a gestão de projetos bem-sucedida e a estabilidade de uma cultura de gestão de projetos. No entanto, pode ocorrer uma visibilidade excessiva para os gerentes seniores. Veja o exemplo do caso a seguir.

MIDLINE BANK

O Midline Bank (nome fictício) é um banco de médio porte que atua em uma grande cidade do noroeste dos Estados Unidos. Os seus executivos perceberam que o crescimento da indústria bancária no futuro próximo dependeria de fusões e aquisições, e que o Midline precisaria assumir uma posição agressiva para se manter competitivo. Financeiramente, o Midline estava bem preparado para adquirir outros bancos de pequeno e médio porte para aumentar sua organização.

O grupo de tecnologia da informação do banco foi encarregado de desenvolver um pacote de *software* extenso e sofisticado a ser usado na avaliação da saúde dos bancos-alvo da aquisição. O pacote de *software* exigia informações de praticamente todas as divisões funcionais do Midline. Esperava-se que coordenação do projeto fosse ser difícil.

A cultura do Midline era dominada por grandes impérios funcionais rodeados por paredes impenetráveis. O projeto do *software* foi o primeiro da história do banco a exigir cooperação e integração entre os grupos funcionais. Um gerente de projeto em tempo integral foi designado a dirigir o projeto.

Infelizmente, os executivos, gerentes e funcionários do Midline sabiam muito pouco dos princípios de gestão de projetos. No entanto, os executivos reconheciam a necessidade do patrocínio executivo. Um comitê de direção de cinco executivos foi designado para oferecer suporte e orientação ao gerente de projetos, mas nenhum dos cinco compreendia a gestão de projetos. Consequentemente, o comitê de direção interpretou seu papel como uma direção diária contínua do projeto.

Cada um dos cinco patrocinadores executivos pediu que o gerente de projeto fizesse *briefings* semanais pessoais, e cada patrocinador tomava decisões conflitantes. Cada executivo tinha seus próprios objetivos para o projeto.

No final do segundo mês do projeto, o caos tinha tomado conta da situação. O gerente de projetos passava a maior parte de seu tempo preparando relatórios de *status* em vez de gerenciando o projeto. Os executivos mudavam os requisitos do projeto frequentemente, e a organização não possuía nenhum processo de controle de mudanças além da aprovação pelo comitê de direção.

No final do quarto mês, o gerente do projeto pediu demissão e procurou emprego fora da empresa. Um dos executivos do comitê de direção assumiu a função de gerente de projeto, mas apenas por meio período. Finalmente, outros dois gerentes de projetos assumiram o projeto antes de sua conclusão, um ano mais tarde do que o planejado. A companhia aprendeu uma lição vital: Mais patrocínio necessariamente não é melhor que menos.

CONTRACTCO

Outro caso com nome fictício envolve uma empresa sediada em Kentucky, que chamarei de Contractco. A Contractco está no negócio de testes de fusão nuclear. A empresa estava no processo de licitação em um contrato nos Estados Unidos. O Departamento de Energia dos EUA exigiu que o gerente de projetos fosse identificado como parte da proposta da empresa e que fosse incluída uma lista de suas tarefas e responsabilidades. Para impressionar o Departamento de Energia, a empresa designou tanto o vice-presidente executivo quanto o vice-presidente de engenharia como copatrocinadores.

O DoE questionou a ideia de patrocínio dual. Ficou claro para o departamento que a empresa não compreendia o conceito de patrocínio de projetos, porque os papéis e responsabilidades dos dois patrocinadores pareciam se superpor. O departamento também questionou a necessidade de ter o vice-presidente executivo como patrocinador.

O contrato foi finalmente concedido a outra empresa. A Contractco aprendeu que uma empresa nunca deve subestimar o conhecimento que o cliente possui sobre gestão de projetos ou patrocínio de projetos.

HEALTH CARE ASSOCIATES

A Health Care Associates (outro nome fictício) presta serviços de gerenciamento de saúde para empresas de grande e pequeno porte na Nova Inglaterra, EUA. A empresa tem parcerias com uma cadeia de 23 hospitais na região. Mais de 600 médicos fazem parte da equipe profissional, e muitos dos médicos atendem também nas filiais da empresa. Os gerentes--médicos possuem também seus consultórios particulares.

Era prática da empresa usar propostas clichês preparadas pelo departamento de marketing para solicitar novos negócios. Se um cliente estivesse seriamente interessado nos serviços da Health Care Associates, uma proposta personalizada baseada nas necessidades do cliente seria preparada. Tipicamente, o processo de personalização levava no máximo seis meses ou até mesmo um ano inteiro.

A Health Care Associates queria acelerar o processo de propostas personalizadas e decidiu adotar processos de gestão de projetos para alcançar esse objetivo. A empresa decidiu que poderia dar um passo à frente de sua concorrência se designasse um gerente-médico como o patrocinador de projeto de cada nova proposta. O raciocínio era que os clientes ficariam favoravelmente impressionados.

O projeto piloto dessa abordagem foi a Sinco Energy (outro nome fictício), uma empresa sediada em Boston, EUA, com 8.600 funcionários trabalhando em 12 cidades da Nova Inglaterra. A Health Care Associates prometeu à Sinco que o pacote de saúde estaria pronto para implementação no máximo em seis meses.

O projeto tinha sido concluído com quase 60 dias de atraso e substancialmente acima do orçamento. Os gerentes seniores da Health Care Associates entrevistaram separadamente cada um dos funcionários do projeto Sinco para identificar a causa do fracasso do projeto. Os funcionários tiveram as seguintes observações:

- Embora os médicos tivessem recebido treinamento em gerenciamento, tinham muita dificuldade em aplicar os princípios da gestão de projetos. Consequentemente, terminaram desempenhando o papel de patrocinador invisível em vez de participar ativamente do projeto.
- Como se tratavam de médicos praticantes, os médicos-patrocinadores não se comprometiam totalmente com seu papel como patrocinadores de projeto.
- Sem um forte patrocínio, não havia processo eficiente em vigor para controlar o aumento gradual de escopo.
- Os médicos não tinham autoridade sobre os gerentes de área, que forneciam os recursos necessários para concluir um projeto com sucesso.

Os gerentes seniores da Health Care Associates aprenderam duas lições. Primeiro, nem todo gerente é qualificado para agir como patrocinador de projeto. Segundo, os patrocinadores de projeto devem ser designados de acordo com sua habilidade de gerenciar o projeto ao sucesso. Impressionar o cliente não é tudo.

INDRA

Segundo Enrique Sevilla Molina, antigo diretor do PMO corporativo da Indra:

> A gerência executiva [da Indra] é extremamente motivada para apoiar o desenvolvimento da gestão de projetos dentro da empresa. Eles insistem com regularidade em melhorar nossos programas de treinamento além de em se concentrar na necessidade de que métodos melhores de gestão de projetos sejam colocados em vigor.
>
> Às vezes, o sucesso de um projeto constitui um passo significativo no desenvolvimento de uma nova tecnologia, no lançamento em um novo mercado ou para o estabelecimento de uma nova parceria e, nesses casos, a diretoria gerencial normalmente desempenha um papel especialmente ativo como patrocinadora durante a execução do projeto ou programa. Eles participam com o cliente de comitês de direção para o projeto ou programa e ajudam na tomada de decisões ou nos processos de gestão de riscos.
>
> Por um motivo similar, devido à importância de um projeto específico, mas de um nível mais baixo, não é incomum ver a gerência intermediária observar cuidadosamente sua execução e fornecer, por exemplo, suporte extra para negociar com o cliente a resolução de determinado problema.
>
> Conseguir o apoio da gerência intermediária foi algo alcançado usando o mesmo conjunto de ferramentas corporativas para a gestão de projetos em todos os níveis e para todos

os tipos de projetos da empresa. Nenhum projeto é reconhecido se não estiver no sistema corporativo e, para fazer isso, os gerentes de áreas devem seguir as mesmas regras e métodos básicos, independentemente de se tratar de um esforço recorrente, não recorrente, ou outro tipo de projeto. Uma estrutura analítica do projeto bem desenvolvida, um cronograma totalmente previsto, um plano de gestão de riscos e um conjunto personalizado de métodos com valor agregado podem ser aplicados a qualquer tipo de projeto.

7.11 Obtendo o apoio da gerência de área

Apoio à gestão não está restrito à gerência sênior, como tratado na seção anterior. O apoio da gerência de área é igualmente essencial para que a gestão de projetos funcione de forma eficiente. Os gerentes de área normalmente apresentam mais resistência à gestão de projetos e muitas vezes exigem provas de que a gestão de projetos fornece realmente valor para a organização antes de apoiarem o novo processo. Esse problema foi identificado anteriormente na jornada rumo à excelência em gestão de projetos. Ele surgiu, também, na Motorola. Segundo um porta-voz da Motorola, conseguir o apoio da gerência de área "foi difícil no princípio. Foram anos e mais anos em que os GPs ofereciam valor para a organização".

Quando as organizações se tornam maduras em gestão de projetos, o patrocínio nos níveis executivos e nos níveis da gerência intermediária torna-se mínimo, e formam-se equipes de projetos integradas, em que a equipe integrada ou central é empoderada para gerenciar o projeto com um patrocínio mínimo, envolvido apenas em decisões críticas. Essas equipes integradas ou centrais podem ou não incluir a gerência de área. O conceito de equipes centrais tornou-se uma melhor prática na Motorola:

> A maior parte da autoridade e das decisões de projeto se encontra nas mãos da equipe central do projeto. A equipe central é formada por gerentes de nível intermediário para baixo, provenientes de diferentes áreas funcionais (marketing, *software*, elétrica, mecânica, produção, teste de sistemas, qualidade, etc.) e possui a responsabilidade de ser encarregada pelo projeto. Essa equipe central é responsável por revisar e aprovar requisitos de produtos e comprometer recursos e datas do cronograma. Age também como o conselho de controle de mudanças do projeto e pode aprovar ou rejeitar solicitações de mudança de escopo. Entretanto, qualquer mudança de datas na aceitação de entrega de cargas precisa ser aprovada pela gerência.

7.12 Defensores convictos da iniciação e do encerramento

À medida que a gestão de projetos evoluiu, evoluiu também o papel do executivo na gestão de projetos. Hoje, o executivo desempenha três papéis:

1. O patrocinador de projeto
2. O defensor convicto do projeto (iniciação)
3. O defensor convicto do encerramento do projeto

O papel do executivo na gestão de projetos como um patrocinador de projeto se tornou razoavelmente maduro. A maioria dos livros didáticos sobre o assunto possui seções dedicadas ao papel do patrocinador de projeto.[1] O papel do defensor convicto do projeto, no

---

[1] Ver, por exemplo, H. Kerzner, *Project Management: A Systems Approach to Planning, Scheduling and Controlling*, 12th ed., Hoboken, NJ: Wiley, 2017, Chapter 10. Além disso, H. Kerzner and F. Saladis, *What Executives Need to Know About Project Management*, Hoboken, NJ: Wiley and International Institute for Learning, 2009).

entanto, está apenas em processo de amadurecimento. Stephen Markham define o papel do defensor convicto:

> Os defensores convictos são líderes informais que surgem de uma forma um tanto imprevisível. Ser um defensor convicto é um ato voluntário realizado por um indivíduo para promover determinado projeto. Nesse ato, os indivíduos raramente se referem a si mesmos como defensores convictos; em vez disso, descrevem-se como alguém que está tentando fazer a coisa certa pela empresa certa. Um defensor convicto raramente toma uma decisão de defender um projeto. Em vez disso, ele começa de maneira simples e desenvolve um crescente entusiasmo pelo projeto. Um defensor convicto torna-se intensamente entusiasmado quanto a um projeto e, em última análise, envolve os outros devido à sua convicção pessoal de que o projeto é a coisa certa para toda a organização. O defensor convicto afeta o modo como outras pessoas pensam a respeito do projeto, espalhando informações positivas pela organização. Sem poder ou responsabilidade oficial, um defensor convicto contribui para o desenvolvimento de novos produtos, fazendo os projetos irem adiante. Assim, os defensores convictos são líderes informais que (1) "adotam" projetos como se fossem deles próprios, de maneira pessoal, (2) assumem riscos promovendo os projetos além do que é esperado de pessoas em sua posição e (3) promovem o projeto fazendo outros indivíduos apoiá-lo.[2]

Com relação aos projetos de desenvolvimento de novos produtos, os defensores convictos são necessários para superar os obstáculos no "vale da morte", como visto na Figura 7.6. O vale da morte é a área em desenvolvimento de novos produtos, onde o reconhecimento da ideia/invenção e os esforços para comercializar o produto se unem. Nessa área, bons projetos geralmente ficam de lado e projetos com menos valor geralmente são adicionados ao portfólio de projetos. Segundo Markham:

> Há muitos motivos para a existência do Vale da Morte. O pessoal técnico (lado esquerdo da Figura 7.6) geralmente não compreende as preocupações do pessoal da comercialização (lado direito) e vice-versa. O fosso cultural entre esses dois tipos de pessoal se manifesta nos resultados prezados por um lado e desvalorizados por outro. *Networking* e gerenciamento de contatos pode ser importante para o pessoal de vendas, mas é visto como superficial e como autoengrandecimento pelo pessoal técnico. O pessoal técnico valoriza a descoberta e o alargamento das fronteiras do conhecimento. O pessoal da comercialização precisa de um produto que vá vender no mercado e muitas vezes considera o valor da descoberta como meramente teórico e, portanto, inútil. Tanto o pessoal técnico quanto o da comercialização precisa traduzir as descobertas de pesquisas em ofertas de produtos superiores.[3]

Como apontado na Figura 7.6, o vale da morte parece se originar em algum lugar próximo do *fuzzy front end* (FFE). *Fuzzy front end* é

> o confuso período do "início" do desenvolvimento de produtos, que vem antes do processo formal e bem estruturado de desenvolvimento de produto, quando o conceito do produto ainda é muito confuso (*fuzzy*). Geralmente, consiste nas três primeiras tarefas (planejamento estratégico, geração de conceito e, especialmente, avaliação pré-técnica) do processo de desenvolvimento de produto. Essas atividades geralmente são caóticas, imprevisíveis e não estruturadas. Em comparação, o processo do desenvolvimento de um novo produto é tipi-

---

[2] S. K. Markham, "Product Champions: Crossing the Valley of Death", in P. Belliveau, A. Griffin, and S. Somermeyer (eds.), *The PDMA Toolbook for New Product Development*, vol. 1 (Hoboken, NJ: Wiley, 2002), p. 119.
[3] Ibid., p. 120.

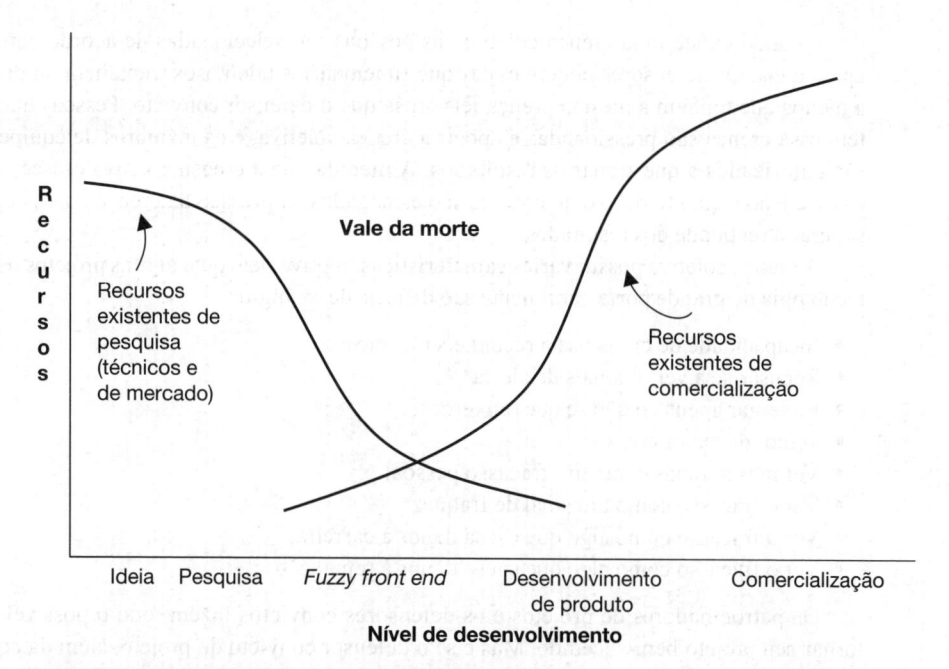

Figura 7.6 Vale da morte.
Fonte: S. K. Markham, "Product Champions: Crossing the Valley of Death," in P. Belliveau, A. Griffin, and S. Somermeyer (eds.), *The PDMA Toolbook for New Product Development* (Hoboken, NJ: Wiley, 2002), p. 119.

camente estruturado e formal, com um conjunto prescrito de atividades, perguntas a serem respondidas e decisões a serem tomadas.[4]

Os defensores convictos de projetos normalmente não são nem os gerentes de projetos nem os patrocinadores de projeto. O papel do defensor convicto é vender a ideia ou conceito até que ela finalmente se torne um projeto. O defensor convicto pode nem mesmo compreender a gestão de projetos e pode não ter as habilidades necessárias para gerenciar um projeto. Os defensores convictos podem se encontrar muito mais alto na hierarquia organizacional do que o gerente de projetos.

Permitir que o defensor convicto de um projeto atue como o patrocinador do projeto pode ser tão ruim quanto permitir que ele atue como o gerente de projetos. Quando o defensor convicto do projeto e o patrocinador de projeto são a mesma pessoa, os projetos nunca são cancelados. Há uma tendência a prolongar a dor de continuar com um projeto que deveria ter sido cancelado.

Alguns projetos, especialmente projetos de muito longo prazo em que o defensor é ativamente envolvido, geralmente determinam que haja uma crença coletiva. A crença coletiva é um desejo fervoroso, e talvez cego, de alcançar o sucesso, que pode permear toda a equipe, o patrocinador de projeto e até mesmo os níveis mais altos da gerência. A crença coletiva pode fazer uma organização racional agir de maneira irracional. Isso é particularmente verdadeiro se o patrocinador de projeto estiver na dianteira da crença coletiva.

---

[4] P. Belliveau, A. Griffin, and S. Somermeyer, *The PDMA Toolbook for New Product Development* (Hoboken, NJ: Wiley, 2002), p. 444.

Quando existe uma crença coletiva, as pessoas são selecionadas de acordo com seu apoio a ela. Os defensores podem evitar que funcionários talentosos trabalhem no projeto a menos que tenham a mesma crença fervorosa que o defensor convicto. Pessoas que não têm essa crença são pressionadas a apoiar a crença coletiva, e os membros de equipe não são autorizados a questionar os resultados. À medida que a crença coletiva cresce, tanto os defensores quanto os não defensores são esmagados. A pressão da crença coletiva pode superar a realidade dos resultados.

A crença coletiva possui várias características, motivo pelo qual alguns projetos de alta tecnologia de grande porte geralmente são difíceis de extinguir:

- Incapacidade de ou recusa a reconhecer o fracasso
- Recusar-se a ver os sinais de alerta
- Enxergar apenas o que se quer enxergar
- Temor de expor erros
- Ver más notícias como um fracasso pessoal
- Ver o fracasso como um sinal de fraqueza
- Ver o fracasso como algo que causa danos à carreira
- Ver o fracasso como algo que causa danos à reputação

Os patrocinadores de projetos e os defensores convictos fazem todo o possível para tornar seu projeto bem-sucedido. Mas e se o defensor convicto do projeto, além da equipe de projeto e do patrocinador, tiverem uma fé cega no sucesso do projeto? O que acontece se as fortes convicções e a crença coletiva desconsiderarem os sinais de alerta que indicam perigo iminente? O que acontece se a crença coletiva tornar inaudíveis as divergências?

Nesses casos, há que se designar um defensor de encerramento. O defensor de encerramento às vezes precisa ter envolvimento direto no projeto a fim de ter credibilidade, mas o envolvimento direto nem sempre é uma necessidade. O defensor de encerramento precisa estar disposto a colocar sua reputação em jogo e, possivelmente, enfrentar a possibilidade de ser expulso da equipe de projeto. Segundo Isabelle Royer:

> Às vezes é preciso um indivíduo, em vez de crescentes evidências, para sacudir a crença coletiva de uma equipe de projeto. Se o problema com o entusiasmo desenfreado começar como uma consequência não intencional do trabalho legítimo do defensor convicto de um projeto, então o que pode ser necessário é uma força na direção oposta – um defensor de encerramento. Essas pessoas são mais do que meros advogados do diabo. Em vez de simplesmente levantar questões sobre um projeto, elas buscam evidências objetivas de que problemas, de fato, existem. Isso permite que elas desafiem – ou, dada a ambiguidade dos dados existentes, concebivelmente até mesmo confirmem – a viabilidade de um projeto. Elas, então, agem com base em dados.[5]

Quanto maior o projeto e maior o risco financeiro para a empresa, mais alto na hierarquia deve se encontrar o defensor de encerramento. Se o defensor do projeto por acaso for o CEO, então alguém do conselho diretor ou mesmo todo o conselho diretor deve assumir o papel de defensor de encerramento. Infelizmente, há situações em que a crença coletiva permeia todo o conselho diretor. Nesse caso, a crença coletiva pode forçar o conselho diretor a se esquivar de sua responsabilidade de supervisão.

---

[5] I. Royer, "Why Bad Projects are So Hard to Kill", *Harvard Business Review*, February 2003, p. 11. Copyright © 2003 by the Harvard Business School Publishing Corporation. Todos os direitos reservados.

Projetos de grande porte incorrem em grandes custos excedentes e atrasos no cronograma. Tomar a decisão de cancelar tal projeto, uma vez que ele tenha sido iniciado, é muito difícil, segundo David Davis:

> A dificuldade de abandonar um projeto depois de vários milhões de dólares terem sido comprometidos tende a evitar uma revisão e um recusteio objetivos. Por esse motivo, idealmente uma equipe de gerenciamento independente – que não esteja envolvida no desenvolvimento dos projetos – deve realizar o recusteio e, se possível, toda a revisão... Se os números não corresponderem na revisão e no recusteio, a empresa deve abandonar o projeto. O número de projetos ruins que chegam à fase operacional serve como prova de que seus defensores geralmente relutam em tomar essa decisão.
>
> Os gerentes seniores precisam criar um ambiente que recompense a honestidade e a coragem e promova maior tomada de decisões por parte dos gerentes de projetos. As empresas precisam de uma atmosfera que encoraje o projeto a ser bem-sucedido, mas os executivos têm de permitir que eles fracassem.[6]

Quanto mais longo o projeto, maior a necessidade de o defensor de encerramentos e os patrocinadores de projeto se certificarem de que o plano de negócios possui "saídas", de modo que o projeto possa ser extinto antes de recursos maciços serem comprometidos e consumidos. Infelizmente, quando há uma crença coletiva, essas saídas são propositalmente omitidas do projeto e dos planos de negócios. Outro motivo para ter um defensor de encerramentos é para que o processo de encerramento do projeto possa ocorrer o mais rapidamente possível. À medida que os projetos se aproximam de sua conclusão, os membros de equipe geralmente ficam apreensivos quanto à sua atribuição seguinte e tentam estender o projeto existente até estarem prontos para deixá-lo. Nesse caso, o papel do defensor de encerramento é acelerar o processo de encerramento sem causar nenhum impacto na integridade do projeto.

Algumas organizações usam membros de um conselho de revisão de portfólio como defensores de encerramento. Esses conselhos têm a palavra final na seleção do projeto. Eles também têm a palavra final quanto a se o projeto será extinto ou não. Normalmente, um membro do conselho funciona como defensor de encerramento e faz a apresentação final para o restante do conselho.

---

[6] D. Davis, "New Projects: Beware of False Economics", *Harvard Business Review*, March–April 1985, p. 100–101. Copyright © 1985 de President and Fellows of Harvard College. Todos os direitos reservados.

8
Treinamento e educação

8.0 Introdução

Estabelecer programas de treinamento em gestão de projetos é um dos maiores desafios enfrentados pelos diretores de treinamento, pois a gestão de projetos envolve inúmeras habilidades complexas e inter-relacionadas (qualitativa/comportamental, organizacional e quantitativa). Nos primórdios, os gerentes de projetos aprendiam com seus próprios erros em vez de com a experiência dos outros. Hoje, as empresas excelentes em gestão de projetos estão oferecendo cursos corporativos na área. Um treinamento eficiente serve de suporte à gestão de projetos como profissão.

Algumas grandes corporações oferecem mais cursos internos relacionados à gestão de projetos do que a maioria das faculdades e universidades. Essas empresas tratam a educação quase como uma religião. Empresas menores têm programas internos mais modestos e normalmente enviam seu pessoal para programas de treinamento oferecidos pelo governo.

Este capítulo discute processos para identificar a necessidade de treinamento, selecionar os alunos que precisam de treinamento, projetar e ministrar o treinamento e medir o retorno do treinamento sobre o valor investido.

8.1 Treinamento para uma gestão de projetos moderna

Durante os primórdios da gestão de projetos, no final da década de 1950 e durante toda a década de 1960, os cursos de treinamento se concentravam nas vantagens e desvantagens de várias formas organizacionais (p. ex., matricial, tradicional, projetizada e funcional). Os executivos aprendiam rapidamente, porém, que se podia fazer qualquer estrutura organizacional funcionar de maneira eficiente e eficaz quando a gestão de projetos básica é aplicada. As habilidades da gestão de projetos baseadas em trabalho em equipe, cooperação e comunicação podem solucionar a maioria dos problemas estruturais.

A partir da década de 1970, a ênfase se afastou das estruturas organizacionais da gestão de projetos. Os antigos programas de treinamento foram substituídos por dois programas básicos:

- *Gestão de projetos básica*, que ressalta assuntos comportamentais, como múltiplas relações dos relatórios, gerenciamento de tempo, liderança, resolução de conflitos, negociações, formação de equipes, motivação e áreas básicas de gerenciamento, como o planejamento e o controle.

- *Gestão de projetos avançada*, que ressalta as técnicas de geração de cronogramas e pacotes de *software* usados para planejar e controlar projetos.

Os programas de treinamento em gestão de projetos de hoje incluem cursos em tópicos comportamentais além de quantitativos. O problema mais importante enfrentado pelos gerentes de treinamento é como alcançar um equilíbrio viável entre as duas partes do curso – comportamental e quantitativa. (Ver Figura 8.1.) Para programas de treinamento patrocinados pelo governo, os líderes de seminários determinam seu próprio nível de conforto na "zona discricionária" entre os tópicos técnicos e comportamentais. Para treinamentos oferecidos dentro da própria empresa, porém, o equilíbrio tem que ser preestabelecido pelo diretor de treinamento com base em fatores como que alunos serão designados para gerenciar projetos, tipos de projetos e as durações médias dos projetos (ver Tabela 8.1).

8.2 A necessidade de uma formação em negócios

Na seção anterior, discutimos a importância de determinar o equilíbrio entre habilidades quantitativas e habilidades comportamentais. Esse equilíbrio está mudando devido ao modo como vemos o papel de um gerente de projetos. Hoje, temos um novo tipo de gerente de projetos. Há alguns anos, praticamente todos os gerentes de projetos eram engenheiros com especializações. Tinham um domínio tecnológico em vez de meramente alguns conhecimentos em tecnologia. Se o gerente de área acreditasse que o gerente de projetos de fato possuía domínio de uma tecnologia, ele permitiria que os funcionários operacionais designados recebessem ordens do gerente de projetos. O resultado esperado era que os gerentes de projetos gerenciassem pessoas e fornecessem orientações técnicas. Isso significava que os gerentes de projeto teriam de assumir responsabilidade por *deliverables* funcionais.

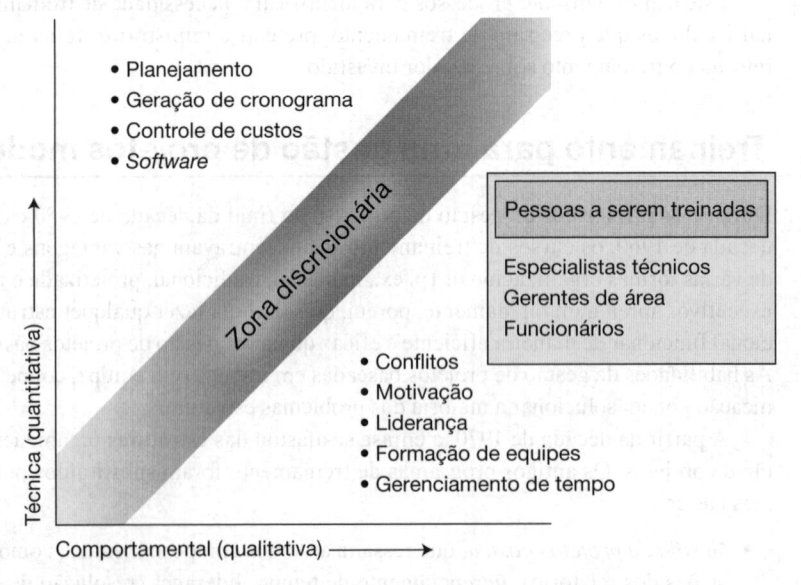

Figura 8.1 Tipos de treinamento em gestão de projetos.
Fonte: Reimpresso de H. Kerzner, *In Search of Excellence in Projeto Management*, Hoboken, NJ: Wiley, 1998, p. 174.

TABELA 8.1 Ênfases em vários programas de treinamento

Tipo de pessoa designada para o treinamento de GP (Fonte de GP)	Ênfase do programa de treinamento	
	Habilidades quantitativas/ tecnológicas	Habilidades comportamentais
Treinamento necessário para funcionar como gerente de projetos		
Especialista técnico em projetos de curto prazo	Altas	Baixas
Especialista técnico em projetos de longo prazo	Altas	Altas
Gerente de área que atua como gerente de projetos em tempo parcial	Altas	Baixas
Gerente de área que atua como gerente de projetos em tempo integral	Altas	Médias e altas
Funcionários experientes em operações cooperativas	Altas	Médias e altas
Funcionários inexperientes em operações cooperativas	Altas	Médias e altas
Treinamento necessário para conhecimentos gerais		
Qualquer funcionário ou gerente	Médias	Médias

Fonte: Reimpresso de H. Kerzner, *In Search of Excellence in Project Management*, Hoboken, NJ. Wiley, 1998, p. 175.

A maioria dos atuais gerentes de projetos possui conhecimentos de tecnologia em vez de um domínio. Consequentemente, a responsabilidade pelo sucesso do projeto agora é compartilhada entre o gerente de projetos e todos os gerentes de áreas afetadas. Com uma responsabilidade compartilhada, o gerente de área agora precisa ter uma boa compreensão de gestão de projetos, que é o motivo pelo qual mais gerentes de área hoje estão se tornando PMPs®.* Hoje, espera-se que os gerentes de projetos gerenciem *deliverables*, não pessoas. O gerenciamento dos recursos designados não é mais função apenas dos gerentes de área.

Outro fato importante é que os gerentes de projetos são tratados como se estivessem gerenciando parte de um negócio em vez de simplesmente um projeto, e, portanto, espera-se que eles tomem sólidas decisões de negócios além de decisões relativas a projetos. Os gerentes de projetos devem compreender os princípios de negócios. No futuro, talvez se espere que os gerentes de projetos se tornem certificados externamente pelo PMI® e internamente por sua empresa nos processos de negócios de sua organização.

Agora, ao planejar cursos de treinamento, determinamos o equilíbrio correto entre habilidades quantitativas, habilidades comportamentais e habilidades de negócios. Competências interpessoais e perspicácia empresarial são elementos cruciais para uma execução de projeto sem falhas, diz Benny Nyberg, antigo vice-presidente assistente do grupo, encarregado das Metodologias de GP e Desenvolvimento de Talentos na ABB:

> Após implementar o Processo de GP na ABB como um processo comum de alto nível em todas as organizações de vendas do projeto da empresa além de em várias organizações de desenvolvimento de produtos, uma coisa ficou muito clara. Em uma empresa técnica que emprega um alto número de engenheiros extremamente qualificados, alguns dos quais são promovidos a gerentes de projetos, os aspectos técnicos da gestão de projetos como planejamento, geração de cronogramas e controle de custos são, no mínimo, difíceis de implementar. Funcionários iniciantes precisam de treinamento nessa área, mas o verdadeiro desafio

---

* PMP é marca registrada do Project Management Institute, Inc.

para alcançar a excelência operacional em gestão de projetos, uma execução de projeto sem falhas, um resultado desejável para os projetos e um alto nível de satisfação do cliente está em identificar e desenvolver gerentes de projetos com o nível certo de perspicácia empresarial. A gestão de projetos é um cargo que exige habilidades comerciais, de comunicação e de liderança. Um gerente de projetos precisa ter uma mentalidade empresarial, ser capaz de se comunicar de maneira eficiente com diversas partes interessadas e de liderar e motivar pessoas. Para projetos de entrega, uma compreensão precisa do contrato, i.e., termos e condições, escopo e qualquer promessa que seja feita, é crucial para ser capaz de entregar exatamente o que foi acordado, atender às expectativas do cliente e, assim, garantir a sua satisfação e o sucesso do projeto. A compreensão do contrato é outro requisito ainda para maximizar o resultado financeiro e reconhecer as oportunidades de vendas adicionais à medida que elas forem ocorrendo.

O papel de um gerente de projetos, especialmente para grandes contratos que levam muitos meses ou vários anos para serem concluídos, é muito próximo do papel de um gerente de contas. As habilidades a seguir estão entre as mais importantes para o sucesso: mentalidade empresarial, comunicação, negociações, liderança, gestão de riscos, estratégia de venda.

A fim de identificar e realizar treinamentos e outras atividades de desenvolvimento necessárias para a ampla variedade de competências e habilidades, a ABB implementou um modelo de competência. Ele inclui uma definição de competências necessárias, questionários de autoavaliação, questionários de entrevista mais guias de desenvolvimento e por último, mas não menos importante, vários módulos de treinamento selecionáveis que levam ao nível apropriado de certificação.

8.3 SAP: importância de um plano de carreira de gestão de projetos

Na SAP Services, estabelecemos um claro plano de carreira de gestão de projetos para qualquer pessoa que apoiasse nossos projetos de entrega a clientes (ou projetos transformacionais internos). O plano de carreira de gestão de projetos engloba desde cargos de nível de entrada a GP associado, passando por vários níveis de gerentes de projetos e chegando ao papel de gerente de programas ou executivo de entrega. (Ver Figura 8.2.)

Cada papel possui um perfil de habilidades claramente definido, incluindo a definição precisa das habilidades profissionais necessárias e o nível de proficiência esperado para cada uma das habilidades exigidas pelo cargo. Cada perfil também é associado à categoria do projeto que se espera que a pessoa nesse nível de carreira gerencie – as dimensões dessa atribuição incluem tamanho do projeto, complexidade, exposição a riscos, receitas, etc.

Cada perfil é intimamente ligado ao perfil de cargo do RH e ao respectivo plano de desenvolvimento pessoal que especifica claramente as aulas e o treinamento recomendados para cada habilidade que consta do perfil. Os treinamentos oferecidos para a prática de GP especificam papéis-alvo para o treinamento, e os objetivos de treinamento são associados a habilidades específicas a partir do perfil. O catálogo de treinamento cobre uma ampla variedade de habilidades, das habilidades centrais de gestão de projetos baseadas em padrões

---

Seção 8.3 © 2013 por SAP. Todos os direitos reservados. Reproduzido com permissão. O material desta seção foi fornecido por Jan Musil, líder global da prática de gestão de projetos da SAP Field Services, SAP America, Inc.

Capítulo 8 • Treinamento e educação

Associado	Especialista	Sênior	Expert	Expert chefe
GP associado	**Especialista em GP**	**Gerente de projetos**	**Gerente de projetos principal**	**Gerente de programas/ executivo de entrega**
O GP Associado é um cargo júnior no plano de carreira de gestão de projetos e é responsável por desempenhar uma função básica no PMO.	Especialista em GP é o cargo de entrada no plano de carreira de gestão de projetos. Pode incluir papéis em projetos como o líder da equipe de projetos.	Os gerentes de projetos são responsáveis por um gerenciamento end-to-end de projetos de categoria A e projetos de categoria B com nível mais baixo de complexidade.	Os gerentes de projetos principais são responsáveis pelo gerenciamento end-to-end de projetos de categoria B e projetos de categoria C com nível mais baixo de complexidade.	Os gerentes de programas/executivos de entrega são responsáveis pelo gerenciamento end-to-end de projetos e programas de categoria C e D.

→ Plano de carreira de gerente de projetos e gerente de programa

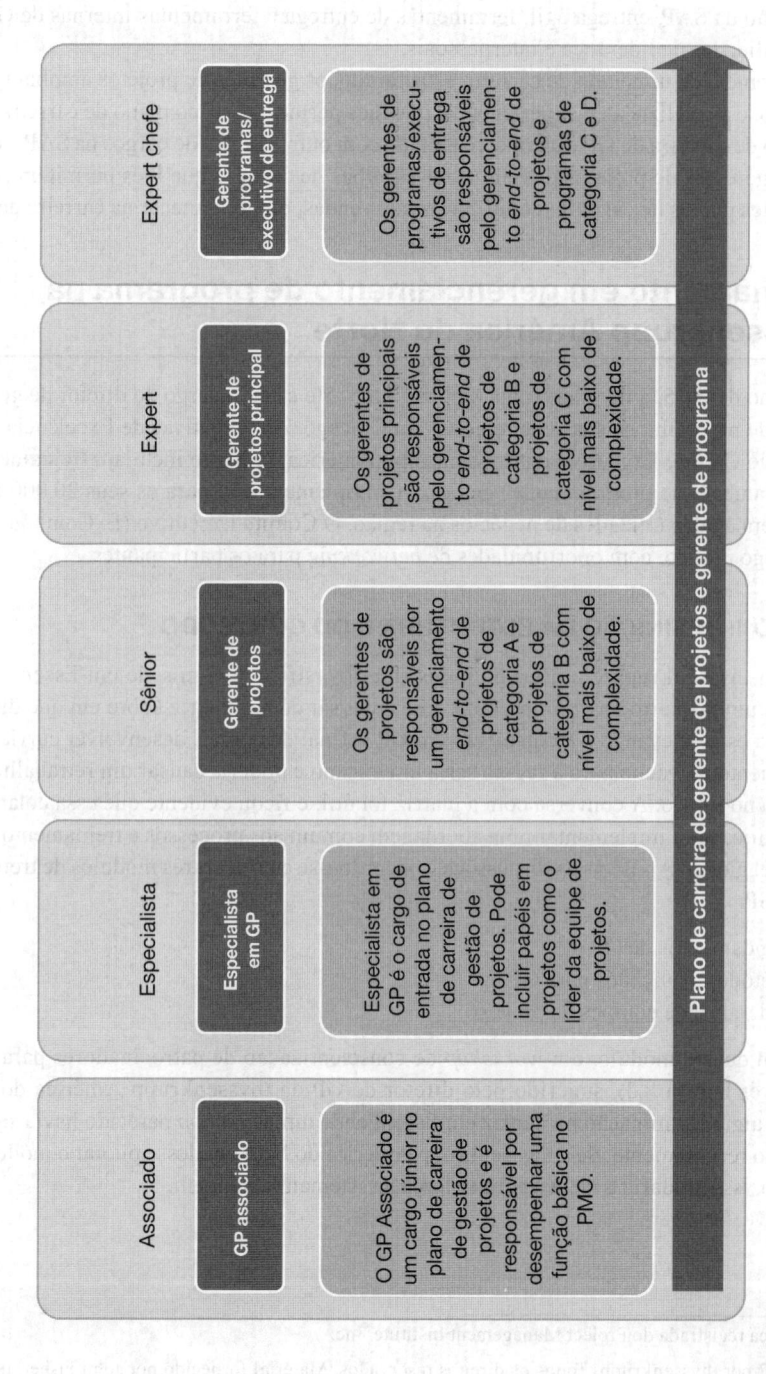

Figura 8.2 Plano de carreira de gerente de projetos e gerente de programa.

como os fundamentos de gestão de projetos do *Guia PMBOK®* do PMI;* conhecimentos específicos da SAP (como o conhecimento de soluções da SAP, a metodologia de implementação da SAP, entrega ágil, ferramentas de entrega e ferramentas internas de GP, etc.) até habilidades de liderança e interpessoais.

Por meio de um plano de carreira estruturado, os gerentes de projetos ampliam conhecimento, especialização e experiência, o que lhes permite subir no plano de carreira de GP. O plano de carreira de GP está interconectado com outros perfis de cargos na SAP, de modo que os gerentes de projetos possam fazer escolhas de carreira que lhes permitam passar a diferentes planos de carreira, como gerência e vendas, ou permanecer na carreira de GP.

8.4 Treinamento em gerenciamento de programa na thyssenkrupp América do Norte

Em julho de 2015, a thyssenkrupp América do Norte criou o cargo de diretor de gerenciamento de programa na sua sede regional em Chicago. As iniciativas de Excelência Operacional do Comitê Executivo da thyssenkrupp América do Norte incluíam treinamento em gerenciamento de programa (GP) de *design* e implementação para os seus 20.000 funcionários em quatro unidades de negócios na região. O Comitê Executivo (ExCom) queria que fosse algo prático, com oportunidades de *networking* para os participantes.

PASSO 1: DEFINIÇÃO DA ESTRUTURA E DO CONTEÚDO

Como a thyssenkrupp é um grupo industrial diversificado com sede em Essen, na Alemanha, um primeiro passo importante foi conversar com a matriz sobre em que direção a empresa estava levando o treinamento em GP. Afinal de contas, desenvolver currículos de treinamento no vácuo para a região seria um engano e poderia causar um retrabalho significativo no futuro. A conversa com a matriz foi útil, e ficou evidente que essa colaboração seria crítica para implementar uma abordagem comum aos processos e treinamento em GP em nível global. Após várias discussões, concordou-se em focar três módulos de treinamento em GP:

1. Fundamentos de GP
2. Métodos avançados para GPs
3. Liderança de equipes de projeto

Um quarto módulo, um *workshop* de conscientização de patrocinadores para executivos (ver Figura 8.3), sugerido pelo diretor de GP da thyssenkrupp América do Norte, causou alguma animação na matriz em Essen, onde um *workshop* parecido havia sido considerado recentemente. Se a thyssenkrupp América do Norte pudesse pilotar o módulo com sucesso, isso ajudaria a ideia a ganhar força na Alemanha também.

---

* PMBOK é marca registrada do Project Management Institute, Inc.

Seção 8.4 © 2017 por thyssenkrupp. Todos os direitos reservados. Material fornecido por John Fisher, diretor de gerenciamento de programa, thyssenkrupp América do Norte.

```
Fundamentos    Métodos        Liderança      Workshop de
de GP          avançados      de equipes     Conscientização
               para GPs       de projeto     de Patrocinadores
                                             de Projetos
```
Pré-requisito de PMF*   Pré-requisito de PMF*   para Membros do Comitê Executivo

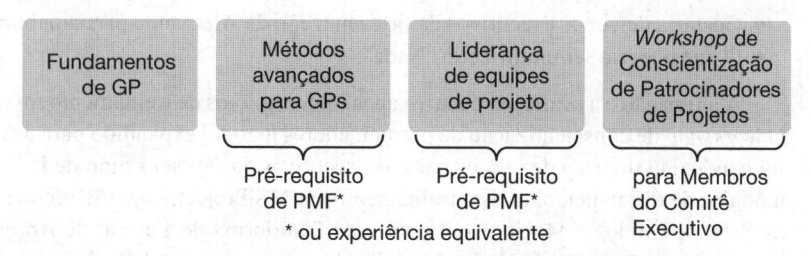

* ou experiência equivalente

Figura 8.3 *Workshop* de conscientização de patrocinadores.

PASSO 2: APROVAÇÃO DO CONCEITO PELO EXCOM DA THYSSENKRUPP AMÉRICA DO NORTE

O ExCom da thyssenkrupp América do Norte gostou da abordagem proposta, com quatro módulos de treinamento. Ela tinha algo a oferecer para praticamente todo mundo: membros de equipe de projeto e GPs novatos, profissionais de GP experientes e executivos do alto escalão. Havia dúvidas sobre o *workshop* de conscientização de patrocinadores, mas o conceito de treinamento foi aprovado rapidamente. O ExCom queria dois pilotos no ano fiscal de 2015-16, com todos os quatro módulos de treinamento funcionando simultaneamente.

PASSO 3: SELEÇÃO DO PARCEIRO DE TREINAMENTO

Trabalhando com a equipe de Gerenciamento de Aquisições e Fornecedores na sede regional da thyssenkrupp América do Norte, foi desenvolvido um pedido de cotação e enviado para seis fornecedores em potencial de treinamento em GP, três na Europa e três nos Estados Unidos. Os critérios de seleção incluíam especialização em GP, anos de experiência em gestão de projetos, experiência em múltiplos países e culturas, uso de múltiplos idiomas (inglês e espanhol), experiência com a thyssenkrupp, profundidade e disponibilidade dos recursos, conteúdo do treinamento e custo.

Uma breve lista de fornecedores de treinamento em potencial foi desenvolvida em colaboração com a matriz alemã. Antes que a decisão fosse tomada, foram conduzidas entrevistas com instrutores das finalistas para garantir o conhecimento, a experiência e o "banco de reservas" dos instrutores. A profundidade dos recursos era especialmente crítica, pois todos os quatro módulos de treinamento ocorreriam ao mesmo tempo. Em 1º de fevereiro de 2016, a decisão foi tomada e o parceiro de treinamento, selecionado.

PASSO 4: PILOTOS DE TREINAMENTO

Após conversas com o fornecedor de treinamento e refinamento do conteúdo do curso, dois pilotos foram conduzidos: um em Phoenix em abril de 2016, com 57 participantes (incluindo membros do ExCom) e um em Atlanta em agosto, com 55 participantes (incluindo diretores financeiros e de TI). As avaliações formais dos participantes e o *feedback* informal de ambos os pilotos foram excepcionalmente bons:

- Os instrutores tinham alto nível de conhecimento sobre seus temas.
- Os conceitos e materiais poderiam ser utilizados e implementados imediatamente.
- Conhecer e trocar ideias com GPs de outros grupos foi ótimo!/Excelente *networking*.

- Gostaria de ver os executivos da thyssenkrupp da Alemanha participarem.
- O que poderia ser modificado? Nada.

A animação e a avaliação positiva após os dois pilotos de treinamento foram altíssimas. O *workshop* de conscientização de patrocinadores logo foi expandido para a Alemanha e já foi conduzido mais de dez vezes para os executivos da thyssenkrupp de lá. Os três outros módulos de treinamento, mais o treinamento em MS Project, hoje são oferecidos em todos os Estados Unidos e México como parte da Plataforma de Central de Aprendizagem da thyssenkrupp América do Norte. Módulos de treinamento em GP adicionais estão em desenvolvimento, incluindo GP ágil, início/lançamento de projetos e recuperação de projetos problemáticos.

PASSO 5: LIÇÕES APRENDIDAS

A iniciativa de treinamento da thyssenkrupp América do Norte foi considerada um grande sucesso da perspectiva da filial norte-americana e da matriz alemã. Os fatores-chave de sucesso e principais lições aprendidas com a implementação incluem:

- Patrocínio, participação ativa e visibilidade dos altos executivos
- Colaboração com a matriz para garantir a aceitação e abordagem global
- Colaboração com o Gerenciamento de Aquisições e Fornecedores para solicitar uma cotação e no processo de seleção de fornecedores
- Módulos de treinamento têm algo a oferecer para praticamente todo mundo: membros de equipe de projeto e GPs novatos, profissionais de GP experientes e executivos do alto escalão.
- Oportunidades de *networking* para participantes com GPs de outras áreas de negócios e também com executivos
- Espaços de treinamento desejáveis, com instalações e equipes que possam apoiar grandes eventos de treinamento
- Seleção de um parceiro de treinamento, ágil, com:
  - Liderança e visão fortes
  - Desejo de investir em uma relação de longo prazo
  - Capacidades de GP, culturais e linguísticas
  - "Banco de reservas"/profundidade global de instrutores com experiência prática em GP
- Apoio eficiente da retaguarda: materiais de treinamento, impressão e logística

8.5 International Institute for Learning

Dado que a estratégia de uma organização é implementada por meio de projetos, programas e outras iniciativas de grande porte, haverá uma necessidade contínua de educação e treinamento em gestão de projetos, agora e no futuro. E. LaVerne Johnson (fundador, presidente e CEO do International Institute for Learning) comenta o crescimento do treinamento em gestão de projetos. (Para mais informações sobre o IIL, visitar o site www.iil.com.)

* * *

Nos mais de vinte anos de história do IIL, trabalhamos com milhares de organizações em todo o mundo, planejando e ministrando treinamentos em gestão de projetos, programas e portfólios. Temos clientes em todas as indústrias, e eles incluem grandes empresas globais e organizações menores que estão tentando obter uma vantagem competitiva por meio de programas eficientes. Com o IIL atendendo às necessidades cotidianas de nossos clientes, além daquelas que estão começando a surgir no horizonte, temos ocupado uma posição incomparável para integrar e observar o crescimento da gestão de projetos como uma profissão plena. Já estávamos "na ativa" quando a gestão de projetos passou de uma mera área de interesse a um imperativo organizacional.

A partir de nossa perspectiva, cursos que eram suficientes há apenas alguns anos hoje deixam a desejar – e esse é um verdadeiro sinal de progresso. O mercado global e a crescente importância da gestão de projetos têm determinado o surgimento de toda uma família de novos cursos, conteúdo enriquecidos e uma variedade flexível de métodos de entrega que permitem que os alunos aprendam quando e onde eles precisarem – em salas de aula presenciais ou virtuais, sozinhos em suas mesas em casa ou no escritório, determinando seu próprio ritmo ou liderados por instrutores. O IIL se orgulha de sua marca Many Methods of Learning™ (Muitos Métodos de Aprendizagem), que garante que a formação oferecida atenda a uma diversidade de necessidades, estilos e interesses.

Além disso, estamos explorando oportunidades para oferecer microaprendizagem, acessível pelos aprendizes no local em que precisam dela – ou seja, no trabalho. Esse tipo de aprendizagem exige uma abordagem de *design* completamente diferente da sala de aula tradicional ou da autoaprendizagem, pois precisa focar os pequenos passos que resultam em um desempenho melhorado "*just-in-time*".

ANOS DE EVOLUÇÃO: TENDÊNCIAS DA APRENDIZAGEM

Os cursos de treinamento durante a década de 1980 eram, em sua maioria, dedicados a aprimorar as habilidades dos gerentes de projetos. O foco do treinamento era no básico: a metodologia fundamental e os conhecimentos necessários para passar no exame de Certificação de Profissional de Gerenciamento (PMP®) do PMI®. Em resposta, o IIL lançou cursos de treinamento em fundamentos de gestão de projetos e estabeleceu um programa de certificação abrangente que permitia que os indivíduos se preparassem e passassem com sucesso no exame de PMP® do PMI. Uma pequena variedade de livros, cursos presenciais e produtos de *software* foi disponibilizada para as empresas para ajudar a desenvolver e auxiliar seus gerentes de projetos a executar seus projetos de forma bem-sucedida.

ANOS DE REVOLUÇÃO: TENDÊNCIAS DO MERCADO

Nos últimos anos, uma variedade bem maior de empresas e indústrias reconheceu a importância de se gerenciar projetos de forma mais eficiente e analisar os modos como os projetos cumprem metas corporativas gerais.

Comparado aos anos anteriores, ocorreu uma revolução na gestão de projetos. Isso se tornou evidente em diversas tendências.

- O volume de projetos está aumentando à medida que mais e mais empresas passam a administrar suas empresas por meio de projetos. De fato, algumas organizações líderes empreendem centenas de milhares de projetos individuais todos os anos – alguns pequenos e simples, outros enormes e complexos.

- A habilidade de gerenciar projetos de forma eficiente passou a ser de crucial importância para os negócios, e boas habilidades de gestão de projetos passaram a ser uma vantagem competitiva para as empresas líderes.
- Em decorrência desse crescimento revolucionário, o *status* e o valor do gerente de projetos passaram a ter maior importância – ter esse *know-how* permite que uma empresa conclua projetos com maior rapidez, menores custos, maior satisfação do cliente e resultados mais desejáveis.
- O conhecimento que já foi visto como "bom de se ter" hoje é considerado obrigatório. O sucesso econômico e a sobrevivência de uma empresa dependem de sua capacidade de determinar que projetos apoiam seus objetivos estratégicos gerais e de possibilitar sequenciá-los de modo a alcançar esse sucesso.
- Hoje, os gerentes de projeto não são os únicos profissionais que têm, ou precisam ter, habilidades de gestão de projetos: os membros da equipe e os gerentes de nível médio e superior também desenvolvem *expertise* no assunto.
- A complexidade e o escopo das metodologias de gestão de projetos aumentaram, passando a incluir novas habilidades e aplicações. Por exemplo, a adoção acelerada das metodologias ágeis e do Scrum promoveram novas abordagens na execução do projeto com resultados positivos.
- O desenvolvimento e a melhoria de processos por meio do apoio prático ou de soluções de gerenciamento do conhecimento se tornaram um requisito para a sobrevivência econômica na mais desafiadora das épocas. O pacote de *software* da Metodologia Unificada de Gestão de Projetos® do IIL (UPMM™, *Unified Project Management® Methodology*) foi desenvolvido para servir de suporte à consistência e à qualidade na implementação da gestão de projetos, programas e portfólios.
- O número de aplicativos de *software* relativos a planejamento e gestão de projetos continua a se expandir além dos mais comuns, como o Microsoft Project, e hoje inclui aplicativos para pequenos projetos e também para projetos ágeis e Scrum (p. ex., Trello, JIRA, VersionOne e SmartSheet).
- A certificação em gestão de projetos tornou-se um ativo cada vez mais valioso para o plano de carreira de um indivíduo. Por consequência, no início de 2017 havia 759.065 PMPs ativos e o PMI tinha mais de 477.000 membros.
- Durante anos, o conjunto de habilidades do gerente de projetos permaneceu, em sua grande parte, técnico. No entanto, hoje estamos vendo gerentes de projetos abraçarem novas áreas do conhecimento como de liderança e habilidades interpessoais.
- O planejamento estratégico da gestão de projetos assumiu importância. As organizações hoje estão buscando maneiras sistemáticas de melhor alinhar a gestão de projetos a objetivos empresariais.
- Mais e mais empresas estão estabelecendo escritórios de gestão de projetos e portfólios.
- Abordagens à gestão de projetos dentro de uma organização permanecem relativamente variadas e não padronizadas. As empresas precisam trabalhar em direção a uma metodologia mais madura e comum para obter um sucesso mais repetível e previsível.
- As empresas e seus escritórios de gestão de projetos estão colocando maior ênfase nos serviços de qualidade, produtos de qualidade e processos aprimorados por meio do uso de ferramentas de gestão como gestão estratégica, pagamento de benefícios, gestão do conhecimento e gerenciamento de relacionamentos do negócio.

ANOS DE REVOLUÇÃO: TENDÊNCIAS DA APRENDIZAGEM

Em resposta a essas tendências, uma variedade de cursos mais ampla está disponível para um número crescente de indústrias. Novos métodos de aprendizagem foram introduzidos para atender à crescente diversidade das necessidades dos clientes. Aqui há alguns exemplos de como o IIL respondeu a essas necessidades e estabeleceu melhores práticas em treinamento e formação de gerentes de projetos:

- Além dos fundamentos, o IIL oferece diversos programas especializados para aprofundar ainda mais os conhecimentos e as habilidades do gerente de projetos. Esses cursos incluem conceitos avançados em gestão de riscos, gestão de projetos complexos, gerenciamento de requisitos, *design* e desenvolvimento de um escritório de projetos e gestão de projetos ágil.
- Os cursos que abordam o lado "mais humano" da gestão de projetos são criados de forma a aperfeiçoar habilidades de facilitação, habilidades interpessoais, habilidades de liderança e outras áreas não técnicas.
- À medida que as organizações aumentam seus níveis de maturidade de gestão de projetos, há uma necessidade de treinamento no uso eficiente de *software* de gestão de projetos empresarial.
- Mais e mais universidades estão oferecendo diplomas em gestão de projetos ou estão incluindo cursos de gestão de projetos como parte de seus programas de pós-graduação. O IIL fez uma parceria com a New York University School of Professional Studies (NYU-SPS) para oferecer programas de certificação em gestão de projetos.
- O modo como aprendemos está mudando. Os funcionários têm menos tempo para dedicar a estudos presenciais. Assim, o IIL oferece treinamento virtual, no qual os participantes "assistem às aulas" onde quer que estejam. Além disso, muitas organizações preferem uma abordagem de aprendizagem mista para os seus participantes, incluindo métodos diversos, como instrução presencial, entrega virtual e *e-learning* sob demanda. Muitas vezes, os participantes entram nesse programa misto em grupos, criando uma experiência social compartilhada que ajuda na retenção e aplicação do conhecimento.

OLHANDO PARA A BOLA DE CRISTAL: TENDÊNCIAS E REAÇÕES DE APRENDIZAGEM

É sempre um desafio tentar prever o futuro, mas há algumas tendências que estão surgindo que nos permitem tentar. Para cada uma dessas tendências, haverá a necessidade de desenvolver as respostas de aprendizagem apropriadas. Um fator competitivo essencial nas empresas será sua capacidade de selecionar e executar com sucesso todos os tipos de projetos, desde aqueles elaborados para desenvolver novos produtos e serviços, o que aumenta a receita e os lucros, até aqueles que ajudam a organização a melhorar o desempenho interno e reduzir os custos. A capacidade de selecionar o portfólio de projetos que fortalecerá a posição competitiva da empresa é, sem sombra de dúvida, essencial no ambiente de negócios da atualidade.

- As metodologias de gestão de projetos se mesclarão com outras estruturas e estratégias de negócios comprovadas (como Seis Sigma, métodos ágeis, Scrum, gestão da quali-

dade, gestão de riscos e análise de negócios). O treinamento nesses assuntos irá, da mesma forma, tornar-se uma mistura deles.
- A gestão de projetos, programas e portfólios continuará a crescer em importância e a se tornar um fator de diferenciação estratégica para as organizações permanecerem competitivas. O *software* de gerenciamento de portfólios hoje é uma exigência.
- A gerência sênior se tornará mais informada e envolvida nos esforços de gestão de projetos. Isso exigirá um treinamento em gestão de projetos que atenda às necessidades específicas dos executivos.
- O planejamento estratégico da gestão de projetos se tornará um modo de vida para as organizações líderes. O papel do escritório de projetos/portfólios aumentará e se tornará lugar-comum e vital nas empresas. Seus membros incluirão os níveis mais altos da gerência executiva. A gerência sênior assumirá a liderança dos esforços de gerenciamento do portfólio de projetos da empresa.
- O IIL continuará a fazer parcerias com empresas para oferecer certificação externa e interna a gerentes de projetos, membros de equipe e proprietários de produtos.
- Os executivos estarão cada vez mais envolvidos em atividades como planejamento de capacidade, gerenciamento de portfólios, priorização, melhoria de processos, gerenciamento da cadeia de suprimentos e planejamento estratégico, especificamente para a gestão de projetos. Na verdade, mais e mais executivos estão tirando certificações em gestão de projetos.
- Os sistemas de recompensa e reconhecimento da empresa irá mudar para passar a estimular e reforçar as metas e objetivos da gestão de projetos.
- O *status* do gerente de projetos certificado crescerá significativamente. Este profissional terá uma combinação de habilidades de planejamento e pensamento técnico, comercial e estratégico.
- O *benchmarking* de projetos e a melhoria contínua dos projetos se tornarão essenciais para as organizações líderes. Os modelos de maturidade de gestão de projetos novos e atuais ajudarão as empresas a identificar seus pontos fortes e fracos e oportunidades específicas para melhoria.
- A crescente importância da gestão de projetos, programas e portfólios exigirá mais indivíduos que sejam treinados em gestão de projetos. Isso, por sua vez, necessitará do desenvolvimento de novos e aperfeiçoados métodos de instrução. O treinamento *on-line* desempenhará um papel cada vez mais importante. Veremos um aumento da ordem de grandeza do número de organizações que alcançam os níveis mais altos de maturidade de projetos.
- Mais faculdades e universidades oferecerão programas de pós-graduação em gestão de projetos e procurarão alinhar seus cursos aos padrões e às melhores práticas internacionais. A gestão de projetos se focará em oferecer o conhecimento e as melhores práticas para oferecer suporte a iniciativas sustentáveis. A sustentabilidade de projetos na economia global por meio de valores, liderança e responsabilidade profissional será obrigatória para todos os gerentes e patrocinadores de projetos, programas e portfólios.

8.6 Identificando a necessidade de treinamento

Identificar a necessidade de treinamento exige que gerentes de área e gerentes seniores reconheçam dois fatores críticos: primeiro, que o treinamento é uma das maneiras mais rápidas de construir conhecimento sobre gestão de projetos em uma empresa e, segundo, que o treinamento deve ser ministrado para o benefício dos resultados corporativos por meio de maior eficiência e eficácia.

Identificar a necessidade de treinamento se tornou um pouco mais fácil nos últimos 10 anos, devido aos estudos de casos publicados sobre os benefícios do treinamento em gestão de projetos. Os benefícios podem ser classificados de acordo com benefícios quantitativos e qualitativos. Os resultados quantitativos incluem:

- Menor tempo de desenvolvimento de produtos
- Decisões mais rápidas e de mais alta qualidade
- Custos mais baixos
- Margens de lucro mais altas
- Necessidade de menos pessoas
- Redução da papelada
- Maior qualidade e confiabilidade
- Menor rotatividade de pessoal
- Implementação mais rápida das "melhores práticas"

Os resultados qualitativos incluem:

- Maior visibilidade e foco sobre resultados
- Melhor coordenação
- Moral mais alto
- Desenvolvimento acelerado dos gerentes
- Maior controle
- Melhores relações com os clientes
- Maior apoio funcional
- Menos conflitos que exigem o envolvimento da gerência sênior

As empresas estão finalmente percebendo que a velocidade com a qual os benefícios da gestão de projetos podem ser alcançados é acelerada por meio do treinamento adequado.

8.7 Selecionando alunos

Selecionar as pessoas para serem treinadas é crucial. Como já vimos em vários estudos de casos, normalmente é um erro treinar apenas os gerentes de projetos. Para que a gestão de projetos seja bem-sucedida, é necessário que haja, em toda a organização, uma compreensão minuciosa da gestão de projetos e das habilidades por ele exigidas. Por exemplo, uma subcontratada do ramo automobilístico investiu meses em treinar seus gerentes de projetos. Seis meses depois, os projetos ainda estavam sendo concluídos com atraso e com orçamento estourado. O vice-presidente executivo finalmente percebeu que a gestão de projetos era um esforço de equipe em vez de uma responsabilidade individual. Depois dessa revelação, foi oferecido treinamento para todos os funcionários que tinham alguma ligação com os projetos. Praticamente da noite para o dia, os resultados dos projetos melhoraram.

Dave Kandt, vice-presidente aposentado do grupo, encarregado de qualidade, gerenciamento de programas e melhorias contínuas na Johnson Controls, explicou como o plano de treinamento de sua empresa foi traçado para alcançar a excelência em gestão de projetos:

Começamos com nosso escritório executivo, e depois de explicarmos os princípios e as filosofias da gestão de projetos a essas pessoas, passamos para os gerentes das instalações, gerentes de engenharia, analistas de custos, pessoal do departamento de compras e aquisições e, é claro, gerentes de projetos. Somente quando o fundamento tinha sido determinado é que prosseguimos com a gestão de projetos propriamente dita e com a definição de papéis e responsabilidades, de modo que toda a empresa compreendesse seu papel na gestão de projetos quando essas pessoas começassem a trabalhar. Somente essa compreensão nos permitiu passar a uma organização matricial e, finalmente conseguimos estabelecer um departamento independente de gestão de projetos.

8.8 Fundamentos da formação em gestão de projetos

Há vinte anos, éramos um tanto limitados quanto à disponibilidade do treinamento e formação em gestão de projetos. A ênfase era em torno de treinamento prático na esperança de que menos erros fossem cometidos. Hoje, temos outros tipos de programa, como, por exemplo:

- Seminários e cursos universitários
- Seminários e grades curriculares nas empresas
- Treinamento corporativo fornecido por terceiros

Os métodos pelos quais a aprendizagem ocorre podem ser:

- Face a face (F2F)
- Virtual
- *e-Learning*

Com a quantidade de literatura disponível hoje, temos diversas maneiras de difundir o conhecimento. Sistemas de instrução típicos incluem:

- Palestras
- Palestras com discussão
- Exames
- Estudos de caso sobre empresas externas
- Estudos de caso de trabalho sobre projetos internos, cenários customizados ou cenários padrões construídos para fins de aprendizagem geral
- Simulação e dramatização

Os gerentes em treinamento estão atualmente fazendo experimentos com o "quando fazer o treinamento". As escolhas mais comuns incluem:

- *Treinamento just-in-time:* Inclui treinar funcionários imediatamente antes de designá-los a projetos.
- *Treinamento por exposição:* Inclui treinar funcionários nos princípios centrais apenas para lhes dar conhecimento suficiente para que eles compreendam o que está acontecendo na empresa em termos de gestão de projetos.
- *Aprendizagem contínua:* Treinamento primeiro nos tópicos básicos, depois em avançados, para que as pessoas continuem a crescer e a amadurecer em gestão de projetos. O treinamento básico pode envolver os princípios das técnicas de geração de cronogramas, enquanto os tópicos avançados podem incluir treinamento no uso de pacotes de *software* específicos.

- *Treinamento da autoconfiança:* Similar à aprendizagem contínua, mas em conhecimentos de última geração. Serve para reforçar a crença dos funcionários de que suas habilidades são comparáveis àquelas das empresas com reputações excelentes em gestão de projetos.

8.9 Algumas mudanças na formação em gestão de projetos

Nos primórdios da gestão de projetos, quase todos os gerentes de projetos vinham de disciplinas de engenharia. Esperava-se que os gerentes de projetos dominassem a tecnologia em vez de ter apenas certos conhecimentos sobre ela. Quando os princípios da gestão de valor agregado (GVA) foram desenvolvidos, o curso de gestão de projetos enfatizava o controle de custos e cronogramas. Surgiram seminários no mercado intitulados "Gestão de projetos", mas o conteúdo desses cursos de dois ou três dias de duração era quase que integralmente PERT e GVA. Em quase todas as indústrias, a gestão de projetos era vista como um trabalho que exigia dedicação em tempo parcial, e algo extra ao cargo principal de um profissional. A necessidade de compreender integralmente as habilidades e competências necessárias para ser eficiente como gerente de projetos não era considerada tão importante.

Hoje, a gestão de projetos é um cargo com plano de carreira em quase todas as empresas. Faculdades e universidades hoje oferecem cursos de mestrado e doutorado em gestão de projetos. Assuntos tipicamente abordados nesses programas incluem:

Grade curricular central:

- Princípios da gestão de projetos
- Técnicas de geração de cronogramas
- Técnicas de estimação para projetos
- Técnicas de financiamento de projetos
- Criatividade e *brainstorming*
- Solução de problemas e tomada de decisões
- Gestão de projetos global
- Gerenciamento de múltiplos projetos
- Liderança em gestão de projetos
- Gerenciamento de equipes virtuais
- Gerenciamento de portfólio de projetos

Matérias eletivas:

- Gestão de projetos avançada
- Gerenciamento da qualidade do projeto
- Aquisições e contratos em projetos
- Ética em projetos e o Código de Conduta Profissional
- Técnicas de monitoramento e controle de projetos
- Práticas de relatórios em projetos
- Gerenciamento das relações com as partes interessadas
- Condução de verificações da "saúde" de projetos
- Gestão de projetos problemáticos
- Identificação de melhores práticas
- Gerenciamento de diferenças culturais

Algumas instituições educacionais também oferecem aos alunos treinamentos especializados para certificação em várias áreas da gestão de projetos. O conhecimento necessário para passar nos exames de certificação podem vir de cursos especializados ou dos requisitos centrais tradicionais e matérias eletivas. Uma lista parcial de alguns programas de certificação relacionados à gestão de projetos pode incluir:

- Gestão de projetos
- Gerenciamento de programas
- Gestão de riscos de projetos
- Gestão de projetos "ágil"
- Analista de negócios
- Gestão de projetos complexos
- Outras certificações em gestão de projetos
- Certificações especializadas ou personalizadas

A maior mudança na formação em gestão de projetos parece ser do lado dos requisitos de habilidades mais "humanas". Isso é compreensível, já que projetos exigem que as pessoas trabalhem juntas. Além de algumas das áreas técnicas, a ênfase nas áreas comportamentais hoje está sendo colocada em:

- Habilidades de solução de problemas
- Habilidades de tomada de decisões
- Habilidades de conceitualização
- Habilidades de criatividade/*brainstorming*
- Habilidades processuais
- Lidando com o estresse/pressão
- Liderança sem autoridade
- Relatórios a diversos chefes
- Aconselhamento e facilitação
- Habilidades de mentoria
- Habilidades de negociação
- Habilidades de resolução de conflitos
- Habilidades de apresentação

No futuro, as habilidades de mídias sociais podem ser adicionadas à lista, à medida que as informações sobre o desempenho dos projetos são transmitidas por dispositivos móveis.

8.10 Planejando cursos e ministrando o treinamento

Muitas empresas perceberam que o treinamento prático na empresa pode ser menos eficiente do que um treinamento mais formal. O treinamento prático na empresa praticamente força as pessoas a cometerem erros como uma experiência de aprendizagem, mas o que elas estão aprendendo? Parece muito mais eficiente treinar as pessoas a fazerem seu trabalho da forma correta desde o início.

A gestão de projetos se tornou uma carreira. Mais e mais empresas hoje permitem ou até mesmo exigem que seus funcionários obtenham certificação em gestão de projetos. Uma empresa informou seus funcionários de que a certificação seria tratada da mesma forma que um mestrado na estrutura salarial e de plano de carreira. O custo do treinamento por trás do processo de certificação é de apenas 5 ou 10% do custo de um mestrado típico no programa de administração. E a certificação promete um retorno sobre investimento (ROI) mais rápido para a empresa. A certificação em gestão de projetos pode ser útil também para funcionários sem diplomas universitários; ela lhes dá a oportunidade de um segundo plano de carreira na empresa.

Há também a questão do que é melhor: programas de treinamento internos ou oferecidos pelo governo. A resposta depende da natureza de cada empresa individual e de quantos funcionários precisam ser treinados, do tamanho do orçamento e da profundidade da base de conhecimento interna da empresa. Se apenas alguns funcionários de cada vez precisarem de treinamento, pode ser mais eficiente enviá-los a um curso de treinamento patrocinado pelo governo, mas, se grandes números de funcionários precisarem de treinamento continuamente, planejar e ministrar um treinamento interno personalizado pode ser a melhor opção.

Em geral, cursos personalizados são os mais eficientes. Em empresas excelentes, são realizadas pesquisas quanto ao conteúdo dos cursos em todos os níveis da gerência. Por exemplo, o grupo de P&D da Babcock and Wilcox em Alliance, Ohio, EUA, precisava de um treinamento em gestão de projetos para 200 engenheiros. A líder do departamento de treinamento sabia que não estava qualificada para selecionar o conteúdo central, então enviou questionários aos gerentes executivos, gerentes de área e outros profissionais da organização. As informações obtidas por meio dos questionários foram usadas para desenvolver três cursos separados para o público. Na Ford Motor Company, o treinamento foi subdividido em uma sessão de duas horas para executivos, um programa de três dias para o pessoal dos projetos e uma sessão de meio dia para o restante do pessoal.

Para cursos de treinamento interno, escolher os instrutores e palestrantes corretos é essencial. Uma empresa pode usar instrutores que já fazem parte do seu quadro de funcionários, se eles tiverem um sólido conhecimento de gestão de projetos, ou os instrutores podem ser treinados por consultores externos que oferecem programas de treinamento de formação de instrutores. De uma forma ou de outra, os instrutores da empresa devem ter o conhecimento de que a empresa precisa e também as habilidades de facilitação necessárias para maximizar os resultados do treinamento. A maioria dos provedores externos de educação, como o International Institute for Learning, seleciona instrutores com base no seu conhecimento técnico e nas suas habilidades de facilitação.

Alguns problemas com usar instrutores internos incluem os seguintes:

- Eles podem não ter experiência em todas as áreas da gestão de projetos.
- Eles podem não ter conhecimentos atualizados das técnicas de gestão de projetos praticadas por outras empresas.
- Eles talvez tenham outras responsabilidades na empresa e, assim, podem não ter o tempo adequado para a preparação.
- Eles podem não ser tão dedicados à gestão de projetos ou tão habilidosos quanto instrutores externos.

No entanto, a base de conhecimento dos instrutores internos pode ser ampliada por instrutores externos à medida que for necessário. Na verdade, a maioria das empresas usa palestrantes e instrutores externos para seus treinamentos internos. A melhor maneira de selecionar palestrantes é buscar recomendações de diretores de treinamento de outras empresas e de professores de cursos de nível universitário em gestão de projetos. Outro método é contatar o escritório dos palestrantes, mas a qualidade do programa oferecido pode não ser tão alta quanto o necessário. O método mais comum para descobrir palestrantes é analisar os folhetos de seminários patrocinados pelo governo. É claro, os folhetos foram criados como material de venda, então a melhor maneira de avaliar os seminários é assisti-los.

Depois de um possível palestrante ser selecionado, o passo seguinte é verificar suas recomendações. A Tabela 8.2 resume muitos dos perigos envolvidos na escolha de palestrantes para programas de treinamento interno e como você pode evitá-los.

O passo final é avaliar os materiais de treinamento e a apresentação que o instrutor externo usará nas aulas. As seguintes perguntas podem ser usadas como uma lista de verificação:

- *O palestrante usa estudos de caso?* Se usa, eles são estudos de caso ilustrativos que demonstram um ponto ou técnica ou são estudos de caso de trabalho, nos quais o aprendiz recebe um cenário e tem a oportunidade de praticar uma técnica ou habilidade? É melhor que a empresa desenvolva seus próprios estudos de caso e peça ao palestrante que os use, para que os casos tenham relevância para os negócios da empresa.
- *Há dramatização e experimentos planejados?* Eles podem ser recursos valiosos para a aprendizagem, mas também podem limitar o tamanho da turma.
- *Deveres de casa e leitura obrigatória fazem parte da aula?* Em caso afirmativo, eles podem ser concluídos antes do seminário?

TABELA 8.2 Perigos comuns envolvidos na contratação de instrutores e palestrantes externos

Sinal de alerta	Como evitar
O palestrante afirma ser especialista em várias áreas diferentes.	Verifique as credenciais do palestrante. Muito poucas pessoas são especialistas em diversas áreas. Fale com outras empresas que já o contrataram.
O currículo do palestrante identifica como cliente várias organizações conhecidas e bem conceituadas.	Verifique se o palestrante já prestou consultoria para algumas dessas empresas mais de uma vez. Às vezes, um palestrante faz um bom trabalho de marketing pessoal da primeira vez, mas a empresa se recusa a recontratá-lo após sua primeira apresentação.
O palestrante causa uma primeira impressão muito positiva e faz um bom marketing pessoal. Uma breve observação de uma aula confirma sua impressão.	Ser um palestrante dinâmico não garante que sejam apresentadas informações de qualidade. Alguns palestrantes são tão dinâmicos que os alunos só percebem tarde demais que "aquele cara era legal, mas as informações, nem tanto".
O currículo do palestrante mostra 10 a 20 anos de experiência ou mais como gerente de projetos.	Dez a vinte anos de experiência em determinada indústria ou empresa não significam que o conhecimento do palestrante seja transferível às necessidades específicas de sua empresa ou indústria. Pergunte ao palestrante que tipos de projetos ele já gerenciou.
O pessoal do departamento de marketing da empresa do palestrante mostra agressivamente a qualidade de sua empresa, em vez de a qualidade do palestrante. A lista de clientes apresentada é a lista de clientes da empresa.	Você está contratando o palestrante, e não o representante de marketing. Peça para falar com o palestrante ou encontrá-lo pessoalmente e analise a lista de clientes dele, em vez de a lista da empresa.
O palestrante promete personalizar seus materiais para atender às necessidades da sua empresa.	Exija ver o material personalizado do palestrante pelo menos duas semanas antes do programa de treinamento. Verifique também a qualidade e o profissionalismo de gráficos e outros materiais.

8.11 Medindo o retorno sobre o investimento na formação dos funcionários

A última área de treinamento em gestão de projetos é a determinação do valor obtido com o montante investido em treinamento. É essencial lembrar que o treinamento não deve ser realizado, a menos que haja um retorno contínuo sobre o investimento feito pela empresa. Tenha em mente, também, que o valor cobrado pelo palestrante é apenas uma parte do custo do treinamento. O custo para a empresa de ter funcionários afastados de seu trabalho regular precisa ser incluído no cálculo. Algumas empresas excelentes contratam consultores externos para determinar o ROI. Os consultores baseiam suas avaliações em entrevistas pessoais, avaliações no local e pesquisas por escrito.

Uma empresa testa os alunos antes e depois do treinamento para descobrir quanto conhecimento eles realmente obtiveram. Outra empresa contrata consultores externos para preparar e interpretar pesquisas pós-treinamento sobre o valor do treinamento específico recebido.

A quantidade de treinamento necessária em qualquer empresa depende de dois fatores: se a empresa é voltada para projetos e se ela já pratica a gestão de projetos há um tempo suficiente para ter desenvolvido um sistema maduro. A Figura 8.4 mostra a quantidade de treinamento oferecida (inclusive cursos de atualização) em relação ao número de anos de

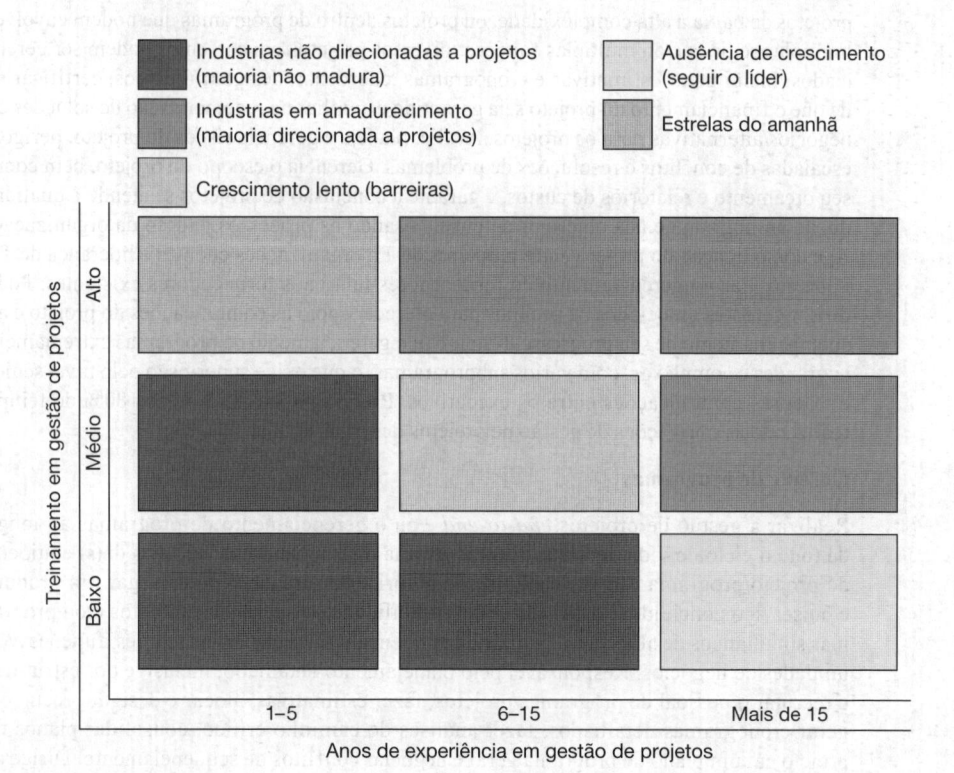

Figura 8.4 Quantidade de treinamento por tipo de indústria e anos de experiência em gestão de projetos.
Fonte: Reimpresso de H. Kerzner, *In Search of Excellence in Projeto Management*, Hoboken, NJ: Wiley, 1998, p. 185.

prática em gestão de projetos. As organizações voltadas a projetos oferecem o maior número de treinamentos, e as organizações que acabaram de implementar a gestão de projetos oferecem o menor número. Isso não é nenhuma surpresa. As empresas com mais de 15 anos de experiência em aplicar princípios de gestão de projetos mostram a maior variância.

8.12 A gestão de projetos agora é uma profissão

Durante muitos anos, a gestão de projetos foi vista como uma ocupação parcial e, portanto, todo o treinamento era voltado para o cargo principal do aluno, qualquer que ele fosse, em vez de para gestão de projetos. Por esse motivo, não havia necessidade de desenvolver descrições de cargos para os gerentes de projetos e programas. Hoje, essas descrições de cargo existem, a gestão de projetos é vista como uma profissão, e os programas de treinamento são oferecidos com base nessas descrições de cargo. Quando perguntamos a um porta-voz da AT&T se a empresa possuía descrições de cargos, ele respondeu "sim" para o gerenciamento tanto de projetos quanto de programas:

Gerente de projeto

Realiza uma gestão de projetos *end-to-end* durante todo o ciclo de vida de um projeto, direcionando os esforços da(s) equipe(s) de projeto por meio do uso de autoridade funcional de entregar um produto e/ou serviço concluído. Possui total responsabilidade por gerenciar projetos de baixa a alta complexidade, ou projetos dentro de programas que podem envolver múltiplas regiões e/ou múltiplas funções; diversos projetos concorrentes podem ser gerenciados. Inclui gerar estimativas e cronogramas, coordenar, designar recursos, certificar-se de que o financiamento do projeto seja garantido e auxiliar na recomendação de soluções de negócios/alternativas para os projetos. Avalia, planeja e gerencia riscos do projeto, perigos, escaladas de conflitos e resoluções de problemas. Gerencia o escopo do projeto, bem como seu orçamento e relatórios de custos, e garante a conclusão de projetos se atendo à qualidade, ao cronograma e aos objetivos de custos usando os processos padrão da organização. Age como ligação do projeto entre parceiros de TI, organizações clientes e liderança de TI. Pode auxiliar no gerenciamento de fornecedores junto aos fornecedores existentes. Pode dirigir gerentes associados de projetos para oferecer apoio às comunicações do projeto e ao acompanhamento de seu progresso. Não inclui o gerenciamento de programas extremamente grandes e complexos, com vários subprogramas, o que exige supervisão pelo nível sênior e extensas comunicações entre os executivos. Precisa passar pelo menos 80% do tempo realizando as obrigações de gestão de projetos descritas acima.

Gerente de programas

Realizar a gestão de projetos *end-to-end* e/ou o gerenciamento de programas ao longo de todo o ciclo de vida de um projeto/programa direcionando os esforços da(s) equipe(s) de projeto/programa por meio do uso de autoridade funcional de entregar um produto e/ou serviço concluído. Possui total responsabilidade por gerenciar projetos e/ou programas simultâneos de alta complexidade que podem envolver múltiplas regiões, funções e/ou unidades de negócios. Responsável pelo planejamento detalhado, inclusive por estruturar e recrutar o pessoal de programas/projetos, fazer estimativas, alocar e designar recursos, gerar cronogramas detalhados, fazer análises do caminho crítico, consolidar planos de projeto em um plano de programa geral e negociar conflitos de sequenciamento. Dirige as atividades do projeto e/ou programa utilizando os processos padrão da organização para garantir a entrega dentro do prazo dos benefícios de negócios declarados, comparando a realidade aos planos e ajustando os planos como for necessário. Avalia, planeja e gerencia os riscos de projeto/programa, incluindo planos de mitigação e contingência; gerencia problemas, perigos, escaladas de conflitos e resoluções de problemas. Define o escopo do projeto/programa e garante que mudanças no escopo e *deliverables* sejam gerenciadas usando o processo de controle de mudanças. Gerencia orçamentos e relatórios de custos de programas ou projetos de grande porte. Age como elo entre cliente e liderança de TI, propiciando comunicação e *status* de progresso do projeto/programa. Pode auxiliar em desenvolvimento de solicitações de propostas, avaliação e seleção de fornecedores, além de relacionamentos existentes com fornecedores ou consultores. Utiliza os conhecimentos do negócio, indústria e tecnologia para incorporar melhorias do processo de negócio à organização e/ou para desenvolver estratégias de negócios e arquiteturas funcionais/empresariais/técnicas. Pode dirigir os esforços de gerentes de projetos quando estes gerenciam um projeto ou subprograma sobre o qual o gerente sênior de projetos/programas tem autoridade. Pode incluir o gerenciamento de programas extremamente grandes e complexos, como diversos subprogramas, o que exige supervisão pelo nível sênior e extensas comunicações entre os executivos. Precisa passar pelo menos 80% do tempo realizando as obrigações de gestão de projetos descritas acima.

O reconhecimento da gestão de projetos como uma profissão se espalhou por todo o mundo. Segundo Enrique Sevilla Molina, antigo diretor do PMO corporativo da Indra:

A gestão de projetos é considerada o resultado de uma mistura específica de conhecimento e experiência, obtidos por meio da dedicação a alcançar o sucesso em projetos sob a responsabilidade do gerente de projetos.

Temos um conjunto de papéis de gerenciamento associados aos diferentes níveis de responsabilidades e experiência em gerenciar projetos, programas e portfólios, e para desenvolver oportunidades de negócios (i.e., gerentes de projetos, diretores de programas, etc.). Para cada papel, define-se um conjunto específico de habilidades em determinado grau, então o desempenho e o grau de sucesso podem ser avaliados. A avaliação anual do desempenho pessoal é feita com base em descrições de cargo, maturidade que o papel já alcançou e desempenho esperado para o papel e seu desempenho real. Assim, a evolução do desempenho pessoal também pode ser avaliada.

8.13 Modelos de competências

Há 20 anos, as empresas prepararam descrições de cargo para gerentes de projetos para explicar seus papéis e responsabilidades. Infelizmente, as descrições de cargo eram normalmente muito breves e ofereciam pouca orientação sobre o que era necessário para receber promoções ou aumentos salariais. Há 10 anos, ainda enfatizávamos a descrição de cargo, mas agora ela tinha o suporte de um material didático, que geralmente era obrigatório. No final da década de 1990, as empresas começaram a enfatizar modelos de competências centrais, que claramente descreviam os níveis de habilidades necessárias para ser eficiente como gerente de projetos. Os programas de treinamento foram instituídos para oferecer suporte aos modelos de competências centrais. Infelizmente, estabelecer um modelo de competências centrais e o treinamento que o acompanha não é tarefa fácil.

A Eli Lilly possui o que talvez seja um dos mais abrangentes e eficientes modelos de competências da indústria hoje. Martin D. Hynes, III, diretor de gestão de projetos farmacêuticos do PPM (*Pharmaceutical Project Management*), foi o patrocinador-chave da iniciativa para desenvolver o modelo de competências. Thomas J. Konechnik, gerente de operações da gestão de projetos farmacêuticos, foi responsável pela implementação e integração do modelo de competências com outros processos do grupo PPM. A base do modelo de competências é descrita abaixo.

As competências de gestão de projetos do Lilly Research Laboratories classificam-se em três grandes áreas:

Especialização científica/técnica

- Conhecer o negócio: considerar os conhecimentos sobre o processo de desenvolvimento de medicamentos e as realidades organizacionais ao tomar decisões.
- Iniciar ações: dar passos proativos para abordar necessidades ou problemas antes que a situação exija.
- Pensar criticamente: buscar fatos, dados ou opinião de especialistas para orientar a decisão ou o curso de ação.
- Gerenciar riscos: prever e possibilitar mudanças em prioridades, cronogramas e recursos e mudanças devido a assuntos científicos/técnicos.

Habilidades processuais

- Comunicar-se com clareza: ser bom ouvinte e fornecer informações que sejam facilmente compreendidas e úteis para os outros.
- Prestar atenção a detalhes: manter registros completos e detalhados de planos, minutas de reuniões, acordos.
- Estruturar o processo: construir, adaptar ou seguir um processo lógico para garantir que objetivos e metas sejam alcançados.

Liderança

- Concentrar-se em resultados: focar continuamente sua própria atenção e a dos outros em marcos e *deliverables* realistas.
- Construir uma equipe: criar um ambiente de cooperação e responsabilidade mútua entre as funções e dentro delas, a fim de alcançar objetivos comuns.
- Gerenciar a complexidade: organizar, planejar e monitorar diversas atividades, pessoas e recursos.
- Tomar decisões difíceis: demonstrar segurança em suas próprias habilidades, julgamentos e capacidades; assumir responsabilidade por suas ações.
- Construir o suporte estratégico: conseguir o apoio e nível de esforço necessário por parte da gerência sênior e de outros para manter o projeto no caminho certo.

Examinaremos cada uma dessas competências mais detalhadamente a seguir.

1. Conhecer o negócio: considerar os conhecimentos sobre o processo de desenvolvimento de medicamentos e as realidades organizacionais ao tomar decisões.

    Os gerentes de projetos/associados que demonstram essa competência irão:

    - Reconhecer como outras funções na Eli Lilly afetam o sucesso de um esforço de desenvolvimento.
    - Usar os conhecimentos de que atividades estão ocorrendo no projeto como um todo para estabelecer credibilidade.
    - Saber quando membros de equipe na sua própria função e em outras precisarão de suporte adicional para concluir uma tarefa/atividade.

- Gerar perguntas baseadas na compreensão de interações não óbvias de diferentes partes do projeto.
- Focar a atenção nas questões e premissas que têm o maior impacto sobre o sucesso das atividades ou tarefas de determinado projeto.
- Compreender/reconhecer problemas/estruturas políticas da organização.
- Usar a compreensão de prioridades funcionais e empresariais concorrentes para testar realidade dos planos, premissas, estimativas de prazos e compromissos por parte das funções.
- Identificar com precisão as consequências para o projeto de decisões e eventos em outras partes da organização.
- Reconhecer e responder às diferentes perspectivas e realidades operacionais de diferentes partes da organização.
- Considerar as implicações (prós e contras) de longo prazo das decisões.
- Compreender as implicações financeiras de diferentes escolhas.

Os gerentes de projetos/associados que não demonstram essa competência irão:

- Depender de recursos e estimativas de tempo daqueles que são responsáveis por uma atividade ou tarefa.
- Tomar decisões baseadas no que deveria acontecer idealmente.
- Construir planos e linhas do tempo fundindo linhas do tempo individuais e assim por diante.
- Perceber atrasos como atos conscientes da parte de outras partes da organização.
- Supor que os membros de equipe compreendem como suas atividades afetam outras partes do projeto.
- Focar a atenção em produzir relatos precisos do que aconteceu.
- Evitar mudar de planos até que sejam forçados a fazê-lo.
- Esperar que membros de equipe peçam ajuda.

Algumas das consequências para projetos/negócios por não demonstrar essa competência são:

- O gerente de projetos ou associado pode depender da gerência sênior para resolver problemas e obter recursos.
- As linhas do tempo propostas do projeto podem ser significativamente retrabalhadas de modo a atender às diretrizes do momento.
- Pode-se focar a atenção em questões secundárias em vez de em questões centrais empresariais ou técnicas.
- Compromissos atuais, fornecedores, entre outros, podem ser continuados independente de sua disponibilidade e valor.
- Os *deliverables* do projeto podem ser comprometidos por mudanças em outras partes da Lilly.
- Os planos de projeto podem ter um impacto negativo em outras partes da organização.

2. Iniciar ações: dar passos proativos para abordar necessidades ou problemas antes que a situação exija.

Os gerentes de projetos/associados que demonstram essa competência irão:

- Fazer um acompanhamento imediato quando ocorrerem eventos imprevistos.

- Exigir ação imediata para resolver problemas e fazer escolhas.
- Expressar decisões e opções para a equipe de projeto, não simplesmente facilitar discussões.
- Assumir responsabilidade por lidar com problemas pelos quais mais ninguém está assumindo responsabilidade.
- Formular propostas e planos de ação quando uma necessidade ou lacuna for identificada.
- Rapidamente abordar e levantar questões com a equipe de projeto e outros.
- Informar os outros prontamente quando os problemas tiverem maiores implicações para o projeto.
- Agir de modo a garantir que participantes relevantes sejam incluídos em processos ou discussões cruciais.

Os gerentes de projetos/associados que não demonstram essa competência irão:

- Focar esforços em garantir que todos os lados de problemas sejam explorados.
- Pedir aos outros para formular respostas iniciais ou planos para problemas ou eventos que surjam.
- Deixar que áreas funcionais resolvam sozinhas questões relativas a recursos.
- Levantar questões difíceis ou possíveis problemas depois que seu impacto seja totalmente compreendido.
- Evitar interferir ou intervir em áreas fora de sua própria área de especialização.
- Supor que membros de equipe e outros responderão assim que puderem.
- Deixar que membros de equipe mais experientes decidam sobre o modo como lidar com um problema.

Algumas das consequências para projetos/negócios por não demonstrar essa competência são:

- A gerência sênior pode ser surpreendida por eventos relacionados ao projeto.
- As atividades do projeto podem se atrasar devido a "problemas de comunicação" ou à delonga na resposta das funções.
- Esforços e recursos podem ser desperdiçados ou subutilizados.
- Várias abordagens podem ser adotadas em paralelo.
- Problemas difíceis podem ser deixados sem resolução.

3. Pensar criticamente: buscar fatos, dados ou opinião de especialistas para orientar a decisão ou o curso de ação.

Os gerentes de projetos/associados que demonstram essa competência irão:

- Buscar informações de pessoas com experiência ou conhecimentos de primeira mão dos problemas enfrentados e assim por diante.
- Fazer perguntas difíceis e diretas para esclarecer estimativas de prazos ou para questionar premissas e ser capaz de compreender as respostas.
- Imergir-se nas informações do projeto para compreender rapidamente o *status* do projeto e seus principais problemas.
- Focar a atenção nas principais premissas e causas-raiz quando surgirem problemas.
- Resumir de maneira rápida e sucinta discussões longas.

- Levantar dados sobre projetos passados, entre outros, para ajudar a determinar as melhores opções futuras para um projeto.
- Esforçar-se para obter fatos e dados suficientes a fim de fazer um julgamento sólido.
- Assimilar grandes volumes de informação de muitas fontes diferentes.
- Usar ferramentas formais de decisão quando apropriado para avaliar alternativas e identificar riscos e problemas.

Os gerentes de projetos/associados que não demonstram essa competência irão:

- Aceitar premissas tradicionais em relação à necessidade de recursos e estimativas de prazos.
- Depender dos membros de equipe para obter as informações necessárias.
- Esforçar-se para atingir um novo marco sem determinar o motivo pelo qual o marco anterior não foi alcançado.
- Resumir detalhes de discussões e brigas sem tirar conclusões.
- Limitar as perguntas a fontes padrão de informações.
- Usar procedimentos e ferramentas que estejam prontamente disponíveis.
- Definir papéis de forma estreita ao facilitar e documentar as discussões dos membros de equipe.

Algumas das consequências para projetos/negócios por não demonstrar essa competência são:

- Os compromissos assumidos podem estar muito fora da realidade ou ter datas não testadas.
- Abordagens de alto risco podem ser adotadas sem validação explícita.
- Os projetos podem levar mais tempo do que o necessário para serem concluídos.
- Novas descobertas e resultados podem ser incorporados lentamente a outras práticas atuais da Lilly.
- Grandes problemas podem surgir inesperadamente.
- Os mesmos problemas podem se repetir.
- O plano de projeto pode permanecer inalterado apesar de grandes mudanças em recursos, pessoas e prioridades.

4. Gerenciar riscos: prever e possibilitar mudanças em prioridades, cronogramas e recursos e mudanças devido a assuntos científicos/técnicos.

Os gerentes de projetos/associados que demonstram essa competência irão:

- Fazer duplo controle de dados e premissas importantes antes de tomar decisões controversas ou potencialmente arriscadas.
- Criar um plano de contingência ao buscar opções que têm riscos claros associados.
- Manter um contato direto contínuo com atividades "arriscadas" ou do caminho crítico para compreender o progresso.
- Estimular os membros de equipe a identificarem todas as premissas implícitas em suas estimativas e compromissos.
- Manter contato regular com aqueles cujas decisões afetam o projeto.
- Informar sem demora a gerência e outros sobre os riscos associados a determinado plano de ação.

- Defender o nível de recursos e estimativas de prazo que possibilitem eventos "inesperados" previsíveis.
- Identificar as principais fontes de riscos científicos.

Os gerentes de projetos/associados que não demonstram essa competência irão:

- Permanecer otimistas independentemente do progresso.
- Concordar com as linhas do tempo do projeto apesar de terem sérias objeções.
- Inovar em valor e ideias apesar dos riscos iminentes.
- Aceitar membros de equipe menos experientes em áreas cruciais.
- Dar aos indivíduos a liberdade de explorar diferentes opções.
- Aceitar estimativas e avaliações com mínima discussão.

Algumas das consequências para projetos/negócios por não demonstrar essa competência são:

- Os projetos podem levar mais tempo do que o necessário para serem concluídos.
- Os projetos podem ter dificuldade de responder a mudanças nas prioridades organizacionais.
- Podem ocorrer grandes atrasos se a abordagem inovadora proposta se mostrar inadequada.
- Áreas problemáticas conhecidas podem continuar sendo fontes de dificuldades.
- Os planos de projetos podem estar sujeitos a revisões drásticas.

5. Comunicar-se com clareza: ser bom ouvinte e fornecer informações que sejam facilmente compreendidas e úteis para os outros.

Os gerentes de projetos/associados que demonstram essa competência irão:

- Apresentar problemas técnicos e outras questões complexas de maneira clara e interessante.
- Posicionar ou adaptar a comunicação para que ela aborde as necessidades ou o nível de compreensão do público (p. ex., necessidades médicas, gerência sênior).
- Filtrar dados para que eles forneçam as informações mais relevantes (p. ex., não entrar em todos os detalhes, mas saber quando e como fornecer uma visão geral).
- Manter os outros informados e atualizados sobre decisões ou problemas que podem afetá-los.
- Facilitar e encorajar a comunicação aberta entre os membros de equipe.
- Estabelecer mecanismos para comunicações periódicas com membros de equipe que se encontrem em locais remotos.
- Identificar com precisão os principais pontos de discussões complexas ou longas.
- Dedicar o tempo necessário para preparar apresentações para a gerência.
- Comunicar de forma eficiente e representar argumentos técnicos fora da própria área de especialização.

Os gerentes de projetos/associados que não demonstram essa competência irão:

- Fornecer todos os detalhes disponíveis.
- Ver diversos lembretes ou mensagens como ineficientes.
- Esperar que os membros de equipe compreendam termos técnicos das áreas de especialização uns dos outros.
- Reutilizar materiais de comunicação e *briefing* com diferentes públicos.

- Limitar as comunicações a atualizações periódicas.
- Convidar para reuniões apenas aqueles que (presumivelmente) precisam estar lá ou que têm algo a contribuir.
- Depender de especialistas técnicos para fornecer *briefings* em áreas de especialização técnica.

Algumas das consequências para projetos/negócios por não demonstrar essa competência são:

- Os indivíduos de fora da equipe imediata podem ter pouco conhecimento sobre o projeto.
- Outros projetos podem ser atrapalhados por "ações emergenciais" ou mudanças de última hora no plano.
- As principais decisões e discussões podem ser documentadas inadequadamente.
- Os *briefings* da gerência podem ser entendidos como um "calvário" pela equipe e pela gerência.
- Recursos/esforços podem ser desperdiçados ou mal aplicados.

6. Prestar atenção a detalhes: documentar sistematicamente, acompanhar e organizar os detalhes dos projetos.

Os gerentes de projetos/associados que demonstram essa competência irão:

- Lembrar os indivíduos de datas marcadas e outros requisitos.
- Garantir que todas as partes relevantes sejam informadas de reuniões e decisões.
- Preparar sem demora minutas precisas e completas das reuniões.
- Atualizar ou ajustar continuamente os documentos do projeto de modo que eles reflitam decisões e mudanças.
- Verificar a validade das premissas centrais ao construir o plano.
- Fazer um acompanhamento para garantir que os compromissos sejam compreendidos.

Os gerentes de projetos/associados que não demonstram essa competência irão:

- Supor que os outros estão acompanhando os detalhes.
- Ver revisões formais como instruções e perda de tempo.
- Escolher procedimentos que sejam, no mínimo, exigentes em termos de acompanhamento de detalhes.
- Revisar e atualizar apenas esporadicamente os documentos do projeto para que eles reflitam decisões e outras mudanças.
- Limitar a documentação do projeto àquelas que são formalmente exigidas.
- Depender das anotações da reunião como uma documentação adequada delas.

Algumas das consequências para projetos/negócios por não demonstrar essa competência são:

- A coordenação com outras partes da organização pode ser inexistente.
- A documentação pode estar incompleta ou ser difícil de ser usada para revisar problemas do projeto.
- Podem surgir desacordos quanto aos compromissos feitos.
- O projeto pode ser excessivamente dependente da presença física do gerente ou associado.

7. Estruturar o processo: construir, adaptar ou seguir um processo lógico para garantir que objetivos e metas sejam alcançados.

Os gerentes de projetos/associados que demonstram essa competência irão:

- Escolher marcos que a equipe possa usar para avaliar o progresso.
- Estruturar reuniões de modo a garantir que os itens previstos na pauta sejam abordados.
- Identificar a sequência de passos necessária para executar o processo de gestão de projetos.
- Manter uma documentação atualizada que indique as expectativas para cada membro de equipe individual.
- Usar as ferramentas de planejamento disponíveis para padronizar os procedimentos e estruturar as atividades.
- Criar ferramentas simples para ajudar os membros de equipe a acompanhar, organizar e comunicar informações.
- Construir um processo que use de maneira eficiente o tempo dos membros de equipe, permitindo que eles participem das decisões do projeto; não se deve incluir todos os membros de equipe em todas as reuniões.
- Revisar implicações de discussões ou decisões para o plano de projeto como um mecanismo para resumir e esclarecer discussões.
- Manter as discussões em andamento anotando desacordos em vez de tentar resolvê-los naquele momento e lugar.
- Criar e usar um processo para garantir que prioridades sejam estabelecidas e que a estratégia do projeto seja definida.

Os gerentes de projetos/associados que não demonstram essa competência irão:

- Confiar que membros de equipe experientes saibam o que estão fazendo.
- Tratar sequências de atividades complexas como um todo.
- Compartilhar responsabilidade por liderar reuniões, formular pautas, entre outros.
- Criar planos e documentos que sejam os mais completos e detalhados possíveis.
- Providenciar documentação por escrito somente quando solicitado.
- Permitir que os membros de equipe se exprimam.

Algumas das consequências para projetos/negócios por não demonstrar essa competência são:

- Os projetos podem receber níveis de atenção significativamente diferentes.
- Os projetos podem não ter uma única direção ou foco.
- Os documentos de planejamento podem estar incompletos ou desatualizados.
- As apresentações e os *briefings* podem exigir grandes quantidades de trabalho adicional.
- As reuniões podem ser vistas como improdutivas.
- Problemas centrais podem ser deixados sem solução.
- Outras partes da organização podem não saber claramente o que é esperado e quando.

8. Concentrar-se em resultados: focar continuamente sua própria atenção e a dos outros em marcos e *deliverables* realistas.

Os gerentes de projetos/associados que demonstram essa competência irão:

- Ressaltar a necessidade de manter as atividades relacionadas ao projeto caminhando adiante.
- Focar continuamente nos *deliverables* finais (p. ex., produto a ser comercializado, afirmar/desconfirmar méritos de compostos, valor de produtos/programas para a Lilly) (gerente).
- Escolher ações em termos do que precisa ser realizado, em vez de buscar soluções ou respostas ótimas.
- Lembrar os membros de equipe do projeto dos principais marcos e cronogramas do projeto.
- Manter os principais marcos visíveis para a equipe.
- Usar o objetivo fundamental do projeto como um meio de avaliar as opções que orientam as decisões em tempo oportuno.
- Estimular os membros de equipe a fazerem compromissos explícitos e públicos com os *deliverables*.
- Extinguir projetos ou atividades de baixo valor em tempo oportuno.

Os gerentes de projetos/associados que não demonstram essa competência irão:

- Assumir que os membros de equipe tenham uma compreensão clara dos *deliverables* e marcos do projeto.
- Abordar tarefas e problemas somente quando eles se tornarem absolutamente cruciais.
- Minimizar ou relevar resultados negativos.
- Continuar pressionando para que os objetivos originais sejam alcançados, apesar de novos dados/grandes mudanças.
- Desenvolver atividades não relacionadas aos requisitos originais do projeto.
- Confiar que todos concordarão com os planos definitivos uma vez que todos os membros de equipe estejam envolvidos no projeto.
- Permitir que indivíduos sem as devidas qualificações permaneçam nas tarefas.
- Tornar facultativa a presença nas reuniões de planejamento do projeto.

Algumas das consequências para projetos/negócios por não demonstrar essa competência são:

- Os marcos podem deixar de ser cumpridos sem uma explicação adequada.
- As áreas funcionais podem ficar surpresas com a demanda por recursos importantes.
- A equipe pode se comprometer com metas ou cronogramas não realistas.
- Os projetos podem levar mais tempo do que o necessário para serem concluídos.
- Os objetivos e as prioridades podem diferir significativamente de um membro de equipe para outro.

9. Construir uma equipe: criar um ambiente de cooperação e responsabilidade mútua entre as funções e dentro delas, a fim de alcançar objetivos comuns.

Os gerentes de projetos/associados que demonstram essa competência irão:

- Admitir abertamente diferentes pontos de vista e desacordos.
- Encorajar ativamente a participação de todos os membros de equipe, independentemente de sua formação funcional ou nível na organização.

- Dedicar tempo e recursos explicitamente para construir uma identidade de equipe e um conjunto de objetivos compartilhados.
- Manter a objetividade; evitar levar problemas e desacordos para o lado pessoal.
- Estabelecer relacionamentos individuais com cada membro de equipe.
- Encorajar os membros de equipe a contribuirem com áreas de fora das áreas funcionais.
- Envolver os membros de equipe no processo de planejamento do início ao fim.
- Reconhecer e tirar proveito da experiência e especialização que cada membro de equipe possui.
- Solicitar contribuições e envolvimento de diferentes funções antes que elas sejam envolvidas.
- Uma vez tomada uma decisão, insistir que a equipe a aceite até que dados adicionais sejam disponibilizados.
- Estimular o compromisso explícito dos membros de equipe ao resolver questões controversas.

Os gerentes de projetos/associados que não demonstram essa competência irão:

- Declarar o que pode e o que não pode ser feito.
- Supor que profissionais maduros precisem de pouco suporte ou reconhecimento de equipe.
- Limitar os contatos com os membros de equipe a reuniões e discussões formais.
- Tratar problemas que afetem o desempenho de um membro de equipe como responsabilidade da gerência de áreas funcionais.
- Ajudar outros somente quando explicitamente solicitado.
- Ser abertamente crítico sobre as contribuições ou atitudes de outros membros de equipe.
- Reconsiderar decisões quando os membros de equipe voltarem a tocar em certas questões.

Algumas das consequências para projetos/negócios por não demonstrar essa competência são:

- Os membros de equipe podem não saber com clareza quais são as suas responsabilidades.
- Indivíduos importantes podem passar para outros projetos.
- Obstáculos e contratempos podem solapar os esforços de forma geral.
- Conflitos de prioridade em uma equipe de projeto podem chegar até a gerência sênior.
- A responsabilidade pelo projeto pode se tornar difusa.
- Os membros de equipe podem relutar em oferecer suporte uns aos outros ou em acomodar solicitações especiais.

10. Gerenciar a complexidade: organizar, planejar e monitorar diversas atividades, pessoas e recursos.

Os gerentes de projetos/associados que demonstram essa competência irão:

- Permanecer calmos quando estiver sob ataque pessoal ou sob extrema pressão.
- Monitorar o progresso de maneira frequente e consistente.

- Concentrar esforços pessoais na maioria das tarefas críticas: aplicar a regra do 80–20%.
- Documentar cuidadosamente todos os compromissos e responsabilidades.
- Definir tarefas e atividades para todos para fins de monitoramento e senso de progresso.
- Decompor as atividades e tarefas em componentes que pareçam viáveis.
- Equilibrar e otimizar a carga de trabalho entre diferentes grupos e indivíduos.
- Reunir rapidamente equipes especiais ou usar especialistas externos a fim de tratar de emergências ou circunstâncias incomuns.
- Fazer *debriefing* para identificar as "melhores práticas" e as "lições aprendidas".

Os gerentes de projetos/associados que não demonstram essa competência irão:

- Limitar o número de revisões para maximizar o tempo disponível para os membros de equipe.
- Querer saber cada detalhe.
- Depender dos membros de equipe para acompanhar seu próprio progresso.
- Dizer aos outros como se sentem em relação a um problema ou indivíduo.
- Depender da equipe para resolver problemas.
- Supor que os indivíduos reconhecem seus próprios erros e aprendem com eles.

Algumas das consequências para projetos/negócios por não demonstrar essa competência são:

- Os projetos podem receber níveis de atenção significativamente diferentes.
- Os projetos podem "adquirir vida própria", sem nenhuma direção clara ou resultado alcançável.
- A responsabilidade pelas decisões pode se tornar difusa entre os membros de equipe.
- Pode ser difícil determinar o *status* exato dos projetos.
- Problemas sérios podem se tornar intratáveis.
- As atividades de diferentes partes do negócio podem não ser coordenadas.
- Conflitos podem surgir continuamente entre a liderança do projeto e outras partes da Lilly.

11. Tomar decisões difíceis: demonstrar segurança em suas próprias habilidades, julgamentos e capacidades; assumir responsabilidade por suas ações.

Os gerentes de projetos/associados que demonstram essa competência irão:

- Questionar o modo como as coisas são feitas e tomar decisões quanto a como as coisas serão feitas.
- Forçar os outros a lidarem com as realidades desagradáveis de uma situação.
- Forçar a reavaliação de decisões controversas tomadas pela gerência quando novas informações/dados são disponibilizados.
- Chamar a atenção dos outros para problemas com impactos significativos.
- Usar conscientemente experiências passadas e dados históricos para convencer os outros.
- Confrontar indivíduos que não estejam cumprindo seus compromissos.
- Estimular a gerência de área a substituir indivíduos que não atendam às suas expectativas.

- Questionar o investimento continuado em um projeto se os dados sugerirem que ele não será bem-sucedido.
- Buscar ou adotar procedimentos inovadores que ofereçam possíveis benefícios significativos mesmo quando a experiência anterior disponível for insuficiente.

Os gerentes de projetos/associados que não demonstram essa competência irão:

- Pronunciar-se contra as ideias de membros de equipe mais experientes.
- Dar aos outros o benefício da dúvida em torno de compromissos não cumpridos.
- Adiar a tomada de decisões até o último minuto possível.
- Buscar diversas opções em vez de parar o trabalho para elaborar abordagens alternativas.
- Esperar um suporte explícito dos outros antes de tocar em problemas difíceis.
- Aceitar as decisões dos gerentes seniores como "indiscutíveis".
- Contar com a equipe para tomar decisões controversas.
- Dar mais recursos e tempo a indivíduos com problemas de desempenho.

Algumas das consequências para projetos/negócios por não demonstrar essa competência são:

- Os projetos podem levar mais tempo do que o necessário para serem concluídos.
- Projetos em vias de fracassar podem ter mais tempo para continuar ativos.
- Decisões podem ser delegadas a níveis superiores.
- O moral da equipe pode ser solapado pelo mau desempenho de certos membros de equipe.
- "Más notícias" podem não ser comunicadas até o último minuto.
- Indivíduos importantes podem ficar frustrados devido ao esforço de sempre precisar "correr atrás de prejuízos".

12. Construir o suporte estratégico: conseguir o apoio e nível de esforço necessário por parte da gerência sênior e de outros para manter o projeto no caminho certo.

Os gerentes de projetos/associados que demonstram essa competência irão:

- Assumir responsabilidade por defender os projetos demonstrando, ao mesmo tempo, um equilíbrio entre paixão e objetividade.
- Adaptar argumentos e apresentações para tratar as principais preocupações de tomadores de decisões influentes.
- Familiarizar-se com as preocupações operacionais e de negócios das principais funções da Lilly.
- Usar uma rede de contatos para determinar a melhor maneira de levantar um problema ou fazer uma proposta.
- Estimular o envolvimento ativo de indivíduos com a experiência e influência necessárias para fazer as coisas acontecerem.
- Identificar a distribuição de influência em situações de conflito.
- Preparar o terreno antes de difundir ideias ou informações controversas.
- Selecionar um apresentador para garantir que a mensagem adequada seja enviada.
- Pedir à gerência sênior para ajudar a posicionar questões com outros gerentes seniores.

Os gerentes de projetos/associados que não demonstram essa competência irão:

- Encontrar a gerência sênior e os patrocinadores de projeto apenas em reuniões formais.

- Propor grandes mudanças de direção em reuniões de grupo.
- Fazer contato com tomadores de decisões importantes quando estiver enfrentando obstáculos ou problemas.
- Limitar o número de contatos face a face com parceiros "globais".
- Tratar todos os indivíduos da mesma forma.
- Evitar o surgimento de "politicagem".
- Depender de outros membros de equipe para comunicar aos gerentes seniores que se encontram em partes não familiares da Lilly.

Algumas das consequências para projetos/negócios por não demonstrar essa competência são:

- Projetos viáveis podem ser cancelados sem uma clara articulação dos benefícios.
- "Diferenças culturais" podem limitar o sucesso de projetos globais.
- Decisões podem ser tomadas sem a contribuição de indivíduos importantes para elas.
- Resistência a mudanças no escopo ou direção do projeto podem se tornar entrincheiradas antes de os méritos de propostas serem compreendidos.
- Indivíduos/organizações importantes podem nunca aderir à direção ou ao escopo de um projeto.
- Pequenos conflitos podem se intensificar e levar tempo para serem resolvidos.

8.14 Harris Corporation

Muitas vezes, as pessoas frequentam seminários e cursos que levam a uma certificação como PMP® e ficam impressionadas com os conhecimentos apresentados no curso. Elas se questionam como é que qualquer corporação realizaria todas as atividades abordadas nas informações apresentadas no curso e por que elas precisam aprender todas essas informações.

Embora seja verdade que muitas empresas não precisem realizar ou não realizem todas as atividades que são abordadas, exige-se que as empresas contratadas do setor aeroespacial e de defesa realizem todas elas. Essas empresas sobrevivem dependendo de seu sucesso ao desempenhar processos de gestão de projetos. Quando empresas como a Harris Corporation tornam-se excepcionalmente boas em gestão de projetos e apresentam melhorias contínuas, elas passam a ter um desempenho superior ao de suas concorrentes. A Harris Corporation possui uma história de sucesso em gestão de projetos.

A lista a seguir foi fornecida por Alex Sadowski, ex-gerente de programa da divisão de sistemas de comunicação governamentais da Harris Corporation. Ele tem mais de 30 anos de experiência com uma base de clientes numerosa e diversificada, incluindo várias organizações civis, governamentais e militares. Suas atividades na área de gestão de projetos são relacionadas aos negócios do espaço aéreo e da defesa. Ele também está envolvido com iniciativas para o Harris Division Process Group e para o Division Training Steering Committee. Talvez depois de ler o restante desta seção, o leitor tenha uma compreensão e apreciação maior de por que esse material está sendo ensinado e de todas as complexidades de se trabalhar em uma indústria cuja sobrevivência depende da manutenção de uma capacidade superior de gestão de projetos.

* * *

1. A filosofia fundamental da gestão de projetos se aplica a todos os projetos, independentemente do tamanho e da indústria envolvida. Entretanto, cada indústria possui seu ambiente e cultura singulares, e a aplicação da filosofia de gestão de projetos pode assumir diferentes formas dependendo dessa singularidade. O ambiente singular da indústria aeroespacial e de defesa pode ser caracterizado da seguinte forma:
   - O ambiente é dinâmico
   - O cronograma é, na maioria das vezes, agressivo
   - Mudanças de cenário resultam em mudanças nos requisitos
   - Um gerenciamento de mudanças eficiente é absolutamente necessário
   - Esta é a primeira vez que um projeto deste tipo está sendo realizado
   - Na maioria dos casos, o conjunto de tecnologia é estendido
   - Para concluir o projeto, o desenvolvimento de novas tecnologias geralmente é necessário
   - Novas metodologias precisam ser desenvolvidas
   - A gestão de riscos é de máxima importância
   - Há informações patenteadas e/ou confidenciais em jogo
   - Isso prejudica a comunicação aberta
   - Considerações de segurança afetam todos os aspectos do projeto
   - Concentrar-se demasiadamente em tecnologias novas e desafiadoras pode causar problemas com o gerenciamento de todo o projeto
   - As exigências de aplicar novas tecnologias e desenvolver as existentes podem ser sobrepujantes
   - O segredo é aceitar o desafio tecnológico sem perder controle do custo e do cronograma

2. Como uma empresa contratada da indústria aeroespacial e de defesa, a Harris Corporation desenvolveu, ao longo dos anos, processos e procedimentos detalhados que abordam todas as fases da gestão de projetos, desde a identificação de uma oportunidade até sua conclusão final, liquidação e encerramento.

3. Esses processos e procedimentos são documentados com grande nível de detalhamento no sistema Command Media, e são regularmente promulgados por meio de seminários, cursos e reuniões gerais, sempre que apropriado.

4. Esse processo envolve muitos pontos de decisão (p. ex., revisões para decidir prosseguir/não prosseguir, reuniões para decidir se devem ou não fazer uma proposta de licitação, Red Teams de propostas, revisões de precificação, revisões de incentivos à criação de empregos, revisões regulares de programas, revisões dos requisitos dos sistemas, revisões preliminares de *design*, revisões críticas de *design*, revisões de colegas, revisões de disponibilidade de produto, revisões de disponibilidade de testes, revisões finais do cliente, encerramento do contrato, etc.)

5. Os processos e as metodologias são bastante extensos, mas há alguns poucos aspectos dessa metodologia que fazem tudo se encaixar e facilitam o sucesso do projeto.

6. Por meio de muitas experiências, às vezes penosas, descobrimos que o planejamento detalhado antecipado é a melhor abordagem para alcançar o sucesso de projetos.

7. Muito frequentemente, há o perigo de que a exuberância excessiva da equipe de projeto e a impaciência do cliente resulte em um curto-circuito do planejamento antecipado. *Essa é a receita para o desastre!*

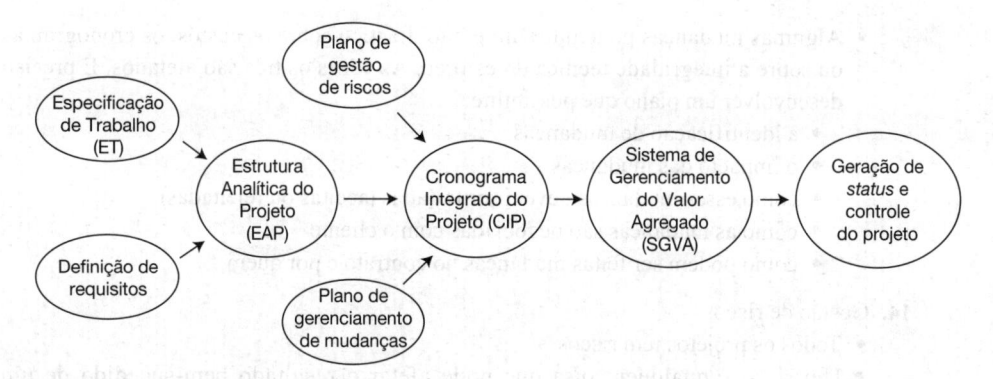

Figura 8.5 Passos de um planejamento eficiente.

8. Um planejamento adequado deve se basear na compreensão do que o cliente contratou, o preço que ele concordou em pagar e a data em que ele espera ver a conclusão.
9. Um plano de projeto abrangente precisa ser desenvolvido antes de a equipe de projeto completa estar engajada.
10. Um planejamento eficiente depende do seguinte (ver Figura 8.5):

    - Estrutura Analítica do Projeto (EAP)
    - Cronograma Integrado do Projeto (CIP)
    - Sistema de Gerenciamento do Valor Agregado (SGVA)
    - Planejamento do Gerenciamento de Mudanças
    - Planejamento da Gestão de Riscos

11. Tanto a Declaração de Trabalho (DT) quanto o Documento de Requisitos dos Sistemas (DRS) são usados para desenvolver a Estrutura Analítica do Projeto (EAP).

    - A DT identifica o que deve ser feito, qualquer restrição, qualquer ponto de decisão especial para o cliente, os *deliverables* e o prazo do projeto.
    - O DRS é a definição oficial dos requisitos sobre a qual se baseiam os aspectos técnicos do projeto. Isso é usado para garantir que a funcionalidade necessária seja alcançada.

12. A EAP documenta os detalhes do que precisa ser alcançado.
    - Decompõe o projeto em suas partes essenciais.
    - Fornece a base para designar tarefas e responsabilidades.
    - É uma estrutura hierárquica que mostra como as tarefas de cada indivíduo contribuem para a tarefa de ordem maior.
    - Essas tarefas individuais são essenciais ao definir o cronograma e ao estabelecer o SGVA do projeto.
    - Desenvolve-se um dicionário da EAP definindo cada tarefa e quem é responsável por ela.

13. Gerenciamento de mudanças

    - Mudanças são inevitáveis em qualquer projeto.
    - Algumas mudanças não têm nenhum impacto maior sobre o projeto.

- Algumas mudanças podem ter um efeito drástico sobre os custos, os cronogramas ou sobre a integridade técnica do esforço. Às vezes os três são afetados. É preciso desenvolver um plano que possibilite:
  - a identificação de mudanças
  - o impacto das mudanças
  - como essas mudanças devem ser tratadas (aceitas ou rejeitadas)
  - como as mudanças são negociadas com o cliente
  - como podem ser feitas mudanças no contrato e por quem

14. Gestão de riscos
    - Todos os projetos têm riscos
    - Um risco é qualquer coisa que pode afetar o resultado bem-sucedido de um programa
    - Um risco pode afetar:
      - Custo
      - Cronogramas
      - Integridade técnica (p. ex., funcionalidade, confiabilidade, etc.)
    - Se um risco não for resolvido, ele se torna um problema
    - Nas etapas de planejamento iniciais de um projeto, os riscos precisam ser identificados
    - É preciso desenvolver um plano que aborde:
      - Identificação de riscos
      - Definição de sua severidade
      - Definição da probabilidade de ocorrência
      - Definição do impacto sobre o sucesso do projeto (i.e., custo, cronograma, etc.)
      - Classificação de riscos
      - Mitigação de riscos
      - Extinção dos riscos

15. O Cronograma Integrado do Projeto (CIP)
    - Detalha o cronograma de atividades do projeto do início ao fim
    - Mostra as datas de início e fim das atividades discretas individuais
    - Mostra as inter-relações de todas as atividades individuais
    - Identifica o caminho crítico
    - Identifica todos os marcos críticos

16. Sistema de Gerenciamento de Valor Agregado (SGVA)
    - Facilita o acompanhamento do progresso de atividades individuais no que diz respeito ao cronograma e à aderência aos custos
    - Mostra objetivamente que tarefas estão dentro do prazo e se elas estão dentro do orçamento
    - Fornece um meio de avaliar continuamente se um projeto está ou não dentro do prazo e do orçamento

17. Geração de *status* e controle do projeto
    - Para qualquer projeto ser bem-sucedido, a geração contínua de *status* do projeto e seu controle é essencial.

- De maneira geral, relatórios do SGVA devem ser gerados e revisados todo mês. Para projetos problemáticos ou de alto risco, uma geração de *status* semanal via SGVA seria o mais vantajoso.
- O SGVA fornece uma metodologia conveniente, precisa e contínua para determinar o progresso de um projeto.
- Quanto maior o esforço dedicado à EAP e ao CIP, mais precisas serão as informações obtidas com o SGVA.
- Marcos realistas e significativos, abordando suficientemente todas as tarefas, são essenciais para o uso bem-sucedido do SGVA.
- Os marcos podem ser acompanhados periodicamente (i.e., normalmente com frequência mensal, mas muitas vezes semanal, se necessário).
- Uma vez que o alcance dos marcos tenha sido considerado, então se pode alcançar a geração de *status* de cronograma e custo.
- A geração do Índice de Desempenho de Prazo (IDP) (ou SPI, *schedule performance index*) fornece uma medida objetiva de se o projeto está ou não dentro do prazo.
- A geração do Índice de Desempenho de Custo (IDC) (ou CPI, *cost performance index*) fornece uma medida objetiva de se o projeto está ou não dentro do orçamento.
- Uma nova Estimativa para Terminar (EPT) (ou ETC, *estimate to complete*) deve ser gerada regularmente (i.e., na geração de *status* mensal) e comparada ao Orçamento no Término (ONT) (ou BAC, *budgeted-cost at completion*). Discrepâncias entre a EPT e o ONT devem ser analisadas e reconciliadas. Um resultado deve ser implementar um plano para fazer o programa voltar ao caminho certo.
- Um SGVA bem implementado é uma ferramenta de gerenciamento muito poderosa para o gerente de projetos.
- Ao considerar o valor do IDP, o gerente de projetos saberá se o projeto irá cumprir o cronograma.
- Se o valor for menor do que 1, o GP saberá que o projeto está atrasado e terá de determinar que tarefas estão ficando para trás e por quê, de modo que ações corretivas apropriadas possam ser adotadas.
- Se o valor for maior do que 1, isso indica que o projeto está adiantado. Não se deve comemorar demais nesse momento, uma vez que essa pode ser apenas uma situação temporária. Se o valor for muito maior do que 1, isso pode indicar um problema na estimação e no planejamento originais, o que exige uma análise detalhada.
- Ao considerar o valor do IDC, o gerente de projetos saberá se o projeto ficará dentro do orçamento.
- Se o valor for menor do que 1, o GP saberá que o projeto está ultrapassando o orçamento e precisará determinar que tarefas estão excedendo o orçamento e por quê, para que ações corretivas possam ser adotadas.
- Se o valor for maior do que 1, isso significa que o projeto está dentro do orçamento. Deve-se tomar cuidado, uma vez que essa pode ser apenas uma situação temporária. Se o valor for muito maior do que 1, provavelmente é porque há algum problema com a estimação e o planejamento originais, e uma análise detalhada deve ser feita para determinar o porquê dessa discrepância.
- Quando o projeto é planejado, estabelece-se um orçamento. O custo orçado do projeto é o que se espera ter sido gasto na conclusão do projeto e é o ONT. Com o prosseguimento do projeto, custos reais são incorridos. Ao revisar os custos reais e

considerar o que ainda precisa ser feito, o GP pode, então, chegar à Estimativa para Terminar.
- Ao comparar a EPT e o ONT, a Variação no Término (VNT) (VAC, *variance at completion*) pode ser calculada. A VNT indica se o projeto excederá o orçamento ou se ficará dentro do esperado.
- Se a VNT indicar que o projeto irá exceder o orçamento, é necessário realizar uma investigação e análise para identificar o problema. Então, será preciso adotar algum curso de ação a fim de mitigar o problema.

18. No ambiente exigente e dinâmico dos projetos aeroespaciais e do governo, o uso de um sistema de gerenciamento de valor agregado bem definido e integralmente implementado pode oferecer a metodologia necessária para manter o projeto dentro do cronograma e do orçamento.

8.15 Nokia: reconhecendo o valor da excelência em gestão de projetos

Muitas vezes, as empresas deixam de tirar proveito da propriedade intelectual retida pelos PMPs® e, da mesma forma, não conseguem reconhecer a contribuição que eles podem fazer para a empresa. Algumas empresas tratam as credenciais do PMP® como algo a ser colocado embaixo do nome deles em um cartão de visitas como parte de seus esforços competitivos de licitação. Algumas empresas até mesmo oferecem financiamento para programas de treinamento para obter as credenciais por medo de que os trabalhadores procurem emprego em outras empresas que ofereçam mais oportunidades aos funcionários de aprofundar sua formação em gestão de projetos.

No entanto, quando empresas como a Nokia (incluindo a antiga Alcatel-Lucent) reconhecem o valor que um gerente de projetos pode trazer para a empresa, pode haver um enorme retorno sobre investimentos (ROI) sobre a excelência resultante em gestão de projetos. O ROI pode ser visto na forma de mentoria oferecida a gerentes de projetos que pretendem se tornar PMPs® ou que desejem obter certificação de suas credenciais, um conselho consultivo ou linha direta para projetos que estejam com dificuldades, ou simplesmente do estabelecimento de uma rede global de informações sobre gestão de projetos, de modo que todos os funcionários em todo o mundo compreendam os desenvolvimentos atuais e as melhores práticas da empresa relativas à gestão de projetos.

Boas coisas acontecem com empresas que, como a Nokia, reconhecem o valor de um PMP®.

* * *

A Nokia procurou aumentar a maturidade do GP estabelecendo e implementando uma estrutura integrada de *desenvolvimento* dos GPs, incluindo um plano de carreira dedicado no qual descrições de cargo são inteligadas a um sistema de gerenciamento de recursos e habilidades diretamente ligado às opções de desenvolvimento, como os cursos dedicados a GPs. Também alinhamos essas oportunidades de desenvolvimento com os programas de certificação internos. Internamente, a empresa criou a marca "PM@Nokia" para esse foco

---

Seção 8.15 fornecida por Rich Maltzman, PMP, Equipe de Desenvolvimento de Competências de GP, Nokia Global PMO.

na excelência em gestão de projetos. Com ela, a Nokia dá aos seus GPs um conjunto sofisticado de métodos e ferramentas para ajudá-los a *entregar* seus projetos, e também para mensurar e gerenciar riscos e monitorar e controlar os aspectos financeiros dos projetos. Essas estruturas (uma de *desenvolvimento* e outra de *entrega*) estabelecem a plataforma fundamental para se obter maturidade na GP.

Nessa região da América do Norte, a Nokia conduziu Avaliações de Maturidade em Gestão de Projetos em 2014 e 2015 usando o sistema KPM3 de Kerzner. A organização Nokia NAM ficou significativamente acima da média do setor nos níveis de maturidade 1–3 (ferramentas comuns, processos comuns e metodologia única), mas também obteve *insights* sobre áreas para melhoria, incluindo *benchmarking* e aprendizagem contínua (níveis 4–5).

No caminho, a empresa refinou os PMOs globais de todas as suas componentes para garantir que apoiam a comunidade geral de gerentes de projetos que aplicam seus produtos e serviços. Na verdade, observe que o histórico abaixo vem da tradição das empresas que compõem a nova Nokia e destaca os modos como a empresa integrou as melhores características possíveis dos programas das empresas que se combinaram para formar a nova Nokia.

GRUPOS DE ESTUDOS DE PMPs® E TREINAMENTO LIDERADO POR INSTRUTORES VIRTUAIS

Os grupos de estudo de PMP foram estabelecidos pela antiga Alcatel-Lucent e, desde então, amadureceram e foram combinados para se transformar nas aulas preparatórias de PMP lideradas por instrutores virtuais. Os grupos de estudo de PMP eram grupos baseados em fusos horários, cada um com 10 a 20 membros, que estudavam de forma colaborativa para a prova de PMP® sob a tutela de um instrutor voluntário. Esse instrutor normalmente era um PMP recém-credenciado, com experiência recente com o processo de candidatura e com a prova em si. Encontrando-se com uma frequência determinada pelo grupo e trabalhando no idioma em que a maioria dos membros espera fazer o teste, os grupos de estudo usam os mesmos materiais e treinam a matéria juntos de acordo com um currículo modelo estabelecido pela equipe do PM-CERT, mas adaptado para as necessidades daquele grupo específico. Um *site* especial com uma Sala de Estudos foi estabelecido especificamente para essas equipes fazerem perguntas, compartilharem descobertas e, é claro, postar o fato de que passaram no exame! Os alunos recebem 30 horas de tempo de contato, que contribui com a maior parte do que é necessário para a aplicação do exame, e o instrutor pode exigir as valiosas Unidades de Desenvolvimento Profissional (PDUs, *Professional Development Units*) em virtude de seus serviços como instrutor. Instrutores e alunos relatam que essa é uma experiência enriquecedora declarando, por exemplo, que os grupos de estudos "me permitiram encontrar outros GPs com formações em diferentes áreas e trocar experiências com eles. Isso ajudou a me tornar um GP mais forte, usando os conhecimentos obtidos a partir dessas várias formações". A Nokia também usa treinamento presencial e *boot camps* de PMP® quando necessário.

O antigo conceito de "grupo de estudo de GP" evoluiu. Na Nokia de hoje, eles se transformaram em aulas lideradas por instrutores virtuais, patrocinadas pela Universidade Corporativa, a NokiaEDU. As sessões hoje usam slides fornecidos por terceiros, suplementados por exemplos e exercícios "caseiros", além de, obviamente, provas e simulados de terceiros para permitir que os alunos ganhem confiança com a prova do PMP® e para que o instrutor possa trabalhar com os alunos para melhorar as áreas das simulações que indiquem a necessidade de mais estudo. Além disso, os cursos utilizam livros *on-line*, incluindo materiais de preparação do PMP® disponíveis através da assinatura da empresa de um serviço de livros *on-line*.

A Nokia também utiliza os grupos de mídias sociais corporativas (usando o Microsoft Yammer, por exemplo) para oferecer recursos de preparação para o PMP®. Na verdade, o uso de mídias sociais corporativas decolou na empresa e atualmente serve como central de trocas em tempo real para excelência em PM, não apenas na área de preparação para o PMP®.

SIMPÓSIO DO DIA INTERNACIONAL DO GP

A Nokia tem uma longa história de sessões de treinamento em qualidade para a sua comunidade de GP. Uma "Semana do Treinamento em GP" trimestral, com webinars sobre tópicos do momento para GPs, nasceu da tradição da Nokia e hoje é complementada todos os anos por um Dia Internacional do GP, originalmente parte da tradição da Alcatel-Lucent.

A Nokia comemora o Dia Internacional do GP e, desde 2007 (na época como Alcatel-Lucent) realiza o Simpósio do Dia Internacional do GP; assim, ela foi uma das primeiras empresas a adotar o conceito de um dia especial para reconhecer sua população de GPs. Trata-se de uma web-conferência com conectividade por telefone e vídeo. Ocorre desde 2007, com uma participação de em torno de mil pessoas cada. Determina-se um tema para o simpósio, e os apresentadores enviam propostas que serão selecionadas por um comitê *ad hoc* de GPs para uso na sessão. Temas passados incluem "Uma gestão de projetos significativa" e "Gestão de projetos – uma diferença do tamanho do mundo". Os apresentadores de seis a oito países diferentes compartilham lições aprendidas ou abordam uma área de conhecimento da gestão de projetos, como gestão de riscos. Além disso, há palestrantes convidados, como autores notáveis como o Dr. Harold Kerzner e Jean Binder (vencedora do Prêmio David Cleland do PMI), o Dr. Charlie Pellerin da NASA, ou executivos do PMI. O simpósio sempre é registrado como um curso interno, e os alunos participantes podem coletar de 9 a 13 PDUs (12,25 em 2016) pela sua participação confirmada. Essas sessões são arquivadas e tornam-se continuamente disponíveis por meio do centro de treinamento interno para funcionários da Nokia. A tradição continuou com o décimo Simpósio do Dia Internacional do GP em 2016, que teve como tema "Power Up!" ("Ligue-se" ou "Aumente o poder"). Levamos a parte do "Internacional" muito a sério. A sessão de 2016 teve participação dos autores Gary Nelson (Nova Zelândia), Dr. David Hillson e Susanne Madsen (Reino Unido), Liliana Buchtik (Uruguai), Bill Dow (Canadá), o pesquisador do Ártico Kamil Jagodzinski (Islândia) e o VP do PMI Brian Weiss (EUA), entre outros. Ela fica arquivada no centro de treinamento interno para funcionários da Nokia. Assim, em vez de ser um algo isolado e efêmero, o evento se transforma em uma sessão de treinamento disponível para os GPs da Nokia sempre que quiserem.

CERTIFICAÇÃO INTERNA

Além da certificação de PMP® externa, focada em uma estrutura e vocabulário bastante aceitos por gerentes de projetos de todo o mundo (e, o que é importante, entre os clientes da Nokia), a Nokia entende que a certificação dos seus gerentes de projetos nos métodos específicos de gerenciar projetos para esses clientes também é importante. A Nokia tem um plano de carreira para a gestão de projetos cada vez maiores, mais importantes, mais complexos, mais geográfica ou tecnicamente diversos e estrategicamente mais importantes, e um programa de certificação interno que segue essa progressão.

Para os projetos maiores, a certificação interna exige a apresentação do sucesso do projeto para um "júri" composto de colegas e de lideranças em GP, que avaliam o candidato e a apresentação, podendo conceder uma certificação. O foco está nas conquistas e na demonstração do uso real das ferramentas e dos métodos proprietários da Nokia para se atingir o resultado do projeto para o cliente dentro do prazo e do orçamento, atendendo a todos os requisitos enquanto se minimizam as ameaças e mantém o trabalho em equipe e a comunicação de alto nível durante todo o período.

MESAS-REDONDAS E APRENDIZAGEM ENTRE PARES

Além das trocas em tempo real, o treinamento formal em estilo universitário, as sessões da Semana da GP e o Dia Internacional da GP, de tempos em tempos, a empresa, muitas vezes orientada por solicitações de baixo para cima, patrocina webinars de uma hora periódicos sobre tópicos específicos, liderados por um especialista de dentro ou de fora da Nokia. As sessões são casuais e dão ao aluno um PDU. Elas são arquivadas e indexadas e se integram à ampla variedade de opções de aprendizagem disponíveis para a comunidade de gestão de projetos na Nokia.

Outras opções de aprendizagem de GP

O PMO Global trabalha lado a lado com a organização de aprendizagem interna da Nokia para garantir a disponibilidade constante dos mais diversos recursos sobre competências de GP para que os interessados possam estudar, incluindo cursos de *e-learning* de treinamento em GP geral, aulas especializadas sobre os métodos de GP da Nokia, *templates*, ferramentas e uma coleção de livros e documentos de referência atualizados. Como vemos acima, no entanto, as oportunidades de aprendizagem mais recentes vêm da nossa capacidade de compartilhar aprendizados entre a comunidade de GP, de modo que as melhores práticas e lições aprendidas possam ser compartilhadas de forma energética, produtiva e global por meio das ferramentas de *networking* da empresa.

8.16 Hewlett-Packard

A qualidade do treinamento e da formação em gestão de projetos que os funcionários de uma empresa recebem é, juntamente com a adesão dos executivos, um dos fatores mais importantes para se alcançar o sucesso e, em última análise, a excelência em gestão de projetos. O treinamento pode ser tanto para os funcionários da empresa quanto para seus fornecedores, que precisam interagir com a metodologia de gestão de projetos do cliente. Vejamos alguns exemplos de programas de treinamento eficientes. A Hewlett-Packard está claramente comprometida com o desenvolvimento de programas e da gestão de projetos.

* * *

DESENVOLVIMENTO DE GPS

A HP Services possui um abrangente Programa de Desenvolvimento de Gerenciamento de Programas (PMDP, *Program Management Development Program*) com cursos que

---

A Seção 18.16 foi fornecida por Jim Crotty, Americas Program Management Profession Leader.

abordam todos os aspectos do treinamento de gestão de projetos e programas. Uma grade curricular-padrão com mais de 100 cursos foi implementada em todo o mundo por meio da liderança em programas/projetos, gerenciamento, comunicação, gestão de riscos, contratação, gerenciamento de desempenho de negócios, geração de cronogramas e controle de custos e qualidade. Os cursos são baseados no corpo de conhecimentos de gestão de projetos do PMI (*Guia PMBOK®*). A grade curricular engloba também cursos especializados sobre os principais tópicos internos da HP, como a Metodologia de Programas, além de aspectos essenciais do gerenciamento de negócios e financeiro dos projetos.

Todos os cursos oferecidos na grade curricular do PMDP da HP são registrados junto ao Programa de Centros Registrados de Treinamento, para garantir uma base e uma supervisão consistentes. O PMDP ganhou um prêmio de Excelência na Prática em desenvolvimento de carreira e aprendizagem organizacional da American Society for Training & Development (ASTD), o recurso líder mundial em aprendizagem no trabalho e em problemas de desempenho.

Mesmo os GPs mais experientes da HP continuam as atividades de desenvolvimento para reforçar seus conhecimentos e habilidades. A HP Services patrocina o Programa da Universidade de Gestão de Projetos (PMU, *Program Management University*). O PMU consiste em simpósios de cinco dias em cada uma das principais regiões geográficas (Américas, Ásia/Pacífico e Europa) e um dia de eventos realizados nos escritórios da HP. Esses eventos oferecem aos gerentes de projetos uma oportunidade de dedicar um tempo concentrado para estudar e trocar conhecimentos e ideias com outros gerentes de projetos da HP de todo o mundo e em sua área geográfica local. A PMU foi reconhecida por sua excelência pela ASTD e pelo PMI.

CERTIFICAÇÃO DE PMP®

A HP possui um programa bem estabelecido para encorajar e apoiar nossos gerentes de projetos a obter a certificação. A HP Services possui mais de 5 mil indivíduos que obtiveram certificação de PMP® (Profissional de Gestão de Projetos) junto ao PMI®.

SUPORTE DO PMI

A HP apoia ativamente o Instituto de Gestão de Projetos (PMI®), uma organização sem fins lucrativos com mais de 265 mil membros. O PMI® estabeleceu padrões para a excelência em gestão de projetos que são reconhecidos pela indústria e por nossos clientes em todo o mundo.

Os funcionários da HP participam de diversos conselhos e comitês no PMI®, inclusive do Conselho Corporativo Global, o Centro de Acreditação Global, o Grupo Consultivo de Membros de Programas de Pesquisa, o desenvolvimento do Associado Certificado em Gerenciamento de Programas, o desenvolvimento de Certificados de Qualificação Adicional em Sistemas de TI, Redes de TI e escritório de gestão de projetos, a revisão do *Guia PMBOK®*, e as Equipes de Atualização do *Guia PMBOK®*. Muitos funcionários da HP ocupam cargos de liderança nos Capítulos do PMI® e Grupos de Interesses Especiais em todo o mundo.

9

Gestão informal de projetos

9.0 Introdução

Nos últimos 30 anos, uma das mudanças mais significativas na gestão de projetos foi a ideia de que a gestão informal de projetos funciona. Nas décadas de 1950 e 1960, as indústrias aeroespacial, de defesa e de construções de grande porte eram as principais usuárias das ferramentas e técnicas da gestão de projetos. Como se tratava de um processo de gerenciamento relativamente novo, os clientes das empresas contratadas e subcontratadas queriam evidências de que o sistema funcionava. A documentação das políticas e dos procedimentos a serem usados passou a fazer parte da proposta por escrito. A gestão formal de projetos, sustentada por centenas de políticas, procedimentos e formulários, tornou-se a norma. Afinal, por que um cliente em potencial estaria disposto a assinar um contrato de US$10 milhões para um projeto ser gerenciado informalmente?

Este capítulo esclarece a diferença entre gestão de projetos informal e formal e discute os quatro elementos essenciais da gestão informal de projetos.

9.1 Gestão de projetos informal *versus* formal

A gestão formal de projetos sempre foi cara e demorada. Em seus primórdios, o tempo e os recursos gastos na preparação de políticas e procedimentos por escrito tinham um propósito: tranquilizar o cliente. À medida que a gestão de projetos foi se estabelecendo, foi-se criando uma documentação formal principalmente para o cliente. As contratadas começaram a gerenciar mais informalmente, enquanto o cliente ainda estava pagando pela documentação de uma gestão formal de projetos. A Tabela 9.1 mostra as principais diferenças entre a gestão de projetos formal e informal. Como podemos ver, a diferença mais relevante é a quantidade de papelada.

Custa caro manter a papelada. Até mesmo uma apostila rotineira de uma reunião de equipe pode custar entre US$500 e US$2 mil por página para ser preparada. Executivos de empresas excelentes se comunicam sem quantidades excessivas de papel. Eles encorajam as equipes de projetos a se comunicarem sem quantidades excessivas de papel. Entretanto, algumas pessoas ainda operam sob a crença errônea de que a certificação ISO 9000 exige uma enorme papelada.

TABELA 9.1 Gestão de projetos formal *versus* informal

Fator	Gestão formal de projetos	Gestão informal de projetos
Nível do gerente de projetos	Alto	Baixo a médio
Autoridade do gerente de projetos	Documentada	Implícita
Papelada	Exorbitante	Mínima

A Figura 9.1 mostra as mudanças nos requisitos de papelada em gestão de projetos. O início da década de 1980 marcou o auge dos amantes da documentação em papel. Naquela época, o típico manual de políticas e procedimentos provavelmente custava entre US$3 milhões e US$5 milhões para preparar inicialmente e de US$1 milhão a US$2 milhões para atualizar anualmente ao longo da vida do projeto de desenvolvimento. Os gerentes de projetos se afundavam em formulários a serem preenchidos, ao ponto de ter muito pouco tempo sobrando para realmente gerenciar os projetos. Os clientes começaram a reclamar do alto custo da subcontratação, e o *boom* da papelada começou a perder força.

As verdadeiras economias de custo não se materializaram até o início da década de 1990, com o crescimento da engenharia simultânea. A engenharia simultânea encurtava os tempos de desenvolvimento de produtos, passando a realizar em paralelo atividades que antes eram realizadas em série. Essa mudança aumentou o nível de risco em cada projeto, o que exigia que a gestão de projetos se afastasse de algumas de suas antigas práticas. Diretrizes formais foram substituídas por listas de verificação menos detalhadas e mais genéricas.

Políticas e procedimentos representavam formalidade. Listas de verificação representavam informalidade. No entanto, a informalidade não eliminava totalmente a papelada dos projetos. Ela reduzia os requisitos de papelada a níveis minimamente aceitáveis. Passar da

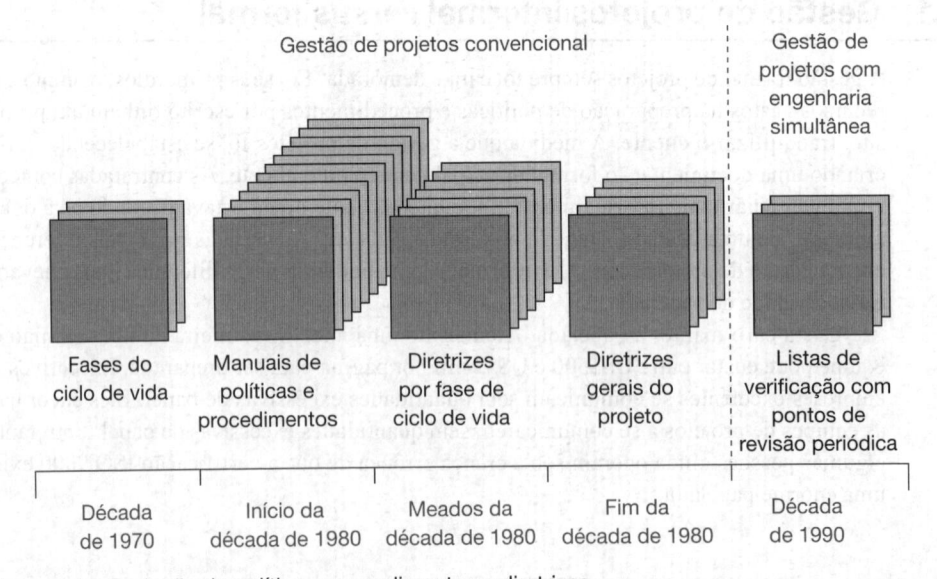

Figura 9.1 Evolução de políticas, procedimentos e diretrizes.
Fonte: Reimpresso de H. Kerzner, *In Search of Excellence in Project Management*, Hoboken, NJ. Wiley, 1998, p. 196.

formalidade à informalidade exigia uma mudança na cultura organizacional (ver Figura 9.2). Os quatro elementos fundamentais de uma cultura informal são os seguintes:

1. Confiança
2. Comunicação
3. Cooperação
4. Trabalho em equipe

Empresas grandes muitas vezes não conseguiam gerenciar projetos informalmente apesar de quererem. Quanto maior a empresa, maior a tendência de a gestão formal de projetos assumir o controle. Um antigo vice-presidente de operações de vendas e serviço de atendimento ao cliente da Nortel Networks acredita que:

> A introdução dos padrões de processos e ferramentas de projetos em toda a empresa na Nortel Networks e o uso de métricas *pipeline* (medidas que seguem normas da indústria definidas pelo cliente) fornecem uma estrutura para a gestão formal de projetos. Isso é necessário dada a complexidade dos projetos de telecomunicações que empreendemos e a necessidade de uma solução integrada em um curto espaço de tempo. O gerente de projetos

Gestão formal de projetos | Gestão informal de projetos

Magnitude relativa da documentação

| Manuais de políticas e procedimentos | Diretrizes por fase de ciclo de vida | Diretrizes por projeto | Listas de verificação para revisões de passagem de fase |

Questões críticas

- Conflitos de alta intensidade
- Resistência à geração de múltiplos relatórios para os chefes
- Confiança em políticas e procedimentos
- Patrocinadores invisíveis
- Problemas de poder/autoridade
- Reuniões muito frequentes

- Concorrência contínua por recursos
- Mudança constante de prioridades
- Baixa motivação

- Memorandos de proteção
- Atrasos no cronograma
- Aumentos graduais no escopo

- Confiança
- Comunicação
- Cooperação
- Trabalho em equipe
- Desenvolvimento de uma metodologia
- Fases do ciclo de vida
- Treinamento nas habilidades centrais

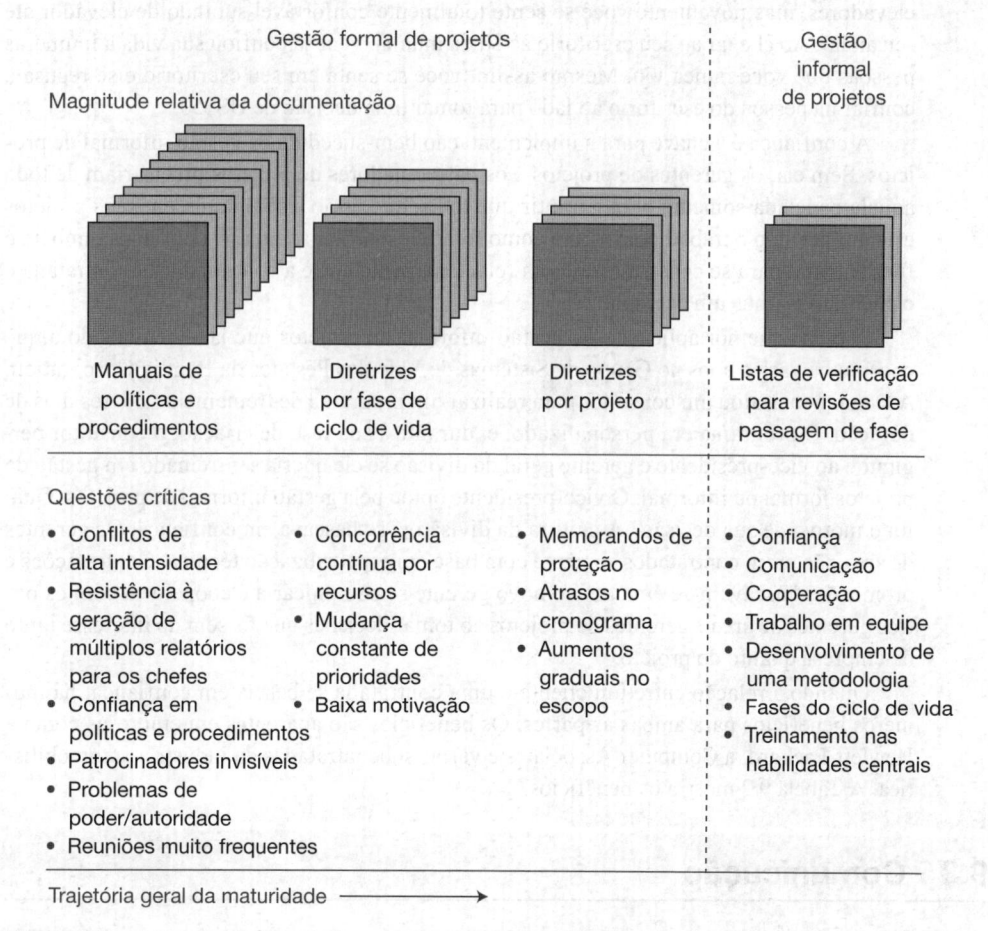

Trajetória geral da maturidade ⟶

Figura 9.2 Evolução da papelada e mudança dos níveis de formalidade.
Fonte: Reimpresso de H. Kerzner, *In Search of Excellence in Project Management*, Hoboken, NJ. Wiley, 1998, p. 198.

da Nortel Networks cruza muitos limites organizacionais para alcançar os resultados exigidos pelos clientes em um ambiente dinâmico.

A maioria das empresas gerencia formal ou informalmente. Entretanto, se sua empresa é direcionada a projetos e possui uma cultura muito forte de gestão de projetos, você pode ter de gerenciar formal ou informalmente dependendo das necessidades de seus clientes.

9.2 Confiança

Confiar em todos os envolvidos na execução de um projeto é essencial. Você acorda de manhã, se veste e entra no carro para ir para o trabalho. Em uma manhã típica, você pisa no freio de seu carro cerca de 50 vezes. Você nunca encontrou as pessoas que projetaram, fabricaram ou instalaram os freios. Ainda assim, você nem pensa se os freios irão ou não funcionar quando você precisar deles. Ninguém o xinga no trânsito a caminho do trabalho. Você não atropela ninguém. Então você chega ao trabalho e aperta o botão para chamar o elevador. Você nunca encontrou as pessoas que projetaram, fabricaram ou instalaram os elevadores, mas novamente você se sente totalmente confortável subindo de elevador até seu andar. Ao chegar ao seu escritório às 8h da manhã, você já confiou sua vida a inúmeras pessoas que você nunca viu. Mesmo assim, você se senta em seu escritório e se recusa a confiar na pessoa do escritório ao lado para tomar uma decisão de US$50.

A confiança é a chave para a implementação bem-sucedida da gestão informal de projetos. Sem ela, os gerentes de projetos e os patrocinadores de projetos precisariam de toda aquela papelada somente para garantir que todos que estão trabalhando em seus projetos estejam fazendo o trabalho da forma como foram instruídos a fazer. A confiança também é fundamental para se construir um bom relacionamento entre a contratada/subcontratada e o cliente. Vejamos um exemplo.

Talvez a melhor aplicação da gestão informal de projetos que já vi tenha sido a que ocorreu há vários anos no Grupo de Sistemas de Veículos Pesados da Bendix Corporation. A Bendix contratou um consultor para realizar um programa de treinamento de três dias de duração. O programa era personalizado, e, durante a sua fase de criação, o consultor perguntou ao vice-presidente e gerente geral da divisão se ele queria ser treinado em gestão de projetos formal ou informal. O vice-presidente optou pela gestão informal de projetos. Qual foi o motivo de sua decisão? A cultura da divisão já se baseava em confiança. Os gerentes de área não eram contratados somente com base em especialização técnica. Contratações e promoções baseavam-se em como o novo gerente se comunicaria e cooperaria com os outros gerentes de área e gerentes de projetos ao tomar decisões que fossem do interesse tanto da empresa quanto do projeto.

Quando a relação entre um cliente e uma contratada se baseia em confiança, há inúmeros benefícios para ambas as partes. Os benefícios são aparentes em empresas como a Hewlett-Packard, a Computer Associates e várias subcontratadas da indústria automobilística. A Tabela 9.2 mostra os benefícios.

9.3 Comunicação

Em organizações tradicionais e formais, os funcionários normalmente reclamam de uma comunicação insuficiente. Os gerentes seniores, no entanto, normalmente acham que a

TABELA 9.2 Benefícios da confiança em relações profissionais entre cliente e empresa contratada

Sem confiança	Com confiança
Licitações frequentes	Contratos de longo prazo, negócios de repetição e contratos de fornecedor único
Documentação maciça	Documentação mínima
Reuniões de equipe excessivas entre cliente e contratada	Número mínimo de reuniões de equipes
Reuniões de equipe com documentação	Reuniões de equipe sem documentação
Patrocínio nos níveis executivos	Patrocínio nos níveis intermediários da gerência

comunicação em sua empresa é ótima. Por que a disparidade? Na maioria das empresas, os executivos são inundados por informações comunicadas a eles por meio de reuniões frequentes e dezenas de relatórios de *status* semanais que chegam de todas as áreas funcionais da empresa. A qualidade e a frequência das informações que vão de cima para baixo pela hierarquia organizacional são menos consistentes, especialmente em empresas mais formais. No entanto, seja este um problema com as informações que vão de baixo para cima até o nível executivo ou com as que vão de cima para baixo, até o nível dos funcionários, uma coisa é certa: o problema normalmente se origina nas partes mais altas da hierarquia. Os gerentes seniores normalmente são os suspeitos quando se trata de exigir relatórios e reuniões. E muitos desses relatórios e reuniões são desnecessários e redundantes.

A maioria dos gerentes de projetos prefere se comunicar verbal e informalmente. O custo da comunicação formal pode ser alto. A comunicação em projetos inclue a distribuição de informações sobre decisões tomadas, autorizações de trabalho, negociações e relatórios de projeto. Os gerentes de projetos em empresas excelentes acreditam que gastam até 90% de seu tempo em comunicações interpessoais internas com suas equipes. A Figura 9.3 ilustra os canais de comunicação usados por um típico gerente de projetos. Em organizações direcionadas a projetos, os gerentes de projetos podem passar a maior parte de seu tempo se comunicando externamente com clientes e agências regulatórias.

Boas metodologias promovem não somente a gestão informal de projetos, mas também comunicações eficientes tanto lateral quanto verticalmente. A metodologia propriamente dita funciona como um canal de comunicação. Um executivo sênior em uma grande instituição financeira comentou sobre a metodologia de gestão de projetos de sua organização, chamada de Padrões de Gestão de Projetos (PMS, *Project Management Standards*):

> Os PMS orientam o gerente de projetos por cada passo do projeto. Os PMS não somente controlam a estrutura de geração de relatórios, mas também estabelecem as diretrizes para quem deve estar envolvido no projeto propriamente dito e os vários níveis de revisão. Isso cria um fluxo de comunicação excelente entre as pessoas certas. A comunicação de um projeto é um dos fatores mais importantes do sucesso. Um plano ótimo não passa disso se não for bem comunicado.

A maioria das empresas acredita que uma boa metodologia de gestão de projetos levará a comunicações eficientes, o que permitirá que a empresa gerencie de maneira mais informal do que formal. A questão, claro, é quanto tempo ela levará para alcançar comunicações eficientes. Como todos os funcionários trabalhando debaixo do mesmo teto, o tempo necessário pode ser mais curto. Para projetos globais, a dispersão geográfica e as diferenças

```
                    ┌─────────────────┐
                    │  Comunicação    │
                    │  de baixo para  │
                    │  cima até       │
                    │  patrocinadores │
                    │  e executivos   │
                    └─────────────────┘
                            ▲
                            │
                    ┌─────────────┐
                    │  Gerente    │────────────┬────────────────┐
                    │ de projetos │            │                │
                    └─────────────┘            │                │
                       │        │              │                │
                       ▼        ▼              ▼                ▼
              ┌──────────┐ ┌──────────┐ ┌──────────┐ ┌──────────┐
              │Comunicação│ │Comunicação│ │Comunicação│
              │lateral com│ │lateral com│ │lateral com a│
              │clientes e │ │organizações││equipe de │
              │grupos de  │ │formais e  │ │projetos  │
              │colegas    │ │informais  │ │          │
              └──────────┘ └──────────┘ └──────────┘
```

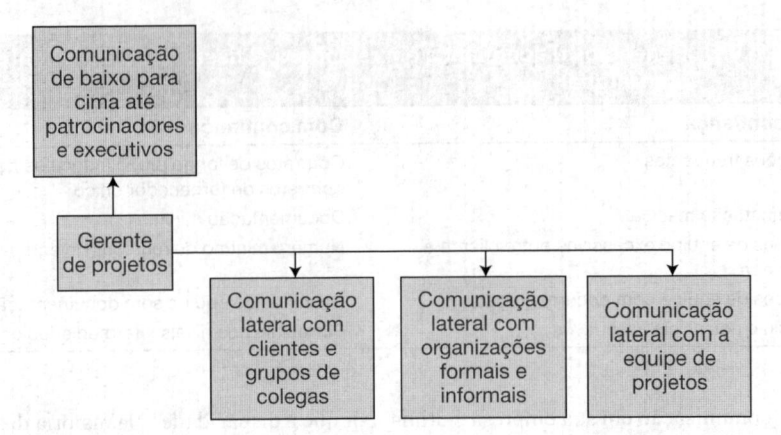

Figura 9.3 Canais de comunicação internos e externos para a gestão de projetos.
Fonte: Reimpresso de H. Kerzner, *In Search of Excellence in Project Management*, Hoboken, NJ. Wiley, 1998, p. 200.

culturais podem fazer levar décadas até que ocorram comunicações eficientes. Mesmo assim, não há garantia de que os projetos globais venham a ser gerenciados informalmente.

Suzanne Zale, diretora de operações da Hewlett-Packard, enfatizou:

> Em qualquer projeto global, a comunicação torna-se complexa. Isso exigirá muito mais planejamento antecipado. Todos os que precisam aderir precisam ser identificados logo no início. A fim de promover assuntos existentes, especialistas familiarizados com a cultura local e fornecedores, a necessidade de equipes virtuais se torna mais óbvia. Isso aumenta a dificuldade de comunicações eficientes.
>
> O mecanismo de comunicação também pode mudar drasticamente. Conversas ou reuniões face a face tornam-se mais difíceis. Tendemos a depender fortemente de comunicações eletrônicas, como vídeo e teleconferências e correio eletrônico. O formato das comunicações precisa ser padronizado e compreendido antecipadamente, de modo que as informações possam ser enviadas rapidamente. As comunicações também levarão mais tempo e exigirão mais esforços devido a diferenças culturais e de fusos horários.

Uma das premissas implícitas para que a gestão informal de projetos exista é que os funcionários compreendam sua estrutura organizacional e seus papéis e responsabilidades na estrutura organizacional e na do projeto. Formas como o gráfico linear de responsabilidades (LRC, *linear responsibility chart*) e a matriz de atribuição de responsabilidades (RAM, *responsibility assignment matrix*) são úteis. As ferramentas de comunicação não são usadas hoje com a mesma frequência do que nas décadas de 1970 e 1980.

Para projetos multinacionais, estrutura, papéis e responsabilidades organizacionais devem ser claramente delineados. Comunicações eficientes são de máxima importância e provavelmente têm de ser alcançadas mais formal do que informalmente.

Como Suzanne Zale afirma:

> Para qualquer projeto global, a estrutura organizacional precisa ser claramente definida para minimizar qualquer possível mal-entendido. É melhor ter uma definição bem clara do gráfico organizacional e seus papéis e responsabilidades. Qualquer incentivo à motivação também precisa considerar diferenças culturais. Os direcionadores e valores de diferentes culturas podem variar substancialmente.

Os dois principais obstáculos à comunicação que devem ser superados quando uma empresa realmente quer cultivar uma cultura informal são o que gosto de chamar de "relatórios hérnia" e "reuniões forenses". Os "relatórios hérnia" são decorrentes da crença da gerência de que aquilo que não foi escrito não foi dito. Embora essa crença tenha um fundo de verdade, a palavra escrita tem um alto custo. Precisamos considerar mais do que apenas o tempo consumido na preparação de relatórios e memorandos formais. Há todo o tempo que os destinatários passam lendo-os, além de todo o tempo necessário para seu processamento, cópias, distribuição e arquivamento.

Se os relatórios de *status* escritos para a gerência precisam ser grampeados ou presos por um clipe, isso significa que eles são longos demais. Os relatórios de projetos com mais de 5 a 10 páginas muitas vezes nem mesmo são lidos. Em empresas excelentes em gestão de projetos, relatórios internos de projetos respondem a essas três perguntas da forma mais simples possível:

1. Onde estamos hoje?
2. Onde acabaremos?
3. Existe algum problema que exige o envolvimento da gerência?

Todas essas perguntas podem ser respondidas em uma folha de papel.

O segundo obstáculo é a reunião de equipe "forense". Uma reunião de equipe "forense" é uma reunião marcada para durar 30 minutos que, na verdade, dura mais de três horas. As reuniões "forenses" são criadas quando os gerentes seniores interferem nas atividades rotineiras de trabalho. Mesmo os gerentes de projetos caem nessa armadilha quando apresentam à gerência informações com as quais ela não deveria precisar lidar. Tais situações são um convite ao desastre.

9.4 Cooperação

Cooperação é a disposição de indivíduos a trabalhar uns com os outros para o benefício de todos. Inclui as ações voluntárias de uma equipe que trabalha unida para obter um resultado favorável. Em empresas excelentes em gestão de projetos, a cooperação é a norma e ocorre sem a intervenção formal de autoridade. Os membros da equipe sabem o que é a coisa certa a se fazer, e a fazem.

Na empresa típica (ou em um grupo típico de qualquer tipo, na verdade), as pessoas aprendem a cooperar à medida que vão se conhecendo. Isso leva tempo, e tempo é algo normalmente escasso para as equipes de projetos. No entanto, empresas como a Ericsson Telecom AB, o General Motors Powertrain Group e a Hewlett-Packard criam culturas que promovem a cooperação para o benefício de todos.

9.5 Trabalho em equipe

Trabalho em equipe é o trabalho realizado por pessoas que agem juntas com um espírito de cooperação sob os limites da coordenação. Algumas pessoas confundem trabalho em equipe com moral, mas moral tem mais a ver com atitudes em relação ao trabalho do que com o trabalho propriamente dito. Obviamente, porém, um bom moral é vantajoso para o trabalho em equipe.

Em empresas excelentes, o trabalho em equipe possui as seguintes características:

- Os funcionários e gerentes compartilham ideias uns com os outros e estabelecem altos níveis de inovação e criatividade em grupos de trabalho.
- Os funcionários e gerentes confiam uns nos outros e são fiéis uns aos outros e à empresa.
- Os funcionários e gerentes têm um compromisso com o trabalho que realizam e as promessas que fazem.
- Os funcionários e gerentes compartilham informações livremente.
- Os funcionários e gerentes são consistentemente abertos e honestos uns com os outros.

Fazer as pessoas sentirem que fazem parte de uma equipe não necessariamente exige muito esforço. Considere a situação na Divisão de Serviços de Engenharia e Construção da Dow Chemical Corporation há vários anos. A Dow Chemical tinha solicitado que um instrutor desenvolvesse um curso de treinamento em gestão de projetos. O instrutor entrevistou vários dos participantes do seminário antes do programa de treinamento para identificar possíveis áreas problemáticas. O maior problema pareceu ser uma falta de trabalho em equipe. Essa lacuna era especialmente evidente no departamento de projetos arquitetônicos. O pessoal desse departamento reclamou que um número excessivo de mudanças estava sendo feito nos projetos arquitetônicos. Eles simplesmente não conseguiam compreender os motivos por trás de todas as mudanças.

O segundo problema identificado, e talvez o mais sério, era que os gerentes de projetos não se comunicavam com o departamento de projetos arquitetônicos uma vez que eles estavam concluídos. O pessoal de projetos arquitetônicos não tinha ideia do *status* dos projetos em que estavam trabalhando e não sentiam que faziam parte da equipe.

Durante o programa de treinamento, um dos gerentes de projetos, que era responsável por construir uma grande fábrica de produtos químicos, foi solicitado a explicar por que estavam sendo feitas tantas mudanças nos desenhos de seus projetos arquitetônicos. Ele disse: "Há três motivos para as mudanças. Primeiro, os clientes nem sempre sabem o que querem com antecedência. Segundo, quando temos os desenhos preliminares, construímos um modelo de plástico da fábrica. O modelo geralmente nos mostra que equipamentos precisam ser movidos para manutenção ou por motivos de segurança. Terceiro, às vezes precisamos correr até a construção bem antes de termos a aprovação final da Agência de Proteção Ambiental. Quando a agência finalmente dá sua aprovação, essa aprovação geralmente se torna contingente para grandes mudanças estruturais no trabalho que já foi concluído". Um antigo funcionário da Dow comentou que, em seus 15 anos de empresa, ninguém nunca tinha explicado antes os motivos por trás das mudanças nos desenhos dos projetos.

A solução para o problema de comunicação insuficiente também era fácil de consertar uma vez que fosse revelada. Os gerentes de projetos prometeram tirar instantâneos mensais do progresso dos projetos de construção e compartilhá-los com o departamento de projetos arquitetônicos. O pessoal dos projetos arquitetônicos ficou satisfeito e passou a se sentir mais como parte da equipe de projetos.

9.6 Relatórios de *status* com códigos de cores

O uso de cores em relatórios de *status*, seja para relatórios impressos ou para apresentações visuais na intranet da empresa, cresceu significativamente. Os relatórios com códigos de cores encorajam a ocorrência da gestão de projetos informal. As cores podem reduzir os riscos alertando a gerência rapidamente de que existe um possível problema. Uma empresa preparava relatórios de *status* complexos, mas marcava as margens direitas de cada página com um código de cores criado para públicos e níveis da gerência específicos. Um executivo comentou que hoje ele só lê as páginas que possuem códigos de cores para ele especificamente em vez de ter de procurar o que é de seu interesse por todo o relatório. Em outra empresa, a gerência sênior descobriu que os relatórios de *status* via intranet que eram marcados com códigos de cores permitiam que eles revisassem mais informações em menos tempo hábil focando apenas as cores que indicavam possíveis problemas. As cores podem ser usadas para indicar que:

- O *status* não foi endereçado.
- O *status* foi endereçado, mas não há problemas.
- O projeto está em andamento.
- Pode haver um possível problema no futuro.
- Existe definitivamente um problema, e ele é sério.
- Nenhuma ação deve ser tomada em relação a esse problema.
- A atividade foi concluída.
- A atividade ainda está ativa e a data de conclusão já passou.

9.7 *Dashboards* de crises

Ao longo dos últimos anos, os *dashboards* se tornaram lugar-comum para apresentar informações de *status* de projetos para equipe de projetos, clientes e partes interessadas. A finalidade de um *dashboard* é converter dados brutos em informações significativas que possam ser facilmente compreendidas e usadas para uma tomada de decisões informada. O *dashboard* fornece ao espectador uma "consciência situacional" do que as informações significam agora e do que podem significar no futuro se as tendências existentes continuarem. Os *dashboards* funcionam como ferramentas de comunicação que nos permitem passar à gestão de projetos livre de papelada, com menos reuniões e sem desperdícios.

Os projetos no ambiente de hoje são significativamente mais complexos do que muitos dos projetos gerenciados no passado. Com os projetos de hoje, a governança é realizada por um comitê de governança, em vez de um único patrocinador de projetos. Cada parte interessada ou membro do comitê de governança pode muito bem exigir diferentes métricas e KPIs. Se cada parte interessada desejar observar de 20 a 30 métricas, os custos da mensuração e relatório de métricas podem ser muito altos e contrariar o propósito de eliminar a papelada na gestão de projetos.

A solução para comunicações eficientes com as partes interessadas e os grupos de governança é mostrar a eles que muito provavelmente poderão conseguir todos os dados essenciais necessários para uma tomada de decisões informada com 6 a 10 métricas ou KPIs que podem ser exibidos na tela de um computador. Isso nem sempre é o que ocorre, e pode ser necessário um maior detalhamento em outras telas. Em geral, porém, uma tela de computador deve ser suficiente.

Se houver uma situação de condição de fora de tolerância ou crise com qualquer uma das métricas ou KPIs na tela do *dashboard*, a situação deve ficar aparente imediatamente para o leitor. Mas e se a crise ocorrer devido a métricas que não aparecem na tela? Nesse caso, o leitor será imediatamente direcionado a um *dashboard* de crise que mostra todas as métricas que estão fora de tolerância. As métricas fora de tolerância permanecerão no *dashboard* de crise até o momento em que a crise ou as condições fora de tolerância estiverem corrigidas. Cada parte interessada agora verá a tela regular e, então, será instruída a olhar a tela de crise.

DEFININDO UMA CRISE

Uma crise pode ser definida como qualquer evento, seja ele esperado ou não, que possa nos levar a uma situação instável ou perigosa que afeta o resultado do projeto. As crises significam consequências negativas que podem prejudicar uma organização, suas partes interessadas e o público em geral. A crise pode resultar em mudanças para a estratégia de negócios da empresa, como ela interage com os fatores ambientais empresariais, como a consciência social da empresa é exibida e o modo como ela mantém a satisfação do cliente. Uma crise não necessariamente significa que o projeto fracassará, nem significa que o projeto será extinto. A crise pode simplesmente ser o fato de que o resultado do projeto não ocorrerá como esperado.

Algumas crises às vezes aparecem gradualmente e são precedidas por sinais de alerta precoces. Esses sinais podem ser chamados de crises latentes. A intenção das métricas e dos *dashboards* é identificar tendências que poderiam indicar que uma crise talvez esteja se aproximando e fornecer ao gerente de projetos tempo suficiente para desenvolver planos de contingência. Quanto antes você souber de crises iminentes, mais opções poderá ter disponíveis para remediá-las.

Como determinamos se a condição de fora da tolerância é apenas um problema ou uma crise? A resposta está nos danos potenciais que podem ser causados. Se qualquer uma das coisas a seguir acontecer, a situação provavelmente seria tratada como uma crise:

- Há uma ameaça significativa para o resultado do projeto
- Há uma ameaça significativa para a organização como um todo, suas partes interessadas e possivelmente o público em geral
- Há uma ameaça significativa para o modelo e a estratégia de negócios da empresa
- Há uma ameaça significativa para a saúde e a segurança dos trabalhadores
- Há uma ameaça significativa para os consumidores, como adulteração de produtos
- Existe a possibilidade de perda de vidas
- Existe a possibilidade de atrasos no trabalho porque os sistemas estão sendo redesenhados
- Existe a possibilidade de atrasos no trabalho devido a mudanças organizacionais necessárias
- Existe uma chance significativa de que a imagem ou reputação da empresa seja prejudicada
- Existe uma chance alta de que a deterioração na satisfação do cliente possa resultar em perdas de receitas significativas no presente e no futuro

É importante compreender a diferença entre gestão de riscos e gerenciamento de crises. Segundo a Wikipédia:

> Ao contrário da gestão de riscos, que envolve avaliar possíveis ameaças e encontrar as melhores maneiras de evitá-las, o gerenciamento de crises envolve lidar com as ameaças antes, durante e depois de elas terem ocorrido. É uma disciplina dentro do contexto mais amplo de gerenciamento que consiste em habilidades e técnicas necessárias para identificar, avaliar,

TABELA 9.3 Diferenciação entre um problema e uma crise

Métrica/KPI	Problema	Crise
Tempo	O projeto sofrerá atraso, mas ainda será aceitável para o cliente	O projeto sofrerá atraso, e o cliente está considerando o cancelamento
Custo	Os custos estão sendo excedidos, mas o cliente pode fornecer financiamento adicional	Os custos estão sendo excedidos, e não há financiamento adicional disponível. O cancelamento é extremamente provável
Qualidade	O cliente não está feliz com a qualidade, mas pode aceitá-la	A qualidade dos *deliverables* é inaceitável, danos pessoais são possíveis, o cliente pode cancelar o contrato, e é possível que esse cliente não ofereça mais nenhum trabalho
Recursos	O projeto está com falta de pessoal ou os recursos designados possuem habilidades insuficientes para fazer o trabalho. Um atraso no cronograma é provável	A qualidade ou a falta de recursos causará um sério atraso no cronograma, e a qualidade das habilidades do pessoal pode ser inaceitável a ponto de o projeto poder ser cancelado
Escopo	Há inúmeras mudanças de escopo, que podem causar mudanças às linhas de base. Atrasos e excessos de custos estão acontecendo, mas são aceitáveis para o cliente por enquanto	O número de mudanças de escopo levou o cliente a acreditar que o planejamento não está correto, e mais mudanças de escopo ocorrerão. Os benefícios do projeto não mais superam seus custos, e é provável que o projeto seja extinto
Itens de ação	O cliente está insatisfeito com a quantidade de tempo levada para encerrar itens de ação, mas o impacto sobre o projeto é pequeno	O cliente está insatisfeito com a quantidade de tempo levada para encerrar itens de ação, e o impacto sobre o projeto é significativo. As decisões de governança estão sendo atrasadas devido aos itens de ação aberta, e o impacto sobre o projeto pode ser severo
Riscos	Existem níveis de risco significativos, mas a equipe pode ser capaz de mitigar parte deles	Os danos potenciais que podem ocorrer devido à severidade dos riscos são inaceitáveis para o cliente
Premissas e restrições	Surgiram novas premissas e restrições que podem afetar o projeto adversamente	Surgiram novas premissas e restrições tais que será necessário um replanejamento significativo do projeto. O valor do projeto pode não mais existir
Fatores ambientais empresariais	Os fatores ambientais empresariais apresentam mudanças e podem afetar o projeto adversamente	Os novos fatores ambientais empresariais reduzirão muito o valor e os benefícios esperados do projeto

compreender e lidar com uma situação séria, especialmente a partir do momento em que ocorre pela primeira vez até o ponto em que se iniciam os procedimentos de recuperação.[4]

As crises geralmente exigem que decisões imediatas sejam tomadas. Uma tomada de decisões eficiente exige informações. Se uma métrica parece estar em modo de crise e aparece no *dashboard* de crises, os leitores talvez achem necessário ver diversas outras métricas que podem não estar em modo de crise e não aparecer no *dashboard* de crise, mas que são possíveis causas de crises. Observar as métricas nos *dashboards* é muito mais fácil do que ler relatórios.

---

[4] Wikipedia contributors, "Crisis Management", *Wikipedia, The Free Encyclopedia*, https://en.wikipedia.org/wiki/Crisis_management.

A diferenciação entre um problema e uma crise é como a beleza: está nos olhos de quem vê. O que uma parte interessada vê como um problema, outra parte interessada pode ver como crise. A Tabela 9.3 mostra como é difícil fazer essa diferenciação.

Agora podemos chegar às seguintes conclusões sobre os *dashboards* de crise:

- Nem sempre está claro para os leitores o que constitui uma "crise"
- Nem todos os problemas são crises
- Às vezes, tendências desfavoráveis são tratadas como crises e aparecem nos *dashboards* de crises
- O *dashboard* de crises pode conter uma mistura de métricas de crises e métricas que são tratadas apenas como problemas
- As métricas que aparecem em um sistema tradicional de relatórios via *dashboard* podem precisar ser redesenhadas quando colocadas em um *dashboard* de crise para garantir que elas sejam facilmente compreendidas
- As métricas de crises geralmente implicam que ou essa situação precisa ser monitorada de perto ou que algumas decisões devem ser tomadas

9.8 Gestão informal de projetos na prática

Analisemos dois estudos de casos que ilustram a gestão informal de projetos em ação.

POLK LIGHTING

A Polk Lighting (um nome fictício) é uma empresa de US$35 milhões localizada em Jacksonville, Flórida, EUA. A empresa produz lâmpadas, lanternas e outros instrumentos de iluminação. Seu negócio é integralmente baseado em produtos e serviços, e a empresa não aceita projetos contratados de clientes externos. A maior parte das ações da empresa é negociada na bolsa de valores. O presidente da Polk Lighting detém esse cargo desde o início da empresa, em 1985.

Em 1994, as atividades da Polk se concentravam no grupo de P&D, que o presidente supervisionava pessoalmente, recusando-se a contratar um diretor de P&D. O presidente acreditava na gestão informal para todos os aspectos do negócio, mas tinha segundas intenções para querer usar a gestão informal de projetos. A maioria das empresas usa a gestão informal de projetos para manter os custos os mais baixos possíveis, mas o presidente da Polk a preferia para que ele pudesse manter o controle do grupo de P&D. Entretanto, para a empresa crescer, o presidente precisaria ampliar a estrutura de gerenciamento, estabelecer orçamentos apertados para os projetos e, possivelmente, tornar a gestão de projetos mais formal do que tinha sido até então. Além disso, ele provavelmente seria forçado a contratar um diretor de P&D.

Pressões dos acionistas da empresa acabaram forçando o presidente a permitir que a empresa crescesse. Quando o crescimento tornou necessário para o presidente assumir tarefas administrativas mais pesadas, ele finalmente contratou um vice-presidente de P&D.

Dentro de alguns anos, as vendas da empresa tinham dobrado, mas a gestão informal de projetos ainda estava em vigor. Embora os orçamentos e cronogramas tivessem sido estabelecidos à medida que a empresa foi crescendo, a gestão real dos projetos e o modo como as equipes trabalhavam juntas permaneceram informais.

BOEING AEROSPACE (DÉCADA DE 1970)

Há várias décadas, a Boeing era a principal contratada pela Força Aérea dos EUA para produzir o novo míssil de ataque de curto alcance (SRAM, *short-range attack missile*) e subcontratou a Thiokol Corporation para desenvolver o sistema de propulsão do míssil.

Geralmente, supõe-se que a comunicação entre grandes clientes e suas empresas contratadas precise ser formal, devido a possíveis receios quando os contratos são complexos e envolvem bilhões de dólares. O uso de representantes no local, no entanto, pode transformar uma relação possivelmente polêmica em uma relação de confiança e cooperação com a introdução da informalidade.

Dois funcionários da Boeing foram cuidadosamente selecionados como representantes no local para supervisionar o desenvolvimento do sistema de propulsão do SRAM na Thiokol Corporation. A relação de trabalho entre o escritório de gestão de projetos da Thiokol e os representantes no local da Boeing rapidamente se desenvolveu em uma confiança compartilhada. Eram feitas reuniões de equipe sem troca de documentação excessiva. Cada parte concordou em cooperar uma com a outra. O gerente de projetos da Thiokol confiava nos representantes da Boeing o suficiente para lhes dar dados brutos de resultados de testes mesmo antes dos engenheiros da Thiokol poderem formular suas próprias opiniões sobre tais dados. Os representantes da Boeing, por sua vez, prometeram que não repassariam os dados brutos para a Boeing até que os engenheiros da Thiokol estivessem prontos para compartilhar seus resultados com seus próprios patrocinadores executivos.

A relação Thiokol–Boeing nesse projeto claramente indica que a gestão informal de projetos pode funcionar entre clientes e contratadas. Grandes empresas contratadas no ramo de construção tiveram os mesmos resultados positivos ao usar a gestão informal de projetos e representantes no local para reconstruir a confiança e a cooperação. A informalidade não é um substituto para as atividades formais da gestão de projetos. Em vez disso, significa simplesmente que algumas atividades podem ser feitas mais informal do que formalmente. Comunicações formais e informais podem coexistir.

10

Excelência comportamental

10.0 Introdução

Nos capítulos anteriores, vimos que as empresas excelentes em gestão de projetos enfatizam fortemente o treinamento em habilidades comportamentais. No passado, pensava-se que os fracassos de projetos ocorriam primordialmente devido a mau planejamento, imprecisões de estimativas, ineficiência na geração de cronogramas e falta de controle de custos. Hoje, as empresas excelentes percebem que o fracasso de projetos está mais ligado a problemas comportamentais – baixo moral dos funcionários, relações humanas negativas, baixa produtividade e falta de compromisso.

Este capítulo discute esses fatores humanos no contexto da liderança situacional e resolução de conflitos. Traz, também, informações sobre questões de seleção de funcionários em gestão de projetos. Finalmente, o capítulo oferece conselhos sobre como alcançar a excelência comportamental.

10.1 Liderança situacional

Quando a gestão de projetos começou a enfatizar mais o gerenciamento comportamental do que o gerenciamento técnico, a liderança situacional também passou a receber mais atenção. O tamanho médio dos projetos cresceu, e cresceu também o tamanho das equipes de projetos. A integração de processos e as relações interpessoais eficientes também passaram a ter maior importância com o aumento das equipes de projetos. Os gerentes de projetos hoje precisam ser capazes de se comunicar com muitas diferentes funções e departamentos. Existe um provérbio contemporâneo da gestão de projetos que diz: "Quando um pesquisador fala com outro pesquisador, há uma compreensão de 100%. Quando um pesquisador fala com o departamento de produção, há uma compreensão de 50%. Quando um pesquisador fala com o departamento de vendas, há uma compreensão de 0%. Mas o gerente de projetos fala com todos eles".

Randy Coleman, antigo vice-presidente sênior do Federal Reserve Bank of Cleveland, enfatiza a importância da tolerância:

> A característica mais importante necessária para uma gestão de projetos bem-sucedida é a tolerância: a tolerância a eventos externos e a tolerância às personalidades das pessoas. De modo geral, há dois grupos aqui no Fed – pessoas que gostam de estabilidade e querem passar o resto da vida no mesmo emprego e aquelas que trocam de emprego com frequência. Você precisa lidar com os dois grupos de maneiras diferentes, mas, ao mesmo tempo, deve

tratá-los da mesma forma. Você tem de se curvar um pouco diante dos independentes (pessoas mais jovens que mudam de emprego com frequência) que têm ideias boas e criativas e que você quer segurar na empresa, particularmente aqueles que se arriscam. É preciso admitir que terá que lidar com alguns *trade-offs*.

Um gerente de projetos sênior em uma empresa internacional de contabilidade declara como seu próprio estilo de liderança mudou de tradicional para situacional desde que se tornou gerente de projetos:

> Eu achava que havia determinada abordagem que era melhor para a liderança, mas a experiência me ensinou que liderança e personalidade andam de mãos dadas. O que funciona para uma pessoa, não funciona para outras. Sendo assim, você precisa compreender o suficiente sobre a estrutura de projetos e sobre pessoas e, então, adotar um estilo de liderança que se adapte à sua personalidade, de modo que você soe natural e genuíno. É um misto da experiência e da personalidade de uma pessoa com seu estilo de liderança.

Muitas empresas começam a aplicar a gestão de projetos sem compreender as diferenças comportamentais fundamentais entre os gerentes de projetos e os gerentes de área. Se supusermos que o gerente de área não esteja trabalhando também como gerente de projetos, estas são as diferenças comportamentais entre os dois:

- Os gerentes de projetos têm de lidar com múltiplas relações hierárquicas. Os gerentes de área se reportam a profissionais em cargos superiores em uma única cadeia de comando.
- Os gerentes de projetos têm pouquíssima autoridade real. Os gerentes de área detêm uma grande quantidade de autoridade em virtude de seus títulos.
- Os gerentes de projetos geralmente não contribuem com os relatórios de desempenho de funcionários. Os gerentes de área contribuem formalmente com os relatórios de desempenho dos funcionários que se reportam diretamente a eles.
- Os gerentes de projetos nem sempre fazem parte de um plano de carreira que preveja aumentos salariais. Os gerentes de área sempre fazem.
- O cargo de gerente de projetos pode ser temporário. O cargo de gerente de área é permanente.
- Os gerentes de projetos às vezes são de um nível de grau inferior ao dos membros da equipe de projetos. Os gerentes de área geralmente são remunerados em um nível superior aos de seus subordinados.

Há vários anos, quando a AT&T Ohio, à época conhecida como Ohio Bell, ainda era subsidiária da American Telephone and Telegraph (AT&T), contratou-se um instrutor para ministrar um curso de três dias de duração em gestão de projetos. Durante o processo de personalização, pediu-se que o instrutor enfatizasse o planejamento, a geração de cronogramas e o controle, e que não se importasse com os aspectos comportamentais da gestão de projetos. Naquela época, a AT&T ofereceu um curso sobre como se tornar supervisor de área que todos os participantes do seminário já haviam feito. Na discussão que se seguiu entre o instrutor e os desenvolvedores de conteúdo do curso, ficou claro que liderança, motivação e resolução de conflitos estavam sendo ensinados do ponto de vista do superior para o subordinado no curso da AT&T. Quando os desenvolvedores de conteúdo do curso perceberam que os gerentes de projetos oferecem liderança, motivação e resolução de conflitos a funcionários que não se reportam diretamente a eles, permitiu-se que o instrutor incluísse assuntos comportamentais relacionados à gestão de projetos no seminário.

As organizações precisam reconhecer a importância dos fatores comportamentais nas relações de trabalho. Quando reconhecem, passam a compreender que os gerentes de projetos devem ser contratados por sua competência geral de gerenciamento de projetos, e não somente por seus conhecimentos técnicos. Brian Vannoni, antigo gerente de treinamento e principal engenheiro de processos da GE Plastics, descreveu a abordagem de sua organização ao selecionar gerentes de projetos:

> O processo de seleção para fazer as pessoas se envolverem como gerentes de projetos baseia-se primordialmente em suas habilidades comportamentais e suas habilidades como líderes no que diz respeito a outros aspectos da gestão de projetos. Alguns dos gerentes de projetos profissionais que trabalham em regime de tempo integral escolhem engenheiros sênior como seus protegidos, sendo seus guias e mentores, de modo que os engenheiros possam aprender os outros aspectos da gestão de projetos. Porém, as principais habilidades que estamos procurando são, na verdade, as habilidades de liderança.

Os gerentes de projetos com fortes habilidades comportamentais têm mais chances de envolver suas equipes na tomada de decisões, e a tomada de decisões compartilhada é um dos principais traços da gestão de projetos bem-sucedida. Hoje os gerentes de projetos são mais gerentes de pessoas do que gerentes de tecnologia. Segundo Robert Hershock, antigo vice-presidente da 3M:

> A confiança, o respeito e, especialmente, as comunicações são muito, muito importantes, mas acho que uma coisa que devemos ter em mente é que um líder de equipe não gerencia tecnologia; gerencia pessoas. Se você gerenciar as pessoas da forma certa, elas vão gerenciar a tecnologia.

Além disso, os gerentes de projetos orientados por questões comportamentais têm mais chances de delegar responsabilidades aos membros de equipes do que gerentes de projetos com alta especialidade técnica. Em 1996, Frank Jackson, antigo gerente sênior da MCI, afirmou:

> Os líderes de equipes precisam ter um foco e um compromisso com um objetivo final. Você definitivamente tem de se responsabilizar por sua equipe e pelo resultado dela. Você precisa ser capaz de compartilhar a tomada de decisões. Não pode se autodeterminar como o detentor exclusivo do direto de tomar decisões. Você deve ser capaz de dividir esse direito. E, apenas para tocar mais uma vez no assunto, isso é comunicação. Uma comunicação clara e precisa com a equipe e com a cadeia de comando é muito, muito importante.

Algumas organizações preferem ter um gerente de projetos com fortes habilidades comportamentais, deixando a especialização técnica nas mãos do engenheiro de projetos. Outras descobriram que o inverso é eficiente. Rose Russett, antigo gerente de processos de gerenciamento de programas da General Motors Powertrain, declarou:

> Normalmente indicamos um indivíduo com formação técnica para o cargo de gerente de programas e um indivíduo com formação em negócios e/ou sistemas para o cargo de administrador do programa. Essa combinação de habilidades parece complementar uma à outra. Os vários gerentes de área são, em última análise, responsáveis pelas partes técnicas do programa, enquanto a responsabilidade principal do gerente de programas é propiciar a integração de todos os *deliverables* funcionais a fim de alcançar os objetivos do programa. Tendo isso em mente, é útil para os gerentes de programas compreender as questões técnicas, mas eles agregam valor não solucionando problemas técnicos específicos, e sim liderando a equipe por meio de um processo que resultará nas melhores soluções para o programa de modo geral, não somente para a área funcional específica. O administrador

do programa, com dados recebidos de todos os membros da equipe, desenvolve os planos de programa, identifica o caminho crítico e comunica periodicamente essas informações à equipe ao longo da vida do programa. Essas informações são utilizadas para auxiliar com a solução de problemas, a tomada de decisões e a gestão de riscos.

10.2 Resolução de conflitos

Os oponentes da gestão de projetos afirmam que o principal motivo pelo qual algumas empresas evitam mudar para uma cultura de gestão de projetos é o fato de elas temerem os conflitos que qualquer mudança inevitavelmente acarreta. Conflitos fazem parte da rotina das empresas com culturas de gestão de projetos. Eles podem ocorrer em qualquer nível da organização e geralmente resultam de objetivos conflitantes. O gerente de projeto é um gestor de conflitos. Em muitas organizações, os gerentes de projetos estão sempre resolvendo problemas emergenciais e lidando com crises que surgem de conflitos interpessoais e interdepartamentais. Eles estão tão ocupados fazendo isso que delegam as responsabilidades cotidianas de dirigir seus projetos às equipes de projetos. Embora esse arranjo não seja o mais eficiente, às vezes é necessário, especialmente após uma reestruturação organizacional ou o início de um novo projeto que exige novos recursos.

A capacidade de lidar com conflitos exige uma compreensão em relação ao motivo de seu surgimento. Podemos fazer quatro perguntas, cujas respostas normalmente são úteis ao lidar com conflitos e possivelmente evitá-los em um ambiente de gestão de projetos:

1. Os objetivos do projeto entram em conflito com os objetivos de outros projetos que estão sendo desenvolvidos no momento?
2. Por que os conflitos ocorrem?
3. Como podemos resolver conflitos?
4. Existe algo que possamos fazer para prever e resolver conflitos antes de eles se tornarem sérios?

Embora os conflitos sejam inevitáveis, pode-se minimizá-los com planejamento. Por exemplo, é provável que surjam conflitos em uma equipe em que os membros não compreendem os papéis e as responsabilidades uns dos outros. É possível traçar gráficos de responsabilidades para mapear quem é responsável pelo quê no projeto. Tendo eliminado a ambiguidade dos papéis e das responsabilidades, resolve-se o conflito ou evitam-se futuros conflitos.

Resolução significa colaboração, e colaboração significa que as pessoas precisam estar dispostas a confiar umas nas outras. Sem colaboração, a falta de confiança prevalece, e a documentação do progresso aumenta.

Os tipos mais comuns de conflitos envolvem o seguinte:

- Recursos humanos
- Equipamentos e instalações
- Desembolsos de capital
- Custos
- Opiniões técnicas e *trade-offs**

---

* N. de T.: A expressão refere-se a uma necessidade de perda ou troca de algo para se conseguir outra coisa. Normalmente uma relação "perde-e-ganha" em que se perde ou abre-se mão de uma qualidade para obter outra.

- Prioridades
- Procedimentos administrativos
- Cronogramas
- Responsabilidades
- Choques de personalidade

Cada um desses tipos de conflitos pode variar em intensidade ao longo da vida do projeto. A intensidade relativa pode variar em função de:

- Estar se aproximando das restrições do projeto
- Ter encontrado apenas duas restrições em vez de três (p. ex., tempo e desempenho, mas não custo)
- O ciclo de vida do projeto propriamente dito
- Os indivíduos que estão em conflito

Os conflitos podem ser positivos se trouxerem resultados benéficos. Deve-se permitir que esses conflitos positivos continuem contanto que as restrições de projeto não sejam violadas e que haja resultados benéficos. Um exemplo de conflito positivo pode ser dois especialistas técnicos discutindo que cada um possui uma maneira melhor de solucionar um problema. O resultado benéfico seria que cada um deles tentaria encontrar informações adicionais para respaldar suas hipóteses.

Alguns conflitos são inevitáveis e ocorrem repetidas vezes. Por exemplo, considere um estoque de matérias-primas e bens acabados. O departamento de produção deseja o maior estoque possível de matérias-primas à mão para evitar possíveis interrupções na produção. O departamento de vendas e marketing deseja o maior estoque possível de bens acabados para que os registros contábeis pareçam favoráveis e não seja possível nenhum problema de fluxo de caixa.

Considere cinco métodos que os gerentes de projetos podem usar para resolver conflitos:

1. Confrontação
2. Conciliação
3. Facilitação (ou suavização)
4. Força (ou obrigação)
5. Retirada

A confrontação é provavelmente o método mais comum usado pelos gerentes de projetos para resolver conflitos. Usando a confrontação, o gerente de projetos enfrenta o conflito diretamente. Com a ajuda do gerente de projetos, as partes em desacordo tentam convencer umas às outras de que sua solução para o problema é a mais adequada.

Quando a confrontação não funciona, a segunda abordagem mais empregada pelos gerentes de projetos normalmente é a conciliação. Na conciliação, cada uma das partes em conflito concorda com *trade-offs* ou faz concessões até que se chegue a uma solução que seja aceitável por todos. Essa abordagem de "toma lá – dá cá" pode facilmente levar a uma solução do conflito que seja favorável a ambas as partes (*win–win*).

A terceira abordagem para a resolução de conflitos é a facilitação. Usando habilidades de facilitação, o gerente de projetos enfatiza áreas de acordo e desenfatiza áreas de desacordo. Por exemplo, suponha que um gerente de projetos diga: "Estamos discutindo cinco questões e, até agora, só chegamos a um acordo nas três primeiras. Não há motivo para não concordarmos nas duas últimas, não é?". A facilitação de um desacordo não resolve o conflito, mas minimiza o contexto emocional no qual o conflito ocorre.

Força também é um método de resolução de conflitos. Um gerente de projetos usa força quanto tenta resolver um desacordo exercendo sua opinião à custa das outras pessoas envolvidas. Geralmente, forçar uma solução às partes de um conflito produz um resultado que só é favorável para uma das partes (*win–lose*). Chamar o patrocinador do projeto para resolver um conflito é outra forma de força às vezes empregada pelos gerentes de projetos.

O modo de resolução de conflitos menos usado e menos eficiente é a retirada. Um diretor de projetos pode simplesmente se retirar do conflito e deixar a situação sem ser resolvida. Quando esse método é utilizado, o conflito não desaparece e provavelmente será recorrente mais adiante. Conflitos de personalidade podem ser os mais difíceis de serem resolvidos. Conflitos de personalidade podem ocorrer a qualquer momento, com qualquer pessoa e a respeito de qualquer assunto. Além disso, eles podem parecer quase impossíveis de prever e de se planejar para que sejam evitados.

Vejamos como uma empresa encontrou uma maneira de prever e evitar conflitos pessoais em um de seus projetos. O Foster Defense Group (um nome fictício) era a filial contratada pelo governo de uma empresa da Fortune 500. A empresa compreendeu os efeitos potencialmente negativos dos choques de personalidade em suas equipes de projetos, mas não gostava da ideia de reunir a equipe toda para "lavar a roupa suja". A empresa encontrou uma solução melhor. O gerente de projetos colocou os nomes dos membros da equipe de projetos em uma lista. Então, entrevistou todos individualmente e pediu a cada um deles que identificasse os nomes na lista das pessoas com quem eles já tinham tido conflitos de personalidade no passado. As informações permaneceram confidenciais, e o gerente de projetos conseguiu evitar possíveis conflitos separando personalidades que não se encaixavam bem.

Se possível, o gerente de projetos deve lidar com a resolução de conflitos. Quando não conseguir neutralizar o conflito, então – e só então – o patrocinador de projetos deve ser chamado para tentar resolver o problema. Mesmo nesse caso, o patrocinador não deve chegar e forçar uma resolução do conflito. Em vez disso, deve facilitar uma discussão mais aprofundada entre os gerentes de projetos e os membros de equipe envolvidos.

10.3 Selecionando funcionários tendo em mente a excelência

A seleção de gerentes de projetos é sempre uma decisão tomada no nível executivo. Em empresas excelentes, porém, os executivos vão além de simplesmente selecionar o gerente de projetos.

- Os gerentes de projetos são trazidos "a bordo" logo no início da vida do projeto, para ajudar a delineá-lo, estabelecer seus objetivos e até mesmo fazer planos para marketing e vendas. O papel do gerente de projetos nas relações com o cliente vem se tornando cada vez mais importante.
- Os executivos designam gerentes de projetos para a vida do projeto e para sua extinção. O patrocinador pode mudar ao longo do ciclo de vida do projeto, mas não o gerente de projetos.
- A gestão de projetos ganha seu próprio plano de carreira.

- Espera-se também que o gerente de projetos cujo papel a desempenhar envolva relações com o cliente ajude a vender futuros serviços de gestão de projetos muito antes de o projeto atual estar concluído.
- Os executivos percebem que mudanças no escopo do projeto são inevitáveis. O gerente de projetos é visto como um gerente de mudanças.

As empresas excelentes em gestão de projetos estão preparadas para crises. Tanto o gerente de projetos quanto os gerentes de área são encorajados a trazer os problemas à superfície o mais rapidamente possível para que haja tempo para o planejamento de contingência e a solução de problemas. Substituir o gerente de projetos não é mais a primeira solução para os problemas de um projeto. Os gerentes de projetos são substituídos somente quando tentam ocultar problemas.

Uma empresa contratada da indústria de defesa estava atrasada no cronograma de um projeto, e a equipe de produção foi solicitada a fazer muita hora extra para colocar o trabalho em dia. Dois dos funcionários da produção, ambos sindicalizados, usaram o lote errado de matérias-primas para produzir um equipamento de US$ 65 mil necessário para o projeto. O cliente ficou insatisfeito com o não cumprimento de prazos e os custos excedentes que resultaram da necessidade de substituição do equipamento inutilizável. Uma reunião que mais parecia uma sessão da inquisição foi marcada e assistida por executivos tanto do cliente quanto da contratada, pelo gerente de projetos e pelos dois funcionários da produção. Quando o representante do cliente pediu uma explicação do que havia acontecido, o gerente de projetos se levantou e disse, "O que aconteceu é de minha inteira responsabilidade. Esperar que as pessoas façam hora extra leva a erros. Eu devia ter sido mais cuidadoso". A reunião foi encerrada sem ninguém ser culpado. Quando rumores se espalharam pela empresa sobre o que o gerente de projetos fez para proteger dois funcionários sindicalizados, todos deram o melhor de si para conseguir colocar o projeto em dia novamente, mesmo tendo de fazer hora extra não remunerada.

O comportamento humano também deve ser considerado ao designar funcionários a equipes de projetos. Os membros de equipes não devem ser designados a um projeto somente com base em seu conhecimento técnico. Deve-se reconhecer que algumas pessoas simplesmente não conseguem trabalhar de forma eficiente em um ambiente de equipe. Por exemplo, o diretor de pesquisa e desenvolvimento de uma empresa na Nova Inglaterra tinha um funcionário, um engenheiro de 50 anos, que possuía dois mestrados em disciplinas de engenharia. Ele tinha operado, nos últimos 20 anos, em projetos em que podia trabalhar sozinho. O diretor relutantemente designou o engenheiro a uma equipe de projetos. Depois de anos trabalhando sozinho, o engenheiro não confiava nos resultados de ninguém além dos seus próprios. Ele se recusou a trabalhar cooperativamente com os outros membros da equipe, chegando até mesmo a refazer todos os cálculos que lhe tinham sido repassados por outros engenheiros da equipe.

Para solucionar o problema, o diretor designou o engenheiro a outro projeto no qual ele supervisionaria dois outros engenheiros com menos experiência. Novamente, o engenheiro mais velho tentou fazer todo o trabalho sozinho, mesmo que isso significasse horas extras para ele e nenhum trabalho para os outros. Finalmente, o diretor precisou admitir que algumas pessoas não são capazes de trabalhar cooperativamente em projetos de equipe. O diretor voltou a designar o engenheiro a projetos que envolviam apenas uma pessoa, nos quais suas habilidades técnicas seriam úteis.

Robert Hershock observou:

> Há certas pessoas que você simplesmente não deve colocar em equipes. Elas não funcionam bem em equipe e atrapalham o trabalho dos outros. Acho que temos de reconhecer isso e garantir que essas pessoas não façam parte de uma equipe. Se você precisar de seus conhecimentos e experiência, pode trazê-las à equipe como consultoras, mas nunca, jamais, coloque pessoas assim na equipe.
>
> Outro ponto é que eu nunca eliminaria a possibilidade de alguém ser membro de uma equipe, independentemente do nível da gerência. Acredito que, se treinadas adequadamente, essas pessoas podem participar de um conceito de equipe em qualquer nível.

Em 1996, Frank Jackson, antigo gerente sênior da MCI, acreditava ser possível encontrar uma equipe com a qual qualquer indivíduo poderia contribuir:

> As pessoas não devem ser rotuladas como alguém que "não funciona bem em equipes". Todos têm a capacidade de participar de uma equipe e de contribuir com ela com base nas habilidades e experiências pessoais que já tiveram. Se passarmos para o ambiente da equipe, outra coisa que é muito importante é não impedir a comunicação. A comunicação é a chave para o sucesso de qualquer equipe e qualquer objetivo que uma equipe tente alcançar.

Um dos argumentos cruciais que ainda são expressos na comunidade de gestão de projetos é se um funcionário (até mesmo um gerente de projetos) deve ter o direito de recusar uma tarefa. Na Minnesota Power and Light, foi anunciado um cargo aberto para gerente de projetos, mas ninguém se candidatou. A empresa reconheceu que os funcionários provavelmente não compreendiam quais eram as responsabilidades que o cargo envolvia. Depois de mais de 80 pessoas terem sido treinadas nos fundamentos da gestão de projetos, surgiram inúmeros candidatos para o cargo a ser preenchido.

É uma sentença de morte designar alguém ao cargo de gerente de projetos se essa pessoa não for dedicada ao processo de gestão de projetos e à responsabilidade que ele exige.

10.4 Equipes de projetos virtuais

Historicamente, a gestão de projetos era um ambiente presencial no qual reuniões de equipe envolviam todos os participantes que se encontravam em uma sala. Hoje, devido ao tamanho e à complexidade dos projetos, é impossível encontrar todos os membros de equipe localizados debaixo do mesmo teto. Duarte e Snyder definem sete tipos de equipes virtuais. Elas são apresentadas na Tabela 10.1.

Cultura e tecnologia podem ter um forte impacto sobre o desempenho das equipes virtuais. Duarte e Snyder identificaram algumas dessas relações na Tabela 10.2.

É impossível ressaltar o suficiente a importância da cultura. Duarte e Snyder identificam quatro questões importantes a serem lembradas a respeito do impacto da cultura sobre as equipes virtuais:

1. Existem culturas nacionais, culturas organizacionais e culturas de equipes. Elas podem ser fontes de vantagens competitivas para as equipes virtuais que souberem usar as diferenças culturais para criar sinergia. Os líderes e membros de equipes que compreendem e são sensíveis a diferenças culturais podem gerar resultados mais robustos do que os membros de equipes homogêneas que pensam e agem da mesma forma. Diferenças culturais podem criar vantagens distintivas se forem compreendidas e usadas de formas positivas.

TABELA 10.1 Tipos de equipes

Tipo de equipe	Descrição
Em rede	Os membros da equipe são difusos e fluidos; entram e saem quando necessário. A equipe não possui limites claros dentro da organização
Em paralelo	A equipe possui limites claros e membros bem definidos; trabalha no curto prazo para desenvolver recomendações para uma melhoria em um processo ou sistema
De desenvolvimento de projeto ou produto	A equipe possui membros fluidos, limites claros e base de clientes, requisitos técnicos e saídas bem definidas. Tarefas de mais longo prazo não são rotineiras, e a equipe tem autoridade para a tomada de decisões
De trabalho ou produção	A equipe tem membros bem definidos e limites claros. Os membros realizam trabalhos regulares, normalmente em uma área funcional
De serviços	A equipe possui membros definidos e oferece suporte a atividades contínuas relacionadas à rede de clientes
De gerenciamento	A equipe possui membros definidos e trabalha de maneira regular para liderar atividades corporativas
De ação	A equipe lida com ações imediatas, normalmente em situação emergencial. Os membros podem ser fluidos ou definidos

Fonte: D. L. Duarte e N. Tennant Snyder, *Mastering Virtual Teams*, San Francisco: Jossey-Bass, 2001, p. 10. Reproduzido com permissão da John Wiley & Sons.

TABELA 10.2 Cultura e tecnologia

Fator cultural	Considerações tecnológicas
Distância do poder	Membros de culturas com alto índice de distância do poder podem participar mais livremente com tecnologias assíncronas que permitem contribuições anônimas. Essas culturas às vezes usam a tecnologia para indicar diferenças de *status* entre membros da equipe
Rejeição de incertezas	As pessoas de culturas com alta rejeição de incertezas podem demorar a adotar novas tecnologias. Elas também podem preferir tecnologias que são capazes de produzir registros mais permanentes de discussões e decisões
Individualismo–coletivismo	Membros de culturas altamente coletivistas podem preferir interações face a face
Masculinidade–feminilidade	Pessoas de culturas com orientações mais "femininas" tendem a usar tecnologias de forma mais cuidadosa, especialmente durante o início das equipes
Contexto	Pessoas de culturas de alto contexto podem preferir tecnologias mais ricas em informações, além daquelas que oferecem oportunidades para o sentimento de presença social. Elas podem oferecer resistência ao uso de tecnologias com baixa presença social para se comunicar com pessoas que elas não conhecem pessoalmente. Pessoas de culturas de baixo contexto podem preferir comunicações mais assíncronas.

Fonte: D. L. Duarte e N. Tennant Snyder, *Mastering Virtual Teams*, San Francisco: Jossey-Bass, 2001, p. 60.

2. O aspecto mais importante de compreender e trabalhar com diferenças culturais é criar uma cultura de equipe na qual problemas possam surgir e diferenças possam ser discutidas de maneira produtiva e respeitosa.
3. É essencial distinguir entre problemas que resultam de diferenças culturais e problemas que ocorrem devido ao desempenho.

4. As práticas de negócios e a ética nos negócios variam em diferentes partes do mundo. As equipes virtuais precisam articular claramente suas abordagens de prática e ética nos negócios que sejam compreendidas e cumpridas por todos os membros.[1]

10.5 Recompensando as equipes de projetos

Hoje, a maioria das empresas utiliza equipes de projetos. Entretanto, ainda há desafios no que diz respeito a como recompensar as equipes de projetos por um desempenho bem-sucedido. Parker, McAdams e Zielinski discutem a importância da recompensa à equipe:

> Algumas organizações gostam de dizer "Todos nós fazemos parte da equipe", mas muito frequentemente isso não passa de retórica gerencial. Isso é especialmente comum em organizações hierárquicas convencionais; eles dizem as palavras, mas não as acompanham com ações significativas. Seus funcionários podem ler os artigos e ir às conferências e até mesmo acreditar que muitas empresas se tornaram colaborativas. Na verdade, porém, poucas organizações hoje são genuinamente voltadas para o trabalho em equipe.
>
> Outras, que querem tergiversar, mostram como recompensam ou reconhecem as equipes com planos espalhafatosos de bônus ou de participação nos lucros. No entanto, esses planos por si sós não representam um compromisso com as equipes; eles são mais como um presente dado por um tio rico. Se a alta gerência acredita que apenas dinheiro e alguns programas de reconhecimento ("equipe do ano" e coisas parecidas) reforçam o trabalho em equipe, ela está enganada. Tais fatores sozinhos não causam nenhuma mudança fundamental no modo como pessoas e equipes são gerenciadas.
>
> No entanto, em algumas organizações, a formação de equipes é um componente-chave da estratégia corporativa, o envolvimento com as equipes é algo natural, e a colaboração acontece sem grandes esforços ou fanfarras. Há grupos de trabalho naturais (equipes de pessoas que fazem o mesmo tipo de trabalho ou trabalhos similares no mesmo local), equipes multifuncionais permanentes, equipes de projetos *ad hoc* e verdadeiras equipes de gerenciamento. O envolvimento simplesmente acontece.[2]

Por que é tão difícil recompensar as equipes de projetos? Para responder a essa pergunta, temos de compreender o que uma equipe é e o que ela não é:

> Considere a seguinte afirmação: uma unidade organizacional pode agir como uma equipe, mas uma equipe não é necessariamente uma unidade organizacional, pelo menos para descrever planos de recompensas. Uma unidade organizacional é apenas um grupo de funcionários organizados em uma unidade de negócios identificável que aparece no gráfico organizacional. Eles podem se comportar no espírito do trabalho de equipe, mas, para os fins de desenvolvimento de planos de recompensa, não são uma "equipe" de verdade. A unidade organizacional pode ser toda uma empresa, uma unidade de negócios estratégica, uma divisão, um departamento ou um grupo de trabalho.
>
> Uma "equipe" é um pequeno grupo de pessoas aliadas por um projeto comum e compartilhando objetivos de desempenho. Elas geralmente têm habilidades ou conhecimentos complementares e uma interdependência que exige que trabalhem juntas para alcançar o objetivo de seu projeto. Os membros de equipes responsabilizam-se mutuamente por seus resultados. Essas equipes não se encontram no gráfico organizacional.[3]

---

[1] D. L. Duarte e N. Tennant Snyder, *Mastering Virtual Teams*, San Francisco: Jossey-Bass, 2001, p. 70.

[2] G. Parker, J. McAdams e D. Zielinski, *Rewarding Teams*, San Francisco: Jossey-Bass, 2000, p. 17. Reproduzido com permissão da John Wiley & Sons.

[3] Ibid

Incentivos são difíceis de aplicar porque as equipes de projetos podem não aparecer em um gráfico organizacional. A Figura 10.1 mostra o modelo de reforço para funcionários. Para as equipes de projetos, a ênfase é representada pelas três setas do lado direito da Figura 10.1.

Os incentivos às equipes de projetos são importantes porque os membros das equipes esperam receber o reconhecimento e as recompensas apropriadas:

As equipes de projetos normalmente, mas nem sempre, são formadas pela gerência para trabalhar com projetos ou desafios específicos com um prazo definido – a revisão de processos para maior eficiência ou recomendações de economia de custos, o lançamento de um novo produto de *software* ou a implementação de sistemas de planejamento de recursos em toda a empresa são apenas alguns exemplos. Em outros casos, as equipes se formam sozinhas em torno de questões específicas ou como parte de iniciativas de melhorias contínuas, como sistemas de sugestões baseados em equipes.

As equipes de projetos podem ter membros de diversas áreas funcionais ou simplesmente ser um subconjunto de uma unidade organizacional existente. A pessoa que patrocina a equipe, seu "defensor convicto", tipicamente cria um plano de incentivos com medidas objetivas específicas e um cronograma de premiação atrelado ao fato de essas medidas serem alcançadas. Para se qualificar como incentivo, o plano tem de incluir metas predeterminadas, como uma garantia de "faça isto e ganhe aquilo" para as equipes. O incentivo normalmente varia de acordo com o valor agregado pelo projeto.

Os planos de incentivo da equipe de projetos normalmente têm alguma combinação dessas medidas básicas:

- *Marcos do projeto:* alcance um marco, dentro do orçamento e do prazo previstos, e todos os membros da equipe ganharão determinada quantia. Embora na teoria seja sólido atrelar incentivos financeiros ao alcance de marcos, tal ação apresenta problemas inerentes. Os marcos muitas vezes mudam por bons motivos (avanços tecnológicos,

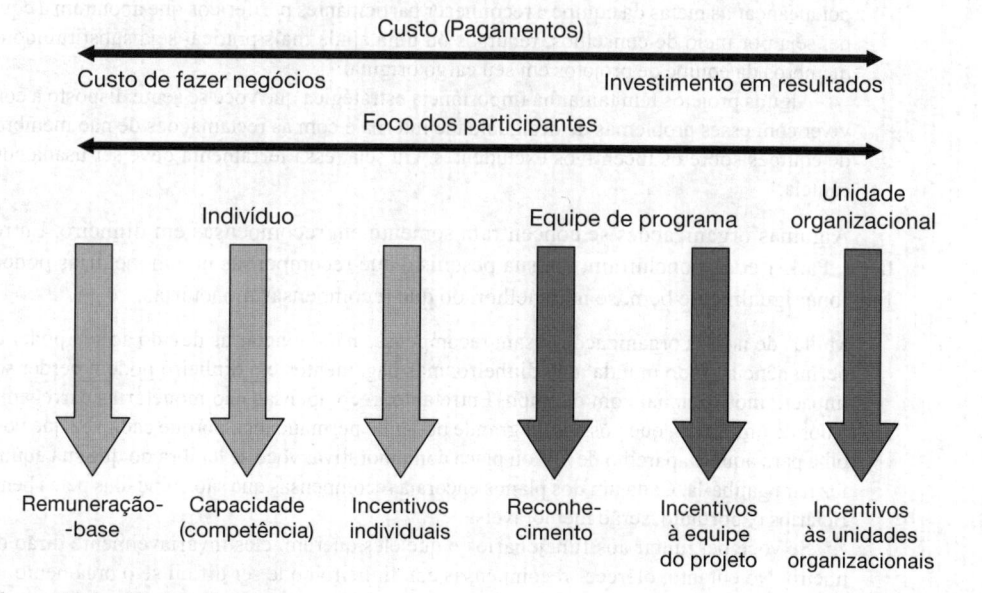

Figura 10.1 Modelo de reforço.
Fonte: G. Parker, J. McAdams e D. Zielinski, *Rewarding Teams*, San Francisco: Jossey-Bass, 2000, p. 29. Reproduzido com permissão da John Wiley & Sons.

mudanças no mercado, outros acontecimentos), e não é interessante que a equipe e a gerência entrem em uma negociação sobre atrasos nos prazos para estimular o incentivo. A menos que os marcos sejam imutáveis e alcançá-los dependa apenas de a equipe fazer o seu trabalho normal e cotidiano, geralmente é melhor usar uma celebração de reconhecimento após o fato de se alcançar marcos ter sido consumado – em vez de atrelar incentivos financeiros a eles.

As recompensas nem sempre precisam estar ligadas ao tempo, como aquela obtida pela equipe quando esta alcança um marco antes de determinada data. Se, por exemplo, uma equipe de desenvolvimento de produto depurar um novo *software* a tempo, esse não é necessariamente um motivo para recompensá-la. Já se a equipe descobre e soluciona um problema imprevisto ou escreve um código melhor antes da data de entrega, merece uma recompensa.

- *Conclusão do projeto:* todos os membros da equipe ganham determinada quantia quando concluem o projeto dentro do orçamento e prazo previstos (ou dentro dos padrões de qualidade do defensor convicto da equipe).
- *Valor agregado:* esse prêmio depende do valor agregado por um projeto e, em grande parte, da habilidade da organização de criar e acompanhar medidas objetivas. Exemplos incluem tempo de resposta a solicitações do cliente, melhoria do tempo de ciclo de desenvolvimento de produtos, economias de custo devido a eficiências de novos processos ou lucros incrementais ou participação de mercado criada pelo produto ou serviço desenvolvido ou implementado pela equipe de projetos.

Um alerta quanto aos planos de incentivo de projetos: eles podem ser muito eficientes em ajudar as equipes a se manterem no foco, alcançarem metas e se sentirem recompensadas por seu trabalho pesado, mas tendem a ser excludentes. Nem todo mundo pode participar de uma equipe de projetos. Alguns funcionários (membros de equipe) terão a oportunidade de obter um incentivo que outros (não membros de equipes) não terão. Há uma desigualdade interna. Uma forma de abordar esse problema é recompensar membros da equipe central por alcançar as metas da equipe e reconhecer participantes periféricos que apoiaram a equipe, seja por meio de conselhos, recursos ou uma ajuda mais prática, seja substituindo os membros da equipe de projetos em seu cargo original.

Alguns projetos têm tamanha importância estratégica que você se sente disposto a conviver com esses problemas de desigualdade interna e com as reclamações de não membros de equipes sobre os incentivos excludentes. Ou seja, essa ferramenta deve ser usada com cautela.[4]

Algumas organizações se concentram somente em recompensas em dinheiro. Entretanto, Parker et al. concluíram, em sua pesquisa, que recompensas não monetárias podem funcionar igualmente bem, se não melhor, do que recompensas monetárias:

> Muitas de nossas organizações usam recompensas não monetárias devido ao seu poder de permanência. Todo mundo ama dinheiro, mas pagamentos em dinheiro podem perder seu impacto motivacional com o tempo. Entretanto, recompensas não monetárias carregam o valor de um troféu, que possui um grande poder de permanência, porque cada vez que você olha para aquele aparelho de TV ou placa comemorativa, você se lembra do que sua equipe fez para ganhá-la. Cada um dos planos encoraja recompensas que são cobiçadas pelos beneficiários e, portanto, serão memoráveis.
> Se você perguntar aos funcionários o que eles querem, eles invariavelmente dirão dinheiro. No entanto, oferecer recompensas em dinheiro pode ser difícil se o orçamento for

---

[4] Ibid., pp. 38–39.

pequeno ou os ganhos oferecidos em um plano de incentivo forem modestos. Se você distribuir os incentivos com frequência maior do que uma vez por ano, a quantia líquida pode parecer bem pequena, até mesmo avarenta. Recompensas não monetárias tendem a depender mais de seu valor simbólico do que de seu valor financeiro.

As recompensas não monetárias podem vir em qualquer forma: um simples agradecimento, uma carta de parabenização, uma folga remunerada, um troféu, mercadorias com a marca da empresa, uma placa comemorativa, cartões-presente, serviços especiais, um jantar para dois, um almoço grátis, valor em crédito em um cartão emitido pela empresa para compras em lojas locais, itens ou mercadorias específicas, mercadorias de um extenso catálogo, viagens a negócios ou com a família e opções de ações. Depende apenas da criatividade e da imaginação dos criadores do plano.[5]

10.6 A chave da excelência comportamental

Os gerentes de projeto podem agir de forma diferenciada para garantir a conclusão bem-sucedida de seus projetos. Isso inclui:

- Insistir no direito de selecionar uma equipe de projetos com recursos-chave
- Negociar por membros da equipe-chave com históricos comprovados em suas áreas
- Desenvolver um compromisso e um senso de missão desde o início
- Procurar autoridade suficiente junto ao patrocinador
- Coordenar e manter uma boa relação com cliente, empresa matriz e equipe
- Procurar melhorar a imagem do projeto aos olhos do público
- Fazer os membros da equipe-chave auxiliarem na tomada de decisões e na solução de problemas
- Desenvolver estimativas e metas realistas de custo, cronograma e desempenho
- Manter estratégias alternativas (planos de contingência) em antecipação a possíveis problemas
- Propiciar uma estrutura de equipe que seja apropriada, mas flexível e horizontal
- Ir além da autoridade formal para maximizar sua influência sobre as pessoas e decisões-chave
- Empregar um conjunto viável de ferramentas de planejamento e controle de projetos
- Evitar que se dependa de apenas um tipo de ferramenta de controle
- Enfatizar a importância de cumprir metas de custo, cronogramas e desempenho
- Dar prioridade a alcançar a missão ou função do item final
- Manter as mudanças sob controle
- Procurar maneiras de garantir a segurança no emprego para membros eficientes da equipe de projetos

Anteriormente neste livro, afirmei que um projeto não pode ser bem-sucedido a menos que seja reconhecido como tal e receba o apoio da alta gerência. A alta gerência deve estar disposta a investir recursos da empresa e oferecer o suporte administrativo necessário para que o projeto se torne parte da rotina cotidiana de fazer negócios. Além disso, a organização matriz precisa desenvolver uma atmosfera que conduza a boas relações de trabalho entre os gerentes de projetos, a organização matriz e a organização cliente.

---

[5] Ibid., pp. 190–191.

Há ações que a alta gerência deve empreender para garantir que a organização como um todo apoie projetos individuais e equipes de projetos, além de um sistema geral de gestão de projetos. Algumas delas incluem:

- Mostrar disposição para coordenar esforços
- Demonstrar disposição para manter a flexibilidade estrutural
- Mostrar disposição para se adaptar a mudanças
- Realizar um planejamento estratégico eficiente
- Manter a harmonia
- Dar a ênfase adequada às experiências passadas
- Fornecer *buffering* externo
- Comunicar-se rapidamente e com precisão
- Exibir entusiasmo
- Reconhecer que os projetos, na verdade, contribuem com as capacidades de toda a empresa

Os patrocinadores executivos podem empreender as seguintes ações para tornar o sucesso do projeto mais provável:

- Selecionar logo no início do projeto um gerente de projetos que tenha um histórico comprovado de habilidades comportamentais e técnicas
- Desenvolver diretrizes claras e viáveis para o gerente de projetos
- Delegar autoridade suficiente ao gerente de projetos de modo que ele possa tomar decisões juntamente aos membros da equipe de projetos
- Demonstrar entusiasmo pelo projeto e comprometimento com o projeto e a equipe
- Desenvolver e manter linhas de comunicação curtas e informais
- Evitar pressões excessivas sobre o gerente de projetos para que ele feche novos contratos
- Evitar cortar ou inflar arbitrariamente as estimativas de custos da equipe de projetos
- Evitar "adesões" (*buy-in*)*
- Desenvolver relações de trabalho próximas, evitando intrometimentos, entre o principal contato do cliente e o gerente de projetos

A organização cliente pode exercer uma grande dose de influência sobre os aspectos comportamentais de um projeto minimizando as reuniões de equipe, respondendo rapidamente a solicitações de informações e simplesmente permitindo que a contratada conduza os negócios sem interferências. As ações positivas das organizações cliente também incluem:

- Mostrar disposição para coordenar esforços
- Manter a harmonia
- Estabelecer metas e critérios razoáveis e específicos para o sucesso
- Estabelecer procedimentos para realizar mudanças
- Comunicar-se rapidamente e com precisão
- Comprometer recursos do cliente no momento necessário
- Minimizar a burocracia

---

* N. de T.: Comprometer-se com uma decisão apenas por ter sido envolvido na formação do caso, mesmo sem total certeza de estar certo. O termo *buy-in* nos jogos é considerado como a taxa de inscrição, o valor necessário para fazer parte do jogo.

- Delegar autoridade suficiente ao representante do cliente, especialmente na tomada de decisões

Com essas ações como o fundamento básico, deve ser possível alcançar o sucesso comportamental, que inclui:

- Encorajar a abertura e a honestidade de todos os participantes desde o início
- Criar uma atmosfera que promova uma competição saudável, evitando situações hostis ou competições de "quem mente mais"
- Planejar um financiamento adequado para concluir todo o projeto
- Desenvolver uma clara compreensão da importância relativa de custos, cronogramas e objetivos de desempenho técnico
- Desenvolver linhas de comunicação curtas e informais e uma estrutura organizacional horizontal
- Delegar autoridade suficiente ao principal contato do cliente e permitir a aprovação ou rejeição imediata de importantes decisões de projeto
- Rejeitar adesões
- Tomar decisões rápidas em relação a dar "ok" ou "prosseguir" em contratos
- Desenvolver relações de trabalho próximas com os participantes do projeto
- Evitar relações distantes
- Evitar esquemas de relatórios excessivos
- Tomar decisões rápidas quanto a mudanças

As empresas excelentes em gestão de projetos foram além das ações-padrão listadas anteriormente. Essas ações adicionais em busca da excelência incluem o seguinte:

- O gerente de projetos excelente:
  - Compreende e demonstra competência como gerente de projetos
  - Trabalha criativa e inovadoramente em um sentido não tradicional somente quando necessário; não procura problemas
  - Demonstra alto nível de automotivação desde o início
  - Tem alto nível de integridade; vai além da politicagem e dos jogos de poder
  - É dedicado à empresa, não apenas ao projeto; nunca é egoísta
  - Demonstra humildade na liderança
  - Demonstra fortes habilidades de integração comportamental tanto interna quanto externamente
  - Pensa de maneira proativa em vez de reativa
  - Está disposto a correr grandes riscos e passa o tempo apropriado necessário para preparar planos de contingência
  - Sabe quando lidar com a complexidade e quando evitá-la; demonstra tenacidade e perseverança
  - Está disposto a ajudar as pessoas a perceberem todo o seu potencial; tenta despertar o que há de melhor nas pessoas
  - Comunica-se com tempestividade e confiança, não desespero
- O gerente de projeto mantém altos padrões de desempenho para si e para a equipe, conforme mostrado por estas abordagens:
  - Enfatiza a integridade gerencial, operacional e de produtos
  - Trabalha em conformidade com códigos morais e age eticamente ao lidar com as pessoas interna e externamente

- Nunca retém informações
- É consciente em relação à qualidade e ao custo
- Desencoraja a politicagem e os jogos de poder; enfatiza a justiça e a equidade
- Esforça-se pela melhoria contínua, mas de maneira consciente em relação aos custos
- O gerente de projetos excelente organiza e executa o projeto de maneira sólida e eficiente:
  - Informa os funcionários na reunião inaugural do projeto sobre como eles serão avaliados
  - Prefere uma estrutura organizacional horizontal a uma estrutura burocrática
  - Desenvolve um processo de projeto para lidar com crises e emergências de maneira rápida e eficiente
  - Mantém a equipe de projetos sempre informada
  - Não exige relatórios excessivos; cria uma atmosfera de confiança
  - Define papéis e responsabilidades de antemão
  - Estabelece um processo de gerenciamento de mudanças que envolve o cliente
- O gerente de projetos excelente sabe como motivar:
  - Sempre usa comunicação de duas vias
  - Tem empatia com a equipe e é bom ouvinte
  - Envolve os membros da equipe na tomada de decisões; sempre busca ideias e soluções; nunca julga a ideia de um funcionário precipitadamente
  - Nunca dá ordens
  - Dá crédito a quem merece
  - Faz críticas construtivas em vez de ataques pessoais
  - Dá crédito publicamente a quem merece, mas faz críticas de maneira privada
  - Garante que os membros das equipes saibam que serão responsabilizados por suas tarefas
  - Sempre mantém uma política de portas abertas; está prontamente acessível, mesmo para funcionários com problemas pessoais
  - Age rapidamente sobre as queixas dos funcionários; é sensível aos sentimentos e às opiniões dos funcionários
  - Permite que os funcionários tenham contato com os clientes
  - Tenta determinar as capacidades e aspirações de cada membro da equipe; sempre procura alguém que se enquadre ao perfil necessário; preocupa-se com o que acontecerá com os funcionários quando o projeto acabar
  - Tenta agir como "intermediário" entre a equipe e os problemas administrativos/operacionais
- O gerente de projetos é, em última análise, responsável por transformar a equipe em um grupo coeso e produtivo para que haja um ambiente aberto e criativo. Se o gerente de projetos for bem-sucedido, a equipe exibirá os seguintes comportamentos:
  - Demonstra inovação
  - Troca informações livremente
  - Está disposta a aceitar riscos e a investir em novas ideias
  - Possui as ferramentas e os processos necessários para executar o projeto
  - Ousa ser diferente; não fica satisfeita com simplesmente se igualar à concorrência
  - Compreende o negócio e a economia do projeto
  - Tenta tomar sólidas decisões de negócios em vez de apenas sólidas decisões de projeto

10.7 Gerenciamento proativo *versus* reativo

Talvez um dos maiores desafios comportamentais que um gerente de projetos precisa enfrentar, especialmente quando ele é inexperiente, seja aprender a ser proativo em vez de reativo. Kerry R. Wills discute esse problema.

* * *

PROPENSÃO À CAPACIDADE DE GERENCIAMENTO PROATIVO

No mundo de hoje, os gerentes de projetos geralmente são forçados a gerenciar vários projetos ao mesmo tempo. Isso normalmente resulta em terem tempo apenas para reagir aos problemas do dia que cada projeto está enfrentando. Eles não conseguem dedicar um tempo para olhar adiante em cada projeto e planejar trabalhos futuros, o que implica mais emergências que precisam ser resolvidas de forma imediata. Antigamente, havia um jogo de fliperama chamado "whack-a-mole", no qual o participante tinha de bater com um martelo em cada toupeira que saísse de buracos. Cada vez que ele acertava uma toupeira, surgia uma nova. O ciclo de resolver emergências e ignorar problemas que causam mais emergências pode ser pensado como o "whack-a-mole dos projetos".

Na minha experiência, o gerenciamento proativo é uma das ferramentas mais eficientes que os gerentes de projetos podem usar para garantir o sucesso de seus projetos. Entretanto, é uma situação difícil gerenciar vários projetos e ainda ter tempo para planejar adiante. Chamo essa habilidade de dedicar tempo para planejar o futuro de "Propensão à capacidade de gerenciamento proativo" (PMCP, *Proactive Management Capacity Propensity*). Este artigo irá demonstrar os benefícios do gerenciamento proativo, definir a PMCP e propor maneiras de aumentá-la, aumentando, assim, a probabilidade de sucesso nos projetos.

Gestão proativa

A gestão de projetos envolve muito planejamento de antemão, inclusive planos de trabalho, orçamentos, alocação de recursos, entre outros. A melhor estatística que já vi sobre a precisão dos planos iniciais diz que há uma variância 30% positiva ou negativa em relação aos planos originais no final de um projeto. Portanto, uma vez que se tiverem feito planos e o projeto tiver começado, o gerente de projetos precisará reavaliar constantemente o projeto para compreender o impacto dos 60% do desconhecido que irão ocorrer.

O dicionário define proativo como "quem age antes de lidar com a dificuldade esperada". Ao "agir com antecedência", um gerente de projetos consegue exercer alguma influência sobre o controle do desconhecido. Entretanto, se deixar de agir com antecedência, os impactos do desconhecido serão maiores, já que o gerente de projetos só reagirá ao problema quando ele tiver se acumulado como uma bola de neve.

Uma metáfora: quando dirijo até o trabalho, tenho um plano e um cronograma. Saio de casa, pego certas ruas e estradas e chego ao trabalho em 40 minutos. Se eu tratasse dirigir até o trabalho como um projeto (ter uma meta específica com um início e um fim finitos), teria duas opções para gerenciar minha viagem (ver Figura 10.2).

Ao gerenciar minha viagem *proativamente*, assisto ao jornal na TV pela manhã para ver a previsão do tempo e do tráfego. Embora eu tenha um plano, se houver uma obra em

---

A Seção 10.7 foi fornecida por Kerry R. Wills, PMP. Reproduzido com a permissão de Kerry R. Wills.

PROATIVO   REATIVO

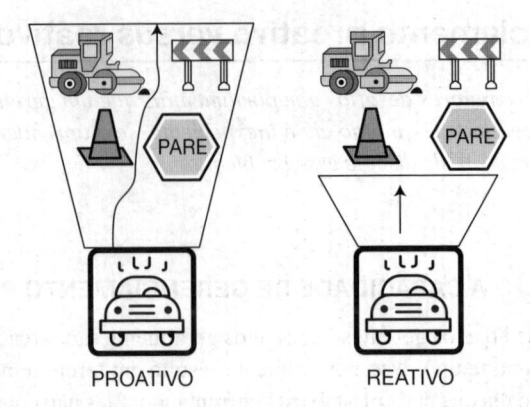

Figura 10.2 Metáfora da viagem ao trabalho.

uma das ruas que normalmente pego, posso fazer mudanças nesse plano para pegar uma rota diferente, de modo que meu cronograma ainda seja respeitado. Se sei que talvez haja neve, posso sair mais cedo e me dar mais tempo para chegar ao trabalho. Quando estou dirigindo, olho para a estrada logo adiante para ver o que está a caminho. Pode haver acidentes ou buracos que queira evitar, e isso me dá tempo de trocar de faixa.

Uma abordagem *reativa* à minha viagem seria supor que meu plano original irá funcionar integralmente. Quando pego a estrada, se houver obras, terei de esperar, porque quando perceber o impacto sobre meu plano original, já passei de todos os viadutos de saída. Isso resulta em um atraso no cronograma. O mesmo ocorreria se eu fosse lá fora e visse 30 cm de neve. Agora tenho uma chance de mudar o escopo, pois adicionei a atividade de remover a neve da porta da minha casa e do meu carro. Além disso, se sou um motorista reativo, não vejo o buraco até já ter passado por ele (o que pode levar a uma variância no orçamento, já que agora preciso de uma nova suspensão para o carro).

Benefícios

A metáfora acima demonstra que o gerenciamento reativo é negativo para os projetos, pois quando você percebe que existe um problema, ele normalmente já está impactando o cronograma, escopo ou custo. Há vários outros benefícios decorrentes do gerenciamento proativo:

- Gerenciar um plano proativamente permite que o gerente de projetos veja que atividades virão a seguir e comece a se preparar para elas. Isso pode ser algo pequeno, como agendar salas de conferência para reuniões. Já vi situações em que tarefas deixaram de ser concluídas no tempo devido a problemas meramente logísticos.
- Compreender as atividades que virão também permite que os recursos adequados estejam preparados. Muitas vezes, os projetos exigem o envolvimento de pessoas de fora da equipe de projetos, e alinhá-las é sempre um desafio. Ao preparar as pessoas com antecedência, existe uma probabilidade mais alta de que elas estejam prontas na hora em que é preciso.

Relação

O gerente de projetos deve fazer constantes replanejamentos. Ao olhar para todas as atividades que estão por vir, além de para as atuais, ele pode ter uma medida da probabilidade de sucesso que pode ser gerenciada em vez de esperar até um dia antes do prazo final de alguma coisa para perceber que o cronograma não poderá ser cumprido.

O gerenciamento proativo também permite que se dedique tempo à qualidade. O gerenciamento reativo normalmente é caracterizado pela urgência em tentar consertar o mais rapidamente possível qualquer "toupeira" que tenha aparecido. Isso normalmente significa fazer um remendo em vez de um conserto apropriado. Ao planejar o trabalho adequadamente, ele pode ser tratado de modo apropriado, o que reduz a probabilidade de retrabalho.

Quando surgem trabalhos anteriormente não identificados, eles podem entrar nos planos, em vez de se supor que "podemos simplesmente incorporá-los".

O gerenciamento proativo tem fortíssima influência sobre a probabilidade de sucesso de um projeto, pois permite o replanejamento e a capacidade de abordar problemas antes de eles terem um impacto significativo.

Observei uma relação entre a quantidade de trabalho de um gerente de projetos e sua capacidade de gerenciar proativamente. À medida que os gerentes de projetos pegam mais trabalhos e projetos mais concorrentes, sua capacidade de gerenciar proativamente cai.

A relação entre a carga de trabalho do gerente de projetos e a capacidade de gerenciar proativamente é apresentada na Figura 10.3. Quando os gerentes de projetos possuem mais trabalho, eles têm menos capacidade de ser proativos e acabam sendo mais reativos.

Nem todos os projetos e gerentes de projetos são iguais. Alguns gerentes de projetos conseguem lidar com vários projetos muito bem, e alguns projetos exigem mais foco do que outros. Portanto, chamei esse fator de Propensão à Capacidade de Gerenciamento Proativo (PMCP, *Proactive Management Capacity Propensity*). Isto é, a soma dessas qualidades que permitem que um gerente de projetos gerencie projetos proativamente.

Há vários fatores que formam a PMCP, os quais detalho a seguir.

Os conjuntos de habilidades do gerente de projetos influenciam a PMCP. Possuir boas técnicas de gerenciamento do tempo e de organização pode influenciar o quanto um GP consegue se concentrar em olhar adiante. Um gerente de projetos que é eficiente com seu tempo tem a capacidade de analisar mais atividades futuras e planejá-las.

Os conhecimentos do gerente de projetos acerca do projeto também influenciam a PMCP. Se o GP for especializado em negócios ou em projetos, isso pode possibilitar decisões mais rápidas, já que ele não precisará buscar informações ou esclarecimentos (o que leva tempo).

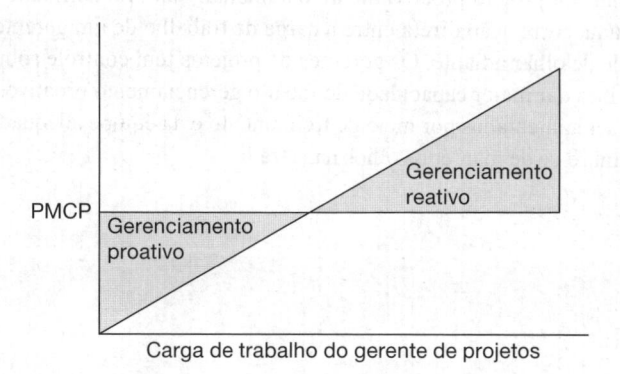

Figura 10.3 Gráfico da proatividade.

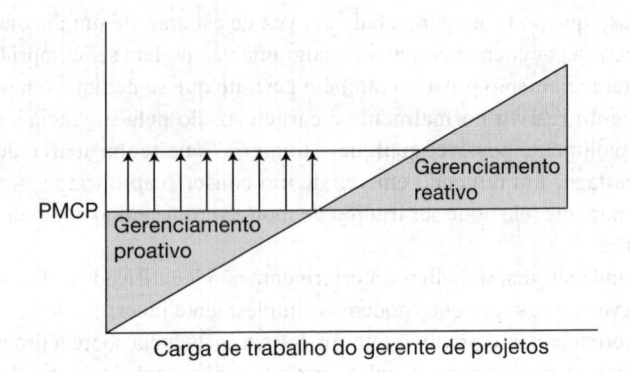

Figura 10.4 Aumentando a PMCP.

(Gráfico: eixo vertical mostra PMCP com "Gerenciamento proativo" e "Gerenciamento reativo"; eixo horizontal: Carga de trabalho do gerente de projetos)

A PMCP também é influenciada pela composição da equipe. Se o gerente de projetos estiver em um grande projeto e tiver vários líderes de equipe que gerenciam os planos, eles terão maior capacidade de se concentrar no replanejamento e em trabalhos que estão a caminho. Além disso, ter membros de equipe que são especializados em sua área exige menos foco do gerente de projetos.

Aumentando a PMCP

A boa notícia sobre a PMCP é que ela pode ser aumentada.

Os gerentes de projetos podem procurar maneiras de aumentar seus conjuntos de habilidades por meio de treinamento. Há vários livros e seminários sobre gerenciamento de tempo, priorização e organização. Participar deles pode aumentar a eficiência do tempo gasto pelo GP nessas atividades.

O GP também pode reavaliar a composição da equipe. Ao conseguir líderes mais fortes para as equipes ou diferentes membros, ele pode diminuir sua própria carga de trabalho e passar mais tempo concentrado no gerenciamento proativo.

Todos esses itens podem aumentar a PMCP e resultar em maior capacidade de gerenciar proativamente. A Figura 10.4 mostra como um aumento na PMCP aumenta os parâmetros e permite mais gerenciamento proativo com a mesma carga de trabalho.

Conclusão

Gerenciar um projeto proativamente é aumentar sua probabilidade de ser bem-sucedido. Existe uma correlação direta entre a carga de trabalho de um gerente de projetos e sua capacidade de olhar adiante. Os gerentes de projetos têm controle sobre certos aspectos que podem lhes dar maior capacidade de focar o gerenciamento proativo. Esses itens da PMCP podem ser aumentados por meio de treinamento e da equipe adequada.

Lembre-se de manter os olhos na estrada.

11

Medindo o retorno sobre o investimento em treinamento em gestão de projetos

11.0 Introdução

Por quase 30 anos, da década de 1960 à de 1980, o crescimento e a aceitação da gestão de projetos se restringiram às indústrias aeroespacial, de defesa e de construção pesada. Em praticamente todas as outras indústrias, a gestão de projetos era considerada "boa de ter", mas dispensável. Havia pouquíssimos programas de treinamento, e os que eram oferecidos abordavam os fundamentos com a fraca tentativa de adaptar o material a uma empresa específica. O conceito de medir o retorno sobre o investimento (ROI, *return on investment*) em treinamento, pelo menos em cursos de gestão de projetos, era inexistente. Mais recentemente, entretanto, houve vários estudos sobre a quantificação dos benefícios da gestão de projetos, com alguns trabalhos pioneiros sobre os benefícios do treinamento na área.[1] Não era o suficiente, mas pelo menos a necessidade estava sendo reconhecida.

Hoje, nossa visão sobre a formação em gestão de projetos mudou, e mudou também nosso desejo de avaliar o ROI sobre os fundos de treinamento. Há vários motivos para isso:

- Os executivos percebem que o treinamento é uma necessidade básica para as empresas crescerem.
- Os funcionários querem treinamento para seu desenvolvimento profissional e oportunidades de avanço na carreira.
- A gestão de projetos agora é vista como uma profissão em vez de como uma ocupação em regime de tempo parcial.
- A importância de se tornar PMP®* tem aumentado.

---

[1] W. Ibbs and J. Reginato, *Quantifying the Value of Project Management* (Newton Square, PA: Project Management Institute, 2002) W. Ibbs and Y.-H. Kwak, *The Benefits of Project Management* (Newton Square, PA: Project Management Institute, 1997). W. Ibbs, "*Measuring Project Management's Value: New Directions for Quantifying PM/ROI®*". Paper presented at the Proceedings of the PMI Research Conference, June 21–24, 2000, Paris, France. J. Knutson, "From Making Sense to Making Cents". A three-part series in *PM Network*: Part 1: Measuring Project Management ROI, vol. 13 no. 1 (January), 25–27; Part 2: Measuring Project Management, vol. 13 no. 2 (February), 23–24; Part 3: The Process, vol. 13 no. 7 (July), 17–19

* PMP é marca registrada do Project Management Institute, Inc.

- Há inúmeros programas universitários disponíveis, que oferecem diplomas de graduação, mestrado e doutorado em gestão de projetos.
- Há programas certificados em vários conceitos de gestão de projetos como gestão de riscos e gerenciamento de programas.
- A pressão para manter a lucratividade corporativa aumentou, resultando em menos dinheiro disponível para treinamentos. Contudo, cada vez mais fundos de treinamento estão sendo solicitados pelos trabalhadores que desejam se tornar PMPs® e, então, precisam acumular 60 unidades de desenvolvimento profissional (PDUs, *professional development units*) a cada três anos para manterem sua certificação.
- A gerência percebe que uma parte significativa dos orçamentos de treinamento tem de ser alocada para a formação em gestão de projetos, mas ela deve ser alocada para os cursos que fornecem à empresa o maior ROI. Surge o conceito de ROI educacional.

11.1 Benefícios da gestão de projetos

Nos primeiros anos da gestão de projetos, principalmente nas indústrias aeroespacial e de defesa, foram feitos estudos para determinar seus benefícios. Em um estudo realizado por Middleton, os benefícios descobertos foram:

- Melhor controle dos projetos
- Melhores relações com o cliente
- Menor tempo de desenvolvimento de produtos
- Menor custo de programas
- Maior qualidade e confiabilidade
- Maiores margens de lucro
- Melhor controle sobre a segurança do programa
- Melhor coordenação entre as divisões da empresa que estão trabalhando no projeto
- Moral mais alto e melhor orientação à missão para funcionários que estão trabalhando no projeto
- Desenvolvimento acelerado de gerentes devido à amplitude das responsabilidades dos projetos[2]

Esses benefícios foram identificados por Middleton por meio de pesquisas e eram de natureza subjetiva. Não houve qualquer tentativa de quantificar os benefícios. Naquela época, praticamente não havia programas de treinamento em gestão de projetos. O treinamento prático no trabalho era o método preferido de aprendizagem de gestão de projetos, e a maioria das pessoas aprendia com seus próprios erros em vez de com os erros dos outros.

Hoje, os benefícios identificados por Middleton ainda se aplicam, e adicionamos outros à lista:

- Realização de mais trabalho em menos tempo e com poucos recursos
- Desempenho mais eficaz e mais eficiente
- Aumento dos negócios devido à satisfação do cliente
- Desejo por uma parceria de longo prazo com os clientes
- Maior controle das mudanças de escopo

---

[2] C. J. Middleton, "How to Set Up a Project Organization", Harvard Business Review (March–April 1967): 73–82.

Os executivos queriam todos os benefícios descritos aqui, e os queriam "para ontem". É verdade que esses benefícios poderiam ser obtidos simplesmente com o uso de esforços de treinamento prático, mas isso supondo que o tempo fosse um luxo, e não uma restrição. Além disso, os executivos queriam que os funcionários aprendessem com os erros dos outros em vez de com os seus próprios erros. Queriam também que todos os envolvidos na gestão de projetos procurassem esforços de melhorias contínuas em vez de apenas uma melhor prática ocasional.

Nem todo programa de treinamento em gestão de projetos se concentra em todos esses benefícios. Alguns cursos se concentram em um benefício específico, enquanto outros podem focar um grupo de benefícios. Decidir que benefícios você deseja é essencial ao selecionar um curso de treinamento. E se os benefícios puderem ser quantificados após o término do treinamento, os executivos podem maximizar seu ROI em treinamento em gestão de projetos, selecionando apropriadamente as organizações que oferecem treinamento.

11.2 O crescimento da modelagem do ROI

Nos últimos anos, a expansão global da modelagem do ROI assumiu o comando. A Sociedade Americana de Treinamento e Desenvolvimento (ASTD) realizou estudos sobre a modelagem do ROI.[3] Em todo o mundo, associações profissionais estão conduzindo seminários, oficinas e conferências dedicadas ao treinamento em ROI.

Segundo o Relatório Anual de Treinamento de 2001, mais de US$ 66 bilhões foram gastos em treinamento em 2001. Portanto, não é nenhuma surpresa que a gerência trate o treinamento com uma mentalidade empresarial, justificando, assim, o uso da mensuração do ROI. No entanto, apesar de todo o compromisso em todo o mundo e dos sucessos documentados, ainda há um medo muito real em muitas empresas, evitando o uso da modelagem do ROI. Argumentos típicos são: "Isso não se aplica a nós", "Não podemos avaliar os benefícios quantitativamente", "Não precisamos disso", "Os resultados não são relevantes", "É caro demais". Esses medos criam barreiras à implementação das técnicas do ROI, mas a maior parte das barreiras são mitos que podem ser superados.

Na maioria das empresas, o desenvolvimento de recursos humanos (DRH) detém o papel principal na superação desses medos e na realização dos estudos sobre o ROI. O custo de realizar esses estudos continuamente pode ser tão alto quanto 4% a 5% do orçamento do DRH. Algumas organizações de DRH têm dificuldade em justificar essas despesas. Para piorar a situação, o pessoal do DRH pode não compreender muito bem a gestão de projetos.

A salvação para superar esses medos e criar os programas apropriados de treinamento pode ser o escritório de gestão de projetos (PMO, *project management office*). Como o PMO se tornou o guardião de toda a propriedade intelectual da gestão de projetos, além de criar os cursos de treinamento, ele muito provavelmente assumirá a liderança no cálculo do ROI de cursos de treinamento relacionados à gestão de projetos. Os membros do PMO

---

[3] J. J. Phillips, *Return on Investment in Training and Performance Improvement Programs*, 2nd ed. (Burlington, MA: Butterworth-Heinemann, 2003), Chapter 1. Na opinião do autor, esse é sem dúvida um dos melhores, senão o melhor, texto sobre esse assunto.

podem ser solicitados a se tornar certificados na mensuração do ROI educacional da mesma forma que são certificados como PMP® ou Faixa Preta do Seis Sigma.

Outro motivo para usar o PMO é a metodologia da gestão de projetos empresarial (EPM). O EPM é a integração de vários processos, como gestão da qualidade total, engenharia simultânea, melhorias contínuas, gestão de riscos e controle de mudanças de escopo em uma única metodologia de gestão de projetos que é utilizada em toda a empresa. Cada um desses processos possui saídas mensuráveis que anteriormente talvez não fossem acompanhadas ou relatadas. Isso colocou uma pressão adicional sobre o PMO e a formação em gestão de projetos para que eles desenvolvessem métricas e mensurações do sucesso.

11.3 O modelo ROI

Qualquer modelo usado precisa fornecer uma abordagem sistemática para o cálculo do ROI. Ele deve ser preparado com uma abordagem baseada no ciclo de vida ou uma abordagem passo a passo similar a uma metodologia de EPM. Assim como com o EPM, há um critério essencial que deve existir para que qualquer modelo funcione de forma eficiente.

Como os critérios são considerados essenciais, qualquer metodologia de ROI deve atender à maioria dos critérios, se não a todos. A má notícia é que a maioria dos processos do ROI geralmente não atende a todos esses critérios. Um modelo típico é exibido na Figura 11.1. As definições dos níveis na Figura 11.1 são mostradas na Tabela 11.1.

11.4 Fase do ciclo de vida dedicada ao planejamento

A primeira fase do ciclo de vida no modelo ROI é o desenvolvimento dos planos de avaliação e dados de linha de base. O plano de avaliação é similar a algumas áreas de conheci-

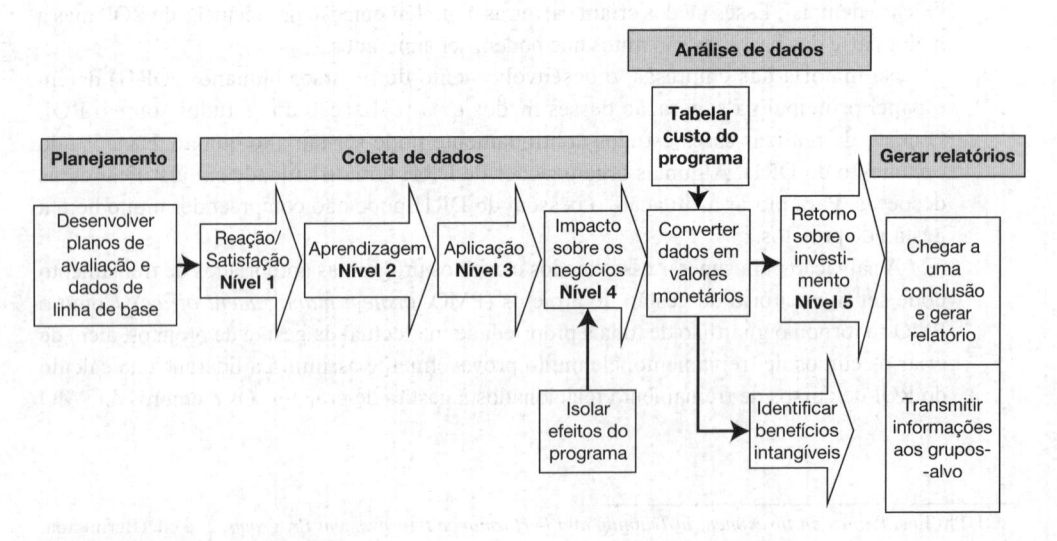

Figura 11.1 O modelo do ROI.
Fonte: Adaptado de J. J. Phillips, *Return on Investment in Training and Performance Improvement Programs*, 2nd ed. (Burlington, MA: Butterworth-Heinemann, 2003), p. 37.

TABELA 11.1 Níveis de definição

Nível	Descrição
1: Reação/satisfação	Mede as reações dos participantes ao programa e possivelmente cria um plano de ação para a implementação de ideias
2: Aprendizagem	Mede habilidades específicas, conhecimentos ou mudanças de atitude
3: Aplicação	Mede mudanças nos hábitos de trabalho ou desempenho no trabalho além da aplicação e implementação de conhecimentos aprendidos
4: Impacto sobre os negócios	Mede o impacto sobre os negócios em decorrência da implementação de mudanças
5: Retorno sobre o investimento	Compara os benefícios monetários com o custo do treinamento e os expressa como um percentual

mento do *Guia PMBOK*®,* que exigem um plano como parte do primeiro passo do processo em cada área de conhecimento. O plano de avaliação deve identificar:

- O(s) objetivo(s) do programa
- O(s) modo(s) como o(s) objetivo(s) serão validados
- O público-alvo
- Premissas e restrições
- A duração do programa

Os objetivos do programa de treinamento devem ser claramente definidos antes da modelagem do ROI poder ser concluída. A Tabela 11.2 identifica objetivos típicos. Os objetivos têm de ser claramente definidos para cada um dos cinco níveis do modelo. A linha 3 da Tabela 11.2 seria representativa dos objetivos que uma empresa pode ter quando registra um participante em um curso de treinamento de Programa de Certificação em Gestão de Projetos (PMCP, *Program Management Certificate Program*). Nesse exemplo, a empresa que financia o treinamento do participante pode esperar que ele se torne PMP® e, então, auxilie a organização no desenvolvimento de uma metodologia EPM baseada no *Guia PMBOK*® com a expectativa de que isso levaria à satisfação do cliente e a mais negócios. A linha 4 da Tabela 11.2 pode ser representativa de uma empresa que registra um participante em um curso de melhores práticas em gestão de projetos. Algumas empresas acreditam que, se um participante de um seminário sair do programa de treinamento com duas boas ideias para cada dia de programa e essas ideias puderem ser implementadas com uma rapidez razoável, o seminário será considerado um sucesso. Nesse exemplo, os objetivos são identificar as melhores práticas em gestão de projetos que outras empresas estão fazendo e que podem ser implementadas de forma eficiente na empresa do participante.

Pode haver diferenças nos objetivos do treinamento, aos olhos da gerência. Como exemplo, observando as linhas 3 e 4 da Tabela 11.2, os objetivos podem ser:

- Aprender habilidades que podem ser aplicadas imediatamente ao trabalho. Nesse caso, o ROI pode ser medido rapidamente. Isso pode ser representativo do curso de PMCP na linha 3.

---

* PMBOK é marca registrada do Project Management Institute, Inc.

TABELA 11.2 Objetivos típicos de programas

Nível	Descrição	Objetivos Típico treinamento em PMCP	Curso de treinamento típico em melhores práticas
1	Reação/Satisfação	Compreender princípios do *Guia PMBOK®*	Compreender que as empresas estão documentando suas melhores práticas
2	Aprendizagem	Demonstrar habilidades ou conhecimento em grupos de domínio e áreas de conhecimento	Demonstrar como as melhores práticas beneficiam uma organização
3	Aplicação	Desenvolvimento de processos de EPM baseados no *Guia PMBOK®*	Desenvolver a biblioteca de melhores práticas ou maneiras de identificar as melhores práticas
4	Impacto sobre os negócios	Mensuração da satisfação do cliente e usuário com a EPM	Determinar as economias de tempo e/ou custo propiciadas por uma melhor prática
5	Retorno sobre o investimento	Quantidade de negócios ou satisfação do cliente gerada pela EPM	Medir o ROI para cada melhor prática implementada

- Aprender sobre técnicas e avanços. Nesse caso, deve-se investir mais dinheiro para alcançar esses benefícios. A mensuração do ROI pode não ser importante até depois de as técnicas terem sido implementadas. Isso pode ser representativo do curso de melhores práticas na linha 4.
- Uma combinação dos itens acima.

11.5 Fase do ciclo de vida dedicada à coleta de dados

A fim de validar que os objetivos de cada nível do curso de treinamento foram alcançados, é preciso coletar e processar dados. Os níveis 1–4 na Figura 11.1 formam a fase do ciclo de vida dedicada à coleta de dados.

Para compreender os métodos de coleta de dados, revisitamos o curso sobre melhores práticas em gestão de projetos, que cobre as melhores práticas implementadas por várias empresas em todo o mundo. As seguintes premissas serão adotadas:

- Os participantes estão fazendo o curso para trazer de volta à sua empresa pelo menos duas ideias que possam ser implementadas em sua empresa dentro de seis meses.
- Coletar PDUs é um benefício secundário.
- A duração do curso é de dois dias.[4]

As abordagens típicas de coleta de dados são apresentadas na Tabela 11.3 e explicadas a seguir para cada nível.

NÍVEL 1: REAÇÃO E SATISFAÇÃO

O nível 1 mede a reação dos participantes ao programa e possivelmente um plano de ação para a implementação das ideias. A mensuração do nível 1 é normalmente um questionário

---

[4] Algumas empresas têm cursos com duração de um dia, dois dias e até mesmo de uma semana sobre melhores práticas em gestão de projetos.

TABELA 11.3 Coleta de dados

Nível	Medidas	Métodos e instrumentos de coleta de dados	Fontes de dados	Duração	Pessoa responsável
Reação/ satisfação	Uma avaliação com escala de 1 a 7 como crítica de fim de curso	Questionário	Participante (último dia do programa)	Fim do programa	Instrutor
Aprendizagem	Pré-teste, pós-teste, cursos on-line e estudos de caso	Testes em sala e séries de práticas de habilidades	Instrutor	Cada dia de curso	Instrutor
Aplicação	Discussão em sala de aula	Sessão de acompanhamento ou questionário	Participante e/ ou PMO	Três meses após o programa[a]	PMO
Impacto sobre os negócios	Mensuração dos esforços de melhorias contínuas da EPM	Monitoramento do custo-benefício pelo PMO	Registros do PMO	Seis meses após o programa	PMO
Retorno sobre o investimento	Índices custo-benefício	Estudos do PMO	Registros do PMO	Seis meses após o programa	PMO

[a] Normalmente apenas para programas internos. Para seminários públicos, isso pode ser feito pelo PMO dentro de uma semana após a conclusão do treinamento.

de fim de curso no qual o participante avalia as informações apresentadas, a qualidade da instrução, o material de instrução e outros assuntos similares em uma escala de 1 a 7. Muitas vezes, o questionário é respondido de acordo com as habilidades de apresentação do instrutor em vez de com a qualidade das informações. Embora esse método seja o mais comum e muitas vezes sirva como uma indicação de satisfação do cliente, o que se espera que leve a negócios de repetição, não é nenhuma garantia de que novas habilidades ou conhecimentos tenham sido aprendidos.

NÍVEL 2: APRENDIZAGEM

Esse nível mede habilidades específicas, conhecimentos ou mudanças de atitudes aprendidas durante o curso. Os instrutores usam uma variedade de técnicas de treinamento, como:

- Palestras
- Palestras/discussões
- Exames
- Estudos de casos (empresas externas)
- Estudos de casos (projetos internos)
- Simulação/dramatização
- Combinações

Para cada técnica de treinamento, é preciso estabelecer um método de mensuração. Alguns instrutores oferecem um pré-teste no início do curso e um pós-teste no fim. A diferença de pontuação geralmente é representativa de quanto o participante aprendeu. Isso normalmente é feito para programas de treinamento internos em vez de seminários públicos. Deve-se tomar cuidado com o uso de pré-testes e pós-testes. Às vezes, um pós-teste é fácil com a finalidade de fazer parecer que se aprendeu muito. Testes fora da sala de aula também podem ser realizados usando estudos de caso que os participantes levam para casa e provas e questões *on-line*.

Os testes são necessários para validar que se aprendeu algo e se absorveu conhecimento. Entretanto, simplesmente ter havido aprendizado não é nenhuma garantia de que as informações aprendidas sobre as melhores práticas podem ser ou serão transferidas para a empresa. O aprendizado pode simplesmente confirmar que a empresa está se saindo bem e acompanhando o ritmo de suas concorrentes.

NÍVEL 3: APLICAÇÃO DE CONHECIMENTOS

Esse nível mede mudanças nos hábitos de trabalho ou no desempenho prático, além da implementação dos conhecimentos obtidos. A mensuração nesse nível normalmente é feita por meio de sessões ou questionários de avaliação. Entretanto, para cursos oferecidos pelo governo com um grande número de participantes, é impossível para o instrutor fazer uma avaliação de acompanhamento com todos os participantes. Nesses casos, a responsabilidade cai nas mãos do PMO. Os participantes podem ser solicitados a preparar um curto relatório, de uma ou duas páginas, sobre o que eles aprenderam no curso e que melhores práticas são aplicáveis à empresa. O relatório é enviado ao PMO, que pode ter a palavra final sobre a implementação de ideias. Dependendo da magnitude das ideias das melhores práticas, o gerente de portfólio de projetos pode ser afetado. Entretanto, não há garantia alguma nesse ponto de que haja um impacto positivo sobre os negócios.

NÍVEL 4: IMPACTO SOBRE OS NEGÓCIOS

Esse nível mede o impacto sobre os negócios em decorrência de uma implementação de mudanças. Áreas típicas de mensuração são apresentadas na Figura 11.2.

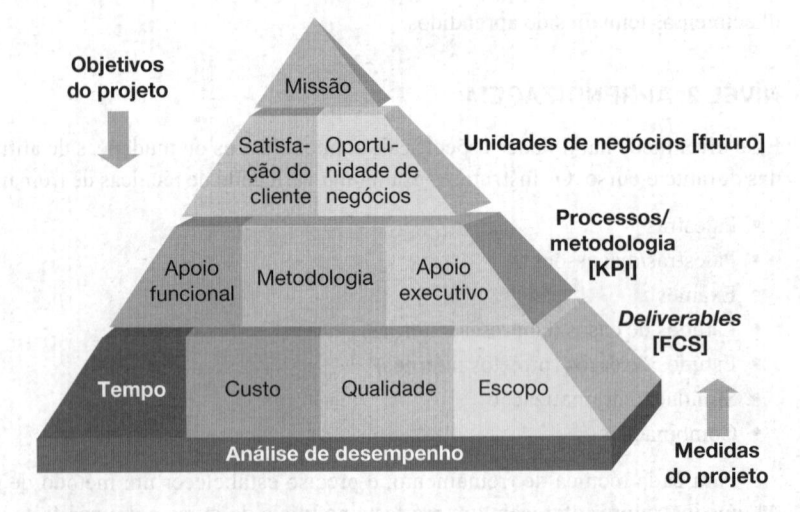

Figura 11.2 Pirâmide post mortem.
Fonte: H. Kerzner, *Advanced Project Management: Best Practices in Implementation*, 2nd ed. Hoboken, NJ: Wiley, 2004, p. 302.

Os termos cruciais da Figura 11.2 são:

- *Fator crítico de sucesso (FCS):* Mede as mudanças na saída do projeto, resultante da implementação de melhores práticas. Espera-se que eles levem a melhorias em prazo, custo, qualidade e escopo.
- *Indicadores-chave de desempenho (KPI, key performance indicators):* Medem as mudanças no uso do sistema da EPM e o suporte recebido da gerência funcional e da gerência sênior.
- *Impacto sobre a unidade de negócios:* Medido pela satisfação do cliente em decorrência da implementação de melhores práticas e/ou oportunidades de negócios futuros.

A mensuração no nível 4 é normalmente realizada pelo PMO. Há vários motivos para tal:

1. As informações podem ser sigilosas para a empresa e indisponíveis para o instrutor.
2. Uma vez que há um longo período entre o treinamento e a implementação das melhores práticas, o instrutor pode não estar disponível para suporte.
3. A empresa pode não querer ninguém de fora dela falando com seus clientes sobre satisfação do cliente.

Embora a implementação de melhores práticas possa ter um impacto favorável sobre os negócios, deve-se tomar cuidado para que ela seja custo-efetiva.

Como mostra a Figura 11.1, uma importante contribuição no nível 4 é *isolar os efeitos do treinamento*. Geralmente é impossível identificar claramente o impacto sobre os negócios que resulta diretamente do programa de treinamento. O problema é que as pessoas aprendem a gestão de projetos de diversas fontes, como estas:

- Educação formal
- Transferência de conhecimentos de colegas
- Experiência prática
- Pesquisas internas sobre melhorias contínuas
- *Benchmarking*

Devido à dificuldade em isolar os conhecimentos específicos, esse passo geralmente é negligenciado.

11.6 Fase do ciclo de vida dedicada à análise

A fim de calcular o ROI, os dados relativos ao impacto sobre os negócios, do nível 4, devem ser convertidos em um valor monetário. As informações podem vir de entrevistas com funcionários e gerentes, bancos de dados, especialistas em certos assuntos e dados históricos. Muito raramente todas as informações necessárias vêm de uma única fonte.

Outra contribuição necessária para a análise de dados é o custo do programa de treinamento. Custos típicos que devem ser considerados incluem:

- O custo da criação e do desenvolvimento do curso
- O custo dos materiais
- O custo do(s) facilitador(es)
- O custo do local e das refeições oferecidas durante o treinamento
- O custo de viagens, refeições e alojamento para cada participante
- O custo dos salários dos participantes com todos os encargos

- Os custos administrativos ou gerais relacionados ao curso de treinamento ou a abordagem aos participantes para que eles façam o treinamento
- O possível custo (perda de receita) de não ter os participantes disponíveis para outros trabalhos durante o período do treinamento

Nem todos os benefícios podem ser convertidos em valores monetários. Esse é o motivo para a existência do quadro "Identificar benefícios intangíveis" na Figura 11.1. Alguns benefícios do impacto sobre os negócios que são facilmente convertidos em valores monetários incluem:

- Menor tempo de desenvolvimento de produtos
- Decisões mais rápidas e de qualidade mais alta
- Custos mais baixos
- Maiores margens de lucro
- Menos recursos necessários
- Redução da papelada
- Maior qualidade e confiabilidade
- Menor rotatividade de pessoal
- Implementação mais rápida das melhores práticas

Benefícios típicos que são intangíveis e não podem ser facilmente convertidos em valores monetários incluem:

- Maior visibilidade e foco sobre resultados
- Melhor coordenação
- Moral mais alto
- Desenvolvimento acelerado dos gerentes
- Maior controle sobre os projetos
- Melhores relações com o cliente
- Maior apoio funcional
- Menos conflitos que exigem algum suporte da gerência

Embora esses benefícios possam ser intangíveis, devem-se fazer todas as tentativas de atribuir valores monetários a eles.

NÍVEL 5: RETORNO SOBRE O INVESTIMENTO

Duas fórmulas são necessárias para a conclusão do nível 5. A primeira fórmula é o IBC (índice benefício-custo), que pode ser formulado como

$$IBC = \frac{\text{Benefícios do programa}}{\text{Custos do programa}}$$

A segunda fórmula é o ROI expresso como um percentual. A fórmula se baseia nos benefícios "líquidos" do programa, que são os benefícios menos os custos. Matematicamente, podemos descrevê-la como

$$ROI = \frac{\text{Benefícios líquidos do programa}}{\text{Custos do programa}} \times 100$$

Para ilustrar a utilidade desse nível, consideramos três exemplos, todos baseados no mesmo curso de treinamento. Você participa de um seminário de dois dias de duração sobre melhores práticas em gestão de projetos. O custo para sua empresa para que você participe do curso é:

Taxa de inscrição	$ 475
Tempo de liberação (16 h a $100/h)	1.600
Despesas de viagem	800
	$2.875

Ao fim do seminário, você volta à empresa com três melhores práticas para recomendar. Sua empresa gosta de todas as três ideias e o designa como gerente de projetos para implementar todas elas. Fundos extras precisam ser gastos para alcançar o benefício desejado.

Exemplo 1

Durante o seminário, você descobre que muitas empresas adotaram o conceito de gestão de projetos sem papel, implementando um sistema de relatório de *status* de "semáforo". Sua empresa já possui um sistema de EPM baseado na web, mas você tem preparado relatórios em papel para as reuniões de revisão de *status*. Agora, todas as reuniões de revisão de *status* serão realizadas sem papel e com uma apresentação de PowerPoint exibindo a metodologia baseada na web com um mostrador em "semáforo" ao lado de cada pacote de trabalho na estrutura analítica do projeto. O custo de desenvolver o sistema de semáforo é:

Programação de sistemas (240 h a US$100/h)	$24.000
Gestão de projetos (150 h a US$100/h)	15.000
	$39.000

Os benefícios expressos em termos monetários são:

- Tempo dos executivos dedicado a reuniões de revisão de projeto (20 h por projeto a 10 h por projeto × 15 projetos × 5 executivos por reunião × US$250/h): US$187.500
- Redução de tempo necessário para a preparação de papelada (60 h/projeto × 15 projetos × US$100/h): US$90.000
- O benefício adicional total é, portanto, US$275.500:

$$IBC = \frac{\$275.000 - \$39.000}{\$2875} = 82$$

$$ROI = \frac{\$275.000 - \$39.000 - \$2875}{\$2875} = 8109$$

Isso significa que, para cada dólar investido no programa de treinamento, houve um retorno de US$8.109 nos benefícios líquidos! Neste exemplo, supôs-se que o salário dos trabalhadores com todos os encargos fosse de US$100/h, e o dos executivos, de US$250/h. Os benefícios foram mensurações de um ano, e o custo de desenvolver o sistema de semáforo não foi amortizado, mas descontado dos benefícios anuais.

Nem todos os programas de treinamento geram benefícios dessa magnitude. A Lear, em Dearborn, Michigan, EUA, possui um sistema de relatórios de semáforo para a gestão de projetos como parte de seu sistema de EPM baseado na web. A Lear mostrou que, na mesma quantidade de tempo que ela revisaria o *status* de um projeto usando papel, agora revisava o *status* de todos os projetos usando os relatórios com semáforos.

Exemplo 2

Durante o programa de treinamento, você descobre que outras empresas estão usando *templates* para a aprovação e iniciação de projetos. Você recebe os *templates* durante o treinamento, e é necessário muito pouco esforço para torná-los parte do sistema de EPM e informar a todos a respeito da atualização. Os novos *templates* eliminarão pelo menos uma reunião por semana, com uma economia de US$550:

$$\text{Benefício} = (\text{US}\$500/\text{reunião}) \times (1 \text{ reunião/semana}) \times 50 \text{ semanas}$$
$$= \$27.500$$

$$\text{IBC} = \frac{\$27.500}{\$2875} = 9{,}56$$

$$\text{ROI} = \frac{\$27.500 - \$2875}{\$2875} = 8{,}56$$

Nesse exemplo, para cada US$1 investido no programa de melhores práticas, foi reconhecido um benefício de US$8,56.

Exemplo 3

Durante o programa de treinamento, você descobre que as empresas estão ampliando seus sistemas de EPM para se tornarem mais compatíveis com os sistemas utilizados por seus clientes. Isso deve estimular maior satisfação do cliente. O custo de atualizar seu sistema de EPM para passar a integrar geradores de relatórios para clientes diversos será em torno de US$100 mil.

Depois de o gerador de relatórios ser instalado, um dos clientes com os quais você tem quatro projetos por ano lhe informa que está tão satisfeito com essa mudança que agora lhe dará um contrato de fornecedor exclusivo. Isso resulta em economias significativas em custos de aquisição. Sua empresa tipicamente gasta US$30 mil preparando propostas:

$$\text{IBC} = \frac{(4 \text{ projetos} \times \$30.000)}{\$2875} = 6{,}96$$

$$\text{ROI (\%)} = \frac{(4 \times \$30.000) - \$100.000 - \$2875}{\$2875} = 5{,}96$$

Nesse caso, para cada dólar investido no programa de melhores práticas, foi recebido um benefício líquido de US$5,96.

Até hoje, houve poucas tentativas de medir o ROI especificamente na formação em gestão de projetos em vez de em trabalhos feitos pela Phillips. Entretanto, houve mais sucessos. Em uma empresa de seguros, foi empreendido um projeto de US$100 milhões. Todos os funcionários tiveram de fazer um treinamento em gestão de projetos antes de trabalhar no projeto. O projeto foi concluído 3% (US$3 milhões) abaixo do orçamento.

Na incerteza de se a economia de US$3 milhões fora devido a uma melhor formação em gestão de projetos ou à baixa qualidade das estimativas iniciais, a empresa realizou um estudo sobre todos os projetos em que os funcionários eram treinados em gestão de projetos antes de trabalhar em equipes de projetos. O resultado foi um surpreendente retorno de 700% sobre o valor investido em treinamento.

Em outra organização, o pessoal do DRH trabalhou com gestão de projetos para desenvolver um programa informatizado de treinamento em gestão de projetos. Os resultados iniciais indicaram um ROI de 900%. Os trabalhadores fizeram o curso em seu tempo livre em vez de no horário de trabalho. Talvez essa seja uma indicação dos benefícios dos programas de aprendizagem digital (*e-learning*). Os programas de *e-learning* podem produzir um ROI muito mais alto do que os cursos tradicionais pelo fato de o custo do curso ser significativamente reduzido com a eliminação do custo de liberação dos funcionários de suas funções comuns.

11.7   Fase do ciclo de vida dedicada à geração de relatórios

A fase final do ciclo de vida na Figura 11.1 é dedicada a relatórios. É bem provável que a aceitação dos resultados dependa de como o relatório é preparado. O relatório precisa ser autoexplicativo para todos os grupos-alvo. Se forem adotadas premissas quanto aos custos ou benefícios, elas devem ser justificadas. Se os valores do ROI forem inflados para fazer um programa de treinamento parecer melhor do que realmente é, as pessoas podem se tornar céticas e se recusar a aceitar os resultados de futuros estudos de ROI. Todos os resultados devem ser factuais e respaldados por dados realistas.

11.8   Conclusões

Devido à quantidade e à profundidade dos programas de treinamento em gestão de projetos, pode-se esperar que o conceito de mensuração do ROI sobre o valor investido cresça. Os executivos reconhecerão os benefícios dessa abordagem e sua aplicação à gestão de projetos da mesma forma que ela se aplica a outros programas de treinamento. As organizações que oferecem treinamentos em gestão de projetos precisarão demonstrar domínio da análise de ROI. Por fim, o PMI talvez até estabeleça um grupo de investigações especiais sobre a mensuração do ROI.

12
O escritório de projetos

12.0 Introdução

À medida que as empresas começam a reconhecer o efeito favorável da gestão de projetos na lucratividade, a ênfase vai para o profissionalismo na área usando o conceito de escritório de projetos (PO, *project office*). O conceito de um PO, ou PMO (*project management office*), é talvez a mais importante atividade de gestão de projetos desta década.

Com o reconhecimento de sua importância, vem o planejamento estratégico, tanto para a gestão de projetos quanto para o escritório de projetos. A maturidade e a excelência *não* ocorrem com o mero uso da gestão de projetos ao longo de um extenso período, mas por meio do planejamento estratégico tanto para a gestão de projetos quanto para o PMO.

O planejamento estratégico geral envolve a determinação de onde você deseja estar no futuro e, então, de como você planeja chegar lá. Para o planejamento estratégico do PMO, geralmente é mais fácil decidir que atividades devem estar sob o controle do PMO do que determinar como ou quando realizá-las. Para cada atividade colocada sob os seus cuidados, podem surgir movimentos de resistência que inicialmente veem a remoção dessa atividade de sua área funcional como uma ameaça a seu poder e autoridade. Típicas atividades designadas a um PMO incluem:

- Padronização nas estimativas
- Padronização no planejamento
- Padronização na geração de cronogramas
- Padronização no controle
- Padronização na geração de relatórios
- Esclarecimento dos papéis e das responsabilidades que a gestão de projetos envolve
- Preparação de descrições de cargos para os gerentes de projetos
- Preparação de dados de arquivo sobre lições aprendidas
- *Benchmarking* contínuo
- Desenvolvimento de *templates* para a gestão de projetos
- Desenvolvimento de uma metodologia de gestão de projetos
- Recomendação e implementação de mudanças e melhorias à metodologia existente
- Identificação de melhores práticas
- Realização do planejamento estratégico para a gestão de projetos
- Estabelecimento de uma linha telefônica direta para a solução de problemas relacionados à gestão de projetos
- Coordenação e/ou condução de programas de treinamento em gestão de projetos

- Transferência de conhecimentos por meio de orientação e mentoria
- Desenvolvimento de um plano de capacidade/utilização dos recursos corporativos
- Suporte às atividades do gerenciamento de portfólios
- Avaliação de riscos
- Planejamento para recuperação de desastres
- Auditoria do uso da metodologia de gestão de projetos
- Auditoria do uso de melhores práticas

Na primeira década do século XXI, o PMO se tornou lugar-comum na hierarquia corporativa. Embora a maioria das atividades designadas ao PMO não tenha mudado, havia uma nova missão para o PMO:

- O PMO tinha a responsabilidade de manter toda a propriedade intelectual relacionada à gestão de projetos e de oferecer suporte ativo ao planejamento estratégico corporativo.
- O PMO atendia à corporação, especialmente às atividades de planejamento estratégico para a gestão de projetos, em vez de priorizar um cliente específico.
- O PMO foi transformado em um centro corporativo de controle da propriedade intelectual da gestão de projetos, que era uma necessidade, já que a magnitude das informações cresceu quase que exponencialmente em toda a organização.

Durante os últimos 20 anos, os benefícios do uso de um PMO para os níveis executivos da gerência se tornaram aparentes. Eles incluem:

- Padronização das operações
- Tomada de decisões com foco na empresa em vez de em silos
- Melhor planejamento da capacidade (i.e., alocações de recursos)
- Acesso mais rápido a informações de mais alta qualidade
- Eliminação ou redução de silos na empresa
- Operações mais eficazes e eficientes
- Menos necessidade de reestruturação
- Menos reuniões, que tomam o tempo valioso dos executivos
- Priorização mais realista do trabalho
- Desenvolvimento de futuros gerentes gerais

Todos os benefícios acima estão direta ou indiretamente relacionados à propriedade intelectual da gestão de projetos. Para preservá-la, o PMO deve manter os veículos para captar os dados e, então, disseminá-los às várias partes interessadas. Esses veículos incluem intranet de gestão de projetos da empresa, *sites* de projetos, bancos de dados de projetos e sistemas de informação de gestão de projetos. Como grande parte dessas informações é necessária tanto para a gestão de projetos quanto para o planejamento estratégico corporativo, é preciso haver planejamento estratégico para o PMO.

O reconhecimento da importância do PMO agora já se espalhou por todo o mundo. Enrique Sevilla Molina, antigo diretor corporativo do PMO da Indra, declara:

> Temos um PMO no nível corporativo e PMOs locais em diferentes níveis em toda a empresa, realizando uma variedade de funções. O PMO no nível corporativo fornece orientações sobre diferentes questões de gestão de projetos, esclarecimentos sobre metodologias e sobre o uso de ferramentas aos PMOs locais.
>
> Além de oferecer suporte aos PMOs locais e aos gerentes de projetos mediante solicitação, as principais funções do PMO corporativo incluem agir nas seguintes áreas:

- Manutenção e desenvolvimento da metodologia geral de gestão de projetos, inclusive as extensões aos níveis de programa e portfólio
- Definição do material e dos processos de treinamento dos GPs
- Gerenciamento do processo de certificação de PMPs®* e treinamento e preparação dos candidatos
- Definição dos requisitos para as ferramentas corporativas de GP

O PMO corporativo se reporta ao diretor executivo financeiro.

Um típico PMO não gera lucro ou responsabilidade por perdas nos projetos, nem gerencia projetos para clientes externos. Segundo Jim Triompo, vice-presidente sênior de grupo da ABB:

> O escritório de projetos não entrega projetos. Os projetos gerenciados pelo escritório de gestão de projetos se limitam a desenvolvimento, implementação e treinamento em processos/ferramentas. O escritório de gestão de projetos às vezes é solicitado a realizar revisões, participar de revisões de risco gestão nível das divisões e revisões operacionais em vários países.

A maioria dos PMOs é vista como mão de obra indireta e, portanto, sujeita a reduções ou eliminações de pessoal quando uma corporação passa por estresse financeiro. Para minimizar esse risco, o PMO deve estabelecer métricas para mostrar que está agregando valor para a empresa. Métricas típicas estão listadas a seguir.

- Mensurações tangíveis, que incluem:
  - Satisfação do cliente
  - Projetos em risco
  - Projetos enfrentando problemas
  - O número de semáforos vermelhos que precisam de recuperação e que esforço adicional exigem
- Pode haver também elementos intangíveis, e eles talvez não possam ser medidos. Eles incluem:
  - Identificação precoce de problemas
  - Qualidade e rapidez das informações

12.1 Boeing

Nem todas as empresas usam o termo "escritório de gestão de projetos". Em algumas, ele também é chamado de comunidade de excelência ou comunidade de prática. Cada empresa possui suas próprias metas e objetivos específicos para um PMO. Assim, as responsabilidades do PMO podem variar de empresa para empresa. As informações a seguir foram fornecidas por Sherry Kytonen, gerente de projetos sênior da Boeing. Além de 25 anos de experiência em gestão de projetos, Sherry lidera workshops e treinamento sobre equilíbrio entre a vida pessoal e a profissional e desmistificação da meditação para a produtividade desde 2010.

* * *

---

* PMP é marca registrada do Project Management Institute, Inc.
O material da Seção 12.1 foi fornecido por Sherry Kytonen, gerente de projetos sênior. Copyright © 2017 por Boeing. Reproduzido com permissão. Todos os direitos reservados.

O escritório de gestão de projetos empresarial da Boeing patrocina uma comunidade de excelência em gestão de projetos (PjMCoE, *Project Management Community of Excellence*) que exemplifica as melhores práticas e promove a disciplina de gestão de projetos em toda a Boeing Company. O propósito da PjMCoE é criar um fórum interfuncional que abranja toda a Boeing e conscientize a todos sobre habilidades, disciplina e profissão da gestão de projetos, e que funcione como central para ideias e informações, incluindo setor, metodologias, ferramentas, melhores práticas, equipes de especialistas e inovação.

Uma comunidade de excelência (CoE) na Boeing é um grupo formal com seu próprio estatuto que alinha funcionalmente pelo menos uma organização empresarial, possui uma representação e tem um compromisso com o engajamento empresarial: o compartilhamento e a aplicação de conhecimentos em toda a Boeing Company.

A PjMCoE conecta funcionários da Boeing em nível mundial que trabalham como um grupo de interesse voluntário com mais de 6.800 membros ativos da Boeing e mais de 1.171 PMPs credenciados. É um dos maiores grupos de interesse da Boeing. A participação é aberta para todos os funcionários da Boeing (diretos e terceirizados) e para funcionários da Boeing fora dos Estados Unidos. A PjMCoE iniciou suas atividades em 1997 como um grupo de interesse formal em gestão de projetos, que incluía apenas 75 membros. A finalidade principal é ser um fórum de toda a Boeing para maior consciência das habilidades, da disciplina e da profissão de gestão de projetos. A PjMCoE é a base do sucesso da gestão de projetos na Boeing e oferece os seguintes serviços tanto aos seus membros quanto aos seus negócios:

- *Networking*, colaboração e suporte, incluindo o inSite, uma ferramenta web que permite compartilhamento, aprendizagem e replicação de ideias e informações em toda a empresa
- Uma equipe de elite de especialistas voluntários que colaboram para definir e refinar melhores práticas em gestão de projetos e programas
- Mentoria, *coaching* e treinamento em gestão de projetos
- Auxílio para gerentes buscando contratar ou promover gerentes de projetos
- Informações sobre conferências internas e externas sobre gestão de projetos
- Oportunidades de voluntariado e apoio a projetos de serviço comunitário por meio da equipe de Cidadania Corporativa Global da Boeing

A PjMCoE possui sua própria equipe de direção com responsabilidades definidas que oferecem suporte aos produtos e serviços do CoE e seu representante em todos os grupos e locais operacionais da Boeing. A equipe de direção é a base para se alcançar o estatuto da CoE – facilita reuniões periódicas, supervisiona as operações de um sistema de informações de gerenciamento eficiente, garante que todas as solicitações de engajamento recebam uma resposta e notifica as organizações alinhadas ao ser contatada pelas equipes de projetos, programas ou funções com solicitações de suporte.

Para auxiliar no desenvolvimento continuado da habilidade da gestão de projetos, a PjMCoE oferece suporte aos seus membros propiciando o seguinte:

- Bibliotecas contendo livros, periódicos, metodologias, *software* e apresentações relacionadas à gestão de projetos
- SharePoint[*] e *site* com informações sobre capítulos regionais e notícias
- Aprendizado do currículo de treinamento e desenvolvimento em gestão de projetos oferecido por meio do programa interno Aprendendo Juntos

---

[*] N. de T.: SharePoint é uma ferramenta de gestão e compartilhamento de documentos e projetos.

- O conhecimento se centra em oferecer serviços de mentoria e orientação, além de informações sobre certificados e diplomas em gestão de projetos
- Um grupo de estudo anual de PMPs® que oferece sessões de treinamento ao vivo e gravadas e lições aprendidas como apoio à preparação para o exame de PMP®. O primeiro grupo de estudo de PMP® começou em 2000 e teve uma taxa de aprovação de 95% para aqueles que realmente fizeram o exame de PMP®
- Treinamento interno em gestão de projetos tradicional e ágil
- Reuniões bimestrais via WebEx, recebendo palestrantes convidados e oferecendo Unidades de Desenvolvimento Profissional usadas para acreditação
- Recursos para gerentes de projetos correntes, incluindo oportunidades de carreira, ferramentas de avaliação de habilidades e cargos temporários

A PjMCoE e outros grupos educacionais internos fornecem treinamento para a Boeing com a oferta de diversas oportunidades de treinamento, incluindo aulas específicas sobre gestão de projetos. Muitos funcionários tiram proveito desses serviços para auxiliá-los em desenvolvimento e oportunidades de carreira e consciência e habilidades de gestão de projetos.

Outros treinamentos *ad hoc* estão disponíveis para os funcionários obterem PDUs para a recertificação da sua certificação PMP®. Os tópicos apresentados nas Conferências sobre Gestão de Projetos e espaços educacionais internos da Boeing incluem equilíbrio entre vida pessoa e profissional, MS Project, marcos profissionais, gestão de riscos, problemas e oportunidades, liderança, comunicação e gestão de equipes virtuais. A PjMCoE mantém uma relação contínua e forte com o Instituto de Gestão de Projetos (PMI®, *Project Management Institute*) e é um Centro Registrado de Treinamento do PMI®.

12.2 Serviços de monitoramento e atendimento ao paciente do Philips Business Group

Michael Bauer, líder do SSMO Global (escritório de gestão de soluções e serviços) do grupo de negócios da Philips de soluções em monitoramento e atendimento ao paciente (PCMS, Patient Care & Monitoring Solutions), descreve como o SSMO oferece suporte para um negócio de operação global de soluções e serviços com uma abordagem escalável de implementação de projetos. Uma abordagem desse tipo é necessária devido às necessidades diversas dos clientes e uma ampla gama de ofertas de soluções, resultando em diferentes complexidades de projetos que, por sua vez, exigem uma abordagem mais flexível e escalável, executada por gerentes de projetos altamente qualificados.

* * *

PRODUZINDO EXCELÊNCIA EM SERVIÇOS E IMPLEMENTAÇÃO DE SOLUÇÕES NA SAÚDE

A Royal Philips (NYSE: PHG, AEX: PHIA) é uma empresa líder no campo da tecnologia da saúde, com foco em melhorar a saúde das pessoas e permitir resultados melhores em todo o contínuo de saúde, desde prevenção e estilos de vida saudáveis a diagnóstico, trata-

---

Seção 12.2 © 2017 por Philips. Reproduzido com permissão. Todos os direitos reservados.

mento e atendimento doméstico.[1] A Philips utiliza tecnologias avançadas e conhecimento profundo sobre questões clínicas e sobre o consumidor para produzir soluções integradas. Com sede na Holanda, a empresa é líder em diagnóstico por imagem, terapia guiada por imagem, informática da saúde e monitoramento do paciente, além de saúde do consumidor e atendimento doméstico. O portfólio de tecnologia de saúde da Philips gerou vendas de 16,8 bilhões de euros em 2015, e a empresa emprega cerca de 70.000 funcionários nas áreas de vendas e serviços em mais de 100 países.

O grupo de negócios da Philips de soluções em monitoramento e atendimento ao paciente (BG PCMS) oferece soluções empresariais em monitoramento do paciente, desde soluções econômicas a soluções conectadas sofisticadas, para informações clínicas em tempo real junto ao leito; análise de dados do paciente, sistemas de suporte a decisões clínicas e monitoramento do paciente, incluindo gerenciamento de dados de eletrocardiografia diagnóstica para maior qualidade dos serviços cardiológicos; serviços terapêuticos, incluindo reanimação cardíaca, soluções de cuidados de emergência, ventilação invasiva e não invasiva para ambientes hospitalares agudos e subagudos e dispositivos de monitoramento respiratório; consumíveis nas áreas de monitoramento do paciente e cuidados terapêuticos; e atendimento ao cliente, incluindo proposições para o cliente clínicas, de tecnologia da informação (TI), técnicas e remotas. O atendimento do BG PCMS suporta e capacita a entrega de soluções e serviços inovadores para oferecer uma experiência excelente para o cliente e maximizar o valor para o cliente e para os acionistas.

NECESSIDADES DIVERSAS DOS CLIENTES E DIFERENTES COMPLEXIDADES DE PROJETO

Implementar projetos de soluções de projetos de PCMS é uma atividade local realizada em cada organização hospitalar em cada país, geralmente no idioma local. O PCMS opera com recursos locais e centralizados. Essa disposição organizacional global/local geralmente leva a um ambiente de trabalho virtual com requisitos específicos para se executar os projetos de forma eficiente. Os requisitos e os níveis de maturidade em cada país/mercado e de cada cliente hospitalar variam enormemente. Cada projeto em um hospital é único e varia em duração (de semanas a anos), em tamanho (até projetos multimilionários) e em complexidade (de soluções independentes para apenas um médico a soluções distribuídas regionalmente para milhares de usuários) (ver Figura 12.1). A variedade de tamanho e complexidade de Projetos de Implementação de Soluções na saúde é enorme; o escopo do PCMS inclui produtos mais simples, sistemas altamente configuráveis, *software* e serviços, incluindo consultas clínicas. Ele é influenciado por diferentes situações e demandas dos clientes e tecnologias novas e existentes. Por consequência, as necessidades da estrutura de gestão de projetos variam bastante:

- De implementações em um único departamento àquelas em múltiplos hospitais em mais de um país
- De soluções isoladas em clínicas ou pequenos departamentos a soluções complexas, com diversos sistemas, *software* e serviços, totalmente integrados à infraestrutura hospitalar em múltiplos departamentos
- De processos clínicos simples a fluxos de trabalho altamente projetados

---

[1] Consultar www.philips.com/newscenter para mais informação sobre Philips.

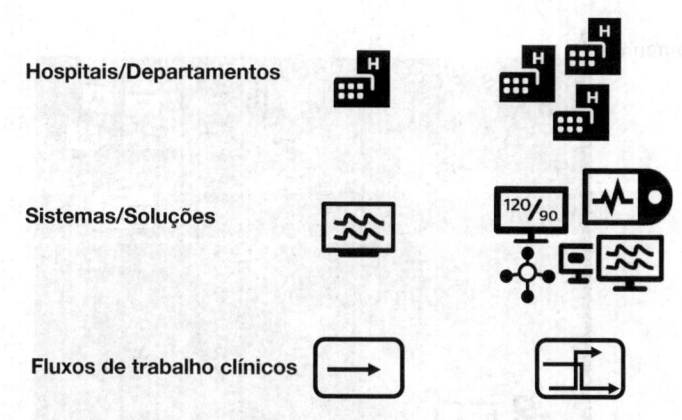

Figura 12.1 Fatores de complexidade em projetos de saúde.

- De implementações "*greenfield*" (do zero) em todas as modalidades[2] e aplicações a soluções customizadas em ambientes hospitalares existentes

Na entrega de projetos de baixa complexidade e com uma única solução em um departamento hospitalar ou uma rede isolada simples, o gerente de projetos implementa as tarefas básicas dentro dos cinco grupos de processo do PMI, como identificação das partes interessadas, desenvolvimento do plano, instalação, controle do escopo e obtenção da aceitação do cliente. Quando uma solução de alta complexidade é entregue em um sistema de saúde, com muitas partes interessadas e diversas soluções de PCMS, o modelo de entrega da solução se torna muito mais detalhado. O gerente de projetos implementa tarefas adicionais dos cinco grupos de processo do PMI, como realizar uma análise das expectativas do cliente, desenvolver uma matriz RACI das partes interessadas, analisar o fluxo de trabalho, testar a integração das soluções, controlar riscos, orçamentos de custo e mão de obra e conduzir revisões em fase das lições aprendidas. A Figura 12.2 ilustra os fatores de complexidade do projeto.

OFERTAS DE SERVIÇOS E SOLUÇÕES INTEGRADAS DURANTE O CICLO DE VIDA DO CLIENTE

Em 2015, o grupo de Serviços de PCMS formulou uma estratégia para seguir uma abordagem totalmente integrada para oferecer, implementar e atender soluções e serviços de uma perspectiva de processo e metodologia. Isso se torna cada vez mais importante à medida que o portfólio de PCMS se transforma em um negócio de serviços e soluções. Uma abordagem mais holística é o segredo para definição do escopo, projeto, entrega e serviço para soluções para o cliente durante todo o seu ciclo de vida.[3]

Tudo começa por um diálogo intenso com o cliente, para obter uma *análise completa da situação* e entender as necessidades do cliente, seguido da fase de *design da solução* durante o pré-venda, quando arquiteturas de referência e diretrizes de *design* ajudam a moldar uma solução forte para o cliente. Essa fase é essencial para as fases de solução sub-

---
[2] Por exemplo, modalidades de geração de imagens, como RX, IRM, TC.
[3] A University of Vermont fornece mais informações sobre o ciclo de vida da tecnologia de saúde; consulte o *site* da universidade em its.uvm.edu/tsp.

Tamanho ↑

Complexidade →

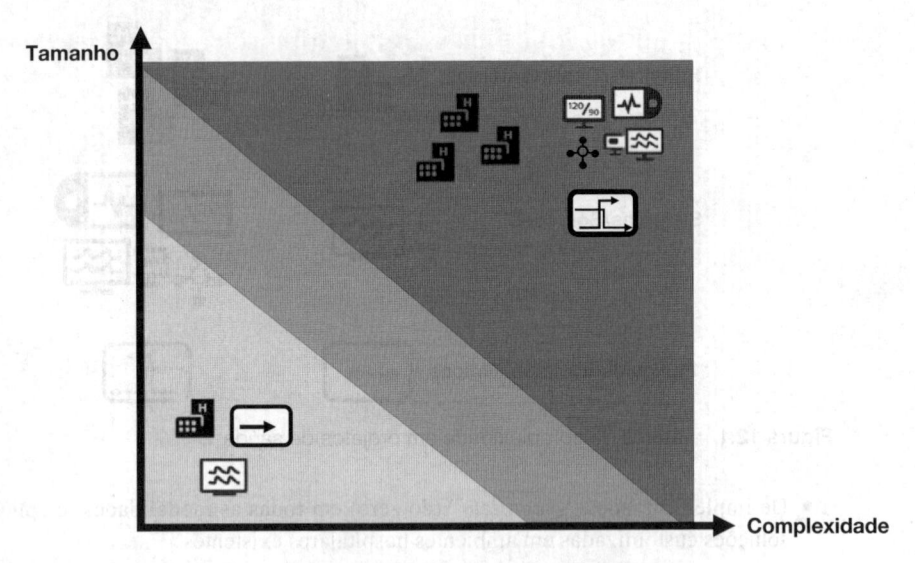

Figura 12.2 Fatores de complexidade em projetos de saúde.

sequentes, cria um fundamento forte e real e é documentada em uma declaração de trabalho (DT). "Ter um alicerce sólido é um elemento essencial para se obter excelência no projeto".[4] A McKinsey enfatiza a importância das capacidade técnicas e comerciais da seguinte forma: "As empresas que investem nessa capacidade conseguem obter taxas de sucesso de 40 a 50% em novos negócios e 80 a 90% em renovações".[5] Posteriormente, um plano plurianual de *ciclo de vida da solução* é alinhado junto ao cliente antes de a fase de entrega da solução implementá-la inicialmente, e serviços adicionais são prestados durante todo o ciclo de vida para agregar valor para o cliente. O *engajamento contínuo do cliente* é essencial para o sucesso absoluto e para permitir o resultado desejado para o cliente (incluindo uma parceria contínua e colaboração no futuro).

De todo o ciclo de vida do cliente mostrado na Figura 12.3, três áreas principais serão destacadas neste capítulo:

1. *Design* de soluções
   - Tecnicamente viáveis e implementáveis
   - Suportadas pela Philips e pelo cliente
   - Financeiramente transparentes e rentáveis
   - Alinhadas com as expectativas do cliente
2. Gestão de projetos
   - Proporciona implementação bem-sucedida, alinhada com o escopo definido
   - Permite uma abordagem de gestão de projetos enxuta e escalável
   - Disponibiliza as ferramentas certas para oferecer ao cliente uma experiência excepcional
   - Alinha o modo de trabalhar em todos os mercados

---

[4] Ver M. G. Martin, "The Importance of the SOW in Managing Projects", em *Delivering Project Excellence with the Statement of Work* (2nd ed.) (Vienna, VA: Management Concepts Inc., 2010), 18.

[5] Podcast McKinsey & Company, *Let's Talk about Sales Growth*, setembro de 2016.

| Análise da situação | Design de soluções | Plano do ciclo de vida das soluções | Entrega de soluções | Engajamento contínuo do cliente |

Figura 12.3 Ciclo de vida do cliente: Uma abordagem holística para produzir a melhor experiência do cliente.

3. Gestão de serviços
   - Foco no serviço, não na tecnologia ou nos produtos
   - Padroniza o modo como definimos e agregamos valor para apoiar a experiência do cliente
   - Tem processos flexíveis e responsivos para apoiar a criação de valor
   - Tem orientação a serviço interna e externamente

O CICLO DE VIDA DO CLIENTE E A EXPERIÊNCIA DO CLIENTE

O PCMS está ciente de que cada organização deixa uma marca no cliente, uma experiência formada por aspectos racionais e emocionais que determina o que os clientes da Informática Clínica associam à marca Philips, o que a Philips significa para eles. Isso é especialmente pronunciado em um negócio de serviços. A experiência do cliente está no cerne de uma relação que se traduz em se os clientes repetidamente dependem das capacidades da organização e as abraçam como a um conselheiro de confiança.[6] Logo, outro aspecto importante é como a organização "projeta" ativa e holisticamente a experiência do cliente de ponta a ponta em termos de capacidades, ferramentas e processos. O PCMS aplica essa abordagem focada na experiência do cliente durante todo o ciclo de vida da solução, do momento em que os clientes compartilham sua visão e encarregam a Philips de sua realização até a implementação da solução e os cuidados com o cliente após o início de suas operações.

Nesse contexto, a implementação de soluções e excelência de serviços são ingredientes estratégicos fundamentais ao garantir que o PCMS propicia confiável e repetidamente a experiência do cliente desejada. Logo, construir e sustentar a excelência em gestão de projetos e alcançar um alto nível de maturidade com projetos de implementações de soluções de Informática Clínica é uma ambição resoluta de importância vital tanto para o cliente quanto para a Philips.

Segundo a pesquisa *Pulse of the Profession*, realizada em 2012 pelo Instituto de Gestão de Projetos (PMI, *Project Management Institute*),[7] apenas 73% dos projetos em organizações com uma alta maturidade em gestão de projetos alcançam seus objetivos de negócios e sua intenção inicial. Para os serviços de PCMS da Philips, as ambições para uma implementação bem-sucedida de um projeto de soluções são altas e exigem alta maturidade em como projetos de soluções são elaborados e entregues.

---

[6] Fontes para os conceitos de experiência do cliente: www.cxpa.org, www.temkingroup.com, www.beyondphilosophy.com.
[7] PMI's *Pulse of the Profession*, March 2012, p. 6.

Essa ambição foi o principal fator estratégico para a implementação do escritório de gestão de soluções e serviços (SSMO) global, com escopo amplo de uma perspectiva de metodologia, processo e ferramentas em torno da implementação de soluções e serviços.

ESCRITÓRIO DE GESTÃO DE SOLUÇÕES E SERVIÇOS

O estabelecimento de um SSMO global foi uma decisão estratégica clara, com o pleno apoio da alta gerência, para promover estrategicamente a implementação de soluções e a excelência em serviços.[8] O SSMO é visto como o próximo passo para desenvolver o conceito de PMO e transformá-lo em uma função mais holística, em torno de serviços e implementações de soluções. Fica claro que o alinhamento do escopo do SSMO e o termo de abertura com os objetivos da organização é o segredo para promover a estratégia.[9] O propósito do SSMO é criar e implementar a estratégia de serviços de PCMS para arquitetura de soluções, gestão de projetos, processos de gerenciamento de serviços, ferramentas, estruturas e desenvolvimento de capacidades.

Os serviços de PCMS consideram os seguintes aspectos importantes com relação à implementação de soluções de projeto e excelência em serviços:

- *Pessoas:* Gerentes de projetos (e equipes de projetos) com alto nível de educação, certificados, habilidosos (envolvendo tanto habilidades técnicas quanto comportamentais) e continuamente treinados com mentalidade, aparência e comportamento profissionais. Isso também inclui recrutar os melhores talentos para o cargo de gerente de projetos.[10]
- *Processos:* Processos altamente eficientes, padronizados, enxutos, repetíveis e bem documentados, que são continuamente aprimorados.
- *Ferramentas:* Ferramentas altamente integradas e eficientes, *templates* e aplicações da aquisição até o final do projeto.

A excelência em gestão de projetos não é vista como um objetivo estático; a ambição é continuamente elevar os parâmetros da maturidade em gestão de projetos, além de supervisionar as competências gerais de gestão de projetos (GP) e a capacidade de entrega dos projetos.

O SSMO possibilita a ambição da Excelência em Gestão de Projetos, em que os seguintes aspectos precisam ser realçados:

- *A excelência em implementação de soluções e serviços importa* – este é um aspecto-chave para avaliar e aprimorar habilidades, processos e ferramentas.
- *Gerenciamento de mudanças* – identificar, dirigir e implementar melhorias e mudanças na organização.

---

[8] Para a importância do apoio estratégico da gestão de projetos, ver também: PMI's *Pulse of the Profession*, March 2013:3.

[9] Ver "Importance & Role of PMO" in PMI's *Pulse of the Profession In Depth Report: The Impact of PMOs on Strategy Implementation* (November 2013).

[10] Sobre a importância do gerenciamento de talentos na gestão de projetos, ver também: PMI's *Pulse of the Profession In Depth Study: Talent Management*, March 2013.

- *Padronização* – permitir práticas padronizadas e processos em todos os domínios e regiões do produto.[11]
- *Aprendizagem contínua* – treinar, revisar e oferecer mentoria quando necessário.
- *Facilitação de uma Comunidade de Prática de GP* – aspecto-chave para possibilitar o compartilhamento, a aprendizagem, a alavancagem, o *networking* e a comunicação.[12]

Na construção do SSMO global, as seguintes condições foram consideradas:

1. *Posicionamento:* Especialistas sênior em arquitetura de soluções, gestão de projetos e gerenciamento de serviços que orientam a organização durante as mudanças em busca da excelência em serviços e implementação de soluções com um forte gerenciamento de mudanças. Organizado em torno de programas de melhoria plurianuais por gerentes de programa experientes.
2. *Foco:* O SSMO propriamente dito não projeta, implementa ou atende a projetos de interação com o cliente nos próprios hospitais, mas se concentra em oferecer suporte a todas as funções envolvidas ao longo do ciclo de vida das soluções, incluindo as equipes de projeto e de serviços.
3. *Consultores:* A implementação de uma função de especialista sênior exclusivo para prestar consultoria para as partes interessadas em todos os países. O objetivo do cargo de consultor em gestão de projetos é promover processos, ferramentas e metodologias de gerenciamento, de modo que eles realmente reflitam as ambições de excelência em gestão de projetos.
4. *Colaboração do SSMO com todos os mercados/países e funções corporativas:* O SSMO global é altamente conectado às organizações de implementação do projeto nos respectivos países para permitir um forte alinhamento. Os membros da equipe do SSMO se encontram em várias localidades, possibilitando um alcance realmente global.

A ESTRUTURA SOLID

Em colaboração próxima com a comunidade de serviços de PCMS ao redor do mundo, o SSMO desenvolveu a estrutura SOLiD, mostrada na Figura 12.4. A estrutura SOLiD é uma abordagem de serviços de monitoramento e atendimento ao paciente para criação, gestão e atendimento de serviços e projetos de implementação de soluções voltadas para o cliente. SOLiD é uma abreviatura, representando:

- Escalável (*scalable*), que permite flexibilidade para atender às demandas dos nossos projetos de baixa, média e alta complexidade.
- Operacionalmente ágil (*operationally agile*), o que significa que é a primeira iteração, e continuaremos a ampliá-la e melhorá-la com iterações futuras.
- Enxuto (*lean*), incluindo apenas as tarefas que agregam valor às equipes de projeto e serviços e, acima de tudo, aos clientes do hospital.
- Focado em TI (*information technology*), incluindo estrutura, ferramentas e processos necessários para gerenciar projetos e serviços com sucesso em um ambiente de soluções de TI. Por fim, o SOLiD ajuda a

---

[11] Segundo PMI's *Pulse of the Profession*, March 2013, p. 10. "As organizações de alto desempenho têm quase três vezes mais chances do que as organizações de baixo desempenho (36% *versus* 13%) de usar práticas padronizadas em toda a organização e, em decorrência disso, têm projetos com melhores resultados."

[12] Ver também http://wenger-trayner.com/Intro-to-CoPs/ para informações mais detalhadas sobre a Comunidade de Prática (CoP, Community of Practice).

Figura 12.4 Implementações de projeto escaláveis: A estrutura de *design* e execução de projetos SOLiD para o PCMS.

- Produzir resultados consistentes (*deliver consistent results*) e gerar valor de negócio com o estabelecimento de um modo enxuto e padronizado de trabalhar.

Os sustentáculos dessa estrutura são os grupos de processos de iniciação, planejamento, execução, monitoramento/controle e encerramento, como definido no *Guia PMBOK* (*corpo de conhecimentos de gestão de projetos*) do PMI.[13] Cada grupo de processos é então dividido em processos e procedimentos mais específicos, detalhando como o PCMS gerencia a implementação de serviços e projetos de soluções.

A escalabilidade nas implementações de projetos é essencial para permitir a adoção da abordagem certa, flexível, ágil e eficiente para cada projeto, alavancando um kit de ferramentas generoso. Os projetos de soluções são definidos pelo seu nível de complexidade. Quando se define a complexidade, os fatores típicos são o custo total do projeto, o número de membros de equipe envolvidos, o número e tamanho dos *deliverables*, a complexidade dos *deliverables* e do ambiente do cliente e os cronogramas envolvidos.

O PMI define um projeto como sendo diferente das outras operações contínuas da organização, pois, ao contrário das operações, os projetos têm um início e um começo claros, ou seja, têm duração limitada e agregam valor para a organização.

A estrutura SOLiD foi projetada para ajudar a oferecer orientações com base em três níveis de complexidade:

1. *Nível fundamental:* Criado para projetos de baixa complexidade, exigindo tarefas básicas de gestão de projetos (p. ex., testes básicos e ET simples).
2. *Nível avançado:* Incorpora as tarefas do nível fundamental com atividades/processos adicionais para melhor gerenciar projetos de média complexidade, incluindo componentes de *design* de soluções.

---

[13] Ver www.pmi.org/pmbok-guide-standards/foundational/pmbok para mais informações. PMBOK é marca registrada do Project Management Institute, Inc.

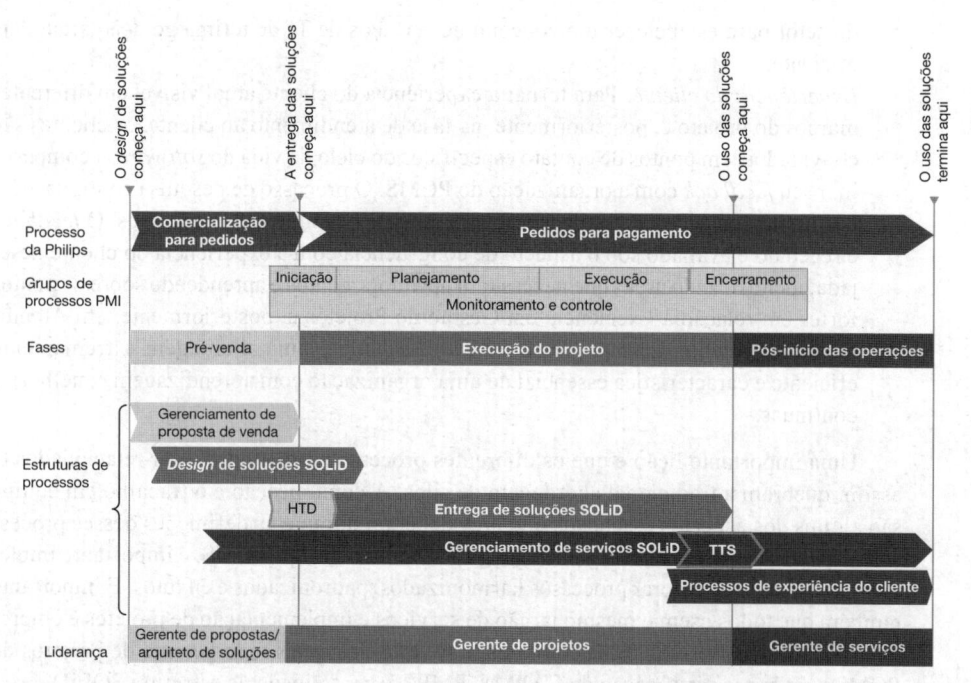

Figura 12.5 Entrega de soluções: A estrutura de *design* e execução de projetos SOLiD para o PCMS.
HTD: Passagem de vendas para entrega (*handover from sales to delivery*); TTS: Transição de projeto para serviço e suporte (*transition from project to service & support*).

3. *Nível integrado:* Incorpora as estruturas de nível fundamental e avançado com atividades adicionais necessárias para gerenciar projetos mais intrincados e de alta complexidade; em geral, atividades de teste e integração mais técnicas e diferentes níveis de gerenciamento de partes interessadas e de riscos são necessários.

A estrutura SOLiD apoia as atividades de gestão de projetos durante todo o ciclo de vida do cliente. A Figura 12.5 apresenta uma visão geral do sistema, com foco em *design* e entrega de soluções.

A figura mostra como os processos da Philips Healthcare são estruturados, como os grupos de processos do PMI são mapeados e como as estruturas de processos se superpõem para que haja uma passagem suave entre diferentes áreas de responsabilidade.

- *Design de soluções*: Um forte trabalho em equipe entre o departamento de vendas e a gestão de projetos é extremamente importante nos projetos de soluções de Informática Clínica após um processo definido de Gerenciamento de Propostas de Venda.
- *Entrega da solução*: O *design* da solução é implementado em linha com o escopo definido e seguindo uma abordagem enxuta e escalável de gestão de projetos.
- *Gerenciamento de serviços*: Usar os componentes das ferramentas da IT Infrastructure Library® (ITIL, Biblioteca de Infraestrutura de TI)[14] é uma das melhores práticas

---

[14] ITIL (IT Infrastructure Library ou Biblioteca de Infraestrutura em TI) desenvolvida pelo Office of Government in Commerce (OGC) no Reino Unido.

do setor para estabelecer um conceito de serviços de TI de última geração altamente eficiente.
- *Experiência do cliente:* Para tornar a experiência do cliente atual visível em diferentes marcos do projeto e, posteriormente, na fase de atendimento ao cliente, os clientes são convidados, em pontos de contato específicos do ciclo de vida do *software*, a compartilhar seu *feedback* com a organização do PCMS. O processo de pesquisa continua além das implementações e atualizações, com suporte e manutenção contínuos. O *feedback* é recebido e avaliado sob o aspecto de congruência com a experiência do cliente desejada, identificando áreas que necessitam aprimoramentos e aprendendo sobre os pontos fortes em relação à Excelência em Gestão de Projetos e, posteriormente, em Atendimento ao Cliente. Esse processo em *loop* fechado é uma abordagem extremamente eficiente e característica essencial de uma organização com aprendizagem e melhorias contínuas.

Uma importante lição é que os diferentes processos estão todos inter-relacionados e, assim, quebram a tradicional abordagem de silos. A comunicação e o trabalho em equipe são alguns dos aspectos essenciais que prevaleceram durante as definições desses processos. Especialmente em uma organização global como o Philips PCMS, é importante implementar, treinar e aprimorar processos harmonizados, padronizados e enxutos. É importante também que todos usem o mesmo jargão de serviços e implementação de projetos e empreguem os mesmos termos. Esse é um dos motivos pelos quais todo gerente de projetos de PCMS precisa ter certificação de CAPM®/PMP® e ser treinado na estrutura SOLiD.

COMUNIDADES DE PRÁTICA DE SERVIÇOS DE PCMS

Construir CoPs em torno de todas as profissões durante o ciclo de vida do cliente é o segredo para a melhoria contínua e a excelência em serviços e implementação de soluções, mas também para aprender, compartilhar e alavancar. Uma CoP possui as seguintes características:[15]

1. Domínio de interesse compartilhado (gestão de projetos)
2. Seus membros são praticantes (gerentes de projetos)
3. Envolvimento dos membros em atividades conjuntas

O SSMO apoia, elabora e facilita as CoPs em um forte trabalho de equipe com a liderança de serviços de PCMS. Para cada CoP, é necessário ter uma equipe central, composta de praticantes voluntários de diferentes regiões geográficas. O objetivo das CoPs é compartilhar, aprender, alavancar, fazer *networking* e se comunicar entre as profissões durante o cilo de vida das soluções. O envolvimento na CoP varia de membros contribuidores muito ativos a uma participação passiva. Além disso, as CoPs são o único modo de atingir os membros e compartilhar informações ou solicitar apoio e *feedback*.

A troca de informações na própria CoP ajuda a construir competências individuais e de grupo, resolver problemas e evitar a "reinvenção da roda". A CoP propriamente dita também oferece um mecanismo de *feedback* ao PMO para ajudar a aprimorar e desenvolver seus serviços e seu direcionamento futuro por meio de várias ferramentas (p. ex., ao usar a tecnologia de enquetes, a CoP pode oferecer aconselhamentos sobre preferências e prioridades).

---

[15] Fonte: wenger-trayner.com/Intro-to-CoP.

As atividades incluem reuniões on-line periódicas para trocar informações sobre assuntos centrais e oferecer suporte à preparação de treinamentos e conferências presenciais, além de construir novos artefatos na criação de novos conteúdos para o domínio de um produto específico ou processos de gestão de projetos. As reuniões *on-line* da CoP são um sucesso repetido, assim como *webinars* regulares para ensinar e compartilhar aspectos fundamentais para serviços e implementação de soluções. É a melhor maneira de obter *feedback* instantâneo da comunidade para a comunidade.

PRINCIPAIS LIÇÕES PARA A PRODUÇÃO DE EXCELÊNCIA EM SERVIÇOS E IMPLEMENTAÇÃO DE SOLUÇÕES

As principais lições para alcançar a Excelência em Gestão de Projetos com um PMO global podem ser resumidas desta forma:

- *A implementação de projetos escaláveis* permite o sucesso para diversas complexidades de projetos.
- *Uma abordagem holística e totalmente integrada* para o ciclo de vida do cliente é necessária e crucial para definir o escopo, projetar, entregar e atender a soluções para clientes de saúde.
- *Trabalhe de forma intensiva com CoPs e especialistas de todo o mundo.* Uma Comunidade de Prática de gerentes de projetos é uma abordagem de ponta e uma melhor prática essencial e reconhecida para Compartilhar, Aprender, Incentivar, Estabelecer *Networking* e Comunicar.
- *Harmonização e padronização de processos* são extremamente importantes para o sucesso de uma organização que opera globalmente. Uma forte integração nos processos a montante (p. ex., vendas, gerenciamento de propostas) e processos subsequentes (p. ex., atendimento ao cliente) são muito importantes também. Esse fato tem de ser apoiado por um sólido gerenciamento de mudanças e atividades de treinamento.
- *A excelência em serviços e implementação de soluções* não é um objetivo estático. Exige melhorias contínuas em torno de Pessoas, Processos e Ferramentas. Embora a Excelência em Gestão de Projetos não seja um objetivo absoluto por si, é considerada uma maneira proativa de prever e atender às necessidades da Indústria de Informática Clínica.
- *O SSMO é um dos principais fatores* para a excelência em serviços e implementação de soluções, em que o foco em configurações e funções específicas é muito importante para o sucesso.

12.3 NTT DATA

Produzir resultados confiáveis, previsíveis e de alta qualidade usando padrões flexíveis e escaláveis em meio a mudanças em larga escala.

A NTT DATA Services permaneceu flexível e sensível a mudanças enquanto promovia resultados confiáveis, previsíveis e de alta qualidade por meio da padronização na gestão de projetos, e uma estrutura geral de PMO, o que gera uma entrega unificada e fluida, permitindo que os clientes façam mais por meio de soluções de negócios integradas, holísticas e multisserviços.

Seção 12.3 © NTT DATA.

SOBRE A NTT DATA

A NTT DATA forma parcerias com clientes para navegar e simplificar as complexidades modernas dos negócios e da tecnologia, fornecendo *insights*, soluções e resultados que realmente importam. Produzimos resultados de negócios concretos combinando conhecimento especializado profundo no setor com inovações aplicadas em digital, nuvem e automação em um portfólio abrangente de serviços de consultoria, aplicações, infraestrutura e processos de negócios.

A NTT DATA é uma das dez maiores prestadoras de serviços de TI e de negócios em nível global, com mais de 100.000 profissionais em mais de 50 países e pertence ao NTT Group, parceiro de 85% da lista Fortune 100.*

A NTT DATA recebeu a Dell Services em sua família em 2016. Juntas, oferecemos um dos portfólios de serviços mais abrangentes do setor, projetado para modernizar negócios e tecnologia de modo a produzir os resultados que realmente importam para os nossos clientes.**

A EVOLUÇÃO DA ESTRUTURA PM3 DA NTT DATA SERVICES

Há mais de 29 anos, a NTT DATA Services empodera países, comunidades, clientes e pessoas em todo o mundo a usarem serviços de TI que promovem resultados de negócios tangíveis, seja para se conectar melhor com clientes, levar produtos e serviços mais rapidamente ao mercado ou encontrar modos mais fáceis de estar em conformidade com as regulamentações. Não é uma questão de tecnologia, o que importa é o resultado: levar a empresa para a frente.

A NTT DATA Services foca os resultados e benefícios de negócios, combinando conhecimento especializado profundo com padrões comprovados de melhores práticas para cumprir seus projetos dentro do prazo e do orçamento. Promovemos resultados confiáveis, previsíveis e de alta qualidade por meio da padronização na gestão de projetos e uma estrutura geral de PMO enquanto ao mesmo tempo permanecemos flexíveis e escaláveis para produzir os resultados certos e atingir os objetivos dos clientes. Isso significa permanecer investido e fazer evoluírem os aspectos de pessoas, processos e ferramentas do PM3, a estrutura de execução global de projetos da NTT Data Services. "PM3" significa Gestão de Projetos, Gestão de Programas e Gestão de Portfólio (*Project Management, Program Management* e *Portfolio Management*). (Ver Figura 12.6.)

O PM3 é regido centralmente e melhorado continuamente, mas mudanças organizacionais em larga escala, como uma aquisição de grande porte, exigem uma equipe de programa exclusiva para garantir a entrega unificada para os nossos clientes. Um exemplo disso, patrocinado no nível executivo sênior, foi o programa de Padronização da Gestão de Projetos em toda a Empresa (EPMS), no qual o PM3 foi estabelecido originalmente. Reconhecendo a necessidade de reunir duas organizações e adaptar-se enquanto mantém o foco nos resultados para os nossos clientes, o Programa EPMS foi lançado para estabelecer um padrão mínimo para as práticas de gestão de projetos de modo a aumentar conhecimento especializado, eficiência e eficácia da gestão de projetos em toda a NTT DATA Services, o que, em última análise, aumentaria o sucesso da entrega global de projetos dentro do prazo.

---

* https://us.nttdata.com/en/insights/one-company.
** https://us.nttdata.com/en/-/media/nttdataservices/files/campaigns/one-company/ntt-data-overview_web_ final.pdf?la=en-us.

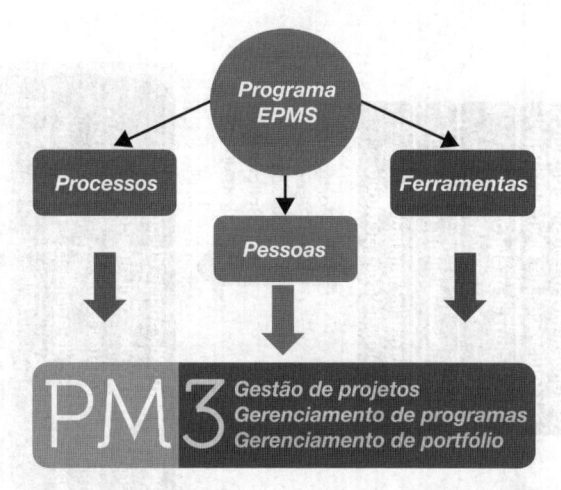

Figura 12.6 A estrutura global de execução de projetos da NTT Data Services.

A equipe do Programa EPMS começou com os melhores componentes existentes de gestão de projetos, já contribuindo com o sucesso operacional em toda a organização. Por meio da colaboração com representantes de todos os segmentos e equipes de execução em todo o mundo, o Programa EPMS trabalhou para estabelecer uma estrutura padrão unificada.

A estrutura patenteada PM3[16] é a Estrutura Global de Execução de Projetos da NTT Data Services, que engloba a Estrutura de Gestão de Projetos e Programas, a Estrutura do Escritório de Gestão de Projetos (PMO) e os padrões e processos internos de Governança de Execução de Projetos.

A ESTRUTURA PM3 DE GESTÃO DE PROJETOS/PROGRAMAS

A estrutura PM3 de Gestão de Projetos/Programas:

1. Aborda os aspectos de pessoas, processos e ferramentas da gestão de projetos, programas e portfólios.
2. É flexível, ampliável e aplicável a qualquer tipo de projeto.
3. Está completamente alinhada às melhores práticas reconhecidas pela indústria, pelo *Guia PMBOK®* do Project Management Institute e pelo Padrão para Gerenciamento de Portfólios do PMI®.
4. Reúne e integra de maneira exclusiva os ativos de metodologia on-line, via SharePoint, para ajudar os membros de equipe de GP a navegar rápida e facilmente pelos processos, *templates* e *kits* de ferramentas de suporte, por meio de uma variedade de modos de visualização de fácil utilização.

A estrutura PM3 do PMO (ver Figura 12.7):

- Concentra-se em padrões, processos, ferramentas e *templates* no nível do portfólio, abordando seis funções-padrão do PMO. Tais ferramentas e processos, quando devida-

---

[16] US Patent 8.407.078 B1: Method of and System for Managing Projects, Programs and Portfolios Throughout the Project Lifecycle.

460 Gestão de projetos

Gerenciamento de portfólio de projetos
- Gerenciar inventários de projetos e requisições de novos projetos
- Priorizar projetos para a execução
- Gerenciar, analisar e reportar
- Gerenciar mudanças de projeto com portfólio

Portfólio
Risco de saúde
Solicitações de mudança

Requisições de novos projetos

Aprovação e definição de prioridades

Gerenciamento de recursos do portfólio
- Desenvolver e manter recursos, capacidade, planejamento e previsão

Governança do portfólio de projetos
- Desenvolver direcionadores de negócio estratégicos
- Desenvolver modelo de governança e métricas
- Executar e implementar modelo de governança

Estratégias de negócios

- Gerenciamento do escopo do projeto
- Gerenciamento do tempo do projeto
- Gerenciamento dos custos do projeto
- Gerenciamento da qualidade do projeto
- Gerenciamento da integração do projeto
- Gerenciamento da saúde do projeto
- Gerenciamento de comunicações
- Gestão de projetos RAID*
- Gerenciamento de aquisições em projetos
- Planejamento organizacional do PMO
- Desenvolvimento organizacional do PMO
- Designação de recursos para os papéis de gestão de projetos
- Contratação de equipe do PMO
- Gerenciamento organizacional do PMO

Suporte do PMO para gestão de projetos e programas

Categorização de projetos, certificações de gestão de projetos, certificações de planejamento de projetos, avaliações de saúde de projetos

Planejamento e design organizacional do PMO

Gerenciamento da qualidade do portfólio

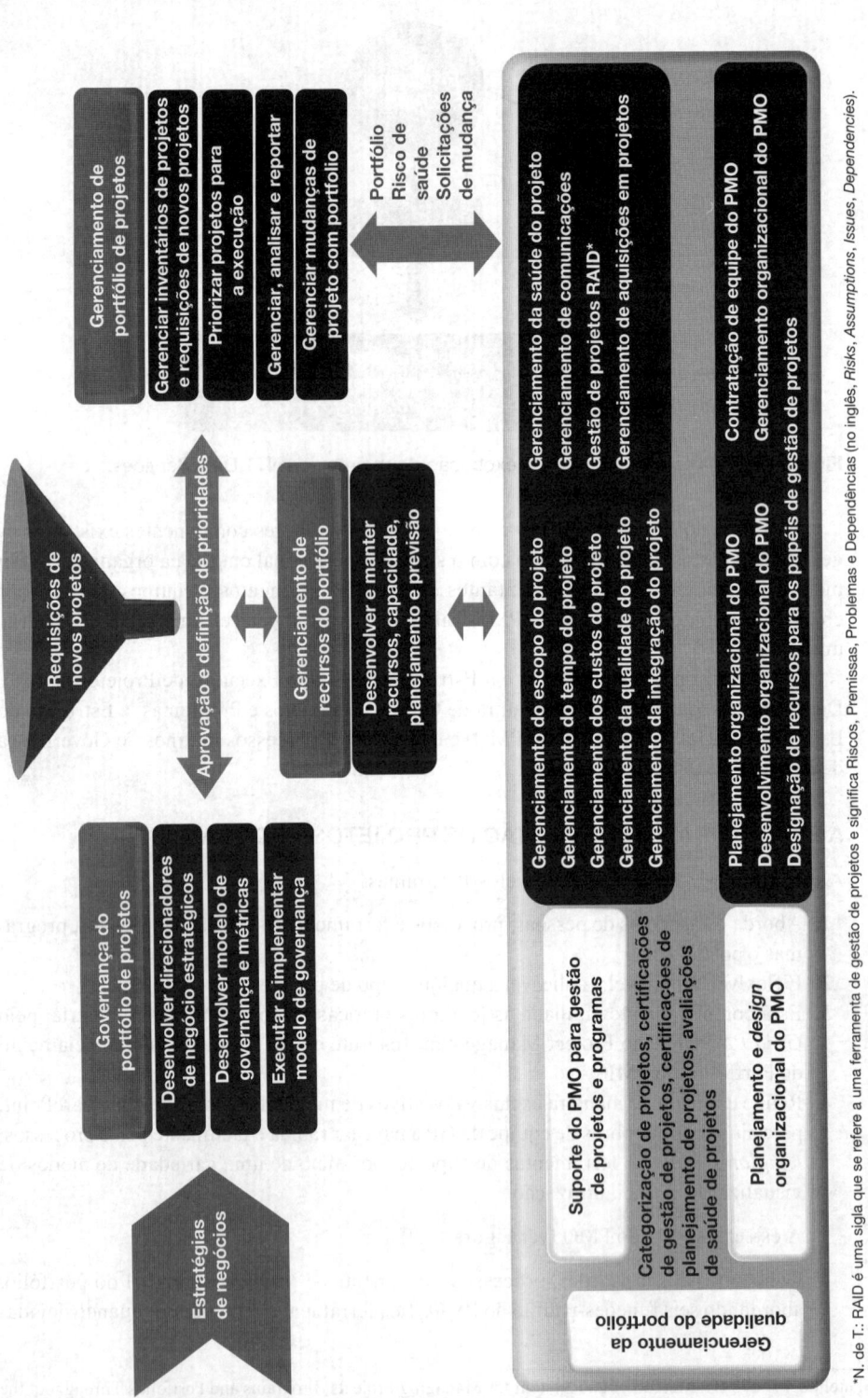

*N. de T.: RAID é uma sigla que se refere a uma ferramenta de gestão de projetos e significa Riscos, Premissas, Problemas e Dependências (no inglês, *Risks, Assumptions, Issues, Dependencies*).

Figura 12.7 Fluxo de processos do PMO.

mente aplicados, aumentam a qualidade e a eficiência da execução do projeto por meio de melhor governança, suporte geral e incentivo do uso das melhores práticas e lições aprendidas.
- Fornece processos, ferramentas e *templates* para executar um grupo de funções-padrão que sirvam de suporte ao sucesso do negócio, por meio de:
  - Governança do portfólio de projetos
  - Gerenciamento de portfólio de projetos
  - Gerenciamento de recursos do portfólio
  - Gerenciamento da qualidade do portfólio
  - Suporte do PMO para gestão de projetos e programas
  - Planejamento, *design* e gestão organizacional do PMO
- Representa o componente de gerenciamento de portfólio do PM3; trabalha dentro da estrutura PM3 para propiciar maior compreensão organizacional de todos os aspectos da execução de projetos tanto no nível tático quanto no estratégico. O PMO também ajuda a alocar de forma eficiente os recursos entre as iniciativas em andamento e governa os projetos de um ponto de vista estratégico, ajudando a aumentar o alinhamento da execução do projeto com os objetivos estratégicos do cliente.
- O PMO...
  - Racionaliza o esforço de gestão de projetos, programas e portfólios e aumenta a qualidade e a eficiência da execução de projetos.
  - Fornece dados que podem ser aplicados para aumentar a taxa de transferência (*throughput*) do projeto, maximizando, assim, o ganho estratégico do cliente sobre seus investimentos.
  - É criado para acelerar o gerenciamento de mudanças organizacionais.
  - Fornece linhas claras de liderança e autoridade de projetos para escalada e resolução de problemas.

Em geral, a Estrutura PM3 contribui para a excelência operacional tanto para a NTT DATA Services quanto para nossos clientes:

- Demonstrando uma execução unificada e suave para nossos clientes, padronizando a gestão de projetos e gerando soluções integradas, *end-to-end* e multisserviços.
- Aumentando a probabilidade de sucesso na execução, com melhores práticas comprovadas, repetíveis e alinhadas à indústria.
- Fornecendo um contínuo monitoramento e geração de relatórios sobre o desempenho do projeto, usando métricas quantitativas de alerta precoce; identificando e minimizando proativamente os impactos negativos, o que, em última análise, contribui para a fidelidade do cliente.
- Permitindo que os gerentes de projetos cresçam e prosperem por meio de treinamentos e certificações flexíveis, custo-efetivos e alinhados à indústria, fornecendo um desenvolvimento profissional contínuo e planos de carreira mais claramente definidos.

GARANTINDO A QUALIDADE POR MEIO DA GOVERNANÇA DA EXECUÇÃO DE PROJETOS

Governança da Execução de Projetos é o processo e a estrutura de responsabilização associada para supervisionar, monitorar e controlar o desempenho global da execução de projetos, além do cumprimento dos padrões PM3 para gestão de projetos.

O processo PM3 de Governança da Execução de Projetos:

- É aplicável a projetos e programas internos e externos.
- É devidamente escalado com base em uma categorização de complexidade de projetos padronizada – que classifica cada projeto de acordo com um questionário comum sobre seu tamanho, complexidade e fatores de riscos.
- Inclui as responsabilidades do PMO da conta, do PMO da linha de negócios/equipe de execução e/ou Líderes de Governança, além do PMO empresarial. Esse padrão também define o papel do gerenciamento de operações na governança da execução de projetos e o modo como trabalhamos todos juntos.
- É realizado por meio de uma governança, geração de relatórios, garantia da qualidade e atividades de controle da qualidade, todos feitos de modo rotineiro.

Esse processo de governança melhora a visibilidade do desempenho do projeto no nível executivo sênior, além de definir padrões para mensurações e relatórios de desempenho. As informações divulgadas em relatórios como parte do processo de governança fornecem um alerta precoce e são usadas para disparar o controle de qualidade, além de processos de intervenção e remediação para projetos de baixo desempenho.

O escopo do controle desse processo de governança inclui:

- Desempenho global de execução de projetos
- Cumprimento dos padrões de gestão de projetos

Os benefícios da Governança da Execução de Projetos PM3 incluem:

- Melhora a visibilidade do desempenho do projeto em toda a NTT DATA Services.
- Fornece monitoramento contínuo, alerta precoce, identificação e inspeção de projetos de baixo desempenho por meio de relatórios de desempenho quantitativos e objetivos.
- Facilita uma rápida resposta, a intervenção proativa e a remediação de projetos e programas de baixo desempenho.
- Define um padrão comum consistente para métricas de desempenho e relatórios.
- Contribui, em última análise, para a redução dos impactos negativos sobre as finanças da empresa e a satisfação do cliente.
- Aumenta nossa capacidade de replicar a excelência em todos os nossos projetos.
- Possibilita a consistência na execução, com resultados confiáveis e previsíveis.
- Garante uma metodologia e um *kit* de ferramentas padronizadas de gestão de projetos em toda a NTT DATA Services, oferecendo suporte às metas de escalabilidade e crescimento.

POSSIBILITANDO O SUCESSO POR MEIO DE DESENVOLVIMENTO, CERTIFICAÇÃO E HABILIDADES DE LIDERANÇA DO GERENTE DE PROJETOS

A "arte" e a "ciência" da gestão de projetos

A metodologia patenteada PM3 e seus documentos de suporte exigem que os membros de equipe de gestão de projetos sejam qualificados para interpretar e aplicar devidamente metodologia, padrões e ferramentas, dependendo das necessidades específicas do projeto ou programa. A gestão de projetos não pode ser executada com sucesso, nem seu valor e seus benefícios podem ser plenamente realizados seguindo uma lista de verificação, ou um procedimento passo a passo. Padrões, processos e ferramentas são apenas metade da equação. A gestão de projetos bem-sucedida depende de liderança e tomada de decisões fortes, além de julgamentos especializados. Para tirar máximo proveito dos benefícios com o uso da Estrutura PM3 de Gestão de Projetos e Programas, os gerentes de projetos precisam encontrar o equilíbrio entre a ciência da execução disciplinada e a arte de usar julgamentos sólidos ao liderar o esforço. Alcança-se valor quando os processos e as ferramentas são aplicados de maneira adequada e mais eficiente tanto para nossos clientes quanto para a NTT DATA Services, equilibrando riscos com o grau de rigor aplicado.

Os processos e as ferramentas de suporte e *templates* do PM3 são criados para mitigar riscos e produzir resultados previsíveis e repetíveis – tais processos e ferramentas são o que chamamos de "ciência" da gestão de projetos. Os gerentes de projetos devem se concentrar não somente nos processos que precisam seguir, mas também na intenção dos processos e nos resultados os quais esses processos e padrões são criados para produzir.

A "arte" da gestão de projetos é a aplicação sensata e custo-efetiva da ciência do problema e ambiente de negócios. A metodologia e as ferramentas são flexíveis e exigem gerentes de projetos experientes e qualificados para aplicá-las adequadamente. Embora nossa metodologia forneça diretrizes de dimensionamento (*scaling*) baseadas em tamanho, complexidade e riscos do projeto, o engajamento de cada cliente é diferente, e esse dimensionamento exige julgamento e experiência por parte do gerente de projetos para decidir onde personalizar e onde flexibilizar.

A estrutura PM3 é um meio para se chegar a um fim. Pode haver vários caminhos que levam o praticante de GP aos resultados cruciais que são necessários para o sucesso do projeto. O gerente de projetos forte sabe equilibrar a "arte" e a "ciência" para garantir que os resultados cruciais sejam alcançados.

DESENVOLVENDO E MANTENDO A PROFICIÊNCIA POR MEIO DO PROGRAMA INTERNO DE CERTIFICAÇÃO EM GESTÃO DE PROJETOS PM3

- O programa interno de certificação em gestão de projetos PM3 da NTT Data Services é o padrão para alinhar o gerente de projetos certo, com base em suas habilidades e experiência, ao projeto certo, com base em tamanho, complexidade e fatores de risco (ou nível categorização de complexidade do projeto).
- Permite melhor alocação dos recursos de gestão de projetos de acordo com os níveis de complexidade dos projetos, a fim de reduzir os riscos e aumentar a probabilidade de sucesso, da maneira mais custo-efetiva.
- Estabelece um padrão consistente em toda a NTT DATA Services a fim de permitir mobilidade e promover o progresso na carreira por meio de um plano de desenvolvimento de carreira mais claramente definido.
- Fornece um nível consistente de qualificação e garantia da qualidade da população de GPs, o que é crucial em um modelo de recursos alavancados.
- É um programa de certificação em gestão de projetos em diversos níveis que certifica os recursos de gestão de projetos de acordo com suas habilidades, treinamento e, o que é mais importante, experiência em projetos bem-sucedidos.
- É um diferenciador-chave e agrega valor para o cliente, demonstrando garantia da qualidade e desenvolvimento profissional para os membros de nossas equipes de projetos, o que aumenta o nível de confiança do cliente com nossos recursos de gerenciamento.

- É medido e determinado pela prioridade e necessidade organizacional.
- É complementar à estratégia de pessoal da NTT DATA Services e às certificações de gestão de projetos do PMI.
- Reconhece formalmente sucesso, experiência e conhecimento do gerente de projetos.
- Estimula uma cultura de mentoria.
- Promove a proficiência e a consistência em padrões e melhores práticas em gestão de projetos.
- Garante a designação de gerentes de projetos completos, que tenham demonstrado uma aplicação eficiente dos padrões e um sucesso comprovado com projetos e programas de tamanho e complexidade similares.
- Alinha-se às certificações de gestão de projetos do PMI®, complementando-as.
- Fornece maior visibilidade a oportunidades de carreiras para gerentes de projetos.

INVESTINDO NO DESENVOLVIMENTO DOS GERENTES DE PROJETOS PARA AUMENTAR A QUALIDADE E O SUCESSO

Na NTT DATA, mais do que quem somos hoje, nossas pessoas são o futuro da nossa organização. Sabemos que nossos funcionários são o nosso investimento importante e, com as ferramentas e o ambiente certos, o potencial de sucesso é ilimitado.

Além das habilidades técnicas relacionadas aos processos e ferramentas específicas de gestão de projetos, ou o que às vezes é chamado de "ciência" da gestão de projetos, o Sistema de Aprendizagem em Gestão de Projetos (PMLS, *Project Management Learning System*) da NTT DATA Services enfatiza a importância das habilidades de desempenho humano, ou a "arte" da gestão de projetos. Habilidades excelentes de liderança e um bom julgamento são cruciais para o sucesso de qualquer gerente de projetos.

O Programa de Certificação em Gestão de Projetos PM3 e seu Treinamento PM3 associado são cruciais para a sustentabilidade dos padrões no longo prazo. O PM3 inclui um programa curricular abrangente que oferece aos membros de equipes de gestão de projetos a oportunidade de desenvolver habilidades e compreender a abordagem da NTT DATA Services. Esses cursos empíricos baseiam-se no PM3 e seu kit de ferramentas associado, com exemplos e estudos de caso adicionais do mundo real selecionados para abordar os desafios comuns da gestão de projetos. O programa curricular de gestão de projetos foi aprovado pelo Instituto de Gestão de Projetos (PMI®, *Program Management Institute*), contribuindo para o *status* de Centro Registrado de Treinamento (REP®, *Registered Education Provider*) da NTT DATA Services, concedido pelo PMI®, que qualifica os participantes para receberem Unidades de Desenvolvimento Profissional (PDUs, *Professional Development Units*) para sua certificação de Profissional de Gestão de Projetos (PMP®, *Project Management Professional*) do PMI® ou outra certificação ou recertificação de gestão de projetos concedida pelo PMI®.

Todo o treinamento do PM3 é baseado na web, disponibilizado on-line para oferecer acesso e navegação fáceis, da maneira mais conveniente e custo-efetiva para os membros das equipes de gestão de projetos da NTT DATA Services. Uma página de treinamento é disponibilizada na intranet para auxiliar o usuário na navegação por todos os recursos de treinamento disponíveis, organizados por:

- Últimos destaques e atalhos para cursos recém-lançados
- Importantes *links* para outros *sites* relacionados a treinamento específicos para as equipes

- Um *link* direto para o repositório do PM3 e o Programa de Certificação em Gestão de Projetos PM3
- Treinamento classificado por Assuntos ou Programas de Aprendizagem, alinhados a:
  - Papel e Nível de Certificação de GP PM3
  - Competências de liderança
  - Competências técnicas e funcionais

CONDUZINDO A ADOÇÃO DE LONGO PRAZO E A SUSTENTABILIDADE POR MEIO DAS TÉCNICAS DE GERENCIAMENTO DE MUDANÇAS ORGANIZACIONAIS

São importantes fatores para o sucesso do programa de Padronização da Gestão de Projetos em toda a Empresa (EPMS) a abordagem e as técnicas usadas para conduzir e sustentar mudanças essenciais ao longo do tempo para além da unidade de negócios.

A equipe achou mais eficiente incentivar várias técnicas de Gerenciamento de Mudanças Organizacionais, a começar por:

Patrocinadores comprometidos de nível executivo determinados desde o início e mantidos durante todo o processo, incluindo enquanto o programa passava para operações de governança em regime permanente.

Comunicação de cima para baixo pelos patrocinadores

- Reforçar prioridade e alinhamento à estratégia organizacional geral
  - no mínimo duas vezes por ano, com um programa de longa duração, especialmente após mudanças na liderança e reorganizações significativas;
  - juntamente com a comunicação da estratégia e depois de ela ser comunicada.

Uma "Avaliação de Prontidão para Mudanças" – um elemento padrão do Gerenciamento de Mudanças Organizacionais – promove entrevistas e solicita a contribuição de um grupo amostral de partes interessadas afetadas de todos os níveis da organização. Essas informações são cruciais para implementação, treinamento e planos de comunicação do PM3. Além disso, oferece-se suporte à adesão, pois a equipe de programa levou o tempo necessário para incluir e avaliar o envolvimento e a participação das partes interessadas desde o início do programa.

Garantir o envolvimento de todos os grupos de partes interessadas e equipes afetadas

- Gerar um envolvimento e colaboração global em toda a unidade de negócios de serviços com representantes especialistas no assunto de todas as equipes com projetos em execução.
- Solicitar e incorporar *feedback* por meio de *deliverables* formais e reuniões rotineiras semanais ou a cada duas semanas.
- Estabelecer um "conselho de orientação de liderança" para o programa, com representação em toda a unidade de negócios no nível da liderança com autoridade para fazer cumprir padrões, remover obstáculos e promover a escalada/resolução problemas.
- Ser colaborativo, e não ditatorial; flexibilizar para se adaptar à situação de negócio e ao nível de maturidade da organização, sem sacrificar a qualidade ou a intenção do padrão. Foco no resultado pretendido.

Estabelecer e manter a credibilidade do PMO e da equipe de programa em toda a unidade de negócios

- Liderar por meio do exemplo; demonstrar o valor por meio de aplicações práticas, e não de teorias.
- Comunicar o alinhamento com melhores práticas reconhecidas pela indústria.
- Garantir que os planos de implementação e/ou melhoria demonstrem valor para o negócio logo no início e periodicamente, durante a execução, para manter interesse, ritmo e visibilidade ao valor – com "ganhos rápidos", de fácil obtenção, alinhados aos piores "pontos doloridos" da empresa.
- Ser favorável e flexível, equilibrando risco e rigor, ampliando e racionalizando segundo a necessidade, sem sacrificar a qualidade.
- O PMO existe para servir ao negócio, aos nossos clientes e à comunidade de GPs; oferecer apoio e ser flexível, e não intrometido ou desrespeitoso.
- Escutar; continuar a tentar compreender o negócio e ser sensível às prioridades dos clientes.
- Envolver-se com organizações externas, aproveitar oportunidades de demonstrar suas melhores práticas para solicitar reconhecimento e validação externa da indústria; usar essas realizações, prêmios e reconhecimentos nas comunicações para estabelecer e dar credibilidade aos padrões e à equipe do PMO que estiver à frente das mudanças.
- Comunicar, comunicar, comunicar! Isso sustenta a visibilidade e o ritmo.

Contribuidores

Os contribuidores do PM3 por especialistas no assunto de toda a NTT DATA Services, com autoria específica para esta publicação pela equipe do PMO da Unidade de Negócios de Serviços:

Michele A. Caputo, PMP®
Líder do escritório de gestão de projetos da Unidade de Negócios da NTT DATA Services (PMO da BU) e diretora de programas de padronização de gestão de projetos (EPMS)

Allison Bass, PMP, ITIL, 6 σ GreenBelt
Bonnie Flynn, PMP
Tracy F. Grimes, PMP®

12.4 Cisco Systems

A Cisco Systems analisou as principais áreas e oportunidades em julho de 2016 para se tornar um escritório de gestão de projetos e programas global de classe mundial. Por consequência, em setembro de 2016, a Cisco começou a estabelecer um escritório de gestão de projetos e programas (GPMO) global formal. Para esse novo GPMO, a Cisco combinou 12 organizações de PMO independentes para formar uma única entidade.

Com as mudanças nas expectativas de mercado e o aumento das expectativas dos clientes, a Cisco acredita que a excelência em gestão de projetos global é essencial para a sua

---

Material da Seção 12.4 fornecido por Rinette Scarso, gerente de programas, Cisco Systems, © 2017 Cisco Systems.

estratégia de prestação de serviços profissionais. "A função mais crítica que precisa executar no mundo de serviços profissionais precisa de uma função de gestão de projetos e programas de nível profissional. É a maior organização independente dentro da Cisco", afirma Sanjay Pal, vice-presidente do GPMO.

A Cisco é conhecida por produzir resultados de alto valor estratégico para os clientes. A visão do GPMO é ser reconhecido pelos seus clientes e pela indústria de serviços como padrão para excelência consistente na gestão de portfólios, programas e projetos. A centralização em uma organização global foca os esforços em inovação, investindo em talento, promovendo a consistência, libertando o valor de negócios e atendendo aos clientes. A Cisco reconhecia que precisaria desenvolver novas ferramentas de entrega de GP com as mudanças no mercado, ampliar as capacidades e criar novas oportunidades de carreira, implementar um conjunto consistente de melhores práticas de GP globalmente, gerenciar os riscos e promover resultados previsíveis e demonstrar maior valor para os clientes.

"Um dos desafios que a Cisco enfrenta é que não há muitos PMOs em Serviços Profissionais com os quais poderíamos nos comparar e estabelecer um padrão", afirma Erik Vogel, diretor do GPMO da Cisco. Considerando-a uma área de crescimento, a Cisco estabeleceu quatro pilares de transformação da excelência operacional na qual incentivar esse crescimento. Os quatro pilares incluem modernização do portfólio, rigor operacional, simplificação e captura de talentos. "Tudo que estamos fazendo hoje se alinha com esses pilares", Erik afirma. A aplicação desses quatro pilares resultará na melhoria nos processos de negócios e na tomada de decisões baseadas em dados.

O GPMO está promovendo a consistência dos processos e construindo competências de talentos para que a Cisco possa administrar ambientes cada vez mais complexos. Após escutar a voz do cliente, a Cisco definiu quatro atributos funcionais bastante críticos para o sucesso do GPMO. Toda a estrutura organizacional está centrada em torno dessas quatro áreas, que consistem em garantir o alinhamento por geografia, a capacidade de liderar negócios grandes e complexos e promover programas transformacionais de grande porte, foco na direção da tecnologia e requisitos de GP para essas áreas, e competências que podem ser centralizadas.

Em geral, a Cisco está formando uma função de comando global que:

- Capacita e confirma que o PMO é administrado de forma eficaz e consistente em todas as regiões
- Padroniza e mantém processos, políticas, padrões e treinamento
- Identifica e mede indicadores-chave de desempenho e métricas organizacionais
- Oferece um espaço para comunicar os riscos do programa e estabelecer, avaliar e aplicar as normas do PMO com as normas da Cisco
- Cria a entrada de novos funcionários, planos de carreira e requisitos de treinamento

À medida que o GPMO da Cisco se transforma em uma organização de PMO de classe mundial, todas as atividades de transformação seguem quatro princípios básicos: simplicidade crescente, padronização implacável, tomada de decisões baseada em dados e busca por tornar-se um parceiro de negócios melhor. Todas as iniciativas transformacionais são avaliadas contra esses princípios para garantir que estão alinhadas com os objetivos gerais.

A Cisco está combinando a governança de programas e a governança técnica, usando o melhor do seu pessoal para liderar jornadas transformacionais para os clientes. "Reunimos mais de 1300 pessoas e 11 equipes sob uma única organização. É o cerne da organização, que será de última geração", diz Sanjay Pal. Erik Vogel concorda, acrescentando que "essa função é fundamental para programas interfuncionais complexos. A equipe inteira evoluirá para se tornar uma função estratégica à medida que a Cisco cresce nessa área".

Em suma, a Cisco criou o GPMO como uma organização de topo de linha, que produz o mais alto nível de valor para o cliente, domina a reputação de diferenciador de valor e tem a visão de ser reconhecida pelos seus clientes e a indústria de serviços como padrão para excelência consistente na gestão de portfólios, programas e projetos, ampliando a reputação da Cisco de produzir resultados estratégicos de alto valor para os clientes.

A Cisco se esforça para atender a seus clientes, libertar o potencial de negócios, inovar, investir em talentos, promover a consistência e aprender continuamente. A sua missão é incentivar o crescimento bruto, cultivar o crescimento profissional dos funcionários e aumentar o valor agregado para os clientes. Os serviços profissionais da Cisco estão transformando o modo como trabalham ao se tornarem mais eficientes, melhorarem os processos de recursos e manterem-se uma cultura de aprendizagem.

O GPMO do futuro é uma organização de GP global que inova e lidera da linha de frente, defende uma comunidade de GP profissional, amplifica a próxima geração de serviços profissionais e crescimento e destrava o potencial do cliente para aumentar o valor que a Cisco agrega para os clientes.

12.5 Churchill Downs Inc.: estabelecendo um PMO

Decidir implementar um PMO é fácil. Ser capaz de fazê-lo exige superar certos obstáculos. Chuck Millhollan, diretor de gerenciamento de programas da CDI, discute a cronologia de eventos pela qual sua organização passou e alguns dos obstáculos que ela teve de superar.

* * *

Uma das principais barreiras à implementação de processos estruturados de gestão de projetos, programas e portfólios foi a "familiaridade". O PMO da Churchill Downs Inc. (CDI), inaugurado em abril de 2007, é o primeiro na indústria de corridas de cavalos puro-sangue. Nossos líderes mais sênior compreenderam a necessidade de uma abordagem estruturada e padronizada para solicitar, aprovar e gerenciar projetos e manter o portfólio de projetos; entretanto, muitos dos recursos organizacionais nunca tinham sido expostos aos conceitos formais de gestão de projetos.

Nossos executivos assumiram um papel ativo no processo de implementação.

Eu diria que esse é um dos principais fatores que influenciam o sucesso imediato desfrutado pelo PMO da Churchill Downs Inc. Estabelecemos nosso PMO com uma visão, declarações de missão e objetivos de negócios claramente definidos. Nosso CEO assinou o termo de abertura, concedendo autoridade ao PMO para despender os recursos organizacionais no que diz respeito à gestão de projetos de capital.

- Nosso PMO foi aberto em abril de 2007.
- Desenvolvemos uma missão tripartida centrada na necessidade identificada por nossos líderes sênior:

1. Estabelecer, facilitar e gerenciar a seleção do portfólio de projetos e o processo de financiamento.
2. Criar fundamento para um sucesso consistente nos projetos em toda a organização por meio do desenvolvimento de uma forte e profunda disciplina de gestão de projetos nas equipes de projeto da CDI.
3. Guiar os projetos importantes a uma conclusão bem-sucedida, oferecendo liderança em gestão de projetos, melhorando, ao mesmo tempo, a qualidade e a repetibilidade de processos relacionados.

- Definimos os objetivos de negócio do PMO e atrelamos o progresso ao plano de remuneração do diretor do PMO. Os objetivos incluíam:
    1. Desenvolver e implementar padrões para a seleção de projetos.
    2. Desenvolver e implementar uma metodologia de gestão de projetos.
    3. Desenvolver um senso de profissionalismo em gestão de projetos entre os funcionários da CDI.
    4. Gerenciar o portfólio de projetos da CDI.
    5. Direcionar a gestão de projetos para iniciativas estratégicas.
    6. Garantir processos para a realização de benefícios.
- Também ministramos aulas de treinamento sobre gestão de projetos, formação de equipes, pensamento críticos, etc., para não somente compartilhar nossos conhecimentos, mas também para construir relacionamentos com os membros da equipe de projetos e outras partes interessadas.
- O PMO facilitou a criação de um clube do livro (também estabelecido com objetivos definidos). Esse processo recebeu reconhecimento em toda a organização e contribuiu diretamente para o desenvolvimento de bons relacionamentos entre diferentes departamentos. O nosso clube do livro inclui representantes de nove diferentes departamentos, indo de membros do nível do vice-presidente a contribuidores individuais.

    Objetivo 1: Crescimento pessoal por meio da conclusão de livros escolhidos e de um envolvimento ativo em discussões.

    Objetivo 2: Exploração de ideias criativas e modos de abordar questões de negócios do mundo real por meio da aplicação prática de conceitos e de uma aprendizagem compartilhada no que diz respeito à Churchill Downs e às suas respectivas equipes.

    Objetivo 3: Promoção da interação entre diferentes áreas funcionais na equipe da Churchill por meio da ativa participação em discussões do clube do livro e de oportunidades de compartilhamento de modos de abordar problemas profissionais do mundo real em um ambiente seguro e confidencial.

    Objetivo 4: Compartilhamento de aprendizagem com as respectivas equipes por meio de uma discussão interdepartamental e da implementação de conceitos relacionados à aprendizagem.

- Os principais fatores determinantes por trás da decisão da Churchill Downs Inc. de postular um PMO foram desafios relacionados à definição e ao gerenciamento do escopo de projetos, alocando de forma eficiente os recursos entre diversos projetos e levando os projetos a um encerramento definido.

12.6 Churchill Downs Inc.: gerenciando mudanças no escopo

PMOs maduros ou participam diretamente das mudanças no escopo que superam certo valor ou estabelecem processos para controlar mudanças no escopo. Chuck Millhollan, antigo diretor de gerenciamento de programas da CDI, identifica seis passos necessários para a definição e o controle de mudanças no escopo.

* * *

PASSO 1: SEJA "ENXUTO"

Tentar introduzir qualquer tipo de estrutura ou controle em uma organização ou ambiente que apresente uma ausência de controles pode representar um grande desafio. Antes de uma organização de gestão de projetos poder abordar o controle de mudanças no escopo, ela deve implementar um processo para definir o escopo. Fazer os tomadores de decisões da organização aceitarem os preceitos da gestão de projetos não é muito difícil, mas mudar o comportamento organizacional para tirar máximo proveito desses princípios é outra história. Quanto mais mudanças tentarmos introduzir em um ambiente, mais dificuldades esse ambiente terá para se adaptar, aceitar e abraçar essas mudanças. Para evitar a resistência natural a mudanças excessivas, uma abordagem lógica é limitar o seu escopo e se concentrar nas necessidades imediatas. Foco nos fundamentos e no básico. Por que ter um processo complexo e extremamente maduro se você não consegue ter um desempenho consistentemente bom no que é básico?

PASSO 2: DEFINA O ESCOPO PRELIMINAR

A necessidade imediata de uma organização sem processos para captar os objetivos de negócios associados aos requisitos do projeto é definir uma abordagem estruturada para documentar, avaliar e aprovar o escopo de trabalho preliminar. Observe que *aprovar* o escopo de trabalho envolve mais do que fazer que sim com a cabeça, mais do que apertos de mãos ou um acordo casual em critérios amplos e subjetivos. Aprovações, em gestão de projetos, implicam endossos documentados. Mais simples ainda, assinaturas que forneçam evidências de acordo e um fundamento sobre o qual se basear. É importante enfatizar para as partes interessadas e os patrocinadores que não estiverem familiarizados com a abordagem estruturada de nossa profissão que aceitar um escopo de trabalho preliminar não significa que você esteja "preso" pelo resto da execução. Nada poderia estar mais longe da verdade. Em vez disso, você está protegendo seus interesses ao começar a estabelecer limites sobre os quais um planejamento eficiente pode ser iniciado. Em outras palavras, você está aumentando a probabilidade (lembre-se da pesquisa) de que o projeto seja bem-sucedido.

Seção 12.6 de C. Millhollan, "Scope Change Control: Control Your Projects or Your Project Will Control You!". Paper presented at PMI® Global Congress 2008—North America, Denver, CO. Newtown Square, PA: Project Management Institute. Direitos autorais ©2008 by Chuck Millhollan. Reproduzido com a permissão de Chuck Millhollan.

PASSO 3: COMPREENDA O QUE A ACEITAÇÃO FINAL SIGNIFICA PARA O PATROCINADOR OU OS PATROCINADORES DO PROJETO

Como sabemos quando alcançamos um objetivo? Quando estamos viajando, sabemos que nossa viagem chegou ao fim quando chegamos ao destino pretendido. Da mesma forma, sabemos que um projeto está completo quando alcançamos os objetivos de negócios identificados no termo de abertura do projeto, certo? Bem, sim... e mais um pouco. Esse "mais um pouco" é o foco do controle das mudanças no escopo. Como sua organização define a aceitação final pelo patrocinador? A abordagem recomendada é definir a aceitação pelo patrocinador para as partes interessadas usando uma linguagem simples. Essa aceitação é o reconhecimento formal de que os objetivos definidos no escopo de trabalho original acordado foram alcançados juntamente com os objetivos estabelecidos em todas as solicitações de mudanças aprovadas. Essa simples definição ajuda a evitar as diferentes percepções em torno do que se queria *versus* o que foi documentado.

PASSO 4: DEFINA, DOCUMENTE E COMUNIQUE UMA ABORDAGEM ESTRUTURADA PARA SOLICITAR, AVALIAR E APROVAR SOLICITAÇÕES DE MUDANÇAS

O que é uma solicitação de mudança? Algumas escolas de pensamento sugerem que mudanças sejam limitadas a solicitações de atributos, *deliverables* ou trabalho adicional. Embora este artigo esteja centrado nesses tipos de solicitações de mudanças, ou solicitações de mudanças no escopo, é importante observar que qualquer mudança que tenha o potencial de impactar as expectativas deve seguir um processo formal de solicitação, aprovação e comunicação. Lembre-se de que gerenciar as expectativas agressivamente é nossa melhor oportunidade de influenciar a percepção de valor de nossas partes interessadas. Escopo, orçamento, cronogramas e riscos são tipicamente interdependentes e influenciam diretamente as percepções de nossas partes interessadas. Além disso, lembre-se de que os processos de controle de mudanças mais eficientes incluem avaliações de risco que avaliam os riscos potenciais de aprovar ou não uma solicitação de mudança.

Tenha em mente que excesso de burocracia, excesso de análise ou excesso de papelada desnecessária dá às partes interessadas um incentivo para contornar seu processo. Se você quer que suas partes interessadas evitem, ignorem ou pulem totalmente seu processo, inclua bastante "administrivialidades". "Administrivialidades" (no inglês, *administrivia*) é a nova palavra para "processo administrativo trivial". (Como autor, reservo-me o direito de expandir a língua inglesa.) Lembre-se de que o foco de nossa profissão é sobre as entregas e os resultados de negócios, não apenas a adesão a um processo predefinido. Adotar uma abordagem "enxuta" para a documentação de solicitações de mudanças no escopo pode ajudar a influenciar a aceitação desse processo por vezes doloroso, mas vital, de captar mudanças.

Dica de processo: Determine antecipadamente (ou como um padrão da empresa ou para o seu projeto específico) quais são os "acionadores" e os níveis associados e autoridade para aprovar uma mudança solicitada. Que nível de mudança pode ser aprovado internamente? Por exemplo, uma mudança com um impacto de um atraso no cronograma de menos de uma semana ou um impacto sobre o orçamento de menos de US$10 mil pode ser aprovada pelo gerente de projetos. O que precisa ser escalado para o patrocinador do projeto, o que precisa ser revisado por um comitê de controle de mudanças ou um conselho de governança? Determinar esses pontos de decisão com antecedência pode remover grande parte do mistério em torno de como gerenciar as mudanças.

Certifique-se de que todos compreendam a diferença entre o processo de decomposição, com a identificação de novos trabalhos que tenham de ser realizados para alcançar um objetivo de negócios previamente acordados, e o trabalho associado a entregáveis novos ou modificados. Lembre-se de que omissões e erros de planejamento podem levar a mudanças no cronograma e orçamento, mas normalmente não envolvem mudanças no escopo.

PASSO 5: DOCUMENTE E VALIDE O ESCOPO DE TRABALHO INTEGRAL (CRIAÇÃO DA ESTRUTURA ANALÍTICA DO PROJETO – EAP)

Uma excelente abordagem para definir todo o trabalho necessário para completar um projeto é começar com o estado final desejado e os benefícios esperados associados. Que trabalho é necessário para propiciar esses benefícios? Que trabalho é necessário para alcançar os objetivos aprovados de estado final (ou objetivos de negócios)? Planeje até o nível de detalhe necessário para gerenciar de forma eficiente o trabalho. Decompor os pacotes de trabalho além do nível necessário para um gerenciamento eficiente é considerado uma "administrivialidade". Observe que definir e comunicar os processos para aceitação final pelo patrocinador e solicitar mudanças vêm antes da decomposição tradicional. Por quê? Excelente pergunta! Os processos de planejamento naturais que seguimos ao decompor os objetivos de negócios em pacotes de trabalho definíveis pode ser um catalisador para as solicitações de mudanças. Queremos comunicar antecipadamente que mudanças não são gratuitas e que solicitações adicionais deverão ser formalmente solicitadas, documentadas, acordadas e aprovadas antes de serem incluídas no escopo de trabalho do projeto.

PASSO 6: GERENCIE AS MUDANÇAS

Você estabeleceu os fundamentos, documentou o escopo preliminar, definiu processos para aceitação pelo patrocinador, definiu e documentou processos de solicitação de mudanças no escopo e desenvolveu sua EAP; então, a única coisa que falta é gerenciar de acordo com suas políticas e seu plano. Já ia esquecendo... você precisa gerenciar as solicitações de mudanças que garantidamente virão também! O controle de mudanças no escopo protege o gerente de projetos e a organização de aumentos graduais no escopo e contribui para gerenciar as expectativas das partes interessadas.

Uma pergunta que frequentemente surge entre os praticantes é: "o que eu faço quando meus líderes não me permitem definir, documentar e gerenciar mudanças?". Essa é uma pergunta real e de caráter prático que merece uma resposta. A abordagem instintiva é comunicar a necessidade de uma abordagem estruturada para documentar e gerenciar o escopo. Como nossos colegas confessariam, isso nem sempre é suficiente para conseguir o suporte de que precisamos para estabelecer a política organizacional. Podemos tentar implementar esses processos sem formalização, ou simplesmente "fazer de uma forma ou de outra". Essa pode ser uma abordagem eficiente para demonstrar o valor, mas também pode ser percebida como uma medida de autoproteção em vez de um processo usado para aumentar a probabilidade de sucesso do projeto. As pessoas podem ficar desconfiadas de outra pessoa documentar solicitações, justificativas, etc., para as necessidades delas. Certifique-se de compartilhar as informações e fornecer uma explicação quanto a por que essa abordagem é projetada para garantir que você esteja gerenciando as expectativas delas. Em geral, as pessoas têm dificuldade em rejeitar abordagens altruístas que atendam às suas necessidades.

APRENDA COM AS LIÇÕES DOS OUTROS: UMA APLICAÇÃO NO MUNDO REAL

Tirando proveito de experiências, melhores práticas e lições aprendidas, o escritório de gerenciamento de programas da Churchill começou com o básico: estabeleceu seu PMO. A missão tripartida do recém-fundado PMO era estabelecer, facilitar e gerenciar a seleção do portfólio de projetos e o processo de financiamento; criar um fundamento sólido para o sucesso consistente de projetos em toda a organização por meio do desenvolvimento de uma disciplina de gestão de projetos forte e onipresente; e guiar os principais projetos para uma conclusão bem-sucedida, oferecendo liderança em gestão de projetos e melhorando, ao mesmo tempo, a qualidade e a repetibilidade de processos relacionados. Parece padrão, não é mesmo? A missão foi, então, decomposta em objetivos específicos, e a conclusão bem-sucedida desses objetivos foi atrelada à remuneração do diretor do PMO.

Objetivos do PMO:

1. Desenvolver e implementar processos-padrão para solicitações, avaliações e financiamento de projetos, de modo a garantir que os projetos aprovados estejam alinhados com as metas e os objetivos da Churchill Downs Inc.
2. Desenvolver e implementar uma metodologia padronizada de gestão de projetos, para incluir políticas, padrões, diretrizes, procedimentos, ferramentas e *templates*.
3. Construir um profissionalismo em gestão de projetos, propiciando mentoria, treinamento e orientação às equipes de projeto para que elas aprendam e adotem os processos e as melhores práticas de gestão de projetos.
4. Gerenciar o portfólio de projetos da Churchill Downs Inc., garantindo que a documentação necessária esteja disponível e que as partes interessadas estejam devidamente informadas sobre o processo contínuo do portfólio de projetos por meio de relatórios eficientes dos indicadores-chave de desempenho.
5. Direcionar a gestão de projetos para iniciativas estratégicas.
6. Garantir a realização de benefícios usando processos para definir claramente os casos de negócios e as métricas associadas para medir o sucesso dos projetos. Facilitar a mensuração e os relatórios de benefícios pós-implementação.

No que tange ao controle de mudanças, queremos garantir que o processo seja enxuto, que nossas partes interessadas compreendam a importância do processo e, finalmente, e talvez mais importante, que elas sejam comunicadas de uma forma que nossas partes interessadas compreendam e possam acompanhar os processos de solicitação de mudanças. Uma pergunta instigante para nossos praticantes: "Por que esperamos que nossas partes interessadas aprendam e compreendam nosso jargão?". Para auxiliar na compreensão e no treinamento, desenvolvemos ferramentas visuais que documentam nossos processos gerais de gestão de projetos em uma linguagem compreensível. Por exemplo, a "pista de corrida" do projeto (ver Figura 4.20, no Capítulo 4) demonstrou para nossa liderança e para os membros da equipe de projeto o que nós, em nossa profissão, consideramos como garantido e universalmente compreendido: que os projetos possuem um início definido, um fim definido e que exigem certa documentação ao longo dos processos de planejamento e execução para garantir que todos compreendam as expectativas e que realizaremos os benefícios pretendidos com o investimento feito.

Para a Churchill Downs Inc., o controle das mudanças no escopo começa com o estabelecimento de uma Planilha de Solicitação de Investimento preenchida (ou caso de negócio) e com um escopo de trabalho acordado segundo o que foi descrito em um termo de abertura assinado. O trabalho é, então, decomposto até um nível de detalhe exigido para controlar o esforço e completar o trabalho necessário para alcançar os objetivos solicitados e aprovados como foram detalhados nesse termo de abertura e as solicitações de mudanças no escopo aprovadas posteriormente. Uma solicitação de mudanças no escopo consiste em um *template* de fácil compreensão a ser preenchido, e o processo é facilitado pelo gerente de projetos. O que é ainda mais importante é que o formulário de solicitação de mudanças no escopo é usado para documentar os objetivos de negócios de uma solicitação de mudanças, as métricas necessárias para garantir que os benefícios da mudança sejam realizados, os impactos sobre cronograma e custos, a fonte de financiamento e as aprovações necessárias para incluir a solicitação no escopo de trabalho geral.

Alguns dos benefícios que a Churchill Downs Inc. realizou até o presente momento a partir dessa abordagem estruturada de documentar e controlar o escopo incluem:

1. Documentar retroativamente o escopo para projetos de legado, o que resultou em cancelamento de projetos que eram atormentados por mudanças descontroladas a ponto de o produto final não mais entregar os benefícios apresentados no caso de negócio.
2. Negar solicitações de mudanças no escopo baseadas em retornos sobre investimentos e análises de impactos factuais.
3. Garantir que as mudanças no escopo solicitadas contribuiriam com os objetivos de negócio aprovados pelo conselho de investimentos.
4. Empoderar os membros da equipe de projeto para dizer "não" a solicitações de mudanças informais que possam ou não propiciar um benefício quantificável.
5. Demonstrar que ideias aparentemente excelentes podem não suportar uma análise de impactos estruturada.

12.7 Tipos de escritórios de projetos

Os três tipos de escritórios de projetos mais comuns são:

1. *EP funcional:* Esse tipo de EP é utilizado em uma área funcional ou divisão de uma organização, como os sistemas de informação. A principal responsabilidade desse tipo de EP é gerenciar um *pool* de recursos críticos, isto é, o gerenciamento de recursos. Muitas empresas mantêm um PMO de TI, que pode ou não ter a responsabilidade por realmente gerenciar projetos.
2. *EP de grupo de clientes:* Esse tipo de EP é para um melhor gerenciamento de clientes e uma melhor comunicação com eles. Clientes ou projetos comuns são agrupados para um melhor gerenciamento e relacionamento. Pode haver diversos EPs de grupos de clientes concomitantes, e eles podem acabar funcionando como uma organização temporária. Com efeito, um EP age como uma empresa dentro de outra empresa e tem a responsabilidade de gerenciar projetos.
3. *EP corporativo (ou estratégico):* Esse tipo de EP atende a toda a empresa e se concentra em questões corporativas e estratégicas em vez de em questões funcionais. Se esse EP gerenciar projetos, normalmente trata-se de projetos que envolvem esforços de reduções de custos.

Como será discutido posteriormente, não é incomum que exista mais de um tipo de PMO ao mesmo tempo. Por exemplo, a American Greetings mantinha um PMO funcional em TI e um PMO corporativo ao mesmo tempo. Como outro exemplo, considere os seguintes comentários feitos por um porta-voz da AT&T:

> O escritório de gerenciamento de programas de clientes (CPMO, *Client Program Management Office*) representa uma organização (p. ex., unidade de negócio, segmento) que gerencia determinado conjunto de projetos de um portfólio e interage com:
>
> - Patrocinadores do cliente e gerentes de projetos de clientes para os projetos a ele designados
> - Seu escritório de gerenciamento de portfólios do departamento (DPMO)
> - Seu representante designado do Escritório de Administração de Portfólio (PAO, ou *Portfolio Administration Office*)
> - *Factories* da organização para alinhamento de recursos (AR) pelo principal executivo de projetos (CPO)
>
> O escritório de gerenciamento de portfólios de departamento (DPMO, *Departamental Project Management Office*) oferece suporte ao diretor executivo da organização cliente, representando todo o portfólio do departamento. Serve como principal ponto de contato entre os CPMOs designados dentro de sua organização cliente e o PAO para o gerenciamento do portfólio departamental geral nas seguintes áreas:
>
> - Planejamento anual de portfólio
> - Financiamento de capital e despesas dentro dos alvos de capital e despesas do portfólio
> - Gerenciamento de mudanças listadas no plano e anexos ao caso de negócio
> - Priorização de Projetos do Portfólio Departamental
>
> O PMO é liderado por um diretor executivo que é colega dos diretores executivos de gestão de projetos. Todos os diretores executivos se reportam ao vice-presidente de gestão de projetos.
>
> As funções do PMO incluem definir, documentar, implementar e continuamente aprimorar processos, ferramentas, informações de gerenciamento e requisitos de treinamento em gestão de projetos a fim de garantir a excelência na experiência do cliente. O PMO estabelece e mantém:
>
> - Processos e procedimentos de gestão de projetos eficientes e eficazes em todo o portfólio de projetos.
> - Sistemas e ferramentas centradas em melhorar a eficiência das atividades diárias do gerente de projetos, atendendo, ao mesmo tempo, as necessidades dos clientes externos e internos.
> - Gerenciamento de informações que medem a experiência do cliente, o desempenho do projeto e o desempenho organizacional.
> - Grade curricular de treinamento/certificação que sirva de suporte aos objetivos organizacionais.

12.8 Hewlett-Packard

Outra empresa que reconheceu a importância da gestão de projetos global é a Hewlett-Packard. Segundo Sameh Boutros, PMP® e antigo diretor da prática de gerenciamento de programas e projetos na Hewlett-Packard:

> Em geral, as empresas globais acreditam que a necessidade da padronização da gestão de projetos seja essencial para se prestar serviços de mais alto valor a custos competitivos. Na Hewlett-Packard, no grupo de negócios HP-EDS, existe uma rede de Práticas de Gerencia-

mento de Programas e Projetos (PPM, *Program and Project Management*) nas regiões das Américas, Europa e Ásia-Pacífico. A missão dessas práticas é:

- Prestar serviços de GP aos clientes da HP por meio de Líderes de PMO de Conta e GPs que liderem seus projetos de serviços em TI. A Prática de PPM alcança seus objetivos quando os GPs entregam seus projetos consistentemente dentro do prazo, dentro do orçamento e satisfazendo ao cliente, usando melhores práticas disciplinadas e maduras. A Prática de PPM oferece suporte aos objetivos de negócio de uso eficiente de recursos, lucratividade, crescimento e satisfação do cliente. Fornece também liderança na profissão para garantir que os GPs estejam preparados para atender às necessidades do negócio e tenham a oportunidade de desenvolver e crescer em suas carreiras.

O desenvolvimento da gestão de projetos envolve treinamento e certificação formal além de desenvolvimento informal. A gestão de projetos é uma habilidade e competência central para a HP Services. O programa de desenvolvimento de gestão de projetos, vencedor de prêmios, é organizado por cursos centrais de gestão de projeto, tópicos avançados em gestão de projetos, cursos específicos para as práticas da HP Services e treinamento em habilidades profissionais. Outras atividades que servem de suporte ao desenvolvimento de gestão de projetos incluem:

- Dirigir programas de certificação em gestão de projetos
- Atualizar e gerenciar o currículo de treinamento formal em coordenação com o desenvolvimento da força de trabalho
- Dirigir e participar de eventos importantes como os congressos do PMI e eventos regionais de *networking*/treinamento em gestão de projetos
- Estimular a comunicação e a mentoria informal
- Oferecer mentoria aos gerentes de projetos em campo

O Método Global de Gerenciamento de Programas fornece aos gerentes de projetos metodologias e uma abordagem padronizada que usa as melhores práticas da indústria e incorpora o valor agregado da experiência da HP. Isso é exibido na Figura 12.8.

Doug Bolzman, arquiteto consultor, PMP®, especialista em ITIL® na HP, discute a abordagem do PMO:

Figura 12.8 Método global, metodologia de programa: abordagem padronizada usando as melhores práticas da indústria com o valor agregado pela empresa.

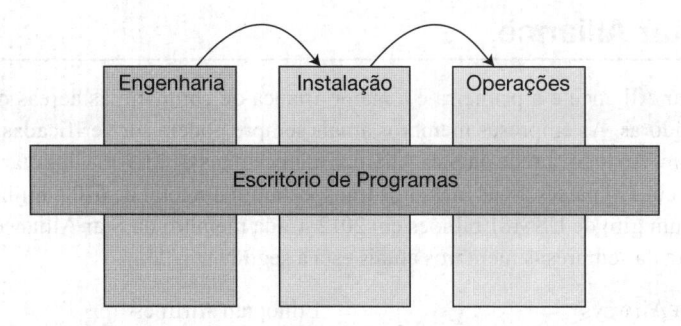

Figura 12.9 Usando o PMO para facilitação.

A maioria das organizações possui um PMO estabelecido, e isso foi gerado a partir da visão de que seus projetos individuais exigiam supervisão. Trata-se de um salto significativo para muitas organizações que, há 15 anos, não viam valor nos gerentes de projetos e hoje estão fundando um PMO. No entanto, a maioria delas está pagando o preço de selecionar funcionários para o PMO, mas ainda não consegue enxergar seu valor – eles veem o PMO como um mal necessário. Em outras palavras, as coisas provavelmente poderiam ser piores se não selecionássemos funcionários para o PMO.

As principais funções incluem supervisão do projeto, relatório de *status* e conformidade com o projeto. Como não havia estruturas de liberação claras, as empresas tinham a situação em que suas principais organizações fornecedoras simplesmente "passavam a bola para o outro lado da cerca", para o fornecedor seguinte. O escritório de gerenciamento de programas foi criado para facilitar essas transações. (Ver Figura 12.9.)

O problema com a implementação dessa abordagem é que nunca houve um único modelo desenvolvido para esse tipo de estrutura, e o PMO adicionaria ainda mais restrições, burocracia ou cargas de trabalho. Esperava-se que o PMO planejasse a direção da empresa por meio da implementação de projetos individuais.

Em vez disso, outro modelo foi desenvolvido para fazer todos os fornecedores contribuírem com cada etapa de uma liberação, compartilhando a responsabilidade de planejamento e *design*, mas, ao mesmo tempo, fornecendo ao PMO o nível adequado de funcionalidade. (Ver Figura 12.10.)

Figura 12.10 Associando o PMO a funcionalidades.

12.9 Star Alliance

A Star Alliance é a primeira e a maior aliança de companhias aéreas do mundo, com 28 operadoras. As empresas membros atuais sempre podem ser verificadas no *site* Staralliance.com. Ao todo, a rede da Star Alliance oferece mais de 21.900 voos diários para 1.329 destinos em 194 países. Seus membros transportaram um total de 670,5 milhões de passageiros com um giro de US$181 bilhões em 2012. Cada membro da Star Alliance possui um PMO. A lista das empresas membros atuais está a seguir.

Adria Airways	Ethiopian Airlines
Aegean Airlines	EVA Air
Air Canada	LOT Polish Airlines
Air China	Lufthansa
Air India	Scandinavian Airlines
Air New Zealand	Shenzhen Airlines
ANA	Singapore Airlines
Asiana Airlines	South African Airways
Austrian Airlines	SWISS
Avianca, TACA Airlines	TAM Airlines
Brussels Airlines	TAP Portugal
Copa Airlines	THAI
Croatia Airlines	Turkish Airlines
EGYPTAIR	United Airlines

O PMO da Star não age como um "super-PMO" para os PMOs das empresas aéreas membro. O PMO da Star Alliance presta serviços de gestão de projetos em toda a empresa Star. Aquilo que o PMO realiza para as unidades de negócios inclui assuntos como tecnologia de informação, marketing, vendas, produtos, serviços e programas de passageiro frequente, além de projetos comuns de prospecção, que são os projetos que usam o poder aquisitivo combinado de todas as empresas aéreas e, conjuntamente, adquirem mercadorias comuns (peças sobressalentes, serviços a bordo, assentos da classe econômica, etc.).

Os projetos da Star Alliance têm como objetivo fornecer uma experiência de viagem comum em todas as empresas aéreas ou naquelas que aproveitam nosso tamanho para desenvolver aplicativos de TI comuns, redes comuns, salas de espera comuns, serviços de *check-in* ou *upgrades* de passageiro frequente entre uma empresa e outra. Os membros das equipes de projetos são normalmente especialistas em administração das empresas aéreas membros de todo o mundo. Precisamos ser muito bons em conscientização cultural e criação de consenso.

Em 2011, implementaram-se processos de gestão de projetos ágil para complementar o tradicional método em cascata para projetos selecionados. Faz-se uma avaliação no início do projeto para determinar que método de execução e entrega seria mais eficiente de acordo

---

A Seção 12.9 sobre a Star Alliance foi fornecida por John Donohoe, PMP, diretor, Escritório de Gestão de Projetos, Star Alliance Services GmbH.

com critérios definidos. Além disso, o PMO da Star Alliance auxilia e coordena diversas empresas áreas membros em uma Plataforma Comum de TI da Star Alliance. A Plataforma Comum de TI da Star Alliance é um programa estratégico, centrado em esforço de melhor atender ao cliente, custos de TI marcadamente mais baixos e aumento significativo na velocidade de colocação de novos produtos no mercado. Uma vez implementado, permitirá que as empresas aéreas participantes melhorem seus serviços de atendimento ao cliente e ampliem suas capacidades operacionais. A plataforma baseia-se no portfólio pioneiro de nova geração de Soluções de Gerenciamento de Clientes (*Customer Management Solution*) da empresa de soluções em TI Amadeus. Tal portfólio consiste nas soluções Altéa Reservation, Altéa Inventory e Altéa Departure Control.

12.10 Auditorias de projetos e o PMO

Nos últimos anos, a necessidade de uma revisão independente estruturada de várias partes de um negócio, incluindo projetos, assumiu um papel mais importante. Parte disso pode ser atribuída às exigências de cumprimento da Lei Sarbanes-Oxley. Essas auditorias fazem parte da responsabilidade do PMO.

Essas revisões independentes são auditorias que se concentram na descoberta ou na tomada de decisões. Elas também podem focar a determinação da "saúde" de um projeto. As auditorias podem ser marcadas aleatoriamente e podem ser realizadas por pessoal interno ou por examinadores externos.

Há vários tipos de auditorias. Alguns tipos comuns incluem:

- *Auditorias de desempenho:* são usadas para avaliar o progresso e desempenho de determinado projeto. O gerente de projetos, o patrocinador do projeto ou um comitê executivo de orientação podem conduzi-las.
- *Auditorias de observância:* são normalmente conduzidas pelo PMO para validar se o projeto está usando a metodologia de gestão de projetos adequadamente. Normalmente, o PMO tem a autoridade para realizar a auditoria, mas não tem a autoridade para garantir a observância.
- *Auditorias de qualidade:* garantem que a qualidade do projeto esteja sendo alcançada e que as leis e regulamentações estejam sendo seguidas. É o grupo de garantia da qualidade que as realiza.
- *Auditorias de saída:* são normalmente para projetos que estão passando por dificuldades e que talvez precisem ser extintos. É um pessoal externo ao projeto, como um executivo defensor de encerramento ou um comitê executivo de orientação, que conduz as auditorias.
- *Auditorias de melhores práticas:* podem ser realizadas no fim de cada fase de ciclo de vida ou no final do projeto. Algumas empresas descobriram que os gerentes de projeto podem não ser as pessoas mais indicadas para realizar a auditoria. Em tais situações, a empresa pode ter facilitadores profissionais treinados na realização de revisões de melhores práticas.

Listas de verificação e *templates* geralmente são os melhores meios de se realizar auditorias e verificações de "saúde". Nani Sadowski-Alvarez, PMP, CEO/presidente da Lilinoe Consulting, compartilha um *template* para auditoria de projetos (veja Tabela 12.1).

TABELA 12.1 *Template* para a auditoria de projetos

Patrocinador do projeto: _____ **Gerente do projeto:** _____

Data em que o projeto entrou em operação: _____ **Data da auditoria final do projeto:** _____

Validação	Documento/Item a ser validado	Classificação	Comentários
Sim Não ☐ ☐	**Aprovações do Conselho** (i.e., minutas da reunião, assinatura, etc., indicando que o projeto foi aprovado e foi assinado para execução e implementação)	☐	
Sim Não ☐ ☐	**Escopo do projeto assinado** (com assinaturas originais e/ou com assinaturas eletrônicas/enviadas via fax em anexo)	☐	
Sim Não ☐ ☐	**Apresentação e pauta da reunião de apresentação inicial do projeto** (incluindo data da inauguração)	☐	
Sim Não ☐ ☐	**Folha de custos das despesas de capital e despesas operacionais do projeto** corrente/atualizada	☐	
Sim Não ☐ ☐	Todas as **solicitações de mudança** específicas do projeto (com detalhes relativos à tripla restrição: cronograma/orçamento/recursos), com todas as assinaturas de aprovação das solicitações de mudança correspondentes em anexo	☐	
Sim Não ☐ ☐	**Aceitação do projeto** assinada (pelo patrocinador do projeto) – **carta de encerramento e rotatividade operacional**	☐	
Sim Não ☐ ☐	**Apresentação do encerramento do projeto** juntamente à pauta e à data da reunião de encerramento	☐	
Sim Não ☐ ☐	**Contratos com fornecedores e declarações de trabalho (DT)** assinados (por todas as partes afetadas – i.e.: fornecedor, patrocinadores, departamento jurídico, etc.)	☐	
Sim Não ☐ ☐	**Lista de verificação de encerramento** do projeto concluída no encerramento do projeto	☐	
Validação	**Documento/Item a ser validado**	**Classificação**	**Comentários**
	Início		
Sim Não ☐ ☐	**Termo de abertura e score do projeto**	☐	
Sim Não ☐ ☐	**Orçamento do projeto aprovado finalizado**	☐	
Sim Não ☐ ☐	**Fluxos de trabalho** da fase inicial (quando aplicável) criado para demonstrar a necessidade do projeto, a racionalização dos esforços de trabalho, etc. NOTA: Se o projeto for estritamente relativo a *hardware* (HW)/equipamentos, o diagrama fornecido pode ser de equipamentos ou *netware* (NW).	☐	
Validação	**Documento/Item a ser validado**	**Classificação**	**Comentários**
	Planejamento		
Sim Não ☐ ☐	**Contratos assinados** do fornecedor juntamente com a DT	☐	
Sim Não ☐ ☐	**Cronograma do projeto** que foi criado e mantido via Clarity* e Work Bench. (NOTA: Uma cópia assinada inicial deve ser incluída como anexo ao escopo do projeto. O GP mostrará o cronograma atual ao auditor via Clarity/Wor Bench mediante solicitação.)	☐	

(Continua)

---

* N. de T.: Clarity é uma ferramenta de gestão de projetos.

TABELA 12.1 Template para a auditoria de projetos (Continuação)

Validação	Documento/Item a ser validado	Classificação	Comentários
	Planejamento		
Sim Não ☐ ☐	**Escopo do projeto assinado** – documento completo, incluindo gráfico organizacional do projeto, plano de comunicação, marcos de alto nível, avaliações técnicas/empresariais/clínicas, além dos materiais financeiros do projeto (quando dados financeiros detalhados são incorporados à execução dos projetos), etc.	☐	
Sim Não ☐ ☐	**Avaliação técnica e diagramas relacionados**	☐	
Sim Não ☐ ☐	**Avaliação do aprovisionamento** (quando aplicável), incluindo estimativas de custo, equipamentos previstos, etc.	☐	
Sim Não ☐ ☐	**Avaliação de segurança** como estabelecido pelo principal executivo de segurança das informações financeiras (FISO, *financial information security officer*)	☐	
Sim Não ☐ ☐	**Orçamento do projeto aprovado finalizado**	☐	

Validação	Documento/Item a ser validado	Classificação	Comentários
	Execução/Controle		
Sim Não ☐ ☐	**Fazer o design/Construir** – qualquer documentação aplicável relativa a *design*/construção	☐	
Sim Não ☐ ☐	**Riscos e problemas** – o GP deve documentar problemas e riscos utilizando a aba de problemas/riscos/solicitação de mudanças no Clarity e carregar os documentos relacionados ao risco ou problema específico	☐	
Sim Não ☐ ☐	**Solicitação de mudanças e documentos associados** – o GP deve documentar as solicitações de mudança de seus projetos utilizando a aba de problemas/riscos/solicitação de mudanças no Clarity. As solicitações de mudança também serão carregadas no SharePoint na pasta aplicável ao projeto	☐	
Sim Não ☐ ☐	**Fluxogramas e procedimentos revisados e aprimorados**	☐	
Sim Não ☐ ☐	**Testes** – toda a documentação do projeto relativa a testes (**scripts**, planos, etc.)	☐	
Sim Não ☐ ☐	**Treinamento** – toda a documentação do projeto relativa a treinamentos (plano, cronograma, informações sobre cursos, etc.)	☐	
Sim Não ☐ ☐	Medidas e formulários apropriados em torno do **aprovisionamento** (incluindo qualquer processo necessário para obter assinaturas para acesso de segurança)	☐	
Sim Não ☐ ☐	**Detalhes do pedido de compra** (solicitações, estimativas de custos, etc.)	☐	
Sim Não ☐ ☐	**Todas as faturas** (estas também serão acompanhadas via Clarity com a revisão e orientação do contador interno)	☐	
Sim Não ☐ ☐	**Avaliação de segurança pré-início das operações** realizadas pelo FISO	☐	

(Continua)

TABELA 12.1 Template para a auditoria de projetos (Continuação)

Validação	Documento/Item a ser validado	Classificação	Comentários
	Execução/Controle		
Sim ☐ Não ☐	**Fluxos de processo pré-início das operações** (quando aplicável) detalhando o estado atual e o estado previsto após a implementação do projeto; se o projeto envolver equipamentos	☐	
Sim ☐ Não ☐	**Avaliação geral com contador interno**	☐	
Sim ☐ Não ☐	**Plano de ativação/Entrada em operação**, incluindo todos os detalhes necessários para que a equipe central e outras partes afetadas alcancem uma ativação bem-sucedida e eficiente do projeto	☐	

Validação	Documento/Item a ser validado	Classificação	Comentários
	Encerramento		
Sim ☐ Não ☐	**Orçamento do projeto** – detalhes do orçamento aprovado *versus* fechamento final real	☐	
Sim ☐ Não ☐	**Lições aprendidas** – compiladas pelo GP e toda a equipe central do projeto	☐	
Sim ☐ Não ☐	Documentação da **rotatividade operacional**	☐	
Sim ☐ Não ☐	**Carta de aceitação do projeto (encerramento) com a assinatura do patrocinador**	☐	

Validação	Documento/Item a ser validado	Classificação	Comentários
	Pautas/Minutas		
Sim ☐ Não ☐	Todas as **pautas** relativas aos projetos (salvas com formato de data no título para garantir facilidade de uso para referência)	☐	
Sim ☐ Não ☐	Todas as **notas de reunião** (salvas com formato de data no título para garantir facilidade de uso para referência)	☐	

Validação	Documento/Item a ser validado	Classificação	Comentários
	Apresentações		
Sim ☐ Não ☐	Apresentação inicial em PowerPoint	☐	
Sim ☐ Não ☐	Apresentações/Demonstrações relacionadas a fornecedores	☐	
Sim ☐ Não ☐	Apresentações internas utilizadas para a aprovação de projetos (se aplicável)	☐	
Sim ☐ Não ☐	Apresentação de encerramento do projeto em PowerPoint	☐	

12.11 Verificações da "saúde" dos projetos

Muito frequentemente, os projetos passam por verificações de "saúde", mas estas são realizadas pelas pessoas erradas. O conceito de realizar uma verificação de "saúde" é uma prática sólida, contanto que as pessoas certas estejam realizando a verificação e as infor-

---

O material da Seção 12.11 foi fornecido por Mark Gray, antigo gerente de projetos sênior na NXP Semiconductors e hoje CEO da SigmaPM, e Eric Maurice, PMP®, gerente de projetos da NXP Semiconductors.

mações certas estejam sendo discutidas. A finalidade deve ser fazer críticas construtivas e avaliar abordagens alternativas, quando necessário. Muito frequentemente, porém, as reuniões acabam sendo um ataque pessoal à equipe de projetos. Revisões no nível executivo e revisões similares realizadas pelo PMO podem não fornecer ao gerente de projetos as informações construtivas que ele deseja. Eric Maurice, da NXP, e Mark Gray, ex-NXP e hoje CEO da SigmaPM, identificaram uma forma inovadora de fazer isso. Eles chamaram essa abordagem de: Se duas cabeças pensam melhor do que uma, por que não usar três ou quatro?

* * *

Em nosso impulso para aumentar a probabilidade de sucesso para os projetos, um mecanismo muitas vezes utilizado são as revisões por pares, nas quais outros especialistas fazem uma análise crítica de nosso projeto e oferecem uma avaliação e conselhos. O principal problema com essa abordagem é o fato de ela geralmente ser uma revisão muito breve feita em uma única oportunidade da documentação da gestão de projetos com pouca ou nenhuma avaliação dos verdadeiros mecanismos do projeto.

Eric Maurice, gerente de projetos na área de P&D da NXP Semiconductors, criou uma maneira de tirar verdadeiro proveito dessa abordagem – *o gerente de projetos "multicerebrado"*! (O que às vezes é chamado de gerente de projetos Hidra.)

Impulsionados pelas descobertas de um exercício na classificação tipológica de Myers Briggs (MBTI, *Myers Briggs Type Indicator*) feito no nível da equipe, Eric percebeu que há um perigo significativo de se tornar tendencioso demais em direção a uma perspectiva do projeto com a possibilidade de negligenciar o que poderiam ser problemas óbvios. Isso é exacerbado pelo nível de complexidade dos projetos e pelo número de (às vezes conflitantes) dados que o gerente de projetos precisa considerar no início do projeto.

Eric, então, abordou vários colegas da gestão de projetos (de toda a organização) por meio da rede local e lhes pediu para se tornar parte de uma rede neural – compartilhando ideias, conceitos e pontos de vista no contexto desse projeto especificamente. O motivo para usar essa abordagem em vez de uma simples revisão de pares, era superar a restrição de ter apenas uma única oportunidade de análise, e mostrar, ao mesmo tempo, a oportunidade de valor agregado.

Obviamente, fazê-lo exigia alguma preparação e condições iniciais:

- Dado que os colegas tinham experiência em projetos extremamente diferentes, grande parte da preparação tinha de ser dedicada a explicar o contexto do projeto para o grupo.
- Regras básicas de confiança mútua, abertura, honestidade e críticas construtivas eram necessárias (embora não formalmente declaradas). Isso foi especialmente útil para identificar possíveis pontos fracos no plano de risco e para ajudar a enfrentar a verdade (às vezes cruel).
- Superar suas barreiras para mostrar pontos fracos nunca é fácil – isso novamente depende de um bom nível de confiança e cooperação no grupo.
- A frequência precisa ser razoavelmente regular – nesse caso, era uma vez por mês (em um projeto de 20 meses). Isso tinha o intuito de garantir que a visão compartilhada seja mantida atualizada.

Dessa experiência, temos as seguintes observações e resultados:

- Um resultado tangível foi uma redução no nível de risco do projeto – uma revisão do plano de risco ajudou a garantir o conteúdo e o planejamento de respostas.

- Fortes laços foram estabelecidos entre os gerentes de projetos que, na verdade, continuaram em operação fora do contexto desse projeto. Isso também ajudou a reforçar o valor do *networking* na organização.
- O *feedback* dos participantes também foi positivo: eles apreciaram a oportunidade de compartilhar e aprender uns com os outros.
- Um elemento visto como tendo contribuído para o sucesso foi a decisão de focar precisamente uma área específica para cada sessão (planejamento, risco, etc.). Essa determinação de um "tema" permitiu que os colegas aplicassem seus conhecimentos (ou aprendessem com os outros) em uma área de foco específica no contexto de um projeto real e compreendido.
- O grupo pequeno, mas dinâmico (entre três e seis pessoas foi considerado o tamanho ideal), também serviu como uma verdadeira incubadora para novas ideias, além de como um excelente canal para que as lições aprendidas fossem transmitidas entre diferentes projetos e por toda a organização.

Concluindo, podemos certamente dizer que o uso da abordagem do gerente de projetos "multicerebrado" possui um claro valor agregado em alcançar a excelência na execução de projetos, muito mais do que revisões formais de projeto ou do que as revisões de pares que analisam um "instantâneo" do projeto. Não é apenas o projeto que sai ganhando com isso, mas também seus participantes e a organização como um todo!

ALGUMAS RECOMENDAÇÕES – E UM "ALERTA DE SAÚDE"!

Já que o processo de estabelecer e dirigir as sessões "Hidra" exige um investimento em tempo acima do trivial, deve-se considerar quando isso seria apropriado. Temos algumas sugestões a respeito de quando esta seria uma abordagem apropriada (e de quando não seria):

- Esse processo teria um bom retorno sobre investimento, seja quando o projeto tem um nível muito alto de risco percebido, ou quando se deseja usá-lo como uma oportunidade para mentoria (ou o gerente de projetos é novo no emprego ou seus colegas têm a oportunidade de aprender com um "adepto").
- Não recomendaríamos usar essa abordagem em projetos de muito curto prazo (alguns meses de duração), já que ela reduz a possibilidade de ganhar tração, ou em projetos com um baixo nível de importância estratégica, já que isso reduz o nível de interesse dos colegas.
- Não é uma boa ideia ter gerentes de projetos envolvidos em diversas "sessões Hidra" – não somente do ponto de vista do tempo necessário, mas também porque isso diluiria demais o foco.
- Colocar uma abordagem de "Hidra" em andamento em um projeto deve ser uma decisão que parta dos próprios gerentes de projetos; forçá-los a fazê-lo transforma a abordagem em um castigo ou, o que é pior, indica uma falta de confiança no gerente de projetos.

Alguns diriam que esse deve ser o domínio do PMO (quando este existe), mas aqui, gostaríamos de fazer um "alerta de saúde": o PMO deve, é claro, ser a(s) pessoa(s) que ajuda(m) a estabelecê-lo e a captar os resultados – mas o verdadeiro valor vem de ter seus colegas realmente envolvidos no projeto que está sob escrutínio. Na opinião do autor, se a "Hidra" se tornar o domínio do PMO, ela correrá o risco de se tornar o monstro da lenda grega. Essa abordagem não pretende se tornar apenas mais uma ferramenta de "monitoramento e controle" – o verdadeiro benefício é a aprendizagem compartilhada e as múltiplas perspectivas sobre o funcionamento cotidiano do projeto.

12.12 Prêmio PMO do Ano

Algumas pessoas discutem que a mudança mais significativa em gestão de projetos na primeira década do século XXI foi a implementação do conceito do PMO. Sendo assim, não é surpresa que o Centro de Práticas de Negócios (*Center for Business Practices*) tenha lançado o prêmio "PMO do Ano".

CRITÉRIOS DE PREMIAÇÃO

O prêmio PMO do Ano é oferecido ao PMO que melhor ilustra – por meio de um ensaio e outros documentos – as estratégias de melhoria, melhores práticas e lições aprendidas de sua gestão de projetos. Outros documentos de apoio – como gráficos, tabelas, planilhas, folhetos, etc. – não podem exceder cinco unidades. Embora se encoraje o envio de documentação adicional, cada PMO qualificado demonstrou claramente suas melhores práticas e lições aprendidas no ensaio do prêmio. Os juízes analisaram os ensaios para considerar como o PMO do candidato associou a gestão de projetos às estratégias de negócios de sua organização e que papel desempenhou no desenvolvimento de uma cultura organizacional de gestão de projetos. Os ensaios foram avaliados quanto à sua validade, mérito, precisão e consistência, além da contribuição do PMO candidato ao sucesso do projeto e da organização como um todo.

Os tipos de melhores práticas que os juízes procuram incluem:

- Práticas para integrar as estratégias do PMO a fim de gerenciar projetos de forma bem-sucedida
- Melhorias em processos, metodologias ou práticas de gestão de projetos, levando a uma execução mais eficiente e/ou eficaz dos projetos da organização
- Abordagens inovadoras da melhoria da capacidade da gestão de projetos da organização
- Práticas que sejam distintivas, inovadoras ou originais na aplicação da gestão de projetos
- Práticas que promovam o uso de padrões de gestão de projetos em toda a empresa
- Práticas que encorajem o uso de resultados de mensuração de desempenho para auxiliar a tomada de decisões
- Práticas que aumentem a capacidade dos gerentes de projetos

Os resultados de melhores práticas incluem:

- Evidências de benefícios de negócios realizados – satisfação do cliente, produtividade, desempenho orçamental, desempenho do cronograma, qualidade, ROI, satisfação dos funcionários, desempenho do portfólio, alinhamento estratégico
- Uso eficiente de recursos
- Maior maturidade organizacional em gestão de projetos
- Compromisso executivo com uma cultura de gestão de projetos expressa em políticas e outros documentos
- Um PMO que exibe um foco sobre os resultados de negócios da organização
- Uso eficiente do conhecimento sobre gestão de projetos e de suas lições aprendidas
- Objetivos de desempenho individuais e possíveis recompensas ligadas à mensuração do sucesso do projeto
- Funções de gestão de projetos aplicadas consistentemente em toda a organização

---

O material da Seção 12.12 foi fornecido pelo Center for Business Practices, Rockwell Automation e pela Alcatel-Lucent. Para informações mais detalhadas sobre o Center for Business Practices e o Prêmio PMO do Ano, visite seu *site*: www.cbponline.com.

O ensaio compreende três sessões. Qualquer material enviado incompleto foi desqualificado.

CONCLUINDO O ENSAIO

Seção 1: Qual é o histórico do PMO? Em não mais do que mil palavras, os candidatos descreveram seus PMOs, incluindo informações passadas sobre sua visão e missão, escopo e estrutura organizacional. Além disso, descreveram:

- Há quanto tempo o PMO estava em funcionamento
- Seu papel no PMO
- Como a operação do PMO é financiada
- Como o PMO é estruturado (pessoal, papéis e responsabilidades, se envolve toda a empresa ou se é departamental, etc.)
- Como o PMO usa padrões de gestão de projetos para otimizar suas práticas

Seção 2: Quais são as inovações e melhores práticas do PMO? Em não mais do que 1.500 palavras, os candidatos abordaram os desafios encontrados por sua organização antes da implementação das novas práticas do PMO e como eles superaram esses desafios. Eles descreveram clara e concisamente as práticas implementadas e seu efeito sobre o sucesso do projeto e da organização como um todo.

Seção 3: Qual o impacto do PMO e seus planos para o futuro? Em não mais do que 500 palavras, os candidatos descreveram o impacto do PMO ao longo de determinado período (p. ex., satisfação do cliente, produtividade, redução do tempo de ciclo, crescimento, construção ou alteração da cultura organizacional, etc.). Quando possível, os candidatos forneceram dados quantitativos para ilustrar as áreas em que o PMO teve maior impacto sobre os negócios. Finalmente, descreveram resumidamente os planos de seu PMO para 2009 e como esses planos têm potencial para afetar sua organização.

Duas das empresas discutidas neste livro competiram pelo prêmio: a Rockwell Automation, que venceu o prêmio de PMO do Ano de 2009, e a Alcatel-Lucent, que foi reconhecida como uma das finalistas do prêmio. Ambos os seus perfis são discutidos a seguir.

ROCKWELL AUTOMATION: PRÊMIO PMO DO ANO 2009

Escritório de gerenciamento de programas de *software*
Tipo de organização: manufatura
Sede: Milwaukee, Wisconsin, EUA
Número de funcionários em regime de tempo integral (FTIs): 21.000+
FTIs no PMO: 30
Orçamento operacional anual do PMO: US$3,2 milhões
James C. Brown, antigo diretor, escritório de gerenciamento de programas A&S
Desafio enfrentado: Lançar uma prática consistente de produtos e de gestão de projetos em 16 negócios
Benefícios de negócios: Maior previsibilidade e produtividade; ritmo mais acelerado de inovação; execução de uma liberação maior, compreendendo 20+ projetos, dentro do prazo e do orçamento pela primeira vez na história da empresa
Website: http://www.rockwellautomation.com

ROCKWELL AUTOMATION: DE "TÁBULA RASA" A INOVADORA GLOBAL EM MENOS DE CINCO ANOS

A Rockwell Automation foi formada por meio da fusão de duas grandes empresas de automação, Allen-Bradley e Reliance Electric, no final da década de 1980. Ao longo dos anos, a Rockwell Automation continuou adquirindo outros fornecedores líderes do ramo de automação como estratégia de crescimento e também como uma maneira de trazer novas tecnologias de automação avançadas para a empresa. Em 2005, quando a Rockwell Automation estava planejando o lançamento de um novo sistema de negócios SAP, a empresa reconheceu a necessidade de um novo processo de desenvolvimento de produtos comum (DPC), que seria baseado nas melhores práticas da empresa, juntamente com as melhores práticas da indústria em termos de desenvolvimento de produtos. Esse esforço resultou em um processo de DPC que permitia a adoção em toda a empresa. Isso significa que 16 diferentes negócios de produtos, de fornecedores de componentes de alto volume a fornecedores de soluções de sistemas de controle de processos contínuos e complexos, usariam o mesmo modelo de processo de alto nível para o desenvolvimento de seus novos produtos.

Como os gerentes de projetos são essenciais na execução de um processo de desenvolvimento de produtos, percebeu-se rapidamente que introduzir um processo *end-to-end* em uma empresa formada por muitos negócios de produtos relacionados, mas muito diferentes, exigiria a aplicação consistente da gestão de projetos em todas as linhas de produtos. Para complicar ainda mais a situação, cada segmento de negócios estava em um nível de maturidade diferente em relação a todos os aspectos do desenvolvimento de produtos. Uma organização formal de gestão de projetos, estabelecida em 2004, já existia e foi aproveitada para apoiar esse esforço. O diretor do PMO, James C. Brown, diz: "Se consistência, transparência e mitigação de riscos são importantes para seu negócio, como são para nós, acreditamos que uma entidade de gestão formal de projetos, bem reconhecida e bem administrada é essencial".

Brown, contratado em 2004 para ajudar a implementar o PMO, chamou o ambiente de gestão de projetos de "tábula rasa", sem contar aquelas pessoas que já eram identificadas como gerentes de projetos. O PMO é estruturado por função, com gerentes de programas supervisionando programas e gerentes de projetos supervisionando projetos, auxiliados por outras duas ferramentas de suporte como o MSProject Server e o Sharepoint.

O novo PMO da Rockwell se desenvolveu rapidamente, fazendo todos os seus participantes tirarem a certificação de PMP® em menos de dois meses, o que chamou a atenção do VP sênior da divisão. Então, começaram a estabelecer processos e metodologias, criando *scorecards* e métricas e implementando ferramentas para o suporte do desenvolvimento de novos produtos e serviços. Eles passaram de uma abordagem em cascata na direção de seus projetos para uma abordagem ágil, transformando processos de mais de 20 páginas em menos de cinco páginas e passando-os de fichários de papel para mídias eletrônicas. Como Brown diz, "Deixamos de incluir tudo nos relatórios, passando a incluir somente as exceções".

O PMO cresceu de 10 para 30 pessoas em pouco mais de quatro anos, e seu alcance passou de norte-americano a global. O número de projetos sob sua direção aumentou de 12 a 15 para 50 projetos concomitantes. No caminho, a Rockwell Automation implementou um processo de gerenciamento de portfólio em seu Grupo de Arquitetura e *Software*. As metas e a finalidade do processo são ligar investimentos a estratégias de negócios, maximizar o valor do portfólio, alcançar um desejado equilíbrio (*mix*) de projetos e dar um foco aos esforços da organização. O processo de gerenciamento de portfólio se associa a processos relacionados, como gerenciamento de ideias, desenvolvimento de estratégias, gestão de projetos e programas e o recém-desenvolvido processo de DPC, e se tornou parte integral do processo de planejamento. Brown concentra-se no lado humano dos benefícios do gerenciamento de portfólios de projetos (PPM, *project portfolio management*): "Trata-se de pessoas chegarem a um consenso usando dados confiáveis e uma estrutura comum de tomada de decisões".

Obviamente, é difícil mudar a cultura da empresa, então a governança é crucial; e isso exige compromisso por parte da gerência. A força motriz por trás do compromisso por parte da gerência para implementar esse novo processo era a visão de uma metodologia comum para o desenvolvimento de novos produtos que fosse consistente em toda a empresa. Essa consistência foi priorizada de cima (envolvimento direto da gerência nas revisões de pontos de decisão de final de fase) para baixo, a fim de realizar benefícios o mais rapidamente possível.

Muito frequentemente, os negócios eram forçados a negar financiamento para projetos estratégicos devido a intermináveis melhorias de produtos que não paravam de chegar. Ao forçar a gerência administrativa a aprovar a passagem de cada projeto de uma fase para a seguinte, os novos processos empurravam a visibilidade de cada projeto, cada recurso e cada dólar gasto para os tomadores de decisões de cargos superiores, que lutavam para tentar encontrar dinheiro para financiar os projetos que realmente "virariam o jogo". Essa visibilidade também facilitou para os proprietários de negócios cancelarem projetos com retornos questionáveis ou atrasarem um projeto para a liberação de recursos cruciais. Isso contrastava com a antiga maneira de executar um projeto, com revisões informais e apressadas. As equipes podiam continuar gastando e até mesmo desperdiçando sem nenhum temor real de cancelamento. Sob o novo processo, cada organização dependente é representada na revisão apropriada e tem a chance de concordar ou não com o gerente de projetos de que todos os *deliverables* estão disponíveis. A intenção é ter decisões de continuar/não continuar tomadas tanto pela principal organização responsável pelos *deliverables* durante a fase anterior quanto pela principal organização responsável pelos *deliverables* na fase subsequente. Ambas essas organizações são necessárias em cada revisão de passagem de fase. Dessa maneira, garantindo a transparência durante as fases iniciais, o processo ajuda a Rockwell Automation a evitar surpresas durante as fases posteriores.

Tudo isso foi implementado de uma forma leve, que facilitou a aceitação dos novos processos. Como Brown observa: "Há uma diferença muito sutil entre rigor e ônus, e o segredo é garantir uma implementação rigorosa sem frear o progresso da equipe de projetos".

O PMO foi essencial na busca da Rockwell Automation por maior previsibilidade, produtividade e visibilidade. Ao entregar – pela primeira vez na história da empresa – uma grande liberação com mais de quatro programas e mais de 20 projetos dentro do prazo e do orçamento, a organização provou seu valor de negócio.

ALCATEL-LUCENT: FINALISTA DO PRÊMIO PMO DO ANO 2009

Escritório global de gerenciamento de programas
Tipo de organização: telecomunicações
Sede: Paris, França
Número de funcionários em regime de tempo integral (FTIs): 70.000
FTIs no PMO: 10

Orçamento operacional anual do PMO: US$4,5 milhões

Gerente sênior do PMO: Rich Maltzman, PMP®, gerente sênior de aprendizagem e desenvolvimento profissional

Desafio enfrentado: Combinar os esforços de melhorias em gestão de projetos de duas empresas em uma iniciativa

Benefícios de negócios: Melhorias em uma ampla gama de métricas de projetos em projetos que afetam positivamente a satisfação do cliente

O Escritório Global de Gerenciamento de Programas (GPMO) da Alcatel-Lucent combina as melhores práticas em gestão de projetos da Alcatel e da Lucent, duas empresas que já estavam em meio a grandes esforços para revitalizar a gestão de projetos enquanto disciplina na época em que a Lucent se fundiu com a Alcatel, em novembro de 2006. Ambas as organizações já tinham pesquisado melhores práticas em gestão de projetos, e a disciplina foi priorizada pela nova liderança da empresa. Uma equipe central foi designada para combinar os esforços de gestão de projetos em uma única iniciativa no final de 2006. O foco inicial do GPMO em toda a empresa foi nos mais de 2 mil gerentes de projetos que lidavam com clientes e supervisionavam o giro de novas soluções para os clientes. O GPMO centrou-se em duas principais "estruturas" – uma de execução de projetos e uma de desenvolvimento de gerentes de projetos.

A estrutura de execução de projetos, dedicada às metodologias e ferramentas que os gerentes de projetos usam em toda a empresa, traz um novo nível de maturidade em gestão de projetos ao oferecer consistência na prática em todas as unidades de negócios e regiões geográficas. Em seu cerne encontra-se uma metodologia baseada em pontos de decisão de passagem de fases chamada de processo de implementação de contrato (CIP, *contract implementation process*). O CIP aponta para uma coleção de ferramentas que podem ser usadas como for apropriado pelos gerentes de projetos que lidam com clientes ou na base de região por região ou unidade por unidade. Cada metodologia CIP é associável a um processo do *Guia PMBOK®*. A empresa agora está em vias de integrar o CIP a um grande sistema de *software* de gestão de projetos empresarial para sua população.

A estrutura de desenvolvimento de gerentes de projetos é um modelo integrado em nove partes que reconhece a interconexão entre importantes elementos do desenvolvimento do gerente de projetos como um modelo de competências, um plano de carreira, treinamento dos gerentes de projetos, certificação pela indústria, acreditação e reconhecimento interno e gerenciamento das habilidades dos gerentes de projetos. O GPMO estabeleceu metas rígidas para a certificação de PMPs® para seus gerentes de projetos nos dois próximos anos. A Alcatel-Lucent foi citada na revista anual do PMI *Leadership in Project Management* por trabalhos nessa área. A profundidade do compromisso da empresa em oferecer um ambiente de suporte para os gerentes de projetos é ilustrada por inúmeros programas, dentre eles:

- *Acreditação Profissional em Gestão de Projetos.* A Alcatel-Lucent possui seu próprio programa de acreditação, acima e além da certificação de PMP®, a Acreditação Geral de Gerente de Projetos, que honra a excelência em uma implementação no mundo real de projetos de clientes externos. Exige a conclusão de um extenso conjunto de mate-

---

Nota: Esta seção sobre a Alcatel-Lucent é apresentada apenas para fins de referência. A Alcatel-Lucent foi combinada com a Nokia no início de 2016, e a empresa combinada se chama Nokia. A empresa combinada integrou as melhores práticas de ambas as entidades.

riais avançados sobre gestão de projetos baseado em casos e está sujeita a critérios extremamente rígidos, inclusive um conselho de júri formal. Essa certificação ajuda a garantir que os gerentes de projetos tenham não somente o conhecimento geral sobre gestão de projetos necessário para seu trabalho, mas também a experiência específica em projetos reais no campo das telecomunicações para auxiliar os clientes. Iniciando com a população de gerentes de projetos (2 mil pessoas), a acreditação profissional foi tão bem-sucedida que hoje está sendo lançada para todos os contribuidores na organização de serviços – aproximadamente 18 mil pessoas.

- *Modelo de competências.* O cerne da estrutura do desenvolvimento de gerentes de projetos é um modelo de competências que reúne o melhor da herança da Alcatel e da Lucent. Este é um modelo "vivo", atualizado todo ano para acompanhar o ritmo das mudanças na disciplina de gestão de projetos, além do rápido ritmo do negócio de telecomunicações.

ALCATEL-LUCENT: AS MELHORES PRÁTICAS DE DUAS EMPRESAS DE TELECOMUNICAÇÕES UNEM SUAS FORÇAS NA GESTÃO DE PROJETOS

- *RSMS.* O RSMS facilita a habilidade dos gerentes de projetos de monitorar seu próprio progresso em desenvolvimento, usando seu perfil de cargo como uma base para identificar lacunas nas habilidades e sugerir opções de desenvolvimento para preencher essas lacunas.
- *Alcatel-Lucent University.* Como um Centro Registrado de Treinamento (REP, *Registered Education Provider*) do PMI, a Alcatel-Lucent University fornece acesso a uma ampla gama de treinamentos baseados na internet e liderados por um instrutor, alguns dos quais extremamente personalizados e baseados em casos, para permitir que os gerentes de projetos aprendam com projetos bem-sucedidos reais.
- *Grupos de estudo para PMP.* O GPMO, por meio do trabalho da equipe PM-CERT (ver Capítulo 8), reuniu grupos de estudo para PMP®, 8 a 12 indivíduos que somam seus esforços estudando para o exame de PMP®. Um instrutor de PMP® orienta o grupo, que se encontra com a frequência que desejarem via teleconferência, e conclui o estudo usando um livro recomendado e um conjunto de exercícios. O programa também beneficia o instrutor, gerando valiosas unidades de desenvolvimento profissional (PDUs), uma vez que registramos esse programa junto ao PMI como parte da Alcatel-Lucent University.
- *International Project Management Day Symposium.* O segundo International Project Management Day Symposium contou com apresentações de sete países sobre tópicos de gestão de projetos, com palestrantes como o Dr. Harold Kerzner. Esse programa se encontra hoje em sua sétima edição. Em torno de mil gerentes de projetos participam anualmente do simpósio, que recebe consistentemente uma excelente avaliação.

INTEGRAÇÃO: UMA MELHOR PRÁTICA POR SI SÓ

Segundo Rich Maltzman, PMP®, líder de aprendizagem e desenvolvimento profissional (um papel que se concentra no lado humano da gestão de projetos, incluindo planos de carreira, treinamento, programas internos de reconhecimento e gerenciamento de habilidades), "Sentimos que a natureza integrada da Estrutura de Desenvolvimento dos GPs é uma melhor prática. Ela força a interação entre elementos de suporte de uma carreira bem-sucedida em gestão de projetos e, por sua vez, uma disciplina de GP que é a melhor para apoiar projetos dos clientes e, assim, aumentar a posição financeira da empresa".

Além disso, algumas das principais ferramentas de melhores práticas incluem:

- *Estrutura de execução de projetos.* O CIP, o cerne da estrutura de execução, é o processo padronizado para gerenciar o ciclo de vida do projeto na empresa e está centrado nas passagens de fase desse ciclo de vida do projeto. Reconhecendo que são as pessoas que fazem os projetos funcionarem, ele oferece matrizes de responsabilidade para mostrar que papel é responsável por que atividades em cada ponto de passagem de fase. O extenso número de ferramentas e processos que ele define para os gerentes de projetos oferece um meio uniforme e eficiente de gerenciar projetos. O CIP, por sua vez, está hoje no cerne de um grande programa para adicionar *software* no nível empresarial ao arsenal de ferramentas de GP da empresa.
- *Construção de uma Comunidade de Gestão de Projetos.* A página do GPMO na internet oferece notícias, mensagens executivas, *links* para recursos de preparação para o exame de PMP®, CIP e um grupo Engage cada vez mais popular centrado na Comunidade de GP. O GPMO também encoraja os gerentes de projetos a oferecer lições aprendidas "ao vivo" em vez de contar com um repositório estático.
- *Prêmio Equipe de Projetos do Ano.* Um programa dedicado foi estabelecido em janeiro de 2008 para reconhecer as equipes de projeto de maior destaque em cada região e na empresa como um todo. O programa foi criado com gerentes de projetos. Indicações de 32 equipes foram recebidas e julgadas por um painel de gerentes de projetos e executivos. Durante o ano, reportagens baseadas nas indicações foram colocadas no *site* do GPMO e em outros importantes *sites* corporativos. Nove finalistas foram selecionadas, e, destas, foi selecionada uma única vencedora. Todas as outras finalistas recebem um jantar com a equipe, e a equipe vencedora envia um representante a Paris para receber um prêmio especial do CEO da Alcatel-Lucent. Esse programa continuou na Alcatel-Lucent e, em 2013, continua sendo um de seus mais populares programas de reconhecimento.
- *Avaliação da maturidade e melhorias.* Em 2008, o GPMO iniciou uma mensuração deliberada da maturidade em gestão de projetos usando uma ferramenta de pesquisa padronizada, construída a partir de recomendações do Software Engineering Institute (Carnegie Mellon University, Capability Maturity Measurement Integrated e o Conselho Executivo do Escritório de Gestão de Projeto, parte do Conselho Executivo Corporativo). O número de perguntas foi limitado a 25, divididas entre áreas como governança, desempenho de projetos, gerenciamento de recursos e finanças. A taxa de resposta foi muito alta (700 participantes), e as respostas geraram dados matemáticos além do *feedback* palavra por palavra, o que ofereceu um caminho para identificar melhorias.

VERIFICANDO OS BENEFÍCIOS

As inscrições no Sistema de Gerenciamento de Recursos e Habilidades (RSMS) aumentaram desde que foi introduzido, ao ponto de – apesar de uma rotatividade significativa na força de trabalho – bem mais de 90% terem começado a gerenciar ativamente suas habilidades usando os programas dedicados personalizados para os quatro perfis de cargo de gerentes de projetos. Mais de 100 novos PMPs® foram certificados graças ao estabelecimento de metas e ao uso dos grupos de estudo para o exame de PMP®. Além disso, 36 novas acreditações gerais de gerente de projetos foram concedidas em 2008, de diversas fontes, um aumento de quase 30%.

O GPMO possui como uma de suas prioridades a disseminação da liderança no raciocínio em gestão de projetos pela Alcatel-Lucent, por meio de:

- Apresentações em congressos mundiais do PMI
- Publicações de artigos na revista *Leadership in Project Management* do PMI
- Apresentações da Alcatel-Lucent no PMO Summit (Flórida, EUA) e no PMO Symposium (Texas, EUA)
- Participação no comitê de operações da 4ª edição do *Guia PMBOK®*
- Contribuições com a 5ª edição do *Guia PMBOK®*

Finalmente, em termos de resultados estatísticos, todas as medidas a seguir demonstraram melhorias na passagem de ano de 2007 ou mesmo em 2008:

- Linha de base de projetos abaixo da margem financeira de controle aumento em 160%.
- O percentual de projetos com aumento de escopo (aprovado) quase dobrou.
- O percentual de projetos abaixo dos custos previstos mais do que dobrou.
- O percentual de projetos cobertos pelo sistema empresarial de gestão de projetos subiu de 52% para 87% no ano de 2008.
- O percentual de gerentes de projetos certificados com planos de desenvolvimento formais passou de 52% para mais de 80%.

Claramente, um foco dual sobre pessoas e processos teve um resultado positivo para a empresa e auxiliou os projetos sob o GPMO a enfrentarem o período de fusão sem grandes problemas – um grande feito por si só.

13

Seis Sigma e o escritório de gestão de projetos

13.0 Introdução

No capítulo anterior, discutimos a importância do PMO para o planejamento estratégico e as melhorias contínuas. Em algumas empresas, o PMO foi estabelecido especificamente para supervisionar e gerenciar projetos Seis Sigma. As equipes Seis Sigma em toda a organização reuniam dados e faziam recomendações ao PMO para projetos Seis Sigma. O gerente de projetos Seis Sigma e, possivelmente, a equipe, eram permanentemente designados ao PMO.

Infelizmente, nem todas as empresas podem se dar ao luxo de manter um grande PMO no qual equipes Seis Sigma e outro pessoal de suporte são permanentemente designados ao PMO. O autor acredita que a maioria dos PMOs não possuía mais do que quatro ou cinco pessoas permanentemente designadas. As equipes Seis Sigma, incluindo o gerente de projetos, podem acabar sendo registradas como "pontilhadas" (temporárias) no PMO e administrativamente "sólidas" (permanentes) em outras partes da organização. As responsabilidades do PMO nessas organizações são primordialmente avaliação, aceitação e priorização de projetos. O PMO pode também ter a autoridade de rejeitar soluções recomendadas para projetos Seis Sigma.

No restante deste capítulo, focaremos organizações que mantêm equipes pequenas no PMO. O pessoal designado ao PMO pode possuir um conhecimento considerável no que diz respeito ao Seis Sigma, mas pode não ser nem Faixa Verde nem Faixa Preta em Seis Sigma. Esses PMOs podem e gerenciam projetos Seis Sigma selecionados, mas talvez não o tipo tradicional de projetos Seis Sigma ensinado em sala de aula.

13.1 Relação entre gestão de projetos e Seis Sigma

Existe uma relação entre a gestão de projetos e o Seis Sigma? A resposta é, com toda certeza, sim. O problema é como compartilhar benefícios de modo que os benefícios do Seis Sigma possam ser integrados à gestão de projetos e, da mesma forma, os benefícios da gestão de projetos possam ser integrados ao Seis Sigma. Algumas empresas, como a EDS, já reconheceram essa importante relação, especialmente a contribuição dos princípios Seis Sigma para a gestão de projetos. Doug Bolzman, arquiteto consultor, PMP® e especialista em ITILs® na Hewlett-Packard, discute essa relação:

Incorporamos a Biblioteca de Informações sobre Tecnologia da Informação (ITIL®, *Information Technology Information Library*) à estrutura de Gerenciamento Empresarial de Tecnologia da Informação (ITEM, *Information Technology Enterprise Management*) para projetar o modelo operacional necessário para manter e servir de suporte à liberação. Os componentes de operações da ITIL® são avaliados e incluídos em cada liberação que exige um foco operacional. Os modelos Seis Sigma foram gerados para auxiliar a organização na compreensão das capacidades de cada liberação e como gerenciar os requisitos, padrões e dados de cada uma das capacidades estabelecidas.

Hoje, existe uma crença comum de que a maioria dos fracassos tradicionais orientados à manufatura do Seis Sigma se deve à falta da gestão de projetos; ninguém está gerenciando os projetos Seis Sigma como projetos. A gestão de projetos oferece ao Seis Sigma processos estruturados, além de uma execução mais rápida e melhor de melhorias.

De uma perspectiva de gestão de projetos, os problemas com os Faixa Preta do Seis Sigma incluem:

- Incapacidade de aplicar princípios de gestão de projetos ao planejamento de projetos Seis Sigma
- Incapacidade de aplicar princípios de gestão de projetos à execução de projetos Seis Sigma
- Forte dependência de estatísticas e mínima dependência de processos de negócios
- Incapacidade de reconhecer que a gestão de projetos agrega valor

Se essas áreas problemáticas não forem resolvidas, então podem-se esperar fracassos do Seis Sigma em decorrência de:

- Todos planejarem, mas muito poucos executarem melhorias de maneira eficiente.
- Haver projetos demais na fila e esforços de priorização insuficientes.
- O Seis Sigma permanecer na manufatura e não ser alinhado aos objetivos de negócios gerais.
- Os Faixas Pretas não perceberem que a execução de melhorias são projetos dentro de um projeto.

O pessoal do Seis Sigma é formado por gerentes de projetos e, como tal, deve compreender os princípios da gestão de projetos, incluindo declarações de trabalho, técnicas de geração de cronogramas, entre outros. O melhor pessoal do Seis Sigma sabe gerenciar projetos e é bom gerente de projetos; Faixas Pretas são gerentes de projetos.

13.2 Envolvendo o PMO

O PMO tradicional existe para melhorias de processos de negócios e apoia toda a organização, incluindo os Faixas Pretas Seis Sigma, por meio do uso da metodologia de gestão de projetos empresarial. Os gerentes de projetos, incluindo os Faixas Pretas, centram-se fortemente nas atividades que agregam valor para o cliente, sejam eles clientes internos ou externos. O PMO centra-se em atividades que agregam valor para a corporação.

O PMO também pode auxiliar com o alinhamento entre os projetos Seis Sigma e a estratégia. Isso inclui o seguinte:

- A repriorização frequente pode ser negativa. Tarefas importantes podem ser sacrificadas, e a motivação pode sofrer.

- Evitar prioridades para agradar a todos pode resultar no prolongamento ou na dissolução de trabalhos significativos.
- Uma mudança cultural pode ser necessária durante o alinhamento.
- Projetos e estratégia podem estar funcionando com finalidades conflitantes.
- A estratégia começa no topo da organização, enquanto projetos se originam no meio dela.
- Funcionários podem reconhecer projetos, mas podem não ser capazes de articular estratégias. Selecionar o *mix* adequado de projetos durante o gerenciamento de portfólio não pode ser realizado de forma eficiente sem conhecer a estratégia. Isso talvez resulte em más interpretações.
- O *chunking* quebra um projeto grande em projetos menores para oferecer melhor suporte à estratégia. O *chunking* facilita a revitalização ou rejeição do projeto.

O PMO também pode auxiliar na solução de alguns dos problemas associados à identificação das melhores práticas Seis Sigma, como:

- Introduzir uma melhor prática pode "elevar a exigência" cedo demais e pressionar projetos existentes a possivelmente implementar uma melhor prática que talvez não seja apropriada naquele momento.
- Funcionários e gerentes não estão cientes da existência das melhores práticas e não participam de sua identificação.
- A transferência de conhecimentos pela organização é inexistente ou fraca, na melhor das hipóteses.
- Ser vítima da crença supersticiosa de que a maioria das melhores práticas são provenientes de fracassos do que de sucessos.

Dito de forma simples, o "casamento" entre a gestão de projetos e o Seis Sigma permite-nos gerenciar melhor, a partir de um nível mais alto.

13.3 Seis Sigma tradicional *versus* não tradicional

Na visão tradicional do Seis Sigma, os projetos se dividem em duas categorias: de manufatura e transacional. Cada categoria do Seis Sigma é multifacetada e inclui uma estratégia de gerenciamento, métrica e metodologia de melhoria de processos. Isso é exibido na Figura 13.1. Os processos Seis Sigma de manufatura utilizam máquinas para produzir produtos, enquanto os processos Seis Sigma transacionais utilizam pessoas e/ou computadores para produzir serviços. A faceta da metodologia de melhoria de processos do Seis Sigma aborda ambas as categorias. A única diferença são as ferramentas que você irá utilizar. Na manufatura, em que utilizamos processos repetitivos que produzem produtos, é mais provável que usemos ferramentas estatísticas. No Seis Sigma transacional, talvez nos concentremos mais na análise gráfica e em ferramentas/técnicas criativas.

A visão tradicional de um projeto Seis Sigma possui um forte foco na melhoria contínua de um processo ou atividade repetitiva associada à manufatura. Essa visão tradicional inclui métricas, possivelmente estatística avançada, rigor e um forte desejo de reduzir a variabilidade. A maioria desses projetos Seis Sigma se encaixa melhor para implementação na manufatura do que no PMO. A equipe Seis Sigma gerencia esses projetos relacionados à manufatura.

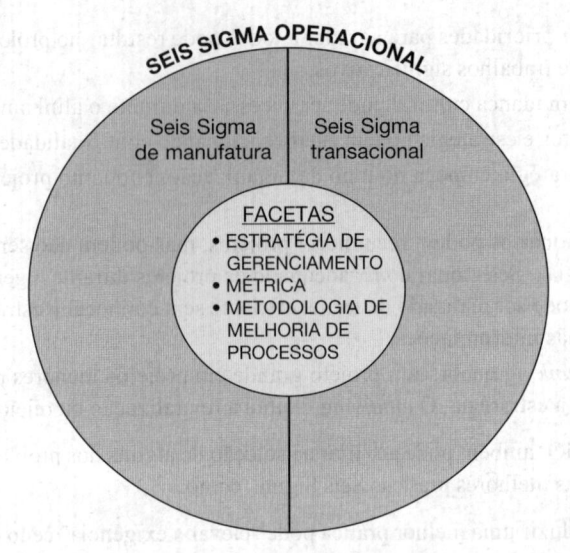

Figura 13.1 Categorias do Seis Sigma (visão tradicional).

Nem todas as empresas possuem manufatura e nem todas as empresas oferecem suporte ao conceito de PMO. As empresas sem necessidade de manufatura podem se concentrar mais na categoria Seis Sigma transacional. As empresas sem um PMO dependem fortemente das equipes Seis Sigma para o gerenciamento de ambas as categorias de projetos.

Essas empresas que possuem suporte a um PMO devem se fazer as três perguntas a seguir:

1. O PMO deve estar envolvido em projetos Seis Sigma?
2. Em caso afirmativo, que tipo de projeto é apropriado para o PMO gerenciar, mesmo se a organização possuir capacidade de manufatura?
3. Temos recursos suficientes designados ao PMO para nos tornarmos ativamente envolvidos na gestão de projetos Seis Sigma?

Os PMOs que são ativamente envolvidos na maioria das atividades descritas no Capítulo 12 não possuem o tempo ou os recursos necessários para oferecer suporte a todos os projetos Seis Sigma. Nesse caso, o PMO tem de ser seletivo quanto a que projetos apoiar. Os projetos selecionados normalmente são chamados de projetos não tradicionais, que se concentram mais em atividades relacionadas à gestão de projetos do que manufatura.

A Figura 13.2 mostra a visão não tradicional do Seis Sigma. Nessa visão, o Seis Sigma operacional inclui atividades de manufatura e todas as outras atividades da Figura 13.1, e o Seis Sigma transacional agora contém primordialmente as atividades que servem de suporte à gestão de projetos.

Na visão não tradicional, o PMO ainda pode gerenciar projetos Seis Sigma tanto tradicionais quanto não tradicionais. Entretanto, há alguns projetos Seis Sigma não tradicionais que são mais apropriados para o gerenciamento pelo PMO. Alguns dos projetos atualmente confiados aos PMOs incluem melhorias à metodologia empresarial de gestão de projetos, melhorias ao conjunto de ferramentas do PMO, melhorias relativas à eficiência e melhorias relacionadas ao esforço de evitar/reduzir custos. Outro projeto confiado ao PMO envolve melhorias de processos para reduzir o lançamento de um produto e melhorar o gerencia-

Figura 13.2 Categorias Seis Sigma (visão não tradicional).

Diagrama circular com o título SEIS SIGMA, dividido em quadrantes: Seis Sigma operacional, Seis Sigma transacional, Atividades cotidianas e funções repetitivas, Gestão de projetos empresarial. No centro: FACETAS — ESTRATÉGIA DE GERENCIAMENTO, MÉTRICA, METODOLOGIA DE MELHORIA DE PROCESSOS.

mento de clientes. Especialistas em Seis Sigma podem ver esses tipos de projetos como não tradicionais. Há também certa preocupação quanto a se esses são realmente projetos Seis Sigma ou simplesmente se trocou o nome de um projeto de melhorias contínuas a ser gerenciado por um PMO. Como várias empresas agora chamam esses projetos de projetos Seis Sigma, o autor continuará com esse uso.

O planejamento estratégico da gestão de projetos Seis Sigma não é alcançado meramente uma vez. Em vez disso, como qualquer outra função de planejamento estratégico, é um ciclo de melhorias contínuas. As melhorias podem ser pequenas ou grandes, medidas quantitativa ou qualitativamente e criadas para clientes internos ou externos.

Quase sempre existe uma diversidade de ideias quanto a melhorias contínuas. O maior desafio está na seleção eficiente de projetos e, então, na designação dos participantes certos. Ambos esses desafios podem ser superados confiando as melhores práticas em gestão de projetos Seis Sigma ao escritório de gestão de projetos. Pode até ser benéfico ter especialistas em Seis Sigma com Faixas Verdes ou Faixas Pretas designados ao PMO.

13.4 Compreendendo o Seis Sigma

O Seis Sigma não se trata somente de manufatura de widgets. Trata-se de um foco sobre processos. E já que o PMO é o guardião dos processos de gestão de projetos, faz sentido que o PMO tenha algum envolvimento no Seis Sigma. O PMO pode estar mais ativamente envolvido na identificação da "causa-raiz" de um problema do que em gerenciar a solução Seis Sigma do problema.

Algumas pessoas argumentam que o Seis Sigma deixou a desejar e certamente não se aplica às atividades confiadas ao PMO. Essas pessoas afirmam que o Seis Sigma é simplesmente um mistério que alguns acreditam poder resolver qualquer problema. Na verdade, o Seis Sigma pode ser um sucesso ou um fracasso, mas a intenção e a compreensão precisam estar presentes. O Seis Sigma promove aproximação do cliente, melhora a produtividade e determina onde você pode obter os maiores retornos. O Seis Sigma consiste em melhorias de processos, normalmente processos repetitivos, e em redução da margem de erros humanos e/ou de máquinas. Os erros só podem ser determinados se você compreender os requisitos críticos do cliente interno ou externo.

Há diversas visões e definições de Seis Sigma. Algumas pessoas veem o Seis Sigma como apenas outro nome para os programas de gestão da qualidade total (TQM, *total quality management*). Outras veem o Seis Sigma como a implementação da rigorosa aplicação de ferramentas estatísticas avançadas em toda a organização. Uma terceira visão combina as duas primeiras, definindo o Seis Sigma como a aplicação de ferramentas estatísticas avançadas a esforços de TQM.

Essas visões não são necessariamente incorretas, mas são incompletas. De uma perspectiva de gestão de projetos, o Seis Sigma pode ser visto como algo que simplesmente obtém maior satisfação do cliente por meio de esforços de melhorias contínuas de processos. O cliente pode ser externo à organização ou interno. A palavra "satisfação" pode ter um significado diferente se estivermos discutindo clientes externos ou internos. Os clientes externos esperam produtos e serviços de alta qualidade e com preços razoáveis. Os clientes internos podem definir satisfação em termos financeiros, como margens de lucros. Os clientes internos também podem se concentrar em itens como redução do tempo de ciclo, exigências de segurança e exigências ambientais. Se essas exigências forem cumpridas da maneira mais eficiente sem nenhum custo que não agregue valor (p. ex., multas, retrabalho, horas extras), as margens de lucro aumentarão.

Podem ocorrer desacordos entre as duas definições de satisfação. Os lucros podem sempre aumentar diminuindo a qualidade. Isso pode colocar em risco negócios futuros com o cliente. Fazer melhorias na metodologia para satisfazer a determinado cliente pode ser viável, mas pode ter um efeito negativo sobre outros clientes.

A visão tradicional do Seis Sigma se centrava fortemente nas operações de manufatura, usando mensurações e métricas quantitativas. Os conjuntos de ferramentas Seis Sigma foram criados especificamente para essa finalidade. Suas atividades aqui podem ser definidas como Seis Sigma operacional e Seis Sigma transacional. O Seis Sigma operacional engloba a visão tradicional e foca produção e mensuração. O Seis Sigma operacional se concentra mais em processos, como a metodologia de gestão de projetos empresarial, com ênfase em melhorias contínuas no uso dos formulários, diretrizes, listas de verificação e *templates* associados. Algumas pessoas discutem que o Seis Sigma transacional não passa de um subconjunto do Seis Sigma operacional. Embora esse argumento tenha seu mérito, a gestão de projetos e especificamente o PMO passam a maior parte do seu tempo envolvidos com o Seis Sigma transacional, e não com o operacional.

O objetivo último do Seis Sigma é a satisfação do cliente, mas o processo pelo qual o objetivo é alcançado pode diferir se estivermos discutindo Seis Sigma operacional ou transacional.

A Tabela 13.1 identifica algumas metas comuns do Seis Sigma. A coluna da esquerda lista as metas tradicionais, classificadas mais tradicionalmente como Seis Sigma operacional, enquanto a coluna da direita indica como o PMO planeja atingir as metas.

Os objetivos do Seis Sigma podem ser estabelecidos ou nos níveis de execução ou nos níveis de trabalho. Os objetivos podem ou não ser concluídos com a execução de apenas um projeto. Isso é indicado na Tabela 13.2.

TABELA 13.1 Objetivos do Seis Sigma

Objetivo	Método usado para alcançá-lo
Compreender e cumprir os requisitos do cliente (fazê-lo por meio da prevenção e redução em vez de inspeção)	Melhorar formulários, diretrizes, listas de verificação e *templates* para compreender os requisitos dos clientes
Melhorar a produtividade	Melhorar a eficiência na execução da metodologia de gestão de projetos
Gerar maior receita líquida diminuindo os custos operacionais	Gerar uma receita líquida mais alta, racionalizando a metodologia de gestão de projetos sem sacrificar a qualidade ou o desempenho
Reduzir o retrabalho	Desenvolver diretrizes para melhor compreender os requisitos e minimizar as mudanças de escopo
Criar um processo previsível e consistente	Implementar melhorias contínuas sobre os processos

Fonte: *The Fundamentals of Six Sigma* (New York: International Institute for Learning, Inc), 2008.

TABELA 13.2 Objetivos *versus* áreas de foco

Objetivos executivos	Áreas de foco do PMO
Fornecer relatórios de *status* eficientes	Identificação das necessidades executivas
	Utilização eficiente das informações
	Relatórios de *status* no formato "semáforo"
Reduzir o tempo de planejamento de projetos	Compartilhamento de informações entre documentos de planejamento
	Uso eficiente do *software*
	Uso de *templates*, listas de verificação e formulários
	Templates para relatório de *status* para o cliente
	Pesquisas de satisfação do cliente
	Extensões da metodologia de gestão de projetos empresarial na organização do cliente

As iniciativas Seis Sigma de gestão de projetos são criadas não para substituir iniciativas em andamento, mas para se concentrar nas atividades que possam ter um impacto crítico para a qualidade ou para a satisfação do cliente tanto no longo quanto no curto prazo.

Os objetivos operacionais do Seis Sigma enfatizam a redução da margem de erro humano. No entanto, as atividades Seis Sigma transacionais gerenciadas pelo PMO podem envolver questões humanas, como alinhar objetivos pessoais aos objetivos do projeto, desenvolver um sistema equitativo de recompensas para as equipes de projetos e projetar oportunidades de planos de carreira. Resolver os problemas das pessoas faz parte do Seis Sigma transacional, mas não necessariamente do Seis Sigma operacional.

13.5 Os mitos do Seis Sigma

Dez mitos do Seis Sigma são apresentados na Tabela 13.3. Eles são conhecidos há algum tempo, mas ficaram bastante evidentes quando o PMO assumiu a responsabilidade pelas iniciativas de gestão de projetos de Seis Sigma transacional.

A Seção 13.5 vem de F. W. Breyfogle III, J. M. Cupello, and B. Meadows, *Managing Six Sigma* (Hoboken, NJ: Wiley, 2001), p. 6-8.

FUNCIONA SOMENTE NA MANUFATURA

Grande parte do sucesso inicial da aplicação do Seis Sigma baseou-se na manufatura; no entanto, publicações recentes abordaram outras aplicações da metodologia. Breyfogle[1] inclui muitas aplicações transacionais/de serviços. No relatório anual da GE de 1997, o CEO Jack Welch declara orgulhosamente que o Seis Sigma "focaliza-se em levar cada processo que chega aos nossos clientes – cada produto e *serviço* (ênfase adicionada) – um passo adiante em direção à qualidade quase perfeita".

IGNORA O CLIENTE EM BUSCA DE LUCROS

Essa afirmação não é um mito, e sim uma má interpretação. Os projetos que fazem o investimento em Seis Sigma valer a pena devem (1) ser de interesse primordial para o cliente e (2) ter o potencial de melhorar significativamente o resultado. Ambos os critérios precisam ser atendidos. É o cliente que está no leme deste "barco". No ambiente competitivo de hoje, não há forma mais garantida de ir à falência do que ignorar o cliente em uma busca cega por lucros.

CRIA UMA ORGANIZAÇÃO PARALELA

Um dos objetivos do Seis Sigma é eliminar cada vestígio de desperdício organizacional que possa ser encontrado e, então, reinvestir um pequeno percentual dessas economias para continuar a impulsionar melhorias.

Com a grande quantidade de *downsizing* que ocorreu pelo mundo durante a última década, não há espaço ou inclinação para desperdiçar dinheiro por meio da duplicação de funções. Muitas delas têm falta de pessoal. O Seis Sigma envolve alimentar cada função que agregue um valor significativo para o cliente, adicionando uma receita significativa ao resultado.

TABELA 13.3 Dez mitos do Seis Sigma

1. Funciona somente na manufatura
2. Ignora o cliente em busca de lucros
3. Cria uma organização paralela
4. Exige um treinamento excessivo
5. É um esforço supérfluo
6. Exige equipes grandes
7. Cria burocracia
8. É apenas mais um programa de qualidade
9. Exige estatísticas complicadas e difíceis
10. Não tem um bom custo-benefício

EXIGE UM TREINAMENTO EXCESSIVO

Peter B. Vaill afirma:

> Inovações valiosas são o resultado positivo dessa era (em que vivemos), mas o custo provavelmente continuará a ser interferências constantes no sistema devido ao fato de os mem-

---

[1] F. W. Breyfogle III, *Implementing Six Sigma*: Smarter Solutions Using Statistical Methods (Hoboken, NJ: Wiley, 1999).

bros nunca pararem de mexer nele. Condições de constante agitação estão nos levando todos a sair de nossa zona de conforto e nos exigindo coisas que jamais imaginamos que seriam exigidas. Está na hora de fazermos uma pausa e pensarmos cuidadosamente na ideia de ser continuamente lançado de volta ao nosso "modo iniciante", pois este é o verdadeiro significado da aprendizagem contínua. Não precisamos de habilidades de competência para esta vida. Precisamos da habilidade de incompetências, as habilidades de ser realmente iniciantes.

É UM ESFORÇO SUPÉRFLUO

Este é simplesmente o mito "cria uma organização paralela" disfarçado. Mesma pergunta, mesma resposta.

EXIGE EQUIPES GRANDES

Há muitos livros e artigos na literatura de negócios que declaram que as equipes devem ser pequenas se quiserem ser eficientes. Se as equipes forem grandes demais, acredita-se, ocorre uma explosão combinatória no número de possíveis canais de comunicação entre os membros da equipe, e, consequentemente, ninguém sabe o que a outra pessoa está fazendo.

CRIA BUROCRACIA

Uma definição de dicionário do termo burocracia é "a rígida aderência a rotinas administrativas". A única coisa rígida sobre a metodologia Seis Sigma aplicada de forma sensata é sua incansável insistência na ideia de que as necessidades do cliente precisam ser atendidas.

É APENAS MAIS UM PROGRAMA DE QUALIDADE

Após décadas do mau desempenho de inúmeros programas de qualidade, na época do seu desenvolvimento,[2] o Seis Sigma representava "uma forma totalmente nova de gerenciar uma organização".[3]

EXIGE ESTATÍSTICAS COMPLICADAS E DIFÍCEIS

Não há dúvidas de que diversas ferramentas estatísticas avançadas sejam extremamente valiosas na identificação e solução de problemas de processos. Acreditamos que os praticantes precisam possuir experiência analítica e compreender o uso sensato dessas ferramentas, mas não precisam compreender toda a matemática por trás das técnicas estatísticas. A aplicação sensata das técnicas estatísticas pode ser realizada por meio do uso de *software* de análise estatística.

NÃO TEM UM BOM CUSTO-BENEFÍCIO

Se o Seis Sigma for implementado de forma sensata, as organizações podem obter uma alta taxa de retorno sobre investimentos logo no primeiro ano.

---

[2] J. Micklethwait and A. Wooldridge, *The Witch Doctors of the Management Gurus* (New York: Random House, 1997).

[3] T. Pyzdek, Six Sigma Is Primarily a Management Program, *Quality Digest* (1999): 26.

13.6 Uso de avaliações

Uma das responsabilidades que pode ser confiada a um PMO é o gerenciamento de portfólio de projetos. Ideias para possíveis projetos podem se originar em qualquer lugar da organização. Entretanto, ideias especificamente designadas como projetos Seis Sigma transacional podem ter de ser procuradas pelo PMO.

Uma maneira de determinar projetos potenciais é por meio de uma avaliação. Uma avaliação é um conjunto de diretrizes ou procedimentos que permitem que uma organização tome decisões sobre melhorias, alocações de recursos e até mesmo prioridades. As avaliações são maneiras de:

- Examinar, definir e possivelmente medir as oportunidades de desempenho
- Identificar o conhecimento e as habilidades necessárias para alcançar as metas e os objetivos organizacionais
- Examinar e solucionar problemas de lacunas no desempenho
- Acompanhar as melhorias para fins de validação

Uma lacuna é a diferença entre o que existe atualmente e o que deveria existir. As lacunas podem estar relacionadas a custo, tempo, qualidade, desempenho ou eficiência. As avaliações nos permitem identificar a lacuna e determinar o conhecimento e as habilidades necessárias para preenchê-la. Para as lacunas de gestão de projetos, as avaliações podem ser fortemente tendenciosas em direção a problemas transacionais, em vez de operacionais, e isso pode facilmente resultar em projetos de modificação de comportamento.

Há vários fatores que devem ser considerados antes de realizar uma avaliação. Tais fatores podem incluir:

- Quantidade de suporte e patrocínio do nível executivo
- Quantidade de suporte da gerência de área
- Foco em aplicações de base ampla
- Definição sobre quem avaliar
- Viés dos participantes
- Realidade das respostas
- Disposição a aceitar os resultados
- Impacto sobre a política interna

A finalidade da avaliação é identificar maneiras de melhorar as práticas de negócios globais primeiro e depois as práticas de negócios funcionais. Como o público-alvo é normalmente global, é preciso suporte e compreensão unificada do processo de avaliação e do fato de ela ser do interesse de toda a organização. Problemas de política, poder e autoridade têm de ser colocados de lado para o aperfeiçoamento da organização.

As avaliações podem ocorrer em qualquer nível da organização. Tais avaliações podem ser:

- Organizacionais globais
- Organizacionais das unidades de negócios
- De processos
- Individuais ou de tarefas
- De *feedback* do cliente (satisfação e melhorias)

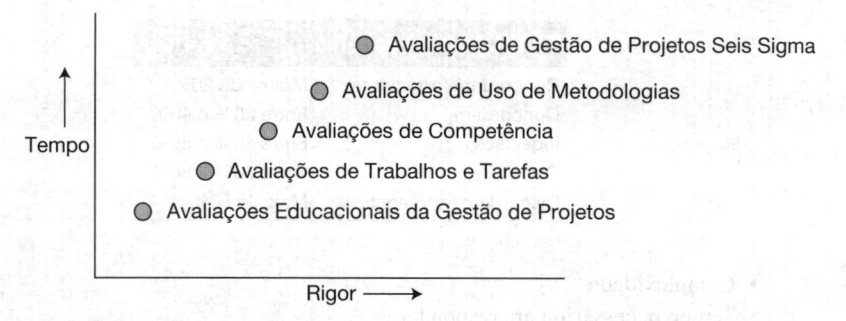

Figura 13.3 Tempo e esforços gastos.

(Eixo Tempo ↑, Eixo Rigor →)
- Avaliações de Gestão de Projetos Seis Sigma
- Avaliações de Uso de Metodologias
- Avaliações de Competência
- Avaliações de Trabalhos e Tarefas
- Avaliações Educacionais da Gestão de Projetos

Há muitas ferramentas disponíveis para avaliação. Uma lista típica inclui:

- Entrevistas
- Grupos de foco
- Observações
- Mapas de processos

Avaliações de gestão de projetos Seis Sigma não devem ser realizadas a menos que a organização acredite que haja oportunidades. A quantidade de tempo e esforço gasta pode ser significativa, como mostra a Figura 13.3.

As vantagens da avaliação podem levar a melhorias significativas na satisfação do cliente e na lucratividade. Entretanto, há desvantagens, como:

- Alto custo de implementação
- Exige mão de obra intensiva
- Dificuldade em medir que atividades de gestão de projetos podem se beneficiar das avaliações
- Talvez não forneça nenhum benefício significativo
- Não se pode medir um retorno sobre investimento a partir das avaliações

As avaliações podem ter vida própria. Há fases do ciclo de vida típicas para avaliações. Essas fases do ciclo de vida podem não estar alinhadas às fases do ciclo de vida da metodologia de gestão de projetos empresarial e podem ser realizadas mais informal do que formalmente. Fases do ciclo de vida típicas para avaliações incluem:

- Reconhecimento de lacuna ou problema
- Desenvolvimento do conjunto de ferramentas de avaliação apropriado
- Condução de avaliação/investigação
- Análises de dados
- Implementação das mudanças necessárias
- Revisão para possível inclusão na biblioteca de melhores práticas

Determinar o conjunto de ferramentas pode ser difícil. O elemento mais comum de um conjunto de ferramentas é um foco em perguntas. Tipos de perguntas incluem:

- Perguntas abertas
  - Segmentos sequenciais
  - Comprimento

TABELA 13.4 Escalas

Concordam fortemente	Menos de 20%
Concordam	Entre 20% e 40%
Indecisos	Entre 40% e 60%
Discordam	Entre 60% e 80%
Discordam fortemente	Mais de 80%

- Complexidade
- Tempo necessário para responder
  - Perguntas fechadas
    - Múltipla escolha
    - Escolhas forçadas (sim–não, verdadeiro–falso)
    - Escalas

A Tabela 13.4 ilustra como determinar escalas. A coluna da esquerda solicita uma resposta qualitativa e pode ser subjetiva, enquanto a coluna da direita seria uma resposta quantitativa e mais subjetiva.

É de importância vital que o instrumento de avaliação passe por um teste piloto. Testes piloto verificam:

- Validamento da compreensão das instruções
- Facilidade de resposta
- Tempo para responder
- Espaço para responder
- Análise de perguntas ruins

13.7 Seleção de projetos

A gestão de projetos Seis Sigma se concentra em melhorias contínuas para a metodologia de gestão de projetos empresarial. Identificar projetos potenciais para o portfólio é significativamente mais fácil do que realizá-los. Há dois principais motivos para tal:

1. PMOs típicos podem não ter mais de três ou quatro funcionários. Com base nas atividades confiadas ao PMO, os funcionários podem ser limitados quanto ao tempo que podem destinar para as atividades de gestão de projetos Seis Sigma.
2. Se recursos funcionais são necessários, eles podem ser designados primeiro para as atividades que são obrigatórias para o andamento da empresa.

O conflito entre negócios em andamento e melhorias contínuas ocorre frequentemente. A Figura 13.4 ilustra esse ponto. A atividade ideal de gestão de projetos Seis Sigma geraria uma alta satisfação dos clientes, altas oportunidades de redução de custos e um apoio significativo para os negócios em andamento. Infelizmente, o que é do interesse do PMO pode não ser do interesse dos negócios em andamento no curto prazo.

Todas as ideias, independentemente de serem boas ou ruins, são armazenadas no "banco de ideias". As ideias podem se originar de qualquer lugar da organização, a saber:

- Executivos
- Executivos convictos do Seis Sigma

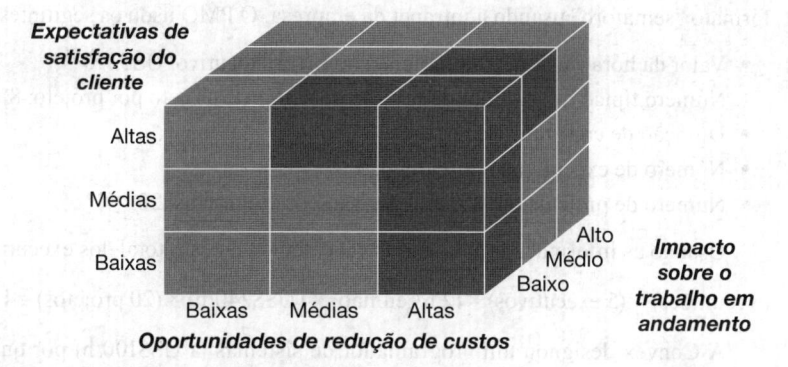

Figura 13.4 Cubo de seleção de projetos.

- Executivos convictos de projetos Seis Sigma
- Mestres Faixas Pretas
- Faixas Pretas
- Faixas Verdes
- Membros de equipe

Se o PMO estiver ativamente envolvido no gerenciamento de portfólio dos projetos, terá de realizar estudos de viabilidade e análises de custo-benefício de projetos, juntamente com recomendações de priorização. Oportunidades típicas podem ser determinadas usando a Figura 13.5. Nesta figura, ΔX representa a quantia de dinheiro (ou dinheiro adicional) que está sendo gasta. Essa é a informação de entrada no processo de avaliação. A saída é a melhoria, ΔY, que é o benefício recebido ou as economias de custo. Considere o exemplo a seguir.

CONVEX CORPORATION

A Convex Corporation identificou um possível projeto Seis Sigma envolvendo a racionalização dos relatórios de *status* internos. A intenção era eliminar o máximo possível de papel

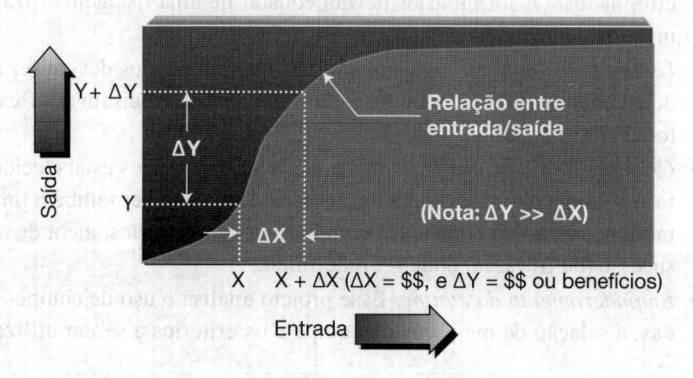

Figura 13.5 Avaliação quantitativa do Seis Sigma.

dos volumosos relatórios de *status* e substituí-los por relatórios com códigos de cores do formato "semáforo" usando a intranet da empresa. O PMO usou os seguintes dados:

- Valor da hora (incluindo benefícios) no nível executivo: US$240
- Número típico de reuniões de revisão de *status* de projeto por projeto: 8
- Duração de cada reunião: 2 horas
- Número de executivos por reunião: 5
- Número de projetos que exigem revisão por executivos: 20

Usando as informações acima, o PMO calculou o custo total dos executivos como:

(8 reuniões) × (5 executivos) × (2 h/reunião) × (US$240/h) × (20 projetos) = US$384 mil

A Convex designou um programador de sistemas (a US$100/h) por quatro semanas. O custo de adicionar o relatório de semáforo à metodologia intranet foi de US$16 mil.

Seis meses após a implementação, o número de reuniões tinha sido reduzido para cinco por projeto, com uma média de 30 minutos de duração. Os executivos agora se concentravam apenas nos elementos do projeto que tinham sido codificados com cores como um possível problema. Em termos anuais, o custo das reuniões dos 20 projetos agora estava em torno de US$60 mil. Somente no primeiro ano, a empresa identificou uma economia de US$324 mil para um investimento de US$16 mil.

13.8 Típicos projetos Seis Sigma do PMO

Os projetos confiados ao PMO podem ser operacionais ou transacionais, mas, em sua maioria, são transacionais. Projetos típicos podem incluir:

- *Relatório de status aprimorado:* Este projeto poderia utilizar relatórios de semáforo criados para facilitar a análise de desempenho pelos clientes, o que é factível se baseado na intranet. A intenção é alcançar a gestão de projetos sem papel. As cores podem ser atribuídas dependendo dos problemas, riscos presentes ou futuros, ou título, nível e classificação do público.
- *Uso de formulários:* Os formulários devem ser fáceis de usar e de preencher. Deve-se exigir *input* mínimo por parte do usuário e os dados informados em um formulário devem atender a vários formulários, se necessário. Dados não essenciais devem ser eliminados. Os formulários devem constar de uma listagem cruzada na biblioteca de melhores práticas.
- *Uso de listas de verificação/templates:* Os formulários devem ser abrangentes, fáceis de entender e de usar. Têm de estar atualizados. Precisam ser flexíveis, adaptáveis a todas as situações.
- *Critérios de sucesso/fracasso:* É preciso haver critérios estabelecidos para o que constitui sucesso ou fracasso em um projeto. Tem de haver também um processo que permita mensurações constantes com base nesses critérios, além de meios pelos quais o sucesso (ou fracasso) pode ser redefinido.
- *Empoderamento da equipe:* Esse projeto analisa o uso de equipes de projeto integradas, a seleção de membros de equipe e os critérios a serem utilizados para avaliar o

desempenho de equipes. Este projeto é criado para facilitar a gerência sênior a empoderar as equipes.
- *Alinhamento de metas:* A maioria das pessoas possui metas pessoais que podem não estar alinhadas às do negócio. Isso inclui metas do projeto *versus* da empresa, metas do projeto *versus* metas funcionais, metas do projeto *versus* metas individuais, metas do projeto *versus* metas profissionais, e outros alinhamentos similares. Quanto maior for o alinhamento entre as metas, maior a oportunidade de aumento da eficiência e da eficácia.
- *Mensuração do desempenho da equipe:* Esse projeto se concentra em maneiras de aplicar uniformemente os fatores críticos de sucesso e os indicadores-chave de desempenho a métricas do desempenho da equipe. Inclui também o alinhamento do desempenho com metas e de recompensas com as metas. Esse projeto pode interagir com o programa de administração salarial, exigindo revisões de desempenho de duas ou três vias.
- *Modelos de competência:* As descrições de cargo em gestão de projetos estão sendo substituídas por modelos de competências. Um critério de competência deve ser estabelecido, incluindo alinhamento de metas e mensuração.
- *Precisão da análise financeira:* Esse tipo de projeto procura formas de incluir os dados mais precisos em revisões financeiras de projetos. Isso pode abranger a transferência de dados de vários sistemas de informação e contabilidade de custos.
- *Resolução de testes de falhas:* Alguns PMOs mantêm um sistema de informação de alerta de falhas que possui interface com a análise de modos e efeitos de falhas. Infelizmente, falhas são identificadas, mas pode não haver resolução para elas. Esse projeto tenta suavizar esse problema.
- *Preparação de listas de verificação transicionais:* Esse tipo de projeto é criado para focar a transição ou a prontidão de uma área funcional para aceitar responsabilidade. Por exemplo, pode ser possível desenvolver uma lista de verificação para avaliar os riscos ou a prontidão de transição do projeto da engenharia para a manufatura. A situação ideal seria desenvolver uma lista de verificação para todos os projetos.

Essa lista não é, de forma alguma, exaustiva. Entretanto, identifica projetos típicos gerenciados pelo PMO. Algumas conclusões podem ser tiradas com a sua análise.

1. Primeiro, os projetos podem ser tanto transacionais quanto operacionais.
2. Segundo, a maioria dos projetos focaliza-se em melhorias na metodologia.
3. Terceiro, ter pessoas com experiência em Seis Sigma (i.e., Faixas Verdes, Marrons ou Pretas) seria útil.

Quando um PMO assume a iniciativa em gestão de projetos Seis Sigma, pode desenvolver uma caixa de ferramentas Seis Sigma exclusivamente para PMO. Elas muito provavelmente não incluirão as ferramentas estatísticas avançadas que são usadas pelos Faixas Pretas na manufatura, mas podem ser ferramentas mais orientadas a processos ou ferramentas de avaliação.

14
Gerenciamento de portfólio de projetos

14.0 Introdução

Sua empresa atualmente está trabalhando em vários projetos e possui uma lista de espera de outros 20 projetos que gostaria de concluir. Se o financiamento disponível suporta apenas mais alguns projetos, como a empresa decide em quais dos 20 deve trabalhar em seguida? Esse é o processo de gerenciamento de portfólios. É importante compreender a diferença entre gestão de projetos e gerenciamento de portfólio de projetos. Debra Stouffer e Sue Rachlin fizeram a seguinte distinção para projetos de TI:

> Um portfólio de TI é composto por um conjunto ou coleção de iniciativas ou projetos. A gestão de projetos é um processo contínuo que se concentra em até que ponto uma iniciativa específica estabelece, mantém e alcança seus objetivos pretendidos dentro de suas linhas de base de custo, de cronograma, técnicas e de desempenho.
>
> O gerenciamento de portfólio foca a atenção em um nível mais agregado. Seu objetivo primeiro é identificar, selecionar, financiar, monitorar e manter o *mix* apropriado de projetos e iniciativas necessário para alcançar as metas e os objetivos organizacionais.
>
> O gerenciamento de portfólio envolve a consideração de custos, riscos e retornos agregados de todos os projetos contidos no portfólio, além dos vários *trade-offs* entre eles. Obviamente, o gerente do portfólio também está preocupado com a "saúde" e o bem-estar de cada projeto que está incluído no portfólio de TI. Afinal, as decisões de portfólio, como financiar um novo projeto ou continuar a financiar um que já está em andamento, baseiam-se em informações fornecidas no nível do projeto.

O gerenciamento de portfólio de projetos ajuda a determinar o *mix* certo de projetos e o nível certo de investimento a ser feito em cada um deles. O resultado é um melhor equilíbrio entre iniciativas estratégicas em andamento e novas. O gerenciamento de portfólio não é uma série de cálculos específicos de projetos como ROI, VPL, TIR, período de recuperação do investimento (*payback*) e fluxo de caixa e depois o ajuste apropriado para considerar os riscos. Em vez disso, é um processo de tomada de decisões quanto ao que é do interesse de toda a organização.

As decisões do gerenciamento de portfólio não são tomadas no vácuo. Elas geralmente estão relacionadas a outros projetos e a diversos fatores, como financiamento disponível e alocações de recursos. Além disso, o projeto precisa se adequar bem a outros projetos do portfólio e ao plano estratégico.

A seleção pode se basear na conclusão de outros projetos que liberariam recursos necessários para os novos projetos. Além disso, os projetos selecionados podem ser restringidos pela data de conclusão de outros projetos que exigem *deliverables* necessários para iniciar novos projetos. Em qualquer caso, alguma forma de processo de gerenciamento de portfólio de projetos é necessária.[1]

14.1 A jornada de gerenciamento de portfólio na Nordea

HISTÓRICO DA NORDEA

Nossas raízes na indústria bancária nórdica são profundas, e há quase 200 anos a Nordea ajuda seus clientes a concretizar seus sonhos e objetivos. A Nordea é um dos 10 maiores bancos universais da Europa em termos de capitalização de mercado total e o maior grupo de serviços financeiros na região Nórdica e Báltica. Temos cerca de 11 milhões de clientes, 30 mil funcionários e aproximadamente 650 filiais. Hoje, somos líderes em serviços bancários corporativos e institucionais, assim como em serviços bancários de varejo e privados. Também somos o maior fornecedor de produtos de pensões e seguro de vida nos países nórdicos. Além disso, somos um dos poucos bancos europeus com classificação de crédito AA–.

A JORNADA DE IMPLEMENTAÇÃO DE UMA FERRAMENTA DE GERENCIAMENTO DE PORTFÓLIO NA NORDEA

Situação antes da implementação

A Nordea gasta uma quantidade significativa em investimentos baseados em TI todos os anos, mas tinha a ambição de amadurecer processos e disciplinas para garantir que a composição geral do portfólio de investimentos em TI seria otimizada para atender aos objetivos estratégicos (incluindo objetivos de riscos). Além disso, a ambição era amadurecer com relação à mensuração dos benefícios produzidos com o portfólio de mudanças e o escopo considerado, pois, ao decidir se um determinado investimento era estreito demais, com ponderação desproporcional, o foco nos custos imediatos do projeto eram excessivos, em detrimento dos custos de operação subsequentes. Além disso, as ferramentas de gestão de projetos e portfólio apoiando este domínio e outros relacionados (governança de valor, gerenciamento de portfólio e gestão do investimento de iniciativas individuais) não atendiam completamente às necessidades e nem sempre estavam suficientemente alinhadas.

Com base na situação acima, a Nordea decidiu implementar uma ferramenta de gerenciamento de portfólio na sua organização. A visão era gerar integração excelente dos processos de gestão de projetos e portfólio em toda a organização Nordea. O objetivo era aumentar a transparência da organização, permitir a execução da estratégia, capacitar decisões baseadas em fatos e permitir o monitoramento dos investimentos de TI, assim como aumentar a flexibilidade. Como a Nordea já utilizava internamente o Project and Portfolio Management (PPM, gestão de projetos e portfólio) Clarity para o registro de aplicações, fazia sentido utilizar o investimento e começar a usar a parte PPM da ferramenta.

---

[1] D. Stouffer e S. Rachlin, "A Summary of First Practices and Lessons Learned in Information Technology Portfolio Management", preparado pelo Conselho de Principais Executivos de Informação (CIO), Washington, DC, março de 2002, p. 7.

© 2017 por Nordea. Todos os direitos reservados. O material da Seção 14.1 foi fornecido por Caroline Bredvig, diretora de governança de projetos, e Bo Kristiansen, especialista em PPM e revisão de projetos da Nordea.

Abordagem de implementação de alto nível para adotar uma ferramenta de gerenciamento de portfólio na Nordea

- Com base em uma avaliação de maturidade padronizada, a Nordea avaliou a maturidade/prontidão atual de cada divisão de negócios de TI; isso foi executado em cooperação com a equipe central e os representantes das divisões.
- Com base na avaliação de maturidade/prontidão, e em cooperação com as divisões individuais, foi desenvolvido um plano de implementação.
- O PPM Clarity foi desenvolvido para apoiar os objetivos e princípios definidos em um nível que:
  - Apoia o planejamento e recursos integrados com base nas experiências do projeto piloto Clarity.
  - Agrega valor às áreas/unidades mais experientes e maduras e permite uma implementação passo a passo nas áreas/unidades menos maduras.
- Implementação em paralelo por divisão de TI de negócios, de acordo com as respectivas ambições e disponibilidade de recursos.

Situação atual

A jornada de implementação de uma ferramenta de gerenciamento de portfólio continua, e o PPM Clarity é a ferramenta obrigatória de relatórios de portfólio na organização. Um dos objetivos é estabelecer a linha de referência ao suporte da ferramenta para o processo de gerenciamento de portfólio na Nordea. As principais áreas de foco, de uma perspectiva de curto prazo, foram:

- Passar a propriedade do aplicativo PPM Clarity da organização de TI para o nível corporativo. O motivo da Nordea é a ter estabelecido um escritório empresarial de gerenciamento de portfólio do grupo no ano passado e querer incluir os negócios no portfólio geral.
  - Será difícil implementar o gerenciamento de portfólio aos negócios a partir da organização de TI, a menos que isso apoie a decisão de transferir a propriedade sobre o aplicativo.
- Além disso, a Nordea irá:
  - Focar mais o gerenciamento de partes interessadas do escritório de gestão de projetos local.
  - Focar a visão geral do portfólio master.
  - Fortalecer relatórios, monitoramento e acompanhamento do portfólio.
  - Melhorar as previsões sobre recursos e planejamento de capacidade de seguimento.
  - Focar mais o planejamento de priorização do portfólio.
  - Promover a gestão de riscos e dependências em todo o nosso portfólio.

Essas atividades permitirão que a Nordea crie a estrutura e os processos necessários para apoiar o gerenciamento transparente do *pipeline* de portfólio no nível do grupo. Daí em diante, o foco estará na priorização do portfólio e em se tornar cada vez melhor na identificação, comunicação e execução dos projetos que melhor atendem aos objetivos estratégicos da Nordea. Além disso, o objetivo é oferecer uma visão geral das estruturas atuais e das consequências em relação a propriedades, fóruns de decisão e processos e tomada de decisões, e criar cenários para o sistema futuro de governança do gerenciamento de portfólio "Uma Nordea".

Perspectiva

O Escritório de Gerenciamento de Portfólio Empresarial de Grupo na Nordea trabalhará dentro das três principais áreas de capacidade para fortalecer/melhorar no futuro próximo. As capacidades são gerenciamento de portfólio, gerenciamento financeiro e ferramentas e métodos de PPM.

Alguns exemplos das capacidades com as quais a Nordea irá trabalhar estão listados a seguir.

- Garantir que os *insights* do processo de priorização do gerenciamento de portfólio de 2017 sejam usados para criar um processo mais transparente e coerente em 2018. O foco será em processo, estrutura, princípios de contabilidade e os fundamentos da metodologia de projetos.
- Outra tarefa será obter melhorias constantes da visão geral do portfólio financeiro, melhor controle dos benefícios, melhor uso dos aspectos financeiros da ferramenta de planejamento PPM Clarity e assim por diante.
- A Nordea identificou que um dos melhores modos de controlar um portfólio extenso e complexo é gerenciar riscos e dependências. Assim, a Nordea irá melhorar a abordagem de gestão de riscos e dependências do portfólio de desenvolvimento do grupo, alinhado com a segunda e terceira linhas na organização.
- Além disso, a Nordea quer amadurecer mais sua implementação do gerenciamento de recursos para controlá-lo melhor em todo o grupo.

Podemos concluir que a visão/jornada de implementação de uma ferramenta de gerenciamento de portfólio na Nordea ainda continua. Hoje, o Escritório de Gerenciamento de Portfólio Empresarial do Grupo é responsável por promover um processo coerente e estruturado de gestão de projetos e portfólio, apoiado pela ferramenta PPM Clarity, com a possibilidade de obter ganhos significativos e, por consequência, também apoiar a otimização dos investimentos, garantir o equilíbrio de recursos e comunicar a criação de valor no futuro.

14.2 Gerenciamento de recursos como parte do gerenciamento de portfólio na Nordea

Assim como muitas outras grandes empresas globais, a Nordea percebeu que uma parte fundamental da implementação bem-sucedida do PPM é a gestão dos recursos humanos. À medida que as competências se tornam mais especializadas e as equipes, mais distribuídas, a PPM passa a depender mais de encontrar as pessoas certas para o projeto certo e na hora certa do que obter os recursos financeiros para executar os projetos. Muitas vezes, a solução para lidar com a seleção de recursos humanos para os projetos passar por uma ferramenta de *software* de PPM.

Na Nordea, o gerenciamento de recursos tem forte ligação com o amadurecimento geral do processo de PPM (sendo, na prática, um passo em direção ao maior amadurecimento do trabalho com projetos).

© 2017 por Nordea. Todos os direitos reservados. O material da Seção 14.2 foi fornecido por Glenn Voss, gerente de projetos sênior, e Bo Kristiansen, especialista em PPM e revisão de projetos.

Com base nos itens anteriores e como parte da jornada da Nordea de implementação de uma ferramenta de gestão de projetos e portfólio (PPM Clarity), os objetivos para a implementação do gerenciamento de recursos são:

- Melhorar a priorização cotidiana dos investimentos de TI por meio de maior transparência da criação de valor, alinhamento estratégico e equilíbrio de recursos e riscos.
- Melhorar o equilíbrio de recursos nos processos de planejamento do portfólio e gerenciamento do portfólio.

PREMISSAS PARA A IMPLEMENTAÇÃO DO GERENCIAMENTO DE RECURSOS

- O uso do processo e da ferramenta de PPM é obrigatório em todas as divisões de TI da Nordea.
- A manutenção do modelo deve ser realizada facilmente por todas as divisões de TI.
- Assim, 1 equivalente de tempo integral (FTE, *full-time equivalent*) é igual a 100% (as horas podem variar para um FTE, dependendo do país e da unidade).
- Toda mudança à capacidade de oferta ou à demanda deve ser atualizada na ferramenta para garantir a qualidade dos dados.
- O gerente de recursos tem a opção de fornecer funções/habilidades adicionais para o indivíduo.

Processo para atualização da oferta

Gerenciar a oferta para garantir a capacidade (disponibilidade correta). Um FTE é igual a 100% das horas faturáveis, informações carregadas automaticamente dos dados-mestre. O gerente de área/recursos atualiza os dados caso haja discrepâncias.

Processo para atualização da demanda

A demanda em horas é inserida nos recursos ou nas funções durante a fase de planejamento para as iniciativas e as aplicações. Atualize essa demanda continuamente com base nas mudanças para garantir que a demanda é sempre aproximadamente igual ao orçamento nos recursos. A demanda é corrigida quando uma demanda planejada muda de um número planejado de horas em um determinado período para um novo número de horas durante um determinado período com base em um compromisso com relação a recursos ou *deliverables*.

ESTRATÉGIA BÁSICA DE IMPLEMENTAÇÃO

Desenvolvimento de soluções no PPM Clarity

Antes de ser colocado em uso, o processo de gerenciamento de recursos será desenvolvido para abranger os requisitos opcionais e obrigatórios descritos. A solução nesse contexto é definida como uma funcionalidade do PPM Clarity, incluindo funções de usuários, interfaces e guias para o usuário.

Projeto piloto

Implementações piloto são utilizadas para confirmar a viabilidade da solução em um ambiente de negócios real controlado (um subconjunto predefinido da organização). A solução pilotada em uma divisão deve abranger o mesmo escopo e funcionalidade que serão aplicados na implementação geral e será considerada o início da implementação geral. O princípio orientador para unidades piloto deve ser adaptar a organização e os processos para trabalharem com uma solução comum, não vice-versa. Os pilotos resultam em um maior entendimento das mudanças de negócios necessárias, da abordagem de treinamento e de como extrair benefícios tangíveis e melhorar a inteligência de negócios a partir da solução e dos processos implementados.

Implementação geral

A implementação completa significa que cada divisão está organizada e preparada para gerenciar a demanda e a oferta no PPM Clarity em relação a todos os seus recursos que registrarão o tempo nas iniciativas de mudança ou códigos de solicitação para a manutenção. O planejamento da demanda e da oferta pode ser implementado em fases ou dividido em seções acessíveis.

Relatórios do PPM Clarity

Uma amostra dos padrões disponíveis nos relatórios de gerenciamento de recursos, como mostrado na Figura 14.1, pode ser executada por meio da função de relatórios avançados do PPM Clarity de modo a atender a alguns dos objetivos da implementação do gerenciamento de recursos.

RESUMO

A implementação do gerenciamento de recursos pode ser complicada, especialmente se o setor (como a indústria bancária) estiver passando por um ciclo de disrupção e os métodos de desenvolvimento estiverem mudando. Como os ciclos de implementação costumam ser longos, há um risco claro de as empresas acabarem com um processo que já está desatualizado no momento em que é implementado.

A Nordea não é a única a enfrentar esses desafios. Em uma pesquisa com 20 empresas públicas e privadas de médio e grande porte na região nórdica,[2] 58% dos respondentes

Relatórios de gerenciamento de recursos	Relatórios de gerenciamento de recursos	Relatórios de gerenciamento de tempo
Capacidade *versus* Alocação por OBS	Capacidade *versus* Demanda por Recurso	Tempo em Falta
Capacidade *versus* Reservas por OBS	Designação de Recursos por Tarefa	Revisão de Recursos Temporais por Gerente
Capacidade *versus* Demanda por Função	Disponibilidade de Recursos	Resumo e Detalhes dos Recursos Temporais
Super-/Sub-alocação por Recurso	Linha de Base de Recursos *versus* Plano por Tipo de Emprego	Relatório de Demanda por Recursos (demanda retrospectiva)
Super-/Sub-alocação por Função	Utilização Prevista de Recursos	
Alocações e Designações de Recursos	Detalhes da Utilização Prevista de Recursos	

Figura 14.1 Relatórios sobre recursos do PPM Clarity.

---

[2] Pesquisa conduzida em um grupo de usuários do PPM Clarity em Malmö, Suécia, janeiro de 2017, com um total de 25 respondentes.

afirmaram que o gerenciamento de recursos fora implementado, mas não atendia a todas as suas necessidades.

Ainda mais interessante, entre as mesmas empresas, 25% afirmaram que uma nova implementação seria necessária, enquanto quase 50% planejavam reiterar a sua implementação.

A conclusão é que, ao implementar o gerenciamento de recursos como parte do PPM:

- É provável que a sua implementação inicial não atenda às expectativas da empresa.
- Mesmo após a implementação, provavelmente é essencial que a sua empresa esteja disposta a reinvestir para fazer tudo de novo ou continuar a expandir o escopo inicial, apesar das falhas.

Isso aponta para o gerenciamento de recursos especificamente (e talvez para o PPM em geral) como uma abordagem mais baseada em ciclo de vidas do que um único passo em direção a um processo de PPM mais maduro. Com os ambientes de negócios sob mudança constante, e com os projetos se tornando cada vez mais a norma no mundo corporativo, é necessário revisitar constantemente processos e ferramentas já estabelecidos. As empresas estão percebendo que colocar os seus processos de PPM em funcionamento exige prática e tempo, mas também que implementar soluções imperfeitas é melhor do que não ter solução nenhuma.

14.3 Envolvimento da gerência sênior, das partes interessadas e do PMO

O gerenciamento bem-sucedido de um portfólio de projetos exige uma forte liderança pelos indivíduos que reconhecem os seus benefícios. O compromisso pela gerência sênior é crucial. Stouffer e Rachlin comentam sobre o papel da gerência sênior em um ambiente de TI em agências governamentais:

> O gerenciamento de portfólio exige uma perspectiva de negócios que abranja toda a empresa. Entretanto, as decisões de investimento em TI devem ser tomadas tanto no nível do projeto quanto no nível do portfólio. Funcionários sênior do governo, gerentes de portfólio e projeto e outros tomadores de decisões precisam fazer rotineiramente dois conjuntos de perguntas.
> Primeiro, no nível do projeto, há confiança suficiente de que atividades novas ou em andamento que estejam em busca de financiamento alcançarão seus objetivos pretendidos dentro de parâmetros razoáveis e aceitáveis de custo, cronograma, técnicos e de desempenho?
> Segundo, no nível do portfólio, dada uma resposta aceitável para a primeira pergunta, o investimento em um projeto ou em um *mix* de projetos é desejável do ponto de vista de outro projeto ou *mix* de projetos?
> Tendo recebido respostas para essas perguntas, os executivos sênior da organização, gerentes de portfólio e outros tomadores de decisões devem, então, usar as informações para determinar o tamanho, o escopo e a composição do portfólio de investimento em TI. As condições sob as quais o portfólio pode ser mudado precisam ser claramente definidas e comunicadas. Mudanças propostas para o portfólio devem ser revisadas e aprovadas por uma autoridade apropriada de tomada de decisões, como um conselho de revisão de investimentos, e consideradas a partir da perspectiva de toda a empresa.[3]

---

[3] Stouffer and Rachlin, "A Summary of First Practices and Lessons Learned in Information Technology Portfolio Management", p. 8.

A gerência sênior é, em última análise, responsável por definir e comunicar claramente as metas e os objetivos do portfólio de projetos, além de os critérios e condições considerados para a seleção de projetos do portfólio. Segundo Stouffer e Rachlin, isso inclui:

- Definir adequadamente e comunicar amplamente as metas e os objetivos do portfólio de TI.
- Articular claramente as expectativas da organização e da gerência sobre o tipo de benefícios pretendidos e as taxas de retorno a serem alcançadas.
- Identificar e definir o tipo de riscos que pode afetar o desempenho do portfólio de TI, o que a organização está fazendo para evitá-lo e abordar os riscos e sua tolerância à exposição atual.
- Estabelecer, chegar a um consenso e consistentemente aplicar um conjunto de critérios que serão usados entre projetos e iniciativas concorrentes de TI.[4]

A gerência sênior também tem de coletar e analisar dados a fim de avaliar o desempenho do portfólio e determinar se ou ajustes são ou não necessários. Isso precisa ser feito periodicamente, de modo que recursos cruciais não sejam desperdiçados em projetos que deveriam ser cancelados. Stouffer e Rachlin falam sobre isso em suas entrevistas:

Segundo Gopal Kapur, presidente do Centro de Gestão de Projetos (*Center for Project Management*), as organizações devem se concentrar em suas avaliações de portfólios de TI e reuniões de controle sobre os sinais vitais de projetos cruciais. Exemplos desses sinais vitais incluem comprometimento e tempo do patrocinador, *status* do caminho crítico, taxa de cumprimento de marcos, taxa de cumprimento de *deliverables*, custo real *versus* custo estimado, recursos reais versus recursos planejados e eventos de alta probabilidade e alto impacto. Usando uma abordagem de cartões de relatórios vermelhos, amarelos ou verdes, além de métricas bem definidas, uma organização pode estabelecer um método consistente para determinar se os projetos estão tendo um impacto adverso sobre o portfólio de TI, estão fracassando e precisam ser cancelados.

Critérios e dados específicos a serem coletados e analisados podem incluir o seguinte:

- Medidas financeiras padrão, como retorno sobre investimento, análise de custo e benefício, valor agregado (focando em realidade *versus* plano, quando houver dados disponíveis), maior lucratividade, contenção de custos ou pagamentos. Cada organização que participou das entrevistas incluiu uma ou mais dessas medidas financeiras.
- Alinhamento estratégico (definido como suporte à missão), também incluído por quase todas as organizações.
- Impacto sobre o cliente, como definido em medidas de desempenho.
- Impacto tecnológico (como medido pela contribuição para ou impacto sobre alguma forma de arquitetura definida).
- Projeto inicial e (em alguns casos) operações e cronogramas, como observado por quase todas as organizações.
- Riscos, prevenção de riscos (e às vezes especificidades relativas à sua mitigação), como observado por quase todos os participantes.
- Técnicas e medidas de uma gestão de projetos básica.
- E, finalmente, fontes de dados e mecanismos de coleta de dados também são importantes. Muitas organizações entrevistadas preferem extrair informações de sistemas existentes; as fontes incluem sistemas contábeis, financeiros e de gestão de projetos.[5]

---

[4] Ibid., p. 13.
[5] Ibid., p. 18.

Uma das melhores práticas identificadas por Stouffer e Rachlin para projetos de TI foi a consideração cuidadosa das partes interessadas internas e externas:

> Um envolvimento de negócios cada vez maior no gerenciamento de portfólios geralmente inclui o seguinte:
>
> - Reconhecer que os programas de negócios são partes interessadas essenciais, e melhorar essa relação em todo o ciclo de vida
> - Estabelecer acordos de nível de serviço que estejam atrelados à responsabilidade (recompensas e punições)
> - Transferir as responsabilidades para os programas de negócios e envolvê-los em grupos-chave de tomada de decisões

Em muitas organizações, há mecanismos que permitem a criação, a participação e a adesão de coalizões de partes interessadas. Esses mecanismos são essenciais para garantir que o processo de tomada de decisões seja mais inclusivo e representativo. É mais fácil garantir práticas consistentes e a aceitação das decisões em toda a organização quando as partes interessadas aceitam e adotam desde cedo o processo de gerenciamento de portfólio. A participação e a adesão das partes interessadas também podem oferecer sustentabilidade aos processos de gerenciamento de portfólio quando há mudanças na liderança.

Foram criadas coalizões de partes interessadas de muitas maneiras diferentes, dependendo da organização, do processo e do problema em questão. Ao incluir representantes de cada principal componente organizacional que é responsável por priorizar as muitas iniciativas concorrentes sendo apresentadas em toda a organização, todas as perspectivas são incluídas. A abordagem, juntamente com a objetividade trazida ao processo pelo uso de critérios predefinidos e um sistema de suporte a decisões, garante que todos tenham influência no processo e que o processo seja justo.

Da mesma forma, a participação do órgão máximo de tomada de decisões compreende executivos sênior de toda a empresa. Todos os principais projetos, ou aqueles que exigem uma fonte de financiamento, devem ser votados e aprovados por esse órgão de tomada de decisões. O valor da obtenção da participação das partes interessadas nesse nível sênior é que esse órgão trabalha em direção ao suporte da missão geral da organização e de suas prioridades, em vez de a interesses pessoais.[6]

Hoje, cada vez mais empresas estão passando a confiar fortemente no PMO para o suporte ao gerenciamento de portfólio. Atividades de suporte típicas incluem planejamento de capacidade, utilização de recursos, análise de casos de negócios e priorização de projetos. O papel do PMO nesse sentido é apoiar a gerência sênior, não substituí-la. O gerenciamento de portfólio quase sempre permanece como responsabilidade primordial da gerência sênior, mas as recomendações e o suporte oferecido pelo PMO podem facilitar um pouco o trabalho do executivo. Nesse papel, o PMO pode funcionar mais como um facilitador. Chuck Millhollan, antigo diretor de gerenciamento de programas da Churchill Downs Inc. (CDI), descreve o gerenciamento de portfólio em sua organização:

> Nosso PMO é responsável pelo processo de gerenciamento de portfólio e por facilitar revisões de portfólio por nosso "Conselho de Investimento". Separamos intencionalmente os processos de solicitação e avaliação de projetos (aprovação de projetos, em princípio) e o trabalho de autorização (entrada no portfólio ativo).

---

[6] Ibid., pp. 22–23.

Quando solicitado a descrever a relação do PMO com o gerenciamento de portfólio, Chuck Millhollan comentou:

> Conselho de Investimento: O Conselho de Investimento é formado por membros sênior (votantes) (CEO, COO, CFO, VPEs) e representantes de cada unidade de negócios. Há reuniões mensais frequentes, facilitadas pelo PMO, para revisar e aprovar novas solicitações e para revisar o portfólio ativo. As metas e os objetivos do Conselho de Investimento incluem:
>
> 1. Priorizar e alocar capital aos projetos.
> 2. Aprovar/Não aprovar projetos selecionados com base no mérito do Caso de Negócio associado.
> 3. Agir individual e coletivamente como defensores convictos e visíveis de projetos em todas as suas organizações representantes.
> 4. À medida que for necessário, assumir um papel ativo na aprovação de *deliverables*, ajudando a resolver problemas e decisões de políticas e oferecendo orientação relativa ao projeto.
>
> Solicitação, avaliação e aprovação: Usamos uma "Planilha de Solicitação de Investimento" para padronizar o formato em que os projetos (chamados de solicitações de investimento) são apresentados ao Conselho de Investimento. Elementos incluem descrição da solicitação, critérios de sucesso e métricas associadas, descrição do estado atual e futuro, alinhamento a metas estratégicas, avaliação preliminar de riscos, identificação de projetos dependentes, disponibilidade preliminar de recursos e avaliação de restrições, além de análise de pagamento para iniciativas de ROI e eliminação de custos que não geram valor (*cost-out*).
>
> Autorização de Trabalho: Se os projetos foram aprovados durante os processos anuais de planejamento operacional e são investimentos de capital que geram ROI ou resultam em um *cost-out*, voltam ao Conselho de Investimento para autorização de trabalho e adição ao portfólio de projetos ativos. Isso pode ser feito concomitantemente à solicitação, avaliação e aprovação de projetos que são iniciados no meio do ciclo de planejamento.
>
> Manutenção de portfólio: Usamos um processo de relatório de *status* de projetos quinzenais e somente incluímos projetos que o Conselho de Investimento tenha identificado como projetos que necessitam de revisão de portfólio e/ou supervisão. Os relatórios de portfólio são fornecidos quinzenalmente e apresentados mensalmente durante as reuniões do Conselho de Investimento.

Quando o PMO apoia ou facilita o processo de gerenciamento de portfólio, ele se torna um participante ativo no processo de planejamento estratégico e apoia a gerência sênior, garantindo que os projetos que estão na fila sejam alinhados aos objetivos estratégicos. O papel pode ser apoiar ou monitorar e controlar. Enrique Sevilla Molina, PMP®, antigo diretor do PMO corporativo da Indra, discute o gerenciamento de portfólio em sua organização:

> O gerenciamento de portfólio é fortemente orientado a monitorar e controlar o desempenho do portfólio e a revisar seu alinhamento com o planejamento estratégico. Realiza-se também uma análise periódica cuidadosa das tendências e previsões, de modo que a composição do portfólio possa ser avaliada e reorientada, se necessário.
>
> Uma vez que os alvos estratégicos do portfólio tenham sido definidos e alocados pelos diferentes níveis da organização, o principal *loop* do processo inclui gerar relatórios, revisar e agir em relação a desempenho do portfólio, problemas, riscos, previsões e planejamento de novos contratos. Um conjunto de alertas, semáforos e indicadores foram definidos e automatizados a fim de focar a atenção sobre os principais problemas relacionados ao gerenciamento de portfólio. Os projetos ou propostas que forem marcados como precisando de atenção específica serão cuidadosamente acompanhados pela equipe de gerência, e um relatório de *status* específico é gerado para eles.

Uma das principais ferramentas usadas para o processo de gerenciamento de portfólio é nosso Monitor de Projetos. Essa é uma ferramenta baseada na web que fornece uma visão total do *status* de qualquer conjunto predefinido de projetos (ou portfólio), incluindo dados gerais, dados de desempenho, indicadores e semáforos. Ela possui também a capacidade de produzir diferentes tipos de relatórios, no nível do projeto individual, no nível do portfólio ou um relatório especializado de riscos para o portfólio selecionado.

Além do PMO corporativo, as principais Unidades de Negócios de toda a empresa usam PMOs locais em seu processo de gerenciamento de portfólio. Alguns deles são encarregados dos relatórios de *status* de riscos para os projetos mais importantes ou programas do portfólio. Alguns são encarregados de uma definição inicial do nível de risco dos projetos e operações para fornecer uma detecção precoce de áreas de risco potenciais. Outros desempenham um papel significativo em fornecer o suporte específico aos gerentes de portfólio ao relatar o *status* à gerência de nível superior.

Nosso PMO de nível corporativo define os processos de gerenciamento de portfólio a fim de ser consistente com o nível da gestão de projetos e, consequentemente, com as exigências para a implementação desses processos nas ferramentas e nos sistemas de informação da empresa.

Algumas empresas realizam o gerenciamento de portfólio sem envolvimento do PMO. Isso é bastante comum quando esse processo pode incluir uma grande quantidade de projetos que desembolsam capital. Segundo um porta-voz da AT&T:

> Nosso PMO não faz parte do gerenciamento de portfólio. Mantemos um Escritório de Administração de Portfólio (PAO, *Portfolio Administration Office*), que aprova os principais projetos e programas que desembolsam capital por meio de um processo de planejamento anual. O PAO utiliza o controle de mudanças para qualquer modificação feita na lista de projetos aprovados. Cada gerente de projetos precisa acompanhar os detalhes de seu projeto e atualizar as informações da Ferramenta de Administração de Portfólio (PAT, *Portfolio Administration Tool*). O Escritório de Programas Corporativo usa dados contidos na PAT para monitorar a saúde e o bem-estar dos projetos. Projetos individuais são auditorados para garantir aderência a processos e relatórios são preparados para acompanhar seu progresso e *status*.

14.4 Obstáculos à seleção de projetos

Os tomadores de decisões do gerenciamento de portfólio frequentemente têm muito menos informação para avaliar projetos candidatos do que gostariam. Incertezas sempre rodeiam a probabilidade de sucesso de um projeto, seu valor de mercado final e seu custo total até a conclusão. Essa falta de uma base de informações adequadas geralmente leva a outra dificuldade: a falta de uma abordagem sistemática da seleção e avaliação de projetos. Os critérios e métodos consensuais para avaliar cada projeto candidato em relação a esses critérios são essenciais para a tomada de decisões racional. Embora a maioria das empresas tenha estabelecido metas e objetivos organizacionais, estes normalmente não são suficientemente detalhados para serem usados como critérios para a tomada de decisões de gerenciamento de portfólio de projetos. Entretanto, são um ponto de partida essencial.

Seção 14.4 de W. Souder, *Project Selection and Economic Appraisal* (New York: Van Nostrand Reinhold, 1984), p. 2–3.

As decisões do gerenciamento de portfólio geralmente são confundidas por vários fatores comportamentais e organizacionais. Fidelidades departamentais, conflitos nos desejos, diferenças de perspectivas e uma indisposição a compartilhar informações abertamente podem prejudicar os processos de seleção, aprovação e avaliação de projetos. Grande parte dos dados e das informações de projetos é necessariamente subjetiva por natureza. Assim, a disposição das partes de compartilhar abertamente e confiar nas opiniões uns dos outros se torna um fator importante.

O clima ou a cultura de uma organização em relação a riscos também pode ter uma influência decisiva no processo de seleção de projetos. Se o clima for de aversão a riscos, projetos de alto risco podem nunca vir à tona. As atitudes na organização em relação a ideias e o volume de ideias gerado influenciam a qualidade dos projetos selecionados. Em geral, quanto maior o número de ideias criativas geradas, maiores as chances de selecionar projetos de alta qualidade.

14.5 Identificação de projetos

O processo geral de gerenciamento de portfólio de projetos é uma abordagem com quatro passos, como mostra a Figura 14.2. O primeiro passo é a identificação das ideias de projetos e das necessidades de ajudar a oferecer suporte ao negócio. A identificação pode ser feita por meio de sessões de *brainstorming*, pesquisa de mercado, pesquisa de clientes, pesquisa de fornecedores e buscas na literatura. Todas as ideias, independentemente de seu mérito, devem ser listadas.

Como o número de ideias potenciais pode ser grande, é necessário algum tipo de sistema de classificação. Há três métodos comuns. O primeiro consiste em colocar os projetos em duas principais categorias, como sobrevivência e crescimento. As fontes e os tipos de fundos para essas duas categorias podem ser e serão diferentes. O segundo método vem dos modelos de planejamento estratégico típicos de P&D, como mostra a Figura 14.3. Usando

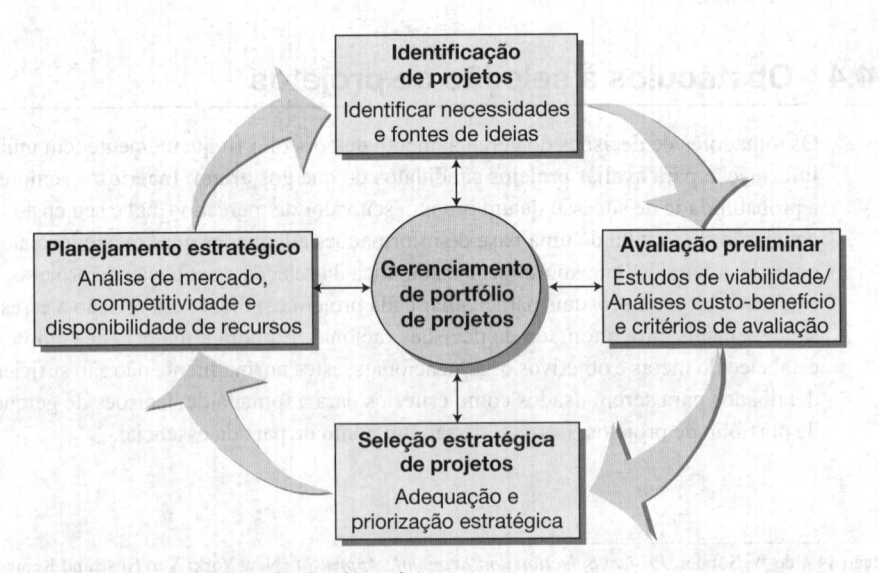

Figura 14.2 Processo de seleção de projetos.

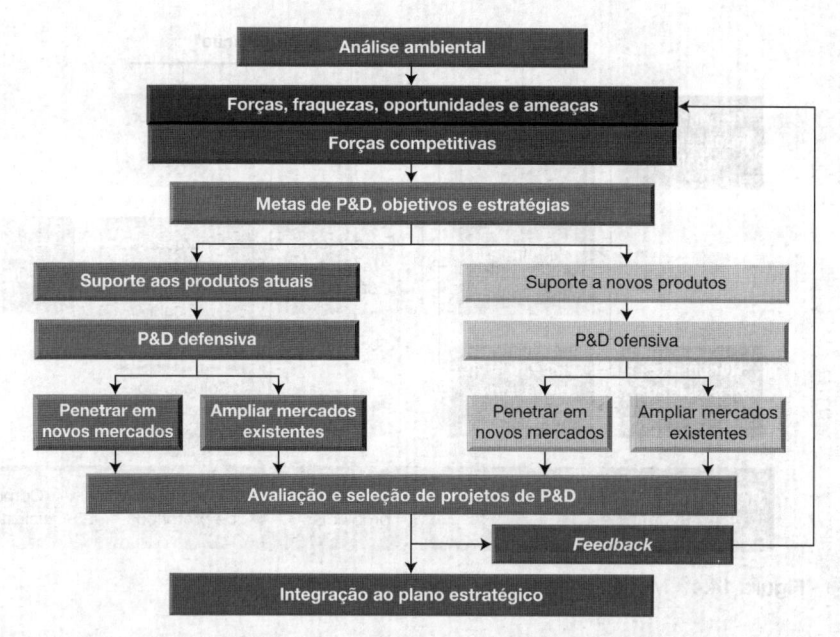

Figura 14.3 Processo de planejamento estratégico de P&D.

essa abordagem, projetos para desenvolver novos produtos ou serviços são classificados como ofensivos ou como defensivos. Projetos ofensivos são criados para captar novos mercados ou expandir a fração de mercado dentro dos mercados existentes. Os projetos ofensivos determinam o desenvolvimento contínuo de novos produtos e serviços.

Os projetos defensivos são criados para ampliar a vida de produtos ou serviços existentes. Isso pode incluir *add-ons* ou aprimoramentos voltados a manter os clientes atuais ou achar novos clientes para produtos ou serviços existentes. Os projetos defensivos normalmente são mais fáceis de gerenciar do que os projetos ofensivos e têm uma probabilidade mais alta de sucesso.

Outro método de classificação de projetos é:

- Projetos de descobertas tecnológicas radicais
- Projetos da próxima geração
- Novos membros da família
- Projetos de expansão e melhoria

Projetos de descobertas tecnológicas radicais são os mais difíceis de gerenciar devido à necessidade de inovação. A Figura 14.4 mostra um típico modelo de inovação. Os projetos de inovação, se bem-sucedidos, podem levar a lucros muitas vezes maiores do que os custos originais de desenvolvimento. Projetos de inovação malsucedidos podem levar a perdas igualmente drásticas, o que é um dos motivos pelos quais a gerência sênior precisa exercer o devido cuidado ao aprovar projetos de inovação. Deve-se tomar cuidado para identificar e eliminar projetos candidatos inferiores antes de comprometer recursos significativos com eles.

Não há dúvida de que os projetos de inovação são os mais caros e difíceis de gerenciar. Algumas empresas erroneamente acreditam que a solução é minimizar ou limitar o número

Figura 14.4 Modelagem do processo de inovação.

total de ideias de novos projetos ou limitar o número de ideias em cada categoria. Isso poderia ser um erro oneroso.

Em um estudo sobre as atividades de novos produtos de várias centenas de empresas em todas as indústrias, Booz, Allen e Hamilton[7] definiram o processo de evolução de novos produtos como o tempo necessário para se levar um produto até a existência comercial. Esse processo começava com objetivos da empresa, que incluíram campos de interesse, metas e planos de crescimento de produtos, e terminava, esperava-se, em um produto bem-sucedido. Quanto mais especificamente esses objetivos fossem definidos, maior orientação seria dada ao programa do novo produto. Esse processo foi decomposto em seis etapas sequenciais gerenciáveis e bastante claras:

1. *Exploração:* A busca por ideias de produtos que atendam aos objetivos da empresa.
2. *Triagem:* Uma análise rápida para determinar quais ideias eram pertinentes e mereciam um estudo mais detalhado.
3. *Análise de negócio:* A expansão da ideia, por meio da análise criativa, em uma recomendação de negócio concreta, incluindo elementos do produto, análise financeira, análise de riscos, avaliação de mercado e um programa para o produto.
4. *Desenvolvimento:* Transformar a ideia no papel em um produto nas mãos, demonstrável e produzível. Essa etapa centra-se em P&D e na capacidade inventiva da empresa. Quando surgem problemas imprevistos, buscam-se novas soluções e *trade-offs*. Em muitas situações, os obstáculos são tão grandes que não se consegue encontrar uma solução, e o trabalho é terminado ou adiado.
5. *Testes:* Os experimentos técnicos e comerciais necessários para verificar julgamentos técnicos e de negócios anteriores.
6. *Comercialização:* Lançar o produto em produção e venda em grande escala; investir recursos e a reputação da empresa.

---

[7] *Management of New Products* (McLean, VA: Booz, Allen & Hamilton, 1984), p. 180–181.

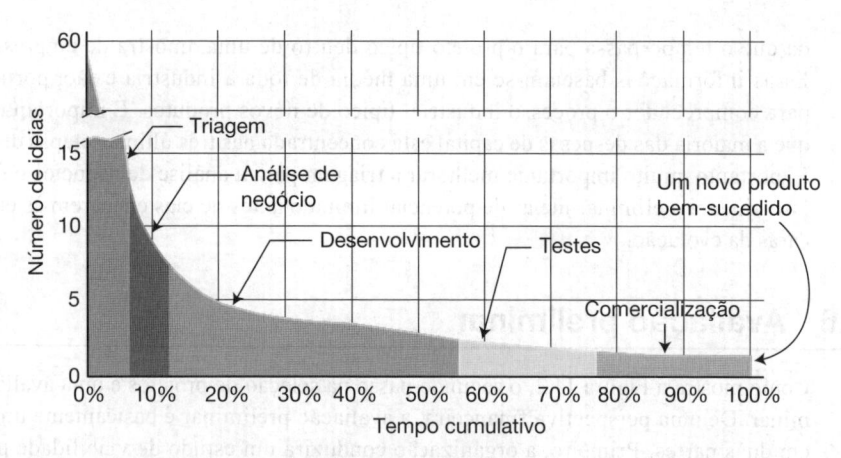

Figura 14.5 Mortalidade das ideias de novos produtos.

No estudo de Booz, Allen e Hamilton, o processo de novos produtos foi caracterizado por uma curva de decaimento representando as ideias, como mostra a Figura 14.5. Isso mostra uma rejeição progressiva de ideias ou projetos por etapas do processo de evolução do produto. Embora a taxa de rejeição varie entre indústrias e empresas, a forma geral da curva de decaimento é típica. Geralmente é preciso cerca de 60 ideias para gerar apenas um novo produto bem-sucedido.

O processo da evolução de novos produtos envolve uma série de decisões de gerenciamento. Cada etapa é progressivamente mais cara, medida em gastos tanto de tempo quanto de dinheiro. A Figura 14.6 mostra a taxa segundo a qual as despesas são gastas à medi-

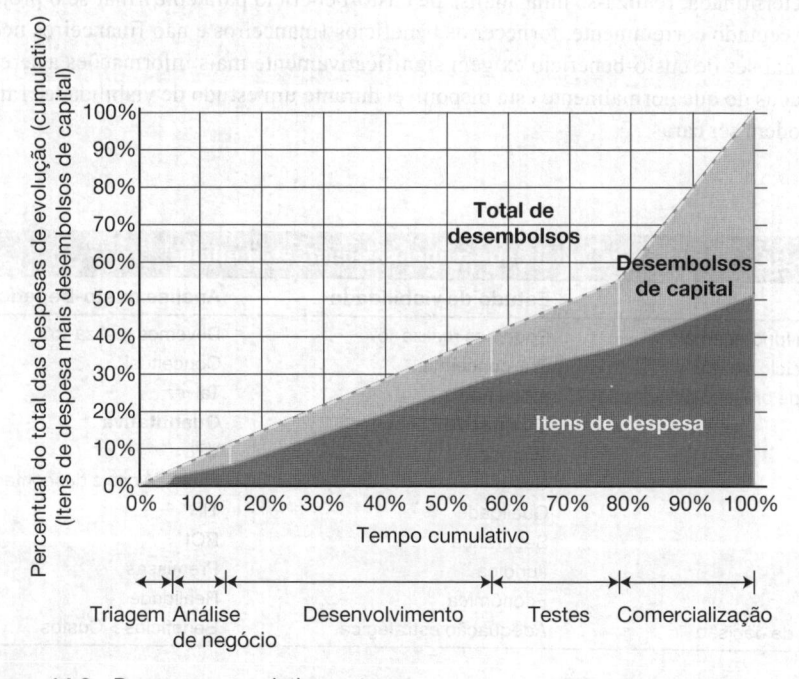

Figura 14.6 Despesas cumulativas e tempo.

da que o tempo passa para o projeto típico dentro de uma amostra de empresas líderes. Essas informações baseiam-se em uma média de toda a indústria e são, portanto, úteis para compreender o processo industrial típico de novos produtos. É importante observar que a maioria das despesas de capital está concentrada nas três últimas etapas de evolução. É, portanto, muito importante melhorar a triagem para a análise de negócios e financeira. Isso ajudará a eliminar ideias de potencial limitado antes de elas chegarem às etapas mais caras da evolução.

14.6 Avaliação preliminar

Como mostra a Figura 14.2, o segundo passo na seleção de projetos é uma avaliação preliminar. De uma perspectiva financeira, a avaliação preliminar é basicamente um processo em duas partes. Primeiro, a organização conduzirá um estudo de viabilidade para determinar se o projeto pode ser realizado. A segunda parte é realizar uma análise de custo-benefício para verificar se a empresa deveria realizá-lo (ver Tabela 14.1).

A finalidade do estudo de viabilidade é confirmar se a ideia do projeto atende às exigências de viabilidade em termos de custo, tecnologia, segurança, perspectiva de comercialização e facilidade de execução. É possível para a empresa usar consultores externos ou sujeitar especialistas no assunto para auxiliar tanto nos estudos de viabilidade quanto nas análises de custo-benefício. Um gerente de projetos pode não ser designado até depois de o estudo de viabilidade estar concluído, pois o gerente de projetos pode não ter conhecimento suficiente de negócios ou técnico para contribuir antes desse momento.

Se o projeto for considerado viável e adequado ao plano estratégico, ele será priorizado para desenvolvimento com outros projetos aprovados. Uma vez que a viabilidade tenha sido determinada, realiza-se uma análise de custo-benefício para confirmar se o projeto irá, se executado corretamente, fornecer os benefícios financeiros e não financeiros necessários. Análises de custo-benefício exigem significativamente mais informações a serem examinadas do que normalmente está disponível durante um estudo de viabilidade. Tais análises podem ser caras.

TABELA 14.1 Estudos de viabilidade e análises custo–benefício

	Estudo de viabilidade	Análise custo-benefício
Pergunta fundamental	Podemos realizá-lo?	Devemos realizá-lo?
Fase do ciclo de vida	Pré-conceitual	Conceitual
Gerente de projetos selecionado?	Ainda não	Talvez
Análise	**Qualitativa**	**Quantitativa**
	Técnica	VPL
	Custo	Fluxo de caixa descontado (FCD)
	Qualidade	TIR
	Segurança	ROI
	Jurídica	Premissas
	Econômica	Realidade
Critérios de decisão	Adequação estratégica	Benefícios > Custos

Estimar benefícios e custos de maneira rápida é muito difícil. Os benefícios geralmente são definidos como:

- Benefícios tangíveis, para os quais os dólares podem ser razoavelmente quantificados e medidos
- Benefícios intangíveis, que podem ser quantificados em unidades diferentes de dólares ou podem ser identificados e descritos subjetivamente

Os custos são significativamente mais difíceis de quantificar, pelo menos de maneira rápida e barata. Os custos mínimos que devem ser determinados são aqueles usados especificamente para comparação com os benefícios. Eles incluem:

- Os custos operacionais correntes ou o custo de operação nas circunstâncias de hoje.
- Custos de períodos futuros, que são esperados e que podem ser planejados com antecedência.
- Custos intangíveis, que podem ser difíceis de quantificar. Esses custos geralmente são omitidos se a quantificação puder contribuir um pouco com o processo de tomada de decisões.

É necessário que haja uma cuidadosa documentação de todas as restrições e premissas conhecidas que foram feitas ao desenvolver os custos e benefícios. Premissas não realistas ou não reconhecidas normalmente são a causa de benefícios não realistas. A decisão de continuar/não continuar com um projeto pode muito bem depender da validade das premissas.

14.7 Seleção estratégica de projetos

Como vemos na Figura 14.2, o terceiro passo do processo de seleção de projetos é a seleção estratégica de projetos, o que inclui a determinação de uma adequação estratégica e priorização. É nesse ponto que o envolvimento da gerência sênior é crucial, devido ao impacto que os projetos podem ter sobre o plano estratégico.

O planejamento estratégico e a seleção estratégica de projetos são similares no sentido de que ambos lidam com os lucros e o crescimento futuro da organização. Sem um fluxo contínuo de novos produtos ou serviços, as opções de planejamento estratégico da empresa podem ser limitadas. Hoje, os avanços tecnológicos e a crescente pressão competitiva estão forçando as empresas a desenvolverem produtos novos e inovadores, enquanto o ciclo de vida dos produtos existentes parece estar diminuindo a taxas alarmantes. Contudo, ao mesmo tempo, os executivos podem manter grupos de pesquisas "no vácuo" e deixar de tirar proveito da potencial contribuição de lucros do planejamento estratégico e seleção de projetos de P&D.

Há três principais motivos pelos quais as corporações trabalham em projetos internos:

1. Produzir novos produtos ou serviços para o crescimento lucrativo
2. Produzir melhorias lucrativas a produtos e serviços existentes (i.e., esforços de redução de custos)
3. Produzir conhecimento científico que auxilie na identificação de novas oportunidades de resolver problemas emergenciais

Uma seleção de projetos bem-sucedida é direcionada, mas o direcionamento exige um bom sistema de informações e esse, infelizmente, é um ponto fraco na maioria das empresas. Os sistemas de informação são necessários para a otimização dos esforços de direcionamento, e isso incluir avaliar as necessidades do cliente e do mercado, a realização de avaliações econômicas e a seleção de projetos.

Avaliar as necessidades do cliente e do mercado envolve as funções de busca de oportunidades e inteligência comercial. A maioria das empresas delega essas responsabilidades ao grupo de marketing, e isso pode resultar em um esforço prejudicial, pois os grupos de marketing parecem estar ocupados com os produtos de hoje e com a lucratividade no curto prazo. Eles simplesmente não têm o tempo ou os recursos necessários para analisar adequadamente outras atividades que têm implicações de longo prazo. Além disso, os grupos de marketing podem não ter pessoal tecnicamente treinado que possa se comunicar de maneira eficiente com os grupos de P&D dos clientes e fornecedores.

A maioria das organizações estabelece critérios de seleção de projetos que podem ser subjetivos, objetivos, quantitativos, qualitativos ou simplesmente um bom palpite. Os critérios de seleção se baseiam, na maioria das vezes, em critérios de adequação, como:

- É similar em tecnologia
- É similar nos métodos de marketing empregados
- É similar nos canais de distribuição empregados
- Pode ser vendido pela força de vendas atual
- Será comprado pelos mesmos clientes dos produtos atuais
- Adequa-se à filosofia ou imagem da empresa
- Utiliza o *know-how* ou experiência existentes
- Adequa-se às instalações de produção atuais
- Deixa o pessoal tanto de pesquisa quanto de marketing entusiasmado
- Adequa-se ao plano de longo prazo da empresa
- Adequa-se às metas de lucro atuais

De qualquer forma, deve haver um motivo válido para selecionar o projeto. Os executivos responsáveis pela seleção e priorização geralmente buscam a opinião de outros executivos e gerentes antes de ir adiante. Uma maneira de buscar opiniões de maneira rápida e razoável é transformar os critérios de adequação exibidos acima em modelos de pontuação. Modelos de pontuação típicos são exibidos nas Figuras 14.7, 14.8 e 14.9. Esses modelos podem ser usados tanto para a seleção estratégica quanto para a priorização.

A priorização é um processo difícil. Fatores como fluxo de caixa, lucratividade no curto prazo e expectativas das partes interessadas precisam ser considerados. São também consideradas diversas forças ambientais, como necessidades do cliente, comportamento competitivo, tecnologia existente ou prevista e políticas governamentais.

Ser extremamente conservador durante a seleção e priorização de projetos pode ser um convite a desastres. As empresas com produtos industriais altamente sofisticados têm de buscar uma abordagem agressiva para a seleção de projetos ou sofrerão riscos de obsolescência. Isso também determina o suporte de uma forte base técnica.

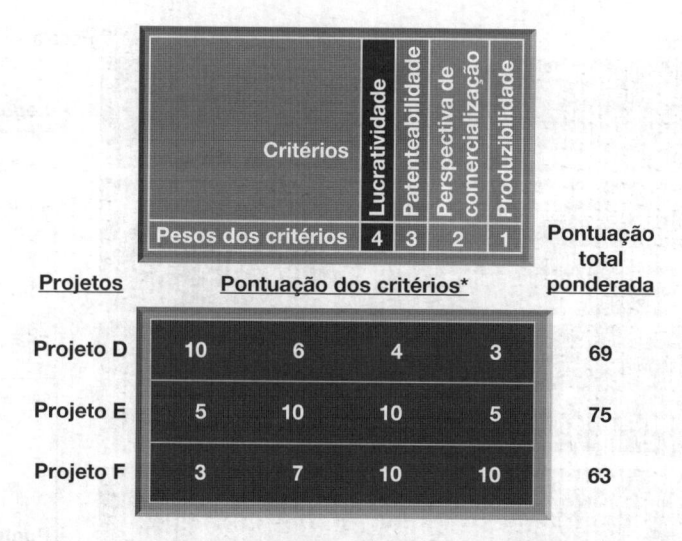

Capítulo 14 • Gerenciamento de portfólio de projetos

Projetos	Critérios				Pontuação total ponderada
	Lucratividade	Patenteabilidade	Perspectiva de comercialização	Produzibilidade	
Pesos dos critérios	4	3	2	1	
Projeto D	10	6	4	3	69
Projeto E	5	10	10	5	75
Projeto F	3	7	10	10	63

Pontuação total ponderada = Σ (Pontuação do critério × Peso do critério)
*Escala: 10 = Excelente; 1 = Inaceitável

Figura 14.7 Modelo de pontuação.
Fonte: W. Souder, *Project Selection and Economic Appraisal* (New York: Van Nostrand Reinhold, 1984), p. 66–69.

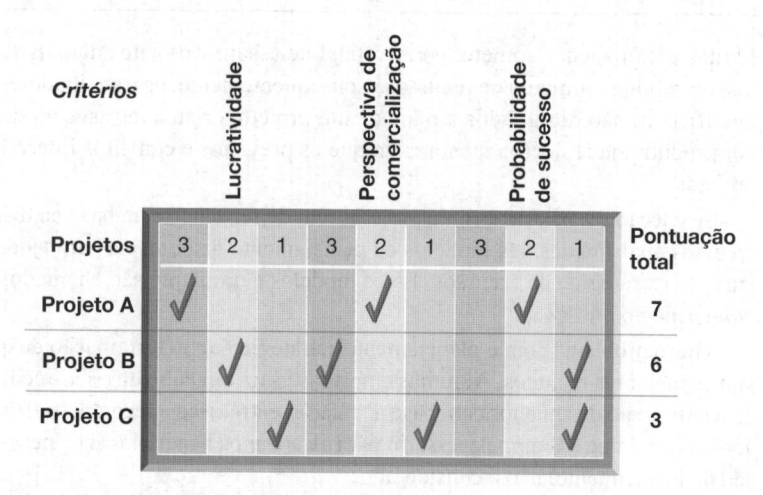

Critérios	Lucratividade			Perspectiva de comercialização			Probabilidade de sucesso			Pontuação total
Projetos	3	2	1	3	2	1	3	2	1	
Projeto A	✓			✓				✓		7
Projeto B			✓		✓			✓		6
Projeto C			✓			✓			✓	3

Figura 14.8 Lista de verificação para três projetos.
Fonte: W. Souder, *Project Selection and Economic Appraisal* (New York: Van Nostrand Reinhold, 1984), p. 66–69.

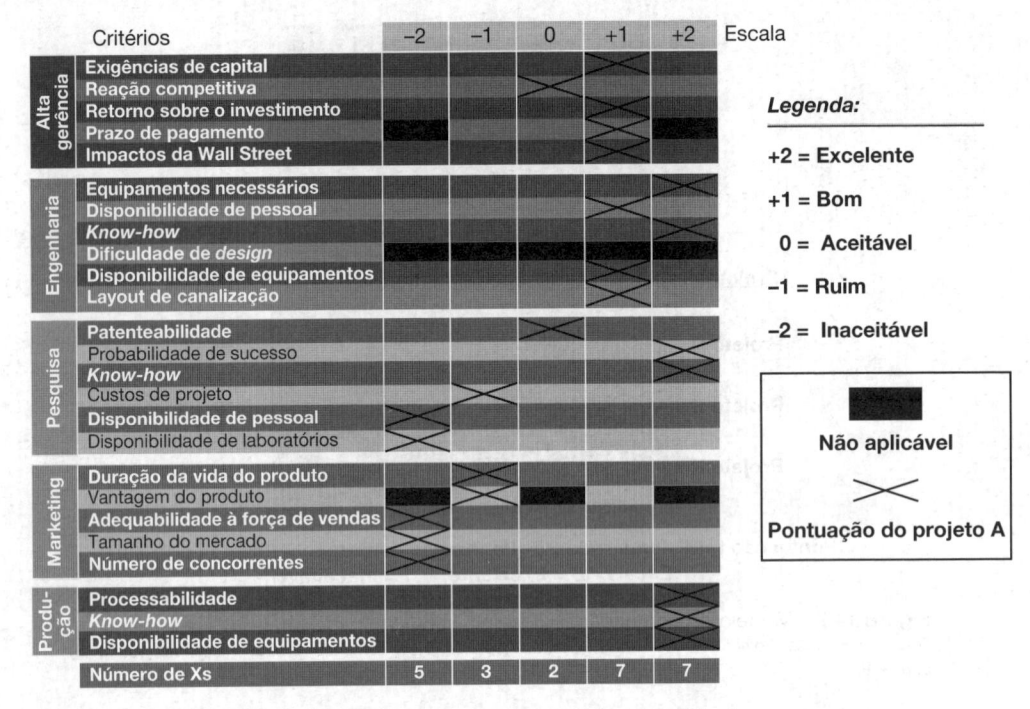

	Critérios	-2	-1	0	+1	+2	Escala
Alta gerência	Exigências de capital				✕		
	Reação competitiva				✕		
	Retorno sobre o investimento					✕	
	Prazo de pagamento	■					
	Impactos da Wall Street				✕		
Engenharia	Equipamentos necessários					✕	
	Disponibilidade de pessoal				✕		
	Know-how					✕	
	Dificuldade de *design*	■					
	Disponibilidade de equipamentos				✕		
	Layout de canalização					✕	
Pesquisa	Patenteabilidade				✕		
	Probabilidade de sucesso					✕	
	Know-how					✕	
	Custos de projeto		✕				
	Disponibilidade de pessoal	■					
	Disponibilidade de laboratórios	✕					
Marketing	Duração da vida do produto			✕			
	Vantagem do produto	■					
	Adequabilidade à força de vendas	✕					
	Tamanho do mercado	✕					
	Número de concorrentes	✕					
Produção	Processabilidade	■					
	Know-how	■					
	Disponibilidade de equipamentos					✕	
	Número de Xs	5	3	2	7	7	

Legenda:

+2 = Excelente
+1 = Bom
 0 = Aceitável
−1 = Ruim
−2 = Inaceitável

■ Não aplicável
✕ Pontuação do projeto A

Figura 14.9 Modelo de dimensionamento para um projeto, o projeto A.
Fonte: W. Souder, *Project Selection and Economic Appraisal* (New York: Van Nostrand Reinhold, 1984), p. 66–69.

14.8 Planejamento estratégico

Muitas organizações cometem o erro fatal de assumir projetos demais sem considerar a disponibilidade limitada de recursos. Consequentemente, os trabalhadores extremamente qualificados são designados a mais de um projeto, criando atrasos no cronograma, menor produtividade, lucros menores do que os previstos e conflitos intermináveis entre os projetos.

A seleção e a priorização de projetos têm de ser feitas com base na disponibilidade de recursos qualificados. Há modelos de planejamento disponíveis para ajudar com o planejamento estratégico de recursos. Esses modelos geralmente são chamados de *modelos de planejamento agregado*.

Outro problema com o planejamento estratégico é a determinação de que projetos exijam os melhores recursos. Algumas empresas usam um cubo de risco-recompensa, no qual os recursos são designados com base na relação entre risco e recompensa. O problema dessa abordagem é que o tempo necessário para alcançar os benefícios (i.e., período de recuperação do investimento) não é considerado.

Os modelos de planejamento agregado permitem que uma organização identifique a sobrecarga de recursos. Isso poderia significar que os projetos de alta prioridade podem precisar ser adiados a tempo ou possivelmente eliminados da fila devido à falta de disponibilidade de recursos qualificados. É uma pena que as empresas também desperdicem tempo considerando projetos para os quais elas sabem que a organização não possui os talentos adequados.

Outro componente essencial desse planejamento é o nível de tolerância a riscos da organização. Nesse caso, o foco é sobre o nível de risco do portfólio, em vez de o nível de risco de um projeto individual. Os tomadores de decisões que compreendem a gestão de riscos podem, então, designar recursos de forma eficiente, de modo que o risco de portfólio seja mitigado ou evitado.

14.9 Analisando o portfólio

As empresas que são organizações voltadas para projetos precisam ser cuidadosas quanto ao tipo e à quantidade de projetos em que elas trabalham, devido aos recursos disponíveis. Em razão de questões de tempo, nem sempre é possível contratar novos funcionários e treiná-los a tempo ou contratar empresas subcontratadas que podem acabar possuindo habilidades questionáveis.

A Figura 14.10 mostra um típico portfólio de projetos, adaptado do modelo de portfólio de ciclo de vida bastante usado para atividades de planejamento estratégico. Cada círculo representa um projeto. A localização de cada círculo representa a qualidade dos recursos e a fase do ciclo de vida em que o projeto se encontra. O tamanho do círculo representa a magnitude dos benefícios em relação a outros projetos, e a "fatia da torta" representa o percentual do projeto concluído até o momento.

Na Figura 14.10, o Projeto A possui benefícios relativamente baixos e usa recursos de qualidade média. O Projeto A está na fase de definição. Entretanto, quando o Projeto A passa para a fase de *design*, a qualidade dos recursos pode mudar para baixa ou para alta. Portanto, esse tipo de gráfico deve ser atualizado com frequência.

As Figuras 14.11, 14.12 e 14.13 mostram três tipos de portfólios. A Figura 14.11 representa um portfólio de projetos de alto risco no qual são necessários recursos significativos

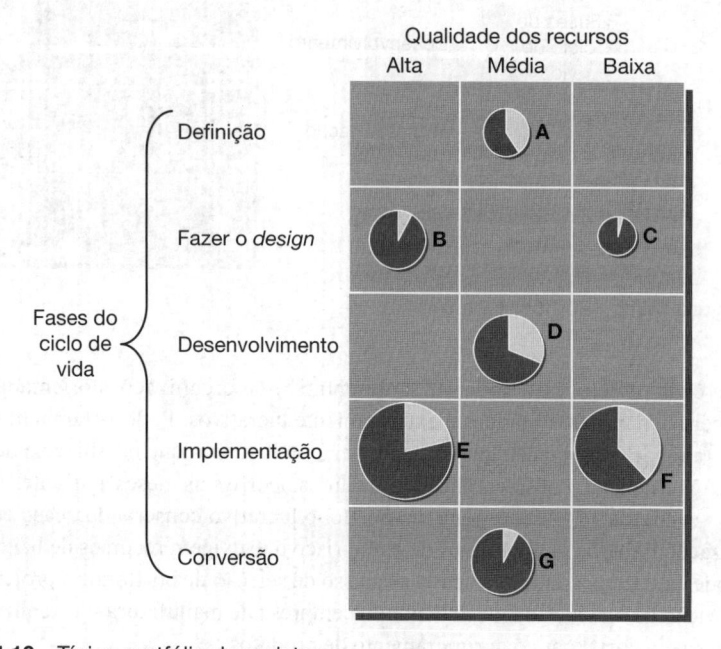

Figura 14.10 Típico portfólio de projetos.

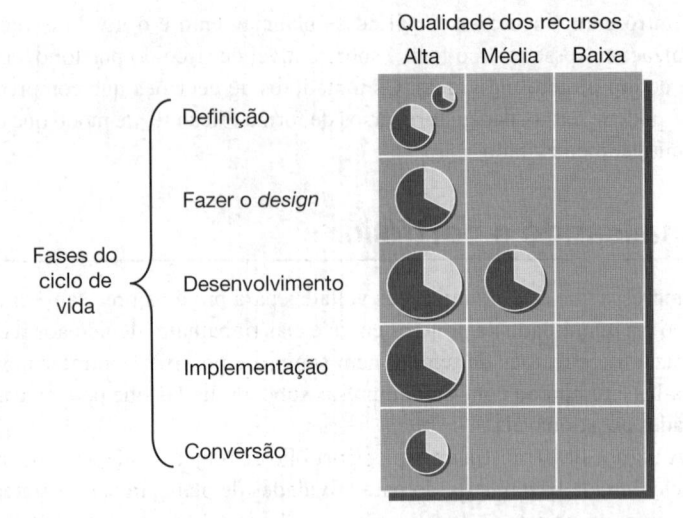

Figura 14.11 Portfólio de alto risco.

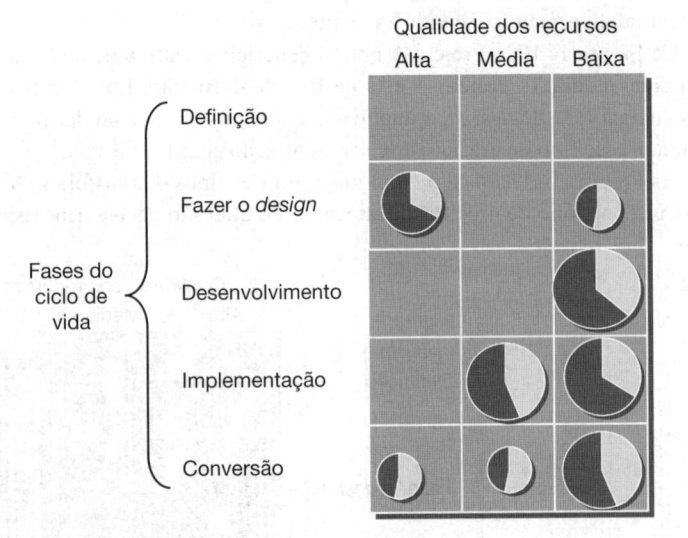

Figura 14.12 Portfólio lucrativo.

em cada projeto. Isso pode ser representativo de organizações orientadas a projetos que receberam projetos grandes e extremamente lucrativos. Poderia também ser uma empresa no ramo de computação que compete em uma indústria que possui ciclo de vida de produto curtos e na qual a obsolescência de produtos ocorre seis meses a jusante.

A Figura 14.12 representa um portfólio lucrativo conservador, caso em que uma organização trabalha com projetos de baixo risco que exigem recursos de baixa qualidade. Isso poderia ser representativo de um processo de seleção de portfólio de projetos em uma organização de serviços ou mesmo em uma empresa de manufatura que tenha projetos criados, em sua maioria, para o aprimoramento de produtos.

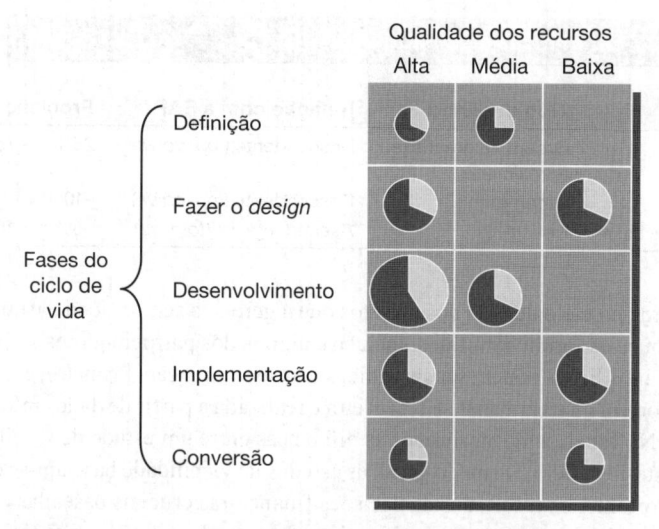

Figura 14.13 Portfólio equilibrado.

A Figura 14.13 mostra um portfólio equilibrado, com projetos em cada fase do ciclo de vida e no qual todos os níveis de recursos estão sendo utilizados, normalmente de forma bastante eficiente. É necessário um malabarismo muito delicado para manter esse equilíbrio.

14.10 Problemas em atender às expectativas

Por que, muito frequentemente, os resultados de um projeto ou de um portfólio inteiro não alcançam as expectativas da gerência sênior? Esse problema aflige muitas corporações, e a culpa é, em última análise (e muitas vezes erroneamente), racionalizada como práticas ruins de gestão de projetos. Como um exemplo, uma empresa aprovou um portfólio de 20 projetos de P&D para 2001. Cada projeto foi selecionado por sua capacidade de ser lançado como um novo produto bem-sucedido. As aprovações foram feitas depois da conclusão de estudos de viabilidade. Orçamentos e cronogramas foram, então, estabelecidos de tal modo que os fluxos de caixa do lançamento dos novos produtos respaldassem os dividendos e o caixa necessário para o andamento das operações.

Gerentes de projetos trabalhando em regime de tempo integral foram designados a cada um dos 20 projetos e começaram com o desenvolvimento de cronogramas e planos de projetos detalhados. Para oito dos projetos, tornou-se rapidamente evidente que as restrições financeiras e de geração de cronogramas impostas pela gerência sênior não eram realistas. Os gerentes de projetos desses oito projetos decidiram não informar à gerência sênior sobre os problemas potenciais, mas esperar um pouco para ver se planos de contingência poderiam ser estabelecidos. Sem ouvir nenhuma má notícia, a gerência sênior ficou com a impressão de que todas as datas de lançamento eram realistas e sairiam como planejadas.

Os oito projetos problemáticos estavam passando por dificuldades. Depois de exaurirem todas as opções e não verem um milagre, os gerentes de projetos, então, informaram relutantemente à gerência sênior que suas expectativas não seriam atendidas. Isso ocorreu

TABELA 14.2 Estimativas de custo/hora

Método de estimação	Tipo genérico	Relação com a EAP	Precisão	Tempo para preparar
Paramétrico	Ordem de grandeza aproximada	Descendente (top-down)	25% a + 75%	Dias
Analogia	Orçamento	Descendente (top-down)	–10% a + 25%	Semanas
Engenharia (de base)	Definitivo	Ascendente (bottom-up)	–5% a + 10%	Meses

tão tarde no ciclo de vida dos projetos que a gerência sênior ficou bastante irritada, e vários funcionários foram demitidos, inclusive alguns dos patrocinadores de projetos.

Várias lições podem ser aprendidas com essa situação. Primeiro, expectativas não realistas ocorrem quando a análise financeira é realizada a partir de dados informais em vez de formais. Na Tabela 14.1, mostramos as diferenças entre um estudo de viabilidade e uma análise de custo-benefício. De modo geral, os estudos de viabilidade baseiam-se em dados informais.

Portanto, os resultados de decisões financeiras cruciais baseadas em estudos de viabilidade podem conter erros significativos. Isso também pode ser observado na Tabela 14.2, que ilustra a precisão de estimativas típicas. Estudos de viabilidade usam estimativas descendentes (*top-down*), que podem conter margens de erros significativas.

As análises de custo-benefício devem ser conduzidas a partir de planos de projeto detalhados usando estimativas mais definitivas. Os resultados da análise de custo-benefício devem ser utilizados para confirmar se os alvos financeiros estabelecidos pela gerência sênior são realistas.

Mesmo com os melhores planos de projeto e com análises de custo-benefício abrangentes, ocorrerão mudanças de escopo. É preciso reestimar periodicamente as expectativas, em tempo oportuno. Uma maneira de fazer isso é usar o conceito de ondas sucessivas exibido na Figura 14.14. O conceito de ondas sucessivas implica que, se você for adiante no projeto, mais conhecimentos serão obtidos, o que permitirá realizar uma estimativa e um planejamento mais detalhados. Estes, por sua vez, fornecem informações adicionais a partir das quais podem-se confirmar as expectativas originais.

A reavaliação contínua das expectativas é crucial. No início de um projeto, é impossível garantir que os benefícios esperados pela gerência sênior sejam realizados na conclusão do projeto. A duração do projeto é um fator crucial. Dependendo da duração, mudanças de escopo podem resultar em um redirecionamento do projeto. O culpado são, na maioria das

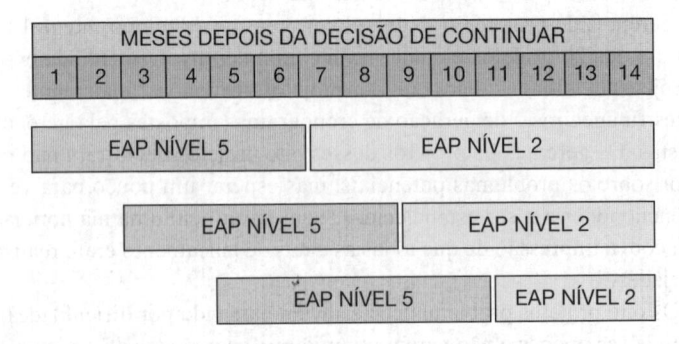

Figura 14.14 Conceito de ondas sucessivas.
Nota: EAP = estrutura analítica do projeto

vezes, mudanças nas condições econômicas, resultando em premissas originais inválidas. Além disso, a gerência sênior precisa tomar ciência dos eventos que possam alterar as expectativas. Essas informações têm de ser disponibilizadas rapidamente. A gerência sênior deve estar disposta a ouvir más notícias e ter coragem de possivelmente cancelar um projeto.

Como as mudanças podem alterar as expectativas, o portfólio de gestão de projetos precisa ser integrado ao processo de gerenciamento de mudanças do projeto. Segundo Mark Forman, diretor associado de TI e governo eletrônico (*e-government*) do escritório de gerenciamento e orçamento:

> Muitas agências deixam de transformar seu processo de gerenciamento de TI usando um processo de gerenciamento de portfólios por não terem um gerenciamento de mudanças em vigor antes de começarem. A TI não resolve problemas de gerenciamento – são os processos de reengenharia que o fazem. As agências devem treinar seu pessoal para abordar os problemas culturais. Elas precisam perguntar se seu processo é um processo simples. Um plano de gerenciamento de mudanças é necessário. É aí que a visão e a direção da gerência sênior são extremamente necessárias nas agências.[8]

Embora os comentários aqui sejam das agências de TI do governo, o problema ainda é de extrema importância em organizações não governamentais e em todas as indústrias.

14.11 Gerenciamento de portfólio na Rockwell Automation

A Rockwell Automation implementou um processo de gerenciamento de portfólio em seu Grupo de Arquitetura e *Software*. As metas e a finalidade do processo são ligar investimentos à nossa estratégia de negócio, maximizar o valor do portfólio, alcançar um equilíbrio (*mix*) desejado de projetos e centrar-se nos esforços da organização. O processo de Gerenciamento de Portfólio coloca o foco estratégico sobre como gerenciamos nossos investimentos, tornando-se parte integral de nosso processo de planejamento. Trata-se de as pessoas chegarem a um consenso usando dados confiáveis e uma estrutura comum de tomada de decisões. O Processo de Gerenciamento de Portfólios associa-se a processos relacionados como Gerenciamento de Ideias, Desenvolvimento de Estratégias, Gerenciamento de Programas e Projetos e nosso recém-implementado Processo Comum de Desenvolvimento de Produtos. (Ver Figura 14.15.)

Propostas de Investimento são qualificadas por meio de um *Concept Scorecard*, que é uma planilha dinâmica que quantifica e marca a atratividade de um conceito por meio de uma Proposta de Investimento que, se aprovada, é utilizada para quantificar um projeto no processo de pontos de decisão de passagem de fase, o que inclui eventos de financiamento. Os dados usados para a tomada de decisões começam com menos no início e aumentam à medida que a precisão e a certeza das estimativas melhoram. A soma de todas as (propostas) não financiadas e todos os (projetos) financiados é gerenciada por meio da Lista de Conceitos Ordenados por Classificação (*Ranked Ordered Concept List*), que é alimentada pelo Concept Scorecard. (Ver Figura 14.16.)

---

[8] Stouffer and Rachlin, "A Summary of First Practices and Lessons Learned in Information Technology Portfolio Management", p. 1.

A Seção 14.11 sobre a Rockwell Automation foi fornecida por James C. Brown, PgMP, PMP®, OPM3 AC, MPM, CIPM, CSP, CSSMBB, diretor, escritório de gerenciamento de programas empresarial da A&S; Karen Wojala, gerente de planejamento de negócios; e Matt Stibora, gerente de empreendimentos enxutos.

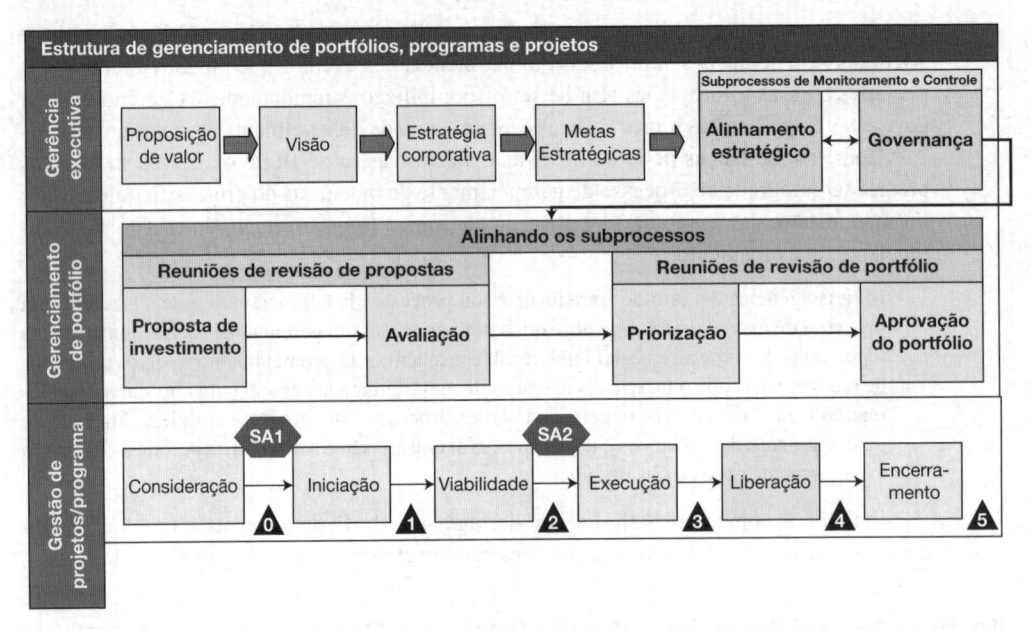

Figura 14.15 O gerenciamento de portfólio e um processo comum de pontos de decisão de passagens de fases no desenvolvimento de produtos.
Nota: SA1 e SA2 são solicitações de apropriação em vários marcos de passagens de fases

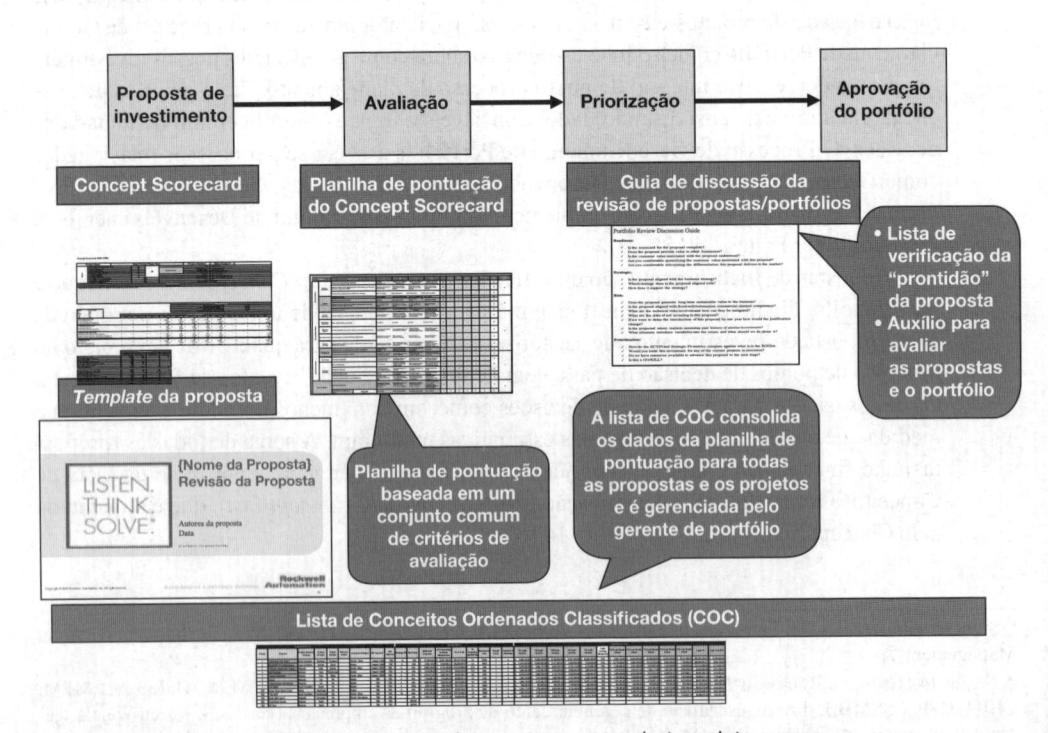

Figura 14.16 Processo de gestão de projetos e panorama do *template* comum.

14.12 WWF-World Wide Fund for Nature (também conhecido como World Wildlife Fund)

GERENCIAMENTO DE PORTFÓLIO: MEDINDO OS RESULTADOS DE CURTO E LONGO PRAZO NO WWF

O WWF é uma das maiores organizações de conservação do mundo e baseia-se em uma rede de escritórios nacionais que produziram uma Estrutura Global de Programas comum, um ambicioso portfólio de prioridades em biodiversidade e impacto ambiental no qual concentrar os esforços da rede do WWF até 2020. O WWF está implementando um conjunto de programas globais de prioridades concentrando-se em áreas geográficas prioritárias (ecorregiões), principais espécies, pegada ecológica[9] e fatores determinantes[10] a fim de cumprir as metas da sua Estrutura Global dos Programas.

O WWF International age como uma secretaria para coordenar a rede e fornecer serviços centralizados de gerenciamento e para estabelecer padrões e melhores práticas. Como todas as organizações, o WWF precisa monitorar o desempenho de seu portfólio para maximizar a relação custo-benefício, gerenciar riscos e identificar e compartilhar as melhores práticas.

Entretanto, como uma organização sem fins lucrativos trabalhando em um ambiente muito complexo em constante modificação, o WWF enfrenta diversos desafios específicos em seu gerenciamento de portfólio, em particular:

- Uma estrutura organizacional fortemente descentralizada, com sistema de gerenciamento e aprovações independentes, prioridades específicas a cada local e conjuntos não padronizados de medidas de desempenho.
- Recursos financeiros e humanos globais limitados e, assim, uma forte necessidade de priorizar programas que maximizarão o impacto coletivo.
- Um contexto global em constante evolução, fortemente influenciado por tendências econômicas e geopolíticas globais.
- Demoras significativas entre intervenção e impacto mensurável, e difícil atribuição.

Para lidar com esses desafios, o WWF desenvolveu um sistema global de monitoramento e gerenciamento de portfólios que delega poderes à gerência local, informando, ao mesmo tempo, a tomada de decisões global; que demonstra resultados no curto, médio e longo prazo; que detecta tendências e oportunidades que estejam surgindo; e que possibilite a alocação de recursos mais eficiente em termos de conservação.

O sistema de gerenciamento de portfólio do WWF, implementado em julho de 2013, fornece, portanto, programas com as informações necessárias para um gerenciamento adaptativo, permite que órgãos de governança explorem o progresso entre diferentes programas e dentro de um mesmo programa e permite a agregação, em um nível global, de dados suficientes para análises significativas do desempenho geral da Estrutura Global dos Programas e de impactos e tendências de conservação.

Qualquer reprodução integral ou parcial deste artigo precisa mencionar o título e dar o crédito ao WWF como detentor dos direitos autorais. Texto 2013 © WWF-World Wide Fund for Nature (também conhecido como World Wildlife Fund). Todos os direitos reservados. O material da Seção 14.12 foi escrito por Peter J. Stephenson, Ph.D., ex-diretor, e William Reidhead, MSc, ex-conselheiro, *Design* e Impacto, Unidade de Estratégia de Conservação e Desempenho, WWF.

[9] *Pegada ecológica* se refere às áreas de plantação, pastagens, florestas e zonas de pesca necessárias para produzir alimentos, fibras e madeira consumidas em um país, para absorver os resíduos emitidos ao gerar a energia que ele utiliza e para fornecer espaço à sua infraestrutura.

[10] Um *fator determinante* é definido como um fator social, econômico ou político que leva a um impacto direto sobre o meio ambiente por meio de uma mudança ou no estado da biodiversidade e/ou na pegada ecológica.

O sistema de gerenciamento de portfólio inclui três pilares:

a. Avaliar o desempenho do programa

O WWF reconhece que poucos resultados de conservação mensuráveis são observáveis no curto prazo e, em muitos casos, os programas exigem cinco anos ou mais para demonstrar mudanças. Consequentemente, os programas de conservação enfatizam substancialmente articulação e teste de suas teorias de mudança, isto é, a lógica do programa sobre como intervenções no curto prazo se desenrolarão, com o passar do tempo, chegando a resultados e impactos de escala cada vez maiores. Uma teoria de mudanças que seja bem articulada especifica resultados intermediários planejados como a base para o planejamento do trabalho no curto prazo e a unidade de gerenciamento de programas regular. O primeiro pilar do sistema de gerenciamento de portfólio do WWF exige que cada programa faça uma autoavaliação anual, em uma escala contínua de 1 a 7, de seu progresso em direção aos seus resultados intermediários planejados anuais. Para aumentar a objetividade desse processo, cada programa está sujeito a uma revisão paritária independente. Gera-se, assim, um "KPI geral dos resultados de conservação" para cada programa prioritário do WWF; esse KPI pode ser usado no nível do portfólio como um instantâneo do desempenho em determinado momento e como um sistema de alerta precoce de programas com subdesempenho ou programas que exigem suporte adicional da rede do WWF.

b. Medir resultados e impactos

O segundo pilar do sistema de gerenciamento de portfólio exige que a organização vá além do desempenho de curto prazo dos programas, em direção a resultados e impactos selecionados.

Resultados normalmente estão relacionados a reduzir ameaças à biodiversidade e são definidos pelos objetivos declarados de um programa. O monitoramento de resultado responde a perguntas como: novas áreas protegidas foram estabelecidas e eficientemente gerenciadas? As capturas da pesca melhoraram e as capturas acidentais foram reduzidas? Mudanças políticas essenciais foram determinadas e implementadas?

Impacto é uma medida de como um programa está se saindo em relação às suas metas declaradas diretamente relacionadas à biodiversidade que está tentando conservar ou a pegada ecológica que está tentando reduzir. Responde a perguntas como: o número de tigres aumentou? A cobertura florestal na Amazônia permanece estável? A pesca do bacalhau se recuperou? O consumo de energia diminuiu? As comunidades locais se beneficiaram com esse programa?

A Rede do WWF chegou a um acordo quanto a 20 "indicadores comuns" que pretendiam gerar um quadro dos resultados que os programas estão atingindo em relação a um conjunto comum de medidas comparáveis. Os indicadores comuns são articulados em torno de estado (cobertura e conectividade do habitat; populações das principais espécies; saúde do oceano; diversidade das espécies; fluxos ambientais), pressões (perda e degradação do habitat; fragmentação dos rios; redução e superexploração de espécies, emissões de CO_2), respostas (tamanho das áreas protegidas e eficiência do gerenciamentos; produção sustentável de mercadorias, energia e água; comércio de fauna e flora selvagens) e impacto social (beneficiários). Indicadores similares de programas similares podem se agrupar para permitir uma análise global para uso por órgãos de governança em gerenciamento de portfólios. Como os mesmos indicadores são utilizados por muitos governos e ONGs (p. ex., para contribuições de monitoramento para acordos ambientais multilaterais), os dados podem ser acessados e compartilhados mais facilmente por meio de conjuntos de dados globais.

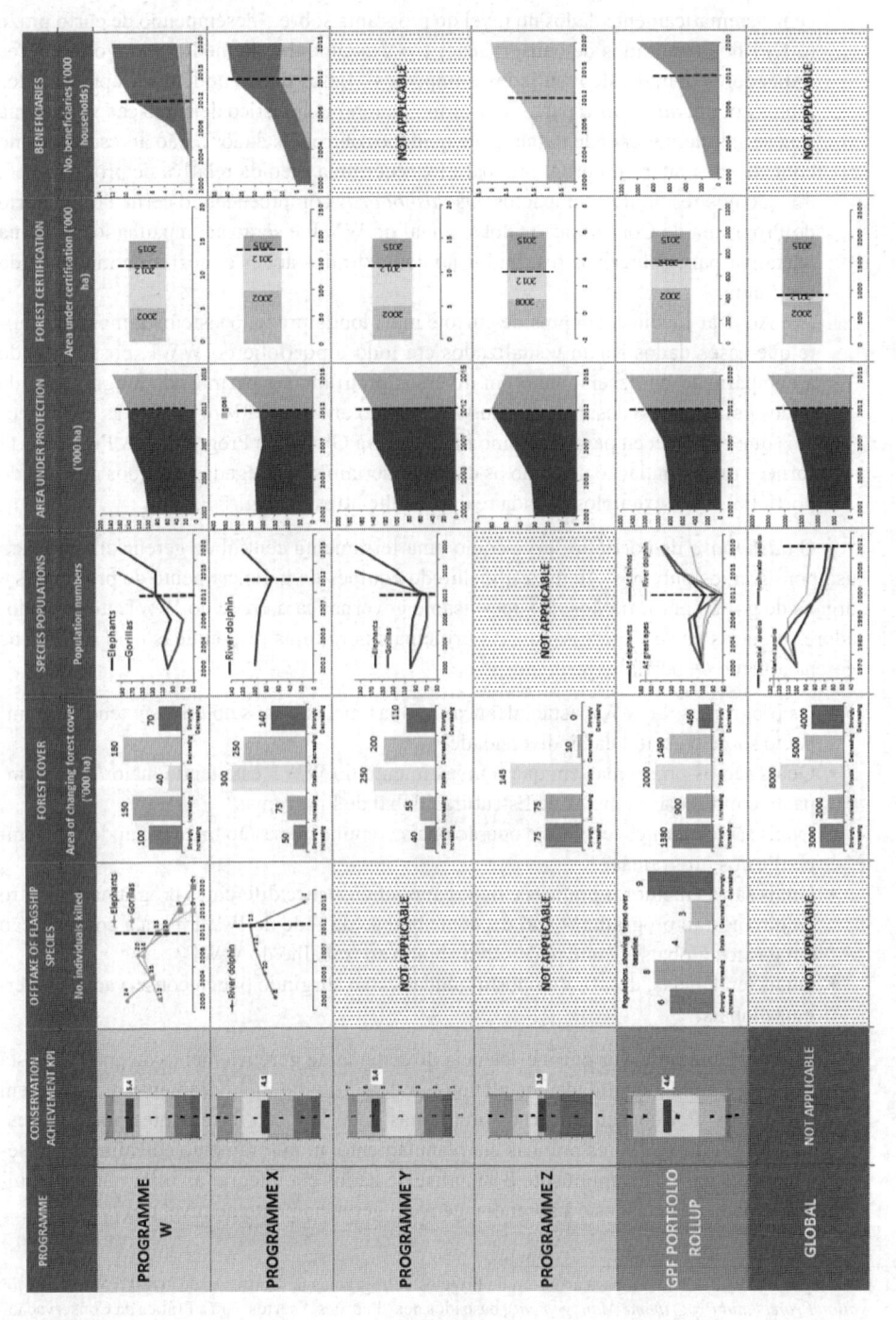

Capítulo 14 • Gerenciamento de portfólio de projetos **537**

Figura 14.17 Exemplo de *dashboard* consolidado dos programas florestais do WWF (todos os dados são hipotéticos).

c. *Dashboards* de portfólios

O primeiro e o segundo pilares do sistema de gerenciamento de portfólio fornecem sistematicamente dados no nível do programa sobre o desempenho de curto prazo (o KPI dos resultados de conservação) e o desempenho de médio e longo prazo (os indicadores comuns de resultados e impactos). Esses dados podem ser apresentados juntos em um *dashboard* para oferecer um panorama holístico de como cada programa está se saindo, independentemente de qualquer outro. Os dados serão apresentados no contexto das metas do programa para fornecer uma medida relativa de progresso em direção aos resultados e impactos. Os *dashboards* compreendem o cerne do Relatório do Programa de Conservação Global anual do WWF e serão acompanhados por uma narrativa para colocar os resultados no contexto das ações e teorias de mudança do programa.

Ao usar medidas comuns de curto e mais longo prazo, o sistema também permite que esses dados sejam visualizados em todo o portfólio do WWF, possibilitando a comparação do desempenho em diversos programas e permitindo a agregação de dados para medir o desempenho do WWF como organização em relação às metas globais que estabeleceu para si mesmo na Estrutura Global de Programas. A Figura 14.17 fornece uma simulação de como os dados poderiam ser agregados e usados no nível do portfólio. (Para exemplos da vida real, consulte https://goo.gl/REEQll.)

O *dashboard* de portfólio serve como uma ferramenta central de gerenciamento para uso por diversos públicos diferentes, incluindo equipes de gerenciamento de programas e órgãos de governança, órgãos de supervisão e governança da rede do WWF, além de doadores e outras partes interessadas. As principais perguntas respondidas pelo sistema de gerenciamento de portfólio incluem:

- Os programas do WWF estão alcançando suas metas e seus objetivos e tendo um impacto sobre o estado da biodiversidade?
- Quais são os programas em que o investimento do WWF está tendo maior/menor impacto em direção às metas da Estrutura Global de Programas?
- Quais são os fatores técnicos e operacionais comuns que estão influenciando o desempenho dos programas?
- Quais são as melhores práticas e lições aprendidas entre diferentes programas e dentro de um mesmo programa? Qual é a contribuição da rede do WWF para a conservação em termos globais? O que pode ser atribuído ao trabalho do WWF?
- Quais tendências, desafios e oportunidades estão surgindo para a conservação em termos globais?

É importante observar que a eficiência do sistema de gerenciamento de portfólio está intimamente ligada à qualidade dos planos estratégicos e do monitoramento praticado em cada programa. Por consequência, os programas do WWF são fortemente apoiados e estimulados a seguir melhores práticas em planejamento, monitoramento e avaliação,[11] a separar recursos para o levantamento e a análise de dados e a integrar as informações resultantes à tomada de decisões e à aprendizagem em gerenciamento no nível dos programas.

---

[11] O WWF segue os "Padrões WWF para a Gestão de Projetos e Programas de Conservação" (*WWF Standards for Conservation Project and Programme Management*), baseados nos "Padrões Abertos para a Prática da Conservação" (*Open Standards for the Practice of Conservation*), um conjunto de melhores práticas desenvolvido e promovido pela Aliança para as Medidas de Conservação (*Conservation Measures Partnership*, www.conservationmeasures.org).

15
Excelência em gestão de projetos global

15.0 Introdução

Nos capítulos anteriores, discutimos a excelência em gestão de projetos, o uso de metodologias de gestão de projetos e o hexágono da excelência. Muitas empresas descritas neste livro já se tornaram excelentes em todas essas áreas. Neste capítulo, discutiremos sete empresas: IBM, Citigroup, Microsoft, Deloitte, Comau, Fluor e Siemens. Todas já alcançaram práticas e características especializadas relacionadas a uma gestão de projetos globalizada profunda:

- Elas são multinacionais.
- Vendem soluções de negócios aos seus clientes, em vez de apenas produtos ou serviços.
- Reconhecem que, para serem provedoras de soluções bem-sucedidas, precisam se tornar excelentes em gestão de projetos, em vez de apenas serem boas nisso.
- Reconhecem que têm de ser excelentes em todas as áreas da gestão de projetos em vez de apenas em uma área.
- Reconhecem que uma abordagem de gestão de projetos global deve focar mais estrutura, *templates*, listas de verificação, formulários e diretrizes do que políticas e procedimentos rígidos, e que a abordagem precisa poder ser usada igualmente bem em todos os países e para todos os clientes.
- Reconhecem a importância do gerenciamento do conhecimento, de lições aprendidas, de captar as melhores práticas e das melhorias contínuas.
- Compreendem a necessidade de possuir ferramentas como suporte à sua abordagem de gestão de projetos.
- Compreendem que, sem melhorias contínuas na gestão de projetos, elas podem perder clientes e participação de mercado.
- Mantêm um escritório de gestão de projetos ou um centro de excelência (CoE).
- Realizam o planejamento estratégico da gestão de projetos.
- Consideram a gestão de projetos como uma competência estratégica.

Essas características podem se aplicar e se aplicam a todas as empresas citadas anteriormente, mas são de máxima importância para empresas multinacionais.

15.1 IBM

VISÃO GERAL

Como foi amplamente divulgado nos últimos anos, a IBM está passando por uma das transformações mais complexas e significativas desde a sua fundação em 1911.

Além de ser uma das maiores empresas de serviços de consultoria e tecnologia da informação (TI) do mundo, a IBM é uma líder global em tecnologia e negócios, inovando em pesquisa e desenvolvimento para moldar o futuro da sociedade como um todo.

Hoje, a IBM se considera muito mais do que uma empresa de tecnologia da informação.

Em abril de 2016, a diretora, presidente e CEO da IBM, Ginni Rometty, descreveu o nascimento de uma nova era, definido por plataformas de nuvem e computação cognitiva. Ela descreveu como a indústria de TI está se reordenando fundamentalmente a uma velocidade sem precedentes. Em resposta, a IBM está se tornando muito mais do que uma empresa de "*hardware*, *software* e serviços". Estamos emergindo como uma empresa de plataforma de nuvem e soluções de IA.

As habilidades e capacidades da sua força de trabalho são fundamentais para o sucesso dessa transformação. Cada um de nós, sem exceção, está sendo desafiado a se tornar relevante para o mercado de amanhã. Somos todos incentivados a realizar pelo menos 40 horas de treinamento por ano (Think 40), a maior parte do qual é direcionada a tecnologias emergentes e conhecimento específico do setor.

Somos incentivados a ter um ponto de vista, ter destaque social e profissionalmente e nos sentirmos confortáveis em situações de interação com o cliente. Recebemos ferramentas e técnicas para realizar esse objetivo, incluindo novas maneiras de aprender, como vídeos, jogos e técnicas de *e-learning* interativo, em busca desse objetivo. O vocabulário cotidiano das nossas equipes está ganhando novas expressões, como sobre "ser mais ágil", "correr mais riscos (calculados)" e "colaborar melhor e mais rapidamente".

O Centro de Excelência em Gestão de Projeto (PMCOE, *PM Centre of Excellence*) da IBM não foge a essa transformação. O ano de 2017 marca o vigésimo aniversário do Centro de Excelência, o que claramente demonstra o comprometimento contínuo da IBM com a gestão de projetos enquanto profissão crítica dentro da empresa.

No cerne da nossa missão, vemos a exigência permanente de continuar a capacitar e apoiar nossa comunidade de gestão de projetos com processos, métodos e ferramentas líderes do setor. Contudo, continuamos a evoluir e a nos questionar para garantir que atendamos às demandas dos nossos clientes, dado o ambiente em mudança rápida e contínua no qual todos operamos atualmente.

COMPLEXIDADE

Quando refletimos sobre a escala e diversidade das dezenas de milhares de projetos simultâneos sendo gerenciados pela nossa comunidade, fica evidente como é enorme essa quantidade. Não estamos pedindo apenas que nossos gerentes de projetos trabalhem além das fronteiras tradicionais de tempo, orçamento e recursos, agora precisamos entender e sermos capazes de nos expressar claramente sobre:

©2017 por IBM Corporation. Reproduzido com permissão. Todos os direitos reservados. O material da Seção 15.1 foi fornecido por Jim Boland, do Centro de Excelência Global em Gestão de Projetos, IBM Global Business Services.

- Tecnologias emergentes (p. ex., cognitivo, Internet das Coisas, nuvem, etc.)
- Empresas tradicionais *versus* híbridas (local, remoto, virtual, etc.)
- Soluções específicas ao setor (p. ex., energia, automotivo, público, etc.)
- Soluções específicas à plataforma (p. ex., ofertas de serviço)
- Soluções específicas ao cliente (p. ex., soluções customizadas, integração entre múltiplos ambientes de legado diversos, etc.)

A maior parte das nossas equipes, e das equipes dos nossos clientes, é de natureza global, o que exige que todos nos tornemos especialistas em diferenças culturais, geopolíticas e até religiosas.

Nas próximas seções, descrevemos como o PMCOE empodera a nossa comunidade de GP. Posteriormente, analisaremos oportunidades e tendências futuras.

O SISTEMA DE GESTÃO DE PROJETOS DA IBM

A implementação bem-sucedida de projetos e programas exige um sistema de gestão que trabalha todos os aspectos de planejamento, controle e integração com processos técnicos e de negócios.

O sistema estruturado de GP da IBM enfrenta os desafios de entrega para produzir compromissos de negócios para os seus clientes de forma confiável.

- Os riscos são claramente definidos e gerenciados de forma mais eficaz porque o projeto é definido corretamente, dentro do ambiente de negócios do cliente.
- A produtividade aumenta com a definição clara de funções, responsabilidades e *deliverables*, o que resulta em um início mais rápido pelo uso de gestão do conhecimento, menos retrabalho e mais tempo produtivo no projeto.
- A comunicação é mais fácil e clara, pois as equipes de projeto (cliente e IBM) se formam mais rapidamente e usam uma terminologia em comum.
- A visibilidade do cliente em relação aos planos do projeto, o cronograma e o desempenho real em relação aos objetivos do projeto é fortalecida, ajudando a aumentar a satisfação do cliente.
- Os resultados desejados do cliente são alinhados aos *deliverables* do projeto.

O sistema abrangente de GP da IBM tem três dimensões: cobertura, profundidade e escopo aplicável a projetos e programas (ver Figura 15.1).

A primeira dimensão é o *escopo*. A IBM desenvolveu os facilitadores e profissionais necessários para gerenciar a entrega de projetos e programas de todos os tamanho e complexidades. Os facilitadores incluem: um método de GP de escopo integral, uma suíte de ferramentas de GP, sistemas de gestão de GP e uma equipe de profissionais de GP treinados e com experiência nesses facilitadores. Os facilitadores são integrados de modo que complementem e apoiem uns aos outros.

A segunda dimensão, a *cobertura*, garante que os facilitadores (método, suítes de ferramentas e processos) sejam abrangentes e possam ser escalados para atender adequadamente aos requisitos da equipe de gestão da empresa, desde projetos a programas e portfólios. Os profissionais de GP da IBM também têm habilidades e experiências variadas, desde os gerentes de projetos aos executivos.

A terceira dimensão é a *profundidade*. A profundidade trabalha a integração das disciplinas de gestão de projetos/programas e dados com os sistemas de gestão da empresa em todos os níveis.

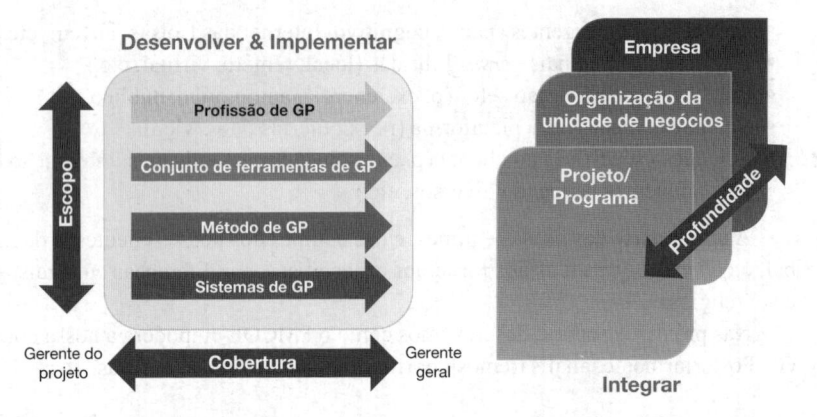

Figura 15.1 As três dimensões do sistema de gestão de projetos da IBM.

Em suma, a abordagem de GP da IBM envolve construir *deliverables* de GP com o escopo integral dos itens a serem implementados e controlar a entrega de um projeto ou programa, ter a cobertura necessária para serem aplicáveis em todos os níveis da organização e ter profundidade para serem integrados à própria essência da empresa.

A abordagem estrutura da IBM à gestão de projetos e programas inclui entender e se adaptar para atender às necessidades e ao ambiente dos nossos clientes. Um sistema de GP é a alma dessa abordagem estruturada.

A METODOLOGIA DE GESTÃO DE PROJETOS DA IBM

Para oferecer às suas equipes métodos consistentes para implementar a gestão de projetos em todo o mundo, a IBM desenvolveu o Método Mundial de Gestão de projetos (WWPMM, *Worldwide Project Management Method*), que estabelece e oferece orientações sobre as melhores práticas de gestão de projetos para definir, planejar executar e controlar uma ampla variedade de projetos. (Ver Figura 15.2).

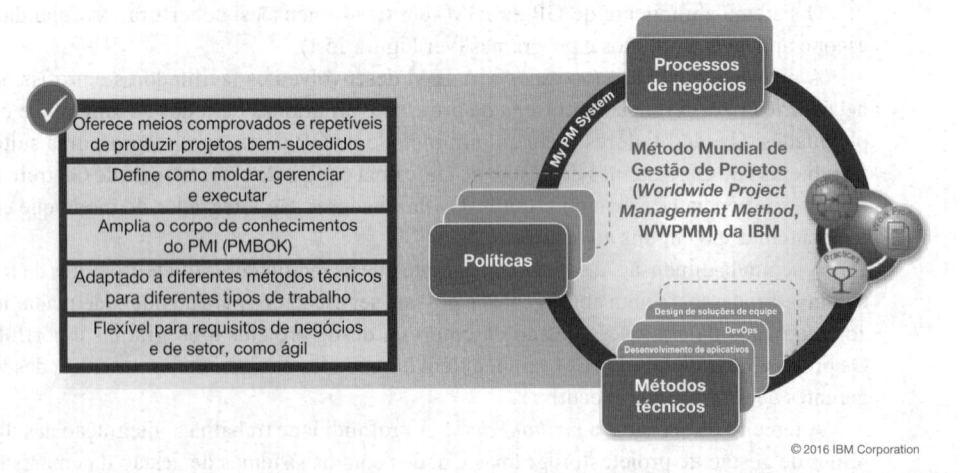

Figura 15.2 Sistema customizado de gestão de projetos.

O objetivo do método de GP da IBM é oferecer meios comprovados e repetíveis de produzir projetos bem-sucedidos que resultem em projetos/programas bem-sucedidos e clientes satisfeitos.

O WWPMM é uma implementação do *Guia PMBOK®* (*corpo de conhecimentos de gestão de projetos*)* do PMI, criado para o ambiente da IBM. O WWPMM estende os processos do *Guia PMBOK®* vertical e horizontalmente e especifica o conteúdo dos produtos do trabalho de GP.

O WWPMM posiciona os métodos ágeis para a comunidade de GP desde 2008, tendo sido atualizado com o passar dos anos para dar mais apoio para projetos usando técnicas e princípios ágeis. O WWPMM (ágil) é publicado como um método de GP independente e inclui orientações adicionais para apoiar os métodos ágeis e produtos de trabalho alinhados com as técnicas ágeis. A abordagem adotada foi usar os métodos ágeis em termos genéricos e não selecionar uma técnica ágil específica (como Scrum, Kanban ou XP).

O WWPMM descreve o modo como projetos e programas são gerenciados na IBM. Eles são documentados como uma série de planos e procedimentos que direcionam todas as atividades de GP e os registros que documentam a sua implementação. A fim de ser genérico e aplicável em toda a IBM, o método de gestão de projetos não descreve fases do ciclo de vida, mas, em vez disso, grupos de atividade de GP que podem ser usados repetidamente ao longo de qualquer ciclo de vida. Isso permite a flexibilidade para o método ser usado com qualquer número de abordagens técnicas e ciclos de vida.

O WWPMM consiste em uma série de componentes inter-relacionados:

- *Práticas de GP* – agrupa as tarefas, produtos de trabalho e orientações necessárias para apoiar uma determinada área do conhecimento.
- *Atividades de GP* – organiza as tarefas definidas nas práticas de GP em uma série de passos executáveis, projetados para atender a uma determinada meta de GP ou em resposta a uma determinada situação de GP.
- *Produtos de Trabalho de GP* – são os resultados verificáveis produzidos e usados para gerenciar um projeto.

O WWPMM inclui um conjunto de *templates* ou mentores de ferramentas para planos, procedimentos e registros que podem ser adaptados rápida e facilmente para atender às necessidades de cada projeto individual.

De acordo com Laura Franch, líder de WWPMM da IBM:

> A integração contínua da metodologia de gestão de projetos da IBM com outras iniciativas da IBM, as melhorias das lições aprendidas e o alinhamento com normas externas são necessários para garantir que o WWPMM levará à excelência mundial na prática de gestão de projetos.

A IBM usa o WWPMM para estimar, planejar e gerenciar os projetos de desenvolvimento de aplicativos. As principais atividades envolvidas com esse processo incluem:

- Definir, planejar e estimar cada aspecto do projeto
- Organizar, controlar e gerenciar múltiplos tipos de projetos (isolados, interfuncionais e matriciais)
- Completar projetos de forma comum em todas as plataformas
- Capturar, monitorar e gerar relatórios sobre informações baseadas em desempenho

---

* PMBOK é marca registrada do Project Management Institute, Inc.

- Gerenciar exceções, incluindo riscos, problemas, mudanças e dependências
- Garantir que os benefícios do projeto estão sendo realizados
- Manter uma comunicação contínua com os grupos de interesse envolvidos no projeto e informar o *status* e os problemas para a gerência executiva do cliente
- Analisar o projeto após a implementação para confirmar que os processos padrões foram seguidos e para identificar atividades de melhoria de processos para projetos futuros

Essas atividades críticas são apoiadas por técnicas e ferramentas de planejamento de projetos, geração de planos de trabalho, estimativa de custos e cronogramas, controle do tempo e relatórios de *status*.

Para responder à necessidade de ser flexível, os *templates* e produtos de trabalho do Sistema de Gestão de Projetos podem ser personalizados de modo a atender aos requisitos específicos de áreas geográficas, de linhas de negócios ou de clientes, mantendo, ainda, nosso compromisso com "um único método comum de gestão de projetos". O WWPMM está disponível para licenciamento para uso pelos clientes da IBM e para benefícios futuros além do escopo e da escala de um projeto específico.

A biblioteca de ativos de processo sob demanda representa uma implementação do WWPMM que apoia os padrões do setor, como o Modelo de Maturidade em Capacitação – Integração (CMMI, *Capability Maturity Model Integration*) do Instituto de Engenharia de Software.

O ESCRITÓRIO DE GESTÃO DE PROJETOS EMPRESARIAL DA IBM

Como parte de sua missão de se transformar em uma empresa baseada em projetos, o PMCOE da IBM concentra-se na compreensão e na implementação de escritórios de gestão de projetos (PMOs) para auxiliar no processo de transformação do GP. Os PMOs empresariais são fundamentais para a capacidade da organização de definir, controlar e entregar resultados de projetos mais previsíveis.

Os PMOs empresariais da IBM capacitam o alinhamento contínuo com a estratégia da organização, apoiam a GP padronizada e enfocam a gestão de talentos. (Ver Figura 15.3.)

Figura 15.3 Escritório de gestão de projetos empresarial da IBM.

Figura 15.4 Elaboração e implementação das capacidades do escritório de projetos.

EXCELÊNCIA NA ENTREGA — Gerenciar e controlar proativamente os planos de trabalho dos programas e projetos

COMUNICAÇÕES — Capacitar a comunicação eficaz entre a equipe do projeto, a gerência executiva e outras partes interessadas

GERENCIAMENTO DE EVENTOS — Permitir a resolução de problemas que surjam durante o projeto/programa e gerenciar escaladas e a conclusão de ações

GERENCIAMENTO DE MUDANÇAS — Fornecer um processo para gerenciar as mudanças inesperadas que surgem inevitavelmente durante um projeto/programa

GERENCIAMENTO DE CONHECIMENTOS — Garantir o sucesso de projetos futuros com o compartilhamento e a reutilização de melhores práticas e capital intelectual

GERENCIAMENTO FINANCEIRO — Planejar, controlar e reconciliar efetivamente orçamentos de projetos e informações financeiras

MONITORAMENTO E CONTROLE — O EPMO fornece governança, disciplina e recursos para gerenciar com eficácia um portfólio de projetos em uma organização.

GERENCIAMENTO DE BENEFÍCIOS — Implementar um mecanismo para monitorar benefícios esperados e áreas de melhoria

GERENCIAMENTO DE RECURSOS HUMANOS — Otimizar o uso dos recursos do programa e projeto em todo o portfólio da organização

GESTÃO DE RISCOS — Identificar, analisar e reagir proativamente a riscos ao projeto, ao programa e ao portfólio geral da organização

GERENCIAMENTO DA QUALIDADE — Definir o processo de controle da qualidade para garantir que o projeto/programa satisfaz aos critérios de qualidade definidos

GERENCIAMENTO DE INFRAESTRUTURA — Estabelecer a infraestrutura apropriada (instalações, ferramentas, metodologia e tecnologia) para apoiar o portfólio da organização

GERENCIAMENTO DA DOCUMENTAÇÃO — Implementar um processo e um repositório comum para gerenciar os *deliverables* e a documentação de projetos e programas

© 2016 IBM Corporation

O PMO empresarial da IBM enfoca seis fatores críticos de sucesso para lidar com diversos desafios enfrentados pelas equipes de projetos:

1. Garantir que todas as principais partes interessadas entendam o *valor* da GP.
2. *Engajar-se ativamente com patrocinadores/executivos*, enfrentando seus problemas mais importantes e gerando o apoio necessário para o projeto/programa.
3. Garantir o *alinhamento estratégico entre as metas de negócios e os projetos executados* ao permitir que as equipes executivas tomem decisões informadas e escolham os projetos certos para produzir valor de negócio.
4. Usar práticas *padronizadas* de GP para apoiar a estratégia empresarial e oferecer o nível certo de controle para reduzir os riscos e garantir o sucesso da entrega.
5. Usar *melhores práticas, ativos e capital intelectual* de GP que permitam que as organizações reduzam os riscos e produzam soluções repetíveis, de alto valor e de alta qualidade.
6. Investir em *desenvolver o talentos dos gerentes de projetos* para ter níveis superiores de desempenho do projeto e execução de iniciativas estratégicas.

O PMO empresarial fornece a governança, a disciplina e os recursos para gerenciar com eficácia um portfólio de projetos em uma organização.

A IBM forma parcerias com os clientes para determinar o PMO empresarial apropriado para produzir os resultados de negócios pretendidos e fornece os métodos, os processos e as práticas para a boa elaboração e implementação das capacidades de um escritório de projetos. (Ver Figura 15.4.)

PROCESSOS DE NEGÓCIOS DA IBM

Os processos de negócios básicos da IBM são integrados de forma fluida aos nossos métodos. Três desses processos beneficiam diretamente muitos dos projetos que gerenciamos: qualidade, gerenciamento de conhecimentos e avaliação da maturidade.

Qualidade

O método de GP da IBM se forma facilmente às normas de qualidade ISO. Isso significa que os gerentes de projetos que usam o WWPMM não precisam gastar tempo tentando estabelecer uma norma de qualidade para o seu projeto, pois a norma de qualidade já está integrada ao sistema de gestão do projeto.

Na IBM Global Services, as práticas de negócios da IBM exigem uma revisão independente de garantia da qualidade da maioria dos projetos, realizada pela nossa organização mundial de qualidade. As revisões de projetos têm um papel importante, pois identificam problemas potenciais antes que se materializem, o que ajuda a manter os projetos dentro do prazo e do orçamento. As avaliações e revisões internas da IBM são realizadas em diversos pontos de verificação designados durante o ciclo de vida do projeto.

Gerenciamento de conhecimentos

As melhores práticas, os ativos e o capital intelectual de GP da IBM representam o conhecimento especializado combinado de dezenas de milhares de gerentes de projetos da IBM em décadas de trabalho e experiência na realização de projetos e programas. Foram estabelecidas redes formais de conhecimento em GP que permitem que os gerentes de projetos compartilhem o seu conhecimento em um ambiente global.

Os gerentes de projetos da IBM também têm acesso a capital intelectual sobre projetos, incluindo produtos de trabalho reutilizáveis, como arquiteturas, *designs*, planos, etc. Os gerentes de projetos são incentivados a compartilhar o seu próprio conhecimento e experiência e a publicarem seus produtos de trabalho e experiências com projetos. Capturar melhores práticas e lições aprendidas sobre projetos completos é fundamental para garantir o sucesso em projetos futuros.

Avaliação da maturidade

A IBM desenvolveu um conjunto abrangente de ferramentas e melhores práticas, o Guia de Maturidade do Progresso em Gestão de Projetos para avaliar suas capacidades atuais de GP e os serviços de GP que presta para os seus clientes e melhorá-los com o tempo.

A avaliação de capacidade de GP da IBM foi adaptada do CMMI do Instituto de Engenharia de Software e melhores práticas em GP do setor e da IBM. Ela mede o quanto cada elemento de um processo ou sistema de GP está presente, está integrado à organização e, em última análise, afeta o desempenho da organização. A avaliação é realizada contra 26 melhores práticas por meio de documentação e entrevistas em busca de evidências de implementação, utilização, cobertura e conformidade. Ela fornece:

- Pontos fortes e fracos atuais da capacidade e uma lista priorizada de lacunas
- Recomendações de ações de melhoria para lacunas de alta e média prioridade
- Uma classificação do nível de maturidade geral para cada uma das melhores práticas

Para maximizar o valor, a organização deve determinar um valor de referência da maturidade em GP; priorizar, planejar e implementar com eficácia as oportunidades de melhoria; e então realizar medições para confirmar a melhoria consistente das capacidades de GP da organização. Quando entendemos os pontos fortes e fracos de uma organização, é possível identificar ações para melhorar continuamente a GP e cumprir os objetivos de negócios.

À medida que a maturidade da GP da organização melhora, os projetos são completados com mais eficiência, a satisfação do cliente melhora e resultados de negócios mais fortes são produzidos.

OS PROGRAMAS DE DESENVOLVIMENTO DE HABILIDADES DE GESTÃO DE PROJETOS DA IBM

O fortalecimento da integração de métodos, processos de negócios e políticas representa o desenvolvimento contínuo dos profissionais de GP da IBM por meio da educação e certificação.

Educação

O currículo de GP da IBM é produzido globalmente e em todas as linhas de negócios, ajudando a promover uma base consistente de terminologia e um entendimento comum em toda a empresa. Apesar de claramente serem um público importante para o treinamento, a participação não se limita apenas aos gerentes de projetos. Em vez disso, o currículo existe para atender às necessidades de treinamento de gerentes de projetos de todos os membros da IBM, seja qual for a sua função. Diversas modalidades são utilizadas, dependendo do conteúdo do curso e do público-alvo. Além do formato tradicional de sala de aula, uma quantidade cada vez maior de aprendizado guiado por instrutores acontece em salas de aula virtuais *on-line*. O amplo uso da autoaprendizagem *on-line*, no ritmo do aluno, oferece acesso fácil ao currículo onde e quando o aprendiz prefere. Um Comitê de Orientação do Currículo, composto de representantes de todas as linhas de negócios da IBM, é responsável pela governança do desenvolvimento do conteúdo do currículo, o que garante que o currículo continuará a atender às necessidades de todas as partes do negócio.

O currículo de GP é dividido em quatro seções distintas.

O *Currículo Fundamental* trata dos fundamentos da GP. Os funcionários com pouco ou nenhum conhecimento prévio podem usar essa seção do currículo para obter um bom embasamento nas disciplinas de GP. Os cursos introdutórios estabelecem a base, enquanto os cursos mais específicos partem destas para desenvolver capacidades nos sistemas de GP, contratação, finanças, liderança de projetos e o WWPMM da IBM. Um curso integrativo separado completa essa seção do currículo, reunindo todo o aprendizado teórico dos cursos anteriores e fundindo-o, com foco na aplicação prática desses conhecimentos.

A seção de *Capacitação para Educação* oferece a oportunidade de expandir o que foi aprendido com o currículo fundamental e aprofundar as habilidades de GP em áreas específicas. Isso inclui treinamento detalhado em tópicos como liderança e uso de ferramentas específicas de GP, assim como tópicos mais situacionais, como o trabalho em situações interculturais.

A seção sobre *Gerenciamento de Programas* enfoca a melhoria das habilidades de negócios em geral que se espera de funções mais sênior e o fornecimento das ferramentas e técnicas baseadas em projetos necessárias para gerenciar programas de grande porte, com múltiplos projetos e objetivos de negócios.

A seção *Entendendo o Básico* contém cursos direcionados para funcionários que apoiam ou integram equipes de projeto. Os cursos introdutórios básicos sobre GP oferecem um entendimento sobre como os projetos são gerenciados e os termos mais importantes, mas não buscam desenvolvê-los e transformá-los em gerentes de projetos.

Como já foi observado, o Currículo de GP oferece treinamento a pessoas em uma ampla gama de funções, não apenas gerentes de projetos. Por outro lado, também é verdade que o

Currículo de GP não busca atender a todas as necessidades de aprendizagem dos gerentes de projetos da IBM.

Por exemplo, os gerentes de projetos também precisam de diversas habilidades específicas ao seu contexto operacional (p. ex., liderança, conhecimento especializado sobre o setor, cultura, etc.), que vem dos serviços de aprendizagem mais amplos da IBM.

CERTIFICAÇÃO

A profissão da gestão de projetos é uma das muitas profissões globais que a IBM estabeleceu para garantir a disponibilidade e a qualidade de habilidades profissionais e técnicas dentro de sua empresa. A iniciativa de Desenvolvimento Profissional da IBM inclui uma liderança mundial da profissão de gestão de projetos, seus processos de qualificação, a relação da IBM com o Instituto de Gestão de Projetos (PMI) e o desenvolvimento de habilidades de gestão de projetos por meio da educação e mentoria. Esses programas têm como objetivo cultivar conhecimentos em gestão de projetos e programas e manter padrões de excelência na profissão. O objetivo máximo é desenvolver a competência dos praticantes.

Qual é o contexto da profissão dentro da IBM? As profissões da IBM são comunidades autorreguladas de profissionais habilidosos e com mentalidades similares que realizam trabalhos similares. Seus membros desempenham papéis similares onde quer que estejam nas organizações da IBM e independentemente do título de seu cargo atual. Cada profissão desenvolve e oferece suporte à sua própria comunidade, incluindo a assistência com o desenvolvimento profissional, desenvolvimento de carreira e de habilidades. As profissões da IBM:

- ajudam a empresa a desenvolver e manter as habilidades críticas necessárias para seus negócios;
- garantem que os seus clientes estejam recebendo melhores práticas e habilidades consistentes na área de gestão de projetos; e
- ajudam os funcionários a assumirem o controle de suas carreiras e de seu desenvolvimento profissional.

Todos os cargos da IBM foram agrupados em uma dentre várias diferentes áreas funcionais chamadas de "famílias de cargos". Uma família de cargos é uma coleção de cargos que compartilham funções ou habilidades similares (p. ex., gerenciar os riscos do projeto, aplicar conhecimento dos planos de liberação, etc.). Se não houver dados específicos para determinado cargo, as responsabilidades do cargo são comparadas à definição da família de cargos para determinar a família de cargos apropriada à qual designar um profissional.

Os gerentes de projetos, e, de modo geral, os gerentes de programas, enquadram-se na família de cargos de gestão de projetos. Os cargos da gestão de projetos garantem que as exigências dos clientes sejam satisfeitas ao longo das etapas de formulação, desenvolvimento, implementação e entrega de soluções. Os profissionais de gestão de projetos são responsáveis por plano de projeto geral, orçamento, estrutura analítica do projeto, cronograma, *deliverables*, requisitos de pessoal, gerenciamento da execução e riscos de projetos e a aplicação de processos e ferramentas de gestão de projetos. Os indivíduos têm de gerenciar os esforços da IBM e os funcionários do cliente e também fornecedores terceirizados para garantir que se forneça uma solução integrada que atenda às necessidades do cliente. O cargo exige conhecimentos e habilidades significativas em comunicação, negociação, solução de problemas e liderança. Especificamente, os profissionais de gestão de projetos precisam demonstrar:

- Habilidades em gerenciamento de relacionamentos com suas equipes, clientes e fornecedores
- Conhecimentos especializados em tecnologia, indústria ou negócios
- Conhecimentos especializados em metodologias
- Um sólido julgamento na área de negócios

Oferece-se orientação à gerência quanto a classificação, desenvolvimento e manutenção da vitalidade dos funcionários da IBM. No contexto da profissão de GP, define-se vitalidade como os profissionais cumprirem as exigências de habilidades, conhecimentos, formação e experiência (critérios de qualificação) feitas pela gestão de projetos, em um nível igual ou superior ao seu nível atual. São definidos critérios mínimos de qualificação para cada etapa na carreira, e eles são usados pelos indivíduos como compromissos de negócios ou objetivos de desenvolvimento, além dos alvos de desempenho das unidades de negócios e individuais.

Profissionais habilidosos de gestão de projetos e programas conseguem progredir em seus planos de carreira para cargos com cada vez mais responsabilidade. Para aqueles com a dose certa de habilidades e experiência, é possível passar a cargos de gerenciamento de programas, a executivo de projeto e à gerência executiva. O crescimento e a progressão na profissão são medidos por diversos fatores:

- Conhecimentos gerais de negócios e técnicos necessários para desempenhar o cargo de maneira eficiente.
- Formação e habilidades em gestão de projetos para aplicar esse conhecimento de forma eficiente.
- Experiência adquirida "na prática" que promova o conhecimento e as habilidades profissionais e relacionadas a negócios.
- Contribuições para a profissão por meio de atividade que aumentem a qualidade e o valor da profissão para suas partes interessadas.

A profissão de gestão de projetos e programas na IBM estabeleceu um processo *end-to-end* para "garantir a qualidade" do progresso pelo plano de carreira de gestão de projetos. Esse processo chama-se "qualificação" e alcança quatro objetivos:

1. Fornece um mecanismo em nível mundial que estabelece um padrão para manter e aumentar a excelência da IBM em gestão de projetos e programas. Esse padrão baseia-se em habilidades demonstradas, conhecimentos especializados e sucesso em relação a critérios que são exclusivos da profissão.
2. Garante que se apliquem critérios consistentes em todo o mundo ao avaliar candidatos para cada etapa no desenvolvimento da profissão.
3. Maximiza a confiança do cliente e do mercado na qualidade dos profissionais de gestão de projetos da IBM por meio do uso de sólidas disciplinas de gestão de projetos (i.e., uma ampla variedade de processos, metodologias, ferramentas e técnicas de gestão de projetos e programas aplicadas pelos profissionais de gestão de projetos na IBM).
4. Reconhece os profissionais da IBM por suas habilidades e experiência.

O plano de carreira da profissão de gestor de projetos e programas da IBM permite que os funcionários cresçam de um cargo de nível iniciante a um cargo de gerência executiva. Os profissionais entram na profissão em diferentes níveis, dependendo de seu grau de maturidade em gestão de projetos. A validação das habilidades e experiências de um profissional é realizada por meio do processo de qualificação. O processo de qualificação é composto pela acreditação (nos níveis iniciantes mais baixos), certificação (em níveis mais altos e

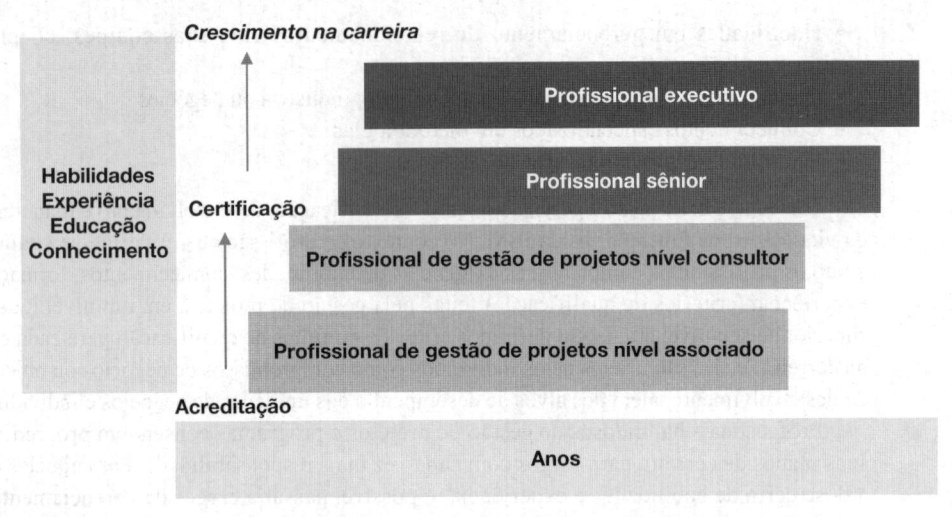

550 Gestão de projetos

```
                    Crescimento na carreira
                              ↑
                                    ┌─────────────────────────────┐
                                    │   Profissional executivo     │
                                    └─────────────────────────────┘
    Habilidades                     ┌─────────────────────────────┐
    Experiência    Certificação     │   Profissional sênior        │
    Educação            ↑           └─────────────────────────────┘
    Conhecimento                 ┌────────────────────────────────────┐
                                 │ Profissional de gestão de projetos │
                                 │        nível consultor             │
                                 └────────────────────────────────────┘
                              ┌───────────────────────────────────────┐
                              │ Profissional de gestão de projetos    │
                              │         nível associado               │
                              └───────────────────────────────────────┘
                    Acreditação
                                                    Anos
```

O plano de carreira permite o crescimento de um nível
iniciante para um cargo de gerência executiva.

Figura 15.5 Plano de carreira em gestão de projetos e programas na IBM.

experientes), recertificação (para garantir que o profissional se mantenha atualizado) e/ou mudanças de nível (passando para etapas superiores de certificação). (Ver Figura 15.5.)

Acreditação é o nível iniciante no processo de qualificação. Ocorre quando o processo de qualificação da profissão avalia um profissional de gestão de projetos para as etapas da carreira de associado ou consultor.

Certificação é a camada mais alta do processo de qualificação e é destinada aos gerentes de projetos e programas mais experientes. Ocorre quando o processo de qualificação da profissão avalia um profissional de gestão de projetos para as etapas da carreira de gerente sênior ou gerente executivo. Essas etapas da carreira exigem um pacote de certificação mais formal a ser concluído pelo gerente de projetos. O gerente autoriza o envio do pacote do candidato à Comissão de Certificação em Gestão de Projetos. A Comissão de Certificação em Gestão de Projetos da IBM, composta por especialistas da profissão, administra o passo da autenticação no processo de certificação. A Comissão verifica se as realizações documentadas e aprovadas no pacote de certificação do candidato são válidas e autênticas. Uma vez que a Comissão tenha avaliado que aquelas etapas foram alcançadas, o candidato recebe a certificação de GP sênior ou executivo.

Recertificação avalia profissionais da IBM com certificação em gestão de projetos para que eles se mantenham nas etapas de carreira de gerente sênior ou executivo. A recertificação ocorre em um ciclo de cada três anos e exige a preparação de um pacote em que um gerente de projetos documenta o que ele tem feito em termos de gestão de projetos, educação continuada e contribuições para a profissão desde o último ciclo de validação.

A IBM continua seu compromisso com a melhoria de suas capacidades de gestão de projetos, ampliando e oferecendo suporte a um exercício robusto e qualificado da profissão e oferecendo formação e treinamentos de qualidade em gestão de projetos aos seus praticantes (ver Figura 15.6).

Igualmente importante para o desenvolvimento e a certificação dos gerentes de projetos é um refinamento dos processos por meio dos quais eles são designados a diferentes

Capítulo 15 • Excelência em gestão de projetos global

A validação em diferentes níveis fornece as etapas de carreira que garantem que os praticantes estejam adquirindo conhecimentos, habilidades, capacidades e experiências necessários para fornecer valor aos clientes em cada nível.

Capacidades	Iniciante		Nível fundamental	Experiente		Especialista	Líder de pensamento
Qualificações		Acreditação	GP associado	GP consultor	Certificação	GP sênior	GP executivo
Habilidades	Habilidades técnicas		Habilidades intermediárias de GP	Habilidades básicas de GP		Habilidades especiais de GP	Habilidades de liderança
Experiência	Capacidade de iniciante		Capacidade adquirida	Capacidade aplicada		Capacidade de domínio	Capacidade executiva

Validação →

Figura 15.6 Validação da estrutura de carreira.

projetos. Os projetos são avaliados em termos de tamanho, implicações de receitas, riscos, importância dos clientes, urgência do prazo, necessidade do mercado e outras características; os gerentes de projetos certificados são designados a eles dependendo dos fatores exigidos de formação e experiência (ver Figura 15.7).

Oferece-se orientação à gerência quanto a classificação, desenvolvimento e manutenção da vitalidade dos funcionários da IBM. No contexto da profissão de GP, define-se vitalidade

Gestão de projetos — **Gerenciamento de programa**

CERTIFICAÇÃO
- **Líder de pensamento**: Líderes de pensamento são certificados e estão tentando obter recertificação com o Currículo Avançado ou o Currículo de Gerenciamento de Programas.
- **Especialista**: GPs especialistas são certificados e estão tentando obter recertificação com o Currículo Avançado ou o Currículo de Gerenciamento de Programas.

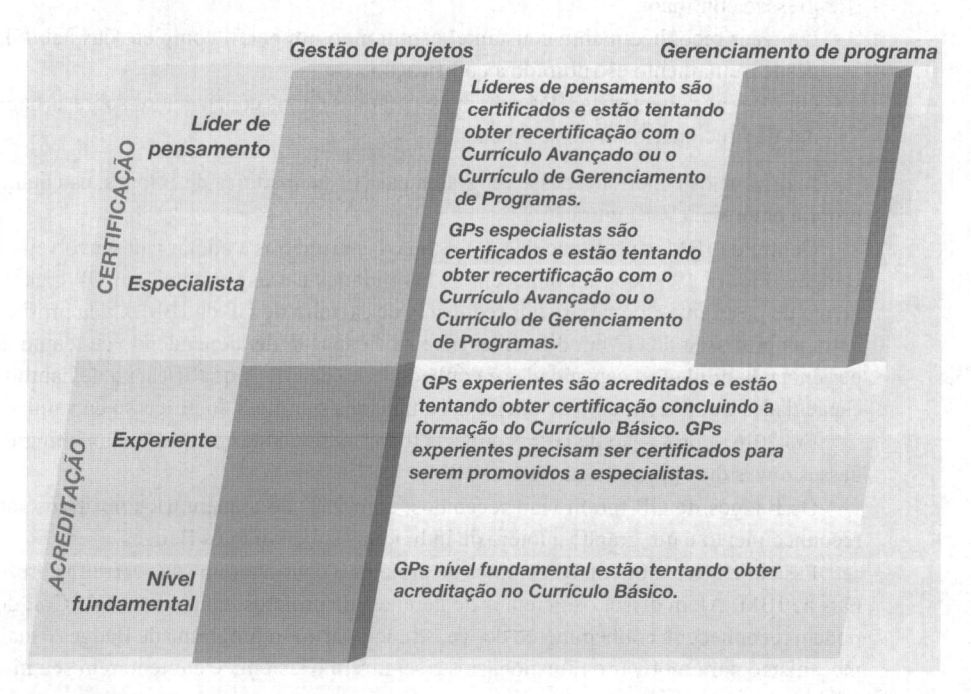

ACREDITAÇÃO
- **Experiente**: GPs experientes são acreditados e estão tentando obter certificação concluindo a formação do Currículo Básico. GPs experientes precisam ser certificados para serem promovidos a especialistas.
- **Nível fundamental**: GPs nível fundamental estão tentando obter acreditação no Currículo Básico.

Figura 15.7 O processo de refinamento.

como os profissionais cumprirem as exigências de habilidades, conhecimentos, formação e experiência (critérios de qualificação) feitas pela gestão de projetos, em um nível igual ou superior ao seu nível atual. São definidos critérios mínimos de qualificação para cada etapa na carreira, e eles são usados pelos indivíduos como compromissos de negócios ou objetivos de desenvolvimento, além dos alvos de desempenho das unidades de negócios e individuais.

A CoE em GP tem como missão aumentar a competência dos praticantes em gestão de projetos e programas em toda a IBM. Isso inclui uma liderança mundial da profissão de gestão de projetos, seus processos de validação da gestão de projetos e programas e a relação da IBM com o Instituto de Gestão de Projetos (PMI) e o desenvolvimento de habilidades de gestão de projetos e programas por meio da educação e mentoria. Esses programas têm como objetivo cultivar conhecimentos em gestão de projetos e programas e manter padrões de excelência na profissão.

CREDENCIAIS DIGITAIS PARA A PROFISSÃO DE GESTÃO DE PROJETOS NA IBM

A IBM foi uma das primeiras a adotar a iniciativa Open Badges (medalhas abertas). Para quem não conhece o sistema, Open Badges são emblemas digitais que simbolizam habilidades e conquistas. Os Badges contêm metadados com marcas das habilidades e conquistas e são fáceis de compartilhar em mídias sociais, como LinkedIn, Twitter, Facebook e *blogs*. Os Badges ajudam a IBM a validar e confirmar conquistas e se baseiam no padrão Open Badges da Mozilla.

Para a IBM, a iniciativa Open Badges é um meio de:

- Diferenciar a IBM, aumentar nosso grupo de talentos e oferecer engajamento e progressão contínuos
- Oferecer reconhecimento constante, capturando um perfil completo das habilidades, desde treinamento estruturado a codificação
- Oferecer aos clientes da IBM e melhores práticas dados confirmados sobre as habilidades de funcionários atuais e potenciais

A IBM vê os benefícios desse programa para os ganhadores de Badges, os clientes e a própria empresa. (Ver Figura 15.8.)

Dentro da IBM, a profissão de GP foi uma das primeiras a adotar e desenvolveu quatro Badges (Figura 19.9) que reconhecem as habilidades e a experiência em GP e gerenciamento de programas, com base nos requisitos de carreira de GP da IBM. Cada profissional entra na profissão de GP em diferentes níveis de capacidade, dependendo de tempo de experiência, habilidades, capacidades e conhecimento de GP. A qualificação de habilidades, capacidades e conhecimento de um GP é completada por meio do processo de validação.

Em 2016, a profissão de GP reconhecia todos os funcionários que haviam atingido um desses níveis durante a sua carreira na IBM.

Os Badges de GP foram bem recebidos, com 95% de comentários positivos sobre o reconhecimento e um grande número de indivíduos solicitando os Badges.

Essa iniciativa motivou os gerentes de projetos a continuarem suas carreiras profissionais na IBM. Além disso, os gerentes de gerentes de projetos, com o apoio da CoE de GP, podem reconhecer o conhecimento dos seus funcionários; o programa de Badges é mais um mecanismo para motivar os funcionários a seguirem o sistema e aumentarem seu nível de habilidades e experiência.

Ganhador de Badge

Comunicar Conquistas
Sinaliza habilidades e conquistas para colegas, possíveis empregadores e outros

Motivar Participação
Oferece reconhecimento pela conquista, incentiva o engajamento e a retenção

Desenvolver Marca Pessoal
Mostra conquistas confirmadas para toda a rede. Melhora laços sociais com colegas, empregadores e clientes

IBM

Gerar Líderes Qualificados
Atrai novos candidatos para a IBM que buscam reconhecimento e oportunidades

Fortalecer Nossa Marca
Benefícios significativos nas mídias sociais: milhares de marcas com o logotipo inundam LinkedIn, Twitter, Facebook, *blogs* e *sites* de empresas

Diferenciar a IBM
A IBM lidera a indústria com um programa de credenciamento digital de última geração

Monitorar e Cultivar Talentos
Identifica rapidamente lacunas nas habilidades e oportunidades - nível do candidato ou geo

Clientes da IBM

Habilidades Confirmadas
Fornece um "selo de aprovação" de confiança para os empregadores validarem o talento existente ou candidatos a vagas

Seleção de Candidatos
Fornece uma maneira fácil de identificar candidatos a serem contratados ou promovidos

Melhor Desempenho da Empresa
Motiva os funcionários a impulsionarem seu próprio desenvolvimento e melhorarem o desempenho da organização

Figura 15.8 Como a IBM vê o ganhador de Badges, ela mesma e seus clientes.

COMPARTILHAMENTO DE CONHECIMENTO

A Rede de Conhecimento de GP (PMKN, *PM Knowledge Network*) oferece suporte à transformação da IBM em uma empresa baseada em projetos tirando proveito do compartilhamento de conhecimentos e da reutilização de ativos (capital intelectual). O repositório da PMKN serve de suporte à Comunidade da PMKN, com uma ampla variedade de ativos que inclui *templates*, exemplos, estudos de caso, formulários, *white papers* e apresentações sobre todos os aspectos da gestão de projetos. Os praticantes podem navegar, fazer *download* ou reutilizar qualquer um dos mais de 2716 itens para auxiliar seus projetos, suas propostas ou sua compreensão.

De acordo com a gerente de comunicação Orla Stefanazzi, PMP®, a CoE de GP da IBM criou um forte senso de comunidade para seus profissionais globais de gestão de projetos, o que representa uma melhor prática entre as profissões da IBM.

Na IBM, uma comunidade é definida como um grupo de profissionais que compartilham um interesse específico, trabalham em determinado domínio de conhecimento e

Figura 15.9 Badges da IBM.

participam de atividades que são mutuamente benéficas para construir e sustentar capacidades de desempenho. Nossa comunidade concentra-se em seus membros e em criar oportunidades para que eles achem seu trabalho significativo, aumentem seu conhecimento e domínio de uma área e tenham um senso de fazer parte de um grupo – que eles achem que têm os recursos necessários para obter ajuda, informação e suporte em suas vidas profissionais. O compartilhamento de conhecimento e a reutilização de capital intelectual são uma parte importante daquilo que uma comunidade possibilita, mas não são seu único foco. As comunidades geram valor para o negócio por meio da redução de atritos, da redução da velocidade do fechamento de vendas e do estímulo à inovação.

Comunidades fazem parte da malha organizacional, mas não são definidas ou restringidas por seus limites. Na verdade, as comunidades criam um canal para que o conhecimento cruze limites impostos por fluxo de trabalho, geografias e tempo e, ao fazê-lo, fortalecem a malha social da organização. Elas fornecem os meios para transformar *know--how* local em informações coletivas e para distribuir informações coletivas de volta ao *know-how* local. A participação é integralmente baseada em interesse em um assunto e é voluntária. Uma comunidade *não* é limitada por uma prática, uma rede de conhecimentos ou qualquer outro conceito organizacional.

A Comunidade da Rede de Conhecimento de GP (PMKN) é patrocinada pelo PM/COE. A participação é aberta a todos os funcionários da IBM que tenham um plano de carreira profissional ou interesse em gestão de projetos. A PMKN é uma comunidade de prática autossuficiente com quase 12 mil membros que se reúnem para o aprimoramento geral da profissão. Os membros compartilham conhecimentos e criam capital intelectual em GP. A PMKN oferece um ambiente para compartilhar experiências e se conectar com outros colegas gerentes de projetos. Os membros recebem comunicações relevantes para a profissão de GP para capacitá-los a realizar projetos e programas bem-sucedidos em áreas como:

- Informações sobre sessões semanais de eSharenet da PMKN. Essas sessões oferecem à comunidade global de GP uma educação informal de uma hora sobre diversos tópicos alinhados com a estratégia da IBM (p. ex., métodos ágeis, realização de benefícios). As sessões incluem diversos palestrantes internos e externos, especialistas conhecidos em seus respectivos campos. Em geral, essas sessões permitem que os gerentes de projetos globais da IBM obtenham 1 PDU (unidade de desenvolvimento pessoal) como parte dos requisitos de recertificação do PMI.
- Notícias da Comunidade de Gestão de projetos.
- Comunicações direcionadas para auxiliar a comunidade global de GP no desenvolvimento de suas habilidades e carreira em GP.

Incentiva-se a comunidade global de GP a ter "proeminência social", o que significa utilizar os fóruns para postar perguntas e se envolver com temas de interesse da área, criar *blogs* para compartilhar informações e *insights* com outros gerentes e ser um membro ativo da comunidade.

Ao entrar na comunidade de GP, os profissionais contratados pela IBM geralmente são indagados: "Qual é a maior diferença cultural que você encontrou na IBM em relação a outras empresas em que você já trabalhou?". A resposta mais comum é que seus colegas são extremamente prestativos e estão dispostos a compartilhar informações, recursos e ajuda com as atribuições de suas funções. A cultura da IBM se presta graciosamente à mentoria. Como a contribuição com a profissão é uma exigência para a certificação, agir como mentor de candidatos que estão em busca da certificação não somente atende a uma exigência profissional, mas também contribui com a comunidade.

Para trabalhar os requisitos de comunicação da comunidade global de GP na IBM, os canais principais incluem o *site* da PM/COE e *newsletters* quinzenais especializadas, além da Comunidade PMKN. A gestão de projetos pode até mesmo ser adicionada ao perfil web corporativo do gerente de projetos. Entretanto, à medida que a profissão de gerente de projetos vai crescendo, aumentam também as exigências por projetos direcionados a comunidades específicas. A CoE de GP desenvolveu as seguintes subcomunidades (chamadas de comunidades de prática, ou CoPs) para fornecer informações especializadas:

- Gerentes de projeto novos na profissão
- Gerentes de gerentes de projetos
- Geografia local
- Comunidades de GP
- GP social
- Centro de Trabalho de Programas da IBM
- Escritório de GP
- Método de GP
- Maturidade de GP
- Métodos ágeis na IBM

Porém, as melhores práticas da IBM não são reconhecidas somente dentro da empresa. Muitas delas já receberam o reconhecimento de fontes da indústria. (Ver Figura 15.10.)

DESAFIOS E OPORTUNIDADES

À medida que a nossa jornada de transformação e o ritmo de mudança entre os setores continua, temos considerado diversas questões fundamentais na PMCOE para garantir que manteremos a relevância e garantiremos que nossos gerentes de projetos continuarão a ser excelentes no que fazem.

- Como resolver as questões sobre complexidade apresentadas anteriormente neste capítulo?
- Nossos métodos, processos e ferramentas precisam ser customizados para atender a cada um dos critérios de complexidade? Ou podemos apresentar uma solução única e geral para apoiar nossa comunidade de GP?
- À medida que a complexidade aumenta, podemos simplificar o papel dos gerentes de projetos e permitir que se concentrem nas atividades que agregam valor?
- Em um ambiente sempre desafiador, em que os recursos são escassos e os custos estão sob foco constante, como automatizamos mais e eliminamos os riscos redundantes?

A PMCOE está enfrentando esses desafios. Sabemos que não existe uma solução geral que serve para todos.

Por exemplo, os métodos ágeis estão se tornando cada vez mais prevalentes na IBM e no mercado; contudo, eles não serão uma panaceia para todos os projetos. Precisamos auxiliar nossos gerentes de projetos a escolher o método certo para cada projeto, continuando a oferecer soluções que abranjam diversos métodos diferentes e ajudando-os a escolher as abordagens e os métodos apropriados.

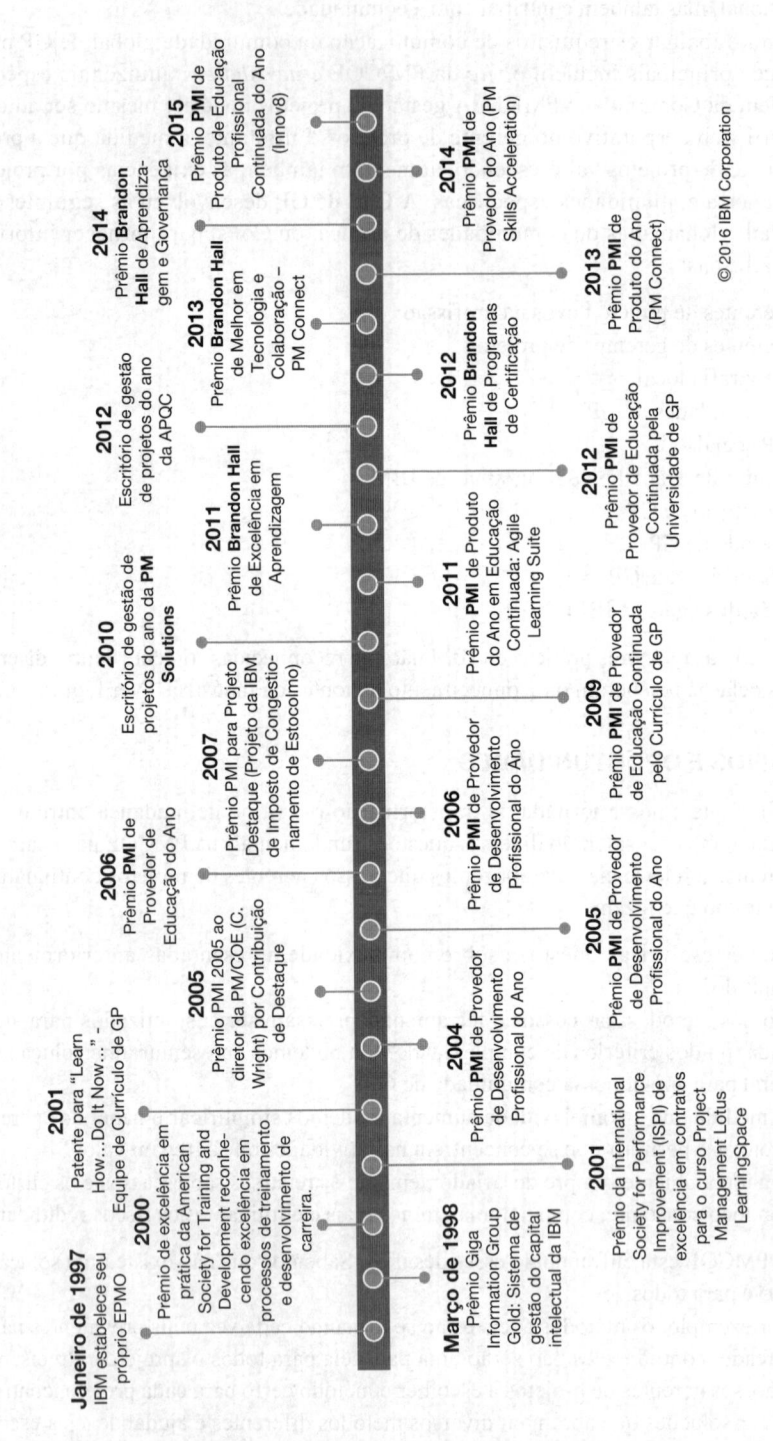

Janeiro de 1997
IBM estabelece seu próprio EPMO

2000
Prêmio de excelência em prática da American Society for Training and Development reconhecendo excelência em processos de treinamento e desenvolvimento de carreira.

Março de 1998
Prêmio Giga Information Group Gold: Sistema de gestão do capital intelectual da IBM

2001
Patente para "Learn How...Do It Now..." - Equipe de Currículo de GP

2001
Prêmio da International Society for Performance Improvement (ISPI) de excelência em contratos para o curso Project Management Lotus LearningSpace

2005
Prêmio PMI 2005 ao diretor da PM/COE (C. Wright) por Contribuição de Destaque

2004
Prêmio **PMI** de Provedor de Desenvolvimento Profissional do Ano

2006
Prêmio **PMI** de Provedor de Educação do Ano

2005
Prêmio **PMI** de Provedor de Desenvolvimento Profissional do Ano

2007
Prêmio PMI para Projeto Destaque (Projeto da IBM de Imposto de Congestionamento de Estocolmo)

2006
Prêmio **PMI** de Provedor de Desenvolvimento Profissional do Ano

2010
Escritório de gestão de projetos do ano da **PM Solutions**

2009
Prêmio **PMI** de Provedor de Educação Continuada pelo Currículo de GP

2011
Prêmio **Brandon Hall** de Excelência em Aprendizagem

2011
Prêmio **PMI** de Produto do Ano em Educação Continuada: Agile Learning Suite

2012
Escritório de gestão de projetos do ano da APQC

2012
Prêmio **PMI** de Provedor de Educação Continuada pela Universidade de GP

2013
Prêmio **Brandon Hall** de Melhor em Tecnologia e Colaboração – PM Connect

2012
Prêmio **Brandon Hall** de Programas de Certificação

2014
Prêmio **Brandon Hall** de Aprendizagem e Governança

2013
Prêmio **PMI** de Produto do Ano (PM Connect)

2015
Prêmio **PMI** de Produto de Educação Profissional Continuada do Ano (Innov8)

2014
Prêmio **PMI** de Provedor do Ano (PM Skills Acceleration)

© 2016 IBM Corporation

Figura 15.10 Melhores práticas da IBM.

Por meio de educação direcionada e soluções customizadas, estamos trabalhando outros fatores de complexidade, como aqueles específicos do cliente, da tecnologia e da indústria.

Um exemplo é um sistema cognitivo de autoaprendizagem combinado com os nossos repositórios de conhecimento. Nossos gerentes de projetos terão um portal interativo no qual podem buscar e localizar as informações mais relevantes para os seus requisitos, em formato de texto, vídeo, etc. Esse assistente cognitivo interpreta as perguntas e respostas apresentadas para aprimorar continuamente as suas capacidades, liberando o gerente de projetos para se concentrar em tarefas que agregam valor de negócio.

Outro exemplo: implementaremos um sistema preditivo que poderá inspecionar centenas de atributos de projetos e destacar "focos de problemas futuros" com base em milhares de informações de um enorme banco de dados de projetos anteriores.

15.2   Citigroup, Inc.

Na Citi, vemos a gestão de projetos (GP) como uma área positiva crucial na nossa capacidade de administrar uma organização global. Para tanto, cultivamos uma comunidade de GP para oferecer oportunidades para que os praticantes desenvolvam seus conhecimentos e façam *networking* com membros de toda a empresa.

Muitos praticantes de GP trabalham em ambientes nos quais boa parte do seu dia normal é determinada pela necessidade de se conformar com políticas, normas e procedimentos impostos de cima. A adesão a estes e outros requisitos é compulsória para a conclusão dos projetos e para a conformidade corporativa.

Na busca diária para se conformar com os requisitos, podem não existir oportunidades formais para que esses praticantes (gerentes de projetos e outros que líderes de projetos) aprendam uns com os outros, compartilhem experiências ou aprofundem e aprimorem suas habilidades. Em ambientes tão intensos, os praticantes podem não se beneficiar completamente dos talentos e do conhecimento institucional que existem na empresa como um todo.

CONSTRUINDO UMA COMUNIDADE DE PRATICANTES

Habilidades de liderança pessoais e construção de redes são críticas para o sucesso dos projetos.

A GP e a análise de negócios são duas áreas de prática nas quais existem oportunidades naturais para construir comunidades robustas de praticantes. A comunidade é um local em que pessoas com funções comuns, ou que estão realizando tarefas similares, podem se autoidentificar.

Pertencer a uma comunidade cria um senso de propósito, de pertencer a algo maior, e pode gerar orgulho na própria prática.

A comunidade se torna a plataforma que pode ajudar a promover o aprendizado, a colaboração e o compartilhamento de conhecimentos. Ela cria oportunidades de *networking* dentro da empresa e também no acesso a fontes externas, e pode gerar oportunidades de desenvolvimento das habilidades. Ela é um lugar onde muitas gerações que trabalham na organização ou em funções semelhantes podem se reunir e compartilhar

---

© 2017 por Citigroup, Inc. O material da Seção 15.2 foi gentilmente fornecido por John Petriano, diretor de Governança de Projetos e Programas, Escritório de Gerenciamento de Programas Global, e Lisa Flynn, gerente de Comunicações e Engajamento, Escritório de Gerenciamento de Programas Global.

seus pontos de vista. É um veículo para coletar, guiar e possivelmente reagir às preocupações dominantes do grupo.

O CONSELHO DE GERENCIAMENTO DE PROGRAMAS DA CITI

O conselho de gerenciamento de programas da Citi (CPMC, *Citi Program Management Council*) foi formado em suporte às práticas institucionais de gerenciamento de programas e GP na Citigroup, Inc. O CPMC é uma organização global e formal que abrange toda a empresa, respondendo ao nível executivo da empresa. A representação do comitê executivo do CPMC no alto escalão demonstra o comprometimento organizacional da Citigroup à PM e ao gerenciamento de programas.

A GP é reconhecida como fundamental para a conclusão bem-sucedida dos esforços da Citi.

O CPMC define e determina as normas e políticas de GP na Citi. Forças-tarefas, lideradas por funcionários do Escritório de Gerenciamento de Programas Global da Citi, executam as responsabilidades de governança do CPMC.

As forças-tarefas incluem Governança e Normas de GP, Dados e Relatórios de GP, Garantia da Qualidade do Processo Empresarial, Ferramentas de GP e Capacidades de GP e Análise de Negócios (AN ou BA, *business analysis*). Essas forças-tarefas estão envolvidas por toda a Citi em múltiplas capacidades, todos os dias, trabalhando com equipes de toda a organização para gerenciar atividades essenciais para o crescimento e o sucesso da GP na Citi. Elas também garantem que os nossos programas e projetos mais cruciais serão gerenciados em conformidade com os requisitos regulatórios.

CULTIVANDO A COMUNIDADE PARA PROMOVER O SUCESSO

A GP é fundamental para os nossos negócios, sendo praticada em toda a empresa. O CPMC tenta transformar a GP em uma competência central na organização, tentando promover uma linguagem, um entendimento e expectativas em comum.

As forças-tarefas de capacidades de GP e AN são responsáveis por cultivar essa competência na organização. Uma maneira de fazer isso é criando e cultivando as comunidades para quem pratica GP e as disciplinas relacionadas (como a AN). Cultivar essas comunidades e fazê-las crescer na organização permite desenvolver uma rede de suporte e educação para os nossos recursos de GP e AN, assim como para aqueles na organização que estão aprendendo essas competências.

As redes de gerentes de projetos e analistas de negócios da Citi são compostas de funcionários de toda a empresa nas famílias de empregos de GP ou AN ou que se tornaram membros por terem interesse por GP ou AN.

Expandir a GP enquanto competência e supervisionar essas redes são partes da missão fundamental das forças-tarefas de capacidades. Elas trabalham juntas para criar um ambiente holístico de conexão e engajamento por meio de diversos meios e mídias, incluindo e-mail, mídias sociais corporativas, compartilhamento de conhecimentos e suporte. Por trás de cada conexão está uma estratégia de comunicação e engajamento.

CONECTANDO A COMUNIDADE

Ligamos os grupos de GP e AN uns aos outros e à organização por diversos canais e mídias, como descreveremos a seguir.

Mídias sociais

A Citigroup utiliza uma plataforma robusta de mídias sociais empresariais. A força-tarefa de capacidades do CPMC usa a plataforma para fazer a organização participar em crescimento e aprendizagem colaborativa.

Os *sites* mantidos incluem um centro de treinamento, centrais de rede para gerentes de projetos e analistas de negócios e *sites* de gestão de eventos especiais.

Os *sites* de compartilhamento de conhecimento gratuitos do CPMC, incluindo a comunidade de GP da Citi, estão entre os mais visitados da organização. Eles podem ser acessados por praticamente todos os funcionários e contêm informações, discussões e *blogs*.

Conteúdo

As comunidades vivem e crescem quando têm conteúdos novos e relevantes. Os bons conteúdos podem ser compartilhados pela liderança e pelos participantes da comunidade. O conteúdo deve ter frequência regular, tópicos relevantes e capacidade de ser compartilhado nesse ambiente de confiança.

A seguir, apresentamos alguns dos itens de conteúdo regulares fornecidos pela Citi:

- *PM Network News.* Uma *newsletter* mensal, *on-line* e por e-mail, que destaca notícias do CPMC, artigos sobre GP e gerenciamento de programas, eventos da rede de GP e treinamento.
- *Avisos por e-mail direcionados.* Mensagens de e-mail para públicos de treinamento específicos quando são disponibilizados cursos para atender a seus requisitos ou interesses de treinamento.
- *Avisos semanais de funções em aberto.* Uma mensagem de e-mail semanal, também postada *on-line*, que destaca vagas de emprego em funções de gestão de projetos para apoiar o intercâmbio de talentos dentro da empresa.
- *Informações sobre cursos.* Informações atualizadas sobre todos os cursos de GP/AN/ métodos ágeis oferecidos em nome do CPMC, *links* para inscrição e catálogos completos com descrições dos cursos.
- *Blogs/discussões.* Uma plataforma interativa livre na qual as pessoas podem fazer perguntas e debater os assuntos do momento com todos os membros da organização que acessam a comunidade.
- *Avaliações de habilidades.* Ajudam os *trainees* a avaliar o nível apropriado de treinamento de que precisam.

Engajamento

O engajamento ativo é uma medida da saúde da rede. Além dos itens listados acima como parte do conteúdo, outras oportunidades para envolver os membros da comunidade em experiências compartilhadas são importantes para garantir o bem-estar da comunidade. Algumas das oportunidades de engajamento dentro da comunidade da Citi serão discutidas a seguir.

Programas

- *Prêmios anuais de excelência do CPMC.* Prêmios que destacam a excelência em gestão de projetos/programas ou práticas e inovações em AN.
- *Programa de mentoria.* Facilitado pela equipe de capacidades, um gerente de projetos ou analista de negócios mais experiente é pareado com um gerente de projetos ou analista de negócios júnior; o programa de mentoria cria um espaço para aconselhamento

e muitas vezes produz relações profissionais duradouras para os funcionários que trabalham em projetos.
- *Mapas de treinamento (GP/AN)*. Os mapas oferecem oportunidades de treinamento e conscientização em toda a Citi para apoiar a maturidade e qualificação nas competências profissionais.
- *Badges para aumentar o engajamento*. Em 2017, estamos implementando um programa que concede Badges virtuais de mídias sociais corporativas para os membros da rede de GP. Usando uma abordagem de gamificação, a campanha ajudará o CPMC a incentivar a participação e propriedade na busca de práticas comuns de GP na Citi. Nossos praticantes de GP terão a oportunidade de conquistar Badges por participar de programas de treinamento customizados. Além disso, os Badges reconhecerão o engajamento nas comunidades sob o guarda-chuva da GP da Citi, incluindo a participação em programas de mentoria e outras iniciativas da comunidade de GP.

Eventos comunitários

- *Semana da Conscientização sobre Gestão de Projetos*. O CPMC patrocina um evento temático anual, consistindo em workshops virtuais e presenciais em todo o mundo, com PDUs gratuitas para quem participa das sessões. São preparados vídeos anuais nos quais líderes sênior da Citi promovem a profissão de GP.
    - Expande a comunidade de GP e solidifica o papel central do CPMC
    - *Networking*, melhores práticas, recursos para ampliar as habilidades de GP
    - Direcionado para gerentes de projetos, analistas de negócios e todos os interessados
- *Dia Internacional da GP/Minissemana da Conscientização sobre GP*. O CPMC comemora o Dia Internacional da Gestão de Projetos em novembro. Também usamos a data como oportunidade para revisitar os principais tópicos da nossa Semana da Conscientização sobre GP, realizada em um momento anterior do ano.
- *Série de palestras*. Uma série regular de palestras, com palestrantes rotativos, sobre temas do momento como métodos ágeis e mudanças na prova do PMP®.
- *Sessões virtuais de perguntas e respostas*. Sessões *on-line*, WebEx ou por telefone que respondem a perguntas sobre tópicos importantes em GP.
- *Extensão*. Apoio a esforços de extensão e promoção dos relacionamentos com importantes organizações parceiras internas e externas.

CONCLUSÃO: PROMOVER E ALIMENTAR UMA COMPETÊNCIA CENTRAL

O CPMC constrói a comunidade de GP na Citi para cultivar talentos de GP. Facilitamos o treinamento formal, mas também oferecemos diversas opções gratuitas e de baixo custo para que os gerentes de projetos aprimorem seus conhecimentos e seus recursos. Ajudamos gerentes de projetos com certificação PMP a obter PDUs e manter suas certificações.

Para nós, o segredo para construir essa competência central foi complementar o treinamento com a construção de uma comunidade. Oferecendo treinamento e uma comunidade, demonstramos para os nossos gerentes de projetos que eles pertencem a uma organização maior de praticantes dentro da Citi. Capacitamos nossos gerentes de projetos para que aprendam as metodologias reconhecidas por meio de treinamento, além de expandirem suas habilidades, sua experiência e suas redes em toda a comunidade.

Acreditamos que, à medida que cultivamos e apoiamos essa rede, expandimos as habilidades da nossa força de trabalho, criamos oportunidades de crescimento e aumentamos o engajamento dos funcionários. Em última análise, as forças-tarefas de capacidades do CPMC ajudam a expandir a competência de GP e a promover a profissão de GP.

15.3 Microsoft Corporation

Há programas de treinamento que discutem como desenvolver boas metodologias. Esses programas se concentram no uso de "práticas comprovadas" em desenvolvimento de metodologias em vez de no uso de uma única metodologia. A Microsoft desenvolveu uma família de processos que incorpora os princípios centrais e as práticas comprovadas em gestão de projetos. Esses processos combinados com ferramentas e conciliando pessoas chamam-se Microsoft Solutions Framework (MSF).[1] O que aparece no restante desta seção é apenas um breve resumo da MSF. Para mais informação e uma explanação mais profunda sobre o tópico, busque em *Microsoft Solutions Framework Essentials*.[2]

A MSF foi criada há 20 anos, quando a Microsoft reconheceu que a TI era uma possibilitadora essencial para ajudar os negócios a funcionarem de novas maneiras. A TI possuía um histórico de problemas em produzir soluções. Ao reconhecê-los, criou-se a MSF com base na experiência da Microsoft na produção de soluções.

A MSF é mais do que apenas gestão de projetos: envolve a produção de soluções das quais a gestão de projetos (ou seja, governança) é um componente-chave. Produzir soluções é conciliar a construção da solução com governança. Segundo Mike Turner:

> Em sua base, a MSF envolve aumentar a conscientização quanto aos vários elementos e influências sobre o sucesso da produção de soluções – ninguém possui uma metodologia infalível; é quase impossível oferecer as melhores receitas a serem seguidas para se garantir o sucesso em todos os projetos... A MSF envolve compreender seu ambiente, de modo que você possa criar uma metodologia que permita um equilíbrio harmonioso entre gerenciar projetos e construir soluções.
>
> Outro ponto-chave em relação à MSF é que a gestão de projetos é vista como uma disciplina que todos precisam praticar, não somente os gerentes de projetos. Todos precisam ser responsabilizados e responsáveis pelo gerenciamento de seu próprio trabalho (i.e., ser gerentes de projetos de si mesmos) – isso desenvolve a confiança entre os membros da equipe (algo muito necessário em projetos com gerenciamento de orientação Ágil), o que não acontece tanto com projetos gerenciados formalmente (uma gestão de projetos feita ainda de forma muito descendente).
>
> O principal ponto que a MSF tenta passar é que os clientes e patrocinadores querem soluções entregues – eles francamente veem a gestão de projetos como uma despesa extra necessária. Todos precisam compreender como governar a si mesmos, sua equipe e o trabalho que o projeto realiza – não somente os gerentes de projetos.

Boas estruturas concentram-se na compreensão da necessidade de flexibilidade. A flexibilidade é essencial, pois o ambiente de negócios está em constante modificação, e isso, por sua vez, oferece novos desafios e oportunidades. Como um exemplo, a Microsoft reconhece que o ambiente de negócios atual possui as seguintes características:

- Taxas de mudança em negócios e tecnologia aceleradas
    - Ciclos de produtos mais curtos

---

[1] M. S. V. Turner, *Microsoft Solutions Framework Essentials* (Redmond, WA: Microsoft Press, 2006). Todos os direitos reservados. O autor gostaria de agradecer a Mike Turner por ter fornecido as figuras para esta seção do livro.
[2] Ibid

- Diversos produtos e serviços
- Novos modelos de negócios
- Requisitos em rápida modificação
  - Legislação e governança corporativa
  - Demanda crescente por parte do consumidor
- Novas pressões competitivas
- Globalização

Típicos desafios e oportunidades incluem:

- Expectativas de negócios cada vez mais altas
  - A tecnologia é vista como fator possibilitador em todas as áreas de negócios modernos
- Crescente impacto das soluções de tecnologia sobre os negócios
  - Os riscos hoje são mais altos do que nunca
- Maximização do uso de recursos escassos
  - Entregar soluções com orçamentos menores e em menos tempo
- Soluções rápidas de tecnologia
  - Muitas novas oportunidades, mas elas exigem novas habilidades e equipes eficientes para que possam ser aproveitadas

Com uma compreensão do ambiente de negócios, seus desafios e oportunidades, a Microsoft criou a MSF.[3] A MSF é uma estrutura adaptável, que compreende:

- Modelos (ver Figura 15.11)
- Disciplinas (ver Figura 15.11)
- Princípios fundamentais
- Mentalidades
- Práticas comprovadas

Modelos

Equipe Modelo

Governança Modelo

Disciplinas

Projeto Disciplina de Gestão

Risco Disciplina de Gestão

Prontidão Disciplina de Gestão

Figura 15.11 Modelos e disciplinas da MSF.
Fonte: M. S. V. Turner, *Microsoft Solutions Framework Essentials* (Redmond, WA: Microsoft Press, 2006). Todos os direitos reservados.

---

[3] A MSF faz parte de uma relação simbiótica entre a estrutura clássica de "construir" e a estrutura de "executar". A MSF representa a estrutura "construir", e a Microsoft Operations Framework (MOF) representa a "executar".

A MSF é utilizada para produzir soluções com êxito e maior rapidez, exigindo o envolvimento de menos pessoas e envolvendo menos risco, possibilitando, ao mesmo tempo, resultados de mais alta qualidade. A MSF oferece orientação sobre como organizar pessoas e projetos com o intuito de planejar, construir e implementar soluções de tecnologia bem-sucedidas.

Os princípios fundamentais da MSF orientam como a equipe deve trabalhar unida para produzir a solução. Isso inclui:

- Estimular comunicações abertas
- Trabalhar rumo a uma visão compartilhada
- Empoderar os membros de equipes
- Estabelecer uma clara responsabilização, compartilhar responsabilidades
- Produzir valor incremental
- Manter-se ágil, esperar e se adaptar a mudanças
- Investir em qualidade
- Aprender com todas as experiências
- Estabelecer parcerias com os clientes

A mentalidade da MSF orienta os membros da equipe sobre como eles devem lidar com a produção e a entrega da solução. As orientações incluídas são:

- Estimular uma equipe de colegas
- Concentrar-se no valor de negócio
- Manter a solução em perspectiva
- Orgulhar-se de suas habilidades
- Aprender continuamente
- Internalizar as qualidades do serviço
- Praticar a cidadania
- Cumprir seus compromissos

Em relação a práticas comprovadas, a Microsoft atualiza continuamente a MSF, incluindo as práticas comprovadas atuais na produção e entrega de soluções. Todos os cursos sobre a MSF usam duas importantes melhores práticas em gestão de projetos. Primeiro, os cursos são representados como uma estrutura em vez de uma metodologia rígida. Estruturas baseiam-se em *templates*, listas de verificação, formulários e diretrizes em vez de em políticas e procedimentos mais rígidos. Processos inflexíveis são uma das causas de fracassos de projetos.

A segunda melhor prática é que a MSF se concentra fortemente em um equilíbrio entre pessoas, processos e ferramentas, em vez de apenas em tecnologia. A implementação eficiente da gestão de projetos constitui-se de uma série de bons processos com ênfase em pessoas e em suas relações profissionais, a saber, comunicação, cooperação, trabalho em equipe e confiança. Deixar de se comunicar e se reunir é outra causa-raiz de fracassos de projetos.

A MSF se concentra não somente em captar as práticas comprovadas, mas também em captar as práticas comprovadas certas para as pessoas certas. Mike Turner afirma:

> A principal coisa que acredito diferenciar a MSF é que ela busca estabelecer uma abordagem sensata e equilibrada para a produção e entrega de soluções, uma vez que esta envolve um equilíbrio em constante modificação de pessoas, processos e ferramentas. Os processos e as ferramentas precisam ser do "tamanho certo" para a aptidão e capacidades das

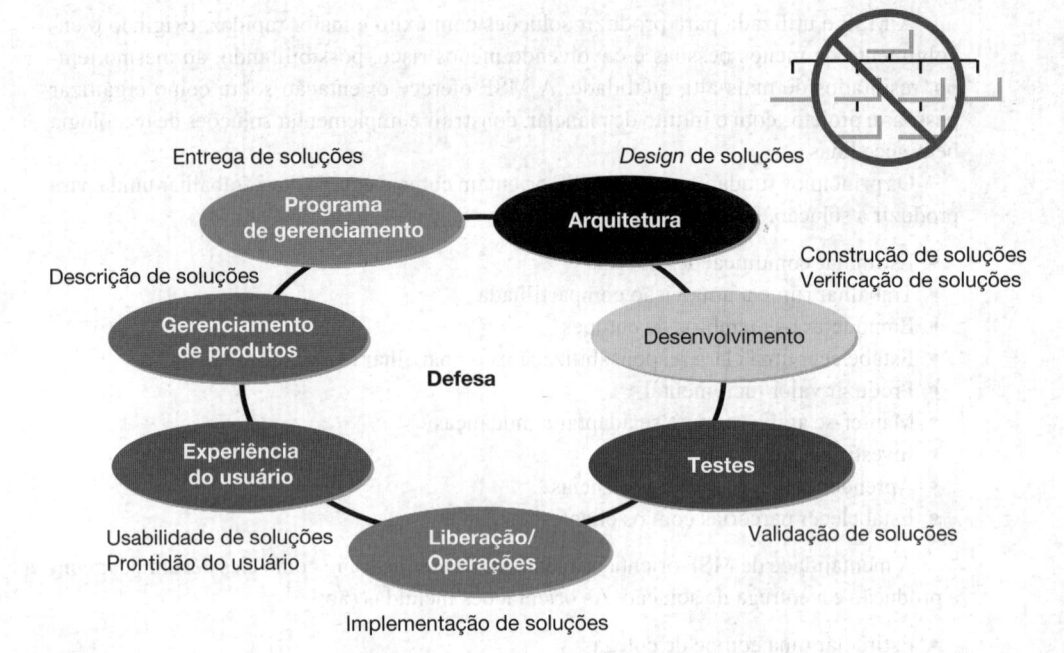

Figura 15.12 Modelo de equipe da MSF.

Fonte: M. S. V. Turner, *Microsoft Solutions Framework Essentials* (Redmond, WA: Microsoft Press). Todos os direitos reservados.

pessoas que estão realizando o trabalho. Muitas vezes as "melhores práticas da indústria" são aplicadas a pessoas que têm poucas chances de realizar os benefícios pretendidos.

A MSF preza a importância das pessoas e do trabalho em equipe. Isso inclui:

- Desenvolver uma equipe cujos membros se tratem como iguais.
- Cada membro da equipe ter papéis e responsabilidades específicas.
- Os membros individuais serem empoderados em seus papéis.
- Todos os membros serem responsabilizados pelo sucesso de seus papéis.
- O gerente de projetos se esforçar por uma tomada de decisões baseada no consenso.
- O gerente de projetos dar a todos os membros da equipe uma participação no sucesso do projeto.

O modelo de equipe da MSF é exibido na Figura 15.12. Ele define as categorias de cargos funcionais ou habilidades necessárias para concluir o trabalho de um projeto, além de papéis e responsabilidades de cada membro da equipe. O modelo de equipe centra-se em uma equipe de defensores da colaboração, em vez de em uma forte dependência da estrutura organizacional.

Em alguns projetos, pode haver a necessidade de uma equipe de equipes. Isso é ilustrado na Figura 15.13.

Estabelecem-se marcos realistas que servem como pontos de revisão e sincronização. Eles permitem que a equipe avalie o progresso e faça correções no decorrer do processo, quando os custos de correções ainda são baixos. Os marcos são utilizados para planejar e

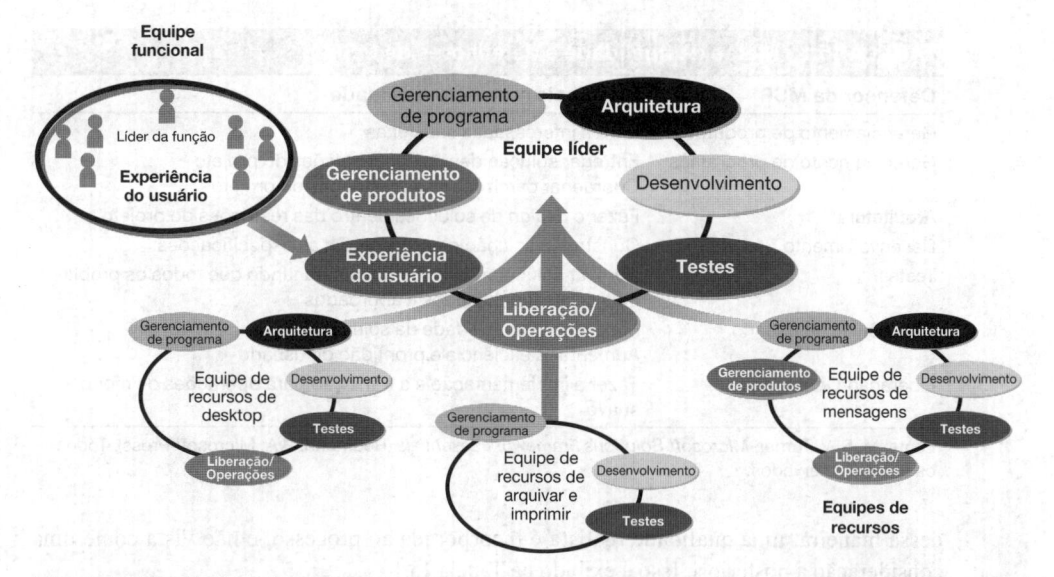

Figura 15.13 Equipe de equipes da MSF.
Fonte: M. S. V. Turner, *Microsoft Solutions Framework Essentials* (Redmond, WA: Microsoft Press, 2006). Todos os direitos reservados.

monitorar o progresso, além de para estabelecer o cronograma de *deliverables* importantes. A utilização de marcos beneficia os projetos:

- Ajudando a sincronizar os elementos de trabalho
- Fornecendo uma visibilidade externa do progresso
- Permitindo correções no decorrer do processo
- Focalizando as revisões em metas e *deliverables*
- Gerando pontos de aprovação para o trabalho que é passado adiante

Há dois tipos de marcos em alguns programas: relevantes e provisórios. Os marcos relevantes representam o acordo entre equipe e cliente sobre como proceder de uma fase para outra. Os marcos provisórios indicam o progresso dentro de uma fase e dividem grandes esforços em segmentos executáveis.

Para cada um dos principais marcos e fases, a Microsoft define uma meta e um foco específico para a equipe. Por exemplo, a meta da fase de conceitualização de um programa pode ser criar uma revisão de alto nível de metas, restrições e solução do projeto. O foco da equipe nessa fase pode ser:

- Identificar o problema ou a oportunidade de negócios
- Identificar as habilidades de equipe necessárias
- Reunir os requisitos iniciais
- Criar a abordagem para solucionar o problema
- Definir metas, premissas e restrições
- Estabelecer uma base para revisão e mudanças

A MSF também estabelece metas para cada defensor. Isso é uma necessidade porque há metas "opostas" naturais para ajudar com as verificações e os balanços de qualidade –

TABELA 15.1 Metas de qualidade e defensores da MSF

Defensor da MSF	Principais metas de qualidade
Gerenciamento de produtos	Partes interessadas satisfeitas
Gerenciamento de programas	Entregar solução dentro das restrições do projeto Coordenar otimização das restrições do projeto
Arquitetura	Fazer o *design* de soluções dentro das restrições do projeto
Desenvolvimento	Construir a solução de acordo com as especificações
Testes	Aprovar soluções para liberação garantindo que todos os problemas sejam identificados e abordados
Experiência do usuário	Maximizar a usabilidade da solução Aumentar a eficiência e prontidão do usuário
Liberação/Operações	Fazer a implementação e a transição para operações de modo suave

Fonte: M. S. V. Turner, *Microsoft Solutions Framework Essentials* (Redmond, WA: Microsoft Press). Todos os direitos reservados.

dessa maneira, uma qualidade realista é incorporada ao processo, e não vista como uma consideração a posteriori. Isso é exibido na Tabela 15.1.

Geralmente se diz que muitos programas podem continuar para sempre. A MSF encoraja a finalizar (estabelecer uma *baseline*) os documentos o mais cedo possível, mas paralisar (*freeze*) os documentos até o mais tarde possível. Como afirmou Mike Turner:

> O termo "finalizar" (estabelecer uma *baseline*) é difícil de usar sem um histórico ou uma definição. Quando uma equipe, mesmo que se trate de uma equipe de uma só pessoa, é designada a um trabalho e acha que concluiu esse trabalho com sucesso, o *status* do marco/ponto de verificação é chamado de "concluído" (p. ex., Plano de testes concluído); "finalizado" (*baselined*) é usado quando a equipe designada para verificar o trabalho concorda que o trabalho esteja concluído (p. ex., Plano de testes finalizado). Depois do marco/ponto de verificação da finalização, não há mais trabalho planejado. O ponto em que o trabalho é enviado ao cliente ou é colocado sob um rígido controle de mudança, é quando você o declara "paralisado" (*frozen*) – o que significa que qualquer mudança terá de ser feita por meio de um processo de controle de mudanças. É por isso que queremos adiar o gerenciamento formal de mudanças o máximo possível, devido às despesas extras envolvidas.

Isso também exige um processo de controle de mudanças estruturado associado ao uso de liberações de versões, como mostra a Figura 15.14. O que as setas na esquerda significam é que a solução é entregue, a conclusão da solução aumenta, o conhecimento do espaço da solução aumenta e o risco geral da entrega da solução diminui. Os benefícios das liberações em versões incluem:

- Forçar o encerramento de problemas do projeto
- Estabelecer metas claras e motivacionais para todos os membros de equipe
- O gerenciamento eficiente da incerteza e das mudanças no escopo do projeto
- Encorajar melhorias contínuas e incrementais
- Possibilitar um menor tempo de entrega

Um dos pontos fortes da MSF é a existência de *templates* para ajudar a criar *deliverables* de projeto de forma rápida. Os *templates* fornecidos pela MSF podem ser personaliza-

Figura 15.14 Abordagem iterativa da MSF.
Fonte: M. S. V. Turner, *Microsoft Solutions Framework Essentials* (Redmond, WA: Microsoft Press). Todos os direitos reservados.

dos para atender às necessidades de determinado projeto ou organização. *Templates* típicos podem incluir:

- *Template* do cronograma do projeto
- *Template* do gráfico de fatores de risco
- *Template* da matriz de avaliação de risco
- *Template post mortem*

O processo de gestão de riscos da MSF é exibido na Figura 15.15. Devido à importância da gestão de riscos hoje, ela passou a fazer parte de todos os programas de treinamento em gestão de projetos.

A MSF encoraja todos os membros de equipe a gerenciarem riscos, não somente os gerentes de projetos. O processo é administrado pelo gerente de projetos.

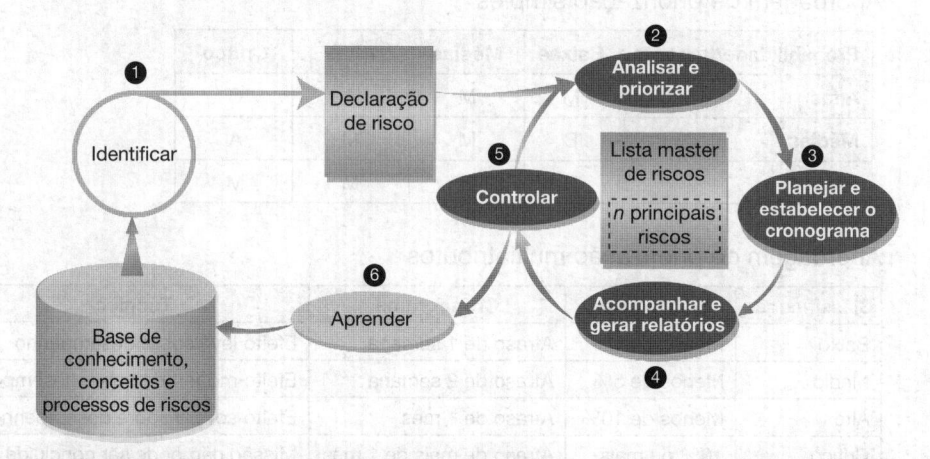

Figura 15.15 Processo de gestão de riscos da MSF.
Fonte: M. S. V. Turner, *Microsoft Solutions Framework Essentials* (Redmond, WA: Microsoft Press). Todos os direitos reservados.

- *Disciplina de gestão de riscos da MSF.* Uma abordagem sistemática, abrangente e flexível para lidar com riscos proativamente em muitos níveis.
- *Processo de gestão de riscos da MSF.* Inclui seis passos lógicos, a saber: identificar, analisar, planejar, acompanhar, controlar e aprender.

Alguns dos principais pontos da abordagem de riscos da MSF incluem:

- Avaliar riscos continuamente
- Gerenciar riscos intencionalmente – estabelecer um processo
- Tratar das causas-raiz, não apenas de sintomas
- Riscos são inerentes em todos os aspectos e todos os níveis de um esforço

Há inúmeras maneiras de lidar com riscos, e a MSF fornece à equipe diversas opções. Como exemplo, a Figura 15.16 mostra duas abordagens para priorização de riscos.

Na Figura 15.11, mostramos que a MSF é estruturada em torno de um modelo de equipe e um modelo de governança. O modelo de governança é exibido na Figura 15.17. Esse modelo aparece em todas as figuras da MSF, ilustrando que a governança está continuamente em atuação.

Há dois componentes no modelo de governança da MSF: governança de projetos e realização de processos:

Governança de projetos

- Otimização do processo de entrega de soluções
- Uso eficiente e efetivo dos recursos do projeto
- Garantia de que a equipe do projeto esteja e permaneça alinhada:
  - aos objetivos (estratégicos) externos
  - às restrições do projeto
  - à demanda por supervisão e regulação

Abordagem de priorização simples

Probabilidade/Impacto	Baixas	Médias	Altas	Crítico
Altas	M	M	A	C
Médias	B	M	M	A
Baixas	B	B	M	M

Abordagem de priorização multiatributos

Classificação	Sobrecusto	Cronograma	Técnico
Baixo	Menos de 1%	Atraso de 1 semana	Efeito leve sobre desempenho
Médio	Menos de 5%	Atraso de 2 semana	Efeito moderado sobre desempenho
Alto	Menos de 10%	Atraso de 1 mês	Efeito severo sobre desempenho
Crítico	10% ou mais	Atraso de mais de 1 mês	Missão não pode ser concluída

Figura 15.16 Exemplo de priorização de riscos.
Fonte: M. S. V. Turner, *Microsoft Solutions Framework Essentials* (Redmond, WA: Microsoft Press, 2006). Todos os direitos reservados.

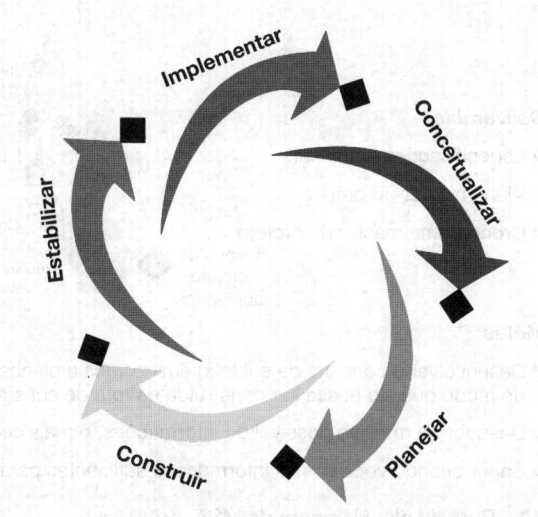

Figura 15.17 Modelo de governança da MSF: rotas de realização.
Fonte: M. S. V. Turner, *Microsoft Solutions Framework Essentials* (Redmond, WA: Microsoft Press, 2006). Todos os direitos reservados.

- Realização do processo
- Definição, construção e implementação de uma solução que atenda às necessidades e expectativas das partes interessadas

O modelo de governança da MSF, como mostra a Figura 15.17, é representado por cinco diferentes rotas de realização. As Figuras 15.18 a 15.22 fornecem uma descrição de cada uma dessas rotas.

Deliverables

- Documento da visão/escopo
- Documento da estrutura do projeto
- Documento de avaliação de risco inicial

Equipe central organizada

Visão/escopo finalizados (*baselined*)

Visão/escopo aprovados

Metas

- Desenvolver uma clara compreensão do que é necessário e de todas as restrições do projeto
- Reunir a equipe necessária para conceitualizar possíveis soluções com opções e abordagens que melhor atendam a essas necessidades
- Estabelecer uma base para mudanças pelo resto do ciclo de vida do projeto

Figura 15.18 Rota de conceitualização da MSF.
Fonte: M. S. V. Turner, *Microsoft Solutions Framework Essentials* (Redmond, WA: Microsoft Press). Todos os direitos reservados.

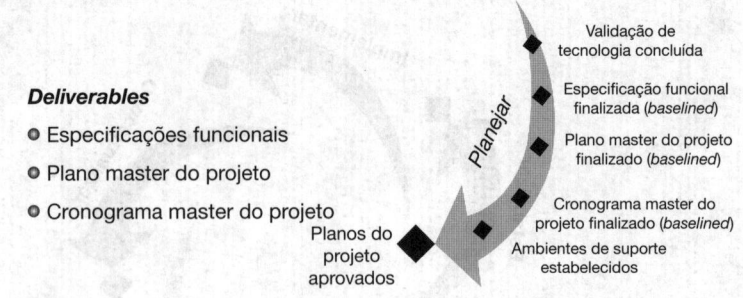

Deliverables

- Especificações funcionais
- Plano master do projeto
- Cronograma master do projeto

Planejar

- Validação de tecnologia concluída
- Especificação funcional finalizada (*baselined*)
- Plano master do projeto finalizado (*baselined*)
- Cronograma master do projeto finalizado (*baselined*)
- Ambientes de suporte estabelecidos
- Planos do projeto aprovados

Metas

- Desenvolver o conceito da solução em *designs* a planos tangíveis, de modo que ela possa ser construída na rota de construção
- Descobrir o máximo possível de informações, o mais cedo possível
- Saber quando você possui informações suficientes para seguir adiante

Figura 15.19 Rota de planejamento da MSF.
Fonte: M. S. V. Turner, *Microsoft Solutions Framework Essentials* (Redmond, WA: Microsoft Press). Todos os direitos reservados.

A MSF possui critérios de sucesso estabelecidos para cada uma das rotas:

Rota de conceitualização

- Partes interessadas e equipe concordam quanto:
  - à motivação para o projeto;
  - à visão da solução;
  - ao escopo da solução;

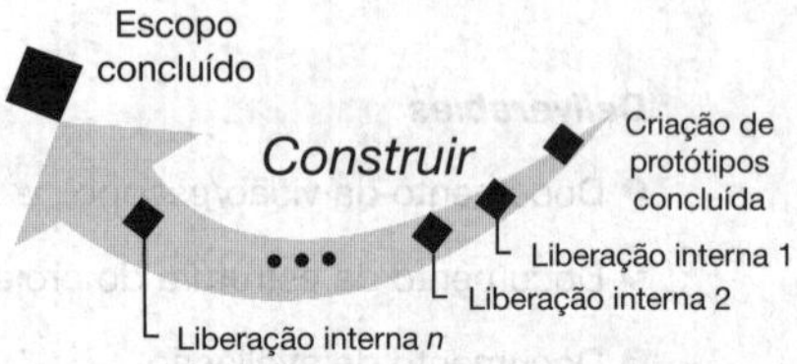

Deliverables

- Solução concluída
- Materiais de treinamento
- Documentação
  - Processos de implementação
  - Procedimentos operacionais
  - Suporte e resolução de problemas
- Materiais de marketing
- Plano master, cronograma e documento de riscos atualizados

Construir

- Escopo concluído
- Criação de protótipos concluída
- Liberação interna 1
- Liberação interna 2
- Liberação interna *n*

Metas

- Construir todos os aspectos da solução de acordo com os *deliverables* da rota de planejamento (p. ex., *designs*, planos, requisitos)
  - Desenvolver funcionalidades e componentes da solução (código e infra), concluir todos
  - Testar todos os aspectos da solução para avaliar seu estado de qualidade

Figura 15.20 Rota de construção da MSF.
Fonte: M. S. V. Turner, *Microsoft Solutions Framework Essentials* (Redmond, WA: Microsoft Press). Todos os direitos reservados.

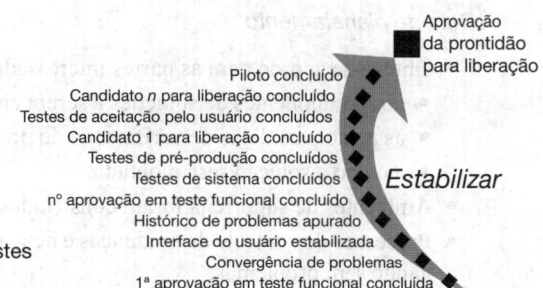

Capítulo 15 • Excelência em gestão de projetos global

Deliverables
- Revisão do piloto
- Versões da solução prontas para liberação e colaterais que as acompanham
- Resultados de testes e ferramentas de testes
- Documentos do projeto

Estabilizar

- Aprovação da prontidão para liberação
- Piloto concluído
- Candidato *n* para liberação concluído
- Testes de aceitação pelo usuário concluídos
- Candidato 1 para liberação concluído
- Testes de pré-produção concluídos
- Testes de sistema concluídos
- nº aprovação em teste funcional concluído
- Histórico de problemas apurado
- Interface do usuário estabilizada
- Convergência de problemas
- 1ª aprovação em teste funcional concluída

Metas
- Melhorar a qualidade da solução para atender a critérios de liberação para passar à produção
- Validar se a solução atende às necessidades e expectativas das partes interessadas
- Validar a usabilidade da solução do ponto de vista do usuário
- Maximizar o sucesso e minimizar os riscos associados à implementação e a operações de soluções em seu ambiente-alvo

Figura 15.21 Rota de estabilização da MSF.
Fonte: M. S. V. Turner, *Microsoft Solutions Framework Essentials* (Redmond, WA: Microsoft Press). Todos os direitos reservados.

- ao conceito da solução;
- à equipe e estrutura do projeto;
- ao fato de restrições e metas terem sido identificadas;
- ao fato de a avaliação de risco inicial ter sido realizada;
- ao fato de os processos de controle de mudanças e gerenciamento de configurações terem sido estabelecidos;
- ao fato de já ter sido dada aprovação formal pelos patrocinadores e/ou principais partes interessadas.

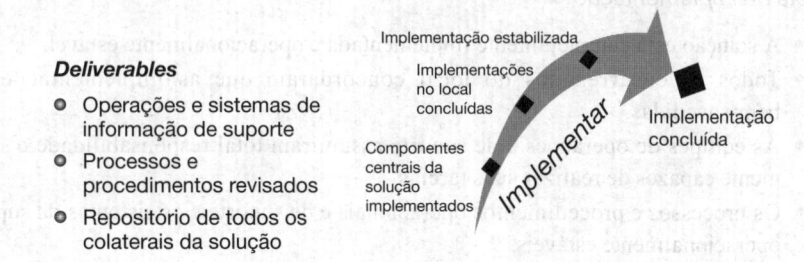

Deliverables
- Operações e sistemas de informação de suporte
- Processos e procedimentos revisados
- Repositório de todos os colaterais da solução

Implementar

- Implementação estabilizada
- Implementações no local concluídas
- Componentes centrais da solução implementados
- Implementação concluída

Metas
- Colocar a solução em produção no(s) ambiente(s) designado(s)
- Facilitar uma transferência suave da solução da equipe de projetos para a equipe de operações o mais rapidamente possível

Figura 15.22 Rota de implementação da MSF.
Fonte: M. S. V. Turner, *Microsoft Solutions Framework Essentials* (Redmond, WA: Microsoft Press). Todos os direitos reservados.

Rota de planejamento

- Obteve-se acordo com as partes interessadas e a equipe quanto:
  - aos componentes de soluções a serem entregues;
  - às principais datas de verificação do projeto;
  - a como a solução será montada.
- Ambientes de suporte já foram construídos.
- Processos de controle de mudanças e de gerenciamento de configurações estão funcionando sem problemas.
- Avaliações de risco já foram atualizadas.
- Pode-se voltar à origem de todos os *designs*, planos e cronogramas nas especificações funcionais e pode-se voltar à origem das especificações na rota de conceitualização de *deliverables*.
- O(s) patrocinador(es) e/ou principais partes interessadas assinaram a aprovação.

Rota de construção

- Todas as soluções são construídas e concluídas, o que significa que:
  - Não há outro desenvolvimento de funcionalidades ou capacidades.
  - A solução opera de acordo com o que foi especificado.
  - Tudo o que falta é estabilizar o que foi construído.
  - Faz-se o esboço de toda a documentação.

Rota de estabilização

- Todos os elementos estão prontos para a liberação.
- Obteve-se a aprovação para a liberação.
- Obteve a aprovação administrativa.

Rota de implementação

- A solução está completamente implementada e operacionalmente estável.
- Todos os encarregados do local concordaram que as implementações foram bem-sucedidas.
- As equipes de operações e de suporte assumiram total responsabilidade e são totalmente capazes de realizar suas tarefas.
- Os processos e procedimentos operacionais e de suporte e os sistemas de suporte são operacionalmente estáveis.

A MSF concentra-se no planejamento proativo em vez de reativo. Acordos entre a equipe e os vários grupos de partes interessadas logo no início do projeto podem tornar os *trade-offs* mais fáceis, reduzir atrasos no cronograma e eliminar a necessidade de uma redução na funcionalidade para atender às restrições do projeto. Isso é exibido na Figura 15.23.

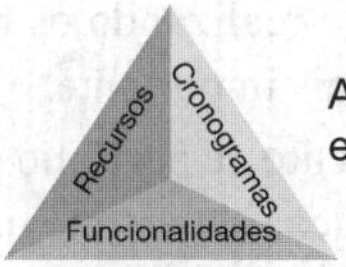

A matriz de *trade-off* da MSF é um acordo entre a equipe e as partes interessadas

	Fixos	Escolhidos	Ajustáveis
Recursos		✓	
Cronogramas	✓		
Funcionalidades			✓

Dado um cronograma **fixo, escolheremos** recursos e **ajustaremos** as funcionalidades de acordo com a necessidade.

Figura 15.23 Matriz de *trade-off* dos projetos.
Fonte: M. S. V. Turner, *Microsoft Solutions Framework Essentials* (Redmond, WA: Microsoft Press, 2006). Todos os direitos reservados.

15.4 Deloitte: gerenciamento de programas empresarial

INTRODUÇÃO

Muitas organizações iniciam mais projetos do que têm capacidade de entregar. Consequentemente, elas tipicamente têm coisas demais para fazer e não dispõem de tempo ou recursos suficientes para tal. Os benefícios pretendidos de diversos projetos muitas vezes não são realizados, e os resultados desejados raramente são alcançados em sua totalidade.

Há vários fatores que podem dificultar muito que se atinjam resultados previsíveis em um projeto:

- Maior complexidade da natureza transformacional de muitos projetos
- Impulso constante por melhor eficiência e eficácia
- Novas pressões para demonstrar responsabilização e transparência
- Aceleração do ritmo das mudanças e mudança constante de prioridades

Métodos tradicionais de coordenação e gestão de projetos estão se tornando ineficientes e podem levar à duplicação dos esforços, à omissão de atividades específicas ou ao mau alinhamento e priorização na estratégia de negócios. Tomar as decisões de investimento

---

A Seção 15.4 sobre a Deloitte foi fornecida por Daniel Martyniuk, Christine Lyman, PMP®, e Rusty Greer. Copyright © 2017 Deloitte Development LLC. Todos os direitos reservados. Como usado neste documento, "Deloitte" significa Deloitte Consulting LLP, uma subsidiária da Deloitte LLP. Favor consultar www.deloitte.com/us/about para uma descrição detalhada da estrutura jurídica da Deloitte LLP e suas subsidiárias. Certos serviços podem não estar disponíveis para atestar clientes sob as regras e regulamentações da contabilidade pública. Essa publicação contém apenas informações gerais, e a Deloitte não irá prestar, por meio desta publicação, consultoria ou serviços de contabilidade, negócios, finanças, investimentos, jurídicos, fiscais ou de qualquer outra natureza. Esta publicação não é um substituto para essas consultorias e serviços profissionais, nem deve ser utilizada como base para qualquer decisão ou ação que possa afetar seu negócio. Antes de tomar qualquer decisão ou realizar qualquer ação que possa afetar seu negócio, você deve consultar um profissional qualificado. A Deloitte não se responsabiliza por nenhuma perda sofrida por qualquer pessoa que esteja relacionada a esta publicação.

certas, maximizando o uso de recursos disponíveis e realizando os benefícios esperados para impulsionar o valor organizacional, nunca foi mais importante.

Este artigo irá explorar os métodos de gerenciamento de portfólio de projetos, técnicas, abordagens e ferramentas da Deloitte, indo da tradução da estratégia organizacional em um conjunto alinhado de programas e projetos ao acompanhamento da obtenção do valor esperado e dos resultados das iniciativas transformacionais empreendidas.

GERENCIAMENTO DE PROGRAMAS EMPRESARIAL

As organizações estão enfrentando pressões cada vez maiores para "fazer mais com menos". Elas precisam equilibrar as expectativas crescentes por mais alta qualidade, facilidade de acesso e velocidade na entrega com novas pressões para demonstrar eficiência e custo-efetividade. O tradicional equilíbrio entre o gerenciamento do negócio, i.e., as operações do dia a dia, e a transformação do negócio, i.e., projetos e iniciativas de mudanças, está mudando. Para muitas organizações, a proporção de recursos empregados em projetos e programas aumentou enormemente nos últimos anos. Entretanto, o desenvolvimento de capacidades organizacionais, estruturas e processos para gerenciar e controlar esses investimentos continua a ser uma luta.

Além disso, houve um aumento significativo na interdependência entre projetos e em sua complexidade. Embora, no passado, muitos projetos e programas possam provavelmente ter se restringido a uma função ou área de negócio específica, hoje vemos cada vez mais que há fortes relações sistêmicas entre iniciativas específicas. A maioria dos problemas não existe em isolamento, e as resoluções têm conexões e impactos encadeados que vão além do escopo de um único problema. Os projetos não somente envolvem pessoas, processos e tecnologias cada vez mais distintos entre si, mas eles também o fazem entre diferentes funções, áreas geográficas e, muitas vezes, limites organizacionais. Sem uma abordagem estruturada para sua implementação, os projetos e programas podem não conseguir produzir o valor esperado. A necessidade de uma abordagem estratégica para a gestão de projetos, programas e portfólios é enorme.

A abordagem da Deloitte para o gerenciamento de portfólios de projetos é representada pela estrutura orientadora que é o Gerenciamento de Programas Empresarial (EPM, *Enterprise Program Management*), que fornece um modelo dentro do qual os projetos, programas e portfólios se encaixam em uma hierarquia em que a execução de projetos e a entrega de programas está alinhada à estratégia empresarial e pode levar a uma melhor realização dos benefícios desejados. Essa abordagem pretende alcançar um equilíbrio entre o gerenciamento dos resultados (eficiência) e o gerenciamento dos recursos (eficácia) para produzir valor empresarial.

Na Figura 15.24, a *Estratégia* inclui a definição da visão e missão da organização, além do desenvolvimento de metas, objetivos e medidas de desempenho estratégicas. A capacidade de *Gerenciamento de Portfólio* transforma a estratégia empresarial da organização em realidade e gerencia o portfólio para determinar um alinhamento dos programas, alocação de recursos e realização de benefícios de modo eficiente. O *Gerenciamento de Programas* concentra-se na estruturação e coordenação de projetos individuais em conjuntos relacionados para determinar a realização de valor que talvez não fosse alcançada com a entrega independente de projetos separadamente. A *Gestão de Projetos* ajuda a possibilitar que o escopo definido de pacotes de trabalho seja entregue com os padrões de qualidade desejados.

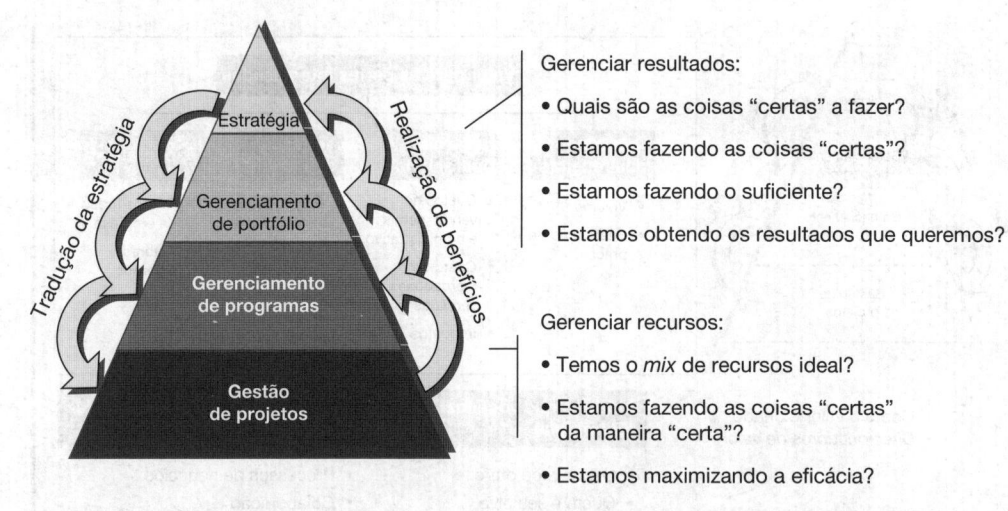

Figura 15.24 Estrutura de Gerenciamento de Programas Empresarial (EPM) da Deloitte.
Fonte: © Deloitte & Touche LLP e entidades afiliadas.

Gerenciar resultados:
- Quais são as coisas "certas" a fazer?
- Estamos fazendo as coisas "certas"?
- Estamos fazendo o suficiente?
- Estamos obtendo os resultados que queremos?

Gerenciar recursos:
- Temos o *mix* de recursos ideal?
- Estamos fazendo as coisas "certas" da maneira "certa"?
- Estamos maximizando a eficácia?

Pirâmide: Estratégia / Gerenciamento de portfólio / Gerenciamento de programas / Gestão de projetos. Tradução da estratégia / Realização de benefícios.

ESTRATÉGIA E VALOR EMPRESARIAL

Os líderes de negócios de hoje vivem em um mundo de perpétuo movimento, administrando e melhorando suas empresas ao mesmo tempo. Decisões difíceis têm de ser tomadas todos os dias – estabelecer orientações, alocar orçamentos e lançar novas iniciativas – tudo para melhorar o desempenho organizacional e, em última análise, criar e oferecer valor para as partes interessadas. É fácil dizer que o valor para as partes interessadas é importante, mas é muito mais difícil fazê-lo influenciar as decisões que são tomadas todos os dias: onde gastar tempo e recursos, a melhor maneira de conseguir colocar as coisas em prática e, em última análise, como vencer no mercado competitivo ou no setor público e como entregar determinada missão de forma eficiente.

Servindo de suporte ao componente de *Estratégia* da estrutura de Gerenciamento de Programas Empresarial, o Mapa de Valor Empresarial (*Enterprise Value Map*™) da Deloitte é criado para acelerar a conexão entre agir e gerar valor empresarial. Ele facilita o processo de se concentrar em áreas importantes, identificando maneiras práticas de colocar as coisas em prática e de determinar se as iniciativas escolhidas fornecem o valor de negócios que pretendiam. O Mapa de Valor Empresarial pode facilitar esse processo, acelerando a identificação de possíveis iniciativas de melhorias e descrevendo como cada uma pode contribuir para um maior valor para as partes interessadas.

O Mapa de Valor Empresarial, ilustrado em versão resumida na Figura 15.25, é potente e interessante porque alcança um equilíbrio muito útil e prático entre:

- Estratégia e tática
- O que pode ser feito e como isso pode ser feito
- A demonstração de resultados e o balanço patrimonial
- A capacidade organizacional e a execução operacional
- Desempenho atual e desempenho futuro

Em geral, o Mapa de Valor Empresarial ajuda as organizações a se concentrarem nas coisas aplicáveis e serve como um lembrete gráfico do que está sendo feito e por quê.

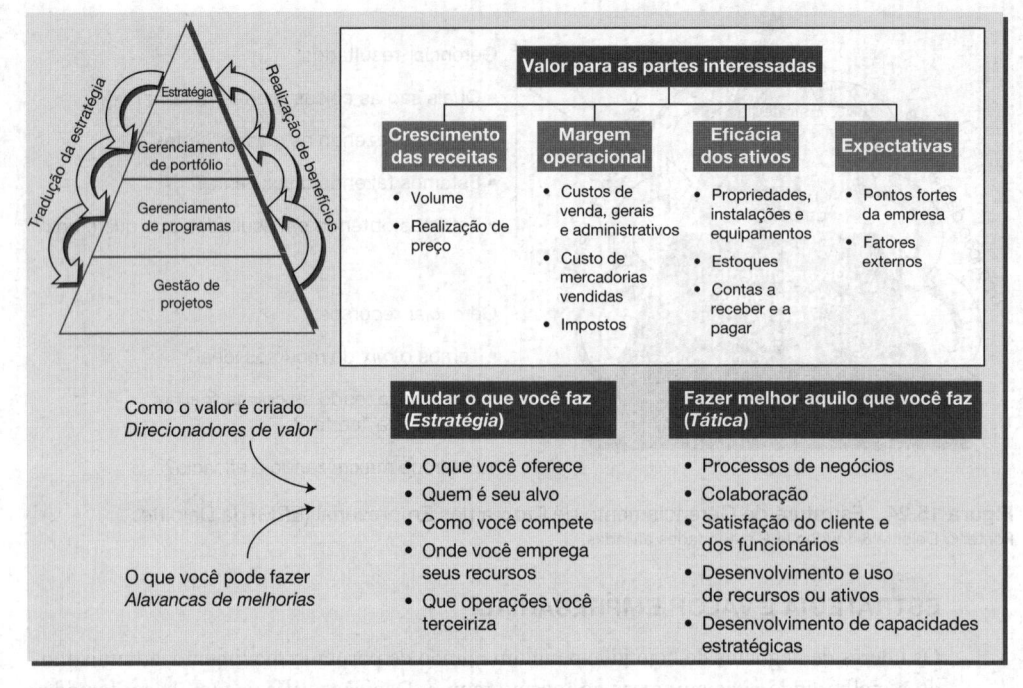

Figura 15.25 Mapa de Valor Empresarial (EVM) da Deloitte.
Fonte: © Deloitte & Touche LLP e entidades afiliadas.

Pirâmide (esquerda):
- Estratégia
- Gerenciamento de portfólio
- Gerenciamento de programas
- Gestão de projetos

Tradução da estratégia / Realização de benefícios

Valor para as partes interessadas:

- **Crescimento das receitas**
  - Volume
  - Realização de preço
- **Margem operacional**
  - Custos de venda, gerais e administrativos
  - Custo de mercadorias vendidas
  - Impostos
- **Eficácia dos ativos**
  - Propriedades, instalações e equipamentos
  - Estoques
  - Contas a receber e a pagar
- **Expectativas**
  - Pontos fortes da empresa
  - Fatores externos

Como o valor é criado — Direcionadores de valor

Mudar o que você faz (Estratégia)
- O que você oferece
- Quem é seu alvo
- Como você compete
- Onde você emprega seus recursos
- Que operações você terceiriza

O que você pode fazer — Alavancas de melhorias

Fazer melhor aquilo que você faz (Tática)
- Processos de negócios
- Colaboração
- Satisfação do cliente e dos funcionários
- Desenvolvimento e uso de recursos ou ativos
- Desenvolvimento de capacidades estratégicas

Do ponto de vista executivo, o Mapa de Valor Empresarial é uma estrutura que descreve a relação entre as métricas a partir das quais as empresas são avaliadas e os meios com os quais as empresas podem melhorar essas métricas. De uma perspectiva funcional, o Mapa de Valor Empresarial é um resumo de uma página de o que as empresas fazem, por que elas o fazem e como elas podem fazê-lo melhor. Funciona como uma potente estrutura de discussão, pois pode ajudar as empresas a focarem as questões que mais importarem para elas.

O Mapa de Valor Empresarial é usado pela Deloitte para ajudar os clientes a:

- Identificarem coisas que podem ser feitas para melhorar o valor para as partes interessadas
- Adicionarem estrutura à priorização de possíveis iniciativas de melhoria
- Avaliarem e comunicarem o contexto e valor de iniciativas específicas
- Fornecerem ideias quanto ao desempenho de negócio atual da organização
- Descreverem como o portfólio de projetos e programas se alinha aos direcionadores de valor
- Identificarem pontos problemáticos e possíveis áreas para melhorias
- Descreverem iniciativas passadas, presentes e futuras

O valor para as partes interessadas é determinado por quatro "Determinantes de Valor" básicos: o Crescimento das Receitas, a Margem Operacional, a Eficiência dos Ativos e as Expectativas:

1. *Crescimento das Receitas.* O crescimento nas "receitas brutas" da empresa, ou os pagamentos recebidos de clientes pelos produtos e serviços da empresa.

2. *Margem operacional.* A porção das receitas que sobra depois de os custos de prover bens e serviços terem sido subtraídos. Uma medida importante da eficácia operacional.
3. *Eficiência dos Ativos.* O valor dos ativos usado ao administrar o negócio em relação ao seu nível atual de receitas. Uma medida importante da eficácia de investimento.
4. *Expectativas.* A confiança que as partes interessadas e analistas têm na capacidade da empresa de ter bom desempenho no futuro. Uma medida importante da confiança do investidor.

Há literalmente milhares de ações que as empresas podem realizar para melhorar o desempenho do valor para as partes interessadas, e o Mapa de Valor Empresarial, em sua versão integral, descreve centenas delas. Embora as ações sejam bastante diversas, a grande maioria delas gira em torno de um destes três objetivos:

1. Melhorar a eficiência ou a eficácia de um processo de negócios
2. Aumentar a produtividade de um ativo de capital
3. Desenvolver ou fortalecer a capacidade de uma empresa

As ações individuais do Mapa de Valor Empresarial começam a identificar como uma empresa pode fazer essas melhorias. De modo geral, há duas abordagens básicas para a melhoria:

1. Mudar o que você faz (*mudar sua estratégia*): essas ações envolvem mudanças estratégicas – alterar estratégias competitivas, mudar os produtos e serviços que você oferece e para quem, e mudar a designação de processos operacionais para equipes internas e externas.
2. Fazer melhor aquilo que você faz (*melhorar sua tática*): essas ações envolvem mudanças táticas – designar processos a diferentes grupos (ou canais) internos ou externos, redesenhar os principais processos de negócios e melhorar a eficácia e a eficiência dos recursos que executam esses processos.

GERENCIAMENTO DE PORTFÓLIO

O Gerenciamento de Portfólios é uma abordagem estruturada e disciplinada para alcançar metas e objetivos estratégicos, escolhendo os investimentos mais eficientes para a organização e determinando a realização de seus benefícios e valor combinados, exigindo, ao mesmo tempo, o uso de recursos disponíveis.

A função de Gerenciamento de Portfólios fornece a supervisão centralizada de um ou mais portfólios e envolve identificar, selecionar, priorizar, avaliar, autorizar, gerenciar e controlar projetos, programas e outros trabalhos relacionados, para alcançar metas e objetivos estratégicos específicos. A adoção de uma abordagem estratégica do Gerenciamento de Portfólios permite que as organizações melhorem a conexão entre estratégia e execução, ajudando-as a estabelecer prioridades, estimar sua capacidade para propiciar e monitorar a obtenção de resultados no projeto e impulsionar a criação e entrega de valor empresarial.

A abordagem da Deloitte ao Gerenciamento de Portfólios pode permitir que uma organização associe sua visão estratégica ao seu portfólio de iniciativas e gerencie as iniciativas à medida que for progredindo. Essa abordagem fornece a conexão crucial que traduz estratégia em realizações operacionais. Como ilustrado na Figura 15.26, a Estrutura de Gerenciamento de Portfólios ajuda a responder às perguntas: "Estamos fazendo as coisas 'certas'?", "Estamos fazendo o suficiente de coisas 'certas'?" e "Quão bem estamos fazendo essas coisas?"

Estamos fazendo as coisas "certas"?	Estamos fazendo o suficiente das coisas "certas"?	Quão bem estamos fazendo essas coisas?		
Tradução da estratégia		**Execução da estratégia**		
ALINHAR PROJETOS À DIREÇÃO E AOS BENEFÍCIOS DE NEGÓCIOS	AVALIAR E REVISAR PROJETOS E INICIATIVAS	OTIMIZAR O PORTFÓLIO DE PROJETOS	AVALIAR AS CAPACIDADES DE EXECUÇÃO ATUAIS	PREENCHER LACUNAS DE CAPACIDADES	GERENCIAR O PORTFÓLIO
ATIVIDADES: Interpretar a estratégia de negócios; Ligar projetos à estratégia	Realizar a revisão de projetos; Avaliar o uso de recursos em relação a projetos de alto valor	Melhorar o portfólio; Pontuar e classificar projetos	Identificar e avaliar lacunas de capacidades; Desenvolver roteiro	Organizar um escritório de gerenciamento de portfólios	Gerenciar programas; Gerenciar projetos
BENEFÍCIOS PRETENDIDOS: • Uma estrutura para alinhar projetos e iniciativas às prioridades de negócios e possíveis benefícios • Facilitar a compreensão das inter-relações muitos-para-muitos entre objetivos de negócios e projetos • Calcular o grau com que as iniciativas oferecem suporte às necessidades de negócios	• Focar a atenção na justificativa de negócios por trás de cada projeto e iniciativa • Fornecer um leque de medidas de qualidade, valor e risco para avaliar projetos e iniciativas • Confirmar a validade e a consistência de informações, permitindo melhores comparações • A estrutura é usada para avaliar iniciativas incrementais e novos projetos	• Confirmar a adequação de projetos com as prioridades de negócios • Maximizar a objetividade e a consistência na criação de portfólios • Evitar erros de duplicação e omissão • Melhorar o uso de recursos compartilhados • Começar a gerar um consenso sobre o que será ou não realizado	• Determinar a lacuna entre a oferta e a demanda de recursos • Considerar as habilidades e competências necessárias dos recursos • Focar os recursos nas áreas que mais precisem de melhorias • Comunicar as melhores práticas por toda a organização • Confirmar que o portfólio aprovado esteja alinhado às capacidades atuais	• Fornecer uma estrutura organizacional que permita o gerenciamento de iniciativas estratégicas • Esclarecer a propriedade de iniciativas multifuncionais • Promover a comunicação e a coordenação entre diversas iniciativas	• Permitir o alinhamento contínuo de projetos com as prioridades e benefícios de negócios • Confirmar que as iniciativas atendam a seus objetivos e, ao mesmo tempo, atinjam as expectativas de tempo, custo e qualidade

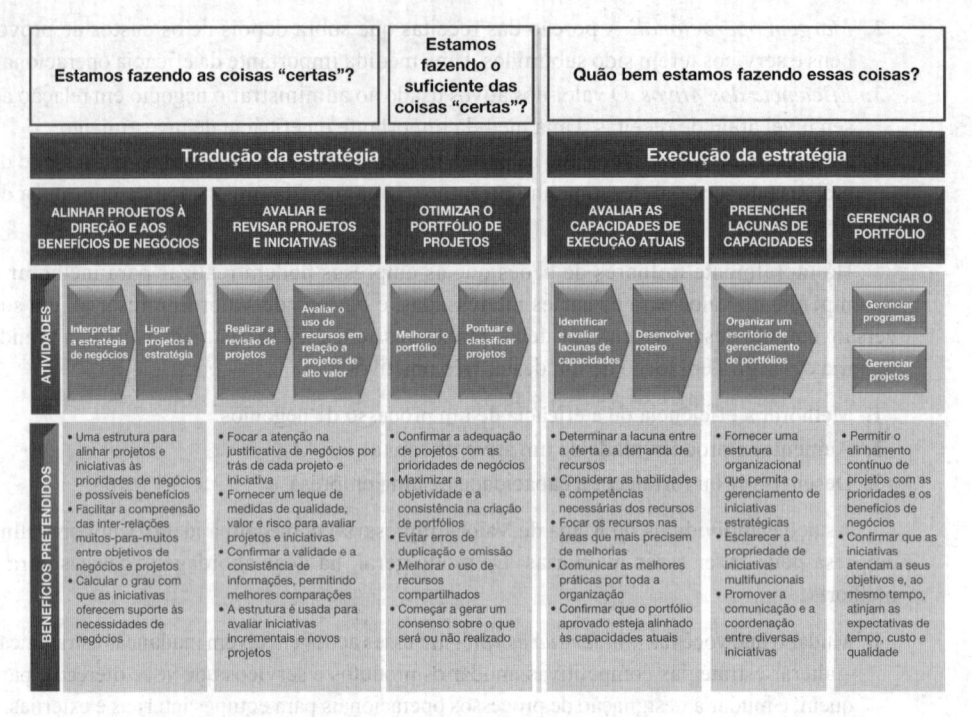

Figura 15.26 Estrutura de Gerenciamento de Portfólios da Deloitte.
Fonte: © Deloitte & Touche LLP e entidades afiliadas.

Uma vez implementada, a estrutura ajuda a transformar a estratégia de negócios em um portfólio de iniciativas coordenadas que funcionam juntas para aumentar o valor para as partes interessadas. Além disso, ela pode fornecer as ferramentas e técnicas para manter os projetos no caminho certo, aumentando muito as chances de uma organização alcançar os resultados desejados. Ela foca uma organização em iniciativas que ofereçam maiores oportunidades de criação de valor e que também forneçam uma estrutura e disciplina para estimular iniciativas de melhoria de desempenho e auxiliar na identificação de oportunidades de melhorias contínuas. Finalmente, ela garante que os recursos e o orçamento apropriado sejam disponibilizados para tarefas críticas e fornece as ferramentas e técnicas para gerenciar o portfólio de iniciativas de uma organização de maneira eficiente.

O primeiro passo crucial no processo de desenvolver um portfólio de projetos eficiente é o estabelecimento de um método para determinar que projetos cairão dentro e que projetos cairão fora do escopo do portfólio. Uma clara definição do que constitui um "projeto" é necessária, além da identificação de critérios que serão aplicados para colocar uma iniciativa específica dentro ou fora dos limites do portfólio. Daniel Martyniuk, um gerente da prática de Estratégias e Operações da Deloitte Consulting LLP, especializado em gerenciamento de portfólio de projetos, realça:

> Embora esse primeiro passo pareça básico no sentido de que seu objetivo é fornecer uma estrutura básica na qual definir, separar e categorizar projetos, o componente crítico é cuidadosamente captar todos os projetos que estejam sendo empreendidos atualmente ou que tenham sido propostos para aprovação. Muitos projetos de difícil definição são muitas vezes ignorados, já que eles podem assumir a forma de atividades cotidianas ou podem ocor-

rer "nos bastidores". Sendo assim, é essencial definir limites claros entre operações do dia a dia e o trabalho de projetos – deixar de fazê-lo pode levar a ambiguidades e à representação imprecisa do número verdadeiro de projetos na organização.

Um método consistente de categorização, como a Estrutura de Investimento da Deloitte ilustrada na Figura 15.27, ajuda a responder à pergunta: "Por que estamos alocando recursos a esse projeto?". Ela pretende definir as diferenças entre iniciativas que permitem reconhecimento e categorização imediatos de projetos e fornece o contexto para comparar projetos que sejam diferentes em sua natureza ou escopo. Ela também facilita a alocação de recursos primeiramente por tipo, depois pela priorização de projetos dentro de um mesmo tipo. Mais importante, ela fornece uma base comum para facilitar o diálogo e as discussões sobre priorização.

Uma vez que o escopo do portfólio tenha sido estabelecido, a organização pode exigir um processo disciplinado para possibilitar o alinhamento contínuo de projetos a objetivos

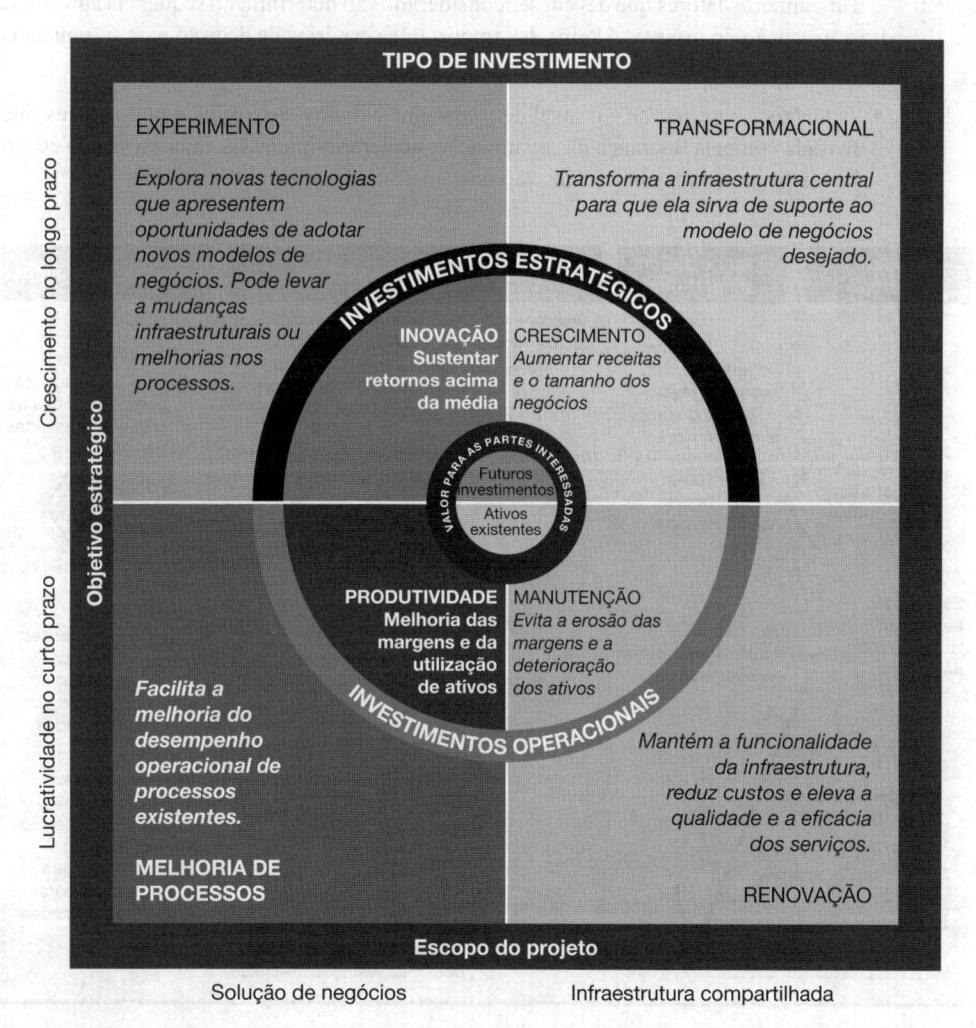

Figura 15.27 Estrutura de Investimento da Deloitte.
Fonte: © Deloitte & Touche LLP e entidades afiliadas.

estratégicos, avaliação, priorização e autorização, além do gerenciamento contínuo de progresso, mudanças e da realização de benefícios.

O Processo de Gerenciamento de Portfólios da Deloitte, como ilustra a Figura 15.28, pode servir de base para a definição da sequência comum de gerenciamento de portfólios. Ela permite que a coordenação entre projetos tire proveito de sinergias e reduza redundâncias. Ajuda também a delinear e identificar projetos em um formato comparável em que há diversas oportunidades de projeto e/ou pontos problemáticos para a organização para aumentar o valor criado pelas iniciativas das organizações, equilibrando, ao mesmo tempo, risco e recompensa.

Quando a lista aprovada de projetos que compõem o portfólio for estabelecida, o registro e o sequenciamento do projeto passam a ser o passo crítico seguinte. Só porque um projeto faz parte do registro de projetos "aprovados", isso não significa que ele deve ou será iniciado imediatamente.

Há inúmeros fatores que devem ser considerados ao determinar a sequência apropriada para a execução do projeto. Alguns dos importantes critérios de decisão para o sequenciamento de projetos incluem:

- *Prioridade estratégica* – o nível de importância dado a esse projeto pelas partes interessadas ou pela liderança da organização; acelerar o início das iniciativas que contribuam diretamente com a realização dos objetivos de negócios declarados.

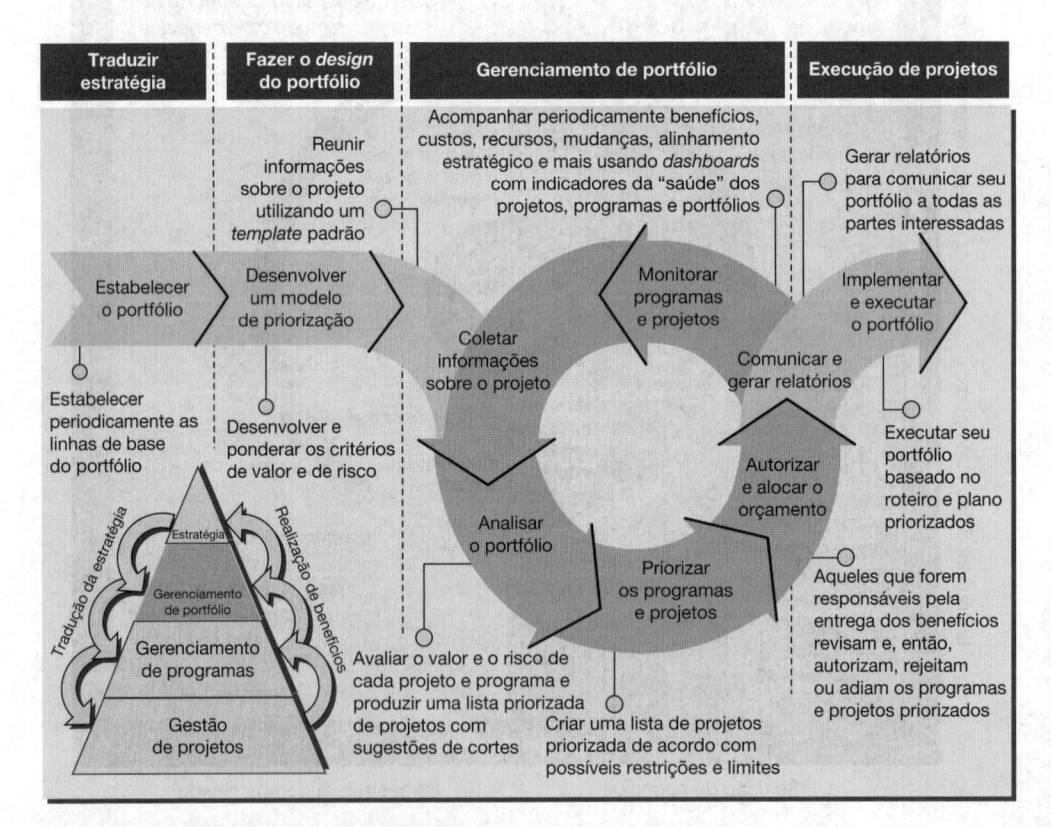

Figura 15.28 Processo de gerenciamento de portfólio de projetos CI.
Fonte: © Deloitte & Touche LLP e entidades afiliadas.

- *Janela de oportunidade* – algumas iniciativas precisam ser concluídas dentro de certo período a fim de obter os benefícios desejados; dar a essas iniciativas a consideração necessária para ajudar a garantir que a oportunidade de gerar valor não seja perdida.
- *Interdependências entre os projetos* – confirmar que todas as dependências entre projetos relacionados tenham sido identificadas e consideradas ao tomar as decisões de sequenciamento e iniciação do projeto; além disso, considere outras dependências que podem afetar o início ou a conclusão de projetos, como o tempo levado para tomar decisões importantes, o ciclo orçamentário, etc.
- *Disponibilidade de recursos* – um projeto não pode ser iniciado até que os recursos aplicáveis se tornem disponíveis para começar a trabalhar nesse projeto específico; entretanto, lembre-se de que "disponibilidade" não é uma habilidade, e, além de conseguir os recursos designados para o seu projeto, certifique-se de que eles sejam os recursos "certos" em termos de seu conhecimento, habilidade e experiência.
- *Risco* – considere o nível de risco que se corre em decorrência de empreender determinado conjunto de projetos; não é uma boa ideia iniciar projetos de alto risco todos de uma vez, todos dentro do mesmo período de entrega; projetos de alto risco devem ser monitorados de perto, e você deve se esforçar para encontrar um *mix* aplicável de projetos de alto risco e de baixo risco; sempre que possível, você deve considerar executar projetos de alto risco em diversas etapas e conduzir uma análise de risco completa para determinar e decidir sobre as estratégias de mitigação de risco apropriadas.
- *Mudanças* – considere a novidade do empreendimento e a quantidade de mudanças a ser introduzida em sua organização em decorrência da implementação do conjunto proposto de mudanças que estiver sendo criado – só se pode fazer a quantidade de mudanças que uma organização pode suportar; execute esses projetos em etapas que introduzam mudanças significativas e sequencie-as de modo a limitar a fadiga proveniente de mudanças em sua organização.
- *Custos/Benefícios* – diferentes iniciativas possuem diferentes custos/benefícios a elas associados; assim como com os riscos, é imperativo compreender que projetos oferecerão os maiores benefícios pelo menor custo; você não quer começar todos os seus projetos de custo mais alto ao mesmo tempo, especialmente se você não for colher todos os benefícios adiantados.

Um fator para o sequenciamento adequado e, consequentemente, um equilíbrio adequado do portfólio, é ter uma compreensão sólida quanto à capacidade de entrega da organização, bem como de seus recursos. As organizações devem saber quem está disponível para trabalhar em projetos e que tipo de habilidades eles possuem. Geralmente é fácil determinar quantas pessoas há – então, criar um inventário de recursos normalmente não é problema. O desafio chega quando tentamos determinar em que os recursos estão trabalhando atualmente e que disponibilidade eles têm para trabalhar em projetos ou para projetos extras, se eles já estiverem trabalhando em algum. Um dos métodos disponíveis para obter um quadro correto é acompanhar as horas trabalhadas pelos recursos em um projeto.

Os resultados de longo prazo e os benefícios esperados com a adoção de um Processo e uma Estrutura de Gerenciamento de Portfólios consistentes podem incluir, mas não se limitam a, ter a habilidade e a capacidade de:

- Fazer escolhas conscientes ao selecionar projetos para implementação baseados em informações corretas e atualizadas como o alinhamento estratégico às prioridades de negócios, os benefícios esperados, os custos estimados e os riscos identificados.
- Determinar a capacidade, i.e., o número de projetos concorrentes para gerenciar projetos pequenos, médios e grandes, de modo a possibilitar a priorização.
- Gerenciar proativamente os riscos associados a projetos de transformação pequenos a médios, além de grandes e complexos.
- Aumentar as competências centrais na gestão de projetos em toda a organização e adotar uma abordagem de gerenciamento de portfólios para a tomada de decisões executiva.
- Racionalizar e padronizar processos relacionados à gestão de projetos individuais, além de múltiplos projetos e portfólios de projetos relacionados.
- Manter uma lista atualizada de todos projetos, ativos e inativos, fasear a iniciação dos projetos de modo que ela corresponda à capacidade e melhorar a entrega de acordo com os requisitos de projetos aprovados.
- Maximizar o uso de recursos internos e racionalizar o uso de recursos externos para complementar a equipe interna, com maior capacidade de criar valor e de concluir de forma eficiente o portfólio de projetos aprovados.
- Medir o desempenho em tempo real e acompanhar a realização dos benefícios dos projetos e/ou programas; com a capacidade de identificar o progresso real feito na obtenção de resultados tangíveis e resultados reais.

GERENCIAMENTO DE PROGRAMA

De acordo com os padrões de prática do Instituto de Gestão de Projetos (PMI), um programa é um grupo de projetos relacionados, gerenciados de maneira coordenada para obter benefícios e controles não disponíveis no gerenciamento de cada um deles individualmente. Os programas podem incluir elementos de trabalhos relacionados (p. ex., operações em andamento) fora do escopo dos projetos discretos em um programa. Algumas organizações chamam seus projetos grandes de programas. Se um projeto grande for quebrado em diversos projetos relacionados com um gerenciamento explícito dos benefícios, então o esforço se torna um programa. Gerenciar múltiplos projetos por meio de um programa pode melhorar os cronogramas em todo o programa, gerar benefícios incrementais, além de possibilitar a otimização do pessoal no contexto das circunstâncias gerais do programa.

Como ilustrado na Figura 15.29, a abordagem da Deloitte para o Gerenciamento de Programas realça quatro responsabilidades centrais para a função de gerenciamento de programas: a integração de programas, a conscientização de dependências, a aderência a padrões e a geração de relatórios sobre os programas. A figura ilustra ainda atividades primárias e secundárias que caem no escopo do trabalho dessa função.

Embora tempo, custo e escopo/qualidade sejam medidas de desempenho importantes no nível do projeto individual, coordenação, comunicação e sequenciamento são os fatores no nível do programa que ajudam a possibilitar os resultados desejados. Isso ocorre porque o Gerenciamento de Programas envolve o agrupamento e o gerenciamento de uma série de projetos de maneira integrada, e não somente a conclusão de projetos individuais. No final das contas, uma boa gestão de projetos pode ajudar a entregar o programa de acordo com o escopo planejado. Um bom gerenciamento de programas também fornecerá uma melhor compreensão das conexões e dependências entre projetos e programas em todo o portfólio geral de projetos.

Responsabilidades centrais

Integração de programas
- Alinhar programa e projetos à estratégia de negócios
- Manter sinergias em todo o programa por meio do emprego de ferramentas, processos e práticas padronizadas

Atividades primárias
- Governança e planejamento de programas
- Gerenciamento das comunicações de programas
- Gerenciamento da qualidade de programas

Conscientização de dependências
- Realçar conexões e dependências para garantir a compreensão de todo o programa em todo o portfólio de projetos

- Gerenciamento do escopo de programas
- Gerenciamento dos recursos de programas
- Gerenciamento dos riscos e problemas de programas

Pirâmide (do topo para a base): Estratégia → Gerenciamento de portfólio → Gerenciamento de programas → Gestão de projetos. Laterais: Tradução da estratégia / Realização de benefícios.

Aderência a padrões
- Desenvolver e disseminar padrões para o gerenciamento da qualidade e dos projetos
- Monitorar o cumprimento de padrões apropriados de aplicação

Atividades secundárias
- Gerenciamento de fornecedores/contratos
- Gerenciamento de benefícios
- Gerenciamento de mudanças no pessoal

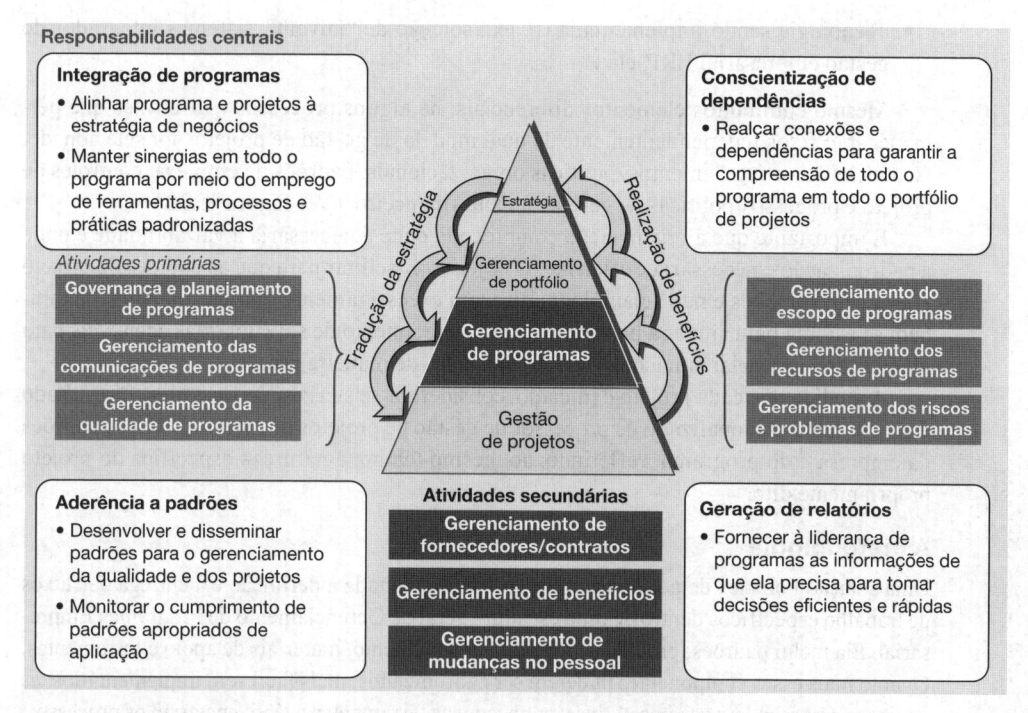

Geração de relatórios
- Fornecer à liderança de programas as informações de que ela precisa para tomar decisões eficientes e rápidas

Figura 15.29 Estrutura de Gerenciamento de Programas da Deloitte.
© Deloitte & Touche LLP e entidades afiliadas.

GESTÃO DE PROJETOS

No nível dos programas, a consistência pode gerar resultados desejáveis. Esse ritmo operacional permite relatórios e monitoramentos regulares e em múltiplos projetos. No nível do projeto, essa consistência nem sempre faz sentido. A variação interna nos projetos pode ser produto de inúmeros fatores:

- Tipo de projeto (p. ex., desenvolvimento de estratégia, implementação de tecnologias, implementação de mudanças organizacionais, etc.)
- Escopo geográfico/organizacional (p. ex., único local, único país, global)
- Modelo de implementação de projetos (p. ex., ágil, em cascata, iterativo, etc.)
- Tamanho da equipe de projetos

Essas variâncias levam a diferentes necessidades e restrições que afetam alguns processos de gestão de projetos. Isso implica as diretrizes empresariais e de programas precisarem ser padronizadas em algumas áreas, retendo, ao mesmo tempo, a flexibilidade em outras. Esse equilíbrio, quando devidamente alcançado, pode permitir que os gerentes de projetos ajustem os processos em certas áreas (p. ex., relatórios de *status*, planejamento de trabalho), ajudando, ao mesmo tempo, a alcançar os padrões de desempenho mínimos.

Além disso, há outros fatores externos ao projeto que também causam variabilidade e, portanto, devem ser considerados. Alguns desses fatores adicionais incluem:

- Indústria
- Ambiente (p. ex., setor público, regulamentado, comercial)

- Tecnologia sendo implementada (p. ex., solução de "nuvem", sistemas integrados de gestão empresarial ERP, etc.)

Mesmo com tantos elementos diferenciais, há alguns processos e diretrizes que permanecerão fixos independentemente de qual modelo de gestão de projetos for selecionado. Isso inclui leis e regulamentos, políticas organizacionais, padrões da empresa, controles de projeto e processos/políticas de gerenciamento financeiro. (Ver Figura 15.30.)

É importante que a organização compreenda onde é necessária a variabilidade e onde a padronização é necessária e eficiente. O objetivo é facilitar para que as equipes de projeto entreguem soluções e não sejam dogmáticas ou excessivamente teóricas. A empresa também se esforça para ajudar a possibilitar o estabelecimento de salvaguardas aceitáveis para identificar e gerenciar situações "fora do controle" de maneira proativa.

À medida que cada projeto é iniciado, consideram-se suas especificidades. O resultado é um conjunto personalizado de processos de gestão de projetos que se alinham aos padrões da empresa e do programa, refletindo, ao mesmo tempo, a natureza específica do projeto propriamente dito.

A metodologia

Uma solução holística de gestão de projetos está relacionada à definição e à entrega de fluxos de trabalho específicos dentro de uma estrutura geral de Gerenciamento de Programas Empresarial. Ela inclui padrões, processos, *templates*, treinamento, materiais de apoio e ferramentas. Quanto mais esses componentes puderem ser padronizados, mais fácil será implementá-los; as equipes compreendem as expectativas, conhecem as ferramentas e já vivenciaram os processos.

A Geração de Valor Empresarial (EVD, *Enterprise Value Delivery*) em gestão de projetos é o método da Deloitte para entregar soluções consistentes de gestão de projetos para nossos clientes. O método aborda sistematicamente componentes específicos de gestão de projetos e é

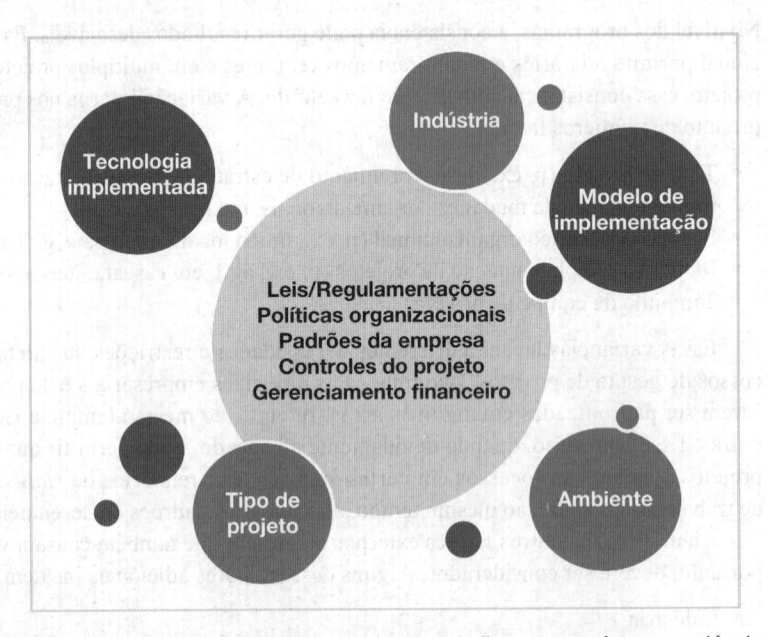

Figura 15.30 Comparação de fatores organizacionais fixos *versus* fatores variáveis.
Fonte: © Deloitte & Touche LLP e entidades afiliadas.

uma abordagem comum baseada em padrões e com o suporte de ferramentas possibilitadoras, orientação de profissionais experientes e treinamento. Esse método é ampliável e flexível, podendo ser integrador de outros métodos da Deloitte, integral ou parcialmente, para abordar problemas relevantes de gestão de projetos. Ele incorpora padrões, embora também permita que projetos individuais personalizem as partes que fizerem sentido para sua situação específica.

Criada para ajudar os praticantes da Deloitte a gerenciar seus projetos, a EVD em gestão de projetos é:

- *Ampliável* – usa um *design* modular para aumentar sua flexibilidade e pode se adequar à maioria dos projetos, incluindo uma variedade de tamanhos ou escopos de projeto.
- *Baseada em deliverables* – possibilita a natureza iterativa dos processos de gestão de projetos.
- *Prescritiva* – inclui ferramentas, procedimentos detalhados, *templates* e amostras de *deliverables* específicos para o gerenciamento do projeto que ajudam os praticantes a iniciar, planejar, executar, controlar e encerrar o projeto.
- *Rica em informações* – abriga uma quantidade extensa de informações sobre processos metodológicos, distribuição de trabalhos e criação de *deliverables*.
- *Baseada na experiência* – permite que os praticantes aproveitem materiais reutilizáveis desenvolvidos por meio da vasta experiência e conhecimentos da indústria relativos à nossa prática.
- *Baseada em práticas líderes* – reflete as melhores práticas da Deloitte e pesquisas e a experiência da indústria, permitindo que seus praticantes compartilhem uma linguagem comum em todo o mundo.
- *Prática* – fornece informações realistas e úteis, centrando-se no que realmente funciona.

O conteúdo do método de gestão de projetos da Deloitte está alinhado ao Corpo de Conhecimentos (*Guia PMBOK®*) do Instituto de Gestão de Projetos (PMI) e ao Modelo de Maturidade em Capacitação – Integração (CMMI) do Instituto de Engenharia de Software. Dividido em duas disciplinas de trabalho, a Gestão de Projetos e o Gerenciamento da Qualidade, o método inclui descrições detalhadas de tarefas, instruções passo a passo e considerações para a conclusão de tarefas que são essenciais para a entrega de uma solução de GP. Diversos auxílios ao desenvolvimento, incluindo diretrizes, procedimentos e ferramentas, complementam cada tarefa.

Diversos benefícios podem resultar da aplicação consistente das tarefas de *deliverables* definidos de gestão de projetos:

- Ajuda os gerentes a ver o "quadro" geral e acelerar o trabalho
- Fornece uma abordagem consistente e uma linguagem comum
- Inclui *templates* e ferramentas de *deliverables*
- Incorpora o Gerenciamento de Qualidade e Risco, facilitando a melhoria da qualidade e a redução de riscos dos *deliverables* de projetos
- Pode ser usada para gerenciar programas além de projetos

As ferramentas

A Deloitte descobriu que aproveitar ferramentas centradas em possibilitar processos de gestão de projetos pode ajudar a impulsionar a adoção de sólidos processos de gestão de projetos em uma organização. Há inúmeras ferramentas disponíveis para as organizações usarem e todas elas têm seus próprios conjuntos de vantagens e desvantagens. (Ver Figura 15.31.) Selecionar a ferramenta apropriada pode ajudar a facilitar a consistência do gerenciamento em todo o projeto, mas é importante diferenciar entre processos e ferramentas. É menos importante qual ferramenta é implementada, contanto que haja uma rigorosa disciplina de processos. Ter uma ferramenta de ponta e pronta para usar é extremamente vantajoso, mas o equilíbrio é entre a flexibilidade (usar a ferramenta apropriada para o trabalho) e a padronização (independentemente da ferramenta usada, você deve realizar um conjunto prescrito de tarefas).

Se uma organização não possui uma ferramenta disponível para utilizar, a Deloitte possui uma solução que pode beneficiar os clientes. A ferramenta personalizada fornece recursos sofisticados sendo, ao mesmo tempo, suficientemente simples para organizar uma equipe de projetos rapidamente. Oferece-se segurança em um ambiente com múltiplos usuários, e os praticantes são treinados na ferramenta antes de se envolverem em um projeto.

GP "Ágil"

A solução EVD da Deloitte estabelece uma base para realizar tarefas comuns de gestão de projetos, fornecendo, ao mesmo tempo, a flexibilidade para personalizar processos para dar conta da variabilidade conhecida:

- Definindo típicos modelos de uso para cenários de soluções frequentes que incorporam todo o espectro dos componentes de soluções (documentação, treinamento, amostras, etc.)
- Fornecendo diretrizes para possibilitar que os projetos tirem proveito dos processos apropriados para as circunstâncias específicas de seu projeto
- Permitindo flexibilidade para definir uma estrutura de governança apropriada para servir de suporte ao perfil específico de riscos/custos do projeto

Condições de mercado emergentes também estimularam a necessidade de avaliar processos-padrão de gestão de projetos, especialmente em um ambiente "Ágil". As abordagens Ágeis são tipicamente usadas em projetos em que os requisitos não são claros ou estão sujeitos a mudanças frequentes, e/ou em que é necessária a entrega frequente de componen-

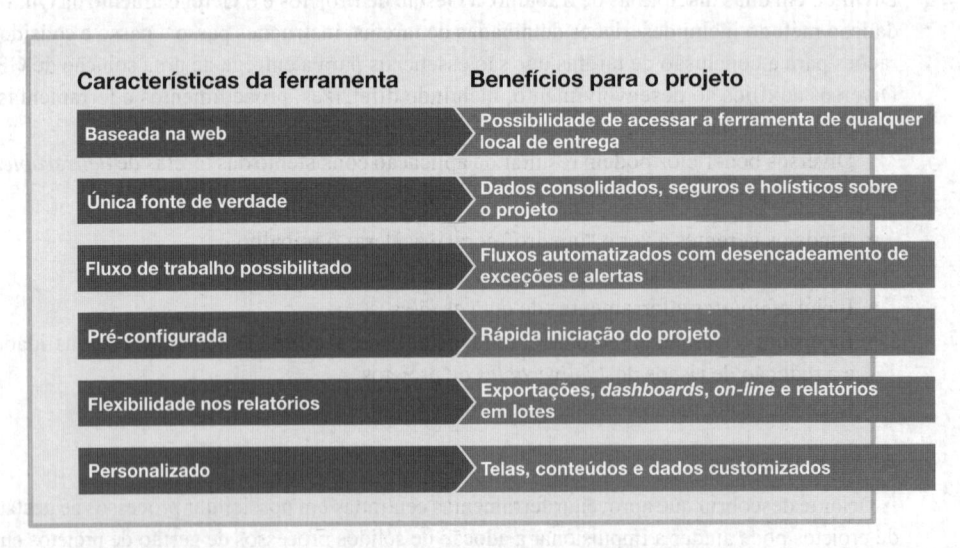

Características da ferramenta	Benefícios para o projeto
Baseada na web	Possibilidade de acessar a ferramenta de qualquer local de entrega
Única fonte de verdade	Dados consolidados, seguros e holísticos sobre o projeto
Fluxo de trabalho possibilitado	Fluxos automatizados com desencadeamento de exceções e alertas
Pré-configurada	Rápida iniciação do projeto
Flexibilidade nos relatórios	Exportações, *dashboards*, *on-line* e relatórios em lotes
Personalizado	Telas, conteúdos e dados customizados

Figura 15.31 Características da ferramenta de gestão de projetos da Deloitte.
Fonte: © Deloitte & Touche LLP e entidades afiliadas.

tes de solução com o maior valor. Projetos que empregam uma metodologia Ágil realizam certos processos de gestão de projetos de maneira similar aos projetos que usam abordagens em cascata ou iterativas (p. ex., gestão de riscos e problemas, gerenciamento financeiros e alguns aspectos da geração de relatórios de *status*), enquanto outros são realizados de maneira muito diferente. A EVD fornece orientação para gerentes de projetos de ambas as perspectivas. Além disso, para os aspectos que são diferentes, ela prescreve como eles podem ser abordados usando técnicas específicas à metodologia Ágil.

Especificamente, o gerenciamento de escopo e o planejamento e acompanhamento do trabalho na metodologia Ágil é significativamente diferente do que em projetos que usam uma metodologia em cascata ou iterativa. A EVD da metodologia Ágil descreve como os projetos se desenvolvem e gerencia os *Backlogs* de Produto e *Sprint Backlog*,* e inclui diretrizes para a documentação de histórias de usuários que são suficientemente detalhadas para serem abordadas em uma única *sprint*. Descreve a análise de métricas (usando velocidade, capacidade e gráficos de *burn up/down*) que as equipes de projetos usam para determinar o tamanho das *sprints* e as histórias dos usuários, prever a entrega de componentes e incluir os relatórios de produtividade que são usados para monitorar o progresso. O fator importante é reter uma disciplina suficiente de gestão de projetos, mesmo se as técnicas para gerenciar o trabalho forem drasticamente diferentes. Em resumo, embora a metodologia Ágil possa ser totalmente diferente em como um projeto é executado, as funções básicas da gestão de projetos ainda existem, e a Deloitte identificou uma maneira de realizá-las.

A equipe de projetos

Mesmo com o método e os conjuntos de ferramentas mais intricadas, sem uma equipe de projetos dedicada e treinada, o projeto ainda pode falhar. Recursos com experiência significativa em gestão de projetos ou programas tipicamente funcionam no nível de Gerenciamento de Programas, enquanto recursos com experiência limitada ou inexistente podem se encontrar no nível do projeto. Tendo dito isso, ter uma abordagem de gestão de projetos que leva isso em consideração é essencial.

Para tornar os recursos eficientes durante todo o projeto, há algumas coisas a serem consideradas ao personalizar a implementação de sua gestão de projetos, como mostra a Figura 15.32.

- *Compreender as implicações do gerenciamento de mudanças internas.* Os processos de gerenciamento de mudanças podem ser mais rígidos em alguns lugares do que em outros. A equipe de projeto tem que estar totalmente consciente de por quais circunstâncias precisará passar durante o processo de gerenciamento de mudanças e que informações serão necessárias em que momentos. Isso é crucial para facilitar que as mudanças sejam encaminhadas de maneira correta e eficiente. Ter de revisar a precisão de cada solicitação de mudança torna o projeto mais lento e pode ter um efeito adverso imprevisto sobre as linhas do tempo do projeto.
- *Inicie as atividades básicas logo.* Reconhecer que, embora as camadas de gerenciamento empresarial e de programas sejam tipicamente ocupadas por profissionais de GP dedicados e que trabalham em regime de tempo integral, as equipes de projetos tipicamente incluem recursos operacionais que têm pouca ou nenhuma experiência com pro-

---

*N. de T.: *Sprint* é cada ciclo do processo de desenvolvimento de um produto. O *sprint backlog* representa tudo o que será feito durante a próxima *sprint* do seu projeto. Ele surge a partir da preparação, estimação e priorização de itens que foram levantados e listados no *backlog* de produto, onde ficam até serem selecionados para o *sprint backlog*.

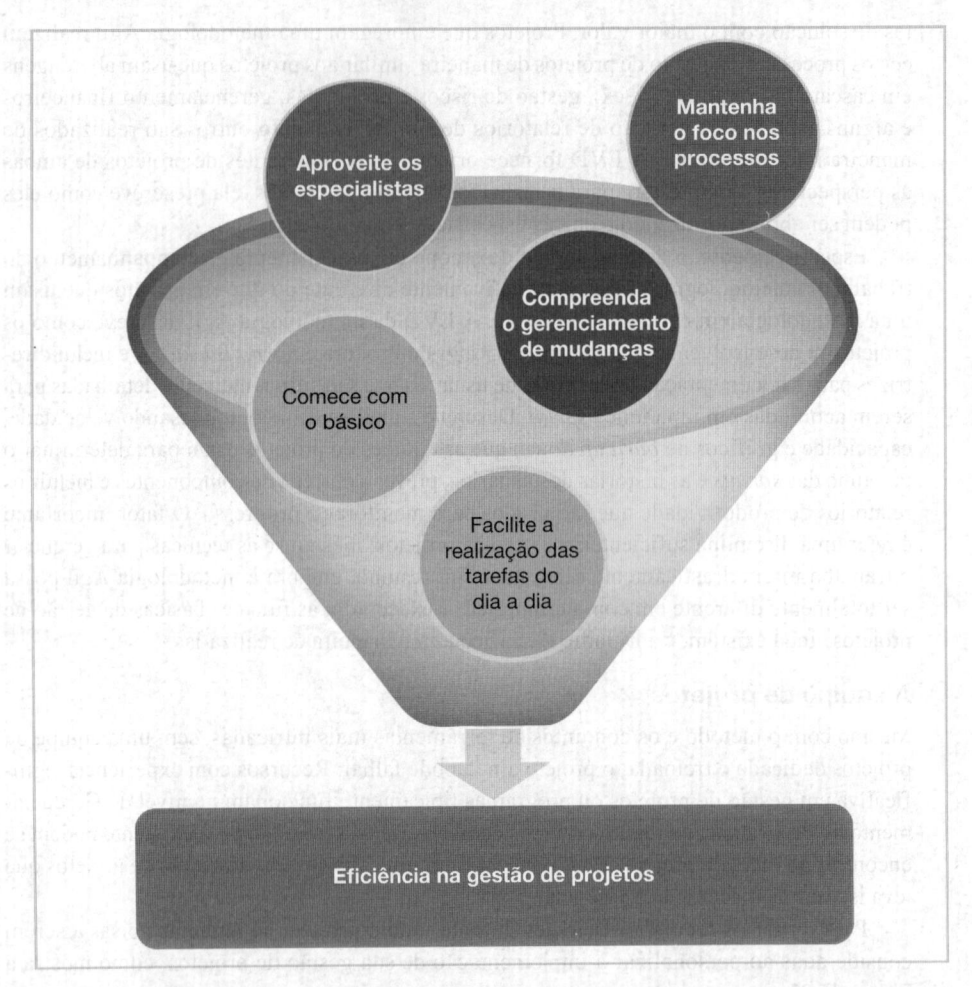

Figura 15.32 Fatores-chave da implementação da gestão de projetos.
© Deloitte & Touche LLP e entidades afiliadas.

jetos. Certifique-se de que a equipe de projetos saiba o que se espera delas e conheça os "fundamentos" de seu trabalho. Exemplos incluem:
- Com que frequência preciso fazer relatórios de *status*?
- O que é a linha do tempo geral?
- Onde posso encontrar a documentação do escopo deste projeto?

Realizar a abertura e implementar o rigor adequado nos processos logo no início é essencial ao apresentar a equipe à dinâmica específica de um projeto. É nesse momento que a linha do tempo geral, os protocolos de gestão de projetos, os papéis e as responsabilidades, entre outros tópicos, são apresentados. Nesse momento, a equipe de projetos também pode iniciar outras atividades de planejamento, incluindo a identificação ou o desenvolvimento de *templates*.

- Facilite que se façam bem as coisas simples. Para tarefas do dia a dia, como armazenar *deliverables* atualizados, registrar o tempo ou o *status* ou atualizar o plano de trabalho,

o esforço deve ser mínimo, independentemente do nível de experiência. Essas atividades não devem causar gastos extras para o projeto. Quanto mais tempo se leva para realizar essas coisas, menos tempo produtivo haverá para o trabalho substancial de criação ou construção em um projeto.
- *Aproveite os especialistas quando forem necessárias atividades de gestão de projetos mais avançadas.* Certas atividades exigem significativamente mais habilidades e não devem ser realizadas por pessoas inexperientes em projetos. Essas áreas muitas vezes estão centradas em esforços de planejamento de trabalho. As atividades de planejamento de trabalho ocorrem durante todo o projeto e exigem uma profunda compreensão das dependências do gerenciamento, identificando itens do caminho crítico e realizando uma meticulosa alocação de recursos. As atividades apresentadas na Figura 15.33 concentram-se somente no desenvolvimento inicial do plano de trabalho. Os recursos também precisam compreender que ajustes são necessários para o plano de trabalho à medida que as mudanças ocorrerem no escopo ou nos recursos.

Criar estrutura de plano de trabalho
- Realizar atividades de configuração
- Criar uma estrutura analítica do projeto
- Definir dependências

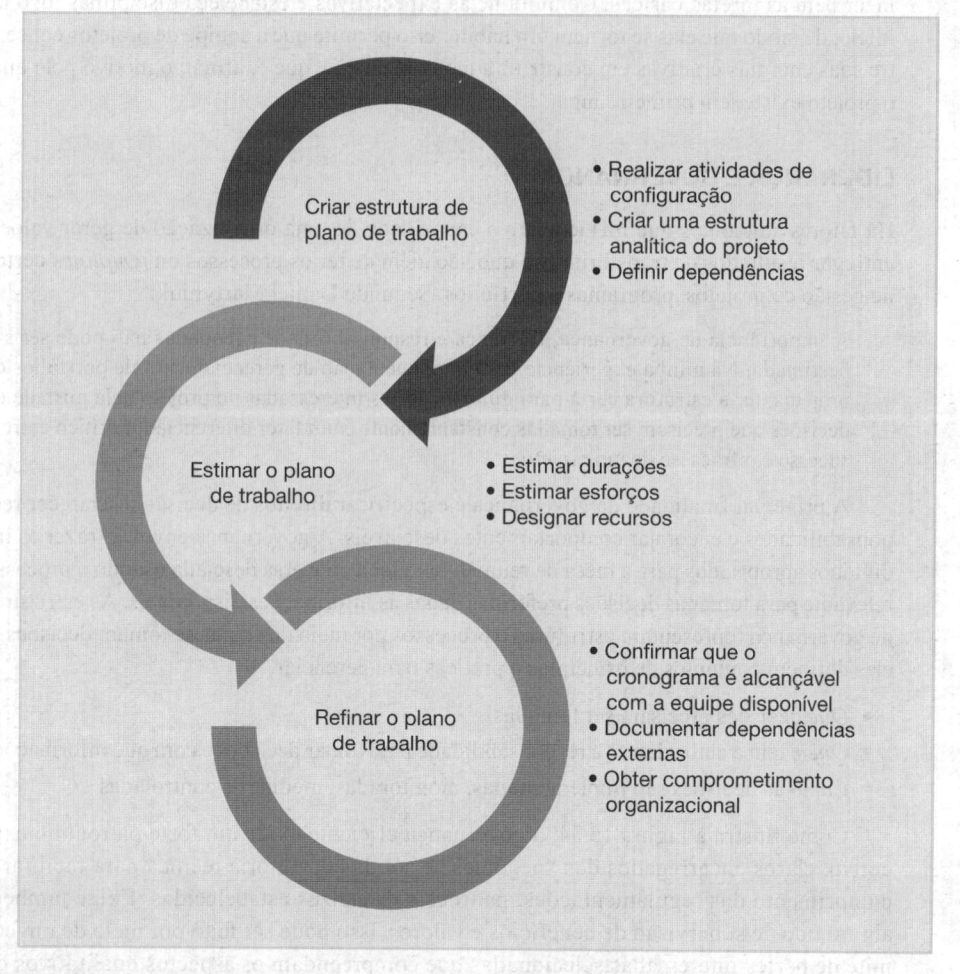

Estimar o plano de trabalho
- Estimar durações
- Estimar esforços
- Designar recursos

Refinar o plano de trabalho
- Confirmar que o cronograma é alcançável com a equipe disponível
- Documentar dependências externas
- Obter comprometimento organizacional

Figura 15.33 Atividades necessárias para desenvolver um plano de trabalho.
© Deloitte & Touche LLP e entidades afiliadas.

- *Mantenha o foco nos processos definidos de gestão de projetos quando as coisas se tornarem precárias.* À medida que mudanças ocorrem ao longo do projeto, às vezes parece que ele pode sair do controle. Uma das maneiras de evitar isso é preservar os processos de gestão que foram aprovados na iniciação do projeto. Uma sólida disciplina de gestão de projetos permite que o gerente de projetos tire o projeto de qualquer situação incerta que possa surgir. O processo pode determinar o efeito geral do escopo, a linha do tempo, os recursos ou o orçamento de um projeto se gerenciado diligentemente. É essencial manter a disciplina quando as coisas começam a dar errado – justamente quando as pessoas tipicamente dizem "não tenho tempo para isso" é quando as coisas se tornam mais críticas.

A gestão de projetos excelente é o resultado de uma clara compreensão do contexto do projeto. A implementação de processos e ferramentas padronizadas pode facilitar, mas somente se equilibrada de forma a refletir as variações de cada projeto específico. Uma vez que esse equilíbrio tenha sido determinado, trata-se primordialmente de uma questão de fazer bem as tarefas básicas. Comunique as expectativas e estabeleça disciplinas logo no início, de modo que elas se tornem um hábito. Isso permite que a equipe de projetos concentre suas energias criativas em construir a melhor solução, que é, afinal, o motivo pelo qual o projeto existe, em primeiro lugar.

LIDERANÇA E GOVERNANÇA

Há fatores adicionais que influenciam a capacidade de uma organização de gerar valor e entregar resultados de transformação que vão além de ter os processos ou *templates* certos de gestão de projetos, programas e portfólios. Segundo Daniel Martyniuk:

> A importância de governança, liderança e responsabilidade adequadas não pode ser subestimada. Na minha experiência com implementação de gerenciamento de portfólios de projetos, ter a estrutura certa para guiar as partes interessadas no projeto pela miríade de decisões que precisam ser tomadas constantemente é um fator diferenciador crítico entre o sucesso e o fracasso de um projeto.

A principal finalidade da governança é especificar direitos de decisão, esclarecer responsabilidades e encorajar comportamentos desejáveis. A governança envolve trazer os indivíduos apropriados para a mesa de reunião para ter a conversa desejada usando o processo relevante para tomar as decisões preferidas dadas as informações disponíveis. As estruturas de governança representam estruturas e processos por meio dos quais se tomam decisões, e elas definem conjuntos de princípios e práticas para gerenciar:

- *Que* decisões precisam ser tomadas
- *Quem* tem a autoridade e a responsabilidade para tomar decisões e com que informações
- *Como* as decisões são implementadas, monitoradas, medidas e controladas

Como ilustra a Figura 15.34, a governança eficiente exige um forte patrocínio executivo, claros encarregados dos "negócios" e sólida consultoria técnica para facilitar o cumprimento das regulamentações, padrões e diretrizes estabelecidas. Exige também algum tipo de supervisão de benefícios e valores. Isso pode ser feito por meio de um comitê de partes interessadas selecionadas que compreendam os aspectos qualitativos do valor de um projeto. Mais importante, cada função da estrutura de governança escolhida

Supervisão executiva
- Fornece direção estratégica baseada em metas e prioridades
- Fornece orientação, consultoria e liderança de mudanças
- Aprova investimentos de projetos
- Remove barreiras identificadas

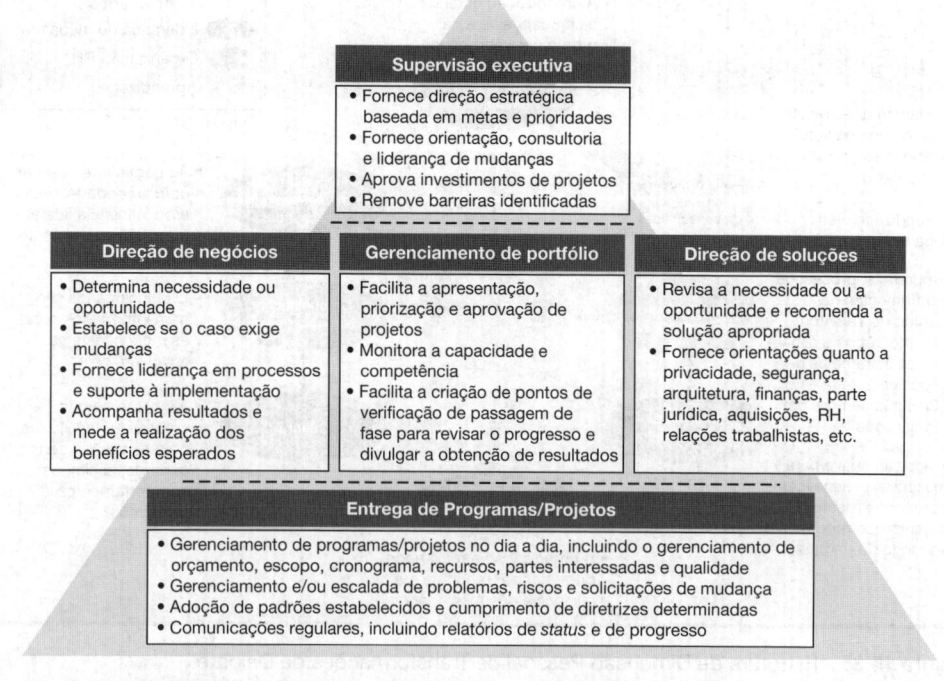

Direção de negócios
- Determina necessidade ou oportunidade
- Estabelece se o caso exige mudanças
- Fornece liderança em processos e suporte à implementação
- Acompanha resultados e mede a realização dos benefícios esperados

Gerenciamento de portfólio
- Facilita a apresentação, priorização e aprovação de projetos
- Monitora a capacidade e competência
- Facilita a criação de pontos de verificação de passagem de fase para revisar o progresso e divulgar a obtenção de resultados

Direção de soluções
- Revisa a necessidade ou a oportunidade e recomenda a solução apropriada
- Fornece orientações quanto a privacidade, segurança, arquitetura, finanças, parte jurídica, aquisições, RH, relações trabalhistas, etc.

Entrega de Programas/Projetos
- Gerenciamento de programas/projetos no dia a dia, incluindo o gerenciamento de orçamento, escopo, cronograma, recursos, partes interessadas e qualidade
- Gerenciamento e/ou escalada de problemas, riscos e solicitações de mudança
- Adoção de padrões estabelecidos e cumprimento de diretrizes determinadas
- Comunicações regulares, incluindo relatórios de *status* e de progresso

Figura 15.34 Estrutura de governança de portfólios de projetos da Deloitte.
Fonte: © Deloitte & Touche LLP e entidades afiliadas.

deve ser empoderada com a autoridade necessária para tomada de decisões dentro de sua área de responsabilidade.

GERENCIAMENTO DE MUDANÇAS ORGANIZACIONAIS E DE PESSOAL

Finalmente, e mais importante de tudo, as *pessoas* são os elementos cruciais para se alcançar os objetivos do projeto e de transformação. Elas também são a principal causa dos resultados de transformações deixarem a desejar. Um gerenciamento integrado de mudanças organizacionais e de pessoal, RH e serviços de aprendizagem devem ser oferecidos em todo o portfólio nos níveis dos programas e projetos para estimular a consistência, o alinhamento e a entrega eficiente em todo o esforço geral de transformação.

Como ilustra a Figura 15.35, a Dimensão Pessoal de Transformações da Deloitte é uma estrutura ampla que se alinha com a estratégia de negócios e pode envolver tudo, desde avaliação de riscos e alinhamento da liderança a mudanças comportamentais, comunicações, treinamento, *design* organizacional, entre outros.

Uma das principais causas de uma transformação não alcançar seus objetivos desejados é a incapacidade de as partes interessadas verem e sentirem o motivo premente para mudanças. Consequentemente, medo, raiva ou complacência podem se arraigar e causar resistência. Em casos em que a mudança é mais eficiente, os indivíduos têm um senso de paixão. É possível criar situações convincentes, chamativas e drásticas para ajudar as pessoas a visualizarem problemas, soluções ou progresso ao tratar da complacência, da falta de empoderamento ou de outros problemas importantes.

Atividades
- Liderança de mudanças
- Organização/RH
- Aprendizagem

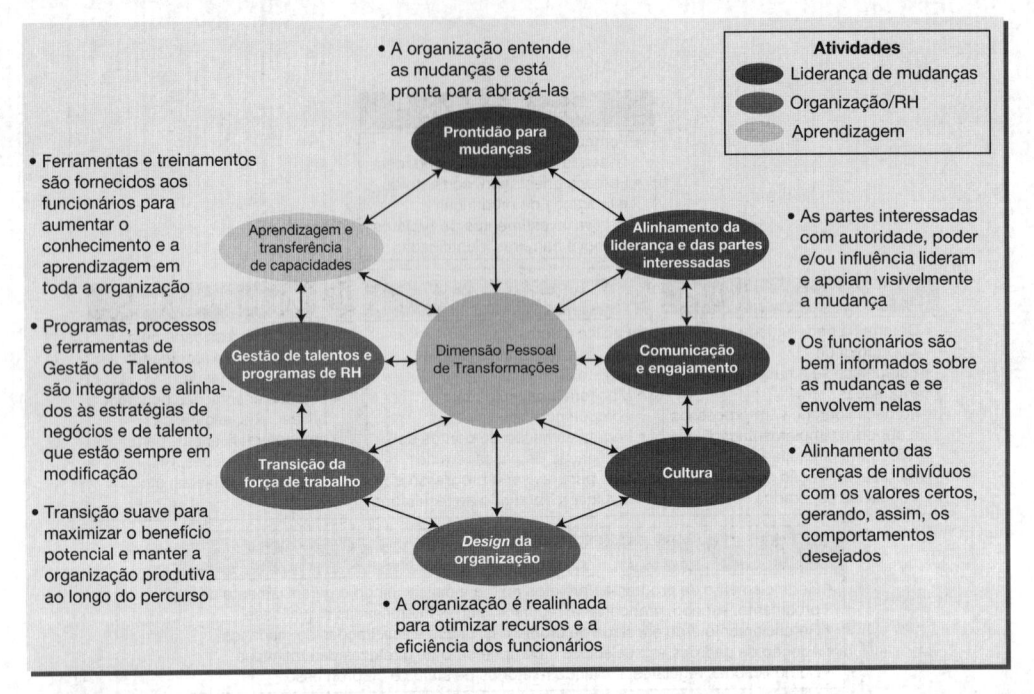

- Ferramentas e treinamentos são fornecidos aos funcionários para aumentar o conhecimento e a aprendizagem em toda a organização
- Programas, processos e ferramentas de Gestão de Talentos são integrados e alinhados às estratégias de negócios e de talento, que estão sempre em modificação
- Transição suave para maximizar o benefício potencial e manter a organização produtiva ao longo do percurso

- A organização entende as mudanças e está pronta para abraçá-las

Prontidão para mudanças
Aprendizagem e transferência de capacidades
Alinhamento da liderança e das partes interessadas
Gestão de talentos e programas de RH
Dimensão Pessoal de Transformações
Comunicação e engajamento
Transição da força de trabalho
Cultura
Design da organização

- As partes interessadas com autoridade, poder e/ou influência lideram e apoiam visivelmente a mudança
- Os funcionários são bem informados sobre as mudanças e se envolvem nelas
- Alinhamento das crenças de indivíduos com os valores certos, gerando, assim, os comportamentos desejados

- A organização é realinhada para otimizar recursos e a eficiência dos funcionários

Figura 15.35 Estrutura de Dimensão Pessoal de Transformações da Deloitte.
Fonte: © Deloitte & Touche LLP e entidades afiliadas.

A transformação sustentada também exige um compromisso profundo e pessoal em todos os níveis da organização. Algumas partes interessadas podem ser cocriadoras que ajudam a dar forma à visão e aos planos da transformação. Algumas serão intérpretes. Outras serão consumidoras da transformação. Uma transformação eficiente exige contribuições e envolvimento de todos os tipos de participantes. O alinhamento e o compromisso interno começam no topo – os líderes devem estar alinhados, dispostos a vencer resistências e comprometidos com a liderança da transformação por meio de seu exemplo.

Os projetos de transformação normalmente alteram estruturas, processos de trabalho, sistemas, relacionamentos, estilos de liderança e comportamentos que, juntos, criam o que conhecemos como cultura organizacional. Criar a cultura que a organização quer – ou preservar aquela que já possui – pode exigir um programa deliberado que se alinhe a outras atividades transformativas. Sem um esforço consciente, é fácil acabar deixando a organização presa entre novas maneiras de trabalhar e antigos modos de comportamento.

Para aumentar o investimento em novos modelos, tecnologias e processos de negócios, é essencial que haja um programa formal e deliberado de educação e desenvolvimento de habilidades para as pessoas afetadas pela transformação. Contudo, educação e treinamento normalmente não são priorizados nas transformações.

Maneiras selecionadas para abordar de forma eficiente o gerenciamento organizacional e de pessoal em projetos de transformação incluem:

- *Compreender a situação das partes interessadas.* Compreender como a transformação pode afetar cada grupo de partes interessadas, além de indivíduos específicos.

- *Prever riscos.* Identificar áreas de resistência antes que elas surjam, juntamente com possíveis problemas de negócios e riscos que possam aparecer.
- *Avaliar a situação.* Determinar se a magnitude e o ritmo da mudança estão energizando ou paralisando a organização.
- *Estabelecer prioridades.* Priorizar atividades, atacando as barreiras críticas primeiro.
- *Influenciar os influenciadores.* Identificar pessoas dentro de cada grupo de partes interessadas que exigem respeito e envolvê-las como defensores da transformação.
- *Esforçar-se por um compromisso autêntico.* Compreender as circunstâncias e aspirações das pessoas – e então fazer um esforço coletivo para acomodá-las.
- *Equipar líderes para dirigir a transformação.* Equipar líderes com o conhecimento e as habilidades necessárias para ajudar seu pessoal a passar por esse período desafiador e, muitas vezes, traumático. Transformar os líderes em modelos do comportamento desejado.
- *Reconhecer que pode haver vencedores e perdedores.* O impacto da transformação varia de um grupo de partes interessadas para o outro, e alguns podem não ficar felizes com o resultado. Compreender, envolver e informar todas as partes interessadas.
- *Concentrar-se nas coisas que realmente importam.* Uma cultura eficiente é aquela que cria um valor de negócio sustentável, diferencia a organização de seus concorrentes, oferece suporte aos requisitos específicos da indústria e ajuda os clientes a conseguirem o que realmente querem.
- *Ser consistente.* As coisas que impulsionam o comportamento e a cultura devem se alinhar umas às outras. O mau alinhamento simplesmente confunde as pessoas.
- *Reforçar.* Alinhar iniciativas relacionadas a pessoas – particularmente recompensas e incentivos – para ajudar a promover a nova cultura. Estabelecer modelos eficientes de liderança e introduzir novas palavras e vocabulário que sublinhe o comportamento desejado.
- *Reter funcionários selecionados.* Identificar funcionários com alto desempenho e outros funcionários selecionados que sejam essenciais para os resultados futuros da organização. Informe-os de que eles não correm riscos.
- *Captar conhecimentos.* Estabelecer processos e sistemas formais para transferir e captar conhecimentos organizacionais – particularmente para terceirizar transformações.
- *Ser gentil, mas confiante.* Os tomadores de decisões devem ser gentis, mas não devem demonstrar dúvida de que decisões são necessárias, apropriadas e conclusivas.

CONCLUSÃO

A adoção e aplicação consistente de um padrão de gestão de projetos, programas e portfólios, além da implementação da governança relevante com técnicas eficientes de gerenciamento de mudanças organizacionais e de pessoal, podem levar a organização à realização de diversos benefícios, dentre os quais:

- *Melhor tomada de decisões dos executivos* – maior capacidade de determinar que projetos continuar/interromper, com base em informações atualizadas sobre o *status*/progresso de projetos.
- *Transparência e responsabilização financeira* – maior capacidade de gerenciar subutilizações do orçamento ou custos excedentes; e transferir fundos dentro do portfólio para melhor gerenciar e responder a circunstâncias imprevistas e mudanças nas prioridades.

- *Melhor gerenciamento de capacidade de recursos* – disponibilidade das informações necessárias para fazer um uso eficiente dos recursos disponíveis e capacidade de transferir recursos dentro do portfólio para melhorar a utilização de recursos em todos os projetos.
- *Gerenciamento proativo de problemas e riscos* – capacidade de prever e responder a desafios antes que eles cresçam e se tornem problemas maiores; um mecanismo para levar a resolução de problemas selecionados ou solicitações de decisões/ações de mitigação de riscos à atenção dos executivos.
- *Padronização e consistência* – comparar apenas projetos similares; maior qualidade e rapidez nas comunicações internas e externas com funcionários, clientes, executivos e outras partes interessadas.
- *Maior colaboração e melhores resultados* – melhor realização de benefícios por meio do gerenciamento conjunto de iniciativas como um portfólio integrado; cooperação e melhor remoção de obstáculos para se alcançar resultados.

Embora não sejam exaustivos, os tópicos abordados neste artigo descrevem alguns fatores selecionados para alcançar os resultados desejados que, de acordo com nossa experiência prática, podem guiar uma organização na direção "certa" enquanto ela inicia seu caminho rumo à implementação de uma capacidade sustentada de gerenciamento de portfólios, a fim de produzir valor empresarial real e tangível.

15.5 Comau

Na segunda edição de meu livro Strategic Planning for Project Management Using a Project Management Maturity Model, *afirmei que o caminho rumo à maturidade pode ser acelerado com (1) a implementação do PMO logo no início do processo, (2) um PMO que se reporte diretamente aos níveis executivos da empresa e (3) um apoio visível à gestão de projetos por parte dos executivos. As empresas que conseguem realizar esses três itens parecem superar o desempenho de suas concorrentes em relação à gestão de projetos. Esse foi o caso da Comau.*

* * *

A Comau é uma líder mundial em manufaturar sistemas flexíveis e automáticos e em integrar produtos, processos e serviços que aumentam a eficiência diminuindo, ao mesmo tempo, os custos gerais. Com uma rede internacional que engloba 13 países, a Comau utiliza a mais recente tecnologia para produzir sistemas *turnkey* avançados e consistentemente exceder as expectativas de seus clientes. A Comau é especializada em soldagem de carrocerias, usinagem e montagem de cadeia cinemática, robótica e manutenção, além de serviços ambientais para uma grande variedade de setores industriais. A contínua expansão e melhoria de sua variedade de produtos permite que a Comau garanta assistência personalizada em todas as fases de um projeto – do *design* à implementação e instalação, e ao início da produção e serviços de manutenção. As competências centrais da Comau incluem soldagem por pontos, soldagem a laser e soldagem por arco elétrico, vedação, perfuração e rebitagem,

---

Seção 15.5 © 2017 por Comau. Reproduzido com permissão. Todos os direitos reservados. O material sobre a Comau foi fornecido por Roberto Guida, vice-presidente de gerenciamento de contratos e projetos da Comau, Francesco Faccio e Angelo Putiri, gerentes do PMO da Comau, Riccardo Bozzo e Claudio Samarotto, gerentes de riscos da Comau, e Paolo Vasciminno, gerente da Academia de GP da Comau.

usinagem, montagem e testes, monitoramento e controle, manuseio e logística, serviços de manutenção, consultoria em eficiência energética e serviços de gestão de projetos.

DESCRIÇÃO DO PROBLEMA

Durante a década de 1980, a Comau estava desfrutando de um sucesso significativo e, como a maioria das empresas bem-sucedidas, reconheceu as oportunidades que poderia ter com aquisições. Na década de 1990, ela começou a buscar uma estratégia de aquisições globais. Os problemas com o gerenciamento das empresas adquiridas logo se tornaram aparente, pois cada uma possuía um diferente nível de maturidade em termos de gestão de projetos, e não havia padrões corporativos para gestão de projetos. Até alguns anos atrás, a gestão de projetos na Comau era tipicamente executada de maneira muito fragmentada. Havia uma ausência generalizada de cultura, metodologias, processos e diretrizes em torno do processo de gestão de projetos. Em 2007, já havia uma necessidade urgente de implementar uma abordagem eficiente e global. O objetivo era simples: integrar o conhecimento sobre gestão de projetos em toda a empresa global a fim de dar à Comau uma forte vantagem competitiva.

A SOLUÇÃO – "DE UM AGLOMERADO A UMA REDE EFICIENTE..."

Em 2007, a Comau decidiu reforçar a cultura de gestão de projetos estabelecendo a função de gerenciamento corporativo de projetos e contratos. Assim como com a maioria das empresas que compreendem a importância da gestão de projetos e reconhecem a necessidade da liderança executiva na área, a nova organização era liderada por um vice-presidente de gerenciamento de contratos e projetos. As principais diretrizes da missão da organização incluíam:

1. Desenvolvimento organizacional da empresa e implementação de políticas organizacionais globais relacionadas à gestão de projetos
2. Reforço da política corporativa de gestão de projetos e da estrutura do escritório de gestão de projetos
3. Criação de uma Academia de Gestão de Projetos da Comau – desenvolvimento contínuo de conhecimento de competências tanto técnicas quanto interpessoais

A Comau corretamente reconheceu a importância do PMO em alcançar essa missão. Ao contrário de empresas menos maduras, a Comau se via como provedora de soluções, cuja meta era satisfazer às necessidades de negócios de seus clientes globais. O escritório de gerenciamento de contratos e projetos era, portanto, considerado um provedor de soluções de negócios interno.

A Comau abordava as três principais diretrizes da seguinte maneira:

Desenvolvimento da empresa e implementação das políticas organizacionais

Durante 2007, uma política global de gestão de projetos foi desenvolvida, juntamente com um programa de treinamento intensivo baseado no *Guia PMBOK®*. Estabeleceram-se *benchmarks* para a gestão de projetos para medir o nível de maturidade da empresa e criou-se um plano de ação para melhorar continuamente o processo de maturidade. A política global, que seria aplicada a toda a empresa global Comau, era uma política de gestão de projetos que descrevia as tarefas que todas as equipes de projeto têm de gerenciar. A política estava diretamente ligada às melhores práticas do *Guia PMBOK®* do PMI. Deve-se obser-

Figura 15.36 A Comau em todo o mundo.

var que a empresa decidiu integrar o gerenciamento de contratos e a gestão de projetos em uma única unidade. A Comau estava convencida de que essa era uma importante inovação e de que ela produziria resultados positivos para a empresa como um todo.

Reforço da política corporativa de gestão de projetos e da estrutura do PMO

Hoje, o portfólio do PMO da Comau consiste em um grupo com receitas multimilionárias que cobre projetos globais de veículos automotivos comerciais, energia renovável e projetos aeroespaciais realizados em mais de 30 países. O escritório de gestão de projetos da Comau coordena os esforços de cada um dos PMOs regionais: PMO América do Norte, PMO América do Sul, PMO Europa e PMO Ásia. Para melhor acompanhar os negócios nas operações, a Gestão de Contatos foi subordinada às Equipes de Vendas e Propostas, apoiada por um grupo exclusivo no departamento jurídico. A organização global Comau é apresentada na Figura 15.36.

A equipe de gestão de projetos, especialistas internacionais em gestão de projetos, programas e portfólios, é incluída como parte da família de gestão de projetos e é composta por gerentes de projetos, gerentes de programas, planejadores e membros de equipes. As missões do PMO da Comau são apresentadas na Figura 15.37.

Criação da Academia de Gestão de Projetos da Comau

Em 2007, estabelecemos uma entidade organizacional específica com o objetivo de desenvolver a cultura e as competências em gestão de projetos: a Comau PM Family, que é a comunidade de profissionais de gestão de projetos da Comau. Compreendemos também que seria eficiente ter uma estrutura com a responsabilidade específica de aprimorar essa comunidade. Assim, foi lançada a Academia de Gestão de Projetos.

Desde o início, os objetivos da Academia de GP foram:

- Difundir conhecimento e a cultura da gestão de projetos em toda a empresa
- Analisar as necessidades de treinamento das organizações da Comau
- Criar atividades de treinamento específicas para nossos profissionais em gestão de projetos

Capítulo 15 • Excelência em gestão de projetos global   **597**

Missão do PMO da Comau

- Gerenciar os portfólios de projetos da Comau globalmente; fechar as lacunas entre **estratégia e ações** e permitir o fluxo de experiências entre diferentes países e negócios
- **Harmonizar** procedimentos (adoção das diretrizes do PMI) e ferramentas de gestão de projetos em todo o mundo
- Providenciar **especialistas em contratos e riscos** durante a fase de execução do projeto
- Gerenciar a **Academia de GP da Comau** (Centro Registrado de Treinamento PMI)
- **PM Family** Gerenciar projetos multinacionais com o empoderamento e a visibilidade certos

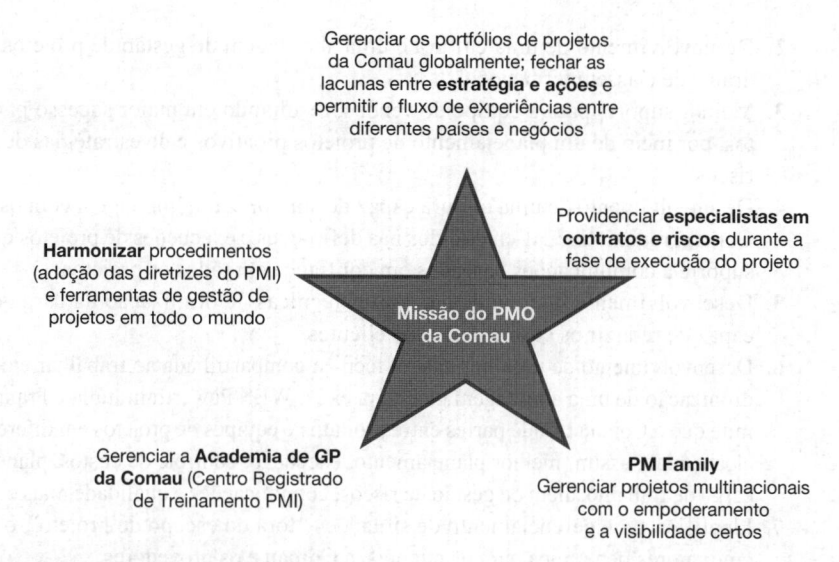

Figura 15.37 Missão do PMO da Comau.

- Organizar iniciativas (conferências, *workshops*, etc.) para estimular a disseminação de *know-how* sobre gestão de projetos

Para apoiar a missão da Comau, o PMO primeiramente preparou um roteiro de alto nível para 2007-2009 que incluía o seguinte:

2007
    Realizar *benchmarking* e determinar a linha de base da maturidade
    Definir o conceito do PMO
    Desenvolver políticas operacionais para a gestão de projetos
    Estabelecer um programa de treinamento de GPs

2008
    Estabelecer um PMO corporativo
    Estabelecer PMOs regionais
    Implementar ações inovadoras de acordo com a avaliação de maturidade
    Estabelecer a Academia de Gestão de Projetos como Centro Registrado de Treinamento do PMI®

2009
    Gerenciar as atividades em andamento de projetos, programas e portfólios de projetos
    Realizar *benchmarking* externo sobre a maturidade em gestão de projetos
    Expandir as atividades da Academia de Gestão de Projetos
    Gerenciar projetos estratégicos e projetos especiais selecionados

Como afirmado anteriormente, a Comau via o PMO como o mecanismo principal para prover soluções de negócios internas. Alguns dos benefícios alcançados pela Comau incluíam:

1. Reconhecimento do cliente como o integrador número 1 de trabalhos complexos, dessa forma agregando valor à cadeia de valor/suprimentos.

2. Desenvolvimento de uma cultura e uma abordagem de gestão de projetos de alto padrão e de classe internacional.
3. Melhor suporte para a equipe de vendas, resultando em maior sucesso para os projetos, por meio de um planejamento de projetos proativos e de estratégias de redução de riscos.
4. Desenvolvimento de uma cultura capaz de sincronizar a linguagem com os clientes da Comau, reduzindo mal-entendidos nas definições e execuções de projetos e oferecendo suporte a comunicações baseadas em confiança em todos os projetos.
5. Desenvolvimento de uma das melhores técnicas de otimização da carga de trabalho capaz de reduzir os custos para seus clientes.
6. Desenvolvimento de uma linguagem técnica compartilhada ao trabalhar em prol da padronização de uma abordagem global, p. ex., a WBS Powertrain Itália e França. Isso permite que a Comau troque partes entre produtos e equipes de projetos em diferentes países, alcançando, assim, melhor planejamento, execução, controle de custos, planejamento de carga de trabalho, além de gestão de riscos, comunicações e qualidade mais equilibrados.
7. Identificação e gerenciamento de situações "fora do escopo do projeto", o que resulta em maiores benefícios para os clientes, a Comau e os provedores.
8. Otimização de processos e sistemas de geração de relatórios, o que reduz o tempo desperdiçado e cria mais tempo para gerenciar problemas críticos.
9. Contribuição com a integração em toda a empresa do trabalho e seus processos, compartilhando informações, visões e estratégias, incluindo o início de projetos estratégicos.
10. Criação de uma forte equipe de gerentes e técnicos altamente qualificados, capazes de oferecer suporte a projetos difíceis e em situações de alta pressão.

O modelo de negócios do PMO da Comau é exibido na Figura 15.38.

GERENCIAMENTO DE PORTFÓLIO
(Indicadores-chave de desempenho, conselho diretor, estratégia, processo de tomada de decisões)

PMO
(Integração de negócios)

GERENCIAMENTO DE PROGRAMAS
(Múltiplos projetos, equipes, pode incluir operações, ciclo de vida do produto)

GESTÃO DE PROJETOS
(Ciclo de vida do projeto)

Equipes de projetos e conexão com departamentos funcionais (cadeia logística, engenharia, produção, pós-venda, RH, etc.)

Figura 15.38 O modelo de negócios do PMO da Comau.

O PMO da Comau está gerenciando ativamente o Portfólio Global de Projetos, reportando-se ao CEO e trabalhando para alcançar o máximo grau de alinhamento entre a gestão de projetos e a estratégia de negócios por meio de inteligência de negócios e indicadores-chave de desempenho (KPIs) exclusivos, como mostra a Figura 15.39.

A equipe do PMO se tornou o agente da mudança dentro de cada uma das unidades de negócios organizacionais da Comau. O resultado tem sido várias soluções de "resultado imediato". A Comau tem sido capaz de obter maior controle de seus custos indiretos, oferecendo, ao mesmo tempo, oportunidades de valor agregado tanto para a empresa quanto para sua base de clientes global. Todos os gerentes hoje delegam mais autoridade do que no passado, e os vice-presidentes e gerentes regionais estão funcionando como fortes patrocinadores.

Um segundo roteiro de alto nível foi desenvolvido para 2010-2016, incluindo os seguintes objetivos:

2010-2013
    Desenvolver em nível mundial o conceito de Gerenciamento de Contratos
    Aumentar o gerenciamento de portfólios
    Desenvolver os programas de treinamento em gestão de projetos para clientes externos
    Desenvolver o conceito de Gestão de Riscos em nível mundial
    Desenvolver regras e metodologias de Gerenciamento Global de Portfólios

2013-2016
    Desenvolver processo de GP global
    Harmonizar e assimilar uma linguagem comum de gestão de projetos/riscos na Comau mundialmente
    Desenvolver uma cultura global de gestão de riscos
    Desenvolver processos de GP para o negócio de gerenciamento de ativos
    Criar uma organização para gerenciar as iniciativas estratégicas da empresa
    Desenvolver um programa para melhorar a eficiência do gerenciamento de locais do cliente
    Desenvolver um programa para melhorar a gestão do cronograma do projeto em diversos papéis funcionais na equipe de GP

A Figura 15.40 mostra a estrutura global atual do PMO do ponto de vista geográfico.

Para garantir a eficácia operacional concreta, completamente focada em garantir a qualidade na GP, é necessário criar um mecanismo eficiente de "osmose" entre as áreas de intervenção, enfatizando a força da sua gestão sinérgica e mantendo o controle e a visão integrados. Partindo desse nível de conscientização madura, nós na Comau enfrentamos todos os dias as dificuldades que os negócios do futuro já colocaram à nossa frente.

O PRIMEIRO PROCESSO DE GESTÃO DE PROJETOS GLOBAL DA COMAU

Um alto grau de fragmentação no nível internacional juntamente com problemas de sustentabilidade de negócios levaram a Comau a pensar na gestão de projetos como uma ferramenta de integração. Consequentemente, uma linguagem e ferramentas comuns foram desenvolvidas e disseminadas pela organização.

Hoje, a alta concorrência de projetos multinacionais (p. ex., um cliente global faz um pedido à Comau Inc. de uma linha automatizada a ser instalada em uma fábrica na Índia.

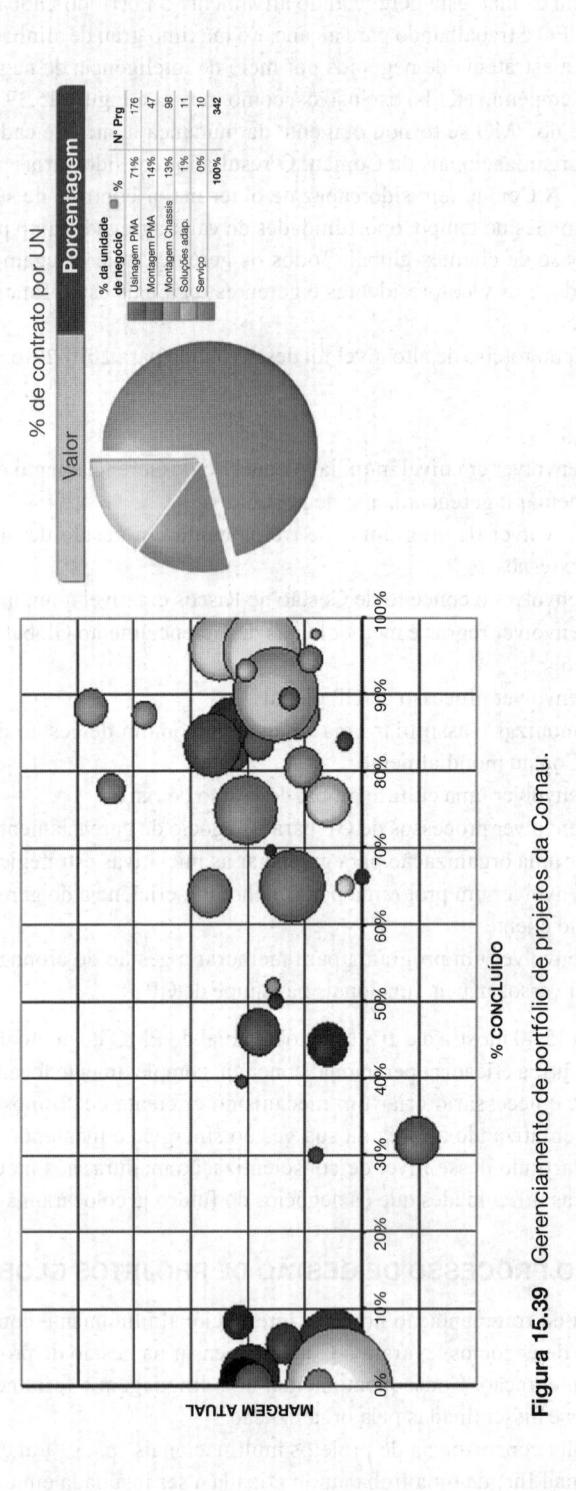

600 Gestão de projetos

Figura 15.39 Gerenciamento de portfólio de projetos da Comau.

Capítulo 15 • Excelência em gestão de projetos global **601**

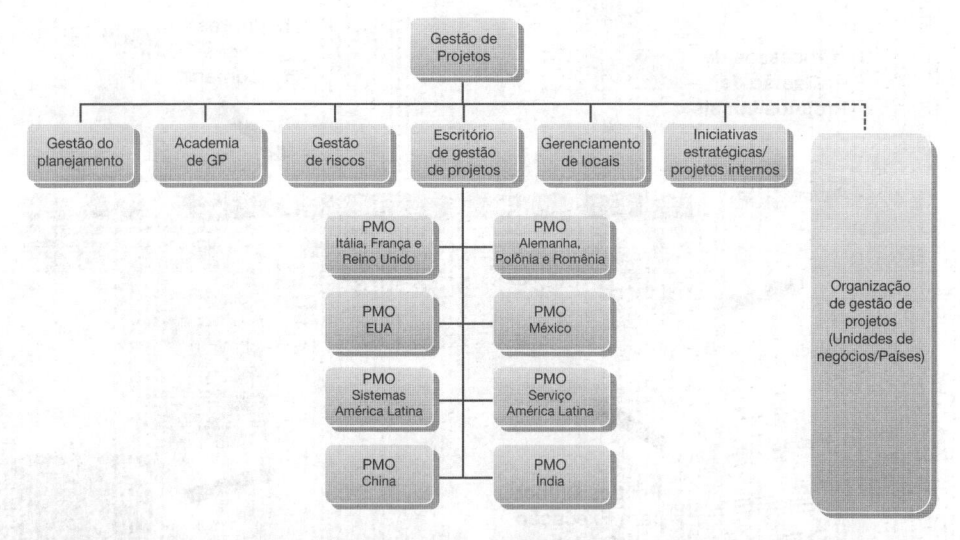

Figura 15.40 Presença geográfica do Escritório de Contratos e GP.

A Comau Inc. desenvolve a engenharia da fábrica enquanto a Comau China realiza a manufatura e a Comau Índia gerencia a instalação) e a criação das Unidades de Negócios Globais levaram a um grau muito mais alto de integração, forçando a Comau a dar um passo à frente.

Portanto, tornou-se necessário revisar os processos de gestão de projetos com o objetivo de harmonizar nossa maneira de trabalhar e gerenciar projetos em toda a organização.

Nesse sentido, o Departamento de Qualidade e os Escritórios de Gerenciamento de Contratos e Projetos patrocinaram conjuntamente uma iniciativa para produzir uma revisão global dos processos de gestão de projetos (ver Figura 15.41), que foi realizada por equipes multifuncionais e multinacionais, coordenadas pelo PMO corporativo.

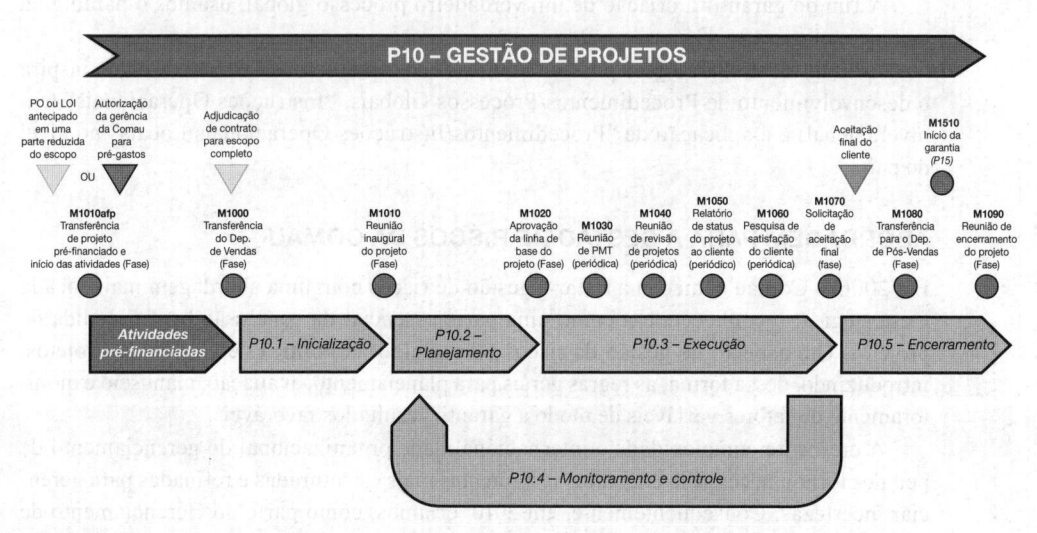

Figura 15.41 Processo de gerenciamento global de projetos da Comau.

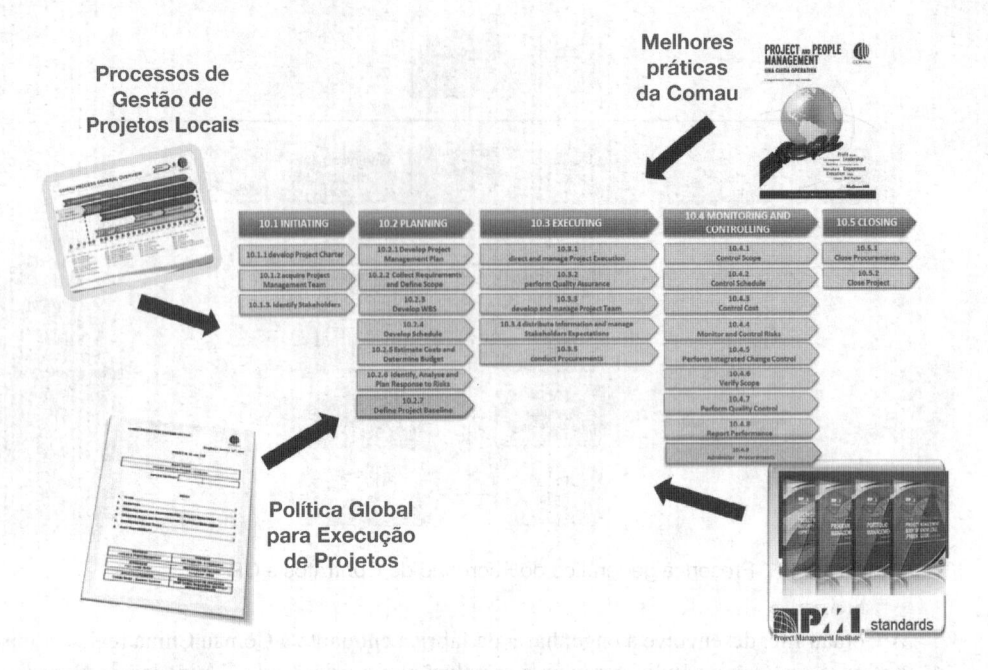

Figura 15.42 Grupo de processos de gestão de projeto.

Baseamos a criação e o desenvolvimento do Gerenciamento Global de Projetos nas seguintes fontes (ver Figura 15.42):

- Processos locais de Gestão de Projetos em uso nas diferentes filiais da Comau
- Lições aprendidas da Comau
- Modelo do PMI
- Política Global de Execução da Comau

A fim de garantir a criação de um verdadeiro processo global, usamos o paradigma exibido na Figura 15.43.

A Pirâmide do Paradigma possui "Políticas" no topo (no nível do setor), o que inspira o desenvolvimento de Procedimentos/Processos Globais, "Instruções Operacionais" (em nível Global) e a aplicação de "Procedimentos/Instruções Operacionais Locais" no nível do país.

ABORDAGEM PARA A GESTÃO DE RISCOS DA COMAU

Em 2006, a Comau começou a tratar a gestão de riscos com uma abordagem mais focada e estratégica, reconhecendo-a como uma parte essencial da conclusão bem-sucedida de projetos. Um aspecto de gestão de riscos foi incluído na Política de Gestão de Projetos, introduzindo, dessa forma, as regras gerais para planejamento, avaliação, manuseio e monitoramento de fatores variáveis de modo a garantir resultados favoráveis.

A crescente complexidade e internacionalidade organizacional do gerenciamento de pedidos tornou necessário encontrar ferramentas mais estruturadas e refinadas para gerenciar incertezas. Consequentemente, em 2010, criamos, como parte do Gerenciamento de Contratos e Projetos, um escritório de gestão de riscos, cujo propósito é lidar melhor com o

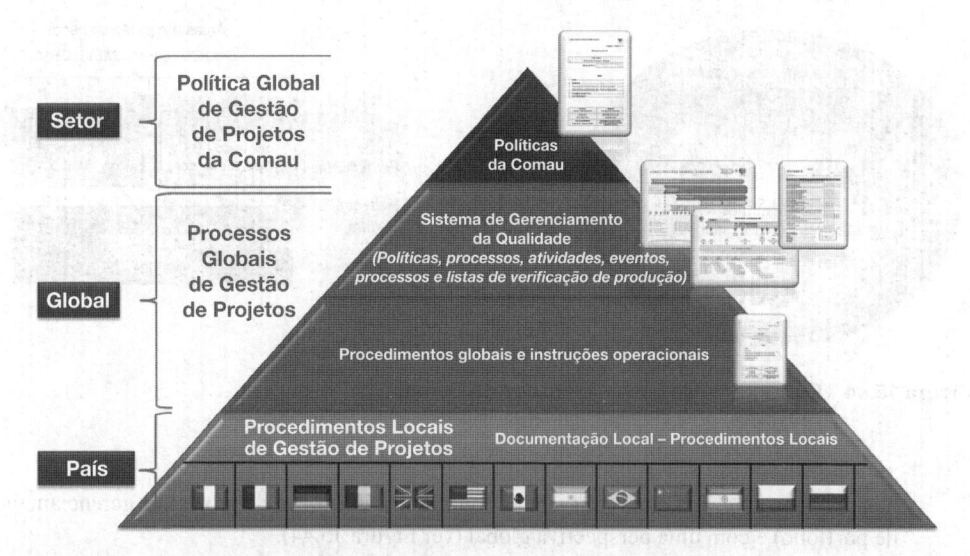

Figura 15.43 Grupo de processos de gestão de projeto.

ambiente de negócios internacional e o maior tamanho e complexidade dos projetos, além de fornecer suporte e governança interna a todos os projetos/programas em andamento nas diferentes unidades de negócios e nos diferentes países. Sua tarefa é aprimorar as capacidades de gestão de riscos e reunir e revisar as lições aprendidas durante o ciclo de vida dos projetos da Comau.

Supondo que uma gestão de riscos eficiente deva ser proativa, é fundamental identificar problemas que possam potencialmente afetar um projeto e trabalhar para diminuir suas consequências em vez de simplesmente reagir quando surgem problemas. Como tal, as responsabilidades específicas do escritório de gestão de riscos podem incluir:

- Definir as regras da gestão de riscos corporativa
- Aprimorar a abordagem da gestão de riscos em todo o ciclo de vida do projeto
- Realizar Avaliações de Risco de Projetos (verificar a "saúde" do projeto)
- Oferecer suporte à UN/Centro de Lucros para a Gestão de Riscos na fase de licitação
- Oferecer suporte à UN/Centro de Lucros para a Gestão de Riscos no nível do portfólio

Em 2011, depois da necessidade de harmonizar a abordagem de gestão de riscos em toda a organização mundialmente, criou-se e disseminou-se uma ferramenta comum de Registro de Riscos (ver Figura 15.47) dentro de toda a organização.

A partir de meados de 2012, como parte da oportunidade de definir o novo processo de Gestão Global de Projetos, estabeleceram-se processos e regras de Gestão de Riscos também incluídos nos processos-padrão da Comau. Nesse ambiente, os Escritórios de Gestão de Riscos agem como provedores de treinamento e dicas para apoiar as equipes durante a iniciação das atividades de gestão de riscos dos projetos relevantes.

A partir de meados de 2015, a Comau decidiu dar mais um passo na integração das práticas e abordagens de gestão de riscos na sua governança de portfólios e financiou uma iniciativa interna, na forma de um programa de inovação chamado "Reforçando a Prática de Gestão de Riscos e Fortalecendo sua Aplicação Eficaz", direcionada à melhoria do campo

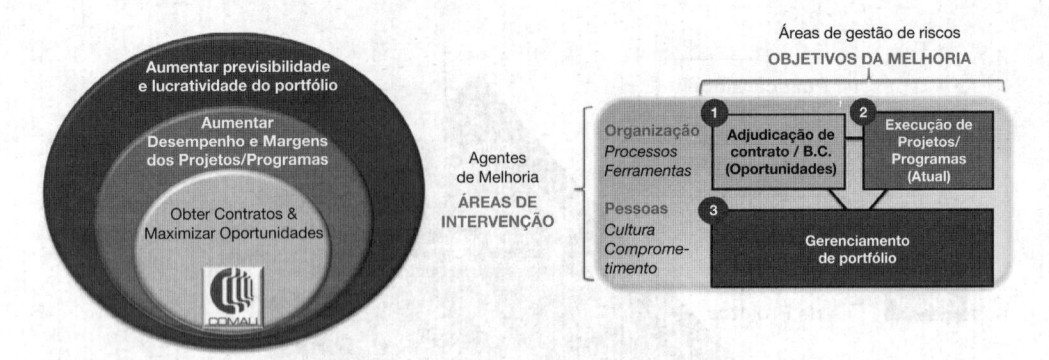

Figura 15.44   O programa de gestão de riscos da Comau.

nos diversos níveis da empresa (vendas contratuais, execução de projetos e gerenciamento de portfólio) e com uma perspectiva global (ver Figura 15.44).

A necessidade de negócios na origem do programa é que a Comau crie e preserve uma cadeia de valor entre os diferentes níveis da empresa, reforçando a gestão de riscos e considerando-a um meio de tomar as decisões corretas, não apenas uma ferramenta de controle (ver Figura 15.45).

Essa necessidade surge da consciência de que a indústria automotiva e o seu contexto passaram por mudanças profundas nos últimos anos; hoje, os projetos são bastante complexos, e o mercado é exigente e altamente competitivo. A chave é realizar investimentos e selecionar oportunidades de negócio com eficácia, além da maior certeza de ter um desempenho que corresponda às metas.

Seguindo o mapa planejado em 2015, o Escritório de Gestão de Riscos de cada uma das áreas fundamentais da empresa desenvolveu e implementou as seguintes melhorias:

Gestão de riscos de vendas (aquisição de novos contratos)

- A implementação de uma avaliação de riscos robusta no processo de vendas focava a identificação de riscos históricos/sistemáticos e a sua mitigação antes que qualquer contrato entrasse em vigência. (Ver Figura 15.46.)
- Implementação de um fluxo de trabalho amplo para a aprovação de ofertas vinculantes, com a criação de conselheiros de risco.

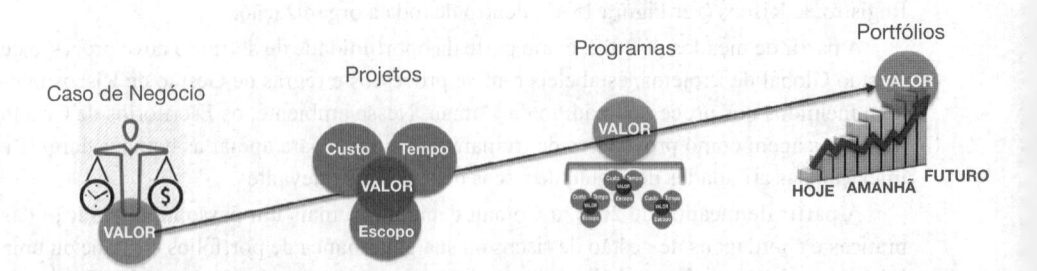

Figura 15.45   Gerando e preservando a cadeia de valor da empresa.

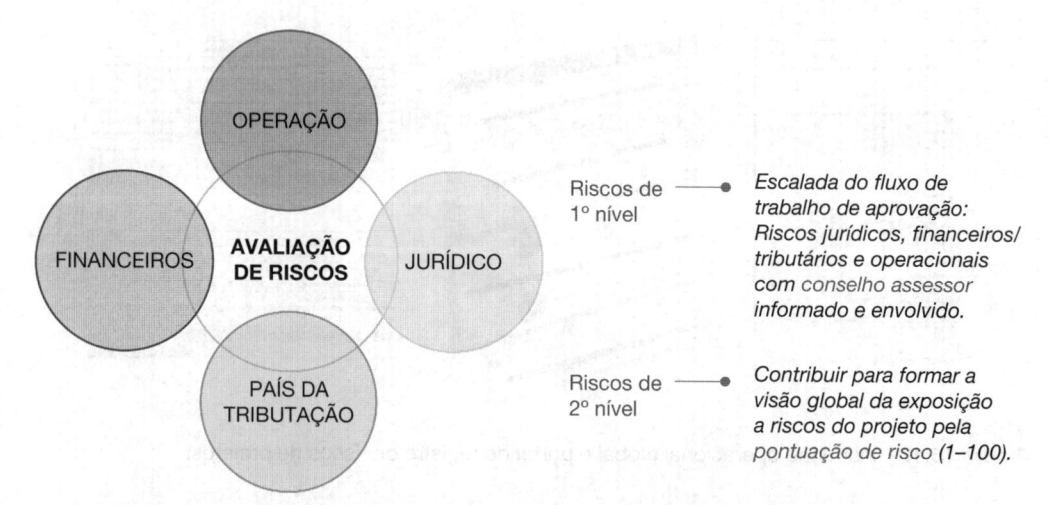

Figura 15.46 Gestão de riscos para novos contratos/oportunidades.

Gestão de riscos de projetos/programa (execução de contratos)

- Implementação de uma instrução operacional global (GOI, *global operative instruction*) enxuta para a gestão de riscos de projetos; definição de papéis e responsabilidades, marcos e fases integradas com o processo de GP, métricas de padrões de risco (probabilidades, impactos e exposições) e mapeamento de riscos.
- Implementação de uma ferramenta enxuta para a gestão de riscos de projetos, chamada de portal de registro de riscos de projetos (PRRP, *project risk register portal*), instalada no sistema de gerenciamento de conteúdo (CMS, *content management system*) para ser um local de trabalho exclusivo para a equipe de projeto (ver Figura 15.47).
- Definição dos KPIs para medir a eficácia da gestão de riscos para cada projeto, estabelecendo objetivos para buscar melhorias contínuas.

Gestão de riscos de portfólio

- Desenvolvimento e implementação de um relatório de risco de portfólio (por unidade de negócios, região, país, etc.)
- Desenvolvendo a cultura de risco da empresa
- Desenvolvimento e entrega de treinamento em gestão de projetos para as famílias profissionais de gestão de projetos e de vendas

ACADEMIA DE GESTÃO DE PROJETOS DA COMAU

O primeiro desafio com que a Academia de GP teve de lidar foi sua natureza internacional: ela precisava oferecer um serviço útil para as empresas da Comau em todos os países. Para alcançar colegas de todo o mundo, decidimos criar uma rede de troca de conhecimentos que seria enriquecida com suas contribuições. Na verdade, a Academia promove o envolvimento direto dos especialistas em GP da Comau para que eles compartilhem conhecimentos e experiências. As pessoas que realizam tarefas cotidianas de gestão de projetos têm a melhor perspectiva em relação a como desenvolver uma gestão de projetos eficiente. Esse foi o segundo desafio: a Academia de GP deve ser um centro de cooperação. A equipe de ensino

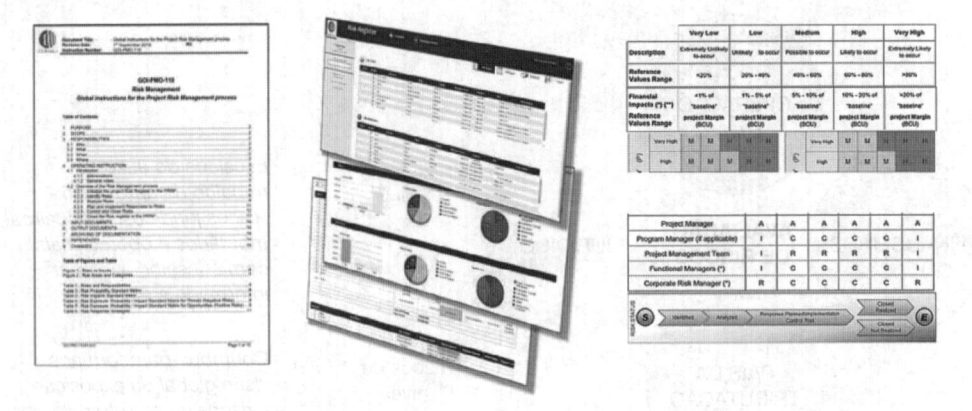

Figura 15.47 Instrução operacional global e portal de registro de riscos de projetos.

é formada por gerentes de projetos qualificados que ministram treinamentos e oferecem suporte aos profissionais de gestão de projetos. Em outras palavras, a Academia de GP da Comau é "aberta": todos da empresa podem idealmente participar dela (é apenas uma questão de habilidades e interesse). O objetivo dessa abordagem é alcançar o crescimento mútuo: o indivíduo envolvido expande suas habilidades e seus conhecimentos; a Academia de GP recebe um constante suprimento de novo "sangue vital".

A Academia de Gestão de Projetos da Comau oferece treinamento em diversos tópicos:

- Cursos sobre os fundamentos da gestão de projetos (para líderes de equipes e gerentes de projeto júnior)
- Cursos especializados (para gerentes de projetos experientes)
- Atividades de cooperação direta para o suporte a projetos e à PM Family (seminários, *workshops*, orientação, mentoria, ideias)
- Treinamento em gestão de riscos (básico ou avançado)
- *Workshops* para desenvolver a capacidade de gerenciar projetos em um contexto multicultural
- Treinamento para apoiar a preparação para a prova do PMP

A ACADEMIA DE GP E A CERTIFICAÇÃO DE PMP®

Como a Comau decidiu adaptar seus próprios processos de gestão de projetos aos padrões e às recomendações do PMI®, as atividades da Academia de GP estão em conformidade com o PMI® também. Então, foi uma progressão natural para nós nos candidatarmos a ser um Centro Registrado de Treinamento (CRT). A Academia de GP é um CRT desde 2008.

Graças a esse reconhecimento, nossa Academia pode fornecer treinamentos valiosos como suporte para que os gerentes de projetos possam obter sua certificação de PMP®. Consequentemente, a Academia precisou enfrentar outro desafio: oferecer treinamento não somente aos funcionários da Comau, mas também aos clientes. Hoje, nossas atividades educacionais são apreciadas e solicitadas porque são o resultado de um misto de conteúdo qualificado, boa metodologia e a experiência profissional concreta de nossos instrutores (profissionais validados de gestão de projetos).

A ESTRUTURA DA ACADEMIA DE GP: PRINCIPAIS ÁREAS DE INTERESSE

O modelo conceitual básico original na base da Academia de GP é uma abordagem estruturada de gerenciamento de mudanças. Com base nela, se quiser que as novas práticas se estabeleçam, é preciso lidar com diversos domínios ao mesmo tempo. Por esse motivo, a academia trabalha com as seguintes áreas:

- *Conhecimento*. Examina e estuda boas práticas internas e externas e explora a literatura mais valiosa sobre GP.
- *Treinamento*. Elabora e produz atividades e programas educacionais (para as necessidades internas e externas).
- *Desenvolvimento*. Gerencia um modelo para avaliar e apoiar a equipe de GP da Comau.
- *Comunicação*. Organiza eventos específicos para compartilhar e disseminar conhecimentos.
- *Comunidade*. Incentiva o desenvolvimento de uma rede profissional e a criação de um ambiente profissional positivo.
- *Maturidade*. Apoia as pessoas na interpretação e no entendimento das mudanças nas abordagens de trabalho e culturais.

O sucesso das melhorias organizacionais só é possível se as dimensões anteriores são analisadas no seu conjunto e se as dependências entre elas são resolvidas: a Academia de GP busca produzir esse resultado.

COMAU ACADEMY

Há mais de 40 anos, a Comau Academy organiza cursos de treinamento avançado para executivos, profissionais, bacharéis e alunos, criados para desenvolver novas habilidades em automação industrial e fabricação digital. Os programas de ensino da Comau Academy são direcionados a três tipos de participantes: empresas e profissionais, jovens talentos e estudantes e menores de idade.

Para empresas e profissionais, a Comau Academy oferece o novo mestrado executivo em automação industrial e transformação digital, uma resposta à demanda crescente pelas novas habilidades de Indústria 4.0 e crescimento profissional usando uma abordagem 360° (ver Figura 15.48).

A oferta para jovens talentos é dedicada a treinar jovens universitários de todo o mundo e é conduzida em colaboração com grandes institutos e universidades internacionais. Entre outros cursos, a Comau Academy oferece mestrados especiais em automação industrial. A escola de verão em Gestão de Projetos e Pessoas é um programa de treinamento intensivo de 10 dias elaborado para atender às necessidades e aos desafios futuros do mundo profissional. Estruturada em quatro edições, ela é conduzida em quatro países diferentes (Estados Unidos, China, Itália e Brasil) e envolve alunos das melhores universidades mundiais, junto com os melhores gestores da Comau (ver Figura 15.49).

Para estudantes e menores de idade, a Comau Academy organiza cursos que permitem que obtenham um diploma em robótica e participem do programa de laboratório da Robo-School, para alunos de escolas primárias e secundárias. É uma iniciativa inovadora, pela qual os alunos aprendem a usar um robô no contexto de sala de aula. Enquanto ferramenta pedagógica válida, o robô educacional e.DO torna disciplinas tradicionais, como matemática e arte, mais atraentes e intuitivas para os alunos (ver Figura 15.50).

EMPRESAS & PROFISSIONAIS

Master Executivo
Automação industrial e transformação digital

Treinamento profissional
Catálogo de gestão de projetos

Treinamento profissional
Catálogo de robótica

Figura 15.48 Comau Academy: empresas e profissional.

GESTÃO DE PROJETOS GLOBAL

Noventa por cento das equipes de projeto nos projetos da Comau são multiculturais. Por esse motivo, a Comau teve de lidar com os problemas que as pessoas têm para cooperar quando vêm de culturas diferentes. Assim, a ideia é desenvolver um programa específico para dar aos gerentes de projetos ferramentas que os ajudem a formar e gerenciar suas equipes.

São ferramentas interpessoais ou subjetivas, pois foram concebidas para desenvolver a sensibilidade dos gerentes de projetos em relação a como os fatores humanos impactam o

JOVENS TALENTOS

Especialização Master
Automação Industrial

Escolas de Verão
Gestão de projetos e pessoas

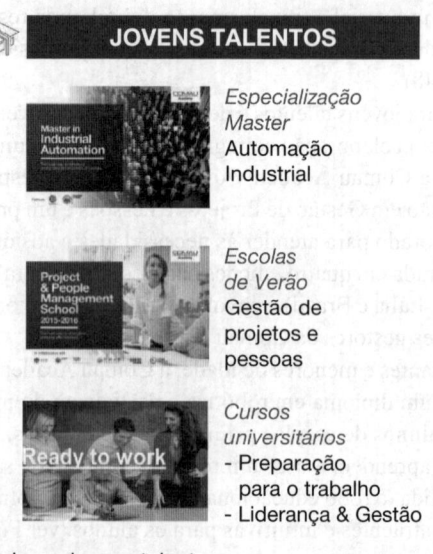

Cursos universitários
- Preparação para o trabalho
- Liderança & Gestão

Figura 15.49 Comau Academy: jovens talentos.

ESTUDANTES & CRIANÇAS

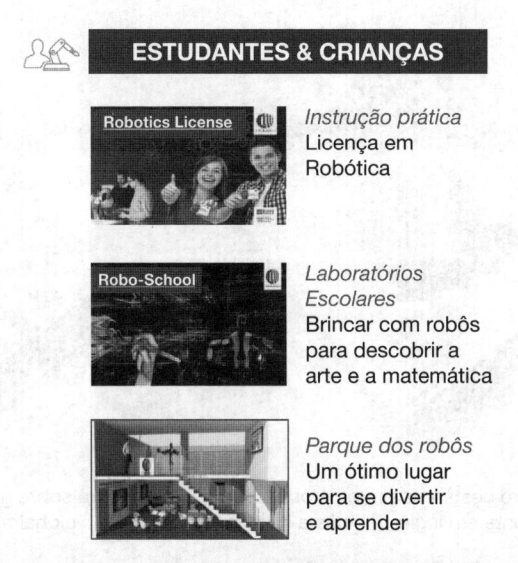

Instrução prática
Licença em Robótica

Laboratórios Escolares
Brincar com robôs para descobrir a arte e a matemática

Parque dos robôs
Um ótimo lugar para se divertir e aprender

Figura 15.50 Comau Academy: ferramentas para jovens talentos.

sucesso do trabalho em equipe. É um desafio real para os gerentes de projetos: ser capaz de combinar uma abordagem sistemática baseada nas habilidades técnicas de GP com a sensibilidade humana a diferentes modelos de valor, ética e respeito. Se quiserem ter sucesso, os gerentes de projetos precisam mudar sua imagem de si mesmos e passarem a se considerar agentes multiculturais, participantes ativos que têm a responsabilidade de encontrar estratégias para integrar pessoas de diversas culturas.

A COMAU REVELA SUAS MELHORES PRÁTICAS

A longa atividade de desenvolver pessoas e processos resultou em uma história dinâmica do que a Comau conquistou e qual metodologia foi desenvolvida. Em 2013, a Comay publicou *Project and People Management – An Operational Guide* (Gestão de projetos e pessoas: Um guia operacional), que é a história de uma mudança de mentalidade bem-sucedida, misturada com as ferramentas e os processos concretos usados pela equipe da Comau em suas atividades diárias de projeto (ver Figura 15.51).

Em 2015 foi publicado um segundo livro, *Managing Challenges Across Cultures – A Multicultural Project Team Toolbox* (Gestão de desafios entre culturas: Um *kit* de ferramentas para equipes de projeto multiculturais), baseado na certeza de que a cultura não é apenas o resultado de uma educação universitária; ela também é cultivada e desenvolvida no local de trabalho, todos os dias, e então disseminada além do perímetro da empresa.

O livro começa com introduções do professor Domenico Bodega, da Università Cattolica di Milano, e do professor Harold Kerzner, do International Institute of Learning. Em seguida, há um debate triplo sobre o desenvolvimento de estratégias de negócios, GP e aprimoramento pessoal, liderado por Mauro Fenzi, CEO da Comau, Donatella Pinto, diretora de RH da Comau, e pelo autor Roberto Guida, diretor de GP da Comau. David Trickey e Ezio Fregnan também analisam questões críticas sobre comportamentos interculturais em um contexto multinacional.

Livro sobre gestão de projetos publicado globalmente em inglês, chinês e italiano

Livro sobre gestão intercultural publicado globalmente em inglês e chinês

Figura 15.51 Publicações da Comau.

O livro se apresenta como um kit de ferramentas práticas e úteis, que dão às organizações (e não apenas às empresas) instrumentos práticos para uso imediato na gestão de projetos que exijam a colaboração de equipes compostas de pessoas de diferentes nacionalidades.

ALGUMAS LIÇÕES APRENDIDAS

O verdadeiro sucesso de um projeto é medido não somente com base na lucratividade, mas também em conhecimento que pode beneficiar toda a corporação. A Comau escreveu uma lista de lições aprendidas reunidas durante seus projetos internacionais.

- A habilidade de compartilhar melhores práticas e padrões organizacionais é ainda mais importante ao trabalhar globalmente. Permite a troca de informações, o compartilhamento da carga de trabalho, o nivelamento de recursos, etc.
- A participação das pessoas é crucial. É difícil fazer as pessoas compreenderem os futuros benefícios de se gerenciar um projeto e a importância de sua efetiva participação porque ela está relacionada a conhecimento, experiências e empoderamento pessoal. A habilidade de conseguir fazer as pessoas participarem é crucial para a mudança, a velocidade e a adesão.
- O desenvolvimento de "resultados imediatos" é um estímulo importante.
- Fazer as pessoas se sentirem confiantes a respeito do futuro é um estímulo à adesão. Hoje, a importância da gestão de projetos como uma solução de negócios para uma empresa global é um forte estímulo para a PM Family.
- Maior eficiência nas comunicações, na transparência e no uso da filosofia de "portas abertas" são fortes estímulos.
- Desenvolver a abordagem de Gestão de Projetos e Programas é importante, mas não suficiente; toda a empresa precisa compreender o modelo de negócio de gerenciamento por projetos.
- Educação em liderança eficiente é uma questão-chave no dia a dia.

A abordagem da gestão de projetos demonstrou que outros grupos funcionais têm de ser igualmente receptivos à aceitação da gestão de projetos para, dessa forma, reduzir barreiras e criar melhores produtos.

15.6 Fluor corporation: gerenciamento de conhecimentos para a execução de projetos

HISTÓRICO DA FLUOR CORPORATION

A Fluor Corporation é uma das maiores empresas de capital aberto de engenharia, aquisições, construção, manutenção e gestão de projetos. Ao longo do último século, a Fluor, por meio de suas subsidiárias operacionais, tornou-se uma confiável líder global por prover serviços e conhecimentos técnicos excepcionais.

Consistentemente classificada como uma das empreiteiras mais seguras do mundo, o principal objetivo da Fluor é desenvolver, executar e manter projetos dentro do cronograma e do orçamento, e com excelência. A Fluor é uma empresa da Fortune 500 e foi classificada como nº 1 na categoria "Engenharia, Construção" das maiores corporações da América do Norte. Além disso, a Fluor é nº 1 na lista da revista ENR (*Engineering News-Record*) das 100 Melhores Empresas de Projeto-Construção e nº 2 em sua lista das 400 Melhores Empreiteiras. Para os clientes da Fluor, esse reconhecimento enfatiza a capacidade da empresa de executar com sucesso projetos grandes e financeiramente complexos em todo o mundo.

A receita da Fluor em 2012 totalizou um recorde de US$27,6 bilhões, 18% a mais do que no ano anterior. Novos pagamentos representavam US$27,1 bilhões, e o *backlog* da empresa no fim do ano era de US$38,2 bilhões. Por meio de sua competência individual e coletiva, a força de trabalho global da Fluor, com mais de 43 mil funcionários, oferece soluções rápidas, custo-efetivas e inteligentes.

A Fluor mantém uma rede de escritórios em mais de 25 países em seis continentes. Essa força de trabalho oferece à Fluor a capacidade de executar diversos escopos de trabalho em projetos, grandes ou pequenos, e a flexibilidade de designar funcionários a projetos de acordo com a necessidade.

A Fluor atende a clientes em uma ampla variedade de indústrias, inclusive óleo e gás, produtos químicos e petroquímicos, empresas comerciais e institucionais, serviços governamentais, ciências da vida, manufatura, microeletrônica, mineração, energia, telecomunicações e transporte.

A Fluor é alinhada em cinco principais segmentos operacionais: Energia e Produtos Químicos, Indústria e Infraestrutura, Governo, Serviços Globais e Cadeia de Suprimentos Global. Os projetos da Fluor incluem o *design* e a construção de instalações de manufatura, refinarias, instalações farmacêuticas, usinas de energia e infraestruturas de telecomunicações e transporte. Muitos dos projetos da Fluor são os maiores, mais remotos, mais complexos e mais desafiadores projetos de capital do mundo.

©2017 por Fluor Corporation. Reproduzido com permissão. Todos os direitos reservados. O material da Seção 15.6 foi fornecido por Jose Herrero, vice-presidente diretor de projetos, John McQuary, vice-presidente, Jeff Hester, analista de negócios, e Tara Keithley, diretora de comunicações.

COMUNIDADES DE CONHECIMENTO EM SUPORTE À GESTÃO DE PROJETOS GLOBAL

O ambiente de negócios da Fluor é global, móvel, cíclico e colaborativo. Os funcionários são localizados em todo o mundo e precisam trabalhar perto uns dos outros para uma execução distribuída de projetos, na qual diversos escritórios ao redor do mundo trabalham no mesmo projeto concorrentemente. A escassez e mobilidade da força de trabalho são uma realidade na Fluor, e o acesso a especialistas de qualquer parte do mundo é crucial para seu ambiente de negócios. Além disso, devido ao envelhecimento da força de trabalho da organização, a retenção de conhecimentos é uma questão cada vez mais importante.

Por meio de nossa capacidade de gerenciamento do conhecimento, a Fluor integra e tira proveito do capital intelectual coletivo de nossos funcionários para a excelência na execução de projetos. Nossa vasta base de conhecimentos, chamada de Knowledge OnLine^{SM}, permite que funcionários em escritórios de todo o mundo tenham acesso ao nosso conhecimento corporativo e contribuam com seu próprio conhecimento e competência. Esse sistema promove a colaboração e fornece uma forma sistemática de captar, compartilhar e reutilizar o conhecimento da empresa. Para oferecer suporte à execução de projetos global, a Fluor se organiza em torno de comunidades de conhecimento, e sua plataforma de tecnologia Knowledge OnLine permite a distribuição de trabalho sem que as pessoas tenham de se movimentar de um lugar a outro. A plataforma de tecnologia de gerenciamento do conhecimento da Fluor é posicionada como o mecanismo de entrega para todas as práticas e procedimentos, material de treinamento, colaboração e localização de competências. A direção estratégica geral para retenção, compartilhamento e colaboração de conhecimento está intimamente ligada ao ambiente de negócios da Fluor.

Na Fluor, definimos gerenciamento de conhecimento como a maneira de a organização identificar, criar, captar, adquirir, compartilhar e tirar proveito do conhecimento – trata-se de uma cultura e um processo de gerenciamento, e não de um produto ou simplesmente uma instalação de TI. As comunidades de conhecimento são redes de pessoas designadas que compartilham informações e conhecimentos. Os membros da comunidade compartilham, colaboram e aprendem uns com os outros, presencial ou virtualmente. As comunidades se mantêm unidas por uma meta comum e pelo desejo de compartilhar experiências, ideias e melhores práticas dentro de um tópico ou uma disciplina, usando normas e processos compartilhados. As comunidades também são responsáveis por captar as melhores práticas e administrar um corpo de conhecimentos em nome da organização. As comunidades da Fluor são lançadas formalmente e possuem líderes, gerentes e especialistas designados.

Os esforços de gerenciamento de conhecimento da Fluor já receberam diversos prêmios por sua excelência, incluindo o de Empresa Mais Admirada da América do Norte e do Mundo em termos de Conhecimentos (MAKE, *North American and Global Most Admired Knowledge Enterprise*), chegando ao *status* de "Hall da Fama" por criar um ambiente colaborativo para o compartilhamento de conhecimentos. Esses prêmios reconhecem soluções que sistematicamente tiram proveito do conhecimento e do pessoal de uma organização de modo a melhorar mensuravelmente a responsividade, inovação, competência e eficiência organizacional. Além disso, a abordagem da Fluor já figurou na *Harvard Business Review* e no *Wall Street Journal*, além de em outros livros e artigos.

A maior parte da força de trabalho visada está envolvida em uma ou mais comunidades de conhecimento, compartilhando conhecimentos globalmente, possibilitando processos de trabalho e reunindo as pessoas de forma rápida. A Fluor encoraja comportamentos de compartilhamento de conhecimentos em toda a organização. Qualquer funcionário pode se juntar a uma ou mais comunidades de conhecimento e pode postar uma pergunta ou responder a uma pergunta. As respostas das perguntas feitas nos fóruns normalmente são recebidas dentro de 24 horas da postagem – mantendo a promessa da Fluor de comunidades confiáveis e responsivas – garantindo que todos os funcionários tenham um alto grau de confiança no sistema.

Hoje, há 49 comunidades de conhecimento estabelecidas na organização. A Fluor possui 30 mil membros ativos na comunidade dispersos por todo o mundo e mais de 4 mil especialistas no assunto em mais de 1.200 áreas dentro dessas comunidades. Há um alto volume de atividade na comunidade; são feitas mais de 10 mil buscas e 2.600 visualizações ou *downloads* de anexos diariamente, além de 10 mil acessos semanais para leitura do fórum.

ESTRATÉGIAS DE GERENCIAMENTO DE CONHECIMENTOS PARA APOIAR A EXECUÇÃO DE PROJETOS

A Fluor possui uma longa história de compartilhamento de conhecimento, da qual grande parte se atribui a uma cultura que apoia consistentemente tais comportamentos. A paixão pela construção de carreiras e conhecimento se encontra no cerne dos negócios da Fluor. A organização promove uma cultura baseada no compartilhamento de conhecimentos por toda uma rede de funcionários. Os líderes desempenham um papel importante na sustentação dessa cultura.

O processo formal de gerenciamento de conhecimentos da Fluor começou em 1999, quando a empresa lançou sua estratégia de gerenciamento de conhecimento. A Fluor utilizou uma abordagem de duas vertentes por meio da implementação de uma estratégia de codificação e de uma estratégia de personalização:

- A *estratégia de codificação* envolve a documentação do conhecimento e seu armazenamento em um banco de dados. A ênfase aqui é na reutilização do conhecimento.
- A *estratégia de personalização* concentra-se na conexão entre pessoas, criando redes de pessoal e enfatizando soluções personalizadas para problemas singulares.

O objetivo da Fluor é que novos conteúdos sejam passados rapidamente de um foco de personalização para um foco de codificação a fim de possibilitar a reutilização dos conhecimentos que foram reunidos.

Uma maneira por meio da qual a Fluor mantém as comunidades relevantes é a atualização periódica de conteúdos. A organização implementou processos para garantir que as comunidades analisem e revisem frequentemente seus conteúdos. Espera-se que cada comunidade assuma responsabilidade por todos os seus ativos intelectuais.

Por que usar essa abordagem de duas vertentes? A equipe de gerenciamento de conhecimentos percebeu que enfatizar conhecimentos explícitos em detrimento de conhecimentos tácitos não funcionaria porque seria visto como "apenas mais uma ferramenta". Por outro lado, focar somente os conhecimentos tácitos teria resultado em uma falta de conhecimentos documentados e uma falta de impacto global multifuncional.

Projetos empresariais, pensamento empresarial

A abordagem da Fluor quanto ao gerenciamento de conhecimentos é extremamente singular, exigindo um pensamento empresarial e uma mentalidade global – uma abordagem raramente vista em outras organizações. Essa abordagem é adotada em suporte aos seus projetos globais. Na Fluor, todos os funcionários possuem acesso a todas as comunidades, segue-se um processo rigoroso de implantação da comunidade, há programas de mensuração do desempenho e auditoria da comunidade em andamento e integram-se comportamentos de compartilhamento a todos os aspectos das operações da empresa.

A visão de gerenciamento de conhecimentos da Fluor, que engloba toda a empresa, era ter uma solução de tecnologia que incluísse as comunidades com conteúdos integrados, discussões e perfis de pessoal a fim de promover uma mentalidade global. Tirar proveito do capital intelectual coletivo de todos os funcionários em suporte à direção estratégica dos negócios era um objetivo-chave. As comunidades foram criadas para fornecer soluções ótimas aos clientes por meio de um compartilhamento de conhecimentos que cruzasse os limites geográficos e das linhas de negócios da empresa, usando uma ferramenta de busca robusta e permitindo o acesso global. O gerenciamento de conhecimentos (GC) em toda a empresa também pretendia aprimorar os conjuntos de habilidades dos funcionários por meio do fácil acesso ao conhecimento, a materiais de treinamento e a especialistas. Finalmente, o GC em toda a empresa protege a propriedade intelectual na organização. O sistema monitora a atividade para salvaguardar a propriedade intelectual.

Comunidades de conhecimento: onde as pessoas se reúnem

As comunidades de conhecimento têm o suporte de professores, gerentes de conhecimentos, uma equipe global e centralizada de GC e especialistas em diversos assuntos. Uma equipe centralizada de GC supervisiona as atividades da comunidade e trabalha de perto com os líderes, gerentes de conhecimento e especialistas em diversos assuntos de todas as partes da empresa.

A Fluor utiliza um forte modelo de governança, como exibe a Figura 15.52, para a criação de uma comunidade, definindo os objetivos dessa comunidade e medindo seu desempenho. A Fluor já observou outras organizações que oferecem um modelo *ad hoc* de criação de comunidades ou oferecem um conjunto de *templates* desenvolvido pela Equipe Central de GC para qualquer grupo interessado em criar uma comunidade. A experiência

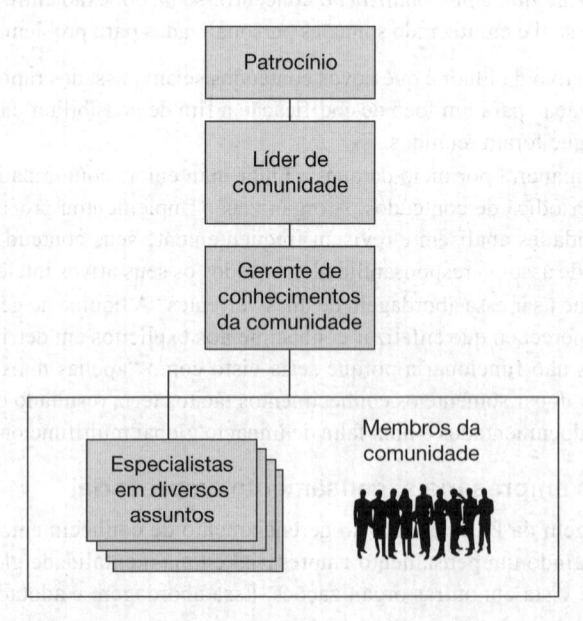

Figura 15.52 Modelo de governança da Fluor.

nos mostra que esses modelos abertos de criação de comunidades resultam em comunidades ineficientes e redundantes.

A abordagem do gerenciamento de conhecimentos empresarial da Fluor exige uma mentalidade expandida para implementar e manter comunidades com bom desempenho além do que é exigido quando a abordagem de GC é direcionada a um segmento da empresa, é regional ou não é aberta a todos os funcionários. A Fluor aplica quatro conceitos de pensamento empresarial em seu programa de GC:

1. *Proteção* – Assumir responsabilidade pelos ativos intelectuais confiados à comunidade (pessoas e conteúdos explícitos); não gerenciar conteúdos que deveriam ser gerenciados por outra comunidade; informar sobre lacunas – não criar conteúdo, a menos que você realmente seja seu proprietário; se você for proprietário de conteúdos, mantenha-os atualizados.
2. *Perspectiva geral* – Criar um ambiente que permita a todos os funcionários "compreenderem a mensagem" sem precisar despender esforços excessivos. Algo pode fazer sentido enquanto estiver autocontido em uma comunidade, mas a partir de uma perspectiva geral (e em toda a empresa), aquilo pode parecer confuso, então ajudamos os funcionários a pensar em como se solucionam problemas de engenharia e de negócios, e não como decifrar a navegação (do *site*) de uma comunidade personalizada.
3. *Teste de credibilidade para o cliente* – Espere que o cliente vá ver a informação, demonstrações ao vivo para clientes potenciais são frequentes.
4. *Expectativas de Franchise da Comunidade* – Apoie a marca GC da Fluor, seja um líder entre os membros da comunidade, tire proveito das melhores práticas de GC em todas as comunidades, crie orgulho em todas as comunidades.

As comunidades de conhecimentos têm flexibilidade, sim: cada comunidade estabelece seus próprios objetivos, que estão alinhados à estratégia geral da organização, mas que são suficientemente específicos para definir o que a comunidade de pessoas precisa alcançar a fim de oferecer suporte à direção estratégica. Os líderes da comunidade são a autoridade máxima dentro dessa função. Nesse papel de liderança, são responsáveis por melhorar o desempenho geral dentro de suas respectivas funções, pela seleção, implementação e atualização de melhores práticas, pela seleção e suporte de ferramentas de *software* exclusivas para sua função e pelo desenvolvimento funcional do pessoal. Eles criam uma rede de líderes funcionais da comunidade (Líderes de Excelência Global) que cria consistência entre as funções.

Ao lançar uma nova comunidade de conhecimentos, cada uma delas passa por um processo de gerenciamento que inclui os seguintes conceitos ao longo de um período determinado pela urgência da liderança da comunidade:

- Avaliação da prontidão
- Estratégia da liderança da comunidade
- Inauguração da comunidade
- Estrutura da comunidade
- Conceitos de coleta de conteúdos
- Identificação de conteúdos prioritários
- Atualização da coleta de conteúdos
- Estratégia de lançamento
- Lançamento da comunidade
- Transição da implementação ao desempenho
- Plano de desempenho da comunidade

- Reuniões periódicas de desempenho
- Implementação inicial
- Desempenho

Dentro de cada comunidade, estabelece-se uma estrutura de categorias baseada nas competências centrais, já que a proteção dos ativos explícitos é crucial. Isso inclui criação de um processo para a revisão e aprovação de novos conteúdos por um especialista, revisão e atualização de conteúdos por especialista quando for chegada a data de revisão e respostas confiáveis e responsivas de um especialista para as perguntas feitas em fóruns de discussão.

O desempenho da comunidade é medido pela forma como ela alcança seus objetivos. Dentro da implementação da tecnologia, coletam-se inúmeras estatísticas. Essas estatísticas, embora não sejam uma medida real do desempenho, fornecem uma indicação dos níveis de atividade e uso e acompanham alguns níveis de conformidade.

ESPECIALISTAS FORMAM A ESPINHA DORSAL DA COMUNIDADE DE CONHECIMENTOS

A aplicação de um algoritmo não substitui a experiência no mundo real. A rede de especialistas no assunto da Fluor forma a espinha dorsal dos esforços da empresa em termos de conhecimentos. Envolver esses especialistas é essencial para o sucesso da comunidade, de projetos e da empresa. Eles formam o núcleo de cada comunidade. A frequência com que um especialista participa de uma comunidade afeta a qualidade e a quantidade de conteúdo dela. Os especialistas são escolhidos pelos líderes de cada comunidade: não se pode simplesmente se autodeclarar um especialista – eles devem ser reconhecidos como tais por outras pessoas. Eles recebem treinamento em processos de GC que comunicam expectativas cruciais de modo que eles possam funcionar de maneira eficiente. Eles se inscrevem para receber notificações automáticas sobre discussões e recebem atualizações quando documentos necessitam de revisão ou *feedback*. Alinhar conteúdo e fóruns a áreas de especialização facilita a notificação automática dos SMEs quando seus conhecimentos são necessários.

HISTÓRIA DE SUCESSO: ACESSO A ALTERNATIVAS DE *DESIGN* ECONOMIZA 1 MILHÃO DE EUROS EM UM PROJETO

Um engenheiro de processos em uma empresa recém-inaugurada no Oriente Médio estava procurando alternativas para um equipamento caro que estava na base do *design* do projeto. Ele estava questionando a necessidade daquele equipamento, o qual gerava um custo de instalação muito alto para o projeto.

Embora estivesse em um escritório sem todos os recursos funcionais típicos, por meio do acesso à base de conhecimentos globais da Fluor, ele foi capaz de acessar os manuais de *design*, obter respostas de especialistas a perguntas colocadas nos fóruns e referências a projetos passados. Consequentemente, ele conseguiu recomendar a eliminação do equipamento caro, o que economizou 1 milhão de euros para o cliente mais custos extras de operação e manutenção.

O cliente ficou tão satisfeito com a rapidez da resposta e com o rápido acesso aos conhecimentos e especialistas da Fluor em todo o mundo que foi feita uma nova encomenda de trabalho no valor de 700 mil euros para um estudo similar em outro estabelecimento.

O Programa SME Protégé é outra plataforma criada para promover o envolvimento de futuros especialistas desde cedo. O programa "casa" funcionários iniciantes e intermediários com especialistas de nível sênior e promove uma aprendizagem acelerada. Os especialistas trabalham com funcionários para criar relacionamentos, discutir áreas técnicas de projetos, desenvolver novos conhecimentos, revisar conhecimentos existentes e ajudar a responder às perguntas dos fóruns.

A LIDERANÇA É A CHAVE DO SUCESSO

Uma liderança eficiente é a melhor garantia de sucesso para as comunidades de conhecimento da Fluor. Os líderes de conhecimento atendem às comunidades e se comunicam aberta e frequentemente com elas, sendo modelos visíveis dos comportamentos desejados. Os líderes de comunidade reconhecem que eles estão ajudando a criar uma cultura de compartilhamento de conhecimentos e facilitando conexões entre pessoas. Eles também se certificam de que é "seguro" para os funcionários fazer perguntas, compartilhar abertamente e confiar nas respostas que recebem. Além disso, os líderes de conhecimento reconhecem que uma comunidade é uma comunidade humana, e não uma implementação tecnológica. Os líderes compreendem que são responsáveis pelo componente de capital humano de suas comunidades e encorajam a aprendizagem por toda a vida.

É importante também o fato de os líderes reconhecerem o talento e a inteligência das pessoas da organização. Eles inspiram os membros de uma comunidade a combinar experiências e pensamento inovador para criar conhecimentos e encorajam a comunidade a trabalhar por meio da colaboração.

Finalmente, os líderes conectam a comunidade à direção estratégica da empresa e a estimulam a alcançar bons resultados de negócios. Eles sabem que quando as pessoas estão conectadas por meio de um objetivo comum, elas se sentem mais energizadas.

PROCESSOS DE TRABALHO PARA AS COMUNICAÇÕES EM GERENCIAMENTO DE CONHECIMENTOS

Uma parte integral da estratégia de gerenciamento de conhecimentos da Fluor é uma comunicação eficiente. A Fluor utiliza diversos princípios de comunicação para garantir que suas comunicações sejam eficientes e rápidas. A Fluor acredita que seja importante tirar proveito de todos os canais de comunicação da organização e proativamente procurar oportunidades para informar sobre o gerenciamento de conhecimentos e como ele facilita a execução de projetos.

A Fluor possui inúmeras estratégias de comunicação em funcionamento como suporte à retenção e à transferência de conhecimentos. Alguns deles incluem:

- Orientação a funcionários recém-contratados. Os funcionários são expostos à cultura de compartilhamento de conhecimentos durante o recrutamento e à orientação a funcionários recém-contratados. Especificamente, os materiais usados nessa orientação desafiam os funcionários a compartilharem conhecimentos por toda a rede global da Fluor a fim de ter sucesso na organização. Como a mobilidade na carreira aumenta de acordo com a participação em comunidades, muitos funcionários se envolvem rapidamente em atividades das comunidades.
- Treinamento para os gerentes de conhecimentos
- Teleconferências globais
- Reuniões de departamento
- Sessões "aprendendo no almoço"
- Histórias de sucesso na página inicial da comunidade *on-line* que mudam a cada dois ou três dias

Outra melhoria no processo de trabalho está ligada à estratégia de comunicação organizacional. A antiga prática era disseminar informações por meio da hierarquia organizacional. Entretanto, nem todos viam essas comunicações. Agora, as comunidades enviam mensagens diretamente para todos os membros da comunidade. Consequentemente, as mensagens têm um maior número de leitores (maior penetração), o que deixa as pessoas informadas e ajuda a atrair novos membros. Cada mensagem é enviada como um e-mail com um *link* com informações de suporte na comunidade de conhecimento. A abordagem de usar um *link* tem como finalidade o acompanhamento e, às vezes, a conformidade. Os funcionários frequentemente respondem a mensagens e são encorajados a entrar em determinada comunidade como parte de um acompanhamento de rotina.

RECONHECENDO OS PIONEIROS DO GC... E OUTROS

Desde que a Fluor começou com seu compartilhamento de conhecimentos em suporte ao caminho rumo a projetos globais, a empresa percebeu que precisava reconhecer aqueles que tinham sido tão instrumentais para seu sucesso e sua adoção. Anteriormente, a Fluor tinha reconhecido os "Pioneiros do GC": aqueles que olhavam além dos limites normais geográficos ou de linha de negócios e enxergavam como o compartilhamento de conhecimentos podia ser institucionalizado globalmente. Hoje, a Fluor possui dois bem-sucedidos programas de reconhecimento em funcionamento. O primeiro programa reconhece em outros colegas o comportamento de compartilhamento de conhecimento, e o segundo reconhece o valor gerado por meio do compartilhamento de conhecimento e da colaboração. Esses dois programas ajudam a Fluor a contar as histórias de por que o compartilhamento de conhecimentos e a colaboração são importantes não somente para a Fluor, mas para os indivíduos.

A Fluor desenvolveu um prêmio anual de gerenciamento de conhecimentos para o reconhecimento de colegas conhecido como "*KM Pacesetter*" (Precursor em GC). Colegas de trabalho indicam uns aos outros ao longo do ano para esse prestigioso prêmio. Um "KM Pacesetter" é alguém excelente no compartilhamento de conhecimento. Só no ano de 2012 houve mais de 1 mil indicações de funcionários da Fluor em todo o mundo, e, até hoje, centenas de pessoas já foram reconhecidas como "KM Pacesetters". A Fluor sente que essa campanha é bem-sucedida porque é decidida por funcionários – eles próprios podem reconhecer o bom trabalho que seus colegas estão desenvolvendo, e, por sua vez, a empresa é capaz de realçá-los como "KM Pacesetters".

A segunda campanha é uma competição anual de histórias de sucesso em GC como parte das celebrações do "Knowvember" (novembro do conhecimento). A equipe de GC reúne histórias de sucesso que ajudem a articular o valor que está sendo levado às pessoas e aos projetos em todo o mundo. Essas histórias são variadas e têm diferentes proposições de valor. Isso é importante, já que não há nenhuma proposição de valor "única" quando se trata de uma força de trabalho de 30 mil pessoas. O segredo do valor das histórias de sucesso é que normalmente há algo com que todos conseguem se identificar, e eles podem compartilhar o sucesso com sua equipe de projetos ou replicá-los em seus próprios projetos.

"O compartilhamento de conhecimentos é hoje claramente uma parte institucionalizada de nossa cultura, na qual se cria valor para nossos Clientes por meio de uma estrutura aberta, transparente e colaborativa que, interessantemente, reflete muito as sociedades modernas e bem-sucedidas de hoje", diz Peter Oosterveer, presidente do Grupo Energia e Produtos Químicos.

GERENCIAMENTO DE CONHECIMENTOS NO CONTEXTO DA GESTÃO DE PROJETOS

Quando o gerenciamento de conhecimentos é considerado no contexto da gestão de projetos, há duas áreas de alto nível que devem ser abordadas:

1. Compartilhamento de conhecimentos e colaboração entre os projetos
2. Compartilhamento de conhecimentos e colaboração dentro de um mesmo projeto

Cada área possui aspectos e oportunidades únicas para entregar valor ao projeto e à organização. A Figura 15.53 fornece uma visão desses dois tipos de compartilhamento de conhecimentos e colaboração.

Compartilhamento de conhecimentos entre diferentes projetos

As organizações de execução de projetos desenvolvem uma base considerável de conhecimentos obtidos do número de projetos que já foram executados no passado. Parte desse conhecimento é explícita e aproveitada por meio de uma estratégia de codificação. Outros conhecimentos são tácitos e exigem uma estratégia de personalização para tirar proveito de um possível valor.

O conhecimento documentado assume muitas formas, incluindo relatórios de conclusão de projetos, práticas, diretrizes, lições aprendidas e outros conteúdos que fornecem a estrutura para os processos de execução de projetos e podem ser acomodados em uma plataforma de compartilhamento de acesso imediato. Outros exemplos de conhecimento documentado incluem relatórios de mitigação de riscos, soluções exclusivas desenvolvidas sobre o projeto, relatórios de análise de alternativas e recomendações, e sugestões de conscientização de valor.

Uma quantidade significativa de conhecimentos acumulados, porém, é tácita e baseada em experiências pessoais que funcionários adquirem ao longo de muitos anos, em muitos projetos, em muitos locais e para muitos clientes. Esses conhecimentos residem nas mentes das pessoas mais experientes da organização. Eles não estão escritos, e, mesmo que estivessem, o contexto e a interpretação dificultariam que fossem usados adequadamente.

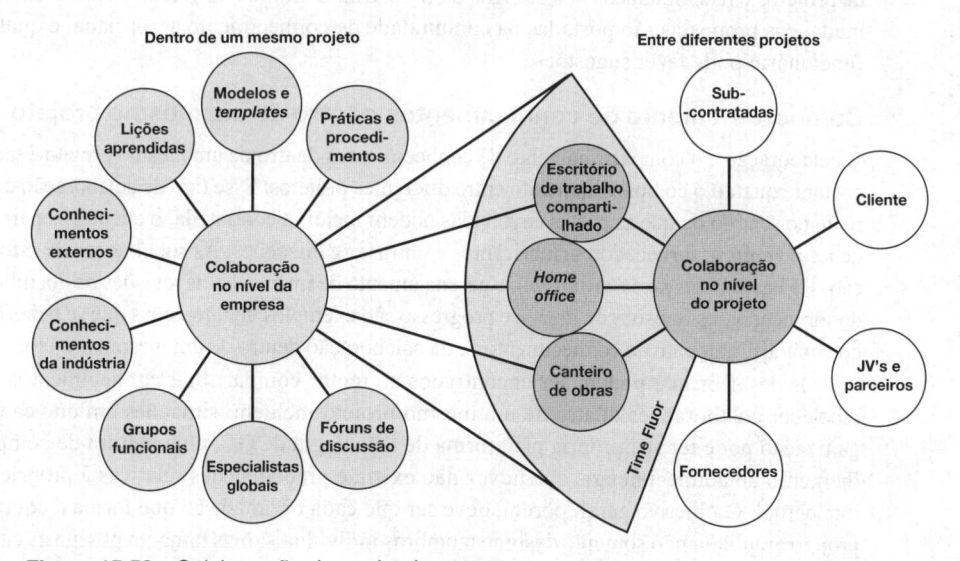

Figura 15.53 Colaboração de conhecimentos.

A menos que esses conhecimentos sejam trazidos para novos projetos, eles são, na verdade, um ativo da empresa do qual não se tira proveito.

Para ser bem-sucedido com o compartilhamento de conhecimentos entre diferentes projetos, o conteúdo e a experiência de especialistas também precisam ser acessíveis, de forma que atendam às necessidades dos participantes do projeto que estejam em busca desses conhecimentos.

O objetivo do compartilhamento de conhecimentos entre diferentes projetos é melhorar continuamente o desempenho dos projetos por meio da aplicação de conhecimentos e experiências adquiridos durante a execução de projetos anteriores. Para os funcionários, esse compartilhamento cria oportunidades para se aprender de colegas de todo o mundo, ajuda novos funcionários a se adaptarem ao trabalho mais rapidamente e gera um clima de confiança, uma vez que os funcionários sabem que a comunidade global está disponível e disposta a auxiliar.

Como um exemplo de compartilhamento de conhecimentos entre diferentes projetos, um engenheiro recém-formado foi contratado pela Fluor e enviado a um canteiro de obras. Um dia, ele foi desafiado pelo cliente e pelo gerente da obra. Em uma coluna de suporte de dutos de distribuição, um dos pinos de montagem não conseguiu ir alto o suficiente para apertar a porca e a arruela como deveria. Essa foi uma situação que o novo funcionário nunca encontrara antes, mas sua resposta foi: "Não se preocupem, terei uma resposta até o fim do dia". Ele voltou para o trailer de construção, digitou esse problema em um fórum de discussão, e especialistas no assunto forneceram os procedimentos necessários em menos de uma hora. Instilar esse tipo de confiança em todos os funcionários, não apenas em recém-formados, é um enorme benefício quando os conhecimentos são facilmente acessíveis entre diferentes projetos.

À medida que a organização passou a reconhecer o valor da colaboração global, foram surgindo muitos exemplos de inovações nos processos de trabalho. Por exemplo, o gerenciamento de conhecimentos é integrado aos requisitos dos sistemas operacionais da Fluor, que é o programa de qualidade geral da empresa. Todos os principais documentos operacionais da Fluor são entregues e mantidos por meio da plataforma Knowledge OnLine. Esses documentos de processos de trabalho são atualizados frequentemente, com base na experiência de projetos e nas mudanças nos códigos da indústria. Durante o processo de atualização, as mudanças propostas são postadas na comunidade de conhecimento apropriada, e qualquer funcionário pode fazer sugestões.

Compartilhamento de conhecimentos dentro de um mesmo projeto

A colaboração e o compartilhamento de conhecimentos dentro de um mesmo projeto é tão importante quanto o compartilhamento entre diferentes projetos. Esse tipo de colaboração é diferente no sentido de que as partes envolvidas podem incluir a contratada, o cliente, os parceiros de *joint venture*, fornecedores, fabricantes e outras organizações. As solicitações de informação (RFIs, *requests for information*), o gerenciamento de interfaces, as revisões de documentos do fornecedor, as revisões de *design* e progresso são exemplos de interações que se beneficiam do compartilhamento de conhecimentos e da colaboração dentro de um mesmo projeto.

Os desafios que podem ser encontrados ao tentar compartilhar conhecimentos e estabelecer colaborações dentro de um mesmo projeto incluem: situações em que cada organização pode ter sua própria plataforma de tecnologia de GC, uma cultura de compartilhamento de conhecimentos que talvez não exista e preocupações relativas à propriedade intelectual. O objetivo geral, porém, deve ser que cada organização que forma a equipe de projeto ampliada não somente designe membros individuais, mas também possua as capacidades de reunir e trazer os ativos intelectuais combinados de sua organização para o projeto. À medida que novos conhecimentos são desenvolvidos ao longo da execução do projeto, conforme o caso, eles devem ser disponibilizados para reutilização por cada organização.

As abordagens de comunicação e compartilhamento de conhecimentos devem fazer parte de uma sessão de alinhamento na inauguração do projeto e quando os fabricantes ou fornecedores são trazidos "a bordo" do projeto.

Fatores-chave de sucesso

Pesquisas em iniciativas de gerenciamento de conhecimentos indicam que um número muito grande delas, 80%, não consegue corresponder às expectativas. Com mais de uma década de colaboração e compartilhamento de conhecimentos bem-sucedidos, a Fluor aplicou os seguintes fatores-chave de sucesso para guiar suas atividades de gerenciamento de conhecimentos.

- *Alinhar os objetivos do GC à estratégia de negócios.* O compartilhamento de conhecimentos e a colaboração devem ser aplicados a um desafio de negócios ou oportunidade estratégica com uma mentalidade empresarial. Simplesmente montar uma plataforma de gerenciamento de conhecimentos ou colaboração sem um sólido raciocínio estratégico é uma das principais causas de fracasso do gerenciamento de conhecimentos. É mais provável que a organização adote e demonstre os comportamentos desejados de compartilhamento de conhecimentos quando são definidas e comunicadas claras necessidades e expectativas de negócios.
- *Os funcionários formam o cerne da estratégia de serviços baseada em conhecimentos da Fluor.* Um pessoal entusiasmado, uma liderança ativa, compreensiva e envolvida e fortes redes unindo as pessoas são essenciais para o sucesso. Os comportamentos de retenção e transferência de conhecimento precisam englobar o ciclo de vida da empresa do recrutamento à aposentadoria. É igualmente importante definir e comunicar as expectativas de compartilhamento de conhecimentos e incutir os comportamentos desejados de compartilhamento de conhecimentos na cultura organizacional.
- *Usar tecnologia em suporte à comunidade global.* Embora programas bem-sucedidos de gerenciamento de conhecimentos coloquem uma forte ênfase sobre as pessoas, conectar uma força de trabalho globalmente distribuída exige uma plataforma de tecnologia robusta. Para minimizar a curva de aprendizagem e a confusão dos usuários, criar uma plataforma única para conectar os funcionários de toda a empresa, independentemente da localização ou do fuso horário em que se encontram, facilita a adoção.
- *Ênfase nas comunicações.* A fim de sustentar as comunidades, é importante certificar-se de que histórias de sucesso se tornem ocorrências cotidianas. Um forte patrocínio das comunidades deve comunicar valor periodicamente e promover o envolvimento da comunidade.
- *Permitir que o compartilhamento de conhecimentos cruze limites.* Incorpore o pensamento que engloba toda a empresa à sua estratégia de gerenciamento de conhecimentos. Certifique-se de que seus processos de gerenciamento de conhecimentos envolvam a comunidade global desde o início.
- *A liderança possui influência direta sobre o sucesso do gerenciamento de conhecimentos.* O sucesso do gerenciamento de conhecimentos está diretamente ligado ao apoio dado pela liderança. Os gerentes de projetos estão em uma posição em que seu suporte visível influencia diretamente a força do compartilhamento de conhecimentos e colaboração, tanto em seus projetos específicos quanto em toda a organização. Os gerentes de projeto em particular precisam tirar proveito de inovações, encorajar membros da

equipe de projetos a buscar o conselho de especialistas, encorajar membros a contribuir com novos conhecimentos e reconhecer o talento e a inteligência dentro da organização.

- *O gerenciamento de conhecimentos permite que os gerentes de projetos tirem proveito dos melhores conhecimentos e especialistas de sua organização, cruzando os limites de tempo e espaço.* O GC informa os membros de equipes de projetos, ajudando-os a tomar decisões melhores e melhorando os resultados do projeto.

DIREÇÕES FUTURAS PARA O GERENCIAMENTO DE CONHECIMENTOS EM PROJETOS

Quando você já tiver aplicado o GC com êxito e tiver alcançado resultados mensuráveis – qual é o seu próximo passo? Considere as seguintes áreas de oportunidade:

Entrega preventiva de conhecimentos

Quando as equipes de projetos passam a se sentir confortáveis compartilhando e tirando proveito de conhecimentos, o projeto se beneficia. A responsabilidade pelo compartilhamento de conhecimentos hoje ainda cai em grande parte nas mãos de cada membro de equipe de projetos, acessando conhecimentos ou especialistas quando surge a necessidade. Como se pode gerenciar o processo, prevendo a necessidade de conhecimento e especialistas? Como garantir que o projeto irá tirar proveito dos melhores conhecimentos disponíveis, independentemente da iniciativa do membro individual da equipe de projetos?

O futuro está nas mãos da *entrega preventiva de conhecimentos*. Isso começa com uma abordagem proativa da entrega, usando uma sessão de facilitação de auxílio aos conhecimentos – às vezes chamada de *auxílio a colegas*.

O auxílio ao conhecimento

O auxílio ao conhecimento é uma sessão planejada de facilitação para reunir todos os recursos de projetos potenciais com a finalidade de compartilhar experiências e conhecimentos com a equipe de projetos antes da reunião inaugural da execução do projeto. Os resultados da sessão são documentados com ações identificáveis ou sugestões a serem usadas e seguidas. O objetivo é aprender antes de fazer.

Um auxílio ao conhecimento bem-sucedido exige planejamento e preparação. Você precisa ter as pessoas certas disponíveis e ministrar a sessão no momento adequado, pois o valor da sessão diminui com o passar do tempo. Quanto mais cedo você puder ministrar a sessão de auxílio ao conhecimento, maior será o possível impacto positivo sobre o projeto.

Entrega preventiva de conhecimentos – o papel do gerente de projetos

A fim de aprender antes de fazer, o gerente de projetos precisa procurar e encontrar as pessoas certas envolvidas no processo de auxílio ao conhecimento desde o início. A maior oportunidade de impacto é no início, e tirar proveito de experiências passadas dá uma vantagem ao seu projeto. O gerente de projetos precisa estar aberto a ideias de fora e estar disposto a aplicá-las aos requisitos específicos de seu projeto.

Conexões para além da equipe de projetos

A maioria dos conhecimentos são *tácitos*. Trata-se do *know-how* oculto que se encontra na cabeça de cada membro das equipes de projetos e de outros recursos externos. A maior parte desse *know-how* nunca será exposta em um documento ou em uma fonte *on-line*. Ela surge no cruzamento entre necessidade e experiência. Nesse cruzamento, ocorre uma transação – uma troca de conhecimentos de uma pessoa para outra. As pessoas que estão se conectando umas com as outras continuam sendo o canal mais importante para a transferência de conhecimentos sobre projetos.

Ao gerenciar um projeto, há várias tecnologias emergentes que podem ajudar a facilitar essas conexões entre pessoas. A computação social propositada, usando ferramentas de colaboração social, permite que as pessoas se conectem cruzando limites de tempo e espaço, tirando proveito do melhor *know-how* disponível, e possibilita que essas conexões ocorram onde as pessoas estão, usando qualquer dispositivo que esteja disponível. Em muitos casos, isso significa um dispositivo móvel *wireless* ou um *tablet*.

> **Conhecimentos contextualizados – o papel do gerente de projetos**
> Estabeleça expectativas com sua equipe de projetos, encorajando-a a identificar pontos fracos em processos atuais que poderiam ser melhorados por uma injeção de conhecimentos ou experiência. Desafie-a a procurar maneiras de melhorar o processo, especialmente quando isso torna a busca de conhecimentos e experiência mais transparente.

Conhecimentos contextualizados

Começar o projeto bem informado por uma sessão de auxílio ao conhecimento é essencial, mas esse não é o único momento em que conhecimentos e especialistas são necessários. À medida que a equipe de projetos vai se tornando mais confortável com o compartilhamento e a busca de conhecimentos, ela passa a tomar a iniciativa, procurando ou compartilhando conhecimentos sempre que necessário. O desafio é fazer todos participarem. Para conseguir isso, você precisará contextualizar a tarefa. Quando dominamos a tarefa e temos um time interessado no projeto, podemos começar a entregar o conhecimento e a experiência especializada a ela relacionados. Essa *entrega contextual do conhecimento* informa todos os membros de equipes de projetos e ajuda a garantir que eles estejam totalmente informados.

A entrega contextual de conhecimentos depende de uma compreensão da atividade atual de um membro da equipe de projetos e da capacidade de conectar o conhecimento relacionado ao seu fluxo de processo de trabalho. Buscar e compartilhar conhecimentos não envolve uma decisão consciente ou um passo extra; é algo que está embutido nas atividades que já estão sendo realizadas.

Por exemplo, um engenheiro que está trabalhando no *design* de uma torre de escadas poderia rapidamente se conectar a exemplos passados, a outros especialistas ou a códigos e práticas da indústria para informar suas decisões de *design*.

> **Conexões além da equipe de projetos – o papel do gerente de projetos**
> Quando você permite que os membros de equipes de projetos se envolvam em suas redes ampliadas, participando e colaborando por meio de sistemas sociais empresariais, seu projeto se beneficia. Os membros de sua equipe são capazes de tirar proveito dessa rede para uma tomada de decisões mais informada sobre o projeto.

Desenvolvimento acelerado de experiência especializada

No dia 1º de janeiro de 2011, os primeiros adultos da geração Baby Boomer chegaram à idade de aposentadoria. Desde aquele dia, mais de 10 mil Baby Boomers chegam à aposentadoria todos os dias. Esse ritmo irá continuar até o ano 2030. O risco de perda de conhecimentos devido simplesmente a uma força de trabalho que está se aposentando é tremendo, mas pode ser mediado.

Em seu livro *Outliers*, Malcolm Gladwell sugere que "a ideia de que a excelência em realizar uma tarefa complexa exige um nível mínimo de prática ressurge aqui e ali nos estudos sobre experiência especializada. Na verdade, pesquisadores determinaram o que eles acreditam ser o número-chave para uma verdadeira especialização em algum assunto: 10 mil horas".[4] Não há atalhos para se tornar experiente, mas sempre há formas de dedicar maior atenção ao assunto, encorajando a transferência de conhecimentos de uma pessoa a outra.

O primeiro passo é identificar um plano de carreira que reconheça e encoraje o acúmulo de experiência, reconheça que sua equipe de projetos talvez possa trabalhar junta em futuros projetos e considere as oportunidades de aprimorar e desenvolver os membros das equipes.

Forme pares reunindo um especialista como mentor e um "protégé" que o mentor acompanhará. O aspirante a protégé pode ajudar o especialista, tirando parte da carga de trabalho de um membro de equipe altamente valioso e solicitado, o que oferece uma verdadeira oportunidade de transferência de conhecimento enquanto se desenvolvem os especialistas da próxima geração.

> **Desenvolvimento acelerado de experiência especializada – o papel do gerente de projetos**
> Os gerentes de projetos precisam considerar o desenvolvimento de membros de equipes de projetos, tanto para a satisfação e o crescimento de sua carreira quanto para o benefício do seu projeto e de projetos futuros. A transferência de conhecimentos ainda ocorre amplamente por meio do desenvolvimento de especialistas.

O gerenciamento de conhecimentos dá aos gerentes de projetos a capacidade de tirar proveito dos melhores especialistas disponíveis, geralmente incluindo recursos de fora da equipe de projetos imediata. Aprendendo com outros projetos, tem-se uma vantagem no caminho rumo ao sucesso. O segredo é começar cedo e oferecer uma liderança clara à sua equipe. Defina as expectativas e encoraje-a a participar do compartilhamento de conhecimentos e experiências especializadas não somente dentro do projeto, mas também para além dos limites de diferentes projetos.

Sua compreensão e seu apoio em relação ao gerenciamento de conhecimentos fornecem os fundamentos necessários para uma execução de projetos mais inteligente.

---

[4] Malcolm Gladwell, *Outliers: The Story of Success* (New York: Little, Brown, & Co., 2008), p. 40.

15.7 Siemens PLM Software: desenvolvendo uma metodologia global de gerenciamento de projeto

Há décadas, grandes empresas dão às suas divisões multinacionais uma tremenda autonomia no modo como elas fazem negócios. Isso funciona bem, contanto que as várias unidades não tenham de interagir e trabalhar juntas em projetos. Quando é necessária interação, no entanto, e cada divisão possui uma abordagem diferente à gestão de projetos – usando diferentes ferramentas e processos –, podem ocorrer resultados desfavoráveis. Hoje, a tendência é o desenvolvimento de uma metodologia que abranja toda a empresa. A Siemens PLM Software é um exemplo de empresa que desenvolveu tal metodologia com êxito.

* * *

SOBRE A SIEMENS PLM SOFTWARE

A Siemens PLM Software, uma unidade de negócios da Divisão de Automação Industrial da Siemens, é uma provedora global líder em *software* e serviços de gerenciamento de ciclo de vida de produtos (PLM, *product life-cycle management*) com 5,9 milhões de licenças por posto de trabalho e 56 mil clientes em todo o mundo. Sediada em Plano, Texas, EUA, a Siemens PLM Software trabalha colaborativamente com outras empresas para entregar soluções abertas que as ajudem a transformar mais ideias em produtos bem-sucedidos.

SOBRE A DIVISÃO DE AUTOMAÇÃO INDUSTRIAL DA SIEMENS

A Divisão de Automação Industrial da Siemens (Nuremberg, Alemanha) é uma líder mundial nas áreas de sistemas de automação, computadores de baixa voltagem e *software* industrial. Seu portfólio vai de produtos-padrão para indústrias de manufatura e processamento a soluções para setores industriais completos que englobam a automação de instalações de produção de automóveis ou usinas químicas inteiras. Como fornecedor líder de *software*, a Divisão de Automação Industrial otimiza toda a cadeia de valor agregado de fabricantes – desde o *design* de produtos, desenvolvimento e produção, a vendas em uma ampla variedade de serviços de manutenção. Com cerca de 42.900 funcionários em todo o mundo, a Divisão de Automação Industrial da Siemens alcançou, no ano fiscal de 2008, um total de vendas de 8,7 bilhões de euros.

RESUMO

A Siemens PLM Software, uma unidade de negócios da Divisão de Automação Industrial da Siemens e provedora global líder em *software* e serviços de gerenciamento de ciclo de vida de produtos (PLM), desenvolveu uma tecnologia que inclui gestão de projetos e programas, atividades técnicas e governança de projetos. A tecnologia baseia-se no uso de um *site* interno que permite rápido acesso a todos os funcionários e foi implementada e ensinada globalmente com sucesso. O restante desta seção descreve o histórico da metodologia de projetos e identifica melhores práticas para esforços similares no futuro.

O material referente à Seção 15.7 foi fornecido por Jan Hornwall, PMO de Serviços Globais da Siemens PLM Software. Para informações mais detalhadas sobre os produtos e serviços da Siemens PLM Software, visite www.siemens.com/plm. Nota: a Siemens e seu logotipo são marcas registradas da Siemens AG.

HISTÓRICO DE PROJETOS

A Siemens PLM Software desenvolve e implementa *software* de gerenciamento de ciclo de vida de produtos que inclui soluções para *design* computadorizado, manufatura e análise de engenharia (CAD/CAM/CAE),* além de gerenciamento de dados, colaboração e simulação digital de fábricas. A organização global de vendas e serviços da empresa é responsável por configurar e implementar as soluções nos estabelecimentos dos clientes. Contratos podem variar de projetos pequenos com duração de alguns meses de trabalho de uma só pessoa a programas globais de vários anos de duração envolvendo centenas de pessoas. Esses projetos já foram executados seguindo várias metodologias diferentes em estabelecimentos de todo o mundo. Devido à natureza cada vez mais global das empresas manufatureiras e à crescente demanda por uma variedade de especialistas em diferentes assuntos de todo o mundo, foi lançada a iniciativa de criar uma única metodologia global para a Siemens PLM Software.

BENEFÍCIOS DE NEGÓCIOS

Os benefícios de negócios a seguir impulsionaram o desenvolvimento da nova metodologia:

- Compartilhar melhores práticas e bons exemplos entre diferentes projetos e geografias
- Acelerar o desenvolvimento de projetos por meio do rápido acesso a ferramentas, guias, *templates* e melhores práticas
- Estabelecer uma "linguagem" metodológica comum usada em todas as geografias e projetos
- Compartilhar recursos ao redor do mundo e desenvolver rapidamente os funcionários recém-contratados e os externos
- Possibilitar maior repetibilidade e previsibilidade, resultando em menores riscos e tempos de entrega
- Fornecer uma estrutura de governança de projetos/programas
- Aumentar a reutilização de informações em projetos; estabelecer a base para o gerenciamento de conhecimentos
- Apresentar uma experiência unificada e consistente de gestão de projetos para clientes globais

DESENVOLVIMENTO METODOLÓGICO

Uma vez que a iniciativa tenha começado, a primeira decisão foi ou desenvolver nossa própria metodologia ou adquirir uma metodologia de GP pronta para usar. A gerência, juntamente com a equipe de projetos, decidiu desenvolver sua própria metodologia, baseada na experiência existente na própria empresa. O principal critério de decisão era que a metodologia deveria cobrir não somente as atividades de gestão de projetos, mas também as atividades técnicas específicas de nosso negócio. Era crucial trabalhar tanto na gestão de projetos quanto na parte técnica conjuntamente em cada fase, já que um número razoável de projetos é realizado em pequenas equipes e às vezes até mesmo o gerente de projetos possui o papel dual de também ser o arquiteto-chefe da solução técnica. Outro critério-chave era que queríamos tirar proveito do que já tínhamos em termos de processos e *templates*. Prevíamos também uma adoção muito mais rápida se as pessoas da área reconhecessem partes da metodologia.

---

* N. de T.: CAD: *Computer Aided Design* (Desenho Auxiliado por Computador). CAE: *Computer Aided Engineering* (Engenharia Auxiliada por Computador). CAM: *Computer Aided Manufacturing* (Fabricação Assistida por Computador).

O projeto foi planejado, e um plano de gestão de projetos foi escrito e aprovado pelo patrocinador do projeto. A equipe de projetos consistia em pessoas-chave de todas as zonas do globo: Américas, Europa, Ásia-Pacífico e nossa equipe interna localizada na Índia que implementou o *site* da metodologia. Ao todo, a equipe central consistia em aproximadamente 10 pessoas.

O escopo do projeto foi desenvolvido e incluía o seguinte:

- A metodologia precisa cobrir todo o ciclo de vida de um projeto de serviços, de sua iniciação ao seu encerramento. Além disso, ela tem de conter gerenciamento e governança de programas.
- As atividades gerais de GP serão incluídas em uma seção que é a mesma para todas as fases, "Gerenciar Projeto".
- As atividades técnicas irão cobrir métodos sobre como identificar soluções prontas para o uso mantendo, ao mesmo tempo, as personalizações dos clientes em um nível mínimo, além de técnicas modernas como a rápida criação de protótipos e o desenvolvimento iterativo.
- As atividades de cada fase são estruturadas e precisavam ser descritas; as responsabilidades de cada tarefa deviam ser definidas; e diretrizes e ferramentas de suporte a *template* tinham de ser disponibilizadas.
- A metodologia tinha de ser alinhada aos processos em torno dela como o processo de vendas e o processo de suporte pós-projeto.
- Consolidar vários métodos de entrega de serviços existentes, tirar proveito das melhores práticas reconhecidas já existentes na empresa.
- A gestão de projetos precisa ser alinhada ao processo e à terminologia do PMI (*Project Management Institute*).
- Começar com uma metodologia abrangente, então uma versão para "projetos pequenos" terá de ser desenvolvida.
- A tecnologia incluiria um *site* com gerenciamento de conteúdo e uma ferramenta de *feedback* com funcionalidade de acompanhamento.
- Uma versão que pode ser baixada da internet deve estar disponível a todos os funcionários que trabalham fora da rede interna, como a indústria de defesa.
- Treinamento e implementação globais.

A equipe trabalhava virtualmente, por meio de teleconferências, mas também teve três encontros presenciais em vários locais ao redor do globo, cada um com quatro a cinco dias de duração. O projeto para desenvolver a metodologia durou 10 meses. Se estivéssemos todos no mesmo lugar, a duração teria sido significativamente menor.

No início do projeto, a Siemens PLM Software era conhecida como UGS, uma empresa de capital privado independente. No final do projeto, a UGS foi adquirida pela Siemens e renomeada Siemens PLM Software. Ela foi mantida intacta como unidade de negócios. Como a metodologia é adaptada ao nosso negócio de PLM, a gerência decidiu continuar o projeto e implementar a metodologia. O alinhamento com os aspectos obrigatórios de gestão de projetos da Siemens aconteceria em *releases* posteriores.

METODOLOGIA RESULTANTE – PLM VDM (DESCRIÇÃO)

A metodologia de entrega de valor do gerenciamento do ciclo de vida de produtos (PLM VDM, *product lifecycle management value delivery methodology*) fornece um processo estruturado para entregar uma solução PLM. (Ver Figura 15.54.) A PLM VDM enfatiza os aspectos sin-

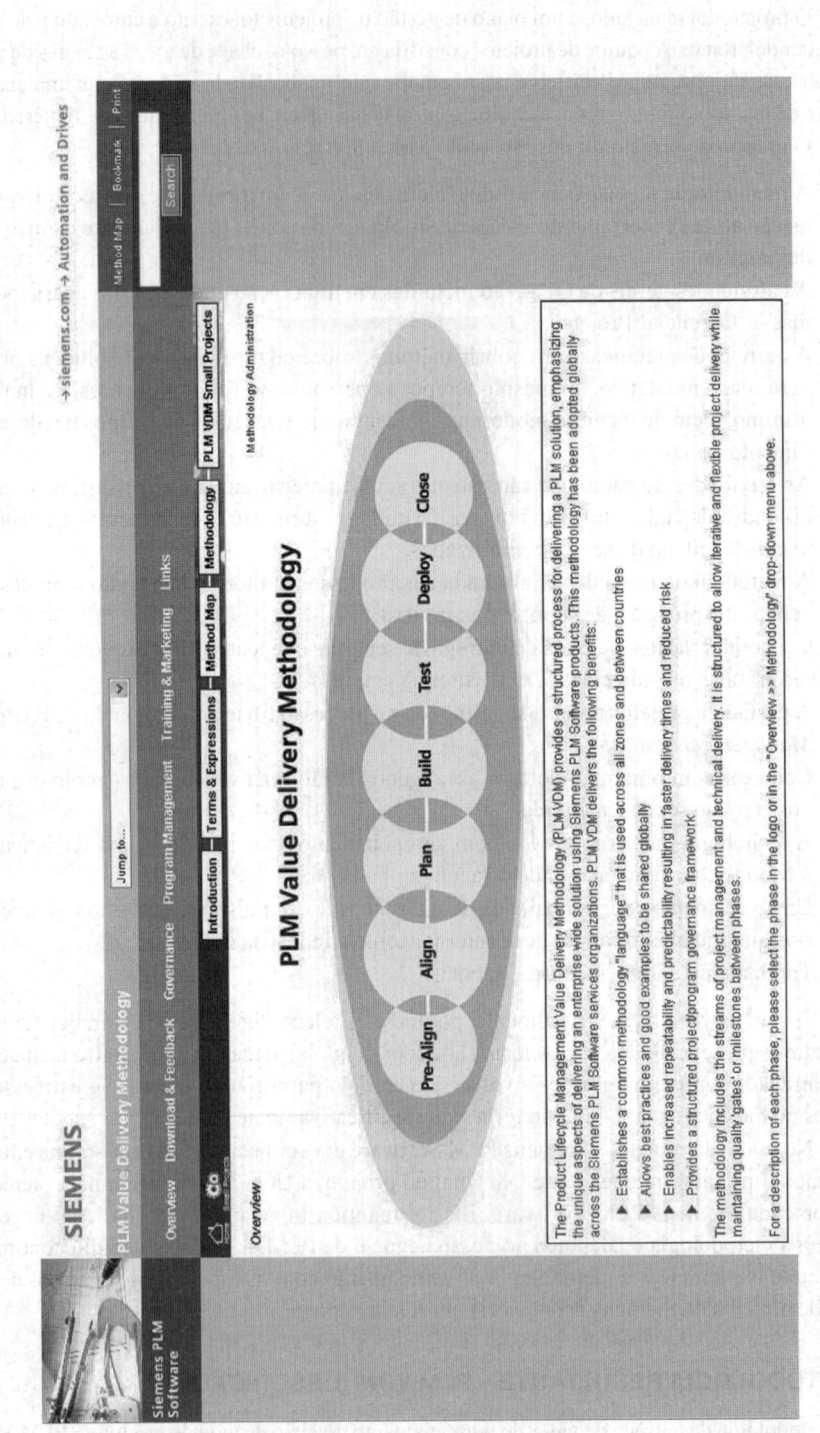

Figura 15.54 O site interno da PLM VDM.

gulares de entregar uma solução para toda a empresa usando os produtos da Siemens PLM Software e foi adotada em toda a organização de serviços da Siemens PLM Software.

A PLM VDM engloba tanto a gestão de projetos quanto o trabalho técnico. É estruturada de modo a possibilitar uma entrega de projetos interativa e flexível, mantendo, ao mesmo tempo, "pontos de controle da qualidade" e marcos entre as fases.

As sete fases da metodologia são as seguintes:

1. Pré-alinhamento
2. Alinhamento
3. Planejamento
4. Construção
5. Testes
6. Implementação
7. Encerramento

Cada fase é discutida a seguir:

PRÉ-ALINHAMENTO

A finalidade da fase de "pré-alinhamento" é adquirir conhecimentos suficientes sobre os requisitos do cliente e o escopo do projeto, para ser capaz de definir um esboço de alto nível da solução e a declaração de trabalho.

A equipe de projetos trabalha com a equipe de vendas e o cliente para estabelecer o escopo geral do projeto, determinar um cronograma preliminar, definir a estratégia de serviços, conduzir uma avaliação de infraestrutura e desenvolver o orçamento inicial do projeto.

ALINHAMENTO

Na fase de "alinhamento", a equipe de projetos trabalha com o cliente para transformar os conceitos da solução que foram definidos durante as atividades de pré-alinhamento em uma arquitetura geral bem definida para a solução.

- Os objetivos da fase de "alinhamento" são estabelecer uma compreensão comum entre o cliente e a equipe de implementação em todos os aspectos do projeto, captando uma definição completa e precisa do projeto por meio de *workshops* técnicos, definições de casos de uso, rápida criação de protótipos e alinhamento dos requisitos da solução às capacidades de produtos prontos para o uso.
- Esta fase está completa quando o cliente aceita os casos de uso e os requisitos e autoriza o prosseguimento do trabalho.

PLANEJAMENTO

Na fase de "planejamento", a equipe de projetos trabalha com o cliente para desenvolver os documentos restantes que serão usados para executar e controlar o projeto e desenvolver o *design* técnico.

- Dependendo da complexidade da solução, a equipe define planos detalhados para escopo, cronograma, custos, habilidades, recursos, riscos, qualidade e comunicações.

- Além do ambiente de testes, a equipe finaliza (*baselines*) a infraestrutura do sistema para criar uma plataforma estável para os ambientes de desenvolvimento, testes e treinamento.
- Esta fase está completa quando todos os planos necessários de gestão de projetos e as especificações funcionais e de *design* exigidas foram revisados e finalizados (*baselined*).

CONSTRUÇÃO

Na fase de "construção", a equipe de projetos trabalha com o cliente para criar a solução definida, mantendo-se estritamente fiel aos requisitos.

- Durante a fase de "construção", a equipe técnica configura e testa a solução, implementa a estratégia de migração de dados e desenvolve os materiais de treinamento. A fase de "construção" também inclui testes unitários internos e testes de integração.
- Esta fase está completa quando a solução está pronta para ser testada pelo cliente.

TESTES

Na fase de "testes", a equipe confirma que a solução está pronta para uso pela produção.

- Durante a fase de "testes", os representantes da comunidade de usuários realizam testes funcionais e de sistema para verificar se o sistema atende aos requisitos.
- Esta fase está completa quando a solução é aceita pelo cliente e está pronta para implementação em um ambiente de produção.

IMPLEMENTAÇÃO

Na fase de "implementação", a equipe entrega a solução pronta aos usuários finais.

- A "implementação" da solução consiste em garantir que todos os dados tenham sido migrados para o ambiente de produção, que a solução esteja funcionando com todas as interfaces e que os usuários e as equipes de helpdesk tenham sido treinados.
- A fase de "implementação" está completa quando a solução tiver sido passada ao cliente para uso na produção.

ENCERRAMENTO

Na fase de "encerramento", a equipe garante que todos os aspectos administrativos do projeto estejam completos.

- Durante a fase de "encerramento", a equipe de projetos completa e arquiva documentos de projetos e conduz uma retrospectiva sobre o projeto a fim de captar e documentar as lições aprendidas. A equipe de projetos é liberada.

As seções adicionais da metodologia são gerenciamento de programas, pequenos projetos, governança de projetos, treinamento e marketing, lançamento e implementação e lições aprendidas e melhores práticas. Descrevemos cada uma dessas seções a seguir.

GERENCIAMENTO DE PROGRAMAS

Seguindo o padrão do PMI, as cinco fases do gerenciamento de programas são descritas incluindo *templates* de suporte:

1. Configuração pré-programa
2. Configuração do programa
3. Estabelecimento do gerenciamento de programas e configuração da infraestrutura técnica
4. Entrega de benefícios incrementais
5. Encerramento do programa

PEQUENOS PROJETOS

Projetos abaixo de 100 mil dólares em receita total podem selecionar uma metodologia simplificada, com descrições de atividades mais curtas e *templates* simplificados.

GOVERNANÇA DE PROJETOS

A governança de projetos envolve as linhas organizacionais garantirem que o projeto seja governado corretamente e que a tomada de decisões seja efetiva e eficiente, levando o projeto ao sucesso. Isso é feito por meio da garantia de que estejam em andamento:

- Termo de abertura do projeto
- Delegação de autoridade ao gerente de projetos
- Conselho de orientação do projeto
- Conselho de revisão gerencial (MRB, *Management Review Board*)
- Conselho de revisão técnica (TRB, *Technical Review Board*)
- Verificações de saúde do projeto e retrospectivas de projeto
- Processo de aprovação de novos projetos

As melhores práticas são descritas nessas seções, juntamente com *templates* de suporte. Esta é uma área na qual se realiza o alinhamento com os processos obrigatórios da Siemens.

TREINAMENTO E MARKETING

Esta importante seção cobre o material para treinamento, atualizações, *links* para o treinamento em PLM VDM no *site* de treinamento interno, apresentações da metodologia para o público interno e para clientes.

LANÇAMENTO E IMPLEMENTAÇÃO

O lançamento e a implementação da metodologia globalmente incluem a seguintes atividades:

- Divulgação em conferências em cada uma das geografias. A gerência reservou tempo para a metodologia ser apresentada, o que envia uma mensagem positiva e forte a todos os funcionários.

- Desenvolver um panorama de uma hora da metodologia como uma apresentação em *voice-over*. Tal panorama foi disponibilizado na infraestrutura do treinamento interno, e os participantes podiam visualizá-lo de qualquer parte do mundo pela intranet da empresa.
- Desenvolvimento de material para um treinamento presencial de dois dias. Esse treinamento foi, então, ministrado em muitas aulas, em quatro continentes, para aproximadamente 600 pessoas, ao longo de seis meses, cobria todos os papéis a serem desenvolvidos pelos funcionários e incluía exercícios.
- Apresentações ao vivo extras em chamadas de teleconferência para centenas de outras pessoas.
- Desenvolvimento de garantias de marketing; ficha informativa sobre a metodologia – mesmo formato que os de nossos produtos, desenvolvendo um logotipo e apresentações de clientes.
- Atividades de seguimento; adoção do monitoramento por meio de KPIs e da ação baseada no *feedback* dos usuários.

LIÇÕES APRENDIDAS E MELHORES PRÁTICAS

Desenvolver uma metodologia em uma equipe remota/virtual é possível, mas planeje diversas reuniões presenciais. Essas reuniões foram cruciais para o sucesso do projeto; reunir todos em uma sala para *workshops* mais longos, dividir o trabalho e fazer sessões e grupos menores, reunir todos novamente e tomar decisões finais. É importante também que as pessoas se conheçam e se divirtam fora do horário de trabalho – isso torna o trabalho a distância que se dará posteriormente muito mais eficiente. Essas reuniões também serviam como um reconhecimento da contribuição feita por todos.

Envolva pessoas-chave das várias localizações geográficas no desenvolvimento desde o início. Leva muito mais tempo do que uma pura abordagem descendente (*top-down*) realizada por um PMO central, mas essas pessoas se tornam defensoras convictas em cada local geográfico durante a implementação e aumentam significativamente as chances de uma adoção no longo prazo.

Se você precisa de uma pura metodologia de gestão de projetos, considere adquirir um produto pronto para o uso. Se você precisa de uma metodologia específica para cada projeto, considere desenvolvê-la você mesmo.

Na maioria das vezes, há um enorme conhecimento na própria empresa; é apenas uma questão de captá-lo, registrá-lo e disponibilizá-lo globalmente dentro da empresa.

Obter a adesão da gerência é essencial a fim de garantir uma participação ativa de pessoas-chave, de obter espaço em conferências para a divulgação e de tornar o logotipo da metodologia visível nas apresentações da alta gerência, o que é essencial para a adoção da metodologia. Não subestime o tempo que leva para o desenvolvimento de materiais de treinamento e para o próprio treinamento ser ministrado globalmente. O sucesso dessa metodologia se deve ao trabalho pesado desenvolvido pelas pessoas dedicadas que concluíram essas tarefas com sucesso!

16

Gestão de projetos orientada a valor

16.0 Introdução

Ao longo dos anos, passamos a aceitar a definição tradicional de sucesso de um projeto: atender à tripla restrição (de tempo, custo e escopo). Mais recentemente, modificamos nossa definição de sucesso declarando que é preciso haver um propósito de negócios válido para trabalhar no projeto. Passou-se a reconhecer, então, que o sucesso possui tanto um componente de negócios quanto um componente técnico.

Hoje, estamos modificando a definição de sucesso ainda mais adicionando um componente de "valor", como se vê na Figura 16.1. Em outras palavras, o propósito último de se trabalhar em um projeto deve ser fornecer alguma forma de valor tanto ao cliente quanto à organização matriz. Se o valor do projeto não conseguir ser identificado, então talvez não devamos nem mesmo trabalhar nele.

Valor pode ser definido como o mérito atribuído pelas partes interessadas aos *deliverables* do projeto. Cada parte interessada possui uma definição de valor diferente. Além disso, o valor real pode ser expresso em termos qualitativos em vez de puramente quantitativos. Simplesmente, pode não ser possível quantificar o valor real.

Vale enfatizar a importância do componente de valor. Considere as seguintes declarações:

- Concluir um projeto dentro do prazo e do orçamento não garante o sucesso se você estiver trabalhando no projeto errado.
- Ter a melhor metodologia de gestão de projetos empresarial do mundo pode não garantir que haverá valor no final do projeto.
- Concluir um projeto dentro do prazo e do orçamento não garante que o projeto terá gerado valor em sua conclusão.

Essas três declarações nos levam a crer que talvez o valor seja hoje o fator dominante na seleção de um portfólio de projetos. Os solicitantes de um projeto hoje têm de articular claramente o componente de valor no caso de negócios do projeto ou correr o risco de o projeto não ser considerado.

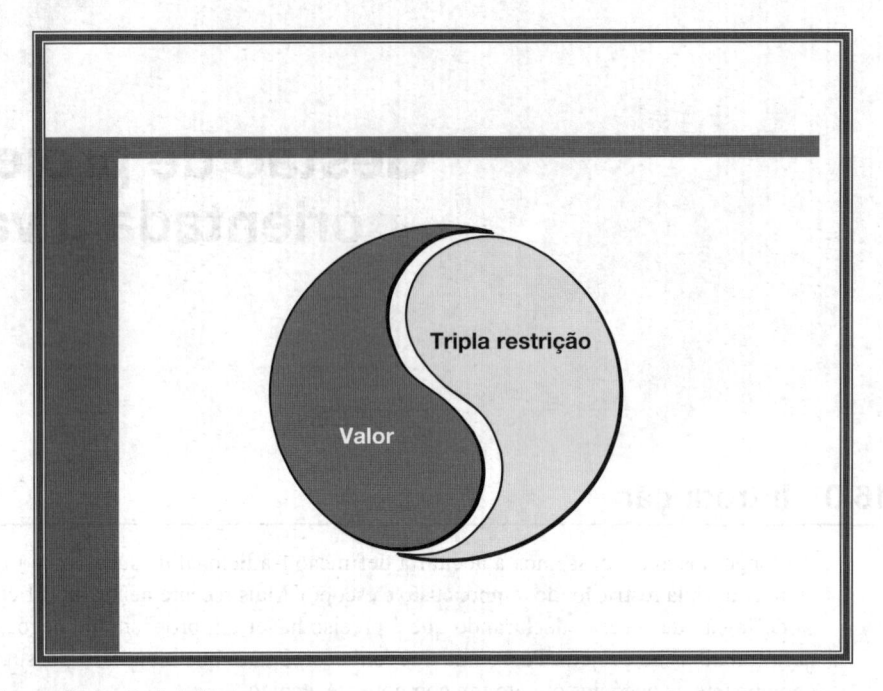

Figura 16.1 Definição de sucesso.

16.1 Valor no decorrer dos anos

Surpreendentemente, inúmeras pesquisas sobre valor ocorreram nos últimos 15 a 20 anos. Alguns dos itens abordados em pesquisas incluem:

- Dinâmica do valor
- Análise de lacunas do valor
- Valoração do capital intelectual
- Valoração do capital humano
- Análise econômica baseada em valor
- Fluxos de valor intangíveis
- Gerenciamento/mapeamento do valor de cliente
- Matriz do valor competitivo
- Análise da cadeia de valor
- Valoração de projetos de TI
- Indicadores balanceados de desempenho (*balanced scorecard*)

A evolução do conhecimento baseado em valor parece seguir o fluxograma da Figura 16.2. Aparentemente, pesquisas são relevantes em uma área específica, como calcular o valor de projetos de desenvolvimento de *software* ou calcular o valor ao acionista. Os resultados dessas pesquisas normalmente são um modelo que é apresentado ao mercado para aceitação, rejeição e/ou crítica. Logo outros seguirão com modelos similares, mas na mes-

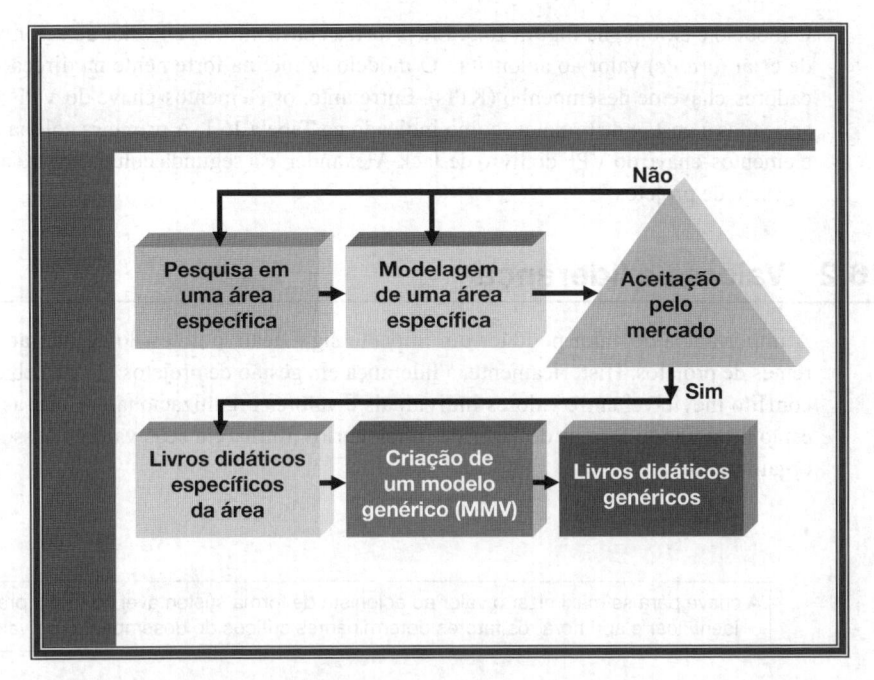

Figura 16.2 Evolução do conhecimento baseado em valor.
Nota: MMV é uma metodologia de mensuração de valores.

ma área de pesquisa, como desenvolvimento de *software*. Uma vez que a aceitação pelo mercado concorde sobre a validade desses modelos, começam a surgir livros didáticos discutindo os prós e os contras de um ou mais dos modelos.

Com a aceitação dos modelos em uma área específica, a modelagem, então, espalha-se para outras áreas. O processo do fluxograma continua até que diversas áreas tenham passado pela modelagem. Uma vez que isso tenha sido concluído, surgem livros didáticos sobre a modelagem genérica de valor para uma variedade de aplicações. A lista a seguir contém alguns dos modelos que ocorreram nos últimos 15 a 20 anos:

- Valoração do capital intelectual
- Pontuação da propriedade intelectual
- Indicadores balanceados de desempenho (*balanced scorecard*)
- Gerenciamento de valores futuros (*Future Value Management*™)
- Classificação do capital intelectual (*Intellectual Capital Rating*™)
- Modelagem do fluxo de valores intangíveis
- Mensuração Inclusiva de Valores (*Inclusive Value Measurement*™)
- Estrutura de desempenho de valores
- Metodologia de Mensuração de Valores (MMV)

Muitos desses modelos possuem características comuns entre si, de modo que eles podem ser aplicados à gestão de projetos. Por exemplo, Jack Alexander criou um modelo chamado de "Estrutura de Desempenho de Valores" (VPF, *Value Performance Framework*).

Gestão de projetos

O modelo é exibido na Figura 16.3. Ele prioriza construir (*build*) valor ao acionista em vez de criar (*create*) valor ao acionista.[1] O modelo se inclina fortemente na direção dos indicadores-chave de desempenho (KPIs). Entretanto, os elementos-chave do VPF podem ser aplicados à gestão de projetos, como indicado na Tabela 16.1. A primeira coluna contém os elementos-chave do VPF do livro de Jack Alexander, e a segunda coluna ilustra a aplicação à gestão de projetos.[2]

16.2 Valores e liderança

A importância do valor pode ter um impacto significativo no estilo de liderança dos gerentes de projetos. Historicamente, a liderança em gestão de projetos era percebida como o conflito inevitável entre valores individuais e valores organizacionais. Hoje, as empresas estão procurando formas de fazer os funcionários alinharem seus valores pessoais aos da organização.

> A chave para se maximizar o valor ao acionista de forma sustentável no longo prazo é identificar e aprimorar os fatores determinantes críticos do desempenho do valor.

A Estrutura de Desempenho de Valores (VPF) integra os princípios econômicos fundamentais de valoração, aprimoramento de processos, planejamento e seguimento da execução e medidas de desempenho para construir valor para as partes interessadas:

Estrutura de Desempenho de Valores (VPF)

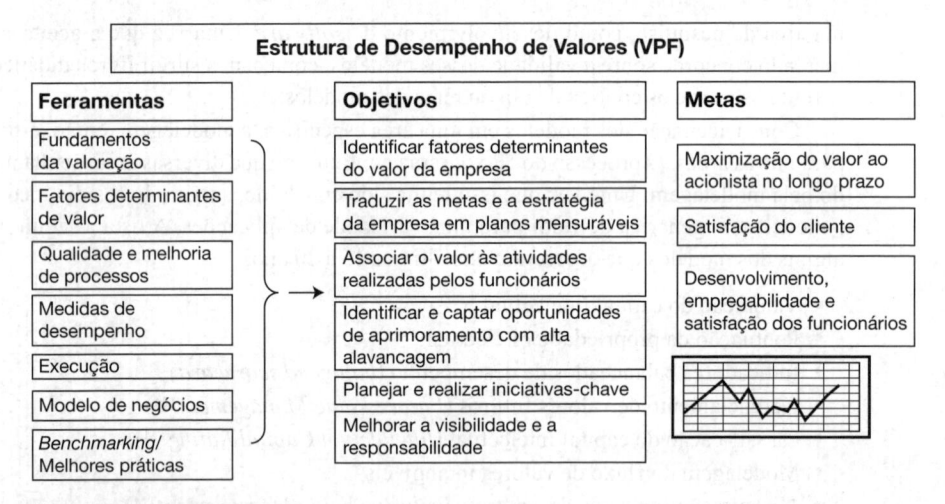

Ferramentas	Objetivos	Metas
Fundamentos da valoração	Identificar fatores determinantes do valor da empresa	Maximização do valor ao acionista no longo prazo
Fatores determinantes de valor	Traduzir as metas e a estratégia da empresa em planos mensuráveis	Satisfação do cliente
Qualidade e melhoria de processos	Associar o valor às atividades realizadas pelos funcionários	Desenvolvimento, empregabilidade e satisfação dos funcionários
Medidas de desempenho	Identificar e captar oportunidades de aprimoramento com alta alavancagem	
Execução	Planejar e realizar iniciativas-chave	
Modelo de negócios	Melhorar a visibilidade e a responsabilidade	
Benchmarking/Melhores práticas		

Figura 16.3 O modelo VPF.
Fonte: J. Alexander, *Performance Dashboards and Analysis for Value Creation* (Hoboken, NJ: Wiley, 2007, p. 5). Reproduzido com permissão da John Wiley & Sons.

---

[1] J. Alexander, *Performance Dashboards and Analysis for Value Creation* (Hoboken, NJ: Wiley, 2007), p. 5.
[2] Ibid., p. 105-106.

TABELA 16.1 Aplicação do VPF à gestão de projetos

Elemento do VPF	Aplicação à gestão de projetos
Compreender os princípios-chave da valoração	Trabalhar com as partes interessadas do projeto para definir valor
Identificar os principais fatores determinantes de valor para a empresa	Identificar os principais fatores determinantes de valor para o projeto
Avaliar o desempenho e as medidas em processos de negócio cruciais por meio da avaliação e do *benchmarking* externo	Avaliar o desempenho da metodologia da gestão de projetos empresarial e de melhorias contínuas usando o PMO
Criar uma ligação entre o valor ao acionista e os processos de negócios cruciais e atividades de funcionários	Criar uma ligação entre valores de projetos, valores de partes interessadas e valores de membros de equipes
Alinhar as metas dos funcionários e da corporação	Alinhar as metas dos funcionários, do projeto e as metas corporativas
Identificar os principais "pontos de pressão" (oportunidades de melhorias de alta alavancagem) e estimar o impacto potencial sobre o valor	Captar lições aprendidas e melhores práticas que possam ser usadas para atividades de melhorias contínuas
Implementar um sistema de gerenciamento de desempenho para melhorar a visibilidade e a responsabilidade em atividades cruciais	Estabelecer e implementar uma série de *dashboards* ou *dashboards* baseados em projetos para maior visibilidade para cliente e partes interessadas dos indicadores-chave de desempenho
Desenvolver *dashboards* de desempenho com um alto nível de impacto visual	Desenvolver *dashboards* de desempenho para maior visibilidade das partes interessadas, da equipe e da gerência sênior

Fonte: J. Alexander, *Performance Dashboards and Analysis for Value Creation*, Hoboken, NJ: Wiley, 2007, p. 6. Reproduzido com permissão da John Wiley & Sons.

Vários livros já foram escritos sobre esse assunto, e o melhor deles, na opinião deste autor, é *Balancing Individual* and *Organizational Values*, de Ken Hultman e Bill Gellerman.[3] A Tabela 16.2 mostra como nosso conceito de valor mudou ao longo dos anos. Se você observar de perto os itens da Tabela 16.2, poderá ver que mudanças nos valores afetam mais do que apenas os valores individuais *versus* organizacionais. Em vez disso, é mais provável que tais mudanças sejam um conflito de quatro grupos, como mostra a Figura 16.4. As necessidades de cada grupo podem ser:

- Gerente de projetos
  - Alcance de objetivos
  - Demonstração de criatividade
  - Demonstração de inovação
- Membros de equipe
  - Realização
  - Aprimoramento
  - Ambição
  - Credenciais
  - Reconhecimento

---

[3] Adaptado de K. Hultman e B. Gellerman, *Balancing Individual Organizational Values*, (San Francisco: Jossey-Bass/Pfeiffer, 2002).

TABELA 16.2 Mudanças nos valores

Afastando-se de: Valores ineficientes	Aproximando-se de: Valores eficientes
Falta de confiança	Confiança
Descrições de cargo	Modelos de competência
Poder e autoridade	Trabalho em equipe
Foco interno	Foco nas partes interessadas
Segurança	Assumir riscos
Conformidade	Inovação
Previsibilidade	Flexibilidade
Concorrência interna	Colaboração interna
Gerenciamento reativo	Gerenciamento proativo
Burocracia	Ausência de limites
Educação tradicional	Educação ao longo de toda a vida
Liderança hierárquica	Liderança multidirecional
Pensamento tático	Pensamento estratégico
Conformidade	Comprometimento
Cumprimento de padrões	Melhorias contínuas

Fonte: Adaptado de K. Hultman e B. Gellerman, *Balancing Individual Organizational Values*, San Francisco: Jossey-Bass/Pfeiffer, © 2002, p. 105-106.

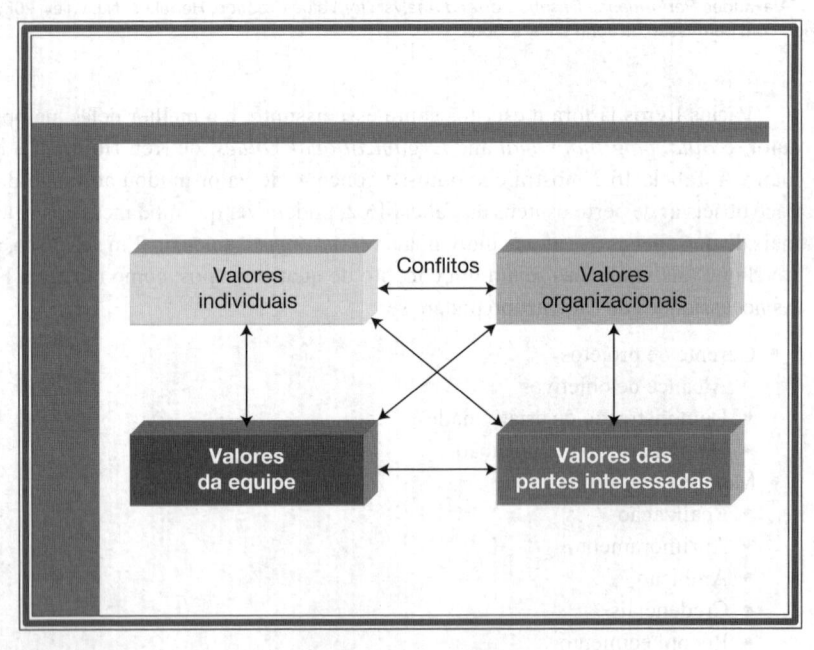

Figura 16.4 Conflitos de valor em gestão de projetos.

- Organização
  - Melhorias contínuas
  - Aprendizagem
  - Qualidade
  - Foco estratégico
  - Moralidade e ética
  - Lucratividade
  - Reconhecimento e imagem
- Partes interessadas
  - Partes interessadas organizacionais: segurança no emprego
  - Partes interessadas em produtos/mercado: desempenho de alta qualidade e utilidade dos produtos
  - Mercados de capitais: crescimento financeiro

Há vários motivos pelos quais o papel do gerente de projetos e o estilo de liderança que o acompanha mudaram. Alguns deles incluem:

- Agora estamos gerenciando nosso negócio como se ele fosse uma série de projetos.
- A gestão de projetos hoje é vista como uma profissão realizada em regime de tempo integral.
- Os gerentes de projetos agora são vistos como gerentes de negócios e gerentes de projetos, e espera-se que eles tomem decisões em ambas as áreas.
- O valor de um projeto é medido em termos de negócios em vez de somente em termos técnicos.
- A gestão de projetos agora está sendo aplicada a partes do negócio que tradicionalmente não a empregavam.

O último item exige um comentário. A gestão de projetos funciona bem para o tipo de projeto "tradicional", que inclui:

- Tempo de duração de 6 a 18 meses.
- Não se espera que as premissas mudem ao longo da duração do projeto.
- A tecnologia é conhecida e não mudará ao longo da duração do projeto.
- As pessoas que começarem no projeto continuarão nele até sua conclusão.
- A declaração de trabalho é razoavelmente bem definida.

Infelizmente, os tipos de projetos mais recentes são mais não tradicionais e possuem as seguintes características:

- Tempo de duração de vários anos.
- As premissas podem e irão mudar ao longo da duração do projeto.
- A tecnologia irá mudar ao longo da duração do projeto.
- As pessoas que aprovaram o projeto podem não estar presentes na sua conclusão.
- A declaração de trabalho é mal definida e está sujeita a inúmeras mudanças.

Os tipos de projetos não tradicionais deixaram claro por que a gestão de projetos tradicional precisa mudar. As três áreas que necessitam de mudança são:

1. Os novos projetos passaram a ser:
   - Extremamente complexos e com maior aceitação de riscos que podem não ser totalmente compreendidos durante sua aprovação
   - Mais incertos em seus resultados e sem garantia de valor no final
   - Pressionados para acelerar a velocidade de colocação no mercado, independentemente dos riscos
2. A declaração de trabalho (DT):
   - Nem sempre é bem definida, especialmente em projetos de longo prazo
   - Baseia-se em premissas possivelmente falhas, irracionais ou não realistas
   - Desconsidera condições econômicas e ambientais desconhecidas ou em rápida mudança
   - Baseia-se em um alvo estático em vez de dinâmico para o valor final
3. Os sistemas de gerenciamento e controle de custos [metodologias empresariais de gestão de projetos (EPM)] concentram-se em:
   - Uma situação ideal (como no *Guia PMBOK®**)
   - Teorias, em vez de na compreensão do fluxo de trabalho
   - Processos não flexíveis
   - Relatórios periódicos de prazo de conclusão e custo total na conclusão, mas não em valor (ou benefícios) na conclusão
   - Continuação em vez de cancelamento de projetos com valor limitado ou sem valor

Ao longo dos anos, demos vários pequenos passos em direção a planejar o uso do gerenciamento em projetos não tradicionais. Eles incluem:

- Os gerentes de projetos têm mais conhecimentos de negócios e podem opinar durante o processo de seleção de projetos.
- Devido ao item anterior, os gerentes de projetos são trazidos ao projeto no início da fase de iniciação, em vez de no fim dela.
- Os gerentes de projetos agora parecem apenas ter uma breve compreensão da tecnologia em vez de dominá-la.

Os novos tipos de projetos combinados com um forte foco sobre o alinhamento de negócios e valor trouxeram consigo um sistema de classificação, como mostra a Figura 16.5.

- *Projetos operacionais:* Esses projetos, em sua grande maioria, são projetos repetitivos, como folhas de pagamento e impostos.

Eles são chamados de "projetos", mas são gerenciados por gerentes funcionais sem o uso da metodologia de gestão de projetos empresarial.

- *Projetos internos ou de melhorias:* São projetos criados para atualizar processos, melhorar a eficiência e a eficácia e, possivelmente, aumentar o moral.

---

* PMBOK é marca registrada do Project Management Institute, Inc.

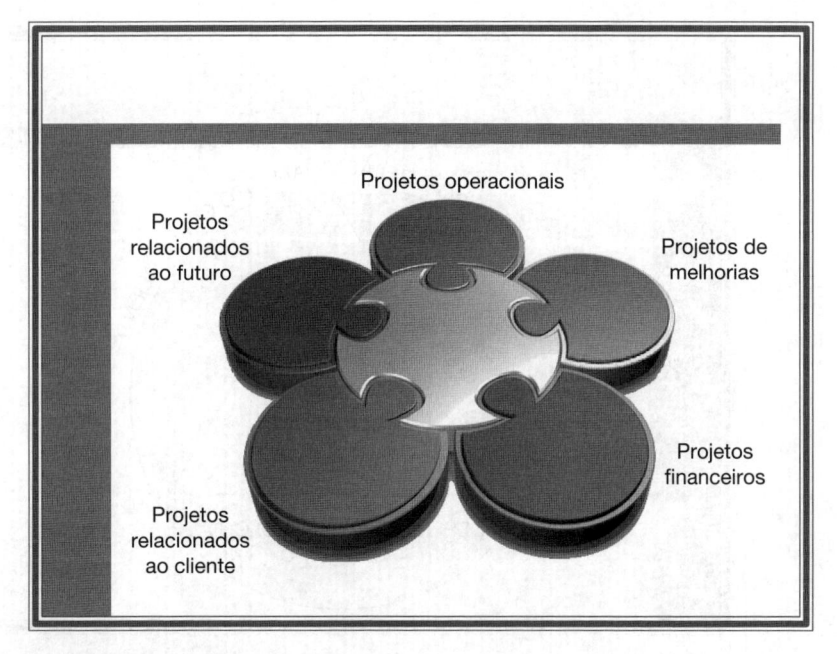

Figura 16.5 Classificação de projetos.

- *Projetos financeiros:* As empresas exigem alguma forma de fluxo de caixa para sua sobrevivência. Esses são projetos para clientes externos à empresa e têm uma margem de lucro a eles atribuída.
- *Projetos relacionados ao futuro:* São projetos de longo prazo destinados a produzir um fluxo futuro de produtos ou serviços capazes de gerar um fluxo de caixa futuro. Esses projetos podem significar uma enorme perda bruta de exploração (*cash drain*) durante anos, sem garantia alguma de sucesso.
- *Projetos relacionados aos clientes:* Alguns projetos podem ser realizados, mesmo com uma perda financeira, para manter ou construir uma relação com o cliente. Entretanto, realizar um número alto demais desses projetos pode levar ao desastre financeiro.

Esses novos tipos de projetos concentram-se mais no valor do que na tripla restrição. A Figura 16.6 mostra a tripla restrição tradicional, enquanto a Figura 16.7 mostra a tripla restrição direcionada orientada por valor. Com a restrição tripla orientada por valor, enfatizamos a satisfação das partes interessadas, e as decisões são tomadas em torno dos quatro tipos de projetos (excluindo os projetos operacionais) e o valor que é esperado no projeto. Em outras palavras, sucesso é quando se obtém valor, preferencialmente dentro da tripla restrição. Consequentemente, podemos definir as quatro bases do sucesso usando a Figura 16.8. Poucos projetos são concluídos sem alguns *trade-offs*. Isso é válido tanto para os projetos tradicionais quanto para os orientados por valor. Como mostra a Figura 16.9, os *trade-offs* tradicionais resultam no prolongamento do cronograma e em um aumento no orçamento. O mesmo é válido para os projetos orientados por valor exibidos na Figura 16.10.

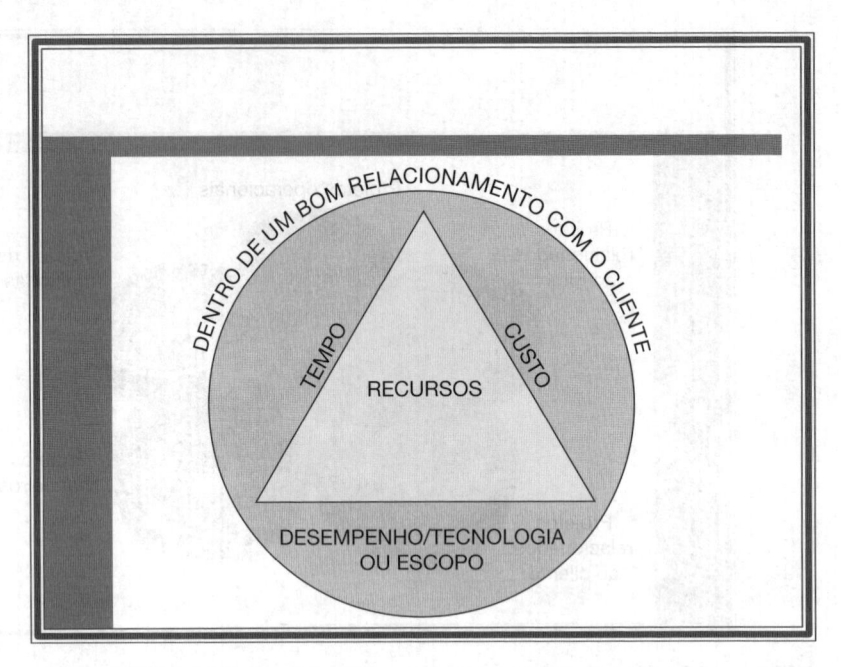

Figura 16.6 Tripla restrição tradicional.

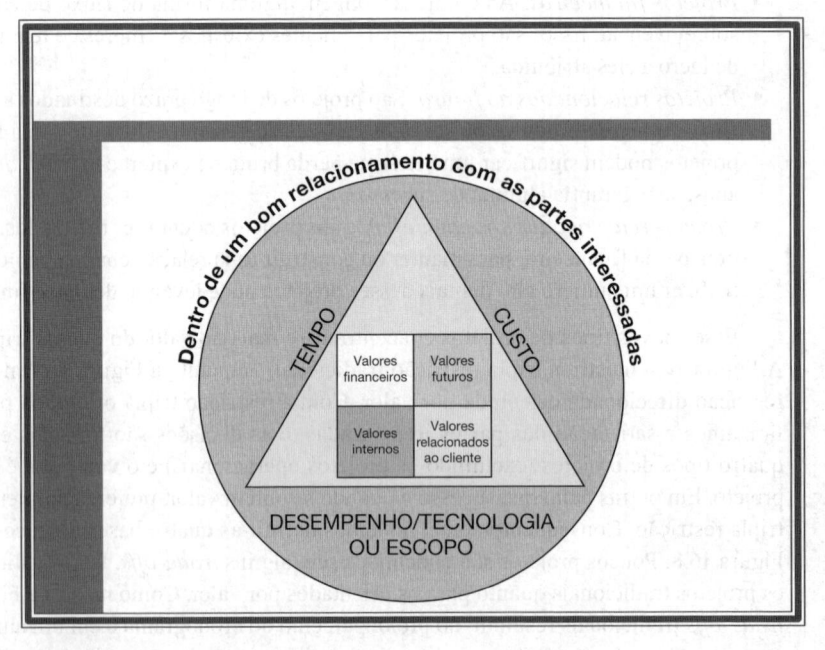

Figura 16.7 Tripla restrição orientada a valor.

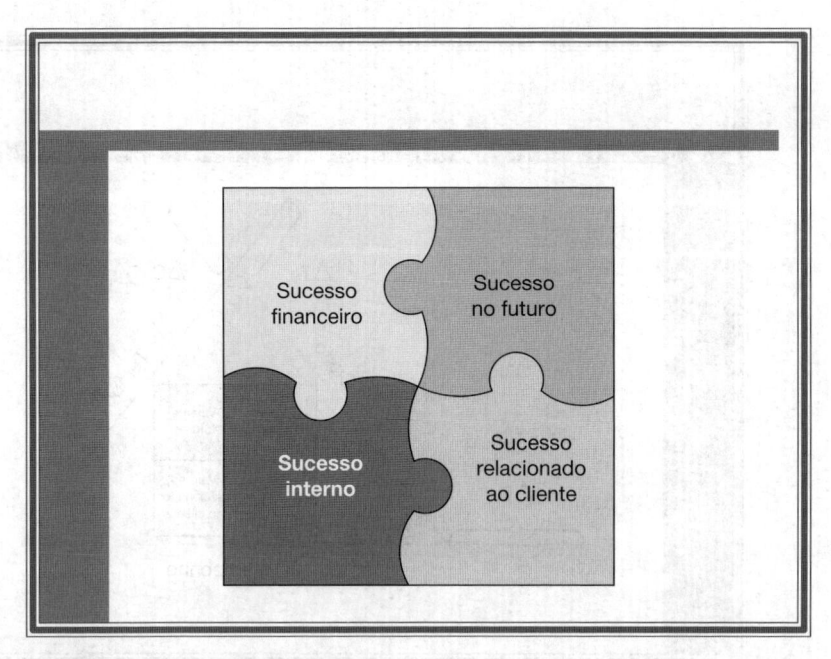

Figura 16.8 As quatro bases do sucesso.

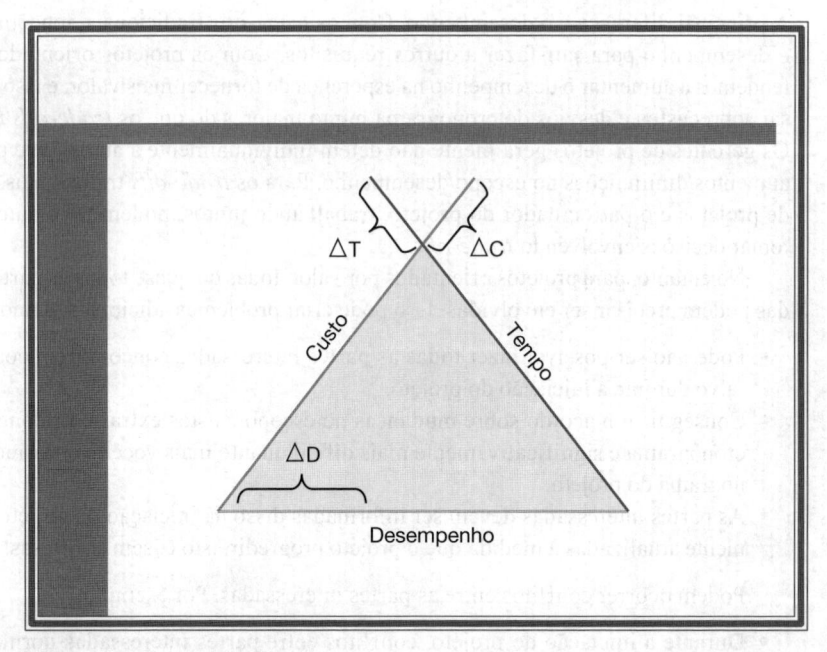

(Sucesso financeiro / Sucesso no futuro / Sucesso interno / Sucesso relacionado ao cliente)

Figura 16.9 *Trade-offs* tradicionais.
Nota: Δ = Desvios do plano original.

(ΔT, ΔC, ΔD; Custo, Tempo, Desempenho)

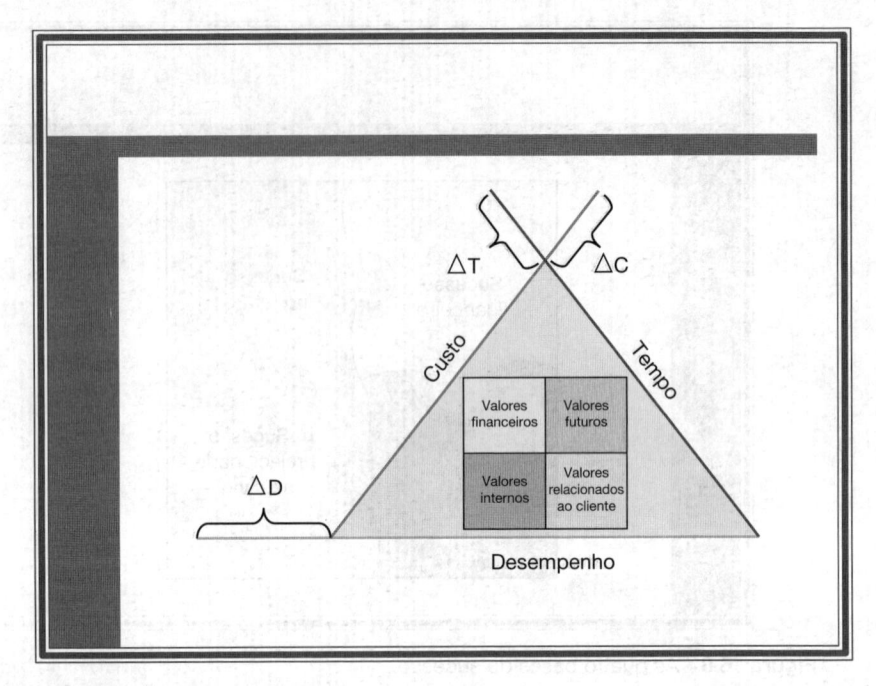

Figura 16.10 *Trade-offs* orientados por valor.
Nota: Δ = Desvios do plano original.

A principal diferença é o desempenho. Com os *trade-offs* tradicionais, tendemos a reduzir o desempenho para satisfazer a outros requisitos. Com os projetos orientados por valor, tendemos a aumentar o desempenho na esperança de fornecer mais valor, e isso tende a causar sobrecustos e desvios do cronograma muito maiores do que os *trade-offs* tradicionais. Os gerentes de projetos geralmente não detêm individualmente a autoridade para realizar aumentos/diminuições no escopo/desempenho. Para os *trade-offs* tradicionais, os gerentes de projetos e o patrocinador do projeto, trabalhando juntos, podem ter a autoridade para tomar decisões envolvendo *trade-offs*.

No entanto, para projetos orientados por valor, todas ou quase todas as partes interessadas podem precisar ser envolvidas. Isso pode criar problemas adicionais, como:

- Pode não ser possível fazer todas as partes interessadas concordarem com um valor-alvo durante a iniciação do projeto.
- Conseguir um acordo sobre mudanças no escopo, custos extras e prolongamentos no cronograma é significativamente mais difícil quanto mais você tiver avançado no cronograma do projeto.
- As partes interessadas devem ser informadas disso na iniciação do projeto e continuamente atualizadas à medida que o projeto progredir, isto é: sem surpresas!

Podem ocorrer conflitos entre as partes interessadas. Por exemplo:

- Durante a iniciação do projeto, conflitos entre partes interessadas normalmente são resolvidos a favor dos maiores contribuidores financeiros.

- Durante a execução, conflitos sobre valor futuro são mais complexos, especialmente se contribuidores importantes ameaçarem abandonar o projeto.

Para projetos que possuem um alto número de partes interessadas, o patrocínio do projeto pode não ser eficiente com um único patrocinador. Portanto, pode ser necessário um comitê de patrocínio. A participação do comitê pode incluir:

- Talvez um representante de todos os grupos de partes interessadas
- Executivos influentes
- Parceiros estratégicos e contratadas cruciais
- Outros, dependendo do tipo de valor

As responsabilidades do comitê de patrocínio podem incluir:

- Assumir um papel de liderança na definição do valor em questão
- Assumir um papel de liderança na aceitação do valor real
- Ter capacidade de fornecer financiamento adicional
- Ter capacidade de avaliar mudanças nos fatores ambientais da empresa
- Ter capacidade de validar e revalidar as premissas

Os comitês de patrocínio podem ter muito mais experiência do que o gerente de projetos para definir e avaliar o valor de um projeto.

Projetos orientados por valor exigem que paremos de focar orçamentos e cronogramas e, em vez disso, passemos a focar como o valor será captado, quantificado e reportado. O valor deve ser medido em termos de com que o projeto contribui para se alcançar os objetivos da empresa. Para tal, é necessário compreender quatro termos.

1. *Benefícios:* uma vantagem
2. *Valor:* quanto vale o benefício
3. *Fatores determinantes de negócios:* metas ou objetivos definidos por meio de benefícios ou valor e expressos mais em termos de negócios do que em termos técnicos
4. *Indicadores-chave de desempenho (KPIs):* métricas de valor que podem ser avaliadas quantitativa ou qualitativamente

TABELA 16.3 Medir valor a partir de benefícios

Benefícios esperados	Conversão em valor
Lucratividade	Fácil
Satisfação do cliente	Difícil
Boa vontade	Difícil
Penetrar novos mercados	Fácil
Desenvolver novas tecnologias	Médio
Transferência de tecnologia	Médio
Reputação	Difícil
Estabilizar a força de trabalho	Fácil
Utilizar capacidade ociosa	Fácil

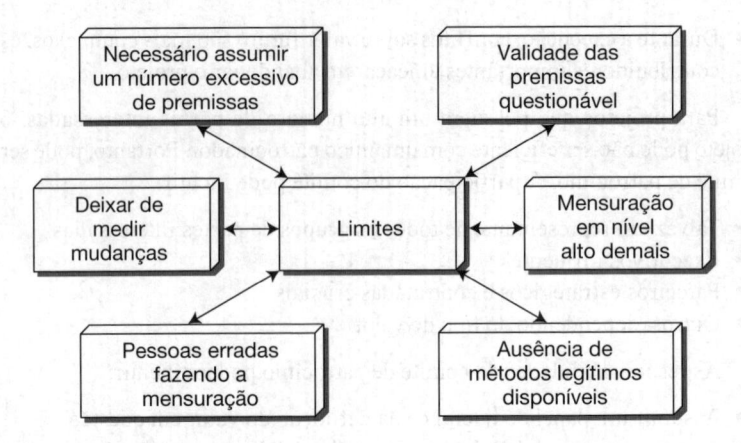

Figura 16.11 Limites.

[Diagrama com as caixas: "Necessário assumir um número excessivo de premissas", "Validade das premissas questionável", "Deixar de medir mudanças", "Limites", "Mensuração em nível alto demais", "Pessoas erradas fazendo a mensuração", "Ausência de métodos legítimos disponíveis"]

Tradicionalmente, os planos de negócios identificavam os benefícios esperados do projeto. Hoje, as técnicas de gerenciamento de portfólio exigem a identificação do valor além dos benefícios. Entretanto, a conversão de benefícios em valor não é fácil.[4] A Tabela 16.3 ilustra a conversão de benefício em valor. Além disso, como mostra a Figura 16.11, há limites no processo de conversão que podem dificultá-lo.

É necessário identificar os fatores determinantes de negócios, e eles devem ter indicadores de desempenho mensuráveis usando KPIs. Deixar de fazê-lo impossibilita a verdadeira avaliação do valor. A Tabela 16.4 ilustra típicos fatores determinantes de negócios e seus KPIs associados.

Os KPIs são métricas para se avaliar o valor. Com a gestão de projetos tradicional, as métricas são estabelecidas pela sua metodologia e fixas por toda a duração do ciclo de vida dos projetos. No entanto, com a gestão de projetos orientada por valor, as métricas podem mudar de um projeto para o outro, durante uma fase do ciclo de vida e ao longo do tempo, devido a:

- O modo como a empresa define valor internamente
- O modo como o cliente e a contratada definem sucesso e valor conjuntamente na iniciação do projeto
- O modo como o cliente e a contratada chegam a um acordo na iniciação do projeto quanto às métricas que devem ser usadas em determinado projeto
- Versões novas ou atualizadas de *software* de acompanhamento

TABELA 16.4 Fatores determinantes de negócios e o KPI

Fatores determinantes de negócios	Indicadores-chave de desempenho
Aumento das vendas	Vendas mensais ou participação de mercado
Satisfação do cliente	Pesquisas mensais
Economias de custo	Sistema de Gerenciamento de Valor Agregado (SGVA)
Melhoria de processo	Cartões de controle do tempo

---

[4] Para informação adicional sobre as complexidades de conversão, ver J.J. Phillips, T. W. Bothell e G. L. Snead, *The Project Management Scorecard* (Oxford, UK: Butterworth Heinemann, 2002), Capítulo 13.

TABELA 16.5 Mensuração de valores

Valores fáceis (tangíveis)	Valores difíceis (intangíveis)
Calculadoras de retorno sobre investimento (ROI)	Satisfação dos acionistas
Valor presente líquido (VPL)	Satisfação das partes interessadas
Taxa interna de retorno (TIR)	Satisfação do cliente
Fluxo de caixa	Retenção de funcionários
Período de recuperação do investimento	Fidelidade de marca
Lucratividade	Tempo de colocação no mercado
Participação de mercado	Relações de negócios
	Segurança
	Confiabilidade
	Reputação
	Boa vontade
	Imagem

- Melhorias na metodologia de gestão de projetos empresarial e do sistema de informações de gestão de projetos que o acompanha
- Mudanças nos fatores ambientais da empresa

Mesmo com as melhores métricas possíveis, medir valor pode ser difícil. Alguns valores são fáceis de medir, enquanto outros são mais difíceis. Os valores fáceis de medir geralmente são chamados de valores tangíveis, enquanto os difíceis são muitas vezes considerados intangíveis. A Tabela 16.5 ilustra alguns dos valores fáceis e difíceis de medir. A Tabela 16.6 mostra alguns dos problemas associados à mensuração tanto de valores difíceis quanto de fáceis.

Os elementos intangíveis agora são considerados por alguns como mais importantes do que os elementos tangíveis. Isso parece estar acontecendo em projetos de TI, em que os executivos estão dando significativamente mais atenção a valores intangíveis. O problema dos valores intangíveis não está necessariamente no resultado, mas no modo como foram calculados.

Os valores tangíveis são normalmente expressos quantitativamente, enquanto os valores intangíveis são expressos por meio de uma avaliação qualitativa. Há três escolas de pensamento para a mensuração de valor:

Escola 1: A única coisa importante é o ROI.
Escola 2: O ROI nunca pode ser calculado de forma eficiente; somente os intangíveis são importantes.
Escola 3: Se não dá para ser medido, então é porque não importa.

As três escolas de pensamento parecem ter uma abordagem do tipo "tudo ou nada", na qual o valor é ou 100% quantitativo ou 100% qualitativo. A melhor abordagem é, mais

TABELA 16.6 Problemas com a mensuração de valores

Valores fáceis (tangíveis)	Valores difíceis (intangíveis)
As premissas muitas vezes não são reveladas e podem afetar a tomada de decisão	O valor quase sempre se baseia em atributos subjetivos da pessoa que está fazendo a mensuração
A mensuração é muito genérica	A mensuração está mais para uma arte do que para uma ciência
A mensuração nunca capta os dados corretos de forma significativa	Há modelos limitados disponíveis para realizar a mensuração

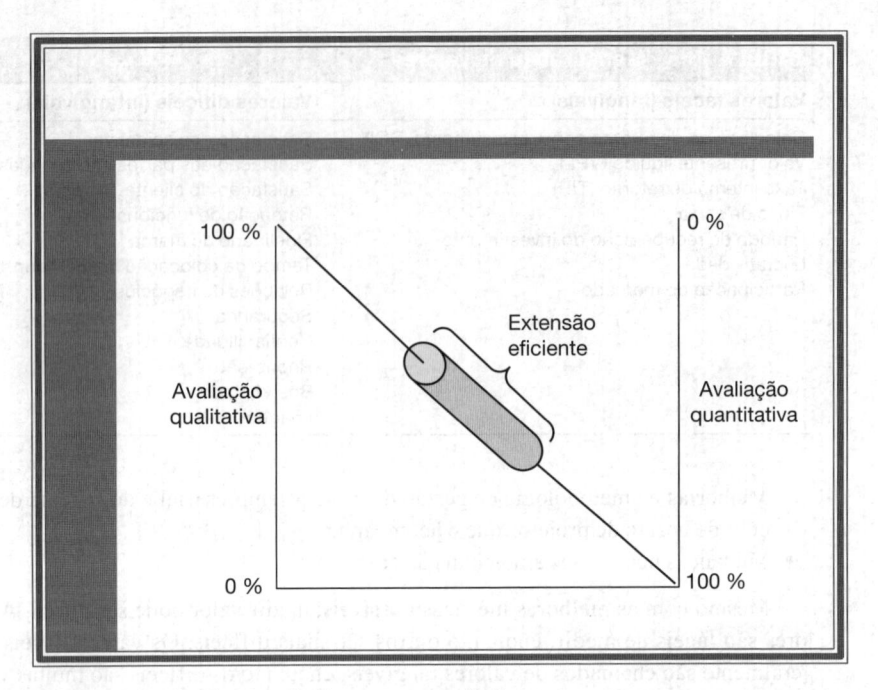

Figura 16.12 Avaliação quantitativa *versus* qualitativa.

provavelmente, um compromisso entre uma avaliação quantitativa e uma avaliação qualitativa de valor. Pode ser necessário estabelecer uma extensão eficiente, como mostra a Figura 16.12, que é um compromisso entre as três escolas de pensamento. A extensão eficiente pode se expandir ou se contrair.

O momento escolhido para a mensuração de valor é absolutamente decisivo. Durante o ciclo de vida de um projeto, pode ser necessário passar várias vezes de uma avaliação qualitativa para quantitativa e vice-versa, e, como dito anteriormente, as métricas reais ou KPIs também podem mudar. Certas questões importantes precisam ser abordadas:

- Quando ou até que ponto do ciclo de vida do projeto podemos estabelecer métricas concretas, supondo que isso possa ser feito, em primeiro lugar?
- O valor pode ser simplesmente percebido e, portanto, não ser necessária nenhuma métrica de valor? Mesmo se tivermos métricas de valor, elas são suficientemente concretas para prever razoavelmente o valor real?
- Seremos forçados a usar a gestão de projetos orientada por valor em todos os projetos ou há alguns projetos em que essa abordagem não é necessária?
  - Bem definido *versus* mal definido
  - Estratégico *versus* tático
  - Interno *versus* externo
- Podemos desenvolver um critério para quando usar a gestão de projetos orientada a valor ou devemos usá-la em todos os projetos, mas com um nível de intensidade mais baixo?

Para alguns projetos, avaliar o valor no encerramento pode ser difícil. Devemos estabelecer um limite de quanto tempo estamos dispostos a esperar para medir o valor ou os benefícios de um projeto. Isso é particularmente importante se o valor real não puder ser identificado até certo tempo depois de o projeto ter sido concluído. Portanto, pode não ser possível avaliar o sucesso de um projeto no encerramento se os valores econômicos reais não puderem ser realizados até certo tempo depois.

Alguns praticantes da mensuração de valor questionam se é melhor usar "caixas delimitadoras" em vez de fases do ciclo de vida. Para projetos orientados por valor, os problemas potenciais com as fases do ciclo de vida incluem:

- Métricas podem mudar entre fases e até mesmo dentro de uma mesma fase.
- Incapacidade de explicar mudanças nos fatores ambientais da empresa.
- O foco pode ser sobre o valor no fim da fase em vez de sobre o valor no fim do projeto.
- Os membros de equipes podem ficar frustrados por não serem capazes de calcular valor quantitativamente.

As caixas delimitadoras, como exibe a Figura 16.13, têm certo grau de similaridade com gráficos de controle de processos estatísticos. Estabelecem-se valores-alvo estratégicos como limite superior e inferior. Contanto que os KPIs indiquem que o projeto ainda está dentro dos alvos superior e inferior, os objetivos e *deliverables* do projeto não passarão por nenhuma mudança de escopo ou *trade-off*.

Projetos orientados por valor precisam passar por "verificações de saúde" para confirmar que o projeto fará uma contribuição de valor para a empresa. As métricas de valor,

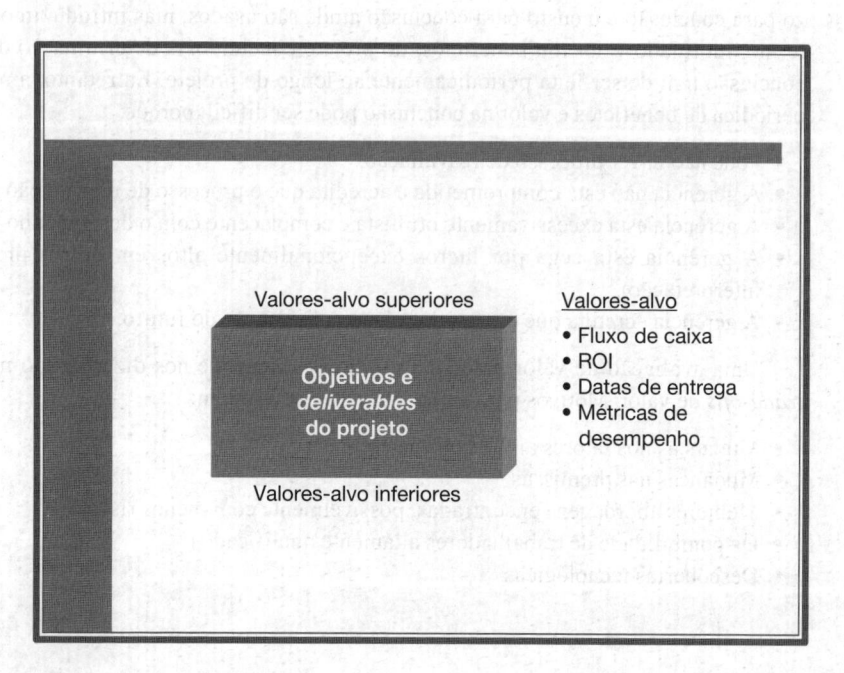

Figura 16.13 A caixa delimitadora.

TABELA 16.7 Comparação de SGVAs, EPM e MMV			
Variável	SGVA	EPM	MMV
Tempo	✓	✓	✓
Custo	✓	✓	✓
Qualidade		✓	✓
Escopo		✓	✓
Riscos		✓	✓
Tangíveis			✓
Intangíveis			✓
Benefícios			✓
Valor			✓
Trade-offs			✓

como os KPIs, indicam o valor corrente. Também é necessária uma extrapolação do presente para o futuro. Usando a gestão de projetos tradicional juntamente com uma metodologia tradicional de gestão de projetos empresarial, podemos calcular o prazo do projeto concluído e o custo do projeto concluído. Esses são termos comuns que fazem parte dos sistemas de mensuração de valor agregado. Porém, como dito anteriormente, estar dentro do prazo e do orçamento não é garantia de que o valor percebido estará lá na conclusão do projeto.

Portanto, em vez de usar uma metodologia de gestão de projetos empresarial, que se concentra na mensuração do valor agregado, podemos precisar criar uma metodologia de mensuração de valores (MMV) que enfatize as variáveis do valor. Com a MMV, o prazo para conclusão e o custo para conclusão ainda são usados, mas introduzimos um novo termo, intitulado valor (ou benefícios) do projeto concluído. A determinação de valor na conclusão tem de ser feita periodicamente ao longo do projeto. Entretanto, a reavaliação periódica de benefícios e valor na conclusão pode ser difícil, porque:

- Pode não haver processo de reavaliação.
- A gerência não está comprometida e acredita que o processo de reavaliação não é real.
- A gerência está excessivamente otimista e complacente com o desempenho atual.
- A gerência está cega por lucros excepcionalmente altos em outros projetos (má interpretação).
- A gerência acredita que o passado seja uma indicação do futuro.

Uma avaliação de valor na conclusão do projeto pode nos dizer se são necessários *trade-offs* de valor. Motivos para *trade-offs* de valor incluem:

- Mudanças nos fatores ambientais da empresa
- Mudanças nas premissas
- Melhores abordagens encontradas, possivelmente com menos risco
- Disponibilidade de trabalhadores altamente qualificados
- Descobertas tecnológicas

Como dito anteriormente, a maioria dos *trade-offs* de valor é acompanhada de um prolongamento do cronograma. Dois fatores decisivos que devem ser considerados antes de ocorrerem prolongamentos de cronograma são:

1. Prolongar um projeto pelo valor desejado ou agregado pode gerar riscos.
2. Prolongar um projeto consome recursos que podem já estar comprometidos a outros projetos do portfólio.

Ferramentas e técnicas tradicionais podem não funcionar bem em projetos orientados por valor. A criação de uma MMV pode ser necessária para alcançar os resultados desejados. Uma MMV pode incluir os elementos de sistemas de mensuração de valor agregado (SGVAs) e sistemas de gestão de projetos empresarial (EPMs), como mostra a Tabela 16.7. Porém, variáveis adicionais têm de ser incluídas para captar, medir e reportar valor.

17
Efeito das fusões e aquisições na gestão de projetos

17.0 Introdução

Todas as empresas se empenham para crescer. Preparam-se planos estratégicos identificando novos produtos e serviços a serem desenvolvidos e novos mercados a serem penetrados. Muitos desses planos exigem fusões e aquisições para obter as metas e os objetivos estratégicos. Contudo, mesmo os planos estratégicos mais bem preparados muitas vezes falham. Muitos executivos veem o planejamento estratégico apenas como planejamento, não considerando a implementação. O sucesso da implementação é vital durante os processos de fusão e aquisição.

17.1 Planejamento para o crescimento

As empresas podem crescer de duas maneiras: interna e externamente. Com o crescimento interno, as empresas cultivam seus recursos por dentro e podem passar anos atingindo seus alvos estratégicos e seu posicionamento no mercado. Como o tempo pode ser um luxo não disponível, é preciso tomar um cuidado meticuloso para garantir que todos os novos progressos se adaptem à metodologia e à cultura da gestão de projetos corporativa.

O crescimento externo é significativamente mais complexo. Ele pode ser obtido por meio de fusões, aquisições e *joint ventures*. As empresas podem adquirir os conhecimentos especializados de que precisam muito rapidamente por meio de fusões e aquisições. Algumas empresas executam aquisições ocasionais, enquanto outras têm acesso suficiente a capital, de forma que podem realizar aquisições frequentes. Entretanto, mais uma vez, as empresas muitas vezes deixam de considerar o impacto na gestão de projetos. As melhores práticas em gestão de projetos podem ser transferíveis de uma empresa para outra. O impacto nos sistemas de gestão de projetos resultante de fusões e aquisições geralmente é irreversível, enquanto *joint ventures* podem ser canceladas.

EFEITO DAS FUSÕES E AQUISIÇÕES NA GESTÃO DE PROJETOS

Este capítulo discute o impacto de fusões e aquisições na gestão de projetos. As fusões e aquisições permitem que as empresas atinjam alvos estratégicos a uma velocidade não facilmente alcançável por meio do crescimento interno, contanto que o compartilhamento de ativos e capacidades possa ser feito de maneira rápida e eficiente. Esse efeito sinérgico talvez crie uma oportunidade que uma empresa pode estar sendo pressionada a desenvolver.

As fusões e aquisições concentram-se em dois componentes: as tomadas de decisão pré-aquisição e os processos de integração pós-aquisição. A Wall Street e as instituições financeiras parecem estar mais interessadas no impacto financeiro de curto prazo do que no valor de longo prazo que pode ser alcançado por meio de uma melhor gestão de projetos e de processos integrados. Durante meados da década de 1990, as empresas faziam aquisições apressadas, em menos tempo do que precisavam para aprovações de desembolso de capital. Praticamente nenhuma consideração era dada ao impacto na gestão de projetos e se as melhores práticas esperadas seriam ou não transferíveis. O resultado é que ocorrem mais fracassos do que sucessos.

Quando uma empresa faz uma aquisição apressada, muito pouco tempo e esforços parecem ser gastos na integração pós-aquisição. Contudo, é aí que o verdadeiro impacto ou as melhores práticas são sentidas. Imediatamente após uma aquisição, cada empresa comercializa e vende produtos para os clientes umas das outras. Isso pode agradar aos acionistas, mas somente no curto prazo. No longo prazo, novos produtos e serviços precisarão ser desenvolvidos para satisfazer a ambos os mercados. Sem um sistema integrado de gestão de projetos, em que ambas as partes possam compartilhar as mesmas melhores práticas, isso pode ser difícil de alcançar.

Quando tempo suficiente é gasto nas tomadas de decisão pré-aquisição, ambas as empresas se dedicam a combinar processos, compartilhar recursos, transferir propriedade intelectual e realizar o gerenciamento geral de operações combinadas. Se esses problemas não forem abordados na fase de pré-aquisição, podem ocorrer expectativas não realistas durante a fase de integração pós-aquisição.

17.2 Cadeia de valor agregado da gestão de projetos

Espera-se que as fusões e aquisições agreguem valor à empresa e aumentem sua competitividade geral. Algumas pessoas definem valor como a capacidade de manter determinado fluxo de receitas. Uma definição melhor de valor podem ser as vantagens competitivas que uma empresa passa a possuir em decorrência de satisfação do cliente, diminuição dos custos, eficiências, maior qualidade, utilização eficiente do pessoal ou a implementação de melhores práticas. O verdadeiro valor ocorre *somente* na fase de integração pós-aquisição, bem depois da aquisição propriamente dita.

O valor pode ser analisado por meio da análise da cadeia de valor: o fluxo de atividades de fornecedores a montante aos clientes a jusante. Cada componente da cadeia de valor pode fornecer uma vantagem competitiva e aprimorar o *deliverable* ou serviço final. Cada empresa possui uma cadeia de valor, como ilustra a Figura 17.1. Quando uma empresa adquire uma empresa fornecedora, as cadeias de valor são combinadas, e espera-se que elas criem uma posição competitiva superior. Espera-se o mesmo resultado quando uma empresa adquire uma empresa a jusante. No entanto, pode não ser possível integrar as melhores práticas.

Capítulo 17 • Efeito das fusões e aquisições na gestão de projetos

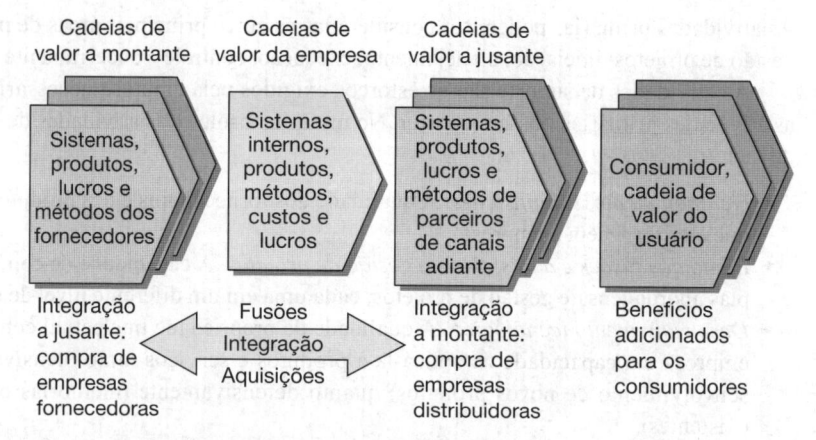

Figura 17.1 Cadeia genérica do valor agregado.

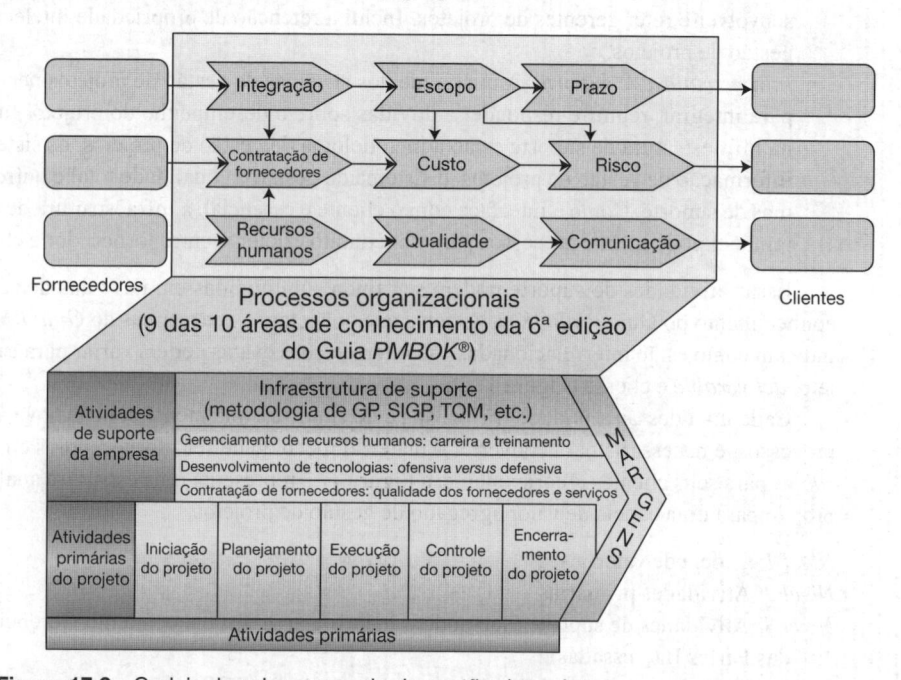

Figura 17.2 Cadeia de valor agregado da gestão de projetos.

Historicamente, a análise de cadeia de valor era usada para se analisar o negócio como um todo.[1] Entretanto, no restante deste capítulo, o único foco será a cadeia de valor agregado da gestão de projetos e o impacto das fusões e aquisições sobre o desempenho da cadeia.

A Figura 17.2 mostra a cadeia de valor agregado da gestão de projetos. As principais atividades são os esforços necessários para a criação física de um produto ou serviço.

---

[1] M. E. Porter, *Competitive Advantage* (New York: Free Press, 1985), Chapter 2.

As atividades primárias podem ser consideradas as cinco principais áreas de processos da gestão de projetos: iniciação, planejamento, execução, controle e encerramento de projetos.

As atividades de suporte são os esforços exigidos pela empresa necessários para que as atividades primárias possam ocorrer. No mínimo absoluto, as atividades de suporte têm de incluir:

- *Gerenciamento de aquisições.* A qualidade dos fornecedores e dos produtos e serviços que eles fornecem à empresa.
- *Efeito das fusões e aquisições na gestão de projetos.* A capacidade de combinar múltiplas abordagens de gestão de projetos, cada uma em um diferente nível de maturidade.
- *Desenvolvimento tecnológico.* A qualidade da propriedade intelectual controlada pela empresa e a capacidade de aplicá-la a produtos e serviços tanto ofensivamente (desenvolvimento de novos produtos) quanto defensivamente (melhorias em produtos existentes).
- *Gerenciamento de recursos humanos.* A capacidade de recrutar, contratar, treinar, desenvolver e reter gerentes de projetos. Inclui a retenção de propriedade intelectual em gestão de projetos.
- *Infraestrutura de suporte.* A qualidade dos sistemas de gestão de projetos necessários para integrar, reunir e responder a dúvidas sobre o desempenho do projeto. Incluídos na infraestrutura de suporte estão a metodologia de gestão de projetos, os sistemas de informação de gestão de projetos, o sistema de gestão da qualidade total e outros sistemas de suporte. Como a interface com o cliente é essencial, a infraestrutura de suporte também pode incluir processos para um contato eficiente entre fornecedor e cliente.

Essas atividades de suporte podem ser ainda subdivididas em nove das dez áreas de conhecimento do Guia *PMBOK®*. As setas que conectam as nove áreas do *Guia PMBOK®* indicam como estão interrelacionadas. As interrelações exatas podem variar para cada projeto, *deliverable* e cliente (Figura 17.2).

Cada uma dessas atividades primárias e de suporte, juntamente com as nove áreas de processos, é necessária para converter o material recebido de seus fornecedores em *deliverables* para seus clientes. Teoricamente, a Figura 17.2 representa uma estrutura analítica do projeto para uma cadeia de valor agregado de gestão de projetos:

Nível 1: Cadeia de valor
Nível 2: Atividades primárias
Nível 3: Atividades de suporte (que podem incluir a área de conhecimento Gerenciamento das Partes Interessadas)
Nível 4: Nove das dez áreas de conhecimento do *Guia PMBOK®*

A cadeia de valor agregado da gestão de projetos permite que uma empresa identifique fraquezas críticas quando melhorias precisam ocorrer. Isso pode incluir um melhor controle das mudanças no escopo, a necessidade de maior qualidade, maior rapidez na geração de relatórios de *status*, melhor relacionamento com o cliente ou melhor execução de projetos. A cadeia de valor agregado também pode ser útil para o gerenciamento da cadeia de suprimentos. A cadeia de valor agregado da gestão de projetos é uma ferramenta vital para os esforços de melhorias contínuas e pode facilmente levar à identificação de melhores práticas.

Os executivos consideram o custeio de projetos como um componente crucial da gestão de projetos, se não o mais crucial de todos. A cadeia de valor da gestão de projetos é uma ferramenta para compreender a porção referente à estrutura de custo de um projeto da metodologia de gestão de projetos. Na maioria das empresas, é considerada como uma melhor prática. Ações que visam a eliminar ou reduzir uma desvantagem no custo ou no cronograma precisam ser associadas à localização na cadeia de valor em que as diferenças de custo ou cronograma se originaram.

O "cimento" que une os elementos dentro da cadeia de gestão de projetos é a sua metodologia. Uma metodologia de gestão de projetos é um agrupamento de formulários, diretrizes, listas de verificação, políticas e procedimentos necessários para integrar os elementos dentro da cadeia de valor agregado da gestão de projetos. Pode haver uma metodologia para um processo individual, como a execução de projetos, ou para uma combinação de processos. Uma empresa pode também criar sua metodologia de gestão de projetos para melhor interface com organizações a montante ou a jusante na cadeia de valor agregado. Uma integração ineficiente nos pontos de interface entre fornecedor e cliente podem ter um sério impacto sobre o gerenciamento da cadeia de suprimentos e sobre os negócios futuros da empresa.

17.3 Tomada de decisões pré-aquisição

O motivo da maioria das aquisições é satisfazer a um objetivo estratégico e/ou financeiro. A Tabela 17.1 mostra os seis motivos mais comuns para uma aquisição e seus objetivos estratégicos e financeiros mais prováveis. Os objetivos estratégicos são de mais longo prazo do que os objetivos financeiros, que sofrem a pressão dos acionistas e credores que desejam obter retornos rápidos.

Os benefícios de longo prazo das fusões e aquisições incluem:

- Economias de operações combinadas
- Oferta ou demanda garantida por produtos e serviços
- Propriedade intelectual adicional, que poderia ter sido impossível de obter de outra forma
- Controle direto sobre custo, qualidade e cronograma em vez de estar à mercê de um fornecedor ou distribuidor
- Criação de novos produtos e serviços
- Pressão sobre os concorrentes por meio da criação de sinergias
- Corte de custos por meio da eliminação de passos duplicados

TABELA 17.1 Tipos de objetivos

Motivo para aquisição	Objetivo estratégico	Objetivo financeiro
Aumentar a base de clientes	Maior participação de mercado	Maior fluxo de caixa
Aumentar capacidades	Oferecer soluções	Margens de lucro mais amplas
Aumentar a competitividade	Eliminar passos onerosos	Ganhos estáveis
Diminuir tempo de colocação no mercado (novos produtos)	Liderança de mercado	Crescimento dos ganhos
Diminuir tempo de colocação no mercado (melhorias de produtos existentes)	Linhas de produtos amplas	Ganhos estáveis
Aproximar-se dos clientes	Melhor *mix* de preço-qualidade-serviço	Contratação de fornecedor único

Cada um desses benefícios pode gerar diversas melhores práticas.

O propósito essencial de qualquer fusão ou aquisição é criar o valor duradouro que se torna possível quando duas empresas são combinadas e que não existiria separadamente. Alcançar esses benefícios, assim como atingir os objetivos estratégicos e financeiros, pode depender diretamente de quão bem as cadeias de valor agregado de gestão de projetos de ambas as empresas se integram, especialmente as metodologias dentro de suas cadeias. A menos que as metodologias e as culturas de ambas as empresas possam ser integradas, e de forma razoavelmente rápida, os objetivos talvez não sejam atingidos como o planejado.

Fracassos de integração em gestão de projetos acontecem após a ocorrência de uma aquisição. Fracassos típicos são exibidos na Figura 17.3. Esses fracassos comuns ocorrem porque as fusões e aquisições simplesmente não podem acontecer sem mudanças organizacionais e culturais que, muitas vezes, são perturbadoras por natureza. Melhores práticas podem se perder. Infelizmente, as empresas muitas vezes se apressam em fazer fusões e aquisições na velocidade da luz, mas com pouca consideração quanto a como as cadeias de valor agregado da gestão de projetos serão combinadas. Planejar uma melhor gestão de projetos é de suma importância, mas, infelizmente, muitas vezes não é o que ocorre.

A primeira área problemática comum na Figura 17.3 é a incapacidade de combinar metodologias dentro das cadeias de valor agregado de gestão de projetos. Isso ocorre devido a:

- Uma má compreensão das práticas de gestão de projetos umas das outras antes da aquisição
- Uma ausência de direção clara durante a fase de pré-aquisição quanto a como a integração ocorrerá
- Uma liderança não comprovada na gestão de projetos em uma ou em ambas as empresas
- Uma atitude persistente de "nós–eles"

Algumas metodologias podem ser tão complexas que uma grande quantidade de tempo é necessária para que ocorra integração, especialmente se cada organização possuir um diferente conjunto de clientes e diferentes tipos de projetos. Por exemplo, uma empresa

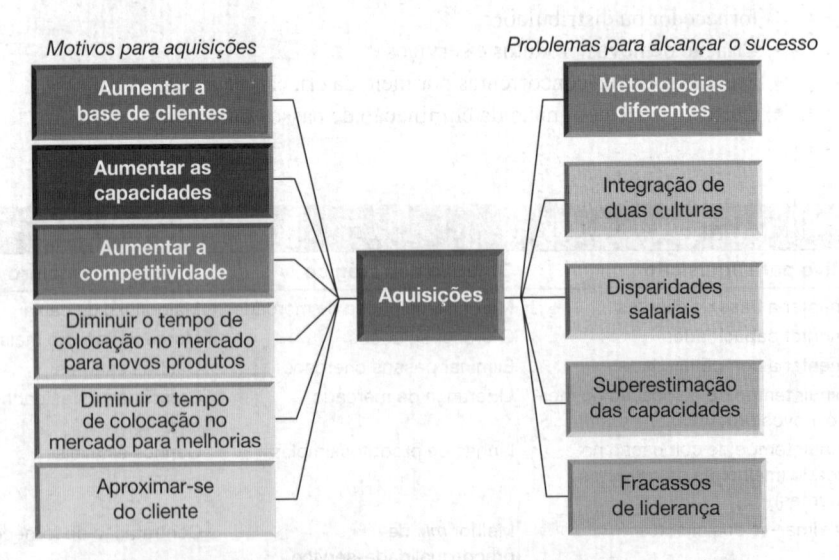

Figura 17.3 Áreas problemáticas da gestão de projetos após uma aquisição.

desenvolveu uma metodologia de gestão de projetos para fornecer produtos e serviços para grandes empresas de capital aberto. A empresa adquiriu, então, uma pequena empresa que vendia exclusivamente para agências governamentais. A empresa percebeu tarde demais que a integração das metodologias seria quase impossível devido às exigências impostas pelas agências governamentais para fazer negócio com o governo. As metodologias nunca foram integradas, e a empresa que atendia aos clientes governamentais podia funcionar como subsidiária, com seus próprios produtos e serviços especializados. A sinergia esperada nunca ocorreu.

Algumas metodologias simplesmente não podem ser integradas. Pode ser mais prudente permitir que as organizações funcionem separadamente do que perder oportunidades no mercado. Nesses casos, podem existir "bolsões" de gestão de projetos como entidades separadas, espalhados por uma grande corporação.

A segunda maior área problemática na Figura 17.3 é a existência de diferentes culturas. Embora a gestão de projetos possa ser vista como uma série de processos relacionados, é a cultura em vigor na organização que, em última análise, deverá executar esses processos. Resistência pela cultura corporativa em oferecer o devido suporte à gestão de projetos pode efetivamente provocar o fracasso dos melhores planos. Com culturas opostas, pode haver diferenças em quanto cada uma:

- Tem (ou não tem) experiência em gestão (ou seja, competências ausentes)
- Resiste a mudanças
- Resiste a transferências de tecnologia
- Resiste a transferências de qualquer tipo de propriedade intelectual
- Permite reduções no tempo de ciclo
- Permite a eliminação de passos caros
- Insiste em "reinventar a roda"
- Interpreta críticas ao projeto como críticas pessoais

Integrar duas culturas pode ser igualmente difícil durante épocas de dificuldade ou de prosperidade econômica. As pessoas podem resistir a qualquer mudança em seus hábitos de trabalho ou zonas de conforto, mesmo quando reconhecem que a empresa se beneficia com as mudanças.

Fusões e aquisições multinacionais são igualmente difíceis de integrar devido a diferenças culturais. Dez anos atrás, um fornecedor automotivo dos Estados Unidos adquiriu uma empresa europeia. A empresa norte-americana apoiava vigorosamente a gestão de projetos e incentivava seus funcionários a se tornarem certificados na área de projetos. A empresa europeia oferecia muito pouco suporte à gestão de projetos e desencorajava seus funcionários a se tornarem certificados, usando o argumento de que seus clientes europeus não davam tanta importância à gestão de projetos quanto a General Motors, Ford e Chrysler. A subsidiária europeia não via qualquer necessidade para a gestão de projetos. Incapaz de combinar as metodologias, a empresa matriz norte-americana substituiu os executivos europeus por americanos para enfatizar a necessidade de uma abordagem única de gestão de projetos em todas as divisões. A transformação completa levou quase cinco anos. A empresa matriz acreditava que a resistência da divisão europeia se devia mais ao medo de mudanças em sua zona de conforto do que a uma falta de interesse pelos clientes europeus.

Às vezes, há claras indicações de que a fusão de duas culturas será difícil. Quando a Federal Express adquiriu a Flying Tiger, em 1988, a estratégia era fundir as duas em uma única organização com operações que funcionassem bem. Na época da fusão, a Federal

Express (hoje chamada FedEx Express) empregava uma força de trabalho jovem, e muitos funcionários trabalhavam em regime de meio expediente. A Flying Tiger possuía funcionários em regime de tempo integral, mais velhos e com muitos anos de empresa. A FedEx centrava-se em políticas e procedimentos formalizados e um rígido código de vestimenta. A Flying Tiger não possuía código de vestimenta, e a gerência conduzia os negócios de acordo com a cadeia de comando, na qual alguém com autoridade poderia quebrar as regras. A Federal Express centrava-se em uma meta de qualidade de entregas 100% dentro do prazo, enquanto a Flying Tiger parecia complacente com um alvo de 95–96%. Combinar essas duas culturas seria uma tarefa monumental para a Federal Express. Nesse caso, mesmo com esses possíveis problemas de integração, a Federal Express não podia permitir que a Flying Tiger funcionasse como uma subsidiária independente. A integração era obrigatória. A Federal Express precisou ocupar-se rapidamente das tarefas que envolviam diferenças organizacionais ou culturais.

Planejar a integração cultural também pode produzir resultados favoráveis. A maioria dos bancos cresce por meio de fusões e aquisições. A crença generalizada na indústria bancária é crescer ou ser adquirido. Durante a década de 1990, a National City Corporation de Cleveland, Ohio (EUA), reconheceu isso e desenvolveu sistemas de gestão de projetos que permitiam que a National City adquirisse outros bancos e os integrasse à sua cultura em menos tempo do que outros bancos dedicavam a fusões e aquisições. A National City via a gestão de projetos como um ativo que possui um efeito muito positivo no resultado da corporação. Muitos bancos hoje têm manuais para gerenciar projetos de fusão e aquisição.

A terceira área problemática na Figura 17.3 é o impacto sobre o programa de administração salarial. As causas comuns dos problemas com a administração salarial incluem:

- Medo de *downsizing*
- Disparidades nos salários
- Disparidades nas responsabilidades
- Disparidades nas oportunidades de plano de carreira
- Políticas e procedimentos diferentes
- Mecanismos de avaliação diferentes

Quando uma empresa é adquirida e a integração de metodologias é necessária, o impacto sobre o programa de administração salarial pode ser profundo. Quando ocorre uma aquisição, as pessoas querem saber como elas se beneficiarão individualmente, embora saibam que a aquisição ocorre para atender aos interesses da empresa.

A empresa que está sendo adquirida geralmente tem a maior apreensão sobre ser iludida com uma falsa sensação de segurança. As organizações adquiridas podem ficar ressentidas ao ponto de tentar fisicamente sabotar a empresa aquisitora. Isso resulta na destruição de valor, e a autopreservação adquire suma importância para os trabalhadores, geralmente à custa dos sistemas de gestão de projetos.

Considere a seguinte situação. A Empresa A decidiu adquirir a Empresa B. A Empresa A possui um sistema de gestão de projetos relativamente fraco, no qual a gestão de projetos é uma atividade de tempo parcial e não é considerada uma profissão. A Empresa B, por outro lado, promove a certificação em gestão de projetos e reconhece o gerente de projetos como um cargo de tempo integral e dedicado. A estrutura salarial dos gerentes de projetos na Empresa B é significativamente mais alta do que a de seus colegas da Empresa A. Os trabalhadores da Empresa B expressam a preocupação de "Não queremos ser como eles", e a autopreservação leva à destruição de valor.

Devido aos problemas salariais, a Empresa A tenta tratar a Empresa B como uma subsidiária separada. No entanto, quando as diferenças se tornam aparentes, os gerentes de projetos da Empresa A tentam migrar para a Empresa B em busca de maior reconhecimento e salários mais altos. Finalmente, a escala salarial para gerentes de projetos na Empresa B torna-se a norma para a organização integrada.

Quando as pessoas estão preocupadas com a autopreservação, o impacto no curto prazo sobre a cadeia combinada de valor agregado de gestão de projetos pode ser severo. Os funcionários da gestão de projetos devem ter pelo menos as mesmas oportunidades após a integração de aquisição, senão melhores, do que tinham antes da aquisição.

A quarta área problemática na Figura 17.3 é a superestimação das capacidades após a integração de aquisição. Incluídos nessa categoria estão:

- Competências técnicas faltantes
- Incapacidade de inovação
- Velocidade de inovação
- Falta de sinergia
- Existência de capacidade excessiva
- Incapacidade de integrar melhores práticas

Os gerentes de projetos e os indivíduos que estão ativamente envolvidos na cadeia de valor agregado da gestão de projetos raramente participam das tomadas de decisão pré-aquisição. Consequentemente, as decisões são tomadas por gerentes que podem estar muito distantes da cadeia de valor agregado da gestão de projetos e cujas estimativas de sinergia pós-aquisição são excessivamente otimistas.

O presidente de uma empresa relativamente grande fez uma conferência de imprensa anunciando que sua empresa estava a ponto de adquirir outra empresa. Para agradar os analistas financeiros que estavam presentes na conferência, ele identificou meticulosamente as sinergias esperadas com as operações combinadas e mostrou a linha do tempo de novos produtos que surgiriam no mercado. Esse pronunciamento não fez muito sentido para a força de trabalho, que sabia que as capacidades estavam superestimadas e que as datas não eram realistas. Quando, posteriormente, as datas de lançamento de produtos não foram cumpridas, o preço das ações despencou, e culpou-se erroneamente o fracasso na cadeia integrada de valor agregado da gestão de projetos.

A quinta área problemática na Figura 17.3 é o fracasso da liderança durante a integração pós-aquisição. Incluídos nessa categoria estão:

- Fracassos de liderança ao gerenciar mudanças
- Fracassos de liderança ao combinar metodologias
- Fracassos de liderança no patrocínio de projetos
- Fracassos de liderança gerais
- Liderança invisível
- Liderança de microgerenciamento
- Acreditar que fusões e aquisições precisam ser acompanhadas de uma grande reestruturação

Mudanças gerenciadas funcionam significativamente melhor do que mudanças não gerenciadas. Mudanças gerenciadas exigem uma forte liderança, especialmente com pessoal experiente em gerenciar mudanças durante aquisições.

A Empresa A adquire a Empresa B. A Empresa B possui um sistema de gestão de projetos razoavelmente bom, mas com diferenças significativas em relação ao da Empresa A. A Empresa A decide, então, que "Devemos gerenciá-los como gerenciamos a nós mesmos", e nada deve mudar. Empresa A, então, substitui diversos gerentes da Empresa B por gerentes experientes da Empresa A. Essa mudança ocorreu com pouca consideração quanto à cadeia de valor agregado da gestão de projetos na Empresa B. Os funcionários dentro da cadeia da Empresa B estavam recebendo ligações de diferentes pessoas, a maioria desconhecida, e não receberam nenhum tipo de orientação quanto a quem contatar quando surgissem problemas.

À medida que o problema de liderança foi crescendo, a Empresa A continuava transferindo gerentes de uma empresa para outra. Isso resultou no sufocamento da cadeia de valor agregado da gestão de projetos com burocracia. Como era de se esperar, o desempenho diminuiu em vez de aumentar.

Transferir gerentes de uma empresa para outra para aumentar as interações verticais é uma prática aceitável após uma aquisição. Entretanto, ela deve se restringir à cadeia de comando vertical. Na cadeia de valor agregado da gestão de projetos, o principal fluxo de comunicação é lateral, não vertical. Adicionar camadas de burocracia e substituir gerentes de cadeia experientes por funcionários inexperientes em comunicações laterais pode criar severos obstáculos para o desempenho da cadeia.

Qualquer uma das áreas problemáticas, seja individualmente ou em combinação com outras, pode fazer a cadeia ter um desempenho mais baixo, como:

- *Deliverables* fracos
- Incapacidade de se ater aos cronogramas
- Falta de confiança na cadeia
- Baixo moral
- Todos os novos funcionários são submetidos a provas de fogo
- Alta rotatividade de funcionários
- Nenhuma transferência da propriedade intelectual da gestão de projetos

17.4 Proprietários e inquilinos

Anteriormente, mostrou-se como é importante avaliar a cadeia de valor, especificamente a metodologia da gestão de projetos, durante a fase pré-aquisição. Não há duas empresas que possuam a mesma cadeia de valor de gestão de projetos ou as mesmas melhores práticas. Algumas cadeias funcionam bem, outras têm um desempenho insuficiente.

Para simplificar, o "proprietário" será a empresa aquisitora e o "inquilino" será a empresa adquirida. A Tabela 17.2 identifica possíveis problemas de alto nível com a relação proprietário–inquilino identificada na fase pré-aquisição. A Tabela 17.3 mostra possíveis resultados da integração pós-aquisição.

O melhor cenário ocorre quando ambas as partes têm boas metodologias e, o que é mais importante, são suficientemente flexíveis para reconhecer que a metodologia da outra parte pode ter elementos desejáveis. Uma boa integração, nesse caso, pode produzir uma posição de liderança no mercado.

Se a abordagem do proprietário for boa e a abordagem do inquilino for fraca, o proprietário pode precisar forçar uma solução ao inquilino. O inquilino deve estar disposto a aceitar críticas, ver a luz no fim do túnel e fazer as mudanças necessárias. As mudanças

TABELA 17.2 Possíveis problemas com a combinação de metodologias antes de aquisições

Proprietário	Inquilino
Boa metodologia	Boa metodologia
Boa metodologia	Metodologia fraca
Metodologia fraca	Boa metodologia
Metodologia fraca	Metodologia fraca

TABELA 17.3 Possíveis resultados da integração

Metodologia		
Proprietário	Inquilino	Possíveis resultados
Boa	Boa	Baseado na flexibilidade, boa sinergia alcançável; liderança de mercado possível por um baixo custo
Boa	Fraca	Inquilino deve reconhecer pontos fracos e estar disposto a mudar; possível choque cultural
Fraca	Boa	Proprietário precisa ver benefícios presentes e futuros; forte liderança essencial para rápida resposta
Fraca	Fraca	Chances de sucesso limitadas; uma boa metodologia pode levar anos para ser alcançada

e os motivos para elas têm de ser articulados cuidadosamente com o inquilino para evitar choques culturais.

Muitas vezes uma empresa com uma metodologia de gestão de projetos fraca adquire uma organização com uma boa abordagem. Nesses casos, a transferência da propriedade intelectual de gestão de projetos tem de ocorrer rapidamente. A menos que o proprietário reconheça as realizações do inquilino, a cadeia de valor agregado do inquilino pode passar a ter um desempenho mais baixo e pode haver uma perda de funcionários-chave.

O pior cenário ocorre quando nem o proprietário, nem o inquilino possuem bons sistemas de gestão de projetos. Nesse caso, todos os sistemas precisam ser desenvolvidos do zero. Isso pode ser uma "bênção disfarçada", porque talvez não haja qualquer viés de nenhuma das partes.

17.5 Algumas melhores práticas quando as empresas trabalham juntas

A equipe deve estar disposta a criar uma metodologia de gestão de projetos (e uma cadeia de valor agregado da gestão de projetos multinacional) que alcance as seguintes metas:

- Combinar as melhores práticas de todas as metodologias de gestão de projetos e cadeias de valor agregado de gestão de projetos existentes.
- Criar uma metodologia que englobe toda a cadeia de valor agregado de gestão de projetos, dos fornecedores aos clientes.
- Cumprir os padrões da indústria estabelecidos pelo Instituto de Gestão de Projetos (PMI) e pela Organização Internacional para a Padronização (ISO).
- Compartilhar as melhores práticas entre todas as organizações globais.

- Alcançar as metas corporativas de prazos, custo, qualidade e eficiência.
- Otimizar procedimentos, *deliverables*, papéis e responsabilidades periodicamente.
- Fornecer uma documentação clara e útil.

Em uma empresa, os seguintes benefícios foram encontrados:

- Terminologia comum em toda a organização
- Unificação de todas as divisões da empresa
- Formulários e relatórios comuns
- Diretrizes para gerentes de projetos e membros de equipes menos experientes
- Definição mais clara de papéis e responsabilidades
- Redução no número de procedimentos e formulários
- Nenhuma duplicação nos relatórios

As seguintes recomendações podem ser feitas:

- *Usar um sistema comum por escrito para gerenciar programas.* Se novas empresas forem adquiridas, trazê-las ao sistema básico o mais rapidamente possível, dentro dos limites razoáveis.
- *Respeitar todas as partes.* Você não pode forçar uma empresa a aceitar os sistemas de outra empresa. É preciso "vender" ideias, chegar a um consenso e fazer modificações.
- *Leva tempo para fazer diferentes culturas corporativas se combinarem.* Forçar demais simplesmente irá alienar as pessoas. Ênfase e impulso contínuos pela gerência são mesmo a melhor maneira de alcançar a integração de sistemas e culturas.
- *Compartilhar pessoal de gerência entre as empresas que estão se fundindo ajuda a aproximar sistemas e pessoas rapidamente.*
- *É preciso haver um "encarregado pelo processo" comum para o sistema de gestão de projetos.* Uma pessoa no nível vice-presidencial seria apropriada.

17.6 Resultados da integração

Os planos mais bem preparados não necessariamente garantem o sucesso. A reavaliação é sempre necessária. A avaliação do valor agregado integrado da gestão de projetos após a aquisição e a integração serem concluídas pode ser feita usando o modelo do Boston Consulting Group (BCG), exibido na Figura 17.4. Os dois parâmetros críticos são o valor percebido para a empresa e o valor percebido para os clientes.

Se a cadeia final for um valor percebido baixo tanto para a empresa quanto para os clientes, ela pode ser considerada um "peso morto" (*dog*).

Características de um "peso morto"

- Falta de cooperação interna, possivelmente em toda a cadeia de valor agregado.
- A cadeia de valor não tem boa interação com os clientes.
- O cliente não acredita na capacidade da empresa de fornecer os *deliverables* solicitados.
- Os processos da cadeia de valor agregado são sobrecarregados com conflitos excessivos.
- As expectativas pré-aquisição não foram alcançadas, e os negócios podem estar diminuindo.

Capítulo 17 • Efeito das fusões e aquisições na gestão de projetos

	Alto	Baixo
Alto (Valor percebido para os clientes)	Potencial de crescimento	"Dilema" (Problem child)
Baixo	"Estrela" (Star)	"Peso morto" (Dog)

Valor percebido para a empresa (Alto ← → Baixo)

Figura 17.4 Sistema de gestão de projetos após a aquisição.

Possíveis estratégias a serem empregadas com "peso morto"

- Fazer *downsizing*, reduzir o escopo ou abandonar a cadeia de valor agregado da gestão de projetos.
- Reestruturar a empresa em uma organização de gestão de projetos projetizada ou departamentalizada.
- Permitir que os negócios diminuam e concentrar-se em projetos e clientes selecionados.
- Aceitar a posição de seguidor de mercado em vez de líder de mercado.

O quadrante do *"dilema"* na Figura 17.4 representa uma cadeia de valor agregado que possui um alto valor percebido para a empresa, mas não é muito estimada pelos clientes.

Características de um "dilema" (problem child)

- O cliente acredita razoavelmente na capacidade da empresa de produzir os resultados desejados, mas não confia na cadeia de valor agregado da gestão de projetos.
- Podem existir sistemas incompatíveis dentro da cadeia de valor agregado.
- Os funcionários ainda são céticos quanto à capacidade da cadeia de valor agregado de gestão de projetos.
- Os projetos são concluídos mais na base da "prova de fogo" do que com uma abordagem estruturada.
- Ainda pode haver "bolsões" fragmentados de gestão de projetos tanto no proprietário quanto no inquilino.

Possíveis estratégias para uma cadeia de valor "dilema"

- Investir fortemente em treinamento e educação para obter uma cultura cooperativa.
- Monitorar cuidadosamente a interface multifuncional em toda a cadeia.
- Procurar aliados visíveis da gestão de projetos tanto no proprietário quanto no inquilino.
- O uso de pequenos projetos envolvendo avanços pode ser apropriado.

O quadrante do *potencial de crescimento* na Figura 17.4 tem o potencial de alcançar as expectativas da tomada de decisão pré-aquisição. Essa cadeia de valor agregado é percebida positivamente tanto pela empresa quanto por seus clientes.

Características de uma cadeia de valor com potencial de crescimento

- Um número limitado de projetos bem-sucedidos está usando a cadeia.
- A cultura que permeia a cadeia baseia-se em confiança.
- Existe um patrocínio visível e eficiente.
- Tanto o proprietário quanto o inquilino consideram a gestão de projetos como uma profissão.

Possíveis estratégias para uma cadeia de valor com potencial de crescimento

- Manter um crescimento lento que leva a projetos maiores e mais complexos.
- Investir em melhorias na metodologia.
- Começar a vender soluções completas para os clientes em vez de simplesmente produtos ou serviços.
- Foco em um melhor relacionamento com o cliente usando a cadeia de valor agregado de gestão de projetos.

No último quadrante na Figura 17.4, a cadeia de valor é vista como uma "estrela" (*star*). Uma estrela possui um alto valor percebido pela empresa, mas um baixo valor percebido pelo cliente. O motivo para o baixo valor percebido pelo cliente é o fato de você já tê-lo convencido da capacidade de sua cadeia de produzir os resultados esperados, e seus clientes agora estão concentrados nos *deliverables* em vez de na metodologia.

Características de uma cadeia de valor agregado da gestão de projetos "estrela"

- Existe uma cultura altamente cooperativa.
- A tripla restrição é satisfeita.
- Seus clientes o tratam como parceiro em vez de como empresa contratada.

Possíveis estratégias para uma cadeia de valor "estrela"

- Investir fortemente em subsistemas de suporte de última geração para a cadeia.
- Integrar seu sistema de informação de gestão de projetos (SIGP) aos sistemas de informação do cliente.
- Permitir que as opiniões do cliente gerem melhorias para sua cadeia.

17.7 Estratégias da cadeia de valor

No início deste capítulo, o foco foi sobre os objetivos estratégicos estabelecidos durante a tomada de decisão pré-aquisição. Entretanto, para alcançar esses objetivos, a empresa precisa compreender sua vantagem competitiva e seu mercado competitivo depois da integração de aquisição. Quatro estratégias genéricas para uma cadeia de valor de gestão de projetos são apresentadas na Figura 17.5. A empresa tem de abordar duas questões fundamentais relativas à integração pós-aquisição:

1. A organização se tornará competitiva em termos de custo ou da singularidade de seus produtos e serviços?
2. O mercado pós-aquisição será amplo ou estreito?

		Vantagem competitiva	
		Custo	Singularidade
Mercado competitivo (após a aquisição)	Mercado amplo	**Liderança de custo** • Tipo de projeto: Redução de custo • Tipo de P&D: Engenharia de produto • Risco: Baixo (obsolescência) • Metodologia: Simples	**Diferenciação** • Tipo de projeto: Novos produtos • Tipo de P&D: P&D básica • Risco: Médio • Metodologia: Complexa
	Mercado estreito	**Liderança de baixo custo focalizada** • Tipo de projeto: Melhorias • Tipo de P&D: Desenvolvimento avançado • Risco: Baixo a médio • Metodologia: Simples	**Diferenciação Focalizada** • Tipo de projeto: Soluções • Tipo de P&D: P&D aplicada • Risco: Muito alto • Metodologia: Complexa

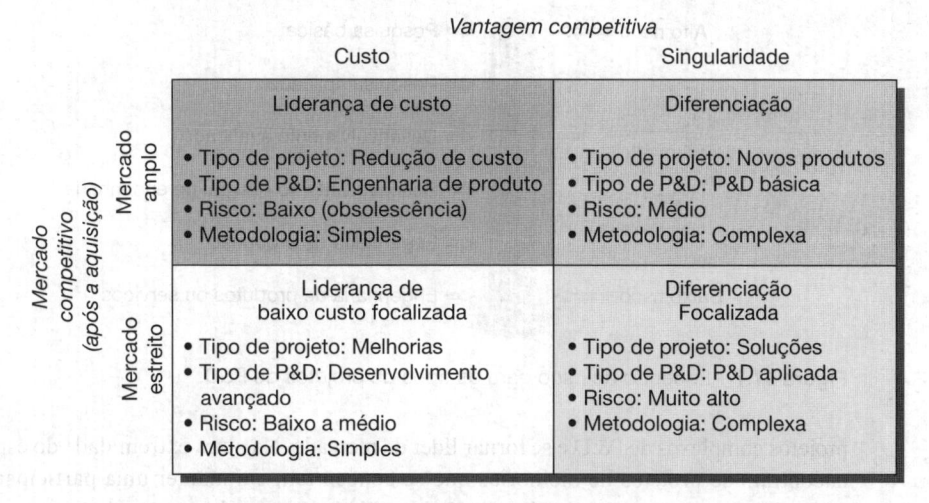

Figura 17.5 Quatro estratégias genéricas de gestão de projetos.

A resposta para essas duas questões geralmente determina os tipos de projetos que são ideais para a metodologia da cadeia de valor agregado de gestão de projetos. Isso é exibido na Figura 17.6. Projetos de baixo risco exigem metodologias não complexas, enquanto projetos de alto risco exigem metodologias complexas. A complexidade da metodologia pode ter um impacto sobre o tempo necessário para a integração pós-aquisição. O tempo mais longo de integração ocorre quando uma empresa quer que uma cadeia de valor agregado da gestão de projetos forneça uma solução completa de gestão de projetos, o que inclui desenvolvimento de produtos e serviços, instalação e seguimento. Pode incluir também uma plataforma de gestão de projetos. A ênfase é sobre satisfação do cliente, confiança e trabalho de seguimento.

As metodologias de gestão de projetos geralmente são um reflexo da tolerância a riscos por parte de uma empresa. Como mostra a Figura 17.7, as empresas com alta tolerância a riscos desenvolvem cadeias de valor agregado de gestão de projetos capazes de lidar com

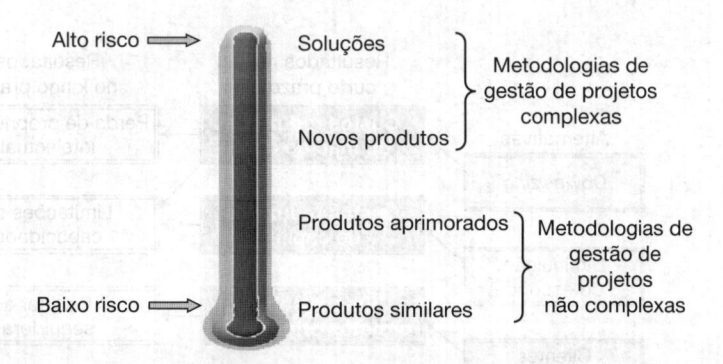

Figura 17.6 Espectro de risco por tipo de projeto.

Figura 17.7 Espectro de risco para os tipos de projetos de P&D.

projetos complexos de P&D e se tornar líder de mercado. Na outra extremidade do espectro, encontram-se projetos de melhorias que se concentram em manter uma participação de mercado e se tornar uma seguidora, e não uma líder de mercado.

17.8 Fracasso e reestruturação

Grandes expectativas geralmente levam a grandes fracassos. Quando cadeias integradas de valor agregado de gestão de projetos fracassam, a empresa possui três alternativas viáveis, mas indesejáveis:

1. Fazer um *downsizing* na empresa.
2. Fazer um *downsizing* no número de projetos e comprimir a cadeia de valor agregado.
3. Focar-se em uma base de clientes selecionados.

Os resultados no curto e longo prazo para essas alternativas estão exibidos na Figura 17.8.

O fracasso geralmente ocorre porque a fase de tomada de decisão pré-aquisição foi baseada em ilusões em vez de fatos. Típicas ilusões incluem:

- Integrar as metodologias de gestão de projetos reduz automaticamente ou elimina passos duplicados na cadeia de valor agregado.

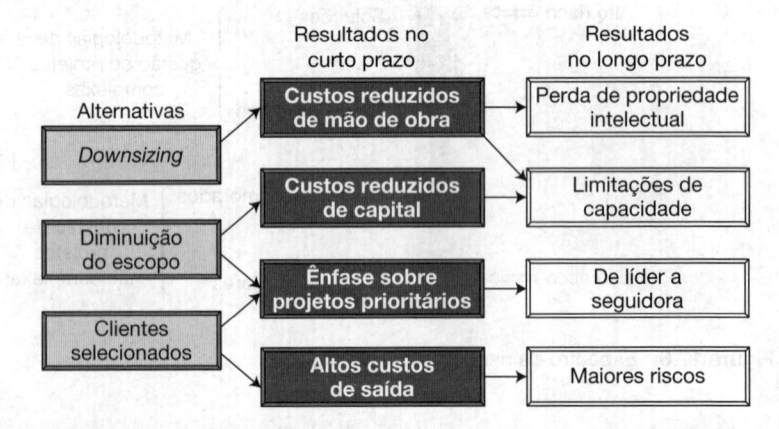

Figura 17.8 Resultados da reestruturação.

- Conhecimentos especializados em uma parte da cadeia de valor agregado da gestão de projetos poderiam ser diretamente aplicáveis a atividades que se encontram a montante e a jusante na cadeia.
- Um proprietário com uma forte metodologia em parte de sua cadeia de valor agregado poderia de forma eficiente forçar uma mudança a um inquilino com uma metodologia mais fraca.
- A sinergia de operações combinadas pode ser alcançada da noite para o dia.
- A integração pós-aquisição é uma garantia de que a tecnologia e a propriedade intelectual serão transferidas.
- A integração pós-aquisição é uma garantia de que todos os gerentes de projetos terão uma situação de igualdade em termos de autoridade e tomada de decisão.

Fusões e aquisições continuarão a ocorrer independentemente de a economia estar fraca ou forte. A esperança é a de que as empresas agora prestem mais atenção à integração pós-aquisição e reconheçam os possíveis benefícios.

18
Métodos ágeis e Scrum

18.0 Introdução

À medida que a gestão de projetos evoluiu, surgiram novas técnicas derivadas das mudanças no mundo da gestão de projetos. Duas delas são os métodos ágeis e o Scrum. A Figura 18.1 mostra algumas das mudanças que estão ocorrendo. Os Níveis 2 e 3, que contêm alguns dos conceitos fundamentais dos métodos ágeis e do Scrum, abordam mais as características para o crescimento e a maturidade da gestão de projetos, enquanto o Nível 1 contém princípios básicos e está centrado em fazer a organização aceitar e usar a gestão de projetos.[1] Como os executivos inicialmente não confiavam na gestão de projetos e tinham medo de que os gerentes de projetos tomassem decisões reservadas à gerência sênior, aprendemos que muitas das características do Nível 1 na verdade eram prejudiciais à implementação eficaz da gestão de projetos e atuaram como obstáculos significativos ao desenvolvimento dos métodos ágeis e do Scrum. Assim, as características identificadas para o Nível 1 são os motivos pelos quais níveis adicionais de maturidade são necessários, resultando no desenvolvimento das abordagens dos métodos ágeis e do Scrum.

NÍVEL 1 (PROCESSOS COMUNS)
- Os projetos são identificados, avaliados e aprovados sem qualquer envolvimento por parte dos gerentes de projetos.
- O planejamento de projetos é realizado por um grupo de planejamento centralizado, que pode ou não incluir o gerente de projetos.
- Os planejadores podem não entender totalmente as complexidades do projeto; adota-se a premissa de que os planejadores podem desenvolver os planos e linhas de base corretos, que permanecerão inalterados durante todo o projeto.
- Os membros de equipe são alocados ao projeto e espera-se que tenham desempenho correspondente a um plano para o qual praticamente não contribuíram nada.
- São estabelecidas linhas de base, em geral aprovadas pela gerência sênior sem nenhuma contribuição da equipe do projeto, e mais uma vez adota-se a premissa de que as linhas de base não se alterarão durante todo o projeto.

---

[1] Para informações adicionais sobre o Nível 1 e o Nível 2, ver Harold Kerzner, *PM 2.0, Leveraging Tools, Distributed Collaboration and Metrics for Project Success* (Hoboken, NJ: Wiley and International Institute for Learning, 2015).

Figura 18.1 Níveis de maturidade da gestão de projetos.

- Qualquer desvio em relação às linhas de base é considerado uma variância a ser corrigida para manter o plano original.
- O sucesso do projeto é definido como atingir as linhas de base planejadas, e os recursos e as tarefas podem ser realinhados continuamente para preservar as linhas de base.
- Se for necessário alterar o escopo, a tendência é aprovar apenas as mudanças de escopo que não afetem muito as linhas de base existentes.

NÍVEL 2 (PROCESSOS DE NEGÓCIOS)

- Envolvimento do gerente de projetos no início do ciclo de vida
- Patrocínio do comitê, não de um patrocinador individual
- Planejamento do projeto descentralizado
- Disposição de trabalhar com requisitos de projeto flexíveis
- Uso de restrições concorrentes em vez da tripla restrição
- Nova definição de sucesso do projeto
- Maior tolerância para mudanças de escopo
- Uso de um *dashboard* de relatórios em vez de documentação em excesso
- Alta utilização de equipes de projetos virtuais
- Alto nível de envolvimento do cliente
- Captura das lições aprendidas e melhores práticas

NÍVEL 3 (PROCESSOS BASEADOS EM VALOR)

- Alinhamento dos projetos com objetivos de negócios estratégicos
- Ciclo de vida tradicional substituído por ciclo de vida do investimento
- Uso do planejamento da realização de benefícios e gerenciamento de valor
- Transição de metodologia para estrutura
- Uso de métricas para mensurar elementos intangíveis

- Estabelecimento de métricas que controlem premissas e restrições
- Resposta rápida a mudanças de escopo
- Uso do planejamento de capacidade e atividades de gerenciamento de recursos
- Uso de um escritório de gestão de portfólio de projetos (PPMO)

Os maiores usuários dos Níveis 1 e 2 parecem ser os praticantes dos métodos ágeis e do Scrum. Contudo, devido à importância dessas mudanças, podemos esperar que todas as formas de práticas de gestão de projetos utilizem esses conceitos no futuro.

18.1 Introdução à entrega ágil

Assim como o xadrez, os métodos ágeis são fáceis de aprender e difíceis de dominar.
— Michel Biedermann

INTRODUÇÃO À ENTREGA ÁGIL

Como responder ao CEO que pergunta "por que métodos ágeis?"

É assim que você responde a um alto executivo que pergunta "por que métodos ágeis?":

1. Você vai reduzir o tempo de colocação de uma ideia incrível no mercado de meses para semanas, ou até dias, se necessário.
2. Você vai obter um maior retorno sobre investimentos (ROI) do que o que foi financiado, pois poderá desenvolver um produto melhor do que o planejado usando *feedback* frequente da equipe de negócios, de usuários finais e de consumidores.
3. Você redefinirá a qualidade, que deixa de ser a ausência de defeitos e passa a ser o quanto o produto atende às necessidades do mercado.
4. Por fim, e acima de tudo, o conselho vai lhe adorar, pois, ao desenvolver o produto usando um *backlog* priorizado, você reduz seus riscos e garante a melhor relação custo-benefício.

Métodos ágeis significam produzir valor cedo e sempre

A entrega ágil é um conceito em evolução. Infelizmente, com o tempo, ela passou a significar tudo para todos. Fazemos uma reunião diária em pé? Então a gente deve ser ágil! Ah, se fosse tão simples...

Começaremos esta introdução aos métodos ágeis com uma definição bastante simples.

Em sua essência, os métodos ágeis tratam de reduzir o tempo até a obtenção dos primeiros benefícios com a produção de valor cedo e sempre. (Ver Figura 18.2.) Vamos desmembrar essa definição.

- *Valor.* Para produzir valor, a equipe deve continuamente enfrentar primeiro os requisitos de maior prioridade. Definimos "maior prioridade" como os requisitos que (a) representam o maior risco para o projeto, de modo que se não forem mitigados, o projeto fracassará no início e, logo, com baixo custo, ou (b) têm então o maior valor de negócio.
- *Cedo.* Em uma metodologia de projeto em cascata ou direcionada pelo plano (ver Figura 18.3), o trabalho é completado sequencialmente, começando com os requi-

---

Material da Seção 18.1 ©2017 por Michel Biedermann, Ph.D. Todos os direitos reservados.

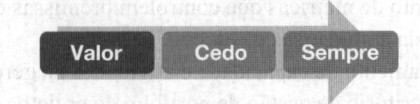

Figura 18.2 A essência da entrega ágil é produzir valor cedo e sempre.

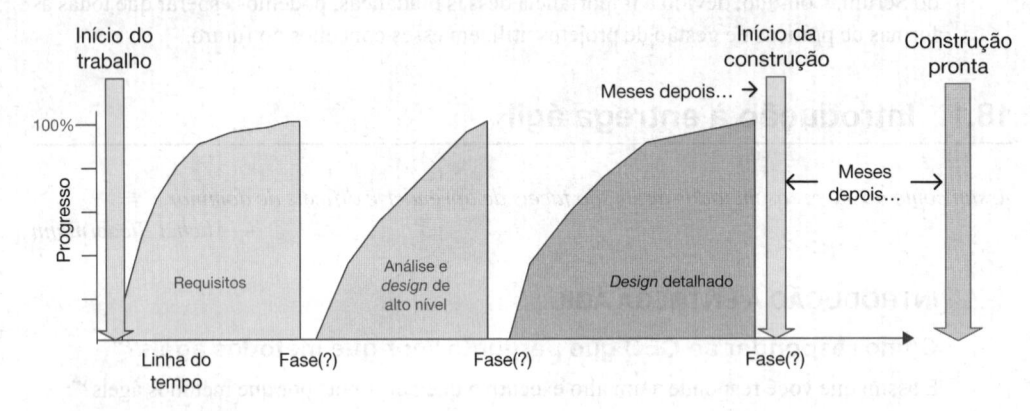

Figura 18.3 A metodologia em cascata atrasa o início da fase de construção.

sitos, seguido por análise, *design*, construção, integração, teste e só então a implementação. Cada fase dura de algumas semanas a muitos meses. Com a entrega ágil, entretanto, a solução ou o produto emerge semanas após o início do projeto, às vezes apenas dias. A equipe consegue isso ao sobrepor a maioria dessas fases, executando-as em paralelo (ver Figura 18.4). O segredo é fazer apenas o suficiente dos requisitos mais importantes para dar início ao trabalho e então executar os requisitos priorizados restantes a tempo para que as fases integradas de construção e teste corram de maneira fluida.

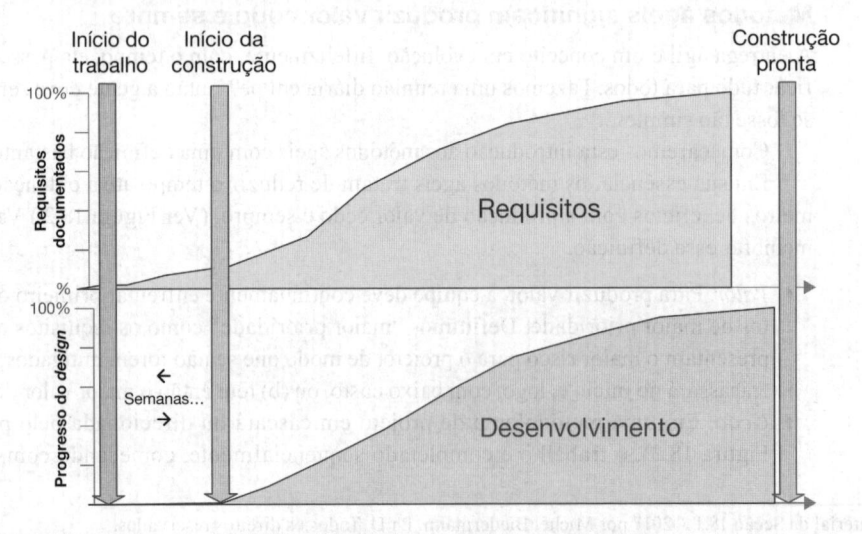

Figura 18.4 A entrega ágil sobrepõe as fases do projeto para entregar valor mais cedo.

- *Sempre*. A solução emergente é apresentada a qualquer parte interessada ao final de cada iteração ou *sprint*, geralmente todas as vezes após algumas semanas. A ideia é (a) validar a saúde do projeto com testes diretos da solução emergente e (b) aumentar o valor da solução ou do produto, integrando o *feedback* aos requisitos e ao *design*.

Também é preciso observar que uma solução ou um produto gera valor apenas após entrar em produção, pois nenhum usuário final ou consumidor estaria disposto a pagar por nenhum dos produtos intermediários, como uma lista completa de requisitos ou mesmo os desenhos ou esquema estrutural do melhor *design* de produtos do mundo. Somente o produto final conta.

Pronto! Eu disse que a entrega ágil seria fácil de aprender. Agora vem a parte difícil: dominar. O resto do conteúdo (na verdade, o resto do seu aprendizado ágil) se concentrará nas muitas maneiras de dominar a meta de produzir valor cedo e sempre.

Contudo, antes de iniciarmos esse aprendizado de verdade, precisamos entender mais um conceito, que é o impacto dos métodos ágeis nas restrições de ferro.

A entrega ágil inverte as restrições de ferro

Todos aprendemos sobre o impacto da tripla restrição, ou restrições de ferro, sobre os projetos tradicionais ou em cascata: a saber, que o escopo é fixo pelo que foi financiado, enquanto a equipe e o cronograma necessários para executar tal escopo são variáveis.

Os métodos ágeis invertem essas restrições (ver Figura 18.5). A definição da equipe e do cronograma é fixa, o que torna os métodos ágeis bastante atraentes para os gestores, pois o orçamento não muda e, por exemplo, uma campanha de marketing significativa pode ser agendada de forma confiável. Contudo, fica evidente que algo precisa ceder para que tudo isso seja possível. No caso da entrega ágil, a variável é o escopo do projeto.

Como isso é possível? Lembre-se de que, ao priorizar os requisitos, entregamos os mais importantes primeiro. Se o projeto fica sem tempo ou sem dinheiro, os requisitos que a equipe não terá como entregar são os menos valiosos. Em outras palavras, a vida é incerta, então coma a sobremesa primeiro.

O MANIFESTO ÁGIL

Antes de entrarmos no Scrum, provavelmente o *framework* de entrega ágil mais conhecido, vamos dedicar alguns minutos a revisar a fonte dos métodos ágeis, o "Manifesto para Desenvolvimento Ágil de Software" (ver agilemanifesto.org).

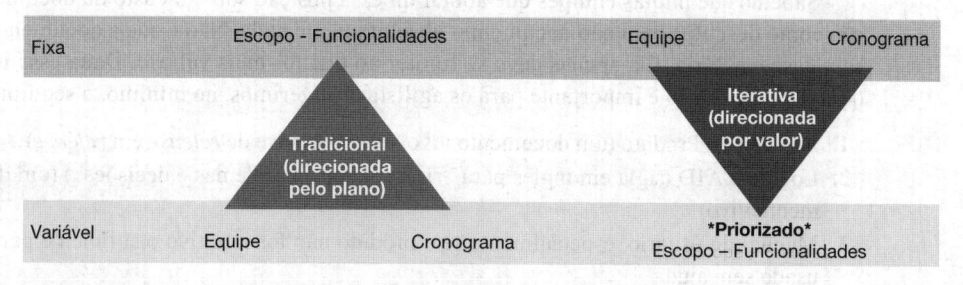

Fixa	Escopo - Funcionalidades	Equipe	Cronograma
	Tradicional (direcionada pelo plano)	Iterativa (direcionada por valor)	
Variável	Equipe	Cronograma	*Priorizado* Escopo – Funcionalidades

Figura 18.5 A entrega ágil inverte as restrições de ferro dos projetos.

Os quatro valores do Manifesto Ágil

O Manifesto Ágil começa com quatro valores distintos:

Indivíduos e interações	mais que	processos e ferramentas
Software em funcionamento	mais que	documentação abrangente
Colaboração com o cliente	mais que	negociação de contratos
Responder a mudanças	mais que	seguir um plano

Entenda que, como apontam os autores do manifesto, não é que os itens à direita não tenham valor, os métodos ágeis apenas preferem os itens à esquerda. Vamos analisá-los individualmente.

Indivíduos e interações mais que processos e ferramentas

A entrega ágil não envolve seguir cegamente *frameworks* ou processos. Algum nível de disciplina representado por um processo ou *framework* como, por exemplo, o Scrum, é útil, mas nenhum deles compensa o fato de a equipe não se apropriar do seu próprio trabalho e não colaborar intensamente para resolver o problema em conjunto. Na verdade, o conceito de "nenhum de nós é tão bom quanto todos nós" se aplica muito bem às equipes ágeis. Logo você aprenderá que a entrega ágil gira em torno da equipe ou, se preferir, da "E"quipe.

Da mesma forma, a entrega ágil não depende das ferramentas, que muitas vezes atrapalham. Escolha sua ferramenta favorita de gestão de projetos e é provável que ela o obrigue a pensar sobre o projeto e gerenciá-lo do modo específico como os desenvolvedores da ferramenta imaginaram.

A lição aqui é que processo nenhum consegue superar a falta de colaboração entre os indivíduos na equipe. Processo nenhum cria uma equipe de alto desempenho. Quando os membros colaboram, o processo ajuda a acelerar ainda mais a produtividade da equipe.

Software em funcionamento mais que documentação abrangente

Quando refletir sobre esse valor, considere as seguintes perguntas:

1. Enquanto patrocinador do projeto, o que lhe ajuda a entender melhor a saúde do projeto: (a) ler a documentação criada pela equipe ou (b) testar a solução emergente você mesmo, regularmente – digamos, após cada *sprint* ou iteração de duas semanas?
2. Enquanto usuário final ou consumidor de um produto, você pagaria por alguma documentação além do manual do usuário?

Sabemos de muitas equipes que adotaram essa posição sobre o custo da documentação como desculpa para não documentar absolutamente nada. Não é que a documentação seja desnecessária. Ela apenas deve se limitar ao que for mais valioso. Dada essa ideia, qual documentação é importante para os agilistas? Sugerimos, no mínimo, o seguinte:

1. *Backlog* do Produto (um documento vivo, que sobrevive de *release* em *release*)
2. Log de RAID (sigla em inglês para "riscos, ações, problemas e decisões") (um documento vivo)
3. Manual do usuário, especialmente se o produto não for intuitivo o suficiente para ser usado sem ajuda

4. Instruções sobre como promover a solução para a produção, especialmente se o processo não for 100% automatizado
5. Instruções necessárias para oferecer suporte ao produto após entrar em produção

Colaboração com o cliente mais que negociação de contratos

Você pode estar com a impressão de que a entrega ágil exige uma colaboração muito mais intensa do que nos projetos tradicionais ou em cascata. Por exemplo, a racionalização da documentação deve ser substituída, ou pelo menos complementada, por uma colaboração mais próxima entre o cliente e o(s) fornecedor(es). Em vez de documentar, analisar e projetar todos os requisitos de antemão, mesmo de maneira incidental, incluindo aqueles que podem acabar não sendo realizados, o conhecimento necessário emerge no momento do consumo por meio da colaboração.

1. A negociação de contratos atrasa o início do projeto e, logo, o tempo até o primeiro benefício para o cliente e os fornecedores, mas especialmente para a entidade mais importante de todas, o consumidor ou usuário final do produto.
2. Atrasos e surpresas no projeto criaram uma cultura na qual cliente e fornecedores buscam transferir os riscos para os outros. Esse tipo de negociação dificulta e atrasa chegar a uma situação positiva para todos os envolvidos. Todas as partes tentam explorar as regras do sistema, como é da natureza humana.
3. A equipe normalmente não pode ser protegida do estresse e das demandas das negociações de contratos, então sua produtividade sai prejudicada, ao menos temporariamente. Os exemplos incluem ter que mudar de modo de trabalho para analisar os novos requisitos e estimar o esforço necessário ou tolerar a incerteza sobre se o tempo dos membros da equipe no projeto será estendido.

O resultado disso tudo é que a relação entre o cliente e os seus fornecedores muda em projetos ágeis; o que antes era motivado principalmente por contratos se transforma em uma parceria bastante próxima. Em que tipo de jornada todas as partes estão prestes a embarcar se ela não começa com um resultado positivo para todos?

Obs.: Neste ponto, alguns leitores vão perguntar como se estrutura um contrato ágil. Pode ser um pouco cedo demais para que você entenda todas as sutilezas das respostas, mas a lição é que preferimos estruturar um contrato ágil com as seguintes fases:

1. [Opcional] *Visão*. A ideia desta fase é alinhar os objetivos de negócios estratégicos com os requisitos cada vez mais detalhados, culminando com a definição dos dois ou três requisitos mais importantes necessários para implementar tais objetivos. Mais requisitos emergem com o tempo, depois que o trabalho inicia.

    Tipo de contrato: *Preço fixo*, pois esta fase depende da capacidade fixa e tem duração fixa (2 a 3 semanas)
2. *Início do trabalho*. A equipe é montada e começa a trabalhar no requisito mais importante de todos até a sua velocidade de entrega atingir um estado regular. Tradicionalmente demora cerca de três ou quatro iterações ou *sprints*. Definimos a velocidade como o número de pontos de história aceito pelo cliente por *sprint*. Os pontos de história são a moeda ágil para a estimativa do trabalho.

    Tipo de contrato: *Tempo e Material*, pois, apesar desta fase depender da capacidade fixa (ou seja, da equipe), a duração necessária para que a equipe atinja um estado regular de entregas pode variar. Dependendo do tempo de montagem, as habilidades da

equipe e a complexidade do domínio de negócios, a duração deve ser de dois a quatro meses.
3. *Estado regular de entrega.** Agora que a velocidade da equipe é conhecida, a duração do projeto pode ser estimada usando o tamanho do *backlog* do produto. A moeda usada para estimar o trabalho para equipes ágeis é o ponto de história. Descreveremos os pontos de história e como estimam o trabalho na Seção 18.2. Por ora, basta dizer que se a soma dos pontos de história para a lista de requisitos for 200 e a equipe entregar em média 20 pontos por iteração em um estado regular de entrega, ela levará 10 iterações para completar o trabalho. Essa fase de estado regular de entrega pode ser realizada por um preço fixo, desde que tamanho da equipe, composição e domínio de negócios do trabalho permaneçam iguais. Observe que você não deve comparar a velocidade entre as equipes, ou elas usarão isso para manipular o sistema. Em outras palavras, você não pode dizer que uma equipe que entrega 20 pontos de história por iteração é 50% menos produtiva do que uma equipe que entrega 40 pontos. Veremos mais sobre isso na Seção 18.2.

Responder a mudanças mais que seguir um plano

Na maioria dos projetos, se não em todos eles, as necessidades do cliente evoluem à medida que ele entra em contato com a solução emergente. Isso leva a novas ideias, novos requisitos e até a novas direções em que conduzir o produto. Integrar esse *feedback* para que o produto final atenda melhor às demandas dos usuários finais não é apenas aceitável, é desejável. Em outras palavras, se um projeto de entrega ágil tem uma fase formal de documentação dos requisitos, esta é curtíssima, no máximo de algumas semanas, para permitir que os objetivos de negócios estratégicos orientem a identificação dos requisitos mais importante (um ou dois deles) que os implementarão. Na verdade, eu deveria ter dito que a fase de documentação dos requisitos se estende por quase toda a duração do projeto. A intenção aqui é que os requisitos emerjam continuamente no momento de consumo pela equipe de desenvolvimento, ou talvez duas ou três semanas antes, para que os *designers* e arquitetos possam preparar suas orientações para a equipe de desenvolvimento.

Esse valor muitas vezes é o mais difícil de aceitar entre clientes e fornecedores tradicionais. Muitos contratos são escritos de tal forma que o escopo do projeto precisa estar totalmente detalhado e todas as estimativas de esforço devem estar claramente definidas antes de eles serem assinados. A ironia é que nem o cliente nem os fornecedores sabem o suficiente no início do projeto para imaginar aonde o *feedback* levará o produto e quanto esforço realmente será necessário. É isso que reflete a Figura 18.6, o Cone da Incerteza.

A Figura 18.6 mostra a quantidade de informações que o cliente e o fornecedor não têm durante o projeto. As fases documentadas no eixo horizontal correspondem à entrega típica em cascata ou orientada ao plano. O problema perverso de querer fixar o escopo do projeto e suas estimativas de esforço antes do início do projeto é que ambos os lados do contrato não sabem o que exatamente eles não sabem. A equipe do cliente tem apenas algumas ideias sobre quais deveriam ser os requisitos. A equipe do fornecedor, por sua vez, tenta estimar o esforço que seria necessário para implementar esses requisitos incertos. Ironicamente, ambas as equipes dedicam tempo e esforço significativos a tentar estreitar o Cone da Incerteza, quando, na verdade, o melhor jeito de fazer isso é começar o trabalho. Assim, as

---

* N. de R.T.: Neste estágio a equipe passa a entregar seu desempenho de forma adequada; popularmente se diz que "a equipe está performando".

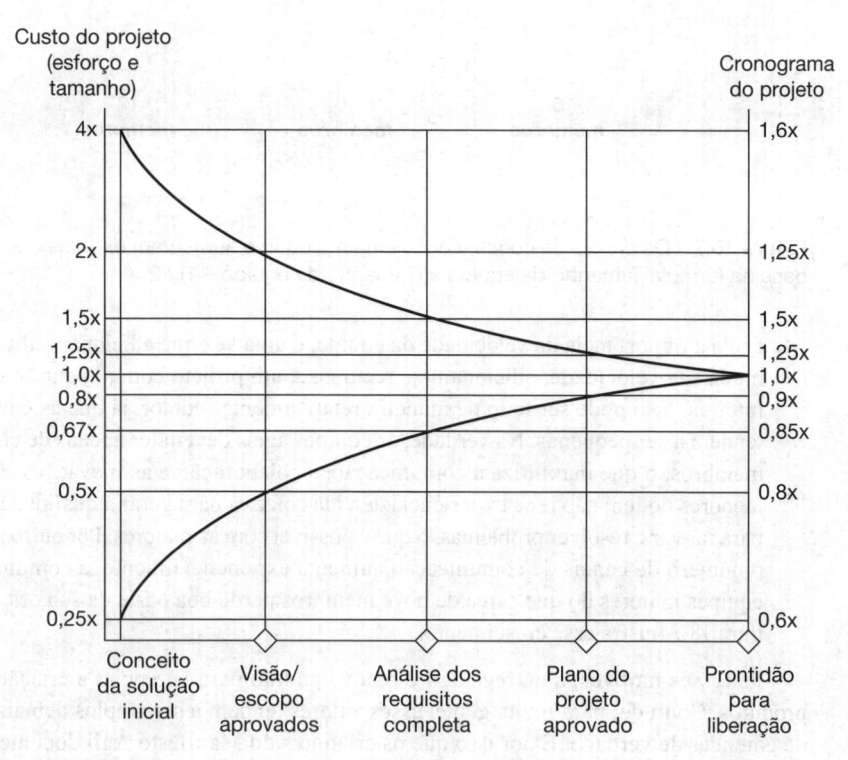

Figura 18.6 O Cone da Incerteza demonstra o que se sabe sobre um projeto durante suas diversas fases em cascata.

equipes ágeis preferem começar o trabalho cedo no projeto, mas reagem a mudanças em vez de gastarem tempo tentando imaginar um plano e, mais importante ainda, datas, apenas para errarem o alvo.

Vamos analisar por que algumas pessoas diriam que ter um plano detalhado é melhor do que saber apenas o suficiente para começar a trabalhar. Evidentemente, há algum valor em ter um plano – um plano simples, talvez até simplista. O segredo é não sofrer da paralisia por análise, atrasando o trabalho enquanto busca criar o plano perfeito. Em vez disso, as equipes técnicas e de negócios devem aceitar essas incertezas e chegar a um acordo sobre uma parceria com as seguintes condições:

1. A equipe de negócios pode mudar e repriorizar os requisitos, desde que a equipe técnica continue a ter as habilidades necessárias para implementá-los.
2. Se o domínio de negócios muda, a equipe técnica pode ter de fazer alterações às habilidades da equipe. Isso pode exigir uma solicitação de mudança no projeto caso ocorra uma alteração na graduação ou complexidade das habilidades.
3. À medida que o projeto avança, mas com certeza durante sua segunda metade, a estimativa do número de iterações necessárias para completar o trabalho conhecido pode se basear em dados sólidos. Assim, a equipe de gestão deve ficar cada vez mais confortável com relação à duração do projeto enquanto ele avança. Isso é especialmente verdade se o trabalho completado durante cada iteração estiver de acordo com a Definição de Pronto (DoD) para ser promovido à produção. Veremos mais sobre isso a seguir.

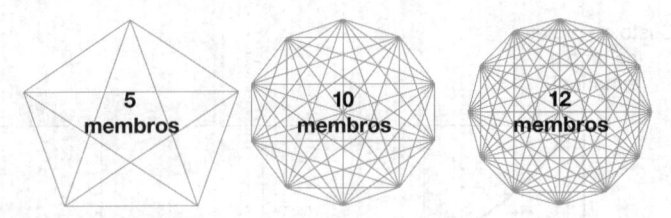

Figura 18.7 Os canais de comunicação em uma equipe aumentam exponencialmente com base na fórmula Tamanho da equipe × (Tamanho da equipe – 1) / 2.

4. Dada a importância da velocidade da equipe, e uma vez que adicionar indivíduos a ela muda sua velocidade, adicionam-se recursos a um projeto com a inclusão de equipes inteiras. Isso pode ser feito de maneira relativamente indolor, já que as equipes ágeis tendem a ser pequenas. Na verdade, as equipes ágeis devem ter apenas de cinco a nove membros, o que maximiza a comunicação, a colaboração e as inovações. As equipes menores podem não ter a experiência de vida coletiva para gerar a qualidade das ideias para inovar e resolver problemas, o que é possível com as maiores. Por outro lado, como o número de canais de comunicação aumenta exponencialmente, a comunicação nas equipes maiores do que cerca de nove membros perde boa parte da sua eficácia. A Figura 18.7 ilustra esse crescimento.

Por esses motivos, a entrega ágil é o novo padrão para gerenciar a criação de novos produtos. Contudo, para muita gente, esses valores tendem a ser amplos demais e difíceis de entender de verdade. É por isso que os criadores do Manifesto Ágil documentaram 12 princípios para definir melhor os quatro valores.

12 PRINCÍPIOS DO MANIFESTO ÁGIL

O problema com os quatro valores do Manifesto Ágil é que, para muita gente, eles são amplos demais e abstratos demais para serem aplicados com eficácia. É por isso que, após o manifesto, seus autores estabeleceram 12 princípios para enquadrar melhor a conversa sobre os métodos ágeis.

1. Entrega contínua e adiantada de *software* com valor agregado

O primeiro princípio afirma: "Nossa maior prioridade é satisfazer ao cliente pela entrega contínua e adiantada de *software* com valor agregado". Em outras palavras, os requisitos, a arquitetura e o *design* não são tão valiosos quanto o *software* em funcionamento. Imagine o seguinte: como consumidor do produto que está prestes a comprar, você pagaria para receber apenas um documento de arquitetura intrigante ou esquemas estruturais maravilhosos? A resposta é não. Não me entenda mal, esses produtos de trabalho têm o seu valor, mas apenas quando se traduzem em *software* em funcionamento.

Dada a influência do *feedback* na qualidade do produto final, a equipe de negócios quer observar, e até vivenciar, o produto emergente assim que possível no projeto. A propósito, enquanto gerente de projetos, patrocinador ou membro da equipe de gerência, nem o relatório de *status* mais bem elaborado do mundo lhe daria um entendimento tão bom sobre a saúde do projeto quanto vivenciar diretamente o progresso do produto emergente.

É por isso que a entrega ágil (a) insiste bastante em começar a fase de construção do produto assim que possível, normalmente de algumas semanas a um mês após o início do projeto, e (b) demonstra o produto emergente para o público mais amplo possível regularmente, em intervalos de algumas semanas.

2. Mudanças nos requisitos são bem-vindas, mesmo tardiamente

O segundo princípio afirma: "Mudanças nos requisitos são bem-vindas, mesmo tardiamente no desenvolvimento. Processos ágeis tiram vantagem das mudanças visando à vantagem competitiva para o cliente". Como mencionado, integrar o *feedback* contínuo à solução emergente cria um produto final mais valioso do que o que foi planejado inicialmente. Assim, dada a chance de produzir um ROI melhor do que o calculado originalmente no caso de negócio e financiado, por que você não a aproveitaria? Isso significa lidar com incerteza durante todo o projeto, mas essa incerteza é saudável, dado que o resultado é melhor. Em outras palavras, aceite a incerteza e seja flexível (ou ágil!) com ela.

3. Entregue *software* em funcionamento frequentemente

O terceiro princípio afirma: "Entregar frequentemente *software* funcionando, de poucas semanas a poucos meses, com preferência à menor escala de tempo". Vejamos por que os autores do manifesto preferem uma escala de tempo menor:

1. Dada a importância de coletar e integrar *feedback* ao produto emergente, por que não fazê-lo com frequência?
2. Encurtar a espera entre as demonstrações cria um senso de urgência na equipe, ou seja, reduz a procrastinação e dá à equipe permissão de negar pedidos irrelevantes. Mas lembre-se de que "não" e "nunca" são diferentes; se o pedido for legítimo, ele será priorizado para a próxima iteração, que começará em, no máximo, duas semanas.
3. Iterações mais curtas expõem as ineficiências e os impedimentos que atrasam o fluxo do trabalho. Por exemplo, o senso de urgência para resolver um bloqueio será muito maior se o intervalo de tempo definido (*time-boxed*) de iteração durar duas semanas, não dois meses. Em outras palavras, um atraso de dois dias representa uma perda de produtividade de 20% em uma iteração de duas semanas ou 10 dias. O mesmo atraso seria apenas 5% de uma iteração de dois meses ou 40 dias. Mais uma vez, o senso de urgência é maior...
4. Outra ineficiência de trabalho típica que iterações mais breves expõem melhor é a tendência das equipes ágeis de "cascatear suas iterações". As equipes devem se concentrar em completar os requisitos mais importantes da primeira iteração e então passar para os próximos requisitos mais importantes, o que garante que o máximo de valor será gerado durante a iteração. As equipes que cascateiam suas iterações preferem se concentrar em primeiro entender todos os requisitos das iterações, depois analisá-los, então desenhá-los, construí-los e, por fim, testá-los todos juntos (ver Figura 18.8). Se a equipe empaca ou desacelera durante, por exemplo, a fase de *design* da iteração, surge o risco de ela não poder completar trabalho algum e, logo, produzir zero valor durante essa iteração. Em outras palavras, o trabalho de desenvolvimento completo deve chegar à equipe de teste para validação no início da iteração, idealmente após alguns dias, não no final da iteração (ver Figura 18.9).
5. Como a melhoria contínua é um dos princípios fundamentais da entrega ágil, preferimos refletir sobre como melhorar com mais frequência, não menos.

É por esses motivos que uma iteração com duas semanas de duração se tornou uma melhor prática.

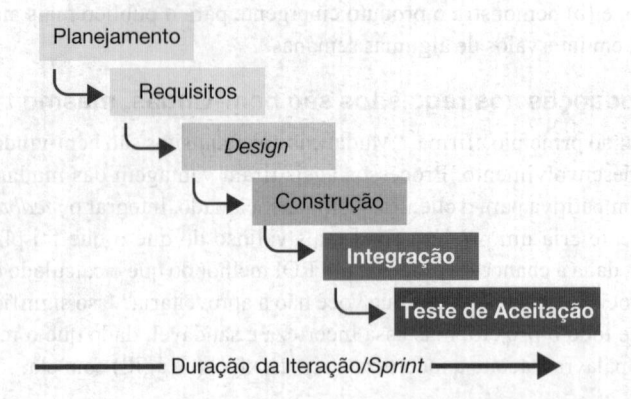

Figura 18.8 Exemplo de uma iteração em cascata em que o trabalho é realizado em fases sequenciais. Se o tempo se esgota durante uma iteração, é provável que pouco valor ou *software* em funcionamento seja produzido.

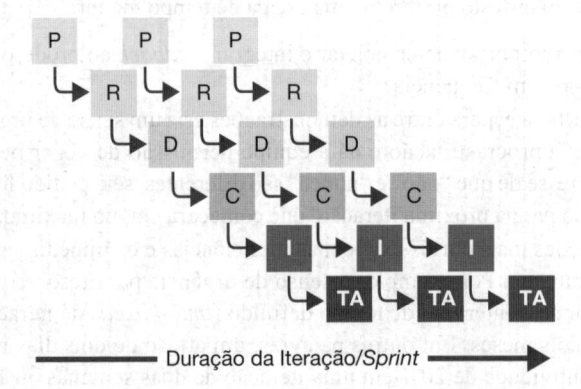

Figura 18.9 Requisitos completados por prioridade em entrega ágil típica. Se o tempo se esgota durante uma iteração, pelo menos o trabalho realizado nos requisitos mais importantes terá sido completado, produzindo valor na forma de *software* funcional.

4. As equipes técnicas e de negócios devem colaborar diariamente

O quarto princípio afirma: "Pessoas de negócio e desenvolvedores devem trabalhar diariamente em conjunto por todo o projeto". Antigamente, a equipe de negócios gastava semanas documentando os requisitos, então os jogavam na parede e passavam meses esperando para ver o produto final, e quase sempre se decepcionava. Uma maneira de impedir isso é as equipes técnicas e de negócios trabalharem juntas continuamente durante todo o projeto. A seguir, listamos algumas das tarefas típicas que acontecem durante um projeto de entrega ágil:

1. A equipe de negócios documenta apenas o suficiente dos requisitos mais importantes (um ou dois deles) para que a equipe técnica comece a trabalhar. Tradicionalmente, "apenas o suficiente" significa de 2 a 4 frases descrevendo o resultado desejado e o valor para o usuário final, e um texto que deve caber em uma ficha (10 × 13 cm). A ficha representa o ponto de partida, com a equipe técnica se baseando nele para fazer perguntas enquanto constrói a solução. Em vez de documentar no papel uma tonelada de

detalhes, estes emergem com o tempo, durante as conversas, quando a equipe técnica precisa de respostas. Isso permite que as equipes técnicas e de negócios esclareçam as premissas umas das outras em tempo real.
2. Com a colaboração diária, a equipe de negócios pode responder às dezenas de perguntas que a equipe técnica sempre precisa fazer, estejam os requisitos anotados em uma ficha ou em um documento de 200 páginas. Sem esse diálogo contínuo, a equipe técnica precisaria tomar essas dezenas de microdecisões todos os dias. "O botão vai aqui ou ali?" "O que aciona, isto ou aquilo?" "O que acontece se a resposta é 'x' e não 'y'?" Fica claro por que ter a equipe de negócios respondendo a essas perguntas no momento em que surgem durante o dia leva a uma solução que melhor atende à visão e às necessidades da equipe.
3. A equipe de negócios refina e reprioriza os requisitos uma ou duas vezes por iteração. Os requisitos são priorizados por valor de negócio e por risco para o projeto. Os requisitos mais arriscados devem ser abordados o mais cedo possível no projeto. Assim, se levarem o projeto ao fracasso, o problema acontece logo no início e, portanto, ao menor custo possível (ou seja, falhe cedo, falhe barato).

Em um mundo ideal, os requisitos mais importantes devem estar sempre prontos para serem consumidos pela equipe técnica para as próximas duas a quatro iterações. Isso dá aos *designers* (p. ex., arquitetos, *web designers*) e aos engenheiros de infraestrutura mais tempo para completar seu trabalho a tempo para a equipe de testes e desenvolvimento enfrentar o seu.

Contudo, sem dúvida alguma, esse princípio é o mais difícil de implementar, pois há um forte desejo de reduzir os custos de desenvolvimento de produtos com a terceirização da equipe técnica, enquanto a equipe de negócios permanece na sede da empresa. Diz o ditado que, quando se trata de equipes de negócios e técnicas trabalhando juntas, a latitude dói, mas a longitude mata. Como a forma de comunicação mais eficaz é a presencial, uma coisa é separar as duas equipes apenas em termos de distância, enquanto todos trabalham no mesmo fuso horário. Desse jeito, pelo menos linhas telefônicas e *links* de vídeo permanentes permitem a tomada de microdecisões rápidas por parte da equipe de negócios quando a equipe técnica precisa de ajuda ou de esclarecimentos. O efeito cumulativo das premissas ruins, em geral por parte da equipe técnica, pode descarrilhar um esforço de desenvolvimento eficaz. Muito diferente é ter as equipes separadas por fusos horários. A dificuldade de ter o dia de trabalho deslocado em até 12 horas dificulta muito o trabalho de manter a equipe motivada no longo prazo, quanto mais o de garantir que apenas os melhores recursos permanecerão no projeto, não apenas os melhores disponíveis. Contudo, dadas essas restrições de projeto do mundo real, apresentamos algumas opções priorizadas:

1. Sobreponha o horário de trabalho das duas equipes, ou pelo menos de tantos membros delas quanto for possível, em tantas horas quanto for viável. Um mínimo razoável seria de pelo menos duas horas. Durante essa sobreposição, concentre-se principalmente em responder a microdecisões e testar as histórias emergentes.
2. Designe um procurador da equipe de negócios, alocado à equipe técnica e empoderado para ser a voz do negócio e do cliente, normalmente um analista de negócios com entendimento profundo sobre o domínio de negócios da equipe. Um risco adicional de ter um procurador é que a equipe de negócios, e especialmente o *product owner* (mais sobre essa função na Seção 18.2, sobre Scrum) corre o risco de abdicar parcial

ou totalmente das decisões em prol do procurador. É uma opção subótima, por diversos motivos.
3. Aloque um conjunto reduzido de recursos técnicos com a equipe de negócios, responsáveis por fazer a ponte com os recursos terceirizados. A desvantagem dessa opção é que as microdecisões têm um atraso de pelo menos um dia e ficam à mercê da comunicação clara e precisa entre as duas equipes técnicas.
4. Documente os requisitos em tantos detalhes quanto necessário para que a equipe técnica minimize as premissas e os pedidos de microdecisões. Essa opção tem, no mínimo, quatro desvantagens:
   a. Documentar os requisitos no nível necessário provavelmente se tornará o gargalo do esforço de desenvolvimento, especialmente se forem necessárias mudanças ou, pior ainda, desvios radicais, pois não é possível compensá-los com o maior *design* nas fases iniciais.
   b. Muitas equipes sofrerão de paralisia por análise ao documentar os requisitos de antemão e por escrito, pois tentarão antecipar respostas para todas as microdecisões.
   c. Para a maioria das equipes terceirizadas, o inglês é sua segunda língua, então encontrar alguém capaz de entender todas as suas nuances cria um segundo gargalo para a equipe técnica.
   d. A comunicação por escrito não é uma forma muito eficaz, especialmente quando se trata de debater problemas complexos.

5. Combine indivíduos motivados e dê suporte e confiança para eles

O quinto princípio afirma: "Construa projetos em torno de indivíduos motivados. Dê a eles o ambiente e o suporte necessários e confie neles para fazer o trabalho". Em um mundo ideal, as metas da organização, do projeto e dos indivíduos estão todas alinhadas. Esse alinhamento aumenta o engajamento dos indivíduos e a responsabilidade pelo próprio trabalho, o que, por sua vez, facilita a confiança e o suporte por parte da equipe de gestão. O resultado é que esse princípio se baseia na cultura, que é a parte mais difícil da transformação ágil.

6. A forma mais eficaz de se comunicar com a equipe de desenvolvimento é face a face

O sexto princípio afirma: "O método mais eficiente e eficaz de transmitir informações para e entre uma equipe de desenvolvimento é por meio de conversa face a face". Foi a partir desse princípio que evoluiu o conceito de colocalizar as equipes técnicas e de negócios. Consulte o Princípio nº 4 para entender as armadilhas criadas por não permitir a comunicação face a face, especialmente com a terceirização da equipe técnica, e as possíveis opções para resolver esse problema.

7. *Software* funcionando é a medida primária de progresso

O sétimo princípio afirma: "*Software* funcionando é a medida primária de progresso". Esse princípio é evidente. Contudo, é incrível a quantidade de gerentes e líderes que insistem em entender a saúde de um projeto ou programa usando relatórios de *status*. Esses relatórios acabam consumindo horas e horas das equipes, ou até dias, que os elaboram com muito cuidado para não revelar por acidente algumas verdades inconvenientes. Na verdade, seria muito melhor e mais eficaz para todos os envolvidos se os gerentes observassem em primeira mão as demonstrações das *sprints* ou iterações. Em uma reunião de duas horas, uma vez por semana ou menos, eles entenderiam o contexto por trás dos pedidos, riscos, problemas e bloqueios – em outras palavras, a verdadeira saúde do projeto. É difícil obscurecer a transparência e a falta de coragem quando a principal métrica utilizada é observar o *software* em funcionamento.

8. Os processos ágeis devem ser capazes de manter um ritmo constante indefinidamente

O oitavo princípio afirma: "Os processos ágeis promovem desenvolvimento sustentável. Os patrocinadores, desenvolvedores e usuários devem ser capazes de manter um ritmo constante indefinidamente". Promover esforços e ritmos de desenvolvimento sustentáveis facilita a vida de todos os envolvidos. Isso é possível da seguinte maneira:

1. Dividir o trabalho em *sprints* ou iterações, cada uma com cerca de duas semanas de duração, de modo que todos os recursos, não apenas a equipe técnica, estejam sob pressão constante, mas baixa, para obter resultados, mitigar riscos, resolver problemas antes que se tornem bloqueios e assim por diante. Perder um dia de produtividade devido a um bloqueio não significa muito em um projeto direcionado pelo plano, mas representa uma queda imediata de 10% na produtividade quando a equipe trabalha em iterações de 2 semanas ou 10 dias.
2. Ao garantir que todas as histórias atendem à DoD e, logo, estão prontas para serem promovidas à produção antes de serem aceitas pela equipe de negócios ou o *product owner* no final da iteração, a produtividade ou velocidade (mais informações na Seção 18.2) da equipe se torna previsível. A capacidade obtida no estado regular de entrega se torna uma ferramenta de planejamento preciosíssima. Em outras palavras, atender à DoD elimina a necessidade de outras fases do projeto, como Testes Funcionais, Integração, Teste de Aceitação do Usuário, etc. O problema com ter essas fases distintas é que, como discutido na seção sobre o valor "Responder a mudanças mais que seguir um plano", é impossível prever exatamente qual será a duração de cada uma dessas fases. Sem isso, não é possível gerenciar com eficácia as expectativas das partes interessadas em geral e da liderança especificamente.

9. Contínua excelência técnica e bom *design* aumentam a agilidade

O nono princípio afirma: "Contínua atenção à excelência técnica e ao bom *design* aumenta a agilidade". O corolário desse princípio é que a dívida técnica é um antipadrão ágil. A dívida técnica é o preço que pagamos hoje para corrigir as decisões técnicas feitas no passado. Um exemplo típico seria que, alguns anos atrás, muitas empresas decidiram que padronizariam o uso de uma determinada versão do navegador em vez de manter seus ambientes web atualizados. O advento dos aplicativos móveis exigiu que essas empresas corrigissem essa dívida técnica e atualizassem seus navegadores e aplicativos subjacentes para usarem versões mais modernas. Corrigir essa dívida técnica pode custar milhões de dólares e meses de trabalho para que sejam implementadas corretamente, em um momento em que todo mundo exige acesso a aplicativos móveis.

10. Maximize o trabalho não realizado

O décimo princípio ágil afirma: "Simplicidade – a arte de maximizar a quantidade de trabalho não realizado – é essencial". Um exemplo típico desse princípio é que preparar mais da lista de requisitos do que o relevante para as próximas duas a quatro iterações, adiantando-se em relação ao esforço de desenvolvimento, pode não minimizar o trabalho a ser realizado. Isso ocorre porque o *feedback* recebido durante as demonstrações da iteração ou *sprint* provavelmente definirá o resto dos requisitos, então boa parte desse trabalho adicional pode ser inútil.

Outra perspectiva é que os agilistas ineficazes usam esse princípio para parafrasear a primeira metade de uma citação famosa de Einstein: "Faça as coisas o mais simples possível, mas não as mais simples". Em outras palavras, o princípio é formulado de forma inusitada para enfatizar que a ideia é ser consciente na seleção do trabalho que não precisa ser feito, não apenas minimizar o trabalho que precisa. Assim, o princípio costuma ser excedido das seguintes maneiras:

1. As equipes usam esse princípio para evitar cumprir uma quantidade mínima de trabalho padrão. Por exemplo, muitas equipes combinam esse princípio com o valor de "*software* em funcionamento mais que documentação abrangente" como desculpa para não documentar nada. Um mínimo de documentação quase sempre é necessário, mesmo, ou talvez especialmente, em projetos ágeis. Ela simplesmente não assume a forma de requisitos. Alguns desses documentos seriam arquivos de ajuda, guias para o usuário e orientações de promoção do código-fonte caso o processo não seja automatizado, entre outros.

2. O princípio também é usado para prevenir a chamada *goldplating* (literalmente, banhar a ouro) do *design*, do *build* (versão de código alterado e entregue para testes) ou do teste. Infelizmente, muitas equipes criam para cenários hipotéticos. E se nos pedissem por isso? Ou por aquilo? É fácil! Vamos projetar e implementar uma solução que acomode os três: o que nos pediram e os dois cenários alternativos. Assim, ficamos seguros. Além de projetar e programar opções que provavelmente nunca serão usadas, especialmente se os requisitos mudarem durante o projeto, a equipe de negócios pode descobrir um ponto de virada significativo, capaz de tornar o resultado muito melhor. Além de desperdiçar tempo desenvolvendo uma solução desnecessária, o trabalho provavelmente precisará ser desfeito para atender aos novos requisitos.

É por esses motivos que a equipe deve buscar conscientemente a solução mais simples para atender aos requisitos apresentados. A situação pode mudar no futuro, mas deixe a necessidade determinar o refatoramento mínimo necessário.

11. As melhores arquiteturas, requisitos e *designs* emergem de equipes auto-organizáveis

O décimo primeiro princípio afirma: "As melhores arquiteturas, requisitos e *designs* emergem de equipes auto-organizáveis". O conceito de equipes auto-organizáveis é crucial. Com o tempo, esse conceito foi esclarecido: as equipes devem ser ao mesmo tempo empoderadas e multifuncionais. As equipes são empoderadas porque estão mais próximas e mais bem-equipadas para tomar as decisões necessárias rapidamente e são multifuncionais porque todas as habilidades necessárias para projetar, construir e testar as histórias devem estar inclusas na equipe. Isso minimiza a dependência de outras equipes e maximiza a probabilidade de uma história ou um requisito ser completado, integrado e testado, *end--to-end* (de ponta a ponta), antes do final da *sprint* ou iteração. Equipes empoderadas e multifuncionais são as mais bem-equipadas para garantir que todas as histórias atendem à DoD. É preciso observar que a arquitetura ou o *design* de soluções em um mundo em que os requisitos muitas vezes emergem a cada momento é um problema difícil de resolver, especialmente à medida que os sistemas se tornam mais complexos. Contudo, considerar o *design* do ponto de vista das histórias simplifica tudo, ainda que às custas de uma visão sistêmica e sistemática da solução emergente como um todo. Para resolver esse problema, podem ser úteis conceitos como sistemas fortemente alinhados mas fracamente acoplados, ou *design* emergente *versus* intencional, modelagem ágil com testes automatizados, integração contínua e entrega contínua.

12. A equipe reflete regularmente sobre melhorias e faz os ajustes necessários

O décimo segundo princípio afirma: "Em intervalos regulares, a equipe reflete sobre como se tornar mais eficaz e então refina e ajusta seu comportamento de acordo". Um dos fundamentos dos métodos ágeis é a ideia de melhoria contínua. Ele sugere que a equipe é quem entende a situação, possivelmente com a ajuda de um *coach* ágil, e sabe como trabalhar melhor e mais rapidamente. Assim, após cada iteração ou *sprint*, a equipe e as partes interessadas do projeto devem se reunir e analisar corajosa e objetivamente o seu trabalho recente. Você verá muito mais sobre isso na retrospectiva da *sprint* na Seção 18.2.

18.2 Introdução ao Scrum

VISÃO GERAL DO SCRUM

O Scrum provavelmente é o *framework* (estrutura ou arcabouço) ágil mais conhecido. Apesar de usado originalmente para o desenvolvimento de *software*, muitos dos seus princípios hoje são aplicados muito além da TI, a propósitos mais gerais, como o desenvolvimento de produtos ou serviços.

Em sua base, o Scrum é um *framework* para desenvolver e entregar produtos com o maior valor possível. Os seis aspectos a seguir são os que melhor o descrevem (ver Figura 18.10).

1. *Leve*. O Scrum é definido por três papéis, quatro eventos e cinco artefatos. Apenas isso. Analisaremos tais pontos em detalhes a seguir.

Figura 18.10 Os seis componentes que são a essência do Scrum.

(Componentes: Leve, Fácil de entender, Difícil de dominar, Transparência, Inspeção, Adaptação — em torno de Scrum.)

Material da Seção 18.2 ©2017 por Michel Biedermann, Ph.D. Todos os direitos reservados.

2. *Fácil de entender.* Devido à sua simplicidade, o Scrum é facílimo de explicar e aprender. Na verdade, a "Bíblia do Scrum", disponível (também em português) em www.scrumguides.org, tem apenas 17 páginas e é muito fácil de ler.
3. *Difícil de dominar.* Como mencionado, o Scrum é simples de aprender, mas esse fato engana fácil. Dominá-lo exige bastante tempo. Veremos alguns dos porquês.
4. *Transparência.* O Scrum, assim como os métodos ágeis, busca a transparência. Um dos conceitos fundamentais que todos precisam entender e com o qual todos devem concordar é a Definição de Pronto (DoD, *definition of done*). Estes são os critérios pelos quais o trabalho produzido pela equipe será avaliado em termos de conclusão antes de ser aceito como pronto. Um benefício secundário disso é que os agilistas defendem a transparência em todos os projetos, incluindo nos processos que a equipe irá seguir; o relatório de progresso diário; suas estimativas; suas métricas; sua velocidade (ou seja, a velocidade à qual a equipe completa o trabalho; mais informações a seguir); e os riscos, problemas e, principalmente, bloqueios. Ser transparente exige coragem. É preciso coragem para, por exemplo, comunicar as más notícias no início, pois nem todos os gerentes seguem o ditado que "boas notícias podem esperar, más notícias, não". Também é preciso coragem para anunciar que está se comprometendo com entregar na próxima *sprint*. Mais do que isso, é preciso ter coragem para ser responsável pelo que entregou a cada uma ou duas semanas. Outra forma de coragem inclui a busca de *feedback* frequente sobre o trabalho produzido. Essas formas de coragem orientada pela transparência são apenas exemplos de por que o Scrum é difícil de dominar.
5. *Inspeção.* Ao final de cada *sprint*, a equipe demonstra a todos os interessados o trabalho que realizou. No processo, ela busca coletar o *feedback* necessário para tornar o resultado melhor e mais valioso do que o que foi planejado originalmente. Além disso, a equipe e as partes interessadas periodicamente analisam criticamente pessoas, processos e ferramentas, em busca da melhoria contínua.
6. *Adaptação.* Com base nas inspeções descritas acima, a equipe e as partes interessadas podem decidir livremente realizar as mudanças necessárias para aumentar a qualidade e o valor do produto sendo criado e aumentar a produtividade da equipe.

A seguir, nos aprofundamos nos três papéis, quatro eventos ou cerimônias e cinco artefatos ou produtos de trabalho que compõem o Scrum.

OS TRÊS PAPÉIS NO SCRUM

Os projetos de Scrum são caracterizados por apenas três papéis. São eles:

1. Membro de equipe
2. Scrum Master
3. *Product owner*

Membros de equipe

Os membros de equipe geram valor

Os membros de equipe são apenas os desenvolvedores e testadores. Em geral, são eles que produzem valor no projeto. O projeto também pode ter a ajuda adicional temporária de arquitetos, *designers* e engenheiros de infraestrutura, quando necessário, mas os agilistas consideram que são os primeiros que produzem a maior parte do valor.

Normalmente, a equipe determina os limites do trabalho a ser entregue. Portanto, é fundamental que não se poupem esforços para proteger a sua produtividade. Por exemplo, as reuniões que envolvem a equipe devem ser minimizadas em quantidade e duração.

Multifuncionais e auto-organizáveis

Os times Scrum mais eficazes são multifuncionais e auto-organizáveis. Eles são multifuncionais porque a equipe deve possuir todas as habilidades necessárias para completar o trabalho exigido, de ponta a ponta. Por exemplo, uma equipe de desenvolvimento de *software* pode precisar de habilidades de *front-end* ou interface do usuário (IU), camada de orquestração ou APIs (*Application Programming Interface*, em português "Interface de Programação de Aplicativos") e habilidades de *back-end* ou banco de dados. Essa equipe seria capaz de completar o desenvolvimento, a integração *end-to-end* e o teste das suas histórias em uma *sprint*. Em outras palavras, a equipe garantiria que todas as suas histórias atenderiam à DoD.

Outra vantagem de ser multifuncional é que isso permite que a equipe minimize a necessidade de ter especialistas temporários, além de ser mais fácil cobrir a ausência de um membro de equipe indisponível, pois, entre eles, os membros de equipe conseguem ocupar todos os papéis, ainda que não com a mesma produtividade.

É preciso observar que muitas empresas preferem ter uma equipe independente para o *back-end* ou o desenvolvimento de bancos de dados, por exemplo. Além disso, essas equipes auxiliares também costumam trabalhar orientadas ao plano ou em cascata. Isso é subótimo para os projetos ágeis, pois (1) cria dependências desnecessárias, (2) normalmente envolve custos fixos de gestão de projetos para resolver os efeitos colaterais secundários do alinhamento dessas equipes e (3) provavelmente impede que uma história seja completada de ponta a ponta e, logo, implementada em uma única *sprint*.

Além de multifuncionais, os times Scrum também são auto-organizáveis. Os membros de equipe decidem a melhor maneira de enfrentar o trabalho que se comprometeram em entregar em cada *sprint*. Para eles, o trabalho é menos "terminei a minha parte, vou cair fora" e mais "terminei minha parte, agora quem precisa de ajuda para todo mundo terminar no prazo?" Além de deixar a equipe mais unida, essa abordagem tem a vantagem tradicional de que todos têm a oportunidade de aprender diferentes funções, tecnologias e linguagens de programação, o que os ajuda a crescer profissionalmente. Um benefício secundário é que essa abordagem expande ainda mais a multifuncionalidade da equipe. Em geral, isso também aumenta a satisfação dos funcionários, pois os membros da equipe participam ativamente de algo maior do que eles mesmos.

Os membros de equipe são responsáveis por estimar o trabalho

Se a equipe irá se comprometer em completar em uma *sprint* o trabalho que selecionou, ela também deverá ser responsável por estimar este trabalho. Isso é fundamental por dois motivos:

1. Estimar o esforço necessário para completar o trabalho gera comprometimento. Em outras palavras, o quanto você se comprometeria com completar uma tarefa difícil se outra pessoa, muito mais habilidosa, decidisse quanto tempo você deveria demorar?
2. O tamanho da estimativa varia com a experiência e as habilidades de quem está estimando. Um desenvolvedor júnior pode levar três dias para completar uma tarefa que

um desenvolvedor sênior precisaria de apenas meio dia para completar. Seria justo ou sustentável pedir que o desenvolvedor júnior batalhasse continuamente para cumprir as estimativas decididas por um desenvolvedor sênior?

Scrum Master
A liderança servidora ajuda a equipe a produzir alto valor

O propósito principal do Scrum Master é ser o líder servidor da equipe. Um líder servidor não é um gerente tradicional. Ele é servidor em primeiro lugar e líder em segundo. Assim, ele pergunta sobre aquilo de que a equipe precisa para ter sucesso e produzir o máximo de valor. É responsabilidade da equipe responder à pergunta. Outra vantagem de ser um líder servidor é a capacidade de conquistar a confiança da equipe mais rapidamente do que a maioria dos outros gerentes.

Lidar com impedimentos à produtividade da equipe

Os Scrum Masters eficazes lidam rapidamente com os impedimentos que prejudicam a produtividade da equipe, o que exige uma rede ampla de pessoas capazes de ajudar e a experiência de obter resultados, mesmo que de formas não convencionais. Além disso, gerenciar para cima ajuda a resolver os bloqueios organizacionais mais difíceis.

Garante que os princípios ágeis e do Scrum são seguidos

O Scrum Master é o guia primário da equipe em questões de métodos ágeis e Scrum. Durante os projetos, as equipes encontram problemas. Sua resposta a esses problemas definem o sucesso da sua transformação ágil. As equipes com Scrum Masters fracos regridem, usando seus velhos hábitos de comando e controle ou métodos em cascata e orientados ao plano para resolver essas questões. É responsabilidade do Scrum Master garantir que a equipe não dará um passo para trás durante esses momentos difíceis.

Usa as ferramentas ágeis para aumentar a velocidade da equipe

Um Scrum Master eficaz recorre a experiências com Scrum e métodos ágeis para aumentar a velocidade da equipe e sua eficácia na entrega de produtos melhores. Diz-se que os agilistas têm uma enorme caixa de ferramentas à qual podem recorrer em busca de dicas, truques e experiências que vão muito além do Scrum e envolvem diversos *frameworks* ágeis, como "eXtreme" Programming (XP), disciplined agile (DA), Scrum de Scrums (SoS) e até tópicos como dimensionamento dos métodos ágeis usando Large Scale Scrum (LeSS), Scaled Agile Framework (SAFe) e Nexus. Os melhores Scrum Masters até ampliam seu *kit* de ferramentas para áreas como produção enxuta (Green, Black ou Master Black Belt), Seis Sigma, Design Thinking, Startup Enxuta e DevOps.

Product owner
Prioriza o trabalho para realizar melhor as metas e a visão

O propósito principal do Scrum Master é maximizar a produtividade da equipe (como ela faz o trabalho), mas o do *product owner* (PO) é garantir que a equipe produz o máximo valor de negócio possível (no que ela trabalha). Assim, o PO precisa entender extremamente bem os objetivos estratégicos e a visão da empresa e traduzi-los em histórias ou requisitos táticos eficazes.

Responsável por atender aos objetivos de negócios

Para guiar o desenvolvimento dos melhores produtos, aplicativos ou serviços possíveis, o PO deve funcionar de maneira bastante eficaz como voz do cliente ou do consumidor (VoC). Ele deve conhecer intimamente necessidades, desejos e vontades do público-alvo. Para tanto, é melhor que o PO venha do lado corporativo da empresa.

É decepcionante quando as empresas abdicam a responsabilidade do PO para um fornecedor externo. É um sinal da fraqueza da liderança empresarial. Se a empresa se recusa a ser responsável pela qualidade dos produtos e da experiência que vai criar e vender, por que os consumidores comprariam dela?

Garante a visibilidade e a transparência do backlog

Os POs muitas vezes precisam competir por recursos contra outras equipes ou programas. Uma das melhores maneiras de fazer isso é planejar a entrega de um valor de negócio atraente, descrito pelo conteúdo do *backlog* do produto, ou seja, a lista de todo o trabalho que a equipe precisa completar. Ao oferecer visibilidade e transparência absoluta do *backlog*, o PO mostra que está aberto a *feedback* para entregar ao consumidor um produto ainda melhor do que teria conseguido sozinho.

Outra vantagem de ter um *backlog* transparente é que o progresso até o presente e os próximos passos planejados ficam evidentes para todos. Como vimos anteriormente, a transparência é um dos princípios fundamentais dos métodos ágeis.

Otimiza o valor produzido pela equipe

Em última análise, o sucesso do PO será mensurado pelo valor de negócio produzido pela equipe. A ideia é que a equipe entregue as funcionalidades mais valiosas, os "pedregulhos", primeiro, deixando os menos valiosos para o final dos projetos. Desta maneira, caso o tempo ou o dinheiro se esgote, os pedregulhos foram entregues e apenas os grãos de areia ficaram para trás. Essa abordagem deve tornar o escopo variável mais fácil de aceitar até para os "fanáticos pelo escopo" mais rígidos. Em outras palavras, um escopo priorizado, mas variável, garante a melhor relação custo-benefício.

Um dos benefícios atribuídos à entrega ágil é a ideia de "falhe cedo, falhe barato". Isso significa que se a equipe está fadada ao fracasso devido a riscos do projeto que não puderam ser mitigados, pelo menos o fracasso chegou o mais cedo possível, e as lições aprendidas com o experimento foram obtidas ao menor custo possível. Para isso, prioriza-se o *backlog* do produto por risco, não somente por valor de negócio, especialmente no início do projeto. Essa medida tem dois resultados:

1. Dá mais tempo à equipe, e até à empresa toda, para encontrar modos de mitigar seus riscos de projeto.
2. Se os riscos não podem ser mitigados, é melhor que a empresa descubra isso o mais cedo possível.

Tamanho da equipe? Dá para alimentá-la com duas pizzas grandes?

Finalmente, algumas considerações sobre o tamanho da equipe. As equipes de Scrum são propositalmente relativamente pequenas, com cinco a nove membros (sem contar o PO e o Scrum Master). Como vimos na introdução aos métodos ágeis, os motivos para isso são:

1. Preferimos ter pelo menos cinco membros de equipe porque, em equipes menores, a quantidade e qualidade das ideias e a variedade das habilidades saem prejudicadas.
2. Preferimos não passar de nove membros para maximizar a eficácia da comunicação, pois o número de canais de comunicação aumenta exponencialmente.

O resultado é que os agilistas costumam dizer que a equipe do tamanho certo é aquela que pode ser alimentada com duas pizzas grandes. Então capriche na calabresa e bom apetite!

OS QUATRO EVENTOS DO SCRUM

No Scrum, o trabalho é entregue em *sprints*. As *sprints*, ou iterações, são intervalos de tempo definidos (*time-boxed*) entre uma a quatro semanas, sendo duas semanas a melhor prática emergente. *Sprints* mais curtas têm a vantagem de:

1. Criar um senso de urgência, não apenas entre a equipe, mas também do elenco de apoio. Por exemplo, em uma *sprint* de duas semanas, um bloqueio que dure dois dias porque a pessoa designada não começou a resolvê-lo com rapidez suficiente significa uma perda de 20% na produtividade da equipe, um atraso difícil de superar.
2. *Sprints* mais curtas expõem melhor os pontos fracos e as ineficiências do processo de trabalho da empresa. Por exemplo, vemos muitas e muitas equipes que usam três ou quatro semanas para desenvolvimento e apenas a última para testes. O nome disso é cascatear as suas *sprints*. É um processo mais difícil com *sprints* mais curtas. Em vez disso, a equipe deveria completar o desenvolvimento da história mais importante primeiro, para que ela possa ser testada nos primeiros dias da *sprint*, não quando faltam apenas dois para ela acabar.
3. Aumentar as oportunidades de *feedback* e retrospectivas. Com *sprints* de duas semanas, você tem o dobro das oportunidades de obter *feedback* valioso e melhorar seu processo do que com *sprints* de quatro semanas.
4. Facilitar a recusa quando alguém pede à equipe para inserir um item de alta prioridade emergencial ou esquecido na *sprint*, pois a pessoa terá de esperar apenas duas semanas, no máximo, para o trabalho ser iniciado, pressupondo que tenha prioridade alta o suficiente para pular para o início da fila no *backlog* do produto. Tente dizer a um gerente que precisará esperar um mês inteiro, pois as *sprints* duram quatro semanas.

Então você pode perguntar: por que não selecionar *sprints* com apenas uma semana de duração? É uma pergunta absolutamente válida, mas antes de tentar otimizar seus processos de trabalho nesse nível, experimente as *sprints* de duas semanas na sua própria organização.

Independentemente da duração da *sprint*, o Scrum tem, fundamentalmente, quatro eventos, também chamados de cerimônias (ver Figura 18.11). A equipe inteira, mais o PO e o Scrum Master, participam dos seguintes eventos:

1. Planejamento da *sprint*
2. Reunião diária
3. Demonstração ou revisão da *sprint*
4. Retrospectiva da *sprint*

Alguns agilistas incluem o "Refinamento do *backlog* do produto" a essa lista.

Figura 18.11 As quatro cerimônias do Scrum.

Planejamento da *sprint*

A equipe, o PO e o Scrum Master se reúnem na primeira manhã da *sprint* para planejá-lo. Essa cerimônia deve durar de uma a duas horas por semana da duração da *sprint*. Assim, o planejamento de uma *sprint* de duas semanas deve durar cerca de 2 a 4 horas. Obviamente, a duração depende da maturidade ágil da equipe, da complexidade das histórias e da familiaridade da equipe com elas.

O primeiro passo para a equipe é entender a sua largura de banda. A Tabela 18.1 é um exemplo.

É aqui que as coisas se complicam rapidamente. Já vi equipes calcularem o número de horas de trabalho disponíveis, então calcularem o tempo ideal *versus* o tempo de trabalho, na esperança de obter estimativas superprecisas. Esses cálculos logo consomem quase toda a reunião de planejamento, quase sempre criando uma ideia falsa de precisão. Em vez disso, recomendo um método bem mais simples.

Use a velocidade da equipe como ferramenta de planejamento para a *sprint*

A velocidade da equipe é definida como o número de pontos de história que a equipe entregou por *sprint* recentemente. Um ponto de história é uma medida da complexidade de uma história. Como descrito em detalhes na introdução aos métodos ágeis, a complexidade da história é classificada por um número, seguindo aproximadamente a sequência de Fibonacci: 1, 2, 3, 5, 8, 13, 20, 40 e 100. Uma história que vale 8 pontos é quatro vezes mais

TABELA 18.1

Membro da equipe	Dia 1	Dia 2	Dia 3	Dia 4	Dia 5	Dia 6	Dia 7	Dia 8	Dia 9	Dia 10
Jarry	x	x	x	Feriado	Férias	Férias	Férias	Férias	x	x
David	x	x	x	Feriado	x	x	x	x	x	x
Mike	x	x	x	Feriado	x	x	x	x	x	x
Johan	x	x	x	Feriado	x	x	x	x	x	x
Fred	x	x	x	Feriado	x	x	x	x	x	x
Andrew	x	x	x	Feriado	x	x	x	x	x	x
Ron	x	x	x	Feriado	x	x	x	x	x	x

complexa que uma que vale 2 pontos. Os membros de equipe logo desenvolvem um instinto para avaliar a complexidade de uma história, simplesmente lendo-a e pedindo alguns esclarecimentos ao PO.

Tradicionalmente, a alocação de pontos de complexidade às histórias é feita com o pôquer do planejamento (*planning poker*). Com a experiência, demora 3–5 minutos para estimar cada história. A ideia não é ter precisão absoluta, é ser rápido e obter um resultado bom o suficiente. Quando a equipe não consegue decidir entre dois números vizinhos na escala, o número mais alto é escolhido.

Com o tempo, a velocidade das equipes atinge um estado regular. Isso normalmente demora de três a cinco *sprints*, mas o tempo pode variar. A partir daí, vamos pressupor que uma equipe entregue regularmente cerca de 35 pontos de história por *sprint*. Assim, durante o planejamento da *sprint*, seu objetivo é selecionar cerca de 35 pontos de história do topo do *backlog* do produto priorizado. Essas histórias devem entrar no *backlog* da *sprint*. Ao contrário do *backlog* do produto, que é repriorizado continuamente quando necessário, o *backlog* da *sprint* fica congelado e se torna o escopo da *sprint* após a equipe se comprometer com a sua entrega.

Assim como todo o trabalho priorizado na entrega ágil, a equipe deve atacar o *backlog* da *sprint* a partir do topo, para garantir que as histórias mais valiosas (ou as mais arriscadas) serão completadas primeiro. Desta maneira, caso ocorra alguma surpresa desagradável, pelo menos o trabalho mais valioso já foi completado.

O que acontece quando a equipe ainda não atingiu o seu estado regular de entrega? Ela deve usar a velocidade das *sprints* anteriores para orientar livremente a seleção do trabalho.

E na primeiríssima *sprint*, quando não há uma velocidade para usar de guia? Deixe a equipe resolver sozinha quanto trabalho aceitar coletivamente. É provável que essa estimativa seja errada, o que é aceitável nesse momento. A precisão virá com a experiência. Ao contrário dos projetos em cascata, que duram meses, neste caso, se a equipe errar nas suas estimativas, apenas duas semanas de trabalho serão prejudicadas.

Uma maneira de validar o número de pontos de história selecionado pela equipe é pedir aos membros que dividam suas histórias em tarefas individuais e estimem essa duração em horas. A orientação que dou nessa situação é que as tarefas devem durar de, por exemplo, quatro horas a dois dias. Tarefas mais curtas do que quatro horas não valem a pena em termos dos custos fixos despendidos para gerenciá-las. Por outro lado, quando se estima que uma tarefa irá durar mais de dois dias, a equipe não entende cedo o suficiente se haverá algum problema para completá-la. Após as histórias terem sido divididas em tarefas, some as suas durações estimadas. Esse total deve estar alinhado com a largura de banda disponível da equipe durante a *sprint*. Isso também permite que o Scrum Master valide que nenhum membro de equipe individual tem trabalho demais nas mãos. Em ambos os casos, lembre-se de que o perfeito é inimigo do bom.

E mais uma coisa: Lembre-se de não comparar as velocidades das equipes como indicador da sua produtividade. A lei das consequências não intencionais é que as equipes começarão a inflar artificialmente as suas estimativas para enganar o sistema.

Use a velocidade como ferramenta de planejamento de longo prazo para os *releases*

Outra maneira muito útil de usar a velocidade como ferramenta de planejamento de longo prazo é aplicá-la para estimar o número de *sprints* restantes para ter um produto viável mínimo (MVP, *minimum viable product*) ou atingir um marco de *release*. Primeiro, peça que as equipes estimem o trabalho restante no *backlog* do produto. Por exemplo, digamos que faltem entregar 600 pontos de história. Depois some o número total de pontos de história que um programa entrega por *sprint*. Observe que não está comparando as velocidades das equipes, apenas somando seus números. Por exemplo, digamos que as equipes do programa entregam regularmente 125 pontos de história por *sprint*. Assim, deve demorar 600/125 = 4,8 *sprints* para que completem o trabalho. Mantenha em mente que esse processo presume que (1) o programa atingiu o seu estado regular de entrega; (2) a disponibilidade da equipe durante os próximos cinco *sprints*, nesse caso, é aproximadamente a mesma que foi até então (em outras palavras, nada de férias longas, com todo mundo passando um mês inteiro fora); e (3) o trabalho restante e a composição das equipes são bastante semelhantes ao que se viu até então.

Observe que há um custo de perda de produtividade ao pedir que a equipe faça uma estimativa para todo o *backlog* do produto, especialmente se essa conta foi feita cedo demais no projeto, pois o *backlog* está fadado a mudar, talvez até de forma significativa, com base no *feedback* a ser recebido. Assim, use esse processo com cuidado.

Reunião diária

O propósito da reunião diária (*daily scrum*) é simplesmente planejar o próximo dia de trabalho. Para tanto, cada membro de equipe responde, tão sucintamente quanto possível, às três perguntas priorizadas a seguir:

1. Você tem um bloqueio ou impedimento?
2. O que planeja completar hoje?
3. O que você completou desde a última reunião diária?

Observe o uso da palavra "completou". Não é coincidência. Para poupar tempo, a equipe deve se interessar principalmente pelas realizações completas dos seus membros. Em outras palavras, se a reunião diária fosse apenas para apresentar um relatório de *status*, seria correto cobrir todo o trabalho realizado e todas as reuniões das quais se participou. Mas não é. A reunião diária se concentra no trabalho acabado, pois isso muitas vezes significa entregar o produto para um colega (para testes, por exemplo) ou para o PO (para aceitação). É o foco no resultado que leva muitas equipes a fazerem sua reunião diária em pé, para lembrá-la de não estender a reunião e deixar os membros voltarem ao que são pagos para fazer, ou seja, agregar valor.

Todos são incentivados a participar da reunião diária para manterem-se informados sobre o estado da equipe, mas apenas os membros devem falar. Infelizmente, muitas vezes alguém de fora da equipe, especialmente os gerentes, vê essa reunião como uma oportunidade de impor a sua própria pauta. O resultado é uma reunião que não deveria durar mais de 15 minutos acabar se arrastando. A função do Scrum Master é cortar essas digressões. Um jeito de fazer isso com um pouco de bom humor é com um boneco do Elmo. Para quem não sabe, Elmo é um dos personagens do programa infantil Vila Sésamo. Para os agilistas, Elmo significa Enough, Let's Move On! ("Chega, vamos em frente!").

É perfeitamente aceitável que os membros da equipe ou até o pessoal "de fora" fiquem para trás e conversem em detalhes sobre diversos tópicos, desde que quem não está interessado ou envolvido possa voltar ao trabalho.

Revisão da *sprint*

A revisão da *sprint* acontece no último dia da *sprint*. Seu propósito é que a equipe mostre o seu progresso "para o mundo" e busque *feedback* sobre a solução emergente. Assim, todos com algum interesse no projeto estão convidados a participar. É a oportunidade perfeita para os patrocinadores do projeto, por exemplo, descobrirem em primeira mão o progresso e a saúde do projeto. É também a oportunidade perfeita para os usuários futuros do produto guiarem o seu desenvolvimento, oferecendo *feedback* construtivo e criando expectativas positivas para ele.

A duração da reunião pode variar significativamente. Já a vimos levar de 15 a 20 minutos no início do projeto, quando ainda não há muito do produto para mostrar, a algumas horas, quando a funcionalidade de um programa inteiro é entregue. Especialmente nos primeiros estágios, um membro de equipe pode precisar atuar como "piloto", caso o produto ainda seja frágil demais. Se muitos membros da gerência sênior estiverem presentes, provavelmente é melhor que o PO faça a pilotagem, pois ele saberá melhor como descrever o valor de negócio sendo entregue. O *feedback* dado pelo público deve ser integrado ao *backlog* do produto e priorizado para desenvolvimento futuro.

Retrospectiva da *sprint*

Outro princípio dos métodos ágeis e do Scrum é o conceito de melhoria contínua. Essa melhoria pode ocorrer a qualquer momento, mas o evento principal para ela é a retrospectiva da *sprint*. Tradicionalmente, essa cerimônia do Scrum encerra uma *sprint* na sua última tarde e dura cerca de uma hora, possivelmente mais, dependendo da extensão da análise da causa-raiz dos principais problemas identificados. Também por tradição, no espírito da transparência, todos podem participar, mas as equipes que estão apenas iniciando sua jornada ágil preferem limitar os participantes à equipe central: membros de equipe, Scrum Master e PO.

Das muitas maneiras de se realizar uma retrospectiva, eu prefiro a seguinte:

1. Primeiro, os participantes respondem às perguntas a seguir usando Post-its. O tom da conversa deve ser construtivo, sem acusações. Estão todos no mesmo barco, afinal.
    a. O que deu certo nesta *sprint*?
    b. O que precisamos mudar ou começar a fazer?
    c. O que ainda o deixa confuso?
2. O Scrum Master ou facilitador então repassa as contribuições com o público, pedindo esclarecimentos quando apropriado.
3. O público vota nos dois ou três itens mais importantes em que a equipe deveria trabalhar na próxima *sprint*. Para votar, cada membro do público ou membro da equipe central recebe três notas adesivas que pode colocar em qualquer um dos Post-its. Eles podem escolher aplicar todos em um mesmo item ou dividi-los como quiserem.
4. Os votos são contados e a equipe realiza uma breve análise da causa-raiz dos dois ou três mais votados; no mínimo, usam-se os "Cinco Porquês". A equipe pode optar por usar *time-boxing* neste exercício, delimitando cada segmento a, por exemplo, 10 a 15 minutos.
5. Os itens mais votados, junto com as suas soluções em potencial, são adicionados ao *backlog* do produto para serem trabalhados na próxima *sprint*.

Além disso, normalmente prefere-se que a equipe publique seus achados, pois assim as lições aprendidas podem ser aplicadas de forma mais ampla. Este é mais um exemplo de transparência e coragem.

Refinamento do *backlog* do produto

O propósito da reunião de refinamento do *backlog* do produto é revisar as novas histórias com a equipe e fazer estimativas para elas. Antes de se reunir com a equipe, o PO, possivelmente com a ajuda de um analista de negócios, valida que as histórias estão prontas para serem revisadas junto com a equipe, o que significa que os critérios de aceitação para cada história foram completamente documentados, ainda que de forma concisa. Isso é especialmente importante porque (1) estes têm um impacto significativo na estimativa da complexidade do trabalho, (2) a equipe precisa saber quando parar o desenvolvimento e evitar o *goldplating* do trabalho e (3) os testadores usarão esses critérios para validar a conclusão aceitável do trabalho.

A equipe estima a complexidade das histórias

É função dos membros de equipe estimar a complexidade das histórias usando o pôquer do planejamento, como vimos anteriormente. É difícil prever a duração das reuniões de refinamento do *backlog*. Ela depende da maturidade ágil da equipe, sua experiência no domínio de negócios em geral e especialmente do seu entendimento e sua estimativa dos requisitos. Uma regra básica seria uma a duas horas por semana.

OS CINCO ARTEFATOS DO SCRUM

O Scrum é composto principalmente de cinco artefatos, a saber:

1. *Backlog do produto*. O *backlog* que contém todo o trabalho que a equipe deve realizar.
2. *Backlog da sprint*. O subconjunto do *backlog* do produto no qual a equipe se concentra durante uma *sprint*.
3. *Incremento*. Entrada em produção do trabalho completado e do valor de negócio associado obtido.
4. *Histórias*. Os requisitos ágeis formatados para maior clareza e brevidade.
5. *Definição de Pronto (DoD – Definition of Done)*. O incremento ou os critérios específicos ao projeto a que as histórias devem atender antes que possam ser totalmente aceitas e estejam prontas para ser implementadas.

O *backlog* do produto contém todo o trabalho

O *backlog* do produto é uma lista ordenada de tudo em que a equipe trabalha. Em especial, ele contém ideias, funcionalidades, funções, requisitos, melhorias e correções que podem ser necessários para que o produto seja implementado.

O *backlog* do produto é um documento vivo e dinâmico e, portanto, nunca está completo. Na verdade, ele pode até mesmo sobreviver ao final do projeto, caso nem todo o trabalho possa ser completado.

Ele contém dois tipos de histórias: de negócios e técnicas.

- As histórias de negócios são aquelas que descrevem um resultado de negócios desejado.
- As histórias técnicas são aquelas que descrevem *design* técnico, infraestrutura ou engenharia necessários para a implementação das histórias de negócios.

As histórias de negócios e suas dependentes técnicas devem estar claramente ligadas, pois assim o PO sabe qual trabalho técnico precisa ser completado antes que o desenvolvimento de uma determinada história de negócios possa começar. Se o trabalho técnico não precisa vir antes do desenvolvimento de negócios, o resultado é uma dívida técnica, que é o preço que a empresa precisará pagar um dia para corrigir as decisões técnicas feitas no passado. Um exemplo de dívida técnica é a decisão que muitas empresas tomaram no passado de padronizar o uso do navegador Internet Explorer versão 8. Alguns anos depois, a grande moda era que todos queriam implementar aplicativos móveis. Após alguma pesquisa, ficou claro que uma plataforma móvel exigiria um navegador moderno. A maioria das empresas gastou milhões de dólares e meses de trabalho para atualizar sua infraestrutura para HTML5 e CSS3. Como você deve imaginar, a dívida técnica é um antipadrão ágil.

O *backlog* do produto é de responsabilidade do PO. As histórias técnicas adicionadas ao *backlog* do produto normalmente são de responsabilidade do arquiteto corporativo ou do arquiteto de soluções.

A equipe (desenvolvedores e testadores) é responsável por estimar o próprio trabalho, o que geralmente ocorre usando o pôquer do planejamento (recém-descrito).

Um *backlog* do produto saudável deve ter histórias priorizadas suficientes e prontas para serem consumidas pela equipe durante as próximas duas a quatro *sprints* ou iterações, mas não mais do que isso. Não adianta refinar completamente o *backlog* do produto no início do projeto, pois muitos requisitos evoluirão, ou até mesmo serão eliminados, com base no *feedback* contínuo esperado. Maximizar o trabalho não realizado é uma melhor prática ágil.

O *backlog* da *sprint* fixa o escopo de uma *sprint*

O *backlog* da *sprint* é o subconjunto do trabalho de maior prioridade ou maior risco restante no *backlog* do produto. Mais especificamente, é o trabalho previsto que a equipe se comprometeu em entregar durante a *sprint* atual. Apenas a equipe pode gerenciar o *backlog* da *sprint*; para todas as outras pessoas, ele fica congelado.

Os incrementos são liberados sob demanda

Um incremento é a soma crescente de todos os itens do *backlog* do produto completados durante *sprints* sucessivas e aceitos para implementação. Assim, ao final de cada *sprint*, o incremento em evolução deve sempre atender à Definição de Pronto (ver a seguir) e ser implementável sob demanda.

Uma prática que se tornou comum, especialmente em projetos inéditos, é ter um produto viável mínimo (MVP, *minimum viable product*) assim que possível, não esperar para implementar o produto final com uma abordagem do tipo Big Bang. Como o nome sugere, um MVP é um pequeno conjunto, diria-se até que um subconjunto esquelético, da funcionalidade completa esperada do produto. Utilizar MVPs permite que a equipe de negócios (1) valide conceitos críticos e arriscados enquanto ainda há tempo para aplicar mudanças com base no *feedback* do mundo real recebido, (2) comece a gerar um pequeno fluxo de receitas e (c) crie expectativas positivas em torno do produto emergente.

Na decisão de quais funcionalidades testar em um MVP, a equipe de negócios deve se concentrar também em produzir uma experiência cativante mínima (MDE, *minimum delightful experience*). Sem produzir uma experiência agradável, o valor em potencial das funcionalidades apresentadas pode ser ignorado.

O *product owner* decide se, e quando, liberar o incremento em produção. Após um incremento ser liberado, outro é criado.

AS HISTÓRIAS CONTAM A HISTÓRIA

Os requisitos são mais fáceis de gerenciar quando as histórias têm uma hierarquia

Tecnicamente, o Scrum menciona apenas um tipo de história, a história do usuário, mas muitas equipes têm dificuldade para definir esse tipo de história, que é extremamente granular, em projetos maiores. Em vez disso, quando é melhor utilizar uma abordagem de cima para baixo para detalhar os requisitos, pode ser útil para a equipe adotar a nova hierarquia de histórias listada a seguir:

1. *Objetivos de negócios.* Tecnicamente não são uma história, mas os resultados de negócios determinam a "Estrela Polar" que deve seguir de guia para todas as outras histórias. Os resultados de negócios estratégicos são determinados pela liderança da empresa. Por exemplo, "$500 milhões em novos ativos sob a nossa gestão vindo das contas de millennials até 12 meses após o lançamento do produto".
2. *Épicos.* Os épicos traduzem os objetivos de negócios em uma estratégia acionável. Eles muitas vezes demoram meses para completar, e certamente mais do que um trimestre.
3. *Funcionalidades.* As funcionalidades traduzem os épicos estratégicos em uma abordagem tática e devem ser completadas em menos de um trimestre.
4. *Histórias de usuários.* São a implementação tática de uma funcionalidade. As histórias de usuários devem ser completadas em uma *sprint*. Se não puderem, elas devem ser divididas em histórias menores.
5. *Tarefas.* Uma das melhores práticas para as equipes é dividir as histórias de usuários em tarefas, que precisam ser realizadas para completar o trabalho. Como vimos acima, as tarefas devem durar de quatro horas a cerca de dois dias. Somar a duração das tarefas é uma maneira fácil de validar quanto trabalho a equipe se comprometeu em entregar em uma *sprint*.

Documentar histórias é super fácil

Documentar requisitos ou histórias em um projeto ágil é bastante simples. O modelo geralmente é mais ou menos assim:

- como < papel de usuário | agente | sistema >,
- quero < meta ou resultado desejado >,
- para que possa < valor ou benefícios esperados >,
- saberei que estou pronto quando < todos os critérios de aceitação >.

A orientação geral é que cada história deve caber em uma ficha, no máximo frente e verso caso seja necessário utilizar muitos critérios de aceitação. Assim como a maioria dos aspectos dos métodos ágeis, a ideia é chegar à essência da história o mais rapidamente possível. Os detalhes serão expandidos posteriormente, durante a conversa entre o PO e a equipe.

Exemplos de histórias de negócios e técnicas

1. Como < estudante louco para fazer festa >, quero < tirar dinheiro no caixa eletrônico > para que possa < me divertir esta noite >. Saberei que estou pronto quando < minha conta bancária estiver vazia ou eu tiver sacado $50 >.
2. Como < cliente cego >, quero < que o leitor de tela me permita acessar o carrinho de um *site* > para que possa < comprar itens >. Saberei que estou pronto quando < puder adicionar ou remover itens do meu carrinho >.

Documentar requisitos dessa maneira é algo que pode ser bastante rápido. As histórias também são fáceis de entender, incluindo por membros de equipe que não estão trabalhando na sua língua-mãe. Contudo, ninguém deve esperar que a equipe consiga construir uma funcionalidade com base em informações tão sucintas. As histórias servem apenas como ponto de partida para a conversa entre o PO e a equipe. Os detalhes emergem na hora certa, por meio de perguntas e respostas, durante o esforço de desenvolvimento e teste, com base nas necessidades da equipe. Esse é o principal motivo para o PO planejar gastar tanto tempo colaborando com a equipe.

Lembre-se de INVESTIR nas suas histórias

Uma história bem-definida deve apresentar as seguintes características:

1. *Independente.* As histórias devem poder ser implementadas sem envolver outras histórias. A exceção ocorre quando histórias técnicas precisam ser implementadas antes de uma história de negócios. O segredo é não entrar em um dilema "o que veio antes, o ovo ou a galinha?" entre as histórias; implementar a história A não deve depender da história B, se a história B depende da história A.
2. *Negociável.* As histórias são um ponto de partida, não um contrato entre a equipe e o PO. Por exemplo, o PO ficaria muito interessado em descobrir que, com uma pequena mudança nos critérios de aceitação, o esforço necessário para completar o trabalho diminuiria significativamente.
3. *Valiosa.* As histórias devem definir o valor produzido para o usuário.
4. *Estimável.* Os desenvolvedores e testadores devem ser capazes de estimar o esforço necessário para a história ou, melhor ainda, a complexidade necessária.
5. *Pequena (Small).* Histórias maiores quase sempre são complexas demais para serem estimadas e gerenciadas. Dividi-las também facilita o seu fluxo através do processo e exige menos retrabalho, caso algo dê errado.
6. *Testável.* A história deve ter pelo menos um critério de sucesso. Caso contrário, como pode ser testada? E como a equipe pode garantir que ela produz valor para o cliente?

Toda história deve implementar uma parcela vertical da funcionalidade de negócios

No desenvolvimento de *software*, cada história de negócios deve implementar uma funcionalidade de negócios *end-to-end* em todas as quatro camadas técnicas.

1. Camada de IU
2. Camada de validação
3. Camada de lógica de negócios
4. Camada de acesso a dados

Concentrar-se em apenas uma ou duas camadas produz algum valor, mas assim não é possível testar a história completamente ao final da *sprint*. A ideia é que, no final da *sprint*, as histórias aceitas cumpram a DoD e, logo, sejam implementáveis.

DEFINIÇÃO DE PRONTO: OS DETALHES IMPORTAM

Em geral, há duas definições de pronto. A primeira é relativa especificamente às histórias, a segunda ao incremento.

DoD específica à história de usuário

1. *Teste de unidade e automatizado.* O teste de unidade das histórias se tornou uma melhor prática, especialmente para a facilitação de testes automatizados. O teste automatizado em si, especialmente quando combinado com uma metodologia de testar primeiro, também está se tornando padrão. Um motivo para o teste automatizado é que ele diminui significativamente os riscos associados com o retrabalho ou refatoramento do código-fonte.
2. *Todos os critérios de sucesso foram cumpridos.* Como deve ser óbvio, para que seja aceita, a história deve cumprir todos os critérios de sucesso, que devem ter sido testados *end-to-end*.
3. *Scripts de implementação testados.* Quando uma história chega ao final de uma *sprint*, é provável que ela já tenha sido implementada múltiplas vezes. Para aumentar a sua confiabilidade, essa implementação deve ser automatizada. Além disso, é uma boa ideia executar a implementação usando *scripts*, só por garantia.
4. *Requisitos de infraestrutura documentados.* A infraestrutura que servirá de base para uma história de negócios deve ser documentada de forma que a equipe de operações possa validar a prontidão dos diversos ambientes necessários.
5. *Soluções alternativas documentadas para defeitos restantes.* As soluções alternativas aceitáveis para os defeitos restantes devem estar documentadas para o pessoal de operações e para os usuários finais.
6. Etc.

DoD específica ao incremento

1. *Padrões de programação e arquitetura.* Uma das melhores práticas é auditar o código-fonte para garantir que está de acordo com os padrões de arquitetura e de programação.
2. *Revisões.* Conduzir revisões regulares do código-fonte e da arquitetura é um jeito excelente de promover a melhoria contínua da proficiência técnica da equipe.
3. *Documentação para o usuário final.* Mesmo recursos bastante intuitivos de se usar ainda precisam de documentação para o usuário final, por exemplo, para ajudar a funcionalidade.
4. *Notificar o gerenciamento de mudanças.* A equipe responsável por gerenciar as mudanças resultantes da implementação de um novo produto deve ser envolvida cedo e sempre no processo de desenvolvimento. Isso permitirá que ela garanta a maior prontidão e uma experiência mais agradável para os usuários finais, funcionários ou consumidores.
5. *Integração entre equipes.* A integração entre fluxos de trabalho, projetos ou programas tradicionalmente é uma das fases mais difíceis de um projeto em cascata ou orientado ao plano. Isso se deve principalmente (a) ao atraso de muitos meses entre o momento em que uma linha de código foi escrita e o momento em que se descobre que ela causa um

defeito de integração; e (b) à fase de integração ser uma das últimas antes da implementação na produção, então as equipes quase sempre estão sendo bastante pressionadas para completá-la o mais rapidamente possível. As equipes ágeis e Scrum resolvem isso imediatamente, implementando cada *build* em um ambiente de "pseudoprodução". Esse ambiente muitas vezes é virtual e reúne todos os binários em produção atualmente, junto com todos os builds de equipes trabalhando no mesmo ambiente de produção futuro.

6. Etc.

Essas duas listinhas não são completas. Pesquise os critérios que melhor se aplicam ao seu projeto e à sua empresa. A Figura 18.12 mostra como todas as atividades se encaixam umas nas outras.

REUNINDO TODOS ESSES ELEMENTOS

1. O *backlog* do produto é priorizado principalmente por valor de negócio, mas também pelos riscos para o projeto, sendo esse segundo elemento especialmente importante no início do projeto.
2. Durante a sessão de planejamento da *sprint*, a equipe seleciona trabalho o suficiente do topo do *backlog* do produto para se ocupar e, então, se compromete em cumprir esses requisitos durante a *sprint*.
3. *Sprints* mais curtas têm preferência em relação às mais longas. Experimente iterações de duas semanas. Conduza a reunião diária com cada membro da equipe respondendo às três perguntas a seguir:
   a. O que você completou desde a última reunião diária?
   b. O que planeja completar hoje?
   c. O que está bloqueando ou atrasando você?

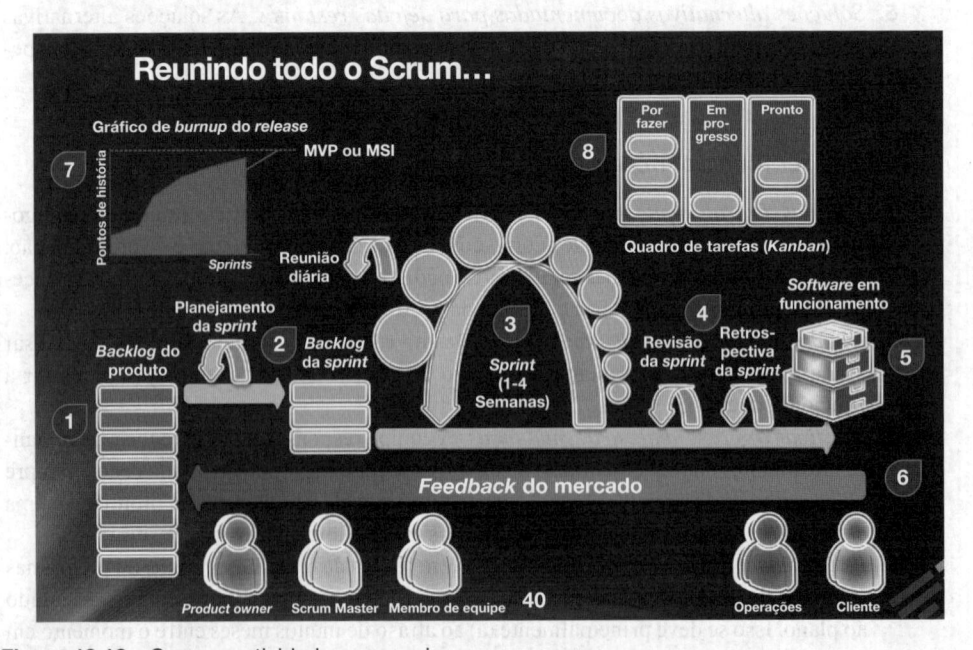

Figura 18.12 Como as atividades se encaixam.

4. No último dia da *sprint*, a equipe demonstra o que completou durante a revisão da *sprint* e então analisa criticamente como poderia aumentar sua produtividade durante a retrospectiva da *sprint*.
5. As histórias aceitas são adicionadas ao incremento até a equipe de negócios ou o PO decidir implementá-las na produção.
6. O *feedback* do mercado é capturado e readicionado ao *backlog* do produto para tornar a próxima versão do produto ainda melhor.
7. A velocidade acumulada da equipe ou do programa é comparada com uma linha de meta que representa o número de pontos de histórias necessários para o MVP. Este é o chamado gráfico de *burnup*.

Um quadro Kanban é uma excelente maneira de visualizar o trabalho e os seus processos à medida que gerenciamos para cima.

18.3 Deloitte e a geração de valor empresarial para métodos ágeis

Hoje, muitas organizações buscam uma visibilidade sempre crescente do progresso e querem acelerar o tempo de colocação no mercado dos seus processos de desenvolvimento de *software*. Seus líderes buscam meios mais eficazes de responder às opiniões das partes interessadas e de demonstrar resultados rápidos, enquanto seus clientes buscam experiências do usuário melhores e *software* adaptado às suas necessidades. Para superar esses desafios, os projetos e as organizações como um todo estão adotando cada vez mais as metodologias ágeis de desenvolvimento.

Os métodos ágeis são um grupo de métodos de desenvolvimento de *software* baseados em desenvolvimento iterativo e incremental, no qual os requisitos e as soluções evoluem por meio da colaboração entre equipes multifuncionais e auto-organizáveis. Os métodos ágeis gerenciam a complexidade, imprevisibilidade e mudança por meio da visibilidade, inspeção e adaptação. Como oferecem maior transparência e visibilidade em relação ao progresso, os métodos ágeis exigem mais disciplina do que as abordagens tradicionais.

A natureza dinâmica e em evolução constante das tecnologias digitais exige um processo de trabalho flexível e adaptável. Na nossa experiência, uma metodologia de desenvolvimento ágil oferece um excelente processo de entrega para uma avaliação contínua e sem atrasos da qualidade e a criação de *software* de ponta. Equipes multifuncionais pequenas e altamente coordenadas liberam um *build* funcional a cada *sprint* para garantir que o projeto

---

O material sobre a Deloitte da Seção 18.3 foi fornecido por Daniel Martyniuk, Christine Lyman, PMP, e Rusty Greer. © 2017 Deloitte Development LLC. Todos os direitos reservados. Como usado neste documento, "Deloitte" significa Deloitte Consulting LLP, uma subsidiária da Deloitte LLP. Favor consultar www.deloitte.com/us/about para uma descrição detalhada da estrutura jurídica da Deloitte LLP e suas subsidiárias. Certos serviços podem não estar disponíveis para atestar clientes sob as regras e regulamentações da contabilidade pública. Essa publicação contém apenas informações gerais, e a Deloitte não irá prestar, por meio desta publicação, consultoria ou serviços de contabilidade, negócios, finanças, investimentos, jurídicos, fiscais ou de qualquer outra natureza. Esta publicação não é um substituto para essas consultorias e serviços profissionais, nem deve ser utilizada como base para qualquer decisão ou ação que possa afetar seu negócio. Antes de tomar qualquer decisão ou realizar qualquer ação que possa afetar seu negócio, você deve consultar um profissional qualificado. A Deloitte não se responsabiliza por nenhuma perda sofrida por qualquer pessoa que esteja relacionada a esta publicação.

nunca se afaste muito de um *release* de produção à medida que evolui. Os métodos ágeis nos permitem entregar rapidamente produtos acabados que atendam às necessidades dos usuários e das partes interessadas.

A Deloitte usa uma abordagem de desenvolvimento iterativo que atende às necessidades dos nossos clientes com o nosso método de Geração de Valor Empresarial (EVD – *Enterprise Value Delivery*) para métodos ágeis integrado. EVD para métodos ágeis é uma metodologia empírica que aceita e promove a mudança no ambiente de negócios e tecnológico, com foco em produzir valor para os nossos clientes rapidamente e oferecer disciplina e transparência para obter os resultados de projeto desejados. O método se baseia no Scrum e nas experiências e nas práticas líderes do setor acumuladas com o trabalho da Deloitte em projetos ágeis. Ele inclui as tarefas necessárias para desenvolver o produto e as *backlogs* das *sprints* e gerenciar o projeto usando iterações rápidas (chamados de ciclos de *sprint*). O EVD para métodos ágeis oferece processos, *templates*, amostras e aceleradores que promovem a qualidade e o valor e ajudam a gerenciar projetos ágeis por meio de ciclos de *sprint time-boxed*.

Os principais componentes da abordagem da Deloitte aos métodos ágeis, refletido no nosso EVD para métodos ágeis (ver Figura 18.13), incluem:

- Três fases: *Descoberta*, *Ciclo de Sprint* e *Release*, abrangendo a definição da visão do projeto até o lançamento do produto.
- Foco em *software em funcionamento* e melhoria contínua.
- Escopo definido pelo uso do *backlog* do produto e *backlog* da *sprint* e priorizado pelo *product owner* para prever *releases* com o *roteiro*.
- O trabalho gerenciado por iterações rápidas, chamadas de *sprints*, facilitado pelo *Scrum Master*, com o progresso visualizado em um quadro de tarefas (ou ferramenta equivalente).
- As medidas da equipe incluem *capacidade*, *velocidade* e *burndown*.

Os recursos específicos do EVD que apoiam e capacitam a entrega de projetos ágeis incluem:

1. Processo de entrega da Estrutura Analítica do Projeto (EAP) (ver Figura 18.14)

    A EAP inclui cerca de 180 tarefas, sendo cada uma delas descrita com as seguintes informações:
    a. Descrição do propósito da tarefa
    b. Produtos de trabalho, amostras e *templates*
    c. Passos e considerações-chave
    d. Auxílios ao desenvolvimento
    e. Papéis e entradas

    O processo de entrega da EAP representa um excelente ponto de partida para os Scrum Masters novatos e, mais do que isso, uma lista de verificação valiosa para os mais experientes.

2. Padrões

    Os padrões são definidos como os requisitos mínimos que devem ser atendidos por novos projetos e empreendimentos. Quando seguidos, os padrões oferecem uma maneira consistente e definida de realizar a entrega da forma acordada. Quando aplicável, os padrões são integrados à descrição do método.

Geração de Valor Empresarial (EVD) para métodos ágeis

O EVD para métodos ágeis da **Deloitte** apoia a implementação da metodologia ágil em toda a organização usando padrões, *templates*, amostras e ferramentas.

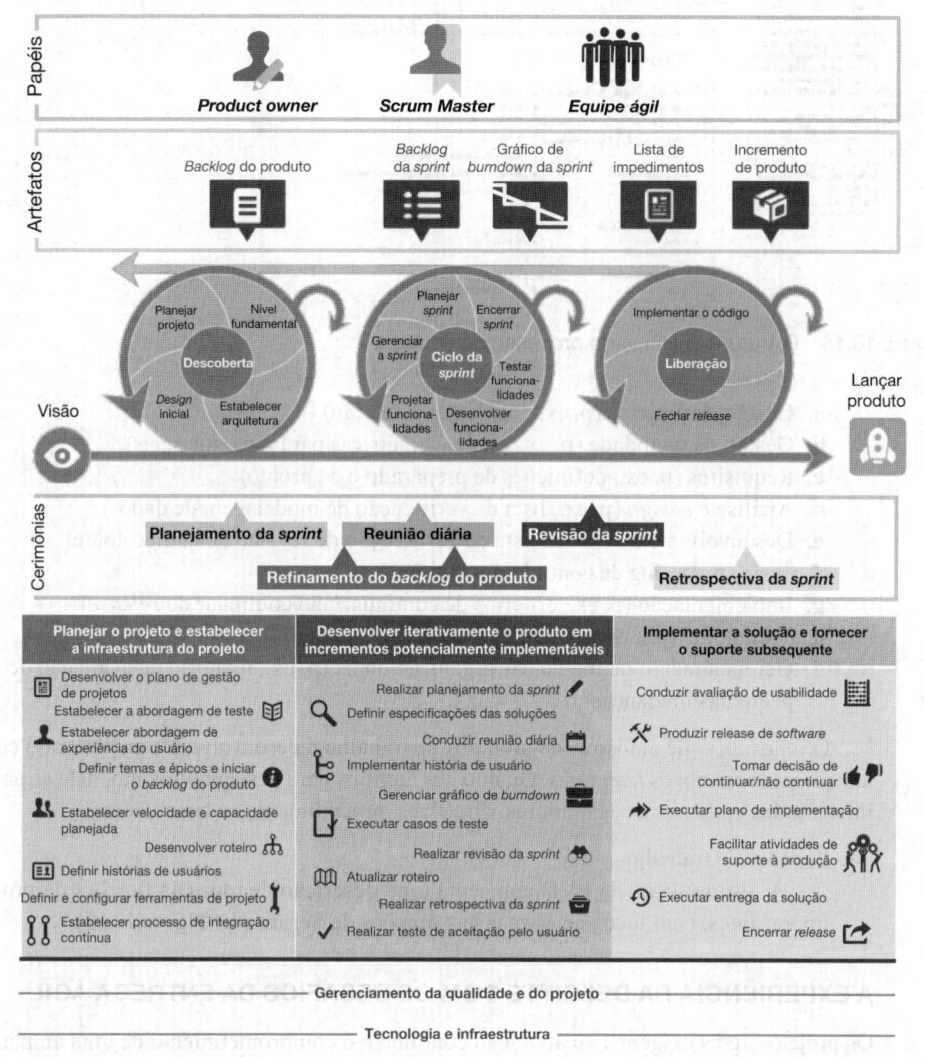

Figura 18.13 *Framework* de Geração de Valor Empresarial (EVD) para métodos ágeis da Deloitte.

Os padrões são mapeados de modo a corresponder às fases do projeto, com um padrão aplicável a mais de uma fase (ver Figura 18.15).
3. Produtos de trabalho, disciplinas e auxílios ao desenvolvimento
   Nesta seção da EVD encontram-se amostras e *templates* de todos os principais produtos de trabalho, agrupados por tarefas de projeto:

Deloitte.

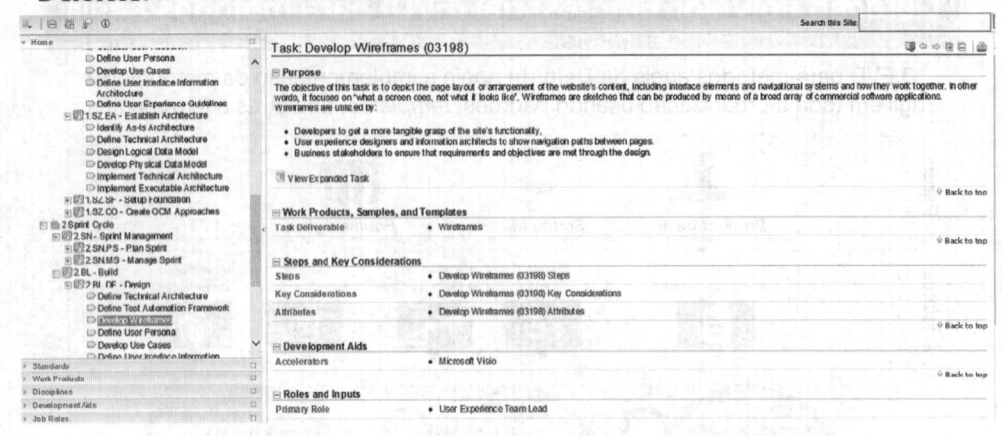

Figura 18.14 Estrutura analítica do processo de entrega.

a. Gestão de projetos (p. ex., log de itens de ação)
b. Gestão da qualidade (p. ex., plano de métricas para métodos ágeis)
c. Requisitos (p. ex., definições de preparado e de pronto)
d. Análise e *design* (p. ex., lista de verificação de modelagem de dados)
e. Desenvolvimento (p. ex., lista de verificação de revisão do código-fonte)
f. Teste (p. ex., log de controle dos defeitos)
g. Implementação (p. ex., critérios de continuar/não continuar do *release*)
h. Tecnologia (p. ex., arquitetura técnica)
i. Gerenciamento de mudanças organizacionais (p. ex., relatório de avaliação do impacto das mudanças)

O repositório de amostras de produtos de trabalho é desenvolvido e enriquecido constantemente com novos *templates*. Quanto aos auxílios para desenvolvimento, nele as partes interessadas encontram aceleradores, diretrizes, procedimentos e ferramentas.

4. Funções de trabalho

A última seção da EVD apresenta uma descrição de todas as funções de projeto importantes, com foco não apenas nas funções de Scrum (ver Figura 18.16).

A EXPERIÊNCIA DA DELOITTE COM OS DESAFIOS DA ENTREGA ÁGIL

Os projetos ágeis exigem a colaboração contínua e o comprometimento de uma ampla variedade de partes interessadas, incluindo os responsáveis pela área de negócios, desenvolvedores e especialistas em segurança. Os desafios de produzir e manter esse compromisso e colaboração incluem equipes que têm dificuldade de colaborar diretamente e se comprometer com contribuições frequentes ou equipes com dificuldade para fazer a transição para o trabalho autodirigido.

Quando uma organização que segue o desenvolvimento de *software* em cascata migra para os métodos ágeis, pode ser necessário adotar novas ferramentas e ambientes técnicos para apoiar a nova abordagem, além de atualizações às estratégias de orienta-

Padrões	Pré-projeto	Descoberta	Ciclo da sprint	Liberação
	Padrões (definidos como requisitos mínimos que devem ser atendidos por todos os novos projetos e empreendimentos)			
Estimativa	✓ Estimar esforço e/ou pontos de história	✓ Estimar esforço e/ou pontos de história	✓ Estimar esforço e/ou pontos de história	✓ Estimar esforço e/ou pontos de história
ET	✓ ET			
Gestão de projetos		✓ Plano de gestão de projetos ✓ *Backlog* do produto • Capacidade da equipe • Velocidade da equipe ✓ Roteiro	✓ *Backlog* do produto • Capacidade da equipe • Velocidade da equipe ✓ Roteiro ✓ *Backlog* da sprint • Reuniões diárias de atualização • Gráfico de *burndown* • Revisão da sprint (*feedback* das partes interessadas) • Retrospectiva da sprint (relatório de lições aprendidas)	✓ *Backlog* do produto • Capacidade da equipe • Velocidade da equipe • Reuniões diárias de atualização
Métricas de saúde do projeto (PHM)		• Plano de gestão da qualidade • Relatório de status do projeto	• Relatório de status do projeto	• Relatório de status do projeto
Gerenciamento de requisitos		✓ *Backlog* do produto (Definir temas e funcionalidades, definir histórias de usuários)	✓ *Backlog* do produto ✓ Matriz de rastreabilidade de requisitos	✓ *Backlog* do produto
Gerenciamento de código		✓ Processo de integração contínua		
Gestão de testes		✓ Estratégia de teste	• Caso de teste • Log de controle dos defeitos	
Treinamento e mudança		• Estratégia de gerenciamento de mudanças organizacionais	• Plano de comunicação • Estratégia de treinamento do usuário final • Plano de desenvolvimento do treinamento	
Instalação			✓ Plano de implementação	✓ Critérios de continuar/não continuar do *release*

Figura 18.15   Padrões da EVD por fase.

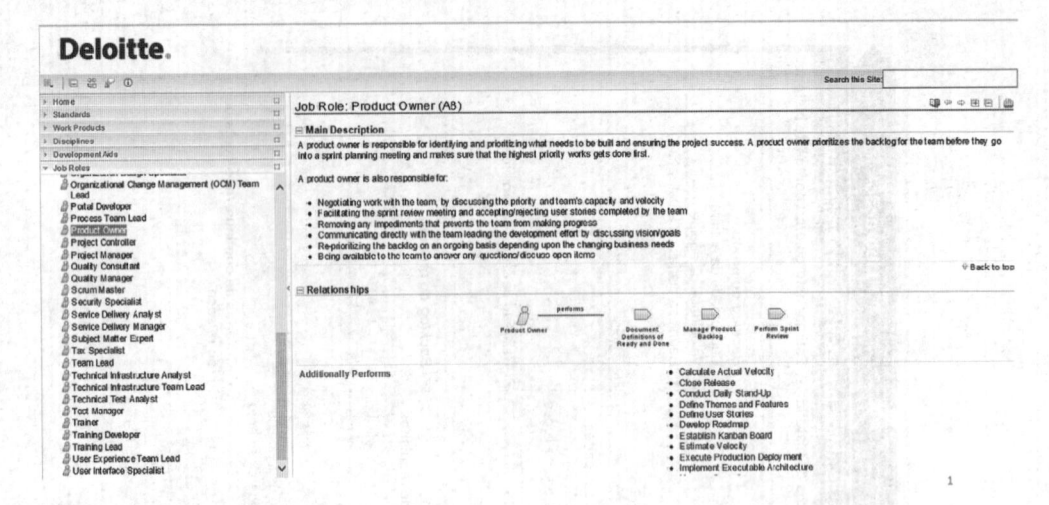

Figura 18.16 Funções de trabalho.

ção e aquisição. Os itens a seguir representam os desafios da preparação para os métodos ágeis:

- A adoção rápida de novas ferramentas é difícil.
- Ambientes técnicos são difíceis de estabelecer e manter.
- As práticas de aquisição podem não apoiar projetos ágeis.

Os projetos ágeis desenvolvem *software* iterativamente, incorporando requisitos e o desenvolvimento do produto em cada iteração. Os requisitos podem incluir conformidade com requisitos legais e de políticas. Os desafios para executar os passos relativos ao desenvolvimento iterativo e as revisões de conformidade incluem equipes que têm dificuldade para gerenciar requisitos iterativos. Além disso, as revisões de conformidade e regulatórias podem ser difíceis de executar em um cronograma de iterações.

Os métodos ágeis defendem a avaliação do *software* em funcionamento acima da documentação e dos relatórios de marcos do projeto, típicos da gestão de projetos tradicional. Os desafios da avaliação de projetos relacionados à falta de alinhamento entre as práticas de avaliação ágeis e tradicionais incluem o fato de algumas práticas de relatórios não se alinharem com os métodos ágeis, enquanto as revisões de artefatos tradicionais e o acompanhamento do *status* não se alinham com os métodos ágeis.

A Tabela 18.2 descreve a abordagem da Deloitte em relação aos principais imperativos dos métodos ágeis.

TRANSIÇÃO DA CASCATA PARA OS MÉTODOS ÁGEIS

Na economia digital contemporânea, as organizações de desenvolvimento devem buscar continuamente maneiras de ajudar as empresas a cumprirem seus objetivos de maneira eficaz e eficiente. Um elemento especialmente importante é a sensibilidade a fatores determinantes de negócios, a capacidade de oferecer mais visibilidade em relação ao processo de desenvolvimento e a velocidade da implementação.

TABELA 18.2 Principais imperativos da entrega ágil	
Imperativo da entrega	**Abordagem da Deloitte**
Gestão da integridade da solução de negócios no ambiente altamente iterativo e paralelo da entrega ágil	Trabalhamos com todas as partes (cliente, Deloitte, outros fornecedores) em uma única equipe integrada, envolvendo ativa e continuamente todas as partes interessadas para orientar a visão do projeto, revisar os resultados obtidos e priorizar continuamente o valor de negócios.
Coordenação de múltiplas equipes de entrega e dependências em todo o programa	Uma hierarquia de Scrum de Scrums deve ser estabelecida, com reuniões diárias entre as equipes para revisar o progresso das equipes e identificar quaisquer dependências ou impedimentos entre elas. Scrum Masters experientes coordenam a resolução de problemas entre as equipes e escalam para a liderança do programa, quando necessário.
Governança de produtos robusto apoiando a transparência e visibilidade referente ao *status* do programa e progresso de todas as equipes	A estrutura de governança da Deloitte apoia o acompanhamento diário do *status* das histórias de usuários e *burndown* da *sprint*, velocidade e capacidade da equipe (reais e planejadas), *burnup* de histórias de usuários em relação a *releases* planejados ou outros marcos e relatórios semanais em nível de programa dos problemas, riscos e *status* geral do programa.
Estabelecimento nas primeiras fases e validação contínua da definição de produto viável mínimo (MVP)	A definição de MVP é estabelecida durante a fase de descoberta e será revisitada durante toda a execução do projeto à medida que épicos e histórias de usuários são definidos para facilitar a previsão móvel do roteiro e o gerenciamento do *backlog* em relação aos objetivos de negócios priorizados.

Para ajudar a cumprir esses objetivos, as organizações estão cada vez mais adotando o desenvolvimento ágil. Contudo, como em qualquer mudança, a transição para os métodos ágeis não é fácil. A facilidade da transição é afetada pela cultura da organização que adota os métodos ágeis. As organizações com culturas colaborativas e focadas nas pessoas tendem a se adaptar com sucesso aos métodos ágeis. A mudança cultural do desenvolvimento não ágil para o ágil faz certas exigências do grupo que realiza a transição. Essas mudanças incluem uma adoção da mentalidade de resultados e produção constante, a adoção de um alto nível de colaboração, a validação da precisão das estimativas e a garantia do entendimento compartilhado sobre o que está sendo desenvolvido.

Para adotar os métodos ágeis com sucesso, as empresas devem enquadrar os métodos de implementação ágil adequadamente em suas organizações. O primeiro passo envolve entender os problemas de negócios sendo trabalhados. O segundo passo é avaliar a cultura organizacional afetada pela adoção. O terceiro passo é a organização criar uma estratégia para implementar os métodos ágeis na própria organização. O quarto e último passo é adaptar a metodologia de desenvolvimento ágil ao contexto específico do projeto.

Converter as partes interessadas para uma mentalidade ágil exige entender os tipos de partes interessadas que participam de projetos de desenvolvimento ágil, compreender os impactos potenciais dos seus diversos níveis de engajamento no projeto e persuadi-las a pensar sobre o projeto ágil em termos de capacidade, não de comprometimentos claros com o escopo, uma das características fundamentais do desenvolvimento sob a metodologia em cascata.

Assim como ocorre com as partes interessadas em um projeto ágil, os elementos de planejamento, *design* e construção de um projeto ágil precisam estar corretamente alinhados à mentalidade ágil para terem sucesso. O planejamento é relativamente decentralizado nos projetos ágeis, com um gerente de projetos ágil atuando como líder importante de um processo pluralístico de tomada de decisão promovido pelo gerente de projetos. O processo de *design* dos projetos ágeis bem-sucedidos tende a envolver menos documentação do que os projetos não ágeis, enfatizando conceitos críticos e reagindo ao *feedback* contínuo das partes interessadas. O processo de construção exige disciplina para testar e implementar rapidamente o código produzido. Uma mentalidade de melhoria contínua é crítica para o sucesso em um ambiente ágil.

18.4 O risco da mania por métricas

Durante a última década, ocorreu um crescimento rápido nas práticas ágeis de gestão de projetos, e não apenas na TI; outros tipos de projeto também tiveram esse crescimento. A maioria dos princípios das práticas ágeis de gestão de projetos gera resultados benéficos quando aplicada a projetos que não são de TI. Tudo isso parece muito bom, mas o crescimento vem acompanhado de alguns desafios.

Diz o velho ditado, popular na gestão de projetos, que "não se pode gerenciar o que não se pode medir". Assim, para gerenciar projetos usando técnicas ágeis, é preciso estabelecer métricas para confirmar que os benefícios estão sendo realizados e que as práticas ágeis estão sendo executadas corretamente. Felizmente, o crescimento das práticas ágeis foi acompanhado pelo crescimento nas técnicas de mensuração de métricas, com as quais hoje acreditamos que é possível medir praticamente tudo. Existem boas métricas de relatórios de desempenho.

Outro aspecto a ser considerado é parte do Manifesto Ágil: indivíduos e interações mais que processos e ferramentas, e *software* (ou produto) em funcionamento mais que documentação abrangente. Considerando o *framework* do Scrum, a equipe também deve oferecer transparência nos artefatos; em outras palavras, o Scrum exige transparência para apoiar a tomada de decisões baseada no estado percebido dos artefatos. Isso nos leva à ideia de que os princípios ágeis usariam apenas as métricas absolutamente necessárias, desde que agreguem valor para entregar os itens no *backlog* do produto.

MANIA POR MÉTRICAS

A "mania por métricas" é o desejo insaciável de criar métricas como um fim em si só, não para medir o que realmente é preciso medir. Há desvantagens em ter métricas demais e na confusão para decidir quais métricas utilizar.

O resultado de ter métricas demais é que:

- Tomamos tempo de trabalho importante para mensurar e informar essas métricas.
- Fornecemos dados demais, e as partes interessadas e os tomadores de decisões têm dificuldade para determinar quais informações realmente importam.
- Fornecemos informações praticamente sem valor.
- Acabamos desperdiçando um tempo precioso fazendo coisas sem importância.
- Métricas demais abrem espaço para perguntas desnecessárias das partes interessadas e responsáveis pelas áreas de negócios e podem criar um ambiente de microgerenciamento.

Na gestão de projetos tradicional, que usa gráficos de cascata, os relatórios sempre giraram em torno das métricas de tempo, custo e escopo. Com o uso do sistema de gerenciamento de valor agregado, o número de métricas pode aumentar para 12 a 15. À medida que as empresas se tornam mais maduras no uso de uma nova abordagem, o número de métricas informadas geralmente cai.

Gerenciamento das métricas

Ter um bom programa de gerenciamento das métricas pode minimizar o dano da mania por métricas, mas nem sempre o elimina. Os programas de gerenciamento de métricas típicos incluem quatro passos:

1. Identificação das métricas
2. Seleção das métricas
3. Mensuração das métricas
4. Geração de relatórios de métricas

A identificação das métricas é o reconhecimento das métricas necessárias para a tomada de decisões com base em fatos ou evidências.

A seleção das métricas é quando você decide quantas e quais das métricas identificadas realmente são necessárias. A seleção das métricas é o primeiro passo para resolver os problemas da mania por métricas. As regras básicas para a seleção das métricas incluem:

- Há um custo em acompanhar, medir e informar métricas, mesmo que utilizemos um sistema de relatórios em *dashboard* e não documentos por escrito.
- Se a intenção de uma boa abordagem de gestão de projetos, como os métodos ágeis ou Scrum, é reduzir ou eliminar os desperdícios, então o número de métricas selecionadas deve ser minimizado.
- Os consumidores de métricas devem selecionar as que precisam, não as que querem. Há uma diferença!
- Pedir métricas que parecem simpáticas, mas não possuem valor informacional, especialmente para a tomada de decisões, é pedir para gerar desperdícios.

A papelada é o maior incômodo na vida dos gerentes de projetos. O futuro das práticas de gestão de projetos é criar um ambiente de gestão de projetos sem papel algum. Isso não significa que somos 100% sem papel, pois alguns relatórios são obrigatórios, mas sim que reconhecemos que a papelada desnecessária é um desperdício que deve ser eliminado. No processo, adotamos o *dashboard* de relatórios de desempenho.

Os sistemas de relatórios em *dashboards* forçam os usuários a selecionar e filtrar as métricas que desejavam visualizar. Uma tela de *dashboard* típica tem espaço limitado, a saber, normalmente para apenas 6–10 métricas esteticamente agradáveis e fáceis de ler. Assim, dizer às partes interessadas e responsáveis pela área de negócios que queremos fornecer uma tela de *dashboard*, e apenas uma, pode forçá-los a pensar bem e determinar de quais métricas eles realmente precisam.

Representações gráficas de métricas

Os sistemas de *dashboard* de relatórios de desempenho facilitaram a apresentação de informações. As métricas típicas para os métodos ágeis e o Scrum incluem histórias comprometidas *versus* completadas; velocidade e aceleração da equipe; taxa de *burndown* de *release*, épicos e *sprint*; e Net Promoter Score; entre outros.

Diversas métricas comuns nas práticas tradicionais de gestão de projetos e que também podem ser úteis em projetos ágeis e de Scrum estão listadas a seguir.

1. Gerenciamento de recursos

    Mostra a quantidade de tempo que as pessoas comprometeram com o trabalho nos projetos. Os métodos ágeis e o Scrum recomendam que a equipe se dedique exclusivamente ao projeto. A utilização de recursos é crítica. Sem o gerenciamento efetivo dos recursos, as pessoas podem dedicar apenas 50% do seu tempo a trabalho produtivo em projetos, com o restante focado em retrabalho ou sucumbindo a escoadouros de tempo como reuniões desnecessárias, ligações telefônicas, multitarefas e outras atividades do tipo.

2. Impedimentos, defeitos e mudanças de escopo

    Um impedimento é qualquer coisa que pode bloquear ou desacelerar o progresso. Os impedimentos exigem itens de ação para serem resolvidos e devem ser trabalhados pela liderança do projeto e/ou da equipe. Se os impedimentos não forem resolvidos a tempo, a culpa normalmente será da liderança. As métricas mostram os impedimentos que ocorreram em cada mês do projeto, assim como quantos impedimentos foram descobertos, quantos foram resolvidos e removidos e quantos precisam ser passados para níveis hierárquicos mais altos.

    As mudanças de escopo são consideradas normais em projetos ágeis e de Scrum e são trabalhadas ao final de cada *sprint* ou iteração. Algumas pessoas acreditam que as mudanças de escopo ocorrem devido à má definição dos requisitos e má qualidade do planejamento. Esse argumento tem algum mérito, mas quase todas as mudanças de escopo ocorrem porque as condições de mercado mudaram ou o modelo de negócios exige uma reconfiguração. Cuide para que a equipe consiga absorver todas as mudanças.

3. Gerenciamento de valores

    Há mais de 50 anos, definimos o sucesso do projeto como completá-lo dentro das restrições de tempo, custo e escopo. Superficialmente, parece ser uma boa definição, mas o que essa definição omite é a importância do "valor". Qualquer empresa pode completar um projeto dentro das restrições de tempo, custo e escopo e ainda assim não gerar valor de negócios algum. Uma definição melhor de sucesso do projeto é criar valor de negócios sustentável ao mesmo tempo que se respeitam as restrições concorrentes.

    O valor pode vir em muitas formas, como valor econômico ou de negócios, valor social, valor político, valor religioso, valor cultural, valor de saúde e segurança e valor estético. Todos são importantes, mas nosso foco geralmente fica no valor econômico ou de negócio.

    Outra forma de valor pode aparecer nas melhorias da satisfação do cliente. Se a satisfação do cliente melhora continuamente, espera-se que a probabilidade de trabalhos adicionais dos clientes e partes interessadas aumente também. A melhoria da satisfação do cliente também pode ser utilizada como fator para motivar a equipe. O mesmo é verdade com relação a gerar mais valor para os responsáveis pela área de negócios do que eles esperavam.

    Melhorar a satisfação do cliente e/ou agregar valor para o responsável pela área de negócios não é algo que acontece todas as vezes. Projetos fracassam. Uma boa métrica a utilizar nesse sentido é acompanhar o aumento porcentual na taxa de sucesso dos projetos ou a redução na taxa de fracassos de projetos. Essa métrica é importante para a alta gerência, pois fornece indícios do nível de sucesso dos projetos.

Relação de amor e ódio

Muitas empresas acabam com uma relação de amor e ódio em relação às métricas, especialmente àquelas relativas à agilidade. As métricas podem ser usadas para esclarecer as realizações da equipe, acompanhando seu desempenho, informação a criação de valor de negócio e identificando maneiras de reduzir desperdícios. As métricas também podem ser utilizadas para identificar "pontos problemáticos", as situações que desagradam os responsáveis pela área de negócios, as partes interessadas e os clientes. A equipe, por sua vez, busca maneiras de reduzir ou eliminar os pontos problemáticos.

A relação de ódio ocorre quando as métricas se tornam uma arma, usada para policiar determinados comportamentos. As boas métricas podem levar as equipes a terem bom desempenho, mas as mesmas métricas podem criar uma relação de ódio caso a gerência as utilize para jogar uma equipe contra a outra. Outra relação de ódio ocorre quando as métricas são usadas na avaliação de desempenho dos funcionários. Os motivos para esse tipo de relação de ódio são o resultado de:

- As métricas serem vistas como o início de um ambiente de remuneração por desempenho.
- As métricas serem os resultados da contribuição de mais de uma pessoa, e poder ser impossível isolar as contribuições individuais.
- Métricas desfavoráveis podem ser o resultado de circunstâncias que estão além do controle do funcionário.
- O funcionário pode falsificar ou manipular os números nas métricas para se sair bem nas avaliações de desempenho.

CONCLUSÕES E RECOMENDAÇÕES

Ao tratarmos da identificação de métricas, mal arranhamos a superfície. As métricas são um elemento necessário em todas as abordagens de gestão de projetos, incluindo os métodos ágeis e o Scrum. Contudo, dado o número de métricas possíveis que podem ser identificadas, as empresas devem estabelecer algumas diretrizes para evitar as condições de mania por métricas e as relações de amor e ódio. As recomendações possíveis incluem as listadas a seguir. A lista com certeza não está completa, representando apenas um ponto de partida.

- Selecione as métricas que são necessárias, não o que as pessoas acham que querem, sem nenhuma justificativa.
- Selecione métricas que podem ser úteis para diversas partes interessadas, clientes e responsáveis por áreas de negócios.
- Garanta que as métricas forneçam evidências e fatos que podem ser usados na tomada de decisões.
- Garanta que as métricas sejam usadas, não sirvam apenas de enfeite.
- Não selecione métricas para as quais a coleta de dados será cara e demorada.
- Não selecione métricas que geram desperdícios.
- Não use métricas cuja única finalidade é o uso em avaliações de desempenho e a comparação de uma equipe com outra.
- Garanta que as métricas selecionadas não irão desmoralizar as equipes de projetos.

19

Realização de benefícios e gerenciamento de valores

19.0 Introdução

As organizações dos setores público e privado têm se esforçado para criar um portfólio de projetos que gerem valor de negócio sustentável, mas muitas vezes elas colocam todas as solicitações de projetos em uma fila, sem avaliá-los corretamente e sem considerar se os projetos estão alinhados com os objetivos do negócios ou se geram benefícios e valor após serem encerrados com sucesso. Os projetos muitas vezes são apresentados sem um caso de negócio ou alinhamento à estratégia do negócio. Muitos projetos são acompanhados de casos de negócios baseados em expectativas altamente exageradas e benefícios irrealistas, enquanto outros são criados por capricho da gerência, e a ordem em que são completados se baseia no cargo ou título do solicitador. Simplesmente porque um executivo diz "faça isso", não significa que a coisa vai acontecer. O resultado muitas vezes é o fracasso do projeto, um desperdício de recursos preciosos e, em alguns casos, a erosão ou destruição de valor para o negócio, não a sua criação.

19.1 Entendendo a terminologia

É importante entender as definições de benefícios e de valor.

Um *benefício* é um resultado de ações, comportamentos, produtos ou serviços importantes ou vantajosos para indivíduos específicos, como empresários, ou grupos específicos de indivíduos, como as partes interessadas. Benefícios genéricos incluem:

- Melhorias de qualidade, produtividade ou eficiência
- Contenção ou redução de custos
- Aumento da geração de receitas
- Melhorias no atendimento ao cliente

Os benefícios são derivados dos objetivos das atividades de planejamento estratégico. No passado, os objetivos de negócios tradicionais eram satisfação do cliente, redução de custos e aumento dos lucros, focados em *deliverables* e economias direcionadas de curto prazo, não em benefícios de longo prazo. Assim, havia uma ênfase excessiva nos resultados

dos projetos, que, em si, podiam não produzir benefícios de longo prazo, necessariamente. Hoje, as metas e os objetivos estratégicos parecem se concentrar em:

- Produtividade
- Eficiência
- Melhorias de desempenho
- Qualidade
- Atendimento ao cliente
- Retrabalho
- Contenção de custos
- Geração de receitas

Os benefícios, sejam eles estratégicos ou não, normalmente são alinhados aos objetivos de negócios organizacionais da organização patrocinadora que receberá os benefícios. Os benefícios aparecem com a colheita dos *deliverables* ou *produtos* criados pelo projeto. É responsabilidade do gerente de projetos criar os *deliverables*.

Os benefícios são identificados no caso de negócio do projeto. Alguns benefícios são tangíveis e podem ser quantificados. Outros benefícios, como a melhoria da motivação dos funcionários, podem ser difíceis de medir e, logo, podem ser tratados como benefícios intangíveis. Estes, apesar de difíceis de medir, não são imensuráveis. Alguns dos benefícios difíceis de medir incluem:

- Colaboração
- Comprometimento
- Criatividade
- Cultura
- Satisfação do cliente
- Maturidade emocional
- Moral dos funcionários
- Imagem/reputação
- Eficácia da liderança
- Motivação
- Qualidade de vida
- Nível de estresse
- Sustentabilidade
- Trabalho em equipe

Também pode haver dependências entre os benefícios, nas quais um benefício depende do resultado de outro. Por exemplo, uma melhoria desejada na geração de receitas pode depender de uma melhoria de qualidade ou em melhor marketing para atrair mais turistas.

Durante a definição do escopo de um projeto, precisamos chegar a um acordo sobre os resultados ou benefícios organizacionais que desejamos, e estes devem poder ser expressos em termos mensuráveis. Isso é necessário porque as melhorias normalmente são expressas em termos financeiros para justificar o investimento no negócio. Métricas de benefícios genéricas típicas incluem:

- Aumento da participação de mercado
- Redução dos custos operacionais

- Redução do desperdício
- Aumento da lucratividade
- Melhorias de produtividade e eficiência
- Aumento da qualidade
- Aumento da satisfação do cliente
- Melhor moral dos funcionários
- Aumento da retenção de funcionários e redução da rotatividade dos funcionários

As métricas são necessárias para o *feedback* para revalidar o desempenho, medir o sucesso, investigar anomalias e decidir se as verificações da "saúde" são necessárias.

O *gerenciamento da realização de benefícios* (BRM, *benefits realization management*) é um conjunto de processos, princípios e *deliverables* para gerenciar de modo eficaz os investimentos da organização e transformar os benefícios em realidade.[1] A gestão de projetos é o veículo para produzir os resultados que criam a entrega de benefícios. A gestão de projetos foca a manutenção dos valores de referência estabelecidos, enquanto o BRM monitora possíveis desperdícios, níveis aceitáveis de recursos, riscos, custos, qualidade e tempo relacionados aos benefícios desejados de modo a analisar a relação entre o projeto e os objetivos de negócios. Mais do que apenas obter os benefícios, o objetivo final do BRM é sustentá-los no longo prazo.

As organizações com maturidade razoável em BRM:

- Têm resultados estratégicos e de negócios melhores
- Têm um alinhamento muito mais firme entre planejamento estratégico, gerenciamento de portfólio, BRM e gerenciamento de valor de negócio
- Usam a gestão de projetos de forma bem-sucedida para promover ou estruturar o BRM
- Capturam melhores práticas nas atividades de BRM

Os tomadores de decisões precisam entender que, durante o ciclo de vida do projeto, as circunstâncias podem mudar, exigindo a modificação dos requisitos e das prioridades e a redefinição dos resultados desejados. É absolutamente possível que os benefícios mudem a ponto de o resultado do projeto ser prejudicial e este dever ser cancelado ou postergado e reconsiderado no futuro. Alguns dos fatores que podem induzir mudanças nos benefícios e no valor resultante incluem:

- *Mudanças do encarregado da área de negócios ou liderança executiva.* A liderança pode mudar depois que o projeto já começou. Os executivos que elaboraram o projeto originalmente podem tê-lo passado para outros, que não conseguem entender seus benefícios, não estão dispostos a oferecer o mesmo nível de comprometimento ou acreditam que outros projetos gerarão benefícios mais importantes.
- *Mudanças nas premissas.* Com base na duração dos projetos, as premissas podem e provavelmente vão mudar, especialmente aquelas relacionadas a fatores ambientais da empresa. O controle das métricas deve ser estabelecido para garantir que as premissas originais ou novas ainda estejam alinhadas com os benefícios esperados.
- *Mudanças nos fatores ambientais da empresa.* Mudanças nas condições de mercado (ou seja, mercados atendidos e comportamento do consumidor) ou riscos podem indu-

---

[1] Para informações adicionais sobre gerenciamento da realização de benefícios, ver Craig Letavec, *Strategic Benefits Realization* (Plantation, FL: J. Ross, 2004), e Trish Melton, Peter Iles-Smith e Jim Yates, *Project Benefits Management*; *Linking Projects to the Business* (Burlington, MA: Butterworth-Heinmann, 2008).

zir a mudanças nas restrições. As eleições e a legislação também podem impactar os fatores ambientais da empresa. As empresas podem aprovar mudanças ao escopo para aproveitar oportunidades adicionais ou reduzir o financiamento com base em restrições ao fluxo de caixa. As métricas também devem controlar as mudanças nas restrições e nos fatores ambientais da empresa.

- *Mudanças na disponibilidade de recursos.* A disponibilidade ou perda de recursos com as habilidades críticas necessárias é sempre um problema e pode impactar os benefícios se um avanço tecnológico for necessário para obter os benefícios ou para encontrar uma abordagem técnica menos arriscada.

O *valor* do projeto é quanto os benefícios valem para alguém. O valor de negócio ou do projeto pode ser quantificado, enquanto os benefícios normalmente são explicados qualitativamente. Quando dizemos que o retorno sobre o investimento (ROI) deveria melhorar, estamos discutindo os benefícios, mas quando dizemos que o ROI precisa ser 20% melhor, estamos falando de valor. O progresso em direção à geração de valor é mais fácil de medir do que o progresso em direção à realização de benefícios, especialmente durante a execução do projeto. Os benefícios e o valor normalmente são inseparáveis; é difícil discutir um sem o outro.

19.2 Redefinição do sucesso do projeto

Há mais de cinco décadas, temos tentado erroneamente definir o sucesso dos projetos em termos apenas da tripla restrição do tempo, custo e escopo. Décadas atrás já sabíamos que a definição precisa incluir outras métricas, como valor, segurança, risco e satisfação do cliente, e que estes são atributos do sucesso. Infelizmente, nosso conhecimento sobre técnicas de mensuração de métricas estava dando seus primeiros passos naquela época, então selecionamentos apenas as métricas mais fáceis de medir e informar: tempo, custo e escopo.

Há décadas, definimos valor como:

$$\text{Valor} = \text{Qualidade}/\text{Custo}$$

Se queríamos aumentar o valor percebido, precisávamos aumentar a qualidade ou reduzir o custo. Infelizmente, essa equação sugeria que a qualidade e o custo são os dois únicos componentes do valor.

Hoje, as técnicas de mensuração de métricas estão amadurecendo, a ponto de acreditarmos que somos capazes de medir praticamente tudo.[2] Provavelmente o maior nível de pesquisa ocorreu na mensuração e geração de relatórios sobre valor de negócio. Nas duas últimas décadas, foram conduzidas pesquisas nas seguintes áreas:

- Dinâmica do valor
- Análise de lacunas do valor
- Valoração do capital intelectual
- Valoração do capital humano
- Análise econômica baseada em valor
- Fluxos de valor intangíveis

---

[2] Para informações adicionais, ver Douglas W. Hubbard, *How to Measure Anything; Finding the Value of Intangibles in Business*, 3rd ed. (Hoboken, NJ: John Wiley & Sons, 2014).

- Gerenciamento/mapeamento do valor de cliente
- Matriz do valor competitivo
- Análise da cadeia de valor
- Valoração de projetos de tecnologia da informação

O produto das pesquisas criou métricas e modelos de mensuração de valor:

- Valoração do capital intelectual
- Pontuação da propriedade intelectual
- Indicadores balanceados de desempenho (*balanced scorecard*)
- Gerenciamento de Valores Futuros (*Future Value Management*™)
- Classificação do Capital Intelectual (*Intellectual Capital Rating*™)
- Modelagem do fluxo de valores intengíveis
- Mensuração Inclusiva de Valores (*Inclusive Value Measurement*™)
- Metodologia de Mensuração de Valores (MMV)

O valor pode vir a ser a palavra mais importante no vocabulário do gerente de projetos, especialmente no modo como definimos o sucesso do projeto. No glossário da quinta edição do *Guia PMBOK®**, um projeto é definido como um empreendimento temporário, conduzido para criar um produto, serviço ou resultado único. O problema com essa definição é que o produto, serviço ou resultado único pode não criar nenhum valor de negócio após o projeto ser completado. Talvez uma definição melhor de valor seria:

- Um conjunto de valor de negócio sustentável programado para realização

A definição do sucesso do projeto quase sempre foi a conclusão do projeto dentro da tripla restrição de tempo, custo e escopo. Essa definição também precisa mudar, pois não tem a palavra "valor" e não leva em conta o fato de hoje termos significativamente mais do que três restrições, que chamamos de restrições concorrentes. Assim, a definição de sucesso no futuro poderia ser:

- Obter o valor de negócio desejado dentro das restrições concorrentes

Uma definição de sucesso do projeto que faz referência ao valor se torna extremamente importante quando informamos sobre o sucesso das atividades de realização de benefícios e de gerenciamento de valores. Com a gestão de projetos tradicional, criamos relatórios de previsão que incluem o custo estimado no momento da conclusão e o prazo de conclusão. Usando a nova definição de sucesso, agora podemos incluir no relatório os benefícios e o valor no momento da conclusão. Informar os benefícios e o valor eleva o relatório de desempenho do projeto para o nível executivo.

Usar o valor como parte dos critérios de sucesso do projeto tem outra vantagem inerente: Com isso, podemos estabelecer critérios de encerramento ou cancelamento, definidos em termos de valor ou benefícios, que nos informam quando deveríamos pensar em cancelar um projeto antes de desperdiçar fundos e recursos adicionais nele. Infelizmente, muitos projetos se arrastam e continuam a desperdiçar recursos valiosos simplesmente por ninguém ter coragem de cancelar um projeto em vias de fracassar. Estabelecer critérios de cancelamento no caso de negócio ou plano de realização de benefícios pode resolver esse problema.

---

* PMBOK é marca registrada do Project Management Institute, Inc.

19.3 Gestão de projetos orientada por valor

Com o reconhecimento da importância do valor, agora nos focamos em atividades de gestão de projetos orientada a valor. A gestão de projetos orientada a valor enfoca a produção de resultados de valor de negócio, não simplesmente os *deliverables* gerados pelas práticas tradicionais de gestão de projetos. A gestão de projetos orientada a valor exige um caso de negócio compreensível e que inclua os benefícios específicos desejados.

Hoje, a gestão de projetos é o veículo para se gerar benefícios e valor. As empresas maduras em BRM também parecem ser razoavelmente maduras em gestão de projetos. Nelas, tanto a abordagem de gestão de projetos quanto a cultura corporativa são orientadas a valor.

Contudo, é preciso considerar alguns riscos na gestão de projetos orientada a valor:

- Possibilidade de mudanças intermináveis nos requisitos se não controlada
- Criação de uma cultura que promove o aumento gradual (possivelmente desnecessário) do escopo em todos os projetos
- A determinação do valor é realizada por pessoas diferentes durante o ciclo de vida do projeto
- Recusa em prever o valor real por medo de cancelamento do projeto
- Recusa em acreditar no valor previsto

Os benefícios desejados devem ser definidos no início do projeto. Mas como definir o valor nas primeiras fases do ciclo de vida de um projeto, quando o valor pode ser apenas uma percepção? Também gostaríamos de definir o valor, mas este representa o que valem os benefícios. A parte mais difícil da determinação do valor é definir as métricas de modo que seja possível realizar mensurações. A Tabela 19.1 mostra algumas das métricas fáceis e difíceis bastante usadas para medir o valor (e possivelmente também os benefícios), e a Tabela 19.2 mostra diversos problemas que podemos enfrentar com as mensurações. As métricas são necessárias para validar ou revalidar, além dos benefícios e da criação de valor, o caso de negócio, as premissas e as restrições. Os tomadores de decisões precisam entender que, durante o ciclo de vida do projeto, as circunstâncias podem mudar, exigindo a modificação dos requisitos e das prioridades e a redefinição dos resultados desejados.

TABELA 19.1 Métricas de valores fáceis e difíceis

Valores fáceis (tangíveis)	Valores difíceis (intangíveis)
Calculadoras de retorno sobre investimento (ROI)	Satisfação dos acionistas
Valor presente líquido (VPL)	Satisfação das partes interessadas
Taxa interna de retorno (TIR)	Satisfação do cliente
Custo de oportunidade	Retenção de funcionários
Fluxo de caixa	Fidelidade de marca
Período de recuperação do investimento	Tempo de colocação no mercado
Lucratividade	Relações de negócios
Participação de mercado	Segurança
	Confiabilidade
	Reputação
	Boa vontade
	Imagem

TABELA 19.2 Problemas com a mensuração de métricas de valores

Valores fáceis (tangíveis)	Valores difíceis (intangíveis)
As premissas muitas vezes não são reveladas e podem afetar a tomada de decisão	O valor quase sempre se baseia em atributos subjetivos da pessoa que está fazendo a mensuração
A mensuração é muito genérica	A mensuração está mais para uma arte do que para uma ciência
A mensuração nunca capta os dados corretos de forma significativa	Há modelos limitados disponíveis para realizar a mensuração

Sem as métricas apropriadas, tendemos a esperar até o projeto estar completamente perdido antes de agirmos. A essa altura, pode ser tarde demais para salvá-lo, e a única solução é cancelar um projeto que talvez pudesse ter sido salvo.

19.4 Colheita dos benefícios

A colheita dos benefícios é a parte mais difícil do BRM. O problema não é identificar os benefícios ou gerenciar os projetos para criar os benefícios. A verdadeira questão é como colher os benefícios e gerenciar a transição depois que os projetos acabam. A equipe de projeto produz os *deliverables*, mas pode não ter controle sobre como o negócio os utiliza para criar benefícios e valor.

Os benefícios de um projeto normalmente são realizados com o tempo, às vezes anos após o projeto ter sido completado e a equipe ter se dispersado. Os benefícios podem ser de curto, médio e longo prazo, e alguém precisa assumir a responsabilidade pelo processo de colheita.

A Figura 19.1 mostra como os benefícios e o valor são criados ao longo do tempo. O elemento desconhecido na figura é o tempo necessário para colher os benefícios e o tempo necessário para sustentá-los. É preciso haver uma consideração sobre adoção no longo prazo para manter a sustentação dos benefícios. Podem ser necessárias mudanças organizacionais, e talvez algumas pessoas sejam forçadas a sair das suas zonas de conforto. Para isso, é preciso ter pessoas com experiência no gerenciamento de mudanças organizacionais.

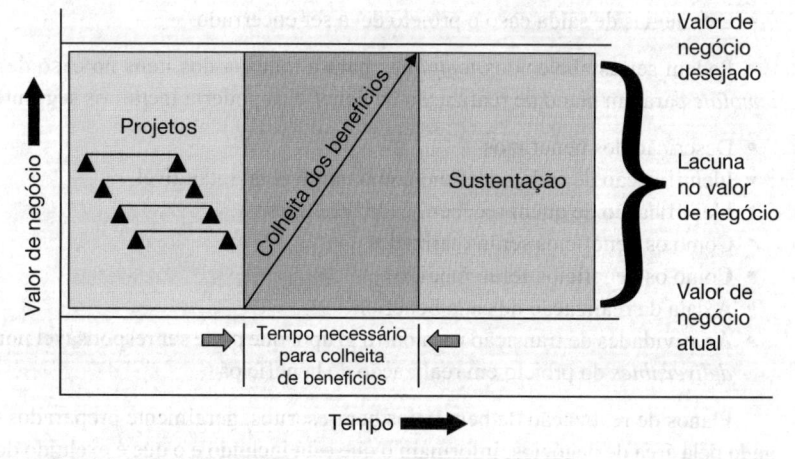

Figura 19.1 Criação de valor de negócio ao longo do tempo.

19.5 O caso de negócio

A realização de benefícios e o gerenciamento de valores começam com a preparação do caso de negócio. Há seis agentes importantes nos projetos de realização de benefícios e gerenciamento de valores:

1. Um comitê de governança do portfólio composto de membros que possuem um nível mínimo de conhecimento sobre gestão de projetos
2. O encarregado da área de negócios ou dos benefícios
3. O encarregado do gerenciamento de mudanças, caso o gerenciamento de mudanças organizacionais seja necessário para colher os benefícios no encerramento do projeto
4. Um encarregado da sustentabilidade para garantir que os benefícios colhidos são sustentáveis
5. Um escritório de gestão de projetos de portfólio para auxiliar com a identificação, mensuração e geração de relatórios das métricas
6. Gerentes de projetos e/ou programa

O encarregado da área de negócios é responsável pela preparação do caso de negócio e por contribuir para o plano de realização de benefícios. Os passos típicos incluídos no desenvolvimento de caso de negócios são:

- Identificação de oportunidades como melhores eficiências, eficácia, redução de desperdícios, economia de custos e novos negócios, entre outros
- Benefícios definidos em termos de negócios e financeiros
- Um plano de realização de benefícios
- Estimativa de custos do projeto
- Métricas recomendadas para acompanhar os benefícios e o valor
- Gestão de riscos
- Requisitos de recursos
- Marcos e cronogramas de alto nível
- Nível de complexidade do projeto
- Premissas e restrições
- Requisitos tecnológicos (tecnologias novas ou existentes)
- Estratégias de saída caso o projeto deva ser encerrado

Podem ser estabelecidos *templates* para a maioria dos itens no caso de negócio. Um *template* para um plano de realização de benefícios poderia incluir os seguintes elementos:

- Descrição dos benefícios
- Identificação de cada benefício como tangível ou intangível
- Identificação de quem receberá cada benefício
- Como os benefícios serão realizados
- Como os benefícios serão medidos
- A data da realização de cada benefício
- As atividades de transição para outro grupo, que pode ser responsável por converter os *deliverables* do projeto em realização de benefícios

Planos de realização de benefícios bem-escritos, geralmente preparados pelo encarregado pela área de negócios, informam o que está incluído e o que é excluído do escopo. Pla-

TABELA 19.3	Tipos de ambiguidade
Ambiguidade	**Descrição**
Expectativas	Com base no número de partes interessadas e experiência pregressa do encarregado da área de negócios, o plano de realização de benefícios pode ter um linguajar pouco preciso, aberto a uma interpretação do resultado esperado.
Prioridade	Cada parte interessada e encarregado da área de negócios pode ter uma interpretação diferente da prioridade do projeto. A equipe de projeto pode não conhecer a verdadeira prioridade.
Processos	Há inúmeros processos que podem ser selecionados como parte da execução. A flexibilidade nos processos será necessária. Há diversos formulários, diretrizes, listas de verificação e *templates* que podem ser utilizados.
Métricas/Indicadores-chave de desempenho	Há inúmeros elementos que podem ser medidos com base nas expectativas.

nos de realização de benefícios mal-escritos sugerem que tudo pode ser realizado e podem levar a inúmeras mudanças de escopo, geralmente desnecessárias. Os planos de realização de benefícios não são especificações de trabalho. Portanto, sempre haverá alguma ambiguidade em como os benefícios esperados de uma iniciativa estratégica são definidos. Os tipos de ambiguidade aparecem na Tabela 19.3.

19.6 Quando medir benefícios e valor

O crescimento das técnicas de mensuração nos permite medir praticamente tudo, incluindo os benefícios e o valor. Atualmente, no entanto, como muitas das técnicas de mensuração para novas métricas ainda estão dando seus primeiros passos, ainda é difícil obter resultados precisos. Os resultados de desempenho são informados quantitativa e qualitativamente. Também é difícil decidir quando realizar as mensurações: incrementalmente, à medida que o projeto avança ou no encerramento. As mensurações de benefícios e de valor são mais difíceis de determinar incrementalmente, à medida que o projeto avança, do que ao final.

Em geral, o valor é quantificável e mais fácil de medir do que os benefícios. Em alguns projetos, o valor dos benefícios do projeto não pode ser quantificado até vários meses após o encerramento do projeto. Por exemplo, uma agência do governo alarga uma estrada, com o objetivo de deixar o tráfego menos congestionado. O valor do projeto pode não ser conhecido até vários meses após o projeto de construção ter sido encerrado e o fluxo de tráfego ser medido. As mensurações de valor no final do projeto, ou logo após, em geral são mais precisas do que medições contínuas durante o período do projeto.

A realização de benefícios e o valor de negócio não vêm simplesmente da presença de recursos talentosos ou de capacidades de alto nível. Na verdade, eles vêm de como a organização utiliza os recursos. Às vezes, mesmo projetos bem planejados e com equipes altamente talentosas acabam não criando valor de negócio, e podem até destruir valor existente. Um exemplo seria um engenheiro celebridade que vê o projeto como uma oportunidade de conquistar glória pessoal e tenta superar os requisitos a ponto de o cronograma atrasar e as oportunidades de negócios se perderem. Isso ocorre quando os membros de equipe acreditam que os objetivos pessoais são mais importantes do que os objetivos de negócios.

19.7 Fases do ciclo de vida do investimento

Por muitos anos, ensinou-se nas universidades que as fases do ciclo de vida do projeto tradicional começam quando o projeto é aprovado e um gerente de projetos é designado a ele e terminam após os *deliverables* serem criados. Contudo, quando a realização dos benefícios e o gerenciamento dos valores se tornam importantes, é preciso incluir fases adicionais do ciclo de vida, como mostra a Figura 19.2. Hoje, os gerentes de projetos são inseridos no processo mais cedo do que antes e permanecem após os *deliverables* terem sido produzidos, de modo a medir o valor de negócio criado. A Figura 19.2 é mais representativa de um ciclo de vida do investimento do que um ciclo de vida do projeto tradicional. Para que seja criado valor, os benefícios devem ser gerenciados durante o ciclo de vida completo do investimento, dentro do qual está inserido o ciclo de vida do projeto tradicional. Mais de seis fases do ciclo de vida foram identificadas no ciclo de vida do investimento, mas consideraremos apenas estas seis para fins de simplicidade.

A primeira fase, a *Fase de Geração da Ideia* (GI), que muitas vezes inclui um estudo de viabilidade e uma análise da relação custo-benefício, é quando a ideia do projeto se origina. A ideia pode se originar na organização do cliente ou do encarregado da área de negócio, com a gerência sênior ou a baixa gerência da empresa matriz ou a do cliente, ou dentro da organização que financia o projeto. Em geral, o resultado da fase de GI é a criação de um caso de negócio.

Apesar de o originador da ideia poder ter uma imagem mais clara do valor final do projeto, o caso de negócio é definido em termos dos benefícios esperados e não do valor. O valor é determinado mais perto do fim do projeto, com base nos benefícios realmente produzidos e que podem ser quantificados. Os benefícios reais podem diferir significativamente dos benefícios esperados definidos no início do projeto, devido aos muitos motivos discutidos anteriormente que podem levar a mudanças.

Nem todos os projetos precisam da criação de um caso de negócio. Os exemplos incluem projetos obrigatórios para conformidade com os ditames de uma agência regulatória que são entendidos por todos ou que simplesmente permitem que o negócio (ou parte dele) continue a operar de forma mais eficiente.

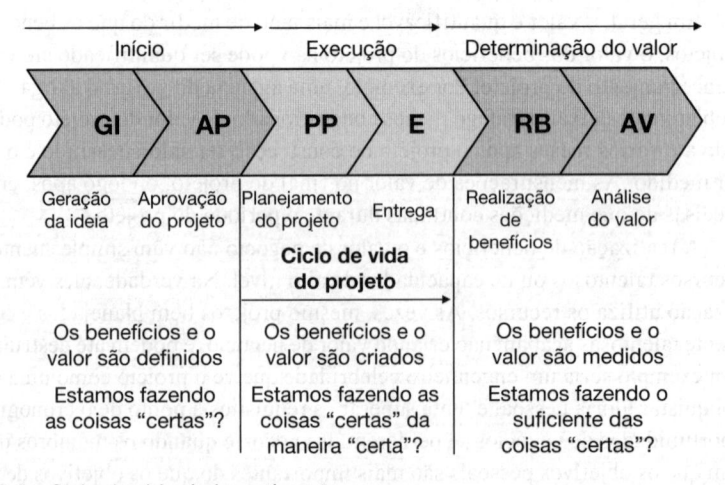

Figura 19.2 Ciclo de vida do investimento.

Após o caso de negócio ser preparado, solicita-se que o escritório de gestão de portfólio de projetos (PPMO, *portfolio project management office*) aprove o projeto. Hoje, as empresas estão estabelecendo PPMOs para controlar a segunda fase, a *Fase de Aprovação do Projeto* (AP), e para monitorar o desempenho do portfólio de projetos durante a entrega.

O PPMO deve tomar decisões quanto ao que é do interesse de toda a empresa. Um projeto considerado extremamente importante para uma unidade de negócio pode ser de baixa prioridade quando comparado com todos os outros projetos corporativos na fila. O PPMO deve maximizar o valor de negócio do portfólio, equilibrando corretamente os recursos críticos e priorizando os projetos de maneira adequada. O PPMO deve responder a três questões críticas, como mostra a Tabela 19.4.

As atividades identificadas com a terceira questão da Tabela 19.4 normalmente são parte da responsabilidade do PPMO de determinar se todos os benefícios foram capturados ou se pode ser necessário incluir projetos adicionais na fila.

A maioria das empresas tende a acreditar que os gerentes de projetos devem entrar em cena após o projeto ter sido aprovado e adicionado à fila. O argumento é que os gerentes de projetos não são empresários, têm informações limitadas que seriam úteis no processo de aprovação e são pagos apenas para tomar decisões baseadas em projetos. Isso está absolutamente errado. No mundo atual, os gerentes de projetos se veem como gerentes de parte de um negócio em vez de apenas de um projeto. Assim, os gerentes de projetos são pagos para tomar decisões baseadas em projetos e em negócios em seus projetos.

Quando os gerentes de projetos entram em cena após a aprovação do projeto, eles ficam à mercê das informações no caso de negócios e no plano de realização de benefícios. Infelizmente, esses dois documentos nem sempre contêm todas as premissas e restrições e podem não discutir o raciocínio usado na criação do projeto.

Uma das razões mais importantes para que o gerente de projetos entre em cena mais cedo é o gerenciamento de recursos. Os projetos muitas vezes são aprovados, adicionados à fila e priorizados sem consideração à disponibilidade de recursos qualificados. Quando os benefícios não são entregues como planejado, o gerente de projetos leva a culpa por não recrutar uma equipe adequada para o projeto.

Alguns dos problemas críticos de seleção de equipe a serem superados incluem:

- Os gerentes não sabem quanto trabalho adicional pode ser adicionado à fila sem sobrecarregar a força de trabalho
- Os projetos muitas vezes são adicionados à fila sem considerar (1) a disponibilidade de recursos, (2) o nível de habilidade dos recursos necessários e (3) o nível de tecnologia necessário
- Não existe um repositório central exclusivamente para a seleção de funcionários para projetos estratégicos
- A priorização dos projetos se baseia em "suposições", não em fatos ou evidências
- Não há técnicas para entender como uma mudança do escopo em um projeto pode afetar a carga de trabalho em outros projetos em execução
- Decisões sobre recursos são tomadas antes da aprovação do projeto e antes de o gerente de projetos entrar em cena
- Há uma falta de entendimento sobre como os gerentes de projetos podem auxiliar no planejamento da capacidade e no gerenciamento de recursos
- Recursos críticos são alocados a projetos em vias de fracassar ou que não agregam valor

TABELA 19.4 Função típica para um PMO de portfólio

Questões críticas	Áreas de consideração	Ferramentas e processos de portfólio
1. Estamos fazendo as coisas "certas"?	Alinhamento com metas e objetivos estratégicos, como valor para o acionista, satisfação do cliente ou lucratividade Avaliação dos pontos fortes e fracos internos Avaliação dos recursos disponíveis e qualificados	*Templates* para avaliar o rigor do caso de negócio Análise da adequação estratégica e relação com objetivos estratégicos Matriz das relações entre os projetos Matrizes de habilidades dos recursos *Templates* de planejamento da capacidade *Templates* de priorização
2. Estamos fazendo as coisas "certas" da maneira "certa"?	Capacidade de atender às expectativas Capacidade de avançar em direção aos benefícios Capacidade de gerenciar a tecnologia Capacidade de maximizar a utilização de recursos	Planos de realização de benefícios Planos de projeto formalizados e detalhados Estabelecimento de métricas e indicadores-chave de desempenho de acompanhamento Análise de riscos Gerenciamento de problemas Acompanhamento de recursos Acompanhamento de benefícios/valor
3. Estamos fazendo o suficiente das coisas "certas"?	Comparação com metas e objetivos estratégicos Capacidade de atender a todas as expectativas Capacidade de capturar todas as oportunidades de negócios ao alcance da capacidade e habilidade dos recursos da empresa	Acompanhamento geral dos benefícios Relatórios precisos usando o sistema de informações de gestão de projetos

Os gerentes de projetos podem ser as pessoas mais qualificadas para identificar criticamente o número de recursos necessários e os níveis de habilidade da equipe selecionada. A capacidade de integrar o gerente de projetos desde o começo facilita o trabalho para a equipe de governança do portfólio, que deve executar práticas efetivas de gerenciamento de recursos, de acordo com a Figura 19.3.

Mesmo quando os gerentes de projetos são designados no início do ciclo de vida do investimento, podem ocorrer problemas com o gerenciamento de recursos, incluindo:

- Não capturar todas as demandas por recursos
- Falta de conhecimento sobre os níveis de habilidades dos recursos necessários
- Mudança nas necessidades de recursos do projeto devido a mudanças de escopo
- Não levar em conta os recursos que podem ser necessários caso surja o requisito de executar atividades transformacionais
- Novas prioridades devido a "incêndios" em outros projetos críticos
- Estimativas não realistas sobre benefícios e valor

Capítulo 19 • Realização de benefícios e gerenciamento de valores

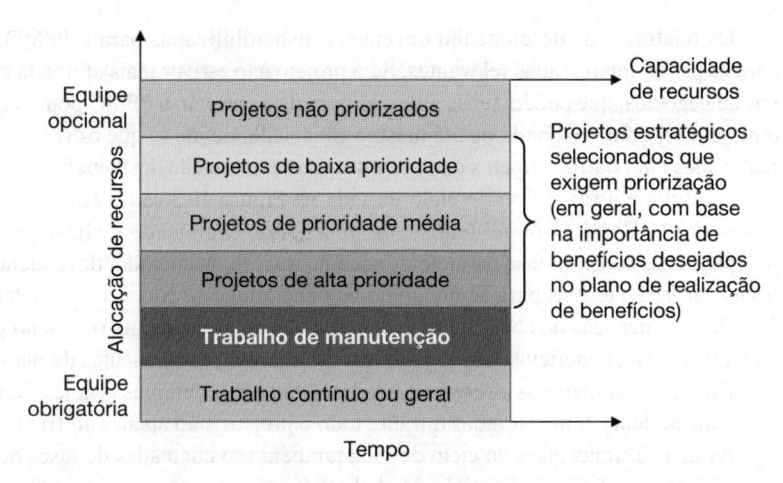

Figura 19.3 Atividades de gerenciamento de recursos.

Se os problemas não forem identificados e gerenciados corretamente, os resultados podem ser:

- Fracasso do plano de realização de benefícios
- Não maximização do valor de negócio do portfólio
- Mudanças contínuas no portfólio
- Repriorização contínua
- Conflitos contínuos por causa de recursos humanos

Os benefícios do gerenciamento eficaz dos recursos são conhecidos:

- Equilíbrio das cargas de trabalho entre os projetos mais críticos
- Melhorias nas eficiências de utilização de recursos, com a alocação de recursos com as habilidades certas
- Melhor planejamento e controle dos projetos
- Melhor seleção de um portfólio de projetos capazes de maximizar o valor de negócio

A terceira fase do ciclo de vida é a *Fase de Planejamento do Projeto* (PP). Esta fase inclui planejamento preliminar, planejamento detalhado e atualização ao planejamento da realização de benefícios. O caso de negócio pode já incluir premissas e restrições, mas o PPMO pode oferecer premissas e restrições adicionais relativas aos objetivos de negócios gerais e ao impacto que fatores ambientais da empresa podem ter sobre o projeto. O plano de realização de benefícios criado como parte do caso de negócio pode sofrer mudanças significativas durante esta fase.

O plano de realização de benefícios não é sinônimo de plano do projeto e deve ser integrado a ele. O plano de realização de benefícios e o plano de projeto correspondente podem sofrer mudanças contínuas à medida que o projeto avança, dependendo de mudanças nas condições de negócios.

A quarta fase do ciclo de vida é a *Fase de Entrega* (E). Esta e a Fase de PP são as que mais frequentemente se baseiam nas áreas do conhecimento do *Guia PMBOK®*. São utilizadas as metodologias tradicionais de gestão de projetos. Nessa fase, o gerente de projetos trabalha lado a lado com o PPMO, o encarregado pela área de negócios e o comitê de liderança/governança para maximizar a realização dos benefícios do projeto.

Os relatórios de desempenho devem ser disponibilizados para o PPMO, assim como para as partes interessadas relevantes. Se o projeto não estiver mais alinhado com os objetivos de negócios, que podem ter se alterado durante a entrega, o PPMO pode recomendar que o projeto seja redirecionado ou até mesmo cancelado, de modo que os recursos possam ser realocados para outros projetos que permitam a maximização dos benefícios do portfólio.

A quinta e a sexta fase do ciclo de vida na Figura 19.3 são a *Fase de Realização de Benefícios* (RB) e a *Fase de Análise do Valor* (AV). O plano de realização de benefícios, independentemente da fase do ciclo de vida na qual foi preparado, deve identificar as métricas que serão usadas para acompanhar os benefícios e o valor correspondente. A identificação das métricas dos benefícios e do valor são os pontos mais fracos no planejamento da realização de benefícios. Muito já foi escrito sobre os componentes do plano, mas pouco disso aparece nas métricas a serem utilizadas. Contudo, as empresas hoje criam métricas de valor que podem ser mensuradas durante todo o projeto, não apenas ao final.[3]

As duas últimas fases do ciclo de vida também são chamadas de fases de colheita dos benefícios, em referência à realização de benefícios e do valor correspondente. A colheita exige a implementação de um plano de gestão da mudança organizacional que pode tirar as pessoas das suas zonas de conforto. É preciso incentivá-las a tornar essas mudanças permanentes, sem retornar aos seus modos de trabalho de sempre ao final do projeto.

As pessoas responsáveis pela colheita de benefícios devem considerar:

- Reestruturação organizacional
- Novos sistemas de recompensas
- Mudanças nos requisitos de habilidades
- Gestão dos registros
- Atualizações do sistema
- Contratos sindicais

A plena realização dos benefícios pode enfrentar resistência por parte dos gerentes, trabalhadores, clientes, fornecedores e parceiros. Pode haver um medo inerente de que a mudança seja acompanhada de perda de possibilidades de promoção, menos autoridade e responsabilidade e possível perda do respeito dos colegas.

A colheita de benefícios também pode aumentar os custos da realização dos benefícios devido a:

- Contratação e treinamento de novos talentos
- Mudanças nas funções da equipe existente e realização de treinamento
- Transferência de membros de equipe atuais
- Aumento ou oferta de suporte da gerência
- Atualização de sistemas de informática
- Aquisição de novo *software*
- Criação de novas políticas e procedimentos
- Renegociação de contratos sindicais
- Desenvolvimento de novos relacionamentos com fornecedores, distribuidores, parceiros e *joint ventures*

---

[3] Para informações sobre como criar e informar métricas de valor, ver Harold Kerzner, *Project Management Metrics, KPIs and Dashboards*, 2nd ed. (Hoboken, NJ: John Wiley & Sons and International Institute for Learning, 2013), Capítulo 5.

19.8 Categorias de benefícios e valor

Parte do planejamento estratégico é criar um portfólio equilibrado de projetos. Por uma questão de simplicidade, usamos as quatro categorias de projetos mostradas na Figura 19.4. As mesmas quatro categorias podem ser usadas para identificar as categorias dos benefícios e do valor. Diversos benefícios, valores e métricas correspondentes podem ser utilizados para cada categoria, apenas alguns dos quais aparecem como exemplos.

As métricas devem ser estabelecidas em cada quadrante para atuar como um sistema de alerta precoce para possíveis problemas. Alguns exemplos de métricas que podem identificar os problemas de erosão de benefícios são:

- Métricas sobre o número de mudanças do escopo, que identificam a possibilidade de atrasos no cronograma e sobrecusto
- Métricas sobre o número de pessoas transferidas para apagar incêndios em outros pontos, que também identificam a possibilidade de atrasos no cronograma e sobrecusto
- Métricas sobre excesso de horas-extras, que poderiam indicar problemas graves não resolvidos
- Métricas sobre prazos estourados, que podem indicar que o tempo de colocação no mercado pode atrasar e oportunidades podem ser perdidas

A Tabela 19.5 mostra os benefícios típicos para cada uma das quatro categorias. As métricas da última coluna podem ser utilizadas para acompanhar os benefícios.

O comitê de governança do portfólio existe para todo o ciclo de vida do investimento. Sua função inclui:

- Estabelecer as prioridades certas
- Eliminar surpresas
- Integrar contingências ao portfólio
- Manter a flexibilidade de resposta
- Controlar o aumento gradual do escopo
- Tentar fazer mais com menos
- Garantir decisões informadas usando métricas

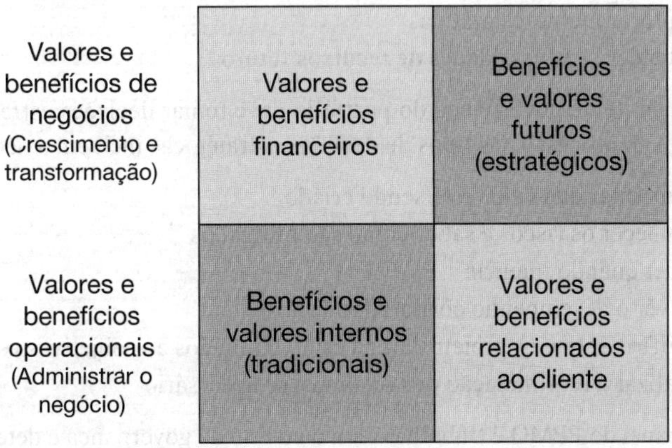

Valores e benefícios de negócios (Crescimento e transformação)	Valores e benefícios financeiros	Benefícios e valores futuros (estratégicos)
Valores e benefícios operacionais (Administrar o negócio)	Benefícios e valores internos (tradicionais)	Valores e benefícios relacionados ao cliente

Figura 19.4 Categorias de benefícios e valor.

TABELA 19.5 Benefícios em cada categoria

Categoria	Benefícios	Métricas de acompanhamento do projeto
Benefícios internos	Processos para adesão a restrições *Templates* para identificar objetivos, aprovações e captura de melhores práticas Manter uma biblioteca de melhores práticas e métricas Controle das mudanças de escopo Controle dos itens de ação Redução do desperdício	Tempo Custo Escopo Qualidade Número de mudanças de escopo Duração dos itens de ação em aberto Número de recursos Quantidade de desperdício Eficiência
Benefícios financeiros	Melhorias do ROI, VPL, TIR e período de recuperação do investimento Fluxo de caixa Melhorias das margens operacionais Manter ou aumentar a participação de mercado	Métricas financeiras Calculadoras de ROI Margem operacional
Benefícios futuros (estratégicos)	Redução do tempo de colocação no mercado Imagem/reputação Superioridade técnica Criação de novas tecnologias ou produtos Manutenção de um repositório de conhecimento Alinhamento dos projetos com objetivos estratégicos	Tempo Levantamentos sobre imagem e reputação Número de novos produtos Número de patentes Número de clientes retidos Número de novos clientes
Benefícios relacionados ao cliente	Fidelidade do cliente Número de clientes que permitem que você use seus nomes como referência Melhorias na entrega para o cliente Níveis de satisfação do cliente	Fidelidade/pesquisas de satisfação do cliente Tempo de colocação no mercado Qualidade

- Capturar melhores práticas
- Entender as necessidades de recursos futuros

O comitê de governança do portfólio deve tomar decisões estratégicas, e as métricas auxiliam no processo. Os tipos de decisões estratégicas incluem a necessidade de:

- Confirmar que valor está sendo criado
- Conhecer os riscos e saber como são mitigados
- Saber quando intervir
- Prever o desempenho corporativo futuro
- Confirmar que os projetos ainda estão alinhados aos objetivos estratégicos
- Realizar a reotimização dos recursos, se necessário

O papel do PPMO é trabalhar com o comitê de governança e determinar a combinação ideal de recursos para a entrega do projeto e a realização dos benefícios ao mesmo tempo que se respeitam restrições impostas. O PPMO também apoia a identificação, mensuração

TABELA 19.6 Benefícios específicos da empresa

Empresa	Categoria do benefício	Benefício
General Electric	Futuro	Melhoria da produtividade
Motorola	Financeiro	Controle do aumento gradual do escopo
Computer Associates	Interno	Lidar melhor com as expectativas do cliente
ABB	Futuro	Auditorias de projetos para buscar oportunidades de melhoria contínua
Westfield Group	Interno	Desenvolvimento de um sistema *on-line* interno de gestão de projetos empresarial
Antares Solutions (Medical Mutual)	Relacionado ao cliente	Processo de controle de mudanças focado no cliente

TABELA 19.7 Exemplos de benefícios

Categoria do benefício	Benefício	Medido incrementalmente	Medido ao final
Interno	Acelerar aprovações	Sim	
Financeiro	Melhorar o ROI, VPL, TIR e período de recuperação do investimento	Sim	Sim
Futuro (estratégico)	Acelerar processo de comercialização do produto		Sim
Relacionado ao cliente	Melhorar a satisfação do cliente	Sim	

e geração de relatórios das métricas. O PPMO trabalha as perguntas a seguir de modo a apoiar o comitê de governança:

- Temos investimentos fracos que precisam ser cancelados ou substituídos?
- Alguns programas e/ou projetos devem ser consolidados?
- Há projetos que devem ser acelerados ou desacelerados?
- Estamos bem alinhados aos objetivos estratégicos?
- O portfólio precisa ser rebalanceado?

Às vezes, os benefícios resultam em melhores práticas que podem ser aplicadas a outros projetos. A Tabela 19.6 ilustra os benefícios de diversas empresas e em qual quadrante os benefícios apareceram. Alguns benefícios podem ser atribuídos a mais de um quadrante.

Como mencionado anteriormente, é importante saber se as mensurações dos benefícios e do valor devem ser realizadas incrementalmente ou ao final do projeto. Os exemplos de mensurações incrementais *versus* ao final se encontram na Tabela 19.7. Como mencionado, as mensurações ao final do projeto normalmente são mais precisas, mas algumas também podem ser realizadas de forma incremental.

19.9 A conversão de benefícios em valor

O valor é o que os benefícios valem ao final da Fase E ou em algum momento no futuro. Mesmo que os benefícios estejam a caminho de serem obtidos, o valor final pode ser diferente do planejado com base nos *deliverables* produzidos e nas premissas financeiras adotadas. A seguir, apresentamos dois exemplos da conversão de benefícios em valor:

1. Uma empresa aprovou o desenvolvimento de um pacote de *software* customizado, com o benefício esperado de reduzir o tempo de processamento de entrada de pedidos, o que representaria uma economia aproximada de $1,5 milhão por ano. O custo de desenvolver o pacote foi estimado em $750.000. O cálculo do valor é:

$$\text{Valor} = (60 \text{ trabalhadores}) \times (5 \text{ horas/semana}) \times (\$100/\text{hora}) \times (50 \text{ semanas})$$
$$= \$1,5 \text{ milhão em economia anual}$$

2. Uma empresa decidiu criar um sistema de relatório de desempenho do projeto em formato de *dashboard* para reduzir a burocracia e eliminar muitas reuniões não produtivas. O cálculo do valor foi o seguinte:

- Eliminar 100 páginas ou relatórios e apostilas por mês, a um custo total, com todos os encargos, de $1000/página, ou uma economia de $1,2 milhão.
- Eliminar 10 horas de reuniões por semana por 50 semanas, com 5 pessoas por reunião e a $100 por hora, ou uma economia de $250.000.

$$\text{Valor} = \$1.200.000 + \$250.000 = \$1,45 \text{ milhão em economia anual}$$

Em ambos os casos, os projetos geraram benefícios e valor plurianuais para as empresas.

19.10 Gestão de projetos e início das operações

Um dos desafios enfrentados pelos executivos é determinar quem é a pessoa mais qualificada para atuar como líder da colheita de benefícios. Algumas pessoas argumentam que o gerente de projetos deve permanecer na equipe mesmo após o projeto estar pronto para iniciar suas operações. Nesse caso, como a colheita de benefícios demandaria bastante tempo, o gerente de projetos pode muito bem estar atuando como um gerente funcional, em cujo caso as habilidades necessárias podem ser diferentes daquelas necessárias para a gestão de projetos tradicional. Isso é exibido na Tabela 19.8. Um gerente de projetos pode não estar qualificado para assumir o papel de gerente de projetos para início das operações em todos os projetos.

19.11 Valor e benefícios de portfólio

As métricas de acompanhamento do projeto identificadas na Tabela 19.5 foram estabelecidas para acompanhar projetos individuais em cada categoria, mas métricas específicas podem ser utilizadas para medir a eficácia de um portfólio de projetos. A Tabela 19.9 mostra as métricas que podem ser usadas para medir o valor geral criado pela gestão de projetos em projetos individuais, um PMO tradicional ou um PPMO. As métricas listadas sob gestão de projetos e muitas das métricas sob o PMO tradicional são consideradas micrométricas, focadas em objetivos táticos. As métricas listadas sob o PPMO são métricas de nível macro, que representam os benefícios e o valor do portfólio como um todo. Estas podem ser criadas com o agrupamento de métricas de diversos projetos. As métricas de benefícios e valor também são usadas para criar métricas de portfólio.

Capítulo 19 • Realização de benefícios e gerenciamento de valores

TABELA 19.8 Mudanças nas habilidades de um gerente de projetos de início das operações

Características	Diferenças
Autoridade	Da liderança sem autoridade à autoridade significativa
Poder	Do poder legítimo para o uso ponderado do poder
Tomada de decisões	De certo nível de tomada de decisões a ter autoridade para uma tomada de decisões significativa
Tipos de decisões	De decisões somente relacionadas a projetos a decisões de projeto e de negócios
Disposição a delegar	A extensão e o tamanho do projeto forçarão os gerentes de projetos a delegar mais autoridade e tomada de decisões do que normalmente fariam
Fidelidade	De fidelidade ao projeto à fidelidade à visão corporativa e à empresa
Habilidades sociais	São necessárias fortes habilidades sociais, já que poderemos trabalhar com as mesmas pessoas por vários anos
Motivação	Aprender como motivar os trabalhadores sem usar recompensas financeiras ou poder
Habilidades comunicativas	Comunicação em toda a organização em vez de com apenas alguns poucos selecionados
Relatório de *status*	O *status* de projetos estratégicos não pode ser feito apenas de prazo e custos
Perspectiva/ponto de vista	Ter um ponto de vista muito mais amplo, especialmente de uma perspectiva empresarial
Visão	Ter a mesma visão de longo prazo que os executivos e promovê-la em toda a empresa
Compaixão	Ter mais compaixão pelos trabalhadores do que em projetos tradicionais ou de curto prazo, já que eles podem ser designados por vários anos
Autocontrole	Não poder reagir exageradamente a más notícias ou a incômodos
Brainstorming e solução de problemas	Ter habilidades muito fortes de *brainstorming* e solução de problemas
Gerenciamento de mudanças	Ir da gestão de projetos ao gerenciamento de mudanças em toda a corporação
Impacto do gerenciamento de mudanças	Ir dos efeitos da gestão de projetos aos efeitos do gerenciamento de mudanças organizacionais

TABELA 19.9 Métricas para tipos específicos de PMO

Gestão de projetos	PMO tradicional	PPMO
Adesão a cronogramas de referência	Crescimento da satisfação do cliente	Lucratividade do portfólio do negócio ou ROI
Adesão a custos de referência	Número de projetos em risco	Saúde do portfólio
Adesão a escopo de referência	Conformidade com a metodologia	Porcentagem de projetos de portfólio bem-sucedidos
Adesão a requisitos de qualidade	Maneiras de reduzir o número de mudanças de escopo	Realização de benefícios do portfólio
Uso efetivo de recursos	Crescimento da produção anual do trabalho	Valor do portfólio obtido
Níveis de satisfação do cliente	Validação do tempo e do financiamento	Seleção do portfólio e combinação de projetos
Desempenho do projeto	Capacidade de reduzir as taxas de encerramento de projetos	Disponibilidade de recursos
Número total de *deliverables* produzidos		Capacidade e habilidade disponíveis para o portfólio
		Utilização de pessoas para projetos de portfólio
		Horas por projeto do portfólio
		Falta de membros de equipe
		Alinhamento estratégico
		Aprimoramentos do desempenho do negócio
		Orçamento *versus* realidade do portfólio
		Prazo *versus* realidade do portfólio

TABELA 19.10 Interpretação das métricas

Métrica do benefício	Interpretação do gerente de projetos	Interpretação do cliente	Interpretação do consumidor
Tempo	Duração do projeto	Tempo de colocação no mercado	Data de entrega
Custo	Custo do projeto	Preço de venda	Preço de compra
Qualidade	Desempenho	Funcionalidade	Usabilidade
Tecnologia e escopo	Atender especificações	Alinhamento estratégico	Compra segura e confiável
Satisfação	Satisfação do cliente	Satisfação do consumidor	Propriedade estimada
Riscos	Nenhum negócio futuro desse cliente	Perder lucros e participação de mercado	Necessidade de suporte e risco de obsolescência

Os PMOs tradicionais e os PPMOs são considerados custos fixos, sujeitos a possíveis rodadas de *downsizing*, a menos que os PMOs possam utilizar métricas para mostrar como a organização se beneficia com a sua existência. Assim, as métricas também devem ser estabelecidas para mensurar o valor que o PMO traz para a organização matriz.

É importante entender que algumas das micrométricas usadas para acompanhar os benefícios podem ter significados diferentes para os clientes ou os consumidores finais. Por exemplo, vamos pressupor que você esteja gerenciando um projeto para um cliente externo. O *deliverable* é um componente que o cliente usará em um produto que está vendendo para os seus clientes (ou seja, os clientes do seu cliente, os consumidores). A Tabela 19.10 mostra como cada uma das métricas pode ser interpretada de maneira diferente. É importante perceber que os benefícios e o valor são como a beleza: estão nos olhos de quem vê. Os clientes e as terceirizadas podem ter uma percepção diferente do significado dos benefícios e do valor, além das métricas associadas.

19.12 Alinhamento com objetivos estratégicos

Devido a avanços nas técnicas de mensuração de métricas, foram desenvolvidos modelos com os quais podemos mostrar o alinhamento dos projetos aos objetivos de negócios estratégicos, um dos quais aparece na Figura 19.5. Há alguns anos, as únicas métricas usadas eram tempo, custo e escopo. Hoje, podemos incluir métricas relacionadas a valor estratégico e valor de negócio, o que nos permite avaliar a saúde de todo o portfólio de projetos e também dos projetos individuais.

Como todas as métricas têm metas definidas, podemos definir pontos para cada uma com base em quanto se aproximaram das metas. A Figura 19.6 mostra que o projeto identificado na Figura 19.5 recebeu 80 de 100 pontos possíveis até o momento. A Figura 19.7 mostra o alinhamento dos projetos com objetivos estratégicos. Se a pontuação total na Figura 19.6 fica entre zero e 50 pontos, podemos pressupor que o projeto ainda não está contribuindo para os objetivos estratégicos, o que seria representado como uma célula vazia ou o número zero na Figura 19.7. Pontuações entre 51 e 75 pontos indicariam uma contribuição "parcial" aos objetivos e apareceriam como o número 1 na Figura 19.7. Por fim, pontuações entre 76 e 100 pontos indicariam que o objetivo está sendo cumprido e apareceriam como o número 2 na Figura 19.7. Periodicamente, podemos resumir os resultados da Figura 19.7 para mostrar à gerência a Figura 19.8, que ilustra nossa capacidade de criar os benefícios desejados e o valor final.

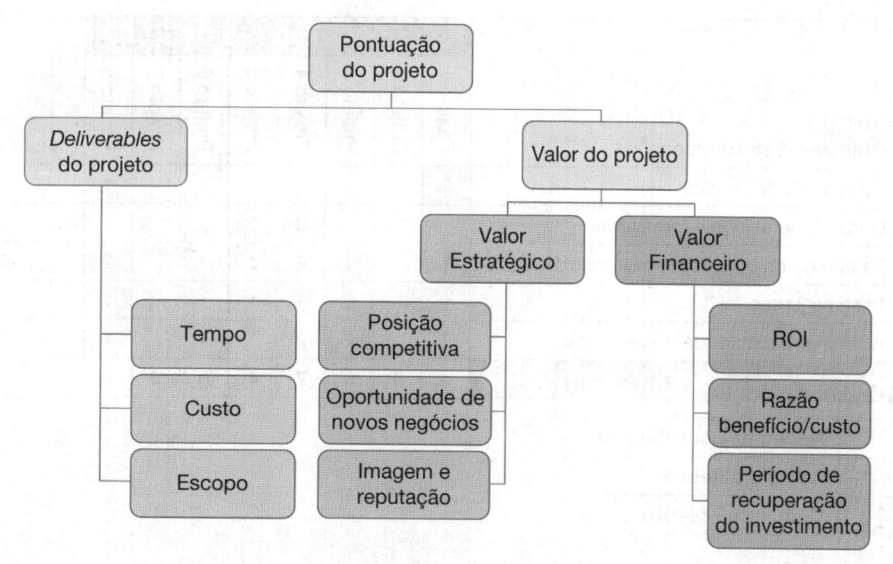

Figura 19.5 Modelo de pontuação para projetos.

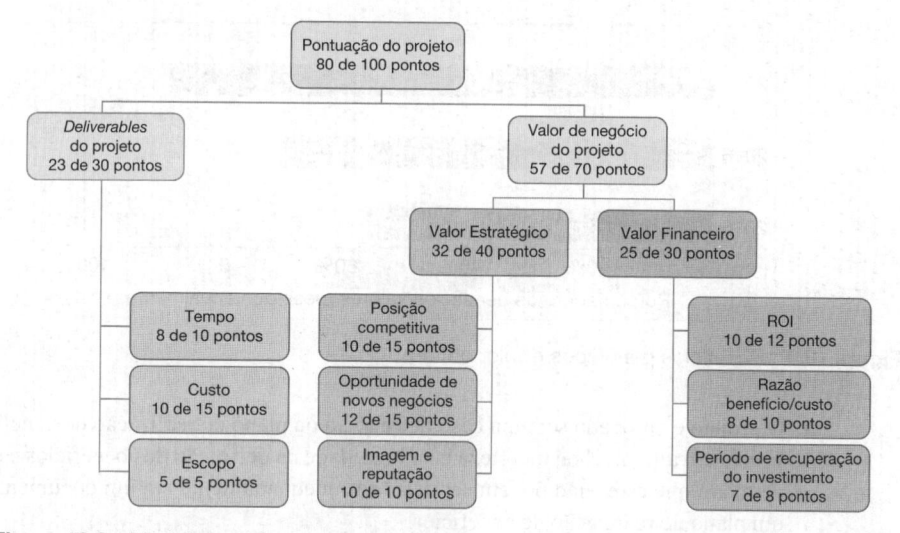

Figura 19.6 Modelo de pontuação para projetos com pontos alocados.

19.13 Causas do fracasso completo ou parcial do BRM

Por mais que nos esforcemos para melhorar na realização de benefícios e no gerenciamento de valores, sempre há coisas que podem dar errado e nos levar ao desastre. Catorze dessas causas do fracasso que podem ocorrer ao longo do ciclo de vida do investimento incluem:

1. Falta de envolvimento ativo do encarregado da área de negócios ou das partes interessadas.
2. Os decisores não têm certeza sobre seus papéis e suas responsabilidades, especialmente nas primeiras fases do ciclo de vida.

Objetivos Estratégicos:	Projetos								Pontuação
	Projeto 1	Projeto 2	Projeto 3	Projeto 4	Projeto 5	Projeto 6	Projeto 7	Projeto 8	
Superioridade técnica	2		1			2		1	6
Custos operacionais reduzidos				2	2				4
Tempo de colocação no mercado reduzido	1		1	2	1	1		2	8
Maiores lucros			2	1	1	1		2	7
Adicionar capacidade de produção	1		2	2		1		1	7
Pontuação da coluna	4	0	6	7	4	5	0	6	

	Nenhuma contribuição
1	Apoia o objetivo
2	Cumpre o objetivo

Figura 19.7 Combinar projetos com objetivos de negócios estratégicos.

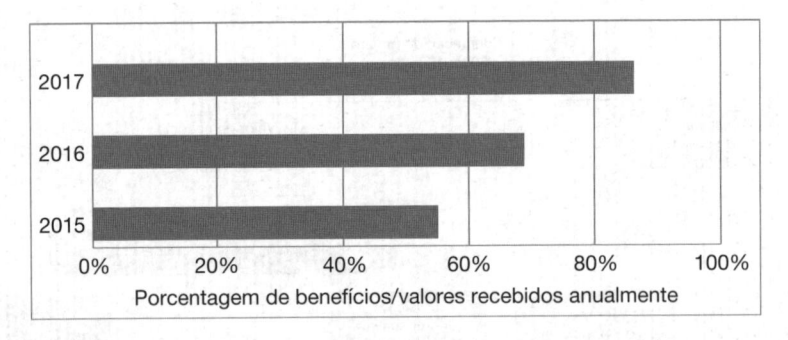

Figura 19.8 Benefícios periódicos e valor obtido.

3. O projeto é aprovado sem um caso de negócio ou plano de realização de benefícios.
4. Existe um alto nível de incerteza e ambiguidade na definição dos benefícios e do valor, de modo que estes não podem ser descritos adequadamente em um documento, como um plano de realização de benefícios.
5. Estimativas altamente otimistas dos benefícios, muitas vezes não realistas, são feitas para obter a aprovação do projeto e o *status* de alta prioridade para ele.
6. Não se reconhece a importância das práticas eficazes do gerenciamento de recursos e a ligação com o BRM.
7. Mantém-se um forte foco nos *deliverables* do projeto em vez de na realização de benefícios e na criação do valor de negócio.
8. Usa-se a definição errada de sucesso do projeto.
9. Gerencia-se o projeto com as fases tradicionais do ciclo de vida e não do investimento.
10. Usam-se as métricas erradas ou métricas não confiáveis, ou simplesmente não há métricas para acompanhar os benefícios e o valor.
11. Não se acompanham os benefícios e o valor durante o ciclo de vida completo.

12. Não há critérios estabelecidos para quando cancelar um projeto que está fracassando.
13. Não há um processo transformacional caso necessário quando os benefícios e o valor somente podem ser obtidos com as mudanças organizacionais necessárias no modo como a empresa deve trabalhar agora.
14. Não se capturam as lições aprendidas e melhores práticas, permitindo que os erros se repitam.

O item 14 muitas vezes é a solução para impedir a recorrência dos 13 primeiros problemas.

19.14 Conclusão

Devido à importância dos benefícios e do valor, hoje os gerentes de projetos são mais gerentes de negócios do que os gerentes de projetos puros do passado. Espera-se que os gerentes de projetos da atualidade tomem decisões de negócios, não apenas de projetos. Eles parecem saber mais sobre o negócio do que os seus predecessores.

Com o crescimento das técnicas de mensuração, as empresas começarão a criar métricas para medir os benefícios e o valor. Muitas dessas técnicas ainda estão dando seus primeiros passos, mas se espera que a taxa de crescimento seja rápida.

Índice

ABB, *ver* Asea, Brown e Boveri
Abeid, Cesar, 392–393
Abordagem analítica, 257–258
Aceitação:
   de metodologias, 196–197
   de riscos, 18
   por toda a empresa, 227–228
Ações de marca, da DFCU, 299–303
Acreditação (processo de qualificação), 550
Acreditação Geral de Gerente de Projetos, 488–490
Actel-Lucent (Nokia), 390–394
Adequabilidade, critérios de, 525–526
Adesão *buy-in*, 103–104
Adesão dos executivos, 103–104
Adkins, Rodney, sobre gestão de projetos, 19–20
Administradores externos terceirizados, 268–269
Agência de Proteção Ambiental dos EUA, 401–402
AirBus Space and Defence:
   cronogramas multinível integrados na, 204–207
   metodologia APQP na, 198–201
   metodologias da, 204–207, 247–250
   regras áureas para a gestão de projetos da, 247–250
Al Maktoum, Mohammad bin Rashid, 133–136
Alcatel-Lucent, 488–492
Alexander, Jack, 39, 633–636
Alinhamento, fase de (PLM VDM), 629–630
Alinhamento, governança e, 336–337
Allen-Bradley, 236, 238
Alternativas de *design*, 616–617

Amazon, 223–224
American Greetings Corporation:
   benefícios da gestão de projetos na, 12, 13
   PMO da, 474–475
Amigos, em projetos políticos, 74
Análise da cadeia de valor, 655
Análise de custo-benefício, 523–525, 532
Análise de dados (ROI), fase de, 437–441
Análise de lacunas, 112–113, 718–719
Análise de Modos e Efeitos de Falhas (FMEA), 265–267
Análise de negócio, etapa de (desenvolvimento de novos produtos), 522–523
Análise de Variância (ANOVA), 265–266
Análise do valor (AV), Fase de, 727–728
Análise financeira, 506–507
Anbari, Frank T., sobre gestão de riscos do projeto, 259–260
Anos de evolução (treinamento), 361
Anos de revolução (treinamento), 361–364
ANOVA (Análise de Variância), 265–266
Antares Solutions (Medical Mutual), 730–731
Apenas monitorar (mapeamento das partes interessadas), 74–75
Aplicação de conhecimentos, por participantes de programas de treinamento, 436–437
Aplicações de excelência:
   da AT&T, 142–143
   da Avalon Power and Light (pseudônimo), 178–182
   da Hewlett-Packard, 159–169

   da Hitachi Ltd., 115–127
   da Kombs Engineering (pseudônimo), 182–184
   da Motorola, 157–159
   da Naviair, 170–179
   da Nokia, 390–394
   da Pursuit Healthcare Advisors, 144–149
   da Roadway Express, 181–183
   da RTA, 126–143
   da Texas Instruments, 158–161
   da Williams Machine Tool Company (pseudônimo), 183–184
   da World Wide Fund for Nature International, 149–153
   e governança de projetos, 151, 154–155
   e planejamento estratégico, 105–115
   no patrocínio, 330–331
   obstáculos à, 113–116
   passos para, 142–144
   reconhecer a necessidade de, 159–162
   selecionando funcionários para, 413–416
Aplicações de gerenciamento de mudanças:
   da Churchill Downs, 468–474
   da Deloitte, 591–593
   da Naviair, 171–173
Aplicações de metodologias:
   da AirBus Space and Defence, 198–201, 204–207, 247–250
   da Churchill Downs, Incorporated, 224, 226
   da Deloitte, 584–585
   da Ericsson Telecom AB, 232–235
   da GM Powertrain Group, 231–233
   da Hewlett-Packard, 246–249

da Indra, 226–227, 235–236, 238, 295–297
da Rockwell Automation, 236, 238–243
da SAP, 200–205
da Sherwin-Williams, 242–247
da Sony Corporation, 216–221
da Técnicas Reunidas, 208, 210–215
da Wärtsilä, 229–232
da Yanfeng Global Automotive Interior Systems Co. Ltd., 214–216
mensuração de valores, 650–651
padrão, benefícios de, 195–197
Aplicações de treinamento:
da ABB, 354–356
da Churchill Downs, 468–469
da Comau, 606–610
da Ford Motor Co., 368–369
da Harris Corporation, 385–390
da Hewlett-Packard, 393–394
da Hitachi Ltd., 115–117
da IBM, 547–549
da Indra, 296–298
da International Institute for Learning, 359–365
da Nokia, 390–394
da SAP, 355–357
da thyssenkrupp América do Norte, 356, 358–360
Apoios, verdadeiros, 74
Apple, e excelência, 142–143
Aprendizagem contínua, 366
Aprendizagem. *Ver também* Educação; Treinamento
com erros, 3
contínua, 366
de participantes de programas de treinamento, 434–437
reações a, 363–365
sistemas de instrução para, 365–366
Aprovação do projeto (AP), Fase de, 724–727
Aprovação e Revisão de Soluções e Oportunidades (SOAR), processo, 162–163
Aquisições, 653–654. *Ver também* Fusões e aquisições
Archibald, Russ, 224n.13

Área de Negócios de Telecomunicações Públicas, 232–234
Asea, Brown e Boveri, 730–731
e gerenciamento da satisfação do cliente na, 63–64
gestão de riscos na, 279–280
PMO na, 444–445
treinamento na, 355–356
Associação das Indústrias de Serviços Tecnológicos, 203–204
AT&T (American Telephone and Telegraph), 409–411
biblioteca de melhores práticas da, 49
cultura da, 282–284
definição de excelência na, 142–143, 185–186
descrições de cargo de, 372–373
gerenciamento de portfólio na, 518–519
indicadores-chave de desempenho na, 32
melhores práticas da, 24, 50
PMOs de, 474–475
sucesso de projetos na, 29
validação de melhores práticas na, 43
Atenção a detalhes (competência central), 379–380
Atendimento ao cliente, 268–269
Auditorias de projetos, 478–482
Auditorias de saída, 479–480
Austen, Jane, sobre orgulho, 84
Autoridade:
desafios da, 92–94
em mercados emergentes, 317–318
inveja sobre, 81
perda de, 342–343
Avaliação preliminar de projetos, 523–525
Avaliações (Seis Sigma), 502–504
fases do ciclo de vida para, 503
fatores a serem considerados para, 500–501
ferramentas para, 503–504
propósito de, 500–501
Avalon Power and Light (pseudônimo), 178–182
Avareza, em um ambiente de projetos, 84–87

Babcock & Wilcox, 368–369
Backlog, no Scrum, 690–693, 696–698
Baker, Christine, sobre PMO na Boeing, 445–446
Bancária, metodologias da indústria, 187–189
"Banco de ideias", 504–505
Bancos de dados de lições aprendidas, 270–272, 274
Bancos de dados relacionais, 266–267
Bancroft, George, sobre avareza, 84–85
Bandeira amarela, problemas de, 329–330
Bandeira vermelha, problemas de, 329–330
Barrow, W. F. "Bud", sobre gestão de projetos, 20
Base de clientes, 63–64
Base de custo, para estimativa a livros abertos, 211–213
BCG (Boston Consulting Group), modelo do, 663–664
Belliveau, P., sobre *fuzzy front end*, 348–349n.4
Benchmarking, 282–283
competitivo, 282–283
de processo, 282–283
e tendências de treinamento, 364–365
externo, 25–26
limitações do, 242–243
para melhores práticas, 25
Bendix Corporation, 397–398
Benefícios de curto prazo, 195–196
Benefícios de longo prazo, 195–197
Benefícios específicos da empresa, 730–731
Benefícios essenciais, 3
Benefícios estratégicos, 729–731
Benefícios, fase de realização de (RB), 727–728
Benefícios financeiros, 729–731
Benefícios futuros, 729–731
Benefícios, gerenciamento, 2–3
Benefícios, gerenciamento da realização (BRM, *benefits realization management*), 716–717, 719–721, 735–737

Benefícios intangíveis, 1, 715–716
Benefícios intangíveis do treinamento, 438–439
Benefícios internos, 729–731
Benefícios, métricas, 716–717
Benefícios relacionados ao cliente, 729–731
Benefícios:
  categorias de, 728–731
  conversão em valor, 731–732
  de portfólio, 731–733
  definição, 645–646, 715
  derivados de, 715–716
  e caso de negócio, 721–723
  e fases do ciclo de vida, 723–725
  específicos da empresa, 730–731
  estimativa de, 3
  realização de, 66, 715–718, 720–737
  templates para, 722–723
Bhagavad Gita, 87–88
Biblioteca de Informações sobre Tecnologia da Informação, 246–249, 493–494
Biblioteca de melhores práticas, 53–55
  comunicação de melhores práticas com, 48
  criação, 53–54
  e gerenciamento das melhores práticas, 47–48
  e validação das melhores práticas, 44
  na Hewlett-Packard, 57–58
  níveis de melhores práticas na, 45, 53–54
Biedermann, Michel, 672–673
Billings, Josh, sobre gula, 89–90
Binder, Jean, 392–393
Boas intenções, 59–60
Bodega, Domenico, 608–609
Boeing 777, 286–288
Boeing:
  cultura corporativa da, 286–288
  e Thiokol Corporation, 406–407
  gestão de riscos da, 278–280
  gestão informal de projetos na, 406–407
  PMO da, 445–447

processos integrados de gerenciamento da, 278–280
Bolzman, Doug:
  na relação Seis Sigma–GP, 493–494
  sobre a cultura na Hewlett-Packard, 316–317
  sobre abordagem do PMO na HP, 475–477
  sobre excelência, 163–169, 185–186
  sobre fatores críticos de sucesso, 30–31
  sobre fundamentos da metodologia, 246–249
  sobre indicadores-chave de desempenho, 31
  sobre melhores práticas, 54–55n.1.22
  sobre papel dos executivos, 164–165
  sobre patrocínio, 332–333
  sobre sucesso de projetos, 30
Bônus, 80–81, 85–87
Booz, Allen & Hamilton, 521–523
Boston Consulting Group (BCG), modelo do, 663–664
Boutros, Sameh, sobre PMOs globais, 475–477
Boyd, Keri, 306–307, 314–315
Braaflat, Kerry, sobre PMO na Boeing, 445–447
Brandman, Jerry, 302–303, 306–307
Branson, Richard, sobre apoio administrativo, 176–177
Brown, James C., 236, 238n
  e Prêmio PMO do Ano, 486–488
  sobre gerenciamento de portfólios, 533n
Buchtik, Liliana, 392–393
Budha, sobre luxúria, 87–88
Burocracia, 500–501
Burton, Robert, sobre gula, 89–90

CA (Computer Associates Technologies), 48, 730–731
Cadeia de valor agregado, 653–658. *Ver também* Fusões e aquisições
Cadeias de resultados, 150–151, 154
Caixas delimitadoras, 649

Canais de entrega, 315
Cancelamento (projetos), 68–69, 350–351
Capacidades, após fusões e aquisições, 660–661
CapCom Credit Union, 306–307, 309–310
Capellanus, Andreas, sobre avareza, 85–86
CAPM (*Certified Associate in Project Management*), 394
Categorização de projetos, 230–231
Cavanaugh, Kathleen:
  sobre engajamento das partes interessadas e patrocínio, 332–335
  sobre processos integrados, 260–262
Centro de Excelência em GP (PMCOE, *PM Centre of Excellence*), 540
Centro de Práticas de Negócios, 484–485
Centro Registrado de Treinamento, 393–394, 605–606
Cerimônias do Scrum, 692–693
Certificação:
  dupla, 364–365
  na IBM, 548–552
  na Nokia, 390–394
  no processo de qualificação, 550
  PMP®, 295–297, 361, 394, 605–606
  treinamento para, em instituições educacionais, 367–368
Challenger, desastre com a espaçonave, 83, 268–269
Charvat, Jason, sobre metodologias, 190–193
Choque cultural, 64–65
Chrysler Motors, 267–268
"*Chunking*", 494–495
Churchill Downs, Incorporated (CDI):
  controle de mudanças de escopo na, 468–474
  gerenciamento de portfólio na, 517–519
  melhores práticas da, 24–25, 44
  metodologia da, 224, 226

PMO da, 25, 468–474
sucesso de projetos na, 28–29
Churchill, Winston, sobre luxúria, 87–88
Ciclo de vida, custeio do, 259–260, 280
Ciclo de vida de desenvolvimento de sistemas (CVDS), 223–224
Ciclo de vida do cliente, 450–452
Ciclo de vida do produto, 198–201
Ciclo de vida, fases do, 8–13, 197–198, 719–721
   do modelo de ROI, 431–433
   e CVDS, 223–224
   e metodologia, 197–198, 223–224
   e PMOs, 68–69
   expansão, 224
   na análise de portfólio, 528–531
   na Indra, 235–236, 238
   para avaliações de Seis Sigma, 503
   superposição de, 197–198
Ciclo de vida, modelo de planejamento e controle de, 4
Cinco artefatos do Scrum, 696–703
Clareza, como ação de marca da DFCU, 304–307
Classificação do Capital Intelectual (*Intellectual Capital Rating*™), 718–719
Cliente(s), 732, 734
   anunciar melhores práticas para, 49
   como referências, 31–32
   conhecimento do, 183–184, 344–345
   definição de sucesso por, 28
   expectativas de, 103–104
   externo/interno, 232–233, 497–498
   foco no, 256–257
   gestão dos, 278–280
   metodologias aceitas por, 196–197
   na metodologia ágil, 676–678
   necessidades do, durante o encerramento, 235–236
CMMI (Modelo de Maturidade em Capacitação – Integração), 584–585
Coach ágil, 686–688
Cobiça, 84–87

Codificação, estratégia de, 613–614
Código de Conduta e Responsabilidade Profissional, 284–285
Código de Ética e Responsabilidade Profissional, 223–224
Coffin, Harold, sobre inveja, 79
Colaboração, 412–413
   na GEA e Heineken, 289–295
   na metodologia ágil, 676–678, 682–684, 708–709
Coleman, Randy, 409–410
Coleta de dados (ROI), fase de, 433–438
Coletivismo, 416–417
Colocalizada, governança, 335–336
Colton, Charles Caleb, sobre avareza, 84–85
Comau, 66, 593–611
   Academia de Gestão de Projetos, 594–595, 597, 605–606
   certificação de PMP na, 605–606
   gerenciamento de contratos na, 688–689
   gestão de riscos na, 602–603, 688–689
   lições aprendidas pela, 609–611
   Pirâmide do Paradigma, 602, 688–689
   PMO na, 594–599
   processos globais de gestão de projetos, 599
   Registro de riscos, ferramenta de, 603
Comercialização, etapa de (desenvolvimento de novos produtos), 522–523
Comissão de Certificação em Gestão de Projetos (IBM), 550
Comitê de controle de configurações, 278–279
Comitê Executivo (ExCom), 356, 358–359
Comitês, governança, 73–74, 77, 154–155
"Como alcançar a maturidade em gestão de projetos" (Dave Kandt), 262–264

Competências interpessoais, 367–368
Competitividade, 9–11, 103–104, 284–285
Componente de negócios, na definição do sucesso do projeto, 28
Comportamento humano, 251–253, 414–415
Compreensão por parte dos executivos, 9
Computer Associates Technologies, 48, 730–731
Computer Sciences Corporation (CSC):
   auditorias de projetos na, 478–482
Comunicação(ões):
   como competência central, 378–379
   de melhores práticas, 49–51
   e política na gestão de projetos, 75–76
   em projetos globais, 399–400
   face a face, 398–399
   metodologias UPPM™ para, 193–194
   na Fluor Corporation, 617–622
   na gestão de riscos proativa, 272, 274
   na gestão informal de projetos, 398–401
   na metodologia ágil, 684–685
   na Naviair, 177–179
   na Nortel Networks, 50
   nas regras áureas para a gestão de projetos, 249–250
   organizacional, 92–93, 617–618
   para recuperação para gestão de projetos, 251–252
Comunidade de excelência (CoE), 445–447
Comunidade de excelência em gestão de projetos (PjMCoE, *Project Management Community of Excellence*), 445–447
Comunidade de prática, 445–447
Comunidade de Prática do Gerente de Projetos (PMCP), 137–139
Comunidades, na Fluor Corporation, 611–617
Conceito de ondas sucessivas, 532
Conciliação, 412–413

Conclusão, 419–420
Concorrência por financiamento para o projeto, 74
Cone da Incerteza, 678–679
Confiança, 159–161
   de gerentes, 343–344
   e clientes nas reuniões de final de fase, 227–228
   no sistema de gestão informal de projetos, 397–399
Conflito(s), 329–330
   de interesses, 252–253
   de personalidade, 409–410
   mudança causa, 411–413
Conflitos de personalidade, 409–410
Conformidade, auditorias de, 478–480
Confrontação, 412–413
Conhecimento especializado:
   e PMCP, 426–428
   entrega acelerada de, 623–625
   fracasso devido à, excessiva, 84–85
   na Fluor Corporation, 616–617
   na recuperação para gestão de projetos, 252–253
Conhecimento:
   aplicação de, 436–437
   baseado em valor, 633–636
   compartilhamento de, 48–49, 137–141, 618–623
   comunidades de, 611–617
   de negócios, 110–111
   entrega contextual do, 623–624
   entrega preventiva de, 621–623
   proprietário, 49
   tácito, 622–623
   transferência de, 45, 49, 54–55
Conhecimentos do negócio (competência central), 374–376
Conhecimentos, gerenciamento de:
   codificação e personalização, estratégias de, 613–614
   direções futuras para, 621–625
   em suporte à execução do projeto, 613–617
   na Fluor Corporation, 610–625
   na IBM, 546
   no contexto da gestão de projetos, 618–623
Conselho de Governança de Gestão de Projetos, 163–164

Conselho de Investimento (CDI), 517–518
Consideração, fase de, 238–239
Construção de uma comunidade, 490–491
Construir, fase de (PLM VDM), 629–630
Consultores, determinação do ROI da educação por, 371–372
Contexto (cultural), 416–417
Contractco (pseudônimo), 344–345
Contratação, 397–398
Contratação de fornecedor único, 103–104
Contrato(s):
   com estimativa a livros abertos, 211–213
   e expectativas do cliente, 103–104
   na GM Powertrain, 231–233
   na metodologia ágil, 676–679
   nas regras áureas para a gestão de projetos, 249–250
Contratos de engenharia, aquisições e construção (EPC), 208, 210–215
Contratos LSTK, 208, 210–215
Controle dos cronogramas multinível integrados, 206–207
Controles internos, 59–60
Convex Corporation, 504–506
COOPANS, 171, 176–177
Cooperação, 284–286, 400–402
CoP, ver Comunidade de prática
Corrida armamentista, 4
Corrupção, em mercados emergentes, 318–319
CPMO (Escritório de gerenciamento de programas de clientes, 474–475
Crenças coletivas, 83–84, 349–350
Crescimento dos riscos, 59–60
Crescimento externo, 653–654. Ver também Fusões e aquisições
Crescimento interno versus externo, 653–654
Criação do curso (treinamento), 368–370
Criatividade, 70
Crises, definição de, 403–405
Cronograma detalhado, 204–207

Cronograma do resumo do projeto, 204–207
Cronograma Integrado do Projeto, 388–389
Cronograma-mestre, 204–207
Cronogramas multinível integrados, 204–207
Crosby, Phillip B., 261–262
Crossman, Richard Howard Stafford, sobre luxúria, 87–88
Crotty, Jim, sobre treinamento, 393–394
CSS3, 697–698
Cultura, 281–324
   como problema de integração em fusões e aquisições, 658–660
   definição, 317–318
   e gestão de projetos em mercados emergentes, 317–324
   e implementação da mudança, 183–184
   e uso de tecnologia, 416–417
   e valores corporativos, 284–285
   em mercados emergentes, 317–319
   informal, 397
   na Naviair, 174–176
   na Wärtsilä, 229–231
   tipos de, 284–285
Cultura comportamental, 282–283
Cultura corporativa, 70–71, 282–284, 286–289
   criação da, 282–284
   da Boeing, 286–288
   da DFCU Financial, 298–315
   da Fluor Corporation, 618–619
   da GEA e Heikeken (colaboração), 289–295
   da Hewlett-Packard, 316–317
   da Indra, 294–299
   da Midwest Corporation (pseudônimo), 287–289
   da Texas Instruments, 159–161
   metodologias aceitas em torno de, 191–193
   metodologias exigindo mudança na, 196–197, 227–229
   mudanças na, 281
   na metodologia ágil, 708–709

problemas para incorporar, 70–71
Cultura organizacional, *ver* Cultura corporativa
Cultura orientada a dados, 285–286
Culturas competitivas, 284–285
Culturas cooperativas, 284–286
Culturas fragmentadas, 284–285
Culturas isoladas, 284–285
Culturas não cooperativas, 284–286
Currículos, 328–329
Curso (educação), 367–368
Cursos personalizados, 368–369
Custeio:
   ciclo de vida, 259–260, 279–280
   como tripla restrição, 62–63
   de projetos, 657–658
CVDS (ciclo de vida de desenvolvimento de sistemas), 223–224

DA (*Disciplined agile*), 689–690
Dashboards, 35–39
   de crise, 402–405
   de semáforo, 35, 52–54
   e governança, 336–337
   estratégicos, 37, 40
   na metodologia ágil, 711–712
   no WWF, 537
   operacionais, 37
   saúde financeira, 38
   scorecards vs., 36
   táticos, 37
   tipos de, 37
Datas contratuais, 205–206. *Ver também* Geração de cronogramas
David Cleland, Prêmio, 392–393
Davis, David, sobre cancelamento de projetos, 350–351
De Vries, Peter, sobre gula, 89–90
Decentralizada, tomada de decisões, 343–344
Declaração de trabalho (DT):
   e política na gestão de projetos, 73
   nas indústrias aeroespacial e de defesa, 386–387
   para projetos não tradicionais, 640–641

Declarações de missão, 90–91, 143–144
Dedicação, em mercados emergentes, 320–321
Defensores convictos:
   de equipe de projetos, 418–419
   iniciação e encerramento, 346–351
   para desenvolvimento metodológico, 227–228
   patrocinadores *versus*, 227–228
Definição de processo, 25
Definição de pronto (DoD), 679–680, 684–689, 700–702
Deliverables, 715–716
   bem-definidos, 241–242
   inacabados, 93–94
Deloitte, 573–594
   Dimensão Pessoal de Transformações, estrutura de, 591
   equipes de projetos na, 586–587
   estrutura de EPM na, 573–575
   Geração de Valor Empresarial (EVD, *Enterprise Value Delivery*) na, 584–587
   gerenciamento de mudanças na, 591–593
   gerenciamento de portfólio na, 577–582
   gerenciamento de programas na, 581–583
   liderança e governança na, 590–591
   Mapa de Valor Empresarial (EVM) da, 575–577
   método de gestão de projetos da, 582–584
   metodologia ágil na, 702–709
   variação nos projetos na, 582–584
Deming, W. Edwards, 100–101, 261–263
Departamento de Defesa dos EUA, 4, 6. *Ver também* Indústria de defesa
Departamento de Energia dos EUA, 344–345
Dependências, 205–206
Desacordos, 329–330
Desafios, na metodologia ágil, 706, 708

Desastre com espaçonave, 268–269
Descrições de cargo, 372–374
Desempenho, auditorias de, 478–479
Desempenho:
   estrutura de desempenho de valores, 633–636
   indicadores de, 42. *Ver também* Indicadores-chave de desempenho
Desemprego, em mercados emergentes, 320–321
Desenvolvimento, 189–190
Desenvolvimento de novos produtos (NPD), 104–105
   como força matriz, 10
   e gerenciamento de portfólio, 521–523
   gestão de riscos na, 276–278
   "vale da morte" para, 347–348
Desenvolvimento de produto, 10
Desenvolvimento de produtos comum (DPC), 236, 238–243
Desenvolvimento de recursos humanos (DRH), 430–431
Desenvolvimento, etapa de (desenvolvimento de novos produtos), 522–523
Design Solutions (pseudônimo), 330–331
Design Thinking (Scrum), 689–690
Desperdício organizacional, 500–501
"Determinantes de valor", para partes interessadas, 576–577
Dez perigos dos projetos, 93–102
   ausência de plano para retrabalho (9), 96–97
   datas não passam de números (10), 97–98
   e empoderamento da equipe, 100–101
   e gerenciamento proativo, 97–99
   e manutenção de projetos, 98–99
   falta das pessoas certas (5), 95–96
   falta de manutenção de documentação (1), 94–95
   falta de patrocínio (6), 95–96

falta de plano comunitário (8), 96–97
falta de qualidade na fonte: (3), 94–95
falta de rigor (7), 96–97
fenômeno do acúmulo: (2), 94–95
pessoas erradas envolvidas (4), 95–96
remédios para, 97–100
DFCU Financial, cultura da, 298–315
Dias de mapeamento, 69, 141–143
"Dilema" (*problem child*), cadeias de valor de, 664–665
Dimensão Pessoal de Transformações, estrutura de (Deloitte), 591, 592
Direção, governança e, 336–337
Direção sancionada (pirâmide do sucesso), 159–161
Diretores de treinamento, 353–354
Diretrizes, avaliação da maturidade com, 155–156
Disciplined agile (DA), 689–690
Distância do poder, 416–417
Diversas metodologias, 80, 92–93, 185
Divisão de Serviços de Engenharia e Construção (Dow Chemical), 401–402
DMAIC, modelo, com TQM, 264–265
Documentação:
  em Scrum, 698–700
  escondida, 49
  manutenção da, 94–95, 101
  na metodologia ágil, 676–679, 685–686
  na seleção do projeto, 524–525
  quantidade de, 395–397
Documento de Requisitos de Marketing (DRM), 239, 241
Documento de requisitos do cliente, 239, 241
Documento de Requisitos do Produto, 239, 241
Documento de Requisitos dos Sistemas (DRS), 386–387
DoD específica à história de usuário, 700–701
DoD específica ao incremento, 700–701

Dodge Viper, carro esporte, 267–268
Donohoe, John, sobre PMO, 477–478n
Doutorados em gestão de projetos, 367–368
Dow, Bill, 392–393
Dow Chemical Corporation, 401–403
Downsizing, 280
DPMO (escritório de gestão de portfólio do departamento), 474–475
DRS (Documento de Requisitos dos Sistemas), 386–387
Duarte, D. L., sobre equipes virtuais, 415–417
Dubai Canal, 134–135
Dubai Electricity & Water Authority (DEWA), 137–138
Dubai, excelência em, 126–143
Dubai Metro, 133–134
Dubai Tram, 133–135
Dunham, David, sobre gestão de riscos, 276–277
Duplo patrocínio, 344–345
D-WBS, 119–121

EAU, 134–136
Eckerson, W.:
  sobre *dashboards* e *scorecards*, 35–36
  sobre indicadores-chave de desempenho, 39–41
EDS, melhores práticas na, 48
Educação, 157–158. *Ver também* Aprendizagem; Treinamento
  criação do curso para, 368–370
  de negócios, 354–356
  fundamentos do, 366–367
  mudanças ao curso, 367–368
  ROI da, 371–372
Eficácia, 10, 104–105
Eficiência, 10, 18, 104–105
Einstein, Albert, 685–686
Elenbaas, Marv, sobre proteção como ação de marca, 313–315
Eletivas (diploma em gestão de projetos), 367–368
Eli Lilly, modelo de competências da, 373–385
Elmo, 694–695
"Em cima do muro", 74
Emaar Properties, 137–138

Emerson, Ralph Waldo:
  sobre inveja, 79
  sobre raiva, 82
Empoderamento, 103–104
  como ação de marca da DFCU, 302–303, 310–312
  de equipes, 100–101, 506–507
  de funcionários, 259–260
  dos gerentes de projetos, 342–344
  e regras áureas para a gestão de projetos, 249–250
Empresas baseadas em projetos, 31–32, 371–372
Empresas não baseadas em projetos, 10, 31–32
Enakta, forças motrizes na, 10
Encerramento, 224
  da Rockwell Automation, 239, 241
  em mercados emergentes, 322–323
  na Indra, 235–236, 238
  na Sherwin-Williams, 244–245
Encerramento, com estimativa a livros abertos, 213–215
Encerramento, fase de (PLM VDM), 629–630
Engajamento das partes interessadas, 332–335
Engenharia simultânea:
  e gestão da qualidade total, 256–257
  e processos integrados de gerenciamento, 266–268
  e TQM, 256–260
  economias de custo devido à, 396–397
Entre equipes, integração, 701–702
Entrega (E), Fase de, 727–728, 731–732
Entrega contextual do conhecimento, 623–624
Entrega de conhecimento preventiva, 621–623
Épicos, no Scrum, 698–699
EPM (gerenciamento de programas empresarial), 431–432, 573–594
EPM (gestão de projetos empresarial), 220–221, 633

EPMO (PMO empresarial), 138–139
Equipe(s):
 ágeis, 679–680
 apoio estratégico, 112–113
 central, 346–347
 composição de, 425–426
 de ação, 415–416
 de produção, 415–416
 de projeto, *ver* Equipes de projetos
 de trabalho, 259–260, 280, 415–416
 definição, 417–418
 em rede, 415–416
 gerenciamento de serviços, 415–416
 liderança de, 410–411
 medidas de desempenho para, 506–507
 multicultural, 175–176
 na metodologia ágil, 679–680, 682–684, 686–688
 para desenvolvimento de produto, 415–416
 para gerenciamento de serviços, 415–416
 participação em, 414–416
 projeto virtual, 415–417
 recompensas de, 417–420
 Scrum, 688–689, 691–692
 sobrecarregada, 163–164
 tamanho de, 500–501
Equipes de projetos:
 conexões para além da, 622–623
 debriefing, para melhores práticas, 34
 na Comau, 594–595
 na Deloitte, 586–590
 recompensas de, 417–420
 relevância de, 163–164
 virtuais, 415–417
Equipes de trabalho autogerenciadas, 259–260, 280
Equipes em paralelo, 415–416
Ericsson Telecom AB:
 metodologias da, 232–235
 PROPS, modelo, de, 232–235, 256–257
Erros, 366
Escopo do trabalho:
 definição, 205–206

e indicadores-chave de desempenho, 32, 34
 linguagem do, 92–93
Escopo variável, no Scrum, 690–691
Escritório de gerenciamento de programas de clientes (CPMO, *Client Program Management Office*), 474–475
Escritório de gestão de portfólio do departamento (DPMO), 474–475
Escritório de gestão de projetos, *ver* PMO
Escritório de gestão, *ver* PMO
Escritório de Produtos e Operações, 327–328
Escritório de projetos, *ver* PMO
Escritórios de projeto focalizados no cliente, 286–288
Especialistas, 616–617
Especialização científica/técnica (competência central), 374
Espinha de peixe, diagramas de, 265–266
"Estado atraente", 100
Estado estacionário, em contratos ágeis, 677–678
Estimativa a livros abertos (OBE), 208, 210–215
Estimativa para Terminar (EPT), 389–390
Estratégias da cadeia de valor, 665–669
Estratégias de ataque, para projetos políticos, 74–76
Estratégias de recuo, para projetos políticos, 79–80
Estratégico, planejamento, 527–529
"Estrela" (*star*), cadeias de valor de, 664–665
Estrutura analítica do projeto (EAP), 703–705
 como componente crítico da metodologia, 197–199
 Denryoku, 119–121
 na Churchill Downs, Incorporated, 471–472
 na SAP, 203
 nas indústrias aeroespacial e de defesa, 386–388

 para planejamento estratégico, 107–108
Estrutura Analítica do Projeto Denryoku (D-WBS), 119–121
Estrutura de carreira (IBM), 550–551
Estrutura de desempenho de valores (VPF), 633–636
Estrutura de execução de projetos, 490–491
Estrutura de Investimento da Deloitte, 579
Estrutura Global de Programas (GPF), 535–536
Estruturação de processos (competência central), 379–381
Estruturas, 151, 154. *Ver também* Modelos
 desempenho de valores, 633–636
 estrutura de carreira da IBM, 550–551
 estrutura de EPM da Deloitte, 573–575
 estrutura de investimento da Deloitte, 579
 execução de projetos, 490–491
 gerenciamento de lançamentos, 185–186
 gerenciamento de programas empresarial, 573–594
 Global de Programas, 535–536
 Microsoft Solutions Framework, 530–572
 para colaboração, 293–294
Estudo de viabilidade, fase do, 523–525
 e expectativas, 530–533
 na Rockwell Automation, 238–239, 241
 propósito de, 234–235
Etapa contratual, 226–227
Etapa pré-contratual, 224, 226
Ética profissional, em mercados emergentes, 322–323
Excelência, 103–184. *Ver também* Excelência comportamental
 ações para, 422–424
 definição, 29, 113–115, 185–186
 e atraso da maturidade, 154–158
 e metodologias, 142–144, 185–186

e suporte da gerência, 126–143
forças motrizes para, 10, 103–105, 143–144, 157–158
gerenciando premissas sobre, 148–151, 154
hexágono da, 255
na gestão de projetos global, *ver* Excelência em gestão de projetos global
na metodologia ágil, 685–686
obstáculos à, 113–116
Excelência comportamental, 409–428
  chaves da, 420–424
  e gerenciamento proativo *versus* reativo, 425–428
  e liderança situacional, 409–412
  e resolução de conflitos, 411–414
  para equipes de projetos virtuais, 415–417
  recompensando equipes por, 417–420
  selecionando funcionários para, 413–416
Excelência em gestão de projetos global, 539–632
  comunidades de conhecimento para, 611–613
  na Comau, 593–611
  na Deloitte, 573–594
  na Fluor Corporation, 610–625
  na IBM, 540–549
  na Microsoft, 530–572
  na Siemens PLM Software, 624–632
Excesso de melhores práticas, 54–55
ExCom (Comitê Executivo), 356, 358–359
Executivos, 7–9. *Ver também* Gerência sênior
  como defensores convictos da iniciação e do encerramento, 346–351
  governança de TI por, 336–343
  implementação para, 164–165
  planejamento estratégico por, 329–330
  recompensas por, 81
  treinamento para, 364–365

visão da gestão de projetos, 18–20, 106–107
Executivos convictos, 227–228. *Ver também* Defensores convictos
Expectativas, 93–94, 148–149, 530–533, 615
Expectativas de franchise da comunidade, 615
Experiência cativante mínima, 698–699
Experiência do cliente, 450–452
Experiência técnica, na recuperação para gestão de projetos, 252–253
Exploração, etapa de (desenvolvimento de novos produtos), 522–523
"eXtreme" Programming (XP), 689–690

Facebook, 223–224
Facilitação, 412–413
Falácias que atrasam a maturidade da gestão de projetos, 154–158
Falta de pessoal, 68
Fase de aceitação pela gerência de área, 11, 12
Fase de aceitação pela gerência executiva, 11, 12
Fase de avaliação pós-projeto, 3, 224
Fase de conclusão, 234–235
Fase de crescimento, 11, 12
Fase de execução:
  na Fluor Corporation, 613–617
  na Rockwell Automation, 239, 241–243
  na Sherwin-Williams, 244–245
  propósito de, 234–235
Fase de implementação (PLM VDM), 629–631
Fase de iniciação, 224
  na Rockwell Automation, 238–240
  na Sherwin-Williams, 243–244
Fase de liberação, na Rockwell Automation, 239, 241
Fase de pré-estudo, 234–235
Fatores críticos de sucesso (FCS):
  definição de sucesso em termos de, 31

e benefícios de longo prazo, 195–197
e impacto sobre os negócios do treinamento, 437–438
identificação de melhores práticas a partir de, 27
na declaração de missão, 143–144
na Hewlett-Packard, 31
Fatores determinantes de negócios, 646–647
FCSs, *ver* Fatores críticos de sucesso
Federal Express, 659–660
Federal Reserve Bank of Cleveland, 409–410
FEED (*Front-End Engineering Design*), 208, 210–215
Feedback, na metodologia ágil, 695–696
Feigenbaum, Norman, 262–263
Feminilidade, 416–417
Fenômeno do acúmulo, 94–95, 101
Fenzi, Mauro, 608–609
Ferramentas:
  GP, 220–221
  para avaliações de Seis Sigma, 500–501, 503–504
  para suporte da metodologia da GP, 585–586
Fiat Group, 19
FiatChrysler Motors, 267–268
Fibonacci, sequência de, 693–694
"Finalizar" (estabelecer um *baseline*), 565–566
Financiamento, 66–67
Financiamento, concorrência por, 74
Financiamento de projetos, 66–67
Flexibilidade, 196–197, 251–252
Fluor Corporation, 610–625
  alternativas de *design* na, 616–617
  compartilhamento de conhecimento na, 618–621
  comunicação na, 617–622
  comunidades de conhecimento na, 611–617
  conhecimento especializado na, 616–617
  direções futuras na, 621–625
  execução na, 613–617

gerenciamento de conhecimentos na, 610–625
Knowledge OnLine™, 611–612
liderança na, 617–619, 621–622
pioneiros do GC na, 618–619
Fluxo de caixa, 66–67
Flying Tiger, 659–660
FMEA (Análise de Modos e Efeitos de Falhas), 265–267
Foco sobre os resultados (competência central), 380–382
Fonte, qualidade na, 94–96, 101
"Fora dos limites", conceito de, 277–278
Força, 412–413
Força Aérea dos EUA, 406–407
Forças motrizes:
e maturidade, 10
para excelência, 103–105, 143–144, 157–158
para gerenciamento de benefícios, 3
para gestão de projetos, 9–11, 18
para melhores práticas, 26
para melhoria na GP, 228–229
Ford Motor Company, 368–369
Formação de equipes, 116–117, 381–383
Formação em negócios, necessidade para, 354–356
Formalidade, 395–398
Forman, Mark, sobre o gerenciamento de portfólio, 533
Formulários, 155–156, 396–397, 505–506
Fornecedores, como provedores de soluções, 64–65
Fórum Internacional de Gestão de Projetos de Dubai, 137–139
Foster Defense Group (pseudônimo), 413–414
Fracasso no relacionamento, 81
Fracasso:
aprendendo melhores práticas com, 27
critérios para, 506–507
da gestão de riscos, 276–278
da integração em gestão de projetos, 658
de ganância por bônus, 85–87
de governança, 336–337
de indicadores-chave de desempenho, 40–41
de melhores práticas, 52–54
de metodologias, 191–192
de planos estratégicos, 105–107
devido à especialização excessiva, 84–85
devido à filtragem de informações, 83
devido à preguiça, 86–88
devido a problemas reorganizacionais, 80
devido a sabotagens, 81
devido a segundas intenções, 83
devido a uma crença coletiva, 83–84
devido a uma raiva injusta, 82–83
devido ao desejo por poder, 88–89
devido ao excesso de recursos, 85–86
devido ao padrão sindical, 87–88
devido ao patrocinador errado, 84–85
do poder, 85–86
e os Sete Pecados Capitais, 78–91
e patrocínio, 342–344
em mercados emergentes, 321–322
no Seis Sigma, 493–494
recompensa, 80–81
reestruturação após, 667–669
relação, 81
reorganizacional, 80
responsabilidade por, 91–92
testes para, 506–507
Franch, Laura, sobre WWPMM na IBM, 543
Franklin, Benjamin:
sobre avareza, 84–85
sobre preguiça, 86–87, 90–91
sobre raiva, 82
Franklin Engineering (pseudônimo), 330–331
Fregnan, Ezio, 609–610
Funcionalidades, no Scrum, 698–699
Funcionários sindicalizados, avaliação de, 286–287
Funcionários:
alocação imprópria de, 95–96
em mercados emergentes, 320–321
empoderamento de, 259–260
Fusões e aquisições, 187–188, 653–669
avaliação de resultados da integração após, 663–666
benefícios de longo prazo de, 657–658
e cadeia de valor agregado, 653–658
e crescimento interno *versus* externo, 653–654
e reestruturação após fracasso, 667–669
estratégias da cadeia de valor para, 665–667
gerenciamento da cultura em, 306–310
impacto sobre gestão de projetos, 653–654
relação e integração de proprietários e inquilinos, 661–663
tomada de decisões pré-aquisição para, 657–662
Fuzzy front end (FFE), 348–349

Ganância, em um ambiente de projetos, 84–87
Gateway, 230–232
GC, pioneiros do, 618–619
GE Plastics, 410–411
GEA, 289–295
GEA, Manual de Gestão de Projetos da, etapas do, 291–295
Gellerman, Bill, 637, 639
General Electric, 500–501, 730–731
General Motors, 231–233
General Motors Powertrain Group:
experiência técnica de gerentes de programas em, 411–412
metodologia da, 231–233
modelo de quatro fases da, 256–257
patrocínio por comitê na, 327–329
Geograficamente dispersa, governança, 335–336

Geração da ideia (GI), Fase de, 724–725
Geração de cronogramas, 101
 como tripla restrição, 62–63
 ineficiente, 97–98
 multinível integrado, 204–207
 na Naviair, 173–174
Geração de relatórios (ROI), fase de, 440–441
Geração de relatórios. *Ver também* Relatório de *status*
 na Naviair, 176–177
 Relatórios a diversos chefes, 282–283
Geração de Valor Empresarial (EVD, *Enterprise Value Delivery*), 584–587, 702–707
Gerência de área, 346–347, 512–513
 apoio de, 346–347
 e gerentes de projetos, 3–4, 59–60, 329–330
 gestão de projetos *versus*, 409–411
Gerência sênior, 420–422. *Ver também* Executivos
 apoio à mensuração de desempenho de, 43
 apoio visível de, 182–183, 325–326
 atender às expectativas da, 530–533
 função de gerenciamento de portfólio da, 514–517
 relatórios e reuniões exigidos por, 398–399
 visão da, 142–143
Gerenciamento adaptativo, 14–151
Gerenciamento Avançado de Entregas, abordagem de, 203–204
Gerenciamento da satisfação do cliente, 63–64, 224
Gerenciamento de andar pelos corredores, 325–326
Gerenciamento de aquisições, 103–104, 194–195, 655
Gerenciamento de Ciclo de Vida de produtos (PLM), 20, 624–632
Gerenciamento de crises, maturidade e, 278–279

Gerenciamento de custos, 104–105, 193–194
Gerenciamento de desempenho, na Naviair, 173–176
Gerenciamento de escopo:
 como tripla restrição, 62
 metodologias UPPM™ para, 195–196
 na Churchill Downs, 469–474
 na Deloitte, 586–587
 na Indra, 235–236
Gerenciamento de incidentes, 56–58
Gerenciamento de mudanças, 190–191
 após fusões e aquisições, 661–662
 como complemento à gestão de projetos, 259–260
 e gestão de riscos, 279–280
 e processos integrados de gerenciamento, 278–280
 em organizações baseadas em projetos, 281
 em Scrum, 701–702
 na metodologia ágil, 677–681
 nas indústrias aeroespacial e de defesa, 387–388
Gerenciamento de passagens de fase, 118–120
Gerenciamento de portfólio, aplicações de:
 da AT&T, 518–519
 da Churchill Downs, 517–518
 da Comau, 599
 da Deloitte, 577–582
 da Indra, 518–519
 da Rockwell Automation, 533–534
 da Wärtsilä, 230–232
 da World Wildlife Fund, 535–536
Gerenciamento de problemas, 190–191, 272, 274–277
Gerenciamento de programa:
 com Siemens PLM VDM, 630–631
 na Deloitte, 581–583
Gerenciamento de programas empresarial (EPM), 431–432, 573–594
Gerenciamento de recursos, 711–712, 726–727

Gerenciamento de recursos humanos, 193–194, 655
Gerenciamento de Valor Agregado (GVA), 216–217
Gerenciamento de valores, 717–718, 720–737
 categorias de, 728–731
 e caso de negócio, 721–723
 e fases do ciclo de vida, 723–725
 e gestão de projetos, 719–721
 e tempo, 722–724
 na metodologia ágil, 711–713
 redefinição, 717–720
Gerenciamento de valores futuros (*Future Value Management*™), 718–719
Gerenciamento do tempo, metodologias UPPM™ para, 195–196
Gerenciamento do Valor Agregado, Sistema (SGVA), 367, 386–388
Gerenciamento Empresarial de Tecnologia da Informação, 246–247, 493–494
Gerenciamento "por cima da cerca", 3–4
Gerenciamento proativo, 97–99, 425–428
Gerenciamento reativo, 425–428
Gerenciamento/proteção, 615
Gerenciamento:
 adaptativo, 149–151
 aquisições, 194–195, 655
 da mudança, *ver* Gerenciamento de mudanças
 da qualidade, 194–195. *Ver também* Gestão da qualidade total
 de andar pelos corredores, 325–326
 de custos, 104–105, 193–194
 de melhores práticas, 47, 56–57
 de problemas, 189–190
 de projeto, *ver* Gestão de projetos
 de projetos políticos, 77–78
 do tempo, 195–196
 escopo, 195–196, 469–474
 executivo, *ver* Suporte da gerência; Gerentes; Gerência sênior

liderança por, 256–257
"por cima da cerca", 3–4
portfólio, *ver* Gerenciamento de portfólio
proativo, 97–99, 251–428
processos integrados, *ver* Processos integrados de gerenciamento
programa, 573–594, 630–631
reativo, 425–428
recurso humano, 193–194, 655
relevância da equipe de gestão de projetos para, 163–164
riscos, *ver* Gestão de riscos
satisfação do cliente, 63–64, 224
Gerenciar de perto (mapeamento das partes interessadas), 74–75
Gerente de programas, descrição de cargo da AT&T para, 372–374
Gerentes de mais alto nível, 6
Gerentes de níveis mais baixos, 342–343
Gerentes de projetos (GPs):
    certificação dupla para, 364–365
    com responsabilidade pela integração, 7
    comunicação eficiente por, 77
    conhecimento de negócios de, 110–111
    descrições de cargo de, 166, 168–169
    desenvolvimento acelerado de experiência especializada por, 624–625
    e conexões dos membros de equipes de projetos, 622–623
    e gerenciamento de valores, 724–727
    e gerentes de área, 4, 59–60
    empoderamento de, 342–344
    entrega contextual do conhecimento para, 623–624
    entrega de conhecimento preventiva por, 622–623
    formação em negócios para, 354–356
    implementação de planos estratégicos por, 115–116
    maturidade dos clientes *versus*, 163–164
    mitos sobre, 108–112

na AT&T, 282–284, 372–373
na Hitachi Ltd., 115–118
na Indra, 295–296
poder e influência de, 77
seleção de, 413–416
tenacidade política de, 71
Gerentes médios, 6
Gerentes:
    apoio visível por, 182–183, 325–326
    como patrocinadores, *ver* Patrocinadores executivos
    confiança em, 343–344
    de área, 512–513
    de níveis mais baixos, 342–343
    funcionais, 5, 328–329
    treinamento, 353–354, 367
    treinamento para, não de projetos, 364–365
Gestão da complexidade (competência central), 382–383
Gestão da qualidade, metodologias UPPM™ para, 194–195
Gestão da qualidade total (TQM), 256–257
    e engenharia simultânea, 256–260
    e Seis Sigma, 497–498
    na Johnson Controls, 262–264
    processos integrados de gerenciamento com, 261–266
    Seis Sigma, ferramentas, com, 263–266
    Sprint, processo, para, 256–257
Gestão das expectativas, 227–228
Gestão de projetos, 189–191
    inteligência artificial e, 221–224
    e benefícios, 716–717
    como plano de carreira, 355–356, 358
    e cultura, 283–284
    visão de um executivo de, 18–20, 106–107
    formal, 395–398
    regras áureas para, 247–250
    início, 731–733
    impacto de fusões e aquisições sobre, 653–654
    implementação de, 8
    informal, 395–407

gerenciamento de conhecimentos no contexto da, 618–623
níveis de, 671–673
em indústrias, 9
ideias equivocadas sobre, 5
modelos de, 633–636
moderna, 353–355
bolsões de, 287–289
enquanto profissão, 165–166, 228–229, 372–374
recuperação, 250–254
relação do Seis Sigma com, 493–494
padronização da, 475–476
planejamento estratégico para, 105–115
com TQM e engenharia simultânea, 256–260
treinamento para, 353–355
e gerenciamento de valores, 719–721
valores da, 284–285
de 1945 a 1960, 3–5
de 1960 a 1985, 5–8
vantagens da, 7–8
desenvolvimento de, 7–8
ciclo de vida de, 8–13
necessidade de, 5–6, 11
forças motrizes para, 9–11, 18
benefícios da, 12–13, 429–431
Gestão de projetos avançada, 353–354
Gestão de projetos básica, 353–354
Gestão de projetos empresarial (EPM), 60–61, 220–221, 633
    e excelência, 142–143
    e governança, 335–336
    metodologias para, 63–65, 190–196, 640–641
    MMV e EVM *versus*, 650–651
    para projetos não tradicionais, 640–641
    processo de controle de mudanças, 64–65
    recomendações do cliente para, 63–65
"Gestão de projetos na Indra", curso, 296–297, 297–298
Gestão de projetos nível 1, 671–672

Gestão de projetos nível 2, 671–672
Gestão de projetos nível 3, 672–673
Gestão de projetos orientada a valor, 633–651
　captar, quantificar e reportar valor em, 641, 644–651
　e evolução do conhecimento baseado em valor, 633–636
　e tipos de projetos, 639–641, 644
　estilo de liderança em, 635–640
　partes interessadas em, 644–645
　patrocínio por comitê em, 645–646
　trade-offs de valor, 650–651
Gestão de projetos por compromisso, 63–64
Gestão de projetos socializada, 220–221
Gestão de riscos proativa, 269–273
Gestão de riscos técnicos, 269–270
Gestão de riscos/oportunidades, 249–250, 266–267
Gestão de riscos:
　como competência central, 377–378
　contemporânea, 259–260
　definição da maturidade usando, 277–279
　e atendimento ao cliente, 268–269
　e desastre com a espaçonave Challenger, 83, 268–269
　e gerenciamento de mudanças, 279–280
　e gerenciamento de problemas, 272, 274–277
　e processos integrados de gerenciamento, 267–280
　em organizações de saúde, 259–260
　fracasso da, 276–278
　metodologias UPPM™ para, 194–196
　na Boeing Aircraft Company, 278–280
　na Comau, 602–603

　na fase de encerramento, 236, 238
　na metodologia, 226–228
　na Microsoft Solutions Framework, 567–568
　na recuperação para gestão de projetos, 252–253
　na Wärtsilä, 270–273
　nas indústrias aeroespacial e de defesa, 388–389
　proativa, 269–273
Gestão formal de projetos, 395–398
Gestão informal de projetos, 5, 395–407
　comunicação em, 398–401
　confiança em, 397–399
　cooperação na, 400–402
　e relatórios de *status* com códigos de cores, 402–403
　em *dashboards* de crises, 402–405
　gestão formal de projetos *versus*, 395–398
　na Boeing, 406–407
　na Polk Lighting (pseudônimo), 405–407
　trabalho em equipe em, 401–403
Ghisolfi, Alexandre Sörensen, 250–254
Githens, Gregory, sobre gestão de riscos, 277–279
Gladwell, Malcolm, 623–624
Goleman, Daniel, 102
Google, 221–224
Governança, 151, 154–155
　com Siemens PLM VDM, 630–631
　e Microsoft Solutions Framework, 561–562, 567–572
　e suporte da gerência, 334–343
　na Deloitte, 590–591
　na Fluor Corporation, 614
　na Tokio Marine Group, 337–343
　por executivos, 336–343
Governança, comitês de, 74, 77, 154–155
Governança localmente dispersa, 335–336
Governança projetizada, 335–336

Governo:
　e mercados emergentes, 319–321
　fracasso devido à filtragem de informações em, 83
　melhores práticas do, 8
Grade curricular central (diploma em gestão de projetos), 367
Gráficos de responsabilidades, 411–412
Grandes empresas, 287–289
Gray, Mark, sobre verificações da "saúde" dos projetos, 482–484
Greer, Rusty, 658–659n
Gregerson, Steve, sobre processos integrados, 259
Grupo de Sistemas de Veículos Pesados, 397–398
Grupos de cliente, PMOs de, 474–475
Grupos de estudos de PMP, 391–392, 489–490
Guerra Fria, 4
Guia PMBOK® (corpo de conhecimentos de gestão de projetos), 216, 222–223, 290, 543, 718–719
　alinhamento das metodologias a, 584–585
　áreas de conhecimento do, 655
　e cultura, 296–297
　e execução de projetos estratégicos, 107–108
　e PMO da Comau, 594–595
　sobre envolvimento das partes interessadas, 44
Guida, Roberto, 593–594n, 609–610
Guinness Book of World Records, 133–134
Gula, em um ambiente de projetos, 89–91

Habilidades processuais (competência central), 374, 378–381
Halifax Community Health Systems, 24
Hansler, Jim, sobre gestão de projetos da HP, 161–162
Harrin, Elizabeth, 392–393
Harris Corporation, 385–390
Health Care Associates (pseudônimo), 344–346

Heineken, 289–295
Herbert, George, sobre gula, 89–90
Hershock, Robert:
    sobre fracasso, 342–343
    sobre liderança, 325–326, 410–411
    sobre membros da equipe, 414–416
Hewlett-Packard (HP) Services, 162–163
    comprometimento com gestão de projetos, 162–163
    gestão de projetos vista por um executivo na, 21
    melhores práticas da, 30–31
    Método Global, 162–163
    processos e metodologia, 162–163
Hewlett-Packard (HP):
    cultura da, 316–317
    excelência na, 159–169
    indicadores-chave de desempenho, 31
    melhores práticas da, 51, 55–58
    metodologia da, 246–249
    patrocínio na, 332–333
    PMOs da, 66, 475–477
    sucesso de projetos na, 30–31
    suporte da gerência na, 332–333
    treinamento na, 393–394
Hidra, sessões, 483–485
Hierarquia organizacional, em mercados emergentes, 317–318
Hillson, David, 392–393
Histórias, no Scrum, 698–701
Hitachi Ltd.:
    Estrutura Analítica do Projeto Denryoku da, 119–121
    excelência na, 115–127
    gerenciamento de passagens de fase na, 118–119
    iniciativas de fortalecer a capacidade de gestão de projetos na, 115–121
Hornwall, Jan, sobre metodologia de projetos global, 624–625n
HTML5, 697–698
Hubbard, D. W., sobre medição e KPIs, 41–42
Hultman, Ken, 637, 639

Huxley, Elizabeth, sobre preguiça, 86–87
Hynes, Martin D., 373–374

IBC, para treinamento, 438–439
IBM, Grupo de Sistemas e Tecnologia da, 20
IBM:
    desenvolvimento profissional na, 548–552
    excelência em gestão de projetos global na, 540–549
    gestão de projetos vista por um executivo na, 19
    metodologias da, 223–224
Idioma, 92–93
IDP (Índice de Desempenho de Prazo), 389–390
Igualdade interna, 419–420
Impacto, mensuração, 536
Impacto sobre a unidade de negócios do treinamento, 436–438
Impacto sobre os negócios de programas de treinamento, 436–438
Impedimentos na metodologia ágil, 711–712
Implementação, 189–190
    como meta, 154–156
    custos *versus* benefícios de, 13
    de melhores práticas, 52
    de metodologias, 226–228
    de planos estratégicos, 113–115
    e cultura, 183–184
    em mercados emergentes, 321–322
    erros na, 228–230
    liderança de, 154–156
    metodologia ASAP para, 202–205
    na Hitachi Ltd., 120–121
    na Roadway Express, 181–182
    papel dos executivos em, 164–165
    projetos pequenos *versus* grandes para, 156–158
    superação de barreiras a, 229–230
Inaba, Yuichi "Rich," 337–343
Incentivos, 417–420. *Ver também* Recompensas
Incerteza, 270–273, 416–417

Incógnitas, verdadeiras, 74
Incrementos, no Scrum, 697–699
Incubação do projeto/fase de viabilidade, 224
Indicadores de aceitação pós-entrega, 34
Indicadores de desempenho (PIs), 42
Indicadores de resultados (RIs), 42
Indicadores durante o processo, 34
Indicadores-chave de desempenho (KPIs), 39–43
    definição, 645–647
    e fatores determinantes de negócios, 645–647
    e treinamento, 437–438
    eficientes, 40–41
    em *dashboards*, 39, 403–404
    falha dos, 40–41
    identificação de melhores práticas a partir de, 27
    indicadores orientadores *versus*, 40
    na declaração de missão, 143–144
    outras medidas de desempenho *versus*, 42
    seleção, 42–43
    sucesso em termos de, 32–35
Indicadores-chave de resultados (KRIs), 42
Índice de desempenho de custo (IDC), 389–390
Índice de Desempenho de Prazo (IDP), 389–390
Individualismo, 416–417
Indra:
    cultura da, 294–299, 383–385
    encerramento de projetos na, 235–236, 238
    envolvimento das partes interessadas na, 44
    forças motrizes na, 10
    gerenciamento de portfólio na, 518–519
    gestão de projetos na, 373–374
    melhores práticas da, 25, 47, 50
    metodologia da, 224, 226–228, 235–236, 238
    PMO na, 444–445

processos integrados de
  gerenciamento da, 272, 274–
  277
 sucesso de projetos e
  programas na, 29, 33
 suporte da gerência na, 345–
  347
Indústria aeroespacial:
 desenvolvimento de novos
  produtos em, 104–105
 escritórios de projeto focados
  no cliente da, 286–288
 nas décadas de 1950 e 1960, 4
 treinamento em gestão de
  projetos na, 385–390
Indústria de defesa:
 desenvolvimento de novos
  produtos em, 104–105
 escritórios de projeto focados
  no cliente da, 286–288
 nas décadas de 1950 e 1960, 4
 treinamento em gestão de
  projetos para terceirizados,
  385–390
Indústrias, 5–6, 9, 500–501
Ineficiências, em mercados
 emergentes, 320–321
Influência, 77
Informações equivocadas, em
 mercados emergentes, 320–321
Informações:
 acesso a, 25
 filtragem de, 83
Informalidade, 395–398
Infraestrutura, para apoiar a
 cadeia de valor agregado, 655
Iniciação da ação (competência
 central), 374–377
Início das operações, gestão de
 projetos e, 731–733
Início do trabalho, em contratos
 ágeis, 677–678
Inimigos, em projetos políticos,
 74
Inquilinos, 661–663
Insegurança, de executivos de
 mercados emergentes, 319–320
Instituto de Engenharia de
 Software (SEI – *Software
 Engineering Institute*), 544
Instituto de Gestão de Projetos
 (PMI®), 139–140, 361–362,
 548–549, 605–606

Instrutores, 368–370
Integração, após fusões e
 aquisições, 661–667
Integração entre equipes, 701–702
Intel Corporation, 141–142
Inteligência artificial, 221–224
Interações, e metodologia ágil,
 675–676
Interface do usuário, 688–689
International Institute for
 Learning (IIL), 139–140,
 359–365
Internet Explorer, 697–698
Inveja, em um ambiente de
 projetos, 79–81
Investimento, em melhorias na
 GP, 228–229
Investimento tardio, em
 melhorias na GP, 228–229
Ira, em um ambiente de projetos,
 82–84
Iridium, Projeto, 84
Ishkawa, diagramas de, 265–266
ISO 9000, 263–264, 396–397
"Isso não foi inventado aqui",
 síndrome do, 80
Iterações, na metodologia ágil,
 680–681. *Ver também Sprints*
 (Scrum)
ITSM Consultants, 57–58
IU (interface do usuário),
 688–689

Jackson, Frank:
 sobre informação como poder,
  342–343
 sobre liderança, 410–411
 sobre membros da equipe,
  415–416
Jagodzinski, Kamil, 392–393
Johnson Controls, Inc. (JCI):
 cultura de TQM na, 263–264
 excelência na, 365–366
 gestão de projetos e TQM na,
  262–264
 sucesso na, 262–264
Johnson, E. LaVerne, sobre
 treinamento do IIL, 359–365
Johnson, Eric Alan:
 sobre cultura, 285–286
 sobre Seis Sigma com TQM,
  263–266

Johnson, Samuel, sobre avareza,
 84–85
Joint ventures, 653–654
Juran, Joseph M., 261–262

Kallas, Siim, sobre
 regulamentação de navegação
 aérea, 170
Kämi, Antti, sobre ferramentas de
 gestão de projetos, 230–231
Kandt, David:
 sobre cultura de TQM na
  Johnson Controls, 364–366
 sobre excelência, 365–366
 sobre ISO 9000, 263–264
 sobre sucesso na Johnson
  Controls, 262–264
Kapur, Gopal, sobre sinais vitais
 de projetos cruciais, 515–517
Kidwell, Kerry, sobre ser um
 especialista, 315
Knowledge OnLine™, 611–612
"Knowvember", celebrações do,
 618–619
Kodak, 256–257
Kombs Engineering
 (pseudônimo), 182–184
Konechnik, Thomas J., 373–374
Kumorowski, Sandra, sobre
 forças motrizes, 10
Kytonen, Sherry, sobre PMO na
 Boeing, 445–447

Lahr, John, sobre luxúria, 87–88
Landor, Walter Savage, sobre
 avareza, 84–85
Large Scale Scrum (LeSS),
 689–690
Law, Vernon, sobre experiência,
 93–95
Lei Sarbanes-Oxley, 479–480
Leis, em mercados emergentes,
 317–319
LeSS (Large Scale Scrum),
 689–690
Levantamento pós-treinamento,
 371–372
Levantamentos pós-treinamento,
 371–372
Lewis, C. S., sobre orgulho, 84
Licitação competitiva, 66,
 328–329
Licitação competitiva, 66,
 328–329

Líder de Negócios, 333–335
Líder servidor, no Scrum, 689–690
Liderança, 409–411
  após fusões e aquisições, 660–662
  como competência central, 374, 380–385
  de equipes, 410–411
  e benefícios, 716–717
  e patrocínio executivo, 343–344
  e valores, 635–640
  em Scrum, 689–690
  estratégica, da gestão de projetos, 112–113
  gerenciamento, 257–258
  na Deloitte, 590–591
  na Fluor Corporation, 617–619, 621–622
  na RTA, 135–138
  no ólio, 514–519
  programas para, 256–257
  situacional, 409–412
Liderança em Qualidade (Kodak), 256–257
Liderança estratégica da gestão de projetos, 112–114
Liderança situacional, 409–412
Líderes de Excelência Global, 615
Listas de verificação, 155–156, 397, 506–507
Listas de verificação transicionais, 506–507
Logística (pirâmide do sucesso), 159–161
Lucas, Tom:
  sobre visão da gestão de projetos, 18–19
  sobre visão para a Sherwin-Williams, 245–247
Lucro, 68, 500–501
Ludwig, Helmuth, sobre gestão de projetos, 20
Luxúria, em um ambiente de projetos, 87–89
Lyman, Christine, 658–659n

Madsen, Susanne, 392–393
MAKE, prêmio, 611–612
Maltzman, Rich, 488–491
Manello, Carl, sobre metodologias, 228–230
Manifesto Ágil, 679–688, 710

Mansbridge, Bob, sobre processos integrados, 259–260
Manutenção:
  da documentação, 94–95, 101
  das restrições, 90–91
  de projetos, 98–99
Mapa de Valor Empresarial (EVM), 575–577
Mapeamento da fase de atividade, 247–249
Mapeamento das partes interessadas, 74–75
Marcos, 165–166, 205–206
  definição, 234–235
  incentivos na, 418–420
  na implementação de metodologias, 224, 226
  na Microsoft Solutions Framework, 564–565
  no modelo de trabalho, 234–235
Marcos organizacionais, 165–166
Mares, Lee Ann, sobre a proposição de valor da DFCU, 299–301
Marketing, com Siemens PLM VDM, 631–632
Markgraf, Stephen, sobre PMO na Boeing, 445–447
Markham, Stephen:
  sobre defensores convictos, 347–348
  sobre "vale da morte", 347–348
Marquês de Sade, sobre luxúria, 87–88
Marshall School of Business, University of Southern California, 363–364
Martyniuk, Daniel, 658–659n
  sobre gerenciamento de portfólio, 578, 579
  sobre liderança e governança, 590
Más notícias, 70
Masculinidade, 416–417
Masharei (programa), 139–140
Maturidade, fase de, 11, 12
Maturidade organizacional, 277–278
Maturidade:
  de gerentes de projetos *versus* clientes, 163–164
  de organizações híbridas, 10

definição pela gestão de riscos, 277–279
e empresas não baseadas em projetos, 10
e forças motrizes, 10
e gerenciamento de premissas, 148–149
e recuperação para gestão de projetos, 251–252
e tendências de treinamento, 364–365
em Scrum, 696–697
falácias que atrasam, 154–158
metodologias aceitas em torno de, 192–193
na Alcatel-Lucent, 490–491
na IBM, 546
níveis de gestão de projetos, 671–673
para sobrevivência, 182–183
velocidade de, 11
Maurice, Eric, sobre verificações da "saúde" dos projetos, 482–484
McAdams, J., sobre recompensar as equipes de projetos, 417–418
MCI, 342–343, 410–411, 415–416
McQuary, John, 610–611n
Medical Mutual (Antares Solutions), metodologia da, 730–731
Medidas de desempenho, 43, 506–507
Megaprojetos, na RTA, 133–136
Melhores práticas (comprovadas), 1–58
  crenças sobre, 51–52
  comunicação, 49–51
  definições de, 23–25, 55–57
  e definições de sucesso do projeto, 27–34
  descoberta de, 35
  direcionadores para, 26
  garantia do uso de, 51
  falha de, 52–54
  identificação, 25–28
  implementação de, 52
  aplicação inadequada de, 52
  aprendidas com os insucessos, 27
  níveis de, 26, 46–47, 53–54
  gerenciamento de, 47, 56–57
  processo para, 21–22
  para recuperação para gestão de projetos, 250–252

revalidação, 48
busca, 25–35
simplicidade de, 27
templates para, 44, 49
utilização de, 48–49
utilidade de, 46
uso do termo, 23
validação, 43–45
de 1945 a 1960, 3–5
de 1960 a 1985, 5–8
de 1985 a 2014, 8–13
Melhores práticas, aplicações de:
da AT&T, 24, 32, 43, 49, 50
da Churchill Downs, 24–25,
28–29, 44
da Computer Associates, 48
da EDS, 48
da Halifax Community Health
Systems, 24
da Hewlett-Packard, 30–31, 51,
55–58
da HP Services, 30–31
da IBM, 19
da Indra, 10, 25, 29, 33, 44, 47,
50
da Microsoft, 563
da Motorola, 21, 34
da Nortel Networks, 32–33, 50
da Orange Switzerland, 24
da Our Lady of Lourdes
Regional Medical Center, 20
da Sherwin-Williams, 244–246
da Siemens, 631–632
da Wärtsilä, 2–3
do governo, 8
do Seis Sigma, 493–495
Melhores práticas, auditorias de,
479–480
Melhores práticas específicas da
empresa, 46–47, 49, 67–68
Melhores práticas específicas de
projetos, 46–47
Melhores práticas específicas do
setor, 46–47
Melhores práticas individuais,
46–47
Melhores práticas "restritas", 49
Melhoria contínua, 257–258
DMAIC, modelo, para, 264–
265
e tendências de treinamento,
364–365
Melhoria, forças motrizes para,
228–229

Membros de equipe (Scrum),
688–690
Mensuração, 41–42. *Ver também*
Métricas
Mensuração Inclusiva de
Valores (*Inclusive Value
Measurement*™), 718–719
Mercados emergentes, 317–324,
586–587
barreiras em, 322–323
culturas de, 317–319
implementação da gestão de
projetos em, 321–322
recomendações para, 323–324
status e politicagem em, 318–
321
Metas:
alinhamento de, 506–507
como ação de marca da DFCU,
301–302
do Seis Sigma, 498–499
falácia sobre, 155–156
na etapa de planejamento,
234–235
na Microsoft Solutions
Framework, 565–566
Método Global HP, 21, 162–163
Metodologia ASAP para
Implementação, 202–205
Metodologia de Desenvolvimento
de Software (SDM), 92–93
Metodologia de entrega de valor
do gerenciamento do ciclo de
vida de produtos (PLM VDM),
627, 629–632
Metodologia de Gerenciamento
de Liberação, 186–187, 247–249,
332–333
Metodologia de mensuração
de valores (MMV), 650–651,
718–719
Metodologia em cascata:
e iterações curtas, 681–682
e times Scrum, 688–689
início atrasado devido à, 673–
675
metodologia ágil *versus*, 706,
708–710
Metodologia Unificada para a
Gestão de Projetos (UPMM™),
192–196, 361–362
Metodologias, 185–254
aceitação de, 196–197
barreiras a, 229–230

características de, 196–198
como problema de integração
em fusões e aquisições, 658–
659
componentes críticos de, 196–
199
definição, 151, 154
desenvolvidas internamente,
242–243
desenvolvimento de, 224,
226–228
diversas, 80, 92–93, 185
e cultura corporativa, 196–197
e excelência, 142–144, 186–187
e fases do ciclo de vida, 197–
198, 223–224
e tolerância a riscos, 666–669
em fusões e aquisições, 661–
663
empresariais, 190–196
fracasso de, 191–192
implementação de, 227–230
incorporação de melhores
práticas na, 44
leves, 192–193
na cadeia combinada de gestão
de projetos, 657–658
para projetos em vias de
fracassar, 250–254
para projetos globais, 624–632
pesadas, 192–196
processos de gestão de riscos
em, 226–228
reconhecer a necessidade de,
186–191
superação de barreiras, 229–
230
Metodologias ágeis, 671–713
12 Princípios de, 679–688
definição, 192–193, 672–675
e encerramento do projeto,
235–236
e níveis de maturidade da
gestão de projetos, 671–673
e restrições, 674–676
e Scrum, 686–703
em cascata *versus*, 706, 708–
710
gerenciamento de mudanças
nos, 677–680
métricas em, 710–713
na Deloitte, 585–587, 702–709
valores de, 675–688

Metodologias de desenvolvimento de projetos, 187–189
Metodologias de ponta em gestão de projetos, *ver* Metodologias
Metodologias leves, 192–193
Metodologias pesadas, 192–196
Metodologias preditivas, 192–193
Metodologias-padrão, 195–197
Métodos quantitativos, 259–260
Métricas fora de tolerância, 403–404
Métricas
  acompanhamento do projeto, 731–732, 734
  de benefícios, 716–717
  e objetivos de negócios estratégicos, 732, 734–736
  evolução de, 41
  falta de, 90–91
  fora de tolerância, 403–404
  identificação, 90–92
  na Indra, 25
  na metodologia ágil, 710–713
  no gerenciamento de valores, 719–721, 728–730
  para benefícios, 728–730
  para mensuração de valores, 646–647
  para objetivos, 143–144
  para PMOs, 444–445
  pipeline, 397–398
  uso de, por gerentes de projetos, 111–112
Metzeler Automotive Profile System, processos integrados da, 259
Microgerenciamento, 336–337, 343–344
Microsoft Corporation, 223–224, 391–392, 530–572
Microsoft Solutions Framework (MSF), 530–572
  critérios de sucesso na, 567–572
  e governança, 561–562, 567–572
  flexibilidade da, 561–563
  gestão de riscos na, 567–568
  marcos na, 564–565
  melhores práticas na, 563
  metas na, 565–566
  modelo de equipe na, 563–565
  para planejamento proativo, 572
  processo de controle de mudanças na, 565–566
  templates em, 567
MIDAS, biblioteca, 298–299
Middleton, C. J., sobre benefícios da gestão de projetos, 429–430
Midline Bank (pseudônimo), 343–345
Midwest Corporation (pseudônimo), 287–289
MidWest Financial Credit Union, 307–311
Millhollan, Chuck:
  sobre definição do escopo e controle de mudanças, 469–474
  sobre gerenciamento de portfólio, 517–518
  sobre melhores práticas, 25, 44
  sobre metodologia, 224, 226
  sobre PMO na CDI, 468–470
  sobre sucesso de projetos, 28–29
Minnesota Power and Light, 415–416
Míssil de ataque de curto alcance (SRAM), 406–407
Modelo de controle, 4
Modelo de equipe, na Microsoft Solutions Framework, 563–565
Modelo de Maturidade em Capacitação – Integração (CMMI), 584–585
Modelo de pontuação para projetos, 734–735
Modelo de reforço, 418–419
Modelos conceituais, 150–152
Modelos de competências, 373–385
  da Alcatel-Lucent, 488–489
  da Eli Lilly, 373–385
  descrições de cargo *versus*, 373–374
  Seis Sigma para, 506–507
Modelos de competências centrais, 373–385. *Ver também* Modelos de competências
Modelos probabilísticos, 266–267
Modelos. *Ver também* Estruturas
  Boston Consulting Group, 663–666
  competência, 373–385, 489–490, 506–507
  competência central, 373–385
  conceitual, 150–152
  controle, 4
  de equipe, 563–565
  DMAIC, 264–265
  Gestão de quatro fases/nove passos, 193–195
  planejamento agregado, 527–529
  planejamento e controle de ciclo de vida, 4
  pontuação para projetos, 734–735
  probabilísticos, 266–267
  PROPS, 232–235, 256–257
  retorno sobre investimentos, 431–433
  ROI, 431–441
Molina, Enrique Sevilla, 345–346
Monitoramento de benefícios, 3
Monitoramento dos cronogramas multinível integrados, 206–207
Motorola, 730–731
  apoio da gerência de área na, 346–347
  descoberta de melhores práticas na, 34
  excelência na, 157–159, 185–186
  fatores críticos de sucesso na, 34
  fracasso devido a uma crença coletiva na, 84
  gestão de projetos vista por um executivo na, 21
  teoria sobre melhores práticas da, 34
Mudança(s):
  de requisitos do cliente, 64–65
  e conflitos, 411–412
  na cultura corporativa, 196–197, 281
  no gerenciamento de benefícios, 3
  solicitações de, *ver* Solicitações de mudança
Mudanças de escopo:
  gerenciamento de, 278–280
  na Churchill Downs, Incorporated, 469–474
  na metodologia ágil, 711–712

Índice 757

no gerenciamento de portfólio, 533
no Scrum, 690–691
problemas com, 67–68
Multinacionais, gestão de riscos para, 269–270
Múltiplos PMOs, 64–66
Museu Etihad, 134–136
Mutchler, Michael, sobre organizações focadas em produtos, 231–232

NASA, 392–393
National City Corporation, 659–660
Naviair, excelência na, 170–179
Neal, Jeffrey Alan:
    sobre cultura, 285–286
    sobre Seis Sigma com TQM, 263–266
Nelson, Gary, 392–393
New York University School of Continuing and Professional Studies (NYU-SCPS), 363–364
Nexus, 689–690
Nível fundamental, 159–161
Nokia (Actel-Lucent), 390–394
Nokia EDU, 391–392
Nordea, gerenciamento de portfólio na, 509–515
Nortel Networks:
    comunicações na, 50
    gestão de projetos vista por um executivo na, 20
    gestão de riscos na, 277–278
    gestão formal de projetos na, 397–398
    processos integrados da, 259–260
    sucesso de projetos na, 32–33
NTT DATA Services, 19
NXP Semiconductor, verificações da "saúde" dos projetos na, 482–484
Nyberg, Benny, sobre habilidades de negócios, 355–356

Objetivos de negócios estratégicos, alinhamento das métricas a, 732, 734–736
Objetivos de negócios, no Scrum, 698–699
Objetivos:
    de PMOs, 472–473

de programas de treinamento, 432–434
e declarações de missão, 143–144
no planejamento estratégico, 107–108
para fusões e aquisições, 657–658
Obrigações sociais, em mercados emergentes, 319–320
Ohio Bell, 409–411
Oosterveer, Peter, sobre compartilhamento de conhecimento, 618–619
Orange Switzerland, melhores práticas da, 24
Organização, apoio por, 116–118, 421–422
Organização de projetos, 189–190
Organizações de saúde, 259–260
Organizações híbridas, 10
Orgulho, em um ambiente de projetos, 84–85
Orientação, na Fluor Corporation, 617–619
O'Sullivan, Martin, sobre gestão de projetos, 21
Our Lady of Lourdes Regional Medical Center, 20
Outliers (Malcolm Gladwell), 623–624

Padrão sindical, 87–88
Padrões da PMI, 45–46
Padrões de Gestão de Programas e Projetos de Conservação (WWF International), 149–150
Padrões de Gestão de Projetos (PMS), 398–400
Padrões profissionais, 45–46
Palestrantes, 368–370
Palestrantes externos, 368–370
Papelada, 395–397
Parker, G., sobre recompensar as equipes de projetos, 417–420
Parmenter, David, sobre medidas de desempenho, 42–43
Partes interessadas, 706, 708–709
    e gerenciamento de portfólio, 516–517
    engajamento das, 332–335
    envolvimento em projetos de, 44

"fatores determinantes de valor" para, 576–577
na gestão de projetos orientada a valor, 644–645
processos de tomada de decisões, 154–155
Participação, governança e, 336–337
Participantes, treinamento/seleção de, 365–366
Patrocinadores
    aceitação final por, 470–471
    defensores convictos como, 349–350
    em mercados emergentes, 317–318
    papel dos, 327–329
    responsabilidades de resolução de conflitos de, 413–414
Patrocinadores executivos, 328–329, 347–348. *Ver também* Patrocinadores
    em mercados emergentes, 317–318
    executivos convictos *versus*, 227–228
    funções de apoio de, 421–422
Patrocínio, 101, 325–331
    duplo, 344–345
    e orgulho, 84–85
    e relações com o cliente, 328–330
    e suporte da gerência, 325–331
    e tomada de decisões, 329–330
    e tomada de decisões por gerentes de projetos, 110–111
    excelência em, 330–331
    executivo, 332–333, 342–344
    falta de, 95–96
    fases do, 327–329
    na metodologia ágil, 695–696
    planejamento estratégico de, 329–330
    por comitê, 327–329, 645–646
Patrocínio executivo, 330–331, 342–344
Patrocínio por comitê, 327–329, 645–646
PDUs (Unidades de Desenvolvimento Profissional), 391–393, 446–447
Pellerin, Charlie, 392–393

Penn, William, sobre avareza, 85–86
Pensamento crítico (competência central), 376–378
Pequenos projetos, PLM VDM para, 630–631
Percepções falhas, fracasso de projeto e, 343–344
Percepções, fracasso de projeto e, 343–344
"Perda-custo", 117–119
Perguntas abertas, 503–504
Perguntas fechadas, 503–504
Perigos, *ver* Dez perigos dos projetos
Personalização, estratégia de, 613–614
Perspectiva geral da comunidade, 615
PERT, 367
"Pesos mortos" (*Dogs*), 663–665
Pesquisa e desenvolvimento (P&D), 7, 70–71, 330–331
Pessoal, adequação do, 101
Pessoal, envolvimento do, 101
Peters, Lawrence J., sobre raiva, 82
Peters, Martha:
 sobre fusões e aquisições, 308–310
 sobre o processo de iniciação do projeto, 304–305
Pinto, Donatella, 609–610
Pirâmide do Paradigma (Comau), 602, 603
Pirâmide do sucesso, 158–161
Pista de corrida do projeto, 225
Pittiglio, Vince, 301–302, 304–305
PjMCoE (Comunidade de excelência em gestão de projetos), 445–447
Planejamento (ROI), fase de, 432–434
Planejamento, 189–190
 de longo prazo na metodologia ágil, 694–695
 em mercados emergentes, 322–323
 entendendo premissas na, 148–149
 metas durante, 234–235
 na Deloitte, 586–587

na metodologia ágil, 708–710
na Microsoft Solutions Framework, 572
na Sherwin-Williams, 243–245
para Seis Sigma, 496–497
sprint, 692–693
Planejamento agregado, modelos de, 525–526
Planejamento Avançado da Qualidade do Produto (APQP), metodologia de, 198–201
Planejamento de capacidade, 68
Planejamento de contingências, na Zurich America, 260–262
Planejamento do projeto (PP), Fase de, 726–728
Planejamento estratégico, 105–115, 329–330
 benefícios da gestão de projetos para, 107–113
 e gestão de projetos vista por um executivo, 106–107
 e implementação pelo gerente de projetos, 115–116
 e tendências de treinamento, 364–365
 fracasso de planos estratégicos, 105–107
 liderança estratégica da gestão de projetos, 112–114
 mitos sobre, 108–112
 perspectiva da gestão de projetos sobre, 106–108
Planejamento estratégico, no gerenciamento de portfólio, 527–529
Planejar, fase de (PLM VDM), 629–630
Planejar-executar-verificar-agir, ciclo, 262–263
Plano comunitário, 96–97, 101
Plano de carreiras, em gestão de projetos, 355–356, 358
Plano nível 1 (Cronograma-mestre), 204–207
Plano nível 2 (Cronograma do resumo do projeto), 204–207
Plano nível 3 (Cronograma detalhado), 204–207
Planos do projeto, 241–242, 249–250
Planos estratégicos, 105–107, 115–116

Plínio, o Velho, sobre luxúria, 88–89
PLM (Gerenciamento de Ciclo de Vida de produtos), 20, 624–632
PLM VDM (metodologia de entrega de valor do gerenciamento do ciclo de vida de produtos), 627, 629–632
PM Newsflash, 50
PM@Nokia, 390–391
PMCP (Comunidade de Prática do Gerente de Projetos), 137–139
PMCP (Programa de Certificação em Gestão de Projetos), 432–434
PMCP, *ver* Propensão a capacidade de gerenciamento proativo
PMO (escritório de projetos, escritório de gestão de projetos, PO), 443–492, 732–734
 atividades de, 443–444
 benefícios de, 443–492
 criação de, 64–66, 468–470
 e auditorias de projetos, 478–482
 e fases do ciclo de vida, 68–69
 e garantia do uso de melhores práticas, 51
 e satisfação do cliente, 230–232
 e Seis Sigma, 494–495, 505–507
 e treinamento, 430–432
 gerenciamento das melhores práticas por, 47
 gerenciamento de portfólio com, 517–519
 global, 475–477
 métricas para, 444–445
 múltiplos, 66
 papel do, 364–365
 prêmios PMO do Ano, 484–492
 problemas com, 66
 projetos típicos para, 505–507
 tipos de, 474–475
 validação das melhores práticas por, 43–44
 verificações da "saúde" dos projetos por, 482–485
PMO, aplicações de:
 beneficiários de, 486–492
 critérios para, 484–485
 da ABB, 444–445

da Boeing, 445–447
da Churchill Downs, 468–474
da Comau, 66, 594–599
da Hewlett-Packard, 66, 475–477
da Indra, 295–298, 444–445
da Sherwin-Williams, 245–247
da Star Alliance, 477–479
da Wärtsilä, 229–232
da Zurich America, 260–262
ensaio para, 485, 486
na Pursuit Healthcare Advisors, 145–146
prêmio PMO do Ano, 484–492
PMO empresarial (EPMO), 138–139, 544–545
PMOs corporativos, 474–475
PMOs estratégicos, 474–475
PMOs funcionais, 473–474
PMOs globais, na Hewlett-Packard, 475–477
PMPnet, 297–299
PMS (Padrões de Gestão de Projetos), 398–400
PMU (Universidade de Gestão de Projetos), 394
Poder, 77, 85–86, 88–89
Política de portas abertas, 325–326
Política, gestão de projetos, 72–78
  atacar *versus* recuar, estratégias de, 74–76
  classificação de amigos e inimigos, 74
  e comitês de governança, 74
  e comunicação eficiente, 75–76
  e poder/influência, 77
  gestão de projetos políticos, 77–78
  motivos para se envolver em, 72–73
  riscos políticos, 72
  situações para, 73
Política negativa, 73
Politicagem, em mercados emergentes, 318–321
Políticas, listas de verificação *versus*, 397
Polk Lighting (pseudônimo), 405–407
Pontos de controle, 233–234
Pontos de decisão de qualidade (P-Q), 200–202

Pontos de história, na metodologia ágil, 677–678, 693–694
Portais de colaboração de projeto, 31
Portfólio, análise de, 528–531
Portfólio de projetos, escritório de gestão (PPMO), 721–722, 724–726, 730–734
Portfólio, gerenciamento de, 91–92, 509–537
  análise de portfólio no, 528–531
  atender às expectativas em, 530–533
  avaliação preliminar no, 523–525
  gerência sênior no, 514–517
  identificação de projetos no, 519–521
  na Nordea Company, 509–515
  obstáculos à seleção de projetos no, 519–520
  para projetos de TI, 509–510
  partes interessadas no, 516–517
  planejamento estratégico no, 527–529
  PMO no, 517–519
  processo de seleção de projetos no, 519–521
  seleção estratégica no, 524–526
"Potencial de crescimento", cadeias de valor de, 664–666
PPM (Gerenciamento de Programas e Projetos), práticas de, 475–476
PPM Clarity, 513–514
PPMO (Escritório de gestão de portfólio de projetos), 721–722, 724–726, 730–734
P-Q (pontos de decisão de qualidade), 200–202
Práticas de Gerenciamento de Programas e Projetos (PPM), 475–476
Pré-alinhamento, fase de (PLM VDM), 627, 629
Precisão, 91–92, 506–507
Preço fixo, contratos de, 677–678
Preenchimento de lacunas, 112–113
Preguiça, em um ambiente de projetos, 86–88

Prêmio Equipe de Projetos do Ano, 490–491
Prêmio Hamdan Bin Mohamed, 139–140
Priorização, 91–92
  e planejamento estratégico, 111–112
  na definição do sucesso do projeto, 28
  na metodologia ágil, 693–694
  no gerenciamento de portfólio, 524–527
Problemas, 59–94. *Ver também* Dez perigos dos projetos
  boas intenções se tornam, 59–60
  cancelamento de projetos, 68–69
  crises *versus*, 405–406
  cultura errada, colocação, 70–71
  dilema do fluxo de caixa, 66–67
  e os Sete Pecados Capitais, 78–91
  em atender às expectativas, 530–533
  menores, 90–94
  metodologia de projeto empresarial, 60–61
  mudança de escopo, 67–68
  PMO, 66
  política como causa de, 72–78
  por mudanças de requisitos do cliente, 64–65
  recompensas de projetos, 69
  satisfação do cliente, 63–65
  terceirização, 68
  trade-off, 60–64
Procedimentos, 397
Processo de classificação (gestão de riscos proativa), 272, 274
Processo de controle de mudanças (Microsoft Solutions Framework), 565–566
Processo de gestão de riscos (gestão de riscos proativa), 272, 274
Processo de Mudanças Empresariais, 310–311
Processo de negócios, gestão de projetos como, 1

Processo de Realização de
  Produtos (PRP), 214–216
Processo de revisão para
  melhores práticas, 48
Processo organizacional, uso de,
  111–112
Processos de gerenciamento,
  259–260
Processos integrados de
  gerenciamento, 255–280
  com gestão da qualidade total,
    261–266
  compreensão, 255–257
  e custeio do ciclo de vida, 280
  e empoderamento, 279–280
  e engenharia simultânea, 266–
    268
  e gerenciamento de mudanças,
    278–280
  e gestão de riscos, 267–280
  e reengenharia, 280
  evolução de, 256–260
  metodologias UPPM™ para,
    193–195
Processos integrados de
  gerenciamento, aplicações:
  da Alcatel-Lucent, 490–492
  da Boeing Aircraft Company,
    278–280
  da Indra, 272, 274–277
  da Wärtsilä, 270–273
  da Zurich America Insurance
    Company, 260–262
Produção enxuta (ferramentas de
  Scrum), 689–690
Product owner (PO) (Scrum),
  689–696
Produtividade, em Scrum,
  689–690
Produto viável mínimo, 694–695,
  697–699
Programa de administração
  salarial, 69, 659–661
Programa de Certificação em
  Gestão de Projetos (PMCP),
  432–434
Programa de Desenvolvimento de
  Gerenciamento de Programas, na
  HP Services, 394
Programa de desenvolvimento de
  gestão de projetos, 475–476
Programa SME Protégé (Fluor
  Corporation), 616–617

Programas de treinamento
  abertos, 368–369
Projeto, escritório de, *ver* PMO
Projeto(s):
  administração de negócios
    como série de, 18–19
  cancelamento de, 68–69
  classificação de, 132, 519–523
  compreendendo o sucesso para,
    30
  e Seis Sigma, 503–507
  envolvimento das partes
    interessadas, 44
  globais, 158–159, 399–400
  manutenção de, 98–99
  medidas de sucesso para,
    28–34
  mensuração de, 91–92
  operacional, 640–641
  para a gestão de projetos
    orientada a valor, 639–641,
    644
  priorização de, 91–92
  sinais vitais de, 515–517
  variância em, 582–584
Projetos cruciais, sinais vitais,
  515–516
Projetos de capital, 103
Projetos de inovação, 521–523
Projetos de melhorias, 640–641
Projetos defensivos, 520–521
Projetos em vias de fracassar,
  metodologias para, 250–254
Projetos financeiros, 640–641
Projetos globais, 158–159,
  399–400
Projetos internos, 640–641
Projetos multinacionais, fusões e
  aquisições, 658–659
Projetos ofensivos, 519–520
Projetos operacionais, 2–3,
  640–641
Projetos relacionados ao futuro,
  640–641
Projetos relacionados aos clientes,
  640–641
Projetos Virtuais, 31
Promessa, como ação de marca da
  DFCU, 314–315
Promoções, 81, 397–398
Propensão a capacidade de
  gerenciamento proativo (PMCP):
  aumento da, 426–428

benefícios da, 425–426
  e quantidade de trabalho,
    426–428
  visão geral de, 425–426
Proposição de valor, 299–301
Proposta, 189–190, 249–250
Propostas clichês, 345–346
Proprietário da melhor prática, 35
Proprietários de terras, 661–663
PROPS, modelo, 232–235,
  256–257
Proteção, como ação de marca da
  DFCU, 313–315
ProVantedge (Pursuit), 145–147
Provedores de soluções, 64–65
PRP (Processo de Realização de
  Produtos), 214–216
Pryor, Bob, 19
Publilius Syrus, sobre avareza,
  84–85
Pursuit Healthcare Advisors,
  144–149
Putiri, Angelo, 593–594n

Qualidade, 262–263
  como ação de marca da DFCU,
    302–304, 310–312
  como trade-off, 63–64
  definição, 28
  na fonte, 94–96, 101
  na IBM, 546
  na Pursuit Healthcare
    Advisors, 147–149
  pontos de decisão de qualidade,
    200–202
Qualidade, auditorias de,
  479–480
Qualidade, programas de, Seis
  Sigma e, 500–501
Qualificação, processo de (IBM),
  549–552
Quintilianus, Marcus Fabius,
  sobre preguiça, 86–87

Rachlin, Sue, sobre o
  gerenciamento de portfólio,
  509–517
Raiva agressiva, 82
Raiva, em um ambiente de
  projetos, 82–84
Raiva injusta, fracasso devido à,
  82–83
Raiva passiva, 82

Reação, de participantes de programas de treinamento, 433-437
Recertificação (processo de qualificação), 550
Recompensas:
  David Cleland, Prêmio, 392-393
  de projetos, 69
  em dinheiro, 419-420
  Empresa Mais Admirada da América do Norte e do Mundo em termos de Conhecimentos, prêmio de, 611-612
  Equipe de Projetos do Ano, 490-491
  falhas com, 80-81
  Hamdan Bin Mohamed, 139-140
  KM Pacesetter (Precursor em GC), prêmio, 618-619
  não monetárias, 419-420
  para equipes, 417-420
  PMO do Ano, 483-485
Reconhecimento, na Fluor Corporation, 618-619
Recuperação para gestão de projetos, 250-254
"Recursos desnecessários", 84-85, 156-157
Recursos:
  como *trade-off*, 62-64
  disponibilidade de, 527-529
  e gerenciamento de valores, 725-726
  fracasso devido ao excesso de, 85-86
  ganância por, 85-87
  gerenciamento na Nordea, 511-515
  gula por, 89-90
  priorização de, 91-92
Redução de custo, 715-716
Reengenharia, 259-260, 280
Reestruturação, 6, 286-288, 667-669
Registro de Problemas, 274-277
Registro de riscos, ferramenta de (Comau), 603
Regra 9x9, 247-249
Regras áureas para a gestão de projetos, 247-250

Relação custo-benefício do Seis Sigma, 500-501
Relações com o cliente, 282-283, 328-330
Relatório de *status*, 190-191, 505-506
  com códigos de cores, 402-403
  comprimento de, 400-401
  e planejamento estratégico, 107-108
  na metodologia ágil, 684-685
Relatórios a diversos chefes, 282-283
Relatórios de status com códigos de cores, 402-403
Relatórios hérnia, 400-401
Relatórios:
  com códigos de cores, 402-403
  hérnia, 400-401
  requisitos da gerência sênior de, 398-399
  Status, na metodologia ágil, 684-685
Reliance Electric, 236, 238
Remediar situações emergenciais, maturidade e, 178-179
Requisitos do cliente:
  mudanças a, 64-65
  nas regras áureas para a gestão de projetos, 249-250
Requisitos, na metodologia ágil, 677-681, 698-701
Resolução de conflitos, 411-414
"Respeitar a data de lançamento", regra de decisão de, 277-279
Respeito, como ação de marca da DFCU, 309-310
Responsabilidade, 3, 91-92, 159-161
  como ação de marca da DFCU, 300-301, 309-310
  de executivos, 329-330
  nas regras áureas para a gestão de projetos, 249-250
  por integração, 7
Restrição(ões):
  e metodologias ágeis, 674-676
  manutenção das, 90-91
  na metodologia ágil, 683-684
  tripla, 27, 62-63, 641, 644-642
Restrições de ferro, 674-676
Resultados (pirâmide do sucesso), 159-161

Retirada, 413-414
Retorno sobre investimento (ROI):
  e estudos sobre benefícios da gestão de projetos, 429-431
  história da modelagem, 430-432
  na metodologia ágil, 680-681
  para treinamento, 371-372, 429-441
Retorno sobre investimento (ROI), modelo do, 431-441
  fase da análise de dados do, 437-441
  fase da coleta de dados do, 433-438
  fase de geração de relatórios do, 440-441
  fase de planejamento do, 432-434
Retrabalho, 96-98, 101
Retrospectivas de projeto, 31
Reunião de revisão de final de fase, 68, 227-228
Reunião Diária (*Daily Scrum*), 694-695
Reuniões:
  de final de fase, 68, 227-228
  equipe forense, 400-401
  requisitos da gerência sênior de, 398-399
Revalidação de melhores práticas, 48
Revenga López, Felipe, 208, 210
Revisão de fase:
  de passagem, 241-242
  final de fase, 68, 197-198, 227-228
Revisões de marcos, 234-235
Revisões, na metodologia ágil, 712-713
Rigodanzo, Mike:
  sobre excelência, 161-163
  sobre gestão de projetos, 21
Rigor, 96-97, 101
RIs (indicadores de resultados), 42
Risco:
  aceitação de, 18-19
  como *trade-off*, 62-63
  de cronograma, 267-268
  de mercado, 279-280
  de produção, 279-280

financeiro, 267–268, 279–280
político, 72
técnico, 279–280
Roadway Express, excelência na, 181–183
Rockwell Automation:
  desenvolvimento de produtos comum na, 236, 238–243
  gerenciamento de portfólio na, 533–534
  prêmio PMO do Ano para, 486–488
Roteiro de Programa, 162–163
Royer, Isabelle, sobre defensores convictos do encerramento, 349–351
RSMS (Sistema de Gerenciamento de Recursos e Habilidades), 489–491
RTA (Autoridade de Estradas & Transporte), excelência na, 127–143
Russett, Rose, sobre excelência na GM Powertrain, 411–412

Sabotagens, 84–86
Sadowski, Alex, sobre treinamento na Harris, 385–390
Sadowski, Nani, sobre melhores práticas, 24
Sadowski-Alvarez, Nani, sobre auditorias de projetos, 478–482
Saídas, 715–716
Sanford, Linda S., sobre gestão de projetos, 19
SAP:
  metodologia da, 200–205
  plano de carreira de gestão de projetos na, 355–356, 358
  pontos de decisão de qualidade na, 200–202
  treinamento na, 355–356, 358
Satisfação, 433–436, 497–498
Satisfação do cliente, 63–65, 143–144, 715–716
  e controles internos, 59–60
  e PMO, 230–231
  e sucesso, 27–28
  no Seis Sigma, 497–498
  problemas com, 63–65
"Saúde" dos projetos, verificações da, 482–485

SBUs (unidades de negócios estratégicas), 60–61
Scaled Agile Framework (SAFe), 689–690
Schornhorst, Eric, sobre ação de marca, 300–301, 304–307
Scorecards, 36
Scrum, 686–703
  cinco artefatos do, 696–703
  definição, 686–688
  diário, 694–695
  e níveis de maturidade da gestão de projetos, 671–673
  papéis no, 687–692
  quatro eventos do, 691–692
Scrum de Scrums (SoS), 689–690
Scrum Master, 689–690, 692–693, 695–696
SDM (Metodologia de Desenvolvimento de Software – *Software Development Methodology*), 92–93
Sears, Scott, sobre PMO na Boeing, 445–447
Segundas intenções, 83
Seis Sigma, 493–507, 689–690
  avaliações para, 502–504
  e Convex Corporation, 504–506
  e TQM, 263–266
  melhores práticas de, 494–495
  metas do, 498–499
  mitos do, 500–501
  planejamento estratégico para, 496–497
  PMO para, 493–497, 505–507
  projetos típicos para, 505–507
  relação da gestão de projetos com, 493–507
  seleção de projetos para, 503–506
  tradicional *versus* não tradicional, 493–497
Seleção de projetos (no gerenciamento de portfólio):
  avaliação preliminar, 523–525
  identificação de projetos, 519–523
  no gerenciamento de portfólio, 519–527
  obstáculos a, 519–520
  processo para, 519–521
  seleção estratégica, 524–526

Seleção de projetos (no Seis Sigma), 503–506
Seleção estratégica de projetos, 524–526
Selecionando funcionários, 413–416
Semáforo amarelo, 35
Semáforo verde, 35
Semáforo vermelho, 35
Sêneca, sobre raiva, 82
Serviços de informação, equipe de reengenharia de, 188–189
Sessões de balanço (*debriefing*), 156–157
Sete Pecados Capitais, 78–91
  ganância (avareza), 84–87
  gula, 89–91
  inveja, 79–81
  luxúria, 87–89
  orgulho, 84–85
  preguiça, 86–88
  raiva (ira), 82–84
Sete virtudes, 90–91
Sevilla Molina, Enrique:
  sobre a importância do PMO, 444–445
  sobre cultura, 383–385
  sobre fatores críticos de sucesso, 33
  sobre forças motrizes na Indra, 10
  sobre gerenciamento de portfólio, 518–519
  sobre gestão de projetos enquanto profissão, 373–374
  sobre indicadores-chave de desempenho, 33
  sobre melhores práticas, 25, 44, 47, 50
  sobre metodologia, 224, 226–228
  sobre sucesso de projetos e programas, 29
Sharing Knowledge, plataforma, 297–299
Sherwin-Williams:
  gestão de projetos na, 18–19
  melhores práticas da, 244–246
  metodologias da, 242–247
  visão da, 244–246
Shibuya, Hiroyuki, 336–343
Shobe, Mark, sobre a cultura da DFCU, 303–308

SI (serviços de informação), equipe de reengenharia de, 188–189
Siemens, Divisão de Automação Industrial da, 624–626
Siemens PLM Software:
gestão de projetos vista por um executivo na, 20
metodologia de, 624–632
Simpósio do Dia Internacional do GP, 489–490
Sinais vitais de projetos cruciais, 515–517
Sinco Energy (pseudônimo), 345–346
Siri, 221–222
Sistema de Encarregados pelos Aplicativos, 338–343
Sistema de gerenciamento de conteúdo empresarial, 314–315
Sistema de Gerenciamento de Recursos e Habilidades (RSMS), 489–491
Sistema de gestão de projetos organizacional (OPMS), na RTA, 131, 133–134
Sistema de informações da gestão de projetos (SIGP), 236, 238, 274–277
Sistema de monitoramento de custos, 4
Snyder, N. Tennant, sobre equipes virtuais, 415–417
Sobrecustos, 93–94
Sobrevivência, 10, 182–183
Sociedade Americana de Treinamento e Desenvolvimento (ASTD), 430–431
Sofisticação, em mercados emergentes, 322–323
Software, 680–681
desenvolvimento, 702–703
e metodologia ágil, 676–677
falácias sobre, 155–157
na metodologia ágil, 684–685
Solicitações de mudança, 278–280, 470–472
Soluções de Gerenciamento de Clientes (*Customer Management Solution*), portfólio de, 478–479
Sony Corporation, 216–221
Spira, Jim, sobre os benefícios da gestão de projetos, 13

Spradley, Sue, sobre gestão de projetos, 20
Sprint, 256–257
Sprints (Scrum), 691–696. *Ver também* Iterações
SRAM (míssil de ataque de curto alcance), 406–407
SSTs (equipes de apoio estratégico), 112–114
Star Alliance, 477–479
Startup Enxuta (Scrum), 689–690
Status, em mercados emergentes, 318–321
Stouffer, Debra, sobre o gerenciamento de portfólio, 509–517
Subcontratação, 183–184, 396–397
Sucesso:
componente de valor de, 633–634
comportamental, 421–422
critérios para, 506–507
da equipe (pirâmide do sucesso), 159–161
definição, 28–34, 633–634. *Ver também* Melhores práticas
e gula por recursos, 89–90
em empresas baseadas em projetos, 31–32
em empresas não baseadas em projetos, 31–32
falácia sobre, 156–158
FCSs e KPIs na definição, 31–35
identificação de melhores práticas a partir de, 27
mensuração, 29, 143–144
mensurações internas de, 143–144
Microsoft® Operations Framework, critérios do, para, 567–572
problema com, 92–93
quatro bases do, 640–641, 643
redefinição, 717–720
responsabilidade por, 91–92
Superposição, 197–198
Suporte da gerência, 157–158, 325–351
da alta gerência, 420–422
e empoderamento dos gerentes de projetos, 342–344

e executivos como defensores convictos, 346–351
e gerência de área, 346–347
e governança de projetos, 334–343
e patrocínio de projetos, 325–331
na metodologia ágil, 683–685
para excelência em GP, 126–143
para melhores práticas, 57–58
problemas resolvidos por, 103–104
visível, 182–183, 325–326
Suporte da gerência, aplicações:
da AT&T, 282–284
da Contractco (pseudônimo), 344–345
da Health Care Associates (pseudônimo), 344–346
da Hewlett-Packard, 332–333
da Indra, 345–347
da Midline Bank (pseudônimo), 343–345
da Motorola, 346–347
da Tokio Marine Group, 336–343
da Zurich America Insurance Company, 332–335
Suporte estratégico (competência central), 384–385
Sustentabilidade de projetos, 364–365

Tácitos, conhecimentos, 622–623
Tacitus, Publius Cornelius, sobre inveja, 79
Tarantini, Riccardo, sobre gestão de projetos, 19
Tarefas, no Scrum, 698–699
Taylor, Peter, 392–393
Técnicas Reunidas, metodologia da, 208, 210–215
Tecnologia da informação, gerenciamento de portfólio de, 509–510, 533
Tecnologia de informação, governança da, 336–343
Tecnologia:
apoiando a gestão de projetos global, 621–622
apoio à cadeia de valor agregado, 655
fatores culturais com, 416–417

Templates:
avaliação da maturidade com, 155–156
na Microsoft Solutions Framework, 567
no Seis Sigma, 506–507
para melhores práticas, 44, 48, 49
para realização de benefícios, 722–723
Tempo e material, contrato de, 677–678
Tendências:
de aprendizagem, 361, 363–365
do mercado, 361–362
durante anos de evolução, 361
durante anos de revolução, 361–364
e reações de aprendizagem, 363–365
Terceirização, 68, 103–104, 242–243
Terceirização, na metodologia ágil, 682–684
Termo de abertura:
assinatura das partes interessadas em, 25
como fundamento de projetos, 189–190
da AT&T, 283–284
da Churchill Downs, Incorporated, 267–268
da GM Powertrain, 231–233
gerenciando premissas com, 148–150
nas regras áureas para a gestão de projetos, 249–250
preparação, 198–199
Teste automatizado, no Scrum, 700–701
Teste de credibilidade para o cliente, 615
Teste de unidade, no Scrum, 700–701
Teste, no Scrum, 700–701
Testes, etapa de (desenvolvimento de novos produtos), 522–523
Testes, fase de (PLM VDM), 629–630
Testes piloto, 503–504
Texas Instruments (TI), excelência na, 158–161
Texas Instruments, 158–161

Thiokol Corporation, 406–407
thyssenkrupp América do Norte, 356, 358–360
TI (tecnologia da informação), gerenciamento de portfólio de, 509–510, 533
TI (tecnologia de informação), governança da, 336–343
TI, posto de serviço de, 55–57
Times Scrum, 688–689, 691–692
Tokio Marine Group, suporte da gerência na, 336–343
Tolerância, 409–410
Tolerância a riscos, 527–529, 665–667
Tomada de decisões:
apoio do patrocinador em, 329–330
como competência central, 383–385
descentralizada, 343–344
em crises, 403–405
governança de projetos e velocidade de, 154–155
por gerentes de projetos, 110–111
pré-aquisição, 657–662
sobre melhores práticas, 57–58
Tópicos comportamentais, 353–354, 367–368
Tópicos quantitativos, 353–354
Trabalhar bem em equipe, 414–416
Trabalho em equipe, 257–258
características do, 401–403
como ação de marca da DFCU, 301–307
na gestão informal de projetos, 401–403
pirâmide do sucesso para, 158–161
Trade-offs:
em projetos orientados por valor, 650–651
em projetos tradicionais *versus* não tradicionais, 641, 644, 643
Transparência, em Scrum, 687–688, 690–691
Treinamento, 353–394.
Ver também Educação;
Aprendizagem
aberto, 36
benefícios de, 364–366

com Siemens PLM VDM, 631–632
criação do curso para, 368–370
e gestão de projetos enquanto profissão, 372–374
e Propensão à Capacidade de Gestão de Projetos, 426–428
em empresas baseadas em projetos, 371–372
em mercados emergentes, 321–323
fundamentos do, 366–367
habilidades de negócios em, 354–356
identificando a necessidade de, 364–366
interno, 368–369
modelos de competências para, 373–385
necessidade de, 157–158
no Seis Sigma, 500–501
para a gestão de projetos moderna, 353–355
quantidade necessária, 371–372
ROI do, 371–372, 390–394, 429–441
seleção de participantes para, 365–366
Treinamento da autoconfiança, 367
Treinamento *just-in-time*, 366
Treinamento por exposição, 366
Treinamento prático, 366
3M, 325–326, 342–343, 410–411, 414–415
Triagem, etapa de (desenvolvimento de novos produtos), 522–523
Trickey, David, 609–610
Triompo, Jim, sobre PMOs, 444–445
Tripla restrição, 27, 641, 644–642
Turner, Mike, sobre Microsoft Solutions Framework, 561–566

UGS, 627, 629
Unidades de Desenvolvimento Profissional (PDUs), 391–393, 446–447
Unidades de negócios estratégicas (SBUs), 60–61
Universidade de Gestão de Projetos (PMU, *Program Management University*), 394

UPMM™ (Metodologia
 Unificada para a Gestão de
 Projetos), 192–196, 361–362
Usar próprios recursos internos,
 103–104
Usuário final, documentação
 para, 701–702

Vaill, Peter B., sobre Seis Sigma,
 500–501
"Vale da morte", 347–349
Validação de melhores práticas,
 43–45, 48
Valor agregado integrado,
 667–669
Valor agregado, recompensas por,
 419–420
Valor(es):
 captar, quantificar e reportar,
  641, 644–651
 conversão de benefícios em,
  731–732
 definição, 633, 645–646, 653–
  654
 e cultura, 284–285
 e liderança, 635–640
 e Scrum, 688–689
 e sucesso, 30–31, 633–634
 mensuração, 647–650
 na definição do sucesso do
  projeto, 28
 na gestão de projetos, 284–285.
  Ver também Gestão de
  projetos orientada a valor
 no Scrum, 690–691
Valores corporativos, 284–285
Valores difíceis, mensuração de,
 647
Valores fáceis, 647
Valores intangíveis, 647
Valores tangíveis, mensuração
 de, 647
Vannoni, Brian, 410–411
Vargas, Ricardo, 392–393

Variação no Término (VNT),
 389–390
Variância, 582–584
Vasciminno, Paolo, 593–594n
Vázquez Díaz, Alfredo, 235–
 236n, 272, 274n
Velocidade da equipe, 693–695
Velocidade, no Scrum, 693–695
Verdadeiras incógnitas, 74
Verdadeiros apoios, 74
Verdadeiros inimigos, 74
Verificações da "saúde" dos
 projetos, 482–485
Vila Sésamo, 694–695
Viper, carro esporte, 267–268
Visão, da gerência sênior,
 142–143
Visão, em contratos ágeis,
 677–678
Vitórias imediatas, 252–253
VMM (metodologia de
 mensuração de valores), 650–651
Voltaire, sobre orgulho, 84
Voz, como ação de marca da
 DFCU, 303–305, 314–315
Voz do cliente (VOC), 690–691
VPF (estrutura de desempenho de
 valores), 633–636

Wärtsilä:
 processos integrados de
  gerenciamento da, 270–273
 metodologia da, 229–232
 gestão de riscos na, 269–273
 gerenciamento de benefícios
  na, 2–3
WBS, *ver* Estrutura analítica do
 projeto
Weiss, Brian, 392–393
Weiss, Jeff, sobre gestão de
 projetos, 13
Weiss, Zev, sobre gestão de
 projetos, 13

Welch, Jack, sobre Seis Sigma,
 500–501
Westfield Group, 730–731
"Whack-a-mole," 425
"Whack-a-mole dos projetos", 425
Wibelius, Michael, 170n
Wickham, Mike, sobre excelência
 na Roadway, 181–183
Williams Machine Tool Company
 (pseudônimo), 183–184
Willis, Kerry R.:
 sobre dez perigos, 93–94n
 sobre gerenciamento proativo,
  425–428
Wojala, Karen, 236, 238n, 533n
Workshop de conscientização de
 patrocinadores, 358–359
World Wide Fund for Nature
 (WWF) International:
 excelência na, 149–153
 gerenciamento de portfólio na,
  535–536

XP (eXtreme Programming),
 689–690

Yanfeng Global Automotive
 Interior Systems Co. Ltd.,
 214–216

Zale, Suzanne:
 sobre comunicações, 399–400
 sobre estrutura organizacional,
  400–401
 sobre melhores práticas, 51
Zielinski, D., sobre recompensar
 as equipes de projetos, 417–418
Zona discricionária, 353–354
Zurich America Insurance
 Company:
 processos integrados da, 260–
  262
 suporte da gerência na, 332–
  335

IMPRESSÃO:

PALLOTTI
GRÁFICA

Santa Maria - RS | Fone: (55) 3220.4500
www.graficapallotti.com.br